即
墨
市
城阳
惜福镇
流亭
流亭机场
夏庄
区
黄石洞
法海寺
李
沧
区
北
区
梳妆楼
华楼宫
华楼宫风景区
五龙洞
北宅
朝阳洞
凝真观
劈石口
王哥庄
崂
人头崮
白龙洞
狮子峪
望海楼
烟台顶
太平宫
白云洞
华严寺
那罗延窟
北九水风景区
北九水
蔚竹庵
崂山风景名胜区
山
潮音瀑
小崂顶
崂山
玉清宫
明霞洞
北天门
上清宫
南天门
龙潭瀑
太清宫
太清宫风景区
钓鱼台
八仙墩
青岛高新技术产业开发区
中韩
沙子口
区
石老人
石老人国家旅游度假区
麦岛
燕儿岛
海
黄
至石岛128海里
至上海408海里
至仁川325海里
至大连272海里
青岛市位置图
青岛
青岛市域图
烟
台
市
大泽山
天柱山
莱西市
平度市
潍
坊
市
即墨市
胶州市
岛
市
区
青
胶州湾
崂山
田横岛
女岛
小管岛
大管岛
长门岩
小公岛
大公岛
竹岔岛
潮连岛
胶南市
灵山岛
日照市
例
铁路及车站
城市道路
河流、水库
区(县级市)界
院 编绘

版权声明

香港、澳门、台湾及海外特约发行商：香港经济导报社图书业务部
地址：香港轩尼诗道342号国华大厦10字楼
电话/Tel: 852-25738217
传真/Fax: 852-25738469、28336889
电邮/E-mail: eiasub@pacific.net.hk
网址/website: http://www.eiahk.com
Hong Kong,Macao,Taiwan & Oversea Distributor:
Economic Information & Agency,Books Dept.
10/F,Kuo Wah Building, 342 Hennessy Road,Wanchai, Hong Kong

青 岛 年 鉴

QINGDAO YEARBOOK

(2005)

总第十八卷

*

主管：青岛市人民政府

主办：青岛市史志办公室

出版：青 岛 年 鉴 社

地址：青岛市香港中路11号市级机关办公楼

电话:（0532）85911625 85911659 邮编: 266071

http://qdsq.qingdao.gov.cn

E-mail:szb@qingdaonews.com

*

达德印刷有限公司激光照排

利丰雅高印刷(深圳)有限公司印刷

*

889 × 1194毫米 16开本 33.75印张 1008千字

2005年8月第1版 2005年8月第1次印刷

印数 1-5000

国际标准刊号：ISSN 1671-9883

国内统一刊号：CN37-1395/Z

定价：人民币168.00元

青岛市人民政府主管

（总第十八卷）

青岛年鉴

2005 Qingdao Yearbook

青岛市史志办公室

青 島 市

市委常委、崂山区委书记李增勇（右三）陪同省委副书记、市委书记杜世成（右一）等领导视察“一线四点”项目建设

2004年，崂山区深入学习贯彻“三个代表”重要思想和党的十六届四中全会精神，围绕构建区域性“五个中心”的功能定位、建设“四型城区”的发展目标，攻坚克难，创造性地开展工作，推进了“三个文明”的全面协调健康发展。全年全区完成生产总值174.3亿元，同比增长18%；区级财政收入完成11.09亿元，同比增长21.1%，总量列全市第1位；农民人均纯收入达到5831元，增长8.1%。全年高新技术产业实现产值373亿元。

中共青岛市崂山区委员会
青岛市崂山区人民政府
地址：青岛市崂山区行政大厦
邮编：266101
电话：(0532) 88996576
http://www.laoshan.gov.cn

崂 山 区

崂山区区长王为达（左一）接受高新区通过的ISO14001环境体系认证证书

①雕塑园一角

②建设中的青岛极地海洋世界

③崂山区"一线四点"工程全面启动。图为青岛市现代艺术中心奠基仪式。

④建立新型农村养老保险制度。图为崂山区为老年人发放养老补助金。

⑤节庆活动、群众文化蓬勃发展。图为崂山旅游文化节演出现场。

市 南 区

位于青岛市区南部，是青岛市的行政、旅游、文化、商贸、金融、科技中心，辖区面积30平方公里，人口49万人。2004年，市南区深入贯彻“三个代表”重要思想，全面推进“四大经济特色区、五大品牌”建设，经济和社会事业实现了全面、协调、可持续发展，全区实现生产总值136.8亿元，完成财政收入10.06亿元。新的一年，市南区将全面落实科学发展观，以建设“全国重点中心城市”和“世界知名特色城市”中心城区为目标，紧紧围绕建设繁荣市南、平安市南、洁净市南、温馨市南、诚信市南，突出抓好区域特色经济、城市综合管理和党的执政能力建设三件大事，促进经济社会和谐发展，加快城区现代化步伐，为服务青岛、服务半岛做出应有的贡献。

中共青岛市市南区委员会
青岛市市南区人民政府
地址：青岛市香港中路19号
邮编：266071
电话：（0532）85838001
传真：（0532）85838003

①

①区委书记郄晋生(左二)、区长李众民(左一)等陪同省委副书记、市委书记杜世成（右二）视察青岛（市南）软件产业基地。图为杜世成观看该基地规划设计效果图。

② 2004 · 中国青岛社区建设公共服务论坛

③青岛星巴克

④第六届中国青岛海洋节开幕式——《同一首歌》中韩歌会

四 方 区

2005年2月23日，青岛市举办全市落实科学发展观观摩现场会。省委副书记、市委书记杜世成，市委副书记、市长夏耕，在四方区委书记吴淑玲、区长卞建平的陪同下，视察四方分会场。

扩建后的金华路，面貌焕然一新，全长2252米、宽30米，于2004年8月9日开工，2004年12月28日竣工。图为2004年10月12日市委副书记、市长夏耕视察该工程。

北岭山森林公园位于北岭山东南、清江路北端，紧临南昌路，是四方区中部重要的市民休闲广场。建有车场约4100平方米，台地式广场、绿地、喷泉、雕塑和管理办公建筑共计1万平方米，其中广场6000平方米、绿地3000平方米、有关建筑300平方米。广场建设充分利用地形，实现了自然美与人工美的和谐。

四方区举办首届邻居节得到市委主要领导的支持和充分肯定。在全市引起的轰动效应是前所未有的。

“邻居节”启动仪式上，《人民日报》、新华社驻青分社、山东电视台新闻频道、《齐鲁晚报》、青岛电视台新闻频道、《青岛日报》、青岛人民广播电台等全国、省、市19家新闻媒体纷纷派出记者进行了现场采访。“人民网”当日以《青岛市四方区“邻居节”创建和谐社区》刊登了3幅照片和较大篇幅的文字报道；中央电视台国际频道和新闻频道也分别进行了报道；《青岛日报》做了《把“邻居节”打造成新的城市名片》的报道；青岛电视台“对话栏目”进行了现场录像。

四方区在全市企业退休人员社会化管理服务试点工作中取得圆满成功。在全区所辖的7个街道劳动保障中心设立了企业退休人员管理服务窗口，在91个社区建立了“社区劳动保障服务站”，并按每30～50名退休人员为单位成立了1299个退休人员自管小组，形成了区、街、社区、自管组织四级管理服务网络。该区的试点经验在全市予以推广，使退管工作走在了全市前列，并得到了省、市有关领导的充分肯定。

2005年2月，第十六届糖球会在海云庵广场举行。

长沙路改造工程，长1941米、宽36米，总投资2083万元，于2001年10月1日开工，2002年11月20日竣工。改造后的长沙路不仅改善了周围环境，使车辆通行顺畅，也为周边企业效益的提升，人们生活水平提高，促进区域经济的可持续性发展打下了坚实基础

青岛经济技术开发区（黄岛区）

1984年10月经国务院批准成立、1985年3月28日正式动工兴建的国家级经济技术开发区，位于胶州湾西海岸，与青岛老城隔海相望，海上最近距离2.26海里（约4.2公里）。1992年经山东省政府批准，与同处一地的青岛市黄岛区实行体制合一，对胶州湾西岸新区实行统一规划、统一建设、统一管理。区内还分别设立了国家级青岛保税区、国家级新技术产业开发试验区和省级旅游度假区。现总人口42万人。建区20年来，累计投入200多亿元，建成了青岛前湾港、黄岛油港、胶黄铁路、环胶州湾高速公路、轮渡码头、国际国内电话交换站和移动通讯基站等一批大型交通通讯能源设施以及区内的道路、供排水、供电、供热和供气等市政环保设施。

截至2004年底，已有53个国家和地区的客商前来投资兴办实业，累计引进外商投资项目1768个，实际利用外资42.3
美元。投资额在1000万美元以上的大项目299个，投资过亿
元的项目9个，世界500强企业投资项目46个。2004年，全
生产总值275.1亿元，增长28.9%；辖区一般预算收入15
亿元，增长32.9%；工业总产值606亿元，增长31%；实际
用外资11.8亿美元，增长48.1%；外贸出口13.5亿美元，
长53.7%；社会消费品零售额28.4亿元，增长24%。综合
济实力在国家级开发区中列第五位。

青岛经济技术开发区未来的发展目标是：以现代港口、先
工业、商贸物流和旅游度假为主要特色的现代化国际性的新
区，成为大青岛新的经济发展重心。

金融区一角

石油大学（华东）黄岛校区

今日香江路

迎宾大道

现代国际新城区

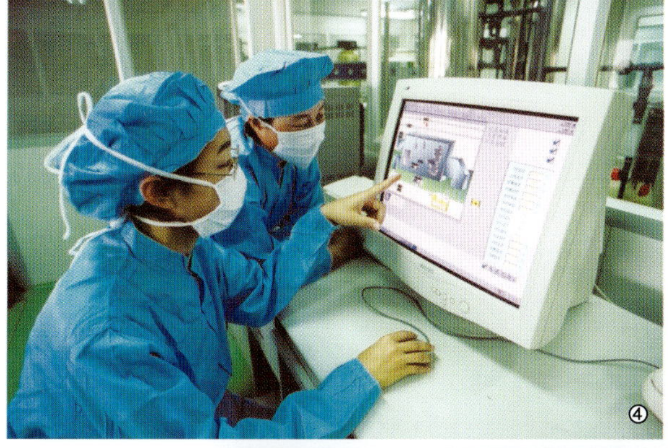

①国际热气球节

②流光溢彩的青岛经济技术开发区

③前湾港码头一角

④高新技术企业国风药业研究中心一角

⑤海西湾修造船基地一角

⑥世界500强企业投资的浦项制铁冷轧不锈钢项目生产车间

⑦颐中汽车生产线一角

胶南市——建设青岛

市委书记张大勇出席临港产业加工区首批入区项目开工典礼仪式并讲话

市长王君庭出席青岛温州创业园奠基暨项目开工仪式并讲话

胶南市地处太平洋西海岸的中国山东东南沿海，是青岛市的卫星城市，也是国家最早批准的沿海开放城市之一。胶南依山傍海，风光秀丽，历史悠久，文化灿烂，是一座如诗如画的滨海城市。

随着青岛经济重心战略西移、青岛港集装箱业务整体西迁前湾港以及青岛海湾大桥的规划建设，胶南市优越的区位优势和良好的投资环境更加明显，已进入了一个高速发展的重大战略机遇期。以胶南市为主要腹地的青岛西海岸将建成大规模、现代化的工业中心区。胶南市作为青岛现代国际大都市的一个重要组成部分，必然在参与国际经济合作、分工和竞争中具有更广阔的发展空间。

今天的胶南是明天的青岛。在新的世纪，胶南将以率先基本实现现代化为目标，继续高奏开放主旋律，进一步深化改革，扩大开放，加快发展，努力把胶南建设成为现代化的滨海旅游生态城市。我们深信，胶南的明天会更美好！

西海岸都市新区

①珠山秀谷风景如画
②修造船基地充满生机
③海青绿茶香飘四海
④城市建设日新月异

青岛市人民政府口岸办公室

2004年7月15日，韩国亚洲航空公司落户青岛市，并开通由该公司执飞的青岛至汉城的空中国际航线。图为市领导和韩国驻青总领事为首航式剪彩。

2004年12月15日，青岛口岸（黄岛）通关中心正式奠基。该中心位于前湾港区北门西侧，占地面积17056平方米，建筑面积33381.9平方米。建筑分为联检办公楼和综合楼两大部分。

2004年，市口岸办在长期的工作中，针对口岸工作的特点，精心打造出“情系口岸，心连五洲”的服务品牌。

2004年，青岛口岸积极开展“双学三创”活动，促进了口岸各项工作任务的完成。图为青岛口岸组织的“弘扬振超精神，共创口岸辉煌”演讲会现场。

2004年，青岛空港口岸积极开展“百日优质服务”竞赛活动，提高了服务质量，优化了口岸环境，涌现出一批先进集体和先进个人。图为表彰会现场。

2004年，青岛海港口岸的国际集装箱航线达到97条，每月419个航班。图为中国海运集团全球最大8500标准箱集装箱船“中海欧洲”轮首航青岛港庆典。

2004年11月9日，由中韩合资、韩国注册的青海轮渡有限公司运营的青岛至韩国群山海上国际客货班轮航线正式开通。该航线由“世元一号”船承担，每周三班。图为开航仪式现场。

2004年1月30日，威东公司耗资3亿元人民币新购置“新金桥5号”轮，接替青岛至韩国仁川海上国际客货班轮航线的[illegible]”轮。该轮总吨位28730GT，总长195.95米，航速25节，载货能力280标准箱，载客470人。

行长：孙 洲

青岛分行成立于1991年12月，是中信实业银行设在山东的一级管辖行。截至2004年底，全辖资产总量为232亿元，本外币各项存款日均余额184.51亿元，年末各项存款时点数为206.47亿元，已经拥有43家分支机构，1122名员工。在业务经营中，青岛分行励精图治，博采众长，广泛吸纳国内外同行先进经验，确立了以效益为中心、以客户需求为导向、以现代科技为手段、以高质量服务为基础的集约化、内涵型发展模式，经营管理机制中融入了一系列现代商业银行的经营理念和管理方式。

以建立优质的存贷款、中间业务客户群为起点，促进公司业务质量的改善和效益的提高。先后开发了钢铁、电子、交通等行业的一大批优质客户和优质项目，并与一些黄金客户保持了良好的业务合作关系。

服务、创新，是商业银行业务发展的不竭动力。青岛分行推出了代理融通、出口退税贷款、中信理财宝、代理个人保险、代收代付、保管箱、出国金融服务中心暨出国留学保函业务、网上银行、银证通、中信STAR信用卡、缴费通等新业务品种，获得了广大客户的认可与好评，取得了可观的经济效益和社会效益。2004年开办了个人外汇理财业务、个人人民币理财业务等新业务。

国际业务是青岛分行经营的一大特色。截至2005年3月份，青岛分行已在山东全辖先后开设了近30家分支机构经营外汇业务。在威海、烟台设有2家异地二级分行，在淄博和济宁设有2家异地支行，在青岛市内设有15家同城支行可开办外汇业务。

在13年的发展过程中，青岛分行坚持“稳步发展，争创一流”的办行方针，积极探索，开拓创新，不断提高服务质量和水平，以现代金融意识开展各项业务，坚持了“质量、效益、规模”的协调发展。

地址：青岛市香港中路22号
邮编：266071
电话：(0532) 85022889
传真：(0532) 85022888

青岛分行

INGDAO BRANCH

2004年4月15日，“国家开发银行、中信实业银行、潍坊市国有资产经营投资公司联合贷款签约仪式”在青举行。国家开发银行山东省分行副行长梁惠江、中信银行青岛分行行长孙洲、潍坊市财政局副局长兼潍坊市国有资产经营投资公司副总经理王有亭出席了签字仪式，这是中信青岛分行与国家开发银行的首次合作。

2004年4月29日，中信集团公司副董事长王川、总经理助理王东明一行在青岛分行行长孙洲等领导的陪同下到该分行视察，听取了分行领导的汇报，与中层领导干部进行了座谈。

2005年6月10日，青岛分行举行“05’中信出国留学服务展示推介会”。左图为推介会现场，右图为与客户洽谈。

山东莱钢国际

总裁：范成海

山东莱钢国际贸易有限公司（以下简称莱钢国际）是莱芜钢铁集团有限公司（以下简称莱钢集团）联合其他投资主体于2001年8月共同出资组建的一家集国际融资、跨国资本运作、国际经济技术合作、钢铁原燃料贸易、钢铁产品贸易、成套设备及技术引进、涉外项目及外事管理、社会资源及非钢贸易、国际国内现代物流等于一体的综合性贸易公司，拥有自营及代理进出口权。公司注册资本6000万元，资产总额6.19亿元人民币，拥有埃尔顿发展有限公司和青岛悦丰物流有限公司两家子公司。

作为莱钢集团生产主体的核心企业之一，莱钢国际承担莱钢集团所有外事、外经、外贸业务，近年来，在莱钢国际的努力下，莱钢的国际贸易已经从单纯的“进出口型”向“合作发展型”转变，逐步形成了“引进来、走出去”的莱钢大经贸格局，与大型矿产供应商及冶金产品购买商建立了长期战略合作伙伴关系，形成了遍及世界几十个国家和地区的客户网络，并同众多世界著名公司开展了文化、管理、信息等领域的多元化、全方位交流，2004年进口总额4.32亿美元，出口创汇2.85亿美元。莱钢国际为莱钢集团钢铁主业、非钢产业等提供优质服务的同时，将广泛开展国际经贸合作，开创共赢共享的新篇章。

经营理念： 合法经营　笃实诚信　锐意创新

经营宗旨： 把世界引入莱钢　把莱钢推向世界

经营方略： 确保占稳莱钢内部市场

积极开拓莱钢外部市场

尽快实现进出口产品和进出口市场多元化

公司愿景： 深耕莱钢 放眼世界 创一流国际化公司

战略管理 以智经营 走可持续发展道路

核心价值观： 营造和谐 创造价值 勇攀新高

贸易有限公司

2004年4月2日，与澳大利亚哈默斯利公司在北京签署了10年和18年的铁矿石长期供货协议。

2004年7月5日，莱钢国际总裁范成海（右一）在上海与泰国伟成发集团签订莱钢历史上第一笔2万吨板坯出口合同，标志着莱钢的出口产品结构有了重大改善。

地址：青岛市东海西路39号
电话：(0532) 85796663
(0634) 6895888
传真：(0532) 85796655
(0634) 6892442
http：//www.sdlsi.com

2009年11月23日，与澳大利亚罗泊河铁矿有限公司签订《员工职业培训协议》，掀开了莱钢对外文化交流新的一页

青岛三利集团

QINGDAO SANLI GROUP

省委副书记、市委书记杜世成视察三利集团

青岛三利集团是一家专业从事二次加压供水设备设计生产的高新技术企业，总部坐落在青岛城阳区青大工业园。拥有国内最大的供水设备公司“青岛三利中·德·美水设备有限公司”及多家子公司。自1993年建厂至今，三利坚持独特的技术、独特的质量、独特的信誉——“三独特”的发展战略，使企业走出了一条超常规发展的道路，成为全国二次供水行业的龙头企业。产品已经发展到第八代，拥有200多项国家专利，获5项国家金奖，被评定为“国家重点新产品”、“全国消费者信得过优质产品”、“中国驰名品牌”、“国家建设部科技成果推广项目”。主要产品“无负压（无吸程）管网增压稳流给水设备”改变了传统的供水方式，带来了二次供水行业的一次革命。集团连年被评为“中国企业特级信誉单位”，“山东省科技百强企业”。在引领社会向前发展的同时，三利集团也取得了卓著的经济效益和社会效益。

风景如画的园林式厂区

青岛三利集团总部
地址：青岛青大工业园
电话：0532-87807902

Sanli 三利开创无负压供水新时代

三利集团第五代产品：WWG-II 型无负压（无吸程）管网增压稳流给水设备

三利集团每年一度的春季军训汇报演出

员工周五体育活动

三利集团免费为职工提供一日三餐的星级酒店

走前人没有走过的路，做前人没有做过的事，追求“信誉、质量、档次、效益”，实行严格的军事化管理，三利以极其鲜明的企业文化理念、管理理念实践着“用毛泽东思想实现邓小平理论”的管理理想，向着“百年铁饭锅，三利大家庭”的企业目标稳步前进。

海军博物馆

海军博物馆由海军创建，是中国唯一的一座全面反映中国海军发展的军事博物馆。设室内展厅、武器装备展区和海上展舰区。室内展厅主要展出古代、近代中国海军、人民海军历史资料图片1200余幅，人民海军各时期的制式服装、衔章、徽章、装具和人民海军与世界各国友好交往中接受的230多件珍贵礼品等；武器装备展区和海上展舰区主要陈列退出海军战斗序列的中小型舰艇、飞机、导弹、舰（岸）炮、水中兵器、观通设备、水陆坦克等。

该馆先后被青岛市、山东省定为爱国主义教育基地、国防教育基地，并被中共中央宣传部定为爱国主义教育示范基地，被国家旅游局评为AAA级旅游景点。2005年被国家发改委、中宣部、国家旅游局等13个部门列为国家红色旅游精品线和100个全国红色旅游经典景区。

①武器装备展区
②我国第一艘驱逐舰——“鞍山”号
③我国首次对外展出的33型常规潜艇
④部分火炮展品
⑤伊尔-14型飞机
⑥我国仅存的一艘木壳鱼雷快艇

地址：青岛市莱阳路8号
邮编：266003
电话：(0532) 82874786
传真：(0532) 82866784

编辑说明

一、《青岛年鉴》是青岛市人民政府主管的系统反映青岛市情况的大型综合性年刊，每年编辑出版一册。旨在逐年记述、反映上一年度青岛市的基本情况，为各级领导了解市情、实施科学决策，为各行各业、各有关部门、单位查询资料信息、推动事业发展，为国内外广大读者全面、系统、翔实地了解、研究、认识青岛提供服务。同时，也为编修地方史志储备资料。

二、《青岛年鉴》(2005)为本年鉴总第十八卷。全书正文总量100万字左右，分设19个栏目：1. 特载；2. 市情综述；3. 2004年大事记；4. 政治；5. 经济；6. 金融；7. 对外经贸合作·国内合作交流；8. 城市建设与管理；9. 海港·交通；10. 邮政·信息化建设；11. 口岸；12. 社会生活与各项事业；13. 旅游·风景名胜；14. 区市概况；15. 节庆·会展；16. 迎奥纪典；17. 人物；18. 统计资料；19. 附录。

三、本年鉴文中提及的"五市"即青岛市所辖即墨、胶州、胶南、平度、莱西5个县级市；"七区"即市南、市北、四方、李沧、城阳、崂山、黄岛7个区，"市区"即"七区"，"市内四区"即市南、市北、四方、李沧4个区；"五市三区"即上述五市及城阳、崂山、黄岛3个区；"五市二区"即上述五市及崂山、黄岛2个区；"各市、区"或"12个市、区"(12个区、市)均指上述五市、七区。

四、为图文并茂地宣传青岛，适应社会主义市场经济的发展和对外开放的需要，本年鉴选择本市和中央、省驻青部分单位刊登宣传彩页。

五、本年鉴由青岛市各市、区，市直各部门和单位，中央、省驻青有关单位及驻青部队撰(供)稿，并经各有关单位领导审查，青岛市史志办公室组织统编，青岛市人民政府审定。主要统计数字均以青岛市统计局资料为准，截至时间为2004年12月31日。

六、本年鉴是青岛市和中央、省驻青单位及驻青部队各级领导、广大作者和有关人士通力合作的结果，谨向他们表示敬意和感谢，并希望继续得到支持和帮助。疏漏、错误之处，热诚欢迎批评指正。

2005 年 0 月

《青岛年鉴》(2005)

顾　　问	杜世成　夏　耕
主　　审	崔锡柱　王修林
副 主 审	马　泽
主　　编	殷　鹰
副 主 编	王现军　张子忠
执行主编	王修晨　邱双超
执行副主编	段智勇
编　　辑	李晓萍　贾国芬　李　兵
编　　务	相克森　杨　艳　刘　琛　李镇京　侯　俊
英文编译	李　兵

《青岛年鉴》(2005)

目　录

特　载

市情综述

青岛概要

2004 年机构设置及主要领导名单

社会主义物质文明、政治文明和精神文明建设

改革

对外开放

青岛入选“2004CCTV 中国最具经济活力城市”暨获“企业家满意奖”

2004 年大事记

政　治

中共青岛市委员会

青岛市人民代表大会

青岛市人民政府

中国人民政治协商会议青岛市委员会

中共青岛市纪律检查委员会

民主党派

人民团体

法制

军事

经　　济

工业

农业与农村经济

国内贸易

个体·私营经济

经济管理与监督

金 融

概况

银行业

保险业

证券·期货

投资公司

对外经贸合作·国内合作交流

对外贸易

对外经济合作

对外开放重点区域

国内合作与交流

城市建设与管理

城市建设

城市管理

房地产与建筑安装业

海港·交通

概况

海港(青岛港集团公司)

交通

邮政·信息化建设

邮政(青岛市邮政局)

信息化建设

口　岸

口岸管理

海关

出入境检验检疫

海事管理

船舶检验·外轮代理·船舶燃料供应

社会生活与各项事业

教育

科学技术

海洋科研与开发

知识产权

气象·防震减灾

社会科学

文化事业

新闻出版·广播电视

卫生·体育

市民收入消费与物价状况

劳动和社会保障·民政

残疾人事业·计划生育

老龄工作·红十字事业

民族与宗教工作

旅游·风景名胜

旅游

风景名胜区选介

区市概况

市南区

市北区

四方区

李沧区

崂山区

青岛经济技术开发区(黄岛区)

城阳区

即墨市

胶州市

CONTENTS

Economy

Finance

General Situation

Banking

Insurance System

Security and Futures

Investment Company

Foreign Economic and Trade Cooperation, Internal Cooperation and Exchange

Foreign Trade

Foreign Economic Cooperation

Key Areas of Opening - Up to Outside World

Internal Cooperation and Exchange

Urban Construction and Administration

Urban Construction

Urban Administration

Real Estate and Building Industry

Ports and Transportation

Summary

Seaports (Qingdao Harbor Group Company)

Transportation

Post & Construction of Informational System

Post (Qingdao Municipal Post Office)

Construction of Informational System

Ports

Ports Administration

Customs

Frontier Inspection and Quarantine

Administration of Maritime Affairs

Ship Inspection, Foreign Ocean Shipping Agency, and Ship Fuel Supply

Social Life and Undertaking

Education

Science and Technology

Marine Scientific Research and Development

Intellectual Property Rights

Meteorological Observation and Forecast, Earthquake Prevention

Social Science

Cultural Undertakings

Journalism, Publishing, Radio and Television

Public Health and Physical Culture

Civil Income, Expenditure and Commodity Prices Situation

Labor, Social Insurance and Civil Affairs

Welfare for the Handicapped, Family Planning

Work for Senior Citizens, the Red Cross Undertaking

Work Concerning Nationalities and Religions

Tourism, Scenic Spots and Historical Sites

Tourism

Scenic Spots and Historical Sites

Introduction to Urban and Suburban Cities (Districts)

Shinan District

Shibei District

Sifang District

Licang District

Laoshan District

Qingdao Economic and Technological Development Zone (Huangdao District)

Chengyang District

Jimo City

Jiaozhou City

Jiaonan City

Pingdu City

Laixi City

Festivals and Exhibitions

Festivals

Greeting 2008 Olympic Games

Personages

Statistical Data

Appendix

Index

彩页索引

卷首彩页

彩插一：第62~63页

彩插二：第126~127页

彩插三：第 174～175 页

彩插四：第 222～223 页

彩插五：第 254～255 页

彩插六：第 302～303 页

特　　　载

省委副书记、市委书记杜世成在市委工作会议上的讲话

（2004年7月20日）

同志们：

这次市委工作会议是一次十分重要的会议。会议的主要任务是：以邓小平理论和“三个代表”重要思想为指导，认真贯彻省委领导干部座谈会精神和省委张高丽书记来青岛视察工作时的讲话精神，围绕树立和落实科学发展观、加强党的执政能力建设，分析形势，统一思想，提高认识，改进工作，促进我市各项工作再上新水平。会上大家认真学习了全省领导干部座谈会和最近省委张高丽书记来青视察时的重要指示精神，各区市负责同志紧密联系各自实际发了言，谈得都很好，听了很受教育和启发。刚才夏耕同志在讲话中全面分析了今年以来的经济形势，并就下半年经济工作进行了部署，希望大家认真学习领会，全面贯彻落实。下面，我根据市委常委研究的意见，再谈三个方面的问题：

一、科学判断形势，进一步统一思想认识

清醒地认识时代、环境和所处方位的变化，科学地分析判断形势，不断统一思想认识，牢牢把握发展的大方向，是我们做好各项工作的基本出发点。今年以来，我市面临的形势从总体上看是越来越好。在中央和省委的正确领导下，在历届领导班子打下的良好基础上，全市上下坚持以“三个代表”重要思想为指导，认真落实科学发展观，团结奋斗，共同努力，各项工作都取得了新突破，经济发展健康有序，保持了速度、质量、效益的有机统一，体现了科学发展观的要求；事关未来发展的城市大框架和可持续发展经济体系建设进展顺利，整个城市充满了勃勃生机和强大后劲；社会事业全面发展，就业与保障水平不断提高，民主法制建设日趋完善，社会保持稳定与文明，开始进入一个法制化、制度化、规范化的状态。特别是近期ACD会议等一系列重大活动在青岛圆满完成，推进了城市的国际化进程，提升了青岛在国内外的声誉，锻炼了我们各级干部的能力。但同时我们也要看到，我们的各项工作离中央和省委的要求还有很大差距，离人民群众日益增长的物质文化需求还有很大差距，与省内外相比也还有很大差距，在工作中也还确实存在很多不足。特别是当前新情况、新问题、新变化层出不穷，我们面临的局面纷繁复杂，挑战更为严峻，竞争日趋激烈，机遇稍纵即逝，我们还需要付出百倍的努力加以应对。因此，越是形势大好越要树立高远目标，按照更高标准，认认真真地寻找差距、查摆问题，反骄破满，谦虚谨慎，鼓足干劲，追求卓越；越是面对复杂局面越要时刻保持清醒，坚持科学的精神、实事求是的态度和求真务实的作风，力戒张扬，力戒浮躁，力戒随波逐流，坚持扬长避短，趋利避害，扎扎实实地改进工作，确保各项决策符合中央和省的方针政策、符合人民群众的意愿、符合客观科学规律。各级领导干部要始终坚持以“三个代表”重要思想为指导，不断提高对中央和省委各项重大决策的认识，提高对市委为贯彻中央和省指示精神而采取的一系列工作部署的认识，把思想行动统一到中央、省委的各项方针政策和市委的各项工作部署上来，切实克服一些地区和个别干部身上存在的模糊认识、片面认识甚至糊涂错误的认识，消除急躁飘浮、急功近利、消极等待、畏难发愁等不良情绪，始终坚持正确的工作方向。当前要十分注意把握好以下几个重大问题：

一是关于正确全面科学地把握和落实科学发展观问题。科学发展观是我党从新世纪新阶段党和国家事业发展全局出发提出的重大战略思想，我们必须从讲政治、讲大局的高度认真贯彻落实。同时，对青岛这样的城市来说，全面落实科学发展观也是自身发展内在的迫切要求。目前青岛人均生产总值已接近3000美元。国际发展经验表明，在这一阶段既要保持经济快速增长，更要十分注重社会进步、人的全面发展、城乡同步提高、资源合理利用、环境保护等的协调推进，否则将会对经济社会全面协调可持续发展产生重大制约和影响。因此，落实

科学发展观对于青岛具有更强的针对性。我们必须把落实科学发展观作为事关青岛经济长远发展、事关全面建设小康社会宏伟目标顺利实现的根本途径来抓，正确把握科学发展观的内涵，坚持以人为本、全面协调可持续发展，切实转变思路，更新观念，结合实际加快推进。在这个问题上如果含含糊糊、慢慢吞吞，见事短，行动慢，将会造成极大的被动。

二是关于全面积极准确地理解和执行中央宏观调控政策问题。温家宝总理在青岛视察时反复强调，这次中央宏观调控的鲜明特征是"果断有力、适时适度、区别对待、注重实效"，不是要人为地放慢发展步伐，而是要及时消除发展中的不稳定、不健康因素，促进经济更好更快发展。应当看到，这次宏观调控对青岛来说机遇远远大于挑战，青岛在建和在谈的大项目完全符合中央政策，全部属于国家扶持之列，这是青岛独有的优势。更应看到，宏观调控政策也使得我们能够下定决心，真正把工作着力点放在深化改革、加快调整、促进经济增长方式转变上来，推动经济运行的质量和效益实现新的飞跃。因此，我们一定要全面积极准确地理解宏观调控政策，自觉把执行宏观调控政策作为推动经济平稳较快发展的大好机遇，作为解决长期发展中突出矛盾的大好机遇，作为构建可持续发展的经济体系、打造新的竞争优势的大好机遇，进一步坚定信心，主动出击，乘势而上，切不可因思想麻木、犹豫不决而丧失机遇，因畏难发愁、等待观望而错过机遇。

三是关于进一步转变经济增长方式、合理开发和节约使用资源问题。温家宝总理在青岛视察时曾严肃指出，当前经济发展存在着严重的"六高六低"问题，必须从根本上改变不合理的粗放型增长方式，合理开发和节约使用各种资源。他还特别指出，在土地使用上，要坚持从国情出发，精打细算，提高使用效率。近年来，尽管我市在转变增长方式方面取得了很大进展，但粗放型的增长模式依然存在，在一些区市还比较严重。尤其是在土地使用上的确存在着效率不高的问题。因此，进一步推动经济增长方式的根本转变，努力实现从资源推动型、投资推动型向创新推动型、资源节约型、生态环保型转变，就成为解决当前多种矛盾和制约、促进经济更快更好发展的关键。特别是在土地问题上，各级领导一定要保持清醒，充分认识节约使用土地资源不仅是当前解决经济生活中突出矛盾的需要，更是中央基于国情和发展阶段而采取的一项长期战略，从而积极行动起来，眼睛向内，走内涵挖潜之路，千方百计提高土地使用效率，推动经济增长方式的根本转变。

四是关于坚持不断扩大对外开放、坚定不移走国际化之路的问题。对外开放是青岛的最大优势，坚定不移地走国际化之路是青岛实现更快更好发展的必然选择。ACD 等重大活动的成功举办，再一次证明了这一点。我们要认真回顾总结对外开放二十多年的经验教训，既要看到已取得的巨大成绩，更要看到差距与不足；既要避免出现关起门来孤芳自赏、自我陶醉、盲目乐观的情绪，又要克服小富即安、小进则满、固步自封的心态，还要防止标准不高、人云亦云、随波逐流的倾向。要始终立足于更加充分地发挥青岛对外开放的优势，坚持以国际标准和世界眼光审视自我发展，坚持在积极参与国际竞争与合作中寻找自己的定位，努力把握世界城市发展规律，树立高远的比学赶超目标，不断增强利用国际国内两个市场、两种资源的能力，以更大决心和气魄全面提高青岛的发展水平，进一步培育自己的特色，不断强化竞争优势。

五是关于树立和坚持正确的政绩观问题。政绩观决定了领导工作的根本方向，能否坚持正确的政绩观是我们每一个领导干部面临的重大问题。必须充分认识，最大的政绩从根本上说就是为人民谋利益，就是以人为本，离开以人为本，即使取得一时的经济增长也会为人民所抛弃，是毫无价值、毫无出路的。要追求符合法规政策的政绩、没有水分的政绩、社会全面进步的政绩、人民群众满意的政绩、没有后患的政绩，坚决不搞劳民伤财、沽名钓誉的"形象工程"，坚决杜绝急功近利、盲目攀比的歪风。既要尊重经济规律，又要尊重自然规律、社会规律，坚持一切从实际出发，以实实在在的行动、实实在在的发展成果取信于民、造福于民。

总之，要通过分析形势、统一思想认识，进一步增强促进经济更快更好发展的紧迫感、责任感，保持良好的精神状态，努力营造团结一心、干事创业、昂扬向上、加快发展的浓厚社会氛围，充分调动各方面积极因素，不断开创各项工作的新局面。

二、大力加强执政能力建设，不断提高领导水平和执政水平

党的十六大以来，以胡锦涛同志为总书记的党中央就加强党的执政能力建设提出了明确要求，采取了一系列的重要措施。最近，胡锦涛总书记在中央政治局就加强党的执政能力建设问题进行集体学习时，又进一步强调了加强党的执政能力建设的重大意义，要求全党坚持以提高执政能力为重点，全面推进党的建设新的伟大工程，不断提高领导水平和执政水平，不断改革和完善领导方式和执政方式，抓紧解决执政能力方面存在的突出问题，使党始终成为中国特色社会主义事业的坚强领导核心。我们一定要认真学习党的十六大精神，深刻领会胡锦涛总书记有关指示精神，充分认识加强党的执政能力建设的极端重要性。一是要充分认识加强执政能力建设是完成我们党肩负历史使命的迫切需要。在新世纪新阶段，我们党要继续推动现代化建设、完成祖国统一大业、维护世界和平与促进共同发展，就必须树立强烈的执政意识，不断提高执政能力，只有这样才能永葆党的生机与活力，更好地承担起我们肩负的历史使命。二是要充分认识加强执政能力建设是在不断发展变化的新形势下应对挑战、提高执政水平的迫切需要。当前国内外形势和我党的执政实践正在发生深刻变化，执政主体、执政对象、执政方式和执政背景都与过去有很大不同。只有不断加强执政能力建设，才能在如此错综复杂的形势下团结带领人民群众全面建设小康社会，不断巩固执政地位。三是要充分认识加强执政能力建设是新形势下加强党员干部队伍建设的迫切需要。新的执政环境对党员干部队伍的素质和能力提出了新的更高要求，而我们在干部队伍建设上还程度不同地存在某些不适应。只有不断加强执政能力建设，才能全面提高党员干部队伍素质，充分发挥党员的先锋模范作用，不断提高党的执政效能。总之，加强党的执政能力建设，关系到全面建设小康社会的进程，关系到中国特色社会主义事业的兴衰成败，关系到党和国家的长治久安。我们一定要从政治和全局的战略高度，以强烈的紧迫感和责任感切实抓好执政能力建设。

党的十六大对加强党的执政能力建设作出了全面深刻的阐述，明确提出了提高五个方面执政能力的基本要求。我们要

按照这一要求，坚持以“三个代表”重要思想为指导，牢固树立并认真落实科学发展观，按照省委确定的“一二三四五六”的工作思路，不断改革完善领导方式和执政方式，着力在提高科学判断形势的能力、驾驭市场经济的能力、应对复杂局面的能力、依法执政的能力、总揽全局的能力上下功夫，不断提高领导水平和执政水平。各级各部门特别是各级领导干部要按照“提高五种能力”的要求，全面地审视自己，认真研究本地区、本部门提高执政能力的具体目标、内容和措施，研究解决存在的薄弱环节和突出问题，不断加强执政能力建设，提高领导水平，努力开创各项工作的新局面。从全市角度看，要切实增强三个方面的能力：

（一）切实增强推进经济发展的能力，努力提高执政绩效

发展是党执政兴国的第一要务，是解决一切问题的根本和关键。只有抓住机遇，实现更快更好发展，不断夯实党执政的物质基础，才能更好地体现党的先进性和执政的合法性，才能得到人民群众的真心拥戴。因此，加强执政能力建设必须紧紧围绕发展来进行，做到抓住机遇抢先发展、调动更多积极性推进发展。围绕实现经济更好更快发展，要重点抓好以下五个关键环节：

一是要抓好品牌经济。品牌经济是青岛的特色和优势，更是青岛的未来和希望。各级各部门都要把发展品牌经济作为自己义不容辞的责任，制定品牌经济长远发展规划，明确目标，落实责任，制定切实可行的措施，建立发展品牌经济、创建品牌城市的长效机制。工作中要做到“三个注重”：一要注重已有品牌的提高。发挥我市现有知名品牌大企业优势，不断健全完善生产要素集聚机制、科技创新机制和企业内部运行机制，扶持这些企业和品牌不断做大做强，向世界级品牌迈进。二要注重新品牌的培育。拓宽创品牌领域，建设品牌梯队，积极支持新兴工业品牌和服务业品牌的不断涌现，促进品牌多层次、多元化发展。三要注重对老品牌的挖潜。制定具体的扶持措施，充分借助多方面力量特别是外资和民资，使老品牌不断焕发新的青春。

二是要抓好集群化发展。走产业集群化发展道路，是落实科学发展观、进一步转变经济增长方式的必然选择。今年以来，经过各方面的共同努力，我市六大产业集群建设初显成效。今后，要在已有基础上进一步突出三个重点：一要进一步完善集群的布局规划，构筑主导产业突出、区域分工有序、城乡配套联动、各具特色和竞争力的集群发展格局。二要强化骨干示范辐射带动作用，通过优势大企业、驰名品牌、骨干大项目引领集群快速成长。三要加强配套产业链条的建设，引进培养大批“专精特新”的中小企业群体，与龙头企业形成密切分工的合作关系，共同促进产业集群的成长壮大。

三是要持续抓好招商引资。继续把招商引资作为加快发展的重中之重，举全市之力抓好招商。具体要做到“三个突出”：即突出重点企业的招商，紧紧瞄准世界500强和中央大企业，努力引进一批大、高、外项目；突出重点领域的招商，特别是在产业集群、城建、农业、服务业、高新技术产业等方面，进一步提高招商质量和效益；突出改善投资环境，降低商务成本，破除来自各方面的阻碍，千方百计吸引国内外客商来青岛投资发展。

四是要下决心突破民营经济。民营经济最富生命力和创业激情。要抓住当前有利时机，推动民营经济发展实现新跨越，不断增强我市经济发展的活力和潜力。重点抓好三个环节：一要充分发挥民营经济在推进国企改革中的作用，并使民营企业在国企改革的过程中不断发展壮大。二要加大对本地民营企业的培养扶持力度，帮助他们不断扩大规模、提高水平。三要加强对外地民营企业大户的引进力度，争取他们把总部或主要生产基地迁至青岛。

五是努力营造推进经济更快更好发展的浓厚氛围。面对机遇，全市上下都要进一步增强实现更快更好发展的紧迫感和责任感，加强舆论引导，努力营造促进发展的良好氛围。要进一步加强督促检查，改进绩效考核，更加注重看新的在建和建成项目有多少，以此看经济发展的实绩，形成激励先进、鞭策后进、“比学赶超”的良好局面。要不失时机地推出一批好的典型，通过典型的示范作用，推动全市经济社会实现更快更好地发展。

（二）切实增强维护社会稳定的能力，不断夯实执政基础

能否正确处理好改革发展稳定的关系，努力维护社会稳定与安全，确保一方平安，是对各级党委政府和各级领导干部执政能力十分现实而严峻的考验。围绕全力维护政治安全、社会安全、信访安全和生产安全，为人民群众营造安定和谐的社会环境，当前要着力提高以下六个方面能力：

一是提高依法执政的能力。现代社会是法治社会，市场经济、民主政治都必须也必然以法制为保障。各级领导干部都要不断强化依法执政的意识，在工作中自觉坚持“三个贯穿”：一要把依法办事贯穿到整个工作中去。自觉坚持法律基本准绳，自觉维护法律权威，自觉坚持有法必依、执法必严、违法必究，自觉推动全社会法制观念和法律水平的提高。二要把民主手段贯穿到整个工作中去。强化民主意识，健全民主制度，拓宽民主渠道，善于运用民主手段调动广大群众参与现代化建设的积极性、主动性。三要把推进施政创新贯穿到整个工作中去。强化服务、绩效、责任、公开、品牌等理念，积极推进业务流程再造，深化“三快一提高”活动，提高服务水平和效率。

二是协调各方利益的能力。正确处理和妥善协调各方利益关系，是有效化解矛盾纠纷、消除不稳定隐患的最基本途径。当前要十分注意三个方面的问题：一要注意协调好不同社会群体的经济利益关系。坚持把最广大群众的根本利益置于首位，加大对困难群体的帮扶力度，创造更多的就业岗位和创业机会，切实解决好群众关心的热点难点问题。二要注意协调好人民内部的各种矛盾。进一步健全完善矛盾纠纷排查调处机制，高度重视做好信访工作，将各种矛盾解决在萌芽状态。三要努力创造公平公正的社会环境。党政机关、司法机关和领导干部要公平执政、公道办事、主持正义，特别是在群众关注的热点问题上，要建立公开、平等、竞争的机制，努力创造公平公正的社会环境。

三是应对复杂局面的能力。青岛正在向现代化国际大城市方向迈进，城市规模越大、现代化程度越高，所面临的局面就越复杂，对我们提出的要求就更高。各级领导干部要进一步强化政治意识、大局意识，时刻保持政治上的清醒与坚定，始终把握和引领城市发展的正确方向。高度重视并敏锐把握可能出现的各类突发事件，建立健全应急处理机制，提高临机处置和果断决策能力。一旦发生突发事件，主要领导干部要靠前指挥，及时控制局面，避免造成更大范围损失和影响。

四是做好基层基础工作的能力。基层工作是一切工作的基础,基层基础工作的好坏将对全市稳定产生全局性影响。各级党委政府要按照“强化组织、完善机制、创新方法”的要求,积极加强基层党组织建设和党员队伍建设,不断扩大党的工作的覆盖面和影响力。坚持重心下移,研究改进基层基础工作的体制机制,创新在新形势下开展群众工作的方式方法,促进基层工作的规范化。要坚持属地管理的原则,该在哪一级解决的问题就在哪一级解决,不能够推卸责任和上交矛盾。

五是教育引导的能力。在当前人们思想活动的独立性、多变性和差异性增强的情况下,加强对群众的教育引导至关重要。在这方面,要持续不断地强化三项工作:一要进一步深化群众性精神文明创建活动,注重实效,不断提高市民文明素质和城市文明程度。二要深入开展城市精神培育活动,充分发挥城市精神在教育群众、鼓舞斗志、化解矛盾和提升城市凝聚力等方面的作用。三要加强新闻宣传和教育工作,努力提高针对性、实效性和时代感,动员引导广大市民共同创造和谐稳定的社会环境。

六是打击控制的能力。只有对敌对势力和犯罪分子始终保持高压态势,才能有力地震慑犯罪、维护稳定。要严密防范和严厉打击境内外敌对势力的分裂破坏活动,切实维护城市的政治安全。继续严厉打击严重刑事犯罪和经济犯罪活动,防范和减少各类重大恶性案件的发生。全面落实社会治安综合治理各项措施,健全维护社会稳定的长效机制,切实保障国家安全和人民群众的生命财产安全。

(三)大力增强各级领导班子和领导干部与时俱进的能力,进一步强化执政主体的素质

能否做到与时俱进对于各级领导班子和领导干部这个执政主体和骨干来说至关重要,这不仅是加强执政能力建设的关键,也是推进一个地方更快更好发展的关键。全市各级党组织都要以与时俱进的精神,大力加强党的思想、组织、作风和制度建设,不断为党的肌体注入新活力,确保党的各级组织和党员干部永葆先进性、创造性和强大的战斗力。工作中,要突出在三个方面狠下功夫:

一是要在廉洁勤政上下功夫。执政党的党风事关党的生死存亡。加强党风廉政建设是执政能力建设的重要内容。我们一定要从加强党的建设、提高党的执政能力、巩固党的执政地位的战略高度,充分认识抓好党风廉政建设的极端重要性。要以贯彻落实《党内监督条例》和《纪律处分条例》为契机,突出抓好惩治和预防两个环节,全面落实领导责任制,构筑教育、制度、监督并重的惩治和预防腐败的工作体系。特别是要按照中央纪委的要求,下“重药”坚决制止向领导干部送钱、跑官要官、打着领导干部旗号办私事和党员干部参与赌博这“四股歪风”。各级领导干部都要洁身自好,带头严格遵守廉洁自律各项规定,带头作出廉政承诺,发挥表率作用。要进一步落实党风廉政建设“一岗双责”责任制,做到分级分“口”负责。对于廉政建设方面的苗头性问题要采取廉政谈话等方式及时教育提醒,并视情给予适当处理,防止出现大的问题。对于“一岗双责”不落实导致出现大的问题的单位,不仅要依纪依法处置本人,还要追究其上级领导以及相关部门在任命干部、反映情况、组织处理等方面的失误、失职、失察责任。要突出加强对土地出让、房地产开发、国有资产处置、工程招投标、政府采购特别是现金购物等重点领域和重点事项的监督,加强对重点权力部门和重点行业的监督,加强对农村、中介机构、企事业单位等基层单位的监督,促使各级干部切实做到为民、务实、清廉。

二是要在学习创新上下功夫。一个干部只有善于学习、勇于创新才能更好地驾驭全局、干事创业。要按照建设学习型政党的要求,大规模、全方位地培训干部,坚持不懈地用科学的理论和各方面最新知识武装广大党员干部头脑。特别是要搞好国际化城市领导能力的专题培训,引导各级领导干部快速适应新形势、新任务的要求,全面提高领导水平和执政水平。各级领导干部都要把学习作为一种工作和生活方式,进一步增强学习的自觉性和针对性,在学习中提高本领,在创新中加快发展,不断通过思想上的与时俱进和方式方法上的持续创新推进各方面工作上新的水平。

三是要在决策执行上下功夫。科学决策与完美执行是领导行为中不可或缺的两个方面,是执政能力建设的题中应有之义。要不断强化决策目标、执行责任、考核监督“三个体系”,确保决策科学、执行有力、监督到位。一方面,各级领导班子要健全完善重大决策的规则和程序,加快建立决策的咨询、听证、评估和责任制度,建立领导、专家和群众共同参与的决策机制,努力提高决策效率,降低决策成本,避免决策失误。另一方面,要切实提高执行能力,创新抓落实的方式方法,把督促检查作为推动工作落实最直接、最有效的手段,树立求实务实抓落实、不推不拖真抓快办的工作作风,确保中央、省的各项决策和市委的工作部署畅通快通不变通,取得实实在在的成效。

三、进一步突出重点,抓好落实,确保全面完成全年各项目标任务

当前,围绕年初确定的建设“繁荣青岛”、“平安青岛”、“文明青岛”的目标任务,要进一步突出工作重点,狠抓落实,确保全面完成全年各项目标。

第一,千方百计加快大项目建设。目前我市这批龙头大项目将对青岛未来的经济发展起到决定性作用,必须以第一位的精力和第一流的工作,突出抓好这个“第一要务”中的“第一要务”。有关领导和责任单位要按照各自分工,根据确定的工作目标和时间表,集中精力抓推进、抓协调、抓落实。对于在谈、在批、在建的项目,要进一步加快进度,争取早日建设、早日投产、早出效益。对大项目的推进情况要定期进行协调、研究,逐一分析在引进、落地、建设、投产过程中遇到的突出问题,对其中的客观原因要抓紧研究制定解决办法,对人为因素造成项目迟滞的,要严肃追究有关人员责任。在坚持引进“国家队”建设大型工业项目的同时,还要注意吸取以往的经验教训,不要人为地设置障碍,不要眼高手低,不要重二产轻三产,使一些好项目白白流失。在扶持大企业、大项目的同时,还应十分关注中小企业的发展,针对可能出现的信贷资金紧张趋势,帮助中小企业和民营企业研究应对融资难的措施,做到未雨绸缪。

第二,认真解决好土地制约问题。从各区市的情况看,目前对项目建设和招商引资一个很大的制约还是土地问题。解决好这一问题,最根本的是要在坚持依法用地的前提下,进一步精打细算、集约用地,提高土地的投资强度、产出强度和利用强度。有关部门要尽快制定生产类项目土地使用标准,规定在不同区域单位面积投入产出的最低标准,以此作为招商引资、

清理项目的依据，确保把有限的土地用在刀刃上。要对现已使用的土地进行调整重组，提高土地使用率，充分利用好闲置、废弃的厂房和盐田等资源，做好使用规划，完善配套设施，使这些土地尽快发挥作用。要在不破坏生态环境、严格依法办事的前提下，积极推进造地工作。

第三，不断提高城市建设和管理水平。当前我市城市大框架正在进一步展开，城市面貌正在发生质的改观。要继续保持这一势头，下大力抓好四个方面的工作，不断提高城市建设和管理水平。一要抓好事关城市大框架的若干重大项目的落实。积极争取滨海公路、海湾大桥等重大项目早日获得国家批准立项，年内全线开工建设滨海公路，抓紧建设青银二期项目，拓展我市远郊区的发展空间，尽快编制完成七个组团的详细规划，在部分成熟地段进行招商建设。二要抓好凸现城市魅力的特色工程。尽快完成滨海步行道市区段的贯通，确保崂山区段年内开工，加快石老人海水浴场改造、青岛现代艺术中心、极地海洋世界和麦岛片改造等 4 个项目的建设进度，使滨海城市的特色更加鲜明。同时还要搞好奥运场地的清理、配套、绿化等一系列工程。加大环保执法监督力度，加强污染防治，积极发展循环经济，切实搞好生态建设。三要抓好市民关心的市政设施建设工程。坚持贯彻“以人为本”的思想，认真搞好道路综合整治、地下通道、停车场、环境综合治理等工作，健全完善市政公用设施，最大限度地方便市民的出行和生活。四要抓好城市管理，健全完善长效机制。在坚持依法管理的基础上，研究在政府部门与街道办事处、居委会之间建立完善条块结合的管理体制和工作机制，进一步提高管理城市和服务群众的水平。

第四，切实落实“三农”政策。今年以来，我们认真贯彻中央政策，着力解决“三农”问题，取得了明显成效。但必须清醒地看到，我市农村地域广大，农业人口众多，解决“三农”问题始终是各项工作的重中之重。各级各部门要继续认真落实中央、省、市的各项政策措施，按照“七个互动”的要求，结合自身实际创造性地开展工作，推动“三农”问题从根上得到解决。近期要对“三农”政策落实情况进行一次专项督导检查，有针对性地解决存在的突出问题。要进一步加强农村基础设施建设，加快农业产业化和农村工业集群化、品牌化建设，加大农村养老和医疗保障体系建设力度，搞好农村教育，全面落实土地承包的各项政策，深化农村税费改革，使农民真正得到实惠，推动城郊经济社会各项事业迅速走上良性发展的轨道。

第五，高度关注并切实加强思想政治领域的工作。当前，要突出抓好三点：一是继续深入开展以访贫问苦送温暖、访贤问能促发展、基层谈心保稳定为主要内容的“三访谈”活动。各级领导干部要把开展“三访谈”活动与转变作风、面对面做好群众工作紧密结合起来，通过访谈真正访出一批加快发展的点子、访出一批干事创业的能人、访出一个稳定繁荣的环境。领导干部近期要结合半年总结普遍开展一次谈心活动，特别要与自己分管的干部谈，与基层群众谈，通过访谈进一步明确思路，破解难题，更好地推进工作。二是切实搞好“市民月”等有关工作，提高决策的民主化、科学化水平。对于“市民月”中收集到的意见建议，有关方面要认真对待，充分吸收合理成分，进一步改进工作，把“市民月”活动打造成为我市精神文明建设的重要品牌。要进一步创新收集民情、集中民智的方式方法，拓宽工作覆盖面，进一步激发全市人民关心青岛发展的热情和主人翁意识，提高决策的科学化、民主化程度。三是高度重视网络时代思想政治领域出现的新情况、新问题，开展积极的网上思想政治工作。组织开展各种形式的网上思想道德教育活动，充分发挥重点新闻网站和主要教育网站的主力军作用，加强对各类网站论坛的正面引导，牢牢把握虚拟世界思想政治工作的主动权。

第六，认真解决人民群众生产生活中的热点难点问题。特别要及时解决群众反映强烈的就业与再就业、社会保障、困难群体帮扶、住房及拆迁、减轻农民负担、社会治安、打击假冒伪劣商品、转变干部作风等突出问题。一是继续搞好就业与社会保障工作。通过搞好就业服务、加强再就业培训、完善过渡性就业、开发公益岗位、培育创业型“小老板”等多种措施，积极促进就业再就业，确保城镇登记失业率始终维持在较低水平。进一步完善社会保障体系，通过增加投入、健全机制，加强对弱势群体的救助，构筑牢固的社会保障安全网。二是加快经济适用房建设进度。完善有关政策法规，通过在规划和用地上加强源头控制、提高购买经济适用房准入条件、严格控制建设标准等措施，使经济适用房的保障特征真正得到体现。进一步建立完善住房供应体系，扩大廉租房源，认真解决好低收入家庭住房困难问题。三是研究制定新的城镇房屋拆迁和农村征地补偿标准和工作机制，慎重稳妥地推进这项工作，妥善解决好历史遗留问题。四是继续做好清理拖欠职工工资和农民工工资的工作，严格落实各项措施和责任制，切实维护这部分群众的合法权益。

第七，深入开展“双学三创”活动。各级领导干部一定要充分认识这项工作的重要意义，采取有力措施，推动全市上下进一步掀起“双学三创”的新高潮。要结合半年工作督查，对全市各部门、各单位开展“双学三创”活动的情况进行一次考核检查，并将考核结果作为奖惩的重要依据。同时，要研究建立推动“双学三创”活动更好开展的长效机制，把活动中涌现的好措施、好做法用制度形式固定下来，通过“双学三创”做到“四个一”：即解决一批问题、培育一批人才、创出一批品牌、营造一个氛围。要结合学习主动查找全市经济社会发展中遇到的突出问题，围绕解决问题出点子、找窍门、练绝活，建立健全解决问题的工作记录，作为检验学习成效的重要标志。要围绕建设优秀党政干部、优秀企业家、各领域专门人才和高素质劳动者“四支队伍”，加大对典型的培育宣传力度，引导广大干部职工在各自岗位上建功立业。要把创品牌活动不断向广度和深度拓展，努力营造敢为人先、争创一流、昂扬向上的社会氛围，使全市涌现出更多群众公认、社会满意的知名品牌。

借此机会再谈一谈机构改革问题。今年下半年我市机构改革即将全面展开。为确保此次机构改革的顺利进行，在这里对各有关部门提几点要求：一是要以深化“五项工程”、建设“四型机关”为目标，从体制、机制入手，认真研究制定科学合理、操作性强的实施方案，使改革真正达到预期效果，切忌走过场、搞形式、“换汤不换药”。二是要深入细致地做好思想政治工作，加强政策宣传。各级领导要带头服从大局，坚决贯彻市里有关决定，发挥表率作用。三是要严肃纪律。在机构改革期间相关部门要做到队伍不散、秩序不乱、工作正常运转。在此期间任何单位不得擅自进人、调级，不得突击提拔干部，突击发展党、团员。加强对公有资产和财物的管理，任何单位和个人都不准借机构改革之机巧立名目乱发钱物,不准侵吞和挥霍浪费公有财物。各级纪检监察、组织人事、财政审计等部门要搞好监督检查,凡是违反上述纪律的单位和个人,一经发现都要依法依纪严肃查处。

同志们,今年已过去一多半的时间,从各项指标完成情况看,基本达到了预期要求。但必须清醒地看到,与中央和省委的要求相比,我们的许多工作还有相当的差距,同时在今年剩下的几个月里,还有可能遇到新的困难和挑战。全市各级党组织和广大党员干部一定要更加紧密地团结在以胡锦涛同志为总书记的党中央周围,在省委的正确领导下,坚持以邓小平理论和"三个代表"重要思想为指导,牢固树立和落实科学发展观,大力加强执政能力建设,进一步解放思想,振奋精神,团结拼搏,扎实工作,不断创出一流的业绩,把青岛建设得更加美好!

(市委政研室供稿)

政府工作报告

——2005年1月27日在青岛市第十三届人民代表大会第三次会议上

青岛市市长　夏　耕

各位代表:

现在,我代表市人民政府向大会作工作报告,请予审议,并请各位政协委员和其他列席的同志提出意见。

一、2004年工作回顾

过去的一年,是我市改革开放和现代化建设取得显著成效的一年。在中共青岛市委的正确领导下,我们紧紧依靠全市人民,以邓小平理论和"三个代表"重要思想为指导,贯彻落实党的十六大和十六届三中、四中全会精神,贯彻落实省委、省政府的各项部署,以科学发展观统领全局,按照市委"五个三"的工作思路,全力推进各方面工作,较好地完成了市十三届人大二次会议提出的各项任务,"十五"计划确定的主要目标提前一年基本实现。

初步核算,全市生产总值完成2163.8亿元,增长16.8%;地方财政一般预算收入130.5亿元,增长28.5%。全社会固定资产投资1025.4亿元,增长38.7%。三次产业的比重为7.5:54.1:38.4。

(一)认真落实宏观调控政策,经济结构调整步伐加快

宏观调控取得阶段性成效。全面清理整顿各类开发区,规范土地市场秩序,全市累计核减开发区规划用地面积67.2%,整合挖潜存量土地4.8万亩,争取国家确认重点急需建设项目用地2.9万亩。采取积极措施,克服了煤电油运方面的困难。全年实现规模以上工业增加值增长26.9%。高新技术产业产值增长35%,占规模以上工业总产值比重超过40%。

加快构建可持续发展的经济体系,着力培育六大产业集群,大项目和品牌经济取得新进展。1000万吨炼油项目获国家批复即将开工。与中船重工集团签署全面合作协议。前湾港三期、海西湾造修船基地和青岛发电厂二期扩建工程等项目进展顺利。丽东化工、LG手机等项目开工建设。高丽钢线三期、浦项不锈钢等项目建成投产。我市被确定为首批国家电子信息产业基地。海尔手机项目竣工达产。16个产品获得"中国名牌产品"称号。新增"中国驰名商标"4件。

现代服务业繁荣发展。马士基中国北方总部、大韩航空中国呼叫中心分别落户我市。港口吞吐量达到1.6亿吨,集装箱吞吐量突破500万标箱。航空旅客吞吐量480.8万人次,航空货邮吞吐量10.5万吨。极地海洋世界、现代艺术中心、香格里拉饭店二期奠基开工。旅游总收入、海外游客、国内游客的人数分别突破200亿元、50万人次和2000万人次。引进恒丰银行、大众保险等5家金融机构,金融业实现地方税收增长21.4%。商贸业对半岛地区辐射能力进一步增强。

(二)实施城乡统筹发展,努力增加农民收入

市本级安排6.84亿元用于"三农",增长28.6%。各区全部免征农业税,郊区五市降低农业税税率3个百分点,减免农业税及附加2.3亿元,向农民发放粮食直补资金4424万元。全年粮食总产232.3万吨,增长4.6%。农民人均纯收入5080元,增长12.1%,增幅达1998年以来的最高水平。历年拖欠农民的土地安置补偿资金,全部补偿到位。农业产业化加快发展,新增国家级龙头企业3家,累计达到9家。郊区五市全部进入2004年全国100强县。高致病性禽流感防治工作扎实有效,保证了全市安全无疫情。

(三)加快推进城市建设,城市环境进一步改善

城市规划和重点建设取得新进展。城市总体规划修编全面展开。编制完成滨海公路沿线城市组团总体规划、生态市建设规划、城市综合交通规划等专业规划,7区控规覆盖率达到100%,5个区的分区规划开始实施。前湾港区港口总体规划修编已通过国家审查。"三点布局、一线展开、组团发展"的城市框架全面展开。滨海公路北段、滨海步行道崂山区段、石老人海水浴场改造开工建设。胶济线青岛段铁路电气化改造加快实施。青银高速公路二期工程奠基。汇泉广场改造、流亭机场扩建工程竣工并投入使用。"平改坡"试点工程基本完成。跨海隧道项目完成地质勘探、专家论证和社会公示、听证,南隧、北桥建设方案进入报批程序。

《奥运行动规划》顺利实施。奥帆赛场馆建设及相关配套

工程全面启动。观摩了雅典奥运会和国内外大型帆船比赛活动的组织管理工作。在国内外开展了"帆船之都"推介活动。

生态市建设开始启动。顺利通过国家环保模范城市省级复查。工业废水排放达标率、烟尘控制区覆盖率居全国领先水平,城市环境空气质量优良率达 90.7%。前海一线截污工程加快实施。全面开展新一轮城市环境综合集中整治。完成市内四区 12 条主要道路绿化和 237 条道路的路灯安装工程,新植树 69 万株。全年清除违法建筑 114.3 万平方米。实施清洁生产,推广资源综合利用,循环经济发展取得局部成效。

(四)不断深化各项改革,对外开放迈出新步伐

加快推进各项改革。年内完成了市属国有和集体中小企业整体出售和股权转让 55 户。132 户国有中小企业完成改制退出程序,改退率 75.5%。搭建国企改革资金平台,筹集资金 14.9 亿元,安置职工 8.1 万人。着手开展国有(集体)资产监管工作,对 27 户市直属企业实施监管。农村信用社改革取得新的进展。市与区市财源建设联动机制基本建立。积极稳妥操作,保证了出口退税改革的顺利实施。深化政府机构改革,初步理顺了行政管理体制。

民营经济实力明显增强。实现增加值、税收分别增长 18% 和 22%,出口增长 93.8%。年销售收入过 1 亿元、10 亿元的企业分别达到 148 户和 13 户。12 户企业进入全省民营 100 强企业。民营企业上市融资实现新突破,中天国际在香港联交所挂牌,高校软控已获准上市。

对外开放水平进一步提高。完成外贸进出口总额 243.3 亿美元,其中出口 139.1 亿美元,增长 37.3%;实际利用外资 38.3 亿美元,增长 33.1%。创新招商方式,重点推进产业集群招商和专业招商。全年引进千万美元以上大项目 212 个,世界 500 强企业新投资项目 11 个。成功举办"韩国周"、"日本周"和"瑞典日"活动。实际利用韩、日投资分别增长 46.6% 和 10.2%。积极转变外贸增长方式,高新技术产品和机电产品出口分别增长 53.6% 和 50.3%。实现对外经济合作营业额 2.1 亿美元。"区港联动"试点获国务院批准。出口加工区正式运行。外事工作服务国家外交大局,对外务实交往取得新成绩,与国外城市的交流与合作进一步扩大。港澳台侨工作得到加强。成功承办了亚洲合作对话第三次外长会议、第三届 APEC 中小企业技术交流暨展览会和全国国有企业领导班子思想政治工作建设座谈会等一系列重要会议。引进国内投资 192.7 亿元。中船重工、中石化等一批国家重点企业和北京首创、上海申沃、国美、苏宁等知名企业落户青岛。加强了对省内外对口帮扶地区的支援。

(五)深入开展城乡文明建设,社会各项事业协调进步

创建全国文明城市工作富有成效。广泛开展"双学三创"活动。对市群众艺术馆和市图书馆进行了改造,少儿图书馆正式对外开放。我市再次荣获无偿献血先进城市奖。深入开展"双拥"共建活动,地方政府积极实施拥军"四项工程",有力地支持了部队国防建设。驻军广大指战员全力参与抢险救灾、扶贫帮困,协助地方发展公益事业和承办重大活动,为青岛的发展与稳定作出了重要贡献。国防教育、民兵预备役建设不断加强,人防工作取得新进展。中央、省驻青单位热情关注和大力支持青岛的建设与发展,做了大量积极有效的工作。

社会事业协调发展。8 项成果获国家级科学技术奖。专利授权量 1973 件,增长 32%。我市被列为全国企业技术创新试点城市。国家深海潜水器基地定点我市。全面实施了义务教育"一费制","以县为主"的农村义务教育管理体制进一步完善。全市初中毕业生升学率达到 92%。职业教育继续得到加强。取消了市内四区外来务工人员子女借读费。基础教育新课程改革试点全面启动。市立医院东院区主体完工。青岛大剧院完成方案设计。市体育馆已开工建设。北京电影学院青岛教学基地奠基。全市有 313 项文化创作精品在全国获奖。实现有线数字电视整体转换 15 万户。我市运动员在第二十八届雅典奥运会和第十二届残疾人奥运会上取得历史最好成绩。人口低生育水平继续保持稳定。妇女儿童、老龄工作稳步推进,残疾人和红十字会事业健康发展。气象、地震、民族、宗教、档案、史志等工作取得新成绩。

(六)着力解决事关群众切身利益的实际问题,人民生活水平稳步提高

市政府年初确定重点办好的 17 件实事,除香港中路人行过街通道等个别项目调整外,其他都顺利完成或达到进度要求。继续保持就业增速高于失业增速的良好势头,全年实现就业 14.1 万人,城镇登记失业率 3.1%。城市居民人均可支配收入 11089 元,增长 10.1%。新增农村劳动力转移就业 15.7 万人。拖欠农民工工资问题得到基本解决。降低了国有集体企业养老保险缴费比例,参保缴费职工突破 100 万人。农村新型养老保险制度试点进一步扩大。提高了城乡最低生活保障标准。全面推行新型农村合作医疗制度,农民受益面达到 89%。经济适用房竣工 64.8 万平方米。市区新增供热面积 157 万平方米,新增天然气用户 8.5 万户。城区北部开工建设了辽阳西路、安顺路、李村河等一批道路、河道整治项目。对"市民月"活动中集中提出的缩小南北差距、加强城市管理等 10 大问题,制定了三年工作计划,正在逐步推进。加强对粮食、蔬菜等商品价格的监控,增加重要商品储备,市场物价保持平稳。

(七)大力推进"平安青岛"建设,保持了社会政治稳定

以创建"平安青岛"为目标,坚持打防并举、预防为主,完善了打、防、控一体的社会治安管理机制。坚持重心下移,抓基层、抓基础、抓队伍,健全了基层创建平安工作机制。社会治安综合治理责任制得到有效落实,进一步强化了维护社会稳定的领导机制和责任体系,创建"平安青岛"工作取得阶段性成果。刑事案件立案、治安案件受理分别下降 5.6%、32.1%。及时侦破了几起重大刑事案件,全市公众的治安满意率进一步提高。

在全国率先开通了公共信息网络安全报警处置中心。加强公共安全应急体系建设,建立完善了 38 个专项应急预案。全市各类安全事故起数、死亡人数分别下降 32.5%、21.3%。实施"食品药品放心工程",全市食品药品安全形势明显好转。重视群众来信来访和矛盾纠纷排查调处工作,及时化解不安定因素,促进了社会的和谐稳定。

(八)全面推进依法行政,政府自身建设得到加强

广泛开展《宪法》、《行政许可法》和《全面推进依法行政实施纲要》的学习、宣传、贯彻活动。对地方性法规和政府规章进行全面清理,报请市人大常委会废止 8 件、修改 19 件地方性法规,废止 114 件、修改 37 件政府规章。完成了行政许可事项和实施主体的清理工作。在城市管理中全面推行了相对集中

行政处罚权。深入开展"三快一提高"和"三访谈"活动,严肃查处公务员不作为、乱作为的行为,促进了政府工作作风的转变。自觉接受市人大、政协和人民群众的监督,人大代表建议和政协委员提案全部办理完毕,第6号、第10号议案完成阶段性落实工作。

各位代表!过去一年的成绩来之不易。这是认真贯彻落实中央和省委、省政府各项工作部署的结果,是市委正确领导、市人大和市政协支持监督的结果,是全市人民团结奋斗、共同努力的结果。在此,我代表市人民政府,向全市广大干部群众,向各民主党派、工商联、人民团体和社会各界人士,向中央、省驻青单位,向人民解放军和武警驻青部队,向所有关心、支持青岛建设和发展的海内外朋友们,表示衷心的感谢和崇高的敬意!

各位代表!我们也清醒地看到,当前我市经济社会发展中还存在许多矛盾和问题,经济结构调整和产业升级任务依然艰巨,服务业发展相对滞后,民营经济比重偏低;某些方面的体制、机制性障碍还很突出,经济增长方式比较粗放,生态环境压力较大;城市建设和管理体制机制需要理顺,城乡差距和南北差距依然较大;优质教育和卫生资源供求矛盾突出,文化体育设施薄弱;城乡居民整体收入水平不高,农民增收的长效机制尚未建立,就业和社会保障面临较大压力;政府作风建设还存在薄弱环节,依法行政意识需要增强,执行能力和行政效能有待提高,不正之风和腐败现象仍有发生。对于上述问题,我们将高度重视,通过发展和改革逐步加以解决。真诚希望各位代表、政协委员和社会各界、广大人民群众给予监督,帮助我们把政府工作做得更好。

二、2005 年工作的主要任务

2005年是贯彻落实科学发展观,巩固宏观调控成果,全面完成"十五"计划目标的重要一年。今年政府工作的总体要求是:以邓小平理论和"三个代表"重要思想为指导,认真贯彻党的十六大和十六届三中、四中全会精神,全面落实科学发展观,坚持发展这个第一要务,围绕建设全国重点中心城市和世界知名特色城市的目标,着力推进改革开放,加快调整经济结构,转变经济增长方式,突出抓好"三件大事",大力推进"繁荣青岛、平安青岛、文明青岛"建设,努力构建社会主义和谐社会,实现经济社会全面协调可持续发展。

经济和社会发展的主要预期指标是:全市生产总值增长14%,地方财政一般预算收入增长14%;城市居民人均可支配收入、农民人均纯收入分别增长10%和7%;城镇登记失业率控制在4.2%以内,居民消费价格总指数调控在104以内。

各位代表!做好今年的各项工作,我们既面临着多方面的挑战,也面临着难得的发展机遇。国家将继续实行宏观调控政策,实施稳健的财政和货币政策;省委、省政府突出青岛龙头带动作用,胶东半岛制造业基地和山东半岛城市群建设步伐进一步加快;市委"五个三"的工作思路全面展开,科学发展、快速发展、和谐发展的态势已经形成。只要我们切实增强机遇意识、危机意识、创新意识,紧紧依靠全市人民,万众一心,努力拼搏,就一定能够完成各项目标任务。

(一)继续推进经济结构调整,坚持走新型工业化道路

加快先进制造业基地建设。围绕构建可持续发展的经济体系,着力培育六大产业集群,推进炼油、造船、汽车等20个投资10亿元以上大项目、100个投资过亿元的重点项目。电子和家电产业,要加快国家电子信息产业基地和园区建设;石化产业,要加快1000万吨炼油、丽东化工等主体项目建设;造船产业,要加快海西湾造修船基地建设进度,做好船舶研发、装备设计与制造等项目引进;汽车产业,要抓好货车、乘用车、特种车的生产,加快重要零部件和研发中心的建设;全面整合港口资源,加快前湾港区的建设,规划新建鳌山港。

加强大企业和品牌梯队建设。制定扶持大企业本地发展政策,完善"直通车"服务。积极扶持一批大企业向世界500强迈进,推动一批重点企业进入国内同行业前列,培植一批民营企业成为全国民企百强。引导中小企业围绕产业集群建设,形成配套加工体系。大力发展品牌经济,支持一批销售收入过10亿元的企业实施品牌培育。加强工业经济运行的监控和指导,协调好煤电油运等生产要素供应。

积极推进现代服务业发展。壮大港口经济,推进"区港联动",提高口岸服务水平,提升国际货物中转和分拨功能,促进港航产业与物流业互动发展。以建设国际海滨度假城市为目标,全面推进旅游业向度假型、质量型和国际标准的转变。开发整合旅游资源,培育和完善度假旅游、节会旅游、生态旅游等系列旅游产品,加强极地海洋世界等重点旅游项目建设,进一步加大国内外促销力度。加快会展中心二期工程建设,高质量办好青岛国际啤酒节、青岛海洋节、中国国际消费电子博览会等重要节会。争取有两家国内外金融机构落户。大力发展总部经济,吸引更多的大公司地区总部进驻我市。完善市、区(市)两级商业网点规划管理体系,加快培育社区商业中心和区域性商贸中心。

(二)保持农业和农村发展的良好势头,继续增加农民收入

推进城乡统筹发展。围绕发展郊区特色经济,切实加强农业综合生产能力建设,全面深化农村改革,进一步促进粮食稳产、农民增收、农村经济社会协调发展。

加快农业结构调整。抓好100万亩高产优质粮食示范区建设。大力发展畜牧、水产、蔬菜、果品、花卉等优势产业。实施农业科技创新,提高农业科技含量。抓好高效农业园区、农产品出口基地和无公害农产品生产基地建设。全市粮食总产230万吨以上。推进十大农业园区和十大农产品专业批发市场建设,重点扶持9户国家级农产品龙头企业。大力推广"九联模式"。支持发展各类农民专业合作经济组织,提高产业化经营水平和农民组织化程度。建成青岛国际农产品展示交易中心。实施"绿卡行动计划",加强质量检测防疫体系建设和优质无公害农产品认证管理。做好重大动植物疫病的防控工作。

进一步加强农村基础设施建设,提高农村城市化水平。增加对大沽河治理、节水示范、灌区配套等项目的资金支持。实施墨水河综合治理一期工程。拓展农业项目投融资渠道。认真做好全国重点镇、卫星镇、小康村的示范工作,组织好国家级小城镇发展改革试点和小城镇经济综合开发工作。

认真落实党的农村基本政策。进一步减轻农民负担,努力增加农民收入。取消农业税征收和农村"两工"。继续实行对种粮农民的直接补贴和农机具购置补贴。全年市本级财政用于"三农"的支出9.5亿元。深入贯彻《农村土地承包法》,稳

定和完善土地承包关系。完善征地补偿办法，落实补偿监管机制，妥善安置被征地农民。落实涉农价格和收费公示制度，切实保障和维护农民的合法权益。继续加大对经济困难镇村的财政转移支付力度，专款专用，确保工资发放和农村基层组织正常运转。

（三）加快改革开放步伐，增强经济发展的活力和动力

深化国有企业和国有资产管理体制改革。重点推进国有大企业股份制改革，基本完成国有资本从中小企业改制退出和困难企业退出市场。资产经营公司基本完成过渡性体制改造。完善27户重点企业资产监管工作，逐步将市政、公用、交通等行业符合条件的国有资产纳入监管范围。探讨建立国有资产经营预算制度，规范企业审计评估和产权交易，完善企业经营者业绩考核和激励机制，依法履行出资人职责，促进国有资产保值增值。

深化财税和投资体制改革。完善公共财政体制，支持农村税费改革等工作。进一步拓展财源建设途径，建立财政收入持续快速增长机制，提高财政收入占全市生产总值、税收占财政收入的比重。加大财政对“三农”工作和社会保障的支持力度。改革企业投资项目审批办法，规范政府投资行为，切实加强财政专项资金使用管理，加强投资项目的审计监督。继续做好企业上市工作。

大力发展民营经济。出台促进民营经济发展的政策措施，扶持一批民营科技型、外向型、现代服务业和农产品加工型企业做强做大。支持民营中小企业做专做精，为产业集群发展协作配套。加快民营企业争创品牌步伐。鼓励民营企业参与国有企业重组改造和上市融资，参与基础设施和公用事业建设。建立完善融资担保体系、服务体系，创新适应民营企业特点的金融产品和服务方式。建立促进民营经济发展协调机制，解决民营企业发展中遇到的困难和问题。全年实现民营经济增加值和税收分别增长18%、16%以上。

转变对外贸易增长方式。提高电子信息产品和软件等高附加值产品出口比重，引导出口产品由数量型向质量型、环保型转变，推动加工贸易转型升级。加快出口加工区发展。做好出口退税改革的相关工作，完善扶持出口的政策措施和协作机制。推进外贸企业收购制向代理制改革。组织好急需或短缺的能源、原材料、先进技术和关键设备进口。做好纺织品出口配额取消后的应对工作，提高贸易风险防范能力和贸易摩擦处理能力。引导企业加强职业安全卫生管理体系（ISO18000）认证工作。

进一步提高利用外资质量。强化大企业、产业集群和产业链配套项目招商，整合招商队伍，推进专业招商，做好委托招商。紧紧围绕我市产业发展方向，加强对韩国、日本、欧美等国家和港台地区引资工作。办好各项对外招商和经贸交流活动。推进服务业和市政公用设施领域的对外开放。积极开拓拉美市场，争取有所突破。进一步提高开发区发展水平，加快发展现代制造业，逐步向多功能综合型产业区转变。落实好赋予开发区的各项权限。加大国内招商力度，吸引国家重点企业和国内500强企业在青投资，设立研发基地、地区总部和销售中心。进一步实施“走出去”战略。加强政策和市场研究，优化商务环境，推广“绿色通道”等特色服务。改善外来投资创业人员的工作和生活条件。加强与国外友好城市和机构的交流与合作。做好结对帮扶曹县和支援贫困地区工作。

（四）加快城市建设和奥帆赛筹备，提高城市现代化水平

高标准做好城市规划工作。围绕加快推进现代化国际大城市框架和可持续发展的经济体系建设，搞好滨海公路畅通和两侧延伸道路规划，完成5个组团范围内的控规及《生态间隔区详细规划》，加快市中心区整治与完善规划、港口总体规划、“帆船之都”发展概念规划的编制工作。在加快城市西部发展的同时，积极开展对东部和北部地区的规划研究。

加强基础设施建设。通过规划指导、政策扶持，推进市区北部基础设施建设，改善生活环境，逐步缩小南北差距。实施杭州路、大沙路、开封路、四流北路、四流中路等超期服役道路的综合整治。做好鞍山路高架等海底隧道市区接线项目的前期工作。全线改造山东路，完成辽阳路综合整治工程。加快滨海公路、青银高速公路二期、济青高速南线、流亭机场二期扩建、青岛电厂扩建、仙家寨水厂老厂改造和麦岛污水处理厂扩建等重点项目建设。完成胶济线青岛段铁路电气化改造。完成本地网电话号码升8位工程。

理顺城市管理体制。将市政道路、园林绿化、环境卫生、房产管理等方面的主要管理权限下放到区，实行属地化管理。强化城市管理综合行政执法，建立城管执法公安保障机制。完善以市场为基础的公用事业价格形成机制和调节机制。按规定程序做好《青岛市城市房屋拆迁管理条例》的修订工作。继续清除违法建筑，建立防治违法建筑行为的长效机制。集中整顿户外广告设施、各类亭体和占路经营，深入开展创建城管示范达标路活动。

全面做好奥帆赛筹备工作。完成奥帆赛必备项目主体工程，加快相关市政管线敷设和配套设施建设。实施科技奥运工程，开展科技奥运研究项目。实施“数字奥运”行动计划，奥运海底光缆项目竣工。完成赤潮防治和水文、气象监测以及国家级监测的阶段性目标。全面普及奥运及帆船运动知识，加强奥运城市宣传推介，全力打造“帆船之都”城市品牌。

（五）做好创建全国文明城市工作，促进社会全面进步

争创首批全国文明城市。对照《全国文明城市测评体系》，全面排查、整治薄弱环节。大力宣传《公民道德建设实施纲要》和“八不”行为规范，加强未成年人保护工作和思想道德教育。深化文明社区、文明行业、文明村镇等群众性精神文明创建活动。在全市服务行业广泛开展“创服务名牌，树青岛形象”活动。深入开展城市文明交通“三让”活动，树立一批示范街道、示范社区。继续推进学习型城市建设，形成广覆盖、开放式、多渠道终身教育体系。加强各级社区教育阵地建设，开展好各种形式的社区读书活动。

全面推进社会事业发展。启动“文化建设年”活动，实施“文化家园”工程，加快青岛大剧院、现代艺术中心等文化设施建设，抓好社区、村镇文化中心和文化大院建设，丰富群众文化生活。加强对历史文化名城和民族民间文化的保护。办好中国国际小提琴比赛和奥林匹克文化节。推进文化体制改革，加强文化市场管理，大力发展文化产业。广泛开展全民健身活动，增强竞技体育实力，高水平办好青岛市第一届运动会、中日韩国际马拉松赛等体育赛事。加快市体育馆、市体校的建设。积极推进公共卫生长效机制建设，健全和完善疾病控制、卫生监督、医疗救治三级网络体系。深入扎实开展传染病防治工

作。市立医院东院区竣工交付使用。重视和支持红十字会工作。加快县级卫生城市建设步伐，调整优化市属医疗机构资源。进一步繁荣发展哲学社会科学事业，普及科学知识，倡导文明健康的生活方式。深入开展双拥共建活动，加强人防、民兵预备役工作，巩固军政军民团结。积极支持部队国防建设，解决好驻军工作生活等问题。认真实施妇女儿童发展纲要，推动妇女儿童事业不断发展。进一步做好民族、宗教、侨务、对台、老龄、档案、史志、残疾人事业等工作。

（六）坚持科教兴市和人才强市战略，实现可持续发展

提高科技自主创新能力，完善城市创新体系。加快共建国家重点实验室培育基地，开工建设国家深海潜水器基地，促进国家海洋科学技术研究中心建设。抓好国家企业技术创新试点，支持海尔、海信等企业建设国际一流的科研中心，深化制造业信息化示范工程。搞好市南、高新区、海尔、海信软件基地建设；推进新材料、新兴海洋科技产业和生物工程产业快速发展。高新技术产业产值增长20%以上。加快创新性科研成果向产业化转化，扶持和促进中小型企业开展技术创新。

推动城乡教育协调发展。落实农村“以县为主”的义务教育管理体制，完成农村中小学标准化建设任务。逐步将五市三区义务教育阶段教师工资、公用经费、校舍危房改造纳入区市财政预算。设立农村困难家庭高中生救助资金，完善救助制度。加强教师队伍建设，全面推进素质教育。扩大优质高中资源，大力发展各类职业教育，优化职业教育资源配置。实施农村中小学现代远程教育工程。支持青岛高校发展，加大重点高校引进力度。深入实施人才强市战略，加强高层次人才队伍建设，实施科技将才建设工程，健全高技能人才培养机制。完善人才落户政策。

切实做好人口、资源和环境工作。深化人口与计划生育综合改革，提高出生人口素质，人口出生率控制在11.6‰以内。全面推行农村部分计划生育家庭奖励扶助制度。认真落实国务院《关于深化改革严格土地管理的决定》，做好土地管理体制改革和土地利用总体规划修编工作。加强对耕地特别是基本农田的保护，做好建设用地的节约挖潜，制定土地集约利用考核指标体系。全面推进生态市建设。大力发展循环经济，做好省级以上工业园区循环经济发展规划编制工作。发展生态产业，加强资源综合利用，提高清洁、可再生能源使用率，建设资源节约型社会。逐步实施现有建筑的节能改造。对青银高速、海尔路、香港路等重点道路沿线山体进行恢复和保护。抓好海洋环境保护、胶州湾湿地保护、前海重点水域、重点流域和区域污染防治。加强饮用水源地保护，推进中水综合利用和海水淡化工程。重视治理空气污染，加大燃煤和机动车污染控制力度，机动车尾气排放达标率90%以上。

（七）坚持以人为本，做好关系人民群众利益的各项工作

努力扩大就业规模。全面落实促进就业各项政策，逐步建立城乡统筹就业良性互动机制。建立公益性岗位储备制度，公益性岗位总量达到1.2万个，安置就业困难人员保持在1万人。推进实施创业工程，扶持自谋职业和自主创业1万人。加强职业技能培训工作，全年培训失业人员3万人，组织农村富余劳动力转移培训3万人，培训企业技术工人3万人。从今年起，建立机电、焊接、化工环保等6个公共实训基地。提高最低工资标准，努力建立与经济增长相适应的合理增资机制。强化工资指导线作用，督促企业按时足额发放职工工资。加强劳动执法监察，维护劳动者合法权益。落实库区移民扶助政策。

健全社会保障体系。将国有、集体企业养老保险缴费比例降至21%。增加企业养老保险参保人数7万人以上。确保企业离退休人员养老金按时足额发放。全面推行农村社会养老保险制度，着力解决好失地农民的社会保障问题。建立健全城乡社会救助体系，巩固和完善新型农村合作医疗和医疗救助制度。实施农村低保“阳光救助工程”。建立城乡自然灾害援助制度。改革现行五保供养体制，加快农村中心敬老院、老年福利中心等设施建设。

改善城乡居民生活条件和环境。全面落实《城镇最低收入家庭廉租住房管理办法》，努力增加廉租住房供给量。加快经济适用房建设，规范销售行为，严格执行购买经济适用房的申请、审批和公示制度。实施农村贫困残疾人安居工程，年内改造1000户低保残疾人住房。完成6万户居民自来水一户一表改造。新增供热面积160万平方米，其中老城区50万平方米。启动“平改坡”一期工程。实施海岸路河、郑州路河、大村河等河流的重点治理，对“小街小巷”逐步实施道路硬化、路灯安装、雨污管道敷设。进一步做好中山路、火车站周边等地区的保护与改造。在市区主要干道两侧和山头、公园广种乔木和彩叶树种，新建城市公共绿地95万平方米，市郊完成新造林19.4万亩。基本完成市区有线数字电视整体转换。完成1000个村庄通自来水工程。加强市场物价监管，把握好公共服务产品价格调整的时机和力度，加强国计民生重要物品储备，保持市场物价的基本稳定。

（八）深入推进“平安青岛”建设，切实维护社会稳定

全力打造“平安青岛”，争取进入全国综合治理先进城市行列，努力使青岛成为全国最安全、最稳定、最和谐的城市之一。完善经常性的严打整治机制，保持对违法犯罪分子的高压态势。加强社会稳定预警以及矛盾纠纷的排查调处、应急处置、责任追究等机制建设。坚持信访联席工作会议制度，预防和妥善处置各类群体性突发事件，完善化解人民内部矛盾的工作机制。加强基层综合治理组织建设，确保各项工作措施有效落实。加快建设公共安全应急体系，完善自然灾害、事故灾难、公共卫生、社会安全等专项应急预案，提高保障公共安全和处置突发事件的能力。强化交通、消防和安全生产管理工作，坚决遏制重特大事故的发生。大力整顿和规范市场经济秩序，严厉打击假冒伪劣、走私贩私、偷逃骗税、侵犯知识产权以及传销等行为。严格食品和药品安全管理，继续加大对食品药品市场的规范整顿力度，确保人民群众饮食用药安全。开展共铸诚信活动，建立健全社会信用体系。

（九）加强政府自身建设，不断提高行政能力

坚持科学、民主、依法决策。完善公众参与、专家论证和政府决策相结合的科学民主决策体制。建立与专家咨询委员会定期沟通制度，对涉及经济社会发展的重大问题，事先组织专家论证。继续开展“三访谈”、“市民月”活动，充分利用市民议事厅、听证会等形式，拓宽社情民意的反映渠道。对于关系人民群众切身利益的决策事项，通过向社会公布或者举行听证会等形式广泛听取意见。建立健全决策跟踪反馈制度和决策责任追究制度，实现决策权和决策责任相统一。

加强民主与法制建设。自觉接受人大及其常委会的监督，

认真落实各项决议、决定，及时报告工作，接受质询。充分尊重和支持人民政协、各民主党派、工商联、人民团体在政治协商、民主监督和参政议政中的作用。进一步加强人大代表和政协委员提出的各项议案、建议、提案的督办落实工作，完善办理机制，提高办理质量和时效。自觉接受人民群众与新闻舆论的监督。深入开展法制教育，推进依法治市，重视司法行政建设，积极营造全社会尊法守法、依法维权的良好环境。

全面推进依法行政。认真贯彻落实国务院《全面推进依法行政实施纲要》，制订全面推行依法行政五年规划和年度安排，明确建设法治政府的目标和措施。进一步贯彻《行政许可法》，规范行政许可行为，加大对行政不作为、乱作为的监督力度。推行行政执法责任制，按照行政处罚与经济利益脱钩、与责任挂钩的原则，建立公开、公平、公正的评议考核制和错案责任追究制。做好第一次经济普查工作。

切实提高政府执行能力。大力弘扬求真务实精神，继续推进"五项工程"和"四型机关"建设，深入开展"双学三创"和"三快一提高"活动。加强各级政府领导班子建设、机关处室建设和基层建设，提高政府执行能力，提高机关处室和基层的创造力、凝聚力和战斗力，提高各级公务员为人民服务的能力。进一步优化政府工作流程，简化办事程序。抓紧建设网上审批平台，提高电子政务公共服务水平。加大效能监督力度，狠抓各项工作落实。

大力加强政风建设。在政府机关深入开展保持共产党员先进性教育活动，教育引导各级公务员树立正确的理想信念和高尚的道德情操，增强为民服务的意识，提高拒腐防变的能力。牢固树立以人为本、执政为民的理念，始终保持同人民群众的血肉联系。深入基层加强调查研究，体察民情，了解民意，解决实际问题。健全决策目标、执行责任、考核监督"三个体系"。进一步落实"一岗双责"责任制，严肃查处各类腐败案件，坚决纠正部门和行业不正之风。健全工程建设项目招投标、国有土地出让、产权交易、政府采购等方面的监督制度，努力从源头上预防和治理腐败。

各位代表！编制国民经济和社会发展第十一个五年规划，是今年的一项重要工作。我们将坚持科学化、民主化、法制化的原则，广泛征求社会各界意见建议，充分集中民智、体现民意，力求编制出一个具有高度科学性、实践性和导向性的好规划。

各位代表！我市经济社会发展正处在关键时期。让我们更加紧密地团结在以胡锦涛同志为总书记的党中央周围，在中共青岛市委的坚强领导下，凝聚全市人民的智慧和力量，解放思想，开拓创新，扎实苦干，为加快全市经济社会发展，完成今年各项目标任务，为提前实现全面建设小康社会的宏伟目标而努力奋斗！

（市政府调研室供稿）

市情综述

青岛概要

·历史沿革·

青岛地区昔称胶澳。1891年(清光绪十七年)清政府议决在胶澳设防,青岛由此建置。翌年,调登州镇总兵章高元率部移驻胶澳。1897年11月,德国以"巨野教案"为借口强占胶澳,并强迫清政府于1898年3月6日签订《胶澳租界条约》。从此,胶澳沦为殖民地,山东也划入了德国的势力范围。第一次世界大战爆发后,1914年11月,日本取代德国侵占胶澳,进行军事殖民统治。

第一次世界大战结束后,中国人民为收回青岛进行了英勇斗争。1919年,由于青岛主权问题,引发了著名的"五四"运动,迫使日本于1922年2月4日同中国政府签订了《解决山东悬案条约》。同年12月10日,中国收回胶澳,开为商埠,设立胶澳商埠督办公署,直属北洋政府。其行政区域与德胶澳租界地相同。1929年4月,南京国民政府接管胶澳商埠,同年7月设青岛特别市。1930年改称青岛市。

1938年1月,日本再次侵占青岛。1945年9月,国民党政府在美国支持下接收青岛,仍为特别市。

1949年6月2日,青岛解放。青岛解放后,改属山东省省辖市。1981年,被列为全国15个经济中心城市之一;1984年4月,被列为全国14个进一步对外开放的沿海港口城市之一;1986年10月15日,被国务院正式批准在国家计划中实行单列,赋予省一级经济管理权限;1994年2月,被列为全国15个副省级城市之一。

·地理位置及面积·

青岛市地处山东半岛南部,位于东经119°30′~121°00′、北纬35°35′~37°09′,东、南濒临黄海,东北与烟台市毗邻,西与潍坊市相连,西南与日照市接壤。全市总面积为10654平方公里,其中市区(市南、市北、四方、李沧、崂山、城阳、黄岛等七区)为1102平方公里,所辖胶州、即墨、平度、胶南、莱西等五市为9552平方公里。

·人口简况·

2004年底,全市共有731.12万人,比上年(下同)增长1.4%。其中,市区258.4万人,增长4.7%;五市472.72万人,基本持平。全市非农人口比重达到36%,比上年提高0.9个百分点。全年新出生人口79341人,出生率10.93‰;死亡49230人,死亡率6.78‰;全年净增人口104422人,人口自然增长率4.15‰。

全市登记暂住人口(1个月以上者)104.37万人,其中市内四区30.75万人。

根据青岛市第五次人口普查(2000年)统计,全市除汉族外,有满、回、朝鲜、壮、蒙古、土家、苗、锡伯、高山、维吾尔、瑶、白、藏、仫佬、仡佬、畲、布依、纳西、侗、达斡尔、彝、水、怒、俄罗斯、傣、毛南、鄂伦春、傈僳、佤、哈尼、鄂温克、土、拉祜、普米、撒拉、景颇、羌、黎、哈萨克、东乡、柯尔克孜、布朗、阿昌、塔吉克、裕固、京、塔塔尔、独龙、基诺、赫哲族等50个少数民族,少数民族总人数为33012人,占全市总人口的0.44%。

·行政区划·

建国以来,青岛市行政区划变动较大。1949年底为市南区、市北区、台西区、台东区、四沧区、李村区、浮山区。1951年6月,胶州专区的崂山办事处划归青岛市领导,改称崂山郊区办事处;8月,撤销四沧区、浮山区,设立四方区、沧口区。1953年6月,崂山郊区办事处更名为崂山郊区人民政府。1958年底,昌潍专区的胶县、胶南县及莱阳专区的即墨县划归青岛市。1961年5月,即墨、胶南、胶县划出;10月,以原崂山郊区的行政区域设立崂山县,归青岛市。1962年12月,台西区撤销,其辖区分别并入市南、市北区。1978年11月,烟台地区的即墨县,昌潍地区的胶县、胶南县又划归青岛市;新设立青岛市黄岛区,其辖区包括由胶南县划出的黄岛、薛家岛、辛安3个公社。1983年8月,烟台地区的莱西县、潍坊地区的平度县划归青岛市。1987年4月，撤销胶县，设立胶州市（县级）；1988年11月，撤销崂山县，设立崂山区；1989年7月，撤销平度县和即墨县，设立平度市（县级）和即墨市（县级）；1990年12月，撤销胶南县和莱西县，设立胶南市（县级）和莱西市（县级）。1994年上半年，市区行政区划作重大调整，在市辖区总数不变的前提下，将台东区、市北区及四方区吴家村街道办事处、错埠岭街道办事处整建制合并，设立新的市北区；将崂山区作大的调整，一部分设立新崂山区，一部分设立城阳区，一部分与沧口区合并设立李沧区。此次市区行政区划调整后，区级建制为：市南、市北、四方、李沧、崂山、城阳、黄岛等七区。2004年底，辖上述七区和即墨、胶州、胶南、平度、莱西等五市（县级）。

·自然环境·

地质地貌　青岛为海滨丘陵城市，地势东高西低，南北两侧隆起，中间低凹，其中山地约占全市总面积的15.5%、丘陵占25.1%、平原占37.7%、洼地占21.7%。全市海岸分为岬湾相间的山基岩岸、山地港湾泥质粉砂岸及基岩砂砾质海岸等3种基本类型。浅海海底则有水下浅滩、现代水下三角洲及海冲蚀平原等。

青岛所处大地构造位置为新华夏隆起带次级构造单元——胶南隆起区东北缘和胶莱凹陷区中南部。区内缺失整个古生界地层及部分中生界地层，但白垩系青山组火山岩层发育充分，在本市出露十分广泛。岩浆岩以元古代胶南期月季山式片麻状花岗岩及中生代燕山晚期的艾山式花岗闪长岩和崂山式花岗岩为主。市区全部坐落于该类花岗岩之上，建筑地基条件优良。本区构造以断裂构造为主。自第三纪以来，区内以整体性较稳定的断块隆起为主，上升幅度一般不大。

山脉　全市大体有3个山系。东南是崂山山脉，山势陡峻，主峰海拔1132.7米。从崂顶向西、北绵延至青岛市区。北部为大泽山（海拔736.7米，平度境内诸山及东西部的山峰均属之）。南部为大珠山（海拔486.4米）、小珠山（海拔724.9米）、铁橛山（海拔593.1米）等组成的胶南山群。市区的山岭有浮山（海拔384米）、太平山（海拔150米）、青岛山（海拔128.5米）、信号山（海拔99米）、伏龙山（海拔86米）、贮水山（海拔80.6米）等。

河流　全市共有大小河流224条，均为季风区雨源型，多为独立入海的山溪性小河。流域面积在100平方公里以上的较大河流33条，按照水系分为大沽河、北胶莱河以及沿海诸河流三大水系。

大沽河水系包括主流及其支流，主要支流有小沽河、五沽河、流浩河和南胶莱河。大沽河是全市最大的河流，发源于招远市阜山，由北向南流入青岛，经莱西、平度、即墨、胶州和城阳，至胶州南码头村入海。干流全长179.9公里，流域面积6131.3平方公里（含南胶莱河流域1500平方公里），是胶东半岛最大水系。大沽河多年平均径流量为6.61亿立方米。该河20世纪70年代前，径流季节性较强，夏季洪水暴涨，常年有水；70年代后期，除汛期外，中、下游已断流。

北胶莱河水系包括主流北胶莱河及诸支流，在青岛境内的主要支流有泽河、龙王河、现河和白沙河，总流域面积1914.0平方公里。北胶莱河发源于平度市万家镇姚家村分水岭北麓，沿平度市与昌邑市边界北去，于平度市新河镇大苗家村出境流入莱州湾。干流全长100公里，流域面积3978.6平方公里。该河多年平均径流量为2.53亿立方米，多年平均含沙量为0.24公斤/立方米。

沿海诸河系指独流入海的河流，较大者有白沙河、墨水河、王戈庄河、白马河、吉利河、周疃河、洋河等。

海域　全市海岸线（含所属海岛岸线）总长为862.64公里，其中大陆岸线730.64公里，占山东省岸线的1/4强。海岸线曲折，岬湾相间，面积大于0.5平方公里的海湾，自北而南分布着丁字湾、栲栳湾、盐水湾（又称横门湾）、崂山湾（又称北湾）、小岛湾、王哥庄湾、青山湾、腰岛湾、太清宫口、流清河湾、崂山口、沙子口湾、麦岛湾、浮山湾、太平湾、汇泉湾、前海湾（又称栈桥湾）、胶州湾、唐岛湾、灵山湾、利根湾和古镇口、斋堂湾、董家口湾、沐官岛湾等；胶州湾内又有海西湾（包括小叉湾、薛家岛湾）、黄岛前湾、阴岛湾、女姑口、沧口湾等32个海湾。

青岛市原有海岛70个。1987年，把斋堂前岛和斋堂后岛以人工连接为斋堂岛。现有海岛69个。其中，小青岛、小麦岛、团岛、团岛鼻、黄岛和吉岛是人工陆连岛，只有63个岛四面环海。69个海岛总面积为21.2平方公里，岸线总长132公里。这些海岛绝大多数距离大陆不超过20公里，最远的千里岩岛，距陆约64公里。在这69个海岛中，只有10个海岛有固定居民。

潮汐　青岛属正规半日潮港，每个太阴日（24时48分）有两次高潮和两次低潮。潮差为1.9～3.5米，大潮差发生于朔或望（上弦或下弦）日后2～3天。8月份潮位比1月份潮位一般高出0.5米。青岛验潮站1950～1956年观测的平均潮位被命名为“黄海平均海水面”，其高度在青岛观象山国家水准原点下72.289米。中国自1957年起，大陆国土的地物高程即以此为零点起算。

气候　青岛地处北温带季风区域，属温带季风气候。市区由于海洋环境的直接调节，受来自洋面上的东南季风及海流、水团的影响，故又具有显著的海洋性气候特点。空气湿润，雨量充沛，温度适中，四季分明。春季气温回升缓慢，较内陆迟1个月；夏季湿热多雨，但无酷暑；秋季天高气爽，降水少，蒸发强；冬季风大温低，持续时间较长。据1898年以来百余年气象资料查考，市区年平均气温12.7℃，极端高气温38.9℃（2002年7月15日），极端低气温－16.9℃（1931年1月10日）。全年8月份最热，平均气温25.3℃；1月份最冷，平均气温－0.5℃。日最高气温高于30℃的日数，年平均为11.4天；日最低气温低于－5℃的日数，年平均为22天。降水量年平均为662.1毫米，春、夏、秋、冬四季雨量分别占全年降水量的17%、57%、21%、5%。年降水量最多为1272.7毫米（1911年），最少仅308.2毫米（1981年），降水的年变率为62%。年平均降雪日数只有10天。年平均气压为1008.6毫巴。年平均风速为5.2米/秒，以南东风为主导风向。年平均相对湿度为73%，7月份最高，为89%；12月份最低，为68%。青岛海雾多、频，年平均浓雾51.3天、轻雾108.2天。

土壤　按全国第二次土壤普查土地分类系统，青岛市土壤主要有棕壤、砂姜黑土、潮土、褐土、盐土等5个土类。

棕壤面积49.97万公顷，占土壤总面积的59.8%，是全市分布最广、面积最大的土壤类型，主要分布在山地丘陵及山前平原,土壤发育程度受地形部位影响,由高到低依次分为棕壤性土、棕壤、潮棕壤等3个土属,棕壤性土因地形部位高、坡度大、土层薄、侵蚀重、肥力低,多为林、牧业用。棕壤和潮棕壤是青岛市主要粮食经济作物种植土壤。

砂姜黑土面积17.69万公顷,占土壤总面积的21.42%。主要分布在莱西南部、平度西南部、即墨西北部、胶州北部浅平洼地上。该类土壤土层深厚,土质偏粘,表土轻壤至重壤,物理性状较差,水气热状况不够协调,速效养分低。

潮土面积14.49万公顷,占土壤总面积的17.55%。主要分布在大沽河、五沽河、胶莱河下游的沿河平地。因距河道远近不同,土壤质地、土体构型差异较大。近海地带常受海盐影响形成盐化潮土,土壤肥力和利用方向差异较大。

褐土面积6333.33公顷,占土壤总面积的0.77%。零星分布在平度、莱西、胶南的石灰岩残丘中上部。

盐土面积3666.67公顷,占土壤总面积的0.44%,分布在各滨海低地和滨海滩地。

·自然资源·

2004年底,全市共有耕地42.26万公顷,森林覆盖面积24.76万公顷,沿海滩涂3.8万公顷,浅海水面5.8万公顷。青岛海区港湾众多,岸线曲折,滩涂广阔,水质肥沃,是多种水生物繁衍生息的场所,具有较高的经济价值和开发利用潜力。胶州湾、崂山湾及丁字湾口水域营养盐含量高,补充源充足,异样菌量比大陆架区或大洋区高出数倍乃至数千倍,水中有机物含量较高。尤其是胶州湾一带泥沙底质岸段,是发展贝类、藻类养殖的优良海区。该海区的浮游生物、底栖生物、经济无脊椎动物、潮间带藻类等资源也很丰富。

青岛地区有各种生物1400种。其中,动物近400种,植物1000余种。

青岛地区矿藏多为非金属矿。截至1996年,已发现各类矿产44种,已被开发利用的有27种。优势矿产资源有石墨、饰材花岗岩、饰材大理岩、矿泉水、透辉岩、金、滑石、沸石岩。潜在优势矿产资源有重晶石、白云岩、膨润土、钾长石、石英岩、珍珠岩、莹石、地热。石墨、金、透辉岩主要分布在平度市和莱西市;饰材花岗岩主要分布在崂山区、平度市、胶南市;饰材大理岩主要分布在平度市;矿泉水在青岛市辖区内均有分布,主要集中在城阳区、崂山区及市内四区和即墨市;滑石主要分布在平度市;沸石岩、珍珠岩、膨润土主要分布在莱西市、胶州市、即墨市和城阳区;重晶石、莹石主要分布在胶州市、即墨市、平度市和胶南市;地热资源主要分布在即墨市。

青岛的风能资源非常丰富。据测定有效风能密度为240.3瓦/平方米,有效风能年平均时间达6485小时。光能资源也较好,全年太阳辐射总量为120千卡/平方厘米,年平均日照时数为2550.7小时,日照百分率达58%。

(市史志办)

2004年机构设置及主要领导名单

(截至2004年12月31日)

·中共青岛市委员会·

书　　记:杜世成

副 书 记:夏　耕　黄学军(12月离任)　崔锡柱　王永生　张若飞

常　　委:王　伟　杨　军　刘建华　王程林　张泽忠　李增勇　张　惠　王书坚

秘 书 长:张泽忠

副秘书长:王增实　李国华(7月离任)　孙　杰　于少军　崔久明(12月离任)　侯永平　刘　泳(7月离任)　夏国洪(7月任)　王　中(7月任,12月离任)

工作部门

名　　称	地　　址	电　　话（区号:0532）	邮　编	主要领导职务、姓名
市委办公厅	青岛市香港中路11号	85911858	266071	主任:张泽忠
市委组织部	青岛市香港中路11号	85911969	266071	部长:张若飞(1月离任) 王书坚(1月任)
市委宣传部	青岛市香港中路11号	85911726	266071	部长:杨　军
市委统一战线工作部	青岛市闽江路7号	85912677	266071	部长:宋建民
市委政法委员会(市社会治安综合治理委员会办公室与其合署)	青岛市香港中路11号	85911704	266071	书记:刘建华
市委政策研究室	青岛市香港中路11号	85911796	266071	主任:王　中(12月离任)
市委台湾工作办公室(挂市政府台湾事务办公室牌子)	青岛市闽江路7号	85912607	266071	主任:崔延南(12月离任) 田云南(12月任)

部门管理机构

名　　称	地　　址	电　　话 （区号:0532）	邮　编	主要领导 职务、姓名
市委市政府信访局	青岛市香港中路 11 号	85911611	266071	局长:李国华（7 月离任） 夏国洪（7 月任）
市委老干部局	青岛市香港中路 11 号	85911757	266071	局长:李鸿令

派出机构

名　　称	地　　址	电　　话 （区号:0532）	邮　编	主要领导 职务、姓名
市委市直机关工作委员会	青岛市香港中路 11 号	85911169	266071	书记:崔久明（12 月离任） 侯永平（12 月任）
市委农村工作委员会	青岛市香港中路 11 号	85911366	266071	书记:王　伟
市委青岛经济技术开发区工作委员会（与中共黄岛区委一套机构两块牌子）	青岛经济技术开发区长江中路 369 号	86988933	266555	书记:姜　杰
市委青岛高新技术产业开发区工作委员会（与中共崂山区委一套机构两块牌子）	青岛高新技术产业开发区新世纪大厦	88996027	266101	书记:李增勇
市委青岛保税区工作委员会（与青岛保税区管理委员会一套机构两块牌子）	青岛经济技术开发区江山南路 611 号	86766622	266555	书记:王怀岳
市委崂山风景区工作委员会	青岛市海尔路 178 号	88898866	266061	书记:李增勇

直属事业单位

名　　称	地　　址	电　　话 （区号:0532）	邮　编	主要领导 职务、姓名
市委党校（青岛行政学院）	青岛市宁德路 18 号	85873455	266071	党委书记 常务副校长:王奎珍
青岛日报报业集团（青岛日报社）	青岛市太平路 33 号	82869348	266001	党委书记 社　　长:谭　泽
市委党史研究室	青岛市香港中路 11 号	85911632	266071	主任:张绍麟
市档案馆（挂市档案局牌子）	青岛市延吉路 148 号	85837649	266034	局长:于新华
市委市政府计算机中心	青岛市闽江路 7 号	85912587	266071	主任:刘惠军

·青岛市人民代表大会常务委员会·

主　　任:徐长聚

副 主 任:程友新　张先平　孔心田　魏景瑞　马论业　王新春　于锦初　宗　和　栾景裘

秘 书 长:邱广茂

副秘书长:马元培（12 月任）　王垲孔（5 月离任）　赵　明（7 月离任）　傅桂先（7 月任）
陈维民（12 月任）　曲　虹（12 月任）

办公厅及各工作室

名　　称	地　　址	电　　话 （区号:0532）	邮　编	主要领导 职务、姓名
办公厅	青岛市沂水路 11 号	82883793	266001	主任:赵　明（7 月离任） 马元培（12 月任）
研究室	青岛市沂水路 11 号	82883531	266001	主任:曲　虹（12 月离任） 陈维民（12 月任）
人事代表工作室	青岛市沂水路 11 号	[illegible]	266001	主任:傅桂先（7 月离任） [illegible]（7 月任）
法制工作室	青岛市沂水路 11 号	82883060	266001	主任:谭舜哲（12 月离任） [illegible]（12 月任）
内务司法工作室	青岛市沂水路 11 号	82881588	266001	主任:高鲁沂（12 月离任） 宋海泉（12 月任）

名　　称	地　址	电　话 (区号:0532)	邮　编	主要领导 职务、姓名
财政经济工作室	青岛市沂水路11号	82883592	266001	主任:凌邗江(12月离任) 刘瑞华(12月任)
教育科学文化卫生工作室	青岛市沂水路11号	82883540	266001	主任:夏伟丽
城市建设环境与资源保护工作室	青岛市沂水路11号	82883595	266001	主任:吴遂盛
农业与农村工作室	青岛市沂水路11号	82883498	266001	主任:王益山
民族侨务外事工作室	青岛市沂水路11号	82868896	266001	主任:马元培(12月离任) 宋国庆(12月任)

·青岛市人民政府·

市　　长:夏　耕

副 市 长:崔锡柱　于　冲　臧爱民　宁经谋　张　锐　罗永明　王修林　吴经建　张元福　胡绍军

秘 书 长:姜俊山(7月离任)　马　泽(7月任)

市长助理:徐宝站(7月离任)　孙加顺　王国胜　王宝琪　迟华东

副秘书长:王振业　孙百刚　王增晓　李振山　卢新民　田云南(12月离任)　贾万里　王卫平　于　睿(7月离任)　吴海川(12月任)　白光昭(12月任)

工作部门

名　　称	地　址	电　话 (区号:0532)	邮　编	主要领导 职务、姓名
市政府办公厅	青岛市香港中路11号	85911576	266071	主任:姜俊山(7月离任) 马　泽(7月任)
市发展和改革委员会	青岛市香港中路11号	85911454	266071	主任:马　泽(7月离任) 刘明君(7月任)
市教育局	青岛市闽江路7号	85912901	266071	局长:杜小悌(12月离任)
市科学技术局	青岛市香港中路11号	85911345	266071	局长:李乃胜
市公安局	青岛市湖北路29号	82868108	266071	局长:王永利
市监察局(与市纪律检查委员会机关合署)	青岛市香港中路11号	85911692	266071	局长:王珍宝(7月离任) 韩明升(7月任)
市民政局	青岛市闽江路7号	85912379	266071	局长:刘光亨
市司法局(挂市监狱管理局牌子)	青岛市闽江路7号	85912208	266071	局长:马国华
市财政局	青岛市宁夏路208号	85855810	266071	局长:徐镇绥
市人事局(市机构编制委员会办公室与其合署)	青岛市香港中路11号	85911281	266071	局长:谢保家
市劳动和社会保障局	青岛市闽江路7号	85912330	266071	局长:王　帆
市建设委员会(挂市城市管理委员会办公室牌子)	青岛市东海西路47号	85720001	266071	主任:王爱国
市规划局	青岛市香港西路55号	83893277	266071	局长:葛　黎(7月任)
市市政公用局	青岛市沂水路7号	82879534	266001	局长:张　文(7月任)
市国土资源和房屋管理局	青岛市巫峡路6号	82662157	266002	局长:张敬吉
市环境保护局	青岛市延安一路39号	82870252	266003	局长:高　岩
市交通委员会	青岛市香港东路139号	88018906	266061	主任:胡绍军(7月兼任)
市信息产业局	青岛市香港中路11号	85913081	266071	局长:刘　泳(7月任)
市农业委员会	青岛市香港中路11号	85911992	266071	主任:迟华东(7月任)
市水利局	青岛市东海西路11号	83873364	266071	局长:滕胜叶(7月离任) 于　睿(7月任)
市林业局(市城市园林局)	青岛市香港东路204号	88018300	266061	局长:王立志
市海洋与渔业局	青岛市高雄路18号	85886981	266071	局长:马克松(11月离任) 赵泽斌(12月任)
市安全生产监督管理局	青岛市湛山三路11号	83892287	266071	局长:王宇礼(7月任)
市经济贸易委员会	青岛市香港中路11号	85911151	266071	主任:刘　伟(7月任)

名称	地址	电话（区号:0532）	邮编	主要领导职务、姓名
市对外经济贸易合作局	青岛市香港中路6号	85918108	266071	局长:武铁军
市文化局	青岛市大学路7号	82866258	266001	局长:亢清泉
市卫生局	青岛市闽江路7号	85912516	266071	局长:曹　勇
市体育局	青岛市金口一路2号	82877199	266003	局长:周鹏举
市人口和计划生育委员会	青岛市闽江路7号	85912577	266071	主任:李淑华(7月任)
市审计局	青岛市延安三路141号	83883448	266071	局长:马青山
市统计局	青岛市闽江路7号	85912255	266071	局长:于维清(12月离任) 郑卫星(12月任)
市民族事务局 市宗教事务局	青岛市闽江路7号	85912012	266071	局长:江线贤
市旅游局	青岛市闽江路7号	85912029	266071	局长:王建功

特设机构

名称	地址	电话（区号:0532）	邮编	主要领导职务、姓名
市政府国有资产监督管理委员会	青岛市山东路10号丙	85820077	266071	主任:孙加顺

办事机构

名称	地址	电话（区号:0532）	邮编	主要领导职务、姓名
市政府外事办公室	青岛市闽江路7号	85912612	266071	主任:赵雪芳
市政府侨务办公室	青岛市香港中路41号	85757661	266071	主任:孙亚非
市政府法制办公室	青岛市香港中路11号	85911503	266071	主任:王宝廷(7月离任) 赵　明(7月任)
市政府口岸办公室	青岛市香港中路11号	85911173	266071	主任:杨子英

部门管理机构

名称	地址	电话（区号:0532）	邮编	主要领导职务、姓名
市政府调研室	青岛市香港中路11号	85911539	266071	主任:王汝华(7月任)
市国内经济合作办公室	青岛市闽江路5号	85912862	266071	主任:矫胜法
市物价局	青岛市香港中路11号	85911421	266071	局长:宋　力
市粮食局	青岛市辽宁路65号	83818055	266021	局长:董德义

议事协调机构的常设办事机构

名称	地址	电话（区号:0532）	邮编	主要领导职务、姓名
市人民防空办公室	青岛市如东路9号	82938012	266071	主任:刘东海

派出机构

名称	地址	电话（区号:0532）	邮编	主要领导职务、姓名
市政府驻北京办事处	北京市宣武区南新华街48号	010－51017768	100052	主任:贾万里
市政府驻上海办事处	上海市虹桥路2480弄188号	021－54764566	200335	主任:姜宗喜(12月离任) 刘衍伦(12月任)
青岛经济技术开发区管理委员会(与黄岛区人民政府一套机构两块牌子)	青岛经济技术开发区长江中路369号	86988979	266555	主任:于永进(12月离任) 姜　杰(12月任)

名　称	地　址	电　话（区号:0532）	邮　编	主要领导职务、姓名
青岛高新技术产业开发区管理委员会（与崂山区人民政府一套机构两块牌子）	青岛高新技术产业开发区新世纪大厦	88996009	266101	主任:王为达
青岛保税区管理委员会（市委青岛保税区工作委员会与其一套机构两块牌子）	青岛经济技术开发区江山南路611号	86766622	266555	主任:王怀岳
市崂山风景区管理委员会	青岛市海尔路178号	88898866	266101	主任:王玉华

其他机构

名　称	地　址	电　话（区号:0532）	邮　编	主要领导职务、姓名
市老龄工作委员会办公室	青岛市闽江路7号	85912597	266071	主任:亢清兰（12月离任） 李雪华（12月任）
市供销合作社联合社	青岛市香港中路52号	85779060	266071	理事会主任:万邦合
第二十九届奥运会组委会帆船委员会（青岛）	青岛市东海西路15号甲通信大厦27楼	83092020	266071	主席助理:陈敬莘 秘书长:孙立杰

省垂直管理机构

名　称	地　址	电　话（区号:0532）	邮　编	主要领导职务、姓名
市国家安全局				局长:姜联军
市地方税务局	青岛市东海路18号	83870231	266071	局长:李悦诚
市工商行政管理局	青岛市福州南路85号	85730890	266071	局长:贾　丹（7月离任） 李国华（7月任）
市质量技术监督局	青岛市延安三路123号	83095555	266071	局长:王连生
市食品药品监督管理局	青岛市沂水路7号甲	82899069	266001	局长:徐修顺（7月任）

直属事业单位

名　称	地　址	电　话（区号:0532）	邮　编	主要领导职务、姓名
市广播电视局	青岛市宁夏路200号	85701831	266071	局长:楼树军
市新闻出版局（挂市版权局牌子）	青岛市徐州路77号	85824050	266071	局长:徐建宏
青岛出版社	青岛市徐州路77号	85815240	266071	社长:孟鸣飞
市地震局	青岛市太平角四路8号	83861123	266071	局长:李振谆
市史志办公室	青岛市香港中路11号	85911669	266071	主任:
青岛仲裁委员会办公室	青岛市香港中路18号（福泰广场B座）	85768508	266071	主任:袁光辉
市机关事务管理局	青岛市香港中路11号	85913300	266071	局长:姜宗喜（7月任）
市社会科学院（市社会科学界联合会与其合署）	青岛市京山路26号	82861782	266003	院长:徐万珉
青岛职业技术学院	青岛经济技术开发区香江路128号	86105216	266555	院长:史忠健
青岛广播电视大学	青岛市大连路16号	82736328	266012	校长:李天明
市住房公积金管理中心（市住房资金管理中心）	青岛市山东路2号华仁大厦	83862646	266071	主任:刘永林

·中国人民政治协商会议青岛市委员会·

主　　席:张旭升

副 主 席:邹立健　闵祥超　梁有新　张纪良　宋建民　展文良　麦康森　张培军　顾　枫　相建海　宋修岐

秘 书 长:王增元

副秘书长:姜秀华（7月任）　沈和生（7月离任）　席建峰（11月离任）　施旭东　华文峰（11月任）　陈辉珍（11月任）

办公厅及各工作办公室

名称	地址	电话（区号:0532）	邮编	主要领导职务、姓名
办公厅	青岛市沂水路11号	82888286	266001	主任:沈和生(7月离任) 施旭东(11月任)
调研室	青岛市沂水路11号	82968079	266001	主任:华文峰(12月任)
政协委员活动工作室	青岛市沂水路11号	82888077	266001	主任:张清华(12月任)
提案工作办公室	青岛市沂水路11号	82888082	266001	主任:杨齐同
人口资源环境工作办公室	青岛市沂水路11号	82888090	266001	主任:孙邦臣(11月任)
文史资料工作办公室	青岛市沂水路11号	82888192	266001	主任:郑友成
经济工作办公室	青岛市沂水路11号	82885707	266001	主任:辛若友(11月任)
教科文卫体工作办公室	青岛市沂水路11号	82968278	266001	主任:施旭东(11月离任) 于大伟(11月任)
社会和法制工作办公室	青岛市沂水路11号	82888290	266001	主任:鲁兴昌(11月任)
港澳台侨和外事工作办公室	青岛市沂水路11号	82888622	266001	主任:臧勇军

·中共青岛市纪律检查委员会·

书　记:王永生

副书记:杨宏钧　刘本治　韩明升

秘书长:李晓平

名称	地址	电话（区号:0532）	邮编
中共青岛市纪律检查委员会机关(青岛市监察局与其合署)	青岛市香港中路11号	85911692	266071

·青岛市中级人民法院、青岛市人民检察院·

名称	地址	电话（区号:0532）	邮编	主要领导职务、姓名
青岛市中级人民法院	青岛市香港西路43号	83881069转	266071	院长:任群先
青岛市人民检察院	青岛市李山东路6号	88890518	266061	检察长:姜永生

·民主党派·

名称	地址	电话（区号:0532）	邮编	主要领导职务、姓名
中国国民党革命委员会青岛市委员会	青岛市韶关路54号	83868421	266071	主委:麦康森
中国民主同盟青岛市委员会	青岛市韶关路54号	83868433	266071	主委:王修林
中国民主建国会青岛市委员会	青岛市韶关路54号	83868423	266071	主委:顾　枫
中国民主促进会青岛市委员会	青岛市韶关路54号	83866917	266071	主委:马论业
中国农工民主党青岛市委员会	青岛市韶关路54号	83868852	266071	主委:宋修岐
中国致公党青岛市委员会	青岛市韶关路54号	83875666	266071	主委:刘建海
九三学社青岛市委员会	青岛市韶关路54号	83868411	266071	主委:张培军

·人民团体·

名　　称	地　　址	电　　话（区号:0532）	邮　编	主要领导职务、姓名
市总工会	青岛市闽江路7号	85912301	266071	主席:邢厚仁
共青团青岛市委员会	青岛市香港中路11号	85911652	266071	书记:张　惠
市妇女联合会	青岛市香港中路11号	85911672	266071	主席:李玉珍
市文学艺术界联合会	青岛市信号山路25号	82780152	266003	主席:苏积玉
市科学技术协会	青岛市中山路1号	82879634	266001	主席:杨柏林
市归国华侨联合会	青岛市闽江路7号	85912367	266071	主席:林民庆(7月离任) 胡　辛(7月任)
市社会科学界联合会(与市社会科学院合署)	青岛市京山路26号	82861782	266003	主席:徐万珉
市工商业联合会(挂青岛市总商会牌子)	青岛市东海路49号	85762225	266071	会长:张纪良
市残疾人联合会	青岛市福州路9号	85765759	266071	理事长:王树呈
市红十字会	青岛市闽江路7号	85976999	266071	常务副会长:刘丽萍
中国国际贸易促进委员会青岛市分会(中国国际商会青岛商会)	青岛市延安三路121号	83897605	266071	会长:张　辉

·区　　市·

名　　称	地　　址	电　　话（区号:0532）	邮　编	主要领导职务、姓名
中共青岛市市南区委员会	青岛市香港中路19号	85839958	266071	书记:郄晋生
市南区人民代表大会常务委员会	青岛市香港中路19号	85830696	266071	主任:张清云
市南区人民政府	青岛市香港中路19号	85838001	266071	区长:李众民
政协市南区委员会	青岛市香港中路19号	85830469	266071	主席:刘绪海
中共市南区纪律检查委员会	青岛市香港中路19号	85831391	266071	书记:纪新芳
中共青岛市市北区委员会	青岛市延吉路80号	85801264	266033	书记:马世忠
市北区人民代表大会常务委员会	青岛市延吉路80号	85801035	266033	主任:陈兆生
市北区人民政府	青岛市延吉路80号	85802000	266033	区长:王建祥
政协市北区委员会	青岛市延吉路80号	85801031	266033	主席:王华莉
中共市北区纪律检查委员会	青岛市延吉路80号	85801018	266033	书记:王建利
中共青岛市四方区委员会	青岛市鞍山二路48号	83715211	266032	书记:吴淑玲
四方区人民代表大会常务委员会	青岛市鞍山二路48号	83757174	266032	主任:杨举民
四方区人民政府	青岛市鞍山二路48号	83757177	266032	区长:卞建平
政协四方区委员会	青岛市鞍山二路48号	83757133	266032	主席:盛玉军
中共四方区纪律检查委员会	青岛市鞍山二路48号	83757126	266032	书记:孙海生
中共青岛市李沧区委员会	青岛市三〇八国道615号	87610808	266100	书记:王殿章
李沧区人民代表大会常务委员会	青岛市三〇八国道615号	87619537	266100	主任:郭淑瑾
李沧区人民政府	青岛市三〇八国道615号	87610858	266100	区长:王殿章(7月离任) 代理区长:王作安(7月任)
政协李沧区委员会	青岛市三〇八国道615号	87610003	266100	主席:袁学法
中共李沧区纪律检查委员会	青岛市三〇八国道615号	87610828	266100	书记:赵宝玲
中共青岛市崂山区委员会	青岛市崂山区行政大厦	88996180	266101	书记:李增勇
崂山区人民代表大会常务委员会	青岛市崂山区行政大厦	88996681	266101	主任:刘京山
崂山区人民政府	青岛市崂山区行政大厦	88996009	266101	区长:王为达
政协崂山区委员会	青岛市崂山区行政大厦	88996551	266101	主席:尹典正
中共崂山区纪律检查委员会	青岛市崂山区行政大厦	88996118	266101	书记:张冀鲁

名　称	地　址	电　话 （区号:0532）	邮　编	主要领导 职务、姓名
中共青岛市委青岛经济技术开发区工作委员会（中共黄岛区委）	青岛经济技术开发区长江中路369号	86988987	266555	书记:姜　杰
黄岛区人民代表大会常务委员会	青岛经济技术开发区长江中路369号	86988769	266555	主任:姜　杰
黄岛区人民政府	青岛经济技术开发区长江中路369号	86988979	266555	区长:于永进
政协黄岛区委员会	青岛经济技术开发区长江中路369号	86988525	266555	主席:张元禄
中共黄岛区纪律检查委员会	青岛经济技术开发区长江中路369号	86988581	266555	书记:李　宏（12月离任）
中共青岛市城阳区委员会	青岛市城阳区正阳路201号	87868518	266101	书记:李学海
城阳区人民代表大会常务委员会	青岛市城阳区正阳路201号	87868585	266101	主任:张玉聚
城阳区人民政府	青岛市城阳区正阳路201号	87868500	266101	区长:王鲁明
政协城阳区委员会	青岛市城阳区正阳路201号	87868589	266101	主席:崔永利
中共城阳区纪律检查委员会	青岛市城阳区正阳路201号	87866562	266101	书记:兰青华
中共即墨市委员会	即墨市振华路140号	88551001	266200	书记:张洪训
即墨市人民代表大会常务委员会	即墨市新兴路71号	88551050	266200	主任:荣立秋
即墨市人民政府	即墨市振华路140号	88551002	266200	市长:李宽端
政协即墨市委员会	即墨市振华路140号	88551080	266200	主席:李义安
中共即墨市纪律检查委员会	即墨市振华路140号	88551063	266200	书记:王建中
中共胶州市委员会	胶州市北京路1号	82288001	266300	书记:李　皓
胶州市人民代表大会常务委员会	胶州市北京路1号	82288125	266300	主任:付念仁
胶州市人民政府	胶州市北京路1号	82288181	266300	市长:曹友强
政协胶州市委员会	胶州市北京路1号	82288155	266300	主席:刘才栋
中共胶州市纪律检查委员会	胶州市北京路1号	82288029	266300	书记:王锦妹
中共胶南市委员会	胶南市珠海路55号	85161890	266400	书记:张大勇
胶南市人民代表大会常务委员会	胶南市珠海路55号	85161987	266400	主任:张大勇
胶南市人民政府	胶南市珠海路55号	85161785	266400	市长:郑卫星（12月离任） 代理市长:王君庭（12月任）
政协胶南市委员会	胶南市珠海路55号	85161989	266400	主席:宋建文
中共胶南市纪律检查委员会	胶南市珠海路55号	85161871	266400	书记:吉兴亮
中共平度市委员会	平度市红旗路87号	87362219	266700	书记:赵泽斌（12月离任） 王　中（12月任）
平度市人民代表大会常务委员会	平度市红旗路118号	87364211	266700	主任:杨宝琴
平度市人民政府	平度市红旗路85号	87366050	266700	市长:丁鲁省
政协平度市委员会	平度市红旗路118号	87362766	266700	主席:徐韶功
中共平度市纪律检查委员会	平度市红旗路95号	87362549	266700	书记:王学海
中共莱西市委员会	莱西市行政中心	88405001	266600	书记:张锡君
莱西市人民代表大会常务委员会	莱西市行政中心	88405003	266600	主任:孔显军
莱西市人民政府	莱西市行政中心	88405002	266600	市长:王久军
政协莱西市委员会	莱西市行政中心	88405005	266600	主席:苏安平
中共莱西市纪律检查委员会	莱西市行政中心	88405686	266600	书记:丁守运

·中央、省驻青机构·

名　称	地　址	电　话 （区号:0532）	邮　编	主要领导 职务、姓名
青岛海关	青岛市西陵峡路2号	[illegible]	266002	关长:李书玉
商务部驻青岛特派员办事处	青岛市燕儿岛路12号	85734278	266071	副特派员:才义华
山东出入境检验检疫局	青岛市瞿塘峡路70号	82671449	266002	局长:于　桦

名　称	地　址	电　话 (区号:0532)	邮　编	主要领导 职务、姓名
青岛出入境检验检疫局	青岛市仙霞岭路2号	88968120	266101	局长:王可珍
财政部驻青岛财政监察专员办事处	青岛市东海西路22号	83895529	266071	副监察专员:侯兴东
山东海事局	青岛市巫峡路21号	86671190	266002	局长:张宝晨
青岛海事局	青岛市港青路6号	86671213	266011	局长:王宏进
青岛海事法院	青岛市东海西路13号	83877088	266071	院长:王延义
中国海洋大学	青岛市鱼山路5号	82032730	266003	校长:管华诗
青岛大学	青岛市宁夏路308号	85955830	266071	校长:夏临华
青岛科技大学	青岛市郑州路53号	84022722	266042	校长:马连湘
青岛理工大学	青岛市抚顺路11号	85071060	266033	校长:杨成仁
青岛远洋船员学院	青岛市江西路84号	85752188	266071	院长:林金和
中国科学院海洋研究所	青岛市南海路7号	82898611	266071	所长:相建海
国家海洋局第一海洋研究所	青岛高科园仙霞岭路6号	88897468	266061	所长:袁业立
中国水产科学院黄海水产研究所	青岛市南京路106号	85836200	266071	所长:唐启升
农业部动物检疫所	青岛市南京路369号	85665974	266032	所长:李　洋
山东省海水养殖研究所	青岛市贵州路47号	82684809	266001	所长:孔建军
青岛海洋地质研究所	青岛市福州路62号	85725313	266071	所长:刘守全
山东省青岛疗养院	青岛市正阳关路16号	83866725	266071	院长:李大椿
中国银监会青岛监管局	青岛市延安三路208号	83883388－1022	266071	局长:吴　跃
中国证监会青岛监管局	青岛市东海西路39号	85798503	266071	局长:毕恩元
中国人民银行青岛市中心支行	青岛市延安三路208号	83870410	266071	行长:王　迅
中国银行山东省分行	青岛市香港中路37号	85818243	266071	行长:刘珍贵
中国工商银行青岛市分行	青岛市山东路25号	85814361	266071	行长:蔡治建
中国农业银行青岛市分行	青岛市山东路19号	85803408	266071	行长:刁钦义
中国农业发展银行青岛市分行	青岛市东海路51号	85770527	266071	行长:王建淑
中国建设银行股份有限公司青岛分行	青岛市贵州路71号	82679296	266071	行长:郭周祥
交通银行青岛分行	青岛市中山路6号	82896888	266001	行长:江志学
中国光大银行青岛分行	青岛市香港西路69号	83893801	266071	行长:周　朋
招商银行青岛分行	青岛市香港中路85号	85972803	266071	行长:郭少泉
华夏银行青岛分行	青岛市山东路29号	85016394	266071	行长:赵琴波
中信实业银行青岛分行	青岛市香港中路22号	85022889	266071	行长:孙　洲
青岛市农村信用合作社联合社	青岛市东海路66号	85933797	266071	理事长:郭公银
深圳发展银行青岛分行	青岛市香港中路6号	83892895	266071	行长:陈　彦
中国银联青岛分公司	青岛市香港中路6号	85919288	266071	总经理:安丰栋
中国人民财产保险公司青岛市分公司	青岛市香港中路66号	85719281	266071	总经理:韩　钢
中国人寿保险公司青岛市分公司	青岛市香港中路39号	85734775	266071	总经理:王　颖
中国太平洋财产保险公司青岛分公司	青岛市山东路8号	88035757	266071	总经理:车平华
中国太平洋人寿保险公司青岛分公司	青岛市山东路8号	85817736	266071	总经理:穆济藩
中国平安财产保险公司青岛分公司	青岛市香港西路67号	83890827	266071	总经理;傅忠强
中国平安人寿保险公司青岛分公司	青岛市山东路29号	85760150	266071	总经理:刘亦工
中信万通证券有限责任公司	青岛市东海路28号	85022301	266071	总经理:王宏达
市国税局	青岛市延安路236号	83891261	266071	局长:刘崇俊
市气象局	青岛市伏龙山路4号	82792139	266003	局长:左克进
山东省引黄济青工程管理局青岛分局	青岛市海江路8号	85888291	266100	局长:吕福才
山东青岛水文局	青岛市东海西路11号	83868746	266071	局长:于万春
市邮政局	青岛市延安三路220号	83890607	266071	局长:陈　林
中国网通(集团)有限公司青岛市分公司	青岛市东海一路25号	83891708	266071	总经理:王智礼
山东省移动通信有限责任公司青岛分公司	青岛市香港中路108号	85866611	266071	总经理:张修盛

名　　称	地　　址	电　话 (区号:0532)	邮　编	主要领导 职务、姓名
中国电信集团北方电信有限公司青岛市分公司	青岛市东海西路 39 号	85091000	266071	总经理:张勇聚
中国联通有限公司青岛分公司	青岛市延安三路 117 号乙	83899999－4199	266071	总经理:王顺富
青岛供电公司	青岛市刘家峡路 17 号	82952033	266002	总经理:刘建旬
青岛铁路分局	青岛市朝城路 2 号	82978750	266002	局长:陈　功
中国铁通集团有限公司青岛分公司	青岛市泰安路 8 号铁道大厦	82979961	266001	总经理:张　明
国家海洋局北海分局	青岛市抚顺路 22 号	85625044	266033	局长:王志远
青岛海运总公司	青岛市小港一路 16 号	82828152	266011	总经理:孙永玉
山东国际海运公司	青岛市冠县路 70 号	82821407	266011	总经理:张卫国
青岛海洋渔业公司	青岛市冠县路 16 号	82828313	266011	总经理:邵世杰
中港第一航务工程局第二工程公司	青岛市福州南路 16 号	85756272	266071	总经理:栾世华
青岛远洋运输公司	青岛市香港中路 61 号	85762080	266071	总经理:杨奇云
市丝绸公司	青岛市宁夏路 121 号	85815392	266071	经理:王　伟
颐中烟草集团公司	青岛市华阳路 20 号	83834361	266021	董事长、总裁:蒲强
市烟草专卖局(山东青岛烟草有限公司)	青岛市华阳路 20 号	83803141	266021	局长、总经理:刘国华
颐中公司青岛卷烟厂	青岛市华阳路 20 号	83804552	266021	厂长:邹　勇
中国北车集团四方车辆研究所	青岛市瑞昌路 231 号	84992710	266031	所长:任玉君
南车四方机车车辆股份有限公司	青岛市秦岭路 17 号	88975000	266101	董事长:江　靖
四方机车车辆有限责任公司	青岛市杭州路 16 号	83762956	266031	董事长、总经理:刘　杰
北海船舶重工有限责任公司	青岛市黄岛区漓江东路 369 号	86756187	266520	董事长、总经理:陈　靖
中石化山东青岛石油分公司	青岛市孟庄路 1 号	83096102	266021	总经理:马安生
中石化集团青岛石油化工有限责任公司	青岛市滨海路 8 号	86012212	266043	董事长、总经理:崔志欣
一汽解放青岛汽车厂	青岛市楼山路 2 号	84913615	266043	厂长:许宪志
华电青岛发电有限公司	青岛市兴隆一路 6 号	83730018	266031	厂长:王文琦
山东黄金集团青岛有限公司(青岛市黄金工业管理办公室)	青岛市瞿塘峡路 36 号	82651181	266002	董事长:赵胜荣 总经理:张炳旭
前哨精密机械公司	青岛市洛阳路 11 号	84962627	266045	董事长、总经理:姜金学
中国物资储运山东分公司	青岛市金口一路 41 号	82882517	266003	总经理:胡乐加
青岛博信铝业有限公司	青岛市[illegible]阳路 18 号	84632985	266041	总经理:李　勇
山东黄岛发电厂	青岛市黄岛区崇明岛东路 76 号	86902033	266500	厂长:李济英
中国人民解放军四八〇八工厂	青岛市菏泽三路 5 号	82618816	266001	厂长:周洪顺
中国人民解放军七八一一工厂	青岛市四川路 15 号	82617767	266002	厂长:张德维

·市直企业单位·

名　　称	地　　址	电　话 (区号:0532)	邮　编	主要领导 职务、姓名
青岛港(集团)有限公司	青岛市港青路 6 号	82982003	266011	董事局主席、总裁:常德传
青岛国信实业有限公司	青岛市香港西路 67 号	83893979	266071	总经理:张镇德
青岛市商业银行	青岛市湖北路 17 号	82897209	266001	行长:张广鸿
青岛益青国有资产控股公司	青岛市太平路 37 号	82870310	266001	董事长:王凯生 总经理:张正欣
市一轻总公司	青岛市宁夏路 112 号	85820377	266071	董事长:曹　伟 总经理:李德利
市纺织总公司	青岛市馆陶路 3 号	82824833	266011	总经理:闫　勇
市机械工业总公司	青岛市福州北路 10 号	85762037	266071	总经理:孙宇伟
青岛国风集团有限公司	青岛市延安三路 101 号	83877831	266071	董事长:秦志华 总经理:刘　民

名　　称	地　址	电　话 (区号:0532)	邮　编	主要领导 职务、姓名
海尔集团公司	青岛市海尔路1号	88938999	266061	董事局主席、首席执行官:张瑞敏 总裁:杨绵绵
海信集团有限公司	青岛市东海西路17号	83870616	266071	董事长:周厚健 总裁:于淑珉
青岛啤酒股份有限公司	青岛市香港中路五四广场青啤大厦	85711991	266071	董事长:李桂荣 总裁:金志国
双星集团有限责任公司	青岛瞿塘峡路45号	82681907	266002	董事长:汪　海 总经理:王增胜
青岛澳柯玛集团有限责任公司	青岛经济技术开发区前湾港路315号	86765668	266510	首席执行官、董事局主席:鲁群生 总裁:王大亮
青岛钢铁控股集团有限责任公司	青岛市遵义路5号	84816857	266043	董事长、首席执行官:王玉科 总经理:郭长波
青岛交运集团公司	青岛市延吉路100号	86022355	266034	总经理:赵迎春
青岛海湾集团有限公司(凯联集团有限责任公司)	青岛市香港中路52号	85759197	266071	董事长、总经理:罗方辉
青岛中泰集团有限责任公司	青岛市四流南路126号	84962039	266042	董事长、总经理:张宗仁
青岛红星化工集团有限责任公司	青岛市济阳路8号	82850016	266011	董事长:姜志光 总经理:谷焱昭
青岛黄海橡胶集团有限责任公司	青岛市沧安路1号	84678202	266041	董事长、总经理:高巨谦
青岛海珊服装服饰集团有限公司	青岛市宁夏路266号	85768912	266071	董事长:王志源
青岛流亭国际机场有限责任公司	青岛流亭机场	84715145	266108	董事长:穆昭钢
青岛流亭机场	青岛流亭机场	84717600	266108	总经理:刘玉良
青岛(香港)华青发展有限公司	青岛市东海路43号	85772727	266071	总经理:张镇安
青岛益佳国际贸易集团有限公司	青岛市香港路6号	85918277	266071	董事长:袁兴伟 总经理:熊　威
市企业发展投资公司	青岛市东海路8号	83889211	266071	总经理:楚振刚
青岛开发投资有限公司	青岛市香港中路56号	85729180	266071	总经理:李辉明
青岛弘信公司	青岛市香港中路40号	83877002	266071	总经理:徐永麟
青岛区域经济合作有限公司	青岛市闽江路6号	85830290	266071	董事长:周启慧 总经理:于忠祥
青岛建设集团公司	青岛市南海支路5号	88257701	266071	总经理:杜　波
中房集团青岛市房地产开发总公司	青岛市东海西路43号	85977719	266071	总经理:宿德春
市城建综合开发总公司	青岛市南海路23号	82870109	266003	总经理:孔少武
市房产置业集团有限公司	青岛市馆陶路11号	82827541	266011	总经理:姜岱积
市市政工程集团公司	青岛市龙江路25号	82882232	266003	总经理:董汉起
市地下铁道公司	青岛市南九水路2号	83643604	266022	经理:孙嘉林

(市委组织部　市编办)

社会主义物质文明、政治文明和精神文明建设

·国民经济和社会发展综述·

主要指标

2004年,全市完成生产总值2163.8亿元,比上年(下同)增长16.8%。其中,第一产业增加值161.8亿元,增长2.7%;第二产业增加值1171.4亿元,增长21.1%;第三产业增加值830.6亿元,增长14.2%。三次产业的比例关系由上年的8.3:52.6:39.1调整为7.5:54.1:38.4。综合经济实力在全国各城市中居第十一位,在全国15个副省级城市中居第五位。获"2004CCTV中国最具经济活力城市"称号并获"企业家满意奖"。

农业和农村经济

粮食生产　全市粮食播种面积36.1万公顷,增长0.2%;粮食总产232.34万吨,增长4.6%,扭转了连续5年减产的局面。花生产量58.03万吨,增产2%;蔬菜(不含果用瓜)产量672.09万吨,减产8%;水果产量74.85万吨,增产

10.5%。渔业、畜牧业生产稳定发展。水产品总产量132.45万吨，增长0.3%；养殖产量88.48万吨，增长0.8%；海、淡水养殖面积6.34万公顷，增长5.0%。肉类增产6.4%，牛、羊奶增产16.9%，禽蛋减产6.4%。森林覆盖率29.76%，提高3个百分点。

实施“城乡互动”战略，落实扶持农业各项政策，免征崂山、黄岛、城阳三区的农业税，降低五市农业税率3个百分点，全市减免农业税及附加2.3亿元，农民人均减负107元；发放农民种粮补贴4424万元、农机购置补贴348万元；加大对农业和粮食生产的投入，市本级财政用于“三农”的资金达6.8亿元，增长28.6%。

县域经济　郊区五市实现生产总值1044.3亿元，占全市生产总值的48.3%，增长18.5%；完成地方财政收入34.7亿元，占全市的26.6%。五市全部进入全国百强县。

工业和建筑业

工业结构调整　海尔数字电视、海信智能交通信息平台等项目已建成投产，前湾港三期主体工程基本完工，1000万吨大炼油、海西湾造修船基地等项目加速推进，带动青岛市工业进入新的发展阶段。“四大产业基地”和“六大产业集群”建设取得新突破。全市完成工业增加值1024.1亿元，增长20.9%。规模以上工业完成增加值874.1亿元，增长26.9%；其中，国有及国有控股企业完成183.9亿元，增长13.4%。轻、重工业协调发展，轻工业增加值450.6亿元，重工业增加值423.5亿元，分别增长25.5%和28.0%，轻重工业的比例为52:48。

规模以上工业运行质量　实现利税总额210.6亿元，增长24.7%，其中利润103.9亿元、增长33.4%。产品销售收入3320.3亿元，增长28.9%。工业经济效益综合指数为149.67，比上年提高12.2个百分点。资本保值增值率为112.5%，产品销售率为97.9%。每万元工业增加值电耗1494千瓦时，下降1.1%。

产品结构、行业调整　规模以上工业企业共完成新产品产值939.1亿元，增长36.2%，占工业总产值的比重28.2%；完成高新技术产业产值1373.7亿元，增长35.02%，占工业总产值的比重达41.2%。高新技术产品、新产品为全市工业经济提供了新的发展动力。

建筑业生产　全年实现增加值147.3亿元，增长20.7%。实现利税总额14.5亿元，增长26.1%。

非公有制经济

非公有经济持续保持高速发展。实现增加值1148.55亿元，增长22.8%，占GDP的比重达53.08%，比上年提高2.46个百分点；其中第二产业完成增加值756.76亿元，增长27.9%；完成固定资产投资694.6亿元，增长51.1%。非公有制经济增速快于公有制经济12.3个百分点，对经济增长的贡献率为69%，拉动经济增长11.6个百分点，对经济增长的贡献率高于公有制经济6.4个百分点。个体、私营经济健康发展。截至2004年底，全市经工商注册登记的个体工商户达23.88万户、增长15.5%，从业人员36.6万人、增长17.3%；私营企业5.89万户、增长17.1%，从业人员61.6万人、增长16.4%，成为解决城镇就业的重要渠道。

第三产业

服务业　商贸、旅游、物流及会展经济均取得进展。服务业实现增加值830.6亿元，增长14.2%。全年实现社会消费品零售额605.5亿元，增长15.8%。城乡市场协调发展，城市市场实现零售额476.7亿元、增长16.9%，农村市场实现零售额128.8亿元、增长11.7%。餐饮业保持了强劲的增长势头，尤其是市南、市北两区的餐饮业零售额都超过10亿元。汽车消费保持旺盛增长，全年仅规模以上贸易企业汽车零售额就达36.6亿元，增加13亿元，增长55.1%。

旅游业　全市旅游总收入207.56亿元，增长51.6%。其中，国内旅游总收入183.79亿元，增长50.8%；国际旅游收入2.88亿美元，增长59.2%。全年共接待国内外游客2209.7万人次，增长30.8%。

交通运输、邮政电信业　交通运输基础设施不断改善，“区港联动”试点获国务院批准，马士基中国北方总部落户青岛市，港航产业与物流产业联动发展迈出历史性步伐。全年港口吞吐量1.63亿吨，增长15.3%，稳居大陆第二大外贸口岸；集装箱吞吐量达到514万标准箱，增长21.2%，居全国第三位。公路建设成效显著，高速公路总里程525公里。全年完成邮电业务总量73.8亿元，增长27.7%。全市市话用户达204.9万户，新增59.47万户；移动电话达376.32万户，新增142.46万户。

固定资产投资

固定资产投资　全社会完成固定资产投资1025.4亿元，增长38.7%，其中城乡规模以上固定资产投资984.6亿元、增长40.9%。投资结构不断优化。在城乡规模以上投资中，第一产业投资22.6亿元，增长31.5%；第二产业投资541.1亿元，增长57.8%；第三产业投资420.9亿元，增长24.3%。全年规模以上固定资产投资施工项目4333个，新开工项目3735个，竣工项目734个；在建项目总投资规模2098亿元，增长27.1%。

重大项目建设　1000万吨大炼油、液化天然气(LNG)项目已获国家批复，芳烃等石化产业集群项目已开工；海西湾造修船基地项目已列入国家造船产业规划，2座大型修船坞等工程建设进展顺利，与造船配套的3户重要零部件生产企业来青落户已签署协议；北汽福田发动机、中集专用车等汽车项目和海尔、LG手机等电子集群项目已开工建设；高丽钢线三期、海信智能交通信息平台、海尔数字电视等项目已建成投产；前湾港三期主体工程基本完工，招商局集装箱码头等港口产业集群项目进展顺利。

基础设施建设　奥运建设全面启动，北船重工公司搬迁顺利完成，奥帆赛比赛场馆水上和陆域工程建设以及相关的水域治理、其他配套工程进展顺利。汇泉广场建成开放。滨海公路北段、滨海步行道崂山区段、青银高速公路二期等工程开工建设。跨海通道项目经过勘探、论证、公示，已确定隧道建设方案。机场扩建一期工程已竣工交付使用，国际航站楼工程开工建设。中山路商贸区改造项目进展顺利。

对外经济贸易

利用外资　全年共批准利用外资项目2423个，增长7.8%，合同利用外资67.66亿美元、增长27.2%，实际利用外资38.17亿美元(新口径)，增长33.1%。产业集群招商效果显著，全市制造业实际利用外资[illegible]亿美元，增长41.2%。新引进了日本丰田通商株式会社、法国威立雅水务、德国莱茵集团等8家世界

500强企业。对韩、日等国家和港、台地区的交流进一步加强,举办了“韩国周”、“日本周”等经贸活动。

对外贸易 本市(不含中央、省公司)实现外贸进出口总额243.32亿美元,增长39.3%;其中,出口额139.12亿美元,进口额104.2亿美元,分别增长37.3%和42.1%。外商投资企业是全市外贸出口的主体,出口额89.18亿美元,增长28.2%,占全市出口额的比重为64.1%。全年累计签订国外经济合作合同金额2.10亿美元,增长2.4%;共派出劳务人员4761人次,增长24.6%。

对内招商引资 全年引进500万元以上的内资项目1206个,实际到位资金192.7亿元,增长37.5%。引进亿元以上内资项目148个。

财政金融

全市实现地方财政一般预算收入130.51亿元,增长28.5%(省可比口径);地方财政一般预算支出164.06亿元,增长16.9%。税收保持较快增长,全年国税系统组织税收收入(含海关代征)336.32亿元,增长33.1%;地税税收收入100.7亿元,增长20.7%。

年末金融机构本外币存款余额达2390.73亿元,比年初增加350.15亿元。城乡居民储蓄继续增加,本外币储蓄达1171.15亿元。金融机构本外币贷款余额达2011.7亿元,比年初增加289.96亿元。全市实现保费收入47.62亿元,增长1.8%,赔款支出金额12.9亿元。

社会事业与人民生活

人民生活水平 城市居民人均可支配收入11089元,增长10.1%;人均消费性支出9002元,增长11.7%,恩格尔系数38.0%,下降1.3个百分点。农民人均纯收入5080元,增长12.1%,是1998年以来最快增长速度;人均生活消费支出3353元,增长12.2%。社会职工平均工资13445元,增长12%。年末城区人均住宅建筑面积24.19平方米,增加1.9平方米;农民人均住房使用面积27.99平方米,增加1.28平方米。以疾病预防控制体系和医疗救治体系为主的公共卫生体系建设得到加强。新型合作医疗制度全面展开,384.8万农民享受到医疗保障。

就业 全市单位从业人员207.1万人,增长13.1%,通过各种渠道实现就业14.1万人,增长26%,城镇登记失业率为3.1%,下降0.65个百分点。社会保障工作继续加强,市本级社会保障性支出7.3亿元,增长52.7%。全市参加基本养老保险人数为117.5万人,参加失业保险人数为96.5万人。计划生育、养老和其他社会事业均取得新进展。

科技教育事业 取得重要科技成果490项,获得国家级科技奖励8项,全年授权专利1973件。全市初中毕业生升学率达92%、高等教育毛入学率达24%,分别比上年提高6个、2个百分点;哈尔滨工业大学等高校引进取得新突破。

存在的主要问题

国民经济和社会发展存在的主要问题:1.部分大项目进展速度不快,高科技项目相对较少,区域内产业配套能力不足。2.商务成本相对较高。电价长期偏高,原材料、燃料价格上涨较大,物价面临较大上涨压力,企业盈利水平相对不高。3.资源约束矛盾突出。煤电油运依然偏紧,土地供应不足。既影响经济健康运行,又影响部分项目落地和开工建设。4.民营经济和服务业实力较弱。民营经济规模偏小,比重较低,服务业发展不快,民营经济和服务业整体竞争力偏弱。5.部分行业和领域改革滞后。一些领域引入市场机制不够。企业改革的复杂性和推进难度进一步增加。另外,经济发展的财政贡献度不高,城市建设南北差距缩小的幅度还不够大,出口退税压力增加。

(刘岐涛　唐　斌)

·政治文明建设·

党的建设

思想政治建设 2004年,在全市深入开展学习贯彻“三个代表”重要思想活动,推动学习“三个代表”重要思想活动不断深入。采取多种形式和“以调促学、以讲促学、以考促学”等办法,加强全市三级中心组成员的学习。成立宣讲团到基层和群众中进行学习辅导,开展“实践‘三个代表’,全面建设小康”主题调研等活动,大力宣传学习研究实践“三个代表”重要思想的重要成果和典型。

领导班子和干部队伍建设 加强党政领导班子、企业领导干部和科技人才等3支队伍建设。制定下发了《青岛市2004~2008年党政领导班子建设规划纲要》、《关于加强领导班子思想政治建设的意见》等文件,为更好地推进领导班子建设奠定了基础。认真做好领导班子经常性考察,制定了《市管领导班子和领导干部经常性考察工作实施意见》,分期分批对12个区市、70多个市直单位领导班子及其成员进行了跟踪考察。成立了青岛市企业家促进会,开办了创业论坛,邀请国内外知名企业家举办讲座。组织专门力量,对32个市直企业进行了全面考察考核,针对不同类型的领导班子,分门别类地提出了改进意见和建议。出台了《关于进一步激励企业经营者干事创业的若干意见》,加大了对企业经营者的激励力度。加强了科技人才队伍特别是高层次专业技术人才队伍建设,开展了2004年度青岛市专业技术拔尖人才推荐评审工作。

基层党组织建设 以农村、企业、新型经济社会组织和社区为重点,加强了基层党组织建设。以“三级联创”为总抓手,积极创建“五好”村党组织、“五好”镇党委和农村基层组织。开展创建街道社区党的建设示范点活动,推动了全市街道社区党建工作水平的不断提高。加强新型经济社会组织党建工作,积极向非公有制企业选派党建工作指导员,开展在新的社会阶层中发展党员的试点,有效地扩大了党的工作覆盖面。积极推行党政领导干部定期向党员大会报告工作、接受党员监督评议制度,落实了机关党建工作责任制。按照中央和省委统一部署,开展了保持共产党员先进性教育活动试点工作。

党风廉政建设 把党风廉政建设纳入全市总体工作目标考核,2004年以市委名义制定了《关于党风廉政建设和反腐败工作的实施意见》和《市委、市政府领导成员党风廉政建设责任范围和反腐败重点任务责任分工》,认真落实党风廉政建设各项规定,形成了重点工作目标、精神文明建设、党风廉政建设“三位一体”的考核体系。市委、市政府办公厅下发了《关于建立巡视制度的意见》、《关于建立廉政勤政谈话制度的意见》、《关于党政主要负责同志定期报告廉洁从政情况的规定(试行)》和《关于国有企业领导人员必须遵守“六个禁止”的规定(试

行)》，促进了党风廉政建设和经济社会健康发展。

制度建设　坚持市委常委会向市委全委会报告工作和述职述廉制度。2004年，市委出台了《中共青岛市委常委会工作规则》，进一步完善了市委常委会集体领导制度。出台了《中共青岛市委关于加强领导班子思想政治建设的意见》。坚持并完善了市人大常委会公民旁听制度、市政府重大事项市民听证会制度和重大决策专家咨询制度，进一步提高了决策的科学化、民主化程度。2004年，就关系青岛长远发展的跨海通道桥隧方案举行市民听证会，广泛征求社会各界的意见建议。对七区19片控制性详细规划进行社会公示，提高公众的参与程度。

加强党的执政能力建设

2004年，全面贯彻落实中央和山东省委加强党的执政能力建设的精神，市委及各级党委认真学习贯彻党的十六届四中全会、省委八届八次全会精神，按照中央、省委的要求，切实抓好贯彻落实工作。市委九届四次全委(扩大)会议召开，会议认真学习了党的十六届四中全会和省委八届八次全委会议精神，审议并通过了《中共青岛市委关于进一步贯彻党的十六届四中全会精神，切实加强执政能力建设若干问题的意见》。会议围绕把青岛建设成为“世界知名特色城市”和“全国重点中心城市”的总体目标，突出了制度建设，并研究部署全市加强党的执政能力建设的一系列重大问题。

政治文明建设主要工作与活动

“四型机关”、“五项工程”建设　2004年，继续推进全市“四型机关”和“五项工程”建设。以市委名义出台了优化发展软环境的意见。出台了《青岛市政府工作规则》，进一步规范政府行政行为。年内，全市各级党委机关普遍开展了“三快一提高”活动(快办理、快审批、快落实，提高办事效率；下同)，重点围绕提高机关干部职业道德素质、转变工作作风、提高服务质量和水平、完善机关工作制度等方面，全面加强党政机关建设。

目标管理绩效考核工作　2004年，市委下发了《关于加强目标管理绩效考核的意见》，在全市进一步完善了以“科学民主的目标化决策机制、责任制衡的刚性化执行机制、督查考核的制度化监督机制、奖惩兑现的导向化激励机制”为核心的目标绩效管理体系。

推进施政创新　2004年，在全市深入开展“双学三创”活动(单位学海尔、个人学许振超，个人创一流工作、单位创一流品牌、社会创一流环境；下同)。市委下发了《关于在全市掀起“双学三创”活动新高潮的意见》，努力在全市营造干事创业的良好氛围。年内，全市各级党政机关深入开展访贫问苦送温暖、访贤问能促发展、基层谈心保稳定的“三访谈”活动，推动了各级党政机关转变职能、转变作风，密切了党和人民群众的联系。各级各部门广泛开展送温暖、树能人、办实事活动，莱西市“为民服务代理制”和崂山、四方、市北等区市开展的“万人评”活动、建立民情室、专家决策咨询制度、民主听证会制度、“集中访谈月”制度、“三访谈日记”制度、“民情民意民智”绿色通道以及民评民、民评官、民评政的“三评”活动等创新性的施政方式，均收到了良好效果。

“‘我为青岛发展献计策’市民月”活动　该活动得到广大市民的关注与支持并成功举办。活动共分“市民献计策”、“市领导与市民电视对话”、“市领导与网民对话”、“市民议事厅”等组成部分，在青岛市开始形成不断将市民合理意见、建议纳入决策的机制，市委常委会、市长办公会和市政府专题会议，多次听取和研究市民意见建议，几百条市民建议被有关部门采纳，并转化为推进工作的举措，提高了市委、市政府决策的科学化、民主化水平。连续两年开展的“市民月”活动，已经成为青岛市政治文明建设的一大品牌。这项宗旨明确、主题鲜明、组织周密、形式新颖适用、动员广泛深入、时间集中持久、影响重大深远，涉及一个城市三个文明建设方方面面的全民性提建议献计策活动，不仅在青岛市，在全省乃至全国均产生了深远影响。

(市委政研室)

·精神文明建设·

创建文明城市工作

领导体制和工作机制创新　2004年，市文明委调整和充实了综合管理与创建活动组、政务环境与市场环境组、社会稳定和法治环境组、市容与生态环境组、社会保障与生活环境组、宣传与人文环境组等6个专业组，加强了创建文明城市的组织领导。制定了《创建全国文明城市目标责任分解》和《创建全国文明城市准备工作责任分解》，纳入全市重点工作目标绩效考核。11月，青岛市作为全国副省级城市唯一代表参加了中央文明办召开的《全国文明城市测评体系》试行工作暨成果鉴定座谈会，市委副书记王永生做了《坚持科学发展观，实现创建文明城市新跨越》的发言，《人民日报》刊登了发言内容。

宣传教育　11月，市委、市政府召开“全市创建全国文明城市、生态市，迎接2008年奥帆赛动员大会”，对创建全国文明城市工作进行了部署。在《青岛日报》先后刊发“‘五论’创建全国文明城市”评论员文章；开展了“关注身边的道德细节”教育活动，归纳青岛人20个亮点和20个陋习，在网络和报纸上组织市民进行讨论。举办了《扬起文明的风帆——青岛市创建文明城市成果图片展》。

城市环境整治　以“清理垃圾、清除违章、搞好绿化”为重点，继续开展城市环境综合整治。集中开展了清理户外广告牌匾和门头字号、整治市区报刊零售市场经营秩序、清理非法占路经营等3个活动。建立群众参与城市管理的长效机制，确定每月的第一个星期五为“全民环境卫生日”，每个区市都确定1～2条“文明示范街”，开展各具特色的创建活动。全市已建成文明示范街22条。

市民文明巡访团　加强市民文明巡访团的队伍建设，完善了市、区、社区三级巡访网络。开展了“文明城市万人巡访”和“文明啄木鸟”活动，加强了群众对创建文明城市工作的监督。

精神文明建设“三大工程”

培育和弘扬“诚信、和谐、博大、卓越”城市精神　结合“双学三创”活动，开展了区市精神、行业精神、单位精神大讨论。开展“让城市更美好，让生活更美好”城市精神践行活动。《大众日报》以“解读青岛精神”为题，专版介绍了青岛市培育城市精神的做法。开展了评选“青岛市文明市民”、“精神文明建设好事”活动。

贡献“十万市民”　以“做文明市民、创建文明城市、办成功奥帆赛”活动为主线，发布了《青岛奥运行动规划——城市

文明建设规划》。组成大学生文明礼仪宣讲演示团，到各区市、单位、学校开展宣讲活动。开展推广市民学外语活动，制定了《2004～2008年市民学外语活动规划》，成立了市民学外语活动领导小组，组织了"迎奥运全民英语展览会"。

学习型城市创建活动　开展了社区图书室援建活动，援建图书室575个，配备图书15万册。开展了"共建书香家园"活动，倡议社会各界向社区图书室捐书40多万册。推进各类教育资源向社区开放工作，指导街道社区与驻区单位实行"设施共建、活动共办、资源共享、联创共建"。《人民日报》、《光明日报》等媒体先后对青岛市援建图书室的做法予以宣传报道。

城市文明交通"三让"活动

把"三让"（车让人、人让车、车让车，下同）活动作为推进精神文明建设的重点，制订了《青岛市2004年深化城市文明交通"三让"和"遵守'三让'，平安出行"活动实施意见》。注重"三让"活动的社会化普及，重点抓好"三让"活动进社区、进学校、进机关、进企业、进部队，开展创建"三让"示范社区、示范学校、示范单位和示范道路活动。5月，《人民日报》等11家中央新闻媒体集中宣传了青岛市开展的"三让"活动。"三让"活动获得市直机关优秀工作成果三等奖并被选为"青岛市2004年度精神文明建设亮点工作"。

未成年人思想道德建设工作

年内，成立了全市未成年人思想道德建设工作领导小组，制定了市委、市政府《关于分解进一步加强和改进未成年人思想道德建设责任的实施意见》。坚持从具体事情抓起，策划确定了未成年人思想道德建设10个方面的实事。青岛市博物馆等10处展馆对未成年人集体参观实行免费，海军博物馆等教育场所也实行了减免票制度。开展了"走进图书馆"、"青岛历史文明之光展览"等未成年人思想道德教育活动。全市各新闻媒体普遍开辟了未成年人思想道德建设工作专栏，建立了学校、社会、家庭"三结合"教育网络。7月，中央、山东省文明办组织新闻媒体对青岛市开展未成年人思想道德建设的做法进行了集中宣传。

群众性精神文明创建活动

文明社区创建　开展了"道德、科教、文体、法律、卫生"五进社区活动。在每个区市重点培育了1～2个样板社区和文明示范街。开展了"我最喜爱的十佳社区"评选活动，向中央文明办推荐李沧区永清苑社区为"中国我最喜爱的十佳社区"候选社区，在全国社区思想政治工作经验交流会上做了经验介绍。先后推出了文化活动在社区、文化讲座在社区、文化展览在社区、读书活动在社区、群众文化辅导进社区、图书馆服务进社区、文艺演出进社区、电影放映进社区等八大板块2575项文化活动，丰富了社区居民的文化生活。在山东省"四进社区"文艺展演中，青岛市推荐节目"我为奥运种棵树"获得一等奖；在第三届全国"四进社区"文艺展演中，青岛市分别获取5类奖项，获奖总数及级别居全国同类城市首位，其中小品《生日》获得了金牌。

文明行业创建　制定下发了《关于开展建设"诚信青岛"，深化文明行业创建工作的实施意见》，加强了对25个重点窗口行业单位的创建工作。开展"创服务名牌、树青岛形象"活动，对市级服务名牌进行了集中展示，指导和培育了"爱心飞扬"、"把关民生"、"海底情深"、"亲和仲裁"等一批新的服务品牌，评选出青岛市第三批服务名牌12个。推进"诚信青岛"建设，在党政机关中开展了"争创文明处室、标兵处室，做人民好公仆"活动；在企业中开展了"铸造诚信"活动；引导金融、商贸、餐饮、旅游、公共交通、出租汽车等服务行业的优秀骨干企业建立和扩大"诚信联盟"。

文明村镇创建　落实《关于进一步深化创建文明村镇活动的意见》，全市有127个乡镇（街道办事处）的5993个村庄共建成文明街4518条。推进城乡共建活动，全市已有790多个文明单位与镇村"结对共建"，共建单位为共建镇村筹措资金6000多万元，为富裕农民、教育农民、推进农村文明程度的提高、加快农村城市化进程做实事好事4000余件。加强文明小城镇创建，重点培育推出第二批5个文明小城镇示范点，胶州市李哥庄镇继续保持了"全国文明小城镇示范点"称号。制定了《青岛市农村文明信用工程实施办法（试行）》，吸引农民参与文明信用工程建设。青岛市在山东省农村精神文明建设工作经验交流会上介绍了"建设文明小康村，推动农村精神文明建设再上新水平"的经验。青岛市有10个区（市）被评选为第六届山东省精神文明建设工作先进县（市、区），获奖数量居全省17个地级市首位。

文明单位创建和军警民共建　年内，有156家单位获得"省级文明单位"称号，17家单位获得"省级文明机关"称号，居全省前列。组织开展了"军警民共建创新奖评选活动"和"军民共建主题语标识征集活动"。

（李文彬　程明师）

改　革

·经济体制改革·

调整优化所有制结构

国有经济布局和结构调整　2004年，按照市委、市政府的统一部署，市属527户工交企业中，已累计改制退出398户，改退率为75.5%；通过"进而有为、退而有序"的调整，国有资本加快了向大企业聚集。全市十大企业集团资产总额达到610亿元，占全市的32.1%，占国有及国有控股企业的74.4%；实现销售收入已占全市比重的36%，实现利税和利润分别占全市的48%和43%。全市国有经济实现了有序收缩，布局趋向合理。国有资本不断从竞争性行业退出，从过去的195个减少到142个。

股份制改造　2004年，规范设立股

份有限公司11户，其中10户为民营企业；总股本为5.14亿股，其中社会资本为4.94亿股。通过招商引资引进外来资本1.04亿元。对46户股份有限公司股权进行调整，增加股本6.51亿股，退出国有资本1.76亿股。全市已累计设立股份有限公司184户。股份制企业已成为青岛市经济发展的主要力量，完成增加值、销售收入、利润等指标占全市的比重越来越大，增长速度高于全市平均水平。

民营经济改造　通过改革，推动了民营经济的发展，对退出国有资本的53户中小企业进行了民营化的股份制改造，百通城建、裕龙物流、东李集团、三丰农业等一大批有特点的民营企业进行了规范改制，设立了股份有限公司。民营经济的发展活力不断增强，规模不断扩大，效益明显提高，出口增势强劲，技术创新加快，对全市经济发展和吸纳就业的贡献率越来越高。全市注册资本500万元以上的民营企业已达3366家，过亿元的17家，科技型民营企业1500多家。全市为"六大产业集群"配套的民营企业已达6933家。

企业上市融资工作

民营企业上市工作　青岛中天信息技术有限公司在香港挂牌上市，成为全省第一家以红筹模式在香港主板上市的民营企业，也使青岛市现有上市公司达到了12家，累计融资超过120亿元，户均融资超过10亿元，累计融资总额和户均融资额均居全国副省级城市前列。

拟上市企业培育工作　截至2004年底，有1户企业通过了监管部门相关的审核程序，获准发行；3户企业已经进入中国证监会的审核程序；2户企业正在进行上市操作；以民营企业为主体的30多户企业成为培育对象，形成了"上市一批、申报一批、辅导一批、储备一批"的良性发展格局。

多层次资本市场建设　按照国家有关部门关于"探索统一临管下的股份转让"的精神，开展了权证企业转让试点工作，对于维护投资者的合法权益，化解影响社会稳定的金融风险，建立多层次资本市场起到了积极作用。

综合配套改革

推进医药卫生体制改革　根据党的十六大提出的全面建设小康社会的要求和市委提出的提前实现现代化的战略目标，按"五个统筹"的要求，深化农村医药体制和社会保障制度改革，新型农村合作医疗取得了明显成效，走在了全省乃至全国前列。市发改委同市卫生局等部门建立完善了新型农村合作医疗的政策体系，组织了改革试点后全面推开。农村五市三区全面建立了新型农村合作医疗制度，共有384.3万名农民参加了新型农村合作医疗，村（居）覆盖率达100%，人口覆盖率达89.4%，共筹集资金1.06亿元，报销支付4360万元，受益人口达64.7万人次，受益率达16.8%。减轻了农民就医看病的负担，有效解决了农民因病致贫、因病返贫的问题。为保证农民用药安全便利，以药品供应网络、监督网络、信息网络为内容的农村药品"三网"建设工作正在积极推进。

推进事业单位改革　根据青岛市事业单位改革领导小组的统一部署，积极稳妥地推进事业单位分类改革工作，先后完成了20余户事业单位的改革工作，保证了改革质量，保护了职工利益，保持了社会稳定。在改革中，坚持一事一策，深入调查研究，指导单位拟订改制方案和职工安置方案并组织论证，按程序进行清产核资、财务审计、资产评估、资产处置、公司设立等工作。根据改革进展情况，及时发现问题，及时完善有关政策。

推进旅游、文化等体制改革　按照培育"三大特色经济"的要求，探索和推动旅游体制改革。主要是以理顺旅游管理体制、做大做强青岛市旅游产业为重点，加快了旅游企业股份制改造步伐，完成了汇泉王朝酒店、国际旅行社、旅游汽车公司、海外旅行社的重组改制工作，增强了企业市场竞争能力。下半年，根据山东省政府工作会议精神和市委、市政府要求，学习借鉴外地经验，牵头进行国有旅游饭店改革工作，对全市国有旅游饭店进行了调查摸底，制订了《关于进一步深化国有旅游饭店体制改革的工作意见》，提出了以党政机关所办饭店为重点的总体改革思路，第三十九次市长办公会已审议通过，修改完善后报市委常委会。年内，按照市领导提出的"路子新、机制新、市场化、创一流"的要求，探索了文化体制相关改革工作，市发改委会同有关部门提出了《关于市交响乐团改革实施方案》。对盐务系统盐业公司改革提出了改制重组方案。

推进"城中村"规范改制　年内，市、区两级加大了工作力度，研究探索了"城中村"改制的办法，依照法律法规进行了突破和创新，完善了政策，明晰了产权，实施了股份制改造。推动了"城中村"集体经济管理模式向企业管理运作机制转换，在李沧区选择东李、河南等2个村进行了试点，规范设立了2户股份有限公司，解决了集体资产处置、明晰产权、企业体制和机制转换等难点问题，对全市"城中村"改造及二次规范改制起到了示范带动作用。

（纪中华）

·2004年市政府机构改革·

保留的工作机构

1. 工作部门：市政府办公厅，市教育局，市科学技术局，市公安局，市监察局，市民政局，市司法局，市财政局，市人事局（市机构编制委员会办公室与其合署），市劳动和社会保障局，市建设委员会，市规划局，市国土资源和房屋管理局，市环境保护局，市水利局，市海洋与渔业局，市对外贸易经济合作局，市文化局，市卫生局，市体育局，市审计局，市统计局，市民族事务局、市宗教事务局，市旅游局。

2. 办事机构：市政府外事办公室，市政府侨务办公室，市政府法制办公室，市政府口岸办公室。

3. 部门管理机构：市政府调查研究室（由市政府办公厅管理），市国内经济合作办公室（由市政府办公厅管理），市物价局（由市发展和改革委员会管理）。

4. 议事协调机构的常设办事机构：市人民防空办公室。

5. 派出机构：市政府驻北京办事处，市政府驻上海办事处，青岛经济技术开发区管理委员会（与黄岛区人民政府一套机构两块牌子），青岛高新技术产业开发区管理委员会（与崂山区人民政府一套机构两块牌子），青岛保税区管理委员会（与市委青岛保税区工作委员会一套机构两块牌子），市崂山风景区管理委员会。

调整的机构

1. 深化国有资产管理体制改革。撤

销市国有资产管理办公室。将原市国有资产管理办公室的职能,市经济委员会承担的国有企业改革和管理职能,市财政局承担的部分国有资产管理职能,市劳动和社会保障局承担的参与拟定国有及国有控股企业工资决定机制改革政策职能,市经济体制改革办公室承担的研究指导企业经营者分配制度改革工作等职能合并,组建市政府国有资产监督管理委员会,为市政府特设机构,正局级规格。市政府国有资产监督管理委员会代表市政府履行国有资产出资人职责,实行管资产与管人、管事相结合。

原市国有资产管理委员会(议事协调机构)同时进行调整更名。

2.完善地区经济调节体系。撤销市发展计划委员会、市经济体制改革办公室。将原市发展计划委员会的职能,市经济委员会承担的技术改造投资管理以及重要工业产品和原材料进出口、资源节约和综合利用及有关审批职能,原市经济体制改革办公室承担的组织研究或参与拟定经济体制改革的综合性政策措施、研究论证重大经济体制改革方案、论证审理股份有限公司设立等职能合并,组建市发展和改革委员会,为市政府工作部门,正局级规格。

将市粮食管理办公室(市粮食局)更名为市粮食局,由市政府财贸办公室领导调整为市发展和改革委员会的部门管理机构,正局级规格不变。

保留市盐务局,为市发展和改革委员会下设机构,正局级规格不变。

保留市外债管理办公室,为市发展和改革委员会下设机构,副局级规格不变。

3.调整安全生产监督管理体制。撤销市经济委员会内设的市安全生产监督管理局,组建市安全生产监督管理局,为市政府工作部门,正局级规格。市安全生产监督管理局同时也是市安全生产委员会的办事机构,主要负责综合管理和监督安全生产工作。

4.调整经贸管理体制。撤销市经济委员会、市政府财贸办公室、市经济委员会内设的市工业行业管理办公室和市工商行政管理局所属的市个体私营经济发展局。将原市经济委员会承担的行业规划、产业政策、经济运行调节、电力管理及中小企业改革与发展职能,原市政府财贸办公室职能和市工商行政管理局承担的个体私营经济管理职能合并,组建市经济贸易委员会,为市政府工作部门,正局级规格。

市经济贸易委员会下设市经济运行局、市中小企业发展局,均为副局级规格,局长分别由市经济贸易委员会副主任兼任。

原市经济委员会所属有关事业单位,原市政府财贸办公室所属事业单位,划归新组建的市经济贸易委员会管理。

5.调整信息产业管理体制。撤销市信息化工作办公室、市电子行业管理办公室(原隶属市经济委员会)。将原市信息化工作办公室职能,原市电子行业管理办公室职能和市科学技术局承担的有关软件、网络和通讯部件等信息产品的规划、研制和开发职能合并,组建市信息产业局,为市政府工作部门,正局级规格。

6.调整交通管理体制。撤销市交通局。将原市交通局的职能,原市经济委员会承担的青岛港行政管理与协调铁路、公路、水运、航空等运输企业之间衔接和联合运输职能以及空港管理职能合并,组建市交通委员会,为市政府工作部门,正局级规格。

市交通委员会下设市公路局、市港航管理局和市道路运输管理局,均为副局级规格,局长分别由市交通委员会副主任兼任。

原市交通局所属事业单位,划归新组建的市交通委员会管理。

市交通战备办公室设在市交通委员会。

7.调整城市建设管理体制。撤销市城市管理局。将原市城市管理局承担的市政管理、公用事业管理等职能,市园林环卫办公室承担的环境卫生管理职能合并,组建市市政公用局,为市政府工作部门,正局级规格。

将原市城市管理局承担的市城市管理委员会的日常工作划归市建设委员会,市建设委员会挂市城市管理委员会办公室牌子。将原市城市管理局承担的物业管理政策制定和行业管理职能,划归市国土资源和房屋管理局。

将原市城市管理局承担的城市管理综合执法职能划归市建设委员会。同时将市城市管理行政执法局调整为市建设委员会下设机构,副局级规格,局长由市建设委员会副主任兼任。

将市建设委员会内设的市建筑工程管理局调整为市建设委员会下设机构,副局级规格不变,局长由市建设委员会副主任兼任。

将市国土资源和房屋管理局所属的市城市建设综合开发管理办公室和市房屋拆迁管理办公室合并,组建市房地产开发管理局,为隶属市建设委员会的副局级事业单位,局长由市建设委员会副主任兼任。

8.理顺农业管理体制。将市农业局更名为市农业委员会。

撤销市乡镇企业服务中心,将其承担的拟定乡镇企业发展规划、产业结构调整、技术改造、企业改革等职能划归市中小企业发展局,其他职能划归市农业委员会。

撤销市畜牧服务中心、市农业机械服务中心,组建市畜牧局、市农业机械管理局,为市农业委员会下设的正局级事业单位。市畜牧局、市农业机械管理局局长分别由市农业委员会副主任兼任。

原市畜牧服务中心、市农业机械服务中心所属事业单位和原市乡镇企业服务中心有关事业单位,划归市农业委员会管理。

9.调整林业、园林管理体制。撤销市林业局、市园林环卫管理办公室。将原市林业局的职能与市园林环卫办公室承担的城市园林绿化管理职能合并,组建市林业局,挂市城市园林局牌子,为市政府工作部门,正局级规格。

按照职能调整,原市园林环卫管理办公室所属事业单位分别划归市林业局(市城市园林局)和市市政公用局管理,条件成熟的公园可下放到区管理。

10.市计划生育委员会更名为市人口和计划生育委员会,将原市发展计划委员会承担的人口发展研究职能,划入市人口和计划生育委员会,以加强本市人口发展战略研究,推动人口与计划生育工作的综合协调。

11.调整新闻出版管理体制。市新闻出版局与青岛出版社分设,市新闻出版局(市版权局)为市直事业单位,正局级规格。

青岛出版社政事分开后,组建出版事业集团,不再挂市新闻出版局、市版权局牌子。

12.调整机关后勤服务体制。撤销市市级机关服务中心,组建市机关事务管理局，为市直事业单位，正局级规格。

市机关事务管理局组建后，同时调整原市级机关服务中心所属宾馆（饭店），除保留部分作接待服务外，其他的应脱钩改制，实行市场化运作。

13. 调整市住房公积金管理中心（市住房资金管理中心）体制。将市住房公积金管理中心（市住房资金管理中心）由市政府办公厅管理调整为市政府直属事业单位，机构规格仍为副局级。

（摘自"青发〔2004〕12号"文件）

机构编制管理与人事制度改革

机构编制管理

2004年，青岛市进一步加强监督检查，严格机构编制管理。完善机构编制、人员计划和经费管理相互配套协调的管理机制，印发了《市委办公厅、市政府办公厅关于进一步加强机构编制管理的通知》。严格事业单位机构编制总量控制，完成中小学定编工作。加强对区市机构编制工作的督查指导，规范区市事业单位机构设置。对机构编制管理现状进行深入调研，开展前瞻性研究。

组织实施了新一轮政府机构改革。按照国家深化行政管理体制改革有关精神和山东省委、省政府的批复，对29个政府部门进行调整，重点解决了职能交叉等影响和制约行政管理体制协调运行的一些突出矛盾和问题，政府组织结构更趋合理，推进了政府职能转变和机关流程再造，建立了具有青岛特色的行政管理体制：一是组建信息产业部门，强化了政府对产业发展的支持；二是建立了大建委、大交通、大农业的管理模式，强化政府综合管理和综合服务作用；三是建立城乡一体的林业园林管理体制，理顺了职责分工；四是将行政许可事项写入相关部门的"三定"规定，并建立职能运行跟踪调查制度，强化政府职能到位的保障机制。调整后，市政府工作机构设置42个，比山东省规定数额少2个。整个机构改革实现了机构数额、人员编制、领导职数"三个不突破"。结合市级政府机构改革，按照国家和山东省的部署，组织实施了区市政府机构改革调整。

以政府机构改革为契机，稳步推进综合行政执法试点，推动部门执法向行业或系统内的综合执法转变。建立了安全生产执法体制，调整了城市管理执法体制。加强事业单位登记管理。全面实施事业单位法人登记。强化对事业单位的依法监管，开展了对事业单位的执法检查，组织完成了全市事业单位法人年检，组织开展了登记管理培训。

人事制度改革

事业单位改革 年内，推进事业单位分类改革和管理试点，初步形成事业单位分类改革和管理意见。对市建设、文化系统和市北区、胶州市等4个试点单位的事业机构设置进行了全面摸底和职能分析，按照确定的分类原则，参照国家和山东省的有关规定及分类参考目录，研究制定了《事业单位分类改革试点实施意见》。事业单位用人制度和分配制度改革稳步推进，全市已有50%以上的事业单位及职工实行了聘用制度。市北区、四方区和胶南市的聘用制改革基本完成。配合事业单位聘用制改革的推进，积极开展人事争议仲裁工作。对市公用建筑设计院、市民政工业公司和市北区、四方区、李沧区部分事业单位及崂山海豚馆等单位近千人实施了转制改革。规范事业单位公开招考工作人员办法，出台了事业单位考录专业考试、面试、考核等3个试行意见，全年共为42家事业单位公开招考工作人员180人。

军队转业干部安置 继续推行军队转业干部"双考"安置办法（部队考核、地方考试），以市政府文件形式一次性下达三年军队体制编制调整改革期间接收计划，为完成三年裁军安置任务打下了基础。完成全年军转干部安置任务，共安置1756人，安置人数比历史最高的2000年增长了36%，比上年增长了124%。其中，团职干部达到755人，占总安置数的43%。鼓励军转干部自主择业，自主择业军转干部463人，比历史最多的2003年增长了92%。

毕业生就业管理与服务 年内，青岛市加大政策引导，简化办事程序，促进毕业生多渠道、多形式就业，研究出台了青岛市未就业毕业生享受社会失业人员待遇的意见，简化了毕业生落户程序，符合落户条件的毕业生，到派出所直接办理落户。实行毕业生就业网上办理，为用人单位和毕业生提供了一个公平、公开、快捷、高效的服务平台。国务院领导对青岛市毕业生就业工作的成效和经验做法给予充分肯定。

机关事业单位工资福利工作 完成国家部署的调整工资标准、正常晋升工资档次和年终一次性奖金工作。推进统发工资工作，顺利完成全市4.1万人每月近亿元的工资发放任务。

（李正超）

对外开放

概况

2004年，青岛市对外开放工作落实山东省委、省政府的部署，发挥在山东省对外开放中的"龙头"作用，各项工作取得明显成效。全市合同利用外资67.7亿美元，实际利用外资38.2亿美元（新口径），同比（下同）分别增长27.2%和33.1%，实际利用外资额在全国15个副省级城市中居第一位；实际利用外资占全社会固定资产投资比重达到46%。完成外贸进出口总值243.3亿美元，增长39.3%；其中，出口139.1亿美元、增长37.3%，进口104.2亿美元、增长42.1%；外贸出口占全市生产总值的比重达到53.1%。全市完成对外经济合作项目710个，合同额2.1亿美元，增长2.4%，营业额2.1亿美元，增长47.1%；获准境外投资项目46个，境外投资带动技术、设备、原材料和零部件出口5.0亿美元，

增长11.1%。(其他指标详见第190页)

·主要特点·

1.民营企业成为全市对外开放的重要力量。利用外资的民营企业325家,实际利用外资5.6亿美元,占全市实际到位外资的14.7%,提高3.1个百分点。民营进出口企业迅速增加,全年新增1026家,累计达到2329家;出口21.4亿美元,增长93.8%,占全市出口总额的15.3%,拉动全市出口增长10.2个百分点;进口10.28亿美元,增长81.7%,占全市进口总额的近10%。全年全市新批准的境外投资项目中,民营企业占56.5%,项目累计所占比例由上年的18.1%增长到27.2%。

2.产业集群招商成效明显。年内,全市以“六大产业集群”建设为重点,加快大项目招商工作。全年共吸引总投资过千万美元项目212个,3000万美元以上项目5个;合同利用外资21.7亿美元,占全市合同利用外资总额的32%,增长4.7个百分点。产业集群项目260个,实际到位外资8.1亿美元。新引进世界500强企业投资项目11个,总投资1.3亿美元;世界500强企业投资项目累计已达76家132个,总投资36.6亿美元,合同利用外资25.7亿美元。

3.现代服务业利用外资获得新发展。全年全市现代服务业实际利用外资3.6亿美元,占全市实际利用外资的9.4%。其中,AP穆勒-马士基集团中国北方总部、德国巴州驻山东办事处、中韩生产技术协作中心、韩亚航空、日本贸易振兴机构、日本东海运株式会社、香港招商局船务企业公司等一批有影响的机构和服务业企业落户青岛市。

4.大宗商品在全国出口中的优势地位更加明显,高附加值商品出口增长加快。全年全市出口超过5亿美元的八大类商品的出口额总计87.2亿美元,占出口总额的62.7%。集装箱、电子家电、鞋类、水产品等多种商品在与国内其他城市的竞争中保持了明显优势。其中,集装箱出口占全国出口总量的18.1%、电子类及电器产品出口占5.8%、鞋类产品出口占4.7%。机电产品和高新技术产品出口增速加快。机电产品出口额49.0亿美元,增长50.3%,占全市外贸出口的比重为35.2%,占山东省机电产品出口的比重为50.4%。高新技术产品出口额16.8亿美元,占全市外贸出口的比重为12%。

5.会展经济成为促进全市对外开放的重要途径。全年全市共举办各类展会48个,展览面积40多万平方米,参展人数超过135万人次。举办了亚洲合作对话第三次外长会议、第三届APEC中小企业技术交流暨展览会、国际渔业博览会等一批知名展会和“韩国周”、“日本周”等专题招商促进活动,增进了青岛市与重点国家和地区的交流。

6.园区经济拉动作用增强。全市省级以上开发区完成实际利用外资13亿美元,占全市总量的34%;共引进过千万美元以上大项目101个,增长18.8%,占全市大项目总量的47.6%。完成进出口总额79.5亿美元,其中出口43.3亿美元,分别占全市总数的29.4%和27.5%。

7.投资环境建设取得新成效。全年外商投诉下降22%。在“2004CCTV中国最具经济活力城市”评比中,获“中国十大最具经济活力城市”和“企业家满意奖”;入选《财富(中文版)》“2004中国大陆最佳商务城市”;获由“中国城市竞争力研究会”发布的“2004中国城市竞争力排行榜”城市投资环境第一名。

·存在的主要问题·

1.外资质量有待提高。在吸引外商设立地区总部、研发中心,引进高新技术产业项目和现代服务业项目方面与先进地区相比还有很大差距。

2.对外贸易增长方式需要加速转变。在提高高新技术和机电产品出口比重、加快加工贸易的转型升级等方面还有许多问题迫切需要研究解决。

3.新形势下的投资环境建设需要深化。服务观念、服务效率、人员素质等方面还存在许多不足,必须尽快采取措施加以完善。

(市政府调研室)

青岛入选“2004CCTV中国最具经济活力城市”暨获“企业家满意奖”

·概　　况·

2004年8月19日,由中央电视台经济频道推出的国内首次城市活力评价活动在北京正式启动。考虑到港澳台地区和直辖市经济发展的特殊性,本次评选范围不包括港澳台地区城市和直辖市。

本次活动包括策划、候选、调查、提名、揭晓等阶段,通过基础数据筛选的方式,从全国280个地级以上城市中选出50个候选城市,之后对候选城市展开全方位的调查,采用基础数据和专家意见相结合的方式,产生20个提名城市,再通过问卷调查等方式最终从20个提名城市中评选出十大经济活力城市。

20个提名城市是:常州、成都、大连、东莞、哈尔滨、杭州、呼和浩特、昆明、宁波、青岛、沈阳、深圳、苏州、威海、温州、武汉、无锡、厦门、徐州、中山(排名不分先后)。

本次活动由“城市中国”组委会100名评委参与评选,参评的100位评委由来自国家建设部、国家发改委、国家统计局、国务院发展研究中心、国家环保局、中国社会科学院、北京大学、中国人民大学、城市经济发展研究机构、国家主流媒体、地方媒体等的专家、社会知名人士、经济学家、社会学家、城市学者、环境专家、大学教师、财经记者等构成。其中,30位核心专家负责重要问题的咨询,审定评选标准,进行城市提名,评定相关奖项;其他评委参与专家主观标准部分的问卷调查。

专家们依据基础数据、专家意见、电视调查、专项问卷调查、观众意见等因素进行了综合评定,国家统计局提供了城市经济发展的相关数据。中央电视台“经济信息联播”、“经济半小时”等栏目对候选城市进行了相关问题的电视采访和体验。在专项问卷调查中,国家统计局对提名城市的地方企业家、本地居民、暂住居民、城市农民工等进行了专项问卷调查,很多观众以填写互联网调查、手机短信等多种方式参与了评选。

11月5日,“2004CCTV中国最具经济活力城市”评选结果在北京揭晓,成都、大连、东莞、杭州、青岛、深圳、沈阳、苏州、温州、无锡当选为中国十大最具经济活力的城市。苏州市获年度城市大奖。同时产生了各单项奖提名城市:大连市获市民满意奖、青岛市获企业家满意奖、无锡市获农民工满意奖、杭州市获应急反应表现奖。

11月6日,青岛市委副书记、市长夏耕出席在北京中国剧院举行的颁奖晚会,并接受了“最具经济活力城市”和单项奖“企业家满意奖”的奖杯。

2004年11月,市委副书记、市长夏耕(中)出席在北京举行的“2004CCTV中国最具活力城市”颁奖晚会,并接受奖杯。
(隋以进/摄)

“最具经济活力城市”·评选指标·

国家统计局提供的客观指标(主要有12项):1.当年人均GDP及三年平均增长率;2.当年人均财政收入及三年平均增长率;3.当年人均可支配收入及三年平均增长率;4.当年规模企业利润总额及三年平均增长率;5.当年工业企业数量及增长率(此数据仅供专家参考,不计入评分);6.当年出口额;7.当年实际利用外资率;8.暂住人口占常住人口比例(此数据仅供专家参考,不计入评分);9.当年三废达标率;10.科教文卫事业费在GDP中所占比例三年平均增长率;11.当年社会保障率;12.人均绿地面积。

专家评判的主观指标(主要有12项):1.城市的开放程度;2.城市的富裕程度;3.城市未来的成长空间;4.城市的知名度、美誉度;5.城市在区域或某些经济领域有中心地位;6.城市在发展经济方面的做法具有引导和示范作用;7.城市特色鲜明程度;8.生活环境舒适程度;9.保护与发展协调程度;10.城市对人才的吸引力;11.城市发展战略的前瞻性和科学性;12.城市资源的可持续性。

·“企业家满意奖”评选标准·

1.政府效率和透明度相对较高;2.产业群形成一定规模;3.商务成本相对较低;4.投资回报率相对较高;5.法治与社会安定环境、生活环境相对较好。

青岛市获“中国最具经济·活力城市”获奖评语·

青岛是一个随时能感受到品牌力量的城市,青岛诞生的品牌已经影响了中国,正在影响世界,这座海滨城市的目光早已放之四海,这座追求卓越的城市正携手奥运,将目标指向更高。

青岛市获“企业家·满意奖”理由·

真诚为企业服务。中央电视台记者在青岛进行了调查。调查故事:青岛市以“降低企业投资商务成本,提高投资回报率”为目标,在全国率先实行“一次性申报”、“一站式服务”和“一条龙审批”工作制度,促进海内外企业在青岛创业成本的降低和回报率的提高。那么青岛到底是如何让这些企业满意的呢?青岛朗讯公司成立于1993年,是一家外商投资企业,主要从事交换机、手机以及移动通讯机站的研发和生产,由于项目开发业务的不断扩大,实验用房已越来越不能满足需要,一开始想自己来建研发楼,但因自己建楼费用比较高、建设周期比较长,公司的领导层十分着急。当地(崂山)区政府闻讯后立即与其进行了沟通并在高新区软件园中为青岛朗讯公司解决了这一难题。

青岛市为企业热情服务的态度,使许多企业加大了投资,仅青岛朗讯公司就连续5年追加投资共5000万美元。据有关部门统计,青岛市外商投资企业有90.2%打算加大在青岛市的投资。

(市史志办)

2004 年大事记

·1 月·

1 日

市委副书记、市长夏耕在《青岛日报》发表《新年献辞》。

2 日

市委副书记、市长夏耕主持召开 2004 年军地联席办公会议。

Δ《青岛日报》消息：青岛市公路建设重点工程——滨海公路北段项目和青银高速公路二期项目获交通部正式批复立项。

4 日

全市深入整顿和规范土地市场秩序现场会召开。市委副书记、市长夏耕到会并讲话。

5 日

中共青岛市委举行九届三次全委（扩大）会议。

Δ市十三届人民政府举行第八次常务会议。

Δ《青岛日报》消息：利群集团董事长、总裁徐恭藻在首届中国经济人物征评活动中获“中国经济百名杰出人物”称号。

Δ《青岛日报》消息：青岛市新材料研发取得重要成果——青岛金谷镁业股份有限公司承担的镁合金制品研发及产业化项目成果达到国际先进水平。

6 日

《青岛日报》消息：中科院海洋研究所研究员侯保荣当选中国工程院院士，青岛市两院院士达 38 人。市委组织部、市人事局、市科技局和市科协等联合举行庆祝侯保荣当选中国工程院院士座谈会。省委常委、市委书记杜世成专门发贺信。

Δ青岛—薛家岛轮渡航线正式通航。

Δ山东省委、省政府派检查组来青检查农村税费改革情况。

Δ《青岛日报》消息：中共中央政治局委员、书记处书记、国务委员、公安部部长周永康签署命令，为青岛市公安局刑警支队记集体一等功。

Δ《青岛市人民代表大会常务委员会关于修改〈青岛市禁止制作销售燃放烟花爆竹的规定〉的决定》施行。

7 日

《青岛日报》消息：青岛市首部基础科学研究专著——《青岛基础科学研究进展》出版发行。海洋科学家、中科院院士曾呈奎为该书作序。

8～9 日

省委常委、市委书记杜世成，市委副书记、市长夏耕分别会见中国第一汽车集团公司总经理竺延风一行。

8～10 日

建设部副部长黄卫率督查组在山东省副省长赵克志陪同下，就学习贯彻“三个代表”重要思想、切实解决人民群众切身利益问题在青进行督查。

9 日

由青岛港（集团）公司、英国铁行集团、中国中远集团、丹麦 AP 穆勒—马士基集团合资组建的前湾集装箱码头有限责任公司开业。交通部、中联部，山东省委、省政府及铁行集团董事长斯特灵发来贺信。山东省副省长孙守璞，市委副书记、市纪委书记王永生等出席开业仪式并为该公司揭牌。

Δ副市长于冲会见来青考察投资的韩国怡乐集团总裁黄圣周一行。

Δ市委办公厅、市政府办公厅发出《关于在土地征用中严禁侵犯农民合法权益的通知》。

10 日

山东省出入境检验检疫工作会议在青召开。山东省副省长孙守璞出席并讲话。

Δ海尔集团总裁杨绵绵入选 2003 年“中国经济女性年度人物”。

Δ由山东省体育局和青岛市体育局共同投资建设的山东省国民体质监测示范站暨青岛市国民体质监测中心揭牌。

Δ市委、市政府举行仪式并召开座谈会，庆贺青岛市第五次获得“全国双拥模范城”称号。

11 日

《青岛日报》消息：科技部公布“十五”国家“863”计划成果产业化基地名单，青岛胶南明月海藻工业有限责任公司与海信集团有限公司入选。

12 日

《青岛日报》消息：胶南市王台镇被中国纺织工业协会授予全国唯一的“中国纺织机械产业名镇”称号。

13 日

市委办公厅举行新闻发布会,公布市委 2004 年工作要点等 4 项内容。

Δ副市长于冲会见日本瑞穗实业银行专务植野道雄一行。

Δ《青岛日报》消息:教育部批准 35 所高等学校试办首批示范性软件职业技术学院,山东省有 2 所高校入选,青岛大学为其中之一。

14 日

市政协举行十届五次常委会。

Δ中国、蒙古国、俄罗斯联邦过境运输框架协议第五次谈判会议在青开幕;15 日,副市长胡绍军会见参加会议的三方代表。

Δ副市长于冲会见马来西亚人力资源部部长冯镇安一行。

Δ副市长臧爱民会见奥地利联邦商会国际技术交流中心主任鲁道夫·卢迪卡一行。

Δ《青岛日报》消息:世界华人企业家协会青岛办事处成立。

15 日

市委、市政府举行青岛市慰问高级专家迎春文艺招待会,同时颁发了青岛市贡献突出人才奖、优秀临床医学专家奖、民营科技优秀人才奖、青年科技奖和有突出贡献技师等 5 类奖项。

16 日

市委召开常委(扩大)会议,传达贯彻全国、山东省政法工作会议精神,研究青岛市维护稳定工作。省委常委、市委书记杜世成主持会议并对开展创建“平安青岛”活动提出要求。

Δ市十三届人大常委会举行第九次会议。

Δ市委副书记、市长夏耕会见由韩国国会议员、开放国民党议长郑东泳率领的访问团一行。

18 日

全市创建“平安青岛”动员大会暨政法工作会议召开。省委常委、市委书记杜世成到会并讲话。

Δ市十三届人民政府举行第二次全体(扩大)会议。

Δ青岛警备区党委二届十八次全体(扩大)会议暨人民武装部党委第一书记“党管武装工作”述职会议召开。省委常委、市委书记、青岛警备区党委第一书记杜世成出席并讲话。

Δ《青岛日报》消息:崂山区财政局通过了 ISO9001 质量管理体系认证,是全国财政系统首家通过该项认证的基层局。

Δ《青岛日报》消息:青岛市“金宏电子政务系统”在北京召开的 OA 典型应用系统评定推荐会上入选“20 个典型应用系统”,是青岛市电子政务建设获得的又一个国家级奖项。

19 日

市委、市政府召开 2004 年迎春茶话会。省委常委、市委书记杜世成主持茶话会,市委副书记、市长夏耕代表市委、市政府向全市人民拜年。

Δ市中级人民法院民事审判第三庭庭长、高级法官牟乃桂被最高人民法院授予“中国法官十杰”称号。

20 日

国家质检总局党组书记、副局长李传卿一行来青考察。

22 日

省委常委、市委书记杜世成在《青岛日报》发表题为《坚持全面协调可持续发展,努力开创青岛美好未来》的春节献辞。

29 日

市委副书记、市长夏耕在山东省治理整顿土地市场秩序电视会议青岛分会场强调,要落实关于治理整顿土地秩序的要求,做好迎接全国抽查验收的准备工作。

30 日

市委副书记、市长夏耕会见德国曼海姆市第一副市长诺伯特·艾格一行,并为诺伯特·艾格颁发“青岛市荣誉市民”证书。

Δ青岛—仁川航线的威东航运“新金桥 5 号”在青岛港举行首航仪式。

Δ《青岛日报》消息,青岛市共有百岁老人 384 人,其中年龄最大者 108 岁。

31 日

海尔集团在世界品牌实验室、《世界经理人周刊》和“世界经理人网站”联合发布的“世界最具影响力的 100 个品牌”中居第 95 位,是唯一入选的中国企业品牌。

·2 月·

1~2 日

市委副书记、市长夏耕,市人大常委会副主任马论业分别会见意大利威内托大区主席吉安卡洛·加兰率领的代表团一行。

2 日

全市防治禽流感工作会议召开。市委副书记、市长夏耕到会并讲话。

Δ市人大常委会副主任马论业会见意大利上议院议员吉安卡莫·阿切迪。

Δ副市长于冲会见以日本经济产业省通商政策局审议官桑原哲为团长的访问团一行。

Δ《青岛日报》消息:青岛市 4 位中医专家被山东省人事厅、山东省卫生厅授予“山东省名中医药专家”称号。

2~3 日

市纪委举行第三次全体会议。

3~4 日

中宣部副部长李从军、广电总局副局长张海涛一行在青考察“数字电视”及文化设施建设。省委常委、宣传部部长朱正昌,市领导王永生、杨军、王修林等陪同考察。

6 日

“青岛市汽车贸易大道”揭牌仪式举行。省委常委、市委书记杜世成出席。

Δ江苏省盐城市党政代表团来青考察开发区及城市建设。市委副书记、市长夏耕会见代表团一行。

7 日

市委、市政府召开全市领导干部《土地管理法》座谈会,省委常委、市委书记杜世成,市委副书记、市长夏耕就土地市场秩序治理整顿等提出要求。

Δ青岛市留学人员协会成立。

9 日

青岛海关 2004 年关区关长会议召

开。山东省副省长孙守璞出席并讲话,市委副书记、副市长崔锡柱和山东省外经贸厅厅长周嘉宾出席。

9～10 日

全国省级老龄工作委员会办公室主任会议暨创建老龄工作先进县(市、区)座谈会在青召开。民政部副部长、全国老龄办常务副主任李宝库,山东省副省长谢玉堂,市委副书记、市长夏耕出席。

9～11 日

第七届海峡两岸旅行业联谊会在青举行。7 日,省委常委、市委书记杜世成会见出席本届联谊会的国家旅游局局长、中国旅游协会会长何光玮。8 日,山东省政府在青宴请参加本届联谊会的人士,副省长孙守璞出席并致辞。9 日,青岛市旅游协会与联谊会主办单位——高雄市观光协会和高雄市旅行商业同业公会签订旅游友好合作协议。

10 日

全市组织工作会议召开。市委副书记张若飞,市委常委、组织部部长王书坚出席并讲话。

Δ市政法委召开全体(扩大)会议,出台创建"平安青岛"实施方案。

11 日

省委常委、市委书记杜世成在山东省加快"平安山东"建设电视电话会议青岛分会场上强调,要突出抓好落实工作。

Δ青岛市红十字会第六次会员代表大会召开,推选夏耕为市红十字会名誉会长,臧爱民为市红十字会会长。

12 日

《青岛日报》消息:青岛市 41 所初中取消借读费,6624 名外来务工者子女享受"市民待遇"。

12～13 日

市十三届人民政府举行第三次全体(扩大)会议。

13 日

市委副书记、市长夏耕,市委副书记、副市长崔锡柱出席国务院廉政工作电视电话会议青岛分会场会议。

Δ夏耕、崔锡柱、臧爱民、宁经谋、张锐、罗永明、王修林、胡绍军等市领导出席山东省安全生产工作电视电话会议青岛分会场会议。

Δ《青岛日报》消息:英国《金融时报》和普华永道公司举办的"世界最受尊敬的公司"排名揭晓,海尔集团居中国公司首位。

14 日

市委副书记、市长夏耕会见日本朝日啤酒株式会社最高咨询主席濑户雄三一行。

15 日

市委副书记、市长夏耕会见日本下关市市长江岛洁率领的下关市政府公务员代表团和下关港说明会代表团一行。16 日,日本下关市下关港研讨会举行,副市长胡绍军、下关市市长江岛洁出席并讲话。

16 日

市人大常委会主任徐长聚会见罗马尼亚众议长多尔内亚努一行。

16～20 日

市政协第十届委员会举行第二次会议。

17 日

市委召开常委(扩大)会议,专题研究"三农"工作。省委常委、市委书记杜世成主持会议。

17～21 日

市第十三届人民代表大会举行第二次会议。

18 日

苏州市党政代表团来青考察。省委常委、市委书记杜世成,市委副书记、市长夏耕会见代表团一行。

Δ市委副书记、市长夏耕会见法国南特市副市长邵塔尔。

18～26 日

青岛市首位非血缘造血干细胞捐献者谢振华赴北京成功地为患者捐献了造血干细胞。

19 日

市政协举行十届六次常委会议。

Δ山东省副省长王仁元,市委副书记、市长夏耕会见国防科工委副主任张广钦一行。

20 日

省委常委、市委书记杜世成会见中国进出口银行党委书记、行长羊子林。

Δ2003 年度国家科学技术奖揭晓,青岛市两个成果分获国家科技进步二等奖、国家技术发明二等奖。

Δ山东省副省长王仁元在青进行企业调研。

21 日

全市计划生育和环境保护目标责任奖惩兑现大会召开。省委常委、市委书记杜世成,市委副书记、市长夏耕出席。

22～29 日

副市长于冲率团赴韩国举行"青岛韩国周"招商推介会。26 日,于冲与韩国贸易协会会长金在哲在汉城就贸易合作事项签订合作协议书。

23 日

市委召开常委(扩大)会议,学习《中国共产党党内监督条例(试行)》、《中国共产党纪律处分条例》和温家宝在树立和落实科学发展观专题研究班结业式上的讲话精神。

Δ山东省副省长王军民在青岛建筑工程学院和中国水产科学研究院黄海水产研究所进行工作调研。

24 日

全市人事编制工作会议召开。

25 日

市十三届人民政府举行第九次常务会议。

Δ山东省人大常委会立法调研组来青,就《山东省就业促进条例(草案修改稿)》进行立法调研。

Δ全市药品监督管理工作会议召开。

26 日

市委、市政府召开全市郊区工作会议。市领导杜世成、夏耕、王永生、徐长聚、张旭升、王伟、李增勇、张元福出席。

Δ《青岛奥运行动规划》正式颁布。奥帆委召开新闻发布会，通报《规划》相关内容。

27 日

市委召开常委（扩大）会，专题研究“五条战线、一个关键”工作。

Δ 市委副书记、市长夏耕，市委副书记、副市长崔锡柱分别会见日本日立集团董事、日立信息通信集团总裁林雅博一行。

Δ 副市长吴经建会见美国固特异轮胎橡胶公司副总裁蒂姆一行。

Δ《青岛日报》消息：中国建设工程最高奖——鲁班奖（2003 年度）在北京颁奖，青岛市第一建筑工程公司第四次获该奖项。

27～29 日

文化部副部长周和平、广电总局副局长张海涛、财政部部长助理张少春、中央电视台台长赵化勇在青考察文化信息资源共享工程建设情况。27 日，市委副书记、市长夏耕会见周和平一行。

29 日

中国石化集团青岛石油化工有限责任公司成立。市委常委、秘书长张泽忠，市人大常委会副主任宗和，副市长吴经建参加揭牌仪式。

·3 月·

1 日

市政府召开新闻发布会，通报市政府 2003 年在城乡建设和改善人民生活方面重点办好的 12 件实事完成情况并公布 2004 年重点办好的 17 件实事。

Δ 全市审计工作会议、信访工作会议、公安机关创建“平安青岛”誓师动员大会、旅游工作会议分别召开。

Δ 山东省委、省政府就建设“平安山东”进展情况和全国“两会”安全保卫工作组成的督查组来青进行检查。

2～3 日

省委常委、市委书记杜世成，市委副书记、市长夏耕分别会见即将离任的韩国驻青总领事朴钟先。

4 日

《青岛日报》消息：青啤朝日饮品公司在全国饮品企业首家一次性通过 HACCP 食品安全卫生控制体系、ISO9001 质量管理体系、ISO14001 环境管理体系等 3 项认证。2 月 27 日，中国质量认证中心（CQC）山东评审团在青啤朝日饮品公司举行 3 项认证的授牌仪式。

7 日

上海申沃客车有限公司与青岛公交集团有限责任公司举行签约仪式，签订合资生产城市客车合作意向书。

8 日

2004 年山东半岛海外华商合作发展年开幕式在青举行。国务院侨办和省、市领导杜世成、孙守璞、谭天星、崔锡柱、韩建华、于冲等出席，杜世成、孙守璞共同为“半岛华商合作中心”成立揭牌。7 日，山东省政府、青岛市政府宴请参加本次开幕式的海外华商企业、社团商会和海外华文媒体代表；杜世成会见出席本次开幕式的知名华商企业和海外华文媒体代表。

Δ 全市党史工作会议召开。

9 日

副市长于冲会见台湾经济企业研究所所长、齐鲁文经协会理事长于宗先和清华大学台湾问题研究所所长刘震涛。

9～10 日

省委常委、市委书记杜世成率青岛市党政考察团赴大连学习考察。辽宁省委副书记、大连市委书记孙春兰，大连市委副书记怀忠民等陪同考察。

9～13 日

山东省第十八次社会科学优秀成果奖评选会议在青举行。省委常委、宣传部部长、省社科优秀成果奖评委会主任朱正昌出席并作重要讲话。

10 日

全市对台工作会议召开。市委副书记蒋常军出席并讲话。

Δ 副市长于冲会见联合国驻华系统协调代表、联合国开发计划署驻华代表马和励一行。

11 日

“海之情”联谊会在北京举行。200 多位青岛籍在京各界人士出席。外交部部长李肇星，解放军总后勤部政委、上将张文台，全国人大常委会委员、中国林业科学研究院首席科学家王涛，分别代表青岛籍在京人士发言。市委副书记、市长夏耕介绍青岛情况并致欢迎辞。

Δ 省委常委、市委书记杜世成分别会见卢森堡驻华大使温昆豪和法国驻华大使蓝峰一行。

12 日

副市长于冲会见美国铝业集团董事长兼首席执行官艾伦·贝尔达一行。

12～16 日

法国海军“拉图什特威尔”号反潜驱逐舰和“比罗司令”号轻型护卫舰访青。这是法国海军舰艇第四次访青。16 日，中法海军举行海上联合军事演习，这是中国海军首次与西方国家海军举行海上军事演习。

14 日

青岛港刷新矿石卸率世界纪录，每小时卸率突破 5698 吨，达到 5939 吨。

14～15 日

四川省德阳市党政考察团在青考察。14 日，省委常委、市委书记杜世成会见考察团一行。

15 日

青岛饭店东楼被爆破拆除，标志着中山路改造工程正式动工。

17 日

市委、市政府举行加快西海岸发展专题会议。省委常委、市委书记杜世成主持会议。市委副书记、市长夏耕，市委副书记、副市长崔锡柱等出席并讲话。

Δ 省委常委、市委书记杜世成会见韩国 LG 精油株式会社会长许东秀一行。

18 日

青岛市石化工业的重大项目——青岛丽东化工有限公司青岛芳烃工程项目在青岛经济技术开发区举行开工仪式。

Δ 全国失业保险工作座谈会在青召开。劳动保障部副部长张小建及劳动保障部、各省市劳动保障部门有关负责人出席。山东省副省长赵克志,市委副书记、市长夏耕到会并致欢迎辞。

Δ省委常委、市委书记杜世成,市委副书记、市长夏耕分别会见中国农业发展银行党委书记、行长何林祥。

Δ市委副书记、副市长崔锡柱会见由美国俄勒冈州发展部中国贸易主管马幼青率领的美国俄勒冈州经济贸易代表团一行。

19日

市委副书记、市长夏耕会见美国威伯科汽车制造公司副总裁杜韦奥一行。

Δ《青岛日报》消息:胶南市隐珠镇,胶州市李格庄镇和阜安、中云、南关、北关、云溪等5个街道办事处率先取消农业税。

20日

青岛流亭机场扩建工程航站楼项目竣工验收。

21日

市委副书记、市长夏耕会见来青参加第二十九届奥运会青岛国际奥帆中心建筑单体暨环境设计国际招标评审会的专家。

Δ《青岛日报》消息:全国人大环境与资源保护委员会主任委员毛如柏率全国人大立法调研组,在山东省人大常委会副主任时立军陪同下,就《固体废物污染环境防治法》(修改草案)来青进行立法调研。20日,市委副书记、市长夏耕会见调研组一行。

22日

市委、市政府下发《关于开展向许振超同志学习活动的决定》。23日,市委、市政府召开许振超事迹报告会。年内,许振超多次被中共中央、国务院有关领导及国家有关部委和山东省委、省政府领导接见,获全国五一劳动奖章、全国交通系统劳动模范等荣誉,并随许振超事迹报告团到许多省市作巡回报告。

Δ全市统战工作会议召开。

22~25日

第七届山东省输出商品展示会暨山东半岛制造业基地说明会在日本大阪举行。副市长于冲率青岛代表团出席并对青岛进行推介展示。

23日

省委常委、市委书记杜世成会见美国朗讯科技公司副总裁兼贝尔实验室总裁威廉·欧树一行。

Δ全市地震工作会议召开。

24日

市委、市政府决定在全市党政机关中开展"快办理、快审批、快落实,提高机关工作效率"活动。市委办公厅、市政府办公厅下发了《关于在全市党政机关中开展"三快一提高"活动的意见》。

Δ全市人防工作会议、无线电管理工作会议分别召开。

25日

国家发改委主持的全国黄金工作会议在青召开。

Δ市十三届人大常委会举行第十次会议。

25~26日

全国有线电视数字化推进工作现场会在青召开。中共中央政治局委员、中央书记处书记、中宣部部长、中央文化体制改革试点工作领导小组组长刘云山出席并讲话。期间,刘云山在青进行考察。中宣部副部长、广电总局局长徐光春,中宣部副部长李东生,广电总局副局长张海涛,山东省委书记、省人大常委会主任张高丽,省委副书记王修智,省委常委、市委书记杜世成,省委常委、宣传部部长朱正昌,市委副书记、市长夏耕等陪同考察。

26日

市委副书记、市长夏耕分别会见斯洛伐克驻华商务参赞杜山·诺沃特内、澳大利亚驻华大使唐茂思、卢森堡经济和交通大臣格雷腾及陪同来青的卢森堡驻华大使温昆豪一行。

Δ副市长宁经谋会见以奥拉西奥·维尔内尔为团长的阿根廷布宜诺斯艾利斯省友好代表团一行。

26~27日

国务院督查组在山东省有关部门负责人陪同下对青岛市贯彻落实中央经济工作会议精神情况进行检查。

29日

省委常委、市委书记杜世成会见清华大学教授李建保,强调青岛要加快建成新材料产业高地。

Δ第十三届人民政府举行第十次常务会议。

29~30日

全国外资登记确权工作座谈会在青召开。

30日

韩国全罗南道光阳港木浦新港投资说明会在青举行,全罗南道知事朴泰荣、议长朴炳烈和青岛市副市长于冲等出席。31日,市委副书记、市长夏耕会见韩国全罗南道知事朴泰荣和议长朴炳烈一行。

Δ《青岛日报》消息:清华大学"新型陶瓷与精细工艺"国家重点实验室成果转化及生产基地落户城阳区。

30~31日

山东省检察机关规范化建设现场会在青召开。山东省人民检察院副检察长谢国忠,市委常委、政法委书记刘建华等出席。

31日

市人大常委会主任徐长聚会见安哥拉国会议员、能源部部长玛杜巴一行。

31日~4月1日

公安部第三批工作组组长座谈会在青召开。

·4月·

1日

省委常委、市委书记杜世成会见台湾航业股份有限公司董事长谢修平一行并与市委副书记、市长夏耕会见香港招商局集团总裁傅育宁。

1~4日

以"人文、科技、生态、发展"为主题的"2004年青岛国际城市博览会"举行。

2日

市委、市政府在市革命烈士纪念馆举行全市纪念革命烈士大会。省委常委、市委书记杜世成出席并讲话。

Δ副市长、奥帆委常务副主席臧爱民会见澳大利亚奥委会秘书长、国际奥委会顾问鲍勃·埃费斯通。

3～7 日

济南军区司令员陈炳德等军地领导来青在山东陆军预备役高炮师调研,副市长臧爱民参加调研。

5 日

全国工农业旅游示范点验收工作会议在青召开。国家旅游局副局长孙钢,省委常委、市委书记杜世成出席并讲话。

6 日

省委常委、市委书记杜世成,市委副书记、市长夏耕分别会见由德国巴伐利亚经济、基础设施、交通与技术部部长威丝毫耶率领的巴州经济代表团一行。

Δ《青岛日报》消息:青岛市出台惠农收费政策,部分涉农收费项目、标准取消或下调。

6～11 日

市委副书记、市长夏耕率青岛市政府考察团在苏州、宁波等地考察。

7 日

省委常委、市委书记杜世成会见商务部副部长高虎城一行。

7～9 日

全国人大常委、民建中央副主席路明率调研组来青,就“加强劳动力培训,促进农村劳动力转移,逐步解决城乡二元结构问题”进行专题调研。

8 日

省委常委、市委书记杜世成分别会见新任韩国驻青总领事辛亨根和沃尔玛全球采购总裁崔仁辅一行。

9 日

市委、市政府召开大会,欢送 210 名党政机关干部赴基层挂职。

Δ副市长臧爱民会见奥地利人民党政治学院原副院长爱德华·迈尔。

11 日

青海省委副书记、省长杨传堂,省委副书记宋秀岩率青海省党政代表团在山东省副省长陈延明陪同下抵青考察。

12 日

山东省党校系统信息化建设工作会议在青召开。

13 日

全国人大侨委工作培训班在青开幕。全国人大华侨委员会主任委员陈光毅、副主任委员杜铁环,省委常委、市委书记杜世成等出席开幕式。12 日,杜世成会见陈光毅。

Δ副市长于冲分别会见台北世界贸易中心第六期国际企业人才培训班学员和法国雅高酒店管理集团主席杜布吕一行。

Δ海尔集团和澳大利亚墨尔本老虎队签署协议,该队正式更名为“墨尔本海尔老虎篮球队”。这是中国企业首次冠名海外俱乐部。

14～15 日

民政部副部长罗平飞来青专题调研区划和优抚安置工作。

15 日

解放军总政治部检查组来青检查预备役军官登记工作。市委常委、青岛警备区政委王程林,副市长臧爱民等参加汇报会。

Δ香港特区政府投资推广署在青举行香港投资环境介绍会。

Δ山东省法院信息调研工作暨优秀调研成果表彰会议在青召开。

Δ副市长于冲会见日本驻华大使阿南惟茂和日本下关市市长江岛洁一行。

16 日

国务院信息办常务副主任曲维枝、广电总局副局长张海涛一行对青岛市有线数字电视发展情况进行考察。

17 日

2004 年全国群众登山健身大会启动仪式暨青岛市“招商银行一卡通杯”全民健身登山日活动在崂山巨峰景区主会场举行。体育总局副局长张发强、体育总局登山管理中心主任李致新等出席仪式。

Δ市委常委、组织部部长王书坚会见以青海省政协副主席寻兴才为团长的青海省宗教界人士参观团一行。

18 日

中共山东省委下发文件:经中共中央批准,杜世成任中共山东省委副书记。

19 日

全国妇联副主席、书记处书记莫文秀就妇女维权工作在青调研。山东省妇联主席赵玉兰陪同调研。

Δ副市长于冲会见德国巴伐利亚广播电视台总编辑戈特利布一行。

20 日

山东陆军预备役高炮师在青举行快速动员演练。省委副书记、市委书记、高炮师第一政委杜世成参加演练并讲话。

Δ市委副书记、副市长崔锡柱,市委常委、组织部部长王书坚出席山东省组织人事系统电视电话会议青岛分会场会议并讲话。

21 日

山东省政协副主席、人口资源环境委员会主任张敏率省政协视察团来青专题视察自然灾害预警应急处置机制建设。

Δ国家安全生产监督管理局监察专员陈茂生来青调研安全生产工作。山东省安监局副局长袁策陪同调研。

Δ副市长臧爱民会见土耳其安塔利亚市警察局访青代表团。

Δ全国出版社信息化建设经验现场交流会在青召开。

21～23 日

2004 年首届中国汽车及零部件产业发展国际论坛暨中外汽车及零部件企业投资贸易洽谈会在青举行。

22 日

市委副书记、市长夏耕会见丹麦皇家格陵兰水产有限公司执行总裁亨力克·赖斯一行。

23 日

青岛市首批诚信纳税 A 级企业授牌仪式举行。省委副书记、市委书记杜世成,市人大常委会副主任王新春,副市长张锐,市政协副主席邹立健出席。

Δ《青岛奥运行动总体规划》各专项

规划正式向社会发布。

Δ副市长吴经建会见美国LAZARD集团亚太地区总裁戴维一行。

24日

无锡市党政代表团来青考察。

Δ全国双拥办副主任常生荣一行来青调研双拥工作。

25～26日

山西省副省长靳善忠率山西省政府考察团来青考察。25日,市委副书记、市长夏耕会见考察团一行。

26日

市委副书记、副市长崔锡柱会见印度太阳神国际有限公司董事长坎瓦一行。

Δ日照市党政考察团来青考察。青岛市政府与日照市政府签署进一步发展两市交流合作关系框架协议。

27日

市委副书记、市长夏耕出席国务院安全生产工作电视电话会议青岛分会场会议并讲话。

Δ市委副书记、市长夏耕会见印尼材源帝集团董事长黄双安一行。

Δ国家财政部和加拿大财政部在青联合举行中加公共资源管理转变国际研讨会。副市长张锐出席。

27～28日

国家自然科学基金委主办、中科院海洋所承办的中国海洋生物学学术交流与学科发展战略研讨会在青举行。

28日

省委副书记、市委书记杜世成会见中国工商银行行长姜建清和韩亚银行行长金胜猷。

Δ省委副书记、市委书记杜世成,市委副书记、市长夏耕分别会见德国迈巴赫公司CEO胡斯廷克斯与V咨询公司CEO奥斯特瓦尔德一行。

Δ纳米比亚全国委员会副主席蒙萨率团访青。市政协主席张旭升会见访问团一行。

Δ"海外华商青岛行"投资说明会在青举行。市委副书记、副市长崔锡柱会见海外华商代表。

Δ2004年中国(青岛)沿海城市企业上市推介暨洽谈会在青举行。

29日

全市人才工作会议召开。省委副书记、市委书记杜世成,市委副书记、市长夏耕出席并作重要讲话。

Δ市委副书记、市长夏耕会见新任韩国驻青总领事辛亨根。

Δ青岛流亭国际机场新航站楼正式启用。

29日～5月3日

2004年第三届青岛国际汽车展举行。

30日

青岛市庆祝"五一"国际劳动节大会召开。

省委副书记、市委书记杜世成会见德国施万克投资公司董事长施万克一行。

Δ日照市东港区新闻发布会暨与青岛市市南区人民政府缔结友好城区签字仪式在青举行。

Δ副市长吴经建会见2001年度诺贝尔经济学奖得主、美国斯坦福大学商学院管理学终身教授迈克尔·斯宾塞。

Δ德国威尔堡市市长汉斯·席克率政府代表团来青考察法学研究情况。

2004年5月4日,中共中央政治局常委李长春在青考察。图为李长春视察青岛前湾港。(李学亮/摄)

·5月·

4日

中共中央政治局常委李长春在山东省委书记、省人大常委会主任张高丽,省委副书记王修智,省委副书记、市委书记杜世成等陪同下在青考察。

8～11日

市十三届人大常委会举行第十一次会议。

9日

10日

中国地方志指导小组正式确定包括青岛市在内的2个省、2个市、5个县(市、区)为全国第二轮修志试点单位,青岛市是其中唯一的副省级城市。

Δ2004年青岛国际啤酒节产业化论坛举行。

Δ俄罗斯联邦司法学院院长叶尔绍夫率考察团访青。市人大常委会副主任于锦初会见考察团一行。

10～12日

市委副书记、市长夏耕率团出席在丹麦举行的"北欧·中国中小企业洽谈会"并在会上作"青岛的竞争优势与外来投资"主题演讲。

11日

全国妇联副主席、书记处书记沈淑济在山东省妇联主席赵玉兰、青岛市委副书记张若飞陪同下在青调研。

Δ副市长于冲会见德国隔而固集团董事长凡瓦尔多一行。

11～12日

斯洛伐克副总理兼经济部部长鲁斯科率政府及经贸代表团在中国商务部欧洲司副司长吴明新、外事司副司长周萍陪同下访青。

12～14日

省委副书记、市委书记杜世成率青岛市党政考察团赴深圳市学习考察。14日,杜世成会见和记黄浦地产有限公司总经理周伟淦和加拿大协平世博地产有限公司董事会主席许教武一行。

13日

海关总署、山东省政府合作建设“山东电子口岸”备忘录签字仪式暨揭牌仪式在青举行。海关总署副署长李克农,山东省副省长孙守璞,青岛市委副书记、副市长崔锡柱等出席。

Δ全国青年创业行动座谈会暨青年创业培训工作现场会在青举行。

Δ山东省人大教科文卫委员会副主任委员滕昭庆一行来青调研。

14日

副市长于冲会见新加坡SQ服务管理咨询中心首席顾问陈彦光。

15日

青岛“帆船之都”徽标在北京举行首发式。

Δ副市长、奥帆委常务副主席臧爱民在“北京国际广播电视周”举行的“奥运影视文化论坛”上作推介青岛和奥帆赛专题演讲。

Δ市委副书记、副市长崔锡柱会见中国石油化工集团副经理、股份公司总裁王基铭。

Δ山东省人大农业与农村委员会就《山东省实施〈中华人民共和国农村土地承包法〉办法(草案)》来青进行立法调研。

Δ《青岛日报》消息:美国国家战争学院军事代表团访青。

17～19日

山东省委督查组来青就农村经济社会发展和剩余劳动力转移、所有制和产业结构调整以及区域经济发展等方面情况进行督查调研。

17～20日

第二届中国国际专利与名牌博览会在青举行。

17～24日

2004年青岛科技活动周举行。

18日

全国进出口食品卫生注册工作会议在青召开。市委副书记、副市长崔锡柱出席。

Δ中国质量认证山东颁证仪式在青举行,青岛市委督查室等6个单位获认证证书;中国检验认证集团山东有限公司在青成立。国家认证认可监督委员会主任王凤清,山东省副省长孙守璞,青岛市委副书记、副市长崔锡柱,市委常委、秘书长张泽忠出席。

Δ全国十二城区政协工作研讨会第十八次会议在青召开。市政协主席张旭升到会并讲话。

Δ副市长宁经谋会见日本三重北协同组合的理事长尹藤贤一。

18～20日

全国政协社会和法制委员会副主任肖建章率全国政协调研组来青就社区矫正和未成年人法律保护等问题进行专题调研。

18～21日

第二届中国国际航海博览会在青举行。17日,副市长吴经建会见前来参会的中国船舶重工集团副总裁董强,副市长胡绍军会见中国贸促会会长万季飞;18日,副市长于冲分别会见前来参会的日本敦贺市市长河濑一治、克罗地亚里约卡市副市长瓦斯娜·罗凯诺维克和法国布勒斯特市副市长弗朗索瓦·居里扬;19日,省委副书记、市委书记杜世成会见万季飞。

Δ全国人大常委会委员、全国人大环资委副主任委员叶如棠率全国人大执法检查组来青检查贯彻实施《土地管理法》情况。

19日

副市长张元福会见冰岛驻华大使德尔·古纳松一行。

20日

全国“三绿工程”工作座谈会在青召开。

Δ青岛市民兵防空团在海军潜艇学院成立。

Δ副市长于冲会见前韩国经济副总理赵淳为团长的韩国经贸考察团。

21日

市人大常委会副主任孔心田会见韩国国会议员李龙三一行。

Δ青岛—日照区域旅游合作说明会举行。青岛市副市长臧爱民、日照市委副书记徐学武等出席会议。

22日

副市长于冲分别会见瑞典沃尔沃汽车公司副总裁迈克一行和欧盟驻华代表团大使安高胜一行。

22～24日

全国总工会副主席、书记处书记苏立清来青调研,并专程看望慰问青岛港(集团)有限公司明港分公司集装箱桥吊队队长许振超。

23日

由国家自然科学基金委员会主办、青岛市科技局承办的“中国海洋科学技术发展战略及其对策研究”项目在青启动。

Δ市委常委、秘书长张泽忠会见韩国三能建设株式会社社长李丞基一行。

24日

全国副省级城市城区政协工作第六次研讨会在青举行。

Δ山东省副省长王军民在青会见联合国开发计划署(UNDP)驻华代表处高级副代表倪容国一行。

Δ市人大常委会主任徐长聚会见日本和歌山县知事木村良树、议长尾崎要二率领的政府和议会代表团一行。

Δ市委常委、团市委书记张惠会见以乌干达经济部部长艾兹拉·苏努马为团长的乌干达全国抵抗运动组织经济考察团一行。

24～26日

山东省兴起学习贯彻“三个代表”重

要思想新高潮理论工作经验交流会在青举行。

24～28日

市委组织部在北京举行"著名经济学家论坛暨2004年青岛经济发展战略高级研修班"。

25日

第二十九届奥运会青岛国际帆船中心开工奠基仪式举行。国际奥委会协调委员会主席海因·维尔布鲁根，国际奥委会奥运会执行主任吉尔伯特·费利，国际奥委会委员吴经国，北京市副市长、北京奥组委常务副主席刘敬民，青岛市委副书记、市长、奥帆委主席夏耕出席。同日，夏耕会见海因·维尔布鲁根、刘敬民；第二十九届奥组委与青岛市政府和奥帆委关系原则协议在青签署。

Δ省委副书记、市委书记杜世成会见美国JC国际集团公司董事长兼首席执行官钟育瀚，并向他颁发"青岛市经济顾问"聘书。27日，市委副书记、市长夏耕会见钟育瀚一行。

Δ中国—联合国开发计划署（UNDP）促进具备实效的领导能力建设培训班和中美合作—全球艾滋病防治项目启动仪式在青举行。

26日

市委副书记、市长夏耕会见美国贝氏建筑师事务所总裁贝建中一行。27日，省委副书记、市委书记杜世成会见贝建中一行。

26～27日

山东省副省长王仁元考察胶州市、城阳区经济建设及民营经济发展情况。

27日

国家发改委在青召开全国价格举报工作会议，国家发改委副主任李盛霖出席。同日，山东省副省长王仁元，市委副书记、市长夏耕会见李盛霖。

Δ市委副书记、副市长崔锡柱会见澳大利亚伍德赛能源公司总经理马蒂那一行。

28日

市委召开常委会议，研究部署深入开展"单位学海尔，个人学许振超"活动、切实加强和改进未成年人的思想道德建设等工作。

Δ山东省艾滋病防治工作会议在青召开。

Δ全市纠风工作会议召开。

Δ青岛儿童心脏中心成立。

29日

全国部分法院案件质量管理现场经验交流会在青召开。最高人民法院审判监督庭庭长纪敏、山东省高级人民法院副院长丁义军、青岛市人大常委会副主任于锦初、青岛市中级人民法院院长任群先出席。

Δ市委、市政府召开欢送青岛市第四批援藏党政干部座谈会。市委副书记、市长夏耕对7名即将赴藏的干部提出要求。

30日

市卫生局与美国慈善关爱基金会签署卫生合作协议。省委副书记、市委书记杜世成出席，并会见美国慈善关爱基金会董事长兼首席执行官钟育瀚。

Δ全市信访工作会议召开。

Δ青岛市市南区公安边防大队成功解救因雾大在青岛附近海域迷航的17名美、英、德、法等国家的游客和4名中国导游。

31日

市人大常委会召开新闻发布会，通报修改、废止部分青岛市地方性法规有关情况。

Δ全市军转干部安置工作会议召开。

Δ建设部主办、青岛市规划局协办的"中国—瑞士城市规划研讨会"在青召开。

·6月·

1日

《青岛日报》消息：经教育部同意，青岛建筑工程学院更名为青岛理工大学。

1～3日

中国智力残疾人及亲友协会第四届委员会第二次全体会议在青召开。

2～3日

辽宁省副省长滕卫平率团在青考察高新技术产业开发区发展等情况。

2～4日

济南军区国防动员委员会第四次会议暨预备役部队建设工作会议在青召开。中共中央政治局委员、中央军委副主席、国务委员兼国防部部长曹刚川，总参谋部副总参谋长钱树根，济南军区司令员陈炳德、政委刘冬冬，山东省委书记、省人大常委会主任张高丽，省委副书记、省长韩寓群出席工作会议并讲话。

2004年6月16～18日，中共中央政治局常委、政法委书记罗干出席全国基层检察院建设工作会议期间在青考察。（李学亮/摄）

会议期间，曹刚川等领导视察了青岛市人防建设。

2～6 日

第三届 APEC 中小企业技术交流暨展览会在青举行。

3 日

全市农村部分计生家庭奖励扶助制度试点启动仪式在胶南市举行。

Δ以主席平托·达科斯塔为团长的圣多美和普林西比解放运动代表团一行在中联部非洲局局长李力清的陪同下访青。市委副书记张若飞会见代表团一行。

3～4 日

“瑞典日”活动在青举行。3 日，市委副书记、市长夏耕会见参加“瑞典日”活动的瑞典代表团。

4 日

山东省退役士兵安置工作暨安置改革经验交流会在青召开。山东省副省长谢玉堂到会并讲话。

Δ海关总署、商务部、国土资源部、税务总局等部委组成国务院调研组，来青就“区港联动”试点准备工作进行考察调研。山东省委副书记、省长韩寓群，省委副书记、市委书记杜世成分别会见调研组一行。

Δ高密（青岛）投资合作恳谈会举行。青岛市委常委、秘书长张泽忠出席。

Δ全市城市防汛工作会议召开。

5 日

山东省城市低保规范化建设会议在青召开。

5～6 日

山东省副省长谢玉堂在青调研落实“平安山东”建设工作情况。

6 日

《青岛日报》消息：市科技局组织申报的 57 项新产品被列入国家科技部《2004 年度国家重点新产品计划项目》，入选项目数量居全国 15 个副省级城市首位。

7 日

《青岛日报》消息：青岛唐恒道馆英派斯道场在 2004 年全国女子柔道青年锦标赛上获 2 枚金牌。

7～8 日

山东省政协副主席乔延春率省政协调研组在青调研“走出去”战略实施情况。

8～9 日

国务院国资委副主任王瑞祥一行来青调研国有资产监督管理工作。期间，市委副书记、市长夏耕会见王瑞祥一行。

8～10 日

农工党全国法律援助工作会议在青召开。

Δ西安市党政代表团来青考察。省委副书记、市委书记杜世成，市委副书记、市长夏耕分别会见代表团一行。

9 日

全市加强和改进未成年人思想道德建设工作会议召开。

Δ市委副书记、市长夏耕会见访青的乌克兰新闻代表团一行。

Δ市委对外宣传工作会议召开。

Δ全市引进国外智力成果展示汇报会召开。

Δ赵荣兴、张小冬、许振超等 3 名青岛选手参加了在北京举行的奥运圣火传递活动。这是青岛选手首次参加奥运圣火传递。

Δ《青岛日报》消息：青岛市与立陶宛克莱佩达市建立友好城市关系，市人大常委会副主任马论业出席签字仪式。青岛市已与 11 个外国城市缔结友好城市关系。

10 日

省委副书记、市委书记杜世成主持召开品牌经济研究情况汇报会。市领导夏耕、王永生、张若飞、张泽忠、王书坚出席。

Δ青岛市第十届残疾人田径运动会在天泰体育场举行。

Δ《青岛日报》消息：中国水产科学研究院黄海水产研究所院士赵法箴获中国“第五届光华工程科技奖”，是青岛市科学家首次获该奖项。

11 日

青岛市“关爱女孩行动”启动仪式举行。副市长宁经谋出席并讲话。

Δ副市长胡绍军会见马士基、铁行等青岛前湾港集装箱有限公司投资外方代表。

12 日

中央音乐学院艺术实践基地在青成立。市人大常委会副主任孔心田与中央音乐学院副院长李续为基地揭牌。

12～18 日

“泰国水果节”在青举行。泰国商业部部长瓦塔那·穆安颂，市委副书记、市长夏耕出席开幕仪式并致辞。

14 日

全市粮食流通体制改革工作会议召开。市委副书记、市长夏耕出席并讲话。

Δ副市长胡绍军会见瑞典耶夫勒堡省常务副省长斯文松一行。

15 日

全市党政机关“双学”活动汇报会召开。

Δ全市民营经济工作会议召开。

16 日

市委副书记、市长夏耕会见加拿大驻华大使柯杰一行。

Δ山东省社会保障审计工作会议在青召开。

16～18 日

全国基层检察院建设工作会议在青召开。中共中央政治局常委、中央政法委员会书记罗干，最高人民检察院检察长贾春旺，山东省委书记、省人大常委会主任张高丽，山东省委副书记、青岛市委书记杜世成出席。期间，罗干在青考察。

17 日

青岛市第三批援藏党政干部结束 3 年援藏工作返青。

17～20 日

英国海军海上部队司令大卫·斯内尔森率“埃克塞特”号导弹驱逐舰和“灰色漂泊者”号补给舰访青。这是英国海军舰艇第三次访青。

18日

省委副书记、市委书记杜世成,市委副书记、市长夏耕会见韩国驻华大使金夏中。

Δ中国进出口银行青岛分行成立。山东省副省长孙守璞,中国进出口银行行长羊子林,青岛市委副书记、市长夏耕等出席仪式。

Δ青岛铁路医院正式移交给青岛市政府并更名为青岛市第九人民医院。

18~21日

2004年中国国际电子家电博览会在青举行。

Δ国家民族事务委员会政法司司长毛公宁率调研组来青调研城市民族工作。

19~20日

人事部党组副书记、常务副部长戴光前在青调研军转安置工作。

20日

大韩民国驻青岛总领事馆新馆奠基仪式举行。中国外交部部长李肇星,外交部亚洲司司长崔天凯,韩国外交通商部长官潘基文,韩国驻华大使金夏中,韩国驻青总领馆总领事辛亨根,山东省副省长孙守璞,青岛市委副书记、市长夏耕等出席。

Δ《青岛日报》消息:山东省经贸委和山东省统计局公布2003年度山东省工业百强企业名单。青岛市有海尔集团、海信集团、青岛钢铁集团等16家企业入选,成为省内入选企业最多的城市。

20~22日

中共中央政治局常委、国务院总理温家宝在青视察企业和经济发展情况。

21日

亚洲合作与发展高层研讨会在青召开。20日,市政府举行欢迎宴会;市委副书记、市长夏耕会见博鳌亚洲论坛秘书长龙永图。

2004年6月22日,中共中央政治局常委、国务院总理温家宝出席在青召开的亚洲合作对话(ACD)第三次外长会议。图为温家宝会见泰国总理他信。 (李学亮/摄)

22日

亚洲合作对话第三次外长会议在青召开。

Δ财政部在青举行"绩效预算国际研讨会"。财政部副部长楼继伟出席并讲话,青岛市副市长胡绍军到会介绍青岛有关情况。

23日

全国卫生系统民主管理经验交流会在青召开。全国总工会副主席、书记处书记苏立清,青岛市委副书记张若飞到会并讲话。

Δ全国中心城市供销社第二十一次协作会议在青召开。

Δ副市长于冲会见法国卢瓦尔行政大区商会联合会主席阿兰·米斯耶一行。

23~24日

市十三届人大常委会举行第十二次会议。

23日~7月13日

第二届"北京2008"奥林匹克文化节(青岛)举行。

24日

市委召开常委扩大会,传达学习温家宝、罗干等中央领导人在青视察时的重要指示精神。

25日

市委副书记、市长夏耕会见德国汉堡经济促进公司董事长兼总经理Dued-den。

Δ山东省暨青岛市第一次经济普查试点工作动员会议召开。

26日

青岛中央商务区奠基仪式举行。省委副书记、市委书记杜世成,市委副书记、市长夏耕分别发贺信。

Δ青岛市有史以来最大的旅游项目——总投资达2亿美元的青岛极地海洋世界奠基。国家旅游局,省委副书记、市委书记杜世成,副省长孙守璞分别发贺电及贺信。

Δ国家制造业信息化培训中心授权业务中心、青岛市制造业信息化工程人才培训基地在山东科技大学青岛校区揭牌。

27日

全国纪念邓小平诞辰100周年理论研讨会在青召开。

Δ市委副书记、市长夏耕会见俄罗斯萨哈林州州长伊万·帕夫洛维奇·马拉霍夫率领的访问团一行。

27~28日

全国政协常委、人口资源环境委员会副主任张洽率全国政协视察团来青就沿海经济发展情况进行视察,山东省政协副主席张敏陪同视察。

28日

市委副书记、市长夏耕参加全国依法行政工作电视电话会议青岛分会场会议并讲话。

Δ 市委副书记、市长夏耕会见古巴财政部副部长豪尔赫·古迭雷斯·卡斯特罗一行。

Δ 副市长王修林会见法国法中委员会主席让·皮埃尔·阿贝斯拉一行。

29 日

市委、市政府召开青岛市庆祝中国共产党成立 83 周年大会。省委副书记、市委书记杜世成作重要讲话。

Δ 副市长张锐会见香港东亚银行总经理余学强一行。

30 日

青岛市奥帆赛规划区域内的原北海船厂整体搬迁完成，2008 年青岛奥帆赛场馆建设全面铺开。

Δ 市十三届人民政府举行第十一次常务会议。

·7 月·

1 日

全市企业“双学”活动汇报会召开。省委副书记、市委书记杜世成到会并讲话。

1 ~ 31 日

2004 年“我为青岛发展献计策”市民月活动举行。

2 日

全市整顿规范新闻媒体广告宣传秩序工作会议召开。

Δ 市委副书记、市长夏耕会见摩托罗拉公司副总裁兼中国区总裁时大鲲一行及日本永旺株式会社社长常盘敏时一行。

Δ 副市长臧爱民会见韩国驻青总领馆总领事辛亨根和领事金美玉。

2 ~ 7 日

中国青岛(市南)国际商务周举行。

3 ~ 6 日

全国省区市妇联主席工作会议在青举行。全国人大常委会副委员长、全国妇联主席顾秀莲出席，山东省委副书记、市委书记杜世成致辞。会后，顾秀莲考察青岛市妇女和企业工作。

3 ~ 13 日

2004 年中国青岛韩国周暨第六届中国青岛海洋节举行。

4 日

副市长王修林会见韩国正修技能大学校长崔成五、韩国汉城网络大学校长禹诚、韩国全州大学校长李南植等大学团组一行。

5 日

省委副书记、市委书记杜世成会见日本永旺株式会社名誉会长冈田卓也一行。

6 日

市委副书记、市长夏耕会见大韩航空株式会社社长金英豪一行和 LG 精油株式会社副社长尹奉太一行。

Δ 副市长吴经建会见德国蒂森克虏伯公司考察团一行。

7 日

青岛市政府与中国船舶重工集团公司在北京签署合作协议。国防科工委副主任张广钦，国务院国资委副主任黄淑和，中船重工集团总经理李长印，青岛市委副书记、市长夏耕出席仪式。

Δ 副市长臧爱民会见冰岛司法和宗教事务部部长布约恩·布亚纳松一行。

Δ 副市长胡绍军会见东京仓库协会访问团一行。

8 日

市政府与国家海洋局签署《青岛市人民政府与国家海洋局共同开展奥运帆船赛场海洋环境保护工作合作安排》协议，确定奥帆赛海洋环保重点。

Δ 中宣部、公安部、全国妇联联合组织的任长霞先进事迹巡回报告团在青举行报告会。

Δ 副市长胡绍军会见韩国 BnB 集团会长金宽镐一行。

9 日

市人大常委会举办人民代表大会制度理论与实践研讨会，纪念青岛市人民代表大会成立 50 周年。

10 日

天津市副市长孙海麟率天津市政府代表团来青考察青岛奥帆赛筹备情况。市委副书记、市长夏耕会见代表团一行。

11 ~ 12 日

山东省委书记、省人大常委会主任张高丽在青调研。

12 日

汇泉广场改造竣工并正式启用。省委副书记、市委书记杜世成，市委副书记、市长夏耕等出席仪式。

Δ 香港航运发展及港口管理局、青岛市政府侨办、青岛港(集团)有限公司联合主办的“港口经济与世界航运论坛”在青举行。香港经济发展及劳工局局长、香港航运发展及港口管理局局长叶澍堃，香港船东会主席、万邦集团主席曹文锦等出席论坛；省委副书记、市委书记杜世成会见曹文锦和香港经济发展及劳工局常任秘书长李淑仪一行。10 日，市委副书记、市长夏耕会见叶澍堃、曹文锦一行。

12 ~ 13 日

全国总工会副主席、书记处书记黄彦蓉在青专题调研“创建学习型组织、争做知识型职工”活动情况，并到前湾港看望许振超。13 日，省委副书记、市委书记杜世成会见黄彦蓉一行。

Δ 共青团中央书记处书记杨岳来青考察。共青团山东省委书记陈伟，青岛市委常委、团市委书记张惠陪同考察。

13 日

山东省工会促进再就业工作经验交流会在青举行。山东省委常委、省总工会主席阎启俊，青岛市委副书记张若飞出席。

Δ 体育总局、教育部、团中央共同主办的 2004 年全国亿万青少年儿童体育健身活动展示大会暨第二届“北京 2008”奥林匹克文化节(青岛)颁奖仪式在青举行。

Δ 市委副书记张若飞会见澳大利亚联邦科学工业研究院高级研究员刘可禹。

Δ 副市长臧爱民分别会见越南最高人民检察院院长何[illegible]智和日本山口县商务劳动部部长伊藤俊明一行。

Δ《青岛日报》消息：山东省表彰获得 2003 年度国家和省科技奖励的成果，青岛市61项成果分获一、二、三等奖。

13~19日

2004年全国青少年奥林匹克夏令营在青举行。

14日

市委副书记、市长夏耕会见日本东丽株式会社常务取缔役吉川尤雄一行。

15日

市委副书记、市长夏耕分别会见韩国高丽制钢株式会社会长洪永哲一行和韩国韩亚集团名誉会长朴晟容、会长朴三求一行。

16日

市委副书记、市长夏耕率市党政考察团赴潍坊市学习考察。

Δ清华大学EMBA区域经济论坛在青举行。

Δ副市长胡绍军会见日本上越市市长木浦正幸一行。

17日

市贸促会举办“德衡之夜——欧美企业家联谊会”。市委常委、秘书长张泽忠到会并讲话。

Δ市人大常委会副主任马论业会见日本新潟县议会议员代表团一行。

18~19日

市委、市政府举办青岛市党政主要领导干部党风廉政培训班。监察部副部长李玉赋在开班式上作党风廉政建设专题报告，省委副书记、市委书记杜世成在结业仪式上作重要讲话。

19日

市委副书记、市长夏耕会见奥地利国民议会第二议长、奥中友协监事会副主席普拉玛率领的奥中友协高级人士代表团一行，并与奥地利上奥州布劳瑙市市长格·斯巴克签署两市友好合作交流备忘录。

19~21日

山东省政协主席孙淑义在青视察。省委副书记、市委书记杜世成会见孙淑义并介绍情况。

20日

中共青岛市委工作会议召开。

Δ省委副书记、市委书记杜世成会见韩国浦项制铁公司社长姜昌五一行。

Δ教育部副部长吴启迪到中国海洋大学调研。

Δ中国科学院首届研究生思想政治教育工作会议在青开幕。

Δ全国测绘系统贯彻实施《行政许可法》工作会议在青召开。国家测绘局局长陈邦柱、副局长李维森等出席。

20~21日

全国人大常委会副委员长、中国科学院院长路甬祥在青考察调研。

21日

青岛市大炼油项目获准建设，项目总投资近100亿元，一期炼油能力为1000万吨/年。

Δ全市军警民共建座谈会召开。

Δ山东省烟草专卖文明执法现场会在青召开。

Δ副市长臧爱民会见日本长崎县佐世保市市长光武显率领的代表团一行。

21~27日

2004年中国(青岛)材料科技周举行。

22日

全国商用密码管理工作培训班在青举行。

Δ市政协举行十届七次常委会议。

Δ市委副书记、市长夏耕会见美国星巴克咖啡有限公司亚太区总裁文耀光一行。

Δ副市长于冲会见日本三重县四日市市长井上哲夫率领的代表团一行。

Δ公安部消防局局长郭铁男来青调研消防工作。

24日

市人大常委会主任徐长聚会见泰国大理院院长阿塔尼滴一行。

Δ市北区都市工业园开园暨新格都市工业园、新格科技孵化园揭牌仪式举行。副市长吴经建出席。

24~25日

国务院在青召开促进非公有制经济发展座谈会。中共中央政治局常委、国务院总理温家宝作重要批示，中共中央政治局委员、国务院副总理曾培炎出席并讲话；期间，曾培炎在青考察；国务院副秘书长汪洋，山东省委书记、省人大常委会主任张高丽，山东省委副书记、省长韩寓群，山东省委副书记、青岛市委书记杜世成，山东省委常委、常务副省长林廷生，山东省委常委、秘书长杨传升，山东省副省长王仁元，青岛市委副书记、市长夏耕等先后参加考察。

25~26日

第二届生产力科学论坛——中国企业管理高峰论坛暨走近海尔2004年海尔管理主题报告会举行。全国人大常委会副委员长蒋正华出席并作主旨演讲。

26日

山东省预防青少年违法犯罪工作会议在青召开。

26~29日

山东省政协副主席林书香一行来青就加快文化产业发展问题进行调研。

28日

全市未成年人思想道德建设领导小组(扩大)会议暨经验交流会召开。

28~29日

山东省禁毒工作会议在青召开。

28~31日

西宁市党政代表团来青考察。

29日

全国药品注册工作会议在青召开。国家食品药品监督管理局局长郑筱萸、山东省副省长张昭福到会并讲话。

Δ青岛市科技馆建设高级专家咨询会召开。中国科协副主席、党组副书记、书记处书记、中国科技馆建设委员会主任徐善衍等专家到会研讨。

Δ市委副书记、市长夏耕会见青岛雀巢有限公司原总经理朱凯和新任总经理杨彪。

Δ青岛市首届双拥书画展开展。

29~30日

全国部分省区市领导干部廉洁自律

工作座谈会在青召开。中央纪委副书记刘锡荣出席并讲话。

30 日

青岛市纪念中国人民解放军建军 77 周年军政座谈会召开。

Δ教育部副部长赵沁平及教育部有关部门负责人到中国海洋大学调研。省委副书记、市委书记杜世成会见赵沁平。

Δ省委副书记、市委书记杜世成会见来青考察创建全国无障碍设施建设示范城市工作的建设部副部长黄卫。

31 日

市人大常委会主任徐长聚会见以日本新泻市议会议长桥田宪司为团长的新泻市议会代表团一行。

Δ中国女企业家协会在青举行"海尔集团管理创新研讨会"。全国人大常委会委员、中国女企业家协会会长赵地，市委副书记张若飞出席。

·8 月·

1 日

全国药品进口备案和口岸检验工作会议在青召开。国家食品药品监督管理局局长郑筱萸、山东省副省长张昭福出席并讲话。

Δ《青岛日报》消息：青岛市侨联被授予"全国侨联工作先进集体"称号，4 位归侨侨眷获"全国优秀归侨侨眷"称号。

2 日

丹麦 AP 穆勒—马士基集团中国北方总部正式落户青岛并举行启用典礼。市委副书记、市长夏耕出席。

Δ省委副书记、市委书记杜世成分别会见丹麦 AP 穆勒—马士基集团大中华区首席执行官苏恩深一行和中纪委常委、监察部副部长、第二十九届奥运会监督委员会主任黄树贤。

Δ副市长于冲会见德国雷根斯堡市市长沙丁克一行。

Δ《青岛日报》消息：市科技局组织申报的 24 个星火计划项目入选国家科技部 2004 年度国家星火计划，项目数量在全国 15 个副省级城市中居第二位。

Δ全国政协副主席、中国农工民主党中央副主席李蒙来青考察。

3 日

青岛流亭机场海关驻青岛出口加工区办事处揭牌并对外办理海关业务。

Δ省委副书记、市委书记杜世成会见香港招商局集团董事长兼招商银行董事长秦晓一行。

Δ山东省市人事局局长座谈会暨人才派遣工作现场会在青召开。

Δ民政部副部长李立国来青考察社会福利事业发展、社会福利企业改革和殡葬事业发展等工作。

3～4 日

全国农业高校科技成果推介暨产学研合作洽谈会在青举行。

4 日

第二十九届奥运会监督委员会检查团对青岛市奥帆赛基地工程建设监督工作情况进行检查。

Δ市委、市政府在即墨市和莱西市召开全市郊区工作现场会议。

Δ市委副书记、市长夏耕分别会见香港招商局集团董事长兼招商银行董事长秦晓和招商银行行长马蔚华一行及德国雷根斯堡市市长沙丁克以及韩国国会议员、韩国前总统政务顾问李秉锡一行。

5 日

"中国改革开放的总设计师——邓小平同志诞辰 100 周年图片展"开展，青岛市纪念邓小平系列活动启动。

Δ市委副书记、市长夏耕会见韩国 LG 电线株式会社会长具滋烈一行。

Δ山东省城市管理行政执法工作协作会在青召开。

5～6 日

市十三届人大常委会举行第十三次会议。

5～7 日

山东省副省长陈延明来青检查发展高效农业和荒岛开发等工作。

6 日

全市农村精神文明建设工作经验交流会召开。

7 日

青岛市启动"公务员奉献月"活动，市直党政群机关 64 个部门的 1300 多名工作人员在五四广场开展公共服务品牌推介等活动。

Δ《青岛日报》消息：青岛市城市形象徽标"帆船之都·青岛"在北京中国国际平面设计博览会上获"中国优秀品牌形象设计大奖"。

7～13 日

2004 年中国青岛金沙滩文化旅游节举行。

8 日

青岛市企业家促进会成立大会暨创业论坛首讲举行。

9 日

全市"平安青岛"建设工作会议召开。

Δ山东省信息网络安全报警处置中心现场会在青召开，推介青岛市维护信息网络安全的经验。

Δ省委副书记、市委书记杜世成会见中国网络通讯集团党组书记、总经理张春江一行。

Δ《青岛日报》消息：市财政局、市教育局联合下发《青岛市农村中小学困难家庭学生入学救助办法》，解决农村贫困家庭子女"上学难"问题。

10 日

全国法院首届"法官风采"征文比赛颁奖仪式在青举行。

Δ省委副书记、市委书记杜世成会见韩国锦湖韩亚集团会长朴三求一行。

Δ市人大常委会主任徐长聚会见贵州省高级人民法院院长张林春一行。

Δ市委副书记张若飞会见泰国华人青年商会会长、泰国环球珠宝集团总裁李桂雄一行。

Δ《青岛日报》消息：代表青岛市参赛的青岛华青集团俱乐部体操队在山东省体操锦标赛中获金牌 7 枚、银牌 3 枚、铜牌 3 枚。

11 日

青岛市侨联青年委员会成立，是山东省第一个侨联青年委员会。

Δ《青岛日报》消息：青岛拳击队在 2004 年山东省拳击锦标赛上获金牌 11 枚、银牌 6 枚、铜牌 5 枚，并获团体总分第一名和体育道德风尚奖。

12 日

中国保险监督管理委员会青岛监管局成立。中国保险监督管理委员会副主席李克穆,青岛市委副书记、市长夏耕为该局揭牌。11 日,夏耕会见李克穆。

Δ市委副书记、市长夏耕会见瑞典沃尔沃集团动力公司总裁拉尔斯－格伦·莫贝格一行。

Δ海信(市南)软件园揭牌。市委副书记、副市长崔锡柱出席。

12～15 日

2004 年第三届青岛国际体育用品博览会暨 2004 年青岛国际高尔夫用品博览会举行。

13 日

市委副书记、副市长崔锡柱会见韩国大邱广域市国际关系咨询大使金周亿率领的代表团。

Δ副市长张元福会见以三菱商事株式会社中国副总代表李东为团长的三菱商事考察团。

14 日

随北京奥组委考察团在雅典考察的山东省委副书记、市委书记杜世成,代表山东省委、省政府,在雅典拜会中国体育代表团团长、体育总局局长袁伟民。

Δ市委副书记、市长夏耕分别会见英国南安普敦市副市长爱德维娜·库克一行和中国德国商会主席、蒂森·克虏伯公司中国区首席代表魏文思一行。

Δ副市长王修林会见韩国江原道行政知事、江原大学名誉校长赵明洙一行。

14～29 日

第十四届青岛国际啤酒节举行。

16 日

国务院办公厅正式批复海关总署《关于扩大保税区与港区联动试点工作的请示》,批准青岛保税区与邻近港区开展联动试点。

Δ省委副书记、市委书记杜世成考察雅典奥帆赛基地。

Δ山东省委书记、省人大常委会主任张高丽,山东省委副书记、省长韩寓群在青看望中国科学院资深院士曾呈奎。

Δ全市纪念邓小平诞辰 100 周年理论研讨会举行。

16～18 日

鲁迅研究 20 年国际学术研讨会在青举行。

17 日

全市组织工作会议召开。市委副书记张若飞,市委常委、组织部部长王书坚到会并讲话。

Δ全市村"两委"换届选举工作会议召开。

Δ青岛市旅游局与日本宫崎市观光协会签订旅游友好合作协议。

18 日

全市信访工作会议召开。

Δ2004 年在华韩国企业经营与支援交流会在青举行。韩国产业资源部国际合作投资审议官李承勋、中国商务部外资司副司长尤小春、韩国驻青总领事辛亨根、青岛市副市长于冲出席。同日,市委副书记、市长夏耕会见李承勋一行。

Δ全国啤酒质量检测技术研讨会在青举行。

Δ《青岛日报》消息:国家发改委批准青岛发电厂二期扩建 2 台 30 万千瓦热电联产机组工程正式立项。

19 日

全市目标管理绩效考核工作会议召开。

Δ《青岛生态市建设规划》通过论证。

Δ全军学习贯彻"三个代表"重要思想先进事迹报告会在青举行。

Δ全国建筑节能技术研讨会在青举行。

20 日

青岛市纪念邓小平诞辰 100 周年座谈会召开。

Δ南宁市在青举行投资贸易推介会。

21 日

市委副书记、市长夏耕会见美国威伯科汽车控制系统集团总裁雅格·艾斯古利一行。

Δ山东大学与海信集团共同成立的山东大学海信研究院正式揭牌。

Δ2004 年"英派斯杯"全民健身横渡汇泉湾活动举行。

22 日

全国检察机关内部执法办案监督工作现场会在青召开。

22～24 日

首届城市竞争力国际论坛在青举行。

23～24 日

市十三届人大常委会举行第十四次会议。

24 日

市委副书记、市长夏耕会见日本德岛县鸣门市市长龟井俊明一行。

Δ全国国际税收学术理论研讨会在青召开。

25 日

农业部副部长范小建在青岛市农科院调研。

Δ山东省副省长陈延明来青考察城阳区农产品市场建设。

26 日

全国公安厅(局)长座谈会在青召开。公安部常务副部长田期玉出席。

Δ市政协举办纪念邓小平诞辰 100 周年暨邓小平人民政协理论研讨会。

Δ副市长宁经谋会见全国政协常委、中国佛教协会常务副会长圣辉一行。

26～27 日

山东省政府在青召开胶东半岛制造业基地暨山东半岛城市群建设座谈会。山东省委副书记、省长韩寓群强调,要进一步明确青岛市的龙头带动地位,着力打造制造业基地和半岛城市群两大品牌。

26～29 日

2004 年青岛住交会举行。

Δ山东省关心下一代工作座谈会在青召开。

27 日

市政府举行投资环境说明会,向来青的台湾工业总会理监事会参访团一行介绍青岛市情况。

Δ全国妇联基层组织建设检查组来青检查青岛市妇联基层组织建设情况。

28 日

山东省政府在青召开座谈会,专题研究加快青岛发展问题。

29 日

省委副书记、市委书记杜世成,市委副书记、市长夏耕分别于当日和 30 日会见台湾知名人士萧万长一行。

Δ副市长宁经谋会见以刚果(布)总统夫人安托瓦内特·萨苏为团长的刚果(布)妇女代表团一行。

30 日

省委副书记、市委书记杜世成会见来青考察的国务院台湾事务办公室常务副主任李炳才一行和台湾中华全国理事长协会理事长黄建雄一行;还会见了北京电影学院院长张会军,并出席青岛经济技术开发区管委与北京电影学院的“北京电影学院创意媒体学院”项目合作意向书签字仪式。

31 日

市委副书记、市长夏耕分别会见澳大利亚国防军司令彼德·科斯格罗夫和日本日清制粉株式会社会长正田修一行及由中国前外交官联谊会副会长秦小梅率领的中外大使夫人访问团一行。

Δ青岛市四方区民政局获第六届全国“人民满意的公务员集体”称号。

Δ市委副书记黄学军会见以主席沙勃多洛夫为团长的塔吉克斯坦共产党和以第一副主席卡毕利为团长的塔伊斯兰复兴党一行。

·9 月·

1 日

青岛市全面实施新型农村合作医疗制度,受益农民达 400 多万人。

Δ青岛电子音像出版社成立。

Δ市政府举行情况说明会,向来青的台湾电机电子工业同业公会监理事参访团介绍青岛市经济和社会发展情况。2 日,市政府与台湾电机电子工业同业公会签署合作备忘录。

Δ市委副书记、市长夏耕会见韩国LG 精油株式会社会长许东秀一行。

Δ全国科技强警示范建设城市城际间交流会在青召开。

Δ全市统战部部长会议召开。

1~2 日

立陶宛国防部部长林凯维丘斯率军事代表团访青,与海军北海舰队、青岛警备区等进行交流。

2 日

吉林省委常委、延边朝鲜族自治州委书记田学仁率延边朝鲜族自治州党政代表团来青考察。

Δ全国首次副省级城市党委宣传部督查工作座谈会在青召开。

3 日

市委副书记、市长夏耕会见韩国 STX 造船株式会社会长姜德寿一行。

Δ台湾京鲁考察团来青考察。

Δ《青岛日报》消息:青岛市 8 家企业生产的 16 个产品被评为 2004 年“中国名牌产品”;截止到 2004 年 9 月,青岛市“中国名牌产品”总数达 31 个,是全国拥有“中国名牌产品”数量最多的城市,其中海尔集团有 12 个产品被评为“中国名牌产品”。

4~6 日

第三十九届全国新特药品交易会在青举行。

5 日

交通部部长张春贤一行来青调研港口、公路建设及公路治理超载情况。

Δ《青岛日报》消息:青岛市 7 名仲裁员被授予“全国优秀仲裁员”称号。

5~7 日

全国人大常委会委员、农业与农村委员会副主任委员路明率调研组对青岛市城乡二元结构和城乡统筹等情况进行调研。

6 日

市委副书记、市长夏耕会见江西省上饶市政府代表团一行。

8 日

青岛市奥运健儿表彰大会召开。

Δ市委副书记、市长夏耕会见瓦努阿图共和国总理兼司法公务部部长瑟奇·沃霍尔率领的代表团一行。

Δ国家安全生产督查组组长章苏东一行来青检查指导安全生产工作。

8~9 日

全国推进城乡社会救助体系建设工作会议和全国发展农村专业经济协会会议在青召开。民政部部长李学举作重要讲话,山东省副省长谢玉堂致辞。

8~10 日

市人大常委会副主任程友新率团访问英国南安普敦市,并在该市举办“2008 年青岛奥运研讨会”暨“相约奥运、扬帆青岛”图片展。

8 日~10 月 6 日

市政府主办,市科协、奥帆委承办的以“绿色青岛·科技奥运”为主题的青岛市第三届学术年会举行。

9 日

市委、市政府举行庆祝 2004 年教师节暨表彰大会。

Δ市委副书记、市长夏耕会见德国曼海姆市第一副市长诺伯特·艾格一行。

Δ《青岛日报》消息:由市青少年科技中心组织参赛的 12 个项目在第十九届全国青少年科技创新大赛上全部获奖,其中一等奖 2 项、二等奖 4 项、三等奖 6 项。

Δ《青岛日报》消息:菏泽口岸与青岛港正式直通。

11 日

市委、市人大常委会召开纪念人民代表大会成立 50 周年大会。省委副书记、市委书记杜世成作重要讲话。

Δ市委副书记、市长夏耕分别会见由德国罗斯托克市旅游与经济议员迪特·绍青率领的梅克伦堡州帆船协会代表团一行和中国驻韩国大使李滨一行。

12 日

市委副书记、市长夏耕会见德国基尔市市长安格利卡·富乐号尔次一行。

Δ副市长张锐会见尼泊尔王国审计长阿德里卡瑞一行。

Δ《青岛日报》消息：由科技部、国家质检总局和国家标准委联合组织的技术标准企业试点工作启动，海尔集团被确定为首批国家技术标准试点企业。

13日

全市科学技术大会召开。

Δ"青岛号"大帆船首航日本下关起航仪式举行。该船于10月31日返航抵青。

Δ副市长张锐会见美国丘博保险集团东北亚副总裁安德瑞·德拉尔一行。

Δ副市长吴经建会见德国蒂森克虏伯集团诺帮公司商务开发执行长官马蒂亚斯一行。

Δ副市长胡绍军会见新加坡胜科物流集团总裁许思强一行。

Δ《青岛日报》消息：黄岛区人民检察院检察长王金龙在山东省基层检察院建设工作会议上被评为首届"全省十佳基层检察长"之一。

14日

市十三届人民政府举行第十二次常务会议。

Δ全市党校系统纪念邓小平诞辰100周年理论研讨会召开。

15日

山东省委社会稳定工作督导组来青督导检查。

Δ全国水产养殖研讨会在青召开。

16~18日

山东生态省建设高层论坛暨第一届绿色产业国际博览会在青举行。环保总局副局长王玉庆、韩国环境部次官朴仙淑、山东省副省长赵克志等出席。

Δ全国海事审判研讨会在青召开。

17~19日

第二届青岛名牌产品博览会举行。

Δ《青岛日报》消息：市北区代表队在首届"全国社区文明风采电视大奖赛"上获一等奖和特别奉献奖，是全国唯一获双项奖的代表队。

18日

副市长于冲会见加拿大温哥华地区市长代表团一行。

18~19日

由国务院新闻办公室支持，山东省委宣传部、山东省外经贸厅、山东省政府新闻办公室联合主办，大众报业集团"大众网"承办，"人民网"、"新华网"、"中国网"等国内20多家重点新闻网站参加的"中国网络媒体山东行"采访团在青进行采访活动。

19日

"2008相约奥运，扬帆青岛"巡回展览在日本东京举行。这是青岛市城市品牌环球推介活动在亚洲地区的第一站。21日，巡回展览到达日本横滨。10月9日，在韩国仁川市举行城市品牌环球推介暨民间艺术表演。10月10日，在汉城举行推介活动。

Δ青岛市第三十四届职工运动会在天泰体育场举行。

Δ副市长张锐会见日本贸易振兴机构理事长渡边修一行。

20日

日本贸易振兴机构青岛代表处在青揭牌并举行成立典礼。山东省委副书记、省长韩寓群，山东省副省长孙守璞发贺信，市委副书记、市长夏耕，日本贸易振兴机构理事长渡边修出席并致辞。

21日

大韩民国国庆节暨大韩民国驻青岛总领事馆开馆10周年庆祝酒会举行。山东省委书记、省人大常委会主任张高丽，山东省委副书记、省长韩寓群发贺信，市委副书记、市长夏耕出席并致辞。

Δ民革青岛市委召开成立50周年庆祝大会。民革中央副主席李赣骝，山东省政协副主席、民革山东省委主委周鸿兴，中共青岛市委副书记张若飞出席。

Δ全市维护稳定工作会议召开。

Δ副市长张元福会见日本静冈市商工会会长稻森照男一行。

22日

市人大常委会主任徐长聚会见韩国前国务总理、浦项钢铁集团名誉会长朴泰俊一行。

Δ副市长胡绍军分别会见韩国首席设计师安德烈·金一行和马来西亚驻华使馆公使衔参赞郑丽蕾一行。

22~26日

2004年青岛国际时装周举行。

Δ第二届青岛艺术博览会举行。

24日

山东省安全生产督查组来青视察安全生产情况。

Δ市人大常委会副主任马论业会见英国保守党议员代表团一行。

Δ副市长张锐会见塞尔维亚和黑山外交部常务副部长普莱德拉格·博付科维奇一行。

25日

市委宣传部和清华大学共同举办"公司治理与资本运作"青岛高峰论坛。

26日

《青岛日报》消息：青岛籍残疾人运动员吴春苗继残奥会田径100米T11级比赛中夺得银牌后，在200米T11级比赛中又获金牌，实现了山东省在残奥会上金牌零的突破。

27日

市政府举行庆祝中华人民共和国成立55周年招待会。

Δ第六届琴岛奖颁奖典礼举行。

27~28日

市直机关第二十一届运动会在天泰体育场举行。

28日

"跨越——从品牌经济到品牌城市"大型展览在福泰广场开幕。

Δ市文明委举办"扬起文明的风帆——青岛市创建文明城市成果图片展览"。

29日

市委副书记、市长夏耕会见美国圣路易斯市市长弗朗西斯·斯雷一行，并签署两市缔结友好合作关系城市协议书。

Δ副市长胡绍军会见日本新泻县港湾空港局代表团一行。

30日

山东省委副书记、省长韩寓群在青会见青岛海关、山东检验检疫局、山东海事局等中央驻青单位领导班子成员并考察中国海洋大学。

·10 月·

1 日

杜世成、夏耕、黄学军、崔锡柱、王永生、张若飞等市领导及于常启、秦兴和、徐孝全等驻青部队首长,和各界代表来到中山公园,与市民一同游园,共度国庆。

Δ市委、市政府举行“共铸繁荣青岛”庆祝建国55周年升国旗仪式。

Δ市委、市政府举行仪式,欢迎参加残奥会载誉归来的运动员吴春苗、魏元邦。

3 日

青岛市举行各民族庆祝建国55周年暨青岛市民族团结进步宣传月大型文艺演出,启动2004年民族团结进步宣传月活动。

5 日

山东省委书记、省人大常委会主任张高丽与青岛市委常委和市人大常委会、市政协主要领导干部进行座谈。

7 日

《青岛日报》消息:“山东省—俄罗斯科技合作中心”在山东科技大学正式挂牌成立。

9 日

市委副书记、市长夏耕分别会见日本驻华大使馆特命全权公使原田亲仁一行和日本下关市市长江岛洁一行及日本丸红株式会社中国总代表真锅忠夫、日本扶桑化学工业株式会社社长白石俊训和山口银行行长福田浩一一行。

Δ《青岛日报》消息:美国《财富》杂志公布世界商界50位女强人,海尔集团总裁杨绵绵居第八位。

9～15 日

2004 年中国青岛日本周举行。

10 日

市政协举行十届八次常委会议。

Δ《人民政协报》记者站工作会议在青举行。全国政协副秘书长陈洪出席并讲话。

Δ市委常委、宣传部部长杨军会见日本民主党副委员长、日本国会日中友好议员联盟副会长海江田万里一行。

10～14 日

澳大利亚海上司令部司令、少将罗文·莫菲特率“安扎克”号导弹护卫舰访青。这是澳大利亚海军舰艇第三次访青。13 日,市委副书记、市长夏耕会见罗文·莫菲特一行。

11 日

全市“扶贫济困送温暖”捐助月活动动员大会召开。

Δ副市长于冲分别会见日本松山大学副校长平田桂一一行和日本百乐芬株式会社社长藤井薰、日本夏露莲株式会社执行董事早川淳、香港鸿邦投资有限公司董事长谢军等纺织项目代表。

Δ《青岛日报》消息:海尔、海信、青钢、青啤、澳柯玛、双星等6个企业在国家统计局发布的“2003 年度营业收入5亿元以上大企业集团排行榜”1700 家大企业中居前300位。

Δ《青岛日报》消息:青岛市有10个区市被评为山东省第六届精神文明建设先进区市。

11～13 日

“科学·人文·未来”学术论坛在中国海洋大学举行。

12 日

市委副书记、市长夏耕分别会见日本室兰市市长新宫正治率领的室兰市友好代表团一行和日本理研维他命公司名誉会长永持孝之进为团长的永持经营塾青岛经济考察团一行。

Δ以海尔创业史为原型创作的国产大型影片《首席执行官》在日本公映。

Δ副市长宁经谋会见日本佐贺县农林水产局代表团一行。

Δ《青岛日报》消息:颐中集团青岛卷烟厂在国家税务总局计划统计司和中国税务杂志社公布的2003 年度“中国纳税百强”排行榜中居第37位。

12～14 日

西藏日喀则市党政代表团来青考察。12 日,市委副书记、市长夏耕会见代表团一行。

13 日

全市宣传部部长会议召开。

Δ市委副书记、市长夏耕会见日本新东工业株式会社社长平山正之一行。

Δ中国企业联合会会长陈锦华在青会见日本经济团体联合会会长奥田硕一行。

Δ商务部委托海军潜艇学院主办的“水上救助打捞管理官员研修班”在青开班。

14 日

市委副书记、市长夏耕分别会见来青出席中韩第八次领事磋商会议的代表及和记黄埔地产有限公司执行董事周伟淦以及加拿大协平世博地产有限公司总裁许教武一行。

Δ青岛市体育运动学校迁建工程奠基。市委副书记、市长夏耕,副市长臧爱民、罗永明及代表中国参加雅典奥运会的青岛籍运动员刘霞、李淑芳、黄潇潇出席仪式。

Δ市委常委、宣传部部长、奥帆委副主席杨军会见前韩国国会议员李龙三。

Δ《青岛日报》消息:国家质检总局公布2004 年度国家免检产品及生产企业名单,海信集团电视、空调、冰箱3个家电主导产品进入免检产品名单。

14～16 日

国家质检总局山东工作现场会在青召开。

15 日

市委副书记、市长夏耕分别会见亚足联秘书长维拉潘和中央人民广播电台台长杨波一行。

Δ西安卫星测控中心在青集会,庆祝青岛航天测控站在获“中国载人航天工程突出贡献集体”称号后又被解放军总装备部记集体二等功。

Δ青岛市数字证书应用签字暨揭牌仪式举行。

Δ首届全国基层检察院检察长“创新与发展”主题论坛在即墨市举行。

16～17 日

中共中央政治局委员、全国人大常委会副委员长、中华全国总工会主席王兆国在青考察。

16～19日

“青岛钢铁杯”第十三届青岛国际沙滩节举行。

17日

副市长于冲会见日本三重县议会议长岩名秀树率领的三重县经济考察团。

17～18日

全国“创建学习型组织，争做知识型职工”活动现场推进会在青举行。中共中央政治局委员、全国人大常委会副委员长、中华全国总工会主席王兆国出席。

Δ中央文明办专职副主任翟卫华在青考察青岛市创建全国文明城市工作。

18日

市委副书记、市长夏耕会见挪威驻华大使赫图安一行。

Δ市委副书记、副市长崔锡柱会见德国莱法州州务秘书罗兰·哈尔特率领的德国音乐山庄室内乐团一行。

Δ市老年大学新教学楼奠基仪式举行。

Δ青岛出入境检验检疫局青岛出口加工区办事处揭牌。

Δ中国残联专项彩票公益金麻风畸残矫治手术国家医疗队赴山东省工作启动仪式在胶州市举行。

18～20日

庆祝青岛与日本下关市缔结友好城市25周年纪念活动在青举行。期间，下关市市长江岛洁、下关市议会议长小浜俊昭率下关代表团分别拜会青岛市政府和市人大常委会；市委副书记、市长夏耕会见来青参加纪念活动的日本驻华大使馆公使渥美千寻；市委副书记、副市长崔锡柱分别会见下关市市长江岛洁及下关青年代表团、公务员代表团；还举行了帆船友谊赛及下关港推介说明会。

19日

民建青岛市委举行成立50周年庆祝大会。民建中央副主席朱相元、民建山东省委会主委墨文川出席。

Δ青岛市与德国莱茵—内卡大区友好合作协议在德国签署。

Δ市拍卖行业协会成立。

Δ2004年国际海洋药物研讨会在青召开。

Δ《青岛日报》消息：海尔集团、海信集团、双星集团、澳柯玛集团4家企业技术中心获国家发改委、财政部、海关总署、国家税务总局联合授予的“国家认定企业技术中心成就奖”。

20日

市委副书记、市长夏耕会见常州市党政代表团一行。

20～25日

市十三届人大常委会举行第十五次会议。

21日

全市集中清理违法建筑动员部署大会召开。市委副书记、市长夏耕到会并讲话。

Δ市委副书记、副市长崔锡柱分别会见韩国丽东化工有限公司新任总经理尹奉泰一行和芬兰PMJ公司总裁派琪一行。

Δ青岛市在2001～2003年度全国无偿献血表彰会上再次获无偿献血先进城市奖。

Δ青岛市先后投入福彩公益金800万元、覆盖市内四区所有街道和社区的442处老年健身场地启用。

22日

市十三届人民政府举行第四次全体(扩大)会议。

Δ山东省盐政执法经验交流现场会在青召开。

Δ山东省总结推广青岛市社科联工作经验现场交流会在青召开。

Δ山东湛山佛学院成立暨首届开学典礼在青岛湛山寺举行。国家宗教事务局副局长杨同祥，山东省民委主任、省宗教事务局局长于洪文出席。

Δ《青岛日报》消息：在商务部组织的国家级经济技术开发区2003年投资环境综合评价活动中，青岛经济技术开发区的总指数在全国33个国家级开发区中首次进入“四强”。

23日

山东省社科联和青岛大学联合主办的第二次“21世纪社会科学家论坛——政治文明与中国共产党执政能力建设”学术研讨会在青举行。

Δ市委副书记、市长夏耕会见坦桑尼亚联合共和国卫生部部长安娜·阿布达拉一行。

Δ首届中国国际建筑材料网络营销博览会暨2004年中国国际建材跨国采购与电子商务应用论坛在青开幕。

24日

中国海洋大学举行建校80周年庆祝大会。国务委员陈至立和全国政协副主席郝建秀致贺电。教育部副部长吴启迪，国家海洋局局长王曙光，山东省委副书记、青岛市委书记杜世成，山东省副省长王军民等出席，海军副政委康成元、北海舰队副政委张鸿富到会祝贺。

Δ中国海洋大学新校区奠基典礼举行。山东省副省长王军民，市委常委、崂山区委书记李增勇，副市长王修林等出席。

24～27日

黑龙江省委常委、哈尔滨市委书记杜宇新率哈尔滨市党政考察团在青考察。

25日

市委副书记、市长夏耕会见由法国布雷斯特市副市长马克·拉贝率领的代表团一行。

Δ海军第一支驱逐舰部队——北海舰队某驱逐舰支队举行组建50周年庆祝大会暨阅兵活动。北海舰队副政委于常启出席。

26日

全市纪检监察法规工作会议召开。

Δ市委副书记、市长夏耕会见中国鹏润投资有限公司董事局主席、总裁黄光裕一行。

Δ副市长王修林会见香港印刷业商会理事长李德荣率领的考察团一行。

Δ中国海洋大学和法国西布列塔尼大学共同主办的“中法跨文化研讨会”开幕。

26～27日

山东省县级地情资料库建设现场会在青召开，向全省地方志系统推广青岛市县级地情资料库建设的经验。

27日

农业部副部长牛盾率国务院整顿和规范市场经济秩序督察组在青督察。山东省副省长张昭福、青岛市副市长张锐分别汇报工作情况。

Δ安徽省委常委、合肥市委书记车俊率合肥市经贸代表团在青举行投资环境说明会。

Δ副市长吴经建会见卢森堡大公国阿塞络集团国际开发部副总裁阿诺·卜拔拉法一行。

27~28 日

安徽省委书记、省人大常委会主任王太华率安徽省党政代表团在青考察。

28 日

韩国产业技术研究会首届经营战略会议在青开幕。

Δ副市长张元福会见香港熟悉内地事务探访团一行。

Δ国内现代易货行业的第一个区域性易货商会——青岛市易货商会成立。

29 日

市文明委举行全委(扩大)会议。市委副书记、市长、市文明委副主任夏耕到会并讲话。

Δ石老人海水浴场改造暨滨海步行道(崂山段)工程奠基。

Δ《青岛日报》消息:在 2004 年中国工业设计周暨国际工业设计博览会上设立的"中国优秀工业设计奖"评选中,青岛企业获得全部奖项的 40%。其中,海尔集团的产品分获特别奖、金奖和银奖,海信集团、青岛 21 世纪汽车开发设计公司的产品获银奖。

30 日

市人大常委会副主任马论业会见蒙古和平与友好组织联合会代表团一行。

31 日

市人大常委会主任徐长聚会见由日本新泻市议会议长桥田宪司率领的代表团一行。

·11 月·

1 日

青岛太平洋恩利有限公司在城阳区红岛街道办事处举行奠基仪式。该公司建成后将成为亚洲最大的水产品生产基地。

Δ《青岛日报》消息:市北区人民检察院被共青团中央、中央综治办、最高人民法院、最高人民检察院等部门联合授予"全国优秀青少年维权岗"称号。

2 日

第九届中国国际渔业博览会和中国国际水产养殖展览会在青开幕。全国人大农业与农村委员会副主任委员万宝瑞出席。

Δ副市长罗永明会见中国远洋运输(集团)总公司总裁魏家福、党组书记张富生一行。

Δ《青岛日报》消息:第二届东北亚经济合作与发展论坛在青岛科技大学开幕。

2~3 日

全国国有企业领导班子思想政治建设座谈会在青召开。中共中央政治局委员、书记处书记、中组部部长贺国强出席并讲话;中央纪委常委、监察部副部长黄树贤,中宣部副部长胡振民,国务院国资委党委委员、副主任王勇,山东省委书记、省人大常委会主任张高丽,省委副书记、省长韩寓群,省委副书记、青岛市委书记杜世成,市委副书记、市长夏耕等中央、省、市领导出席。1 日,贺国强考察青岛港、海尔集团、海信集团。

Δ市委副书记、副市长崔锡柱会见冰岛驻华大使埃德尔·古纳松一行。

Δ《青岛日报》消息:飞利浦中国大学生足球联赛在青岛大学开幕。

Δ《青岛日报》消息:韩国釜山市足球协会原会长金铸元率釜山元老足球团参观并访问青岛海牛足球学校,并与海牛足球元老足球队等进行多场比赛。

4 日

副市长宁经谋会见由德国前联邦劳动部部长瓦尔特·李斯特率领的友好访问团一行。

Δ副市长王修林会见德国巴伐利亚州科研艺术部部长托马斯·戈佩尔率领的代表团。

Δ《青岛日报》消息:《邓小平理论前沿问题研究》一书由青岛出版社出版发行,该书被中宣部、新闻出版总署确定为纪念邓小平诞辰 100 周年重点书目。

5 日

"2004CCTV 中国最具经济活力城市"评选揭晓,青岛市当选"最具经济活力城市"并获"企业家满意奖"。6 日,市委副书记、市长夏耕在北京出席颁奖晚会,并接受奖杯。

6 日

青岛理工大学揭牌仪式举行。原中共中央政治局委员、全国人大常委会副委员长姜春云,山东省委书记、省人大常委会主任张高丽,山东省委副书记、省长韩寓群,山东省委副书记、青岛市委书记杜世成,市委副书记、市长夏耕发贺电。

Δ市委副书记、市长夏耕会见台湾华邦电子股份有限公司总经理青章驹一行。

Δ市贸促会承办的"加拿大—青岛中加城市可持续发展暨环保技术研讨会"在青举行。

Δ《青岛日报》消息:青岛市 7 项科技成果获 2004 年度国家科学技术奖。

8 日

中央、山东省驻青新闻单位和青岛市各新闻单位在青举行庆祝"第五届中国记者节"座谈会。

Δ青岛市第二届青年科技创新奖颁奖暨"青年专家服务团"成立。

9 日

全市"119"消防宣传活动暨冬防部署大会召开。

Δ从济南迁至青岛的德国巴伐利亚州山东办事处举行开业发布会。山东省外经贸厅厅长周嘉宾到会并讲话。

Δ市南区 50 处社区文化活动中心揭牌仪式举行。

Δ青岛—韩国群山海上国际客货班轮航线正式开航。

10 日

全市政协提案工作座谈会召开。

Δ《青岛日报》消息:青岛市国内经济合作办公室、青岛红星化工集团有限责任公司获"全国扶贫协作工作先进集体"称号。

Δ《青岛日报》消息:青岛市又有 8 名高级专家获国务院政府特殊津贴。至此,青岛市共有 234 名高级专家享受国务院政府特殊津贴,人数居山东省第 位。

10～11日

青岛市党政考察团赴济宁市学习考察。市委副书记、副市长崔锡柱和市委副书记张若飞分别带队考察济宁市高新技术产业开发区和兖州市大项目建设情况。

11日

双星集团在北京举行进入市场20周年研讨会。全国人大常委会副委员长顾秀莲出席。

Δ市委常委、宣传部部长杨军，副市长张元福会见瑞士信贷集团副董事长德瑞克一行。

12日

副市长张元福会见丹麦欧堡公司总裁弗兰德森。

Δ《青岛日报》消息：青啤公司获英国《投资者关系》杂志颁发的“中国最佳投资者关系奖”。这是该杂志首次向中国公司颁奖。

14日

青岛市举行防空防灾警报试鸣暨应急救灾综合演练。国家人防办、济南军区、山东省军区、山东省人防办首长王胜利、李洪程、谈文虎、张建等来青观看演练情况，并对青岛市人防工作予以肯定。

16日

东亚经济交流推进机构第一次会议在日本北九州市开幕。参加会议的青岛市市长夏耕先后会晤韩国仁川市市长安相洙以及日本福冈市市长山崎广太郎、下关市市长江岛洁、北九州市市长末吉兴一。

Δ中组部副部长、人事部部长张柏林来青调研人事人才工作。山东省委副书记、青岛市委书记杜世成，山东省委常委、组织部部长刘伟，山东省副省长张昭福等陪同调研。

Δ省委副书记、市委书记杜世成会见由台湾石化工业同业公会理事长周新怀率领的该会大陆投资考察团一行。

Δ副市长于冲会见法国巴黎银行集团百富勤融资有限公司董事长、总经理蔡洪平率领的考察团一行。

Δ《青岛日报》消息：省委副书记、市委书记杜世成一行考察北京电影学院。期间，青岛经济技术开发区管委和北京电影学院就推进电影学院项目在青落户举行了会谈。

17日

最高人民检察院副检察长姜建初来青调研。

Δ济南军区司令员范长龙一行考察青岛市人防建设情况；省委副书记、市委书记杜世成会见范长龙一行。

17～18日

市委副书记、市长夏耕率青岛市代表团访问日本下关市，下关市市长江岛洁代表下关市政府授予夏耕“下关市荣誉市民”称号。18日，青岛市与日本下关市结为友好城市的倡议者廖承志纪念碑揭幕仪式在下关市火之山公园举行，夏耕、江岛洁出席并致辞。

18日

中国石化青岛炼油化工有限责任公司揭牌仪式在青举行。山东省委书记、省人大常委会主任张高丽，山东省委副书记、省长韩寓群发贺信。原全国政协副主席陈锦华、中国石化集团公司总经理陈同海出席。

Δ喜盈门、英派斯驰名商标认定新闻发布会举行。青岛市已有青啤、海尔、双星、澳柯玛、海信、即发、白雪、喜盈门、英派斯等9个全国驰名商标，居全国副省级城市首位。

Δ省委副书记、市委书记杜世成会见德国利勃海尔国际股份公司董事局主席威利·利勃海尔一行。

Δ2004年中韩IT产业交流会暨青岛软件园与韩国软件振兴院、仁川情报产业振兴院合作签约仪式举行。

Δ副市长于冲会见德国帕德博恩市市长汉斯·鲍斯率领的政府及经济代表团。

Δ《青岛日报》消息：青岛建设集团公司“青建海外”品牌获国家工商行政管理总局商标局正式批准，成为山东省对外工程承包领域第一个正式注册的品牌。

Δ中共青岛市委老干部党校在市老年大学挂牌。

19日

全市维护稳定工作会议召开。

Δ被列入2004年重点办好的17件实事之一的青岛颐中体育馆工程奠基。

Δ市政府举行酒会欢迎香港闽籍工商界经贸考察团抵青。

Δ省委副书记、市委书记杜世成会见日本油墨化学工业株式会社社长小江纮司一行。

Δ市委副书记、市长夏耕率青岛市代表团与日本经济贸易、金融界代表举行恳谈会。

Δ全国政协常委、提案委员会副主任宋宝瑞率全国政协调研组来青调研。

Δ市委副书记黄学军会见摩尔多瓦共产党人党中央政治局执行委员会书记斯捷潘纽克一行。

Δ副市长于冲会见日本大阪府港湾局次长小川谦二率领的大阪府商务访问团一行。

21日

青岛交运集团被中国物流协会评为“中国物流百强企业第19名”，在中国公路运输业物流企业中居首位。

22日

副市长臧爱民和市政协副主席张纪良会见以崔宗海为团长的韩国大邱市摔跤协会访青团一行。

Δ《青岛日报》消息：青岛经济技术开发区管委与北京电影学院签署北京电影学院创意媒体学院项目合作备忘录。

23日

市委副书记、副市长崔锡柱会见香港嘉里控股有限公司董事长郭孔丞一行。24日，市委副书记、市长夏耕会见郭孔丞一行。

Δ副市长于冲会见德国不来梅市商会主席帕特里克·温迪什率领的商会代表团一行。

Δ副市长臧爱民会见日本国土交通省常务次官岩村敬。

Δ《青岛日报》消息：青岛翻译工作者协会在中国翻译工作者协会第五届全国理事会上被评为优秀团体会员单位，成为全国5个获此称号的团体之一。

23～26日

山东省“平安山东”建设工作检查组在青检查平安创建工作。

24日

交通部加强交通行业宣传工作座谈会在青召开。

Δ山东省政协常委刘志钦率山东省委省政府督查组一行来青，督查青岛市贯彻落实全省科技大会精神情况。

Δ《青岛日报》消息：英国《金融时报》公布最新"全世界最受尊敬企业"评选结果，海尔集团蝉联最受尊敬的中国企业首位。

24～25 日

中共青岛市委举行九届四次全委(扩大)会议。

25 日

市纪委举行第四次全体会议。

Δ中央编办副主任王澜明率国务院经济普查工作督查组来青，对青岛市第一次经济普查工作情况进行督查。26 日，市委副书记、市长夏耕会见了督查组一行。

26 日

全市解决拖欠工程款和农民工工资工作会议召开。

Δ张村河治理的崂山区一期工程举行竣工仪式。市领导李增勇、宗和与市老领导毕于岩等出席。

Δ新华锦集团与俄罗斯铁路集装箱运输有限公司(简称 TC 公司)签署战略合作框架协议。

Δ市人大常委会副主任马论业会见法国泡特市议会议员、PORALU 公司经理卡米纳蒂一行。

27 日

山东省委、省政府在青召开全省高技能人才工作现场会。山东省委书记、省人大常委会主任张高丽作重要批示。山东省委常委、组织部部长刘伟到会并讲话，山东省副省长赵克志主持会议并作总结报告。市领导夏耕、张若飞、王书坚、吴经建出席。

28 日

青岛滨海公路工程全线开工。

Δ省委副书记、市委书记杜世成会见武警山东省总队政委冯金安一行。

29 日

省委副书记、市委书记杜世成会见德国大陆公司董事局成员、轿车车胎部总裁马丁·德劳一行。

Δ山东省委常委、烟台市委书记焉荣竹率烟台市党政考察团抵青考察经济发展和城市建设等工作。

Δ青岛灵山船业股份有限公司和韩国现代综合商事株式会社举行合资造船项目协议签字仪式。

30 日

"青岛市创建全国文明城市、生态市，迎接 2008 年奥帆赛动员大会"召开。

Δ中国海洋石油工程股份有限公司与青岛经济技术开发区举行海洋石油工程建设基地合作签约仪式。中海油总公司副总经理、海洋石油工程股份有限公司董事长周守为，青岛市委副书记、副市长崔锡柱出席。

Δ省委副书记、市委书记杜世成会见青岛丽东化工有限公司新任社长尹奉台一行。

Δ市委副书记、市长夏耕会见英国南安普敦市政委员会主席安卓·文森一行。

·12 月·

1 日

全市教科文卫部门联系会召开。

2 日

青岛科技大学主办的青岛国际橡塑技术论坛暨中德轮胎技术研讨会举行。

2～3 日

青岛市妇女第十次代表大会召开。省委副书记、市委书记杜世成出席并讲话。山东省妇联主席赵玉兰到会祝贺。

3 日

市委副书记、副市长崔锡柱会见来青考察的北京电影学院党委书记籍之伟、院长张会军一行。

Δ国家帆船队青岛海上训练基地在青岛国际帆船中心奠基。

Δ青岛市食品药品监督管理局成立揭牌仪式举行。

Δ副市长于冲会见日本住友商事株式会社副社长森中小三郎一行。

Δ副市长罗永明会见德国 V 咨询公司 CEO 奥斯特瓦尔德一行，并参加该公司与市北区关于青岛奥林匹克国际商务中心(IBC)项目签约仪式。

Δ《青岛日报》消息：知名财经杂志《财富(中文版)》首次推出年度"中国大陆最佳商务城市调查"，青岛市居第八位。青岛市市长夏耕接受《财富(中文版)》记者专访。

6 日

全市行政监察工作座谈会召开。

Δ市人大常委会举行第十六次会议。

Δ副市长于冲率市政府考察团在曹县考察。7 日，考察团抵达日照，并参加日照—青岛经济技术合作交流座谈会。

Δ青岛猛鲨橄榄球俱乐部在国家 A 级赛事——2004 年全国青年 7 人制橄榄球锦标赛上以全胜的成绩获得金牌。

7 日

市委举行常委(扩大)会议。

Δ省委副书记、市委书记杜世成会见塞尔维亚和黑山驻华特命全权大使德拉甘·莫姆契洛维奇。

Δ全市宣传部部长会议召开。

Δ《青岛日报》消息：城阳区和莱西市在中国食品工业协会组织的"2003～2004 中国食品工业强县和优秀龙头食品企业表彰会"上被认定为"中国食品工业强县"，青岛琅琊台酒业集团有限公司等 13 家青岛企业被认定为"中国优秀龙头食品企业"。

Δ《青岛日报》消息：青岛消防博物馆在公安部消防局、中国科协科普部、中国消防协会联合举办的"全国消防科普教育基地"评选活动中被评选为"全国消防科普教育基地"。

7～8 日

副市长臧爱民率青岛市代表团参加巴黎航海博览会，并与布雷斯特市签署"中国之程"合作备忘录，宣布"中国之程"横渡大洋帆船赛计划启动。青岛"帆船之都"城市形象推介活动同时在巴黎举行。

8 日

市委副书记、副市长崔锡柱会见韩国浦项制铁株式会社副社长李润一行。

Δ市政协举行十届九次常委会议。

Δ《人民日报》、新华社等 8 家中央新

闻媒体在青岛港(集团)公司进行采访。经中央领导批示同意,中宣部、国务院国资委组织中央主要新闻单位对10家国有企业典型经验进行集中宣传,青岛港(集团)公司名列其中。

9日

山东省政府和韩国驻青岛总领事馆共同主办的"山东省与韩国经贸合作恳谈会"在青举行。

Δ青岛公交浮山所站场开工奠基仪式举行。

Δ即墨—平度(新河)高速公路工程(青银高速公路二期工程)奠基。

Δ《青岛日报》消息:市经贸委所属青岛市"菜篮子"商品质量监督检测中心入选商务部公布的全国第一批56家"商务部食品安全定点检测机构"名单,是山东省唯一获此资格的食品安全定点检测机构。

10日

青岛市食品安全委员会成立并召开第一次会议。

Δ《青岛日报》消息:2004年度青岛科学技术功勋奖揭晓,唐启升等6人获奖。

11日

国家统计局在青召开国际比较项目工作会议。

11~12日

黑龙江省委书记、省人大常委会主任宋法棠率黑龙江省党政代表团在山东省委副书记王修智、副省长王军民陪同下来青考察。

13日

市文明委召开创建全国文明城市联席会议。市委副书记王永生到会并讲话。

Δ市委副书记、市长夏耕率团赴菏泽市曹县考察,代表团与当地政府部门和企业代表举行对口帮扶工作座谈会并向曹县捐赠500万元。14日,在菏泽考察的青岛企业与曹县相关部门签订12个合作项目协议。

Δ"中国·青岛文化推介网"举行开通仪式。

Δ《2004年中国最有价值品牌研究报告》发布,"海尔"以616亿元品牌价值连续三年居中国最有价值品牌首位。

14日

市十三届人民政府举行第十三次常务会议。

Δ《青岛日报》消息:副市长臧爱民在英国南安普敦国际帆联总部拜会新当选的国际帆联主席约兰·彼得森。彼得森肯定了青岛市奥帆赛筹备工作。

15日

青岛光彩事业促进会成立大会召开。青岛市已实施光彩事业项目206个,累计投资7.09亿元。

Δ市京剧院现代儿童京剧《北斗星》获第四届中国京剧节"儿童题材剧目特别奖"。

Δ市委副书记、副市长崔锡柱会见阿根廷驻华大使莫雷利一行。

Δ副市长于冲会见韩国世正集团董事长朴舜洁。

16日

海信集团举行成立35周年庆典。全国人大常委会副委员长、中国科学院院长路甬祥,科技部部长徐冠华,国务院国资委副主任邰宁,信息产业部副部长娄勤俭,国务院信息化管理办公室副主任曲维枝等发贺信。

Δ市委副书记、副市长崔锡柱会见日本竹内制作株式会社社长竹内明雄。

Δ市委副书记王永生会见乌干达司法部部长简纳特·巴伦兹·穆克瓦亚一行。

Δ台湾全球策略投资基金会董事长杨世缄率台湾和深圳投资考察团一行来青考察。17日,市委副书记、副市长崔锡柱会见考察团一行。

16~17日

齐齐哈尔市党政考察团来青考察。

17日

青岛港2004年集装箱吞吐量超过500万标准箱,提前完成全年目标。

Δ市委副书记、副市长崔锡柱分别会见德国圣汐(中国)有限公司首席执行官凯铭斯基一行和摩尔多瓦副议长米哈伊尔·卡梅尔赞率领的摩尔多瓦议会常设局代表团一行。

18日

青岛(市南)软件园、同济大学软件学院联合培养软件人才签约仪式举行。

Δ市政府举行中外友人迎新年联欢晚会。市委副书记、市长夏耕致辞。

Δ市委副书记、副市长崔锡柱会见以美国迈阿密中国海外协会执行主席朱国明为团长的迈阿密市代表团。

Δ副市长王修林会见韩国仁川日报社代表团一行。

19日

黑龙江省大庆市党政考察团一行来青考察。

Δ国内首个文化艺术主题园区——青岛现代艺术中心奠基。

20日

市委举行常委(扩大)会议。

Δ市政府举行外商投资企业恳谈会。市委副书记、市长夏耕到会并讲话。

Δ市委副书记、市长夏耕会见中国冶金建设集团公司董事长、党委书记杨长恒和原冶金部第一副部长、宝钢集团董事长徐大铨一行。

21日

市政府举行青岛旅游"三突破"庆祝大会,祝贺青岛市旅游业创出年接待入境游客超过50万人次、国内游客超过2000万人次、旅游收入超过200亿元的成绩。

Δ双星集团支持青岛市羽毛球、篮球运动项目发展签约仪式举行。根据协议,双星集团将在2008年奥运会备战周期期间,出资2000万元用于支持青岛市羽毛球、篮球运动项目的发展。

21~24日

市十三届人大常委会举行第十七次会议。

22日

市委副书记、市长夏耕分别会见韩国韩进集团(大韩航空)会长赵亮镐一行和美国霍尼韦尔(中国)有限公司总裁沈达理一行。

23日

青岛警备区司令员王传友会见印度陆军参谋长维吉率领的印度军事代表团

一行。

24 日

市十三届人民政府举行第五次全体(扩大)会议。

Δ市委副书记、市长夏耕,市人大常委会主任徐长聚会见日本新泻市市长篠田昭和新泻市议会议长桥田宪司一行。

25 日

青岛数码科技中心奠基仪式举行。

26 日

海尔集团举行主题为“20 年 · 1000 亿 · 世界的海尔”研讨会,海尔新标志正式启用。山东省委书记、省人大常委会主任张高丽,省委副书记、省长韩寓群发贺信,省委副书记、市委书记杜世成到会并与部分嘉宾共同启动海尔新标志,市委副书记、市长夏耕到会并致辞。

Δ省委副书记、市委书记杜世成会见北京电影学院院长张会军一行。双方就北京电影学院青岛教学基地项目有关情况进行交流。

27 日

青岛港港口吞吐量超过 1.6 亿吨。

Δ省委副书记、市委书记杜世成会见石油大学(华东)党委书记、教授郑其绪一行。

Δ全市清理违法建筑工作领导小组会议举行。2004 年,全市共拆除违法建筑近 100 万平方米。

Δ青岛市艾滋病防治工作委员会成立并召开第一次会议。

Δ副市长于冲会见参加青岛贸促会第三届会员代表大会的中国贸促会副会长高燕一行。

28 日

北京电影学院青岛教学基地在薛家岛旅游度假区举行奠基仪式。

Δ《青岛财经日报 · 韩语专版》正式创刊。山东省副省长孙守璞,市委副书记、市长夏耕发贺信。副市长于冲、韩国驻青总领事辛亨根出席仪式。

Δ中国青岛天泰 2008 鹰铃级帆船队成立。国家体育总局水上运动中心主任韦迪和市委副书记、市长夏耕为该队揭牌。

Δ《青岛日报》消息:市政府决定,自 2005 年 1 月 1 日起上调全市企业最低工资标准,七区为 530 元、五市为 470 元。

29 日

市政府党组与市人大常委会党组座谈,征求对提交市十三届人大三次会议审议的《政府工作报告(讨论稿)》的修改意见和对 2005 年政府工作的建议。

Δ黄岛区、市南区和胶南市等 3 个区市在山东省政法工作会议上被评为全省平安建设先进区(市),另有 9 个单位获“全省平安建设先进基层单位”称号、2 名个人获“山东省见义勇为先进分子”称号。

30 日

市政府党组与市政协负责人座谈,征求对提交市十三届人大三次会议审议的《政府工作报告(讨论稿)》的修改意见和对 2005 年政府工作的建议。

Δ迎奥运亮化工程完成年内节点任务,30 日晚正式启动。这是 2004 年度青岛市重点建设项目及市政府确定重点办好的 17 件实事之一。

Δ市十三届人民政府举行第十四次常务会议。

Δ青岛市 2005 年新年音乐会在市人民会堂举行。

Δ副市长于冲会见韩国 SK 化工株式会社副社长崔昌源一行。

Δ韩国驻青总领馆总领事辛亨根看望青岛市福利院的老人和儿童。

31 日

青岛(市南)软件产业基地正式启用。省委副书记、市委书记杜世成和市委副书记、市长夏耕分别发贺信。省委副书记、市委书记杜世成会见参加该基地启动仪式的 IBM(中国)副总裁兼 IBM 亚太区无线部总裁范宇等。

Δ晚上,市党政领导杜世成、夏耕、崔锡柱、张泽忠、于冲、张锐等率有关部门负责人走访慰问工作在年终决算第一线的财税、金融系统干部职工。

(市史志办)

政　　治

中共青岛市委员会

·2004 年工作要点（摘要）·

2004 年，是全面贯彻党的十六大和十六届三中全会精神，深化改革、扩大开放、促进发展的重要一年，也是全面落实市第九次党代会各项目标的关键一年。全市工作总的要求是：以邓小平理论和“三个代表”重要思想为指导，认真贯彻党的十六大、十六届三中全会和省委八届六次全会精神，全面落实市第九次党代会确定的各项目标任务，按照“五个三”的工作思路，集中精力抓好发展这个执政兴国的第一要务，继续贯彻落实扩大内需的方针，切实把工作重点转到调整经济结构、转变增长方式、提高增长质量和效益上来，保持经济持续快速协调健康发展的良好态势。大力加强社会主义政治文明和精神文明建设，维护社会安定团结的大好局面，加强和改进党的建设，为全面建设小康社会、率先基本实现现代化进一步夯实基础。

一、把学习贯彻“三个代表”重要思想新高潮不断引向深入

全面落实党的十六大和胡锦涛总书记“七一”重要讲话精神，把学习贯彻“三个代表”重要思想作为首要的政治任务，将学习贯彻“三个代表”重要思想的新高潮不断引向深入，努力做到在认识上有新高度，在思想上有新解放，在工作上有新成效。

坚持全面、系统、深入地学习“三个代表”重要思想。要把学习《“三个代表”重要思想学习纲要》同学习江泽民同志的原著结合起来，同学习十三届四中全会以来中央的一系列重要文献结合起来，同学习胡锦涛总书记一系列重要讲话结合起来，全面、完整地把握“三个代表”重要思想的科学体系，自觉用“三个代表”重要思想改造主观世界。

坚持把理论学习和推动实践紧密结合，引导各级各部门紧密联系改革开放和现代化建设的实际，联系本地区本部门的工作实际，紧紧围绕全面建设小康社会、率先基本实现现代化的奋斗目标，进一步理清发展思路，制定发展措施，推动各项工作取得新进展。

加强对学习贯彻“三个代表”重要思想工作的组织领导。采取多种形式加强对党员群众的宣传教育，推进“三个代表”重要思想进社区、进村庄、进学校、进各类经济社会组织。加强对重大理论和实践问题的研究，推出一批重点研究成果。

二、抓好第一要务，加快经济发展

紧紧围绕经济建设“三件大事”，突出结构调整、改革开放、科技创新三个关键环节，促进国民经济全面、协调、可持续发展。

（一）紧紧抓住结构调整这条主线。1. 把解决好“三农”问题作为各项工作的重中之重，按照统筹城乡经济社会发展的要求，坚持“多予、少取、放活”的方针，调整农业结构，增加农民收入。2. 突出产业集群建设。制定四大产业基地布局及产业链发展规划，加快建设以海尔、海信、澳柯玛、浪潮、朗讯、LG 为核心企业的家电电子产业群；以大炼油、二甲苯、芳香烃和 PVC 为核心产品的石化产业群；以轿车、轻重卡车、客车、专用车、公交车及车辆零部件为核心产品的汽车产业群；以集装箱船、特种船、公务船及船舶零部件为核心产品的造船产业群；以港口运输、集装箱作业、现代物流、临港加工分拨、港务机械制造为核心行业的港口经济产业群等五大优势集群。3. 大力发展都市经济，提升服务业水平。积极发展旅游产业，加快极地海洋世界等 23 个龙头项目建设，建设国际海滨度假城市，争创中国最佳旅游城市。加快建设区域性商贸流通中心和区域性金融中心，发展新型业态和现代流通方式。

（二）全面推进各项改革。深化国有企业改革。加大培养本地民营企业和引进外地民营企业力度。健全完善市场体系。制定深化政府投资体制改革的意见，大力启动民间投资。深化财政体制改革，健全公共财政体制。规范发展土地、资本、人才、劳动力、技术等要素市场。加强政府、企业和个人信用体系建

设,建设“诚信青岛”。

(三)全面提高对外开放水平。1.更加积极有效地吸引国内外资本,不断扩大出口,增强参与国际经济合作和竞争能力。提高招商引资的质量和水平。突出产业链招商;突出大企业招商;突出奥运项目、基础设施项目招商;突出服务贸易招商。加快园区整合步伐,创新体制机制,突出功能优势,营造符合国际惯例的投资环境,发挥对全市对外开放的示范带动作用。2.出台扶持出口政策,培植出口大户,充分发挥跨国采购促进中心、出口加工区、前湾港国际物流园大规模进出口的优势,建立稳定增长的出口体系。实施“走出去”战略,完善对外投资贸易服务体系。

(四)深入实施科教兴市战略。健全完善科技创新体系,建立以重点实验室为龙头、企业为主体,优势互补、充满活力的塔型研发体系。以科研院所、高等院校和重点实验室为重点推动源头创新,以大企业研发机构为重点推动工艺创新和技术集成创新。领衔和承接国家重大战略性科研项目。加快国家级大学科技园、海洋科学研究中心、软件园等重点园区建设,完善配套体系,发展以优良种苗养殖、海洋生物、海洋药物、海洋材料、海洋化工、海水综合利用等为重点的海洋高科技产业。坚持信息化与工业化紧密结合,加快经济社会信息化建设。

(五)努力提高人民群众生活水平和质量。千方百计扩大就业,落实促进就业各项政策,改善就业和创业环境,进一步深化过渡性就业和培养“小老板”等成功做法。加大就业岗位开发力度,加强劳动者职业技能培训。做好对城镇新成长劳动力和农村富余劳动力等人员的就业指导与服务。探索建立城乡统筹的就业体制,逐步形成城乡一体的就业管理和服务体系。完善社会保障体系,扩大社会保险覆盖面,确保企业离退休人员养老金按时足额发放。探索建立机关事业单位养老保险统筹制度。认真完善医疗、工伤保险政策和体系。完善社会救助体系,提高城市低保标准,做好“三条线”衔接。落实农村最低生活保障制度,加大对库区、山区的帮扶力度,安排好失地农民的生活出路和社会保障,解决农村特困家庭生活问题。认真解决拖欠工程款和农民工工资问题。

三、优化城市布局,加快城市发展步伐

优化生产力布局。按照市内四区、西海岸、东海岸、胶州湾北岸、城郊区等五大“方阵”齐头并进的格局,进一步完善生产力布局,突出产业特色,通过区域分工、发展产业链将生产力布局与区域布局、行政布局调整紧密结合起来。

围绕构建“三点布局、一线展开、组团发展”的大城市框架,全面落实城市建设管理七条原则,加快城市规划、建设、经营和管理。坚持规划先导。完成城市发展概念规划编制,修订完善新一轮城市总体规划,建成区建设用地控规覆盖率达到100%,高水平规划设计滨海一线城市组团。加快城市基础设施建设。加快经济适用住房建设,搞好四方区东部新区、李沧区东部、南部等重点区域的经济适用住房开发建设,满足中低收入家庭的住房需求。制定拆迁安置办法,解决城市拆迁中遇到的突出问题。深入推进经营城市。建立以市场运作为主、财力投入为辅的融资、投资、经营、偿贷良性循环机制,完善土地储备经营制度,面向市场盘活城市管理资源。提高城市现代化管理水平。理顺综合行政执法体制,推行辖区执法巡查责任制,加大执法监察力度,加强城市环境卫生和户外广告综合整治,解决部分地区脏乱差、违章建筑屡禁不止等问题。建设“数字青岛”,提高城市信息化水平。加强生态建设。搞好城市夜景亮化工程建设。

积极推进奥帆赛筹备工作。全面实施《青岛奥运行动规划》。搞好奥帆赛基地整体规划设计,完成北海船厂搬迁工作,积极开展奥运场馆建设融资,进一步加快奥帆赛场馆及配套设施建设步伐。按照国际帆联提出的技术标准和要求,尽快建立完善赛区海水质量、水文、气象监测预报系统。加大奥运宣传力度,深入开展“做文明市民、建文明城市、办成功奥帆赛”活动,办好奥林匹克文化节,促进奥林匹克文化与知识的普及。启动志愿者培训工作。

大力发展社会事业。强化政府公共卫生管理职能,加强公共卫生设施建设,健全疾病信息网络、疾病预防控制和医疗救治体系,提高公共卫生服务水平和突发性公共卫生事件应急能力。改善乡村卫生医疗条件,建立新型农村合作医疗制度,对贫困农民实行医疗救助。增强全民卫生意识,保证群众食品、药品和医疗安全。积极应对人口出生高峰期带来的压力,做好人口与计划生育工作。加强老龄工作,发展慈善事业和残疾人事业。开展迎奥健身活动。深化体育改革,促进体育产业健康发展。

四、维护社会稳定,建设“平安青岛”

正确处理改革发展稳定的关系,以创建“平安青岛”为龙头,全力维护政治安全、社会安全、信访安全和生产安全,为改革发展创造和谐安宁的外部环境。

全力维护政治安全。高度警惕资产阶级自由化人员组党结社、非法聚会和跨地区串联,坚决抵制各种不良思潮影响。加强隐蔽战线的斗争,严密防范和严厉打击敌对势力的渗透破坏和恐怖袭击活动,及时挫败敌对势力插手人民内部矛盾的图谋。深入开展“反邪教”警示教育,深化同“法轮功”等邪教组织的斗争。

确保社会安全。健全完善“严打”经常性工作机制,加大对现行案件的侦破力度,始终保持对违法犯罪的高压态势。坚持重心下移,强化基层综合治理、民事调解、司法、治保组织建设,健全“三警合一、六员协防”打防控一体化体系,完善军警民团结协作维护稳定机制,着力提高对社会治安的动态防控能力。全面提高城市社会治安综合治理水平,努力把我市建设成为全省乃至全国最平安的城市之一。

确保信访安全。切实把握新形势下人民内部矛盾的新特点,提高做好群众工作、化解各类矛盾、维护社会稳定的能力和水平。畅通信访渠道,对重点信访案件实行分类指导和挂牌督办,提高信访工作水平。把信访纳入法制化轨道,强化控制性措施,健全各种预警和应急机制,妥善处理可能出现的群体性事件。开展信访专项整治活动,努力减少无序访、越级访和集体访。

确保生产安全。严格落实安全生产管理措施,进一步强化安全生产责任制,加强日常安全监督监察,深入开展安全专项整治行动,及时发现和消除隐患。努力提高全社会的安全生产意识,坚决遏制重特大事故发生。

切实加强对维护稳定工作的组织领

导，明确目标，分解任务，落实责任，加大投入，强化工作督查和责任追究。

坚持依法治市。加强地方立法，严格依法办事，严格遵守法定程序，推行执法责任制，维护司法公正，搞好法治环境建设。建立和完善公民有序参与的法律程序和机制，建立健全重大决策事项听取各方意见制度，在政策制定和实施过程中坚持问政于民、听政于民、议政于民、自觉接受监督于民，办好“市民月”等市民议事活动。大力发展基层民主政治，规范完善社区居委会干部直接选举，建立健全村民自治机制，全面实施村务公开，创造条件进行镇长直选试点。搞好厂务公开。

五、加强精神文明建设，提升城市文明水平

坚持正确的政治方向，创新方式方法，突出市内、国内、境外和网上四个重点，全面做好宣传思想工作，努力实现精神文明建设的新突破，争取进入首批全国文明城市行列。

大力培育青岛城市精神。在民族精神的指引下，着力塑造以“诚信、和谐、博大、卓越”为核心理念的青岛城市精神。运用各种载体和形式，将城市精神形象化。搞好宣传教育和引导，通过深入开展城市精神市民践行活动等形式，把城市精神融入每位市民的思想观念、道德情怀和行为规范。

围绕建设现代文化名城，大力推进文化建设。加强精品创作，发展特色文化，搞好基层群众文化活动，加大文化基础设施建设力度。深化文化体制改革，坚持把社会效益放在首位，努力实现社会效益与经济效益的有机结合，完善文化产业政策，大力发展文化产业，形成一批大型文化企业集团。依法规范文化市场秩序。做好广播影视、新闻出版等工作，大力宣传我市的新思路、新做法、新典型。唱响主旋律，打好主动仗，把握正确舆论导向，强化宣传纪律，营造良好的舆论环境。加大境外宣传推介力度，重点搞好奥运、知名企业、重大节会和旅游城市的宣传。完善新闻发布制度，加强新闻发言人队伍建设。重视哲学和社会科学工作。

把城市文明、人文奥运和城市管理紧密结合，打造城市文明形象。深入贯彻《公民道德建设实施纲要》，坚持道德教育与道德实践、道德约束相结合，宣传教育与严格管理相结合，提升市民文明素质和城市文明程度。深化群众性精神文明创建活动，推动文明社区、文明行业、文明村镇和军警民共建工作深入开展。推广社区志愿者活动，所有社区达到市、区（市）级文明社区标准。实现精神文明建设的城乡联动、资源共享和整体推进。加强文明单位创建和管理工作，探索精神文明建设属地化管理和文明单位创建分级管理体制。

以创建学习型城市为目标，积极推进学习型机关、学习型企业、学习型社区、学习型村镇、学习型家庭等各类学习型组织创建工作，建立社区大学，构筑市、区、街、居四级教育网络，形成社会化、开放式、广覆盖的市民终身学习体系。深化教育改革，推进教育创新，全面实施素质教育。加强基础教育，发展高等教育、现代远程教育、职业教育和继续教育。完善教育投入机制，加快构建城乡教育协调发展、与经济和科技有机结合的现代化国民教育体系。

六、以队伍建设为重点，全面加强党的建设

以邓小平理论和“三个代表”重要思想为指导，以领导班子、机关公务员队伍、党员企业家队伍、人才队伍等各类队伍建设为重点，全面加强党的建设，努力提高党的执政能力和执政水平。

坚持把思想政治建设作为首要任务来抓，通过多种形式深入学习贯彻“三个代表”重要思想、党的十六大和十六届三中全会精神。抓好领导班子中心组理论学习、在职自学以及考学、述学、评学制度的落实。进一步拓展培训渠道、培训内容，扩大干部培训规模，提高广大干部的思想理论水平。发挥总揽全局、协调各方的作用。坚持和完善人民代表大会制度和共产党领导的多党合作和政治协商制度。加强与各民主党派、工商联、人民团体和社会各界人士的联系与沟通，做好民族、宗教、对台、侨务工作。加强党对工会、共青团、妇联等群众团体的领导。加强党管武装工作制度化、规范化建设，增强全民国防意识，推进国防动员和民兵预备役工作创新发展。做好双拥工作，巩固军政军民团结。

加强领导班子建设。推行经常性考察，实施市管领导班子定期分析制度。坚持和健全民主集中制，大力推进制度建设和制度创新，发展党内民主，建立市委常委会定期向全委会报告工作制度、重大问题决策票决制。加强对后备干部的培养管理工作。做好女干部、非党干部、少数民族干部的选拔培养工作。加强基层组织建设。继续开展“三级联创”活动，探索建立以党组织为核心的村民自治运行机制，抓好村级组织配套建设和规范化建设，做好村委会、村党组织换届选举准备工作。开展创建街道社区党的建设示范点活动，培育一批示范街道和示范社区，推动社区党组织规范化建设。抓好新型经济社会组织党建工作。做好国有资本退出的企业党组织领导关系属地管理工作。

加强公务员队伍建设。教育广大公务员牢固树立民本民先、依法行政、公开透明、服务质量、绩效管理等理念。深化“五项工程”改革，深入推进“四型机关”建设，重点加强党政机关各部门中层处室、科室建设，加快业务流程再造，强化监督约束，破除“中梗阻”，确保政令畅通。积极发展电子政务，建立行为规范、运转协调、公正透明、廉洁高效的行政管理机制。改革接待制度、公务活动制度、办文办会制度，改进会议和领导活动新闻报道，落实密切联系群众、调查研究、接待群众来信来访、扶贫帮困和民主评议等制度。根据中央部署，调整行政机构设置，理顺职能，实现政府职责、机构和编制的法定化，加快事业单位改革。

加强党员企业家队伍建设。实施企业家队伍建设“111”计划，加强对各种所有制类型企业家政治素质培养，做好在新的社会阶层发展党员试点工作，把符合条件的民营企业家及时吸收进党内，加大在党员队伍中选拔培养企业家力度，扩大党员企业家队伍。

积极实施“人才强市”战略。着眼人才队伍的多元化，实施引才工程、育才工程和用才工程，健全完善人才培养机制，建立有利于形成移民状态的人才政策和“拴心留人”的创业环境，深化用人制度和分配制度等配套改革，不断提高人才高地密集度。

七、强化监督检查，抓好各项工作任务落实

切实加强领导，通过强化法律监督、纪律监督和绩效考核监督，进一步加强

2005 年 3 月，省委副书记、市委书记杜世成（左四）视察文化设施建设情况。　（谭　靖/摄）

党风廉政建设和反腐败斗争，努力推动市委确定的各项目标任务顺利完成。强化法律监督。大力加强查办和预防职务犯罪工作，重点查办县处级以上领导干部职务犯罪案件，借国有企业改革之机贪污、挪用、私分国有资产犯罪案件，滥用职权给国家和人民生命财产造成重大损失的犯罪案件，以及金融、房地产、建设工程招投标、经营性土地使用权出让、物资采购和产权交易等领域和环节的职务犯罪案件。适应形势变化，广泛发动群众积极举报，实现有关执法机关和职能部门的信息共享，不断提高发现职务犯罪的能力。结合案件查办工作，加强对全市干部队伍的警示教育。

强化纪律监督。加强对各级干部的理想、纪律和廉政教育。坚持和完善领导干部廉政报告、重大事项报告、外出报告、述职述廉、廉政谈话和对新任领导干部进行廉政培训等制度。全面落实《中国共产党党内监督条例》和《中国共产党纪律处分条例》，建立巡视制度，加强对党员干部特别是领导干部的监督。强化行政监察和案件查处机制，建立预警机制、重点检查和定期检查机制。强化对党政机关履职情况的评估监督，加大对有关责任人和责任单位的处罚力度。拓宽和畅通投诉渠道，完善投诉网络，健全投诉快速查处机制，坚决制止向企业乱收费、乱摊派、乱罚款等行为，努力为企业发展营造良好环境。加强对重点领域、重点部门、重点事项的监督检查，坚持纠建并举，深入治理教育乱收费、公路“三乱”等问题，纠正医药购销和医疗服务中的不正之风，加强农村和城市基层组织党风廉政建设。实行廉政建设综合治理，加大治本力度，深化行政审批、财政管理、干部人事管理等各项制度改革，进一步规范完善土地交易市场、有形建筑市场、产权交易市场和政府采购行为。落实党风廉政建设“一岗双责”责任制，强化监督考核和责任追究。

强化绩效考核监督。把绩效考核工作作为调动各级各部门落实各项目标任务的有效手段，切实抓紧抓好。认真研究设置考核目标和内容，重点考核工作业绩，从源头上确保绩效考核的科学性，最大限度杜绝弄虚作假和盲目攀比行为。进一步加大日常监督考核力度，吸引社会公众、舆论等参与评估，采取多种形式和方法，增强考核结果的客观、公正、准确性。加大对考核结果的使用力度，将绩效考核成绩与干部的使用紧密结合，强化激励和约束机制，使绩效考核监督发挥更大、更积极的作用。

（摘自“青发〔2004〕1 号”文件）

·九届全委会议·

第三次（扩大）会议

1 月 5 日举行。会议议题是听取市委、市政府主要负责人述职述廉报告。会议由市委副书记崔锡柱主持，省纪委常委徐东萌提出了搞好述职述廉的要求，杜世成和夏耕分别作述职述廉报告，省委组织部《党员干部之友》杂志社社长魏余秀作了填票说明，省纪委第四纪检监察室副处长卫东就有关问题向报告人进行了质询。会议还对报告人进行了民主测评。

第四次（扩大）会议

11 月 24 ~ 25 日举行。会议议题是学习贯彻党的十六届四中全会和省委八届八次全会精神。会议由市委常委主持。省委副书记、市委书记杜世成代表市委常委会作重要讲话，就进一步深入贯彻党的十六届四中全会精神、切实做好当前和今后一个时期的工作提出了明确要求，提出了青岛建设全国重点中心城市和世界知名特色城市的奋斗目标。会议认真学习了党的十六届四中全会和省委八届八次全委会议精神，审议并通过了《中共青岛市委关于进一步贯彻党的十六届四中全会精神，切实加强执政能力建设若干问题的意见》。

（市委办公厅）

·政策研究工作·

经济社会发展重大问题研究

青岛发挥“龙头”带动作用研究　2004 年，按照山东省委书记张高丽关于青岛要充分利用优势，更好地发挥龙头带动作用，有力促进全省对外开放、经济发展和社会进步的重要指示和市委的要求，市委政研室组织相关部门和专家学者进行了专题研究，形成了《青岛发挥“龙头”带动作用的研究报告》。报告从研究区域经济发展的态势、中心城市的发展规律入手，通过与国内重点中心城市进行详细地对比分析，特别是通过与长江三角洲城市群、珠江三角洲城市群、京津冀城市群等的比较分析，找出青岛作为龙头城市的差距与不足，并提出了青岛今后发展的战略目标定位、发展战略和服务全省、发挥龙头带动作用的具体措施。

增加农民收入研究　经过深入调查

研究,完成了《关于加强郊区工作的意见》,代市委、市政府起草了《关于统筹城乡经济发展增加农民收入的决定》(青发〔2004〕5 号)。文件跳出"三农"抓"三农",系统地提出了坚持城乡统筹、实施城乡互动解决"三农"问题的战略思想,并从 7 个方面阐述了城乡互动的工作重点和 30 条政策规定。这些政策使"三农"许多实际问题的解决有了突破,文件成为当前和今后一个时期指导青岛市解决"三农"问题的纲领性文件。中央政治局委员、中宣部部长刘云山,山东省委书记张高丽,省委副书记、市委书记杜世成先后作出批示,中央和省级 15 家重要媒体进行了集中采访报道。

2004 年春节前,市委常委、秘书长张泽忠(右一)到即墨市王村镇走访看望老党员。
(市委办公厅供稿)

奥帆赛对青岛发展总体影响预测分析　围绕奥帆赛对青岛发展总体影响,就2008 年青岛奥帆赛应当成为"绿色奥运、人文奥运、科技奥运"的基本内涵、奥运会对主办城市加快现代化进程的作用分析、2008 年奥帆赛对青岛城市发展的八大影响预测、出色奥帆赛赛事组织与服务工作评价标准、青岛奥帆赛目标定位和战略保障措施等重要问题进行了全面分析和阐述,提出了举办一届出色奥帆赛的对策建议,形成了《奥帆赛对青岛发展总体影响预测分析》和《出色奥帆赛赛事组织与服务工作评价标准研究》。在奥帆赛举办历史上,首次就客观地评价一届出色奥帆赛提出了具体的标准和依据,为青岛举办奥帆赛提供了重要的参考坐标。

加快青岛市都市工业发展的对策研究　完成《加快我市都市工业发展的对策建议》,有针对性地提出了充分利用城市的资金、技术、信息、人才、市场、场地等各类资源,加快发展都市工业,能够实现"企业得发展、政府得税收、居民得就业、环境得改善"一举多赢的建议。

加快青岛市软件产业发展的研究　针对青岛市软件产业与同类城市相比存在着"企业总体规模小、研发能力弱、标准化程度低"的问题,起草了《加快我市软件产业发展的调查和建议》,提出了"实施四大战略,抓好六个环节"的对策建议。市有关部门据此研究制定了相关措施,对于加快青岛市软件园区建设,促进软件产业发展,使青岛尽快建设成为我国重要的软件产业基地发挥了积极的推动作用。

改革发展问题研究

强化金融支持促进投资环境稳定增长的调查与研究　认真分析国家信贷政策调整对青岛市的利弊影响,提出了强化金融支持、促进投资稳定增长的 6 条建议,形成了《关于强化金融支持促进投资环境稳定增长的调查与建议》。市有关部门已经着手深入研究具体的落实措施。

落实国务院关于投资体制改革的决定需要解决的几个重点问题的研究　把国家要求与青岛实际紧密结合,完成了《关于落实国务院关于投资体制改革的决定需要解决的几个重点问题》,提出了"一要转变政府管理职能,确立企业的投资地位;二要改革政府投资体制,规范政府投资行为;三要加强和改善投资的宏观调控;四要完善投资的监督管理机制"等 4 个方面的问题。有关部门据此修订了相关意见,明确任务,落实责任,使贯彻落实国务院关于投资体制改革的决定的工作走在了全国的前列。

青岛市资源环境支撑能力研究　对资源环境支撑能力进行了系统研究,形成了《重视解决经济增长与资源环境之间的矛盾》、《建设节水型社会,实现可持续发展》、《构建循环经济发展模式》等 3 篇调研报告,对如何落实科学发展观,实现经济增长与资源环境的协调发展提出了对策建议。

人民群众关注的热点难点问题研究

社会稳定形势分析　起草的《2004 年稳定形势分析及对策建议》全面分析了全市社会稳定形势,针对影响青岛市社会稳定的突出问题、潜在隐患及群众反映强烈的热点难点问题,提出了加强社会稳定工作的对策建议。为市委全面把握社情动态,适时采取有关措施,化解矛盾,杜绝隐患,稳定形势,提供了决策依据。

高度关注社会治安问题的调研　向市委呈报的《高度重视近期发生的几起恶性刑事案件》,提出了杜绝重大恶性刑事案件发生的意见和操作性措施。有关部门研究建立了紧急预警机制。

重视解决"三难"问题的调研　针对部分居民"吃水难"、居民区道路没有硬化以及居民区周边地区垃圾长期得不到清理等问题,与市建委、市城管局、市自来水集团和有关区交换意见,完成了《重视解决困扰群众生活、群众普遍关注的"三难"问题》的调研报告,提出了解决居民"三难"问题的工作方案,有关部门采取措施,使扰民的"三难"问题得到逐步解决。

基层基础工作研究

城区基层基础工作研究　为推动各级党政机关和党员干部增强宗旨意识、

青岛人民防空

防空防灾为人民

2004年6月1日，中央军委副主席曹刚川在济南军区司令员陈炳德、政委刘冬冬、参谋长李洪程，山东省委书记张高丽，省委常委、秘书长杨传升，省军区司令员谈文虎、政委赵承风，省人防办主任张建以及青岛市委常委、秘书长张泽忠，副市长臧爱民等领导陪同下视察青岛市人防建设。

2004年11月17日，济南军区司令员范长龙在市委副书记黄学军、副市长臧爱民、青岛警备区司令员王传友等陪同下，视察青岛人防工作并作了重要指示。

2004年6月28日，市委副书记、市长夏耕，市政府秘书长姜俊山等领导到市人防办调研。

2004年11月14日上午，青岛市举行2004年防空防灾警报试鸣及应急救灾综合演练，演练现场通过卫星通信系统与市人防指挥中心联通，副市长罗永明担任指挥长。市委副书记黄学军，市政协主席张旭升，市人大常委会副主任宗和，北海舰队副参谋长蔡伦斌，青岛警备区司令员王传友、政委王程林，预备役高炮师师长张百列及有关区委、区政府和市有关部门、市直单位负责人观看了应急救灾演练；国家人防办副主任王胜利、济南军区参谋长李洪程、省军区司令员谈文虎、省人防办主任张建和各地市人防办主任专程来青观摩指导。

青岛市文化局

①为纪念中国青岛—日本下关缔结友好城市25周年，在市博物馆举办了中日友好书画展，展出了两市书画家220余幅作品。

②本市引进的文化产业项目青岛—北京电影学院青岛教学基地在薛家岛旅游度假区奠基。山东省委副书记、青岛市委书记杜世成（右二）发贺信祝贺，并在青会见了以著名电影表演艺术家于洋为团长的中国电影表演艺术家学会考察团。

③在全市十二区市举办了"联通情"青岛市第七届农民电影节，共组织放映了195部故事片和科教片，放映场次3000余场，观众达100余万人次，受到广大农民群众的欢迎。

④"2004年青岛市新年音乐会"在市人民会堂举行，这是继1995年开始举办音乐会后的第十届。市歌舞剧院海信交响乐团参加了音乐会演出。

⑤列为市政府2004年重点办好的17件实事之一的市图书馆改造工程已全部完工，并通过了文化部一级图书馆的评估定级检查。

⑥市文化局在全国建立了首家网络推介系统——"中国·青岛文化推介网"，国家及省、市18家主流媒体予以报道。

⑦在2004年青岛市专业文艺院团公益文化大行动活动中，市京剧院以“回家看看”为主题，送戏进老人院、福利院，为老人们演出了传统京剧折子戏及现代京剧唱段。

⑧市话剧院新创作演出的儿童音乐剧《二小放牛郎》，受到市民及广大中小学生的欢迎和好评。

⑨市文化部门对2004年以来收缴的近38万盘违法音像制品进行集中统一销毁处理。这是历年来本市规模最大的一次销毁行动。

⑩市民族艺术剧院的演员们为全市迎春茶话会奉献了一台精彩的文艺演出。

⑪全市广场文化活动常年不断，共举办各类文化活动2万多场（项），成为岛城一道亮丽的文化风景线，被文化部誉为“青岛[illegible]”。

青岛市人民政府外事办公室

该办围绕全市中心工作，与时俱进，开拓创新，充分发挥外事管理、协调、参谋作用，认真履行政府外事各项职责，积极打造“外事虹桥”服务品牌，在服务国家总体外交和地方经济社会发展方面发挥了重要作用。2004年度，被市委、市政府评为亚洲合作对话（ACD）第三次外长会议筹备服务工作突出贡献单位、目标管理绩效考核优秀单位、青岛市办公室工作先进集体，被市政府办公厅评为政务信息工作先进单位，被共青团山东省委评为“山东省青年文明号”等称号。

①市委副书记、市长夏耕与外办机关干部座谈

②主任：赵雪芳

③亚洲合作对话第三次外长会议现场

④对外服务窗口

青岛市劳动和社会保障局

2004年，青岛市劳动和社会保障局以邓小平理论和“三个代表”重要思想为指导，牢固树立科学发展观，按照“巩固、提高、创新、发展”的思路，围绕“就业、保障、维权”三大中心任务，努力找准着力点，统筹兼顾各项工作，形成了各项工作全面发展、“三个文明”协调推进的良好局面。该局全年获得国家、省级以上表彰30多次，在全国、全省推广经验20多项，各项工作创新点100多个；该局被评为市级文明单位标兵，局属信访窗口被评为全国“巾帼文明示范岗”，市政府被评为全国再就业工作先进单位。

真情相助
SINCERELY ASSISTANT
让每一位劳动者绽放笑容
真情 尽责 便捷 高效
劳动保障咨询热线：5719191 www.qd12333.gov.cn

①精神文明建设取得丰硕成果

②本市再就业工作被国务院隆重表彰

③该局政务办理大厅

④中国青岛人力资源市场成为全国第二个区域性的国家级人力资源市场

⑤在全国率先推行农民工免费就业服务

⑥该局坚持“真情、周到、廉洁、高效”的工作理念，对所有劳动保障审批事项实行“一站式”服务。

青岛市广播电视局

2004年6月21日，国务院总理温家宝在省、市领导陪同下，视察青岛市广播电视局，对青岛有线数字电视发展工作给予充分肯定，并称赞青岛有线数字电视"方便群众，做得很好！"左图为该局副局长孙朝晖（前左一）在广电中心大厅为温家宝总理介绍演示青岛有线数字电视功能。

①2004年5月4日，中共中央政治局常委李长春在省、市领导陪同下，到该局视察有线数字电视工作。图为该局局长楼树军（前左一）在广电中心大厅为李长春等领导介绍情况。

②青岛有线数字电视工作走在全国前列，数次全国性会议在青岛召开，推动了全国有线数字电视发展进程。图为2004年3月25日，"全国有线电视数字化推进工作现场会"在青举行。中共中央政治局委员、书记处书记、中宣部部长刘云山出席会议并作重要讲话，指示在全国推广"青岛经验"。

③2004年7月27日晚，《QTV对话》特别节目"市民议事厅"在青岛电视台800平方米演播厅举行现场直播。省委副书记、市委书记杜世成等领导出席，与现场400多位市民代表和场外听众、观众、网民进行对话交流，是有史以来青岛市最高领导第一次通过电视直播形式与市民直接进行对话，引起强烈的社会反响。

④在包括青岛在内的全国14个城市被确定为首批沿海开放城市20周年之际，青岛人民广播电台于2004年4~6月完成了大型采访报道活动《同三万里行》，是青岛广播史上前所未有的举措。图为4月10日上午，报道组在同三高速公路零起点——黑龙江省同江市举行启动仪式。

青岛海事法院

①党组书记、院长王延义

②省法院民四庭庭长尹佐海来该院座谈

③市人大常委会主任徐长聚(左二)听取该院院长王延义及派出法庭负责人汇报工作

④海事法官登轮向船长宣读“民事裁定书”及“扣押船舶命令”

⑤该院承办第十三届全国海事审判研讨会

⑥团结奋进的院党组一班人

地址：青岛市东海西路13号
邮编：266071
电话：(0532) [illegible]65768
传真：(0532) 83887233

青岛市公安局

2004年6月21～22日，亚洲合作对话（简称ACD）第三次外长会议在青举行。此次安全保卫工作中，全局共出动警力6630多人，上岗执勤达42919人次，累计加班加点24700多个工作日，每天人均工作达16个小时，80多名民警带病坚持工作，为圆满完成ACD会议安全警卫工作做出了突出贡献。图①为市公安局局长王永利在现场指挥温家宝总理的警卫工作，图②为会议现场。

③2004年6月18日，中共中央政治局常委、政法委书记罗干在中共山东省委书记张高丽，省委副书记、市委书记杜世成等陪同下视察市公安局交警“三让”工作，并给予高度评价。

④2004年7月28日，全省禁毒会议期间，副省长谢玉堂、省公安厅副厅长王献增在副市长臧爱民的陪同下到市公安局参观禁毒图片展。

⑤2004年8月25日，全国公安厅局长会议期间，公安部常务副部长田期玉等公安部领导和与会代表到市南分局香港中路派出所视察工作，并与社区民警亲切交谈。

⑥ 2004 年 1 月 22 日，省委常委、市委书记杜世成在市公安局局长王永利的陪同下到市交警支队慰问节日期间坚守岗位的民警。

⑦ 2004 年 12 月 3 日，市委副书记王永生在市公安局局长王永利的陪同下到 110 指挥大厅视察。

⑧ 2004 年 1 月 11 日，市人大常委会主任徐长聚、副主任于锦初率市人大视察组，在市公安局局长王永利的陪同下到市交警支队交通频道直播室视察。

⑨ 2004 年 2 月 8 日，市委常委、政法委书记刘建华在市人民会堂观看了交警风采文艺演出后慰问演员。

⑩ 2004 年 4 月 21 日，土耳其安塔利亚市警官代表团来市公安局参观访问。图为代表团团长在参观市南分局珠海路派出所时向民警表示敬意。

青岛市公安局

①2004年6月10日，市公安局在崂山区“爱丁堡花园”举行了代号为“震慑行动”的反恐演练，此为我市第一次反恐综合演练，有200余人参加。各警种在处置恐怖事件时协同作战，提高了整体实战能力；许多先进的反恐装备在演练中首次亮相，显示了强大的威力。图为反恐演练主席台。

②检阅参演警队

③堵控抓捕

④空降特警

⑤排爆

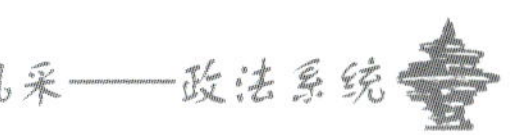

⑥为加强“五四三”巡逻机制，市公安局投资购置了73辆新型巡逻车。图为2004年6月11日举行的出警仪式。

⑦配备齐全的警用装备

胶南市公安局

①2004年5月，被省政府授予“执法为民先进集体”称号。

②局长隋刚上街征求群众对公安工作的意见

③政委孙利华到企业了解安全生产情况

④指导研究破案

⑤“满意在公安，平安在胶南”。胶南民警以实际行动将品牌打造在辖区居民的心中。

近年来，胶南市公安局以“三个代表”重要思想为指针，按照“狠抓队伍打基础，科学管理激活力，改革警务求发展，严格执法保公正，热情服务创满意”的工作思路，大力改革警务模式，全面提速公安工作，着力打造“满意在公安，平安在胶南”品牌，积极探索和建立了公安业务工作和队伍管理的长效机制，有力地维护了社会治安的持续稳定。先后被山东省委、省政府授予“执法为民先进集体”，被青岛市委、市政府授予“创建平安青岛工作先进集体”等称号。

地址：胶南市人民路57号
邮编：266400
电话：(0532)88184301
传真：(0532)88188489

青岛市人民检察院

2004年，全市检察机关在市委和省检察院的正确领导下，坚持以邓小平理论和“三个代表”重要思想为指导，深入学习贯彻十六大和十六届四中全会精神，坚持科学发展观、努力构建社会主义和谐社会，以“强化法律监督、维护公平正义、服务加快发展”为主题，认真履行检察职能，各项检察工作和队伍建设取得了新成绩，为推进“繁荣青岛、平安青岛、文明青岛”建设，创造稳定的社会环境和良好的法治环境做出了积极贡献。2004年，该院被最高人民检察院授予全国检察机关“基层检察院建设组织奖”、“文明接待室”称号，被山东省精神文明建设委员会评为“省级文明单位”，被青岛市委、市政府评为创建平安青岛工作先进集体。

①检察长姜永生在青岛市人民代表大会上做工作报告

②检察长姜永生陪同最高人民检察院检察长贾春旺及山东省委书记张高丽视察崂山区人民检察院

③检察长姜永生同基层院检察长签订责任书

④在保持共产党员先进性教育活动中，市检察院邀请全国劳动模范许振超做报告。图为检察长姜永生与许振超交谈。

中国人民武装警察部队青岛市支队

①2004年8月，武警部队副司令员朱曙光中将在山东总队总队长杨正武少将陪同下视察青岛市支队。

②2004年3月，支队长孙晓富、政委刘华林与官兵一起参加青岛市组织的义务植树活动。

③2004年12月，支队召开官兵代表会议。

④2004年3月，支队党委机关开展“提高素质能力，保持优良作风”学习教育活动。

⑤2004年12月，青岛市加强武警部队“四配套”建设会议在黄岛区召开。武警山东总队副总队长高光武、青岛市副市长臧爱民出席会议并讲话。

⑥2004年7月，青岛市支队警史馆落成并举行开馆揭幕仪式。武警山东总队副政委李玉良、青岛市委副书记黄学军出席并为警史馆揭幕。

①庆“八一”警民联欢会

②缅怀革命先烈，争当忠诚卫士。

③春运期间，武警支队派出学雷锋小组到车站为旅客做好事。

④2004年6月，武警支队“反恐”分队参加青岛市“震慑行动”反恐演练。

⑤城市武装巡逻

⑥舰艇海上巡逻

⑦青岛市“两会”期间，武警支队执行安全警卫工作。

青岛市李沧区人民检察院

多年来，该院坚持以“三个代表”重要思想和党的十六大精神为指导，以践行“立检为公，执法为民”的要求为重点，以建设一支“政治坚定、业务精通、作风优良、执法公正”的检察队伍为目标，全面加强建设，领导班子的凝聚力、战斗力明显增强，各项检察业务工作取得了突出成绩。近年来，先后被省文明委命名为“文明单位”；被省检察院命名为“五好”检察院、“全省检察机关先进检察院”、“全省检察机关信息化建设先进单位”，并两次被省检察院记集体二等功；被青岛市委、市政府评为廉洁勤政先进单位；多次被市检察院评为先进集体和记集体三等功。

①该院领导班子在研究工作

②全体干警到军营强化军事训练，全面提高干警的政治素质和业务素质。

③被山东省精神文明建设委员会授予“省级文明单位”称号

④2005年3月，为配合保持共产党员先进性教育，开展“党员先进性诤言”征集活动。

⑤深入街道、社区向群众进行法律宣传

转变作风、推进施政创新，提高领导干部执政能力和执政水平，根据市委实施“访贫问苦送温暖、访贤问能促发展、基层谈心保稳定”的实践，代市委起草了《关于深入开展“三访谈”活动的意见》，为引导活动不断深入，与基层共同探讨推进“三访谈”活动的整体思路、工作部署和实施重点。市委决定将 2005 年确定为全市基层建设年。新华社将青岛市这一施政创新在其《内部参考》第 30 期上刊发，为宣传推介青岛起到了推动作用。

农村基层民主政治建设研究　根据市委书记杜世成关于“今年两委换届选举事关重大，而且面临许多新问题，要早研究、早准备、早动手”和“把明年作为基层建设年”的批示，就以往村委会换届选举中存在的一些突出矛盾和问题深入进行调查研究，听取基层干部群众的反映和意见，起草了《关于村“两委”换届选举中应重点解决好的几个问题的建议》的调查报告和《关于进一步做好第八届村民委员会换届选举工作的意见》、《青岛市村民委员会换届选举实施细则》等 2 个文件，对于规范村委会换届选举、提高村干部素质、加强村级制度建设、夯实党在农村的执政基础具有重要的作用。

（市委政研室）

·组织工作·

领导班子和干部队伍建设

2004 年，制定下发了《青岛市 2004～2008 年党政领导班子建设规划纲要》、《关于加强领导班子思想政治建设的意见》等文件。以科学的发展观和正确的政绩观为指导，树立凭实绩用干部的用人导向，提高了各级领导班子的执政能力和干部队伍的整体素质。加强后备干部队伍建设，重点选拔了一批招商、法律、城建规划管理、外语等方面的优秀人才。从全国 40 所重点高校选调了 262 名优秀毕业生，优化了干部队伍结构。把干部挂职锻炼和扶贫帮困结合起来，选调了 215 名优秀年轻干部到区市、镇村、街道和企业挂职锻炼。

干部人事制度改革

贯彻《公开选拔党政领导干部工作暂行规定》等法规性文件，对已试行的关于公开选拔、竞争上岗等方面的规定进行了清理、修改和完善，促进了干部工作的科学化、民主化和制度化。加强领导班子经常性考察，制定了《市管领导班子和领导干部经常性考察工作实施意见》，分期分批对 12 个区市、70 多个市直单位领导班子及其成员进行了跟踪考察。探索建立了考察人员资格认证制度。推进干部交流工作，在建设系统进行了处级干部跨部门交流试点。

2004 年 3 月，市委常委、组织部部长王书坚（左二）到崂山区调研。　（市委组织部供稿）

干部监督

组织 1200 名党员领导干部进行了《干部任用条例》知识测试；邀请中组部干部监督局有关负责人作了加强干部监督工作的专题报告；对 12 个区市和部分市直单位学习贯彻《干部任用条例》情况进行了检查和整改督查；落实了组织部门列席下级党组织研究讨论干部会议制度，制止和暂缓提交会议研究的干部 19 人；出台了领导干部诫勉谈话、函询和市管领导班子内部监督等方面的制度。加强领导干部经济责任审计，召开了市经济责任审计领导小组会议，督促落实审计决定、意见 13 条，涉及资金 1.7 亿元，中组部推广了青岛市经济责任审计工作的经验。7 月 10～11 日，全国组织部门信访举报工作座谈会在青岛召开，是建国以来组织部门第一次研究信访举报工作的全国性会议。

干部教育培训

年内，市委组织部举办了“著名经济学家论坛”，230 多人分别参加了在京、沪举办的理论论坛和实践论坛，集中研讨了宏观经济走势、区域经济发展、应对经济全球化、产业结构优化升级等重大课题。坚持举办“领导干部每月一讲”，形成品牌优势。实施“素质提升工程”，开展以干部实用英语口语、计算机信息技术、法律法规和公共管理硕士学位（MPA）核心课程为主要内容的“四项技能”培训，近 2.5 万名干部参加了培训和考试。规范干部教育培训工作，重点加强了出国（境）培训的管理，建立了大规模培训工作联系制度，出台了《青岛市干部教育培训学分制管理办法》，提高了干部教育培训质量。建立了 8 个干部教育培训基地，整合了教育培训资源。

企业家队伍建设

成立了青岛市企业家促进会，开办了“创业论坛”，邀请国内外知名企业家举办讲座，搭建起了企业家相互交流、相互促进、共同提高的平台。组织专门力量，对 32 个市直企业进行了全面考察考核，针对不同类型的领导班子，分门别类地提出了改进意见和建议。出台了《关于进一步激励企业经营者干事创业的若干意见》。完善了高级经营管理人员素质测评系统，开展经营管理人才的培训、测评、搜寻和推荐工作，重点组织了第 4 期年轻干部赴美培训班，加强了与国外人力资源机构的联系。

人才队伍建设

出台了《青岛市人才队伍建设五年

行动纲要》、《进一步加强青岛市人才队伍建设的意见》和《青岛市技能人才队伍建设规划》。组织开展了2004年青岛市专业技术拔尖人才推荐选拔工作。通过专家协会加强与国内外知名专家和人才机构的沟通,开辟了人才培训的空间,加强了技术交流,促进了项目合作。对221名各类优秀人才进行了奖励。11月,山东省高技能人才工作现场会在青岛市召开,会议主要是学习和推广青岛市特别是青岛港(集团)有限公司抓好高技能人才队伍建设的经验,青岛市委、青岛港(集团)有限公司等5个单位先后在会上作了典型发言。

基层组织和党员队伍建设

推进全市农村“两委”(村党支部、村委会)换届选举工作,村党支部书记、村委会主任“一人兼”和村“两委”交叉任职的比例大幅度提高。在市劳动局等4个单位进行了保持共产党员先进性教育活动试点。通过开展“三级联创”活动(争创农村基层组织建设先进区市、争创“五个好”乡镇党委、争创“五个好”村党组织,下同)和探索建立“四权”(村党组织决策组织权、村民会议或村民代表会议决策表决权、村民委员会决策执行权、村民监督委员会决策监督权)管理体制,加强农村基层组织建设。开展了创建街道社区党的建设示范点活动,推动了全市街道社区党建工作水平的提高。加强新型经济社会组织党建工作,向非公有制企业选派党建工作指导员,在青岛高新技术产业开发区开展了在新的社会阶层中发展党员的试点。加强党员队伍建设,组织开展了民主评议党员和“创先争优”活动(创建先进党组织,争当优秀共产党员、优秀党务工作者,下同),一批先进基层党组织、优秀共产党员和优秀党务工作者分别受到中央和省、市委的表彰。推行党政领导干部定期向党员大会报告工作、接受党员监督评议制度,落实了机关党建工作责任制。深化建设“四型机关”、“三快一提高”和“双学三创”等主题活动,加强全市机关的自身建设。

全国国有企业领导班子思想政治建设座谈会在青召开

11月2~3日,全国国有企业领导班子思想政治建设座谈会在青召开。中组部、中纪委、中宣部、国务院国资委、中国银监会等部门领导,中央直接管理的53家重要国有企业、10家金融机构主要负责人,31个省区市和新疆建设兵团党委组织部领导,山东省委、省政府和青岛市委、市政府领导出席会议。中共中央政治局委员、书记处书记、中央组织部部长贺国强出席会议并作重要讲话,提出了建设“政治素质好、经营业绩好、团结协作好、作风形象好”的国有企业坚强领导集体的要求。省委书记、省人大常委会主任张高丽代表山东省委致辞。会议组织代表现场观摩了海尔集团和青岛港(集团)有限公司。上海市委、青岛市委和6个国有大企业作了典型发言。省委副书记、市委书记杜世成代表市委、市政府介绍了青岛市加强企业家队伍建设的经验。

(梁述军)

·宣传思想工作·

理论学习与研究

党委中心组理论学习 2004年,各级党委中心组加强理论学习;举办了市委理论学习中心组读书会;组织开展以“立党为公、执政为民”为主题的调查研究活动;在全市总结推广了“三促学”(以调研促学、以宣讲促学、以考核促学,下同)做法,青岛市“三促学”经验得到中宣部的肯定并在中宣部主办的刊物《宣传工作》上予以转发,山东省委宣传部在青岛市召开全省兴起学习贯彻“三个代表”重要思想新高潮理论工作经验交流会,推广了青岛市“三促学”经验。全市有5个党委中心组、8个单位、8名个人分别获山东省先进党委中心组、理论教育工作先进单位、优秀理论教育工作者称号。

基层理论教育与宣传 组织各级宣讲团、党课报告团和领导干部深入基层开展宣讲,实施“四进一加强”(“三个代表”重要思想进社区、进村庄、进学校、进各类经济组织和加强基层思想政治工作,下同)工程。全市有4个市区、5个单位、5名个人分别获山东省党员教育工作先进市区、党员教育工作先进单位、优秀党员教育工作者称号。

理论研究 组织编写出版发行127万字的《“三个代表”在青岛》大型系列丛书。“双百调研工程”(百项调研报告、百项决策建议)和社科研究课题招标取得新成果。青岛市组织的虚拟社会管理课题研究引起中宣部的重视。组织开展首次“全市社科普及周”活动。举办了“首届城市竞争力国际论坛”、“公司治理与资本运作”青岛高峰论坛。青岛市在山东省第十八次社会科学优秀成果评审会上获一等奖2项、二等奖9项,创历史最好水平。

新闻宣传工作

新闻宣传 全年策划组织开展了30多次重大宣传活动。青岛市各新闻媒体为“‘我为青岛发展献计策’市民月”活动搭建信息平台,实现了市委、市政府与市民的互动交流。

网络新闻宣传 年内,“青岛新闻网”进入“全球网站800强”,“青宣网”实现新发展,新开通“文化推介网”、“莱宣网”、“崂宣网”,实现信息资源共享。借助“新浪”、“人民网”等国内外知名网站的影响力,搭建青岛市的宣传平台。

新闻发稿 年内,《人民日报》、新华社、《光明日报》、《经济日报》、中央人民广播电台、中央电视台等6家中央主要新闻媒体共刊发(播)宣传青岛的报道1480篇(条),其中头版头题稿件和重要稿件146篇。在《人民日报》、中央人民广播电台、中央电视台等中央媒体的发稿量均居全国同类城市前列。《大众日报》、山东电视台、山东人民广播电台等3家山东省主要媒体刊发(播)宣传青岛的报道3034篇(条)。

典型宣传 在全国推出了当代优秀产业工人典型许振超,引起中央领导的重视,并在全国产生了重要影响。以许振超先进典型宣传为契机,按照市委“求深入、求广泛、求实效,关键在出成果”的要求,在全市开展了“单位学海尔、个人学许振超,个人创一流业绩、企业创一流品牌、社会创一流环境”的“双学三创”活动和“创品牌、练绝活、争一流”教育实践活动。全市各行各业普遍开展业务流程再造、岗位练兵、技能比武、技术创新等活动,涌现出一批技术业务能手、技术业务绝活和单位品牌。温家宝、李长春等中央领导对青岛市开展“双学三创”活动给予肯定,中央媒体2次进行集中宣传。在全市还推出了徐金龙、陈永富、于桂霞等一批先进典型。

各类社会宣传 在全市组织开展了“抢抓机遇创优势、求真务实促发展”主

题教育活动、纪念青岛列为全国沿海开放城市20周年、青岛解放55周年、邓小平诞辰100周年、建国55周年系列宣传教育和文化活动，举办了“跨越——从品牌经济到品牌城市”等大型展览和“祖国好”等大型文艺演出，开展了“看成就、看变化、看发展”群众性教育活动以及国防教育、人口与计划生育、科技卫生、防震减灾等社会宣传。

对外宣传　年内，在北京举办了“帆船之都”徽标发布仪式和“青岛奥运传播日”大型系列宣传活动；组织开展了第三届APEC中小企业技术交流暨博览会、ACD会议、青岛海洋节、国际电子家电博览会、青岛啤酒节、青岛时装周、“韩国周”、“日本周”等节会的境内外宣传推介；在日本的东京、横滨、大阪、福冈、下关、小沧，韩国的汉城、仁川，英国的南安普敦等城市举办了“相约奥运，扬帆青岛”城市品牌环球推介巡回展。做好“2004CCTV中国最具经济活力城市”评选申报工作。

基层思想政治工作

做好国有企业改革中的思想政治工作和民营企业思想政治工作，组织了全市企业“双学三创”演讲比赛、全市国有企业改革中的思想政治工作经验交流会和全市民营经济企业文化建设现场会。开展“五重一创”（重发展、重道德、重科技、重管理、重形象和创建学习型企业，下同）活动，举办了企业文化建设形象展示活动，组织海尔集团、海信集团参加了山东省企业文化建设图片展，组织海尔集团、交运集团参加了山东省企业文化论坛。组织参加了山东省企业文化建设形象展示大赛，青岛市获2金2银3铜的成绩，获奖数量居山东省各市首位，并获大赛组织奖。青岛市重视和加强企业文化建设的经验分别在首届中国企业文化论坛和全国23城市思想政治工作网络会上交流。加强了未成年人思想道德建设和大学生思想政治教育，青岛市青少年读书教育活动获全国青少年读书教育活动组委会表彰，中央和山东省主要媒体对青岛市加强和改进未成年人思想道德建设的做法进行了集中宣传。开展了第一届思想政治工作创新奖评选活动，在全市推广“三访谈”和市北区“民情室”等做法。青岛经济技术开发区开展的“新区发展我受益，我为新区做贡献”主题教育获山东省第二届思想政治工作创新奖；开展了“党员奉献日”活动，为困难群众办实事、做好事、解难事，其中为农村残疾人安居工程捐款211万元。莱西市“为民服务代理制”的做法作为全国重要典型和全省重大典型，在中央、山东省各大媒体进行了集中宣传。胶南市开展农民教育的经验在《人民日报》头版头条进行了报道。

文化工作

群众性文化活动　组织开展了以“根系大地、真情奉献”为主题的公益文化大行动和“‘欢乐广场’周周演”、“五月的风”等系列文化活动，全年共组织各类群众性文化活动1.5万多项。汇泉广场、音乐广场和五四广场被评为全国特色文化广场，城阳区人民广场被评为山东省十佳文化广场。山东省社会文化工作现场会在青岛市召开，推广了青岛市开展群众性文化活动的经验。

精品创作　创作演出大型音乐儿童剧《二小放牛郎》、大型现代京剧《方志敏》和大型情景歌舞剧《爱在这片海》，全年演出110多场次。电影《首席执行官》进入日本电影市场并引起强烈反响。青岛市在山东省第七届精神文明建设“精品工程”评选中获奖数居全省第一位并获实施中宣部“五个一工程”突出贡献奖。青岛市在第十届全国美展中获得了山东省在历届全国美展中的首个金奖，共获1金2银6铜，获奖数创历史最高纪录。青岛出版社出版新图书250种，再版图书1400种，获国家级奖励35种46个奖项。

文化设施建设　以股份制形式组建了五星级的汇泉影城。青岛大剧院项目完成了规划选址任务，青岛现代艺术中心和北京电影学院青岛教学基地开工建设。加快有线电视数字化建设，全年登记安装有线数字电视用户17万户，安装完成15万户。3月，中央文化体制改革领导小组在青岛市召开全国有线电视数字化推进工作现场会；温家宝、李长春、刘云山等中央领导来青岛市视察，对青岛市有线电视数字化工作给予肯定，青岛市有线电视数字化工作的经验和做法被作为“青岛模式”在全国推广。

文化体制改革　制定完善了《青岛市文化体制改革总体方案》，指导文化新闻出版单位完善文化体制改革实施方案。改革新闻出版管理体制，实行局、社分开。组织青岛日报报业集团、市文化局群众艺术馆、市广播电视局广播电视报等3家山东省试点单位的综合改革和广电系统内部人事制度改革。组建青岛市文化实业公司。

意识形态领域管理

坚持新闻例会、新闻通气会、重大活动预案、倾向性问题谈话、请示报告、新闻阅评等管理制度，建立了新闻报道风险防范、纠错机制。加强对生活文化类报刊的管理，开展整顿规范新闻媒体广告宣传秩序活动和治理报刊散滥、党政部门利用职权发行工作。组织开展“打非扫黄”系列活动，查处一批大案要案，全市共查缴各类非法出版物85万余件，抓获从事出版物违法经营活动的犯罪嫌疑人和不法人员250人；受理群众举报150起，举报查处落实率达到97%。开展网吧专项治理，在山东省率先完成了两级网吧在线监管平台的建设，对全市1000多家网吧实行了远程监控，查处违法经营网吧500余家。建立文化行业自律机制，实行歌舞娱乐场所审批公示制度。加强网上新闻和论坛的监管与引导，建立网上监管、网上评论员、网上新闻发言人、网上舆情调查会商与分析、网上宣传推介等5支队伍。落实《关于加强各类学习班研讨班论坛管理的通知》（青厅字〔2003〕71号）精神，加强对各类社科研讨会、论坛及培训班的管理。

宣传队伍自身建设

在新闻出版单位开展“三项学习教育”（“三个代表”重要思想、马克思主义新闻观、职业精神职业道德学习教育）活动。在宣传文化系统开展创建“四型机关”、“双学三创”和“三快一提高”活动。加强政治业务培训，分期分批组织200余名宣传干部参加中宣部、山东省委宣传部、青岛市委党校举办的理论业务培训和出国培训，培训高级政工师260余人。加强政工系列专业技术职务资格评审工作，全年评审高中级280余人，验收中初级370余人；申报新闻系列专业技术职务资格者150余人。加强舆情信息调研工作，全年编发各类信息700余期，被中宣部、山东省委宣传部采用200余篇（条），市委、市政府主要领导批示60余次。

（陆修茂）

·统战工作·

民主党派、工商联工作

2004年,对全市贯彻《中共中央关于坚持和完善中国共产党领导的多党合作和政治协商制度的意见》(中发〔1989〕14号)和《中共中央批转中央统战部关于工商联若干问题的请示》(中发〔1991〕15号)情况进行检查,并将情况报中央统战部和山东省委统战部。支持和帮助民主党派、工商联加强领导班子建设。协助7个民主党派对市级领导班子及成员进行了届中考察,帮助民主党派加强领导班子及成员的思想作风建设。落实民主党派领导班子议事、机关人事和财务管理等制度。举办各民主党派、工商联领导干部研讨班,围绕加强思想作风建设进行学习研讨,并组织赴革命老区广西百色进行传统教育。协助民主党派对32名基层骨干成员进行培训。支持工商联开展非公有制经济代表人士思想政治工作,团结、引导非公有制经济健康快速发展。在全市非公有制经济人士中开展"优秀社会主义事业建设者"评选活动。成立市光彩事业促进会,以市委、市政府的名义表彰光彩事业先进集体和先进个人。深化"双思(致富思源、富而思进)教育"、"信誉宣言"和"同进共富奔小康"系列活动。会同有关部门首次异地(温州)举办非公有制经济发展高级研讨班。全市各级工商联非公有制会员企业为教育、助残帮困等公益事业捐献款物折合4160万元,捐建"光彩小学"1所,结对助学1619人,吸纳下岗职工1.7万人。市工商联在山东省工商联系统中被评为先进单位,同时被评为青岛市"光彩事业"、"爱心捐助"和"促进就业"先进单位。

发挥民主党派、工商联政治协商、民主监督和参政议政的作用。召开党外人士座谈会、民主协商会、情况通报会11次;推动市政府23个职能部门加强与民主党派、工商联对口联系工作,深化对口联系内容;组织民主党派、工商联对所联系的政府部门工作进行评议。支持各民主党派、工商联开展联合调研,完成了《建立循环经济体系,提高我市经济可持续发展能力》等9个调研报告。全年各民主党派、工商联共提交人大议案、建议和政协提案1119件。全市聘请党外特约监察员、检察员、审计员和教育督导员131人。为民主党派、工商联改善办公条件,增加办公经费,更新8部办公车辆。

民族宗教工作

贯彻全国、全省宗教工作座谈会议精神,加强和发挥统战部在民族宗教工作中的牵头协调作用;对各区(市)贯彻落实情况进行督查并形成情况报告报山东省委统战部。继续在全市开展"民族团结进步宣传月"和"宗教政策法规宣传月"活动。为加强少数民族干部的培养教育工作,采取了召开少数民族干部座谈会、举办培训班等形式。深化宗教团体的评估工作,推动宗教团体加强自身建设。首次对7个市级宗教团体全年工作进行评议。加强对宗教界代表人士和中青年教职人员的培养教育。举办宗教团体负责人读书班,协助山东省委统战部在即墨市举办山东省天主教界代表人士读书班。市基督教"两会"和伊斯兰教协会在山东省宗教团体评比中分别获得"文明宗教团体"称号。

党外知识分子工作

加强对党外知识分子的思想教育和政治引导。举办党外知识分子代表人士、无党派人士培训班。在党外知识分子中开展了以缅怀邓小平的丰功伟绩、讴歌改革开放所取得的巨大成就为主题的"创统杯"征文活动。组织参与"'我为青岛发展献计策'市民月"活动,各民主党派和党外知识分子提交建议200余篇,市委统战部再次获得"优秀组织奖"。发挥市知识分子联谊会的优势,先后2次组织农业科技组的会员赴莱西市、平度市举办"科技扶农"活动,为农民送技术、送成果、送知识。

海外统战工作

发挥统一战线联系广泛的优势,宣传"一国两制、和平统一"的基本方针。通过举办通报会、形势讲座等形式,组织各民主党派、工商联、台联、侨联、海外联谊会、黄埔同学会、欧美同学会等统战团体,及时学习、了解中央有关对台工作的方针政策并做好相关工作。鼓励和支持各级统战部门和统战团体进行海外联络,先后邀请了荷兰总商会、日本三菱株式会社等重要社团和人士来青考察及洽谈合作事宜,组团或派员赴日本、韩国、俄罗斯等国家和地区进行访问交流。全年全市各级统战部门和统战团体引进项目203个,已开工项目145个,合同利用内外资5.68亿美元,到位资金3.7亿美元。

调研、宣传、信息等工作

贯彻全国社会主义学院工作会议精神和《社会主义学院工作暂行条例》,完成市社会主义学院机构编制和参照公务员管理工作;全面启动院舍维修改造工程;全年完成培训12期,培训统战干部和党外代表人士522人次。组织参加山东省委统战部统战理论调研"四新工程"(调查掌握新情况、研究探讨新问题、总结一批新经验、推出一批新成果),侧重加强对统战工作新情况、新问题的调研,获山东省统战理论调研宣传"四新工程"先进单位称号。青岛市统战工作的全年中央级媒体刊用宣传稿件、中央统战部网站采用信息等2项采用率均居山东省统战系统首位。统战信息工作在全国、全省继续处于领先行列,在中央统战部和山东省委统战部的信息考核评比中分别获全国统战信息三等奖和山东省一等奖第一名。

(王世玉)

·机关党建·

思想建设

2004年,市直机关工委制定下发了《市直机关2004年党员干部理论学习暨"抢抓机遇创优势、求真务实促发展"主题教育活动意见》;重点抓好各单位中心组和处级以上党员干部的学习;向市委写出了市直机关学习贯彻《市委重点工作思路提要》情况报告;先后下发了《关于认真学习贯彻党的十六届四中全会精神的通知》和《关于深入学习党的十六届四中全会精神,认真贯彻落实市委市政府重要部署的通知》;举办了市直机关党务干部学习四中全会精神培训班;在"机关党建"网站上开设了"学习四中全会精神专栏";投资40余万元购买发放学习资料。制定下发了《关于深入学习"三个代表"重要思想,开展大规模培训干部工作的实施方案》,指导各单位结合实际搞好有关培训,举办了为期1个月的副处级干部培训班。指导各单位加强思想政治工作，保证机构改革等重点工作的顺利进行。“青岛机关党建”网站的作用得到进一步发挥，被评为全市党群机关中唯一的“青岛市优秀政务网站”。年内，市直机关工委获“全省党员教育工作先进单位”、“全省机关党建宣传报道先进单位”、“全市理论教育工作先进单位”、“全市思想政治工作创新奖”等称号。

组织建设

市直机关工委管理范围内的所有单位都建立并落实了机关党建责任制；修订完善工作制度，印发了《机关党务干部工作手册》；组织开展了“党组书记谈党建”活动。探讨推进党内民主建设的有效途径，开展了党政主要领导向党员大会报告工作并接受评议监督工作。认真做好保持共产党员先进性教育的有关准备工作。举办了“市直机关庆祝建党83周年暨学习许振超情景歌舞演出”；组织各单位参加了“永葆共产党员先进性知识竞赛”等活动；在“党员奉献日”活动中，市直机关共捐款11余万元。深入开展“双推双促”（推进“三个代表”重要思想贯彻落实，推进党政机关与人民群众的密切联系；促进基层党组织建设，促进基层基础工作）活动，已有42个市直单位与12个区市的46个街道办事处、社区、企业、乡镇建立了结对关系，开展了丰富多彩的共建活动。争创优秀工作成果已成为市委、市政府部署的一项重要工作，在全市党政机关中全面推开；市直机关工委会同有关部门对2003年度工作成果进行了审核评选和表彰推广；组织做好2004年度的争创和评审工作。举办了2期党务（纪检）干部培训班；举办了2期新党员和入党积极分子培训班，培训172人。年内，市直机关工委获“省级先进基层党组织”、“全省机关党建工作先进单位”等称号；组织开展的“双推双促”活动和“党政主要领导向党员大会报告工作并接受评议监督工作”进入市委重大决策，在全市部署。

作风建设

制定下发了《市直机关2004年党风廉政建设和反腐败工作要点》，并对有关重点目标进行了责任分解；制定下发了关于贯彻执行党内监督条例的《实施意见》；抓好“为民、务实、清廉”主题教育活动。做好党政主要负责人报告廉洁从政情况，清理领导干部拖欠公款，领导干部收入申报、礼品登记和个人重大事项报告等工作；对近年来问题较多的单位进行重点跟踪督查，督促检查整改措施的落实；把纠正部门和行业不正之风与开展机关作风监督检查紧密结合，促进部门和行业进一步改进作风。组织各单位党员干部学习郑培民等廉洁勤政先进典型事迹；编发了《党员领导干部警示教育内部资料片》和《2003年度市直机关违纪违法案件情况分析通报》。继续在机关妇女中开展了“争当‘廉内助’、树立好家风”活动；制作发放了“廉政教育桌牌”；继续抓好党内谈话提醒制度的落实。举办了1期处级领导干部廉政培训班；举办了市直机关党务、纪检干部培训班；把廉政教育作为大规模培训干部的重要内容。做好信访举报和查办案件工作。做好维护稳定的有关工作，制定下发了关于创建“平安青岛”的实施意见；突出做好重大节日、重要活动期间的维护稳定工作。年内，市直机关工委获“全省纪检监察系统先进集体”、“创建‘平安青岛’工作先进单位”等称号。

精神文明建设

制定下发了《市直机关2004年精神文明建设意见》，对重点工作目标进行了分解；对创建全国文明城市工作作出部署；制定了“文明行业”创建标准，修订了“文明处室”、“标兵处室”创建标准并进行了评选表彰；参与“三让”和“市民月”等活动。开展“双学三创”（单位学海尔、个人学许振超，个人创一流工作、单位创一流品牌、社会创一流环境）、“三快一提高”（快办理、快审批、快落实，提高办事效率）活动。印发了《关于积极响应市委市政府号召，迅速掀起单位学海尔个人学许振超活动热潮的通知》和有关实施意见；先后4次对各单位“双学三创”、“三快一提高”活动情况全面督查；市直机关工委分别在全市“三快一提高”和“双学”活动汇报会上作重点发言。继续开展“送党情、办实事、解民忧”活动，市直机关在活动中捐款70余万元，捐衣被6500余件、捐书籍及其他学习用品1.7万余册（件）。着力抓好争创机关服务名牌工作，绝大多数单位都确定了自己的品牌；市直机关工委第一批命名表彰的3个“市直机关服务名牌”全部被评选为“青岛市服务名牌”；已有十多个单位的机关服务品牌得到了上级主管部门的肯定和推广。年内，市直机关工委获“省级文明机关”、“青岛市文化工作先进单位”、“‘市民月’活动优秀组织奖”等称号。

机关群众组织工作

春节前向29个单位的70名困难老党员、困难职工和劳动模范发放救济、慰问金5.5万元；成立了“市直机关困难职工生产生活帮扶工作站”；开展了捐款资助“春蕾女童”、“我为打工妹献爱心”捐书及微机、“牵手希望”爱心助学等活动。在机关团员青年中开展了“学习·实践·成才”主题活动，评选表彰了30名“市直机关青年岗位能手”，举办了市直机关“学振超，练绝活”青年岗位能手报告会。在机关妇女中继续实施“女性素质工程”，举办了“网络提高班”等5个培训班及有关知识讲座，举办了“女性风采”和学习许振超演讲比赛、“学振超，练绝活”微机技能比赛。召开了“市直机关‘党建带团建’暨青年工作会议”，对市直机关党建带团建工作各类先进和“青年岗位能手”进行了表彰。组织举办了市直机关第二十一届运动会及广播操比赛，突出了庆祝建国55周年、迎奥运和展示机关服务品牌等三大主题；筹建了市直机关文体器材库；举办了首届市直机关大众体育五项联赛，组织参加了“横渡汇泉湾”等活动。免费为市直机关及其所属单位的全体干部职工进行了体质检测。年内，市直机关工委获“山东省巾帼建功竞赛活动先进协调单位”、“山东省共青团‘凝聚力工程创新奖’先进集体”等称号。

（赵春生）

·老干部工作·

概　况

截至2004年底，青岛市有离退休干部7.44万人（不含中央、省驻青单位），其中离休干部1.14万人。离休干部中，老红军8人、抗战前参加工作的644人、抗战后期参加工作的1979人，解放战争时期参加工作的8782人，平均年龄77.9岁。年内，全市有2名离退休干部和1个离退休干部党支部在全国老干部“双先”（先进个人、先进党支部，下同）表彰大会上受到中组部表彰；有13名离退休干部党员、12个离退休干部党支部在山东省老干部“双先”表彰会上受到表彰。

落实老干部待遇

落实政治待遇 年内，全市各级党委和老干部部门把组织老干部学习“三个代表”重要思想和党的十六大、十六届四中全会精神作为落实老干部政治待遇的重要内容。市委老干部局先后编印了《青岛市离退休干部党支部学习材料》和《青岛市离退休干部党支部建设经验交流材料汇编》，发到每一个党支部和党小组。通过举办报告会、培训班、读书班、知识竞赛和组织答卷、阅文等形式，将学习引向深入。4月，在胶南市举办了2期老干部读书班，集中宣讲学习了《树立科学的发展观》、《宪法》和《当前经济的基本走势及发展优劣分析》等内容。从3月开始，市委老干部局建立“每季一讲”报告会制度，先后组织1200多名老同志参加了全市经济发展和大项目进展情况、台海局势、纪念邓小平诞辰100周年和十六届四中全会精神专题报告会。落实《青岛市关于对离退休干部党支部和离退休干部党员实行年度考核评比意见》，全市老干部党支部建设在健全组织、完善制度、思想教育和发挥作用方面取得新进展。6月，在胶州市召开了全市离退休干部党支部建设经验交流会，总结推出了一批先进典型。先后组织了春节慰问离退休干部大会和向老领导、老红军献爱心等活动，组织副市级以上老领导参观考察青岛高新技术产业开发区和日照市。组织全市部分离退休干部参加啤酒节、国庆游园活动，组织了60多名老干部赴南方、90多名老干部赴延安等地参观考察。

落实生活待遇 市委老干部局会同财政、劳动保障等部门对12个区市“三个机制”（离休干部离休费保障机制、医药费保障机制和财政支持机制）运行情况和市直单位交纳医疗统筹费情况进行了检查评估，对存在的问题及时提示和督促改进。市和区市两级财政为特困企事业单位离休干部支付统筹费，全市参加统筹率达97.5%，消除了拖欠离休干部医疗费问题。向市保健委员会提出建议，使254名抗日战争时期参加革命工作、尚未享受保健待遇的离休干部全部纳入二类保健；对无职级的离休干部，参照处级干部的查体项目和标准，每年查体一次。举办了2期保健知识讲座，400多名老干部参加。

发挥老干部作用

市关心教育下一代工作委员会（简称市关工委）贯彻《关于进一步加强和改进未成年人思想道德建设若干意见》，开展形式多样的教育活动。全市各级革命传统报告团组共做报告200多场，受教育青少年达25万人次；创办家长学校1685所，培训家长17万人次。围绕开展“干警送法进校园”活动，举办普法教育1.2万余场，为2100所学校上法制课，受教育青少年近50万人次。由市关工委和市委老干部局倡导成立的4个指导团组开展大墙内帮教活动，有1277名老干部、老党员与失足青少年结成对子，成立志愿帮教小组2000余个，有2632名老干部、老党员担任义务帮教员，开展帮教活动5548次，帮教失足青少年6828人，协助安置刑释解教人员2495人。全年有4000多名老同志为建设“繁荣青岛、平安青岛、文明青岛”建言献策，共提建议1000多条。

丰富精神文化生活

全市老年教育事业已形成四级办学网络，有各类老年大学和老年学校1133所、学员累计7.6万人，占全市60岁以上人口的7%。市老年大学和青岛经济技术开发区、胶南市、胶州市、即墨市、莱西市老年大学被评为“省级老年大学示范校”。市老年大学开设了书法、国画、英语、计算机、钢琴、声乐、舞蹈等34门课程，160个教学班，学员达6500多人次，成为山东省和全国在校人数最多的老年大学之一；市老年大学新教学楼于10月开工建设。

年内，对市老干部活动中心进行维修、改造，改善活动场所环境、设施，全年共接待参加活动的老同志3万余人次。“五一”和国庆期间，组织市老干部艺术团在“五四广场”作专场演出；部分团员应邀赴韩国汉城进行文化交流；市老干部艺术团民乐和时装表演在山东省首届老干部文化艺术节大赛中均获一等奖。11月，市委老干部局与《青岛早报》、青岛电视台举办了全市老干部、老战士、老校友合唱比赛，吸引了28支合唱团、1600多人参加。

调研和宣传工作

重点围绕加强离退休干部党支部建设、国有改制企业和破产企业离休干部管理服务以及老干部发挥作用等课题，开展调查研究，年底对全市老干部工作部门推荐的优秀调研成果进行表彰。中组部老干部局采用青岛市老干部工作信息3篇。全年，通过国家级和省、市级新闻媒体采用宣传青岛市老干部工作和先进典型的稿件260余篇。

（刘爱民）

·信访工作·

概　况

2004年，全市县级以上党政机关共受理群众来信1.93万件，来访1.3万起，其中集体访2140起，按期处结率达95%以上。青岛市的工作经验分别被国家信访局、山东省信访局进行了推广，在山东省信访工作会议上作了交流。

加强信访工作领导

年内，全市各级党政机关加强对信访工作的领导，普遍增加了人、财、物的投入，落实了领导责任制和责任追究制，推动了全市信访工作的开展。全年市、区两级党政领导共阅批群众来信1.9万余件，接待群众来访1760余起，专题研究信访工作420余次，包案解决了一大批重点疑难信访案件。

特殊时期的信访工作

年内，各级各部门启动特殊时期的信访安全保卫工作机制，排查各类信访问题和隐患，做到了处理和稳控“双到位”，如全国“两会”、ACD会议、全国国有企业领导班子思想政治建设座谈会等一系列重要会议期间，全市共排查出295起突出信访案件，由市领导亲自带队，分头深入基层督导督查，没有发生任何异常情况；落实工作预案和应急措施，组织人员进京到省到市值班，妥善处置突发性信访问题，为保证特殊时期的“信访安全”发挥了重要作用。

“信访老户”的专项治理

组建了“信访老户”专项治理办公室，将山东省交办的155户“信访老户”

全部落实了责任单位一把手包案责任制。各有关部门成立专门工作组，逐户建立档案，逐案复查复议，采取分类施治、分阶段推进及两级审议、听证会、说理会等办法，加强息诉罢访工作。对处理难度大的涉法“信访老户”，建立了以政法部门牵头、公检法处理为主、属地党委政府负责稳控的工作机制。截至年底，山东省交办的155起“信访老户”案件，已结服144起。

集中处理信访突出问题及群体性事件

年内，市委、市政府成立了青岛市集中处理信访突出问题及群体性事件联席会议办公室，下设土地征用、城镇建设管理、国企（工交）改制、企业（财贸）改革、涉法涉诉、企业军转干部、复退伤残军人和驻京信访等8个专项工作组和督导组。中央、山东省联席会议办公室和各专项工作组归口交办青岛市的109起案件，已结服91起；市交办的286起信访案件，已结服263起；集中处理信访突出问题取得了阶段性成果。

加强基层基础工作

完善信访排查调处工作机制，建立了全市信访信息员队伍，健全了三级排查调处网络；总结推广了胶州市九龙镇排查调处工作做法，规范了全市信访排查调处工作程序和机制，全市共排查信访隐患5076起2014案，处结率达98.7%。加强信访工作规范化建设，在全市推行了逐级上访和办信“三见面”（同承办单位领导见面、同承办人见面、同写信人见面）制度，实施了以群众来信免贴邮票为重点的“三绿工程”。加强信访法规的宣传，开展了创建“平安信访”集中宣传活动，汇编发放了《信访指南》和信访法规规定。加大责任追究，落实了周通报、月分析以及重点管理和市领导谈话等制度。开展争先创优及典型推广活动，在全市举办了基层信访干部培训班、调研论文评比和“新希望杯”信访知识竞赛，组织开展了争创信访“三无”单位、文明接访窗口等一系列活动，总结推广了胶州市九龙镇“为民服务零距离、三年信访零报告”和莱西市纪检、信访、司法、综治办合署办公“四位一体”抓信访等一批基层信访工作典型经验。

（市委市政府信访局）

·保密工作·

加强领导与工作调研

2004年，市委保密局及时向市委秘书长办公会专题汇报中央和国家机关保密工作会议精神。市委常委会议列专题研究保密工作，制定了保证青岛市保密安全的措施。

加强对新形势下的保密工作规律的研究，撰写文章介绍青岛保密工作的创新做法，先后在全国《保密工作》杂志发表文章2篇、在国家保密工作内部刊物上刊载1篇、在山东省的内部刊物上刊载4篇。

保密工作管理

保密要害部门部位管理　出台了《青岛市保密要害部门、部位保密管理规定》。市委保密局与市国家安全局联合对重要涉密会议室等场所的保密环境及设施进行了保密技术检查，对检查中发现的问题及时提出整改意见和建议。

高考试卷等保密管理　市委保密局会同市教育局、市公安局等部门连续4次对全市各个高考试卷保密室进行了检查验收，对各考点保密室进行了抽查；为提高考务人员的保密意识和保密素质，先后2次进行了教育培训；与市招生办联合加强自学考试试卷保密室的建设和管理；各区市保密局牵头协调有关部门，加强中考的保密工作；全市高考和中考期间没有发生失泄密问题。与市规划局部署了全市测绘成果保密检查工作，促进了测绘成果使用和加工单位保密制度的完善。纠正了秘密载体定点复制单位的不规范做法。

涉密计算机信息系统保密管理　全国“两会”期间，对全市党政机关和涉密单位的计算机及其网络进行了检查；7月，检查了市直机关重点部门部位和胶州、平度、莱西、即墨等区市。要求全市各单位对优盘、软盘、光盘等磁介质按密级等次进行登记；提倡和推广安装经国家保密部门认可的物理隔离卡。印制了“涉密信息不上网，上网信息不涉密”宣传标签。印发了《关于进一步加强手机使用保密管理的通知》，制作了《领导干部、涉密人员使用手机四不准》提示提醒卡、挂牌、桌牌等。

ACD会议保密管理　制定下发了《关于切实做好亚洲合作对话第三次外长会议期间保密工作的通知》，印制了《ACD会议工作人员保密守则》。派专人参与了会议的筹备和服务工作。对有关媒体和有关单位关于CDMA手机安全保密性能的夸大宣传及时进行了纠正。《省保密局委员参阅》刊载了青岛市做好ACD会议期间保密工作的经验，国家保密局《保密工作简报》向全国推广了青岛市的经验做法。

保密工作体系建设

市委保密委员会负责人在全市保密委员会主任会议上与12个区市的保密委员会主任签订了《2004～2005年度保密工作目标管理责任书》，会后又与164个市直部门和中央、省驻青单位签订了该责任书；国家保密局和山东省保密局都在重点刊物上对青岛市签订保密责任书的做法予以刊载介绍。青岛市把保密工作列入年度重点工作目标考核内容，作为政治文明建设中的“政治安全要素”计分加权，提高了各级部门对保密工作的重视。

保密检查与教育培训

12月底，对全市175个市直部门和大企业进行了保密工作大检查。为加强重点部门部位保密人员的教育和管理，专门组织了市委办公厅、市政府办公厅经管国家秘密人员的培训。各区市及时传达上级会议精神，并播放了《筑牢保密防线》等教育录像片，开展警示教育；组织参加山东省保密知识竞赛答题活动；市南区、市北区、四方区、李沧区的部分机关干部、涉密人员参观了“纪念《保密法》实施15周年”巡展活动。市委保密局举办了1期新闻出版保密工作培训班，市委宣传部、青岛日报报业集团、市广播电视局、青岛出版社、市新闻出版局、半岛都市报社等单位的有关负责人和值班编审人员参加了培训。

（市委保密局）

·党校教育·

学习宣传科学发展观和十六届四中全会精神

2004年，青岛市委党校结合本地实

际，贯彻全国、全省、全市党校校长会议精神，探索学习、宣传、贯彻科学发展观和十六届四中全会精神的新形式新举措，紧紧抓住树立、落实科学发展观和加强党的执政能力建设这两个重点，强化对市管领导干部的轮训、培训，先后举办了“市管领导干部树立和落实科学发展观专题研讨班”、“市管领导干部学习贯彻党的十六届四中全会精神专题研讨班”和市管领导干部进修班共5期，培训、轮训市管领导干部346人，省委副书记、市委书记杜世成给科学发展观研讨班讲课。组织骨干力量参加全市宣讲，并成立市委党校十六届四中全会精神宣讲团，把科学发展观和四中全会精神迅速宣传到广大党员干部和基层群众中去，共宣讲150余场次，听讲人数达1.8万余人。

干部培训

发挥党校培训、轮训干部的主阵地作用，超额完成培训任务，干部培训创历史最好水平。全年共举办各类班次37期，超额55%，超过历史最好水平33%。学历教育方面取得新成绩，与中国海洋大学联合创办的公共管理学院在校7个班次，在校生492人。业余函授教育质量有了提高，全市党校共招生录取3068人，继续被山东省委党校评为“招生工作先进单位”。为全市建设学习型的社会发挥了重要作用。

教学工作

以“三个代表”重要思想为指导，以树立和落实科学发展观和加强党的执政能力建设为主线，不断实现党校教学工作的创新。继续坚持“一个中心、四个方面”教学新布局，及时把“三个代表”重要思想、科学发展观和十六届四中全会精神贯彻到教学体系中去，以提高执政能力为重点，着力提高学员的执政能力和执政水平。突出党校教学的时代感，及时把党的现行方针、政策和一些新理论、新观点、新论断融入到主体班次教学中去，在所有主体班次中都加强了“新三观”(科学发展观、正确政绩观和科学人才观)，“三法”(宪法、行政许可法、土地法)，“两条例”[《中国共产党党内监督条例(试行)》、《中国共产党纪律处分条例》]的教育，增强教学内容的科学合理性和针对性。更加注重解决层次性和类别性的问题，加强了各个班次的培训侧重点和着力点，组织进修班到北京、上海参加“高级研修班”的学习，组织中青班到北京中国对外经贸大学和上海同济大学参加必备专业知识专题培训；组织进修班、中青班到井冈山、延安加强党性锻炼，在中青班开展为期1周的驻村入户活动，进行体验式教育，教学质量和学员满意度进一步提高。“党校教学工作创新实践”、“突出执政能力建设，实现党校教学创新”、“以教学科研的新成果不断提升党校主阵地地位”等多项教学改革经验分别在中央党校《党校工作通讯》和《学习时报》、省委党校《山东党校通讯》登载和推广，得到上级党校的充分肯定。

科研工作

坚持科研“四个服务”方针，围绕市委决策和重大理论、现实问题，开展理论研究，科研工作取得新突破，获“全国行政学院系统首届科研工作组织奖”和“全省党校系统首届科研工作组织奖”。进一步强化了对市情的研究，把青岛市改革建设中带有全局性、战略性、前瞻性的重大问题及党的建设方面的重大问题作为科研的主攻方向和重点，推出一批有实际价值的精品力作。全年发表论文290篇，其中国家级39篇、省级104篇，出版著作14部，写出重点调研报告15篇，另有十余项建议和调研成果得到市领导批示并进入决策；争取立项市级以上课题40余项，特别是在青岛市30项“十一五”规划研究课题公开招标中，市委党校中标8项，居所有中标单位首位；年内，获国家社科基金项目1项，使该校5年内累计获该基金项目达到12项，在青岛社科界位居前列，在全国副省级城市党校居第二位；获得省级以上科研奖励24项。发挥理论宣传阵地作用，与市委宣传部、市社科联、市社科院联合举办“纪念邓小平同志诞辰100周年理论研讨会”，与市委宣传部和市社科联共同完成了《“三个代表”在青岛》系列丛书，承担了丛书中的3部书的撰写工作。

基本建设和信息化建设

为适应大规模培训任务的需要，市委党校争取市委、市政府的支持，投资6250万元的二期工程建设已经立项，其中投资2660万元的新教学楼工程已于12月4日举行奠基仪式，正式开工建设。实施以信息化带动教学科研现代化战略，加强了远程教学网、校园网、多媒体教室管理和使用，利用网络传输的优势，把远程教学课程直接用于教学和科研工作，课件教学使用率达到100%。加强数字图书馆和图书馆自动化管理系统的建设，实现了图书馆业务工作的自动化。4月，全省党校信息化建设工作会议在青岛市委党校举行，青岛党校信息化建设经验在全省得到宣传和推广；7月，华东地区党校校长会议代表参观学习了青岛市委党校信息化建设成果。

政治文明和精神文明建设

加强思想教育，制定有效措施，做好党风廉政建设和反腐败工作。开展深化“五项工程”、建设“四型机关”、“三快一提高”、创建“平安校园”等系列活动，以满意服务为宗旨，为学习和工作人员提供优质高效服务，办学质量和水平进一步提高。加强党的建设，发挥党支部战斗堡垒作用和党员模范带头作用。教学第二党支部、老干部党支部分别被评为市级先进党支部。

确立和开展创“育人咨政”服务品牌活动，深化教学科研改革，加强内部管理，实施工作流程再造，教职工的精神风貌和整体素质有较大提高。发挥机关工会和共青团、妇委会等群团组织在精神文明建设中的作用，开展职工文体活动，由青岛市委党校参与创作的优秀音乐电视《记住那一天》获省文化厅、省总工会、省文联授予的“山东省五一文化奖”和省委宣传部授予的山东省第七届精神文明建设“精品工程”入选作品奖。发挥党校的优势和作用，与驻青海军91208部队开展军民共建活动，与市南区珠海路街道党工委签订“双推双促”共建协议活动，向对口帮扶对象平度市崔家集镇刘家小庄小学捐赠电脑建立微机室、帮助建立学习室等。青岛市委党校继续保持“省级文明单位”称号。

(徐迎春)

·党史工作·

党史研究

年内，加强地方党史书籍和资政专题的研究编写工作。完成《中共青岛地方史》(第一卷)、《中共青岛地方画史》

（1949～1978）、《科技名人与青岛》、《亲历者忆——青岛革命回忆录》（第二辑）、《1979：邓小平在青岛》（附DVD光盘）和《青岛的"大跃进"运动》等党史书籍的出版发行工作；完成了《中共青岛地方史》（第二卷）、《青岛市志·中国共产党青岛地方组织志》（1978～2003）的征求意见稿；启动了党史人物专题片《王尽美》的拍摄工作；按照中央和山东省委党史研究室的部署要求，完成了《中国共产党与三峡工程》（青岛部分）有关材料的征集、撰写和上报工作；承担了《山东革命文化丛书》（青岛部分）9本书的编写任务，完成初稿上报工作；完成了《中共山东年鉴》（青岛部分）20余篇地方党委工作概况材料和典型材料报送工作；协助山东省委党史研究室拍摄电视片《齐鲁将军情》，推荐上报5名青岛籍将军的情况材料。

党史宣传教育

围绕庆祝中国共产党成立83周年、庆祝青岛解放55周年和纪念邓小平诞辰100周年开展系列活动，组织召开了纪念青岛解放55周年暨《中共青岛地方史》（第一卷）出版发行座谈会；在《青岛日报》、《青岛晚报》上开设"纪念青岛解放55周年专版"，刊发了纪念文章《惊心动魄的历史瞬间——青岛解放历史当事人的述说》；在青岛电视台重播了青岛党史文献片《山海魂》；举办了"学习贯彻'三个代表'重要思想和科学发展观，纪念中国共产党成立83周年暨青岛解放55周年党史党建知识竞赛"报纸答题活动，共收到答卷3.5万份，全市共有386个单位参与答题活动。

"七一"前后，在青岛电视台播放了党史人物专题片《邓恩铭》。举办了"纪念中国改革开放的总设计师——邓小平同志诞辰100周年图片展"，观众近6万人次；在青岛电视台、青岛广播电台分别播放了文献片《1979年邓小平在青岛》；与青岛电视台"新闻60分"、"生活在线"和青岛广播电台有关栏目联合制作播放了特别节目《邓小平在青岛》；在《青岛日报》、《青岛早报》等报刊上发表纪念邓小平文章；举办了纪念邓小平诞辰100周年理论研讨会；为市直机关离退休老干部作"纪念邓小平同志诞辰100周年"专题报告，有400多人参加了报告会。开展党史工作下基层和"双推双促"（推进"三个代表"重要思想贯彻落实、推进党政机关与人民群众的密切联系，促进基层党组织建设、促进基层基础工作）活动，先后到海信集团等9个联系点，以报告会、展览、播放电视片、赠送党史书籍等形式，开展了党史系列宣传教育活动；走访慰问了部分困难老党员。与市委组织部联合举办了9期"创新、超越、发展——领导干部每月一讲"专题讲座，全市有4000多人听讲。"青岛党史网站"新录入文字资料60余万字、图片30余幅，与部分区市党史网站（页）实现链接。加强对中共青岛地方支部旧址纪念馆业务工作的指导，纪念馆全年接待40多个单位约5000人参观。全年编辑出版《青岛党史》6期；编发青岛《党史信息》20期，刊载90余篇信息，向青岛市推荐优秀工作成果3项。

党史资料征集、管理与服务

年内，对青岛市新民主主义革命时期党史重要和疑难问题进行资料征集、补充。围绕编写地方史、举办展览、组织开展知识竞赛、开展党史专题征编研究、编写党史读物和制作电教片等，加强了社会主义时期和改革开放新时期党史资料征集工作。着重征集了部分重要文献、地方党政主要领导人及建国后主要英模人物的传记、传略、文集、回忆录及口述资料等。全年新征集各类文字资料230余万字、照片729幅，并对资料室的库存书籍、资料进行清点、整理和核实。

（市委党史研究室）

青岛市人民代表大会

·常委会工作概况·

人大制度和民主法制宣传教育

2004年，组织开展了一系列纪念和宣传教育活动，庆祝全国、青岛市人民代表大会成立50周年。召开了全市纪念人民代表大会成立50周年大会，组织干部群众学习了胡锦涛在首都各界纪念全国人民代表大会成立50周年大会上的重要讲话和吴邦国在社会主义民主法制建设座谈会上的讲话，举行了人民代表大会制度理论与实践研讨会及知识竞赛等活动。制定了学习和贯彻实施《宪法修正案》的意见，召开了学习贯彻《宪法》座谈会，在全市开展了以《宪法》为中心的法制宣传教育活动。

立法工作

全年共制定、修订地方性法规6件，修改19件，废止8件，对全国和山东省人大常委会的22件法律法规草案提出了修改意见和建议。在立法工作中，坚持把立法工作与全市的重大决策相结合，突出经济立法；注重以人为本，维护人民群众根本利益；坚持立、改、废并举，维护国家法制统一；探索推进立法工作科学化、民主化进程，使立法与普法、执法紧密结合和有机统一。

监督工作

执法检查　以优化发展环境为重点，对《青岛市市级预算审查监督条例》等20多部法律法规的实施情况进行了执法检查。为减轻农民负担、深化农村税费改革，检查了《农村土地承包法》实施情况；为加强环境建设，检查了《文物保护法》、《城市规划条例》等法律法规的实施情况，并提出建立历史文化名城保护长效机制等方面的意见建议；配合全国人大常委会对青岛市贯彻实施《土地管理法》的情况进行了检查。

对政府工作的监督　市人大常委会和有关专门委员会听取和审议了市政府关于计划、财政、经济运行、城市规划和法院商事审判工作情况等20多个专题报告或汇报，围绕建设"繁荣青岛、文明青岛、平安青岛"和创建全国文明城市与

2004 年8 月,市人大常委会主任徐长聚(前排左一)到青岛发电厂视察。
(市人大常委会办公厅供稿)

做好奥帆赛筹备工作,进行了30多次专题视察检查,并依法作出了关于财政决算等5项决议、决定。市人大常委会第十五次会议听取审议并原则通过了《青岛生态市建设规划》,作出了关于建设生态市的决议。

人民代表大会议案办理　把市人民代表大会通过的"严格控制滨海公路沿线和相关城市组团用地规划建设"、"前海一线排污口情况分析及解决方法"两件议案列入重要议事日程,市人大常委会和主任会议多次听取和审议办理情况汇报,提出督办意见;及时开展视察检查活动,推进议案办理;将该两件议案的办理与保护海洋、水利、森林、土地、矿藏、风景名胜等资源环境结合起来,提高了综合效能。

工作评议　对市文化局、市林业局、市审计局、市科技局、市旅游局、市劳动和社会保障局、市统计局等政府部门进行了工作评议,重点评议贯彻执行法律法规和市人民代表大会及其常委会决定、决议情况,履行职责、依法行政情况,办理常委会审议意见以及人大代表提出的建议、批评和意见的情况等。

受理人民群众来信来访　全年共接待来信来访5440件(次),其中来访2295起、3149人次,处结率99.1%。通过协调办理,解决了一批人民群众普遍关注、要求迫切的实际问题,化解了一批人民内部矛盾,促进了社会安定和谐。

依法行使任免权　修改和完善人事任免办法,规范了人事任免工作。全年共任命国家机关工作人员106人,免职28人,接受了2名常委会组成人员的辞职请求,补选省人大代表2人,对有关选举单位补选的9名市人大代表资格进行了审查,对31名市中级人民法院、市人民检察院和青岛海事法院的工作人员进行了法律知识考试。

发挥代表作用

为了提高代表履行职责的能力,全年组织26个市人大代表组开展了树立和落实科学发展观专题学习活动,安排160多名代表参加了市人大常委会举办的法制讲座。举办了驻青全国、省人大代表和市人大代表组长、副组长及部分代表参加的培训班,围绕如何审议政府及"两院"工作报告、提高履行职责的能力等进行了学习、交流和研究。

加强与人大代表的联系。市人大常委会组成人员通过走访、座谈、开通"代表热线"等形式联系人大代表,通报情况、听取意见和建议。完善人大代表列席市人大常委会会议制度,邀请42名人大代表列席了常委会会议,24名市民参加了旁听。

改进视察方式,增强人大代表活动的实效。围绕食品卫生与安全、社会保障与医疗保险等问题开展人大代表持证视察,提出100多条意见和建议。结合常委会议题,会前组织开展专题视察。改进人民代表大会前的集中视察方式,既坚持开展以代表团为单位的综合性视察,又由各专门委员会组织人大代表开展专业视察。

加强督促协调,推动人大代表建议的办理落实。市人大常委会和有关专门委员会对代表提出的781件建议、批评和意见采取发征询意见函和召开座谈会、现场会等形式进行跟踪督办,提高了办理质量。

拓宽宣传渠道,扩大人大代表的社会影响力。在《青岛日报》开辟了"青岛人大"专栏,在青岛电视台组织了"代表新闻人物报道"专题,在山东省《人民权利报》设立了"青岛市人大代表事迹"版面,编辑出版《人民的重托》专集。

对外交往

全年共接待12个国家的地方议会及政府代表团25批、487人次,率团或派员随团出访了南非、立陶宛、英国、日本、韩国等国家。

内部建设

加强学习,提高自身素质。通过举办党组理论学习中心组(扩大)读书会、机关干部学习研讨会等形式,学习"三个代表"重要思想和党的十六大及十六届三中、四中全会精神。坚持常委会组成人员学法制度,制定了任期内每次人民代表大会及常委会会议期间举办法制讲座的计划,已先后8次邀请全国人大常委会、国家部委和社科领域的专家学者进行专题讲座。通过编发《学习文选》和《报刊文摘》等,为常委会组成人员和人大代表推荐、提供了100多篇学习文章。

坚持民主集中制原则,健全常委会工作制度。为扩大民主,增强会议透明度,提高会议质量,对人大及其常委会会议制度、会议程序、会议宣传、审议方式、审议意见反馈、会议组织等方面的16项工作进行了改进和完善。发挥各专门委员会的职能作用,组织对经济发展中的热点难点问题开展专题调研,提出建议措施。加强人大工作理论研究会、地方立法研究会和各专门委员会专业咨询组建设,听取对常委会立法、监督等工作提出的意见、建议,建立常委会科学决策的研究论证机制。

推进机构改革，加强机关建设。推广和实施新的工作考核办法，评比表彰了市人大常委会机关“十大优秀工作成果”和“十项个人优秀工作成果”。

·重要会议·

市十三届人民代表大会第二次会议

2月16～21日举行，会议应到代表522人，请假24人，实到代表498人。会议听取并审议了青岛市市长夏耕作的《青岛市人民政府工作报告》，市发展计划委员会主任马泽作的《关于青岛市2003年国民经济和社会发展计划执行情况与2004年国民经济和社会发展计划草案的报告》，市财政局局长徐镇绥作的《关于青岛市2003年财政预算执行情况和2004年财政预算草案的报告》；听取并审议了市人大常委会主任徐长聚作的《青岛市人大常委会工作报告》，市中级人民法院院长任群先作的《青岛市中级人民法院工作报告》，市人民检察院检察长姜永生作的《青岛市人民检察院工作报告》，并逐个通过了关于上述报告的决议。

会议补选于志军、刘惠荣为青岛市人大常委会委员。

会议期间，代表共提出建议、批评和意见718件（属政府系统办理的667件）；提出议案31件，其中属于立法类1件、内务司法类5件、教科文卫类5件、城建环保类14件、财政经济类3件、农经类2件、民侨外类1件。经市人大有关专门委员会审议并报经大会主席团会议审定，决定将第6号“关于严格控制滨海公路沿线和相关城市组团用地规划建设”和第10号“青岛市前海一线排污口排污情况分析及解决方案”两项议案作为大会议案，其他29件议案转为代表建议、批评和意见。

市十三届人大常委会会议（2004年）

第九次会议　1月16日举行。会议传达了山东省第十届人民代表大会第二次会议精神；听取并审议了市发展计划委员会负责人作的《关于青岛市2004年城市基础设施重点建设项目及资金安排情况的报告》、市审计局局长马青山作的《关于对市人大常委会审议意见办理情况的报告》、市人大常委会代表资格审查委员会副主任委员傅桂先作的《关于补选的青岛市第十三届人大代表资格审查的报告》。会议表决通过了《关于召开青岛市第十三届人民代表大会第二次会议的决定》，表决通过了青岛市第十三届人民代表大会常务委员会2004年工作要点、青岛市第十三届人民代表大会第二次会议列席人员名单、关于补选的青岛市第十三届人大代表资格审查的报告。会议同意将青岛市第十三届人民代表大会第二次会议的议程（草案）、主席团和秘书长名单（草案）、常务委员会工作报告提请市十三届人民代表大会第二次会议审议。

第十次会议　3月25日举行。会议听取了全国人大代表杨伟程关于十届全国人大二次会议精神，重点是《政府工作报告》和《宪法修正案》的审议情况的介绍。会议还听取了国家税务总局征管司司长王文颜作的关于《中华人民共和国税收征收管理法》讲座。

第十一次会议　5月8～11日举行。会议听取并审议了市水利局局长滕胜叶作的关于《青岛市实施〈中华人民共和国水法〉若干规定（修订草案）》的说明，市政府法制办公室主任王宝廷作的《关于清理我市地方性法规行政许可规定的工作情况和修改〈青岛市单位内部治安保卫工作条例〉等19件地方性法规决定（草案）的说明》，市国土资源和房屋管理局负责人作的《关于废止〈青岛市基本农田保护管理办法〉的决定（草案）的说明》，市文物局负责人作的《关于废止〈青岛市文物保护管理规定〉的决定（草案）的说明》和《关于〈中华人民共和国文物保护法〉贯彻实施情况的报告》，市文化局局长亢清泉作的《关于废止〈青岛市文化娱乐市场管理条例〉的决定（草案）的说明》，市公安局局长王永利作的《关于废止〈青岛市道路交通管理办法〉的决定（草案）的说明》，市卫生局负责人作的《关于废止〈青岛市私营医疗机构管理办法〉的决定（草案）的说明》，市司法局局长马国华作的《关于废止〈青岛市法律援助条例〉的决定（草案）的说明》，市劳动和社会保障局局长王帆作的《关于废止〈青岛市劳动用工管理条例〉的决定（草案）的说明》，市质量技术监督局局长王连生作的《关于废止〈青岛市产品质量监督管理规定〉的决定（草案）的说明》，市外事办公室负责人作的《关于〈我市与立陶宛克莱佩达市建立友好城市议案〉的说明》。听取了市文化局、市林业局、市审计局的工作报告。会议还听取了市人大常委会秘书长邱广茂作的有关报告和市中级人民法院院长任群先、青岛海事法院院长王延义作的《关于人事任免事项的说明》。会议表决通过了《青岛市人民代表大会常务委员会关于修改〈青岛市单位内部治安保卫工作条例〉等19件地方性法规的决定》和其他有关决定；逐项表决通过了《关于废止〈青岛市私营医疗机构管理办法〉的决定（草案）》等8件地方性法规的决定；表决通过了《关于我市与立陶宛克莱佩达市建立友好城市议案》；表决通过了青岛市人大常委会的人事免职事项、青岛海事法院的人事任免事项和青岛市中级人民法院的人事任免事项。市人大常委会主任徐长聚向被任命的青岛海事法院副院长刘平颁发了任命书。

第十二次会议　6月23～24日举行。会议听取并审议了市政府副市长张元福作的《关于我市减轻农民负担工作和深化农村税费改革情况的报告》，市人大法制委员会副主任委员谭舜哲作的《关于青岛市实施〈中华人民共和国水法〉若干规定（修订草案）审议结果的报告》，市科学技术局局长李乃胜作的《关于市科技局工作情况的报告》，市旅游局局长王建功作的《关于市旅游局工作情况的报告》，市劳动和社会保障局局长王帆作的《关于市劳动和社会保障局工作情况的报告》，市统计局局长于维清作的《关于市统计局工作情况的报告》。会议表决通过了《青岛市实施〈中华人民共和国水法〉若干规定》和市人民检察院的人事任免事项，并对市科技局、市旅游局、市劳动和社会保障局、市统计局的工作进行了评议。

第十三次会议　8月5～6日举行。会议听取并审议了市长夏耕作的《关于市政府机构改革方案的报告》和《关于人事任免事项的说明》，市财政局局长徐镇绥作的《关于青岛市2003年市级财政决算（草案）的报告》，市审计局局长马青山作的《关于2003年市级财政预算执行和其他财政收支情况的审计工作报告》、市人大财政经济委员会副主任委员麦伟红作的《青岛市2003年市本级财政决算审查结果的报告》、市科技局局长李乃胜作的《关于〈青岛市专利保护条例(草案)〉的说明》和市烟草专卖局负责人作的《关于青岛市实施〈中华人民共和国烟草专卖法〉办法(草案)的说明》。会议表决通过了《关于批准青岛市2003年市本级财政决算的决议》,市人大常委会的人事任免事项和市政府的人事任免事项。市人大常委会主任徐长聚向被任命人员颁发了任命书。

第十四次会议　8月23~24日举行。市人大常委会主任徐长聚传达了山东省委书记、山东省人大常委会主任张高丽在山东省纪念人民代表大会成立50周年大会上的讲话精神。会议听取和审议了市发展和改革委员会主任刘明君作的《关于青岛市2004年上半年国民经济和社会发展计划执行情况的报告》、市财政局局长徐镇绥作的《关于青岛市2004年上半年财政预算执行情况的报告》、市规划局局长葛黎作的《关于〈青岛市城市规划条例〉贯彻实施情况的报告》、市人口与计划生育委员会主任李淑华作的《关于人口与计划生育工作情况的报告》和市人民检察院《关于人事任免事项的说明》。会议表决通过了市人大常委会、市中级人民法院、市人民检察院和青岛海事法院的人事任免事项。会议还举行了关于《中华人民共和国农业法》的专题法制讲座。

第十五次会议　10月20~25日举行。会议听取并审议了市政府副市长罗永明作的《关于〈青岛生态市建设规划〉的说明》,市人大法制委员会副主任委员谭舜哲作的《关于青岛市实施〈中华人民共和国烟草专卖法〉办法(草案)审议结果的报告》,市人大法制委员会委员刘惠荣作的《关于〈青岛市专利保护条例(草案)〉审议结果的报告》,市市政公用局负责人作的《关于〈青岛市城市供热条例(修订草案)〉的说明》,市老龄委办公室主任亢清兰作的《青岛市实施〈中华人民共和国老年人权益保障法〉若干规定(草案)的说明》,市审计局局长马青山作的《关于〈青岛市审计监督条例(草案)〉的说明》,市长助理、市农委主任迟华东作的《关于〈中华人民共和国农村土地承包法〉贯彻实施情况的报告》,市侨务办公室主任孙亚非作的《关于侨务工作情况的报告》,市中级人民法院院长任群先作的《关于商事审判工作情况的报告》。会议表决通过了《青岛市实施〈中华人民共和国烟草专卖法〉办法》、《青岛市专利保护规定》、《青岛市人民代表大会常务委员会关于建设生态市的决议》;表决通过了补选山东省人大代表和市中级人民法院的人事任免事项。会议还听取了山东省环保局局长张凯作的关于生态保护和规划建设的专题讲座。

第十六次会议　12月6日举行。会议听取和审议了市人大常委会副主任程友新作的《关于人事任免事项的说明》,并表决通过了有关人事任免事项。市人大常委会主任徐长聚向部分被任命的人大常委会机关部门负责人颁发了任命书。

第十七次会议　12月21~24日举行。会议听取并审议了市政府副市长吴经建作的《关于被征地农民安置保障问题的报告》,市政府秘书长马泽作的《关于政府系统办理市人大代表建议、批评、意见情况的报告》,市人大法制委员会副主任委员谭舜哲作的《关于〈青岛市审计监督条例(草案)〉审议结果的报告》、《关于〈青岛市城市供热条例(修订草案)〉审议结果的报告》,市人大法制委员会委员马根作的《关于青岛市实施〈中华人民共和国老年人权益保障法〉若干规定(草案)审议结果的报告》,市人大城建环保委员会副主任委员吴遂盛作的《关于市十三届人大二次会议6号和10号议案审议情况的报告》,市人大常委会副秘书长、市人大常委会代表资格审查委员会副主任委员傅桂先作的《关于补选代表的代表资格的审查报告》,市审计局负责人作的《关于市人大常委会审议意见办理情况的报告》。会议听取了市人大法制委员会副主任委员谭舜哲作的《关于〈青岛市审计监督条例(草案修改稿)〉修改情况的说明》、《关于〈青岛市城市供热条例(修订草案修改稿)〉修改情况的说明》,市人大法制委员会委员马根作的《关于青岛市实施〈中华人民共和国老年人权益保障法〉若干规定(草案修改稿)修改情况的说明》。会议表决通过了《青岛市审计监督条例》、《青岛市城市供热条例》、《青岛市实施〈中华人民共和国老年人权益保障法〉若干规定》、青岛市第十三届人大常委会代表资格审查委员会关于补选代表的代表资格的审查报告、补选山东省人大代表事项和市人民检察院的人事免职事项。

·重要活动·

1月6日,市人大常委会副主任王新春主持召开了财经委员会会议,听取了市经委负责人关于2003年工业经济运行情况的汇报,分析了青岛市工业经济运行情况,提出了意见和建议。

1月7日,市人大常委会副主任张先平率法制工作室有关人员到双星集团就地方立法问题进行了调研。

同日,市人大常委会副主任王新春率财经委员会成员先后到市国税局、市地税局进行工作调研。

同日,市人大农业与农村委员会咨询组成立会议召开,市人大常委会副主任、农业与农村委员会主任委员魏景瑞到会颁发聘书并讲话。

1月8日,实施地方性法规新闻发布会召开。会议通报了《青岛市人民代表大会常务委员会关于修改〈青岛市禁止制作销售燃放烟花爆竹的规定〉的决定》、《青岛市实施〈中华人民共和国献血法〉若干规定》和《青岛市海洋渔业管理条例》等3件地方性法规的制定过程和主要内容,市人大常委会副主任张先平、市政府副市长胡绍军分别作了讲话。

1月12日,市人大城建环保委员会与市政府城建口各部门举行了联席会议。市人大常委会副主任宗和、市政府副市长罗永明参加了会议并讲话。同日,市人大常委会副主任栾景裘参加代表资格审查委员会会议,确认补选5名代表的代表资格有效。

1月14日,市人大内务司法委员会组织召开内务司法委员会咨询组成员第一次会议,市人大常委会副主任、内务司法委员会主任委员于锦初出席会议并就2004年的工作提出了要求。

2月4日,青岛市地方立法研究会召开了常务理事会会议。市人大常委会副主任、市地方立法研究会会长张先平出席会议并讲话。

2月5~25日,市人大常委会副主任孔心田率教科文卫工作室部分人员到海晶化工集团有限公司、创统科技发展有限公司、黄海橡胶集团有限责任公司、青岛造船厂调研了企业技术创新及科技成果转化工作情况。

2月9日,市人大城建环保委员会组织了驻会委员对青岛市经济适用房建设的情况进行了视察，市人大常委会主任徐长聚，副主任程友新、宗和、栾景裘参加了视察活动。市政府副市长罗永明陪同视察。

2月11～27日，市人大常委会副主任栾景裘率有关人员分别到李沧区、胶南市就人大代表工作进行调研。

2月12日，市人大常委会组织召开落实2004年立法计划座谈会。市人大常委会主任徐长聚、副主任张先平出席会议并讲话。

2月13日，市人大常委会在崂山区召开了各区（市）人大法制工作座谈会。市人大常委会副主任张先平出席会议并讲话。

2月24日，市人大常委会副主任魏景瑞率农经工作室的人员到市林业局听取该局负责人关于2004年林业建设经费投入落实情况的汇报。

2月25日，市人大常委会副主任于锦初率内务司法工作室的人员到青岛工人文化宫进行视察。

2月25～27日，市人大常委会副主任张先平陪同山东省人大法制委员会副主任委员于仁伯等一行6人，就《山东省就业促进条例（草案修改稿）》和《山东省农村初级卫生保健条例（草案修改稿）》在青岛市进行立法调研。

2月26日，市人大常委会副主任王新春率财经委员会委员对同三高速公路青岛段进行了视察。

3月3日，市人大常委会副主任孔心田率教科文卫工作室部分人员到李沧区调研九年制义务教育发展情况。

3月4日，市人大常委会副主任魏景瑞率农经工作室的人员到市水利局听取该局负责人关于《青岛市实施〈中华人民共和国水法〉若干规定修订草案》修改情况的汇报。

3月11日，市人大常委会副主任孔心田率教科文卫工作室部分人员到莱西市调查了医疗卫生事业改革及建立新型农村合作医疗制度工作情况。

同日，市人大常委会副主任王新春率财经委员会和工作室的人员到李沧区民营企业北方汽车贸易公司视察。

3月18日，市人大常委会副主任孔心田率教科文卫委员会成员对青岛市贯彻实施《中华人民共和国文物保护法》情况进行了视察。

3月24日，市人大常委会副主任王新春率财经委员会和工作室的人员到城阳区进行工作调研。

4月1日，市人大常委会副主任魏景瑞率农业与农村委员会部分委员和农经工作室的人员到平度市视察农民吃水困难情况。

4月7～14日，市人大常委会副主任孔心田率教科文卫委员会部分委员对青岛市贯彻实施《中华人民共和国文物保护法》和落实人大意见建议情况进行了调查。

4月21日，市人大常委会副主任魏景瑞率农业与农村委员会部分委员、农经工作室人员和委员会咨询组有关成员到胶州市对《青岛市实施〈中华人民共和国水法〉若干规定（修订草案）》进行调研。

4月23日，市人大财经委员会召开了2004年第一季度全市经济运行情况分析会。市人大常委会副主任王新春到会并讲话。

同日，市人大城建环保委员会组织部分委员对青岛流亭机场扩建工程进行了视察。市人大常委会主任徐长聚，副主任张先平、魏景瑞、王新春、于锦初、宗和、栾景裘及驻会委员参加了视察活动。市政府副市长胡绍军陪同视察。

5月13日，市人大常委会副主任王新春主持召开了由市财政局、市国税局、市地税局、市交通局等部门有关负责人参加的会议，专题研究了对莱西市武备镇徐丰庄村的帮扶工作。

5月13～15日，人大常委会主任徐长聚、副主任于锦初率工作室有关人员视察了青岛海事法院烟台、威海、石岛派出法庭的工作和建设情况。

5月14日，市人大常委会副主任张先平率法制委员会成员到黄岛区就城市管理和前湾港建设情况进行了视察。

5月16日，市人大常委会副主任魏景瑞率农经工作室的人员在平度市组织召开了“绿色通道”建设中关于占用土地情况的座谈会。

5月18～21日，全国人大常委会《土地管理法》执法检查组在山东省人大常委会副主任时立军、副省长赵克志的陪同下来青进行执法检查。市委书记杜世成、副书记崔锡杜、人大常委会主任徐长聚、副主任宗和及有关部门负责人参加了汇报会。

5月20日，市人大常委会主任徐长聚、副主任王新春率市人大常委会办公厅、财经工作室、内务司法工作室、教科文卫工作室和市交通局、市地税局等部门负责人到莱西市武备镇徐丰庄村进行调研。

同日，市人大常委会副主任魏景瑞率农业与农村委员会部分委员和农经工作室的人员听取了市财政局和市农业局关于青岛市深化农村税费改革、减轻农民负担情况的报告。

5月22～25日，市人大常委会党组书记、主任徐长聚主持召开了市人大常委会党组理论学习中心组扩大读书会。

5月31日，市人大常委会举行新闻发布会，发布了山东省人大常委会在5月27日批准的青岛市人大常委会关于修改《青岛市单位内部治安保卫工作条例》等19件地方性法规的决定和关于废止《青岛市私营医疗机构管理法》等8件地方性法规的决定。市人大常委会副主任张先平出席会议并讲话。

6月1～3日，市人大常委会副主任张先平率法制工作室、农经工作室和市水利局、市政府法制办等部门先后到莱西市和即墨市就《青岛市实施〈中华人民共和国水法〉若干规定（修订草案）》进行调研。

6月3～4日，市人大常委会副主任孔心田率教科文卫委员会部分成员对市科技局换届以来的工作情况进行了调查。

6月3～10日，市人大常委会副主任王新春率财经委员会和工作室的人员对市统计局的工作情况进行调查。

6月10日，市人大常委会副主任宗和率城建环保工作室的人员对崂山区沿线“一线四点”建设项目工作进展情况进行了督查。

6月21～30日，市人大常委会副主任孔心田率教科文卫工作室部分人员视察了青食股份有限公司、前哨精密机械公司、汉缆集团等企业的技术创新工作。

7月7日，市人大常委会副主任于锦初率内务司法委员会部分委员分别到团市委、市南区人民法院视察了《中华人民共和国未成年人保护法》、《中华人民共和国预防未成年人犯罪法》和《山东省未成年人保护条例》贯彻实施情况。

7月8日，市人大常委会副主任宗和率城建环保委员会部分委员、城建工作室和市规划局的人员到即墨市田横岛就

6号议案的办理情况进行调研。

7月9日，市人大常委会举行人民代表大会制度理论与实践研讨会。

同日，市人大常委会副主任于锦初率市人大内务司法委员会部分委员视察了市公安局、李沧区"平安建设"工作。

7月14日，市人大常委会主任徐长聚、副主任马论业、王新春、宗和、于锦初、栾景袠到市经委视察。

同日，市人大常委会副主任于锦初率市人大内务司法委员会部分委员到青岛监狱视察了《中华人民共和国监狱法》的贯彻实施情况。

7月14～15日，市人大教科文卫委员会与市政府法制办、市档案局联合检查了青岛市档案法律、法规贯彻实施情况。市人大常委会副主任孔心田参加视察。

7月16日，市人大常委会主任徐长聚，副主任孔心田、王新春、宗和、于锦初、栾景袠到青岛供电公司视察。

7月24～25日，全国人大常委会副委员长、中国科学院院长路甬祥在青考察调研。山东省人大常委会副主任王道玉、市人大常委会副主任孔心田陪同考察。

7月28日，市人大常委会副主任宗和率城建环保委员会成员听取了市住房公积金管理中心主任刘永林关于《青岛市住房公积金管理实施办法》贯彻执行情况的汇报。

8月10日，市人大常委会举行了《青岛市实施〈中华人民共和国水法〉若干规定》新闻发布会。市人大常委会副主任张先平出席会议并讲话。

同日，市人大城建环保委员会对《青岛市城市规划条例》执行情况进行了视察。市人大常委会主任徐长聚，副主任程友新、孔新田、魏景瑞、马论业、王新春、宗和、栾景袠参加了视察。

8月11～12日，市人大常委会副主任孔心田率教科文卫委员会成员对青岛市贯彻实施《中华人民共和国人口与计划生育法》情况进行了调查。

8月11～13日，市人大常委会副主任张先平率法制工作室的人员分别召开座谈会，征求对《青岛市实施〈中华人民共和国烟草专卖法〉办法（草案）》的修改意见。

8月12日，市人大常委会党组副书记、副主任程友新率机关部分党员干部到莱西市武备镇徐丰庄村，与该村携手开展"双推双促"活动。

8月19日，市人大常委会副主任魏景瑞率市人大农业与农村委员会及农村经济工作室部分人员到市林业局听取该局负责人关于浮山和青银高速公路两侧采石坑山体恢复和绿化情况的汇报。

同日，市人大常委会副主任于锦初率市人大代表维护妇女权益活动组视察了青岛保税区"打工妹"权益保障工作。

8月25～26日，市人大常委会副主任魏景瑞率市人大农业与农村委员会和工作室部分人员到崂山区和城阳区对浮山和青银高速公路两侧采石坑山体恢复和绿化情况进行工作调研。

8月27日，市人大常委会副主任宗和率城建环保委员会及工作室的人员到市环保局进行生态市建设工作调研。

9月1日，市人大内务司法工作室牵头组织的纪念人民代表大会成立50周年百题知识竞赛活动总结表彰大会举行。市人大常委会副主任于锦初作总结发言并颁奖。

同日，市人大常委会副主任马论业率民侨外委员会委员对青岛市侨务工作情况进行了调查。

9月5～7日，全国人大常委会委员、农业与农村委员会副主任路明一行到黄岛区、胶南市进行工作调研，市人大常委会副主任魏景瑞与山东省人大农业与农村委员会副主任委员马洪顺一行陪同调研。

9月8日，市人大常委会副主任宗和率工作室的人员对市北区小港湾旅游休闲区规划建设情况进行了视察。

9月11日，市委、市人大常委会在市级机关会议中心举行纪念人民代表大会成立50周年大会。大会由市人大常委会主任徐长聚主持，省委副书记、市委书记杜世成作重要讲话。

9月13日，由教科文卫工作室牵头组织举办了纪念人民代表大会成立50周年书画摄影展览。

9月14日，市人大常委会副主任宗和与城建环保委员会听取了市发展和改革委员会《关于胶州湾湾口跨海通道桥遂方案专家论证情况》的汇报。

9月15日，市人大常委会副主任于锦初到崂山区、城阳区参加了市综合治理办公室组织的创建"平安青岛"暨国庆节期间社会稳定工作专项督查活动。

9月21～23日，市人大人事代表工作室举办2004年全国、省、市人大代表组长、副组长及部分代表培训班。市人大常委会主任徐长聚、副主任栾景袠分别在培训班开班和结业时作重要讲话。

10月6日，市人大城建环保委员会组织有关人员对旧住宅小区房屋改造"平改坡"工程实施情况进行了视察。市人大常委会副主任程友新、孔心田、马论业、宗和参加了视察。

10月9～15日，市人大常委会副主任张先平率法制委员会的部分委员和部分区（市）人大常委会的分管负责人到广州、长沙等地进行立法考察。

10月10日，全市人大教科文卫工作座谈会在城阳区召开。市人大常委会主任徐长聚，市人大常委会副主任、市人大教科文卫委员会主任委员孔心田出席会议并作重要讲话。

10月11日，市人大常委会主任徐长聚，副主任于锦初到市公安局交警支队、市北交警大队就青岛市迎奥运道路交通治理工作进行视察。

10月11～12日，全市人大信访工作会议在胶南市召开。市人大常委会副主任程友新到会并作重要讲话。

10月12日，市人大常委会主任徐长聚，副主任孔心田、魏景瑞、王新春、宗和、栾景袠对青岛出入境检验检疫局进行视察。

10月13日，市人大常委会副主任魏景瑞率市人大农业与农村委员会和工作室部分人员到市气象局听取该局负责人关于青岛市贯彻实施《中华人民共和国气象法》情况的汇报。

10月19日，市人大常委会副主任宗和率城建工作室及有关部门的人员听取了市建委负责人对项目改造情况的汇报。

10月29日，市人大常委会副主任魏景瑞接待江苏省人大法制委员会主任委员吴晶、农业与农村委员会副主任委员吴汉如一行。

11月3日，市人大常委会副主任魏景瑞率市人大农业与农村委员会和工作室部分人员到胶州市就农村经济发展的热点难点问题进行工作调研。

11月4日、8日，市人大常委会副主任张先平主持召开了由法制工作室、城建环保工作室、市政府法制办和市市政公用局参加的座谈会，征求对《青岛市城市供热条例(修订草案)》的修改意见和建议。

11 月 9 日,市人大常委会副主任张先平主持召开座谈会征求了对《青岛市实施〈中华人民共和国老年权益保障法〉若干规定(草案)》的修改意见。

11 月 23 日,市人大常委会召开征求 2005 年立法计划意见座谈会。会议由市人大常委会副主任张先平主持。

11 月 26 日,市人大常委会副主任孔心田率教科文卫委员会部分委员视察了青岛市贯彻实施《中华人民共和国红十字会法》情况。

11 月 29 日,市人大常委会副主任于锦初率内务司法工作室的人员到胶州市对被征地农民的生活保障情况进行了工作调研。

12 月 2～3 日,全市人大城建环保工作座谈会在黄岛区召开。市人大常委会主任徐长聚、副主任宗和参加会议并分别作了重要讲话。

12 月 16 日,市人大常委会副主任于锦初率内务司法工作室的人员到市总工会就职工维权工作进行了调研。

12 月 23 日,市人大常委会主任徐长聚,副主任程友新、张先平、孔心田、魏景瑞、王新春、于锦初、宗和在中国人民银行青岛市中心支行听取了该行和中国银监会、证监会、保监会青岛监管局的情况汇报。

同日,市人大常委会副主任于锦初率内务司法委员会部分委员和部分咨询员对市劳动和社会保障局劳动者权益保障工作进行了专题视察。

12 月 24 日,市人大常委会主任徐长聚在香格里拉大饭店会见了日本新泻市桥田宪司一行。

12 月 27 日,市人大常委会副主任王新春率市人大财经委员会组成人员和部分咨询组成员及代表到市统计局、即墨市听取了有关 2004 年计划及财政预算执行情况的汇报。

12 月 29 日,市人大常委会副主任宗和组织城建环保委员会和部分市人大代表对清欠建筑行业拖欠工程款及农民民工工资情况进行了视察。

12 月 30 日,市人大财经委员会召开会议对市财政局关于青岛市 2004 年财政预算执行情况和 2005 年财政预算草案的报告、市发改委关于青岛市 2004 年国民经济计划执行情况和 2005 年计划草案的报告进行了初审。

(陈秀良)

青岛市人民政府

·2004 年市政府政务会议·

市十三届人民政府全体会议

第二次全体(扩大)会议　1 月 18 日举行。讨论市政府拟提交市十三届人民代表大会第二次会议审议的《政府工作报告(讨论稿)》,市长夏耕作重要讲话。

第三次全体(扩大)会议　2 月 12～13 日举行。专题学习《行政许可法》,邀请全国人大常委、中国行政法学研究会会长应松年讲课,市长夏耕作重要讲话。

第四次全体(扩大)会议　10 月 22 日举行。总结前三季度政府工作,围绕贯彻落实十六届四中全会精神,对做好第四季度工作,全面完成全年工作目标任务进行部署。

第五次全体(扩大)会议　12 月 24 日举行。传达中央经济工作会议和全省经济工作会议精神,讨论市政府拟提交市十三届人民代表大会第三次会议审议的《政府工作报告(讨论稿)》,市长夏耕作重要讲话。

市十三届人民政府常务会议

第八次会议　1 月 5 日举行。听取了《关于市政府 2003 年在城乡建设和改善人民生活方面重点办好的 12 件实事完成情况》和《2004 年市政府在改善人民生活和城乡建设方面重点要办的实事初选项目》的汇报;讨论了市长夏耕在市十三届人大二次会议上作的《政府工作报告(讨论稿)》。会议确定:《2004 年市政府在改善人民生活和城乡建设方面重点要办的实事初选项目》根据会议讨论意见修改后,再提交市政府常务会议讨论,然后报市委常委会研究;《政府工作报告(讨论稿)》根据会议讨论意见修改后,提交市十三届人民政府第二次全体(扩大)会议讨论,报市委常委会研究,并按规定发人大代表征求意见。

第九次会议　2 月 25 日举行。听取并讨论了《关于市十三届人大二次会议议案、代表建议和市政协十届二次会议提案情况及办理意见的汇报》和《市人大代表、政协委员对政府工作的意见和建议情况的汇报》;审议并原则通过了《青岛市行政机关规范性文件管理办法(草案)》,讨论了《青岛市城镇职工基本医疗保险暂行规定(修订草案)》,确定进一步修改完善后,再提交市政府常务会议讨论。

会议首次邀请新闻媒体对会议情况进行宣传报道,增强了政府工作的透明度。

第十次会议　3 月 29 日举行。审议并原则通过了《关于修改〈青岛市单位内部治安保卫工作条例〉等 19 件地方性法规的决定(草案)》、《关于废止〈青岛市私营医疗机构管理办法〉等 8 件地方性法规的决定(草案)》和《青岛市实施〈中华人民共和国水法〉若干规定(修订草案)》;听取了《关于我市与立陶宛克莱佩达市建立友好城市关系的汇报》,确定按程序提交市人大常委会审议。审议并原则通过了《青岛市林地保护管理规定(修订草案)》;听取了《关于聘请山口宽治先生为“青岛市经济顾问”的汇报》。

第十一次会议　6 月 30 日举行。讨论了《青岛市城市供热条例(修订草案)》,确定由市政府法制办会同有关部门进一步修改完善后,再提交市政府常务会议讨论;审议并原则通过了《青岛市专利保护条例(草案)》和《青岛市实施〈中华人民共和国烟草专卖法〉办法(草案)》,确定按程序提交市人大常委会审议;审议并原则通过了《青岛市城镇最低收入家庭廉租住房管理办法(草案)》、

2004 年 7 月，市委副书记、市长夏耕（左三）到困难企业调研。（市政府督查室供稿）

《青岛市经济适用住房管理办法（草案）》和《青岛市限价商品住房管理办法（草案）》，确定进一步组织专家论证，并广泛征求人大、政协和社会各界的意见，修改完善后报市委常委会研究；审议并原则通过了《青岛市机动车排气污染防治管理办法（草案）》。

第十二次会议　9 月 14 日举行。审议并原则通过了《青岛生态市建设规划（送审稿）》、《青岛市城市供热条例（修订草案）》、《青岛市实施〈中华人民共和国老年人权益保障法〉若干规定（草案）》和《青岛市审计监督条例（草案）》，确定按程序提交市人大常委会审议；审议并原则通过了《关于修改〈青岛市城镇职工生育保险办法〉等 37 件政府规章的决定（草案）》和《关于废止〈青岛市城镇单位招聘使用外来劳动力管理办法〉等 114 件政府规章的决定（草案）》。

第十三次会议　12 月 14 日举行。讨论了市长夏耕在市十三届人大三次会议上作的《政府工作报告（讨论稿）》，确定按程序征求有关方面意见；审议并原则通过了《青岛市人民政府关于公布市级行政许可实施主体（组织）的公告（草案）》、《青岛市人民政府关于保留和取消市级行政许可事项的决定（草案）》、《青岛市野生鸟保护办法（草案）》和《青岛市建筑工程文明施工管理若干规定（草案）》；讨论了《胶南市城市总体规划》，确定根据会议讨论意见修改完善后，尽快报省政府审批。

第十四次会议　12 月 30 日举行。审议并原则通过了《青岛市养犬管理办法（草案）》和《青岛市城镇职工基本医疗保险规定（草案）》。

市十三届人民政府市长办公会议

第二十一次会议　1 月 18 日举行。再次讨论了《2004 年市政府重点要办的实事初选项目》，确定根据会议研究的意见加以调整后，报市委常委会研究。

第二十二次会议　2 月 2 日举行。原则同意《青岛市事业单位分类改革和管理的意见（汇报稿）》和《青岛市加快推进国有资本结构调整意见》；听取并讨论了《关于调整浮山隧道及地铁地面停车场规划的汇报》、《关于建设领域拖欠工程款和农民工资情况的汇报》、《关于李村河污水处理厂合资项目的情况汇报》、《关于确定“帆船之都”徽标图案有关问题的汇报》和《关于市人大政协办公楼大修工程方案的汇报》。

第二十三次会议　2 月 10 日举行。原则同意《中共青岛市委、青岛市人民政府关于进一步做好“三农”工作，加快郊区发展的决定（汇报稿）》，确定根据会议讨论意见修改完善后，向市委常委会汇报；听取了《关于全市人口与计划生育工作情况的汇报》、《关于环境保护工作的汇报》、《关于滨海公路有关工作情况的汇报》和《全国、全省人事工作会议精神及我市贯彻意见的汇报》；原则通过了《青岛市人民政府关于进一步加强和改进市区土地征用工作的实施意见（讨论稿）》。

第二十四次会议　2 月 12 日举行。对根据市委常委会讨论意见重新调整后的 2004 年市政府重点要办的实事初选项目，逐项听取了主要责任单位的意见，重点研究了项目进度安排和资金落实情况。确定：由市政府督查室根据会议讨论意见进一步修改完善后，再征求市委常委意见，“两会”后正式对社会发布。

第二十五次会议　3 月 16 日举行。听取并讨论了《关于清理整顿各类开发区工作的汇报》和《关于我市经营性用地协议出让自查情况及处理意见的汇报》。

第二十六次会议　3 月 24 日举行。讨论并原则通过了《青岛市城市综合交通规划（2002～2020 年）》、《青岛市崂山区分区规划（2003～2010 年）》和《青岛港前湾港区港口总体规划》；对部分重点工作进行了部署。

第二十七次会议　3 月 29 日举行。专题研究粮食生产和粮食供应问题。

第二十八次会议　4 月 20 日举行。讨论并原则通过了《青岛市人民政府关于进一步加强安全生产工作的决定（讨论稿）》和《凯联集团改革调整方案》；听取了《关于我市年薪制试点工作情况的汇报》和《关于青岛好世界海上皇宫有限公司资产整体出售的汇报》。

第二十九次会议　4 月 28 日举行。听取并讨论了《关于制定发布 2004 年企业工资指导线的情况汇报》、《关于设置市重大建设项目稽察特派员办公室及开展对重大建设项目稽察等有关问题的汇报》、《关于青岛流亭机场有关情况的汇报》和《关于航海运动学校范围改造工程进展情况的汇报》；原则同意《关于开展整顿规范物业管理市场秩序工作的实施意见》和《全市民营经济工作会议筹备方案》。

第三十次会议　5 月 24 日举行。原则通过了《北京奥组委与青岛市政府和奥帆委关系原则协议》；原则同意《青岛市人民政府关于建立农村社会基本养老保险制度的意见（汇报稿）》和《青岛市市级机关公务移动通讯费用补贴管理办法》；听取了《关于在我市对农村部分计划生育家庭实行奖励扶助制度试点工作的汇报》。

第三十一次会议　6月9日举行。原则通过了《青岛市市直机关国家公务员、机关工作者日常考核实施意见》、《青岛市人民政府关于贯彻落实国务院〈关于进一步推进西部大开发的若干意见〉的实施意见》、《关于加快青岛市银行业发展的措施及建议》、《青岛市人民政府关于进一步深化粮食流通体制改革的通知》和《青岛市人民政府办公厅关于切实做好2004年度夏粮收购工作的通知》;听取并讨论了《关于青岛市体育馆项目建筑规划与单体方案及项目用地有关情况的汇报》和《关于海军博物馆建设急待解决几个问题的汇报》。

第三十二次会议　7月22日举行。原则通过了《青岛机械工业总公司改革调整方案(汇报稿)》;原则同意《中共青岛市委、青岛市人民政府关于进一步做好农村劳动力转移就业工作的意见(汇报稿)》和《中共青岛市委、青岛市人民政府关于加强区域创新体系建设,推进高新技术产业快速持续发展的意见(汇报稿)》;听取并讨论了《关于华能集团拟在我市建设高温气冷堆核电站示范工程有关情况的汇报》;听取了《关于解决我市反恐怖工作经费问题的汇报》,确定由市公安局根据国家、省有关要求并结合青岛市实际,进一步研究提出具体方案后再提交市长办公会议讨论。

第三十三次会议　9月2日举行。听取并讨论了《关于胶州湾湾口跨海通道桥隧方案专家论证情况的汇报》,确定:尽快征求市人大常委会、市政协的意见,并向社会公示,组织决策听证后,向市委常委会汇报;听取并讨论了《关于青岛海湾大桥(北桥位)项目(国家重点公路青岛—红其拉甫青黄高架路)进展情况的汇报》和《关于青岛大剧院建设方案有关问题的汇报》;原则通过了《青岛市滨海公路沿线城市组团(红岛、琅琊、鳌山、田横)总体规划》和《胶州湾底部盐田改造利用规划》。

第三十四次会议　9月10日举行。原则通过了《2004年青岛市迎奥运亮化工程设计方案》和《青岛市市本级财政大额专项经费管理办法》;听取并讨论了《关于解决因煤炭涨价等原因造成我市供热企业亏损问题的汇报》、《关于中法海润供水有限公司投资仙家寨水厂改建工程项目的汇报》、《关于提高我市内资企业所得税计税工资扣除标准的情况汇报》、《关于ACD会议经费支出情况的汇报》、《关于青岛流亭机场三期扩建项目的汇报》和《关于大炼油配套项目用地落实情况有关问题的汇报》。

第三十五次会议　10月29日举行。原则同意《青岛市人民政府关于加快宜林"四荒"造林、疏林补植和25度以上坡耕地退耕还林的意见(讨论稿)》和《关于贯彻落实全国再就业工作表彰大会的意见和建议》;听取了《关于调整我市集中供热价格问题的汇报》、《青岛国际农产品展示交易中心建设方案和有关情况汇报》、《关于我市农村信用社改革进展情况的汇报》和《关于2003年国有资产保值增值考核暨行政事业单位经营性国有资产委托监管考核奖惩工作情况的汇报》。

第三十六次会议　11月26日举行。听取并讨论了《关于解决我市反恐工作经费有关问题的汇报》、《关于确定市国资委第一批履行出资人职责实施监管企业名单的汇报》、《关于进一步调整公务员医疗补助政策有关问题的汇报》和《关于2005年市财力建设资金初步安排意见的汇报》。

第三十七次会议　12月8日举行。原则通过了《中共青岛市委、青岛市人民政府关于进一步深化城市管理体制改革的决定(讨论稿)》和《2004年预算执行及2005年预算安排建议》;听取了《2005年市政府在城乡建设和改善人民生活方面重点办好的实事初选项目》,确定尽快向市委常委会汇报;听取了《关于继续实施自来水一户一表改造工程的汇报》、《关于李沧区25个村"村改居"有关情况的汇报》和《关于全市食品安全工作情况的汇报》。

第三十八次会议　12月19日举行。听取并讨论了《关于2005年经济工作的意见》、《关于我市国企改革情况及2005年国企改革工作意见的汇报》、《关于青岛大剧院建筑设计方案有关情况的汇报》和《青岛市人民政府关于贯彻国务院投资体制改革决定的实施意见》,确定根据会议讨论意见修改后,报市委常委会研究;听取了《关于哈尔滨工程大学来青办学有关问题的汇报》。

第三十九次会议　12月30日举行。原则通过了《关于进一步深化国有旅游饭店改革的工作意见》和《青岛市卫生局直属医疗机构资源调整优化方案》;听取了《关于改造常州路监狱筹建青岛市法制教育基地的情况汇报》、《关于提高公务员工资待遇有关问题汇报》和《关于泰能燃气集团燃气管网资产合资项目情况的汇报》。

(林万松　胡丽芹)

·重点办好的17件实事·

2004年,市政府确定在城乡建设和改善人民生活方面重点办好的17件实事,除个别项目有所调整外,其余已全面完成年度工作目标。

第一件:加快落实"三点布局、一线展开、组团发展"的城市框架,年内编制完成《青岛市滨海公路沿线城市组团总体规划》;开工建设滨海公路北段工程。

完成情况:《青岛市滨海公路沿线城市组团总体规划》中的琅琊、鳌山、田横、红岛等4个组团总体规划已经市政府研究通过,《胶南总规》也已经市政府同意上报省政府审批。滨海公路北段工程已于2004年11月28日正式开工建设。

第二件:开工建设奥帆赛比赛场馆,年内完成配套综合管线、陆域停船区、岸线码头改造、海底清淤等项目建设任务。

完成情况:第二十九届奥运会青岛国际帆船中心于2004年5月25日正式开工建设。截至年底,陆域、水工工程共累计完成投资1.89亿元,主要项目正在全线推进,各项工程按照计划顺利开展。

第三件:做好滨海步行道连通工程,开工建设崂山区段。

完成情况:滨海步行道市区连通工程组织完成了南海路与汇泉路交口至省航海运动学校节点的架设铺装;对五四广场东侧澳门路损毁路段进行了修复,并实施地面铺装;完成了太平角六路水产实业总公司节点的贯通。滨海步行道崂山区段工程的雕塑园至海江路段已于10月29日开工建设,计划2006年10月竣工启用。

第四件:开工建设崂山区前海一线的石老人海水浴场改造、青岛现代艺术中心、极地海洋世界和麦岛片改造等4个项目,进一步提升国家级石老人旅游度假区的综合功能。

完成情况:石老人海水浴场改造项目已于2004年10月29日开工建设,计划2005年7月一期工程完工并投入使用。青岛现代艺术中心项目于2004年

12月19日举行开工奠基仪式,正在进行土石方开挖施工,计划2006年10月竣工。极地海洋世界项目于2004年6月26日举行开工奠基仪式,正在进行土石方开挖施工,计划2006年11月竣工。麦岛片村庄改造项目已完成规划设计方案,涉及污水处理厂建设的大麦岛村17户居民房屋已拆迁完毕,其他工作将陆续启动。

第五件:进一步改善北部城区基础设施条件和生活环境,对辽阳路等7条道路进行综合整治;对李村河中下游、板桥坊河河道进行综合整治。

完成情况:道路整治方面,辽阳路、安顺路等7条道路整治先后于2004年内动工,部分道路工程已于2004年年底完工。河道整治方面,李村河中下游(李沧区所辖区域)、板桥坊河综合整治项目,均由李沧区政府负责组织实施。其中,板桥坊河整治项目已基本完工,共计完成清淤河道1860米,清淤7万立方米,砌筑子沟1400米。

第六件:做好城镇就业工作,全年实现就业9万人,新增政策扶持性就业岗位7500个,开发正规就业岗位6.5万个,开发灵活就业岗位3.5万个,年末城镇登记失业率控制在4.3%以内。

完成情况:2004年,通过各种渠道实现就业141290人,完成全年目标的157%。其中,正规就业77749人,完成全年目标的119.6%;灵活就业63541人,完成全年目标的181.5%;新增政策扶持性岗位21287个,完成全年目标的283.8%;期末城镇登记失业率为3.1%,控制在目标范围以内。

第七件:开工在建经济适用房200万平方米,竣工60万平方米。

完成情况:2004年共开工经济适用房216万平方米,竣工验收64.79万平方米。

第八件:实施大沽河下游综合治理二期工程,提高大沽河防汛能力。

完成情况:该工程于2004年12月15日竣工,共完成投资9139万元。

第九件:实施五镇二岛集中供水工程,改善当地人民群众的生产生活条件。

完成情况:该工程于2004年11月底竣工供水,共完成投资2700万元,增加日供水能力1.12万立方米,使208个村庄、2处海岛、73个企事业单位、13.35万人吃上了自来水。

第十件:进一步完善市区交通设施,年内完成市内四区停车场专项规划,并在南京路、火车站、栈桥、小鱼山公园、向阳路附近等市区繁华地区开工建设5处停车场;完成香港西路两处地下过街通道,开工建设香港中路两处地下过街通道。

完成情况:停车场建设方面,小鱼山、栈桥地下停车场因地质条件限制和交通组织问题,已进行了项目调整;南京路公交停车场于2004年12月9日开工建设;华联西侧停车场已完成规划设计和建设审批等前期工作,正在协调开工事宜;向阳路附近的影视中心、东郊车站等停车场已完工或交付使用;针对个别停车场项目进行调整的实际情况,市政府又在青岛市部分重点地区,新增加了李沧区书院路停车场、北方国贸停车场、台东人和路小学停车场、道口路停车场等停车场建设项目,截至2004年底,全市共新建停车场7处。地下通道建设方面,香港西路两处地下通道已完工;香港中路家乐福处地下过街通道和市政府门前过街地道由于安全原因,进行了项目调整。

第十一件:开工建设市体育馆。

完成情况:市新建体育馆位于青岛颐中体育中心内,由法国喜邦建筑设计公司设计,总投资约4亿元左右,总建筑面积6万平方米,观众席位1.25万个。该工程于2004年11月19日项目开工奠基,已完成建设投资2040万元,计划于2006年底竣工。

第十二件:整修、改造市群众艺术馆和市图书馆。

完成情况:群众艺术馆改造工程已于2004年12月底完工。改造工程对内部、门头进行了装修,增加了中央空调、电梯系统,完善了消防、水电系统等,并重新配置了内部设施,使群众艺术馆功能得到了进一步的加强。图书馆改造工程于2004年10月全面完成,11月中旬通过了文化部国家一级图书馆评定验收。改造工程对内部进行了装修,增加了中央空调、电梯系统,完善了消防系统,重新配置了内部设施,增加了资源共享工程。在管理上采用了计算机综合信息管理和楼宇自控管理系统。改造后的图书馆已于2004年11月1日全面对外开放。

第十三件:扩建市老年大学校舍,主体完工6600平方米教学楼1栋,改善办学条件。

完成情况:市老年大学新建教学楼项目于2004年10月18日举行了奠基仪式,全面开工建设。因施工中遇到复杂地质结构的限制等不可预见的客观因素,使工程进度受到影响。截至年底,完成了地下桩基工程,预计工程可在2005年竣工。

第十四件:完成《市区公厕专业规划》,并以旅游景点为重点,新建公厕20座、设置移动公厕30座。

完成情况:《市区公厕专业规划》于2004年6月完成报批。已在前海一线、旅游景点和主要交通道路上设置移动公厕30座,新建固定公厕21座,公厕建设标准全部达到一类。

第十五件:完成《青岛市区供热专项规划》,市内四区新增供热面积100万平方米。其中,老市区20万平方米。

完成情况:《青岛市燃气热力专业规划》、《青岛市老城区供热专项规划及实施方案》已全部编制完成。2004年,市内四区新增供热面积125万平方米。其中,新建小区64万平方米,老城区61万平方米。

第十六件:继续实施城市美化、绿化、亮化工程。

完成情况:城市绿化方面,重点对东海路、香港路、澳门路、珠海支路、燕儿岛路、福州南路、山东路、南京路、江西路、辽阳路、太平路、新浦路等12条奥运场馆周边主要道路实施以栽植大规格乔木为主的道路增绿工程。截至年底,大树栽植已全面完成,共栽植楸树、白腊、银杏、榉树、马褂木、栾树、杜仲、速生柳、大叶女贞等品种为主的大乔木1452株,其他小乔木、花灌木6000余株。城市亮化方面,市区237条无路灯市政道路路灯安装工程已基本完成,共设置路灯1535盏、变压器6台。2004年城市夜间景观工程也已完成,包括青岛湾和浮山湾、五四广场和音乐广场及香港路、东海路、福州路、南京路等4条道路的亮化。亮化工程的实施,为五四广场、音乐广场和汇泉广场获得"全国特色文化广场"称号发挥了重要作用。

第十七件:在五市三区建立新型农村合作医疗制度,提高农民抵御大病风险的能力。

完成情况:青岛市于2004年9月1

日实现了在崂山、城阳、黄岛、即墨、胶州、平度、莱西、胶南等三区五市全面建立新型农村合作医疗制度的目标。截至年底，全市共有385.01万名农民参加新型农村合作医疗，村（居）覆盖率达100%，人口覆盖率达89.4%，共筹集资金1.17亿元，已报销支付5256.39万元，受益人口达81.89万人次，有效缓解了农民因病致贫、因病返贫现象。

（杨　平）

·政务督查·

工作概况

2004年，共承办市政府常务会议、市长办公会议、市长碰头会议确定事项313项，到期办结率100%；承办市领导批示件4495件，到期办结率98.6%；协助市领导组织召开各种协调会议596次，编发市政府《会议纪要》60期；编发《督查专报》345期。

重要工作督查

重大决策事项随时跟踪督办　对《政府工作报告》和全市经济工作会议确定的工作任务及时分解、及时督办，将落实情况由过去的每年两次集中汇总报告，改为随时跟踪督办、每季度督查反馈一次阶段性进展情况、年底综合督查汇总。11月初，就《政府工作报告》中需要加快推进的部分工作下发了督查通知，提出了严格要求，确保全年目标任务按时完成。

会议确定事项逐会督办　市政府常务会议、市长办公会议、市长碰头会议以及各种协调会议确定事项，由过去每两个月集中督查反馈一次，改为“一会一督查，一会一反馈”，以推动会议决策的快速落实。对于一些热点、难点问题，深入现场、深入一线，开展“零距离”督查，如对12个区市政府、19个市直单位解决建设领域拖欠工程款和农民工资问题进行了现场督查，并在10月29日召开的全国拆迁信访和清欠工程款工作会议上作了典型发言，建设部给予了高度评价，特别要求向全国推广“政府督查、监察质询、考核联动”这一“青岛模式”。

重点工作逐月督办　对财政收入、重点项目、利用外资、外贸出口等事关全市经济发展、城乡建设、社会稳定的重点工作，提高了督查频率，每月调度一次，便于及时发现和解决问题，并在每月初将有关情况向市领导专题报告，为领导决策提供了及时、有效的参考。为推进重点项目，对六大产业集群阶段性重点推进的30个项目进展情况逐一进行了现场督查，提高了督查工作效率。

对市政府重点办好的17件实事细化责任分工　为提高对市政府2004年确定的城乡建设和改善人民生活方面重点办好的17件实事的督查质量，要求各责任单位制定出详细的工作内容、质量标准和进度时间表，并明确主要责任单位与相关责任单位各自应承担的责任。确定了“整体分工、分头督查”的工作模式，将任务分解到各处，发挥团队协作效应，每月进行督查，并根据领导批示有重点地深入现场协调解决问题，保证了2004年市政府在城乡建设和改善人民生活方面重点办好的17件实事的如期完成。

政府管理体系“五项工程”督查

发挥“督查、协调、指导”的作用，推动了“五项工程”的不断深入发展。年初，协助市有关领导组织召开了全市“五项工程”联席会议成员单位暨政务公开领导小组会议，总结和部署工作。新一轮机构改革后，及时提出建议对市政务公开工作领导小组成员进行了调整。对全市政务、村务、厂务“三公开”情况进行了调研，撰写了市本级政务公开情况和市南区充分利用网络开展政务公开工作等经验材料。按照山东省政府的统一部署，开展了政府提速工作“回头看”活动，在对各区、市，市直各单位“五项工程”工作进展情况督查调度的基础上，分别召开了市人大代表、政协委员、企业代表、民主党派和群众代表等不同层次人员座谈会，深刻分析了青岛市政府提速所面临的新情况、新问题，并对有关情况进行了通报。

（王红岩）

·政务调研·

2004年，市政府调研室编发《政务调研》65期，市领导批示率56%，编发《参阅件》63篇，市领导批示率64%。超额完成了年初确定的《政务调研》60期、领导批示率40%，以及《参阅件》60篇、领导批示率40%的目标要求，大部分调研报告和参阅件的建议已进入市领导的决策和市委、市政府的文件之中。

调查研究

全局性问题调研　对市领导关注、涉及全市长远发展的重大课题深入进行研究，研究成果得到市领导的充分肯定。上半年，市委、市政府确定将品牌经济作为全市今后发展的重要战略并由市政府调研室牵头进行全面调研，根据这一要求，该室及时组织市发改委、市经贸委、市质监局、市工商局等10多个部门、4家科研机构和20多家企业，对青岛市品牌经济发展的历程、原因、支撑条件进行了全面的总结分析，先后刊发《政务调研》4期，牵头召开各类座谈会和修改调研报告10余次，提供了大量重要的参考数据，草拟制定了促进全市品牌经济发展的政策措施体系，为市委、市政府领导决策做了大量前期工作。此项工作得到国家有关部委的肯定，国内一些省市陆续前来进行专题学习。根据市政府主要领导关于青岛市申报“CCTV年度经济活力城市”和“年度企业家满意奖”的有关批示，牵头起草了各类材料，会同市有关部门赴京进行了专门汇报和情况介绍，为青岛市获得以上两项荣誉起到了重要作用。

难点热点问题调研　针对年初粮食价格上涨带来的市场不稳定形势，及时完成了构建青岛粮食安全体系和加强粮油生活消费品储备供应方面的调研报告，分析了1990～2003年青岛粮食生产形势，提出了确定粮食生产安全底线、粮食储备调节体系建设、建立粮食安全预警机制等对策建议，该建议被吸收到《青岛市政府建设优质高效粮食示范区意见》中。针对农村失地农民和劳动力转移、加快农业产业化等一系列关系农民增收的难点热点问题，先后完成了青岛市失地农民建立保障制度、加快农村富余劳动力转移和加快发展农村合作经济组织等方面的调研的建议被市劳动部门在制订相应政策中采纳。针对外地游客反映突出的青岛市夜生活单调问题进行了调研，提出了“关于丰富我市夜间餐饮、旅游、交通和夜间文化生活的调查与建议”，市主要领导和分管领导批示后，有关部门及时将调研报告中的建议吸收到市政府出台的“关于加快发展青岛夜间经济的意见”中。

重点和长远问题调研 针对“两会”前后和“市民月”中群众反映的重点和涉及长远的问题进行调研，提出了“关于解决崂山水库库区移民遗留问题及上游村庄经济发展问题的几点建议”、“缩小南北差距的建议”、“关于加快我市老城区改造的调查与建议”、以及财政收入结构分析调研报告提出的对“两个比重”进行考核和抓好税源大户、规范非税收入方面的建议等调研报告，为市领导的有效决策提供了依据。

改进调研工作方式方法 在开展农民增收机制分析和农村社情民意调研中，先后十几次深入到五市三区的部分乡镇、村庄实地调研，直接进村入户，同时运用了大量数据、图表、问卷调查等方式，进行定性与定量分析相结合，为市政府领导提供了惠农政策以来农民增收的实际情况，以及农民在想什么和对政府工作的要求。在对全市库区移民生产、生活情况调研中，针对库区移民涉及面较广的实际，通过县域经济调研网络开展了联合协同调研，汇集了全市中型以上水库所涉及的39个乡镇、188个库区移民村的基础资料，使几十年来形成的10万多库区移民历史遗留问题得到全面调查，调研报告得到了市委、市政府主要领导的高度重视。

《2004年政府工作报告》起草工作

按照市政府领导要求，及时成立了《2004年政府工作报告》的起草班子，起草过程中学习了中央和省、市有关经济工作等会议精神，先后到市综合部门和有关区市进行调研，全面了解了有关部门和单位2004年主要工作特点以及2005年的工作思路，与山东省政府有关部门座谈沟通，了解了山东省《2004年政府工作报告》起草的有关设想及内容，在此基础上形成报告提纲并着手起草。报告及时被市委常委会、市委全委会和市人大、政协会议通过。

政务服务及资料信息

通过编发《参阅件》等形式，及时准确地反映世界各地和国内外政治、经济等方面的信息，为市领导决策提供服务。其中，“上海成立应急联动中心”、“采取有效措施，确保食品安全”等参阅件引起市长夏耕的高度重视。“专家解读2004年中国社会发展的十大问题和趋势”、“上海:郊区发展战略的主要做法”、“江苏实现四外齐上推进开放型经济发展的具体做法”等48篇《参阅件》引起分管市领导的高度重视并进入决策，其中“上海:郊区发展战略的主要做法”、“采取有效措施，确保食品安全”等《参阅件》中的有关做法，根据市领导批示已被吸收到青岛市郊区发展战略设想和应急预案以及有关文件、意见当中。

（杨顺峰）

·市长公开电话·

来电、网上市长信箱受理情况

2004年，市长公开电话及网络电话共受理群众和基层单位来话14万余件次。其中，市长公开电话办公室受理1.4万余件，通过电话联系、编写来话受理情况转办单等形式，办复率99%；办理和转办市委、市政府领导批示180余件，办结率100%；受理群众来信50封，办复率100%；现场办案和召开协调会议50余次；编发《市长公开电话》专报15期。市长公开电话在实行“首问负责制”的基础上，根据问题的轻重缓急，采取了简单问题即时办理、紧急问题现场办理、复杂问题协调办理、重要问题呈请领导批示办理等不同方法，为群众办实事、解难题。把及时反映重要的社情民意、为领导提供决策服务，作为重要工作，建立了每周、每月来话分析制度和热点、难点问题集中调研制度，对来话进行分析，提炼出群众反映的热点、难点问题，为领导提供有情况、有分析的综合报告；对群众反映集中、一时难以彻底解决的问题，通过调查研究，写出专题报告，为领导决策服务。

网上“市长信箱”发挥辐射面广、联系面广、信息量大的特点，做好各类信息的搜集、综合、分析工作，全年共受理电子来件1700余件，办复率100%。

公开电话网络建设

继续探索网上无纸化办公模式，缩短公文运转时间，提高了行政效率。加强对网络单位的培训、指导，全年分多批次对各网络单位的主要负责人和承办人员进行了培训，组织网络单位进行工作交流。加强了对网络单位督办协调，对各单位的办理情况进行通报。

年内，通过对全市热线资源进行调查，市政府决定在市长公开电话基础上设立青岛市便民呼叫中心（仍为市政府办公厅处级单位，同时保留市长公开电话办公室、经济发展投诉中心办公室名称，对外统称青岛市便民呼叫中心），对全市的热线资源逐步整合，最后形成青岛市区统一、单一的热线号码“12345”，集中受理各类行政投诉、经济发展投诉及社区业务。此项工作正在稳步进行，计划于2005年初开通便民呼叫中心热线。

经济发展投诉工作

年内，市长公开电话办公室（市经济发展投诉中心）共受理经济发展投诉200件，全部办复，现场处理40件，编写《经济发展投诉专报》24期。完善了工作制度，理顺了关系，保证督查事项逐件落实，并将影响青岛市经济发展等方面的重要要求、投诉、建议等，及时上报市政府，为科学决策服务。

（谭新金）

·无线电管理·

工作概况

2004年，市无线电管理委员会办公室（下称“市无委办”）先后协调排查民航青岛空管站航道频率干扰、青岛移动通信公司频率干扰等4起无线电干扰，为70多个单位提供无线电技术咨询和服务，完成“金桥工程”项目1项，组建李沧区政法委等单位无线电通信网7个，安装台站44部，调试、维修设备850余台，完成农业发展银行卫星地球站等5次电磁环境测试。全年为100多家设台单位1300余部无线电设备办理设置使用、报废手续，核发电台执照2000份。3月，召开了市无线电管理委员会成立以来的首次全体会议，市委副书记、副市长崔锡柱出席会议并作了重要讲话。

航空无线电专用频率保护整顿

市无委办分析青岛地区航空无线电频率的使用情况，会同民航青岛空管站和民航安检青岛办事处对机场内设置的无线电台站进行了摸底检查，组织公安、边防、武警、海军驻军、口岸办及设台单位等27个单位召开了整顿工作会议。组织人员到机场进行台站核查，依据填报的技术资料对使用的设备频率进行校对,不符合使用规定的频率立即给予纠正。共核查单位13个、无线电设备232部,重新调整频率8个,新核发电台执照56份。制定了《青岛流亭国际机场区域无线电管理规定》,明确民航青岛空管站为流亭机场区域内日常无线电管理业务的牵头单位,理顺了机场无线电管理工作关系,确定了联席会议和情况通报会制度,建立起民航频率安全保护的长效管理机制。

实行专管员制度

年内,在全市实行了无线电管理专管员制度,即各设台单位须有1~2人担任"无线电管理专管员",负责办理各项无线电业务。举办了首期专管员培训班,对设置台站较多的单位的40名专管员进行集中授课,通过法规、技术理论学习和事例分析等方式系统地学习了无线电管理条例、法律法规及相关规定,给考试合格的专管员核发了"无线电管理专管员证"。

监听监测

重点对航空频率、海上港口频段、广播频率等进行了监听监测,及时发现和查处无线电干扰,全年累计监听监测时间2000余小时。在6月泰国总理访问青岛和12月委内瑞拉总统访问青岛期间,分别对申请使用的3个频点进行了跟踪监听监测,保证了通信畅通。对前湾港区水上频率进行重点监测,核查港湾周围28家设台单位76部设备,重新登记频率123个。

宣传无线电管理知识

2004年是《无线电管理条例》颁布11周年,市无委办在全市开展了无线电管理系列宣传活动,开展了征文暨摄影比赛、无线电管理知识有奖征答和现场宣传互动等活动,发放宣传资料4000余份;10月,在青岛交通广播电台推出了8期"无线电管理知识讲座",介绍了无线电管理法规、青岛市无线电事业发展情况等。

（张建强）

人事工作

公务员管理

2004年,组织公开考录公务员538名,公安系统招考毕业生136名,市审计局招考26名,优化了公务员队伍结构。首次在面试中运用素质测评和结构化面试相结合的方法,收到了较好效果。落实新录用公务员试用期管理办法,加强新录用公务员试用期考核,组织全市机关为549名新录用公务员聘任了导师。做好新录用公务员到基层锻炼工作,全年共安排往年考录的公务员40人到基层锻炼,组织2期29名优秀公务员进行健康休养。

建立公务员培训长效机制,出台了《青岛市公务员学分制管理试行意见》,并对部门自行举办的公务员培训班次进行备案。启动了以"五会一讲"(会鉴别、会执行、会办事、会办文、会办会和讲礼仪)为主要内容的公务员基本素质能力提升计划,计划2年内把处级以下公务员轮训一遍,探索实施案例教学、讲评结合的训练式培训模式,取得了良好成效。贯彻《行政许可法》,组织全市3万余名公务员开展了大规模行政许可法培训和上机考试,举办了"普法杯"行政许可法电视知识竞赛。组织研发的大规模公务员智能化电子政务培训考试系统获山东省人事科研成果评审三等奖、市科技进步三等奖。组织39名高层次公务员出国进行了公务员培训实务、政府行政与公务员管理、公共服务体制改革等培训。

完善公务员年度考核,突出抓好基层单位、窗口服务单位考核和执法系统考核末位离岗培训。进一步规范公务员日常考核,出台规范日常考核的意见,建立了抽查和反馈相结合的日常考核检查制度,推进了公务员作风建设和依法行政。继续开展市级行政机关公务员管理绩效评估,首次组织区市公务员管理绩效评估。对区市和市直单位年度轮岗回避情况进行调查,为行政效能评估提供依据。对区市行政机关人员混岗问题进行调查,并对部分区市的相关人员进行了清理。

开展"我与青岛共发展"活动。建立政务服务无缺位制度;开展公共服务竞赛,首次评选出5个"青岛市公共服务示范窗口";开展"公务员奉献月"活动,组织市直机关的64个部门1000余名公务员(机关工作者)在五四广场开展便民服务活动,推介机关服务品牌;将公务员考核结果、奖励惩戒情况及过渡等资料信息入库,建立公务员诚信档案,并运用到工资晋级晋档、年终一次性奖金发放及竞争上岗等资格审核中。"我与青岛共发展"活动推进了公共服务流程再造,提高了公务员能力,改进了公务员作风,推动了机关建设,产生了显著的社会效益。

年内,四方区民政局获全国"人民满意的公务员集体"称号,这是青岛市历史上第一个获此荣誉的集体。选树的莱西市水利局李勇、青岛经济技术开发区公安局毕世玉被评为"山东省模范公务员",市北区司法局被评为"山东省模范公务员集体"。

人才工作宏观规划

年内,召开了全市人才工作会议,出台市委、市政府《关于进一步加强人才工作的意见》。启动全市"十一五"人才规划编制工作,组织21个部门开展16项调研课题。加强人才工作研究,完成了"人才强市战略"课题研究。

引才引智

围绕全市重点项目引进优秀人才和国外智力,成效明显。全年引进本科以上人才21652人。其中,博士260人,硕士和高级职称人才1805人。引进留学人员167人,比历史最高的2003年增长了30%。引进本科以上非师范类毕业生18406人,其中博士126人、硕士1166人,分别比历史最高的2003年增长了27%、100%、15%。围绕紧缺急需人才的引进,出台并实施了《青岛市居住证》政策,为627人办理了《青岛市人才居住证》,引进的创业人才和经营管理人才约占总数的45%以上。获得国家批准的引智项目41项,获得专项引智经费110万元,在全国副省级城市中居第四位。其中,获得国家批准的引进国外技术、管理类人才项目37项,获得专项引智经费50万元,比上年增长43%;获得国家批准的重点专项引智项目4项,获得专项引智经费60万元,比上年增长150%。高新技术类引智项目占全年项目总数的62%。聘请的青啤朝日公司日本专家船越五郎获国家"友谊奖",是青岛市近年来唯一获此荣誉的外国专家,聘请的青岛港法国专家令成祥获山东省政府"齐鲁友谊奖"。推荐的青岛高校软控股份有限公司被命名为国家引智示范单位,这是青岛市第一个国家级的引智示范单位;省科学院海洋仪器仪表研究所被批准为山东省农业引智成果推广示范园。全市有6人获得山东省公派留学资格，占全省录取总数的1/4，居全省第一位。

人才会展

年内，在日本组织了第三届中国·青岛国际化人才创业项目洽谈会，这是青岛市首次在海外举办招才引智和招商引资高度融合的洽谈活动，取得显著成效。共签订合作项目51个，其中招商项目10个（“世界500强”合作项目2个，外方投资总额4650万美元），科技合作项目17个，人才招聘项目24个，与262人达成来青创业意向。组团参加“中国山东第三届海外人才交流暨项目洽谈会”，达成合作意向117项，签订正式合作协议16项。组织10家留学人员企业携7个产品实物参加“全国留学人员回国创业成就展”。

职称改革与专家工作

建立专业技术人员社会化评价体系，完善高层次人才选拔管理机制。制定了《青岛市专业技术职务晋升考评实施意见》，重点对教育、卫生、工程三大系列引进社会化评价体系。卫生系统人员的职称评定全部实行了“人机对话”；教育系统人员的职称评定全部实行了说课制，由专家评委对晋升人员的讲课质量、表达能力等方面进行综合评估；工程系列人员的职称评审全部实行了面试制。指导档案系列进行了面试。加强高层次人才管理，制定了《关于做好院士聘任和政府津贴管理工作的通知》。加强高层次人才资源共享，与烟台、威海等市达成初步协议，制定了高层次人才资源共享备忘录。举办清华MBA中华万里行活动，清华MBA经管学院与市人才中心签订了长期合作协议，在海尔集团建立了MBA实习基地，有超过1/2的清华MBA学子选择青岛作为就业、创业和实习城市。

人才培训

对市级继续教育基地进行综合质量考评，基地全年培训2万余人次，年内新确认市级继续教育基地4个，总数达到33个。对全市23810名晋升职称专业技术人员接受继续教育情况进行了学分审验。开展“知识产权保护与创新”培训及自学考试，有4000余人参加。与国家人事部全国人才流动中心联合举办了“人才测评师”资格认证培训。参与西部人才开发，举办了国家人事部立项、主要对口支援贵州省的“全国现代化农业机械技术高级研修班”，培训高级人才60名。规范出国（境）培训，制定出台《关于进一步加强出国（境）培训管理工作的补充意见》，组织企业高级管理人员等出国培训58批596人次。利用市场机制和社会资源举办“人力资源师”、“物流师”等资格认证培训班17期，与南开大学等院校合作开展远程学历教育培训，培训学员1132人。

人事人才服务

努力为人才发挥作用构筑平台。加强博士后站建设，全市现有21家博士后站，培养出站博士后98人，在站博士后53人，博士后在站期间平均每人承担1～2项课题，先后承担、参与国家“863”、“973”重大项目50余项，国家基金课题攻关项目近50项，博士后站已成为青岛市聚集、培养、使用高层次人才的重要载体。经国家人事部批准，挂牌成立的青岛变压器集团博士后工作站是全省第一家设在民营企业的博士后站。加大对中小企业人才智力支持，推行中小企业专家工作站制度。为留学回国人员创业提供服务，年内批准11家留学人员企业进驻创业园。协调成立留学人员协会，已有会员266人。发挥全市留学回国服务联席会作用，为留学人员解决实际困难。拓展人才派遣工作。扩大企业派遣，规范工勤人员派遣，印发《青岛市市直机关事业单位工勤人员派遣管理实施细则》。2004年，市人才中心新增机关事业派遣单位14家，工勤人员62名，分别比上年增长29%和45%；新增企业派遣单位25家，派遣人员1815人，同比增长56%。截至年底，市人才中心共为62家机关事业单位派遣人员242人，为41家企业派遣人员3815人。开展人事诚信调查，建设职业信用体系，逐步对人才引进、职称评审、机关事业单位招考、各类资格考试报名等业务工作进行证书查验，维护公平、公正的社会秩序，在全国首家为人才择业出具人事诚信调查报告书。截至年底，已为123家单位5000余人查验学历证书和资格证书6900本，为27家用人单位和567名各类人员出具了人事诚信调查报告。“人事诚信调查”入选“2004年度诚信青岛十件大事”。

人才市场建设

按照“管办分离、政事分开”的原则，对市人才中心进行了体制改革，并分别在全国人才市场建设管理座谈会和全国部分大中城市人才中心主任联席会上作经验介绍。市级人才市场初步形成了有形市场、网上市场、媒体市场三位一体的招聘格局，比大多数城市有形市场和网上市场二位一体更具竞争力。全年共举办各类人才招聘会290余场，招聘单位2.69万个（次），求职人数92万余人次，招聘场次比历史最多的2002年增长了32%，招聘单位和求职人数分别比历史最高的2003年增长22%和34%，人才交流量居全国主要人才市场第二位、全国大中城市前五位、副省级城市前三位。

机构与人事制度改革

（详见第29～31页）

（李正超）

·监察工作·

（详见第92～96页）

·外　　事·

外宾来访

概况　2004年，青岛市人民政府外事办公室共接待国外来访团组335批3028人次，其中国家元首和政府首脑级团组4批128人次、部级以上团组57批821人次、世界500强企业9批41人次；参与接待美国、英国和澳大利亚军舰来访。

政要来访　2月16～17日，罗马尼亚众议长瓦莱尔·多尔内亚努一行14人，由全国人大常委会办公厅外事局副局长钟荣来等陪同访问了青岛。代表团在青岛期间参观了海尔、海信集团等，市人大常委会主任徐长聚会见了代表团一行。

6月21日下午，泰国总理他信一行28人乘专机由泰国曼谷抵达青岛市，出席外交部在青岛召开的亚洲合作对话（ACD）第三次外长会议。晚上，国务院总理温家宝在居庸关路18号会见并宴请了他信总理一行。6月22日上午，他信出席了ACD第三次外长会议开幕式并致辞。

2004 年 4 月,市委副书记、副市长崔锡柱(右二)会见印度太阳神国际有限公司主席兼董事长坎瓦。　　(李东昊/摄)

7 月 21 ~ 27 日,应最高人民法院邀请,泰国大理院院长阿塔尼滴(副总理级)一行 7 人访问我国并顺访青岛。阿塔尼滴参观了市中级人民法院并与法官进行了座谈。市人大常委会主任徐长聚会见了代表团一行。

9 月 6 ~ 12 日,瓦努阿图总理瑟奇·沃霍尔及夫人一行 8 人对中国进行工作访问,期间于 9 月 7 日抵青访问。9 月 8 日,沃霍尔一行赴青岛港、保税区参观,并与市海洋与渔业局就海水养殖进行座谈;晚上,市长夏耕会见了沃霍尔一行。

外国驻华使节来访　年内,共有 10 个国家驻华大使和国际组织驻华代表来青访问 12 次,分别是:联合国开发计划署驻华代表马和励、卢森堡驻华大使温昆豪、法国驻华大使蓝峰、澳大利亚驻华大使唐茂思、日本驻华大使阿南惟茂、欧盟驻华大使安高胜、冰岛驻华大使古得纳·松、加拿大驻华大使柯杰、韩国驻华大使金夏中、英国驻华大使韩魁发、塞黑驻华大使德拉甘·莫姆契洛维奇。

外国记者来访　全年共受理、邀请、接待来自英国、美国、德国、日本、韩国等国外媒体记者 56 批 131 家 246 人次,是青岛接待外国媒体来访数量最多的一年。主要媒体有路透社、美联社、BBC、泰晤士报、韩国广播公司(KBS)、朝日新闻等;报道内容涉及亚洲合作对话(ACD)第三次外长会议、“韩国周”、“日本周”、啤酒节、奥帆赛筹备,以及青岛港(集团)公司、海尔集团、青岛啤酒公司等知名企业。

外事宏观管理

市委外事工作领导小组会议　4 月 2 日和 8 月 10 日,市委外事工作领导小组先后召开了 2 次会议。会议对党政干部因公出国、重要外事事项申报、涉外案(事)件处理、对外接待统一管理、重大涉外活动计划管理、大型出国培训团组归口管理、县处级以上干部因私护照收缴以及进一步规范友好城市交往、授予“荣誉市民”称号、外国记者接待、礼宾礼仪和外语环境整治等工作做了研究。出台了包括因公出国管理在内的 11 个规范性管理意见。

因公出国管理　年内,市外办共审批、审核因公出国(境)团组 1642 批 6582 人次,其中经贸洽谈 4387 人次、出国培训 468 人次。办理因公出国护照 2186 批 6435 人次,办理《赴港澳通行证》302 批 832 人次;代办签证 1573 批 5573 人次;办理外国人来华邀请函电 2187 批 3075 人次。对市党政领导干部和大型出国培训团组因公出国实行计划管理。向有关驻华使领馆争取到赴日本“一年多次有效签证”和赴澳大利亚 5 个工作日办结签证的优惠政策。实现因公出国审批与护照签证办理“一个窗口”服务。举办了有 245 人参加的第六期出国专办员培训。

市领导出访　全年共组织外派 51 批市级领导出访。其中,山东省委副书记、青岛市委书记杜世成出访希腊、西班牙、塞黑,出席 2004 雅典奥运会开幕式,探讨与塞黑巴尔市结为友好城市事宜,与西班牙毕尔巴鄂市签署结为友好城市协议书等;市人大常委会主任徐长聚出访南非、埃及、摩洛哥,视察青岛市海外企业、访问友好城市丹吉尔等;市委副书记、市长夏耕出访丹麦、瑞典、冰岛、德国,出席“中国·北欧中小企业合作论坛”,拜会世界帆船比赛组织机构及出席中日韩三国十城市“东亚(环黄海)城市市长会议”第六次会议等;市政协主席张旭升出访西班牙和意大利,推动了青岛市与西班牙毕尔巴鄂市和意大利威内托大区的友好合作。

领事工作　全年受理总领馆照会 170 份。协助大韩民国驻青总领馆做好新馆选址、奠基仪式及领馆建馆 10 周年庆典活动。参与组织了中韩第八次领事磋商会谈。组织新任韩国总领馆总领事辛亨根及领馆工作人员、驻青韩资企业负责人等走访青岛市儿童福利院和社会福利院,赠送慰问金和慰问品。协调韩国总领馆将青岛市 30 多条遭遇海上大风浪的渔船安全抵达韩国华胜港避风。

外国专家管理及“荣誉市民”授予工作　全年共为 16 家单位办理了聘请外国专家资格审核手续;全市有资格聘请外教的学校增加到 77 家。对青岛市急需的外国专家发放了 2 ~ 5 年的长期外国专家证。聘请“青岛市经济顾问”2 人,授予 20 名外国专家、华人和港澳台同胞“琴岛奖”。

国际会议与国际活动

亚洲合作对话(ACD)第三次外长会议　(详见第 309 ~ 312 页)

首届青岛韩国周　(详见第 308 页)

首届青岛日本周　(详见第 308 页)

青岛—下关缔结友好城市 25 周年庆典　10 月 17 ~ 20 日,青岛市与日本下关市举办了“庆祝青岛—下关缔结友好城市 25 周年庆典”活动。日本驻华大使馆公使渥美千寻专程来青参加了庆典活动。日本下关市市长江岛洁、议长小浜俊昭率政府议会代表团、商工会议所代表团、公务员代表团、市民友好访问团等 7 个团组 270 多人来青参加了庆典活动。本次活动以“回顾友好交往历程,展望国际发展未来”为主题,通过举办友好历史回顾会谈、帆船友谊赛、港湾推介会、日本文化展等 11 项庆典活动,密切了青岛市与下关及日本各地的友好关系。

友好城市交往

年内，开展了市人大常委会与国外地方议会、市政协与国外友好组织间的交往。先后与乌拉圭蒙德维的亚市、立陶宛克莱佩达市和西班牙毕尔巴鄂市等3个外国城市签订了友好城市协议书；与意大利威内托大区、奥地利布劳瑙市、美国圣路易斯市和德国莱茵内卡三角洲地区签订了友好合作关系城市协议书；新增基层缔结友好关系单位17对。截至年底，全市共对外缔结友好城市11个、友好合作关系城市29个，基层缔结友好关系单位增加到55对。

与匈牙利佐落市和塞黑巴尔市签署了友好城市或友好合作关系城市意向书。推进日本新潟市与青岛市缔结友好关系并开通空中直航。

促成韩国大邱市启明大学附属医学院为青岛市2名特困家庭心脏病儿童免费赴韩进行手术。

为经济建设和社会发展服务

年内，促成了香格里拉大饭店二期扩建、高丽制钢、科百福食品加工等千万美元以上大项目及韩国大韩航空呼叫中心等项目正式落户青岛，促成海信集团与世界500强企业伟创力公司在匈牙利合作建立年产100万台彩电生产基地投产，促成韩国国际学校和青岛日本人学校建成开学。

外事机构建设

10月，经市编委研究批复，对市外办机构编制进行了调整，新增加了负责市委外事工作领导小组办公室的日常工作、负责制订有关外事礼宾工作规定和协调指导全市外事礼宾工作、协调有关部门对涉外场所的外语标识使用错误和不规范现象进行整治、负责驻青部队外事活动的协调及服务等4项职能，增设了出国管理处、礼宾(新闻)处、美洲大洋洲处等3个处室。

(庄建蓉)

2004年11月，副市长于冲(左二)会见德国帕德博恩市市长汉斯·鲍斯一行。

(市政府督查室供稿)

·侨　　务·

2004年，市侨办被国务院侨办、国家人事部授予"全国侨办系统先进集体"称号。市侨办"凝侨兴市"服务品牌被评为"青岛市服务名牌"。

对外合作交流

利用外资　围绕青岛市重大项目和重点开发园区建设，引荐海外华商来青投资合作。市侨办全年促成实际利用外资5500万美元，超额完成全年工作目标，连续7年超额完成市政府下达的利用外资目标。海外华商投资项目成为青岛市直接利用外资项目的主体，累计在青岛投资60多亿美元，提供就业岗位10万多个。通过以侨引外，吸引了一批跨国公司和世界500强企业。

开展"春晖行动"　年内，市侨办深化实施引进海外智力人才和先进科技的"春晖行动"，引荐210名海外经济科技专家与青岛市开展经济科技合作与交流。引进海外华人专家创办的基因克隆、生物芯片、高能节电等项目具有很高的科技含量和经济价值。

开拓国际市场　联络海外华商在日本、美国、欧洲等地建立了青岛名牌产品展示厅等，促进相互合作。协助青岛市名牌企业在海外建厂。协助青岛市企业建立海外销售网络和信息咨询网络。

创新招商方式　开展团队招商、网上招商。成立东南亚招商团队，做好对大财团、大项目的招商，促进侨务招商引资向专业化发展。拜会海外华商大企业200余家，推介洽谈经贸合作项目100余个。

侨务网络建设　开发海外关系，加强高层涉侨对外交往，发展与重点社团的友好关系。市侨办协调安排省、市领导出访部分国家和地区，会见政要和大城市首脑，会见海外和港澳重点知名人士以及华商大企业家。全年引荐49个海外重点财团社团与青岛市开展经贸合作交流，邀请1500多家华商企业与青岛市洽谈合作。截至年底，市侨办与80多个国家和地区的600多个重点财团、社团、商会建立友好关系，构建起200家海外重点商会、200家重点企业、200位招商大使组成的海外侨务工作网络。

开展招商活动　举办"山东半岛海外华商合作发展年"活动，来自26个国家和地区的华商企业、社团商会和海外华文媒体代表参加，洽谈投资项目100多个。其中，正大易初莲花超市、神户电机项目作为代表在开幕式上签约，合同利用外资1亿美元。举办"海外华商青岛行"活动，全年共有来自50个国家和地区1000多家华商企业和社团商会的代表参加，促成经济科技合作项目180余项。举办"港口经济与国际航运论坛"，亚太区域港口航运物流业的代表出席。年内，市侨办邀请1000多位海外重点知名人士参加"啤酒节"、"电子家电博览会"、海外"青岛推介会"等重大活动，推进以经贸为主的合作交流。

为侨服务

年内，加强宣传《归侨侨眷权益保护

法》和《归侨侨眷权益保护法实施办法》，推出了8项便民服务措施，开展“2004为侨服务月”和“侨法宣传月”活动。开展“安商助侨送温暖”活动，全年走访侨港资企业100余家次，协调有关部门解决实际问题60余件，组织侨港资企业负责人座谈会6次，起草了全市侨资企业调研报告，受理侨港商投诉22件并已全部办理完毕。支持侨界人士参政议政，全市已有近百位侨界人士走上党政领导机关和科研教育的重要领导岗位，全市推荐了近百位侨界人士担任各级人大代表和政协委员。

（王宇涛）

·对台工作·

2004年，青岛市台办被中央台办宣传局评为“对台宣传、调研工作先进单位”，被山东省台办评为“山东省对台经济工作先进单位”、“山东省涉台教育先进单位”。

对台经贸

全年全市共批准台资项目160个，合同利用台资5.72亿美元，实际利用台资3.30亿美元，分别比上年（下同）增长28.0%、82.0%和76.8%。截至年底，全市累计批准台资项目1722个，合同利用台资35.6亿美元，实际利用台资17.5亿美元。

年内，举办了“青台电子产业合作洽谈会”，邀请了台湾75家电子企业参会，并邀请海尔、海信、澳柯玛、朗讯、LG等公司与会介绍企业的发展规划，提出合作意向，洽谈合作事宜，共达成合作意向20多项。

全市各对台招商园区建设取得了新进展。海峡两岸（山东平度）农业合作试验区完成基础设施投资2600万元，举办了海峡两岸（青岛）食品加工洽谈会，试验区新落户内、外资项目26个，合同利用外资4160万美元，合同利用内资3440万元。胶州市台湾工业园基础设施达到了“六通一平三化”，共引进项目24个，合同利用外资6750万美元，合同利用内资3.5亿元。青岛纺织染整工业园设施配套达到“七通一平”，引进项目18个，合同利用外资6409万美元，实际到位2835万美元，合同利用内资4.5亿元、实际到位1.8亿元。

全年邀请、接待了台湾电机电子同业工业公会、工业总会、石化公会等几十个协会和台湾长荣、华邦电子、联华等60多家企业300多人次来青参观访问，考察、洽谈投资事宜。其中，台玻、统一、润泰、长荣、六和、顶新、新和兴、广丰、永丰裕、蓝天电脑、利碟、英派斯等企业在青岛市投资设厂。

全市各级对台工作部门加强对台商的服务。青岛市台商投诉协调中心全年共受理台商投诉案件34起，处结33起。

两地交往交流

全年来青台胞3.7万人次。台胞来青交流团组38批878人次，青岛市应邀赴台交流团组71批284人。

举办了“第七届海峡两岸旅行业联谊会”，邀请200多名台湾旅行业者来青进行了交流；协助石油大学举办了“两岸科技合作研讨会”，邀请台湾40多位专家学者参加会议进行了研讨。

涉台宣传教育

邀请了台湾TVBS电视台、东森电视台等媒体5批10名记者来青，对青岛市家电博览会、啤酒节等重大节会活动和城市建设、对台工作情况进行了采访。台湾记者回台后，以“48家台湾企业参展2004国际电子家电博览会”和“青台两地电子产业合作前景广阔”、“200位重量级台商青岛大会师”、“台商热衷到山东半岛投资”等为题，宣传推介了青岛市的投资环境。配合中央电视台第四套节目，采访拍摄了《台湾老兵》系列节目和《欢乐中国年》春节晚会，在台湾岛内播出。利用中央、省级涉台宣传媒体开展对台宣传，全年共在中央、省级涉台媒体刊发稿件177篇。加强对“青岛台湾事务在线”网站的管理，扩大对台宣传的渠道，全年网站更新信息623条，其中涉台信息324条。

加强涉台教育，举办台湾形势报告会50多场，受教育2万多人。

（苏　彦）

·市级机关事务管理·

机构改革

2004年7月，根据市政府机构改革实施意见，撤销市级机关服务中心，组建市机关事务管理局，为统一管理市级机关后勤事务和有关接待工作的市直事业单位，内设办公室、综合管理处、财务审计处、房产管理处、接待服务管理处、组织人事处等6个职能处室。

接待服务

2004年，市机关事务管理局共参与接待党和国家领导人24人次，接待省部级领导人580人次、厅局级领导人2760人次，接待夏季来青疗养的省级老领导10户。八大关宾馆完成了接待中央政治局常委、国务院总理温家宝，中央政治局常委李长春、罗干，人大常委会副委员长王兆国，中宣部部长刘云山，中组部部长贺国强，原人大常委会委员长李鹏，原国务院总理朱镕基等中央领导，参加ACD会议的泰国总理他信等重要接待任务。市级机关礼宾车队参加接待了罗马尼亚议长、斯洛伐克总理、刚果总统夫人等重要外事任务。市机关事务管理局各接待单位完成了在青岛举办的APEC会议、亚洲合作对话（ACD）第三次外长会议、全国基层检察院建设会议、全国省（自治区、直辖市）妇联主席会议、全国工农业旅游示范验收会议、济南军区国防动员会议、全国公安厅（局）长座谈会以及青岛市人大、政协会议等重要会议及大型活动30多次，其他各类会议270余次。

机关后勤保障

安全保卫　年内，市级机关东部和西部管理中心把市级机关安全保卫工作摆在首要位置，加强对办公大楼内外的安全检查，突出强化人防、完善物防、提高技防，落实岗位安全责任制，加强以提高专业保安队伍及全员安全意识和业务素质为主要内容的人防建设，采取“强技术，提素质”等措施，提高了应变能力和防范水平。加大基础设施投资，对一期办公楼每层加装了电视监控装置，对火灾报警控制主机及各种消防设施进行了更换，在大院围栏加装了红外线电子报警系统。

餐饮服务　年内，市级机关东部和西部管理中心聘请营养专家，对市级机关餐饮饭菜的营养进行了专业化、科学化的指导。

会议服务和卫生保洁　年内，市级机关会议中心提高接待会议服务水平，强化内部管理，参照星级宾馆的标准服务,各项考核指标优秀率达到100%。做好市级机关办公楼的卫生保洁工作,市委、市政府办公楼大堂副理被评为市“巾帼建功示范岗”。

基本建设　年内,完成了市级机关一期办公楼餐厅1000平方米的改造工程,楼内走廊1.3万平方米的粉刷工程,并对第十二层的卫生间进行了改造装修。完成了黄海饭店会议中心公共卫生间和会议中心外墙干挂等工程。

机关用房管理

年内,起草了《青岛市市级机关办公用房管理规定》,把办公用房管理逐步纳入规范化、制度化轨道,并对全市市级机关及市直事业93个单位99万平方米机关用房进行了普查摸底。市政府机构改革后,调整房源并对全市新调整的部分单位的办公用房进行了调配。

机关事务品牌建设

年内,制定了“机关事务文化规划”,确定了“务求至臻”为市机关事务管理局服务品牌,并提出了核心理念、价值理念、服务理念、工作理念、学习理念、质量理念、行为理念等文化理念,形成了机关事务文化体系。

(傅希璟　高利军)

·地方史志与年鉴工作·

地方志工作

年度成果　2004年,市史志办公室编纂出版了青岛市历史上第一部《青岛文物志》,全书20万字、图片400余幅,记述和反映了青岛市文物和文物工作的历史与现状。年内,即墨、城阳、崂山、胶南、李沧、平度等区(市)出现了“镇镇修志”、“村村修志”的局面。全市组织编纂部门志、村庄志等阶段性成果20余部。

续修地方志　《青岛市志》190多个承编单位加强了资料的收集、考订和编纂。《青岛市志·统计志》、《青岛市志·中共青岛地方组织志》、《青岛市志·环保志》、《青岛市志·地震志》、《青岛市城市供水志》和《青岛保税区志》等完成了初稿编纂。5月,青岛市被中国地方志指导小组办公室批准为全国第二轮修志试点城市,成为全国9个试点单位中唯一的副省级城市;6月,市史志办公室在全国第二轮修志试点工作经验交流会上作了典型经验介绍。

年鉴工作

7月,市史志办公室完成了《青岛年鉴2004》(总第十七卷)的出版印刷,全书正文101万字、宣传彩页220余幅,分设特载、市情综述、2003年大事记、政治、经济、金融、对外经贸合作·国内合作交流、城市建设与管理、海港·交通、邮政·信息化建设、口岸、社会生活与各项事业、旅游·风景名胜、区市概况、节庆·会展、迎奥纪典、人物、统计资料、附录等19个栏目,在编纂体例和版式设计等方面进行了创新,突出了时代特征和地方特色;编辑出版周期和质量在全国城市年鉴中继续处于领先地位。《青岛年鉴2004》在由中国地方志指导小组办公室主办的首届中国地方志年鉴奖评选中被评为首届中国地方志年鉴奖特等奖,在由中国出版工作者协会主办的第三届全国年鉴质量评奖活动中获“中国年鉴奖”暨综合奖一等奖。

在抓好《青岛年鉴》编辑出版工作的同时,市史志办公室继续加强了对全市年鉴行业的宏观指导,并代理编辑出版了《青岛市烟草专卖局山东青岛烟草有限公司年鉴2001~2003》。

年内,市史志办公室完成了为《山东年鉴2004》、《中国城市年鉴2004》等刊物的供稿任务。

出版《青岛2004》

该书系市史志办公室从2003年起逐年编纂出版综合反映青岛市全面情况的便览性、指南性资料信息工具书——《青岛》之第二卷,简要、分门别类地反映了青岛市自2003年1月至2004年6月底的政治、经济和社会生活各方面的基本情况。全书分设关于青岛、三个文明建设与经济发展、对外开放与国内合作、城市建设与环境保护、科教文卫与人民生活、旅游与购物、节庆与会展、迎奥纪典、区市风采、附录等10篇,正文12万字,图片70余幅,采用了中、英、日、韩等4种语言目录。

“市情网站”建设

“青岛市情网站”设有“市情资料库”和“12区(市)地情资料库”,是山东省史志系统最大的市情网站,是“青岛政务网”的骨干数据库。年内,完成了2000万字的市情资料入网任务,市情资料信息总量达到1.2亿字,访问量达88.6万人(次)。12区(市)地情资料库与青岛市情资料库联网,实现了网上办公。全年被“山东省情网”“史志动态”栏目采用稿件20多篇。10月,山东省县级地情资料库建设现场会在青岛市召开,市史志办公室及崂山区、即墨市史志办公室分别在会上介绍了经验。

史志馆建设

11月15日,市史志办公室与市文化局、市图书馆共同创办的青岛史志馆正式开馆。青岛史志馆是在青岛市图书馆内开办的特色馆,面积220平方米,馆藏史志、年鉴图书4000余种,可同时容纳60名读者阅览。史志馆专业特点鲜明,定向收藏了省志、副省级城市志、沿海开放城市志、历史文化名城志以及风景名胜志、名山大川志及各类城市年鉴;地方特色突出,馆内集中收藏了《青岛市志》、《青岛年鉴》和县(区、市)志等地方志类成果470余种,为读者提供了一个了解市情、开展地情研究的平台。

为社会发展服务

年内,市史志办公室为市政府新闻办公室出版发行青岛奥帆赛纪念邮票提供了青岛城市欧陆风格建筑图片和文字资料。编辑了地情系列电视片。其中,即墨市史志办公室利用地情资料,编辑了《话说即墨》系列电视片,反映了即墨的历史和现状,已录制完成20集;崂山区史志办公室实施了“城市记忆工程”,及时跟踪全区由“农村向城市、农民向市民”的转变,以图片和声像的形式,为变迁中的村庄建立了多媒体数据库,共录入3200幅图片和1200多分钟声像资料。

队伍建设

年内,共举办各类培训班76个,培训修志人员450多人次。撰写理论文章6篇。3月,在山东省史志工作会议上,市史志办公室以116分的综合考评成绩居全省17市第一名,被评为山东省史志工作先进集体;12月,市史志办公室被山东省政府办公厅、山东省人事厅授予先进集体称号。

(鉴　讯)

中国人民政治协商会议青岛市委员会

·工作概况·

参政议政

2004年，市政协通过政协全体会议、常委会议、主席会议和专题协商会议，围绕市政府工作报告、计划和发展报告、财政预决算报告、城市规划建设、重大项目建设及市委市政府的有关重要决策等重大问题进行了协商。围绕全市改革发展稳定中的重要问题，组织各类视察活动36次。全年共组织重要协商活动70多次，提出重要协商意见和建议100多条。围绕中共青岛市委提出的“构建可持续发展的经济体系、构筑特色鲜明的现代化国际大城市框架、全面提升城市核心竞争力”三件大事进行了3次专题讨论，就“提升青岛市制造业水平，增强全市经济发展后劲”和“关于加快民营经济和现代服务业发展”进行了专题讨论。围绕中共青岛市委提出的“五个三”的工作思路以及市委主要领导在市政协十届二次全委会议讲话中提出的10个方面的重要课题，研究确定了19个重点调研题目和25个方面的视察内容，形成调研报告25份，向市委、市政府报送了《关于进一步完善我市城镇职工基本医疗保险制度的建议案》、《关于进一步做好失地农民生产生活安置工作的建议案》、《关于加强浮山湾及附近海域环境建设的建议案》、《关于加快我市新材料工业基地建设的建议案》等4份建议案和关于推进青岛市民营经济发展、加快开发胶州湾北岸和提高平度市、莱西市发展水平等14份专项建议，所报建议案和建议得到了市委、市政府领导的重视，市委、市政府主要领导对4个建议案以及《关于加快开发胶州湾北岸和大力提升平度、莱西发展水平的建议》分别作了重要批示，有些意见建议进入了市委、市政府决策，为市委、市政府的科学决策提供了重要参考。

2004年11月，市政协主席张旭升（右二）率市政协部分副主席、常委、委员和机关各工作室负责人到市广播电视局视察。（赵正理/摄）

按照为党政机关决策服务、为政协委员履行职责服务、为政协各参加单位服务的要求，加强了社情民意的报送工作。全年共办理政协委员反映的社情民意261条，部分重要社情民意经整理后及时报送全国政协和市委、市政府并转送有关部门办理和参考。

围绕把青岛建设成为全国最安全、最稳定、最和谐的城市之一的目标要求，协助市委、市政府抓好政治安全、社会安全、生产安全和信访安全。通过深入基层了解社情民意，及时向市委、市政府反映基层群众的愿望和诉求。市政协与各民主党派、工商联和各界人士以及各区市政协围绕推进社会公平公正、法制政府建设、社会保障、城镇职工医疗保险、新型农村合作医疗制度、诚信体系建设、社会治安安全防范网络建设等市委、市政府关注和人民群众普遍关心的热点难点问题，开展调查研究，提出了意见和建议。协助党委和政府做好理顺群众情绪、化解社会矛盾等工作。

发挥政协委员作用

坚持把提案作为政协履行民主监督职能的重要形式，围绕青岛市经济建设、社会事业发展、社会政治稳定和城市管理等重要问题，加强委员提案的选题指导，为政协委员提供知情服务，并采取政协领导督办、典型引导、会议推动和调研促办等形式，加强提案办理，提高提案质量、办理质量、服务质量以及提案办理的面复率、满意率和落实率。全年立案的884件提案全部办结并提高了提案办理的面复率、满意率和落实率。发挥政协委员的主体作用，畅通委员建言献策渠道。组织有关政协委员参加全市党政部门组织的各类协商会议、列席了全市有关会议，参加了对青岛市法院、检察院队伍建设情况的民主评议。推荐31名委员担任了党政部门的特邀监督员、廉政询问员，为委员知情议政和民主监督创造了条件。通过《人民政协报》、《青岛日报》和青岛电台、电视台等新闻媒体及市政协内部刊物，宣传了青岛市政协工作和政协委员的先进事迹。《人民政协报》先后5次报道了市委、市政府重视发挥政协作用以及青岛市政协的有关工作情况。市政协与青岛电视台合办的“委员论坛”专题节目全年制作并播出了26期,为政协委员民主监督搭建了平台。

对外交往、联谊

市政协围绕促进祖国和平统一,多形式、多渠道地开展了对外交往和联谊活动。组织有关政协委员参加了“两岸经济形势报告会”和对台形势报告会。应香港地区中国和平统一促进会的邀请,组团赴香港参加了“中国和平统一论坛”,与来自世界30多个国家和地区的与会代表进行了交流。加强了与海外侨领、海外华商的联系与交往,参与接待了美国国会助手访问团、荷兰侨领代表团、南美洲和平统一促进会青岛考察团、厄瓜多尔侨领经贸访问团和纳米比亚全国委员会访问团。接待了全国政协组织的“海外华商青岛行”代表团,协助海外华商完成了在青岛的经贸考察。组织了港澳委员在青的视察,听取了他们对青岛发展的意见和建议。

自身建设

年内,以举办主席、秘书长读书班和“委员学习日”等形式,贯彻“两会”精神,系统地学习了修改后的《宪法》和《政协章程》,组织政协委员学习了中央领导关于牢固树立和落实科学发展观的重要讲话。结合纪念邓小平诞辰100周年和庆祝人民政协成立55周年活动,组织学习了胡锦涛在纪念邓小平诞辰100周年座谈会上和庆祝人民政协成立55周年大会上的重要讲话,以及中共山东省委和青岛市委主要领导在省、市庆祝人民政协成立55周年大会上的讲话,召开了由各党派团体和各界人士代表参加的纪念邓小平诞辰100周年座谈会。召开市政协常委会议学习贯彻中共十六届四中全会精神。市政协领导班子成员多次走访委员和举办“委员接待日”,听取政协委员的意见。市政协机关开展了“双学三创”、创建“情系委员”服务品牌和“四型机关”等活动,提高服务意识,加强了同政协委员和有关部门的联系,为政协委员发挥作用创造环境和条件。

·重要会议·

市政协十届二次会议

2月16~20日举行。会议应出席委员528人,实到委员504人。会议听取了中共山东省委常委、青岛市委书记杜世成的重要讲话;听取并审议了政协第十届青岛市委员会常务委员会工作报告;听取并审议了政协第十届青岛市委员会常务委员关于提案工作情况的报告;列席了青岛市第十三届人民代表大会第二次会议,听取并讨论了市政府工作报告和其他有关报告;审议通过了政协第十届青岛市委员会第二次会议政治决议。

市政协十届常委会会议(2004年)

第五次会议　1月14日举行。会议听取了市政协主席张旭升传达的山东省政协九届二次会议精神;市政府副市长张元福作了《关于起草〈政府工作报告〉的说明》;市政协秘书长王增元作了《关于召开市政协十届二次会议筹备情况的汇报》。审议通过了政协第十届青岛市委员会常务委员会工作报告和政协第十届青岛市委员会常务委员会关于提案工作情况的报告,并确定了报告人。会议通过了关于召开政协第十届青岛市委员会第二次会议的决定,政协第十届青岛市委员会第二次会议议程和日程(草案),政协第十届青岛市委员会第二次会议每日执行主席名单(草案),政协第十届青岛市委员会第二次会议大会秘书长、副秘书长建议名单,政协第十届青岛市委员会第二次会议各组召集人名单和大会秘书处各组负责人建议名单。

第六次会议　2月19日举行。会议听取了市政协十届二次会议大会讨论情况汇报和提案情况汇报;审议通过了市政协十届二次会议政治决议(草案)。

第七次会议　7月22日举行。会议听取了市政府副市长张锐通报《关于我市上半年经济运行情况》;听取了市政协副主席邹立健作的《关于市政协2004年上半年工作情况和下半年工作意见的报告》;传达学习了全国政协十届六次常委会议和山东省政协九届八次常委会议精神;审议和原则通过了《关于进一步做好失地农民生产生活安置的建议案》、《关于加强浮山湾及附近海域环境建设的建议案》。市政协主席张旭升作了重要讲话。

第八次会议　10月10日举行。会议听取了市政府副秘书长孙百刚通报的《关于政府系统办理市政协十届二次会议提案的主要情况》;学习了《中共中央关于加强党的执政能力建设的决定》;传达学习了全国政协十届七次常委会议和山东省政协九届九次常委会议精神;审议通过了《关于加快我市新材料基地建设的建议案》和有关人事任免事项。市政协主席张旭升主持了会议并就学习贯彻中共十六届四中全会精神作了重要讲话。

第九次会议　12月8日举行。会议审议通过了《政协第十届青岛市委员会常务委员会工作报告》(讨论稿)和《政协第十届青岛市委员会常务委员会关于提案工作情况的报告》(讨论稿)审议通过了《政协青岛市委员会2005年工作要点》(讨论稿);协商通过了人事任免事项;会议通过了增选市政协常务委员会委员建议名单。市政协主席张旭升作了重要讲话。

·重要活动·

1月1~15日,市政协主席张旭升,副主席邹立健、闵祥超、梁有新、展文良走访慰问了致公党中央副主席、致公党青岛市委名誉主委郑守仪,八届市政协主席杨在茂、九届市政协主席胡延森等市政协老领导。

1月17日,市政协主席张旭升率队走访慰问了崂山区特困企业、特困职工、贫困村、贫困党员、贫困户、农村敬老院。

2月18日,市政协召开了“关于加快民营经济和现代服务业发展”专题讨论会。市长夏耕,市政协主席张旭升、副主席闵祥超出席了会议。市长夏耕听取讨论后作了重要讲话。

2月20日,青岛政协联谊会四届二次会员大会召开。市政协主席张旭升作了重要讲话。

2月23日~3月3日,市政协组织“青岛市经贸考察团”赴台湾省进行了经贸考察。

3月8日,山东省政协经济委员会“加工贸易课题组”一行14人来青调研,市政协副主席邹立健陪同在青调研。

3月16~19日,山东省政协社会法制委员会副主任张执政一行5人来青就青岛市行政执法情况和《行政许可法》的宣传情况同市政协社会和法制工作办公室进行了联合调研。市政协副主席梁有新陪同在青调研。

3月23日,江西省政协副主席黄懋

衡一行9人来青调研。市政协副主席邹立健陪同在青调研。

同日，市政协主席、副主席、秘书长率有关政协委员和机关各委办主任参观了奥帆赛场馆建设及环境设计国际招标展示。

4月6日，市政协副主席张纪良率“推进我市民营经济大发展学习考察组”赴温州、宁波、杭州、苏州等地学习考察。

4月6～7日，市政协举办全市政协主席、秘书长读书班，学习新修订的《宪法》和《政协章程》。市政协主席张旭升，副主席邹立健、闵祥超、梁有新、宋建民、展文良、麦康森、张培军、相建海参加了读书班。

4月13～27日，市政协副主席闵祥超率“青岛市人民政府友好访问、经贸洽谈代表团”赴乌拉圭、墨西哥、巴西、古巴进行友好访问和经贸洽谈。

4月21～23日，山东省政协副主席张敏率山东省政协“自然灾害预警应急处置机制建设专题视察团”来青，就青岛市自然灾害预警应急处置机制建设问题听取了市建委、市地震局、市气象局、市人防办、市民政局和市海洋与渔业局的情况汇报，并赴市地震局、市气象局、市人防办进行了视察。市政协副主席邹立健、相建海陪同在青的视察活动。

4月28日，全国政协常委、港澳台侨和外事委员会主任郭东坡一行6人来青，参加在青岛举行的“海外华商青岛行”活动。市政协主席张旭升、副主席顾枫陪同在青活动。

4月28～30日，市政协配合市外办接待了以纳米比亚全国委员会副主席蒙萨为团长的“赴青岛访问团”。

5月17～18日，天津市政协副主席王家喻一行7人来青，就“青岛港建设和港口经济”进行了考察。市政协主席张旭升、副主席闵祥超陪同在青的考察。

5月18～20日，全国政协社会与法制委员会副主任肖建章一行9人来青，就青岛市“社区矫正工作及未成年人法律保护”工作，听取了市司法局、团市委、市综治办、市公安局等共13个单位的情况汇报，并对南京路小学、市南法院、湛山社区等单位进行了实地考察调研。市政协主席张旭升、副主席梁有新陪同在青的调研活动。

5月19～28日，市政协副主席闵祥超率“海洋环境保护学习考察团”赴海口、厦门等市就“海洋环境保护和管理”进行了学习考察。

6月7～8日，山东省政协副主席乔延春率山东省政协“实施‘走出去’战略调研组”一行8人来青调研，听取了市外经贸局、建设集团、海尔集团、青岛啤酒公司等单位的情况汇报，并对上述企业进行了实地考察调研。市政协主席张旭升、副主席闵祥超陪同在青的调研活动。

6月9日，市政协主席张旭升率队赴平度市就失地农民安置情况和农业产业化发展情况进行了调研。

6月10日，市政协副主席闵祥超、相建海率队就浮山湾及附近海域环境状况进行了实地考察和专题调研。

6月21～26日，市政协副主席邹立健参加了在杭州召开的华东六省一市第十一次政协工作座谈会，并率“城乡互动发展农村经济、混合所有制经济学习考察团”赴浙江、湖南、江西等地就“通过城乡互动发展农村经济和混合所有制经济”等问题进行了学习考察。

6月27～28日，全国政协常委、人口资源环境委员会副主任张治率全国政协委员视察团一行45人，由山东省政协副主席张敏陪同抵青，就青岛市“沿海经济发展情况”进行视察。市政协主席张旭升，副主席展文良、相建海陪同在青的视察活动。

7月19日，山东省政协主席孙淑义一行11人来青，就青岛市经济和社会发展、城市建设等方面的情况进行了视察。市政协主席张旭升、副主席展文良陪同在青的视察活动。

7月26～29日，山东省政协副主席林书香一行15人来青，就青岛市文化产业发展情况进行了调研。市政协主席张旭升、副主席展文良陪同在青的调研活动。

7月27日，山东省政协委员、东营市政协副主席倪胜希率住东营市省政协委员视察团一行21人，就青岛市经济发展、外向型经济和招商引资工作进行了视察。市政协主席张旭升，副主席闵祥超、宋建民陪同在青的视察活动。

8月2日，全国政协副主席李蒙一行5人，由山东省政协副主席张敏陪同抵青，就青岛市城市建设等方面的情况进行了视察。市政协主席张旭升、副主席邹立健陪同在青的视察活动。

8月5～12日，市政协副主席邹立健率“青岛市政协代表团”一行3人赴香港、澳门参加了“中国和平统一论坛”会议。

8月5～17日，市政协副主席宋建民随“山东省对外友好协会、山东省海外联谊会访问团”赴埃及、南非考察访问。

8月14日，原中共中央政治局常委、国务院总理朱镕基一行36人，由山东省委、省政府领导陪同抵青，就青岛市城市建设等方面的情况进行了视察。市政协主席张旭升陪同了在青的视察活动。

8月18日，市政协副主席梁有新率有关市政协委员对青岛市外来务工人员工作、生活、服务情况进行了视察。

8月24日，市政协“三胞”海外联谊会团体会员代表会议召开。市政协副主席、联谊会会长闵祥超作了重要讲话。

8月26日，市政协副主席闵祥超组织有关政协委员就中山路改造问题进行了视察活动。市政府副市长张锐参加了视察。

9月7日，市政协主席张旭升前往崂山太清宫，看望了全国政协委员、省政协常委刘怀元和市政协常委刘洪升，并就太清宫的开发建设情况进行了调研。

9月14日，市政协副主席张纪良率经济委员会有关委员，对青岛市第一次经济普查工作开展情况进行了视察。

同日，市政协组织有关政协委员和机关各办处负责人，参加了市发改委“关于胶州湾大桥、隧道通道方案通报会”。市政协主席张旭升，副主席梁有新、宋建民、顾枫出席了会议。

9月23日，市政协举办庆祝人民政协成立55周年书画笔会。

9月25日，全国政协委员、天津市政协副主席叶厚荣率住天津市的全国政协委员视察团一行50人，由山东省政协副主席乔延春陪同抵青，就青岛市“农业产业化有关情况”进行视察。市政协主席张旭升，副主席闵祥超、宋建民陪同在青的视察活动。

9月26日，青岛市庆祝人民政协成立55周年大会举行。省委副书记、市委书记杜世成，市人大常委会主任徐长聚，市委副书记、市长夏耕，市政协主席张旭升等出席了会议。市政协主席张旭升主持了会议，市政协副主席、民革青岛市委主委麦康森致贺词；省委副书记、市委书记杜世成作了重要讲话。

同日，由市政协委员编排的“红旗飘

飘——庆祝人民政协成立55周年”电视专题文艺晚会在青岛电视台第二频道播出。

10月10日,《人民政协报》记者站工作会议召开,全国政协副秘书长陈洪出席会议并讲话,市政协主席张旭升,市委常委、市委宣传部部长杨军出席会议。

10月13日,全国政协原副主席陈锦华一行4人由山东省政协原副主席李殿魁陪同抵青,出席在青岛召开的“第九届中日产业研讨会”。市政协主席张旭升、副主席张纪良陪同在青活动。

10月13~15日,市人大常委会、市政府、市政协联合组织“市人大代表建议、政协委员提案办理情况”年终联合大检查,共检查承办、落实单位30个。市政协副主席展文良参加了视察。

10月17日,全国政协原副主席叶选平一行9人由山东省政协副主席林书香陪同抵青,就青岛市城市建设等方面的情况进行了视察。市政协副主席闵祥超陪同在青的视察活动。

10月17~29日,市政协主席张旭升率“青岛市代表团”赴西班牙、意大利进行“友好城市访问和教育”考察。

10月18~27日,市政协副主席宋修岐率“文化产业学习考察团”一行6人赴杭州、南昌、长沙等城市进行了学习考察。

10月25~27日,荷兰中国商会会长胡志光率“荷兰部分侨团负责人参观访问团”一行15人由全国政协港澳台侨委员会副主任张道诚和山东省政协港澳台侨委员会副主任许均祥陪同抵青参观访问。市政协主席张旭升陪同在青的活动。

10月28日,市委、市人大常委会、市政府、市政协提案工作协商座谈会召开。市政协副主席展文良主持会议。

11月5日,全国政协原副主席万国权一行3人抵青,出席“青岛建筑工程学院更名青岛理工大学揭牌仪式”。市政协主席张旭升,副主席张培军、顾枫陪同在青活动。

11月10日,全市政协宣传工作会议举行。市政协副主席展文良出席会议并作了讲话。

同日,全市政协提案工作座谈会召开。市政协主席张旭升,副主席邹立健、梁有新、闵祥超、张纪良、展文良出席了会议。

11月11日,市政协组织有关委员视察了市广播电视局,听取了市广电局关于青岛市广播电视事业发展和数字电视推广情况的介绍。市政协主席张旭升,副主席邹立健、闵祥超、梁有新、展文良参加了视察活动。

11月11~12日,市政协举办了“青岛历史文化风貌区与优秀历史建筑保护研讨会”。市政协副主席闵祥超出席会议并作了重要讲话。

11月15日,市政协组织有关委员视察了市规划局,听取了市规划局《青岛市城市总体规划纲要》、《青岛市小港及周边地区概念规划与城市设计》和《八大关地区综合整治和更新规划》的情况汇报。市政协副主席闵祥超、张纪良、相建海、宋修岐参加了视察活动。

11月17日,全国政协原副主席陈锦华一行5人由山东省政协原副主席李殿魁陪同抵青,出席“中国石化青岛炼油化工有限责任公司揭牌仪式”。市政协主席张旭升、副主席闵祥超陪同在青的活动。

11月17~21日,全国政协常委宋宝瑞一行17人来青考察。市政协主席张旭升、副主席展文良陪同在青考察活动。

12月6~8日,山东省人口计生委“党政线检查组”来青检查。市政协主席张旭升、副主席闵祥超陪同在青的检查活动。

12月6~10日,市政协组织100余名委员对“繁荣青岛”、“平安青岛”、“文明青岛”的建设工作进行了年度集体视察。市政协主席张旭升,副主席邹立健、闵祥超、梁有新、张纪良、展文良、麦康森、宋修岐参加了视察活动。

(王显忠)

中共青岛市纪律检查委员会

·2004年反腐倡廉工作·

领导干部廉洁自律

年内,会同有关部门对全市党政领导干部在企业兼职问题进行了专项清理,对29名县处级以上干部在企业兼职、1名企业领导干部兼任党政职务问题进行了纠正。对党政机关事业单位用公款购买商业保险进行清理并延伸到企业、村级组织,围绕审计中反映出来的问题,先后对5个单位购买商业保险问题进行了调查处理,对有关问题进行了纠正。清理出8个区、市和6个市直单位100名干部拖欠公款232.2万元,有1名领导干部利用职权将公款1.5万元借给朋友,均已清退。会同市财政局等部门,以市政府办公厅文件的形式,出台了《青岛市市级机关公务移动通讯费用补贴管理办法》,对市级行政事业单位移动电话话费进行了改革。以市委办公厅、市政府办公厅文件的形式,出台了《青岛市党政机关外出考察和领导干部外出报告制度》,对党政机关外出考察和领导干部外出报告提出了要求,并加强了对落实情况的监督检查。会同有关部门对16个被审计单位进行了审计回访督查,对市审计局报送的23份审计结果进行了分析,组织有关部门对个别单位在审计中被发现的问题进行了调查处理。青岛市被评为全国领导干部经济责任审计先进单位。

查办案件

信访举报工作 开通了网上举报信箱,实行了双向承诺制度和初信初访责任制,做好三级“两会”、十六届四中全会等一系列重大政治活动期间的信访举报工作,维护社会稳定。全年全市纪检监察机关共受理群众信访举报7657件次,接待群众集体上访28起303人次。属检举控告的7017件次,占总量的91.6%,为查办案件提供一批有价值的线索。

严肃查处党员干部违纪违法案件

坚持加强领导，强化与公检法和土地、审计等部门的协调配合，突破了一批有影响的大案要案，查办案件数量与2003年基本持平。2004年，共立查党政纪案件829起，比2003年增加1起。涉及地厅级干部3人，副局级干部11人，县处级干部30人，乡科级干部63人，一般干部146人，一般党员576人。通过办案，共追缴违纪款物价值1200余万元，为国家和集体挽回经济损失4000余万元。

案件审理　全年审理的市纪委、市监察局直接查办的党员领导干部违纪违法案件32起，协审和平衡基层复杂疑难案件90余起，审查基层所报处分决定700余份，对市直单位案件处结情况进行跟踪督办150余人次；对全市上年度案件审理目标管理及处分决定执行情况进行了检查；举办了《纪律处分条例》学习研讨班。

党风政风建设工作

纠正征用土地中侵害群众利益的问题　会同有关部门成立了联席会议领导机构，下发了《关于开展征用农民集体土地补偿费管理使用情况执法监察工作方案》，组织力量多次对各区、市进行了督查和检查。通过检查，共发现与征地补偿工作相关的案件线索28个，其中在查的3起、已查结的25起；给予党纪处分25人；已纠正违规问题25个，涉及违规金额41.7万元。

纠正拖欠和克扣农民工工资问题　会同有关部门，将2003年年末拖欠农民工工资总额7.45亿元问题全部解决。

纠正企业重组改制和破产中侵害职工合法权益问题　在深入部分企业进行专题调研的基础上，会同市财政局、市审计局对青岛市2004年1～5月促进就业资金管理使用情况进行了集中检查。检查共涉及促进就业资金2447万元。针对检查中发现的问题，督促有关部门进行了整改，维护了职工群众的合法利益。

治理教育乱收费　会同有关部门对中小学春、秋季收费进行了检查，及时纠正了个别学校存在的违规问题；出台了《关于在全市义务教育阶段学校试行“一费制”收费办法的意见》，全市义务教育阶段学校秋季开学已全面实行“一费制”收费办法；认真受理群众举报，严肃查处乱收费问题。共受理举报24件，组织查处了8起，金额200余万元，对9名相关责任人进行了处理。

医药购销纠风　会同有关部门针对履行中标药品合同不到位的问题，建立了采购中标药品月报表、季通报和重点督查等3项制度，提高合同履约率；组织开展了第五期药品集中招标采购，全市54家二级以上公立医疗机构全部参加，中标药品2404种，采购药品价格平均下降15%，让利于患者4800万元；采取有奖举报、加重处罚和建立稽查队等举措，查处收受“红包”、“回扣”行为。全市医务人员共上交“红包”、回扣、开单提成600多人次，涉及金额20余万元；查处收受药品回扣、开单提成案件6起，涉及金额10余万元，有10人受到党政纪处分，其中2人被移交司法机关处理；加强对药品市场的整治，共立案查处药品违法案件281起，收缴罚没款100余万元，销毁假劣药品价值40余万元。

减轻农民负担　会同有关部门把农民减负工作作为全市目标管理绩效考核的专项考核内容之一，实行百分制考核，明确了考核内容和扣分标准，突出农民减负工作的重要性；组织召开了农民负担监督管理领导小组成员扩大会议，全面部署农民减负工作；建立了农民负担重点监督管理制度，把农民负担问题突出的地方作为重点，定期或不定期开展监督检查；深化农村税费改革，在上年取消特产税全面停征公益金的基础上，进一步减征农业税，仅此一项，全市农民人均减负106元，减负率为72%；以三项制度落实情况和农业用水、用电、农机服务、农村中小学义务教育及农民建房中的乱收费情况为重点，组织力量开展专项检查，及时纠正了个别镇（乡）、村存在的问题；落实中央、山东省关于农民进城务工的有关政策，清理和取消了一些歧视性规定和不合理收费，简化农民进城务工经商手续，全年共帮助农民工挽回经济损失7054万元。全市通过专项治理共减轻农民负担1100余万元，查处涉及农民负担的案（事）件8起。

治理公路“三乱”　组织多个部门联合行动，对公路“三乱”问题开展了3次较大规模的明查暗访，清理取消对机动车辆的行政事业性收费、基金、集资摊派9项，涉及金额370余万元。

企业减负　重点抓了受理举报和查处案件工作，共受理举报8起，查处4起。

整顿统一着装工作　会同有关部门成立领导小组，组织专门力量，集中时间，开展了整顿统一着装工作。全市三类整顿范围共涉及政府着装部门或系统26个，社会着装单位199个，违规着装人数18791人，着装经费2024.4万元。现有15020人已停止着装，占应停止着装数的79.9%；已收回制式标志（大沿帽、帽徽、臂章、肩章等）15222套，收回制服26201件。

农村和基层组织党风廉政建设　重点抓了行风建设基层“示范窗口”创建活动，重点纠正一些基层和“窗口”单位存在的“门难进、脸难看、事难办”，乱收费、乱罚款、乱摊派，吃拿卡要，以权以职以业谋私等群众反映强烈的不正之风。市和区市普遍建立了基层行风建设“示范窗口”创建管理办法，大部分行业管理部门制定了创建方案。2004年5月，全市召开纠风工作会议，对首批2个省级、50个市级基层行风建设“示范窗口”单位进行了通报表彰和授牌。截至年底，全市各级基层行风建设“示范窗口”已有110多个。

开办《行风在线》新闻专题栏目　2004年10月，会同市广播电台开播了《行风在线》新闻专题栏目，邀请政府部门或单位的负责人轮流上线介绍情况，解答群众的咨询，接受群众投诉，听取群众意见建议，并督促上线部门和单位对热线反映的问题进行整改，及时向群众进行反馈。期间，先后组织市劳动和社会保障局等48个单位上线参与节目播出，收集群众意见近千条，均及时进行了反馈和答复。

行政监察工作

加强对奥帆赛场馆建设项目的监督　建立健全了监督体制和机制。会同有关部门成立了奥帆赛监督委员会，制定了《奥帆赛监督委员会监督工作方案》，明确了监督职责，建立了监督责任体系。督促奥帆委不断加强内部制度建设。奥帆赛监督委员会协调和督促职能部门强化监督职责，先后建立了《第二十九届奥林匹克运动会组织委员会帆船委员会（青岛）工作人员行为规范》、《奥帆委工作人员廉洁自律守则》、《奥帆委工作人员日常考核暂行办法》、《奥帆委工作人员绩效考核试行办法》等一系列制度。加强了对奥帆赛场馆工程建设和奥帆委日常工作的监督。专门制定了《奥帆赛

场馆工程建设监督内容》，细化了奥帆赛场馆工程建设在工程前期、工程发包和承包、施工、竣工等4个阶段的监督内容，督促并会同奥帆委、市建委制定了《青岛国际帆船中心工程建设资金拨付管理办法》、《奥帆委大额专项支出审核管理办法》，提高工作效率和透明度，加强了奥帆赛场馆工程招投标的监督，避免了工程招标中的违纪违法行为。截至年底，奥帆赛场馆工程建设已对奥帆赛基地海域清淤、基地陆域拆迁、水域设施拆运等19项工程进行了招标，监督委员会依据工作方案和有关法规，对工程的项目审批、规划及规划设计方案评选、施工图纸审查、工程发包招标等各项内容，采取多种形式实施了监督，使场馆工程建设前期工作进展顺利。

对房地产开发实施提前介入监督工作　制定下发了《关于在房地产开发中实施提前介入加强对政府有关部门及其工作人员监督的意见》。先后2次召开会议，专题讨论研究了《意见》，听取了市中级法院关于重大涉法房地产案件审理情况的汇报，研究了关于提前介入工作的体制、机制以及监督的形式、内容等问题。市提前介入办公室全面启动，并督促五市三区建立监督工作机构，推动全市提前介入监督工作稳步发展。对市内四区192个在建房地产开发项目、200个规划项目、39个应纳入招标的规划设计方案、197个报建项目、121个工程施工招投标项目、94宗建设用地、17宗项目转让、130个应纳入规划批后监管的项目进行了调查摸底和审查。对审查发现的2个变更容积率的房地产开发项目、2个应纳入招标而未招标规划设计方案组织了抽查，对4个违法建筑项目、3个工程施工违法招投标项目实施了查处。

建筑市场监督检查工作　会同有关部门组织工程质量和建筑安全的专项检查。依法查处违法违规市场主体单位49家，其中责令停止违法行为26家；行政警告处罚16家；通报批评3家；罚款7家，罚款金额16.50万元；简易程序处罚施工单位13家，罚款1.24万元。

加强行政效能投诉工作　进一步健全工作机构。2004年1月，成立了青岛市行政效能投诉中心。截至年底，各区市已建立了相应的工作机构，市直各单位也都确定了承担行政效能投诉处理工作部门和人员，形成了上下互动的工作网络。加强了制度建设，先后制定了《青岛市行政效能投诉处理暂行办法》、《青岛市行政效能投诉工作职责》、《青岛市行政效能投诉中心办理制度》、《青岛市行政效能投诉处理工作考核办法》等7项工作制度，从制度上规范、促进了行政效能投诉处理工作。拓宽了投诉渠道，市行政效能投诉中心组织了多次暗访，对暗访中发现的问题在全市予以通报。利用电视、广播、报纸等宣传媒介广泛宣传行政效能投诉工作的职能、受理范围、查处情况，使市民对行政效能投诉的工作情况有了进一步了解，投诉质量得到明显提高。2004年，全市行政效能投诉机构共接听投诉电话9441个，网上投诉和来信495件，属于受理范围1053件，已办结1039件，有14件正在办理中。在受理的投诉中，经查属实的259件，共有262人次受到不同程度处理，其中批评教育120人、责令写出书面检查的65人、通报批评22人、扣发奖金的26人、纪律处分5人、辞退3人、行政诫勉6人、调离岗位7人、免职3人、取消评优资格5人。

重点工程和重大招商引资项目效能监察　按照市委、市政府的部署，建立了对重点工程和重大项目实施效能监督的制度，并起草下发了《2004年度重大项目效能监察工作方案》，与市发改委等单位共同研究协商了监督的内容、方式、协调机制等问题，对确定的滨海大道建设、青银高速公路青岛段二期工程、奥帆赛基地建设、海西湾修造船基地建设等重大建设项目实施了全面监督，重点督查了部分重点项目建设的进展情况，基本摸清了各项项目进展情况和存在的问题，对个别部门间协调不够、效能不高的问题提出了改进意见和建议。对有关部门在市重点建设项目中的有关效能问题进行了督促，使奥帆赛水域中的浮码头迁移和海域使用权的问题得到了解决。对海西湾修造船工程中存在的问题加强了督查，解决了该工程中一期经济适用房配套取暖、职工子女入学、修造船海域开放等问题。

围绕政府机关行政管理活动开展监督检查　经市委、市政府同意，从2004年下半年开始对政府部门和事业单位开展例行检查。重点围绕各部门各单位在贯彻落实党的路线方针政策和市委市政府重大决策、遵守和执行法律法规、贯彻民主集中制原则、工作效能、政务公开、行政许可、落实"收支两条线"管理制度、从源头上预防和治理腐败等情况方面存在的问题进行检查。截至年底，已在市交通委、市规划局开展了例行检查的试点工作，待取得经验后将在市直机关中逐步推开。

抓源治本

加强对行政审批制度改革情况的监督检查　开展了4项集中清理工作。会同市政府法制办、市编办等11个部门，对全市地方性法规和政府规章、许可实施主体、许可事项和许可收费进行了集中清理。共废止地方性法规8件、修改19件，废止政府规章114件、修改37件；保留行政许可事项344项，取消133项。与上轮相比，取消调整幅度为45.5%。另外，确定94项为非行政许可的审批事项，确认许可实施主体65个。组织开展了贯彻《行政许可法》的新闻访谈活动。6月底到8月中旬，组织全市具有重要行政许可职能的36个政府部门在电视台、广播电台全面开展了"依法行政提高效能"新闻访谈活动。根据监察部通知要求，对全市贯彻实施《行政许可法》情况开展了监督检查。11月下旬，专门组织8个检查组，对全市35个区（市）和部门进行了重点抽查。对于检查中发现的问题，及时督促有关部门限期整改，并将检查结果纳入本年度行政执法评议考核之中。

加强对财政管理体制改革情况的监督检查　细化深化部门预算。督促财政部门在编制部门预算的项目和范围上进一步细化和延伸，增强预算的刚性和约束力。继续扩大国库集中支付制度试点。对会计集中核算制度向市级二级单位延伸进行了研究。会同市财政局对非税收入纳入"收支两条线"管理工作进行了调查摸底。

加强对投资体制改革情况的监督检查　督促、配合市发改委制定了《青岛市政府投资项目管理办法》，加强对政府投资的监督管理；推行了政府投资项目代建制，已在市委党校二期等项目中实施；选择了部分重点建设项目实行投融资改革试点。

加强对干部人事制度改革情况的监督检查　会同组织人事部门建立了干部监督工作联席会议制度，制定了《干部监督信息交流办法》；修改了《市管领导班

子内部监督暂行办法》。

加强对建设工程招标投标制度落实情况的监督检查　按照国家监察部、山东省监察厅关于“要督促建设、水利、交通、铁道、民航、信息产业等行政主管部门,依法加强对专项工程招投标活动的监督”的要求,参与了滨海公路北段勘察设计招标工作,并协调交通、水利等部门逐步将水利、交通等专项工程纳入有形市场,实施全面监督。水利工程进入有形建筑市场公开招投标工作,有关部门已经达成一致意见,经市政府批准,即将正式实施。对公路工程进入有形建筑市场公开招投标问题,已协调督促市交通委和市建委进行了初步协商,有关基础工作已经完成,已进入实质性研究论证阶段。针对房地产开发项目中邀请招标易产生陪标串标等情况,及时总结推广了市水利局纪检组在水利工程中加强监督的做法,引导各级纪检监察机关充分发挥职能作用,主动会同有关部门深入研究新情况、新问题,探索有效的监督方法和工作机制,加大监督力度。全市应招标工程招标率和应公开招标工程公开招标率均为100%。

加强对经营性土地使用权出让情况的监督检查　通过市国有土地使用权出让执法监察联席会议办公室进行组织协调,开展执法监察工作。会同市国土资源房管局出台了《关于开展经营性土地使用权“招拍挂”出让情况执法监察工作的实施意见》,要求各区、市在全市范围内继续深入开展经营性土地使用权“招拍挂”出让情况执法监察工作,推动“招拍挂”制度的落实,规范土地市场秩序。分类处理了经营性土地出让中的历史遗留问题。梳理了全市2001年7月1日以来的所有经营性土地出让情况,对640宗土地重新分类并提出处理意见。加强对此项工作的日常监督。多次参与了市内土地拍卖活动的现场监督,及时发现和纠正了崂山、胶州等单位在经营性土地出让中的违规行为。对上年执法监察中发现的不符合有关文件规定的1宗土地,按国家有关规定处理并追究了有关人员的责任。各区、市先后制定出台“招拍挂”规定的配套制度和内部规范,对过去制定的政府规章和规范性文件进行清理,对与国家现行“招拍挂”制度不符的予以修正或废止。严肃查处了经营性土地出让中的违法违纪问题。下发了《关于进一步加大对土地违法案件责任人员查处力度的通知》,加强了对土地违法违规问题责任人员的查处。全市各级监察机关在经营性土地出让执法监察中立案查处违法案件5起,有4人受到党纪处分,3人受到政纪处分。

加强对产权交易制度落实情况的监督检查　9月,会同市国资委对十二区市开展产权交易情况进行稽查和调研,了解了2003年以来各区市产权交易、资产经营等情况,并针对存在的问题提出了整改意见。

加强对政府采购制度落实情况的监督检查　会同财政部门出台了《关于进一步加强对政府采购监督的意见》和《市、区政府采购工作考核办法》,对规范政府采购行为起到了约束和督促作用;开展了政府采购专项检查,共检查市直部门和单位20个、区市4个,摸清了全市政府采购工作的现状,发现了一些单位存在的问题,及时督促进行整改;加强对政府采购活动的监督,共参与现场监督10余次。全市政府采购合同金额6.43亿元,节约资金1.32亿元,节支率17%。

党内监督

加强党内监督制度建设　以市委、市政府的名义出台了《关于建立巡视制度的意见》、《关于建立廉政勤政谈话制度的意见》、《关于党政主要负责同志定期报告廉洁从政情况的规定(试行)》和《关于国有企业领导人员必须遵守“六个禁止”的规定(试行)》等4项制度。

开展廉洁从政报告活动　组织全市104个机关事业单位112名党政主要负责人按照要求报告了上半年廉政勤政及重大事项情况,并分别报市委、市政府17位分管领导进行审阅批示。

组织开展廉政承诺活动　负责起草了有关市领导的廉政承诺书,在市委民主生活会上进行了廉政承诺,并将有关情况报省纪委。制定下发了市纪委《关于党政主要负责同志进行廉政承诺的通知》,组织十二区市及部分市直单位领导按照要求进行了廉政承诺。

组织开好民主生活会　会同市委组织部下发了《关于召开2004年领导班子民主生活会的通知》,组织全市各单位按照要求召开了民主生活会。落实纪委领导班子成员参加双重民主生活会的规定。

落实廉政谈话制度　年初,为有关市领导准备了与十二区市和部分市直单位党政主要负责人廉政谈话材料。会同有关部门,落实市委市政府领导成员分别与所分管的部分区市和市直单位主要负责人廉政谈话任务。

企业党风廉政建设工作

宣传廉洁自律各项规定,先后到40余家国有企业进行调研督查,宣传市委、市政府《关于国有企业领导人员必须遵守“六个禁止”的规定(试行)》,推动了《规定》精神的贯彻落实。配合中央纪委《党风与党纪》采访组,对青岛市8家国有企业党风廉政建设情况进行采访。会同有关部门对32个市直企业领导班子和领导人员廉洁自律情况进行了民主评议和考核。筹备迎接全省厂务公开工作督查组对青岛市厂务公开督查调研;青岛市在全省第四次厂务公开工作经验交流会上进行经验交流;筹备召开了全市借鉴ISO9000标准规范厂务公开民主管理推介会;省纪委等转发了青岛市借鉴ISO标准规范厂务公开工作的做法。

党风廉政宣传教育工作

党风廉政宣传工作　宣传中央纪委、省纪委、市纪委三级全会贯彻落实情况。对廉洁勤政先进典型进行了系列宣传报道。对上半年的工作成效进行了专题报道。对“两个条例”的学习贯彻情况进行了系列宣传。对公务员效能投诉工作进行了系列报道。对党风廉政建设和反腐败工作动态及时进行宣传。组织开展反腐倡廉公益广告大赛并进行系列宣传。全年起草并向新闻单位提供市纪委各项工作统稿200余篇;向中央纪委、省纪委报送信息并被采用21篇,其中中央纪委采用19篇、省纪委采用2篇。各级新闻媒体用稿446篇,其中中央级61篇、省部级137篇。

党风廉政教育工作　开展以“为民、务实、清廉”为主题的党风廉政教育活动。学习宣传贯彻《党内监督条例》和《纪律处分条例》。开展党纪条规学习教育。组织市委、市人大常委会、市政府、市政协、市纪委领导班子成员,各区市党政主要负责人,市委各部委主要负责人,市直各单位党政主要负责人参加了专题培训。举办“为民、务实、清廉”征文活动,共收到理论文章100余篇,对其中的优秀文章除报送省纪委外,在《青岛日

报》进行了整版刊登,并通报表彰。继续深入开展"荐文促廉"活动。6月,建立了全市党员干部警示教育基地,截至年底,已有30多个单位的2000余名党员干部参观了青岛监狱接受警示教育。组织编写出版了《天地有正气》教育读本,发放到市直和基层单位,供全市党员干部在工作和生活中学习参考。举办了青岛市首届反腐倡廉文艺汇演。落实全国党内法规知识竞赛活动。深入开展惩防体系研讨活动,形成了"创新反腐倡廉方式方法增强教育的针对性和有效性"理论文章,在中央纪委组织的"惩防体系研讨会"上进行了书面交流。健全和完善"大宣教"工作格局,建立了由市纪委牵头,市委宣传部、市广播电视局、市文化局、青岛日报报业集团等单位参加的党风廉政建设宣教工作联席会、协调会等项制度。

加强制度建设

全年共起草制定制度规定21件。其中,会同市国资委出台了《关于对企业国有产权变更中造成国有资产流失的查处办法》;起草了《关于纪检监察机关加强与国土资源管理部门加强办案协作的意见》、《关于纪检监察机关与审判机关在查办案件中加强协作配合的意见》、《关于建立巡视制度的意见》、《关于建立廉政勤政谈话制度的意见》、《关于国有企业领导人员必须遵守"六个禁止"的规定》、《关于党政主要负责人定期报告廉洁从政情况的规定》、《关于加强纪检监察系统内部监督工作的意见》等。

·重要会议与活动·

1月5日,在市委召开的九届三次全委(扩大)会议上,省委常委、市委书记杜世成和市委副书记、市长夏耕分别向全委会作了述职述廉报告,与会人员现场投票,对报告人进行了民主评议。

2月2~3日,市纪委召开第三次全体(扩大)会议,传达学习了胡锦涛的重要讲话和中央纪委三次全会、省纪委四次全会精神,总结了青岛市2003年党风廉政建设和反腐败工作情况,研究部署了2004年的工作任务。省委常委、市委书记杜世成作了讲话。

2月12~13日,市纪委举办了《中国共产党纪律处分条例》学习研讨班。

2月19日,市纪委召开常委理论学习中心组读书会,专门传达学习《中国共产党党内监督条例(试行)》。

4月23~25日,中央纪委宣传教育室在青岛召开全国党内法规知识竞赛复赛工作座谈会。

6月8日,市纪委会同有关部门召开了借鉴ISO9000标准规范厂务公开民主管理工作推介会。

7月29~30日,中央纪委在青岛召开了部分省区市领导干部廉洁自律工作座谈会。中央纪委副书记刘锡荣出席会议并讲话,省委副书记、省纪委书记赵春兰出席座谈会,市委副书记、市纪委书记王永生到会介绍了青岛市的基本情况、党风廉政建设和反腐败主要工作情况。

8月19日,市纪委召开了区、市纪委书记座谈会,传达学习了全省市纪委书记座谈会精神,总结了上半年全市党风廉政建设和反腐败工作情况,研究部署了下一阶段工作任务。市委副书记、市纪委书记王永生作了讲话。

10月8日上午,市纪委举办了常委理论学习中心组读书班,传达学习党的十六届四中全会和《中共中央关于加强党的执政能力建设的决定》、中央纪委四次全会、省委八届八次全会以及省纪委五次全会精神。

10月26日,全市纪检监察法规工作会议召开,传达了全国、全省纪检监察法规工作会议精神,研究部署了下一步法规工作任务。

11月25日下午,市纪委召开了第四次全体会议,学习贯彻党的十六届四中全会、中央纪委四次全会、全国全省落实党风廉政建设责任制工作电视电话会议、省纪委五次全会和市委九届四次全委(扩大)会议精神。

12月6日,全市行政监察工作会议召开,传达了全国、全省行政监察工作座谈会精神,研究部署了全市下一步行政监察工作重点。市委副书记、副市长崔锡柱,市委副书记、市纪委书记王永生出席并讲话。

(杨钢锐　师清存　蓝天坤)

民主党派

中国国民党革命·委员会青岛市委员会·

组织建设

2004年,共发展新党员18人,平均年龄41.1岁,均具有中级以上专业技术职务任职资格。其中,女党员5人;正高级专业技术职务资格者2人,副高级专业技术职务资格者6人;博士生导师1人,硕士生导师1人;正处级干部1人;硕士5人。6月,崂山支部成立,选举产生第一届支委会。截至年底,全市共有14个基层组织,民革党员321人。

年内,李沧支部和中山书画院被评为民革山东省先进集体,9名党员被评为山东省优秀民革党员;11月,李沧支部被民革中央评为全国先进支部,并做大会发言。该市委会重视培养后备干部,全年共派出7位基层的党员分别参加了民革中央、省委和中共青岛市委统战部举办的培训班,1人到黄岛区红石崖镇政府挂职;有5位党员被授予青岛市专业技术拔尖人才称号,1人被市妇联授予"全市教子有方十大杰出母亲"称号。

参政议政

2月,在青岛市政协十届二次会议上,该市委会及其党员中的市政协委员共提交大会提案223件,其中组织提案11件,占大会立案总数的26%。《关于进一步深化医疗制度改革,完善医保体系的建议》、《关于尽快缩小南北差距,推动全市均衡发展的建议》、《关于规范经济适应房销售行为案》、《关于在台东商业区建停车场案》、《关于对植树绿化工作加强管理监督案》等5件提案受到市委、市政府的重视，纳入了政府工作的决策。10月，在市政协提案工作座谈会上，该市委会作为唯一代表进行大会典型发言。在市委、市政府举行的"'我为青岛发展献计策'市民月"活动颁奖大会上，该市委会有3条建议获奖。在市人大十三届二次会议上，民革界别的4名人大代表共提交立案建议23件。

3月，在山东省政协九届二次会议上，该市委会共提交提案8件，全部立案；大会发言2件，均收入本次山东省政协大会发言汇编。

重要活动

4月，应台湾"中国澹宁书法学会"的邀请，"民革青岛市委中山书画院赴台文化访问团"进行了为期10天的访问活动，期间参加了"法鼓山艺术大展"开幕式、"台北—青岛——海峡两岸书画交流会"。5月，组织医务专家到平度市马戈庄镇为数百名农民进行义诊。8月，组织中山书画院数十名书画家分别到92983部队、92886部队和青岛武警支队防暴中队进行拥军慰问活动。9月，该市委会举行了"民革青岛市委成立50周年庆祝暨表彰大会"，对近几年做出突出贡献的6个先进支部和60名先进个人进行了表彰。会议前夕出版了《青岛民革50年》纪念专集，会议期间举行了"青岛民革50年大型书画、图片展"。10月，向广西百色红色革命老区学校捐赠电脑和打印机各1台。12月，在山东省"民主党派为经济建设服务先进集体和先进个人表彰大会"上，黄岛支部被中共山东省委统战部授予先进集体称号，耿燕被授予先进个人称号。

年内，该市委会在国家、民革中央和省市报刊上发表文章或宣传报道60余篇次。全年出版《青岛民革》4期1800余册。

（许　刚）

中国民主同盟 ·青岛市委员会·

组织建设

2004年，共发展新盟员57人，平均年龄38.23岁。其中，具有中高级专业技术职务资格者54人。全市盟员1402人，平均年龄59.3岁。年内，有4个支部完成了换届、升格、更名；该市委会现有区级工作委员会3个、基层委员会3个、总支委员会5个、支部44个、小组5个。盟员中，全国、市、区人大代表分别为2、6、6个；全国、省、市、区政协委员分别为2、6、36、57人。8月，举办新盟员学习班，39人参加了学习。

年内，制定了《中国民主同盟青岛市基层组织工作细则》，共5章20条。

参政议政

在市政协十届二次全会上，与致公党青岛市委会的联合调研报告《关于青岛市加快个人信用体系建设的建议》得到市领导批复。提交的《关于胶州湾湿地保护和重建的建议》、《关于大力发展文化产业、提升我市综合竞争力的建议》、《关于青岛市加快个人信用体系建设的建议》、《关于尽快发展青岛市停车产业的建议》、《关于大力发展我市旅游特色经济的建议》等5件组织提案，引起有关单位高度重视。年内，盟内市级以上人大代表、政协委员共提交建议、提案105件。组织盟员参加"'我为青岛发展献计策'市民月"活动，经该市委会提交意见、建议42件。

重要活动

2月，该市委会召开十届三次全委（扩大）会议，学习贯彻中共十六届三中全会精神和民盟中央九届二次全会、民盟山东省七届三次全委会精神。5月，召开十届五次全委会议，学习传达了民盟省委七届三次常委会议精神。11月，举行了"纪念邓小平同志诞辰100周年暨青岛市民盟美术研究会成立25周年大型书画作品展"，展出作品270余幅，中共中央统战部网站、民盟中央网站、中共山东省委统战部网站等媒体进行了报道。集结盟内100名书画家的艺术作品，出版了《青岛市民盟美术研究会书画作品集》。

年内，1位盟员应邀赴台湾参加海峡两岸文化交流；2位盟内画家参加第三届澳大利亚悉尼中华文化节；1位盟员为中央军委办公大楼设计了大型贝雕精品《东岳泰山》座屏。教师节期间，盟内部分医学专家为盟员进行义诊活动。12月，盟员"功勋医生"王训颖纪念铜像在市立医院门诊大厅落成。

重要成果

年内，有15个基层组织获民盟省级先进基层称号，103名盟员被评为省级优秀盟员。该市委会盟员全年获荣誉称号291人次、各类奖项100余次。名誉主委、资深院士曾呈奎获民政部2004年度"爱心捐助奖"；曾呈奎、中科院海洋所院士胡敦欣获"全国归侨侨眷先进个人"称号；盟员王迪在全国第十三届"群星奖"比赛中获美术类成人组"群星奖"；盟内1个基层组织和1人分别获山东省民主党派为经济建设服务先进集体和先进个人称号；1人获山东省首届高校教学名师奖；1位盟员完成的"皱纹盘鲍杂交及杂种优势的产业化应用"研究获山东省科技进步一等奖和青岛市科技进步一等奖，"菲律宾蛤仔健康苗种培育和高效养殖技术"研究获辽宁省科技进步一等奖；2位盟员获"青岛市优秀临床医学专家"称号；海洋大学基层委员会《发挥优势、围绕中心、服务大局》和民盟市立医院支部《履行职责、无私奉献》两篇论文分别获民盟山东省基层组织调研报告一等奖和优秀奖。

全年出刊《青岛盟讯》4期5600册。

（邱茂才）

中国民主建国会 ·青岛市委员会·

组织建设

2004年，发展新会员42人，平均年龄38.6岁，均为大学专科以上学历，其中硕士5人、具有中高级专业技术职务资格者21人，突出了以经济界为主的界别特点。截至年底，全市共有57个支部，会员总数870人。举办了1期新会员学习班。年内，按程序公开招录了4名公务员，改善了机关人员的年龄结构，提高了整体工作效能。根据中共青岛市委统战部的组织安排，市委会5名班子成员按照程序完成了届中述职并接受由12名民建市委常委和6名机关工作人员参加的民主评议。

参政议政

市人大、政协"两会"召开前，组织代表、委员深入市北区胶州路街道办事处、市南区金湖路街道办事处,听取社区居民呼声,就社区居民集中反映比较普遍的问题进行实地考察,青岛电视台、《青岛日报》和《青岛晚报》均对此进行了报道。在组织会员参加"'我为青岛发展献计策'市民月"活动中,该市委会共收到建议50余条,经筛选整理出12条报送中共市委统战部。会员徐东钧的《以迎办奥运帆船比赛为契机,加强无障碍设施建设与管理》建议,在全市参评的11297条市民建议中,获三等奖。《关于繁荣青岛"夜经济"发展的建议》被市政府采纳,5月,青岛市人民政府常委会议研究并出台了《关于加快发展我市市区夜间经济实施意见的通知》(青政办发〔2004〕38号文)。《关于设立青岛奥帆赛财经特别委员会的建议》引起市人大的高度重视,市审计局自8月开始对奥帆赛基地建设项目实施跟踪审计。《关于青岛市社区建设问题案》被评为政协优秀集体提案。《试论新时期民主党派的自我教育问题》、《开拓创新,努力开创调研工作新局面》等分析文章获青岛市统战理论调研宣传成果三等奖。完成《青岛市中介组织发展现状与对策研究》、《海洋环境系统管理与青岛市海洋经济可持续发展战略研究》和《实施挺进西海岸战略应注意的问题》等课题调研。整理编写《议政简报》3期,配合青岛电视台"委员论坛"栏目拍摄了有关能源节约利用等节目。

社会服务

5月,该市委会在即墨市七级镇举行了"春蕾计划"启动仪式,向"春蕾计划"捐款1.3万元,用于资助七级镇1所中学和7所小学全部37名贫困女童。截至年底,该市委会已连续6年共捐款4.39万元,资助143人。参与"希望工程",组织会员企业分别在胶州市洋河镇、贵州省安龙县德卧镇、内蒙古锡林格勒盟太仆寺、西藏聂日雄乡嘉庆孜等地出资73万元,捐建4所希望小学。

为丰富社区文化生活,该市委会在市南区成立了炎培职业艺术培训学校老年艺术班,根据老年人的特点开设多种课程,已有近300名老年人走进课堂。

重要活动

年内,该市委会分别接待了全国人大常委、民建中央副主席路明率领的课题调研小组,民建中央副主席陈明德、秘书长张皎率领的以台湾客人为主的考察团,民建中央副主席朱相远率领的基层组织调研以及民建苏州市委考察团。协助民建山东省委在即墨市召开了民建山东省委十届九次常委会。

年内,举办了"民建青岛市地方组织成立50周年庆祝活动",制作完成了专题片《风雨同舟向未来》,并于10月19日举行了庆祝大会,大会还表彰了15个先进集体、50名优秀会员和17名优秀会务工作者。

(民建青岛市委)

中国民主促进会·青岛市委员会·

组织建设

2004年,发展新会员25人,平均年龄37.2岁,界别为教育、文化、科技、医卫、金融、经济、中介机构、政府管理部门,其中区市政协委员1人。该市委会全面启动基层组织换届工作,19个支部完成换届任务。年内,成立了即墨市总支部、青岛大学总支部、四方区总支部、崂山区支部、即墨第三支部、市北第三支部和市委会直属小组。截至年底,全市共有民进总支部5个、支部30个、直属小组1个。有会员403人,平均年龄54.6岁。其中,各级人大代表、政协委员54人61人次(省人大代表3人、政协委员4人;市人大代表3人、政协委员16人;各区市人大代表4人、政协委员31人)。在政府部门任实职的副处以上干部8人。

年内,该市委会获民进山东省委"参政议政工作先进单位"、"思想宣传工作先进单位"和"信息工作先进单位"等3项称号,民进青岛第二十五中学支部获民进中央"全国先进基层组织"称号,民进青岛市南第一支部等8个支部获民进山东省委"先进基层组织"称号;78名会员获民进山东省委"先进会员"称号,1人获中共山东省委统战部"为经济建设服务先进个人"称号,67名会员获民进青岛市委参政议政积极分子称号,17名会员获民进青岛市委优秀论文作者称号。

参政议政

市人大、政协会议期间,该市委会提交党派组织提案8件,代表、委员个人建议、提案130件。其中,来自基层、专委会和机关的社情民意转化为建议、提案的58件,占总数的42.03%。《关于研究建立文化景气指标,推进文化建设的建议》得到市统计局的重视并被全部采纳,青岛市在全国率先建立了文化产业统计调查制度,使该提案催生了一项制度的出台;《关于将教育工作纳入对区市政府目标考核的建议》被市政府全部采纳,并在2004年年终对五市七区的政府绩效考核中实施;《关于大力推进学习型机关建设的建议》被中共市委宣传部全部采纳,并出台相关实施文件;《关于在青岛二中建立修瑞娟、安文山塑像案》已经落实,《人民政协报》进行了报道。在市政协大会上的发言——《关于大力加强我市文化经济研究和发展》受到市政协的重视,将其列入市政协重点调研课题。该市委会老龄委《给民办教育更广阔的发展空间》的调研报告被市政协《社情民意》全文刊登。参与青岛市"'我为青岛发展献计策'市民月"活动,提交建议59件。

该市委会撰写的《民主党派组织建设实践中的问题及对策探讨》、《民主党派代表人士思想状况调查与分析》和《建设高素质参政党基层组织工作步步见效》分别获2004年度青岛市统战理论调研优秀成果一等奖、优秀奖和宣传优秀成果三等奖,该市委会连续7年获青岛市统战理论调研宣传工作组织奖。《推进循环经济发展的研究与对策》、《构建橡胶轮胎业循环发展模式,推进我市经济可持续发展》等2篇论文入选《青岛市第三届学术年会论文集》。《树立四个观点,加强参政党建设》被民进山东省委推选代表山东省在华东六省一市年会上作大会发言。在《民主》、《山东民进》、《青岛民进》、《青岛统一战线》、《青岛日报》等报刊发表论文、文章28篇。全年出刊《青岛民进》会刊4期、《青岛民进信息》10期。

(于　艳)

中国农工民主党·青岛市委员会·

组织建设

2004年,发展新党员29人。其中,硕士1人,具有大学本科学历26人、大学专科学历2人，医药卫生界16人、经济界4人、文化教育界3人、法律界2人、科技界2人、机关2人。举办了新党员学习班，对新党员进行党史和统战知识培训。完成了第五人民医院支部和市立医院支部的换届，农业部动物检疫所党小组成立支部委员会并选举产生了第一届支部委员会。

学习宣传工作

年内，该市委会先后组织学习全国人大十届二次会议通过的新宪法、全国政协十届二次会议通过的政协新章程、中共十六届四中全会精神和《中国农工民主党中央关于加强参政党理论建设的意见》、《中国农工民主党中央关于加强参政议政工作的意见》等。该市委会领导班子成员分别参加了农工党山东省委、中共青岛市委统战部等举办的民主党派工商联领导干部学习班，部分领导班子成员参加了赴云南、广西等地的考察活动。

年内，该市委会中的政协委员参加青岛人民广播电台“委员快车”直播1次、青岛电视台“委员访谈”3次。《青岛日报》报道该市委会工作3次，《青岛日报》“统一战线专栏”发表该市委会文章2篇，《齐鲁前进》、《青岛统一战线》和《齐鲁农工信息》等刊物刊登并选用该市委会文章、信息20余篇。该市委会推荐的2篇文章在青岛市统战理论调研宣传成果评比中分别获得二、三等奖。

参政议政

在市人大、市政协“两会”期间，该市委会共提出提案、建议40件，其中组织提案7件、委员提案21件、代表建议12件。该市委会提出的《关于积极推进失地农民就业和社会保障体系建设案》被市政府采纳后制定了《关于进一步做好农村劳动力转移就业工作的意见》；《关于加大对乡镇卫生院财政投入和管理体制改革案》引起市政府重视并对农村卫生事业的专项拨款由200万元增加到400万元；《关于中医药事业发展案》提出的建议被采纳后，市政府决定从2004年起将发展中医事业的专项资金由50万元提高到200万元。

该市委会关注“三农”问题，与九三学社青岛市委会联合开展的调研课题《关于开展新型农村合作医疗的调查研究》代表青岛市统战系统参加由市委宣传部和市社科院主办的“双百调研”课题选拔，被批准立项。截至年底，该市委会有5人担任13个政府部门的社会监督员和教育督学等。

社会服务

自5月起，该市委会与九三学社青岛市委组织80多名专家，每隔10天向胶州市铺集镇卫生院派出专家坐诊，共派出专家150人次，接诊病人1850人次，安排会诊病人35例，做手术29例，齐鲁电视台和《青岛日报》等多家媒体对此予以报道。为纪念第十六届“国际科学与和平周”，该市委会组织16名专家分赴平度市荆家庄、莱西市武备镇为200多名农民进行医疗咨询服务，捐赠药品3000余元。各基层组织开展义诊、咨询等社会服务活动，其中青岛大学支部为1名患重病的老党员筹款、捐款5.6万多元和捐血1000毫升并多年资助1名贫困女童完成小学学业。

（王　亮）

·中国致公党青岛市委员会·

组织建设

2004年，该市委会加强基层组织建设，成立了崂山区支部和中国海洋大学支部。年内，发展新党员13人，平均年龄36岁，其中具有大学以上学历者11人、硕士以上2人、具有高级专业技术职务资格者6人、港澳台侨属及留学归国人员9人。全年共有7人分别参加了山东省、青岛市社会主义学院举办的民主党派基层骨干培训班。

年内，该市委会把理论学习作为首要任务，以主委会议、全委会议、中心学习组和“基层支部学习日”等形式，学习贯彻“两会精神”、《宪法》和《政协章程》及中共中央提出的科学发展观等，举行了纪念邓小平诞辰100周年座谈会。全年出版《青岛致公》4期、《致公简讯》6期。

参政议政和民主监督

年内，该市委会召开了参政议政工作会议，制定了《致公党青岛市委关于加强参政议政工作的意见》、《致公党青岛市委关于社情民意上报要求》和《致公党青岛市委关于参政议政工作奖励机制》。在各级人大、政协会议上，该市委会和该党籍人大代表、政协委员共提出议案、提案、建议案39件。其中，人大建议案7件、政协提案32件；政协提案中党派提案9件（联合提案3件）。组织提案《发挥城市资源优势，带动软件服务业发展》被有关部门吸纳后制定了《关于进一步加快以信息化带动工业化，促进我市经济实现跨越式发展的意见》；《加快海洋旅游资源开发，推动山东海洋特色旅游经济发展》被致公党山东省委作为组织提案在山东省政协九届二次会议上作大会发言，此提案得到省委、省政府的高度重视，省长韩寓群作了重要批示。该市委会分别到胶南、平度、即墨、胶州等市调研，向市政协递交了《关于巩固我市计划生育工作成果，稳定农村村级计生队伍的建设》提案。在青岛市“‘我为青岛发展献计策’市民月”活动中，该党党员递交建议30余件，其中“关于青岛市建设地铁工程的建议”被评为青岛市“优秀建议”。该党党员撰写的《抗洪救灾纪实》一文在2004年青岛市统战宣传理论调研活动中被评为三等奖。

年内，该市委会负责人参加中共青岛市委和市政府召开的协商会、座谈会和情况通报会以及政府各对口单位的活动会议，建言献策。有10多位该党党员担任廉政询问员、特约监察员、特约检察员和监督员。

服务社会和海外联谊

该市委会组织党员参与市妇联救助贫困失学女童的“春蕾计划”，截至2004年底，共资助了17名女童，捐款1万余元，并获得青岛市实施“春蕾计划”先进集体称号。四方区支部组织党员为所在辖区的少数民族开展义诊活动，还与阜新路街道办事处联手互助，组织开展了“少数民族宣传月”活动。旅居南非的该党党员仲崇辉在邓小平诞辰百年之际通过青岛市教育发展基金会向全市1500余所中小学捐赠价值7万元的纪念邓小平生平事迹的音像制品和书籍。在山东省统战系统为经济建设服务先进经验交流会上，该市委会有2名党员获得先进个人称号。年内，有4人各承担1项国家自然基金项目，2人各承担了1项科技部国家基础项目，1人完成教育部科技成果1项，多人次参与承担山东省科技项目、青岛市科技攻关项目，并有1人被评为“中国科学院科普工作先进工作者”，1人获“山东省教学能手”称号，1人获山东省教委一等奖，1人获青岛市科技局二等奖，2人获青岛市科学技术进步三等奖。其中，该党党员王朝波主持开发的“银行经营决策支持系统”被列为2004年国家重点火炬计划项目、主持开发的“BTP银行交易控制平台、异地数据备份”被山东省信息产业厅评为2004年山东省优秀软件产品；该党党员岳旺与日本京都城阳“扶轮社”进行友好交流，并为青岛大学医学院争取到无偿大学生奖学金，资助了贫困大学生；该党党员桂泰江承担了国防科工委、总装备部以及科技部“863”等多项重大攻关项目，承担了海洋化工研究院第一个中小企业创新基金项目“无锡自抛光防污涂料”，产品每年的销售收入达到1500多万元。

开展了对外交流和海外联谊工作。1人参加了致公党中央组织的赴美访问团。该市委会接待了美国华人海外交流协会、芝加哥五邑同乡会与泰国齐鲁行访问观光团的来访，被青岛市侨办评为“全市侨务工作先进集体”。全年该党党员到境外探亲和进行科教、文化、经贸活动约180多人次，接待来青探亲和开展各项活动的境外亲友共280多人次；合同利用外资4500万美元，实际利用外资1500万美元，合同利用内资14.1亿元，实际利用内资10亿元。

（于镜龙）

·九三学社青岛市委员会·

组织建设

2004年，发展新社员29人，社员总数728人，平均年龄56.7岁。其中，院士3人，享受国务院特殊津贴者39人，中共党员35人，大学专科以上学历者713人、占总人数的98%，具有高级专业技术职务资格者561人、占总人数的77%，离退休人员416人。该社社员担任各级政协委员、人大代表的共70人次。其中，全国人大代表1人、省人大代表1人、市人大代表3人、区人大代表4人，省政协委员7人、市政协委员26人、区政协委员28人。19人次被聘为青岛市各级特邀监察员、监督员和廉政询问员。截至年底，辖设10个基层委员会、6个直属支社。

年内，该市委会进行了基层组织结构调整试点工作。对部分基层组织委员进行了增补。

在基层组织工作调研活动中，组织部分基层干部外出考察学习，召开座谈会，就组织生活、建言献策、制度建设等9个方面问题进行了问卷调查，形成《九三学社青岛市基层组织情况调查报告》并报九三学社山东省委。起草了《社青岛市委组织建设情况及搞好基层组织建设的几点建议》，并在九三学社山东省委社务工作会上进行了交流。

年内，完善了《九三学社青岛市委基层组织工作考核办法（试行）》，制定了《九三学社青岛市委先进基层组织和优秀社员评选办法（试行）》，明确了31项指标，对基层组织实施量化考核。“先进基层组织”——市北区基层委员会、6名优秀社务工作者和58名优秀社员获得表彰奖励。

参政议政

年内，社市委及社员向市人大、政协提交组织提案和个人提案55件、建议案6件，其中以社市委名义提交政协组织提案4件，内容涉及青岛市三个文明建设的诸多方面。组织提案主要有《关于青岛实现“绿色奥运”案》、《关于建设人工鱼礁改善我市近海生态和渔业资源环境的建议》、《关于以科技为先导，提高青岛经济发展原创力案》、《关于建立服务于我市企业应对国际贸易的技术标准预警机制案》。年内，召开了2次参政议政工作会议。上半年的参政议政会对2003年工作进行了总结，并对组织提案和获奖调研课题的9位执笔社员颁发了荣誉证书和奖金，各基层委员会提报调研课题；下半年的参政议政会开展了“议政日”活动，确定了向“两会”提交的“组织提案”。在九三学社山东省委首次举行的立项课题招标中，该社市委的《发展循环经济，加快生态省建设》课题中标。全年出刊《青岛九三》4期。

年内，以该社市委为主与农工党青岛市委联合进行了《如何实施人才强市战略，加强人才吸引和人才集聚能力建设》调研课题，并组织专家到上海实地调研。围绕开展新型农村合作医疗课题，借助“送医下乡”等实践活动，与农工党、致公党青岛市委确立了《关于进一步加强和完善农村新型合作医疗工作》调研活动。为迎接“两会”召开，组织社内专家就青岛“过城河”建设进行了专项调研，为青岛推进生态城市建设建言献策。

服务经济建设

针对农民就医难问题，该社市委与农工党青岛市委通过多次赴胶州市铺集镇调研，同当地政府达成“派遣医疗专家支援胶州市铺集镇卫生院”协议，并在铺集镇中心医院挂牌“农工党市委、九三学社市委医疗专家定点支援医院”，定期定点为农村提供医疗技术支援，开展“送医下乡”活动。每10天派遣各科专家3～4名前去坐诊，对卫生院职工进行专业技术培训，对管理提出意见、建议。活动历时8个月，得到了青岛市卫生局及当地政府的支持。

各专委会及基层组织因地制宜，开展了形式多样的活动。老龄工作委员会参加了“奥帆赛场馆建设研讨会”，组织了老年书法培训班；市北区基层委员会举行了“我为青岛发展献计策”讨论会，并在东南亚海啸发生后组织了社员的捐款活动；机关支社组织新老社员参观了青岛市知识产权交易所，提出了许多建议。1人获“青岛市终身气象成就奖”，2人在山东省民主党派为经济建设服务工作评选中获奖。

重要活动

9月3日，该市委会举办了庆祝建社59周年暨纪念邓小平同志诞辰100周年座谈会、电影招待会，在《青岛统一战线》、《青岛晚报》等媒体上进行了宣传报道。纪念文章《丰功伟绩永世留芳》在市政协座谈会上进行了交流，并发表在《青岛政协》和《齐鲁社刊》上。

（刘春玉）

人 民 团 体

2004 年4 月，市委副书记张若飞（前排左二）到青岛港（集团）公司视察。　（团市委供稿）

·青岛市总工会·

截至2004年底，青岛市总工会辖市南、市北、四方、李沧、崂山、城阳、经济技术开发区等7个区总工会，胶州、胶南、即墨、莱西、平度等5个市总工会；151个局、公司、集团和直属基层工会。按工会统计口径，全市共建立基层工会组织8254个，涵盖法人单位29114家。在8254个工会组织中，有国有企业965个，集体企业524个，外商投资和港澳台投资企业1139个，机关和事业单位1668个，私营企业2681个，股份合作制等其他企业1277个。另外，建立女职工组织6332个。全市各级工会组织有专职工会工作人员3258人，兼职工会工作人员28330人。其中，有专职女工工作人员612人，兼职女工工作人员11361人。建立工会组织的企事业单位共有职工140万人，其中女职工65万人；有工会会员135万人，其中女会员62万人。

年内，市总工会有4项工作得到市级以上领导批示，其中全国总工会领导批示3项、市委领导批示1项；有49项工作受到市级以上表彰奖励，其中国家级7项、省级17项、市级25项；有107项工作经验及成果在市级以上得到推广和刊发，其中国家级35项、省级32项、市级40项。

推出当代产业工人的杰出代表许振超

年内，市总工会与市委宣传部共同做好许振超先进事迹的总结、上报、宣传工作，推出了当代产业工人的杰出代表——青岛港（集团）有限公司明港公司桥吊队队长许振超这一重大典型，在全国引起了强烈反响。为学习宣传许振超的先进事迹，市总工会通过发倡议、召开事迹报告会、举办许振超先进事迹图片展和专场文艺演出等形式，在全市职工中掀起了"学振超、练绝活、强素质、创一流"的热潮，教育和激励职工以许振超为榜样，爱岗敬业、学习创新、拼搏奋斗，争创一流业绩。

开展"创建学习型组织、争做知识型职工"活动

年内，市总工会围绕创建文明城市、培养知识型职工，在全市职工中开展了"创建学习型组织、争做知识型职工"活动。联合市委宣传部等11个单位制定了开展"创建学习型组织、争做知识型职工"活动考核评估体系。总结并推广了青岛港（集团）公司、海尔集团、青岛啤酒股份有限公司、青岛交运集团等单位开展活动的做法和经验，得到了全国总工会和山东省总工会的肯定。10月17～19日，由中华全国总工会、中央文明办、国家发改委、教育部、科技部、人事部、劳动和社会保障部、国务院国有资产监督管理委员会、全国工商联等九部委共同召开的全国"创建学习型组织、争做知识型职工"活动现场推进会在青岛召开，青岛市总工会作为全国副省级城市工会唯一代表在会上进行了典型经验交流，并获全国"创建学习型组织、争做知识型职工"活动知识竞赛最佳组织奖。市总工会推荐的海尔集团、青岛港（集团）公司获全国"创建学习型组织、争做知识型职工"活动示范单位称号，青岛前湾集装箱码头有限公司桥吊队作为全国仅有的3个班组之一获全国"创建学习型组织、争做知识型职工"活动示范班组称号。

开展"铸造诚信"活动

3月，市总工会联合市文明办下发了《关于在全市职工中广泛开展"铸造诚信"活动的实施意见》。通过开展诚信教育、诚信讨论、征集诚信箴言、开展演讲比赛等形式，将活动与贯彻落实《公民道德实施纲要》相结合，与"双学三创"活动相结合，创造出许多经验和做法。11月，按照"青岛市职工诚信示范岗"的评比条件，自下而上评选出了全市第一批职工诚信示范岗221个。11月29日，在青岛交运集团举行了揭牌仪式。

制定《青岛市工会法制教育若干规定》

年内，市总工会联合市委宣传部等11个部委协商制定了《青岛市工会法制教育若干规定》。该《规定》将《工会

法》、《〈工会法〉司法解释》、《山东省实施工会法办法》等工会法律法规,《宪法》、《劳动法》等与《工会法》相联系的法律法规,与《工会法》涉及的我国已签署和批准的《国际劳工公约》等社会责任方面的其他规定等内容列入全民普法规划,并设立工会法制教育成果奖,每2年评比一次。该《规定》得到了全国总工会领导的充分肯定,全国总工会《工会工作通讯》全文刊登了《规定》,《工人日报》发表了题为《加强工会法制宣传教育,推进依法维权》的署名文章。全国总工会在中宣部、司法部、全国人大联合召开的全国普法工作会议上重点介绍了青岛的做法。

借鉴ISO9000标准规范厂务公开民主管理工作

年内,市总工会提出了借鉴ISO9000标准,规范厂务公开民主管理的工作目标,把厂务公开民主管理融入到企业生产经营管理、企业党风廉政建设、企业领导班子建设和思想政治工作及现代企业各项规章制度中。年初,在青岛市海润自来水集团有限公司、青岛碱业股份有限公司等2家企业进行试点,制定了《青岛市厂务公开民主管理控制程序》和《青岛市借鉴ISO9000质量管理体系推动全市厂务公开民主管理工作规范化、程序化、标准化》等2个示范文本。6月,召开了全市借鉴ISO9000标准,规范厂务公开民主管理工作推介会,推广试点经验,并将2个示范文本和1套多媒体演示课件在会上讲解演示。截至年底,厂务公开贯标和借鉴单位达到72家。山东省厂务公开民主管理领导小组对青岛市的做法在全省给予了通报,并在山东省《厂务公开信息》上刊登了青岛市的2个示范文本。在全省第四次厂务公开民主管理工作经验交流会上,青岛市总工会作了典型发言。

构筑三位一体的工会帮扶网络

8月,由市总工会主办的青岛市困难职工帮扶中心正式挂牌成立。为发挥帮扶中心在社会保障体系中"拾遗补缺、救急济难"的作用,全市各级工会组织逐渐构筑起了全市纵横交错、上下联动的困难职工帮扶救助网络,架起了党联系职工群众的桥梁。截至年底,有5个市、2个区建立了帮扶中心,35个困难职工集中的市直单位建立了工会"困难职工生产生活帮扶工作站",264个基层企业建立了工会"困难职工生产生活帮扶工作点"。帮扶中心及帮扶站、点共出资2620万元,重点救助、临时救助、入学救助、创业扶持、集中救助共计7.3万余人次。2004年10月,全国人大副委员长、全国总工会主席王兆国,山东省省长韩寓群,山东省委副书记、青岛市委书记杜世成,青岛市市长夏耕等中央、省、市领导在视察困难职工帮扶中心时,对市总工会开展的困难职工帮扶救助工作给予了肯定。

在建筑业进城务工人员中组建工会取得成效

年内,市总工会把在进城就业的农民工中组建工会列入工会工作的重点,并把相对集中的建筑业进城务工人员入会作为工会组建工作的新领域和发展会员的新切入点。7月,与市建委联合下发了《关于加强青岛市建筑业企业工会组建工作的意见》(青工〔2004〕42号),该《意见》就进一步提高在建筑业企业中组建工会和发展进城务工人员入会的思想认识,坚持依法组建工会的原则,明确组建工会的责任单位和分类组建、实行属地管理的建会方法等,提出了明确要求。截至年底,全市已有100多家建筑业企业成立了工会组织,发展3万名进城务工人员加入工会。

加强国有(集体)改制企业工会组织建设

市总工会将改制企业工会组织建设作为2004年的重点调研课题,成立了专题调研组。与市委组织部联合下发了《关于加强国有(集体)改制企业工会组织建设工作的意见》。对企业改制过程中健全工会组织、理顺隶属关系,加强工会规范化建设和经费财产管理等,提出了指导意见并与市委组织部同步进行了改制企业工会属地化管理的7个试点,总结出了保全改制企业工会财产"五清"移交办法。《青岛通讯》、《山东工人日报》、全国总工会《工会基层建设》对此予以刊登和报道。

职工消费服务中心、商社改革和改制工作

2003年7月,青岛市总工会党组决定对市职工消费服务中心进行改革,对所属市职工消费服务商社进行改制。2004年2月,改革和改制方案在职工大会上获得一致通过;2月24日,召开了首届股东大会暨青岛惠工商务有限责任公司创立大会;5月中旬,完成了工商注册登记手续;6月1日开始试营业。

(张国立)

·共青团青岛市委员会·

青少年思想政治教育

开展邓小平理论和"三个代表"重要思想学习教育活动 2004年,推进"青岛青年修身计划",举办了"兴起新高潮、创造新业绩"第六届"乡村青年文化节"和"难忘共青团岁月"主题征文活动,组织了各层次的读书班、报告会、研讨会,在各级团刊和青少年网站上开辟学习专栏,发挥高校邓小平理论研究会、"三个代表"重要思想研究会和中学生团校等阵地的作用,宣讲邓小平理论和"三个代表"重要思想。

加强未成年人思想道德建设 发挥组织优势,开展特色活动。对全市未成年人思想道德状况进行大规模调研,探求未成年人的成长规律和思想道德建设规律。针对加强和改进未成年人思想道德建设的关键环节,推出共青团加强未成年人思想道德建设"十件实事",并加强落实。在全市少年儿童中开展了以"三个了不起"、少儿原创歌曲大赛等为主要内容的"民族精神代代传"主题教育活动;抓住"五四运动"85周年、建国55周年、少先队建队55周年等重要契机开展了"颂歌献给党"、"庆国庆、迎队庆"、少年军(警)校检阅式等一系列主题教育和道德实践活动;围绕庆祝"六一儿童节"和市少年宫建宫40周年,开展了形式多样的庆祝活动。组织全市年满18周岁的青年学生,开展了丰富多彩的成人仪式教育活动。开展优秀共青团员、十佳少先队员等评选表彰活动。

加强青年文化建设 受市委委托牵头开展青岛市全民读书活动,协调多家单位成立了青岛市全民读书活动指导委员会,召开了全民读书活动总结推进会。以"全民读书月"为龙头推出系列读书活动,涌现出了首届中国青年学习成才奖获得者李少杰等一大批读书成才的先进

典型，团中央第一书记周强对青岛的全民读书活动给予批示，团中央以《团内要讯》的形式推广了青岛市的做法。召开青年文化建设与青年全面发展研讨会，成立青岛青年文学社，举办高层次、综合性青年文化活动，并在高校开展“首届大学生文化艺术节”、“大学生戏剧演出节”等青年文化艺术活动，促进了青年文化建设的全面发展。

引领青年为青岛经济社会发展做贡献

开展青年建功活动　通过举办网上“学振超、兴技能”工作会、“青工技能月”活动等形式，以创新创效、技术比武等为载体，在全市各级团组织和青年职工中开展了“双学三创”活动。全市共培养青年岗位能手1600多名，推出青年创新创效成果1800余项，青年职工与老师傅导师带徒结对8800多对，举行青工技术比武560多场，有17万余人次参加了岗位练兵活动。成立青年专家服务团，举办“青年科技创新奖”评选，组织青联委员、大中学生开展建言献策和“我为市长提建议”等活动。

农村青年增收成才行动　通过城乡结对互助、提供就业信息、送岗位下乡等方式，推动农村青年劳动力转移和实现非农就业。开展青春创业行动，全年培养农村青年“小老板”180人，培训农村青年6130人，实现非农就业3521人。

“保护母亲河行动”　以“绿色奥运志愿者林”建设活动为主要形式，在全市开展大规模植绿护绿的活动。全市各级团组织共创建“绿色奥运志愿者林”、“共青团林”、“青年林”180余公顷，植树近25万株。共青团青岛市委获全国保护母亲河行动5周年成就奖先进集体、优质工程和“全省保护母亲河行动先进集体”等称号。

迎办奥运和文明城市创建　加强志愿者队伍和载体建设，在全国首次命名了10个志愿服务品牌。开展“志愿服务品牌唱响城市精神”、“学习优秀志愿者谢振华弘扬雷锋精神”座谈会等活动，传播志愿者精神。开展“周日志愿行动”、“卫生志愿者服务百村行动”、“五环小蓝帽”、志愿向导等志愿服务活动，参与“两创一迎”（创建全国文明城市、生态市，迎接2008年奥帆赛）工作。共青团青岛市委被团中央授予“中国青年志愿者行动组织奖”。深化“青年文明社区”创建，新命名20个市级“青年文明社区”，3个区被命名为首批“全国‘青年文明社区’示范城（区）”，开展“青年文明社区大家乐”活动，丰富社区文化生活。共青团青岛市委获“全省创建青年文明社区活动优秀组织奖”。开展青年文明号信用建设示范行动、“青年文明号创建10周年回报社会奉献日”、“优秀青年服务品牌”创建活动等，共青团青岛市委被团中央授予“十年全国青年文明号优秀组织奖”。

2005年农历除夕，市委常委、团市委书记张惠（中）到中国海洋大学看望韩国留学生。
（团市委供稿）

服务青少年成长进步

青春创业行动　成立青年职业介绍中心，拓展服务青年创业就业的平台。深化SYB（“创办你的企业”）培训，扩大培训领域和规模，帮助青年创业。全年启动青春创业项目259个，培训青年7750人次，培养“小老板”525人，带动8626名青年就业。

年内，在青召开的全国青年创业行动座谈会暨青年创业培训工作现场会推广了青岛经验，共青团青岛市委获“中国青年创业行动优秀组织奖”。

预防和减少青少年违法犯罪　实施“青少年违法犯罪社区预防计划”，建立青少年心理健康咨询专家志愿服务团和“问题青少年”帮教志愿服务团，选聘了一批团干部担任未成年人刑事案件特邀陪审员和人格调查员。组织开展“两法一条例”（《未成年人保护法》、《预防未成年人犯罪法》和《未成年人保护条例》）宣传、预防艾滋病“青春红丝带”行动和自护教育等活动；开展“问题青少年帮教工程”，全市结成帮教对子480多个。共青团青岛市委被评为“全国预防青少年违法犯罪工作先进集体”。青岛市先后在全国、全省预防青少年违法犯罪工作会议作了经验交流。

青少年维权工作　在民政、文化、教育系统启动优秀“青少年维权岗”创建活动，全年开展大规模集中专项整治活动60余次，开通各类维权热线15条，并通过开展法制宣传教育、创建未成年人网站等形式，优化青少年成长环境。实施“保护未成年人爱心计划”，为弱势青少年群体解决实际困难。

建立“服务＋管理”的外来务工青年管理新模式，开展“三送一助”（送知识、送文化、送健康、助平安）、技能培训、权益维护等服务工作，将外来务工青年凝聚到团组织周围。

加强团的自身建设

贯彻落实全市党建带团建会议精神　与市委组织部联合下发通知，对全市党建带团建会议精神贯彻情况进行督查。召开了全市团建“细胞工程”评比推进现场会，深入推进团建“细胞工程”。加强团干部培训，全年共培训团干部865人。加强推优工作，全年经团组织推荐

有5177名青年加入党组织。制作发行了"青年卡",建设了"青岛市电子团务系统"。健全完善基层青少年组织体系,在全市建立了83处各具特色、功能突出、成效明显的青年中心。

信息调研 召开了全市团的信息调研工作会议,启动首届青岛共青团调研奖和团建"创新奖"评选工作。全市各级团组织上报调研成果200余项、创新奖典型70余项,在《中国青年研究》、《中国共青团》等刊物发表各类文章30余篇,有2篇调查报告获团中央"全团调研奖"三等奖。加强信息工作机制建设,畅通信息渠道,探索建立了青岛青年发展状况动态监测系统。

机关自身建设 打造"真情伴青春"共青团服务品牌,服务青年工作体系逐步形成。贯彻ISO9001质量管理体系,通过认证机构的审核。开展"双学三创"、"三快一提高"、"五个一"(一日一读、一周一讲、一月一提、一季一论、一年一考)等活动。共青团青岛市委在全省共青团工作综合考核中再次名列第一,再次被评为"山东省红旗团委"。

青少年事业

青联、学联建设 建立完善了青联界别组活动制度。发挥青联优势,组织开展调研、"绿色迎奥大讨论"等活动。做好各族青年联谊和新疆挂职干部安置等工作。加强青年对外交流,全年共接待9个国家的代表团200余人来访。共青团青岛市委被团中央等单位评为"全国各族青年团结进步奖"。学联服务青年学生扎实有效,成立了"青岛市大学生志愿者服务团",开展了大中学生暑期社会实践、"优秀大学毕业生人才举荐"、大学生就业创业专家辅导讲座等活动。

少先队工作 召开了市少工委四届四次全委(扩大)会议、市红领巾理事会三届四次会议。深化"少年雏鹰行动",在全市少先队中开展了"雏鹰争章与课改结合"的研究和实践。开展"童眼看世界"、"水与未来"、"手拉手地球村"等科普体验和主题教育活动。在全市开展了城市少年儿童与进城务工农民子女"手拉手"活动,全市有1.16万名少先队员结成手拉手小伙伴。推进"青岛少年儿童平安行动",在全市各级少先队组织中开展了争创"平安校园六个一"(唱响一支"平安校园"歌、征集一句"平安校园"警句、举办一次"平安校园"论坛、参加一次"平安校园"知识竞赛、亲历一次"平安校园"自护训练营、撰写一篇"平安校园"征文)活动,市少工委获"中国少年儿童平安行动优秀组织奖"。

希望工程 全年共筹集希望工程捐款600余万元,捐建希望小学17所,后续配套建设"爱心电脑室"10个、"爱心图书室"14个,资助贫困学生和外来务工贫困家庭学生约1400人。成为"希望工程——农民工子女助学项目扩大布点城市竞标"首批城市之一。联合有关部门开展了"'放飞希望'希望小学百场公益演出活动"。组队代表山东省参加了首届"全国希望小学运动会"。

(冯思睿)

·青岛市妇女联合会·

2004年,市妇联继培育"爱心大姐服务社"、"莲姐热线"服务品牌之后,创建了"贴心娘家"妇联机关服务品牌。年内,先后获全国"三八红旗集体"、全国"双学双比"竞赛活动先进单位、《中国妇女报》宣传工作先进单位、第十届全国少年儿童电子琴大赛组织奖、山东省巾帼科技致富工作先进集体等称号,被山东省委、省政府表彰为全省促进就业再就业先进单位;先后6次在全国、山东省有关会议上作交流发言,工作经验多次被中央电视台、山东电视台、《人民日报》、《中国妇女报》、《中国妇运》、"人民网"、"中国妇女网"等媒体刊发。

"双学双比"竞赛活动

年内,市妇联围绕农村产业结构调整,发挥"双学双比"(学文化、学技术、比成绩、比贡献,下同)竞赛活动领导小组办公室的作用,加强对农村妇女的农业科技培训和农业新技术、实用技术服务。召开了农村妇女"双学双比"竞赛活动领导小组工作会议,把工作任务逐级分解、落实到了各成员单位和区市领导小组。联合市农业局等六部门,组织农、林、牧等方面的专家及巾帼科技指导队员到平度、崂山等区市开展送科技、法律和政策下乡活动,发放"科技明白纸"7.7万余份,赠送科技书籍2500余本,现场解答妇女咨询2.3万余人次,走访农户100多家,放映电视音像资料8场。组织农业方面的专家到胶州市、青岛经济技术开发区等地举办6场农业实用技术讲座,免费对农村妇女进行培训。指导基层妇联组织以巾帼科技指导队员和乡镇妇联科技副主席为骨干,开展送科技下乡1723场次,为10.5万名妇女提供了技术咨询和服务,与2119名农村妇女结成帮扶对子。推动基层妇联协调有关部门举办农业科技培训班1361期,培训农村妇女11.2万余名,并以"订单式"培训和"技能储备式"培训的方式,培训农村妇女富余劳动力5308人。在全国率先成立了"巾帼致富上网室",发动社会各界捐赠微机,在277个村建立了"巾帼致富上网室"并对信息员进行了网络知识培训。

促进妇女就业、创业

先后召开了"巾帼建功"竞赛活动领导小组工作会议、青岛市妇女创业工作汇报会,对促进妇女就业创业工作任务进行了部署,与十二区市妇联签订了目标责任状,对先进典型和创业成功女性进行了表彰。建立健全了工作季报和督查制度,实行了"一把手"负责和"一票否决"制度。开展了"促进妇女就业创业宣传月"活动;其中,在"送政策、送岗位、送项目进社区"宣传咨询活动中,共发放《创业指南》、《青岛市妇联促进妇女就业创业宣传专刊》1.5万余份,为1.1万失业妇女提供了就业政策、岗位、培训、资金等方面的咨询。联合有关部门举办了三场"妇女就业专场招聘会",协调企事业单位提供了3500多个岗位,1万余名妇女现场应聘。举办了三场"妇女创业项目推介、征集、咨询现场会",征集创业"金点子"20余个,向2000余名失业妇女推介了86个创业项目。在全市开展了争创"巾帼社区服务示范点"活动,培养"巾帼社区服务示范点"116个,吸纳失业妇女1172人。发挥"爱心大姐服务社"在家政服务方面的龙头作用,对下岗失业妇女开展技能培训,帮助2355名失业妇女实现了再就业。指导市妇女创办小企业辅导中心和各区市妇联举办妇女创业培训班10期,对501名失业妇女进行了创业必备知识培训,组织志愿者为创业妇女提供政策、法律法规和创业技巧等方面的咨询服务398人次。年内,全市各级妇联组织共培养妇女创业"小老板"494人,是上年的2.8倍,带动妇女就业1332人。7月,全国省区市妇联主席工作会议在青岛市召开，听取了市妇联经验介绍，参观了工作现场。市妇联在山东省政府召开的促进再就业工作会议上作为唯一的妇联组织在会上交流了经验。"巾帼创业项目"被表彰为青岛市优秀工作成果。

"五好文明家庭"创建活动

在全市妇女中开展了"学上网、学礼仪、学健身，创建学习型家庭"活动。编发《青岛市妇女学上网、学礼仪培训教程》1.2万册，招募志愿者1500多人，到社区、村庄开展了网络、礼仪、健身知识宣讲。联合有关单位对4.3万户家庭的成员进行了网络知识培训。指导基层妇联开展了"母子携手网上行"活动。在全市开展了"文明礼仪温馨短信"征集活动。通过网络向全市妇女推荐了优秀书刊，开展了"青岛市学习型家庭评选活动"。

巾帼文明队活动

年内，继村、居巾帼文明队组建率达到100%之后，组织发动队员开展丰富多彩的健身活动，在全市推广了太极拳、健身秧歌、健身球、功夫扇、大众健美操等5套健身项目，促进了健身活动的标准化和规范化。举办了"全市巾帼健身操展演"活动，开展了"健康女性，多彩人生"健身展示活动，10万余名妇女参加了活动。

妇女维权工作

年内，把维护外来"打工妹"权益作为维权工作的重点。开展了问卷调查，向市人代会提交了《关于切实保障打工妹权益的建议》，争取市人大常委会、市政协对"打工妹"权益状况进行了视察。联合市总工会、市劳动和社会保障局等七部门在全省率先实施关爱"打工妹"权益行动，从"关爱成长、关爱健康、关爱生活、关爱权益"4个方面为"打工妹"提供服务。在城阳区、保税区等地进行了建立"打工妹"公寓妇代会和打工妹工作机制试点。开展了"打工妹"权益网上对话活动，联合青岛电视台制作了为"打工妹"追讨欠款的电视专题片，开通了"'打工妹'热线"，发动社会各界捐书10万余册，建立"'打工妹'书屋"59个，开展了"好书伴我行""打工妹"读书征文活动，组织了"打工妹"文艺会演，举办了外来务工人员鹊桥联谊会；协调海慈医疗集团组建了服务"打工妹"巡回医疗队，为"打工妹"进行了医疗咨询及健康查体。对"十佳打工妹"、"优秀打工妹"和"维护打工妹权益先进企业"进行了评选表彰。

推动反家庭暴力工作。召开座谈会，推广了市北区综治办等单位反家庭暴力工作的经验；邀请全国反家庭暴力专家对公安干警和妇联干部进行了反家庭暴力技巧专题培训；联合市综治办对"零家庭暴力社区（村庄）"和争创活动的先进单位进行了评选表彰；参与了青岛电视台、青岛人民广播电台有关反家庭暴力的专题节目制作。发挥"莲姐热线"服务品牌的作用，全年共接信接访接电2086人次，处结率99.7%。开展了"三八"妇女维权宣传周活动，组织100多名妇女维权志愿者到社区、村庄开展法律、劳动、心理等知识讲座100余场，听众达2万余人次。

"春蕾计划"

年内，组织开展了"优秀春蕾女童"评选演讲活动，表彰了1名"春蕾之星"、10名"十佳春蕾女童"和100名"优秀春蕾女童"。组织发动社会各界参与"春蕾计划"，分别与4家单位举办了2场"春蕾计划"募捐专场拍卖会，联合新闻媒体举办了"特别救助行动"，举行了青岛市福利彩票发行中心、美国纽约山东同乡会等20多场资助"春蕾女童"捐赠仪式。开办了"春蕾女童"电脑创新培训班。全市各级妇联组织共募集资金67.1万元，资助贫困女童2100多人。

小公民道德建设计划及家庭教育工作

年内，市妇联对如何做好家庭教育工作和推进小公民道德建设计划进社区、进家庭进行了专题研讨，确立了小公民道德建设计划和家庭教育工作紧密结合的工作思路，制定了《关于开展青岛市小公民道德建设进家庭"亲子1+1"实践活动的意见》。以"为国教子，以德育人"为主题，邀请全国著名家教专家在全市巡回做专题报告8场，组织1.15万名家长听取了讲座。招募家教志愿者举办了50多场社区家教专题讲座，发放宣传材料2000余份，4000余名家长听取了讲座。开展了"教子有方——十大优秀母亲"评选表彰活动。组织6700多名儿童参加了科技夏令营、草原夏令营、军旅夏令营；组织了"亲近自然，彩绘大地"为主题的"儿童妈妈梦公园"写生比赛，8000多名儿童和妈妈共同参加；组织100多名儿童到许振超工作现场进行了绘画采风和采访；组织1万余名儿童参加"青岛市第十九届青少年科技创新大赛决赛暨展示活动"和"全国第十八届创新大赛获奖作品展"；以迎奥运、培养儿童奥运意识为主题，组织开展了"VISA奥运畅想少儿绘画大赛"、"奥之帆——我的梦"庆"六一"系列活动等，承办了"全国奥运招贴画暨万名儿童画奥运"活动。开展了"青岛市首届亲子（1+1）家庭劳动技能大赛'旧衣物赶新潮'家庭服饰创新活动"。组队参加了山东省电子琴大赛，3人分获不同组别的第一名。青岛市选送的作品在山东省少年儿童创新设计作品大赛中有3件获一等奖、4件获二等奖、25件获三等奖。

调研工作

年内，制定了《2004年调查研究和信息工作要点》和《关于进一步加强调查研究工作的通知》，建立了调研工作目标管理、资源共享、表彰奖励等3项制度，对优秀调研报告进行了表彰，并在"青岛妇女网"设专页进行交流。加强了对农村妇女富余劳动力转移、"打工妹"权益、"爱心大姐服务社"发展等的专题调研。全年各级妇联干部和妇女问题研究会成员完成调研报告27篇。其中，"农村城市化进程中妇女劳动力转移情况"的调研成果被全国妇联《妇工要情》采用，上报中共中央办公厅秘书局，并获山东省妇联系统优秀调研报告一等奖第一名；"'打工妹'权益状况"的调研成果被《中国妇女报》刊登；"第三产业发展与妇女就业"调研成果被《中国妇女报》、《大众日报内部参考》、《青岛日报》、"人民网"等十余家媒体刊登，并在山东省妇联十届五次执委会议上作交流发言；《第九次妇女代表大会以来青岛市妇女发展及妇联工作情况调研报告》被"中国妇女网"刊登。

（王恒捷　曾　敏）

· 青岛市工商业联合会 ·

组织建设

加强行业商会与村级商会建设，充

善组织体系。4月,召开了全市工商联组织工作会议。5月,发展青岛市室内装饰商会为市工商联团体会员,填补了市工商联市级同业公会、行业商会的空白。青岛市易货商会、青岛市泉州商会相继成立,标志着青岛市行业商会、同业公会建设工作的全面展开。

年内,市北区委、区政府为8家商会提供了免费办公地点。全年全市各级工商联共组建同业公会、行业商会21个。抓好村级商会组建的试点工作,全年成立村级商会5个。

加强基层商会建设。全市已建立的52个镇、街道办事处商会党组织,扩大了非公有制企业中党的工作覆盖面。年内,举办了基层商会专职干部培训班并组织到外地考察学习;该会领导班子进行了调整,替补、增补了5名常委和12名执委。全年共发展会员1427人,超额完成了山东省工商联下达的会员发展计划。

参政议政和调研、宣传工作

"两会"期间,该会会员中人大代表和政协委员共提交提案、建议及意见达433件。该会提交的《关于进一步重视和加强民营企业发展导向工作的建议》和《关于加大金融业为民营经济发展服务力度,加快开发、利用民间资本的建议》等提案,受到了市有关领导的重视。

年内,重点围绕非公有制经济代表人士新老交替、队伍建设和市场经济条件下行业组织建设以及近年来青岛市非公有制经济发展中遇到的困难和问题开展了调查研究,撰写了《我市贯彻中发〔1991〕15号文件情况的调研报告》4篇。结合全国工商联"2003年度上规模民营会员企业调查计划",对青岛市43家民营企业集团、部分销售总额5000万元以上的民营企业和青岛市民营企业信息化建设情况进行问卷调查,撰写了民营经济发展形势分析报告,为市委、市政府决策提供了参考依据。

加强对会员企业和非公有制经济人士的宣传报道。与《青岛日报》"统一战线专栏"合作,先后对4位"青岛市优秀社会主义事业建设者"称号获得者的先进事迹进行了专题报道。全年在市级以上新闻媒体发表宣传稿件37篇,其中专题宣传非公有制经济人士的12篇。信息工作继续在山东省工商联系统保持领先地位。

服务经济建设

协调金融部门,落实与有关单位的业务合作协议,帮助会员企业解决融资困难,全年共协助会员企业贷款9.7亿元。提供法律援助,代理各类案件45件,涉案标底1000万元,为会员企业挽回经济损失400多万元。指导、帮助45家会员企业参加质量体系认证。为20家拟改制企业进行了资产评估,总标底4亿元。为近800家会员企业进行审计,审计标底约1.6亿元。

通过帮助企业申报进出口自营权、组织企业参加国际经贸洽谈会、赴境外开展经贸考察、联系境外投资机构来青考察等方法,帮助会员企业引进项目和资金、增加产品出口,促进企业向外向型经济发展。先后组织近300家民营企业分别参加了德国招商推介会、日本经贸洽谈会、法国经贸洽谈会,组织了30余家会员企业赴境外进行商务考察,帮助12家企业到国外设立分支机构或办事处。

配合市国内经济合作办公室做好招商引资的协调、服务工作。组织召开了市工商联招商引资工作会议,组织部分区、市赴其他省市工商联开展招商活动,协调温州、泉州商会以商招商。全市各级工商联共引进项目126个,合同利用内资11.51亿元、外资1.26亿美元,实际到位内资6.37亿元、外资2256万美元。

与市人事局、市劳动和社会保障局联合举办了"青岛市第四届民营企业人才交流会"、"青岛市民营企业专场用工招聘会"和"青岛市高新民营企业招聘会",每次都组织近百家民营企业参加,共提供就业岗位7800多个,吸纳安置劳动力4000余人。做好"创业小老板"的指导工作。参与举办"青岛市第三届创业再就业援助项目展示会",推出创业项目81个,有12个项目进入实施阶段,带动就业500多人。被市政府评为"青岛市促进就业先进单位"。

组织60多家民营企业分别参加了"第八届东西部经贸合作洽谈会"、"全国民营企业家参与东北老工业基地振兴合作交流会",签定合作意向8个。其中,会员企业欧美投资集团与银川市政府就在银川市投资5亿元建立15万吨味精原料生产基地签定了项目协议。

非公有制经济人士思想政治工作

2004年,继续开展"争当合格社会主义事业建设者"活动。1月,该会召开了表彰大会,与市委统战部联合表彰了37位"优秀社会主义事业建设者"。会同市政府有关部门,分别对24个青岛市"诚信纳税"、"社会与劳动保障"、"质量管理"等先进民营企业进行了表彰。12月,在青岛市光彩事业促进会成立暨表彰大会上,该会117位非公有制经济人士被青岛市委、市政府授予"青岛市光彩事业优秀企业家"称号。该会非公有制经济人士获省、市以上表彰230人次,优秀民营企业66家。

在会员企业中先后组织开展了"创建学习型组织、争当知识型员工"、建设"平安企业"、实施"凝聚工程"等活动。会员企业青岛红领集团在全国总工会、全国工商联联合召开的"关爱员工、实现双赢"经验交流暨表彰大会上获"双爱双评先进企业"称号。中央电视台对会员企业青岛康惠达公司为职工举办的相亲联谊会进行了专门报道。

组织了7名非公有制经济人士副会长参加了由中央统战部和中央社会主义学院联合举办的"全国副省级以上工商联非公有制经济人士副会长培训班"。与中国人民大学、市委组织部、市工商局联合举办第二期MBA研究生班,近60名民营企业家完成学业。9月,会同市委组织部、市委统战部在温州市委党校举办了青岛市民营经济发展研讨班并选拔了38名青岛市的民营企业家参加。

在会员企业中开展"同进共富奔小康"、"双思"(致富思源、富而思进)等系列教育活动,鼓励和引导非公有制经济人士参与"光彩事业"和其他社会公益事业。以扶贫开发为重点,先后组织了20余家民营企业到对口扶贫地区投资"光彩"项目,举办用工招聘会。

全年会员企业先后为教育事业、助残帮困、结对助学、修路架桥等公益事业捐献款物折合4160余万元,捐建"光彩小学"1所,结对助学1619对。

年内,该会被市委、市政府表彰为"青岛市光彩事业先进单位",被市人事局、市民政局评为"青岛市爱心捐助"先进单位。

(郭　强)

·青岛市归国华侨联合会·

服务大局

2004年，市侨联加强招商引资工作。既直接参与项目引进，又通过真情服务、以情招商、以服务促招商，先后就41个意向协助海外侨胞与市有关方面进行了洽谈。帮助新加坡、印度尼西亚、意大利、日本、澳大利亚、美国、马达加斯加等多个国家的华侨就轮胎翻新和销售、投资兴建专业医院、护士培训及输出、饵料出口、电力计量、保健品开发、房地产开发等项目与有关方面进行了交流、洽谈与合作。其中，由市侨联直接促成的投资500万美元的青岛帝杰尔有限公司已在即墨市开工投产；由于市侨联对该项目跟踪服务，协助外商解决投资过程中遇到的难题，外商又追加投资500万美元，该项目被列为即墨市2004年的重大项目。在2004年7月召开的第七次全国归侨侨眷代表大会上，市侨联获"中国侨联工作先进集体"称号，在2004年山东省侨联系统评比表彰中，市侨联被省侨联评为全省"引资引智"先进单位。

加强宣传和海外联络

年内，正式开通了侨联网站。该网站自开通以来，点击率逐月攀升，已超过2万余次。市侨联还通过报纸、杂志和电台、电视台等媒体对侨界的新闻动态和侨联工作进行宣传，全年在国家级报刊上刊登宣传报道9篇，在省级报刊上刊登11篇，在市级报刊上刊登17篇。首次借助海外媒体进行对外宣传，在日本《中日新报》等海外媒体上发表文章，扩大了市侨联在海外的影响。

年内，市侨联共接待海外侨胞306人次，比上年增长28%。先后组团出访了新加坡和日本。截至年底，市侨联已与10个社团签订正式友好社团协议，与世界上50多个国家和地区、27个社团保持着经常性往来联系。

扩大侨联组织网络

年内，市侨联成立了全省侨联系统首个青年委员会并组织部分委员出访日本华侨社团，拜会了中国驻大阪总领事馆、大阪华侨总会等驻日机构和侨团。"青委会"海外理事、新加坡林甲岩－鹏飞集团科技事业部中国区总经理陈奕邀请市侨联组团赴新加坡就自动缴费终端系统与青岛市合作等意向进行考察。12月24日，《山东侨报》在头版以《青岛市侨联"青委会"活力四射》为题目对市侨联开展"青委会"工作取得的成效进行了专题报道和宣传。

开展涉侨法律服务

年内，"市侨联法律服务中心"正式挂牌成立，并聘请2位执业律师为市侨联法律顾问。在开展涉侨法律服务工作中，市侨联依托"侨之家"活动和"侨法宣传月"活动等载体，深入侨资企业和高校，主动为归侨侨眷提供义务法律咨询，日本《中日新报》对活动开展情况进行了报道。在依法维护侨益工作中，市侨联在全省侨联系统首次提出"平安侨界为平安青岛做贡献"，得到山东省侨联的肯定。

（门　刚）

法　　制

·政法工作概况·

维护政治安全

2004年，青岛市加强预警应急机制建设，妥善处置一批群体性突发事件，完成了十六届四中全会、三级"两会"、ACD会议以及啤酒节、海洋节、时装周等重要会议、重大活动的安全保卫任务，保证了1500余万名来青游客的安全。

关注隐蔽战线敌情动态变化，强化专案侦察、情报信息、敌情调研、阵地控制、边检边控等项工作，抵御了境内外敌对势力的渗透破坏活动。

深化同"法轮功"等邪教组织的斗争，破获了一批"法轮功"案件，依法处理了一批"法轮功"顽固分子，缴获了一批非法宣传品。

2004年12月，市委常委、政法委书记刘建华（前左一）在台东步行街参加"122交通安全宣传日"活动。
（市委政法委供稿）

保证社会稳定

按照中央和省、市委的统一部署，坚持“严打”、“整治”、“综治”三管齐下，注重研究建立常态治安条件下的“严打”工作机制，提高了驾驭复杂治安局面、应对动态犯罪趋势的能力和水平，实现了近六年来刑事发案数的第二次整体下降。坚持从治安工作的实际出发，适时组织开展各种专项斗争和集中行动，严厉打击各类侵害群众安全感的暴力化犯罪和多发性犯罪，及时侦破了一批刑事犯罪案件，严惩了一批违法犯罪分子，整治了一批治安混乱场所和突出问题，依法查处了一批“黄、赌、毒”窝点，全市破获现行案件数、追逃数和逮捕数等3项指标继续保持山东省第一，公众对青岛市社会治安满意率达95.6%。

强化基层基础工作

加强基层综治组织、司法组织规范化建设，12个区、市全部恢复重建了基层司法所，445个社区居委会普遍建立起治安综合治理工作委员会。以强化治安防范为重点，完善“三警（110、119、122）联勤”、“三台（110、119、122报警服务台）合一”快速反映机制，重新调整设置治安亭和堵截点，构筑起动态形势下点、线、面结合，巡、守、堵配套的防范控制和快速反应机制。加强运用科技创建安全环境工作，全市重点区域和主要路口均设立了监控终端，银行运钞车普遍安装了GPS卫星定位系统，可防性案件同比下降11.5%。做好预防未成年人违法犯罪工作，开展创建优秀“青少年维权岗”、“家庭零暴力”等活动，建立了一批青少年维权法律服务站，预防未成年人违法犯罪工作取得了显著成效。

服务经济建设

开展“双访双送”（访万家企业、访万户群众，送法律、送平安）活动，拓展法律服务领域，提高司法服务质量，出台了一批便民利民措施，依法解决了一批涉及企业和人民群众利益的重大案件，全市法治环境进一步优化，青岛市当选“CCTV2004中国十大最具经济活力城市”并获“企业家满意奖”。重视经济和社会领域潜伏的矛盾隐患，在全市推广“四位一体”（基层综治、司法、信访、矛盾纠纷排查调处中心联合办公、联合排查、联合调处）矛盾纠纷排查调处工作机制，矛盾纠纷调处成功率达98%。开展集中处理涉法上访问题专项整治，使一大批信访重点户息诉罢访。参与整顿与规范市场经济秩序工作，依法公正审理了一批民商事案件，维护了公平竞争的市场秩序。严厉打击经济犯罪活动，严肃查办职务犯罪大要案，促进了全市反腐败斗争的深入开展。

加强政法队伍建设

以提高执法理念、执法纪律、执法服务为目标，开展了“公正执法树形象”活动和“双学三创”活动。落实队伍建设领导责任制，健全完善一岗双责、责任查究、上追一级和黄牌警告等项制度，构筑了一套科学管人的长效机制。适时开展岗位大练兵、技能大比武和实战演练活动，提高干警执法水平和实战技能。加强教育培训工作，共举办各类培训班73期，干警参训率达92%，提高了政法队伍的整体素质。涌现出被公安部记集体一等功的市公安局交警支队等一大批先进单位和个人。

（李卫东）

·地方立法·

工作概况

2004年，市人大常委会完成了行政许可规定的清理工作，修改了19件、废止了8件地方性法规，制定、修订了《青岛市实施〈中华人民共和国水法〉若干规定》、《青岛市专利保护规定》、《青岛市实施〈中华人民共和国烟草专卖法〉办法》、《青岛市城市供热条例》、《青岛市实施〈中华人民共和国老年人权益保障法〉若干规定》、《青岛市审计监督条例》等6件地方性法规。完成了《城市公共汽车客运管理条例》等13件调研项目的前期调研工作。

市人大法制委员会全年共召开了9次全体会议，对15件法规案进行了统一审议。市人大常委会法制工作室围绕立法工作共召开了座谈会30多次，参加人数达600多人次，完成各类材料近40万字；共收到全国、山东省人大常委会征求意见的法律法规草案22件，先后召开了16个座谈会，征集、汇总意见建议300多条，受到了上级人大常委会的肯定。

自1月1日起，青岛市正式启动了对政府规章的备案审查工作。市人大常委会对市政府报送的8件政府规章按照技术规范的要求进行了备案登记，并开展了初步审查。

年内，市人大常委会先后召开了4个法规新闻发布会，对修改、清理和实施的有关法规进行了新闻发布，提出宣传贯彻要求；会同有关部门举办了4期法规研讨班，对相关部门的490余人进行了执法培训；与市政府法制办联合编辑出版了《2003年法规规章汇编》，并对2004年通过的法规编印了单行本。

地方性法规修订

（详见第345页）

（陈秀良）

·政府法制工作·

贯彻实施《行政许可法》

2004年，加强了《行政许可法》的宣传和培训工作。举办了5期政府系统市管领导干部培训班和3次全市领导干部《行政许可法》报告会，组织全市行政机关公务员进行了《行政许可法》的学习考试。全年市政府各部门和区市政府共进行《行政许可法》培训5万余人次。在青岛电视台、青岛人民广播电台开辟了“依法行政提高效能”系列访谈栏目，共有34个政府部门的负责人通过该栏目就贯彻实施《行政许可法》问题进行解答，并向全社会做出承诺。

年内，按照《行政许可法》的要求，对100多件地方性法规和380多件政府规章进行了清理。经提请市人大常委会和市政府常务会审议，决定废止地方性法规8件、修改19件，废止政府规章114件、修改37件。经对上轮保留的499项行政审批事项和现行的行政许可事项的进一步清理，决定保留349项、取消128项，另外拟确认非行政许可的审批事项95项。与第二轮行政审批制度改革方案相比，取消、调整幅度为45%；公布市一级实施行政许可主体65个。

行政立法

在完成对青岛市建国以来现行有效的地方性法规和政府规章清理工作的同时，全年共向市人大常委会提报《青岛市专利保护条例》等地方性法规(草案)6件,制定出台《青岛市林地保护管理办法》等政府规章13件,出台行政效能投诉处理等政府规范性文件26件。

行政执法监督

印发了《关于做好2004年行政执法评议考核工作的通知》等文件,完善了行政执法评议的考核机制,年底组织对51个政府部门和12个市、区的行政执法情况进行了评议考核。制定出台了《青岛市行政机关规范性文件管理办法》,全年共受理规范性文件191件,其中审查市区规范性文件173件、部门规范性文件18件,规范了行政机关的行政行为。对16763名行政执法人员的行政执法证件进行了审验;对7078名新增行政执法人员进行了培训考试,并对其中3517名考试合格人员制发了新证;对市直有执法职能部门抽出的1000余名行政执法人员进行了行政执法证件的审验考试。受理行政执法争议、投诉50余起。制定了《重大行政许可备案办法》,建立了重大行政许可事项备案制度和行政许可实施情况统计制度。组织对市政府各部门和12个区、市政府贯彻实施《行政许可法》等行政执法情况进行了全面检查。

行政复议应诉

年内,市行政复议办公室共收到行政复议申请200余件,受理153件;已结案150件(结转2003年15件),在法定期限内结案率为100%。代理市政府为被告的行政应诉案件24件,代理市政府为被申请人的复议案件5件,代理市政府为被申请人的仲裁和申诉案件各1件。加强制度建设,市政府发布了《行政机关负责人行政诉讼出庭应诉制度的通知》,建立了行政机关负责人出庭应诉制度;制定了《行政复议案件主办人责任规定》和《行政复议申请网上受理暂行规定》,明确了办案职责,增强了行政复议工作的透明度。市政府法制办被评为“山东省行政复议应诉工作先进单位”。

推进相对集中行政处罚权工作

年内,经市政府批准,平度市实施了相对集中行政处罚权制度,胶南、胶州、莱西等3市的实施方案已经山东省政府批复,全市七区五市已全面推行了此项工作。对崂山区、城阳区、黄岛区工作进行了完善,并报经省政府批准确认了其适用市区的方案。

贯彻落实《全面推进依法行政实施纲要》等工作

市政府印发了《关于学习贯彻全面推进依法行政实施纲要的通知》,成立了青岛市全面推进依法行政工作领导小组和办公室,制定了《关于贯彻国务院全面推进依法行政实施纲要的工作方案》,提出了青岛市贯彻《纲要》工作的思路。组织起草了《青岛市全面推进依法行政五年规划(草案)》。召开了全市政府法制宣传工作座谈会。与青岛电视台联合举办了“法治政府离我们有多远”专题访谈节目,邀请国务院法制办和中国政法大学法学院的有关领导和专家,就建设法治政府问题进行了对话。开通了青岛政府法制网站。编印《青岛政府法制》12期。组织了全市干部的《土地法》管理法律法规知识考试。加强政府法制理论研究工作,委托青岛大学法学院就“行政执法责任制研究”课题进行了研究,召开了全市依法行政理论研讨会。

(潘伟华)

·仲　　裁·

2004年,青岛仲裁委员会共受理各类纠纷案713起,比上年增长78%,受案数量在全国仲裁委中居第九位、比上年提高7个位次,在全国副省级城市中居第五位,在山东省居第一位,受案数量增长速度在全国副省级城市中居第三位;涉及争议标的额4.83亿元;全年当日立案率达到100%,结案率达到98.02%。主要业务指标再创历史最高水平。

提高仲裁办案质量和效率

坚持公正文明办案制度　继续实行方便当事人的仲裁案件受理“一站式服务”。建立仲裁文书直接送达制度,半年直接送达各类仲裁文书650人次,没有超期限送达情况发生。协助当事人办理财产、证据保全52起,涉及财产标的额4100万元,维护了当事人的合法权益。当事人满意率达到90%以上。

快捷高效地审理仲裁案件　缩短立案审案时限,对当日立案的案件,做到当日受理、当日移交案件审理部门,进入审理程序。案件的平均结案时间在45日左右。调解和解率达到50.67%,快速结案率(30日结案)达到60.77%。

强化对仲裁员的管理　年内,修改了仲裁员管理办法。组织仲裁员仲裁业务培训,选拔组织了部分优秀仲裁工作人员赴香港培训,请香港仲裁中心的专家就国际民商事仲裁案件审理理论与实务进行培训。加强仲裁员队伍的日常管理与服务工作,掌握仲裁员的办案情况,并将调解和解率、快速结案率等作为考核的指标,提高了仲裁案件的质量和效率。

规范办案程序　制定了《关于仲裁案件审理期限有关问题的规定》,就仲裁案件审理期限、审限的延长、案件专业鉴定、案情复杂或者争议较大案件的专家论证、仲裁员违反规定的处理等方面内容作出了明确界定。开展了“快立案、快审理、快结案,提高市场经济主体对仲裁的满意度、提高案件双方当事人对仲裁的满意率”活动。为加强对办案秘书的监督,制定了《青岛仲裁委员会办公室秘书考核办法》。为加强重大、疑难案件的论证,制定了《重大疑难案件办理工作有关规定》,保证了对处理重大、疑难案件的监督。

参与创建“平安青岛”　2004年初,提出把创建“平安青岛”作为仲裁工作的大事来抓。强化服务意识,依法维护人民群众合法权益;对重大、疑难、集团案件,特别是对涉及群众切身利益、影响社会稳定的案件进行预测分析,其中重要个案和带有突发性、普遍性的纠纷,由主任办公会集中研究,把好组庭关、裁决关,并提前做好应急措施;听取社会各界对仲裁工作的反映,随时发现和弥补办案工作中的不足,及时、妥善地解决因对裁决结果有异议可能造成的信访事件;通过确定专门处室、专人接待当事人来信来访和由主要领导直接接待当事人来访等措施,加强了信访工作。

拓展仲裁业务领域

为贯彻落实市委、市政府“挺进西海岸”的战略决策,6月,成立了青岛仲裁委员会西海岸国际仲裁中心,为仲裁更好地解决区域性民商事纠纷拓宽了渠道,国务院法制办、山东省政府法制办以及市有关领导对此给予了肯定;西海岸国际仲裁中心和驻外专业仲裁庭全年共受理仲裁案件215起。提出了筹建青岛国际商事调解中心的建议,已得到市编委的批复同意。

贯彻落实全国证券、期货系统推行仲裁法律制度会议精神,成立了证券、期货仲裁工作领导小组,制定了山东、青岛区域证券期货系统推行仲裁制度工作方案。与青岛市证监局共同组织召开了“青岛辖区证券期货仲裁工作会议”。走访证券期货企业及上市公司,举办了《仲裁法》专题讲座,规范证券期货合同上万份。

加强仲裁法律宣传

年内,组织了全市纪念《仲裁法》颁布10周年座谈会,开展了创建“亲和仲裁”服务品牌和“法律进社区”等活动。推荐了7名仲裁员参加全国优秀仲裁员的评比活动。为全国电视宣传片的制作提供了素材。编辑了《青岛仲裁文化手册》。在《青岛日报》开辟了“亲和仲裁”专栏。拍摄了3部电视专题宣传片在市“两会”和APCE会议期间播放,在各类媒体发表稿件100余篇。开展调查研究工作,走访企事业单位86家。组织了20多场、4000多人次参加的仲裁法律知识讲座,发放宣传材料2万多份。

(陈士彬)

·公　　安·

打击刑事犯罪

2004年,市公安局建立“严打”经常性工作机制,推动打防控一体化建设,形成覆盖公安工作的整体作战体系。以多发性侵财犯罪、暴力犯罪、毒品犯罪、有组织犯罪等为重点,组织开展了“侦破命案”等专项行动。年内,全市公安机关破获现行刑事案件、逮捕劳教、追捕逃犯等3项指标继续居山东省第一位。全年刑事案件同比(下同)下降5.6%,影响群众安全感的盗窃、抢夺等侵财案件分别下降6.6%和20.9%,破获了“四四”特大绑架杀人案、“三一一”特大劫车杀人案、“六二一”饭店爆炸恐吓案、“一一·二三”特大杀人案等影响大的恶性案件。公安部部长周永康签署命令,给青岛市公安局刑警支队记集体一等功。市综治办、市统计局“公众安全感”抽样调查显示,2004年市民对社会治安的满意率达95.6%,增长0.51个百分点。

保证重大节会安全

年内,保证了在青岛市举办的171项节会活动的安全。其中,完成了青岛公安史上规模最大的一次警卫任务——亚洲合作对话第三次外长会议(ACD会议)的安全保卫工作,受到了中央、省、市领导的高度评价,山东省公安厅下发嘉奖令对市公安局予以表彰。

公安行政管理

强化暂住人口动态化管理,山东省公安厅在青岛市召开“全省实有人口管理工作现场经验交流会”,推广青岛市公安机关“以房管人”的“房屋—人口”一体化管理模式。交警支队实施“畅通工程”和创建“平安大道”,加强交通违章行为整治,完善交通事故预防工作机制,道路交通事故得到有效控制,被公安部记集体一等功;全市发生道路交通事故、死、伤及直接经济损失等4项指标分别下降36.7%、20.9%、14.8%和46.5%。开展消防安全专项治理活动,全市火灾起数、死亡数、伤人数和直接财产损失分别下降7.5%、74.2%、43.8%和87.9%。优化审批环境,提高审批效率,清理行政许可事项98件。继续落实公安部、山东省公安厅和市公安局制定的便民服务措施,将七区的进市落户由30个工作日简化至20个工作日内完成。参与整顿和规范市场经济秩序工作,相继破获山东省公安厅督办的全省首例特大职务侵占股权案,“三一七”特大虚开增值税专用发票案,“三二四”特大出售伪造、擅自制造发票案等一系列有影响的大要案件,为国家挽回巨额税款损失。市公安局主动出击型税侦工作模式被公安部肯定并在全国推广。维护清理拆除违法建筑工作现场秩序,加强案件查处,严厉打击各种土地犯罪行为。出入境管理部门创立的“出入有境、服务无境”品牌被山东省公安厅推广;9月,正式开展了外国人在中国申请永久居留资格受理工作,重点确定了20名投资数额大、有一定政治和社会影响的外国人作为受理审核重点,并为青岛爱默生(中国)电机有限公司副总裁兼总经理唐艾笛办理了审核手续,省、市多家新闻媒体进行了现场报道。在青岛市获得的“2004CCTV中国最具经济活力城市”称号暨“企业家满意奖”的评选中,“有保障的人身和财产安全”成为获奖的4条主要理由之一。

深化城市文明交通“三让”活动

年内,各级交通管理部门将深化“三让”(车让人、人让车、车让车)活动与整治城市道路交通秩序、深化“畅通工程”、创建文明城市结合起来。注重将宣传教育与严格执法、路面管理与源头管理、落实责任制与目标考核相结合,强化了行人行路和机动车行车秩序整治,加强了出租、公交等专业运输企业的监督。抓具体事件和薄弱环节,对行人的14种交通违法行为实施处罚,在新闻媒体开办交通违法行为曝光台和排行榜,营造和谐文明气氛。按照“人性化”要求,改造建设交通安全设施,加密人行横道线,为行人横过道路提供便利;通过道路工程改造等措施,深挖道路资源,解决了市区东西快速路辐射区域的交通堵塞问题。与市文明办等有关部门策划了公务车“遵守‘三让’,向我看齐”承诺仪式等一系列宣传活动,在新闻媒体开展了“三让”活动大讨论和“20大交通陋习”评选活动,利用公交车身公益广告、交通标牌背面设置“三让”宣传图版。在20余所学校建立健全交通安全教育工作机制,将创建“四个示范”作为深化“三让”活动的载体,开展“‘三让’示范路、社区、单位和学校”创建活动。年内,中央政治局常委、中央政法委书记罗干,中宣部部长刘云山等中央领导先后视察市公安局交通警察支队,并对“三让”活动给予了肯定。

科技强警和公安装备

年内,《青岛市金盾工程可研报告》和《青岛市金盾工程2005年建设项目可研报告》通过市工程咨询院组织的专家评估;“金盾工程”应用系统建设取得进展,在山东省率先建成了违法犯罪人员信息系统和信息报送系统;实行刑事案件预警研判制度,及时发布刑事案件预警信息;加快派出所、看守所和刑警中队等一线基层单位的装备建设;新式安检装备、第二代身份证制证设备等一批高科技装备投入使用,提升了公安基层单位治安防控的科技含量;成立奥帆赛安全保卫办公室,参与奥帆赛帆船中心的设计规划,推进《青岛奥运安全保卫专项规划》的实施;青岛市成为全国第一批科技强警示范城市;市公安局装财处获全国公安装财系统先进集体称号。

创新警务工作机制

探索建立了维护稳定长效机制、“严打”经常性工作机制、社区警务机制、队伍正规化管理机制等一系列制度体系和服务品牌。强化基层基础工作，在市公安局全面组织实施了情报信息全警化工程、治安防控网络工程、流动人口管控网络工程、快速应急堵控网络工程、刑事案件侦控网络工程、创建“四型机关”工程、等级化管理工程、警示教育工程、治理信访源头工程等“九项工程”。按照“做大做强派出所”的思路，弱化机关职能，保证有2/3以上的警力在一线。以深化社区警务战略为重点，建立健全了社区巡访制、警务责任回访制、社区议事会制、双休日工作制等一系列民警日常勤务、管理机制。建立了以“三警联勤”为龙头，以“五四三”巡控机制为支撑，以各种社会治安力量为补充，机动车、自行车、徒步巡逻相结合，点、线、面相衔接的动态治安防控体系。推广技防设施，全市党政机关驻地、金融单位、水电油气等要害部位的红外线报警、电视监控设施的安装使用率达到100%。开展了创建“平安社区”、“平安厂企”、“平安校园”等活动，通过整合社会治安资源，巩固社会防控网络。市公安局治安支队制定的治安防控网络工程方案获山东省公安厅科学技术一等奖。8月，青岛市承办了全国公安厅局长现场会，公安部对市公安局动态防控体系建设、交警支队的城市文明“三让”、市南分局香港中路派出所和崂山分局的正规化建设等工作予以肯定并推广。

队伍建设

年内，坚持依法从严治警，加强队伍正规化建设。全面推行目标管理绩效考核机制，加强和改进公安警务督察工作，开展执法质量自查自纠活动，深化行风建设。市效能投诉办公室接到的涉及公安机关的投诉下降66%。继续深化警示教育工程，通过签订《党风廉政建设责任书》，开展“三项治理”（对公安民警在执法办案中的刑讯逼供、滥用枪支警械、滥用强制措施等职务违法违纪问题的治理）、“两个违规”（违反规定扣押、查封、冻结、没收财产，违反规定责令停业整顿、吊扣证照）专项治理，创建“基层行风建设示范窗口”，开展“公正执法树形象”等一系列活动，推进队伍的正规化建设。

（孙一荣）

·检　　察·

“严打”和维护社会稳定工作

2004年，共受理公安机关批捕各类犯罪嫌疑人5808人，依法批准逮捕5570人，其中批准逮捕重特大犯罪嫌疑人2330人；受理公安机关移送审查起诉各类刑事犯罪案件5723件8593人，依法提起公诉5128件7605人。全年受理属于检察机关管辖的来信来访1564件，同比下降6%。其中，处理告急访、集体访26件，化解各类纠纷矛盾200余件，对上级交办、督办的21件案件按时办结；对630余名因不服审判机关正确的判决裁定到检察机关申诉的案件当事人，坚持就案说法，教育其服判息诉。参与社会治安防控体系建设，建立社会治安综合治理联系点69个；配合有关部门对被管制、缓刑、假释、暂予监外执行等人员开展了社区矫正试点工作；强化了青少年维权工作。

查办、预防职务犯罪

查办职务犯罪　全年立案查处各类职务犯罪案件220件268人。其中，大案要案141件173人，占立案查处贪污贿赂犯罪案件总数的78.6%（按人计算）；贪污贿赂犯罪案件177件220人，已起诉107件138人，法院已作有罪判决85件112人；渎职侵权犯罪案件43件48人，大案要案34件36人、占立查渎职侵权犯罪案件总数的75%（按人计算），已起诉33件34人，法院已作有罪判决22件23人；依法查办国有企业人员利用改革之机，中饱私囊，造成国有资产严重流失的案件4件。通过办案，为国家挽回经济损失1900余万元。

预防职务犯罪　年内，在青岛港（集团）公司等252个重点行业和单位开展了系统预防；在滨海公路等178个重大工程项目中开展了专项预防；在189起职务犯罪案件中开展了个案预防；向发案单位和相关部门提出堵漏建制的检察建议、调查报告100余份；在党政机关和企事业单位中开展法制教育、警示教育291场次，受教育人数4万余人次。

诉讼监督

强化刑事立案监督，监督侦查机关立案136人，追捕犯罪嫌疑人133人、追诉123人；加强刑事审判监督，依法提出抗诉6件10人，法院已改判4件6人；深化刑罚执行监督，通过对减刑、假释、保外就医案件专项检查，对154名严重违反规定和重新犯罪的暂予监外执行罪犯，依法监督收监；加强民事行政审判监督，对明显不公的民事行政判决裁定，依法提出抗诉102件，提请和建议提请抗诉235件，法院已改判34件，调解纠正19件，维护了当事人的合法权益。

队伍建设

开展了“强化法律监督、维护公平正义”、“四型机关”、“双学三创”、“公正执法树形象”、“双访双送”等活动，通过职业道德教育、学历教育、岗位练兵等形式规范了执法行为、改进了执法作风、提高了执法水平。8月，全国最高人民检察院在青岛市召开了全国检察机关内部执法办案监督工作现场会；青岛市人民检察院纪检监察工作连续5年在山东省检察系统考核中获得第一名；1999年以来全市检察干警未发生严重违法违纪问题。

年内，青岛市人民检察院被全国最高人民检察院评为全国检察机关“文明接待室”、被山东省文明委授予“省级文明单位”称号、被评为全省“优秀青少年维权岗”；市北区检察院获“全国精神文明建设工作先进单位”称号，被团中央、中央综治办和全国最高人民检察院等联合表彰为全国青少年维权工作先进单位；全市12个基层院全部成为市级以上文明单位。其中，市南、市北、李沧区检察院被评为山东省文明单位；四方、城阳、黄岛区检察院被山东省文明委授予“省级文明机关”称号；市南、市北、城阳区检察院被评为全国检察机关“文明接待室”，李沧区检察院等6个基层检察院被山东省检察院评为“文明接待室”。

（任恩元）

·审　　判·

概　况

2004年，全市两级法院共受理各类案件103189件，审结103231件（含旧存，下同)，结案标的额173亿元。其中，市中级人民法院审理和执行各类案件14617件，结案标的额76亿元。

年内，市中级人民法院先后被授予全国级的荣誉称号10个。泰国、巴西、俄罗斯的首席大法官等到青岛法院参观访问，加强了国际间的司法交流与合作。

刑事审判

全年全市法院审理一、二审刑事案件5391件，被判处5年以上有期徒刑至死刑的犯罪分子941人。审结了朱公俊等人“中山园鲍翅炖品店”店主绑架案和李明君等人宝马车抢劫、杀人案等一批大案要案；审结破坏市场经济秩序和职务犯罪案件265件；实行刑事案件受害人生活困难救济金制度，帮助生活困难的刑事案件受害人；成立减刑、假释案件专业化合议庭，推行听证制度和裁前公示制度，对重要案件、重点对象进行民主测评，严格了减刑、假释条件，规范了操作流程，增加了工作透明度。市中级人民法院办理减刑、假释案件的做法得到了最高人民法院的肯定，并指定市中级人民法院参加中国与欧盟就减刑、假释问题进行的研讨活动。

民商事审判

全年全市法院共审理借款、购销合同、农村承包、企业破产、知识产权等各类一、二审民商事案件63653件。根据最高人民法院和山东省高级人民法院有关涉外案件集中管辖的规定，全年市中级人民法院审理青岛、烟台、潍坊、威海、日照等5个市的涉外和涉港、澳、台民商事案件156件，结案标的额7亿元。树立正确的司法指导思想，坚持大局观念和服务意识。加强诉讼调解，全年全市法院民商事案件调解结案率达到62%，其中胶南法院达到了85%；加强对人民调解工作的指导，依法确认人民调解协议的法律效力，搞好人民调解与诉讼调解的衔接和配合，构建多元化矛盾纠纷解决机制。

行政审判

依法审理“民告官”案件，维护公民、法人和其他组织合法权益，监督和支持行政机关依法行政。全年全市法院审理城镇房屋拆迁、农村土地征用、社会保障等一、二审行政诉讼案件1251件；办理国家赔偿案件13件，决定赔偿6件；抓好非诉行政执行，参与和配合有关部门依法强制拆除违法建筑7万平方米。加强业务培训和理论调研，提高两级法院行政审判人员的业务水平。年内，市中级人民法院组织全市两级法院行政审判人员短期培训班2期，参加最高人民法院举办的培训班3期，参加山东省高级人民法院举办的培训班2期，与行政机关共同举办培训班2期。

执行工作

全年全市法院共执结执行案件30126件。执行中坚持依法文明执行，实行执行裁决权与实施权相分离，建立执行人员与拍卖机构相分离的隔离带；完善执行案款发放制度，探索财产审计、财产调查、限制消费等执行工作新方法；选调政治和业务素质较高的骨干充实执行队伍，完善了两级法院执行局统一管理、统一协调、统一指挥的执行工作机制。年内，最高人民法院在市中级人民法院召开了全国部分省、市法院执行工作会议，探索跨地区执行合作问题。

审判监督

年内，完善了保障案件质量的各项规章制度，包括改判、发回重审案件逐案分析制度，每月结案情况讲评制度，疑难复杂案件集体会诊制度，重要案件跟踪督办制度等。5月，市中级人民法院审判监督庭在山东省审判监督工作会议上介绍了加强审监再审案件调解工作的经验，市中级人民法院被山东省高级人民法院评为“案件质量管理先进单位”。加强对基层法院审判监督工作的指导，帮助基层法院建立和完善了各项审监工作制度，并向上级法院推荐青岛市基层法院的审监工作经验。6月，最高人民法院在胶南法院召开现场工作会，推广了胶南法院案件质量全程管理的工作经验。

司法行政

围绕“公开、廉洁、高效”原则，创新司法行政管理体制。完善法院财务管理制度，科学编制预算，遵章依法使用经费；完善集中采购制度，强化了对集中采购工作的领导，为审判、执行工作提供保障；加强了警车管理，实行车辆、驾驶员集中管理、统一调度制度，市中级人民法院被评为山东省“车辆管理先进单位”；完善了诉讼信息管理系统，形成了金宏网、互联网、局域网“三网互补”的信息网络体系。年内，市中级人民法院被最高人民法院评为“全国司法行政工作先进集体”。

审判制度改革与司法服务

优化配置审判资源，深化主审法官合议制改革。年内，市中级人民法院推行了副庭长与主审法官执行同一工作指标、同一考核标准制度，28名副庭长担任审判长审理和执行案件2862件。全面落实公开审判制度，推行审判与执行工作“阳光工程”，推广完善普通程序简化审、小额债务法庭、速裁法庭、专业化审判等改革，提高了审判质量和审判效率。推动裁判文书改革，开展裁判文书评比。创新管理机制，加强对基层法院审判工作的指导和监督。全年市中级人民法院共制定下发指导基层法院审判、执行工作的规范性文件17件，举办大型法律适用研讨活动8次。

维护弱势群体合法权益，保障困难群众的诉讼权利。对于合法权益受到侵害但经济上确有困难的当事人，依法缓、减、免交诉讼费280余万元；对370名符合法律援助条件的当事人，指定律师为其提供了法律援助；对涉及妇女、老年人、未成年人、下岗失业人员、进城务工人员、残疾人等弱势群体的案件，实行快立案、快审理和快执行；对涉及特困企业和企业破产案件，注意工作方式方法，减少诉讼活动对企业的负面影响。

开展审务进社区、进乡镇活动，探索司法服务的多种途径。全市12个基层法院开辟审务公开专栏，设立巡回法庭，采取法庭进社区、进乡镇的形式，参与社会治安综合治理；发挥“天平热线”的服务和监督作用，解答人民群众的法律咨询，接受人民群众的监督；强化新闻宣传工作，在各类主流媒体上发表大量法制宣传稿件。年内，市中级人民法院被最高人民法院评为“全国法院思想宣传工作先进单位”。

坚持调查研究，拓宽、延伸司法服务领域。年内，全市法院确定了“平安青岛”创建、“严打”长效机制、基层建设等20个重点调研课题，在省级以上刊物发表理论调研文章358篇，21条信息被最高人民法院采用。对司法实践中发现的问题，及时向有关部门提出司法建议，其中132条司法建议被有关部门采纳，12条引起了市委、市政府领导重视。年内，市中级人民法院被最高人民法院评为"全国法院调研工作先进集体"。

队伍建设

加强领导人才、审判人才、行政人才和技术人才等4支队伍建设。重视专家型、复合型法官的培养，与北京大学、中国政法大学、国家法官学院等院校加强学历教育和岗位培训合作。

开展了向郑培民、牛玉儒、任长霞、牟乃桂学习的活动和"双学三创"活动；在全市法院系统开展了"十佳法官"评选活动，并通过《青岛日报》向社会公示；制定了《各部门年度工作考核实施办法》等文件，建立和完善了考核奖惩制度，全市法院法官人均结案近80件，年办案超过200件以上的263人，其中最高达到489件。

开展了"作风纪律教育整顿"、"司法公正树形象"等活动，重点解决审判纪律作风、职业道德、执行难和方便群众诉讼等4个方面的问题，规范了法官与律师、法官与中介机构的关系，整顿了法官审判纪律作风；严格落实党风廉政建设"一岗双责"责任制，设立了举报中心，成立了违法违纪快速查处小组，全年全市法院查处干警违法违纪案件3起5人。

（孙新彤）

青岛海事法院

海事审判　2004年，共受理各类海事、海商案件1904件，同比（下同）增长3.5%，标的额12.17亿元。共审、执结案件1890件，增长7.4%，结案标的额8.5亿元；其中，审结海事、海商案件1199件，执行案件361件，涉外、涉港澳台案件112件。收、结案数量连续多年居全国海事法院系统前列。提高了审判质量，在山东省高级人民法院组织的涉外商事海事案件质量评查中获第一名。

发挥派出法庭便民利民的优势，该院5个派出法庭共受理各类海事、海商案件1101件，占收案总数的57.8%；注重使用简易程序审理案件，运用调解方式结案，共审、执结案件1141件，占全部结案总数的60.4%。

审判管理　制定完善了《审判委员会工作规则》、《〈青岛海事法院审判委员会工作规则〉的操作规程》、《青岛海事法院院务会规则》、《院办公会规则》等规章制度。公正、妥善处理海事侵权及海商合同纠纷案件，依法保护当事人合法权益，维护了社会和谐稳定。加强执行工作，把执行案件全过程纳入规范化管理。严格对中止案件的执行管理，强化了执行措施。完善审判质量监督管理机制。规范信访接待工作机制和权责。严格执行"审鉴分离"原则。

派出法庭建设　探索派出法庭工作规律。加强对派出法庭的管理，继续采用"本部外派式"与"就地选聘式"相结合的管理模式及相应的管理运行机制，配备了聘任制法警，充实了人员。部分派出法庭的基本建设取得新进展。提高审判质量和效率，案件审结率达103.6%，案件调解率达54.5%，人民满意率高，其中日照法庭审结的174件案件中无一起上诉案件。处理了一些新型、重大疑难案件，其中石岛法庭受理的一起申请海事赔偿责任限制的船舶碰撞案是该院派出法庭首次受理的此类案件。开展与法庭所在地相关部门的走访回访工作，听取各种意见和建议；主动或应邀主办或参加相关法制讲座，结合当地案件以案说法，扩大海事法制宣传。

调研与宣传工作　全年公开发表论文、案例评析42篇，论文发表在《中国涉外商事海事审判指导与研究》、《中国仲裁》、《海商法研究》、《中国海事审判年刊》等刊物上。配合建院20周年纪念活动编辑出版《辉煌20年》纪念画册。系统总结审判经验及研究成果，编辑出版《青岛海事法院案例选粹》、《青岛海事法院论文文萃》。

承办全国海事审判研讨会　9月，该院承办了第十三届全国海事审判研讨会。全国10家海事法院及其所在省、市、自治区高级人民法院的50余名代表出席了研讨会。

队伍建设　落实党风廉政建设责任制，院长、分管副院长及各庭室负责人签订"党风廉政建设责任书"。严格执行廉洁自律每月检查通报和奖惩制度。加强队伍建设，新进行政编制2人、事业编制1人，推荐干警16人次参加国家法官培训和山东省法官培训学院的培训；鼓励在职培训，在职学习人员35人，其中14人在职攻读研究生，21人参加本科远程教育。全年未发现干警违法违纪事件。

（田　琨）

·司法行政·

监狱、劳教管理

2004年，根据市委、市政府创建"平安青岛"的部署，市司法局制定了《创建平安狱所的实施意见》。青岛监狱、北墅监狱和市劳教所落实监管安全、生产安全、生活安全的措施，调整充实了处置突发事件应急预案，开展了百日安全竞赛活动，加强了对重点时间、重点人员、重点物品、重点部位的监控，实现了年初确定的安全稳定目标。在教育改造中，全市监狱和劳教所实现了"三个创新"、"一个突破"，即建立"罪犯改造质量考核评估体系"，实现提高教育改造质量工作机制创新；职业技术教育与社会需求接轨，输送技术骨干安置就业，实现了职业技术教育工作创新；创办劳教工作特色，试行"一日规范化管理"制度，实现劳教管理制度创新；提高生活质量，实现卫生防疫工作的突破。市劳教所对"法轮功"劳教人员全部落实了包教措施，转化率达到90%以上。加大了对戒毒人员的管理，建立了全省劳教系统第一个"艾滋病检测初筛实验室"。全年青岛监狱、北墅监狱和市劳教所没有发生在押、在教人员脱逃事故，各项监管指标均优于省、部标准。

安置帮教和社区矫正试点工作

安置帮教　市司法局探索实施刑释解教人员"教育改造安置帮教一体化工程"，安置基地建设得到巩固和拓宽，社会帮教力度不断加大，刑释解教人员安置、帮教、生活基本得到了保障，减少了重新违法犯罪和社会不安定因素。全市共有安置帮教组织5449个，其中新建22个。全年接收刑释解教人员1183人，安置1170人，安置率达96%以上，帮教率达98%以上。

社区矫正试点工作　市司法局与有关部门配合，在市北区开展社区矫正试点工作。市北区社区矫正工作形成了以区司法局为主导，各相关职能部门共同参与的社区矫正组织体系，成立矫正组织126个，吸收工作人员557人；制定了社区矫正工作制度，全年接受矫正对象[illegible]人，对分布在5个试点街道的[illegible]人进行了社区矫正。

人民调解

年内,开展“排查防激化、调解创四无”活动。建立完善区域性、行业性和跨地区、跨行业、跨单位的人民调解组织,全市有各类调解组织1.06万家、新建104家,在5100多家非公有制企业设立了调解小组,拥有调解员4.33万人,形成了较为健全的人民调解网络。在抓好经常性排查调处的基础上,组织6次全市性的矛盾纠纷大排查活动,调处各类纠纷1.6万件,调处成功率达95%以上。其中,化解群体性上访196起3486人次,防止民转刑案件77起306人次。

律师管理

年内,在全市律师队伍中开展了集中教育整顿活动,落实学习教育、自查自纠、建章立制、集中查处、整改验收等5个阶段的工作。重点加强律师队伍的制度完善、执业规范和诚信建设。初步解决了律师职业道德缺失、管理散乱差和与法官关系不规范等问题。全市共查处投诉76起,依法依纪对4个律师事务所和12名律师给予行业处罚。各律师事务所全年共办理律师服务事项2.74万件,担任法律顾问3397家。

公证管理

全年共办理各类公证事项11.32万件,其中国内民事3.74万件、经济公证3.72万件、涉外公证3.7万件、涉港澳台公证1610件。办理各类经济公证事项涉及标的额100多亿元。市司法局制定了《青岛市公证质量检查评判标准》、《关于加强公证诚信服务制度的意见》、《青岛市司法局办理公证申诉案件暂行办法》等文件,强化了对公证工作的监管和指导。推进和完善以公证体制、人事制度、内部考核分配机制为内容的公证工作改革。拓展公证服务的新领域。各公证处配合各级党委政府和有关部门,围绕拆迁、旧村改造、城市建设、国有土地使用权挂牌出让和拍卖、政府采购等提供法律服务。

司法所建设和基层法律服务

司法所建设 全市178个乡镇(街道办事处)全部设立了司法所,有工作人员371人,有办公用房7000平方米,拥有电脑142台、程控电话171部,有53个司法所初步达到了山东省司法厅规范化建设的标准。各区市司法局对司法所工作人员进行了上岗培训,与司法所所长签订了目标责任书,制定了司法所工作重点目标和考核细则,及时将司法所纳人规范化管理的轨道。全年司法所开展法制宣传1398场次,受教育达150万人次,调解民间纠纷8736件,制止群众性上访、械斗161起,参与执法检查262次,为政府提司法建议435条,协助制定规范性文件288件,参与严打斗争1384人次。

基层法律服务 市司法局制定了《关于加强诚信制度建设的意见》、《基层法律工作者诚信执业守则》和《违反诚信制度投诉查处办法》。在法律服务所中开展了以诚信为主题的教育培训、整顿、宣传等活动,对196个法律服务所和1025名法律工作者进行公示,并建立了诚信等级评估制度。全年法律服务所共担任基层法律顾问3531家,代理诉讼9105件、非诉讼4972件,调解纠纷5203起,法律咨询3.4万件,法律援助1245件,挽回经济损失3亿元。

法律援助与服务

全市共有13个法律援助机构,其中12个事业单位、1个行政单位,有78名法律援助人员。全市除平度市外,法律援助和“12348”法律服务专线实现合署办公。178个街道办事处、乡镇全部建立法律援助联络站,并与工、青、妇、老、残、军等单位分别成立了法律援助联络站。12个区(市)级机构办公用房面积均超过山东省法律援助中心规定的县域法律援助机构规范化60平方米标准。法律援助机构人员、办公经费全部列人财政预算。各机构贯彻《法律援助条例》,开展法律援助工作,全年接待来访咨询1.49万人次、同比增长10.7%,受理、承办案件2867件、同比增长5.2%。

普法与依法治理

开展全民普法宣传教育。组织了“创建平安青岛集中宣传月”、“宪法修正案宣传月”、《行政许可法》和《道路交通安全法》等大型宣传活动150多场次,解答法律咨询120万余人次,发放相关资料30万份。组织“宪法知识宣讲团”在全市进行巡回演讲。对全市公务员统一组织了《行政许可法》考试,举办了《行政许可法》知识竞赛。开展了“法律进社区”、“法律义工流动服务超市”和“双百双送”普法教育活动。

深化依法治理活动,推进依法治市进程。1.基层依法治理。开展了“民主法治示范村”和“民主法治示范社区”创建活动,第一批评选出136个青岛市级“民主法治示范村(社区)”;有15个村庄申报省级“民主法治示范村”;胶南市李家石桥村和城阳区城阳村被评选为全国的“民主法治示范村”。2.行业依法治理。全市党政机关对《全面推进依法行政实施纲要》进行了全面地学习和宣传,开展了提高工作效率的“三快一提高”活动。相继出台了《青岛市人民政府重大社会公共事项决策听证试行办法》等30余件规范性法律文件,从制度上保证行业治理的顺利进展。3.区域依法治理。年内,市人大常委会委托文康和德衡律师事务所撰写法规草案,系委托专业机构技术立法的首创。

法学教育与司法考试

市司法局与有关院校开办的各类学历班共有学员829人,其中华东政法学院219人、青岛大学610人。律师专业函授注册学员3000余人。清华大学远程教育学员21人,山东大学远程教育首期招生41人。与山东大学联合开办远程教育专科班,招收学员62人。

青岛市2004年国家司法考试报名2029人,参加考试的考生1830人,合格率11.14%。市司法局先后制定印发了《青岛市2004年国家司法考试报名工作实施方案》、《青岛市2004年国家司法考试考务工作实施方案》和《司法考试工作应急预案》等文件。

司法鉴定

全市共有司法鉴定机构13家,执业司法鉴定人员235人,全年进行各类鉴定206件,业务收入达212万余元,采信率达95%。业务内容涉及建筑工程、海事海商、产品质量、司法会计、医学病理等学科。年内,对全市的注册司法鉴定人进行了换证工作。指导各司法鉴定机构进行了《医疗事故处理条例》、《会计法》、《建筑法》等法律法规知识的培训,共培训500余人次。

司法行政队伍建设

全市司法行政系统共举办学习十六

届三中、四中全会精神专题讲座13场。开展了"公正执法树形象"、"三快一提高"、"双学三创"和各类争先创优活动。重点强化司法干警队伍的依法行政意识，提高了依法行政能力。全年市司法局系统有98个单位和240余名个人分别受到部、省、市级表彰，其中市司法局被市委、市政府评为"创建平安青岛先进单位"和"市级文明单位标兵"。

（孟广良）

·案例选登·

朱公俊等绑架案

被告人朱公俊，别名小俊，男，1970年1月27日出生于辽宁省大连市，汉族，初中文化，无业。

被告人关俊峰，别名小峰，男，1977年2月25日出生于吉林省吉林市，满族，初中文化，农民。

被告人王勤，男，1967年5月7日出生于吉林省永吉县，汉族，小学文化，农民。

青岛市中级人民法院一审审理查明：被告人朱公俊与辽宁省大连市中山园餐饮娱乐有限公司董事长暨青岛市市南区中山园鲍翅炖品店董事长薛大江原系朋友关系。2004年3月11日，被告人朱公俊与薛大江打麻将期间，得知薛大江经济实力较强且易筹得大量现金，遂与其堂弟朱公庆（在逃）共谋在青岛市绑架薛大江勒索财物。3月中旬，被告人朱公俊与朱公庆来到青岛市，采取跟踪、盯梢等手段，掌握了薛大江在青岛的活动情况后返回大连。被告人朱公俊与朱公庆准备了车辆、绳子、胶带、头套、假身份证、移动电话卡、路政制服等作案工具。3月23日，被告人朱公俊与朱公庆以帮助索取欠款为借口，纠集被告人关俊峰、王勤一起来到青岛市，伺机绑架薛大江。3月28日13时许，被告人朱公俊、关俊峰、王勤与朱公庆驾乘面包车跟踪驾驶奔驰车的薛大江至青岛市立医院东部分院停车场，并将面包车停放在奔驰车的驾驶室左侧。当日14时许，当薛大江欲开车离开医院时，朱公庆与被告人关俊峰、王勤采用暴力手段将薛大江劫持至面包车内，并将薛的手脚捆绑，戴上头套。随后，被告人朱公俊与朱公庆分别驾驶面包车和奔驰车到青岛市珠海二路5号青岛专家公寓外北侧停车场。被告人朱公俊与朱公庆指使关俊峰、王勤立即逃离青岛市。之后在面包车上由朱公庆出面向薛大江勒索钱财。3月29日上午，薛大江被逼打电话让朋友筹款。当日17时许，被告人朱公俊与朱公庆得知中山园鲍翅炖品店准备了人民币190万元后，即让薛大江电话告知店内经理徐国胜将钱放入朱公庆驾驶的辽B03333号奔驰轿车内。朱公庆将钱取回后，与被告人朱公俊又共同将薛大江随身携带的伯爵牌手表1只、18K金钻石戒指1枚（共计价值人民币109200元）、美金2800元等劫取，连同勒索的190万现金一起放入事先准备的白色捷达车的后备箱内。为防止罪行败露，当日19时许，被告人朱公俊与朱公庆驾车行至武警青岛支队东侧小路上，采用绳索猛勒薛大江颈部的暴力手段，致薛机械性窒息死亡。后朱公俊与朱公庆一起将薛的尸体放进辽B03333号奔驰车后备箱内逃离青岛。案发后，被告人朱公俊被抓获归案，被告人关俊峰在亲属的陪同下到公安机关投案自首，并协助公安机关抓获被告人王勤。案发后，公安机关从被告人朱公俊处追缴赃款人民币130余万元，美金2800元及手表、戒指等赃物。

一审审理认为，被告人朱公俊伙同他人以勒索财物为目的，绑架被害人薛大江，在索得财物后，为灭口而故意杀害被绑架人，其行为构成绑架罪，且犯罪手段残忍，后果特别严重，依法必须严惩。被告人关俊峰、王勤受被告人朱公俊等人指使，以索取债务为目的，非法扣押、拘禁他人，其行为构成非法拘禁罪。公诉机关指控被告人朱公俊犯绑架罪，被告人关俊峰、王勤犯非法拘禁罪，事实清楚，证据确实充分，指控成立。依照《中华人民共和国刑法》的有关规定，以绑架罪判决被告人朱公俊死刑，剥夺政治权利终身，并处没收个人全部财产；被告人关俊峰犯非法拘禁罪，判处有期徒刑二年；被告人王勤犯非法拘禁罪，判处有期徒刑二年六个月。一审宣判后，被告人不服，提出上诉。山东省高级人民法院二审审查后裁定：驳回上诉，维持原判。

吕世乐故意杀人案

被告人吕世乐，男，1982年2月20日出生于山东省青岛市，汉族，初中文化，个体电焊工。

青岛市中级人民法院一审审理查明：被告人吕世乐因在苏红军家玩电脑游戏与苏红军夫妇发生矛盾，产生杀死苏红军夫妇之念。2004年11月23日13时许，被告人吕世乐以玩电脑游戏为由，携带斧头来到青岛市李沧区苏家村394号苏红军家西屋，趁苏红军、于芝兰夫妇不备，先后持斧头猛击二人头部，致二人颅脑重创死亡。因恐罪行败露，被告人吕世乐又窜至苏红军家东屋，将在此做按摩治疗的被害人江秀云、李红梅、苏淑珍、赵淑香、芦锡珠等5人威逼至该屋沙发上，持斧头分别朝5名被害人头部猛击，致该5人颅脑重创死亡。被告人吕世乐作案后逃离现场，当晚23时许被抓获归案。

一审审理认为，被告人吕世乐因琐事生出报复他人之念，持斧头故意杀害被害人苏红军、于芝兰，又为灭口竟连杀5人，共致7人死亡，其行为构成故意杀人罪，犯罪手段极其残忍，情节极为恶劣，后果特别严重，社会危害极大，依法必须严惩。公诉机关指控被告人吕世乐犯故意杀人罪的事实清楚、证据确实充分，指控成立。依照《中华人民共和国刑法》的有关规定，以故意杀人罪判处被告人吕世乐死刑，剥夺政治权利终身。一审宣判后，被告人不服，提出上诉。山东省高级人民法院二审审查后裁定：驳回上诉，维持原判。

（孙新彤）

招商银行青岛分行诉韩国利山海空货运公司、韩国成昌橡胶公司信用证欺诈纠纷案

2002年8月30日和9月12日，原告招商银行青岛分行（简称招商银行）应开证申请人青岛成昌橡胶有限公司的申请，通过环球银行金融电讯协会（SWIFT）的电子传输系统开出了2份以被告韩国成昌橡胶有限公司为受益人的远期信用证，其金额分别为162472.50美元和139547.50美元。被告韩国成昌橡胶有限公司接受该信用证后，通过韩国银行向原告招商银行提交了信用证规定的单据（其中包括被告韩国利山海空货运公司）签发的2套正本提单。

招商银行承兑后，由于迟迟未见有关货物到港，即要求开证人青岛成昌橡胶有限公司调查货物情况。青岛成昌橡胶有限公司以种种理由搪塞。2003年2

月10日,青岛成昌橡胶有限公司的韩方管理人员全部出逃。后经原告调查,被告韩国利山海空货运公司签发的提单项下根本没有货物。

招商银行遂于2003年2月14日以两被告欺诈为由,向青岛海事法院提起诉讼,并申请冻结该两份信用证项下的款项,及对被告交货联系人的船舶到货记录采取证据保全。

青岛海事法院经审理认为,本案属于因伪造海运单证引起的信用证欺诈纠纷案。该案所涉信用证的申请、开立及承兑以及有关货物的交付地均在中国,根据《最高人民法院关于海事法院受理案件范围的若干规定》第三条第三十九项的规定,本院对该案拥有管辖权。

本案中,被告韩国成昌橡胶有限公司作为信用证的受益人,通过通知行向原告提交了包括被告韩国利山海空货运公司签发的已装船提单在内的有关单据,要求原告承兑。原告据此作出了承兑的意思表示。原告拒不付款的主要理由是,该提单是虚假的,已构成欺诈。被告韩国利山海空货运公司则认为,该提单项下的货物已经出口且装船,并非虚假提单。因此,被告韩国利山海空货运公司签发的提单是否虚假,为本案的关键所在。根据原被告提供的证据情况,可以证明:1.本案所涉2套提单为被告韩国利山海空货运公司所签发;2.该提单无法换取实际提货单;3.该提单项下的货物并未到达提单表明的目的港;4.被告韩国利山海空货运公司不能证明有关货物已装船。由此可见,被告韩国利山海空货运公司虽然签发了第9001号和第9016号提单,但该提单既不能换取可以提货的提货单,在目的港也无货可提。据此可以认定,该案所涉提单为虚假提单。

上述事实表明,被告韩国利山海空货运公司签发的9001号提单和9016号提单均为虚假提单,被告韩国成昌橡胶有限公司并未将该提单项下的货物交给被告韩国利山海空货运公司运输。

被告韩国成昌橡胶有限公司明知被告韩国利山海空货运公司出具的提单为虚假提单,却将该提单作为承兑信用证的单证向原告提交,其行为已构成实质欺诈。原告因该欺诈而对被告韩国成昌橡胶有限公司做出的付款承诺不具有法律效力,该被告无权取得有关信用证项下的款项。因此,原告要求本院判令被告韩国成昌橡胶有限公司无权取得其所开立信用证项下的款项,其请求正当合法,本院应予支持。

原告要求本院判令两被告赔偿因本案而遭受的损失,但未提供相应证据,故对该主张本院不予支持。

根据《中华人民共和国民法通则》第五十八条和《中华人民共和国民事诉讼法》第一百三十条的规定,青岛海事法院于2004年6月2日作出判决:

原告招商银行青岛分行向被告韩国成昌橡胶有限公司止付其开立的LC0240140000334号和LC0240140000356号信用证项下的款项;驳回原告招商银行青岛分行的其他诉讼请求。

(田 琨)

军　　事

·驻青部队·

海军北海舰队

外军来访 2004年,法国海军"拉图什特威尔"号反潜驱逐舰和"比罗司令"号轻型护卫舰、英国海军"埃克塞特"号导弹驱逐舰和"灰色漂泊者"号补给舰、美国海军太平洋舰队"库欣"号反潜驱逐舰、澳大利亚海军"安扎克"号导弹护卫舰先后访问青岛,北海舰队与来访的海军舰船及人员分别举行了海军联合演习和参观、文体娱乐等活动。日本中青年军官参观团一行18人,埃及海军司令塔米尔中将一行5人,美国国防大学国家战争学院代表团一行14人,巴基斯坦海军参谋长卡里穆拉上将和夫人一行7人,非洲多哥青年军官参观团一行7人,澳大利亚国防军司令一行6人,立陶宛国防部长林凯维丘斯一行8人,波兰军官休假团一行12人,柬埔寨高级军事代表团一行10人,加拿大国防参谋长、北约军事委员会常设主席艾诺特空军上将夫妇一行7人,巴基斯坦海军潜艇考察代表团一行9人先后访问青岛。

军民共建活动 全年共派出官兵1万多人次,出动车辆机械4000多台次,植树14万多株,绿化草地2660多公顷。共组织学雷锋小组500多个,为地方群众修理家用电器2000余件,看病3000余人,法律咨询200多件,义务献血500余人次,照顾孤寡老人300多人,清理各类垃圾800多吨。

对军民共建进行了一次全面调查和清理,有针对性地建立了一批新的共建点。

拥政爱民 利用部队的荣誉室、军史馆、国防教育基地等场所,接待地方群众和学生参观学习,开展国防知识和革命传统教育。全年共派出国防教育人员1600多人次、校外辅导员1200多人次,为地方企事业单位、学校进行国防教育授课100多场次,受教育群众和学生4万余人。派出官兵2000多人,为驻地单位军训学生、职工等7万多人次。

组织开展"扶贫济困送温暖"捐助活动,对口支援云南省贫困地区,共捐赠衣被2.9万多件。继续做好西部"海军希望小学"后续援建工作,共出资20余万元,帮助学校修建了宿舍、操场、食堂等,并为特困家庭学生赠送学习用品1万余件。

全年支援地方工程建设120多项,保障重大活动多次。其中,选派33名司机参与APEC会议和ACD会议的保障,完成了接待任务。共参加抢险救灾67起,派出人员1.2万余人次,出动舰艇36艘次、车辆机械200余台次,抢救遇险船只4艘,抢救遇险群众30多人。

赴赞比亚军医专家组返回青岛 由驻青海军四〇一医院选派的4名医生组成的援助赞比亚第九批军医专家组(共8

名成员)，于2002年8月起程前往赞比亚首都卢萨卡麦纳索科军医院工作，2004年3月返回青岛。期间，承担了繁重的值班和临床救治任务，诊治病人数万余人次，完成各种手术1000余例，抢救危重病人数十例。被卢萨卡当地军民誉为“来自中国的天使”，赞比亚总统称赞他们是“驱赶病魔的白衣勇士”。

(李春复)

91286部队

抢险救灾　2004年3月29日，青岛崂山发生火灾，该部队接到青岛市政府的请求，立即启动抢险救灾预案，派出官兵300余人、车辆27台前往崂山救火，后因山火已被崂山森林救火人员扑灭，部队中途返回。4月1日，崂山又发生山林大火，该部队闻讯派出官兵500余人、车辆25台前往救火，经过4个多小时抢救，完成了8处火点的灭火任务，《人民海军报》、《青岛日报》、《青岛晚报》等媒体对此进行了宣传报道。10月23日，黄海深海一油轮上1名船员四指撕裂，伤势严重，需紧急送医院救治，该部队接到地方通报后，立即组织直升机1架赶赴该海域将伤员迅速送到医院，使该船员得到了及时有效的救治。

拥政爱民　第三届APEC中小企业技术交流会和亚洲合作对话第三次外长会议在青岛召开期间，应青岛市政府的邀请，该部队选调了10名政治合格、技术精湛的司机参与了会议保障。为支持青岛市做好2008年奥帆赛的准备工作，该部队先后派出官兵400多人，出动车辆300多台次，投资近10万元，拆除前海一线违法建筑近1万平方米，新建围墙200多米，清理垃圾260多吨。开展了“扶贫济困送温暖”活动，共向灾区捐献衣被1.14万件，捐款6.8万元。先后投资近1万元，帮助驻地学校维修门窗、购买运动器材及办公用品等，改善了学校的教学环境和教学条件。后勤部门诊部1名士官坚持每年捐款200元资助1名小学生，《人民海军报》、《青岛早报》对此进行了宣传报道。

全年共派出国防教育人员219名、校外辅导员256名，为当地群众和学生上课3.66万人次，军训学生2.1万人。各干休所发挥老干部的作用，组织老干部到驻地学校、街道进行爱国主义教育、国防教育31次，受教育群众和学生达1万余人，其中7名老干部被聘为专职宣讲员。

全年该部队共出动官兵投入劳动日3.81万个，支援地方工程建设项目12个，出动车辆1928台次、飞机68架次，共参加各类抢险救灾12起，抢救遇险群众5人，资助失学儿童4人，定点资助37个贫困点，抢运各类物资36吨，义务植树86万余株，种草3650平方米，派出学雷锋小组142个，为群众修理农渔机具400多件，为群众治病1400多人，义务献血180多人次，照顾孤寡老人76人，清理各类垃圾600多吨。

参加联合搜救演习　3月16日，该部队组织直升机1架，与到访的法国海军进行了联合搜救演习。10月14日，组织直升机1架，参加了在青岛近海组织的“中澳海军海上联合演习”。

(于大勇)

青岛警备区

部队思想政治建设　坚持把学习贯彻“三个代表”重要思想作为首要政治任务，注重在进入思想、进入工作、进入领导决策上下功夫，保证了部队高度稳定和集中统一。被民政部、总政治部、总后勤部表彰为全军离退休工作先进单位。发挥牵头协调作用，采取多种形式，开展拥政爱民活动，为青岛市创建文明城市、生态市，迎接2008年奥帆赛作出贡献。71115部队被评为山东省拥政爱民模范单位，1人被评为山东省双拥模范先进个人。开展扶贫帮困工作，青岛警备区政治部，即墨、胶州、胶南人武部等7个单位、7名个人受到省委、省军区的表彰。

战备训练和管理工作　坚持以岗位练兵和人才培养为重点，以提高官兵素质和部队作战能力为目标，提高战备训练质量。71977部队被评为军事训练一级团。完成了该区机关和人民武装部的调整精简任务。四方区人民武装部预备役军官登记工作成效明显，被总政治部表彰为全军先进单位。加强军车监理和城市警备工作，接待了16个国家240人次来访，首次组织部队民兵进行了迎外军事课目表演。

综合保障工作　加强了后勤装备综合保障能力建设。在山东省军区组织的“指技合一”、“一专多能”专业比武竞赛中获得团体总分第一名。被山东省军区表彰为车船装备维修规范化管理先进单位。

民兵预备役与征兵工作　在民兵整组工作中，按照“建为用”、“编为战”和“三个有利于”的原则，围绕任务需求，开展国防动员潜力调查；根据战场需要，组建部分新部(分)队，调整组织布局，优化编组结构，加强了基层规范化建设。深化民兵训练改革，组织专职武装干部、民兵教练员和专业技术分队成建制集中训练，组织基层武装部长和民兵装备仓库看管人员岗位练兵比武竞赛，组织人武部和民兵分队参与部队演习、进行防空演练，参与创建“平安青岛”活动，提高了民兵训练的整体水平。加强党管武装工作，严密组织人武部党委第一书记述职，

2004年夏，市委常委、青岛警备区政委王程林(右三)陪同上级领导到基层部队视察工作。

(青岛警备区供稿)

协调青岛市委将国防后备力量建设和兵役工作纳入全市目标管理绩效考核，调动了地方党委政府抓国防建设的积极性。协调市政府出台了《青岛市征兵工作若干规定》，完成了4100名新兵征集任务。高标准完成了“青岛会议”保障和部队课目演示任务。四方区人武部预备役军官登记工作成效明显，被总政治部表彰为全军先进单位。

拥政爱民　青岛警备区在完成战备训练任务的同时，围绕青岛市创建文明城市、生态市、迎接2008奥帆赛等工作，开展了“我为青岛创城做点什么?”、“如何提高个人素养，争当文明官兵?”、“如何弘扬青岛市‘诚信、和谐、博大、卓越’的城市精神?”和“青岛繁荣我光荣、青岛创城我有责”等大讨论。年内，先后参加扑灭山火、清扫积雪、保障第三届APEC会议和亚洲合作对话第三次外长会议、维护社会治安等急难险重任务，派出部队官兵和民兵预备役人员近万人次；参加社会公益事业，投入上万个劳动日，清运垃圾百余吨，植树5万余棵；捐赠衣物5000余件、捐献资金近3万元，用于扶贫帮困，受到了人民群众的广泛好评。

（于同胜　刘云峰）

山东陆军预备役高射炮兵师

部队建设　该预备役师于1998年11月28日在青岛市成立。市委、市政府及各区(市)党委、政府累计投入7000多万元资金用于该预备役师的基础设施建设和组织训练，已完成了师团两级基础设施建设。实施“四个纳入、四个形成”(把预备役部队建设纳入经济社会发展的总体规划，形成一个整体；把预任军官履行职责情况纳入干部考核内容，形成一把尺子；把预备役工作经费纳入财政预算，形成一个盘子；把预备役部队的重大活动纳入工作计划，形成一个体系)，创新了预备役部队“党管武装”的新机制。该预备役师党委做好编制体制调整改革中的思想政治工作，先后有9个单位、26名个人受到济南军区和山东省军区表彰，涌现出师政治部预任副主任于少军、高炮第一团第一政委李学海、高炮第二团第一政委张洪训等一批受到济南军区和山东省军区表彰和奖励的优秀预任军官。2004年6月2～4日，济南军区国防动员委员会第四次全体会议暨预备役部队建设工作会议在该预备役师召开，中央军委副主席、国务委员兼国防部长曹刚川等领导到会并作了重要讲话。

部队编成与训练　该预备役师从适应军事高科技的发展入手，改变“按年龄划界、以专业对口为准”的编成模式，从地方纳编21名博士、164名硕士和各类科技人员，预任军官大学本科以上学历占全师64%，预编士兵的大学专科学历率达到52%，形成由博士、硕士领衔的兵员结构，实现由“普通型”向“知识型”的转变；按“区分地域、区分层次、区分专业种类”的原则，借助地域优势和社会资源，实现了“建制单位向科技密集型区域扩展、兵员成分向高学历和专业技术人员扩展”，军地通用专业对口率达到95%；着眼现代战争特点，以营为单位组建自动化指挥、情报预警和计算机网络攻防等高技术分队，开发用于教学和训练的模拟、网络、多媒体等系统和软件，加大科技练兵含量，完成7项科技练兵新成果。截至2004年底，该预备役师已连续3年被山东省军区表彰为“军事训练先进单位”，有2个所属团队被山东省军区表彰为“军事训练优胜团”。在2004年6月召开的济南军区国防动员委员会第四次全体会议暨预备役部队建设工作会议上，该预备役师高标准完成了两级军区赋予的快速动员集结演练、室内网上战术演练和防空兵群抗敌空袭行动室外课目演练任务。

参与地方“三个文明”建设　年内，制定了《快速机动应急方案》，师部与各团成立了应急分队，建立战备值班制度，提高了应付突发事件的能力。该预备役师还充分发挥专业特长和集结快速的优势，在地方经济建设中承担急难险重任务、参加社会公益活动，多次出色完成人工降雨、人工除雹任务，先后成建制出动8700多人次，为地方植树5万余棵、军训1.7万余人次，组织各种捐助活动10余次，累计捐款捐物折合10余万元；多次组织业余演出队走乡串户宣传“三个代表”重要思想。该预备役师高炮第二团被山东省军区评为“带头参加精神文明建设先进单位”。

（杜宝仁　伊庭龙　刘瑞栋）

·武警·边防检查·

武警青岛市支队

工作概况　2004年，该支队纪委被武警山东省总队政治部、纪委表彰为先进纪检组织，1个党支部和1名警官分别被武警山东省总队党委表彰为先进党支部和优秀共产党员；率先在全国武警部队支队级单位建起警史馆，被武警山东省总队表彰为史志工作先进单位；连续8年被武警山东省总队评为机要工作正规化建设先进单位、连续7年被评为新闻工作先进单位；连续4年实现了“三无”(无行政责任事故、无执勤事故、无刑事案件)，受到武警总部的通令表彰。

基层建设　开展“双争”(争创先进中队、争当优秀士兵)活动，有6个中队和2名警官分别被武警山东省总队树为基层建设标兵中队和基层干部标兵，5个中队被武警山东省总队评为基层建设先进中队，2个单位和43名个人被记三等功，299名战士被评为优秀士兵。加强基层文化建设。争取资金为各中队添置文体娱乐器材；与青岛市图书馆联合开展送书到警营活动，为驻市区的12个基层单位定期更换图书；组织士兵参加学历教育，全年有396名战士报名参加了山东省广播电视大学的学习。加强基础设施建设，投资200余万元改善了官兵的执勤、训练和生活条件。发展农副业生产，全年产菜15万公斤、粮1万余公斤，出栏生猪106头，为基层送菜、送仔猪折款6万余元，综合收益19万余元，该支队生产生活服务中心连续3年被武警山东省总队评为先进单位。

执勤、处置突发事件　6月，出动55名官兵担负青岛市“震慑行动”反恐训练和演练任务。9月，组织前线指挥部带机动分队紧急出动演练，提高了官兵快速反应能力。年内，在保证固定执勤目标安全的同时，完成了各类临时勤务238起，动用兵力1.56万余人次、车辆2130余台次。其中，完成党和国家领导人、重要外宾在青期间警卫勤务39起；完成青岛市“两会”、APEC会议、ACD会议、青岛国际啤酒节和海洋节、崂山旅游文化节和登山节、足球联赛等大型政治、文体、经贸活动现场安全保卫任务46起；参与处置突发事件7起，抓获各类犯罪嫌疑人15人，缴获各类枪支12支、子弹92发、雷管92枚、炸药11公斤；担负法场警戒勤务8起、公判大会现场警戒勤务12起、押解勤务92起，押解犯人1850人；担负货币押运勤务23起，往返行程2.97万公里；动用兵力3600余人次、车辆1260余台次对青岛市区进行武装巡逻。有3名官兵分别被共青团山东省委、共青团青岛市委授予"山东省优秀青年卫士"、"青岛市杰出青年卫士"、"青岛市优秀青年卫士"称号。

抢险救灾　重视对抗震抢险救灾工作的组织领导，投资20余万元购置抢险救灾必备器材物品，由100名官兵组成突击队进行针对性训练并2次组织实战演练，该支队被青岛市政府表彰为抗震减灾工作先进单位。年内，出动官兵970人次，扑灭崂山、浮山、虎山等山林大火8次；该支队一大队四中队官兵在青岛第二海水浴场抢救因涨潮被困的群众和溺水、抽筋等遇险游客5起26人。

拥政爱民与警民共建　组织"为建设繁荣青岛、平安青岛、文明青岛做贡献"思想教育活动，开展拥政爱民、警民共建活动。先后投入32个劳动日，出动官兵700多人次，参加青岛市及各区、市组织的义务植树活动，共植树6200株；派出官兵450人次，为地方学校、企事业机关和共建单位军训1万余人；参与"慈善一日捐"和"'扶贫济困送温暖'捐助月"活动，共捐款3万多元；组织官兵利用节假日义务清理非法小广告、清扫周边公共卫生，参与各区(市)、共建单位和社区、街道组织的运动会3次、升旗仪式7次、文艺演出和警民联欢会21次，常年为驻地5名孤寡老人和敬老院献爱心、做好事60余件。政治委员刘华林被青岛市政府表彰为拥政爱民先进个人。

(王凤银)

山东省公安边防总队教导大队

部队建设　2004年，该大队结合工作实际，开展了十六届四中全会精神、公安部第二十次全国公安会议精神、"双让"(让党放心，让人民满意)主题教育和拥政爱民教育的学习，加强思想政治建设。注重教育与实践结合，把学习教育转化为服务群众、服务国家经济建设的实际工作。利用教学培训设施多次为驻地党政部门、学校进行军训；组织官兵参加植树造林活动；利用"八一"、"十一"、中秋节、元旦等重大节日，多次组织官兵到驻地敬老院及困难户家中走访慰问。5~10月，开展了以政治、业务、技能和体能为主要内容的大练兵活动，按照"干什么、练什么，缺什么、补什么"的指导原则，坚持"全警参与、重在基层、立足岗位、注重实效"的原则，使官兵熟练掌握本职岗位应知应会的基本知识、基本技能、基本战术，全面提高整体素质和实战能力，推进部队正规化建设。

教学培训　研究教学培训中出现的新情况、新问题，找准做好教学培训工作的新思路、新办法，出台教学培训工作的新措施、新制度，加强教学管理，提高培训质量，完成了教学培训任务。全年共举办各类培训班19个，累计培训时间达209天，培训官兵1189人，发挥了教导大队的职能作用，得到了上级领导及培训人员的肯定。

(王登振)

青岛边防检查站

工作概况　2004年，共检查中外籍船舶2451艘次，员工6.19万人次，旅客7.22万人次；监护船舶946艘次4.78万小时；巡查船舶1288艘次8422小时；办理各类证件7741份；处理违规违章案件115人次，其中违反登陆规定80人次、违反口岸区域管理规定34人次、持用无效证件1人次。监护一中队被公安部边防管理局表彰为"先进党支部"和"基层建设标兵单位"，被山东省公安边防总队记集体三等功；监护二中队被山东省公安边防总队表彰为"基层建设先进单位"；执勤业务二科被山东省公安边防总队记集体三等功。

边防检查　开展"争创执法为民窗口"和"争当执法为民标兵"活动，创建"精品航线"。参与青岛口岸"大通关"工程建设，创造畅通、优质、高效的通关环境。改进手续办理方法，对入境的船舶，抵港前办理预检手续，抵港后办理正式检查手续；对已办理预检手续的船舶，到港后即可上下作业人员、装卸物品，提高了通关速度。继续实行"回执单"制度，受到了船方的欢迎。将青岛至韩国仁川、青岛至日本下关的客运航线作为"树新风"活动的重点窗口，对旅检人员提出了更高的要求。继续开通"绿色通道"，方便了老幼病残等困难群体入出境。做好旅游团的出入境边防检查工作，开通专用通道，缩短了待检时间。在口岸联合检查检验办公室、签证室、旅检现场等窗口单位开展了"创建文明示范窗口单位"活动，推行"首问负责制"、"过错追究制"和"一站式"服务，加强各项规范化建设，提高了服务效率和服务质量。6月，完成了ACD会议期间的边防检查任务，1人被市政府表彰为"ACD会议安全保卫先进个人"。

执勤执法　开展"三心三满意"(耐心、诚心、热心，满意形象、满意服务、满意执法)活动。继续开展"为人民服务、树公安边防新风"活动，推出了17项便民措施。完善执勤执法监督制约机制，加强了内外监督。实行"窗口式"办证，在办证室制作《办证人员须知》，增加了工作的透明度，方便了办证人员和登轮单位的生产。加强对登轮单位的管理，组织青岛海港准供涉外人员进行外语及边防法规知识考试，对不能通过者取消其登轮资格，提高了准供涉外人员素质，预防了违法违规案件发生。围绕"人要精神，物要整洁，说话要和气，办事要公道"四个方面，开展了为期1个月的执法检查整顿，提高了执法水平。

反偷渡工作　修订完善《青岛大港口岸集装箱反偷渡工作方案》、《打击偷渡活动专项行动方案》，加强了该检查站打击偷渡活动指挥中心的建设。发挥青岛海港口岸反偷渡联席会议办公室的作用，构建起群防群治的反偷渡工作格局，提高了防范、打击能力。加强业务培训和研讨，提高识别伪假证件水平。严密反偷渡工作措施，加大对利用集装箱偷渡、沿海成批偷渡以及持伪假证件从口岸偷渡案件的打击，组织开展了1次反偷渡集中统一行动。全年共查获偷渡案件3起3人次，处理遣返案件3起4人次，维护了口岸正常的出入境秩序。

拥政爱民　加强与青岛移动通信公司、青岛远洋船员学院等共建单位的联系，开展了"手牵手"共助贫困失学儿童活动，帮助2名失学儿童重返校园。利用元旦、春节、"五一"、"八一"、国庆等重大节日，先后出动官兵600余人次，为群众做好事1000余件；为地方学校和共建单位军训学生、员工1500余人；为客运站、长途汽车站维护秩序出动官兵300余人；到风景区、社区义务劳动11次300余人次；为"希望工程"、扶贫助残活动和印度洋海啸灾区捐款5万余元、捐物1200余件。被山东省口岸办、山东省文明办和山东省政府纠风办联合表彰为"口岸共建精神文明先进单位"，执勤业务二科被评为"文明窗口"，1人被评为先进个人。

(张金鹏)

青岛机场边防检查站

工作概况 2004 年,共检查出入境航班 8283 架次,比上年(下同)增长 44.73%;检查旅客 94.45 万人次,增长 29.75%;查获各类边控对象 43 人,增长 22.86%;查获、审理偷渡案件 39 起 56 人,增长 30.9%;接收、审理遣返人员 218 人;完成了 APEC 会议、ACD 会议、"韩国周"、"日本周"、2004 年青岛国际啤酒节、国际海洋节、国际电子家电博览会、国际时装周等重大节庆活动期间的边防检查任务。

年内,被山东省公安边防总队再次评为打击走私偷渡、"两防"(预防责任事故、预防案件)工作和机要工作先进单位,被青岛市政府评为亚洲合作会议第三次外长会议筹备服务工作先进单位,被中共青岛市委、市政府和驻青部队领导机关评为 2002～2003 年度军警民共建标兵单位,被青岛市口岸领导小组评为 2003～2004 年度青岛口岸共建社会主义精神文明活动先进单位、先进集体;女子旅检科被青岛市口岸领导小组评为"巾帼示范岗",被青岛市巾帼建功竞赛活动领导小组评为"巾帼文明示范岗",被青岛市妇联评为"三八红旗先进集体"。

严格执法 加强反偷渡和查控工作,开展"打击边境地区违法犯罪活动暨反偷渡专项行动"。全年破获偷渡案件 39 起,抓获偷渡分子 56 人。落实查控措施,以反恐怖、防闯关、防混入混出为重点,加强对"两节"、"两会"等敏感期和境内外敌对分子等重点人员的查控工作,全年多次查获涉嫌重大经济诈骗的边控对象。

执法为民 围绕促进青岛市经济建设和口岸大通关建设,开展"执法为民"教育,制订并实施了《青岛机场边防检查站便民十项措施》、《青岛机场边防检查站公开服务承诺》等。开通"边防检查咨询服务热线"电话,24 小时接受有关出入境边防检查及相关法律法规等方面的电话咨询;在执勤现场增设了外国投资者通道,设置咨询服务台,实行"首问负责制",向出入境旅客提供业务咨询服务;采取提前与旅行社联系,对旅游出境团队人员资料预先输入的方式,加快验放速度;对地方政府部门接待的重要访问团及商务考察团,制订礼遇检查方案,为访问团和客商提供优质便捷的服务。年

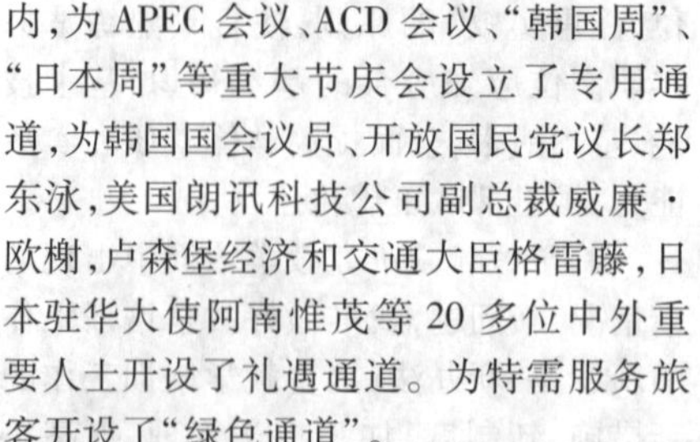

内,为 APEC 会议、ACD 会议、"韩国周"、"日本周"等重大节庆会设立了专用通道,为韩国国会议员、开放国民党议长郑东泳,美国朗讯科技公司副总裁威廉·欧榭,卢森堡经济和交通大臣格雷藤,日本驻华大使阿南惟茂等 20 多位中外重要人士开设了礼遇通道。为特需服务旅客开设了"绿色通道"。

拥政爱民 组织官兵开展了以"手携手,心连心,让世界充满爱"为主题的捐款活动;开展了"共育一所中小学,扶持一个困难户,共建一处文明小区"为主要内容的警民共建活动;通过"希望工程"、"春蕾计划"资助失学儿童;定期走访驻地困难家庭,开展"送温暖"活动;为驻地小学上国防教育课和进行军事训练;为青岛"巾帼致富上网室"捐赠电脑 2 台;多次为驻地群众表演军旅特色节目;参加青岛机场口岸系统的"民航杯"足球赛,增进了部队与驻地政府和群众的交流。

队伍建设 年内,开展"端正执法思想、坚持执法为民"为主题的"双让"(让党放心,让人民满意)教育和"大练兵"活动。编写了《边防检查实用手册》,翻译编订《世界各国出入境管理规定》,成立了专门的证件研究室,加强边检业务建设。4 月,全国边防部队机要正规化管理现场会在青岛市召开;11 月,举办了全国出入境边防检查识别伪假证件培训班。

(武 民 黄 睿)

山东省公安边防总队海警第二支队

部队建设 2004 年 6 月,该支队召开第一次党员大会,规划部署了今后五年的奋斗目标。11 月,该支队承建的总队老干部宿舍楼和干部经济适用住房竣工,改善了部队官兵的生活条件和工作环境。年内,以筹备公安部边防管理局

市委副书记、市纪委书记王永生(左二)到公安边防支队海上 110 指挥中心调研。
(市委办公厅供稿)

营房正规化管理现场会为契机,投入资金 80 余万元,对机关办公楼进行了装修改造,对营区营院进行了绿化亮化。投资 50 余万元对"海上 110"指挥中心进行了设备更新和改造,使"海上 110"指挥中心成为集科技化、信息化和实用化于一体和打击海上违法犯罪、海上救助、海上抢险等多种功能结合的综合指挥系统和服务平台。编撰了《基建营房文件汇编》和《消防应急方案》等 3 大类 14 项制度,建立了系统完善的规章制度体系。

管理与训练 年内,该支队坚持以条令条例规范秩序、引导行为,建立了正规的训练秩序和完善的训练机制。开展了远航执勤训练、处置海上突发事件演练、防台防汛演练、实弹射击训练和游泳训练。组织船艇编队执勤巡逻 196 航次,航时 608 小时 57 分,航程 4681.05 海里,动用警力 4721 人次。坚持以"人、车、枪、船、密、章、财"为重点,加强安全防范工作,实现了"无违纪、无案件、无事故"的安全目标,被山东省公安边防总队评为"两防"(预防事故、预防案件)工作

先进单位。

执勤执法　3～4月,开展了"两个违规"(违反规定扣押、查封、冻结、没收财产,违反规定责令停业整顿、吊扣证照)专项治理工作,落实执法质量考评制度,强化对执勤执法的监督制约。共走访单位50余个,召开座谈会10余场,发放宣传材料2000余份,听取群众和部队官兵对执法工作的意见和建议,提高了部队整体执法水平。5月,开展了维护沿海地区稳定暨反偷渡专项行动,加强重点海域及偏僻海岸的控制,强化岸上防、海上查、全面制控的工作措施,遏制了偷渡、外逃事件的发生。6月,完成了亚洲合作对话(ACD)第三次外长会议海上安全警戒及护航任务,并制止1起群众上访事件,被青岛市委、市政府授予"ACD安全保卫先进集体"称号,支队长张德荀被评为"ACD安全保卫先进个人"。9～10月,出动4艘船艇组成编队,会同辽宁海警部队,在中朝、中韩、中日边界开展了制止海上越界作业捕捞的专项行动,同时在渤海湾开展了维护海上石油生产秩序的行动。依法检查违规作业船只70余艘,处理违规作业船只17条、违规船员87人次;发放宣传教育资料1000余份。11月,完成全国国有企业领导班子思想政治建设座谈会的海上安全警戒及护航任务。年内,该支队"海上110"加强与青岛市"120急救中心"、"公安110"的联系,建立了接警、指挥、出警、处警一体化、多功能的快速反应体系,构建了群联、群防、群管、群治的格局。全年共接处警21次,出警17航次,救助渔船民、外籍船员10人次、遇险船只7艘次,受到了山东省海上搜救中心的通报表彰。

拥政爱民　年内,该支队与市民政局、四方区人民法院等共建单位举办了党务知识讲座和篮球、乒乓球、游泳比赛等活动,参加了"纺机杯"军民共建、法企共建乒乓球邀请赛,与青岛早报编辑部、浮山后社区共同举办了庆"八一"警民联欢会,被市政府评为"警民共建先进单位"。组织官兵参与青岛市植树护林活动,植树1700余株;为青岛市高科园第一中学等学校和共建单位军训学生、员工2000余人;为驻地和社区义务劳动1000余人次。开展了"扶贫济困送温暖"活动,为灾区和贫困地区捐款3万余元、捐助衣物[illegible]000余件。

(胡纪峰)

·驻青军事院校·

海军潜艇学院

教学科研　2004年,完成了学院体制编制调整,实现了以学历教育为主向任职教育为主的转型。按照任职教育的需要,制定完成了潜艇指挥军官"二级四阶"、防险救生指挥军官"二级二阶"逐级培训人才的培养方案。承办了海军任职教育理论与实践研讨会。根据新开不同任职教育班次的训练任务规划,进行了数十项教学创新改革,探索任职教育的教学方法,突出案例式、研究式、启发式、互动式、应用式教学,注重学员创新能力的培养。学员在全国大学生数学建模、电子设计大赛中获得国家级一等奖1项、二等奖2项和山东赛区一等奖3项、二等奖2项。加强军事高层次应用型人才培养,首次开始培养面向解决潜艇部队作战重点难点问题的博士人才,作为全军首批试点的军事硕士专业学位教育实现了与任职教育的接轨。加强部队应急人才培训,完成数批次新型潜艇艇员培训任务;为部队应急人才培训而新开的短期轮训班达数十个,派出专家、教员到部队讲学上百人次。

年内,在国内外学术会议和学术期刊上发表论文47篇,20余篇获得海军级以上等级奖;8项教学成果获军队级和海军级优秀教学成果奖,其中"研究生应用型人才培养"申报国家级教学成果二等奖、"主动适应潜艇现代化建设需要,创建高层次应用型人才培养机制"被评为全军优秀教学成果一等奖;2门课程被总参谋部批准为百门优秀课程建设项目、3门课程4部教材被海军评为优秀课程和优秀教材、2部电教教材分别获得全军一等奖和二等奖;关于教学训练的2篇报道在中央电视台"新闻联播"栏目播出;科研成果获军队科技进步一等奖1项、二等奖2项、三等奖12项。

后勤管理　建设了"两节一减"(节支节能、减少可预见性开支)后勤管理系统工程,制定了严格预算、严格决算、严格程序、严格报批、严格监督、联审联签、减人增效等7个财经管理具体制度,规范了经费开支"借、支、验、审、核"的5个程序,完善了账实相符的"三表一单"报告方式。

拥政爱民　全年共投入劳动日1.5万个,出动车辆300台次。义务植树3500株。派出国防教育人员160人,受教育群众和学生2.4万人次,承担了青岛市2.6万名中学生的军训任务。开展"扶贫济困送温暖活动",对口支援贵州省贫困地区,共捐资5.8万元、捐献过冬衣被6000余件。

友好往来　年内,完成埃及等4国10名军事留学生正常外训任务并首次承担了亚非9国水上救助打捞管理官员研修培训任务。全年留学生培训总人数达38人。该学院被评为"全军外训工作先进单位",2名外训人员被评为"全军外训工作先进个人"。全年共接待外国军事代表团4个。

(张旭昌)

海军航空工程学院青岛分院

教学　2004年,共培训各层次学员1500多人,毕业学员600多人;培训初级预选士官近1200人,结业近1100人;承担了依托国民教育和轮训、短训等近500名学员的培训任务;还承担了近1300名地方学生的教学任务以及7名博士、8名硕士的教学和课题指导任务。完成授课共计6.5万多计划学时。强化教学管理,提高教学质量。组织开展了"落实青岛分院党委《关于进一步加强教学工作,提高教学质量的意见》经验交流活动"。坚持党委议训、教学形势分析、教学督导、听查课制度。全年该分院教学督导组共听查课200余人次,部系教学督导组共听查课400余人次,各级领导共听查课800余人次。组织了教学成果评选上报工作,有5项获解放军总装备部教学成果奖、其中1项获一等奖,有26项获海军航空工程学院教学成果奖。加强了对学员毕业阶段各主要教学环节的检查和指导,严格组织实施了毕业设计(专题)答辩。开展了《院校教学工作条例》学习和学员创新实践系列活动,分别评出"小科技论文"、"三小活动"(小发明、小革新、小创造)等级奖15篇和12项;组队参加全国数学建模竞赛获一等奖2项、二等奖3项,总成绩居山东省赛区第一名。加强教育和学籍管理,严格实施教考分离,有7名专科学员升入本科层次,89名学员获奖学金,留级2名学员,警示17名学员、试读10名学员。重视地方学生教学质量管理。重视教员队伍建设，新选送15名教员攻读博士和硕士学位，组织24名新教员进行了“教学法”集训，安排7名教员到部队代职，组织47名教员开展了外场教学能力训练达标活动。加强了教材建设，有1门课程被列入军队院校百门优质课程建设计划，有2门课程和2部教材分别被评为海军院校优质课程和教材，有5门课程、5部教材和5名教员获海军航空工程学院奖励，参加海军第九届优质电教教材评比获一等奖1个、三等奖2个。

科研　全年科研项目共计68项，到帐经费2300多万元。有9个项目获军队科技进步奖。完成4项共24架飞机的改装工程，支持了国家载人航天工程和海军重点试验任务。组织召开了15个课题技术方案评审会，完成了23项课题的技术成果鉴定。组织申报海军科研计划课题13项；围绕海军型号任务和现役装备，开展了10项课题的立项论证工作。在核心以上期刊发表学术论文156篇，其中有7篇被EI(《工程索引》)收录；开展了“数字技术及相关产业”等大型学术活动3次。

拥政爱民　参加青岛市政府和李沧区政府组织的文艺演出、荒山植树、清洁社区卫生、中学生军训、国防教育宣传、扶贫济困捐献等社会公益活动，全年帮助地方植树3000余棵，军训学生8000多人，捐献衣被2700多件。4月，该分院合唱团参加了青岛市“五月的风”演唱活动；8月，组织承办了2004年青岛市中学生“爱中华、奔小康、强国防”军事教育技能投弹比赛。该分院学员4队团支部成立的“学雷锋小组”先后与社区8位孤寡老人结成“帮扶对子”，坚持14年帮助孤寡老人。年内，该分院有5个单位被评为青岛市军民共建先进单位，2人被评为青岛市军民共建先进个人，5人被青岛市评为中学生军训先进个人。

（栾绍乐）

·人民防空·

人防工程建设

2004年，全市完成报建防空地下室40万平方米，建成17万平方米。市人防办将有关法律规定及办理程序印成宣传手册，有针对性地宣传人防法规，增强了建设单位报建的自觉性；协调督促五市成立相应的人防办事机构，已有4个市开通“结建”（结合民用建筑修建防空地下室，下同）工作；贯彻“以建为主、以收促建”的原则，对因地质条件等因素无法“结建”的依法按规定交纳易地建设费。

聘请清华大学、解放军理工大学、市规划设计研究院、市人防建筑设计研究院共同编制《城市地下空间发展规划纲要》。11月，通过专家评审，进入规划编制阶段。

组织指挥建设

8月，召开了“青岛市制（修）订防空袭方案工作会议”，部署防空袭方案制（修）订工作，提出了青岛市建立市、区（市）、街道等三级防空袭方案体系的任务，并实行“防空防灾一体化”。以市人防指挥中心为依托，运用当代科学技术，加快了防空防灾应急指挥控制系统建设。开发了计算机网络、数据库管理、电子监控、空情信息接收、应急救援辅助决策、卫星通信、移动视频回传、信息显示集中控制等系统；完成了前海一线电子监测设备的安装调试工作；崂山森林防火等电子监测信号引入市人防指挥中心；初步与“110”、“120”、“119”、气象、水利、森林防火等部门实现了资源共享。11月14日，举行应急救灾综合演练，市公安局、市公安消防局、市卫生局、市气象局、市交通委、市人防办、驻青防化部队共200余人的防空专业队伍、38台专用车辆和190多名中学生参加了演练。

通信警报建设

全年新安装警报器22台，更新4台，市区音响覆盖率达到95%以上；采用计算机全控、群控和单控自动化，增强了抗干扰和抗毁能力；警报遥控软件重新进行了改进，增加了对讲和调频功能，每个警报器终端加装了电控开关，解决了误鸣问题；在警报器上安装卫星遥控接收设备，实现遥控双保险。

11月14日是“青岛市防空防灾警报试鸣日”。上午10时整，通过点击警报遥控系统，七区和胶州、胶南、平度、莱西等4个市范围内的警报齐鸣（即墨市暂为手动），依次发放了预先警报、空袭警报、解除警报和灾害警报音响信号，鸣响率达到100%；青岛电视台同步播放《居安思危警钟长鸣》专题片，把警报音响信号和防护知识送到千家万户；市区1007辆出租车准时鸣笛30秒，首次试用辅助报警手段。

人防法制建设

起草了《青岛市重要经济目标人防建设管理办法》（初稿）。制定了《青岛市人民防空行政处罚实施细则》和《青岛市人民防空行政执法工作规定》。平度、莱西、即墨等市出台了“关于结合民用建筑修建防空地下室”的规定文件。6月，举办“全市人防行政执法人员培训班”，人防系统50多人参加了培训。对上年人防工程执法检查遗留案件，申请执行5起，追回人防工程易地建设费148万余元，补建防空地下室447平方米。

人防宣传教育

年内，在市区5处设置了固定式宣传橱窗或宣传牌25个共93平方米，树立大型人防公益广告宣传牌4块，制作了人防宣传流动展牌。参与制作了《青岛市中学生军训暨军事技能比赛》专题片，拍摄制作了《开展人防宣传教育推动人防全面发展》专题片，修改了电视片《居安思危警钟长鸣》。开展日常人防宣传，邀请市级新闻媒体进行采访、宣传报道，全年新闻报道87次；向国家级报刊杂志报送稿件21篇，其中《中国人民防空》刊登6篇、《中国人民防空工作实用手册》刊登4篇、《解放军报》刊登1篇署名文章、《中外法制》刊登通讯1篇；《青岛人防信息》全年出刊12期。

年内，七区五市287所中学全部按计划开设了“民防知识”教育课，共计10.8万名初中学生受到了教育，通过全市统一考试，及格率达98%以上；在高中军训中首次增加部分民防知识，实现军训与民防教育、素质教育相结合。继续抓好市内四区小学的“民防知识”教育，组织指导有条件的小学组织小规模的疏散演练。扩大高等院校国防教育，与市教育局、市出版社联合召开了全市高等院校参加的《国防知识读本》推介会。8月，组织开展“爱中华、奔小康、强国防”系列教育活动。9月，市委党校根据市人防办的建议举办了主题为“人防与核化生灾害救援”国防教育报告会。

（陈月祥）

经　　济

工　　业

·概　　况·

截至2004年底，全市国有及年产品销售收入500万元以上非国有工业企业(下称规模以上工业企业)2877个。其中，按隶属关系分，中央企业21个、省属企业11个、市地属企业210个、县区属企业182个、乡镇企业109个；按经济类型分，国有企业80个、集体企业123个、股份制企业1051个、股份合作制企业80个、外商及港澳台投资企业1298个；按企业规模分，大型企业43个(内有国有大型企业5个)，中型企业327个(内有国有中型企业27个)。全市规模以上工业企业共有职工95万人，其中国有企业职工4.4万人；总资产2567.9亿元，其中国有企业总资产299亿元。

主要指标

全市工业企业全年各月工业增加值增长幅度都在26%以上，达到近6年来的最高水平。全市规模以上工业企业完成工业增加值874.1亿元，比上年(下同)增长26.9%，增幅提高4.6个百分点；完成现价工业总产值3333.8亿元，增长29.1%；累计完成产销率97.9%；完成工业产品销售收入3320.3亿元，增长29.9%。

青岛市工业增加值总量和增幅在全国15个副省级城市中均居第4位。

全市规模以上工业企业主要产品产量

产品名称	产量	比上年±%
钢	225万吨	10.6
钢材	215.9万吨	11.9
汽车	6.26万辆	-4.4
原油加工量	485万吨	40.9
纯碱	69.9万吨	-2.6
烧碱	11.79万吨	7.3
化肥	7.77万吨	-4.4
彩色电视机	956.9万台	44.4
家用电冰箱	815万台	36.2
空调器	977.5万台	61.1
移动电话	671.2万台	49
啤酒	369.1万千升	13.2
卷烟	147.2万箱	-1
轮胎	2098.8万套	20.3
水泥	181.2万吨	8.8
棉纱	7.19万吨	1.0
棉布	50111万米	9.3
化学纤维	11.51万吨	8.6
发电量	89亿千瓦时	2.7

轻、重工业协调发展

全市规模以上重工业企业完成工业总产值1561.6亿元，增长32.4%，高于全市增幅3个百分点，高于轻工业5.5个百分点。从重点产品情况看，原油加工量增长40.9%，金属集装箱增长89%，铁路客车增长47.6%，造船增长176.1%，电站汽轮机增长76.5%，平板玻璃增长101.1%。轻、重工业比重达到53.2∶46.8。轻工业完成现价工业总产值1772.2亿元，增长26.9%，电子家电产品保持较高增长，移动电话增长49%、计算机增长563.2%、电冰箱增长36.2%、电冰柜增长37.4%、空调器增长61.1%、电视机增长44.4%、电热水器增长67.5%。

所有制多元化形成

从各种经济类型工业增长情况看，全年股份制企业完成产值1328.7亿元，增长30.3%，高于全市平均增速0.9个百分点；外商及港澳台投资企业完成产值903亿元，增长36.3%，高于全市平均增速6.9个百分点；以个私企业为主的其他经济类型企业完成产值92.5亿元，增长41.3%，高于全市平均增速11.9个百分点；股份合作企业完成产值76亿元，增长32.3%，高于全市平均增速2.9个百分点；国有及国有控股企业增长18.6%；集体企业增长26.4%，增幅高于上年同期16.5个百分点。

重点企业集团与五市一区工业快速增长

"十大"企业集团完成现价产值1097.4亿元(本地口径)，占全市的32.9%，增长20.4%，增幅比上年同期提高7.9个百分点，完成产品销售收入1163.3亿元，占全市的35.8%，增长26.6%，增幅比上年同期提高11.4个百分点；完成利润总额42亿元，占全市的43%，增长27.2%；实现利税97.8亿元，占全市的48.8%，增长17.5%。“十大”企业集团销售收入均保持增长。其中，青钢集团增长49.7%，海信集团增长36.2%，海尔集团增长25.6%，凯联集团增长27%，保持较高发展；青啤公司、澳柯玛集团、颐中集团、双星集团、橡胶集团保持稳定增长。五市和城阳区完成工业总产值1617.9亿元，占全市的48.5%，增长37%，高于全市平均增幅7.6个百分点；五市一区增长均在32%以上。

销售情况

全市规模以上工业产品销售率97.9%，同比提高0.3个百分点。27个重点系统中，12个单位产销率在100%以上。海信集团、青啤公司、澳柯玛集团、凯联集团、颐中集团、双星集团、市北区、李沧区、崂山区等实现了良好的产销衔接，产销率均达到100%以上。青岛市工业出口交货值保持较高增速，全年规模以上工业完成出口交货值864亿元，增长30.3%，拉动全市工业增长8个百分点。“十大”企业集团累计完成出口交货值（本地口径）146.8亿元，增长55.6%。

经济效益

全年规模以上工业企业综合效益指数达到149.67，同比提高12.2个百分点；实现利税210.6亿元，增长24.7%，其中利润103.9亿元、增长33.4%，利税、利润增幅分别比上年同期提高16.2和20.6个百分点。“十大”企业集团实现利润42亿元，青啤公司、一汽解放青岛汽车厂、青钢集团、颐中集团增长幅度达到20%以上。

工业投资和利用外资

全市工业完成固定资产投资489.4亿元，增长58.7%。全市合同利用外资67.7亿美元，实际利用外资38.1亿美元，同比分别增长24.2%和33.1%。年内，青岛市出台了《关于建设制造业基地的意见》，以建设电子家电、石油化工、交通运输设备和新材料四大产业基地为主线，走新型工业化道路。突出发展电子信息、家电、石化、汽车、造船及港口六大产业集群，构建有市场、有品牌、有效益的可持续发展的大工业体系。7月，青岛大炼油项目获审批，总投资约100亿元，一期炼油能力达到1000万吨/年；同月，市政府与中国船舶重工集团公司正式签署合作协议，规划建设青岛海西湾造修船基地，项目总投资超过100亿元。

（韩　文）

·纺织·服装业·

概　况

2004年，青岛市规模以上纺织服装企业512户。完成工业总产值321亿元，同比（下同）增长27.6%；完成工业增加值90.07亿元，增长26.03%；实现销售收入293.75亿元，增长22.49%；产销率97.65%，增长0.84个百分点；实现利税12.17亿元，增长9.52%；实现利润6.45亿元，增长5.91%；纺织品服装出口创汇34.92亿美元，增长11.3%。

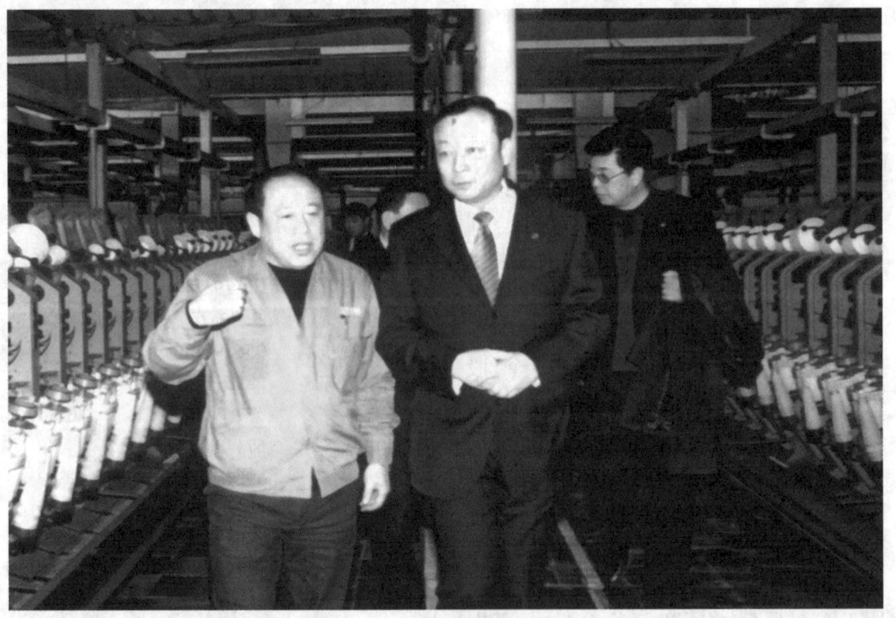

2004年11月，副市长吴经建（右二）到青岛纺联集团一棉有限责任公司调研。

（市政府督查室供稿）

全年主要产品产量：化学纤维9.88万吨，增长1.3%；纱7.6万吨，下降0.04%；布5.01亿米，增长37.2%；印染布1.21亿米，增长11.2%；毛巾8424万条，增长42.3%；毛巾被177万条，增长7.9%；帘子布1.05万吨，增长6.9%；毛纱1.26万吨，下降13.8%；绒线1.73万吨，下降12.9%；呢绒66万米，下降31.3%；针棉织品折用纱线量4.98万吨，增长15.4%；针织折长丝338吨，下降7.9%；服装4.03亿件，增长3.4%（其中，针织服装3.40亿件、增长27.5%，梭织服装0.63亿件、增长4.4%）；毛毯99万条，增长59.7%；麻袋284万条，增长425.9%；床单48万条，增长4.4%；纺织机械8.45万吨，下降14.4%。

全市纺织服装行业销售收入前10名企业是：青岛即发集团股份有限公司31.8亿元，青岛星火纺织集团股份有限公司18.56亿元，青岛喜盈门集团公司15.64亿元，青岛宏大纺织机械有限责任公司6.8亿元，青岛海珊集团股份有限责任公司5亿元，青岛纺织机械厂4.16亿元，青岛颐和针织有限公司3.66亿元，青岛凤凰印染有限公司3.58亿元，青岛环球机械股份有限公司3.53亿元，青岛胶南东佳纺机集团有限公司3.51亿元。

全市纺织服装行业利税前10名企业是：青岛即发集团股份有限公司2.92亿元，青岛星火纺织集团股份有限公司0.77亿元，青岛喜盈门集团公司0.58亿元，青岛宏大纺织机械有限责任公司0.45亿元，青岛红领集团有限公司0.36亿元，青岛利百时纺织有限公司0.34亿元，青岛瑞德隆服饰有限公司0.33亿元，青岛颐和针织有限公司0.32亿元，青岛纺织机械厂0.32亿元，青岛中达化纤有限公司0.26亿元。

全市纺织服装行业出口创汇前10名企业是：青岛即发进出口有限公司1.7亿美元，山东绮丽集团美达服装有限公司8610万美元，青岛喜安飞服装有限公司4243万美元，青岛喜乐客思服装有限公司4638万美元，青岛喜盈门集团公司

4115万美元，山东正信纺织有限公司3815万美元，山东锦丰纺织有限公司3766万美元，青岛大农服装有限公司3691万美元，青岛第二印染厂3674万美元，青岛双龙服装有限公司2833万美元。

优势企业集团发挥支柱作用

年内，优势企业集团加强结构调整、内部管理、市场开拓和产品与技术创新，在行业中发挥支柱作用，拉动整个纺织服装行业生产稳步增长。其中，即发集团完成工业总产值31.63亿元，增长31.9%；中泰集团5.36亿元，增长42.4%；星火纺机集团23.40亿元，增长40.7%；喜盈门集团15.12亿元，增长31.3%；环球机械公司4.48亿元，增长35%；颐和针织公司3.66亿元，增长46.8%；联创公司2.90亿元，增长49.9%；大农服装公司3.04亿元，增长52%；红领集团3.13亿元，增长68.5%；雪达集团3.39亿元，增长38.2%；凤凰印染公司3.64亿元，增长23.1%；华金集团1.69亿元，增长23%。

新产品开发和技术改造

年内，纺织服装企业引进外商投资企业，利用国外的资金和先进技术，研发新产品，提高产品附加值。喜盈门集团引进青岛盈诚纺织品有限公司等6个外商投资企业，其中盈诚纺织品公司具有年产床上用品200万套、服装500万套的生产能力；中达化纤有限公司扩建PA6POY民用纺丝线，年增加生产能力1000吨；即发集团与日本东丽公司合资针织印染面料项目，开发新型高档针织外衣面料；青岛凤凰印染有限公司与香港东翔公司合资开发印染真蜡项目，年生产能力达2000万米。

品牌建设

截至年底，青岛市纺织服装业已有“中国驰名商标”2个、“中国名牌”3个、“山东省名牌”12个、“青岛市名牌”17个。其中，即发集团、喜盈门集团的商标和产品分别被认定为“中国驰名商标”和“中国名牌”，青岛雪驰有限公司的产品被评为“中国名牌”，青岛海珊集团、青岛红领集团、青岛宏大纺机公司、青岛华金集团、青岛胶南东伟纺机公司、青岛千惠绣品有限公司等9家企业的产品分别被评为“山东省名牌”，青岛纺联集团、青岛乐好服饰集团、青岛雪达集团、青岛一诺服饰集团、青岛好事中服饰集团等13家企业的产品分别被评为“青岛市名牌”。

在2003～2004年“中国品牌年度大奖中”，青岛红领集团“红领”品牌、青岛雪驰有限公司“雪驰”品牌、青岛即发集团股份有限公司“即发”品牌、青岛三美士西装有限公司“三美士”品牌、青岛巴龙集团有限公司“巴龙”品牌、青岛暖倍儿服饰有限公司“暖倍儿”品牌入围“中国品牌年度大奖”，其中青岛雪驰有限公司“雪驰”品牌获“创新”提名奖。

（姜　燕）

青岛市纺织总公司

概况　截至2004年底，有职工2.73万人，其中在职职工1.8万人。全年主要产品产量：化学纤维797吨；纱4.13万吨，其中棉纱2.11万吨、混纺纱1.31万吨、纯化纤纱7139吨；布9063万米；印染布5982万米；针棉织品折用纱线量7528吨；针棉织品折用化纤长丝量336吨；服装（归口）2949万件；绒线4751吨；呢绒66万米；毛毯17万条。系统内29户规模以上工业企业实现工业总产值20.78亿元，同比（下同）增长13.02%；实现工业增加值3.9亿元，增长10.6%；实现销售收入22.21亿元，增长11.26%；实现产销率98.7%，下降0.55%；自营出口创汇1.48亿美元，增长2.6%；实现利润2366万元，比考核指标提高7.55%；两项资金占用5.79亿元，增长4.39%；保值增值完成3.28亿元，比考核指标增加16万元；总资产报酬率比考核指标提高1.38%；净资产收益率比考核指标提高0.01%；资本积累率比考核指标提高0.05%；折旧提足率完成100%；不良资产总额3.64亿元。

国有（集体）所有制企业改制　年内，加大了国有（集体）企业的产权制度改革。继一棉东方电子公司整体改制后，又对青岛海丽花边有限公司和青岛市纺织机械器材公司进行了整体改制，对盛锡福、华金蓝天等公司进行了改制中的资产核实、审计和评估。新纺公司在增资扩股和股本结构调整后，挂牌更名为青岛新纺控股集团。加大了对长江公司、万象实业公司、金虎科技公司、麻纺厂、针织品总公司、广信实业公司、纺织供销公司、第五印染厂、华金大地制衣公司、第六针织厂、纺织产品经营公司等11户中小和困难企业的调整，为国有（集体）资本的有序退出和困难企业的解困发展创造了条件。

纺织工业园建设　纺织工业园于2000年开工建设，至2004年底累计投资1.7亿元，先后有华金苑、纺联寝装、海柔毯业、海丽花边、纺织材料物流中心和产品配检中心等5家中外合资企业入驻，8户海外独资企业入园租赁厂房。2004年6月，由日本毛织株式会社、日本伊藤忠商事株式会社、青岛纺织总公司合资500万美元组建的年产精纺呢绒224万米、年可实现利税310万元的“青岛日毛织物有限公司”竣工开业。青岛纺织工业园已形成针织、印染后整理、精毛纺、毛毯、家纺、花边织带、纺织物流中心等为主体的产业集聚园区。

技术创新　全年开发新产品45项，实现新产品产值4.88亿元，新产品产值率23.5%，高新技术产品产值率28%。系统内有7家企业建立了省级技术中心。全年完成的国家、省市级创新鉴定项目11个，其中达到国际先进水平的1项、国内领先水平的9项、国内先进水平的1项。组织申报市科技进步奖7项，其中“超级仿蜡防印花布”获一等奖、“高湿模量Formotex纤维系列产品”获二等奖、“彩色蜡纹真蜡防三色跟踪印花技术”和“大提花真防印花布”获三等奖。引进国外先进技术4项，完成高校科研所成果转化项目3项、区科技局科技攻关计划3项。该公司在山东省科技成果评选中获产品创新优秀企业称号，辖属企业凤凰印染有限公司和青岛纺联集团六棉、八棉有限公司的3种产品获产品创新成果二等奖，青岛纺联集团一棉、五棉有限公司和华金集团等企业的11种产品获产品创新成果三等奖。

国际合作　年内，中赞穆隆古希纺织有限公司奇伯特轧花厂竣工投产，进入正常运转；柬埔寨纺织有限公司通过扩大生产能力，提高了效益水平。以中国青岛新纺集团有限公司、南非火烈鸟毯业有限公司、赞比亚奇伯特棉花有限公司、穆隆古希棉油有限公司和穆隆古希服装有限公司为主体，以投融资、国际贸易为主业的海外集团联盟正在形成。

（肖繁铭）

青岛中泰集团有限责任公司

概况　截至2004年底，辖有企业11

个,总资产5.54亿元。2004年,完成工业产值5.38亿元(现行价),同比(下同)增长40%;工业销售产值5.44亿元(现行价),增长50%;产品销售收入5.83亿元,增长50%;工业增加值1.1亿元,增长24.5%;实现利润1390万元,增长20%。完成主要产品产量:锦纶弹力丝1.27万吨,化纤坯绸623万米,化纤色绸1559万米,氨纶包覆丝619吨,高强低缩涤纶长丝2717吨。

资产运营 1月,青岛中泰伟峰都市工业园正式挂牌运行,园内落户企业20余家。9月,青岛市中级人民法院依法裁定青岛中泰化纤实业总公司破产清算;12月,青岛中泰集团有限责任公司收购了破产企业位于四流南路126号的土地和厂房。对青岛中达化纤有限公司实施了第二次债务重组,企业资产负债率由79%降为58%。对该集团的"三级"公司进行了全面清理整顿,关停或注销了青岛中兴化纤有限公司、青岛统一针织有限公司、青岛中泰工贸发展公司、青岛汇丰元有限公司、青岛中盛经贸分公司、青岛中泰经贸分公司、青岛泰达销售中心等7个企业。

技术创新和企业管理 年内,投入技改资金1370万元,增长50%;开发新产品8个,实现新产品产值1.29亿元,高新技术产品产值2.55亿元、增长22.64%。该集团主要企业青岛中达化纤有限公司完善ISO9000质量保证体系,设计并推行二级经济核算体系;青岛中泰化纤丝绸有限责任公司实行核心技术加外包经营策略,完善了经营销售考核管理办法,加强产品开发投入,高附加值产品产值率由10%提高到18%;青岛中泰线业有限公司获"青岛市高新技术企业"称号。

(牟 英)

·轻工业综述·

概 况

2004年,青岛市轻工行业工业企业1170家,比上年(下同)增加146家。全年全市轻工行业工业企业累计完成现价工业总产值1261.92亿元,增长29.73%;累计完成工业增加值318.99亿元,增长28.08%;实现产品销售收入1188.06亿元,增长26.86%;出口交货值420.85亿元,增长31.51%;实现利税60.46亿元,增长21.29%,其中利润32.78亿元、增长28.17%。

在统计的71种产品中,产量增长的有49种,下降的有22种。产量增长30%以上的产品有15种,累计产销率为98.5%,与上年同期持平。

结构调整优化

年内,国有企业完成工业总产值4.2亿元,占0.3%;集体企业完成工业总产值536.3亿元,占42.5%;股份合作制企业完成工业总产值8.1亿元,占0.64%;股份制企业完成工业总产值271.6亿元,占21.5%;外商及港澳台投资经济完成工业总产值402.5亿元,占31.89%;其他企业完成工业总产值39.1亿元,占3.1%。排名前20位企业完成工业总产值715.4亿元,占56.69%,大企业继续保持高速增长状态,发挥产业支柱作用。家电、食品饮料两大行业继续保持主导地位。农副食品加工业实现产品销售收入214.31亿元、利税6.95亿元、利润4.87亿元,分别增长38.98%、41.17%、42.73%;饮料制造业实现产品销售收入50.62亿元、利税10.35亿元、利润4.26亿元,分别增长14.96%、19.2%、21.67%;电气机械及器械制造业实现产品销售收入494.95亿元、利税24.31亿元、利润13.28亿元,分别增长26.1%、7.03%、9.84%。

全市轻工行业排序前十强企业完成工业增加值143.11亿元,增长20.36%;完成出口交货值165.87亿元,增长23.43%;实现产品销售收入614亿元,增长24.69%;实现利税34.69亿元,增长7.73%,其中利润18.89亿元、增长9.2%。

品牌建设

年内,全市轻工业有6家企业17种产品获得"山东省名牌产品"称号,其中家电产品4个、食品7个、五金制造2个、体育器械1个、日用杂品1个、家具制造1个、工艺美术1个。

(李元刚)

·啤酒工业·

青岛啤酒股份有限公司

概况 2004年,完成啤酒产销量371万千升,同比(下同)增长13.8%;实现销售收入86.2亿元,增长14.8%;实现净利润2.8亿元,增长10.2%。年内,该公司被中华全国总工会授予全国五一劳动奖状,被中宣部、国资委树立为"国有企业深化改革成功型示范企业",被国家工商管理总局评定为"守合同重信用"企业,获"中国最受尊敬企业"称号,品牌价值继续居全国工业企业排行前十名,入选"中国100家最佳雇主",进入"中国上市公司企业竞争力20强",获"最佳投资者关系奖"。

企业管理 年内,继续开展"最佳实践交流活动",将"最佳实践交流"分为三级,一级项目包括营销管理、单厂效率、战略管理等,二级项目包括财务管理、人力资源管理等,三级项目包括工程项目管理、安全健康环保(EHS)管理、管理流程及业务流程优化等;各项目组制定了年度计划并推进项目开展;通过开展"最佳实践交流活动",所辖各厂提高了工作的标准化、规范化水平,降低了工艺技术指标的控制偏差,提高了产品质量。制订了《青岛啤酒品牌带动下的发展战略》,初步形成了"战略管理体系"。实施流程优化,提高效率,增强协同效应,该公司总部形成了187条管理流程。实施薪酬改革,建立按价值和按贡献分配的薪酬体系。从生产、销售、管理等各个环节控制费用、压缩开支,尤其是在生产制造环节,通过改进工艺、挖潜降耗,消化了成本上涨因素;该公司总部按月分析原材料及运费涨价、产品成本控制及产品价格调整对经济效益的影响,建立了追踪分析体系,了解所辖各单位的成本影响因素,进行整体的效益预测和预算控制,对下一年的原材料价格走势进行了分析预测并做好了应对准备。规范资金管理,拓宽融资渠道,加强资金运作,提高资金使用效率。在国内企业中率先建立危机管理体系,组建了危机经理组织体系,减小、消除危机对企业的影响,保障企业稳健发展。

品牌整合 年内,推广"青岛啤酒"新标识,提高了"青岛啤酒"国际化、现代化品牌形象。加快"青岛啤酒"系列产品的整合,推广新产品,全年"青岛啤酒"销量达到117万千升、增长11%,该公司6个主要品牌的销量达到总销量的64%,品牌数量下降50%以上。

信息化建设 加强ERP(企业资源

青岛市食品药品监督管理局

青岛市食品药品监督管理局高举邓小平理论和“三个代表”重要思想伟大旗帜，突出食品监管体制改革和市场整顿两个重点，以机构改革为契机，解放思想，转变观念，在研究新情况、解决新问题、创建新机制、增长新本领方面狠下功夫，大力整顿和规范食品药品市场秩序，强化依法行政工作，深化农村药品“三网”建设，打造清正廉洁的食品药品监管队伍，积极帮促食品医药经济发展，基本形成了统一、规范、协调、公正、廉洁、高效的食品药品监管新机制，被国家人事部、国家食品药品监督管理局首次联合授予“全国食品药品监督管理系统先进集体”称号。

①团结奋进的青岛市食品药品监督管理局领导班子全体成员。党组书记、局长徐修顺（右三），副局长杨志武（右二）、李方林（左三）、李欣荣（右一），纪检组长翟生伟（左二），副局长王军（左一）。

②2005年7月1日，青岛市副市长张锐（右三）在该局局长徐修顺（右一）、副局长杨志武（左一）的陪同下到青岛市药品检验所检查指导工作，图为副市长张锐参观该所实验室。

③2005年2月4日，青岛市副市长吴经建（右二）在该局局长徐修顺（左一）的陪同下，到青岛黄海制药有限责任公司检查指导工作。

④2004年9月14日，率先推出“把关民生”服务品牌。“把关民生”服务品牌的提出是为进一步增强机关服务意识、服务质量和服务效率，树立食品药品监管部门的良好形象而采取的又一重要举措。

地址：青岛市沂水路7号甲
邮编：266001
电话：（0532）82899079
传真：（0532）[illegible]

青岛市盐务局

国家食盐批发
AAA级企业
中国盐业协会

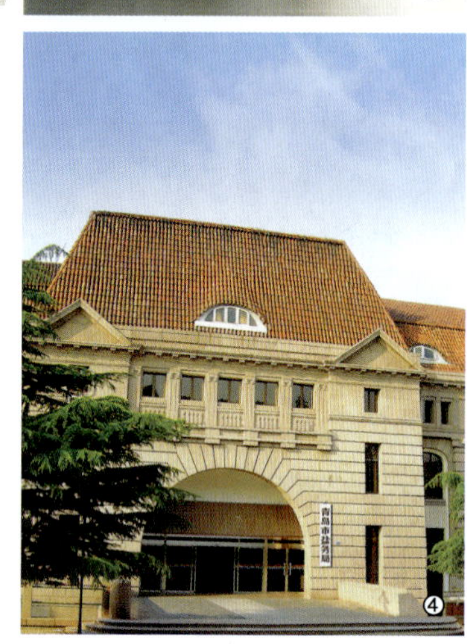

①2004年10月22～23日，省盐务局在青召开全省盐政执法经验交流现场会，推广该局“走百村，进万户”活动经验。市委副书记、副市长崔锡柱，市政府副秘书长孙百刚，中国盐业总公司总经理茆庆国，省盐务局局长赵建国以及全省17个市盐业主管部门负责人参加了会议。会议上茆庆国（左一）、崔锡柱（右二）为“打击涉盐违法犯罪联合办公室”揭牌。

②市盐务局局长纪家栋（左一）陪同市委副书记张若飞（左二）、韩国驻青岛总领事辛亨根（左三）视察盐业工作

③青岛盐业专营有限公司在全省率先通过国家食盐批发AAA级企业验收

④市盐务局办公楼

⑤左图为：中盐协会理事长董志华（右一）、市政府副市长胡绍军（左二）为该局“盐真情深”服务品牌揭牌。右图为：2004年以来，市盐务局把创建全国盐业第一个服务品牌——“盐真情深”作为深化“五项工程”、创建“四型机关”的重要内容来抓。品牌内涵：“盐真”：认真执行盐业政策，严厉打击盐业违法行为，净化盐业市场；搞好盐业专营，确保食用盐安全、优质，大力普及碘盐，让市民吃上放心盐、优质盐，提高人民生活水平和人口素质。“情深”：对盐业工作充满深情，为市民健康奉献真情，服务进百村，真情暖万家。为了盐业的长足发展，为了确保市民健康，永葆激情，奋斗不止。

⑥2005年“全国第十二个防治碘缺乏病日”期间，为全面贯彻“控制碘缺乏，保护母婴健康”的活动主题，市盐务局主要领导到活动现场解答市民咨询。

⑦2005年5月1～3日，市盐务局机关全体党员赴革命圣地西柏坡参观学习，接受牢记“两个务必”的革命传统教育。

Haier 海尔 海尔集团

创立于1984年，20年来持续稳定发展，已成为在海内外享有较高美誉的大型国际化企业集团。产品从1984年的单一冰箱发展到拥有白色家电、黑色家电、米色家电在内的96大门类15100多个规格的产品群，并出口世界100多个国家和地区。2004年，海尔集团实现全球营业额1016亿元，成为中国第一个千亿级规模的自主品牌。2004年，海尔集团国内市场实现50%的增长，海外市场实现100%的增长。2004年，“海尔”蝉联中国最有价值品牌第一名，品牌价值高达616亿元。2004年1月31日，世界五大品牌价值评估机构之一的世界品牌实验室编制的《世界最具影响力的100个品牌》报告揭晓，中国海尔唯一入选，排在第95位，实现中国品牌零的突破。2004年12月，由亚洲覆盖面最广的权威媒体之一——《亚洲周刊》评选的“亚洲企业1000强”排行榜中，海尔集团居第125位，居入选的中国家电企业第一位。

地址：青岛市海尔路1号
邮编：266103
电话：(0532) 88939999
http：//www.haier.com

①海尔集团总部大楼

②美国海尔工业园

③2004年7月1日，海尔集团在美国纽约创下了7小时销售7000台“海尔”空调的纪录。图为排队购买“海尔”空调的美国用户。

④海尔广告在日本东京银座黄金地段点亮，这是中国企业第一个在东京银座竖起的广告牌。

青岛啤酒股份有限公司

2004年6月21日，中共中央政治局常委、国务院总理温家宝到青啤公司视察工作。图为青啤公司总裁金志国向温家宝总理赠送百年啤酒桶。

2004年，青啤公司荣获全国“五一”劳动奖状。图为青啤公司总裁金志国在接受山东电视台和齐鲁电视台的现场采访。

2004年6月16日，青啤公司收购甘肃农垦啤酒公司，有力推动了青啤西部战略的实施。左图为签字现场，右图为双方领导合影留念。

2004，荣膺“中国最受尊敬企业”称号

2004年，荣膺2004“中国500最具价值品牌”，品牌价值评估168.73亿元，居国内同行业榜首。

2004年，被评为“中国100最佳雇主”

2004年，多项指标创国内啤酒行业新记录

2004年，荣获“守合同重信用企业”称号

2004年，荣获“中国企业文化品牌建设十佳单位”称号

2004年，荣获“最佳投资者关系奖”

2004年，荣获全国“五一”劳动奖状

2004年，入选“中国上市公司企业竞争力20强”

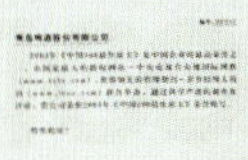

一汽解放青岛汽车厂

FAW JIEFANG QINGDAO AUTO FACTORY

法定代表人、厂长：许宪志

一汽解放青岛汽车厂是一汽解放汽车有限公司的全资子公司，国家大一型企业，青岛市十大企业集团之一，分为青岛四个厂区、上海浦东一汽青岛专车厂和成都分厂。2002至2004年，青岛汽车厂连续3年销售收入超过100亿元。

青岛汽车厂焊装、涂装、冲压和总装配等卡车生产四大工艺具有较强实力，拥有总装配线、冲压生产线、涂装线、驾驶室焊装线、车架铆接线、整车检测线、内饰生产线和从德国引进的5100吨压力机等生产线和设备，年生产能力为7万辆整车和15万台份冲压件。

青岛汽车厂主导产品为解放牌中、重型柴油载货汽车及其各种专用车和改装车。共有重型、中型、专用车和改装车等产品。包括普通载货车系列、牵引车系列、厢式运输车系列、自卸车系列、半挂车系列等品种，产品研发、工装、工艺设计全部实现了计算机辅助设计，具备专用车和改装车较强的开发能力，已形成了多品种、宽系列、多配置的产品结构，在国内中、重型卡车行业中保持领先地位。

面对新世纪全球经济一体化的机遇和挑战，青岛汽车厂将始终奉行“第一汽车，第一伙伴”的理念，不断开拓创新，为建设规模百万化、管理数字化、经营国际化的新一汽，为青岛市的经济发展做出积极的贡献。

厂区俯瞰

生产线

一汽解放青岛汽车厂

驾驶室焊装线

5100吨压力机

机器人焊接驾驶室

冲压生产线

总装配线

涂装生产线

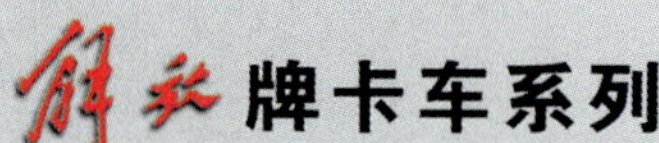
牌卡车系列

一汽 解放 青岛汽车厂

牵引车系列

专用车系列

青岛钢铁控股集团有限责任公司

董事长、党委书记、首席执行官：王玉科

2004年，是青钢经济持续保持快速增长的第8个年头。在董事长王玉科的带领下，以科学的发展观为指导，开拓创新，生产经营再创辉煌。全年生产烧结矿223万吨、生铁217万吨、钢225万吨、钢材216万吨，分别比上年（下同）增长19.03%、9.03%、11.27%和12.04%；实现销售收入190亿元，增长49.78%；实现利润5.5亿元，增长9.35%；上交税金5.8亿元，增长10.99%；资产总额118亿元，增长41.13%。主要产品有焊接用钢（焊丝、焊线）、硬线、冷镦钢、汽车用弹簧扁钢、易切削钢、钢绞线用钢等高技术含量高附加值优质产品。产品销往国内外，深受用户信赖。

2004年，青钢获中国十大最具影响力品牌、中国企业十佳品牌、中国钢铁市场产品质量用户满意第一品牌等称号。董事长王玉科获中国首批高级职业经理人、中国企业文化建设十大杰出个人、亚洲管理创新十大新闻人物、中国公众影响人物和山东省十大先模人物等称号。

在新的发展中，青钢愿与国内外各界志士仁人竭诚合作，携手再创新的辉煌。

法人代表：王玉科
地址：青岛市遵义路5号
邮编：266043
电话：(0532) 84816761
传真：(0532) 84816057
http://www.qdsteel.com

①节日的青钢文化广场

②R9米6机6流连铸机

③80吨转炉

④年产40万吨的弹簧扁钢生产线

⑤年产80万吨的青岛钰尊高速线材生产线一角

青岛市烟草专卖局
山东青岛烟草有限公司

党委书记、局长、总经理、执行董事：刘国华

2004年，青岛市局（有限公司）结合烟草
业的发展形势，按照“全面提升，快速发展”的
体要求，深入实践“以人为本，以德治企”的管
理念，全面实施包括网络建设提升工程在内的“
大工程”，强化党建和思想政治工作，加快推进“
市场、大品牌、大网络”进程，初步构筑起高效
管理、高水平服务、低成本运营的发展平台，总
竞争实力得到有力提升，发展进入一个崭新的
史时期。企业先后被评为省级文明单位、山东省
想政治工作优秀企业、青岛市十大流通企业、青
市商品流通十大突出贡献企业、商贸行业首批“
信企业”、纳税信用A级企业；党委被市委工交
委评为先进基层党组织。

地址：青岛市华阳路20号
邮编：266021
电话：(0532) 83803141
传真：(0532) 83847232
E—mail：qdycb123@public.qd.sd.cn

①

②

企业精神：诚信 创新 和谐 超越
管理理念：以人为本 以德治企

①国家烟草专卖局局长姜成康（前左一）到青岛市局（有限公司）检查指导工作

②市人大执法检查组到该局进行执法检查

③全省烟草专卖文明执法现场会在青召开。图为省局局长韩克佑（前右三）与会议代表在现场观摩青岛市局文明执法情况。

④青岛烟草公司建成现代化卷烟销售网络。图为全市集中电话订货中心一角。

⑤全市烟叶生产保持平稳发展

⑥全市卷烟配送中心效果图

⑦全市积极开展卷烟打假活动。图为销毁假烟现场。

③

④

⑤

⑥

⑦

华电青岛发电有限公司

①

中国华电
CHINA HUADIAN
文明单位
中国华电集团公司
二○○四年二月

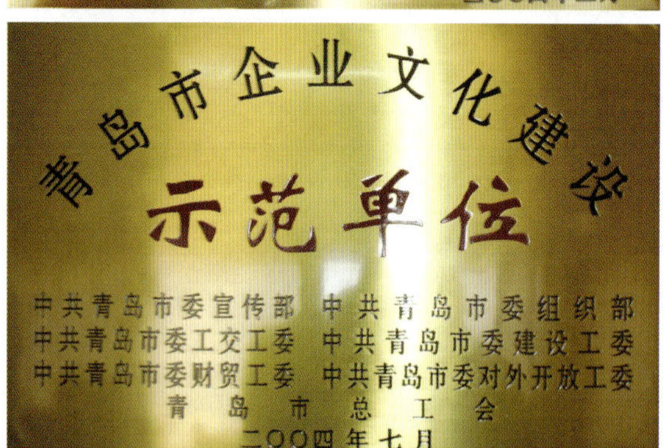
青岛市企业文化建设
示范单位
中共青岛市委宣传部　中共青岛市委组织部
中共青岛市委工交工委　中共青岛市委建设工委
中共青岛市委财贸工委　中共青岛市委对外开放工委
青岛市总工会
二○○四年七月

①山东省委副书记、青岛市委书记杜世成（右二）在公司总经理王文琦（左二）陪同下视察二期工程

②中国华电集团公司党组成员、副总经理曹培玺（中）到公司视察

③一期工程脱硫设备与烟气侧接口

④二期工程2×30万千瓦热电联产扩建工程工地一角

⑤二期工程2×30万千瓦热电联产扩建工程3号锅炉钢架

南车四方机车车辆股份有限公司

中共中央政治局委员、务院副总理曾培炎到公司视

2002年7月注册成立，是由中国南车集团作为主发起人联合7家企业共同投资设立的股份制企业。该公司完整传承了原四方机车车辆厂的机（动）车、客车、城轨车和地铁车辆开发制造的全部主营业务，是中国轨道交通装备重要的研发制造和出口基地，是我国铁路客车及相关产品的主导设计制造企业。

公司以“掌握世界一流技术、制造世界一流产品、建成世界一流基地”为目标，紧紧抓住铁路跨越式发展带来的机遇，围绕企业中长期发展战略，以加速发展来应对市场变化，依托重点项目，加快技术改造步伐，加快产品技术与国际水平接轨，快速提升公司的核心竞争力，使公司真正成长为行业的排头兵。

公司为历次铁路大提速提供了高档、舒适铁路客车；为北京地铁“八通线”研制生产的城轨列车受到市场用户的好评。2004年公司在国家时速200公里电动车组项目中获得60列订单合同，为公司提供了一个全新的发展机遇将借机推动公司掌握高速铁路动车组的核心技术，形成公司铁路动车组速度提升的持续研制开发和自主创新能力在广州地铁4号、5号线直线电机车辆项目国际招标中，公司赢得300辆车的订单，公司优先发展城轨地铁的战略得到具体落实，使国内地铁车辆研发制造的格局发生根本性的变化。公司机车、客车、动车组等产品已远销伊朗、纳米比亚等10多个国家。

地址：青岛市秦岭路17号
邮编：266101
电话：(0532) 88975000　88975001
传真：(0532) 88975111
http：//www.cdsf.com

①公司中标的铁道部时速200公里电动车组项签字仪式

②公司向广州地铁4号、5号线提供直线电机车项目签字仪式

③公司举行隆重、热烈的“走向明天”表彰授仪式

④公司为铁路第五次大提速生产的新型25T型档客车

⑤公司出口伊朗客车整装待发

⑥公司研发制造的新型东风21型昆明米轨机车

中国石化集团青岛
China petrochemical corpor

100万吨／年重油催化裂化装置

中国石化集团青岛石油化工有限责任公司是以原油加工为主生产各类石油化工产品的国有大一型企业。是全国1948家大型工业企业之一、山东省企业集团100强之一、青岛市政府重点扶持的“十强企业”之一。2003年经国务院批准实施转股，分别由股权持有者中国石化集团公司、中国长城资产管理公司、中国华融资产管理公司共同出资，设立“中国化工有限责任公司”。

青岛石化始建于20世纪60年代，现有职工1600余人。经过40多年来的不断发展，目前已具备300万吨/年原油加工能力。生产装置主要包括常减压蒸馏、重油催化裂化、催化重整、柴油加氢精制、气体分馏、聚丙烯、汽油脱硫醇、硫磺回收、干气回收等10余套，装置工艺技术先进、达到环保生产条件。此外还有供水、供电、供汽、油品储运、环保、消防等相应配套的辅助生产设施及原油、成品油输油管线各两条、干气外输管线一条。生产的产品主要有：93#和90#无铅汽油、0#柴油、-10#柴油、煤油、石脑油、燃料重油、200 #溶剂油、石油液化气、车用液化气、商品干气、丙烯、精丙烯、聚丙烯、硫磺、环烷酸等近20个品种。

青岛石化位于山东省青岛市李沧区，厂区占地1600余亩。原油输油管线直接通往黄岛油港、油库，成品油输油管线直接通往石油公司油库，自备铁路专用线与胶济铁路相连，厂外公路与济青、青银高速公路相接。地理位置十分优越，交通运输四通八达。

在加速发展创新的基础上，青岛石化秉承“竞争、开放、规范、诚信”的经营理念，本着“与时俱进，干事创业、开拓进取、永创一流”的精神，努力把企业做精、做特、做强，为国家石化产业、为山东省和青岛市的经济发展、为全面建设小康社会做出更大贡献。

石油化工有限责任公司

Qingdao Petrochemical Co., Ltd.

←60 万吨/年柴油加氢精致装置

↓75 吨/时锅炉

←污水处理设施

300 万吨/年常减压蒸馏装置

↓25 万吨/年催化重整装置

地址：中国青岛市李沧区滨海路 8 号
8BINHAI RD LICANG DIST QINGDAO CHINA
邮编(P.C.):266043

电话(TEL):86-832-84816591
传真(FAX):86-532-8481[illegible]

http://www.qdpec.com
E-mail: [illegible]

青岛红星化工集团有限责任公司

董事长、党委书记：姜志光

该公司是一家具有40多年无机盐生产历史的大型国有企业，跨黔、渝、陕、鄂、黑等地，是一个多品种、多层次和跨地区、行业、跨所有制的经济实体，是中国化工系统无机盐行业重点骨企业。产品包括钡盐、锶盐、锰盐、油脂化学、橡胶、塑料助剂、然色素、油漆涂料等十大系列上百个品种；公司拥有自己的矿山是国内唯一一家同时掌握碳酸钡、碳酸锶湿法造粒和直接生产粉硝酸钡技术的企业；公司于1988年获自营进出口权，目前自营进口的化工产品有近百个品种，远销欧洲、北美、中东、中南亚、亚等30多个国家和地区；2001年3月，子公司贵州红星发展股份限公司在上海证券交易所成功上市，成为中国第一家在西部上市东西部结合企业。

2004年，企业完成工业总产值14.9亿元，实现销售收入13亿元，完成工业增加值4.64亿元，实现利税2.47亿元。是世界大的钡盐、亚洲最大的锶盐生产和出口企业，在同行业中享有“界钡王”、“亚洲锶王”的美誉。

地址：青岛市济阳路8号
邮编：266011
电话：(0532) 82850016
传真：(0532) 82830410
http://www.redstarchem.com
www.redstarchem.cn
E-mail:office@redstarchem.com

①中共中央政治局常委、国务院总理温家宝视察该集团公司时盛赞其"很典型，很有说服力，是西部大开发的典范"。

②花团锦簇的铜梁红蝶公司

③昔日荒原，今胜花园——大足红蝶公司。

④风光旖旎美不胜收的大龙锰业公司

青岛前哨精密机械公司

Co,. Ltd.
庆典

Co,. Ltd.
庆典

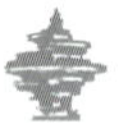

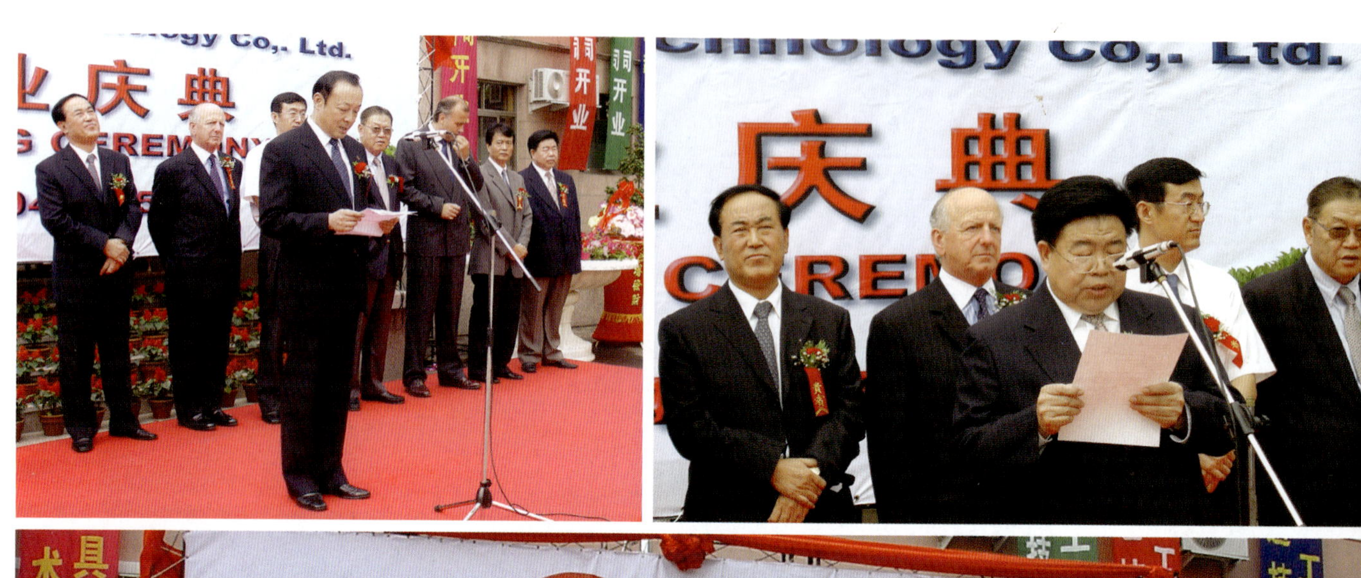

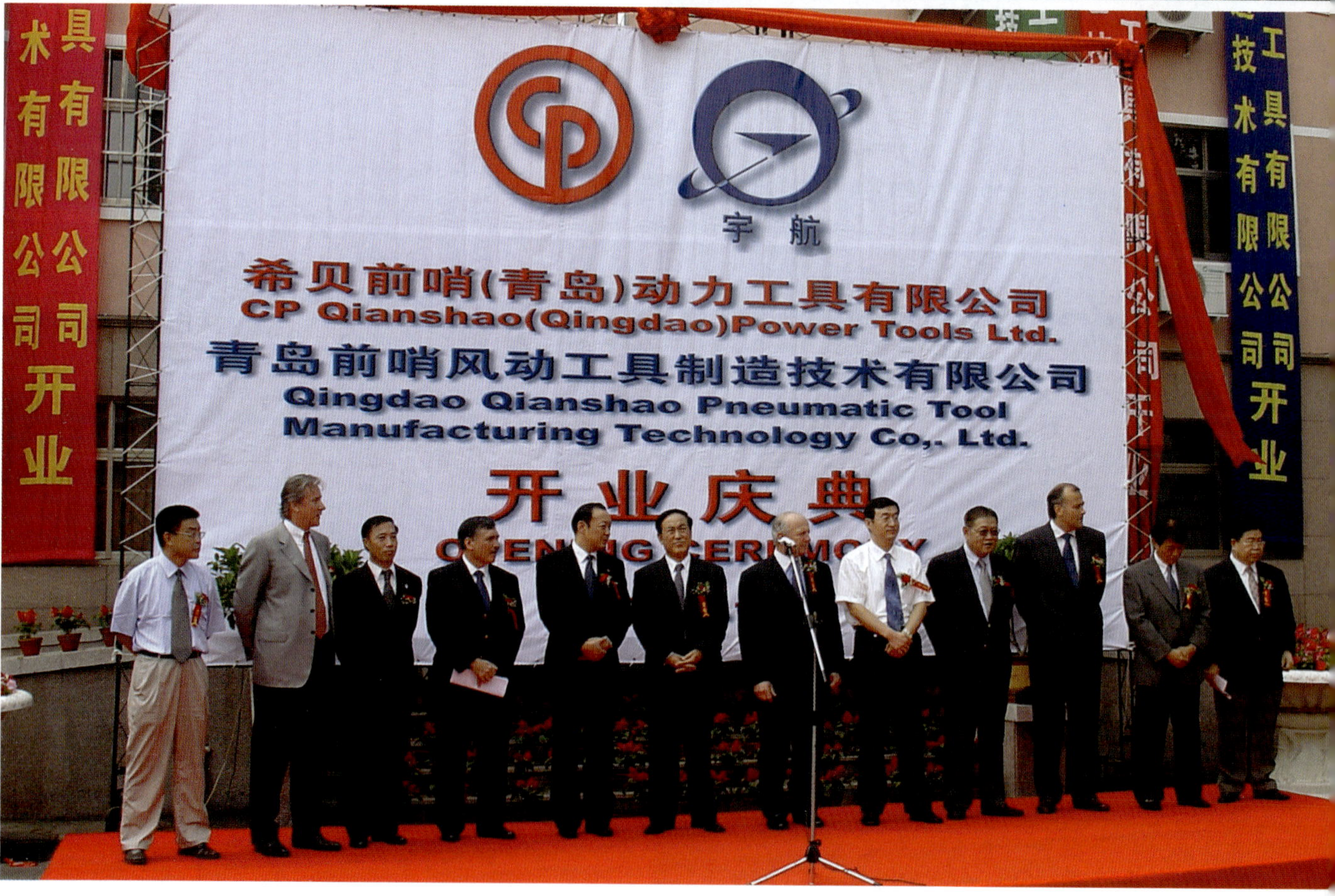
宇航
希贝前哨(青岛)动力工具有限公司
CP Qianshao(Qingdao)Power Tools Ltd.
青岛前哨风动工具制造技术有限公司
Qingdao Qianshao Pneumatic Tool
Manufacturing Technology Co,. Ltd.
开业庆典

该公司是中国航空工业第二集团公司所属的中一型企，公司融科研、技术、生产于一体，具有现代化管理手和科研生产能力。近年来，公司通过推进技术进步、转经营机制，已进入了快速发展阶段。

随着企业改制的不断深入，该公司将生产气动工具产与瑞典阿特拉斯—科普柯集团旗下的cp集团联合成立希前哨（青岛）动力工具有限公司、青岛前哨气动工具制技术有限公司，通过合资，cp集团将以走捷径的方式进中国气动工具制造业的核心领域。这次联合为前哨公司开了迈向世界顶级制造商及销售商的途径，成为公司成35年来改革发展的重大历史转折点。

2005年公司又将生产花岗石精密量仪产品的分厂通过规范化改制，正式成立了青岛前哨精密仪器公司，该公司注册资本1250万元，其中前哨出资612.5万元、占49%，自然人出资637.5万元、占51%。企业希望以诚信经营，巩固大好的市场形势；以人为本，倡导团队精神；建全规章制度，用制度规范职工的行为；不断开拓创新，共同创造美好的明天。

地址：青岛市洛阳路11号
信箱：山东青岛市9611号信箱
邮编：266045
电话：(0532) 84852028
传真：(0532) 84855619
http://www.qianshao.com
E-mail：qianshao@qd.col.com.cn

该公司董事长兼总经理姜金学（右五），党委书记郭开仁（左四）等在“希贝前哨（青岛）动力工具有限公司、青岛前哨风动工具制造技术有限公司”开业庆典前夕与外方代表亲切交谈。

青岛纺织机械厂
青岛宏大纺织机械有限责任公司

青岛纺织机械厂、青岛宏大纺织机械有限责任公司是国家纺织机械制造行业的大型骨干生产企业，是纺织梳理设备与自动络纱设备的重要生产基地，是青岛市制造业信息化示范企业。企业占地面积40万平方米，固定资产原值4亿元，总资产9.46亿元，有员工3300余人，其中高、中级技术管理人员600多人。

企业有产品35大类、130多个品种。产品除满足国内市场外，还远销亚、非、欧、美等40多个国家和地区。宏大公司的三大主导产品青锋牌FA系列梳棉机、开清梳联合机、自动络筒机的质量、技术和装备接近和达到国际先进水平，被青岛市认定为高新技术产品；ESPERO型自动络筒机被评为青岛市“十大高新技术产品”之一；FA系列梳棉机、ESPERO型自动络筒机分别被评为山东省和青岛市名牌产品；FA201型、FA203型梳棉机分获国家科技进步二、三等奖；新型开清梳联合机获国家科技进步一等奖，被国家科委列为“九五”推广项目，被评为“国家重点新产品”；公司新近推出的FA232A新型梳棉机获中国纺机集团科技创新奖，开清梳联合机、细络联等产品，其工艺水准和技术性能均达到国际先进水平；与意大利合作生产的自动络筒机获“国家级新产品”称号；纺机厂的纺织用各种型号梳理齿条获国优银牌；FX系列纺织用高效电动机获部优称号，生产的非织造布设备具有国内领先水平。企业主导及其配套产品通过了ISO9001、ISO9002国际质量体系认证，产品质量得到了用户的一致好评。

①山东省委副书记、青岛市委书记杜世成（左一）等领导视察企业

②在第九届北京国际纺机展上全国政协副主席郝建秀（左二）、中国纺织工业协会会长杜钰洲（右二）等领导参观该公司展品

③梳棉机装配流水线

④无纺布梳理设备

⑤在第九届北京国际纺机展上展出的G1001自动络筒机

⑥在第九届北京国际纺机展上展出的JWF1201梳棉机

地址：青岛市四流南路22号
邮编：266042
电话：(0532) 84892719　84892720
传真：(0532) 84857541　84858017
http://www.qtmw.com　www.qdhongda.com
E-mail：qtmw@qd-public.sd.cninfo.net

国家储备 服务社会

国家发改委国家物资储备局 山东储备物资管理局 八三二处

①处长：姜志慧
②钢材市场一角
③该处北大门
④垛形整齐的国储棉仓库
⑤叉、铲、吊车配套设施齐全

处长姜志慧携全体员工热诚欢迎广大中外客户前来洽谈合作！

位于本市城阳区空港工业园，东距三〇八国道1公里，西距环胶州湾高速公路200米，南距流亭国际机场6公里、青岛港口18公里，地理位置优越，水陆空交通方便，是山东半岛唯一的国家物资储备系统大型现代化港口综合仓库，也是海关监管的公共型保税库、上海期货交易所指定的橡胶交割库和海南中橡热带产品电子交易市场现货、期货定点仓库，2003年通过ISO9001：2000国际质量管理体系认证，并获山东省省直机关“文明单位”称号。主要承接各种大宗物资的代储、代运、代装卸及加工销售，具有健全的物资管理制度、物资管理专业队伍和现代化的安全设施。

八三二处占地308亩，拥有大型现代化综合仓库4万平方米，两条铁路专用线配备10万多平方米的砼货场，汽车、吊车、门吊、桥吊、叉车、铲车及电子镑，配套齐全、设备先进，并提供办公、住宿、餐饮、娱乐、汽车维修等服务项目，实行昼夜24小时服务，是理想的物资储运、集结、中转、销售、保税、加工及期货交割的最佳场所。

同时，八三二处还设有“青岛国储物流有限公司”，目前[illegible]嘉城等60多个厂家在此设立了办事处和直销网络，卷板、平板、螺纹钢、碳结钢、线材、生铁、焦炭及橡胶等化工产品，品种繁多、规格齐全，已在山东半岛形成较大的钢材市场和橡胶市场。处内设有的大中型平板厂还可提供加工、开平、销售各种大型卷板“一条龙”服务。

近年来，在处长姜志慧的率领下，发扬永不服输、敢为人先的龙头精神，立志“把主业做强、把事业做大”，解放思想、深化改革、真抓实干、开拓创新、与时俱进、争创一流，以“诚信、务实、开拓、拼搏”的经营理念和“宁等客户一百次，不让客户等一次”的服务理念，打造出“时间由您安排，工作我们完成”的服务品牌。1999年以来，经济效益连续每年递增32.49%，发展势头迅猛，未来前景广阔，已逐步成为国家物资储备系统的龙头单位。

地址：青岛市城阳区京城路80号
邮编：266109
电话：(0532) 87725217 87756269 87756270
联系人：[illegible]

青岛维客

QINGDAO W

维客集团总部

2004年4月17日，青岛维客集团与胶南开发区孟家滩村委合作的维客胶南购物中心项目在胶南开发区举行了隆重的奠基仪式。2004年9月25日，维客胶南购物中心隆重开业。位于胶南市开发区珠海路19号的维客胶南购物中心，是维客集团开办的第九家大型连锁分店，也是规模最大的一个连锁店。维客胶南购物中心，占地33亩，主体分三层，营业面积38000平方米，并配有350个车位的停车场，是目前青岛市西海岸规模最大、品种最全、业态最新、设施最先进、最人性化的现代化大型购物中心。

2004年6月3日，青岛维客集团与青州惠客家超市有限公司在青州宾馆隆重举行了维客青州购物中心合作项目签字仪式。2004年9月10日，维客青州购物中心隆重开业。位于青州市开发区驼山中路1998号的维客青州购物中心，是维客集团开设的第八家分店，也是继维客高密购物中心在潍坊市开设的第二家大型购物中心。维客青州购物中心主体两层，营业面积12400平方米，并设有大型停车场，是目前青州市最大的集购物、休闲、娱乐为一体的综合性商业购物中心。

集团股份有限公司

KLY GROUP INC., LTD.

2004年7月，青岛市市长夏耕（左一）在平度市委书记赵泽斌、市长丁鲁省的陪同下，莅临维客平度购物中心视察，对维客的各项工作给予了充分肯定。

2004年5月，我国外交部驻阿富汗事务高官王学贤大使（右一）在青岛市商业联合会会长孟广耀（左一）的陪同下，莅临维客集团参观视察，对维客集团的发展给予了高度评价。

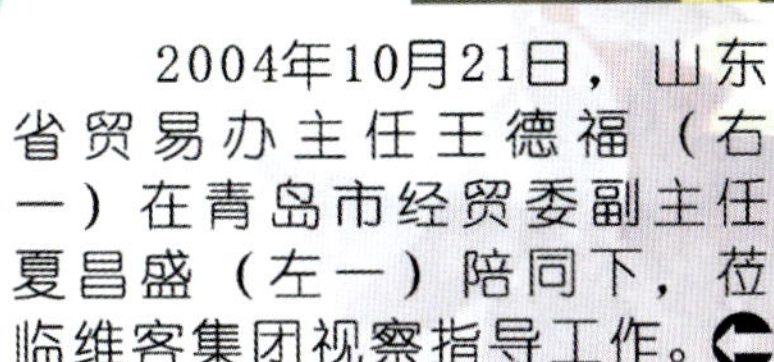

2004年10月21日，山东省贸易办主任王德福（右一）在青岛市经贸委副主任夏昌盛（左一）陪同下，莅临维客集团视察指导工作。

2004年7月，青岛天凤工艺品有限公司搬迁至青岛丹山工业园仙山东路。青岛天凤工艺品有限公司，占地34亩，建筑面积12000平方米，是目前青岛市唯一一家专业生产高级木制工艺品的大型企业，产品已出口到亚洲、欧洲、中东地区以及美国等30余个国家或地区。

真：(0532) 87893657 Http: www.china-weekly.com E-mail: weekly@weeklygroup.cn

青岛招商局国际码头与保税物流园

招商局国际（青岛）公司全家福

青岛招商局国际码头与保税物流园是招商局国际有限公司与青岛保税区合作兴建的港口物流项目，总投资5亿美元，由招商局国际码头（青岛）有限公司［招商局国际海运物流（青岛）有限公司］建设并经营，是青岛市申请"区港联动"试点的载体项目，同时也是招商局国际在全国沿海港口网络中的重要组成部分。该项目的实施将为招商局国际实现其成为全球领先的公共码头运营商的战略目标、推动青岛保税区迈向自由贸易区（港）、促进青岛及其周边地区经济发展做出贡献。

招商局创立于1872年12月26日，1873年1月17日在上海正式开业，已走过130多年的历程，是中国近代民族工商企业发展的缩影。招商局是国家大型企业集团，总部设于香港。主要经营活动分布于香港、内地、东南亚等地区。招商局集团业务主要集中于交通基建（港口与公路）、金融（银行、证券、基金及保险经纪）、房地产及公用设施（房地产开发、成片开发区建设）、能源运输及物流（大型油轮、液化气运输及第三方物流）。

招商局国际是招商局在香港的上市旗舰，主要从事港口经营、集装箱制造、收费公路和油轮运输四大核心业务。目前市值超过300亿港元，2004年9月6日公司正式晋升为香港恒生指数成分股，2004年全年集装箱吞吐量达到1297万TEU，位居世界集装箱港口商第三名，2004年底入股上海港集团，进一步巩固其在业内的领先地位。旗下的港口分布于香港、深圳、上海、宁波、青岛、天津和厦门等地。招商局国际将继续巩固中国领先的公共港口运营商的地位，通过旗下的枢纽港口网络，将中国与世界紧密相连。

1

①李鸿章发起并创立招商局，该局开局之后在全国设立了19个分局。左图为李鸿章肖像、右图为招商局青岛分局旧址。

②招商局是深圳西部港口的主要投资者和经营者

③招商局是香港首座集装箱码头及香港第二大码头—香港现代货柜码头的主要投资者

④位于香港维多利亚湾畔的招商局集团总部

⑤招商局国际（青岛）公司保税物流园卡口

⑥中国领先的公共港口运营商

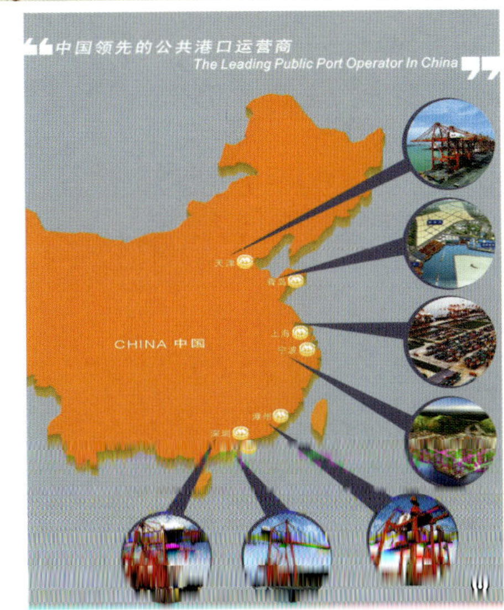

招商局国际海运物流（青岛）有限公司

地址：中国青岛保税区北京路29号

邮编：266555

电话：(0532) 86979600 86979899

传真：(0532) 86979698

青岛办事处

地址：青岛市香港中路36号招银大厦28层

邮编：266071

电话：(0532) 85972987

传真：(0532) 85972987

青岛高校软控股份有限公司

青岛高校软控股份有限公司成立于2000年4月，注册资本5323.5万元。公司主要立足于橡胶轮胎行业，以信息技术为核心，以机械设备为载体，为企业提供软硬结合的智能化设备系统、管控网络软件、技术支持服务和整体解决方案。

公司是国家重点高新技术企业、国家火炬计划软件产业基地骨干企业和国家规划布局内重点软件企业，是经国家认定的青岛市首批软件企业。

公司主营产品高精度自动物料输送称量配料系统达到国际先进水平，完全替代了进口产品，出口欧洲、亚洲等十余个国家和地区，为多家国际知名企业选用，且技术可跨行业应用到食品、医药、冶金等领域。子午线轮胎成型机、小角度钢丝帘布裁断机、内衬层挤出压延生产线、全自动轮胎动平衡试验机、热水除氧系统、轮胎企业管控网络系统等产品，市场潜力巨大，发展前景广阔。

公司坚持“否定自我、持续创新”的企业精神，致力于信息化改造传统产业，以信息化带动工业化。公司技术力量雄厚，承建了山东省橡胶行业技术中心和青岛市工业信息化技术重点实验室及中试基地，并具备一支由多学科、多领域的专家学者组建的研发团队。公司聘请了行业内的国内外知名专家70余人组成专家委员会，成为公司强大的技术支持和保障。

2004年5月，“玛达道尔—青岛软控技术中心”和“山东省橡胶行业技术中心”成立揭牌仪式在青岛保税区举行。

2004年7月，国务院副总理曾培炎到公司视察工作。

公司始终将“以人才为根本，靠科技求发展，视质量如生命，用服务树形象”作为企业经营理念。几年来，科技创新取得了累累硕果，多个项目在国家、省、市立项并获奖。截至2004年，承担国家级科研项目十余项；获得国家科技进步二等奖1项，山东省科技进步一、二等奖各1项，山东省计算机应用优秀成果二等奖2项，青岛市科技进步一等奖2项；获得软件著作权26项，实用新型专利13项。

近几年，公司不断完善管理机制，增强科技创新能力，提高企业核心竞争力，并积极创造市场、培育市场，拓展发展空间。公司已通过了ISO9001：2000质量管理体系认证和软件企业CMM2级国际认证，并先后被评为山东省十大优秀软件企业、国家优秀高新技术企业、中国软件欧美出口工程试点企业、国家引智示范单位。

为紧跟世界前沿技术，公司本着优势互补、资源共享的原则，采取国际技术合作战略，先后与斯洛伐克MATADOR、KONSTRUKTA、美国FARREL等多家著名企业开展子午胎信息化装备技术合作，并与ROCKWELL、SIEMENS、MITSUBISHI、SMC等多家国际著名工业自动化产品供应商建立战略合作伙伴关系，时刻把握国际工业自动化、信息化的前沿技术和最新动态，推动技术不断升级。

在未来发展战略上，公司确立了1/3IT，1/3实业，1/3资本运作的发展结构，并将发挥行业的人才、技术和信息优势，一步一个脚印，求强不求大，求实不求虚，求稳不求快，稳步提升企业核心竞争力，努力实现国际一流高科技企业目标。

电话：(0532) 84011481
传真：(0532) 84011804
地址：中国·青岛保税区纽约路2号
http：//www.mesnac.com
E-mail：info@mesnac.com

集古今中外之大成 创知识经济之楷模

——青岛金晶股份有限公司

创建于1994年，是由山玻集团在青岛经济技术开发区设立的玻璃生产专业企业。公司总部所在地——山东博山是中国玻璃的发祥地，有着3000年的玻璃制造传统。经过十余年的发展，金晶实现了四次飞跃，完成了八大项目建设。目前，金晶发展到深加工玻璃生产线23条，占全国压花玻璃1/3产量的压延玻璃生产线3条，形成了年产各类加工玻璃100万平方米、压延玻璃400万重箱的产能，从而建成了世界最大的高档压延玻璃生产基地和全国综合加工能力最强的加工玻璃生产基地。

金晶产品已发展到十几个门类、数百个品种，其中包括钢化、中空、热弯、丝印、装饰夹层、防弹防爆、夹丝、压花玻璃等产品。产品广泛应用于机车、家电、家具、太阳能等产业领域及建筑、装饰、装潢业等领域。优良的产品品质和良好的信誉，使金晶产品深受用户信赖，在国内外享有良好的信誉度和美誉度，并占据了稳定的市场份额。产品畅销世界40多个国家和地区。2003年金晶牌压花玻璃被青岛市政府授予“青岛市名牌产品”称号；2004年该公司成为“投资青岛优秀民营企业”和青岛经济技术开发区“民营企业十大纳税大户”。

董事长、总经理：刘同佑
地址：青岛经济技术开发区江山北路201号
邮编：266500
电话：(0532) 86908036 86907447
86907280 86908666
传真：(0532) 86907443 86900728
86907560 86909381
E-mail:jinjingsm@sina.com
http://www.glass-china.com

①加工中心一角
②世界上最大的压延生产线
③最新厂景

SEKISUI

積水（青島）塑膠有限公司

SEKISUI (QINGDAO) PLASTIC CO ., LTD

该公司是由积水化学工业株式会社与青岛建设集团置业有限公司共同投资建立的中日合作企业，主要开发、生产和销售世界一流的亚克力共聚聚氯乙烯树脂（AGR）管材和管件。公司位于青岛经济技术开发区黄河西路建设工业园，总投资1200万美元，注册资本605万美元，年生产能力５千吨。

公司从日本引进先进的生产技术并配备了整套专用挤出生产线、模具、生产技术及工艺，生产ＡＧＲ供水管道系统，这种管道比普通塑料管材具有耐冲击性强、耐压强度高、粘合强度高、抗老化、抗震性能好、使用年限长等突出优点，是自来水、工业、化工、电子、食品和饮料行业的首选管材。产品全部采用日本积水化学工业株式会社ＡＧＲ原料，生产从20ｍｍ～110ｍｍ的各种管材和100余种管件，质量完全符合日本JISJ6741、JISK6742标准及ＷＨＯ卫生标准。

产品得到北京的奥运村运动员公寓、清华大学超低能实验楼、幸福二村、江苏博物馆、银城国际公寓、上海中远两湾、曹泾新苑二期、青岛的翰海华庭、平度秀月苑等用户的高度评价。

公司秉承日本积水化学50年生产、销售塑料管材的技术、经验和管理理念，服务社会，追求卓越，为顾客提供优质的产品和服务。

地址：青岛市香港中路59号
（青岛国际金融中心36F—B）
邮编：266071
电话：86—532—85793237
传真：86—532—85793234

①2005年1月19日，该公司总经理毛利邦明（中）接受中央电视台采访。

②该公司总经理毛利邦明在“积水管道来到中国”新闻发布会上讲话

③2005年3月16日，积水（青岛）塑胶有限公司新开业仪式现场。

④黄岛工厂厂区效果图

计划)管理信息系统建设,实现了所辖28个核算单位与该公司总部财务、库存、物资等业务项目的联网;通过视频系统建设,在该公司总部与各事业部之间建立了快速信息通道;根据该公司业务流程搭建的办公自动化系统(OA系统)开始运行;加强"决策支持系统"建设,建立信息支持平台。

普法教育　开展"2004学法年"活动,每月安排1个下午以视频方式对中层以上管理人员就该公司经营所涉及的常用法律进行培训,围绕《公司法》、《宪法修正案》、《合同法》、《劳动法》、知识产权及售后服务、行政法等主题组织了9期培训活动,并将培训过程拍摄制作成音像资料下发给相关子公司组织学习;采用在企业内部刊物《青啤报》开辟"普法"专栏、到基层走访普法等方式,向该公司职工普及法律知识,提供法律帮助。

(王　凯)

·卷烟工业·

颐中烟草(集团)有限公司

概况　2004年,完成卷烟产量147.15万箱(735.75亿支)、销量147.75万箱(738.75亿支);实现销售收入69.74亿元,同比(下同)增长17.43%;实现利税总额41.53亿元,增长32.96%;实现利润总额7.41亿元,增长196.32%。产品质量经行业一、二级质量监督检测站抽检合格率为100%。

企业资源整合　完成了对滕州卷烟厂的资产、品牌、采购、销售"四统一"。对青岛卷烟厂与滕州卷烟厂实行财务并帐、统一核算。深化劳动用工制度改革、优化人力资源配置。人均实物劳动生产率达到333.7箱/人,增长3.2%。其中,青岛卷烟厂达到485.7箱/人,增长25%;滕州卷烟厂达到168.9箱/人,增长5.6%。调整、界定颐中(青岛)置业有限公司的职能,深化了主副业分离。完成集团公司本部和青岛卷烟厂以薪点工资制为中心的薪酬制度改革的前期工作。

技术创新与品牌整合　在该集团技术中心构建起以项目小组为主要形式的矩阵式柔性组织结构,推行和完善项目组制、项目负责制、品牌维护制和技术职务聘任制等机制,并通过了国家技术中心的年度评审。经严格考评,首位博士后已进入该集团博士后工作站开展工作。青州卷烟厂与大连理工大学合作建立了博士工作站。加强技术开发,做好重点产品的基础工作,推进卷烟降焦减害工作。该集团卷烟焦油含量加权平均值已控制在14.4毫克/支以内。按品牌系列化的要求,完善了"哈德门"、"壹枝笔"、"八喜"三个主导品牌的规格系列;以三个主导品牌作为品牌整合和扩张的主力品牌,实现了软"红金"、软"宏图"等低端产品向"哈德门"品牌的整合,开展"泰山"、"世纪宏图"向"壹枝笔"系列和"东方"向"八喜"系列的转换。在产牌号由2003年底的18个牌号55个规格整合到2004年底的9个牌号26个规格。

采购与营销　加大了主导品牌所需优质烟叶的采购和储备。在全国6个主产省份建立烟叶基地和"三定"(定点、定向、定量)供应关系,其采购量占全年采购量的60%。进行采购体系相关职能的重组,建立快速反应机制,将质量控制工作前移到原料基地和收购环节,形成责权分明的检验制度和闭环采购控制流程。将市场拓展、结构拉升与重点品牌培育相结合,以品牌整合促进市场整合。"哈德门"系列年销量67.92万箱,增长159.27%,增幅居全国第二位,规模居全国第六位;"壹枝笔"系列年销量4.37万箱,增长76.31%;"八喜"品牌年销量26.93万箱,增长64.92%。其中,"壹枝笔"(华贵)增长69.22%,"哈德门"(精品)增长11.6倍。"壹枝笔"获得了巴拿马国际博览会金奖,并经司法程序认定为"中国驰名商标";"哈德门"被国家烟草专卖局视同名优烟纳入全国销区考核;"哈德门"、"壹枝笔"、"八喜"进入国家烟草专卖局确定的《卷烟产品百牌号目录》。

基础管理　加强资金预算管理,提高资金运营效率。发挥审计的监督、评价、服务及咨询职能,全年共审计标准工程决算305项,审减910.09万元,核减率达到13.34%;物资采购审核1990项,节约资金520万元。健全和完善企业质量管理体系。所辖惠丰公司通过了ISO9001质量体系认证,青州卷烟厂连续3年蝉联"全国质量效益型先进企业"称号。加强技术改造,惠丰公司完成了"十五"技改一期工程,新生产线达到国内先进水平。成立滕州危房改造小组并已开展前期准备工作。青岛卷烟厂易地技术改造工作已完成全部施工图的设计和报审、设备方案的优化和部分设备的招标采购,项目各项开工手续已按基本建设程序办理齐备。"十五/CIMS"工程各项工作稳步推进。ERP(企业资源计划)项目于2005年1月1日在青岛、滕州两厂同时上线运行。MES(生产执行系统)项目完成了用户需求调研工作。BI(商务智能系统)、OA(办公自动化)先后上线。CAD(计算机辅助设计)项目已获得1项国家专利。青州卷烟厂初步建成了全厂的网络管理系统,财务成本核算系统已投入试运行。

(李荣惠)

青岛颐中投资发展有限公司

概况　截至2004年底,总资产达到58.5亿元,同比(下同)增加7.9亿元;有员工3000余人。2004年,实现经营收入12.26万元,增长89%;实现利润4652万元。

企业改革　建立了以科学决策为核心的法人治理结构。以资产为纽带,理顺该公司总部与各事业部的关系,给予专业性事业部充分的经营管理权,使事业部成为利润中心和成本中心;按行业对所辖多元化企业进行梳理、分类,并归入6个事业部管理;未纳入6个专业性事业部管理的青岛颐中国际大酒店有限公司、颐中烟台经贸公司和颐中菏泽经贸公司、颐海(菏泽)热电有限公司等企业归口该公司投资管理部监管。年内,颐中星日公司大股东由颐中实业公司工会变更为颐中星日公司工会;颐中星日公司收购了颐中实业公司所持有的青岛鹰伯尔运动器材有限公司、青岛颐中新型建材有限公司、青岛颐中格栅股份有限公司全部股权和青岛颐中实业有限公司卷材分公司、青岛颐中实业有限公司印刷厂的资产。

技术创新　年内,研制开发的新技术和新产品主要有纳米嘴棒(卷烟用)、加香嘴棒(卷烟用)、高档卷烟加香剂、快速固化增塑剂、纯甘脂,YP12型条烟装封箱机、条烟提升机,"56mm"烟用水松纸、新版卷烟商标设计印刷,新型土工格栅,高蛋白四倍体刺槐种植,彩色观赏苗木种植。

投资管理　年内,对苗木种植及加工生产、高产奶牛养殖及乳制品加工、精细化工合作、包装材料合作、果蔬气调库及房地产开发等10个项目进行了论证，与社会股东合作，合资组建了强民高科技公司、青岛嘉泽包装有限公司；重组了颐中（滕州）实业有限公司、颐中（烟台）实业有限公司、颐中（菏泽）实业有限公司；办理了绿茵花园等13个房地产开发项目的前期手续。完成了莱州管桩公司股权和青岛颐中足球俱乐部整体的对外转让，办理了淄博建材公司股权的转让。

（臧德厚）

·电子信息工业·

概　况

截至2004年底，青岛市电子信息工业已形成了完整的产品体系，产品包括电视机、空调、计算机、程控交换机、信息家电、GSM（全球移动通信系统）与CDMA（码分多址）移动基站和手机、网络产品、汽车电子产品、雷达和卫星导航系统、电子调谐器、家电控制器、混合集成电路、敏感元件与传感器、微型开关等品种，总产值占全市规模以上工业产值的20%，成为青岛市的支柱产业。

按照国家统计局、信息产业部新行业标准统计，全年列入青岛市电子信息产业统计的规模以上生产企业124个，其中内资企业37个（内有私营企业11个），港、澳、台商投资企业8个，外商独资企业71个，合资企业8个；年末从业人员12.64万人，其中工程技术人员1.6万人；全部资产653亿元。

全年全行业实现销售收入1541.7亿元，比上年（下同）增长24.8%，其中嵌入式软件销售收入126亿元；实现增加值190.1亿元，增长29.8%；实现利税63.7亿元，增长26.4%；完成出口交货值199.3亿元，增长36.1%，其中嵌入式软件出口19亿元；利用外资13.55亿美元。销售收入过亿元的企业达到24个；海尔集团、海信集团、澳柯玛集团、朗讯公司销售收入占行业总量86.9%；按销售收入规模分，1亿～5亿元企业14个，5亿～10亿元企业3个，10亿～50亿元企业3个，50亿元以上的企业有4个，其中过1000亿元以上的企业1个。全市有10种电子信息产品产量居全国同行业前十名，其中铝电解电容器、电声器件产量居全国第一位。海尔集团、海信集团、澳柯玛集团入选2004年全国电子百强企业。青岛市被信息产业部确定为国家电子信息产业基地。

行业特点

1.形成了完整的电子信息产品生产体系，综合经济指标居国内中上游水平。2.拥有一批综合实力较强的骨干企业。3.市政府把电子信息产业集群作为“六大产业集群”之一，促进了青岛市电子信息产业发展。海尔集团、海信集团、澳柯玛集团等企业的一批电子信息产业园已竣工投产，相关区、市也建立了各具特色的电子信息产业园区，市南软件园二期工程及崂山软件园开始建设。4.拥有一批名牌企业和名牌产品，具有品牌优势。其中，“海尔”、“海信”、“澳柯玛”先后成为“中国驰名商标”。5.具有一定的技术开发能力。青岛市的大企业承担和参与了国家行业标准的制定工作；海尔集团、海信集团、澳柯玛集团均设有国家级技术开发中心；海尔集团、海信集团在信息家电、彩色电视机、CDMA手机研制开发方面有较强的技术开发优势；全市拥有7个与电子信息产业有关的重点实验室。6.利用外资初具规模，外向型经济加快发展。美国的朗讯公司、惠普公司，日本的松下电器公司、三美电机公司、三菱电机集团，英国的西比公司，韩国LG和瑞典爱立信等国际著名公司先后在青岛市投资项目。

（市信息产业局）

海尔集团

概况　2004年，实现全球营业额1016亿元，成为中国第一个千亿级规模的自主品牌。国内市场销售额增长50%，海外市场销售额增长100%。年内，“海尔”蝉联“中国最有价值品牌”第一名，品牌价值达616亿元。1月31日，世界五大品牌价值评估机构之一的世界品牌实验室编制的《世界最具影响力的100个品牌》报告揭晓，“海尔”是中国首次和唯一入选的品牌，排在第95位。12月，由亚洲覆盖面最广的权威媒体之一——《亚洲周刊》评选的“亚洲企业1000强”排行榜中，海尔集团居第125位，在入选的中国家电企业中居第一位。8月，美国《财富》杂志选出“亚洲25位最具影响力的商界领袖”，该集团首席执行官张瑞敏居第六位，居入选的中国大陆企业家首位。11月，在世界最具权威性的财经媒体之一——英国《金融时报》和普华永道联合评选出的“当今世界最受人尊敬的企业和企业家”中，海尔集团蝉联中国“最受人尊敬的企业”第一位。

全球化设计、制造、营销　实施国际化战略，建立了具有国际竞争力的全球设计网络、采购网络、制造网络、营销与服务网络。有工业园13个，海外工厂及制造基地30个，海外设计中心8个，营销网点5.88万个。“海尔”产品在中国家电市场的整体份额达21%，在中国白色家电市场的份额为34%，在中国小家电市场的份额为14%。“海尔”小冰箱、酒柜在美国市场占据第一位的市场份额；“海尔”洗衣机在伊朗占据第一位的市场份额；“海尔”空调器在塞浦路斯占据第一位的市场份额。据世界权威消费市场调查与分析机构EUROMONITOR调查结果显示，按营业额统计，海尔集团在世界白色电器制造商中排名第四位。7月1日，美国海尔贸易公司和美国第四大家电连锁店联合创造了7小时销售7000台“海尔”空调器的新纪录。“海尔”产品全面进入美国前十大连锁店，进入欧洲5个主要国家及专业电器连锁店，进入包括山田电机、小松电机、佳世客在内的日本十大连锁渠道，增强了在全世界获取客户和用户资源的能力。

科研开发　年内，开发的新款“海尔”手机，“白马王子”变频冰箱，信号接收、信号处理、信号显示全程数字高清的“3A高清”彩色电视机，变频自动档滚筒洗衣机等创新性产品投放市场并受到消费者欢迎。该集团“双动力全自动洗衣机”专利在第九十五届法国列宾国际发明展览会上获法国列宾国际发明金奖，该集团的专利发明达到国际领先水平。3月，首批标有“海尔”品牌标志的5500台笔记本和台式电脑进入法国市场，是中国企业首次大批量利用自有品牌出口电脑。

流程再造　该集团从1998年开始实施以市场链为纽带的业务流程再造。第一个五年中，主要实现组织结构的再造，改变传统企业金字塔式的直线职能结构为扁平化、信息化和网络化的市场链流程，以定单信息流为中心带动物流、资金流的运动，加快了与用户零距离、产品零库存和零营运资本“三个零”目标的实现。进入2003年后的第二个五年，市场链流程再造的目标是把每一个员工经营成自我创新的主体——SBU（策略事业单位），激发每个员工的活力以提高企业整体的国际市场竞争力。5月，该集团实现了流动资金零贷款，增强了企业的成长能力、盈利能力和运作零营运资本的能力。

（孙鲲鹏）

海信集团

概况　2004年，实现销售收入273亿元，比上年（下同）增长32%，其中海外产品销售收入1.8亿美元、增长91%；实现利税9.5亿元。

6月，历经3年建设完成的贵阳海信工业园（一期）正式启用；12月，该集团在南京市建立第二个冰箱生产基地，先期利用当地生产设备和资源在南京制造的“海信”冰箱于年底开始批量生产。12月，举行海信集团成立35周年庆典大会并同期召开了海信集团第二届全球客户大会。截至年底，该集团电视产品的销售网点从年初的9749家增长到1.5万家，空调销售网点增加到4500家，冰箱销售网点增加到4730个。

所属部分公司经营情况　海信电器股份有限公司强化市场意识，规划、开发并推出包括1080P技术在内的一系列高端产品，以可靠的质量和市场定单等手段，保证了国内、国外市场的增长需求。海信进出口公司优化产品结构和区域结构，合理进行市场布局，培养并优化客户资源和销售渠道，突出高端比例，海外销售收入保持了高速增长的态势。海信营销公司加强基础管理，优化激励机制；利用视频电视会议等培训手段，提高销售队伍整体素质；对销售网络进行拓展并实施“渠道整合”。海信冰箱公司推出变频冰箱等高端产品，丰富产品结构。海信房地产股份有限公司提高工程管理水平和施工速度，有效控制销售风险；强化品牌意识，提高营销策划水平。海信模具公司开展经营革新，加强质量管理和市场拓展，提高了高端产品的喷涂质量。

国际市场拓展　各辖属公司均建立了出口产品开发体系，成立了出口产品开发部门，健全了出口产品开发机制。该集团具备了高端产品出口欧美等发达国际市场的产品开发能力，仅欧洲市场就销售平板电视机7万多台。实现了电视机、空调的大规模出口，CDMA手机、冰箱等产品出口取得进展，丰富了出口产品，改善了销售结构。提高了高端产品的销售比重，平板电视机、数字机顶盒等的出口占电视机出口收入的50%，变频空调出口占出口欧洲收入的30%以上。推进生产当地化，南非海信公司加强管理，提高了生产能力和管理水平；4月，该集团确定与美国伟创力公司合作在匈牙利设立彩电生产厂。实现了与家乐福、Expert、欧洲NEC等大客户的合作。

技术创新　2月，该集团自主研发的第一款“3G”手机问世，并在中国国家3G试验网络MTNET基站上进行了测试，成为第一家在MTNET进行3G终端测试的国内厂家。3月，在全国率先推出1080P格式的数字高清电视机并以此为平台迅速推出了包括等离子、液晶电视机等在内的数十款1080P电视。5月，海信研发中心成为国家确定的两家创新体系企业研发中心之一。8月，山东大学海信研究院挂牌成立，该集团40多位高级工程师受聘成为山东大学的校外研究生导师，形成新的校企合作模式。11月，该集团在上海召开的世界工程师大会上获得“中国企业技术进步与创新成就奖”。全年共申请承担了15项国家级研发项目、10项国家级产业化项目，申请专利340项，其中发明专利53项，软件登记达到了105项。年内，平板电视机的开发已形成系列化，液晶电视机形成从15寸到42寸共8个规格三大系列的产品，等离子电视机形成了42寸、50寸、63寸的产品线；变频冰箱技术和制冷多循环技术取得了技术突破和相关专利；智能交通系统产业加快开发，自主研发的城市公交系统、自适应交通控制系统、车载多媒体信息系统等已全面投入市场应用；银税一体机开发成功，税控产品线初具规模。

企业管理　年内，提高资金利用效率，加快流动资金周转速度，资产结构和负债结构趋于合理。加强机构调整，集团总部仅保留5个管理部门和4个以服务为职能的中心，实行“经营与管理中心下移”。

（朱书琴）

澳柯玛集团

概况　全年实现工业总产值64亿元，销售收入75亿元、工业增加值13亿元、利税1.6亿元、出口交货值4.9亿元、出口创汇5531万美元，分别比上年（下同）增长14.1%、23.38%、10.30%、5.02%、16.60%、22.53%。其中，冰柜、冰箱销售213万台，增长25.5%；电动车销售13万辆，增长97.6%；空调器销售111万套，增长68.8%；小家电销售226万台，增长10.2%。

主导产业销售收入增长较大，高科技、新项目取得了快速发展。其中，电动车项目产量和营业收入分别增长129.8%和232%，服务网点近300个，该集团生产的12辆小型电动公交车于10月开始投放运行，是国内首个将电动汽车用于公交运营的项目；自动售货机项目利润增长101%，与可口可乐、百事可乐、屈臣氏等国际公司建立了合作伙伴关系；锂离子电池项目生产能力从日产10万支提高到12万支，先后与威勒森、摩托罗拉、诺基亚等公司进行了合作或建立了业务联系，并参与《蜂窝电话用锂离子电池国家标准》的修订工作；海洋生物工程项目获得了4个药品剂型的生产许可证，保健食品“CLA软胶囊”通过了GMP认证并被列入“2004年国家重点新产品计划”和“青岛市2004年重点新产品计划”；澳龙光电LED产品进入市场并建成了“海上皇宫”亮化工程等多个样板工程；医疗器械项目开发了16个省级代理商；多媒体投影仪项目货款回收超过6000万元，增长145.14%；房地产业成绩突出，实业开发公司销售收入和利润分别超过计划16%和100%，新龙房地产公司销售收入和利润分别超过计划25%和109%。

企业管理　继续推行“具有现代企业制度特色的精细化管理”。加强资金使用监控与统一调度和对产品产业结构的调整，先后对电视机、影碟机、电脑等进行了调整，集中优势资源发展电动车、锂离子电池等重点项目。贯彻“年度预算制度”和“经营指标责任制度”，实施全过程的目标管理，在辖属各企业、各环节推行招投标管理措施，选择最佳方案，以最低的成本实现经营目标，并有效地预防了职务犯罪。加强成本控制，辖属各企业采取了“两压缩”（压缩三项费用、压缩两项资金）等措施，“三项费用”所占销售收入比例下降了1.0%，“两项资金”下降了2%。加强资产管理，出台了加快闲置资产处置的文件，上半年以招标竞价的方式使原值[illegible]万元的资产[illegible]，提高了流动资产周转率。辖属各企业提高了预算执行水平和计划完成率。

科技创新　该集团“国家级企业技术中心”在全国年度评价中排名提前了5位,在全国家电行业中居第五位。年内,开发了一批新产品。其中,澳海生物公司开发出了4种短线品种和9种长线品种;澳视投影仪项目增加了两项新产品;澳柯玛股份公司开发出了国内第一台“A++”冰柜、第一台“海景”冰箱和饮料加热柜;自动商用设备项目新开发了售套机、糖果机、鸡尾酒机和存包机;新能源公司新开发了电动车用电池和矿灯电池;电动车产品型号达到了四大系列40多种款式,做到了平均每两个月推出3~4款适销对路产品。全年该集团获得发明专利1项、外观专利6项、实用新型专利31项。

市场营销　年内,国际贸易持续增长。其中,冰柜出口40万台,增长11.5%;空调出口5.7万套,增长179.8%;制冰机出口5991台,增长536%;家电产品大批量出口到印度尼西亚、中东、德国等国家和地区;共轭亚油酸获得了国内最大的两笔出口订单,出口交货值达到230万元;高档塑钢门窗、电动车、锂电池等产品均实现了海外市场的新突破。注重在国际市场上寻找长期战略合作伙伴,辖属的新能源公司、自动商用设备公司、商业制冷公司、澳龙光电公司、股份公司、空调公司等企业与世界知名企业建立了联盟关系,该集团加强了与GE、可口可乐、百事可乐、屈臣氏等国际公司的合作并发展新的国际客户。

（黎　权）

·化学工业·

青岛海湾集团有限公司
青岛凯联(集团)有限责任公司

概况　2004年5月,市委、市政府对凯联集团进行了改革重组,新的海湾(凯联)集团是以化工、建材生产为主的市直企业集团。该集团由20余家企业组成,总资产57.4亿元,经营领域涉及盐业、无机原材料、无机盐、有机化工、精细化工、化肥、农药、建材、石墨、海水养殖业等,生产400多种产品、1400多个花色品种。

2004年,完成销售收入37.32亿元(其中控股企业31.99亿元),工业增加值8.44亿元(其中控股企业6.71亿元),利税2.87亿元(其中控股企业2.25亿元),出口产品交货值7.76亿元(其中控股企业5.59亿元)。全年完成纯碱60.9万吨、PVC9.93万吨、染料1.18万吨、泡花碱48.59万吨、硅胶3.27万吨、尿素6.59万吨、农药0.14万吨、烧碱11.79万吨、原盐31.36万吨。实际完成国有资产保值增值率106.8%,比目标值增长4.8个百分点,净资产收益率2.74%,总资产报酬率3.15%,资本积累率6.8%,折旧提足率100%,实现利润7295万元,上缴税收增长15%。该集团所属企业中已改制20户。其中,国有资本整体退出15户,通过公司制改造实现产权多元化的企业5户。

市场开拓　继续拓展对外经贸,出口产品收入已占该集团销售收入的1/4多。在巩固东南亚、韩国和日本市场后,产品出口逐步向欧美拓展,并获得了一定的市场占有率。碱业股份有限公司与日本住友公司合资1600万美元的20万吨/年复合肥项目落户碱业股份有限公司平度化肥分公司;双桃精细化工公司利用与汽巴公司的合作关系,开拓染料出口新领域,尤丽特染料、溶剂染料、毛用活性染料等一批技术含量高的产品进入了欧美市场。

新产品开发　全年新技术新产品开发项目28项,申报出口高新技术项目2项。全年完成新产品产值4.61亿元,同比增长38.9%;新产品产值率达到25.2%;一批有市场前途的新项目加紧实施,WG-1无钴彩色硅胶、高纯块状硅酸钠、啤酒硅胶、CHS硅胶等列为国家级重点新产品开发或试产计划。碱业股份有限公司与日本住友公司成立的合资公司生产的高档复混肥项目、海晶化工集团有限公司的新品PVC项目、东岳泡花碱有限公司的零水偏硅酸钠项目等都取得了实质性进展。推广新工艺、新技术,实施产业链经济,优化产业结构。年内,自力牌纯碱获“中国名牌”称号,海晶牌PVC获得“山东名牌产品”称号。

科技创新　年内,40%异丙草·莠悬乳剂、新工艺氟磺胺草醚等一批具有较高技术含量的新产品相继投产或扩大了生产规模。碱业股份有限公司与中科院青岛海洋研究所合作开发利用“白泥”生产的水产养殖杀菌调节剂“生态宝”具有显著的净化水质、防止病害、提高产量的效果,于12月通过了市科技局的科技成果鉴定;海洋化工有限公司开发生产的WG-1无钴彩色硅胶、柱层析硅胶、舒卫康等已相继投入生产;海晶化工集团有限公司自主开发的国内最大的45立方米PVC聚合釜运转正常,以该聚合釜生产的高性能聚氯乙烯累计达6.57万吨,销售收入4.6亿元。

安全生产与环保　落实与市政府签订的《安全生产目标责任书》,形成了规范化、程序化的安全生产管理格局。宣传普及国家安全生产法律法规,利用“安全月”和重大节日,开展有针对性的安全检查,发现和消除各类事故隐患。贯彻落实《2003~2005年环境保护责任书》的各项任务,规划并实施了一系列环保项目。推行清洁生产,开展了清洁生产审核,加强环保管理,强化了从源头到末端的全过程治理,杜绝了各类污染事故的发生。

企业文化建设　通过对理念系统、行为识别系统、形象系统的提炼与完善,形成了该集团的企业核心理念。加强企业车间班组文化建设,举办了“车间主任文化论坛”。开展了“精细化管理和管理效益年”活动。该集团在青岛市第八届职业技能大赛活动中有180人取得高级技能职业资格、48人获得“青岛市技术能手”称号、2人获“工种状元”称号。

（滕宝弟）

中国石化集团青岛石油化工有限责任公司

概况　2004年,该公司炼油负荷首次超过80%,原油加工量、成品油产量均创历史最好水平。全年加工原油247.26万吨,比上年(下同)增长32.61%;催化处理量达到108.14万吨,增长17.68%;生产轻质油品186.89万吨,增长24.56%。完成销售收入64.76亿元,增长54.17%;实现税金总额4.95亿元,实现利润648万元。全面完成了中国石化集团公司下达的各项考核指标。

债转股后的新公司运作　1月,该公司董事会、监事会分别召开了首届一次会议,董事会、监事会、总经理工作班子按照《公司法》、《公司章程》的有关规定分别开始正式运作。2月,举行了公司挂牌仪式。10月,该公司董事会召开首届二次会议,对企业发展、重大投资、财务决算、改制分流等事项进行了审议并予以通过。

技改工程　全年完成固定资产投资1.18亿元。“20万吨/年气分装置”于5月10日提前1个月建成并实现装置中间交接,6月15日生产出合格产品,到年底收回了该装置的投资成本;“黄岛油库—青岛石化原油管线”项目于年底前进入施工收尾阶段;“2.8万立方米轻油罐区”、“污水处理场改造工程”等技改项目均按期建成投产投用;“聚丙烯改造项目”获得批复,按计划开展了建设场地的迁移、平整工作,完成了该项目地质勘察等前期准备工作;开展了“8万吨/年苯抽提”等项目报批工作。与有关研究、咨询单位共同开展了“含酸原油加工方案”的研究工作,先后完成了蓬莱19—3、巴西马林、乍得多巴等原油品种的评价工作,组织编制了加工含酸重质原油的初步方案。

改制分流　年内,加强对该公司2004~2006年主辅分离、改制分流计划的落实,推进对二级法人经济实体实施改制分流的有关工作。所属检修公司改制分流初步方案获得上级部门的批复。对15个中层管理岗位进行了精简,共精简分流中层管理人员16人,占原中层管理人员总数的21.6%;确定了下一步重新设置组织机构、科学定岗定编、实行全员竞争上岗的工作目标。

企业管理　以规范管理、落实降低成本和压缩费用等各项指标为重点,以全面提升企业管理水平为主要目标,开展了“管理效益创新年”活动。加强全面计划预算管理,搞好资金平衡运作,防范和化解了债务风险。通过采取美元、港币贷款支付原油货款、置换利率较高的人民币贷款的做法,全年节约财务费用约2000万元。把成品油销售回款通过中国石化集团公司财务公司委贷,全年委贷总额达到46亿元,净收益2100万元。改进和细化成本费用管理,层层分解考核指标,全年管理费用、财务费用、营业费用、修理费用及人工成本等5项成本指标合计为2.2亿元,下降20.45%。炼油单位完全费用为164.99元/吨,比年初预算减少50.01元/吨;炼油单位现金操作费用为110.70元/吨,比年初预算减少40.30元/吨。

安全生产和环保工作　严格落实各级安全生产责任制,规范和强化安全监督管理、安全规章制度落实和各类事故隐患的治理。全年共组织各类综合性安全检查6次、专业性检查4次,登记各类事故隐患160多项并及时组织了整改,整改率达到100%。开展安全宣传教育活动和各类事故应急预案的演练活动,提高了全员安全意识。获中国石化集团公司安全生产先进单位称号。继续组织开展了HSE(安全、环境与健康)管理体系的建设工作。强化环保装置的现场管理,抓好环保设施的监测工作,从源头抓好“三废”(废水、废气、废物)治理,实行全过程控制,杜绝了环境污染事故的发生。继续推进清洁生产工作,截至年底,共有11套装置通过青岛市清洁生产企业专家组的考核验收,再次被评为青岛市和李沧区环保先进企业及青岛市清洁生产先进企业。

(周立川)

青岛红星化工集团有限责任公司

概况　该公司原隶属青岛凯联(集团)有限公司,2004年6月被青岛市政府列为市直单位管理。先后在贵州、重庆、陕西、湖北、黑龙江等地建成9个大型企业;以该公司为主组建的红星发展股份有限公司于2001年3月在沪市上市,成为中国东、西部结合企业中在西部上市的第一家;设有市级技术中心。

2004年,完成工业总产值14.9亿元、销售收入13.54亿元、工业增加值4.64亿元、利税2.48亿元、利润1.54亿元,分别比上年(下同)增长16.7%、26.2%、12.4%、10.7%、8%。完成的主要产品产量:碳酸钡30.28万吨,增长45.86%;电解二氧化锰7819吨,增长108.29%;碳酸锶13.39万吨。4月,中国无机盐协会钡、锶盐分会在青岛市成立,该公司董事长姜志光当选为中国无机盐协会钡、锶盐分会会长。

市场开拓与技术改造　年内,克服销售主导产品销售价格持续走低的不利因素,增加产量、改善产品质量,销售收入增长26.2%。根据电解二氧化锰市场热销、市场需求紧张的情况,投资进行了第二、三次扩建,并适时开发了锰盐的高端市场。3月,无机化工新材料公司年产300吨钛酸盐生产线开始施工,4月,东风化工有限公司的医用硫酸钡生产线通过了GMP达标验收,成为全国化工系统第一家通过该项验收的企业;5月,红星发展大龙锰业公司年产8万吨硫酸生产线投产;8月,大庆绿友天然色素有限公司年产4万吨万寿菊生产线试运行;11月,重庆大足红蝶公司超细硝酸锶生产线投产运行。

质量管理与品牌建设　3月,重庆铜梁红蝶公司获全国行业质量示范企业称号;5月,红星发展大龙锰业公司获铜仁地区“质量、服务双优单位”称号;12月,重庆大足红蝶公司获“重庆市质量效益型企业”称号。

继续推进品牌建设和企业文化建设。该公司被评为“山东省思想政治工作优秀企业”、“青岛市先进基层党组织”、“青岛市企业文化建设示范单位”和“青岛市企业信誉AAA级企业”,企业文化宣传片在“八喜杯”山东省企业文化建设形象展示中获铜奖;红星发展公司入选“中国50家最佳运营公司”,获“安顺市第一次民族团结进步奖”和“全国工业企业联网直报先进单位”称号;重庆大足红蝶公司获重庆市“守合同重信誉企业”称号并连续5年入选“重庆市66户重点企业”、连续4年入选“重庆市工业企业50强”;红星发展大龙锰业公司被评为贵州省“A级信用纳税企业”;重庆铜梁红蝶公司被评为重庆市文明单位,所生产的RB牌碳酸锶被再次命名为“重庆市名牌产品”。

环境保护与安全生产　年内,该公司与所属企业签定了环境保护责任书。所属各企业围绕环保工作的难点和责任目标,规划并实施了一系列环保项目。红星化工厂与山东山水集团达成的用铬渣做水泥矿化剂的合作项目进展顺利,历史遗留的铬渣已得到清理;11月,东风化工有限公司完成了对氯磺酸车间的环保改造,彻底解决了酸性污水的污染问题;重庆大足红蝶公司、重庆铜梁红蝶公司、红星发展镇宁工厂先后通过了ISO14001国际环保体系认证;红星发展股份有限公司先后获贵州省首批“环境友好企业”称号和《中国环境报》理事会“2004年度绿色企业奖”。

宣传普及国家安全生产法律法规,开展安全检查,对查出的安全隐患下达了隐患整改通知书并限期整改;加强安全教育,健全安全生产监督体系,推行安全隐患举报制度,防范了各类重特大事故的发生。

(魏希文)

·橡胶工业·

青岛黄海橡胶集团

概况　2004年,完成工业总产值(现价)28.65亿元,同比(下同)增长18.26%;完成工业增加值6.77亿元,增长15.58%;实现销售收入27.44亿元,增长13.04%,其中出口创汇5820万美元、增长41.4%;实现利税2.27亿元,与上年持平;实现利润9764万元,下降6.84%。年内,黄海牌全钢子午胎被国家质检总局认定为"中国名牌产品"

市场营销　年内,实行了市场营销的"三不政策"(不降价、不易货、不赊销),成立了市场稽查小组,规范了易货、串货行为,稳定了市场;调整了"三包理赔"政策,加强了胎号管理,杜绝了"三包胎"的造假行为,维护了企业和用户的利益;开拓出口市场,提前3个月完成了全年创汇指标;实施退赔胎返厂制度,加快退赔胎鉴定、理赔速度,在部分地区建立服务分中心,提高了服务的速度和服务质量;查处低价销售行为,维护市场秩序;开展了新产品推介活动。全年库存下降近18万套,"两项资金"(产成品库存和应收账款)压缩1.69亿元。

技术创新　全年共开发新产品69项,改造老产品47项,其中重点开发了全钢轮胎和半钢轮胎"路路通"高端产品、全钢载重轻卡系列产品;半钢轮胎重点开发了ST系列、轻卡系列、白胎侧系列以及16寸、17寸大轮辋新产品;斜交轮胎重点开发了工矿专用和西北地区专用产品。半钢丝安全抗滑低滞后高性能轮胎、半钢丝无内胎轮胎及斜交OE载重轮胎等3项新技术分别通过了由市经贸委、市科技局组织的专家鉴定,其中2项达到国际先进水平、1项达到国内领先水平。技术部门加强结构调整、配方设计和新材料应用,针对天然胶和合成胶价格的上涨情况加强对复合胶、异戊胶以及新型钢丝的使用,缓解了因原材料紧缺对生产造成的制约,降低了生产成本。全年通过技术创新降低生产成本3352万多元。

质量管理　开展了"不让一条不合格胎流入市场"活动,提高了产品质量。通过开展"质量月"和岗位技术练兵活动,强化了职工质量意识,提高了职工的操作技能。强化了理赔胎的质量追溯和考核。全年退赔胎减少3.79万条,减少理赔额4000余万元。

对外合作　年内,该集团与香港和记黄埔公司、欧洲轮胎技术公司签署了正式的合资合作文本;加强了与中国化工集团的合作,通过优势互补提高企业竞争实力。

(曲卫星)

双星集团

概况　2004年,通过技术创新、管理创新、小改小革实现创新项目3488项,消化不利因素3.2亿元,实现销售收入68亿元,实现利税2.1亿元,出口创汇首次超过1亿美元。该集团总裁汪海获"2004年度中国最受关注企业家"、"中国经济十大新闻人物"、"中国服饰业最具影响力企业家"等称号。2004年是该集团进入市场20周年。该集团于10月30日、11月11日分别在青岛和北京人民大会堂举行了"双星进入市场20周年研讨座谈会"。该集团资产总额从1984年的不足1000万元增加到48亿元;累计上缴利税总额近30亿元;销售收入从不到3000万元增加到68亿元;出口创汇从175万美元增加到1.3亿美元;从一个微利的单一制鞋企业发展成为五大支柱产业(鞋、服装、轮胎、机械、热电)、八大行业(鞋、服装、轮胎、机械、热电、印刷、绣品、三产配套)的特大型综合性企业集团。

品牌运营　年内,投资1.5亿元在河南省汝南县建立了"双星中原轮胎工业园";与新加坡"添福胶胎国际有限公司"就无内胎子午线轮胎项目举行了签约仪式。"双星"全钢子午线轮胎获"中国名牌"称号,"双星"鞋获"全国用户满意产品"称号并连续15年全国销量第一。

科技创新　年内,以高端产品市场为方向,加强科技创新。研发了鞋用微孔结构多功能透气材料,开发了能量控制技术及其智能密炼系统和新轮廓高性能全钢子午线轮胎,研制了QZ30系列整车抛丸清理机、胶囊反包成型机等,研制的十几种新产品、新技术均通过了专家鉴定。

支持体育事业　年内,该集团与青岛市体育局举行了"双星集团支持青岛市篮球、羽毛球项目发展签约仪式",在2005~2008年间将由该集团出资2000万元支持青岛市篮球、羽毛球项目发展,支持举办了"双星杯"2004年度青岛体育十佳运动员暨热心支持青岛体育十佳单位评选活动,被评为2004年度热心支持青岛体育十佳单位。

(孙蔚澎)

·机械·冶金工业·

概　况

2004年,青岛市机械工业行业规模以上的独立核算工业企业579个。全行业共完成工业总产值613.71亿元,同比(下同)增长27.34%;完成产品销售收入563.05亿元,增长30.15%;实现工业增加值166.83亿元,增长27.23%;出口交货值138.97亿元,增长48.66%;利税总额40.08亿元,增长32.79%;利润总额27.01亿元,增长46.84%。规模以上工业主要产品产量:汽车6.26万辆,下降4.4%;改装汽车8557辆,增长19.41%;电站汽轮机356万千瓦,增长80.71%;变压器1432万千伏安,增长16.9%;金属集装箱824.4万立方米,增长89.0%。

结构调整优化

汽车业　3月,上海申沃客车有限公司与青岛公交集团有限责任公司签定合资生产城市客车合作意向,项目总投资1.2亿元,年生产能力3000辆。4月,韩国永安集团与中国重汽集团、青岛经济技术开发区在胶南市合资生产豪华客车项目签约,项目总投资2500万美元,年生产能力3000辆;由韩国永安集团在青岛经济技术开发区独资建设柯拉克叉车项目签约,项目计划总投资3000万美元,年产叉车1.2万台。6月,由北汽福田汽车股份有限公司等三方共同投资兴建的青岛福田重工有限公司在青岛经济技术开发区开工建设,项目总投资8亿元,主要产品为内燃机、挖掘机、拖拉机等。10月,青岛市与世界集装箱行业的龙头企业——中国国际海运集装箱公司合资的中集青岛专用车项目开工建设,一期总投资5863万元;达产后预计年生产专用车3000辆。青特产业园项目被确定为青岛市重点建设项目,规划占地87公顷,计划总投资12亿元的一期已完成投资1.5亿元。

造船业　7月,韩国釜山YANASE造船株式会社一期投资1000万美元的造船项目落户即墨经济开发区,该项目主要生产特种船配件及救生艇、快艇、游艇等小型客船,产品全部出口。11 月,青岛灵山船业股份有限公司和韩国现代综合商事株式会社签订合资造船项目协议,计划总投资 1 亿美元,扩建舾装码头、建设 3.5 万吨级船台和 9 万吨船坞及配套设施,项目建成后年造船能力将达到 100 万载重吨。7 月,青岛市与中国船舶重工集团公司签定全面合作协议,双方决定在青岛海西湾造修船基地建设、船舶配套基地建设、船舶及海洋工程研发中心建设、人才培养和引进等方面,建立全面合作关系,根据此后签定的补充协议,中船重工将在青岛海西湾建设造修船基地和船舶配套基地,实现近期总产值 100 亿元、中期总产值 200 亿元、远期总产值 300 亿元。

工程建造业　11 月,中国海洋石油工程股份有限公司与青岛经济技术开发区签约了海洋石油工程建设基地合作项目,项目总投资 17 亿元,2005 年开工建设,2006 年实现部分投产,2009 年完工,预计年产值 60 亿元;该项目主要建造用于国内外海上油气田开发所需的固定式桩基平台和浮式平台等相关设施,项目建成后年生产能力将达 20 万～25 万标准吨。

冶金业　年内,总投资 2000 万美元的青岛浦金不锈钢深加工有限公司、总投资 2000 万美元的青岛浦新不锈钢有限公司、总投资 480 万美元的青岛银丰金属材料有限公司、总投资 180 万美元的青岛韩山不锈钢有限公司、总投资 140 万美元的李朝汽车部件有限公司、注册资本 200 万元的青岛新中工贸有限公司相继入驻青岛经济技术开发区的不锈钢深加工基地。12 月,由中国冶金行业最著名的工程设计院之一的包头钢铁设计研究总院以分立式改制成立的中冶东方工程技术有限公司在青岛经济技术开发区正式揭牌成立,办公大楼建设总投资 8000 万元,计划 2005 年底完工。

行业管理与品牌建设

为进一步规范青岛市电镀行业的发展和结构调整工作,制止电镀业低水平重复建设,市政府于年内颁发了《关于加强电镀行业管理的意见》(青政发[2004]15号)。

年内,泰发牌手推车、华青牌压力表、QDTOYO 牌汽车铝制散热器增压中冷器、RPM 牌 SOLNA25 系列胶印机、三元牌电器控制总成、青钢牌焊接用钢盘条、青钢牌弹簧钢等 7 个产品被认定为“青岛名牌”产品。

经济运行特点与存在的问题

经济运行特点　1. 一批大企业保持了良好的发展势头,一汽解放青岛汽车厂、泰发集团、变压器集团、汉缆集团、特汽集团、捷能汽轮机公司、中集集装箱公司等发展较快,拉动了行业经济的发展。2. 行业发展不同步。其中,汽车行业总体走势趋于平稳,船舶行业受搬迁影响生产、效益下降,电工电器行业生产和效益增长较大,集装箱行业生产和效益有较大的提高。

存在的问题　1. 高新技术产品发展不快;2. 汽车产业集群发展有待提高速度;3. 企业受水电、钢材等原材料涨价、资金及土地的影响,制约了企业生产和发展的速度;4. 机械行业的产品结构和组织结构有待调整。

（宋德祥）

青岛钢铁控股集团有限责任公司

概况　2004 年,生产烧结矿 223 万吨、生铁 217 万吨、钢 225 万吨、钢材 216 万吨,分别比上年(下同)增长 19.03%、9.03%、11.27% 和 12.04%;实现销售收入 190 亿元,增长 49.78%;实现利润 5.5 亿元,增长 9.35%;上交税金 5.8 亿元,增长 10.99%;资产总额 118 亿元,增长 41.13%。该集团在全国冶金企业的排名上升到第 21 位并名列全国大型工业企业的第 71 位,赢利能力进入全国冶金企业前七强。获“中国企业十佳品牌”、“中国十大最具影响力品牌”、“中国钢铁市场产品质量用户满意第一品牌”等称号。董事长王玉科获“中国首批高级职业经理人”、“中国企业文化建设十大杰出个人”、“亚洲管理创新十大新闻人物”、“中国公众影响人物”、“山东省十大先模人物”等称号。

技术改造　年内,投入 20 亿元进行技术改造,完成了 105 平方米烧结机技改工程、5～6 号高炉易地大修技改工程、80 吨转炉炼钢系统技改工程、双线高线技改工程、1.5 万立方米/小时制氧工程、[illegible]程,这些项目的建成投产每年可增加利税 10 亿元,增加销售收入 100 亿元。

新产品开发　年内,制订企业标准 14 个,贯彻执行国家及行业标准 8 个。加强新产品开发,生产高、精、尖的高附加值产品,共开发冷镦钢 ML35、ML40Cr,超细晶粒 ARB400 热轧带肋钢筋,预应力钢绞线用 82MnA 盘条,PC 钢棒用钢盘条,SAE 系列制丝用钢盘条 1006、1008、1021、1069 等 9 个牌号的新产品,产品销往美国和国内市场。全年焊丝用钢销售 29.72 万吨,增长 52.70%,全国市场占有率达到 50% 以上。销售弹簧扁钢 11.45 万吨,增长 34.61%,销量居全国第 2 位。易切削钢销售 3.41 万吨,增长 16.30%。生产品种钢 123.24 万吨,同比增加 4.41 万吨,占钢材总量的 57.09%。在 76 项主要经济技术指标中,完成 46 项,占 60.5%;同比水平提高的有 55 项,占 72.4%;28 项升级指标中有 9 项进入全国同类企业前三名,占 32.1%;有 16 项进入前五名,占 57.1%;有 26 项进入中上游水平,占 92.9%。全年吨钢综合能耗 743 千克标准煤/吨,同比降低 6 千克标准煤/吨;吨材油耗 10.08 千克/吨,同比降低 2.29 千克/吨。节约重油 4943 吨,节约焦炭 1.93 万吨,创造经济效益 3022.7 万元。

质量管理　成立了以董事长为组长的质量领导小组。加强质量监督,实行全过程监控管理。严把出口质量关,建立了《出口材质量保证体系》、制定了《质量检查判定细则》,全年出口钢材 3.82 万吨,产品质量完全满足用户要求。开展创品牌活动,生产的焊接用钢盘条和冷轧、热轧带肋钢筋在“首届中国市场产品质量用户满意度调查”活动中被评为“中国钢铁市场产品质量用户满意第一品牌”。开展了“质量月”活动。加强售后服务,发现产品质量问题及时整改,全年万元产值质量异议损失率由上年的 7.55 元/万元降低到 1.66 元/万元。

职工培训　年内,进行了 MBA 培训、管理干部人生哲理培训、企业文化培训、经济统计学培训、工人技能培训、职业技术教育培训、ISO9000 标准知识培训、“双贯标”知识培训等方面的培训,共计 1.5 万人次。31 名厂、处级干部脱产 1 年参加了中国海洋大学青钢学院 MBA 培训学习。79 名管理干部参加“人生哲理”、“[illegible]”、“经济统计学”等课程的培训。加强技术工人技

能培训,重点对炼钢、炼铁、轧钢、烧结等冶金行业主体工种的564名技术工人进行了岗位培训。该集团有2005名职工持有职业资格证书,其中技师35人、高级工386人、中级工1491人、初级工93人,工人持证率占技术工种工人总人数的91%、占职工总数20%。年内,该集团技工学校招生442人,毕业学生148人。

环保与绿化 贯彻《安全生产法》、《环境保护法》,推行环境/职业健康安全管理体系。千人重伤率为零,污染物综合排放合格率92%,环保设施完好率和同步运行率均达98%,资源综合利用率100%,工业水循环利用率达到97%。建成了3万平方米的古园林建筑楼群并进行了高层次配套绿化,新增绿地1.2万平方米,栽植各类苗木20个品种6万株;建成了企业文化广场、生态林、竹子林、果树林、花卉精品艺术造型、道路立体花坛、古园林等景点20多处。绿化覆盖率占厂区面积的34%以上。获青岛市政府授予的“绿化先进集体”等称号。

(盛贤正　贾　林)

南车四方机车车辆股份有限公司

概况 2004年,完成销售收入20.6亿元,比上年(下同)增加7.54亿元,增长超过57%;实现利润总额5216万元,增加2316万元,增长近90%。各项财务指标在国内同行业中名列前茅。全年共完成新造客车26个品种463辆,翻新改造客车12个品种231辆;完成新造机(动)车7个品种83台、动车组1列;完成各类型转向架627辆。该公司被评为山东省“文明单位”,该公司党委获“山东省先进基层党组织”和“青岛市先进基层党组织”、“青岛市工交工委先进基层党组织”称号,该公司领导班子获中国南车机车车辆工业集团公司“十好领导班子”称号。

市场开拓 在铁道部组织的时速200公里动车组项目招标中中标,获得60列200公里电动车组订单;中标广州市地铁四、五号线直线电机地铁车辆项目,取得了300辆车的订单,占当年市场份额43.73%。出口伊朗175辆客车合同生效实施,并对伊朗铁路的后续市场进行了开发;动车组和机客车产品还出口纳米比亚等国家。

企业管理 年内,重新设计了组织结构调整方案,形成了以总部、事业部、技术中心、制造本部四大系统构成的矩阵式组织机构框架,实施新的企业流程再造。推进“人才强企工程”,举行技术创新大会,表彰了20名专业技术人员并授予“优秀科技工作者”称号,对优秀的高技能人才授予了“首席制造师”称号并给以重奖。加强质量管理,全年无批量返厂和批量质量事故,机破件数为零;产品质量监督抽查合格率100%。新造机(动)车一次交验合格率平均达到92.8%,新造客车一次交验合格率平均达到96.3%;全年质量损失平均0.55%;机车顾客接车满意度93.2%,客车顾客接车满意度94.17%。加强安全管理,职业健康安全管理体系通过认证并进行了第一次监督审核;全年未发生重伤和死亡及其他重大安全事故,被青岛市授予“安全生产责任目标考核先进单位”称号。环境保护工作实现了所有污染源稳定达标排放;ISO14001环境管理体系通过了第一次监督审核;被奥帆委、市文明委和环境保护委员会授予“青岛市绿色企业”称号。

产品开发 完成广州市地铁四号、五号线车辆初步设计研发工作;进行200公里电动车组前期研发工作;完成北京八通地铁不锈钢车体优化结构和轻量化设计。开发研制集新理念、新结构、新技术、新材料于一体的铁路25T新型客车;完成新型高档系列客车的设计开发工作;为兰州铁路局设计开发新型检测车;完成铁路25G型屯兵车、土库曼斯坦铁路高级客车样车的设计研发。按照系统改进、系统提升的要求,对东风7G机车进行整改;采用多项新技术完成纳米比亚动车组设计;对部分工矿机车进行模块化设计;加大主型产品昆明米轨机车的改进,对机车的各系统进行优化;进行大功率电传动调车机车的开发。

职工培训 开展“五层次”培训和突出职业能力的员工教育,全年培训3841人次,员工能力当量系数由2003年末的0.48提高到2004年末的0.55。组织118人参加9个工种的技师、高级技师考试,有58人通过了中国南车机车车辆工业集团公司的审批;开展职业资格认证,认证高级工178人、中级工13人;组织“金蓝领”工程维修电工、电焊工、钳工技师鉴定36人。截至年底,该公司共有高级技师27人、技师151人、高级工1316人,高级工及以上技能的技术工人占技术工人总量的50%。中央电视台在“新闻联播”中对该公司设立“首席制造师”和培养高技能人才队伍进行了专题报道。

(邬群亮　周辉强)

四方机车车辆有限责任公司

概况 该公司是中国南方机车车辆工业集团公司的成员企业,是中国轨道交通装备的重要制造、修理基地和铁路机车车辆零配件的重要制造商。有授权分厂、全资公司、控股公司等经营实体20多家,主要从事铁路高档客车设计制造,机、客车修理,机车车辆配件制造,锻造,冲压,铸造,铆焊,设备修理,表面处理,物流,职业技术教育等业务。2004年,实现销售收入12.8亿元,完成了集团公司下达的各项经营指标。其中,新造高档铁路客车110辆;修理、改造客车20多个品种508辆,比上年增长18.97%;完成出口交货额421万美元。

市场开拓 巩固和扩大铁路内部市场。提高主产业客车修理的生产能力和质量水平,一次交验合格率达到81.67%,市场份额由7%提高到14%;机车修理业务取得了铁道部机车大修技术提升的资质,初步具备了机车小批量大修的能力;抓住货车转K2改造的时机,申请了部分货车配件的生产资质;所辖合资企业BSP公司在高速动车组和青藏高原客车项目的招标中取得较多的订单。加强社会市场开拓。所辖单位进入了机床行业、电站辅机行业、冶金行业等新的领域,设备维修、表面处理、物流业务的市场份额稳步增长。开拓海外市场。与美国全球电力公司签署了长期合作协议,全年完成电站辅机设备制造59套,实现销售收入2000余万元;铸造产品进入国际市场,与美国GE、韩国大宇及日本川崎等世界知名企业开展项目合作,全年出口签约额达904万美元。

技术开发 年内,完善了科技开发体系建设,加强新技术、新工艺、新产品的开发应用。全年列入开发计划的科技开发项目共27项,其中铁路客车修理内装翻新和结构改造设计开发、智能化静压试验检测装置在高速客车转向架上的开发研究等项目在国内同行业处于领先地位。自控式预热锅炉,大型弯曲胶合板,新型铁路公路两用牵引车,超高分子量聚乙烯耐磨件的开发应用,26米程控不锈钢缝焊机研制,网络物流信息系统的开发应用，不锈钢、铝合金焊接在生产中的推广和应用，重防腐无机富锌漆涂装工艺应用和推广等项目在当期就产生了显著的经济效益和社会效益。全年有4个项目被纳入集团公司的科技开发计划，有2个项目被认定为青岛市高新技术产品。

改革改制　年内，加快现代企业制度建设，推进产业整合、主辅分离、辅业改制分流等工作。对优势产业进行了整合，对部分小企业进行了关停并转，产业结构日趋合理。深化三项制度改革，理顺了劳动关系，获“全国再就业工作先进单位”称号。

基础建设　投资超过1亿元、建筑面积5.7万平方米的客车修理基地建设初步完工，硬件设施达到国内一流水平；为加强出口业务和与美国Braden制造公司合作项目的需要，新建了5000平方米的厂房，购置了各种配套设施，提高了焊接能力；对铸钢、铸铁生产线进行了技术改造，使二者均具备了年产超过1万吨的生产能力；吸收民营资本，成立了四方新材料有限公司，在胶州环海工业园开始了建设工作，铸钢能力将达到年产2万吨，并具备一定的加工能力；完成了锻压分厂的加热炉燃油改燃气项目，解决了环境污染问题。

（栾庐峰　杨成文）

青岛纺织机械厂
青岛宏大纺织机械有限责任公司

概况　2004年，共实现销售收入11.6亿元，实现利润3553万元，实现出口交货值4565万元。全年共生产梳棉机4205台、自动络筒机256台、清花机组53套82线、无纺布设备18线21台、纺织用电机20万千瓦、开关箱4354面、金属针布6120套。

年内，青岛宏大纺织机械有限责任公司获青岛市制造业信息化示范企业称号，通过了青岛市AAA级信誉企业复审；青岛纺织机械厂被评为全国、青岛市纺织行业质量管理小组活动优秀企业。青岛纺织机械厂、青岛宏大纺织机械有限责任公司先后获“青岛市企业文化示范单位”、“山东省纺织行业企业文化建设十佳企业”、“中国企业文化建设实践奖”、“中国纺织企业文化建设知名企业”等多项市级荣誉，企业党委获“全国企业先进基层党组织”称号。

技术创新与产品开发　完成新型梳棉机、新型自动络筒机（8锭）及清梳机的设计、试制及参展工作；完成毛绒清梳联的设计、试制及小批量生产等多项产品的设计开发工作；完成主要产品改进、试验项目40项，主要质量改进项目18项，主要用户特殊要求项目15项；完成了梳理机盖板杆、喂棉箱两项专利的申报工作；年初立项的棉纺试验室和电气试验室已在年底竣工；PDM（产品数据管理，下同）与三维设计的二次开发已初见成效；完成针刺非织造布设备全线的设计、制造，实现了在用户厂的全线开通；完成1.5米、1.8米幅宽梳理机等27大类产品的开发工作；完成了与德国ERKO公司合作产品的图纸转化工作，合作生产的喂棉箱、开松机、梳理机等设备取得成功；和青岛高校合作研制的铺网机和带式自调匀整装置、电气控制装置实现了国产化，取代了进口，降低了成本；研制开发的新型横植机、新型铝合金盖板、手动电子清纱器等新产品初见成效；开发试制的高比例浸PVA革布是国内唯一能替代韩国进口的高端产品；与中国一汽集团合作开发的汽车内饰材料已小批量生产；研制的贴片机填补了国内空白。

年内，青岛宏大纺织机械有限责任公司新型开清梳联合机获中国纺织工业协会科技进步一等奖；FA203A、FA232A型梳棉机被评为青岛市重点新产品；在第九届北京国际纺机展上展出的JWF1201新型梳棉机、JWG1001新型络筒机分别获得中国纺机集团优秀展品奖；研发的清花系列针布、自锁针布被评为青岛市高新技术产品。

质量管理　贯彻“零缺陷”管理理念，全面加强质量管理，重点抓总装质量以及外协外购产品的质量控制，落实了用户交付制度。年内，通过中国质量管理协会2000版质量管理体系标准第一次监督审核，开展以“追求质量零缺陷——不制造缺陷，不接受缺陷，不传递缺陷”为主题的“2004年质量月”活动。多个QC小组获全国、省、市纺织行业优秀质量管理小组称号。

信息化建设　新产品全部实现PDM管理，PDM应用已进入正常设计；三维CAD、CAPP软件系统在工装设计、工艺管理方面得到全面应用；CAM单机管理系统已在全部热处理设备上得到应用；ERP软件系统在质量、工单、装配过程管理、售后服务管理等方面进行了二次开发并取得较好的效果；DSS（决策支持系统）积累了两年的数据，开始正式启用；办公自动化系统在青岛纺织机械厂开始运行。青岛宏大纺织机械有限责任公司ERP项目通过专家组验收，为经纬纺机信息系统的全面集成奠定了基础。

国际交流合作　年内，继续保持与意大利萨维奥公司的技术交流合作；与德国ERKO公司签订了十年合作协议；接待国际知名企业德国苏拉、德国科德宝公司、德国ERKO公司、美国3M公司、法国NSC、日本宝翎、日本Contex、韩国东园等的参观访问；完成日本通奇多米项目、科德宝南非项目出口；参加第九届北京国际纺机展、上海纺机展及第二十三届俄联邦轻纺产品及设备贸易展，增进了国际交流。

（刘　琳　王兴志　党　磊）

青岛北海船舶重工有限责任公司

概况　2004年，完成工业总产值4.11亿元，实现销售收入3.92亿元，新承揽合同金额4.87亿元，出口创汇3364万美元。该公司继续保持“青岛市文明单位标兵”称号，该公司党委获“青岛市先进基层党组织”称号。

修船业务　以外轮为主，业务涉及亚、欧、美三大洲15个国家或地区，新开辟了巴拿马等国际修船市场，并承揽大型高附加值船舶。全年完成修船67艘、产值2.09亿元，单船平均价格312万元、同比（下同）增长61.7%，其中外轮60艘、出口创汇2460万美元。该公司修船总产值、销售收入、修船出口创汇、修船销售利润率均居2004年中国修船排行榜前十名。

造船业务　采取和其他船厂合作方式组织船舶建造，承揽国内工程船舶（打桩船）、海洋工程（修井平台）和出口日本各类驳船合同。建造了国内最大的93.5米打桩船，为辽河石油勘探局建造了“辽河作业一号”修井平台。全年共承揽造船9艘/2.43万吨，合同金额7487万元，完工吨位增长60.5%，实现产值1.02亿元。

玻璃钢艇业务　开发生产了BH-10P半封闭式救生艇、BH-600玻璃钢工作艇和BH-L680高速工作艇，并获得中国船级社、法国船级社的质量检验认可。新开发了BH-AR12A、BH-FF80A、PV60S等艇架，并通过法国船级社、日本船级社的产品认证。全年完工玻璃钢艇327艘,同比增加47艘;完工艇机艇架127台(套),同比增加32台(套)。

旧址搬迁与新厂建设　3月14日,该公司在海西湾承修的第一艘船舶"高州海"进厂,标志着新厂修船恢复生产的正式启动。6月30日,整体搬迁工作基本结束,在建的最后一艘船舶——"辽河作业一号"修井平台交付后,在燕儿岛原址的生产任务全部完成。海西湾造修船基地2座修船坞混凝土浇注主体工程于12月底完工,大坞配套起重机(200吨龙门吊、80吨龙门吊等)、大坞所需的动力系统设备以及泵房设备、高空作业车等配套设备和大坞坞门均在制作安装中。游艇船机区总建筑面积1.94万平方米的5栋厂房于6月底完工;游艇船机办公楼、厂区绿化、游艇抛落架、水池和船机试验平台等配套项目均按期在年内完成。职工单身公寓于3月26日开工,截至12月底,部分住宅楼已交付验收。

人才的培养与引进　先后与大连新船重工有限责任公司、哈尔滨工程大学和武汉理工大学签定和达成了合作定向培训、培养及推荐分配毕业生协议,首批50余名大学生按照协议赴大连新船重工有限责任公司进行为期1~3年的定向学习培训,与哈尔滨工程大学等10所高校的近200名应届大学毕业生签定了招聘协议。

(赵明光　林建平)

青岛前哨精密机械公司

概况　2004年,完成产品销售收入7744万元,实收货款7057万元,出口交付额442万美元,实现利润603万元,分别比上年(下同)增长21.7%、6.9%、3.8%、113.8%。花岗石量仪产品工业总产值超过3336万元,增长29.31%,创造了历史最高记录。该公司获山东省、青岛市"守合同重信用企业","A级纳税信用等级单位"等称号。

技术创新　年内,开发了液压类、框架冲击类等科技含量高、市场潜力大的航空工具;通过引进技术和自主创新,对老产品实现了产品结构的优化升级;开发了汽轮机转子总装测量仪,形成了新的经济增长点。

企业管理　继续开展"成本系统工程",在采购、节能等方面降低成本,并通过采用先进的工艺、技术和加强产品质量管理向生产过程中的各个环节推进。气动工具制造车间普遍推广了"5S"(整理、整顿、清扫、清洁、素养)管理。建设"诚信为本"的质量文化,强化了质量体系的运行,把质量意识贯穿到研、产、供、销全过程,杜绝、减少重大质量事故的发生。

改革改制　年内,气动工具项目进行了合资,该项目总资产增长近1倍。三坐标测量机项目在股权转让过程中增加了收益。通过资本运营收益,偿还了6000多万元的贷款。所辖的4个剥离单位运行正常。其中,工艺设备公司加强钻机市场开发、产品宣传、售后服务,前哨大酒店增加了营业额及客流量,门诊部、物业公司的工作得到周边居民的认可和支持。

(刘长青)

山东黄金集团青岛有限公司
青岛市黄金工业管理办公室

概况　2004年,全市共生产黄金2898.03千克,同比(下同)增长0.41%。其中,山东黄金集团青岛有限公司生产黄金2210.53千克,增长0.72%;完成工业总产值3.52亿元,增长22.26%;完成销售收入3.39亿元,增长32.65%;完成工业增加值1.46亿元,增长25.73%;实现利税8989万元、利润6405万元,增长44.15%和51.42%,创历史最好水平,连续5年在山东黄金集团公司的25个成员单位中居第2位。该公司连续多年被青岛市工商局认定为"诚信企业免检单位"、"守合同重信用单位",获青岛市"一等企业信誉等级"称号。

科研与技术改造　年内,投入科研资金100多万元,实施了十几个课题项目。加强技术改造,投资1200万元,完成了金星金矿、鲁润公司、旧店金矿采矿接续工程;投资1300万元,完成了鑫汇金矿的采、选、氰、冶四大工序的全面配套完善,使该矿采、选日处理能力达到800吨,年产黄金1250千克,创利4000万元,成为工艺设备先进的大型现代化黄金矿山企业。

地质探矿　与吉林大学地球科学院合作,对现有矿山外围和深部进行"探边摸底",新增矿石量40多万吨、金属量1500多千克。对平度市的台头、郭家埠等地开展了金、铜、铅、铁等矿产资源的实地普查,圈定了磁化异常带,并进行部分揭露和钻探验证,明确了下步的找矿方向。对平度市长乐镇麻湾矿区加强探矿,完成钻孔1000米、井巷工程150米,累计施工钻孔6000多米、井巷工程500多米。加快青岛地区的资源开发,在青岛地区登记探矿权面积83.36平方公里;经与山东省地质勘探局第四勘查院协商,达成了联合开发胶南市黄金、铅、锌等多金属资源协议。实施"资源走出去"战略,先后考察了吉林、内蒙古、甘肃、云南、安徽、宁夏等省、自治区的多个金、铜、铅、锌矿点,并与内蒙古、安徽、宁夏等地的黄金局及有关单位签订了联合开发黄金、铅、锌等资源协议。

多元开发　注册成立了房地产开发公司、铅锌开发公司、塑料制品公司等3个非金企业,实现了当年登记注册、当年创效的目标。与青岛天宝置业公司合作,在青岛市崂山区海尔路竞得商住用地1.47公顷,并于12月动工建设办公和员工宿舍综合大楼;运作商住用地40多公顷。

企业管理　制订了《关于深入学习先进企业经验全面加强企业管理的意见》和《企业现场管理考核标准》等企业管理制度,开展了企业管理创新活动并设立了"企业管理创新奖"。加强生产技术管理,财务管理,物资、设备及能源管理,人力资源管理和现场管理。

安全生产　加大对安全设施的投入,先后投资600多万元,对矿山企业的井巷通风、提升及井下作业系统进行全面更新改造,其中井巷提升系统全部安装了自动监控装置。制定了《违章处罚暂行办法》、《外包工程队安全管理办法》等规定,加强各项规章制度的落实,加强教育培训,全年安全生产无重大伤亡事故。

职工培训　年内,先后有260余人通过"请进来、走出去"等多种形式进行了学习培训。开展了历时4个月的专题学习和大讨论活动。开展了学习许振超爱岗敬业的先进事迹活动。与武汉理工大学联合举办采矿技术培训班,对非采矿专业的技术和管理人员进行了为期半年的培训。聘请山东工商学院的教授授课,举办了历时2个半月的工商管理培训班,对60多名干部进行了培训。选派了12名副矿级以上干部和24名青年员工到烟台黄金培训中心脱产学习。

行业管理　强化行业管理,打击和

清理乱采滥挖现象。出台了《进一步加强黄金行业管理工作的通知》,为全市黄金工业的发展提供了政策导向。贯彻落实山东省政府办公厅《关于进一步加强矿产资源管理工作的通知》,引导和规范企业依法保护、合理开采、有效利用黄金矿产资源。依法办理了矿山企业《开采黄金矿山批准书》的发证工作。结合青岛市黄金行业管理的实际,提出了修改和废除《青岛市黄金行业管理办法》的意见和建议。

(于子涛)

·汽车制造工业·

一汽解放青岛汽车厂

概况　2004年,生产销售汽车6.26万辆;实现销售收入96.47亿元,同比(下同)增长1.2%;实现利润8.3亿元,增长47.15%;完成工业增加值17.5亿元,增长3%;实现利税10.95亿元,增长17.7%。

基础管理　对目标责任进行分解,把经营目标分解到所辖各个单位,由各单位结合实际细化分解落实到各个环节。加强成本管理,全年共降低采购成本1.3亿元,内部降成本2334.1万元;制定了《总装车间投入产出管理规定》和《冲压车间投入产出管理规定》暂行办法,完善生产装配“BOM(物料)清单”和原材料消耗定额,加强车间基础数据管理。成立了体系建设小组,制订了《体系能力建设方案》,加强体系能力建设,编制了产品开发及生产主流程及相关子流程图。推行TPS(日本丰田精益生产方式),编印了《丰田生产方式和作业改善》、《精益生产图解案例》等资料,开展了各种形式的培训班,累计培训员工3684人次。加强现场管理,成立了JPS(解放生产方式)管理工作小组,重点开展了现场定置优化、在制品库存压缩、消除零部件的磕碰划伤等改进工作。8月,与爱波瑞公司合作开展精益试点线建设,驾装车间主焊线劳动生产率提高4.7%、现场在制品压缩32%,总装车间内饰线劳动生产率提高13.6%、现场在制品压缩30.83%。

质量管理　明确了产品质量和质量体系考核流程,加强质量管理,通过了由中国质量认证中心对强制认证管理体系的审核和天津华诚认证中心进行的第一次监督审核。整车一次入库合格率达到92.1%,整车一次交检合格率达到95.2%,提高了新产品验证通过率。加强实物质量控制,制定了《出国车产品质量控制管理规定》,完善了出国产品质量标准。

信息化建设　该厂四地(青岛、上海、成都、长春)办公自动化系统及DDN(数字数据网)专线开通运行,实现了信息共享,提高了办事效率。现场数据采集系统一期工程完成采集工作,可实现计划安排与下达、数据采集、参数表、门卫管理、统计、查询等功能,该系统获市科技局授予的“青岛市制造业信息化示范工程项目”称号。开通了企业网站(http://www.qdauto.faw.com)。获“青岛市制造业信息化示范企业”称号。

新产品开发与技术改造　多轴车开发了“6×2”、“8×4”和“10×4”系列多轴车型,增加了相应的油罐车和搅拌车专用底盘;加强出口车开发,为哈萨克斯坦、叙利亚、苏丹、加纳、印度、南非、坦桑尼亚、朝鲜、巴布亚新几内亚等国家市场提供了16种产品约200台份;加强针对中国西部市场的产品开发,开发了“FK”中卡和长头车系列产品,成都分厂还开发了小中卡系列产品;加强适应性产品开发,完成适应性产品78个。实施了涂装车间无尘化改造项目,使驾驶室面漆返线率由20%降低到8%,年可降低成本180万元;实施了涂装车间“电改气”项目,年可节约运行费用170万元;实施了冷加工车间及驾装杂焊工段搬迁项目,年可降低物流成本80万元;实施了驾装车间主焊线改造项目;完成了成都分厂万辆中重型平头车技术改造、长头车焊装线改造、车架涂装线等项目验收、转资工作;全年该厂技改项目总投资7600万元,共组织实施了26个项目。

清洁生产　5月,启动了清洁生产工作,先后实施了涂装车间西厂小件烘干炉的“电改气”改造、冲压边角料的重复利用、工模具车间薄板料的替代、涂装车间的稀料油漆回收、机加工车间和工模具车间的设备更新等一批减污增效项目,污水减少排放0.137吨/辆车、废气减少排放1万立方米/小时,万元产值清洁生产贡献率4.17%。

内部建设　对内部组织机构进行优化调整,开展了部室负责人竞聘工作,优化了人力资源。加强职工培训,组织了工商管理培训和电焊工、冷作工、汽车装调工、维修电钳工等工种的职业技能鉴定培训及特殊工种的安全操作上岗应知应会培训等。实施了与效益、产量双挂钩的效益工资一级分配办法。建立了二级经理后备人才队伍,规范了核心人才队伍建设。加强了信息收集与产品宣传工作。从理念识别系统(MI)、行为识别系统(BI)和视觉识别系统(VI)等3个层面推进企业文化的系统化建设。推广“合理化建议”、“KVP2(质量改进)”等群众性经济技术创新活动,全年职工提报合理化建议356条,采纳率80%,实现率64%,其中有30个项目已向中国第一汽车集团公司申报优秀改进项目。关心职工生活,提高职工收入,职工人均收入增长15.25%。

(韩　斌)

·建材工业·

概　况

2004年,青岛市规模以上建材企业122家,完成工业增加值29.4亿元,同比(下同)增长38.3%;完成产品销售收入103.3亿元,增长44.8%;实现利税7亿元,增长48.4%;实现利润总额4亿元,增长73.2%;完成出口交货值2.77亿元,增长29.5%。

主要产品产量:水泥381万吨,增长31.4%;平板玻璃(浮法)377万重量箱,下降30.6%;压花玻璃4235万平方米,增长64.4%;水泥排水管605吨,增长25.3%;花岗石板材104.56万平方米,增长21%;石墨及碳素制品22.6万吨,增长31.9%。

项目建设

年内,青岛亨达实业有限公司开发研制的具有自主知识产权的“平板真空玻璃生产关键技术与设备的开发应用”通过了由中国建筑材料工业协会组织的专家鉴定,该公司在国内率先实现了平板真空玻璃及设备的规模化生产,截至年底,生产平板真空玻璃5000多平方米,其中60%的产品被应用于家电产品中,成为世界上第一家能够实现产业化生产平板真空玻璃的公司。清华大学“新型陶瓷与精细工艺”国家重点成果转化及生产基地落户城阳区。由世界500强企业投资的青岛圣戈班韩洛玻玻璃有限公司在青岛经济技术开发区正式投产。由日本三菱综合材料株式会社与三菱商事株式会社共同投资140万美元兴建的青岛三菱水泥工程项目竣工投产，年产水泥40万吨。

经济运行特点与存在的问题

经济运行特点　1.加快立窑水泥企业的改造，全年立窑水泥企业仅占全市水泥企业总量的30%，提高了旋窑水泥企业的比例。山水集团青岛水泥分公司、青岛鲁碧水泥制造公司等两大水泥粉磨站的水泥产量占全市水泥总产量的57%。2.优质浮法玻璃产量加大，深加工玻璃质量提高、品种增加。优质浮法玻璃的生产能力比上年增长22%，高档压花玻璃增产近两倍。3.产品出口持续增长。其中，玻璃产品出口交货值2亿元，占据了出口产品的重要位置，石墨、石材、滑石等非金属矿及制品的出口呈现增长趋势；产品出口除韩国、日本及东南亚市场外，扩大到美国、澳大利亚等国家。

存在问题　1.煤电油运的持续紧张和价格不断上涨，制约了建材工业的发展。2.建材工业生产增长还过分依赖于全国固定资产投资的高速增长，城乡消费市场和出口市场有待拓展。3.缺少名牌产品和大企业集团的拉动，发展后劲不足。

（李　坊）

·电　　业·

青岛供电公司

2004年，该公司获"全国消费者杯"并获山东省"行风建设示范窗口单位"、"平安山东建设先进基层单位"等称号，成为青岛市首批行风免评单位。夏季用电高峰时刻，国务院总理温家宝亲临该公司视察，对公司电网建设、供电服务以及迎峰度夏工作给予了充分肯定。

经济指标　2004年，全社会用电量168亿千瓦时，比上年（下同）增长12.11%；完成售电量142.27亿千瓦时，增长15%；线损率4.71%；供电可靠率达到99.99%；电压合格率99.03%，其中A类99.91%；电网最高负荷273.2万千瓦；电费回收率100%；完成综合平均电价459.95元/千千瓦时；多种产业完成销售收入12.2亿元、利润1.2亿元；安全生产实现了2个连续百日无事故记录。

电网建设　年内，投资4.17亿元，新增主变容量1190.1兆伏安。新建投产了220千伏棘洪滩输变电工程，110千伏富源工业园、城阳、黄山、玉皇岭变电站工程，35千伏虎苑输变电工程及110千伏昆仑山、黄山变电站电缆进线工程；扩建完成了220千伏珠山变电站三期、大庄、唐田变电站及平度站增容工作；开工建设四方新区220千伏线路迁移工程、110千伏昆仑山变电站、35千伏市北工业园、松岭路、石老人、河西、高新、福岭变电站工程。500千伏黄岛（宝山）站，220千伏虎山、九龙、城阳、石化变电站扩建工程的前期工作正在进行。新建、改造220千伏线路18.3公里，110千伏线路9.2公里；新建10千伏线路18条21.64公里；结合市政建设，完成35千伏及以上电缆下地55公里，10千伏88公里；基本消除了10千伏线路过载及低压配电台区过负荷问题。对26台110千伏及以上断路器进行了改造，无油化率达到100%。微机保护率达到97%。完成带电作业1180余次。加强电网规划工作，完成了"十一五"城网规划编制，初步完成了"2006～2020年青岛市电网规划"。

经营管理　全年新装、增容客户3.6万户，容量达129.37万千伏安，送电率83.3%。完善配网线损自动生成系统，对160条配电线路和1500个台区及分线、分台区进行考核；完成了营销系统数据库的三层次改造。实施营销全过程监督考核机制；加强电费回收，建立了客户交费信誉评价体系。加强反窃电工作，利用负控、防窃电测试仪等技术手段对用电异常的客户重点监督，稽查各类用户1.81万户，累计追缴电量732万千瓦时，追补电费518万元。完成了ACD会议、APEC会议、啤酒节、海洋节等重大政治、经贸、节庆活动的保电工作。

多种产业　完成了电力实业总公司向恒源股份公司的转变。完成了东电公司、修验公司的改制和资产重组工作。开展了组建恒源集团的前期准备工作。加快了房地产和高新技术产业的发展，东部工业园生产楼和厂房主体已投入使用，亮化公司在青岛市亮化工程项目招标中中标，房地产"海韵家园"项目已交付使用，"凯旋山庄"项目已开工建设。理顺了多种产业资产关系，对后勤管理体制进行了改革。

优质服务　规范服务行为，推进"彩虹工程"常态运行和行风建设的发展。开展了"品牌意识"、"大服务观念"和"诚信服务"教育活动，形成以营销为龙头，生产、基建、政工、后勤等一切工作服从、服务于营销一线的"大服务"格局。培养和选树优质服务的先进典型，进行宣传和推广。借助科技手段，完善服务功能，强化服务监督。

（刘　钢）

华电青岛发电有限公司（原青岛发电厂）

企业改制　2004年9月8日，华电青岛发电有限公司临时股东会、公司创立大会暨第一届第一次董事会召开。经股东会、董事会批准，完成了公司规范和注册工作，股东方注入资本金3.8亿元。青岛发电厂正式更名为华电青岛发电有限公司。

生产经营　全年累计完成发电量35.08亿千瓦时，完成年计划的100.4%。1、2号机组供电煤耗333克/千瓦时，比年计划下降4克/千瓦时；供热机组供电煤耗538克/千瓦时，比年计划下降4克/千瓦时。综合厂用电率6.25%，比年计划下降0.23个百分点。对外供热299.55万百万千焦，完成年计划的101.9%。实现了"零事故"目标，截至年底，实现连续安全生产2316天，创造了历史最高记录。全年实现利润7965万元，超额完成了计划。该公司继续保持了华电集团公司优秀发电企业和文明单位称号，并被华电集团公司评为2003～2004年度安全生产先进单位。

二期热电联产工程　该工程是该公司为提高城市热化率，改善大气环境质量，为城市经济和人民生活提供充足、洁净的绿色能源，加快企业发展而开展的扩建项目，被列为青岛市的重点工程之一，计划总投资23.9亿元，预计2006年全部竣工，竣工后该公司对外供热能力每小时达1000吨蒸汽，供热面积超过1000万平方米。该工程于8月4日由国家发改委正式下文批复立项。年内，完成了3号锅炉钢架吊装、汽包就位、汽机房框架和烟囱外筒到顶的主要目标，完成基建投资9.34亿元；热网输配工程通过了初设审查，成立了华电青岛热力有限公司，市内部分路段主管道已开始施工，热网工程进入了实质性实施阶段。该公司被华电国际公司评为工程管理先进企业。

科技环保　该公司投资3.8亿元的烟气海水脱硫工程是一项加大企业生产成本、但能有效解决对大气二氧化硫污染的重大环保项目，被列为青岛市重大技改项目和国家第七、八批国债项目，整个工程投运后每年可减排二氧化硫1.8万吨，届时该公司将成为中国北方首家采用海水脱硫的企业。年内，完成了国外设备采购和一期工程国内配套设备的招标订货工作；一期脱硫工程通过了初设审查，完成了烟气和海水系统的接口工作。加强粉煤灰综合利用，成立了青岛华电新型建材有限公司，完成了加气砌块及承重砖的可行性研究报告并已开工建设。

（邱忠生　高存方）

山东黄岛发电厂

概况　2004年，共完成发电量38.77亿千瓦时，销售电量35.51亿千瓦时，实现售电收入9.76亿元。获"全国'安康杯'竞赛活动先进单位"、"全国守合同重信用企业"、"中国企业文化建设先进单位"、"2003～2004年全国企业文化建设实践创新奖"、"山东省资源节约先进单位"、"山东省管理创新十佳企业"、"山东电力教育培训先进单位"、"山东省档案管理考核特级档案馆"和"青岛市先进基层党组织"等称号。

安全生产　2004年，全面落实各级安全生产责任制，加强安全性评价和精细化安全管理，启动实施了安全预警机制、现场24小时巡查和中层以上领导干部现场巡视制度，开展了各类季节性的安全大检查活动，强化了治安保卫、交通消防等非生产活动的安全管理，健全了各类反事故保障和快速反应体系。注重设备维护"消缺"管理和煤炭掺配工作，减少了煤质下降对机组安全稳定运行的影响。坚持月度安全例会和每日生产调度会议制度，坚持"以零违章、零缺陷，确保零事故"，强化企业安全文化建设，开展反事故预演活动，全面做好反违章、技术监督等工作。截至12月31日，该厂实现连续安全生产3434天，继续居全国装机容量50万千瓦以上电厂第一位。

经营管理　强化了存量和增量资产的内控制度建设，提高了依法治企的能力和水平。加强资金链和预算监控，完善经济运营分析会制度，保证了经营工作的"可控、在控"。结合A9系统（企业设备资产综合管理系统）的应用，引入项目管理理念，加强成本标准化管理。全面实施了车辆改革。抓好了一期工程清产核资和二期工程资产评估，提高了存量资产质量。实现一、二期工程两个核算主体所得税合并缴纳。争取合理电价，一期机组电价调增31.37元/千千瓦时，二期调增1.5元/千千瓦时。落实责任制，做好煤炭供应工作，全年全厂共进煤209.14万吨，其中自购煤炭158.82万吨。按照国家电力建设核准制项目报批要求，开展了三期工程项目的报批工作。

科技和管理创新　优化科技创新和应用，优化设备点检制，建立了完善的状态检修管理体系，完成了1号、2号、3号、4号机组小修任务。健全和完善了企业目标管理体系，保证了ISO9001、ISO14001、OHSAS18001、BS7799和ISO10012等5大管理体系的高效运转，推进了精细化生产、经营、基建管理工作。推进信息化建设，启动实施了智能化"一卡通"管理形式，实现了管理人员日、周、月工作计划安排程序化。实施"人才强企"战略，召开了第五届科教工作会议，推进了管理、技术、技能等3个序列队伍建设，开展了"创建学习型企业，争做知识型职工"活动。

环境保护　在山东省电力企业中率先着手创建"国家环境友好企业"，通过了省级验收和国家级现场调研。落实清洁生产运行机制，通过了青岛市创建清洁生产优秀企业的评审验收。3号机组海水废灰乳脱硫建设项目于7月开工。参与和支持海水淡化事业。6月4日，全国首台3000吨/日自主知识产权海水淡化设备投入试运行；10月20日，正式实现向锅炉系统供水。

企业文化建设　开展"反腐倡廉警示教育"活动，加强超前预防和反腐败工作，被山东电力集团公司评为党风廉政建设"优秀"单位。举办了首届"激流勇进"田径运动会。组织了企业文化理念征集活动，形成了独具特色的企业文化理念体系和员工行为规范。

（姜鹏程）

·盐　业·

概　况

2004年，全市生产原盐37.78万吨，生产食盐3.5万吨，生产多品种盐537.47吨。销售各类盐产品54.1万吨。其中，销售小工业盐6.64万吨；销售食盐5.96万吨，完成年计划的138.7%；销售小包装加碘盐2.2万吨，完成年计划的108.3%；销售多品种盐596吨，超额完成年销售计划。食盐优一级品率达到100%。市盐务局被评为山东省食盐质量先进单位。

食盐专营

加强对青岛市食盐流通秩序的整顿，市盐务局成立食盐专营专项检查领导小组，对青岛市食盐专营体系和盐政执法体系进行了专项检查，未发现违反专营政策的行为。加大对专营体系的监控。青岛盐业专营有限公司在山东省率先通过国家食盐专营AAA企业。

针对食盐市场出现波动的情况，及时调整食盐分配调拨计划；派专人到山东省内、外食盐生产企业驻点监督、协调，衔接产、运、销各个环节；筹措资金，扩大运力，增加库存，保证了青岛市食盐和小工业用盐的稳定供给。

出台《食盐零售许可证》办理程序公示制度，完成青岛市7家食盐批发企业的《批发许可证》换证工作，基本完成了7500家零售网点的《零售许可证》换证工作。

继续开展提高碘盐普及率活动，进村入户宣传近3万户，发放宣传资料10万余份，免费为群众盐罐测试1.9万多次，免费为17所农村学校1.7万多名学生检测家中食用盐情况。

行业管理与盐政执法

年内，向市委、市政府提出统一规划、有序开发，保持盐业生产合理必要规模，整体稳定，局部退盐的建议。市政府在胶州湾盐田开发规划中采纳了此建议，把胶州湾盐田开发纳入青岛城市框架规划中。

开展了百日"挖窝端点"统一会战，全年出动稽查执法人员[illegible]，查处盐业违法案件1493起；查没私盐600

余吨,罚款23.51万元;端掉制售假窝点27个;移送公安机关处理案件3起,刑拘5人。盐业违法案件查处率达到100%。10月,山东省盐务局在青岛召开现场会,对青岛市盐政执法工作予以肯定并在全省进行经验推广。年内,2个盐务管理处被国家发改委评为全国食盐市场管理先进单位,2人被评为全国食盐管理先进个人。

服务品牌建设

年内,市盐务局推出机关服务品牌——"盐真情深",并于12月召开了"盐真情深"服务品牌启用仪式。"盐真情深"服务品牌成为全国盐行业中第一个服务品牌。

(陈　鑫)

·药　　业·

概　况

2004年,青岛市医药行业纳入行业管理统计的工商企业累计完成销售收入近30亿元,比上年(下同)有所下降;实现利税有较大下降。其中,工业企业完成工业总产值(当年价格)14.7亿元,下降2.83%;完成工业增加值5.6亿元,下降5.85%;完成产品销售收入15.1亿元,下降0.21%;实现利税1.4亿元,下降39.75%;实现利润总额0.88亿元,下降41.27%;主要产品产量,除个别品种外,都有不同程度的下降。全市医药商业企业效益下滑明显,国有医药商业出现全行业亏损。

运行特点

1.行业产品结构调整取得初步成效。全市重点发展的中药、高新技术缓控释制剂成为全行业的主导产品,其中缓控释制剂附加值较高、发展潜力大,对全市化学药工业具有较强的拉动作用。2.原材料涨价、煤电紧缺对行业运行影响较大。3.出口产品质量稳定,但数量小幅下降。顺应国际上对医疗器械和植物提取物的需求,医用纱布出口保持稳定增长;中草药散剂出口出现小幅下降,但出口利润仍占到全行业的40%。合资企业是出口主力;医用纱布、植物提取物是出口主要产品,青岛市已成为世界医用纱布重要加工基地之一。

行业结构调整与重组

年内,青岛市医药骨干企业青岛国风药业股份有限公司实施了改制并与国内知名企业进行了资产重组,青岛黄海制药有限公司以及部分中小企业也与国内资金雄厚的企业实施了资产重组。医药商业竞争激烈,国有商业经营困难,加速了企业结构调整与重组;随着医药商业网点的增加,药品价格低层次恶性竞争现象加剧,经营企业进入微利阶段,行业整体盈利能力下降,影响行业健康发展。为实施GMP(药品生产质量管理规范)认证,青岛国风药业股份有限公司、青岛黄海制药有限公司、青岛双鲸药业有限公司等5家大型医药企业由市内向工业园区搬迁。

(朱振国)

农业与农村经济

·概　　况·

主要经济指标

2004年,青岛市所辖五市完成生产总值首次超过1000亿元,达到1044.3亿元,同比(下同)增长18.5%;完成地方财政一般预算收入34.7亿元,增长40.3%;完成全社会固定资产投资577.7亿元,增长40.1%。一、二、三产业增加值比重为13.3∶53.7∶33,二三产业所占比重提高1.1个百分点。五市全部进入全国县域经济综合实力百强县。

农业和农村经济结构

2004年12月,市委常委、农工委书记王伟(左一)到青岛(即墨)农业高新技术开发区调研。　(市委办公厅供稿)

全市农业增加值161.8亿元。粮食生产丰收,全市粮食播种面积36.1万公顷、增长0.2%,粮食亩产429公斤,总产量232.34万吨。畜牧、水产两个优势产业加速发展。全市肉、蛋、奶总量分别达到75.56万吨、37.96万吨和47.95万吨,分别增长6.4%、-6.4%和16.9%。水产品总产量132.45万吨,增长0.3%。其中,捕捞产量43.97万吨,下降0.8%;养殖产量88.48万吨,增长0.8%。海、淡水养殖面积6.34万公顷,增长5%。

林业生产快速发展。全年完成造林面积 3.25 万公顷，森林覆盖率 29.76%，提高 3 个百分点。农村基础设施和生产条件得到改善。截至年底，全市拥有农业机械总动力 598.87 万千瓦，增长 6.8%；农用拖拉机 16.81 万台，增长 4.6%；农用载重汽车 1.11 万辆，下降 1.0%；农村用电量 33.06 亿千瓦时，增长 10.4%。

落实惠农政策

落实中央关于加强农业和粮食生产的一系列方针政策，全年对种粮农民实行直接补贴 4412 万元，市财政对农民实施农机补贴 348 万元。免征崂山、黄岛、城阳等 3 个区的农业税，降低五市农业税率 3 个百分点，全市农民人均负担下降到 41 元，比农村税费改革前减负 72%。全市农民人均纯收入达到 5080 元，增长 12.1%，增幅首次超过城市居民。

农业产业化经营

推广以"公司 + 合作经济组织 + 农厂"为主要内容的"九联模式"，提高农业产业化水平。全市年销售收入过亿元的农产品加工企业已发展到 34 家，其中 10 亿元以上的 4 家。有国家级农业产业化重点龙头企业 10 家、省级农业产业化重点龙头企业 19 家。农产品加工能力达到 550 万吨，农产品加工率达到 40% 以上。全市在农产品产地建成年交易额过亿元的大型专业批发市场 26 处，其中过 40 亿元的 1 处。

招商引资和外贸出口

五市合同利用外资 39.6 亿美元，实际利用外资 22.7 亿美元，实际引进青岛市以外内资 95.9 亿元，分别增长 42.4%、48.1% 和 43.2%。五市引进 1000 万美元以上的外资项目 128 个、1 亿元以上的内资项目 101 个。五市外贸出口 45.7 亿美元，增长 27.5%。

农村社会事业

推进以"教、医、保"为重点的社会事业发展。深化和完善"以县为主"的义务教育管理体制，建立教育救助制度，组织市内 170 所学校与农村学校建立了结对帮扶关系。全年共减免困难学生学杂费 [illegible]万元，帮助困难学生 [illegible]万名。全面推行新型农村合作医疗制度，人口覆盖率达到 89.4%，受益率达到 16.8%。全面落实农村低保制度，全年发放农村低保金 2733 万元。初步建立城乡统一的劳动力市场，全年共向本市二三产业转移农村劳动力 9 万人。

（王臣林）

·种　植　业·

2004 年青岛市农业生产主要指标表

项　　目	数量	比上年±%
农作物总播种面积（万公顷）	66.03	-2.6
其中：粮食（万公顷）	36.1	0.16
经济作物（万公顷）	29.92	-5.8
其中：花生（万公顷）	11.92	-2.93
棉花（公顷）	6333.33	45.04
蔬菜、瓜类（万公顷）	16.41	-7.7
其他（万公顷）	0.96	-24.8
粮食总产（万吨）	232.34	4.57
花生总产（万吨）	58.04	2.0
蔬菜总产（不含果用瓜）（万吨）	672.09	-8.0
棉花总产（万吨）	0.72	35.8
果品总产（万吨）	74.85	10.5
花卉面积（公顷）	1866.67	16.7
茶叶面积（公顷）	4920	27.2
茶叶产量（吨）	1050	81.0
粮食：经济作物	54.7:45.3	
设施栽培面积（万公顷）	3.52	-14.6

落实各项惠农政策

2004 年，青岛市贯彻落实中央、山东省委 1 号文件和青岛市委 5 号文件精神，推进城乡统筹发展，促进农民增收，是有史以来解决"三农"问题政策力度最大、效果最明显的一年。全市共安排支农资金 6.84 亿元，共发放粮食直接补贴资金 4412 万元，购买农机具补贴 348 万元；崂山、黄岛、城阳等 3 个区全部免征农业税，郊区五市降低农业税税率 3 个百分点，全市共减轻农民负担 2.3 亿元，人均减负 44 元，减负率达到 51.8%。全市农民人均纯收入 5080 元，同比增长 12.1%，农民人均纯收入增幅首次超过城市居民人均可支配收入增幅，增幅创 1998 年以来最高水平。城乡统筹、城乡互动、城乡一体发展格局初步形成。

建设百万亩高产优质高效粮食示范区

市政府决定从 2004 年开始，利用 3 年时间，在全市建设 100 万亩（6.67 万公顷）高产优质高效粮食示范区，其中平度市 2.13 万公顷、莱西市 1.87 万公顷、即墨市 1 万公顷、胶州市 0.87 万公顷、胶南市 0.8 万公顷。市财政增加了对示范区的投入，从 2004 年开始，每年从土地出让金中拿出 20% 用于粮食示范区重点项目建设，共 1.2 亿元，其中 2004 年安排 4000 万元。示范区内将全部建成"吨粮田"，粮食单产将在现有基础上提高 20% 以上，粮食总产量超过 100 万吨。

农业结构调整

优势农作物区域面积不断扩大。全年种植专用小麦面积 5.87 万公顷、优质玉米 5.72 万公顷、特色甘薯 0.8 万公顷、优质花生 3.38 万公顷、特色蔬菜 0.78 万公顷、优质茶 0.2 万公顷。黑小麦、特色甘薯、特色杂粮、名优蔬菜等八大系列 200 多个农产品深加工产品打出了"高尔上"特色品牌。从特色甘薯研发的甘薯冻干（FD）食品及其加工方法获得第五届中国国际发明专利博览会银奖；青岛市在山东省名茶参展评比中有 12 种产品被评为山东省名茶，占全省总数 40%。实现茶叶产值 1.2 亿元，创历史最好水平。

农业产业化

加快农产品龙头企业发展。截至年底，青岛市销售收入过千万元的 119 家、过亿元的 34 家、过 10 亿元的 4 家。其中，国家级龙头企业达到 9 家，总数居全国 15 个副省级城市首位。农村专业合作经济组织试点工作取得进展，农民组织化程度不断提高。其中，胶州市洋河奶农协会和胶南市徐村竿头生产经营合作社被列为全国农民专业合作经济组织试点单位，试点数量居全国 15 个副省级城市首位。城阳蔬菜批发市场等 10 处骨干农产品批发市场服务功能、辐射带动能力进一步增强。

农业科技教育

组织实施青岛市重点农业科技成果转化工程。全年在研科技项目 32 项，其中已有 2 项达到国内领先水平、4 项获省市科技进步奖。青岛市农科院研究开发的青研牌种子产品系列被认定为"山东省著名商标"，填补了青岛市种子界的一项空白。农业科技教育培训工作成效显著，全年培训"绿证"学员 6500 人，发证

4300个;完成各门类农业大专招生1127人,各专业中专招生1604人,分别完成年目标值113%和160%。青岛市农业广播电视学校的"农村远程网络教学"模式得到国家认可,被农业部确定为"全国育才兴农示范校"。

农业标准化

加快农业标准化进程。青岛市农产品质量监督检测中心、动物疫病监控中心、兽药药残监控中心获得了机构审核认可和计量认证资格,青岛市的检验检测能力居全国先进水平。"无公害食品行动计划"全面实施,全年共配套制定了56项生产技术操作规程,创建了一批农业标准化综合示范区,青岛市建设无公害农产品生产基地119处,组织认证无公害农产品生产基地68个,认证产品91个。重点在城阳、平度南村、莱西东庄头、即墨移风、胶州沙梁、胶南王台等6处产地批发市场推行市场准入制度,指导市场开展入市销售产品的例行检测制度、检测结果公示制度、市场信息联网发布制度、不合格产品追溯制度等,严禁有毒有害超标农产品入市销售。

农业招商引资

全年合同利用外资610万美元,实际利用外资440万美元。在巩固日、韩、东南亚等传统市场的同时,开拓欧美、俄罗斯等市场。建立以检验检疫备案为主要内容的"档案农业",从生产源头控制出口产品质量,扩大出口量。全市农副产品出口14.8亿美元,同比增长13%,其中水产品5.19亿美元、畜产品2.38亿美元、蔬菜2.05亿美元、其他5.18亿美元。组织参加了寿光蔬菜博览会、第三届中国青岛国际化人才创业项目洽谈会、杨凌农业高新技术博览会等。

农业综合开发和农村开发扶贫

全年市以上财政投入开发资金8351万元,土地治理面积1.31万公顷;农村扶贫开发的22处经济困难乡镇的财政收入比上年增长23.6%、农民人均纯收入增长9.2%。

落实农村政策

宣传贯彻《农村土地承包法》,印制《农村政策宣传手册》155万册,每户一册免费发放到户。延长土地承包期30年和"两田(口粮田、承包田,下同)制"调整工作取得进展。截至年底,全市已完成延包村数5813个,占应延包总村数的99.8%;完成"两田制"调整村数1107个,占应调整总村数的96.7%;土地承包合同签订率和土地经营权证发放率均达到98%以上。引导和规范土地承包经营权流转。全市97%的村庄实行了农村财务公开和民主理财,其中莱西市沽河街道办事处三教村、平度市经济开发区河头村被列为全国首批农村集体财务管理规范化试点村。

农业法制

推进农业综合执法体制改革。建立完善了农业立法起草、审定制度,农业法律、法规、规章实施情况报告制度,农业行政执法监督管理制度、执法责任追究制度等。规范执法程序,把农业执法工作纳入规范化、法制化管理。围绕重点商品、重点区域、重点企业、重点市场,开展春秋两季农资打假护农行动,打击坑农害农违法行为。全年共出动执法人员4470人次、车辆560台次,检查各类农资生产经营业户2156个(次),查处各类违法案件639起,查获假冒伪劣商品809.24吨,为农民挽回经济损失900多万元,保护了农民合法权益。

(杨 萍)

·水产业·

海洋管理

海域使用管理　实施了涉海项目立项前预审办法,全面开展了海域使用论证制度,依法审查审批了LG芳烃项目、香港招商局前湾物流园区、奥帆赛基地建设、国家石油储备库、跨海大桥等20多个用海大项目,新审批用海项目61个,累计发放海域使用证920本,新上用海项目办证率、海域使用权证书换发率及年审率均达到100%。完成了区市间海域勘界报告,配合山东省勘界办开展与烟台、日照间的海域勘界工作。编制完成了《青岛市海洋功能区划(征求意见稿)》,参与编制城市滨海大道规划、组团发展规划、滨海岸线规划、港群布局规划、修造船等特殊海岸依赖型产业布局总体规划和沿海岸线旅游设施建设规划。召开了胶州湾保护与可持续利用座谈会。

海洋环境保护　发布了《2003年青岛市海洋环境质量公报》,组建青岛市海洋环境监测预报中心,完成了近岸海域海洋环境污染现状与趋势监测、海水浴场泳期环境监测预报和胶州湾底部重点养殖区环境监测,组织开展了大公岛自然保护区监测调查、团岛污水处理厂排污口及其邻近海域环境监测、重点养殖区生物质量监测及大沽河、墨水河、白沙河入海污染物总量监测,正式启动奥帆赛区海洋水文、水质监测预报系统项目及赤潮防治行动专项环境监测工作。

推进国家级海洋环境监控区建设,促成了国家海洋局与市政府合作开展奥帆赛区海洋环境保障工作。依法审批了青岛经济技术开发区滨海大道及公共配套设施项目海洋环境影响评价报告,强化了海岸工程建设期的监督管理和跟踪监测。建立了青岛文昌鱼水生野生动物市级自然保护区。

海洋法制建设　3月1日,新修改的《青岛市海洋渔业管理条例》正式实施。完成了《青岛市无居民海岛利用与保护管理办法(草案)》的起草和送审工作,开展了《青岛市海洋环境保护条例》、《胶州湾海域管理规定》的立法调研和起草工作。贯彻《行政许可法》,制定了《青岛市海洋与渔业局实施行政许可办法》和《青岛市海洋与渔业局行政许可听证办法》,完成了行政许可事项清理工作。

中国海监执法示范工作　组织开展执法骨干集训、执法研讨和案例分析活动,提高执法人员办案能力和办案水平。投资180万元,为6个沿海区市各配备1辆海监执法专用车和1台GPS差分定位仪。履行执法监察职能,组织开展了"蓝箭"行动等专项执法活动,全年共出动执法车辆1000多辆(次)、船只60多艘(次)、执法人员近3000多人(次),查处各类违法违规行为230起,追缴海域使用金2550万元。海监执法示范工作通过中国海监总队的验收,中国海监青岛市支队被正式确定为首批中国海监执法示范支队。

渔业发展

概况　全市完成水产品总产量132.45万吨,完成水产品产值91.16亿元,完成渔业总产值184.84亿元,分别增长0.28%、6.09%和12.49%,3项主要经济指标在全国15个副省级城市中居第2位。水产养殖平稳增长，养殖产量88.48万吨，产值57.16亿元，分别增长0.8%和6.58%；海洋捕捞继续保持负增长，产量减少为43.97万吨，下降0.79%；水产品加工保持较快增长，加工产量49.7万吨，加工产值80亿元，分别增长11.21%和17.89%。苗种生产形势良好，海参、大菱鲆、牙鲆、鲍鱼、杂色蛤的育苗生产规模扩大，对虾苗种生产保持稳定，海湾扇贝育苗规模适度缩减，全市总育苗量270亿粒（尾、头），产值3.35亿元，产值增长2.54%。水产品进出口贸易实现较快增长，进出口总量91.66万吨，进出口总额15.78亿美元，分别增长6.7%和8.7%。

高效渔业　全市虾池养海参达到733公顷，增长120%。深水抗风浪网箱发展到358个，增长110%。工厂化养殖总面积达到31万平方米，增长25%。海蛰养殖面积达到400公顷，增长20%。海珍品养殖快速发展，放养对虾0.85万公顷、扇贝2000公顷、鲍鱼1200公顷、海参2200公顷、梭子蟹1600公顷。增殖渔业创历年规模之最，放流中国对虾3500万尾、南美白对虾320万尾、海蛰1220万头，回捕中国对虾431吨、南美白对虾18吨、海蛰1000吨。休闲渔业快速兴起，首次举办的城阳红岛蛤蜊节和即墨田横民俗文化祭海节取得成功，崂山、胶州、莱西、黄岛等区市投资建设了生态渔业园或休闲渔业基地。

科技兴渔　组织申报青岛市科技发展计划项目7项、青岛市农业重点成果转化项目6项，验收农业科技成果转化项目3项、农业部“948”项目1项、农业科技跨越计划项目1项，申报青岛市科技进步奖2项、国家海洋创新成果奖3项。加强新品种引进，引进银鲑鱼种1000公斤，引进金鳟、虹鳟受精卵5万粒。组织送科技下乡活动，帮助渔民解决了海参病害等问题。启动科技人员联系养殖大户活动，全市51名科技人员与100家养殖企业结成对子，实施定点技术帮扶。加快“三站合一”建设，完成了实验室建设和仪器安装调试、工作人员培训等工作。

渔业标准化　开展国际先进标准采标工作，制定了工厂化养鱼、池塘养参、[illegible]范。加强监督、检验体系建设，全年共抽查样品300个，合格率达到90%。开展渔药、渔用饲料及添加剂的生产经营调查工作，加强水产品药物残留专项整治。成立了青岛市无公害水产品产地认定委员会，组织认定14个市级无公害水产品生产基地，推荐上报10个无公害水产品。

渔业国际化　应对国际市场鳕鱼原料供应不足带来的不利影响，组织企业多方争取原料鱼，并及时调整加工出口结构。全年水产品出口量33.98万吨，创汇8.66亿美元，分别增长1%与7.4%。水产品出口创汇额约占全市农产品出口创汇额的58%，约占山东省和全国水产品出口创汇额的40%和13%，居国内城市首位。实施项目推动、园区拉动战略，在设施渔业方面精选了一批项目对外推介。全市新增渔业外商投资企业37家，经营范围包括水产品加工、贝类净化、水产养殖、网箱生产、海洋生物制品生产等方面，投资总额1.9亿美元，合同利用外资1.2亿美元，分别增长57%和61%。

渔业资源及生态环境保护　全面实施养殖证制度，全市发放养殖证1000多本，发证率居国内同类城市前列。加强渔船年审，渔船年审率达到90%。实施减船转业计划，集中拆解70艘自愿报废的渔船，培训转产渔民439人。国内最先进的300总吨渔政船建成并正式投入使用，提高了海上执法能力。加强渔业执法，共查处违规渔船1163余艘次。在计划单列市中首次开展了驯养繁殖、经营利用、展览展出水生野生动物的资源费收取工作。

制定了“平安渔业”实施方案，落实渔业安全生产责任制，加大渔业安全生产检查，减少安全生产事故。完善海上安全救助二级通信网络，组织救助渔船20次，救助渔民90人，挽回经济损失350余万元，市海洋与渔业局被评为全国海难救助先进集体。

加强伏季休渔管理工作，开展海陆联合执法检查，并联合工商、城管等部门加强对水产品流通环节的执法检查。

（孙云潭）

青岛海洋渔业公司
山东省远洋渔业公司

[illegible]在非洲、美洲和国内设有8个合资或独资公司，总资产近8亿元。年内，把改革改制和盘活资产结合起来，按照“一厂一策、分段操作、先易后难、妥善安置”的思路，完成了对青岛海燕琼胶有限公司和青岛鑫泰水产实业发展有限公司国有股的退出工作。

海洋捕捞　全年共捕捞海水鱼近9000吨。“泰源”、“泰鑫”、“泰荣”及“海丰828”等4艘渔轮先后在西南大西洋福克兰海域和秘鲁外海渔场进行鱿鱼生产；截至年底，共捕捞鱿鱼2200余吨，比上年减少3000吨。该公司设在毛里塔尼亚和摩洛哥的2个渔业合作项目加强生产经营与管理，全年共捕捞鱼货3000余吨。与印度尼西亚合作经营的6艘8154型渔轮生产半年捕捞并运回国内鱼货近2000吨，其中4艘渔轮已于年底前返回国内。

9月，“青渔718”围网组开始投入秋季生产，截至年底，捕捞鱼货1200吨，产量比上年同期增长1倍。

陆地工业　加强模拟仿生食品、海洋生物制品、动物制药等产品的市场开发，仿生食品、甲壳素、动物药等的产量比上年均有增加；修造船方面拓展经营渠道，完成修船20余艘。

劳务、贸易及航运　发挥拥有劳务外派和远洋渔业企业资质的优势，拓展外派劳务的新领域和组织远洋船队自捕鱼进口，全年共向国外派出劳务563人次，回运自捕鱼近3000吨。船务代理公司加强项目代理，招揽业务。开拓水产品贸易市场，组织货源，进口适销对路的水产品。

教育医疗　所辖海洋技术学校提高办学层次，扩大办学规模，与青岛远洋船员学院进行联合办学，成立青岛远洋船员学院分院；以学校实训中心为基础，争取政策使之成为青岛市再就业培训基地之一；争创国家重点技校，提高办学竞争力。所辖长山医院面向社会，以社区卫生服务为主线，完成了社区诊断、疾病干预、残疾人管理等资料，为社区60岁以上老人免费建立了健康档案等。

企业管理　完善各项规章制度，通过加强成本管理、财务管理、质量管理、安全管理、人力资源管理等提高工作效率和运行质量。深化企业内部用人机制、分配机制改革，做好清产核资和经济[illegible]工作。

（王宝升）

·畜牧业·

概　况

2004年，青岛市肉蛋奶总产量达到161.5万吨，比上年(下同)增长5.9%。其中，肉类总产量75.6万吨，增长6.4%；蛋类总产量38万吨，下降6.4%；奶类总产量48万吨，增长16.9%。实现畜牧业总产值93.7亿元，增长9%，占全市农业总产值的比重提高到31%，提高了0.5个百分点。全市肉蛋奶总产量和畜牧业总产值均居全国15个副省级城市第二位。五市全部进入"山东省畜牧业十强县"。

2004年主要畜禽存栏、出栏量

(单位：万头、万只)

项　目		数量	比上年±%
生猪	存栏	197.34	0.3
	出栏	363.16	8.6
牛	存栏	91.95	-0.2
	出栏	44.3	7.2
羊	存栏	91.01	4.6
	出栏	94.98	7.1
家禽	存养	8237.67	-2.4
	出栏	23881.42	3
其中：肉鸡	存养	4099.43	5.8
	出栏	21446.36	3.5

产业化经营

"九联模式"由肉鸡生产领域向其他品种生产领域普及推广，奶牛、肉鸡、优质猪、肉牛、肉羊和蛋鸡等六大主导产业加快向优势区域集中，分散养殖加快向规模化、集约化、统一服务的养殖小区集中。奶业产业化体系重点抓了雀巢公司、新希望琴牌乳业公司等项目，全市年加工鲜奶能力35万吨，带动发展合同农户1.5万户，奶牛发展到13.7万头、占山东省1/4；肉鸡产业化体系重点抓了正大公司、九联集团熟食深加工等项目，带动合同农户2万多户，肉鸡出栏2.14亿只；生猪产业化体系重点抓了新雅公司45万头优质猪加工出口项目、波尼亚公司猪肉深加工项目和恒生源生态农业公司优质猪标准化示范项目等，带动合同农户近1万户，年出栏生猪360万头；肉羊产业化体系重点抓了波尔旺肉业公司年加工出口40万只肉羊项目，肉羊存栏82万头；肉牛产业化体系引进青岛裕龙集团2万头肉牛屠宰加工项目，发展了平度、即墨、莱西等市的3个肉牛基地，全市肉牛存栏78万头；饲料产业化体系重点抓了正大公司、希望集团等国内外大项目，年生产工业饲料120万吨，产值30亿元，青岛市已成为全国有影响的优质饲料产业化基地。全市新建标准化肉鸡、奶牛、生猪、肉羊、肉牛养殖基地130个，基地内标准化养殖车间达到400多个，新建畜牧养殖小区583个。加强行业协会建设。全市已发展畜牧业合作经济组织100多个，其中规模较大的专业协会、合作社37个，即墨市肉鸡协会和胶州市洋河镇奶农协会被推荐为财政部重点支持项目。

畜牧业标准化

推广生产标准　推行了以饲养、用药、防疫为重点的标准化生产技术；推广农业部、山东省畜牧办制定的无公害畜产品生产标准40多项，重点推广了7个主要畜禽品种无公害生产标准，规范了畜牧业生产标准体系。全市无公害肉鸡标准化示范基地达到1亿只规模，占总量的60%；无公害优质猪标准化示范基地达到150万头规模，占出栏量的50%；80%的奶牛和85%的蛋鸡养殖实行标准化生产，肉羊标准化生产规模占40%。

种畜禽、兽药、饲料等投入品全程监管　在全市兽药生产企业中推行GMP改造，对饲料生产企业推行了HACCP管理体系和ISO质量系列体系认证。开展"种畜禽、兽药、饲料市场秩序整顿年"活动，查处了假劣兽药、饲料，共查处违法案件20余起，没收、销毁假劣兽药、违禁药物货值达30多万元，公布了一批优质安全产品。对规模化畜禽饲养场用药、用料实行了登记、审查和认可制度，对出栏和出厂的畜禽及其产品加强了药物残留监测，从源头上保障了畜产品质量安全。

完善检验检测体系　市动物疫病监控中心一次通过了省级计量认证和国家认监委的实验室认可，是国内同行业中首家一次性通过"双认证"的实验室；市兽药药残监测中心通过了国家实验室认可，获得了"双认证"。加强重点出口龙头企业畜产品质量安全检测中心建设，形成了公共检测与企业自检相互补充、配套完善的畜产品安全检测体系。全市有鸡肉、猪肉、牛奶、鸡蛋、羊肉、牛肉和深加工畜产品等13个系列获省级以上无公害农产品认证，占全省畜产品认证总数的87%；9个系列畜产品通过国家级无公害畜产品认证，5个畜产品入选青岛市首批名牌产品。

出口企业国际兽医卫生认证　完善社会防疫体系、官方兽医监督体系、出口饲养场认证和出口企业饲料、兽药使用认证，全市认证标准化出口商品肉鸡、商品猪场1300多个，有60多个畜产品加工龙头企业获欧盟认证或国外兽医卫生注册，占山东省的30%以上。

良种产业化

奶牛良种工程　实施农业部"万枚胚胎富民工程"项目，重点抓了国家级奶牛原种场、加拿大IND公司等项目，全年推广移植高产奶牛胚胎7000多枚，青岛市高产奶牛胚胎移植产业化处于全省、全国前列。

优质猪良种工程　重点抓了万福、恒生源等集团公司10个重点优质猪良种繁育基地建设，全市优质猪比重80%，高出全国平均水平30个百分点，一批优质猪基地获得京、津、沪市场准入，猪肉深加工产品进入日本、韩国、俄罗斯等国际市场。

蛋鸡、肉鸡良种工程　重点抓了青岛正大12万套祖代和九联集团、康大公司50万套父母代品种的更新换代，抓好新欣良种鸡场等20个重点蛋鸡父母代场的良种繁育基地建设，父母代蛋种鸡达到60万套。

肉羊良种工程　重点抓了青岛奥特公司、波尔山羊繁育中心和丰原公司等3个国家级种羊场项目建设，全年制作、移植胚胎4000枚，推动了优质肉羊规模化、基地化生产。

肉牛良种工程　重点加强30万头肉牛改良项目建设，全市引进推广良种肉牛细管冻精60万支，促进了肉牛生产增产增收。

招商引资与畜产品出口

年内，面向畜牧业发达国家和跨国公司招商引资，建设政策法规、市场动态、科普知识、信息传递、网上招商、电子商务等6个平台，已建成市级畜牧信息中心1个、县级市信息中心5个，90%的乡镇和基层工作站实行联网，上网信息1万余条。全市引进畜牧业外资项目5

个，合同利用外资800多万美元；引进内资项目10个，合同利用内资近3亿元。改善畜产品出口环境。完善了官方兽医制度、出口企业饲养场认证备案制度、动物产地防检疫制度，全市畜产品出口创汇4亿美元。

科技推广

开展"畜牧科技人员联系养殖大户活动"。从4月开始，全市551名畜牧科技人员与1374户畜禽养殖大户完成了"对接"。建立"科技联户"示范点21处，推广科学养殖技术46项，组织培训56期，接受培训人员3600多人次，科技人员上门指导服务解决实际问题3000余项。市政府和山东省畜办肯定了该做法，并在全市农业系统和全省畜牧系统推广。

全年转化科技成果和技术推广项目50多个，其中有5个项目列入青岛市重点科技成果转化项目。争取市财政扶持资金22万元用于农民技能培训，全市培训养殖户1.4万多人次。

国家无规定动物疫病区示范区建设

提高无疫区管理水平　全面启动了无疫区示范区续建项目，完成了无疫区畜禽无害化处理厂的设计、论证和项目具体实施方案的制定，启动项目土建工程。完善了无疫区配套软件建设，建立健全了相关制度，实行微机化管理，提高了无疫区的运行和动态管理水平。

动物防疫检疫和执法监督　做好重大动物疫病的防治工作，动物免疫密度、消毒计划的完成均达到100%，均居山东省第一位。加强动物疫情监测和风险分析，开展了口蹄疫、禽流感等15种重要动物疫病的监测。落实了基层动物防疫监督站兽医卫生监管制度，畜禽规模饲养场产地检疫率达100%。推行了动物检疫员派驻制度，实现了有宰必检。建立并实施了对集贸市场、批发市场和大型超市中的畜禽及其产品的巡检制度，依法查处违法行为617起。加强兽药、饲料质量监控和动物及其产品药物残留抽样检测，共检测兽药480多批次、药残样品182批次、饲料100多批次。

建立巩固无疫区成果的长效机制　对无疫区实行法制化管理　加强56个基层动物防疫监督站基础设施建设，公开招考村级防疫员，已有80%的村配备了村级动物防疫员。全市无疫区项目建设档次和整体成效居全国领先水平。

行业管理与机关建设

年内，按照市政府部署，市畜牧服务中心改为市畜牧局，并加挂了市兽医局的牌子。创建了"情系牧业、造福万家"服务品牌。开展了创建"平安畜牧"活动。该局机关和3个局直单位通过了"青岛市文明单位标兵"验收。

（宋　晓）

·林　　业·

概　况

2004年，市郊新造林3.25万公顷，新建完善农田林网2.23万公顷，道路植树148公里，新育苗3987公顷，新发展花卉208公顷，"四旁"植树541万株，分别占年计划的120%、176%、119%、149%、156%、120%；造林平均成活率达到97.5%；森林覆盖率达到29.76%，提高3个百分点。

市委、市政府于年内先后召开了全市林业工作会议，把林业工作纳入了对各区市的重点工作目标考核，把山头综合整治工作纳入了全市目标管理绩效考核，把全民义务植树作为创建"文明区市"和"文明单位"的重要内容。市人大常委会听取审议了市林业局的工作报告，市人大代表和政协委员多次视察林业工作，给予肯定并提出了意见和建议。制订了林业建设三年总体规划和分项规划、"绿线"控制规划以及2005年各项重点工程的规划论证。各区市也研究制订了发展规划和相关的扶持政策。

年内，市林业局被全国绿化委员会评为全国绿化模范单位，被山东省人事厅、山东省林业局评为山东省林业工作先进单位；胶南市被全国绿化委员会评为首批"全国绿化模范市"，成为全国3个县级"全国绿化模范市"之一。

造林绿化

把重点转向"四荒"（荒山、荒坡、荒地、荒滩）和"五边"（路边、河边、海边、村边、田边），开展了济青、同三、潍莱、环胶州湾、一门六堡高速公路绿化和环城林带、沿海防护林带建设等重点工程。春季和秋冬2次组织开展了"林业生产和林业资源管护检查验收千里行"活动，邀请市人大代表、市政协委员、市委督查室、市政府督查室、市直有关部门和部分新闻单位参加，对各区市的林业生产、管护等工作进行检查验收。接受山东省林业局并再次代表山东省接受国家林业局营造林实绩等的综合检查，造林和管护成效、核实比在全省、全国领先。在郊区造林绿化中，结合农业结构调整，发展用材林、经济林、林木种苗、花卉、森林生态旅游等。其中，林木种苗花卉业总面积达到1.27万公顷，销售收入达到5.6亿元；青岛市级以上森林公园达到19处2.27万公顷，接待游客242万人次，实现旅游收入1.17亿元。全市林业总产值达到17.48亿元，增长17%。

森林资源管护

依法行政　加快地方立法，市政府对《青岛市林地保护管理规定》、《青岛市林木种子管理办法》进行了重新修订，并公布实施。加强对各类林业案件的查处，设立了3部24小时开通的公开电话，实行有奖举报；多次组织开展了山头综合整治、打击乱砍滥伐、乱采滥挖、乱征滥占、乱捕滥猎和非法移植树木等集中执法活动，查处各类林业案件276起，查处率97%。推进依法行政，市林业局建立了"一站式"行政服务大厅，对有关行政许可事项进行了清理，健全规章制度，实行政务公开，提高了服务质量和办事效率。

森林防火　加强行政领导责任制落实和防火基础设施建设。新增林火视频监控面积1万公顷，监控总面积达到7万公顷、占全市山林面积的80%，建成了市森林防火指挥中心并实现了全市联网。争取国家和市财政拨款700余万元用于森林生态效益补助，全市管护队伍2475人，人均管护面积46公顷；风力灭火机2598台，平均每36公顷山林配备1台。森林生态效益补助、森林资源管护队伍建设、林火视频监控系统建设等3项工作走在全省全国前列。

年内，市郊发生森林火灾4起、火警20起，森林火灾受害率0.21‰；及时组织扑灭了发生的森林火灾。

森林病虫害防治　年内，青岛市局部地区森林病虫害发生较重，全市共投入人工37万人次、各类防治器械18万余台次、释放周氏啮小蜂4850万只，防治

作业面积15万公顷,主要森林病虫害得到有效控制,成灾率仅为4‰,生物防治率提高到45%,主要道路、沿海防护林、山头、公园、成片丰产林等重点区域基本实现了有虫不成灾。进行了周氏啮小蜂人工规模繁育技术研究并获得成功。

政策机制创新

完善政策　完善现有政策,宣传推广外地和本地一些好的政策,鼓励协调有关区市制订扶持政策。多次组织有关区市赴外地学习平原绿化、山区绿化等方面先进经验。开展了全市宜林“四荒”造林、25度以上坡耕地退耕还林和疏林补植调研,市政府出台相关扶持政策。市林业局与市委组织部联合启动了绿色扶贫工程。

深化改革　推进林权制度改革,林权登记发证率达到93%,新引进内外资企业40家,新到位外资350万美元、内资4480万元。举办了“2004中国(青岛)国际绿化博览会”,成交额4.5亿元。

科技兴林(绿)

加强技术指导、信息服务和林木花卉种苗的引进销售,新引进欧洲金链树、美国红腊等林木花卉良种40个,调剂苗木600余万株;在全市林业系统开展了“科技人员联系大户”活动,结成了51个“帮扶对子”;举办林木种苗、花卉等方面的培训班7期,培训人员1400余人次;发行《种苗花卉信息通道》刊物12期,发布信息1000余条;组织开展科技、法律、政策“三下乡”活动2次。

林业宣传

年内,在青岛市级以上新闻媒体刊(播)发稿件500余篇。与奥帆委等单位联合发起了“绿色奥运直通车”等活动,全市新建立“绿色奥运志愿者林”、“友谊林”、“三八林”、“创业林”、“育才林”等各种义务植树基地36处987公顷,有340万人履行了植树义务,尽责率提高到88%,比上年提高4.4个百分点。

(王　涛)

·水　　利·

概　况

2004年,全市农村水利基本建设共完成投资8.5亿元,开工各类水利工程8561处,完成8211处,完成土石方4675万立方米,增加灌溉面积4667公顷,增加节水灌溉面积8333公顷,新建小型水源工程248处,全市增加拦蓄水能力1650万立方米,完成了年度计划任务。全年共争取上级无偿资金5670万元用于水利工程建设。市水利局被评为全国水土保持工作先进单位、全国水利工程质量监督先进集体、全国水利系统文明单位、山东省文明机关、山东省水利工程管理先进单位、山东省水利工程安全生产工作先进单位、山东省水利建设管理先进集体、山东省水利系统文明单位等。

防汛抗旱

雨情　2004年,全市平均降雨647.3毫米,比上年同期减少182.3毫米,比历年同期减少54.9毫米;其中汛期(6~10月底)平均降雨440.1毫米,比上年同期减少135.7毫米,比历年同期减少72.4毫米。8月3~5日,全市连续出现降雨过程,平均降雨53毫米,平度、胶南局部地区降大暴雨。

水情　汛期的几次较大暴雨,使全市各大小河道先后发生洪水。大沽河干流控制站南村水文站洪峰流量为211立方米/秒;6~9月,断面径流总量约为2.6亿立方米、入海水量约为2.2亿立方米。汛前,按照汛期水库控制运用方案,对超过汛限水位的水库蓄水进行了调控。汛期,全市北部地区几次较大的降雨过程,使莱西市、平度市的产芝、尹府、北墅、高格庄、黄同、双庙、大泽山、淄阳、黄山等9座大中型水库多次溢洪,全市总调洪与溢洪量为1.6亿立方米。汛末,全市23座大中型水库蓄水4.76亿立方米,是1983年以来第4个蓄水较多年份。

灾情　8月3~5日的连续降雨,导致平度市、胶南市局部地区受灾。胶南市共有1166户村民家进水,倒塌民房9间,淹没农田132.67公顷,冲毁农作物0.73公顷,3家企业受淹;平度市受灾人口4800人,倒塌房屋10间,农作物受灾面积1667公顷。此次降雨造成直接经济损失200万元。

旱情　1~5月,全市发生局部旱情。5月,全市因干旱有3.04万人、0.42万头大牲畜出现饮水困难;全市农作物有4.51万公顷受旱,其中重旱1300公顷,缺水缺墒1287公顷,600眼机井出水不足。抗旱期间,全市投入抗旱劳力2.7万人,投入抗旱资金872万元,抗旱浇灌面积2.25万公顷。

防汛工作　落实了以行政首长负责制为核心的各项防汛责任制,印发了《青岛市防汛抗旱指挥部领导成员单位工作职责》和《关于落实防汛抗旱工作责任制的意见》,公布了全市“重点防洪工程防汛责任人”名单和大型水库、河道及重点中型水库“技术负责人”名单,市及各市(区)都落实了领导包重点工程防汛责任制。召开了全市防汛工作会议,对全市防汛工作进行了部署。市委、市政府主要领导多次到大沽河、产芝水库、尹府水库等检查指导防汛工作,青岛警备区全体领导班子成员沿大沽河现场查看防汛地形,熟悉大沽河有关险工险段,做好防汛抢险工作准备。集中资金,抓好重点防洪工程建设。加强防汛“软件”建设,组织完成全市水情遥测一期工程建设。抓好汛前检查,落实了度汛措施,储备了部分防汛料物。修订完善各项防洪预案。各级防汛部门坚持科学调度洪水,重点水利工程经受住了洪水的考验,全市安全度汛。

重点水利工程建设

年内,组织实施了大沽河下游综合治理二期工程和尹府、书院、宋化泉、小珠山、高格庄等大中型水库及20座小型水库除险加固工程,完成海堤建设2处及岁修工程13项。大沽河下游综合治理二期工程被列入青岛市重点项目和市政府在城乡建设和改善人民生活方面重点要办好的17件实事之一,全部工程共完成投资9139万元,完成工程量425万立方米,完成了主河槽拓宽疏浚,新建大沽河、云溪河漫水桥2座,完成供水管线、输油管线、供电设施和通讯光缆跨河建筑物的改造等工程建设任务。

水资源管理

年内,完成了贯彻实施“山东省人民政府第135号令”调增水资源费的测算、前期准备等工作,结合取水许可审批和日常监督管理对取水户的情况进行了普查,掌握了全市企事业单位自备水源的取用水情况;起草、修改了水资源费调增的相关文件、规定,确定了新的水资源费征收标准。开展了全市取水单位普查、入河(库)排污口普查，完成了《大沽河干流水资源论证和水量分配方案》，开展了全市水资源规划、地下水超采区划、地下水开采区划的编写工作。规范了取水许可审批、来访和举报受理、水资源费征收、排污口设置审核等日常行政管理行为，把工作重点放在取水许可、水资源有偿使用、建设项目水资源论证制度的组织实施等权属管理和水资源的配置调度及节约保护上，实施了水资源动态管理和城市供水应急预案制度，实现了管理的规范化、程序化。全市共新发取水许可证183个，查处违法取水案件86起，市本级征收水资源费376万元。

依法管水

年内，完成了《青岛市实施〈水法〉的若干规定》的修订及学习培训工作。组织实施了行政审批事项的清理，把13项水行政审批事项压缩为11项，按照《行政许可法》规定完成了水行政许可事项的法律依据、许可规定、许可主体、许可收费的"四清查"工作，规范了水行政许可事项，缩短了许可时限。加强了对违法水事案件的查处，重点协调解决了胶南小珠山水库非法采砂问题，清理库区30多条非法采砂船。全年共查处各类水事案件97起。

五镇两岛集中供水工程

五镇(莱西市孙受镇、院上镇、店埠镇，胶州市洋河镇，平度市马戈庄镇)两岛(胶南市竹岔岛、沐官岛)集中供水工程被列入市政府在城乡建设和改善人民生活方面重点要办好的17件实事之一。共完成投资2700万元，完成土石方28万立方米，安装各类提净水设施78台(套)，安装各类管道254公里，增加日供水能力1.12万立方米。工程完成后，解决了5处乡镇驻地、2处海岛167个村庄、12.35万人和73个企事业单位的吃水困难问题。

节水灌溉

全市发展节水灌溉面积8333公顷，其中渠道防渗灌溉面积4373公顷、低压管道灌溉面积3333公顷、喷灌面积240公顷、微灌面积387公顷，完成总投资6402万元。完成了城阳区、即墨市节水灌溉增效示范项目，城阳区节水灌溉示范项目完成投资309.86万元，发展节水灌溉面积253公顷，即墨市节水灌溉示范项目完成投资302万元，发展节水灌溉面积280公顷；组织完成了产芝水库灌区节水改造与续建配套工程六期、尹府灌区五期工程。

利用世界银行贷款发展节水灌溉工程进展顺利，完成了青岛市冬小麦节水高效灌溉制度研究、SIDD(自主管理灌排区)模式适用性及推广、莱西市水资源管理信息与辅助决策支持系统等3个课题研究，完成了《青岛市2004年监测评价年度报告》。全年共完成监测土壤水分土样200多次、土壤肥力土样30多次，记录降雨量300多次，统计灌水量400多次。全年共完成项目投资8660万元，完成土建国内竞争性招标5个、小型工程6个、自营工程8个、货物采购3个等合同，截至年底，该项目已累计完成投资1.88亿元，完成提款报帐700万美元，累计发展节水灌溉面积1.93万公顷。

水土保持

年内，完成了《青岛市土壤侵蚀潜在危险度评价研究》课题，组织对大沽河、墨水河、南胶莱河、风河等流域进行了水土流失监测。全市完成治理水土流失面积60平方公里，建设基本农田973公顷、水保林2371公顷、经济林1533公顷，种草41公顷，封育管护2037公顷，共完成土石方883万立方米，总投劳力413万个，总投资6105万元。争取国债资金200万元用于水土流失治理。全年共编制实施水土保持方案102项，征收水保设施补偿费407万元，共查处水保违法案件36件。

(曲安刚)

·农机管理·

概　况

2004年7月，市委、市政府决定撤销青岛市农业机械服务中心，组建青岛市农业机械管理局，为市农委下设的正局级事业单位，负责全市农业机械化工作。

2004年，全市农业机械总动力居全国15个副省级城市第[illegible]位；实现农机经营总收入24.3亿元，比上年(下同)增长9%，居全国15个副省级城市第二位；全市[illegible]个主要生产环节机械化水平分别达到了98%、67%和46%，小麦生产机械化程度达到97%；全市农业机械化综合水平达到70%，提高2个百分点，居全国15个副省级城市第二位。

2004年全市农业机械拥有量

项　　目	台、辆、亿元	千瓦	比上年±%
总动力	5988669	6.7	
其中：			
农产品加工机械	81056	672406	2.77
排灌机械	192144	1103761	-0.49
渔业机械	9398	214449	-18.60
柴油机	134881	1068949	1.69
其中：排灌用	102738	739044	0.45
电动机	138319	707218	-0.60
其中：排灌用	89406	364717	-1.37
汽油机	8637	30049	4.41
农用拖拉机	168061	1818276	4.60
其中：大中型	21640	22.93	
农用汽车	11085	431647	-1.05
农业运输车	121966	1402016	4.89
其中：三轮运输车	106660	1040168	7.57
机引田间作业机械	308372	2.38	
其中：大中型	53078	4.70	
联合收获机	6272	9.36	
农机总值	35.995	6.29	
农机净值	26.476	7.95	

2004年全市农业机械化作业情况

项　　目	作业量(千公顷)	比上年±%
机耕地面积	415.22	-0.14
机耕作业面积	569.82	-1.00
其中：深耕	259.13	-5.37
机播面积	454.80	12.30
机收面积	314.68	22.63
机械植保面积	162.97	2.66
机械铺膜面积	85.88	8.94
精少量播种面积	162.44	7.77
免耕覆盖播种面积	147.6	
化肥机械深施	110.79	-6.85
秸秆粉碎还田面积	273.12	475.96
机械加工农产品(万吨)	692.37	7.78
农机经营总收入(亿元)	24.33	9.12

农机购机补贴

年内，市农机局制定了《关于提高农业机械化装备水平促进农民增收的意见》；与市财政局联合出台了《青岛市2004年度农业机械购置补贴实施方案》，就补贴的对象、范围与标准、申报与补贴程序以及有关要求作了具体规定，重点[illegible]型农业机械和设备按不超过购买机具单价的30%和最高3万元的价格进行补贴。全年青岛市财政补贴348万元,中央、市和市(区)三级财政补贴总额达到500多万元,购置新机具400多台(套),引导农民投入2000多万元。青岛市“政府购机补贴资金”、“农民购机投入”和“农业机械推广数量”处于全国全省的前列,中央电视台“新闻联播”栏目播报了青岛市实施购机补贴工作的情况。

农机“一条龙”服务和跨区作业

在“三夏”、“三秋”生产中,分别推行了“小麦联合收获—小麦秸秆机械打捆—粮草运输—玉米精播”和“玉米联合收获青贮—粮草运输—机械深耕(深松)—小麦精播”等“一条龙”服务,提高了农业机械作业效率,减轻了农民负担,增加了农民收入。中央人民广播电台播放了青岛市“三夏”农机工作的情况。

全年全市发展跨区作业中介服务组织50多个、跨区作业中介人120多人,并颁发了中介资格证书,创新了组织形式,规范了跨区作业市场,保障了农机手的合法权益。参加“三夏”、“三秋”和“冬春”三大跨区作业机械首次超过1万台。“三大跨区作业”为农民增加收入首次超过1亿元。全市涌现出省级“明星服务队”15个,市级“明星服务队”60个、“明星机组”600个。市农机局、即墨市农业机械服务中心被评为全国跨区作业先进单位,平度市、胶州市、莱西市农机服务中心被评为山东省跨区作业先进单位。

农机职业技能培训

年内,山东省农机系统在平度市召开了“全省农村劳动力转移农机培训现场会”,推行了青岛市的“一训三证”(通过集中一次培训,可同时取得“拖拉机驾驶证”、“绿色证书”和“职业技能鉴定证书”)组合式培训模式。市农机局与市人事局合作,承办了国家人事部“全国首届农机化技术高级研修班”,为贵州省培训农机人才90人;与市发改委合作,在平度市、胶南市举办了3期帮扶培训班,免费为210名库区移民和帮扶村的贫困农民进行了农机技术综合培训。全年全市完成拖拉机驾驶员培训1.2万人,完成“绿色证书”培训6120人,农民职业技能培训1.35万人,中央人民广播电台报道了青岛市“一训三证”培训工作的情况。

“平安农机”建设

与交通、安监部门联合开展了农机安全“十百千”示范活动,全市表彰了农机安全示范镇10个、示范村50个和示范户495个;与工商、质量技术监督等部门联合开展了创建“星级文明农机市场和星级文明农机销售企业”等活动,组织了“农机消费者咨询日”、“农机产品质量投诉周”、“三一五”农机联合打假等活动,全市检查农机修配企业410个、农机生产企业29个,抽检各类农机产品200多批次,查获假冒伪劣农机零配件162件。全市已创建平度市农机市场、胶州市泰山农机公司、胶南市农业机械总公司等5个“五星级”农机市场和农机销售企业和莱西市农机服务公司、即墨市升丰农机有限公司等7个“四星级”农机市场(销售企业),星级文明农机市场(销售企业)销售额比创建前提高1倍,利润增加1000多万元,企业让利5000多万元。

实施了农机监理“全程代理制”和“一站式”服务,在青岛广播电台举办了“行风在线”专题节目,把农机安全生产纳入了各级政府的安全目标考核体系,制定了《青岛市重、特大农机事故应急处理预案》和《青岛市联合收割机跨区作业收获突发事件应急预案》,规范了农机执法工作。贯彻落实《中华人民共和国道路交通安全法》,按照“高保障、低保费,为民、便民、利民”的原则,先后与中保人寿、太平洋保险等保险公司合作开办了农机保险工作,为机手提供了安全保障。年内,全市拖拉机检验率、拖拉机驾驶员检审率分别达到98%和99%,农机事故率控制在0.03‰以内,事故起数和死亡人数分别下降60%和33%。青岛市开展农机安全“十百千”示范活动和建设青岛“平安农机”活动的做法,得到山东省农机办的肯定并作为全省农机安全生产的重点工作经验进行推广。

创建“兴机富民”服务品牌

年内,全市各级农机部门丰富品牌内涵,充实品牌成果,扩大品牌影响,初步建立了以“七大服务、五项建设、五个提高”为核心内涵的品牌创建体系。“兴机富民”服务品牌进入创建全国农机系统的服务品牌阶段,《农民日报》等媒体专门报道了青岛市农机部门创建“兴机富民”服务品牌工作,创建“兴机富民”服务品牌获市直机关优秀成果奖。

(华正远)

·乡镇企业·

概　况

截至2004年底,青岛市共有乡镇企业17万个,乡镇企业从业人员164万人。2004年,全市乡镇企业实现总产值3023亿元,比上年(下同)增长19%;实现增加值743亿元,增长18%,占青岛市生产总值的34%;完成营业收入2661亿元,增长18.2%;实现利润127亿元,增长17%;上交税金73亿元,增长28%;完成出口交货值374亿元,增长18.4%;累计固定资产投资376亿元。12个区、市中有9个区、市乡镇企业营业收入超过10亿元。有乡镇企业工业园区47处,完成营业收入962亿元,其中年营业收入10亿元以上的乡镇工业园区18个。全市规模以上乡镇企业1484个,完成营业收入1043亿元;其中,规模以上工业企业1238个,完成营业收入904亿元,实现增加值278亿元,工业产销率达94.7%,上交税金26亿元;城阳区广源发集团有限公司进入全国500强企业行列,居全国500强第422位。

固定资产投资

全市乡镇企业完成固定资产投入376亿元,增长41%,占全市社会固定资产投资总量的37%。其中,乡镇工业固定资产投资施工项目3201个,投资额278亿元;技改项目投资25亿元。民间资本投入增加,全年自有资金投资218亿元。投资结构继续改善,一、三产业和部分主导行业投资增速加快,国家宏观调控的重点钢铁、水泥等行业增幅回落,纺织、服装、农副产品加工项目增多。

外贸出口

全市乡镇企业中有出口企业2558家,比上年增加111家。乡镇企业出口的主导产品中的食品类、纺织服装类、机械类保持较强的优势,出口交货值分别为103亿元、79亿元、56亿元,成为乡镇企业出口的支柱产品。

产业结构调整

全市乡镇企业一、二、三产业实现增

加值分别为10亿元、667亿元和66亿元，所占增加值比重分别为1.3%、89.8%、8.9%。第一产业向工业化养殖和规模种植基地发展。第二产业中的规模以上制造业和以农副产品为原料的加工业成为发展的主体；其中，制造业成为乡镇企业主导行业，实现增加值571亿元、占全部增加值的77%，从业人员95万人、占从业人员的近60%，完成营业收入1593亿元、占全部营业收入的69%。第三产业中的社会服务业快速发展。

乡镇民营经济

全市乡镇企业个体私营经济完成总产值2040亿元，实现增加值503亿元，完成营业收入1788亿元。集体企业个数、人数由上年的1137个、12.23万人下降到570个、10.4万人；个体私营企业固定资产投资占全部乡镇企业投资的86%以上。

（佟建渤）

国内贸易

·概　　况·

流通总体规模快速增长

2004年，青岛市实现社会消费品零售总额605.5亿元，首次超过600亿元，同比（下同）增长15.8%，增幅、位次在全国15个副省级城市中均居第2位。城乡市场协调发展，城市市场实现零售额476.7亿元、增长16.9%，农村市场实现零售额128.8亿元、增长11.7%。居民消费结构升级，穿、用商品分别实现零售额114.7亿元和247.6亿元，分别增长15.6%和16.3%，均高于吃的商品15.3%的增幅。商业零售企业销售快速增长，全市十大零售企业实现销售收入125.7亿元，首次超过100亿元，其中利群集团实现销售收入51亿元、居山东省零售企业首位。

现代服务业发展升级

现代流通方式和组织形式实现的销售额占消费品零售总额的比重为29.4%，以流通现代化为标志的现代服务贸易业发展升级。5个国际著名服务品牌集聚在香港中路商业中心，阳光百货等2家高级百货店集聚国际一流品牌30%以上，青岛市商业环境和商务环境得到优化提升。

连锁业加快发展，全市连锁企业总数达到92户，拥有连锁门店3785处，分别增长26%、27%，累计发展连锁业种52个，新增21个。零售业态发展完善，引入苏宁、三联等2家电器连锁企业，发展[illegible]生鲜超市、星巴克咖啡等4个品牌服务企业，新建4个大型超市和购物中心。

餐饮、购物、文化、旅游等四大夜间经济板块全面启动，在市区初步培育形成了台东三路商业街、登州路啤酒文化街、汇泉广场等近10处夜间集中消费区域，规范设置10处夜市，夜间购物、餐饮分别占全天销售的30%、60%以上，夜间消费初见成效。

金融业稳步快速发展。出台支持银行业、保险业发展的2个重要意见，加强招银引资，引进恒丰银行、永安保险等5家金融机构，国家进出口银行等7家机构完成升级或增资，指导黄岛区争创全国14个国家级沿海开发区首家金融安全区，全市金融机构实现不良资产和占比双下降，为近年来金融体系建设收效最大的一年。初步建立银行卡结算"一卡通"应用平台，全年刷卡消费39.6亿元，增长89%。青岛市商业银行不良资产置换工作得到中央政治局常委、国务院副总理黄菊的肯定，在全国推广。

区域性服务中心建设

以山东省、半岛城市群及城乡为服务目标，加快推进以青岛为中心的商贸网络扩张和辐射半径延伸。商贸中心辐射功能增强，依托骨干流通企业对半岛城市群发展商业网络，全年新开工建设项目8处以上。利群、维客、百盛、国美等优势骨干流通企业在半岛城市群设立大型商业设施16处，实现跨区域销售额17亿元，增长38%，连续3年增幅超过30%，青岛市跨区域网点数量和销售额居山东省第一位。

流通业总部经济快速发展，新引进[illegible]总部，已有佳世客、百盛、家乐福、肯德基、大福源、国美电器、美国星巴克、泰国易初莲花等8家外来（资）商业在青岛市设立地区性管理总部（公司），面向山东省及河南、新疆等地发展各类门店82处。其中，美国青岛星巴克咖啡有限公司以青岛为中心，面向鲁、豫、冀市场，是美国总部在中国投资的第一家独资公司。

市政府确定的汽车贸易城、高新区装饰城和胶州湾综合批发市场等三大市场的扩建改建工程全面完成，全市10处骨干农副产品、生产资料批发市场实现成交额121.7亿元，增长30.2%。城乡一体化协调发展，在市郊培育建设十大产地农产品批发市场，累计开设大型商业、餐饮网点31处，在市郊重点城镇设立中型超市15处。骨干流通企业在市郊五市开设大型购物设施12处，在重点乡镇设立中型超市4处，改造农村便利店379处。全市整合改造"夫妻店"556处，累计达到1476处，支持了青岛市"小老板"创业工程的实施。争取国家流通业结构调整国债专项资金支持的利群集团胶州物流中心和维客集团物流中心项目顺利实施。

商业服务设施的布局和结构

通过宏观指导、规划引导，商业服务设施的布局和结构优化升级。组织编制市郊五市和城阳、黄岛、李沧等区网点专业规划，在全市全面实施市、区（市）两级商业网点规划管理体系，商业网点逐步实现由无序发展向布局合理有序发展。五大商圈、14条商业专业特色街功能日趋完善，辐射带动作用增强。加快农产品销售平台建设，10处市级产地型农产品批发市场的交易量、交易额分别增长23%和27%，带动了农村产业结构调整和农民增收。新配置6处农贸市场，改造15处标准化农贸市场。培育发展商业专业特色街，新增4条，总数达到14条，改造中山路商贸旅游区，发展旅游、文化、珠宝特色市场，开展社区商业发展试点工作。

商业行业管理

年内，发布实施了商业流通业3个地方行业标准（生猪定点屠宰厂生产经营管理规范、连锁超市服务规范、商品市场设置和管理规范），全市商业流通行业标准总数达到11个，商贸标准化建设处于全国同类城市前列。组建了4个流通行业协会（汽车流通、洗浴服务、拍卖、调味品），全市流通行业协会总数达到19个，行业覆盖面进一步扩大，初步形成了商贸流通行业协会组织服务体系。

精神文明建设

年内，市经贸委创建了"诚就竞合"政务品牌。全市商贸系统新增6个中国商业服务（企业）名牌、总数达到15个，新增25个青岛财贸服务名牌、总数达到97个，居山东省商贸系统首位，基本形成了覆盖全系统各行业的服务品牌群体。国家发改委在内部刊物专题介绍了青岛市创建品牌的经验并在全国品牌经济工作会议上予以推广。

（王景全）

·"放心工程"建设·

概　况

2004年，青岛市加强"菜篮子"数量安全和质量安全保障体系建设。"菜篮子"市场运行调控措施得力，经受住了禽流感疫情和农产品市场波动带来的考验。流通领域"菜篮子"商品质量监测网络体系日益完善，不合格蔬菜协议销毁退市制度在七区五市全面推行；生猪定点屠宰管理实现重大改革，新型肉品市场备案准入管理办法顺利实施；创新开展了集团消费"阳光食品工程"和"绿色消费社区"建设，得到了国家商务部等11个部委、全国人大食品安全调研组、国务院整顿市场秩序督查组、山东省食品安全检查组等部门的肯定，被誉为"青岛模式"。

市场运行调控

年内，全市"菜篮子"市场购销两旺，城阳、抚顺路、华中等三大市区批发市场蔬菜交易量6.4亿公斤，同比增长18%；万福、青联等7家市级定点屠宰厂共屠宰生猪107万头，同比持平；肉、菜市场外地货源近50%，价格处于全国大中城市的中游水平。完善了"菜篮子"市场信息直报、月度例会制度，青岛市市场运行监测工作受到了国家商务部通报表彰。"菜篮子"重要商品储备到位，投放及时，全年共储备冻肉500吨，投放生猪活体储备3万头、蔬菜储备3800吨、水产品储备200吨。

年初防控禽流感期间，建立日报制度，制定应急预案，加强市场环节活禽定点屠宰巡查管理，做好流通领域禽流感防控工作。适时增加了生猪活体2万头、冻牛羊肉100吨的应急储备，并组织利群、九联等21家企业开展了"工商联手确保禽产品质量安全"倡议活动，保障了"菜篮子"市场运行平稳有序。

商品质量监测

扩大"菜篮子"市场商品质量三级监测网络。市"菜篮子"商品质量监督检测中心成为国家商务部首批指定的山东省唯一一家"食品安全定点检测机构"；全年新发展蔬菜检测（室）点40处，全市达到170处；全市持证上岗的蔬菜质量检测人员达到470多人，全部实行了条形码信息化管理。监测范围覆盖了全市主要农副产品批零市场；监测关口前移至生产、加工、配送环节，延伸到集团消费领域；监测品种扩大到了水果、水发产品。全年共抽检蔬菜样品36.6万批次，比上年增长50%；共销毁不合格蔬菜110.2吨，是上年的5倍。

生猪定点屠宰

全市生猪定点屠宰企业贯彻《青岛市生猪定点屠宰企业生产经营管理规范》，共检出并无害化处理病害猪3422头，7家市级生猪定点屠宰厂共抽检"瘦肉精"7560批次，检出率为零。各级生猪定点屠宰管理部门加强生猪肉市场联合稽查，共组织查处违法案件1185起，取缔私屠滥宰窝点116处，查获非法肉品45.84吨。

下半年，市政府修订了《关于加强市区生猪肉市场管理的通告》，市经贸委牵头工商、卫生、质检部门制定了《加强市区生猪肉市场入市备案管理的实施办法》，于2004年12月1日在市内四区正式实施了以"入市备案、统一换证、集中批发、品牌销售、合同约束和执法监管"为主线的新型管理制度。引入了4家外地知名生猪定点屠宰加工企业，促进了青岛市肉品市场的公平竞争，确保了质优价廉的"放心肉"的市场供应。

深化"三绿工程"

5月20～21日，全国"三绿工程"工作领导小组在青岛市召开"全国三绿工程座谈会"，国家商务部等11个部门和福建、青岛、广州等9个省、市的流通主管部门代表与会，推广了青岛市"三绿工程"工作经验，中央、省、市的新闻媒体予以报道。

实施集团消费"阳光食品工程"，组织了"阳光食品工程"进机关、进学校、进企业、进部队等活动。已发展集团消费"阳光食品工程"试点单位31家，各试点单位普遍建立了以供方资质准入、需方严格自检、消费者监督相结合的食品安全监管体系和以公开招投标为主的"阳光采购"模式，使每天20万人次的就餐质量安全得到保障。ACD外长会议期间，应用"阳光食品工程"模式，监控粮、肉、菜等7大类食品原料10.4吨，完成了会议食品安全保障工作。"青岛经贸网""阳光食品工程"服务平台在网供应企业达89家，共有蔬菜、肉类、米面、食用油等8大类130余种"放心产品"获得准入资质，采供双方直接或间接网上交易额月均达到1000多万元。8月，举办了首届全市集团消费"阳光食品工程"联合采购招标会，17家集团消费单位和35家供应企业就7大类33种"放心产品"达成合同意向6000多万元，共为招标方节约成本600余万元。

2月，市经贸委牵头市民政局、市文明办、市工商局、市卫生局、市质检局、市城管局等7个部门共同发起了"绿色消费社区"创建活动。全年发展试点社区66处，覆盖社区居民13万户36万人。初步建立了社区"绿色消费"宣传培训和社会监督体系，共举办"三绿工程建设市民开放日"等各类培训班200多期，开辟社区绿色消费宣传栏500多个，发放宣传品12万余份，征集"我为创建绿色消费社区献计策”市民建议830多条，聘请“绿色消费社区”监督员238人，培训社区干部、居民近4万人次。结合青岛市商业网点规划，新配置高标准社区农贸市场5处，实施标准化改造11处；发挥利群、维客等5户骨干流通连锁企业优势，以特许加盟方式整合改造社区“夫妻店”1250处；以“阳光佳日”等优势餐饮企业为依托，发展社区“绿色早餐”经营点200多处。

开展“农副产品绿色市场”创建活动。全市有63处农副产品批零市场参与争创“农副产品绿色市场”，有44家批零市场被评为“青岛市创建农副产品绿色市场创建(示范)单位”。

畅通“绿色通道”。市经贸委、市交通委、市公安局等部门累计为重点“菜篮子”保供生产、加工、流通企业发放“绿色通道专用卡”780多个，并在4个入市主要收费站专门设置了“菜篮子工程绿色通道”，每年可为企业节约运输成本500万元。

(张金灿)

·餐　饮　业·

概　况

2004年，全市餐饮业实现零售额80.7亿元，同比增长20.2%，占全市社会消费品零售额的13.2%，连续5年居社会消费品零售额各行业首位。

餐饮街区建设

年内，完善了云霄路、大麦岛、台东八路、泰山路等餐饮美食街的服务功能和亮化、美化设施。各餐饮街区形成特色，云霄路、闽江路美食街开办时间早、知名度高，大麦岛美食街以海鲜品种全和新鲜见长，登州路啤酒文化一条街以啤酒新鲜、纯正、价格实惠而闻名，坐落在台东八路餐饮街区的200多家中、小饭店以物美价廉受到大众消费的欢迎。市南、市北两区的餐饮消费最为活跃，全年餐饮零售额达到27亿元，占全市的33%；五市的餐饮零售额达到31.7亿元，占全市的39.2%，其中胶州、平度两市达到17%以上；全年增长20%以上的区域有市南、市北、李沧、崂山、黄岛；增长速度最高的是市南区和崂山区，分别达到29%和26.7%。七区餐饮街区达到14条。

特色餐饮市场建设

年内，美达尔、万和春、新尚快餐、王姐烧烤、撲错门等快餐、特色小吃企业在胶州、黄岛、李沧等地发展连锁店19家，规模达1万多平方米；怡情楼、海梦圆、小绍兴、勇丽美食城等规模以上的餐饮企业在区市发展连锁店7家，规模达到3.5万平方米。餐饮连锁发展迅速，品牌企业规模不断扩大。通过对青岛市海鲜菜和特色小吃的培育，海鲜菜、特色小吃已成为各餐饮企业的招牌。年内，新评定出海鲜菜94例、特色小吃20种、风味小吃20种，截至年底，全市共评出海鲜名菜169例、特色小吃70种，初步形成了独具特色的青岛海鲜菜系和特色鲜明、贴近大众的特色小吃。

规范行业发展

继续实施绿色早餐工程并向七区延伸，新增绿色早餐亭(车)103座(辆)，累计达220座(辆)。依照《餐饮业经营服务质量要求》和《饭店业经营服务质量要求》，在全市开展餐饮住宿企业“达标”活动，有425家企业通过了达标验收。加强对快餐企业的规范要求，对7家具有一定配送能力，设施、生产、卫生、服务规范符合标准要求的快餐配送企业向社会进行了公示。

(魏秀捷)

·商贸流通单位选介·

青岛维客集团股份有限公司

概况　2004年，完成销售额15亿元，同比(下同)增长50%，综合经济效益居省市同行业前列。先后获首批中国商业信用企业、首届中国青年创业周“企业项目铜牌”、山东省第五届消费者满意单位、山东省文明诚信百佳企业、青岛市百强民营企业、青岛市AAA企业信誉等级等称号。

扩大连锁经营　年内，继续加快跨区域发展。9月10日，维客青州购物中心正式开业，是该集团开设的第八家分店，也是继维客高密购物中心后在潍坊市开设的第二家大型购物中心。该购物中心营业面积1.[illegible]万平方米，并设有大型停车场，是青州市最大的集购物、休闲、娱乐为一体的综合性商业购物中心；9月25日，维客胶南购物中心正式开业，是该集团规模最大的连锁店，营业面积3.8万平方米，并配有350个车位的停车场，是青岛市西海岸规模最大、品种最全、设施最先进的现代化大型购物中心。在发展新连锁店的同时，该集团对维客平度购物中心、维客莱阳购物中心、维客高密购物中心等分店进行调整，通过装修、扩建等方式，改善经营环境，扩大经营面积，提高经营业绩。10月23日，维客高密购物中心一期扩建工程奠基仪式举行，扩建后营业面积将达到2.4万平方米，商品品种将增加到15万种。扩大社区便利店规模，重点发展青岛市区南部沿海一线。4月25日，“维客迷你公司沿海一线加盟店授牌仪式”在市南区佛涛路的裕福祥加盟店举行；截至年底，维客便利店已从青岛市发展到高密、莱阳、青州等地，共700余家。

调整经营结构　年内，对维客崂山百货有限公司进行了装修调整；调整了经营状况不佳的维客进出口公司，将其归属到维客天凤工艺品有限公司专营自营进出口业务；调整了维客南山超市，将其与维客广场超市合并，提高了维客南山超市的经营效益。

信息化建设　年内，继续加快企业信息化建设，对该集团大型综合商业企业数据中心系统(BERP系统)进行完善和升级。以供需链为导向的网络化物流配送系统建设项目被评为全国商业科技进步三等奖；实施了会议远程视频技术，利用音频、视频、文字传输，实现了该集团与各分店的异地实时交流以及远程协同办公，降低了成本，提高了效率；开发实施了“UWIS系统”，解决了联销商品管理粗放的难题，完善了供应链的数据功能；该集团物流中心引进了先进的物流系统和GPS(全球定位系统)监控系统，完善了物流配送流程，提高了车辆的使用效率和安全保障系数。

(陈云平)

青岛中苑投资集团有限公司

概况　该公司是由中国东方资产管理公司青岛办事处和青岛中苑投资集团有限公司工会委员会(职工持股会)共同出资于2004年成立的投资控股集团公司，经营范围为自有资产经营、自有资产管理以及投资咨询等业务，拥有10多家控、参股企业;业务涉及投资、租赁、房地产开发、进出口国际贸易、金融安全印刷、汽车出租租赁、电子工程技术、餐饮娱乐、海上旅游、旅游服务、装饰工程等领域。年内,“中苑”商标被认定为青岛市著名企业商标,该公司被认定为“打假维权重点保护单位”,并被青岛市政府评为青岛市促进就业先进企业。

企业管理　年内,该公司所辖青岛中苑房地产有限公司、青岛中苑金融安全印刷有限公司、青岛中苑出租汽车有限公司、青岛中苑电子技术有限公司、青岛中苑酒店管理有限公司、青岛中苑船舶餐饮娱乐有限公司均通过了ISO9000质量体系认证年度审核。制订了规章制度体系,涵盖了行政办公、档案文秘、经营管理、工商服务、人力资源、劳资管理、财务会计、内部结算、审计管理、安全保卫、行政事务等方面。成立了企业管理咨询公司和人力资源服务公司,对内有偿服务并开展对社会服务。加强工作计划性,实施目标化管理,出台了薪酬管理规定及考核管理体系。加强财务管理和内部审计监督。加强安全保卫工作,被青岛市安全生产委员会评为“2004年度青岛市安全生产责任目标考核合格单位”。加强商标管理,确定了参股公司有偿使用注册商标的办法;注册了“中苑”、“康桥”网络实名和通用网址。

企业经营　房地产业开发了“雅庭中苑”、“杰中苑”、“瀛海中苑”和“山海中苑”等项目。其中,“雅庭中苑”项目单体工程和管网工程已竣工;“杰中苑”项目作为青岛市首家中高档SOLO小户型公寓,房屋预定意向率达80%。印刷业加强印刷工艺改造和技术创新,引进了新款商用表格印刷机和ERP管理软件;加强产品开发,在金融票证产品基础上发展商品包装和产品宣传印刷品,巩固了金融、家电、制药、酒店等领域的业务市场;针对银行系统对存折业务的技术要求,改进生产技术,提高了产品质量。汽车出租业确立了扩大长途线路经营规模的思路,新开了青岛—高青线,重开了青岛—济南、淄博等长途线路,并与安徽、江苏、河北等省的有关城市及省内济南、淄博、济宁、聊城、莱芜等城市签订了协议互通意向书,与有关公司达成了线路班车的代理代管和受让协议;加强对出租客运的管理服务工作,在青岛市组织的“遵章驾驶,共树形象”活动中获“优胜企业”称号。进出口业引进人才,开拓市场,开展了服装出口业务,业务范围扩大到西装、衬衣、防寒服、蜡烛、铅笔、塑料包装袋等;投资建设了服装加工基地——中苑康桥服装厂,主体工程已验收合格。电子工程业加强中国银行系统监控工程的售后维修和培训服务,中标了中国银行山东省分行利率牌项目和青岛市加油站工程。餐饮服务业策划组织了“水晶之恋,温馨中苑”情人节活动、第二届“绿色乡村菜园节”、“美味野生螃蟹节”、“野生菌类美食节”、“海鲜美食节”、“露天烧烤节”等活动;在青岛市组织的特色小吃评选中获“青岛特色小吃”、“青岛海鲜名菜”、“青岛海鲜优秀菜”各1种;中苑酒店被确定为青岛市首批具有配送餐资质的企业和青岛市唯一一家“放心面食店”示范店。

企业文化建设　该公司以“至诚至真,开拓创新”为企业精神。年内,利用内部报刊《中苑通讯》等宣传企业精神和企业文化,加强企业内部交流。采取例会宣讲、专题等方式加强对职工的培训。组织文体活动,增强企业向心力。

(杜俊江)

·粮油流通·

市粮食系统经营概况

2004年,全市粮食系统实现销售收入18.26亿元,同比(下同)减少8009万元;实现利润1796万元,增加229万元,增长14.61%。全市实现粮食收购54.1万吨,完成山东省政府下达的粮食收购建议数量的129%,在山东省率先超额完成夏粮及全年粮食收购任务。年内,起草了《青岛市市级储备粮管理暂行办法(送审稿)》。各级粮食部门加强市场粮油质量监测检查和监管,对粮油市场存在的突出问题进行专项整治,严格粮食企业资格审核,严防陈化粮流入口粮市场,保证了全市粮油市场供应和粮食安全。粮食订单收购工作取得进展,优质专用小麦订单面积达3万余公顷,比上年翻了一番。

8月,市粮食管理办公室更名为市粮食局,调整为市发改委的部门管理机构,增加了职能、机构和编制。

粮食流通体制改革

年内,下发了《关于进一步深化粮食流通体制改革的通知》(青政发〔2004〕43号)和《关于贯彻“鲁政发〔2004〕57号”文件进一步深化国有粮食企业改革的意见》(青政发〔2004〕69号)文件,对国有粮食企业改革提出了具体目标和要求。企业富余职工分流安置工作取得进展,全系统分流安置职工717人。青岛粮油工程设计院完成改制,青岛粮食中等专业学校与青岛商业中等专业学校合并组成青岛经贸科技中等专业学校。

粮食安全应急保障

建立和完善了三级粮情粮价检测监控体系和日报告制度;建立了应急保障机构和应急保供网络,制定下发了《青岛市粮食保障应急处置预案》和《青岛市粮食市场供应应急预案》,与9家粮油加工企业、240处零售网点签订了政府委托应急保供承诺书;调整了市级地方储备粮结构,建立了5220吨稻谷储备、3000吨面粉和1000吨花生油的应急成品粮油储备。

储备粮库建设

加强地方粮食储备中心库的建设和改造,市级粮食储备库二期9万吨工程竣工装粮,新建区、市中心库仓容达5.6万吨;9月,在胶南市召开了青岛市地方粮食储备中心库建设现场会。截至年底,新建地方储备粮库仓容达到26.7万吨,其中市本级17.4万吨、各区(市)9.3万吨,新建储备库仓容量占青岛市地方储备总规模的70%。2002~2004年,青岛市用于地方储备粮库建设和改造的总投资为1.3亿元,其中市级粮食储备库投资7436万元、市本级改造旧仓库投资240万元、各区(市)投资5322万元。市本级和崂山、黄岛、城阳、胶南等4个区(市)均建设了与储备规模相适应的中心库。

粮油质量监督检测

年内,成立了青岛市粮油质量监测中心,市政府拨款200万元购置了粮油检验检测设备。该监测中心对进入批发市场的粮油逐车进行检测,并将检测结果通过电子屏幕公示,凡不符合质量标准的一律不得入市交易,粮油商品放心率达到96%。年内,国家粮食局在青岛市召开粮油质量座谈会,推广青岛市市场粮油质量监测体系建设的经验。

企业管理

年内，开展了"争创一流岗位、达标粮库"活动，开展了以贯彻标准化为核心的强化企业基础管理活动，青岛经济技术开发区粮食收储中心和城阳区粮食收储中心通过了ISO9001质量体系认证。开展了"军供达标"活动，推进军供管理和军供服务规范化建设。开展岗位技术练兵活动，组织举办青岛市第八届劳动技能大赛粮食赛区粮食保管员大赛，100余人参加比赛。粮食企业通过开展技术创新、实施名牌战略、建立现代企业制度以及参加2004年全国粮油精品展示交易活动等形式，扩大了品牌影响。长生集团饲料二期改造扩产项目投产，白樱花公司生产的白樱花牌面粉被评选为"中国名牌"，是全国面粉加工企业13个"中国名牌"之一，是青岛市粮食系统的首个"中国名牌"。

（高绪平）

·成品油行业管理与经营·

概　况

2004年，青岛市共有成品油批发企业10户、仓储企业6户、加油站787家、加油点86处，形成了以中国石油化工股份有限公司（简称中石化）、中国石油天然气股份有限公司（简称中石油）两大集团为主导，股份制和民营企业共同发展的成品油流通体系。全年销售成品油110万吨，其中中石化、中石油集团驻青的3个公司销售97万吨。

成品油市场管理

年内，按照"国家商务部23号令"和《青岛市加油站发展规划》，"严格控制总量，合理优化布局"，加强加油站建设和发展的管理与调控，实现统一规划、有序发展。建立了与国际化城市相适应、结构合理、布局科学、功能完善的现代成品油流通体系。按照国家商务部的要求，青岛市成品油批发、仓储和零售企业统一换发了新的经营批准证书。建立完善了成品油信息统计和监测体系，每月分析、发布全市成品油市场动态报告。推广中石化"IC卡"加油信息体系，提高现代化管理水平，加强加油站技防设施建设，提高加油站安全防范水平。

发挥行业协会作用

年内，市成品油流通行业协会加强协会建设，健全规章制度，规范成品油证书管理，实行行业统计；组织举办了燃料油期货知识培训活动；建立"青岛市成品油信息管理网站"；参与加油站技防设施建设工作；加强价格自律，协调会员单位解决批零价格矛盾。

（朱祥庆）

中国石油化工股份有限公司山东青岛石油分公司

概　况　2004年，销售各类油品71.99万吨，同比（下同）增加18.97万吨，增长35.77%，其中零售45.77万吨、直销9.41万吨、批发16.81万吨。高标号汽油销售总量10.34万吨，增加4.28万吨，增长71%。实现销售收入24.84亿元，增加16.03亿元，增长55%；实现利润1.37亿元，上交利税7126万元。

截至2004年底，拥有自营加油站258座，其中2004年新增31座；有油库5座，油库容量近10万立方米；有铁路专用线4条、94个车位，总吨位6000吨。有五星级加油站1座、四星级加油站2座、三星级加油站9座、达标加油站135座，累计达标创星率占总营业站的52%。

业务经营　1.加强资源调配，保障供给。年内，为解决历史上前所未有的成品油供给压力，协调山东省公司追加配置计划，协调中石化集团驻青岛办事处和中石化青岛石油化工有限责任公司合理调配每月计划，加强自采，开通从中石化青岛石油化工有限责任公司到大湾库的汽运通道，合理控制销售节奏、把握销售结构，保障了青岛市场的成品油供应。2.执行政府价格政策，合理定价。配合市物价局做好全市成品油价格监测工作和11月份的价格检查，获青岛市"2004年度价格监测工作先进单位"称号。3.调整网络布局，提高高标号油品销售。增加高标号油品销售网点数量和专营站数量，共有经营高标号加油站网点209座，占营业站数的91%，其中经营97号油品加油站网点47座、占营业站数的20%；通过新闻发布会、报纸广告、"交通台"用油知识问答及"车友俱乐部"联谊会等形式加强推广高标号油品的宣传。4.做好促销工作，推动加油"IC卡"销售。自2003年起推行加油"IC卡"系统工程，2004年3月底开始发放加油"IC卡"，6月份停止了青岛地区的油票销售；截至年底，有205座加油站可以持卡加油；通过加强员工培训、印发宣传广告、召开新闻发布会等措施，推动了加油"IC卡"销售量的增长，截至年底，共发放加油"IC卡"4.56万多张。

体制改革与企业管理　推行"经营专业化、管理扁平化"的运作模式，形成了"一室三部四中心"的组织架构，人事、财务、网络建设、零售中心和商业客户中心等专业职能垂直到基层。

加强财务管理和资金管理，提高企业管理水平。加强数量质量管理，理顺进、销、存流程，防止出现数量质量事故。开展了"加油站规范化管理百日竞赛活动"，投资1100多万元，提高了系统内加油站的软、硬件水平。落实安全生产责任制，推行HSE（安全、环境与健康）安全管理体系，强化现场安全管理，全年先后开展了"元月安全活动"、"全国安全月"和"百日安全无事故"竞赛等活动，实现了全年无等级责任事故。

（隗　华）

·烟草经营·

概　况

2004年，青岛市烟叶种植面积1445公顷，完成国家下达计划的80.3%。收购并销售烟叶1480吨。全市累计批发销售卷烟125.5万箱（万支/箱，下同），比上年（下同）增长12%。卷烟、烟叶共实现销售收入21亿元，增长33.3%。实现利税总额4.3亿元，增长83.6%，其中实现利润总额3.3亿元、增长91.8%。

山东青岛烟草有限公司被评为"省级文明单位"和青岛市商贸行业首批"诚信企业"、"纳税信用A级企业"，居"青岛市商品流通十大突出贡献企业"首位、"青岛市十大流通企业"第二位。

卷烟经营管理

推进现代流通进程　年内，全市初步建成"集约式电话访销、在线式电子结算、一体化物流配送"的"两电一网"卷烟销售网络。全市零售业户全部实行了电话订货，有81.2%的零售业户实行了电子结算，市内区（市）烟草分公司取消网点库存，实现了"全面电访、集中配送”的业务模式，初步实现了商流、物流、资金流和信息流“四流”贯通的工作目标。制订并出台《客户经理手册》、《网络运行规范》和《客户服务中心管理规定》等文件，明确部门和岗位的工作职责和工作流程，规范服务零售业户的业务流程和网络运行模式。整合各种信息系统，初步建立起电话订货、网上配货、物流配送、专卖管理等系统的统一运行平台，现代化信息采集处理模式逐步成型，基本满足了操作、管理、分析、监控等不同层次的需要。

整合培育名优品牌卷烟 坚持“整体互动、市场一体化与区域化调控相结合”的营销方针，加强对品牌整合策略的研究，区分不同市场特点，实施差异化营销。优选生产规模大、竞争实力强、商业信誉好、盈利空间大的名优重点品牌作为培育和销售的重点，提高国优品牌市场占有率。销售国优品牌卷烟76.5万箱，增长136%。将品牌整合与客户关系管理有机结合，实现卷烟工商企业、零售业户和消费者的“多赢”。做好结构拉升和市场衔接工作。突出抓好名优重点品牌的上柜，特别是培育省产一、二类高档卷烟市场；在保证市场稳定的情况下，加强对中低档烟的调控。

提升服务零售业户的质量和水平 树立“客户利益第一”的基本理念。出台零售业户分类管理办法，通过综合考虑零售业户经营规模、卷烟销量、守法诚信和地域分布等因素，确定零售业户类别，实行差异化营销，提供个性化服务，减少零售业户之间的无序竞争，提高零售环节的盈利水平，提高零售业户的满意度。在山东省率先实施明码标价工作，稳定了卷烟零售价格，维护了零售户和消费者的合法利益。招聘一批具有大专以上学历的高素质网络从业人员，充实到电话订货、客户拜访、专卖稽查等一线人员队伍中，优化了网络从业人员的文化结构、年龄结构和专业结构，提升了网络运行质量和为零售户服务的水平。通过对电话订货员、客户经理、市场经理、专卖稽查员等进行系统培训，提高了业务素质和服务水平。

烟叶生产经营

按照“稳定面积、提高质量、优化结构、拓宽市场”的发展思路，以稳定规模和提高烟叶质量为重点，以完善技术服务体系和管理措施为手段，推进烟叶户籍化管理进程，落实“科技兴烟”措施，实现了烟叶生产相对稳定。

（陈 宏）

·集市贸易·

概 况

2004年，青岛市有商品交易市场824处，成交额738.8亿元，增长6.1%。其中，消费品市场760处，成交额672.2亿元、增长10.5%；生产资料市场64处，成交额66.6亿元、下降24.7%。各类批发市场52处，实现交易额520亿元。10处骨干农产品和生产资料批发市场交易额121.7亿元，增长30.2%。18处重点商品交易市场交易额369.6亿元，增长12.83%。

市区农贸市场有29处进行了标准化改造或“农改超”（农贸市场超市化，下同），占市区农贸市场总数的32%，其中“农改超”5处。大型批发市场加快建设。青岛汽车贸易城开业的“4S”（集汽车整体销售、零配件销售、售后服务、信息反馈于一体）汽车专卖店累计达到25家，全年实现成交额11.9亿元；胶州湾综合批发市场全部建设完工，市场总建筑面积15.6万平方米；高新区装饰城二期工程主体完工，建筑面积3万平方米，是青岛市单体规模最大的室内装饰材料市场。

市场管理

年内，继续加强对市场建设的宏观指导。制定发布了《青岛市2004年商品市场发展导向性意见》。按照市委、市政府《关于统筹城乡发展增加农民收入的决定》精神，搭建农产品流通服务平台，制定了《关于建立健全农产品流通服务平台的意见》和《关于进一步加快产地农产品批发市场建设的意见》，指导全市加快推进农产品批发市场建设。推进社区商业服务体系建设，制定了《关于加快市区社区商业服务体系建设的意见》。加强对夜市的规范管理，制定了《关于增设台东三路夜市等有关问题的通知》，对夜市的设置和管理提出了新的要求。

（倪玉鸿）

·典当·拍卖·

典当业

截至2004年底，青岛市有典当企业9户、分支机构1个，分布在市南、市北、李沧、崂山、黄岛、即墨等区（市），注册资本1.36亿元，职工80人，资产总额1.5亿元；全年累计发生典当业务近4万笔，累计融通资金5.4亿元，比上年翻一番，其中对中小企业融资1.3亿元、对居民融资4.1亿元，年末典当余额近1.1亿元。

年内，典当业针对中小企业、个体工商户和居民“急需、额小、期短”的资金需求特点，探索推出了一系列便捷的融资服务方式，在救急解困、帮助解决临时性资金短缺等方面发挥了作用。典当业务领域中，房地产抵押典当业务约占80%，金银首饰等传统业务约占10%，有价证券及其他业务约占10%。

拍卖业

2004年，青岛市共有拍卖企业39家，比上年（下同）增加11家。从业人员300余人，其中执业拍卖师18人。全年拍卖企业共举行拍卖会417场（次），增加117场（次）；实现拍卖成交额37.3亿元，增长13.97%。拍卖标的范围已由原来的十几个种类扩大到文物、文化艺术品、充抵税款、典当死当物品、保险理赔物品、出租车经营权等近百个种类，并向农副产品和科技成果领域延伸。

年内，加强拍卖业规范管理。贯彻实施《中华人民共和国行政许可法》、《中华人民共和国拍卖法》和《拍卖管理办法》，建立和完善拍卖企业有进有出机制，对进入的企业严格依法审核，对年审不合格的企业报请上级主管部门取消其经营资格。加强对拍卖企业日常拍卖行为的监管，完善拍卖公告事前备案制度，依法查处拍卖过程中的违法违规行为，保证了拍卖市场规范有序发展。指导成立了拍卖行业协会，加强拍卖业的行业自律。

（鞠京福 倪玉鸿）

个体·私营经济

·概　况·

截至2004年底，全市个体工商户和私营企业达到29.8万户，同比（下同）增长18.3%，其中年内新增7.1万户；从业人数达到98.2万人，增长16.8%。全市个体工商户和私营企业注册资本金累计789亿元，增长35.6%，其中私营企业注册资本超过1亿元的18户。全市私营企业集团达到164户，增长18%。

全年个体私营经济实现增加值635亿元，增长18%，占全市GDP比重为28.2%；实际上交税金28亿元，增长22%，占全市财政一般预算收入的比重比上年提高2.1个百分点。

·发展特点·

区域产业和特色产业集群形成

2004年，青岛市区域产业集群达到27个，完成工业总产值1786.9亿元，配套的个体、私营企业达到6602家，从业人员52.7万人。其中，为青岛市六大产业集群配套个体、私营企业294家，实现总产值734.16亿元，实现利税总额28.26亿元，职工人数16.4万人。崂山区电子信息产业集群聚集了汉缆、慧亚、莱科达等100余家企业。城阳区聚集了机电、化工橡胶、食品饮料、纺织服装等产业集群。其中，机电集群聚集各类加工企业750家、规模以上企业79家。

重点私营企业带动力强

全市十强私营企业总资产达到131.2亿元，增长1.9倍；实现销售收入265亿元，增长51.8%；完成出口交货值1.2亿元，增长1.5倍；实现利润11亿元，增长39.8%；实交税金5.6亿元，增长13.1%。广源发集团、特种汽车集团实交税金超过1亿元，欧美投资集团、变压器集团实交税金超过5000万元，均成为带动当地区域经济发展的龙头企业。

品牌创建与外向度提升

截至年底，青岛市私营企业累计已拥有42件山东省著名商标和79件青岛市著名商标，分别占全市的46%和47.5%；创建国家级名牌4个、省级名牌28个、市级名牌40个。其中，“即发”、“喜盈门”等获“中国驰名商标”称号。

年内，青岛市各级各部门加强个体私营经济的对外开发，鼓励和引导企业自主招商、“以商招商”，吸引外来资本参与青岛市个体私营经济产业结构调整升级。全年个体私营经济引进外资项目涉及机电、服装纺织、农产品加工和房地产开发等领域。年出口创汇1000万美元以上的私营企业发展到12家。形成了以日本、韩国、美国等十大出口市场为主、遍布全球100多个国家和地区的贸易网络。

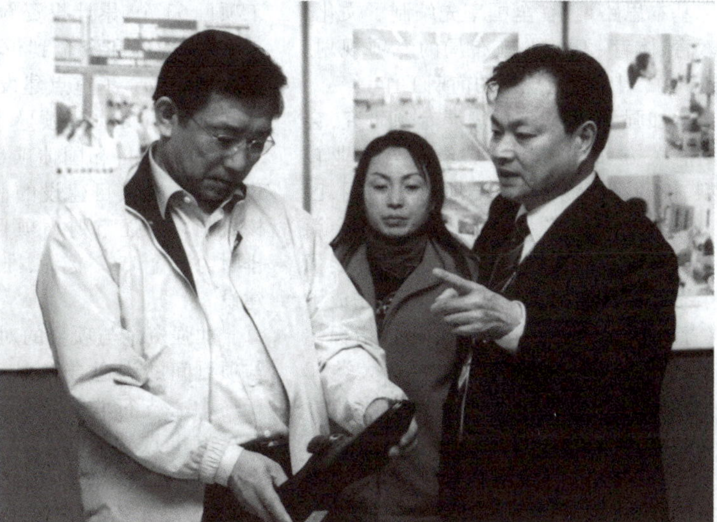

2004年3月，副市长张元福（左一）到温州康奈集团调研。
（市政府督查室供稿）

商贸个体私营经济快速发展

青岛市个体私营经济在消费市场中继续保持活跃态势，逐步成为零售市场的主要力量，全市社会消费品零售额的1/2以上由个体私营经济完成。全年全市个体私营经济实现消费品零售额345.9亿元，增长17.2%，占全市消费品零售额的比重达到57%。

发展环境优化

市委、市政府把优化个体、私营企业发展环境与建设“平安青岛”、“诚信青岛”相结合，规范市场经济秩序，制定出台了《关于大力发展个体经济和私营经济的通知》等政策性文件，在市场准入、税费征收和政策监督上，按照公平、公开、竞争的原则在全市构建起政策与管理平台。

个体私营经济实现可持续发展

个体、私营企业多渠道增加投入，加大技术改造和科技创新，加强研发机构和技术中心建设，由劳动密集型、粗放型传统工业向高科技含量型、集约型现代工业转变。加快建立现代企业制度，增强发展活力。全市规模以上的私营企业中多数已建立起现代企业制度。共有199家私营企业通过ISO9000系列质量体系认证或ISO14000系列环境管理体系认证。

存在的问题

1.个体私营经济总量规模仍然较低，占全市的比重较小。2.个体私营经济集群优势初步显现，但专业化分工协作不明显。3.个体、私营企业的企业文化建设、创新体系和管理水平需进一步提高。4.煤电油运供应紧张和价格上涨对企业的发展制约较大。5.社会化服务体系有待于进一步完善，个体、私营企业[illegible]。

（佟建渤）

经济管理与监督

·发展与改革管理·

规划调研与调控引导

2004年,市发改委启动了重点制造业、高技术产业等23个专项规划的编制工作。完成了《青岛市西海岸区域发展规划纲要》和《青岛市国民经济和社会发展第十一个五年规划及2020年远景目标基本思路》。在全国率先编制了文化、教育、体育、卫生设施布局的专项规划。进行了"十一五"规划的前期工作。

加强了经济社会发展专题研究,会同有关方面完成了区域经济与工业转型、投融资体制改革、土地集约利用、区市经济发展和扩大消费需求等40余篇调研报告和结构调整研究课题。开展了生态与循环经济课题研究。研究完成了《青岛市社会发展水平综合评价指标体系研究报告》,初步构建起包括7大类50个指标的社会发展水平综合评价指标体系。

加强经济监测预测分析,提出对策措施,促进经济持续快速健康发展。落实国家宏观调控政策,配合有关部门开展了清理整顿开发区和固定资产投资项目的工作,共撤销开发区59个,清理固定资产投资项目1703个、计划总投资1229亿元。与有关部门合作,引导挖潜利用存量土地3200公顷,收回闲置土地71.4公顷,推动了土地资源的整合利用。加强经济运行调节,稳定市场秩序。经过争取,实现了在全省调高电价的情况下不提高青岛的电价水平。协调煤炭运输,增加煤炭供应,争取国家增加煤炭统配计划2万吨,水路调运煤炭3万吨。配合有关方面实施了核电示范工程项目选址等前期工作;加快研究城市第二气源、秸秆发电等新能源建设;争取将青岛市风电场二期工程列入全国风电特许权项目。会同有关部门完善了《青岛市粮食供应应急预案》,落实了市本级粮食风险储备,稳定了粮食市场秩序和价格。

争取国家、省项目、资金和政策支持

全年争取国家批复重点项目60个,争取国债资金近4亿元。其中,结构调整、产业升级项目9个,资金6000万元;高新技术项目12个,到位资金7284万元;争取资源综合利用项目国债补贴6801万元。

落实项目责任制,推进73个重点项目建设,总投资780亿元。全年促成开工项目63个,累计投资66亿元,项目开工率、投资额和资金到位情况创历史最好水平。成立了重点建设项目稽查办公室和重点项目协调领导小组办公室,对31个重大项目和国债项目进行了稽查,建立了重大项目建设的监督、激励和考核机制。加强市财力项目监管,全年安排财力资金13.2亿元,推进了90个项目建设。

加强资金与项目的对接。促成银行与项目间的沟通合作,与中国人民银行青岛中心支行联合筹备召开了2004年青岛市重点建设项目及信贷政策发布会,发布了143个重点融资项目(总投资100多亿元)、相关产业政策和信贷政策,为项目单位和企业发展提供了融资平台。

抓住机遇与山东省对接,消除发展面临的体制性障碍。对涉及计划单列的40项管理权限进行了全面梳理,争取27项明确规定下放或委托青岛市行使,7项承诺争取国家同意青岛市行使,国家有明确政策规定暂不能下放的,承诺考虑青岛市意见并简化手续、提高效率。

推进产业集群和重点项目建设

推进产业集群建设。年初确定的30个重点产业集群项目,有22个项目开工或竣工投产,总投资达356亿元。争取1000万吨炼油项目获得国家批复;配合有关部门推动与中船重工集团签署全面合作协议,海西湾船舶基地形成修船规模,并被纳入国家长远发展规划;争取黄岛国家石油储备基地、液化天然气(LNG)和青岛电厂热电联产工程项目获得国家立项批复;协调推动丽东芳烃化工项目完成基础建设和广源发集团50万吨催化裂化项目开工建设。协调申沃客车项目落户青岛市,推动青岛特汽集团支撑桥和铸造线2个项目竣工投产,青岛中集公司拖车项目开工建设,形成重型卡车扩建方案;橡胶管控一体化等9个市重点建设项目全部竣工;协调推进中铝公司再生铝项目落户胶南市,韩国STX船业、新加坡郭氏兄弟造船项目顺利签约;协调推进海信集团TDS-CDMA终端项目竣工投产,推动青岛市成为全国首批电子信息产业基地。

推进重点项目建设。配合有关部门协调推动流亭机场扩建一期工程竣工并投入使用,基本完成青岛北海船舶重工公司搬迁工程。完成跨海隧道项目的地质勘探、专家论证与听证工作,推动跨海的南隧、北桥建设方案进入报批程序。促进青岛国际帆船中心、青岛极地海洋世界、青岛现代艺术中心开工建设,推动青岛大剧院和体育馆项目确定选址和建设主体。

加快服务业和高新技术产业发展

与有关部门一起推动"区港联动"试点获得国家批准,世界第一大船运公司马士基中国北方总部落户青岛市。全年争取国债资金1900万元,推进粮库、棉花库、农副产品市场建设和利群集团、维客集团等物流项目建设。

加快高技术产业化发展,编制完成海洋、新材料等2个高技术产业基地规划。推动实施了海洋、新材料、电子信息和软件等一批高技术产业基地项目。

改革与对外开放

加强改革,研究提出了投资项目核准与备案的建议,完善了《青岛市政府投资项目管理办法》。确定了辽阳路综合整治等10个项目实施代建制,推动了财力项目的规范化管理和资金节约。与有关部门合作,开展农村医药卫生体制改

革，五市三区的新型农村合作医疗制度村(居)覆盖率达到100%，人口覆盖率88%，394万农民受益。开展农村药品“三网”(监督网络、供应网络、信息网络)建设的试点工作。推进了事业单位改革，水利设计院等20余个事业单位完成试点。研究形成了旅游体制改革方案。

推进混合所有制经济发展，加强股份制改造。吸纳外来、社会资本，推进国有经济布局战略性调整，促成53户市属国有(集体)企业完成整体出售或国有股权转让，规范设立了裕龙物流等一批民营股份有限公司。推动企业上市融资，青岛中天信息公司、青岛高校软控公司获准上市，利群集团、维客集团等5户企业权证实行了挂牌转让试点。培育了青岛金王化学公司、青岛六和股份公司等一批企业作为上市资源。

提高对外开放水平。对日本等国家或地区推介产业集群招商领域和25个大型配套项目，协调推进重大外资项目建设。促成威望迪污水处理合作项目签署修订协议；吸引外资6560万美元落实青啤公司境外发行可转换债券项目；与法国液化空气集团签署合作协议；推动“台商经贸咨询中心”揭牌并签署了合作备忘录。

统筹城乡、经济与社会、人与自然和谐发展

研究提出了《2005～2007年缩小南北差距项目与资金筹措建议》，加大市区北部公共设施建设和环境改造投入，开工了辽阳西路、安顺路、李村河等道路、河道整治项目，推动中山路改造工程破土动工，优化了城市居民的生活环境。

改善农村生产生活条件，争取国家拨款5200万元，推进了大沽河等河道治理、水库除险加固、人畜饮水、节水示范、现代农业、海堤建设、灌区配套等基础设施建设。推进城市组团发展与农村城市化互动，完成《青岛市小城镇经济综合开发示范镇项目建设规划》，加快姜山镇经济综合开发示范项目和16个重点小城镇基础设施建设。支持农业特色产业发展，争取国家将莱西市、胶南市列入农产品出口基地试点。

加快社会事业协调进步。争取国家[illegible]基地落户青岛市，为海洋科技产业提供了更大的发展空间。推动市立医院东院区主体工程完工，完成《青岛市区域卫生规划》修编，完善了公共卫生体系建设。引进北京电影学院、哈尔滨工程大学等高校来青岛市办学，提升高等教育水平。

推进循环经济发展，实现人与自然的协调发展。制定了《青岛市资源节约活动实施方案》。制定了海水淡化产业发展规划，争取国家将华欧集团海水淡化项目列为示范工程，并给予15%的投资额支持，青岛市的海水淡化产业化已成为全国的典范。研究提出了《关于全面推行清洁生产的意见》。完成了《青岛市资源节约条例》等4个资源节约综合利用法规及规章的修订和送审稿。启动了废旧家电回收处理试点工作，争取国家批复青岛市成为第一个废旧家电回收处理试点城市。开展了“节能宣传周”活动。

(刘岐涛　宋　丽)

·工业管理·

经济运行调控

2004年，全市通过出台指导意见、保障生产要素及坚持月分析、季调控等措施，加强经济运行调控，保证了经济运行持续稳定高速增长。

克服能源、资金等瓶颈制约。搭建银企对接平台、举办银企洽谈会，年末各项贷款余额2012亿元，比年初增加290亿元，保证了全市重点项目和企业资金需求。针对全国性电力紧张的形势，成立青岛市解决发电用煤协调工作领导小组，协调铁路运力，出台船运煤补贴政策，对电煤供应情况坚持日调度、日通报、日协调，电煤库存基本维持在1～2周水平；引导4032户企业“错峰”用电，科学转移高峰负荷20万千瓦；全年电力供应保持正常，国务院办公厅转发了青岛市做法。

大项目和造修船、家电产业集群发展

围绕市政府确定的60个重点技改投资项目，落实责任制，加快建设进度。北海船舶重工公司搬迁完成，海西湾造修船基地年内完成投资4亿元，15万吨和30万吨级修船坞主体工程完工；青钢集团制氧、烧结和1号、2号高炉易地大修工程，海尔集团数字电视和家居集成产品综合改造、海信集团数字技术开发中心等项目竣工试运行。

加快造修船和家电产业集群建设。与中船重工集团签订全面合作协议，6个船舶企业和4个船舶研究所确定在青岛投资。引进韩国STX等4个中外合资船舶项目，胶州湾沿线造修船基地建设全面展开。海信集团机卡分离数字电视接收机等5个家电项目累计完成投资4.5亿元，3个项目竣工投产。推进城阳、崂山两大电子家电配套工业园建设，吸引20多家配套企业来青岛开工建厂，达产后每年可新增产值100亿元。

结构调整

加快高新技术产业发展，规模以上工业企业完成新产品、新技术开发1710项，其中达到或接近国际先进水平的约占40%，新产品产值率达到28.2%，高新技术产品产值率达到38.06%。举办了“中日产业研讨会”、“2004中国(青岛)材料科技周”。上报国家信息化专项19项，实施市重点技术创新项目511项、国际产学研项目3项。海尔集团、海信集团、双星集团和澳柯玛集团等4家企业获“国家认定企业技术中心成就奖”，海尔集团、双星集团和青啤公司的3个项目入选“国家认定企业技术中心创新能力建设项目”，均居全国副省级城市首位。支持青岛高校软控公司建设山东省橡胶行业技术中心。培育11个信息化建设样板企业，新认定省级以上技术中心9家、市级16家。

品牌经济

年内，市政府制定下发了《关于建立新创工业知名品牌奖励制度的通知》。青岛市的“白雪”、“喜盈门”、“英派斯”、“壹枝笔”等4个商标成为“中国驰名商标”，16种产品获“中国名牌产品”称号；青岛市“中国驰名商标”总数达到10个，“中国名牌产品”总数达到31种；新增“山东省名牌产品”30个，累计达到109个。加强培植鸡牌味精、崂山可乐、灯塔牌调味品等老品牌，使其得到恢复和发展。加快品牌从经济领域向服务领域和品牌城市的延伸，新增6个“中国商业服务名牌”，2个省级和2个市级服务名牌，服务名牌数量居山东省商贸系统首位。青岛市作为知名品牌城市入选“2004CCTV中国最具经济活力城市”。

对外招商

搭建青岛市企业与境外企业的合作平台,举办"2004首届中国汽车及零部件产业发展国际论坛暨中外汽车及零部件企业投资贸易洽谈会",青岛市与外商达成50项合作意向,项目总投资近6亿美元,成为国内首次以汽车及零部件产业发展为主题召开的国际性会议。举办"2004中国(青岛)材料科技周"、"时装周"、"中日产业研讨会"等4个重要展会和"国际珠宝博览会"等5个商业会展。以汽车产业基地、家电电子招商为主题,组织企业赴日、韩、台湾等国家或地区招商。

大企业"直通车"服务

市政府制定出台《关于为大企业提供直通车服务的通知》,市经贸委制定了大企业"直通车"服务的具体操作意见,建立健全大企业"直通车"联席会议等制度,在全市确定94家大企业"直通车"服务名单。

(王景全)

·安全生产管理·

概　况

2004年,青岛市围绕创建"平安青岛"活动,强化安全生产法规建设,落实安全生产责任制,遏制了重特大事故的发生,安全生产形势继续趋于稳定好转。全年全市共发生各类生产安全事故1.16万起、比上年(下同)下降32.5%,死亡1046人、下降21.3%,伤6942人、下降15.6%。其中,发生道路交通事故9340起,死亡973人,伤6918人,分别下降36.7%、21%、15.4%,万车事故率为85.6,下降56.9,万车死亡率为8.9,下降3.0;发生火灾事故2200起,下降7.5%。比山东省政府下达的控制指标(死亡人数同比下降3.5%)下降了18.8个百分点,减少死亡283人。安全生产指标创历史最好水平,各类事故起数下降幅度居山东省各市第一位,死亡人数下降幅度居山东省各市第二位。

青岛市安全生产"无缝隙"管理模式、"安全月"宣传活动和监督经验做法得到国家和山东省安监局的肯定,《中国安全生产报》多次予以报道。

组织领导

年内,省委副书记、市委书记杜世成,市委副书记、市长夏耕对安全生产多次做出批示,市政府多次召开市长办公会研究防范和解决重特大有关安全生产问题,副市长吴经建多次主持召开安全生产会议部署安全生产工作并经常带队到企业进行检查指导。

7月,市委、市政府决定将市安监局由市经委内设局升格为市政府的组成部门(正局级,编制35人,设6个处室),成立青岛市安全生产监察大队(编制20人)。市南区、市北区、四方区、城阳区、青岛经济技术开发区、胶南市、胶州市、即墨市、平度市、莱西市等10个区市安监局也升格为区市政府的工作部门;城阳区、胶州市、胶南市、即墨市、平度市等5个区市安监局成立了安全生产监察大队;其他区市政府加快了安全生产监督管理部门机构和编制的落实。全市175个镇(街道办事处)配备了专兼职的安全管理人员。各部门各单位建立管理机构,加强了对安全生产组织领导。

"双基"管理

加强安全生产基础和基层管理(简称"双基"管理),总结推广了城阳区等单位和试点企业的经验,全市选定了127户非公有制企业做为"双基"工作试点单位。制定了《青岛市安全生产"双基"工作考核办法》。率先在全国推行了注册(助理)安全工程师制度,考录了381名注册(助理)安全工程师,加强了对中小企业和街道办事处安全生产的管理。

检查督查和专项整治

年内,先后组织了60次全市性的安全生产大检查,组成各类安全生产检查组600余个,检查生产经营单位1.8万余家,查出并整改各类问题和隐患2.8万余条。先后组织了4次安全生产督查,促进了各部门安全生产责任的落实。加强对60项全市重大事故隐患的整改督查,有50项已由相关的责任部门在规定的时限内完成了整改,剩余的10项因工程复杂转为2005年重大隐患继续限期整改。

全年重点组织开展了非煤矿山、道路和水上交通、渔业生产、危险化学品、烟花爆竹、消防火灾、人员密集场所、石油天然气管道等重点行业和领域的安全生产专项整治。组织专家对全市232家危险化学品生产、储存企业进行了检查,关停了不具备安全生产条件企业5家、搬迁13家;开展了"非煤矿山整治回头看"活动,检查企业760余次,查处取缔了4处非法采矿行为,开展了矿山安全管理等级考核评估工作,关停各类非法开采、证照不齐矿(点)429处。

安全生产齐抓共管

全面构建"政府统一领导、部门依法监管、企业全面负责、群众参与监督、全社会广泛关注"的安全生产工作格局,建立了安全生产事故隐患有奖举报制度。向社会公布安全生产违法行为种类、举报电话和电子信箱。全年共收到举报2405件,受理并督查129件,对存在问题的108件安全隐患进行了整改,有3个单位被授予2004年重大安全隐患上报督查先进单位称号,33个单位被授予2004年重大安全隐患整改先进单位称号;71名安全生产协管员被评为2004年安全隐患查处先进个人;对先进集体、先进个人和安全隐患举报查实的市民,分别给予奖励,金额14.8万元。市安监局在"青岛新闻网"首次举办"市安监局局长网上谈安全"活动,有5000余名网民参加网上交谈。

法制建设和行政责任追究

贯彻实施《安全生产法》、《行政处罚法》等法律法规,加快配套法规规章的制定,组织了《青岛市重特大安全事故行政责任追究规定(草案)》、《青岛市安全生产隐患举报查处奖励试行办法》(讨论稿)的起草工作,出台了《青岛市紧急情况下临时关闭高速公路处置办法》、《关于进一步明确安全生产责任制的有关问题的通知》等规范性文件,制定了安全生产案件行政处罚、建设项目安全设施审查验收、非煤矿山《安全生产合格证》审批发放、危险化学品生产储存企业设立批准、劳动防护用品资格认可证审查、安全技术专业合格证审查等工作程序,促进安全生产工作的制度化、规范化。

全年共查处企业职工伤亡事故50起,结案50起,结案率100%。依法对19家事故单位和5名事故责任人进行行政处罚,对责任人分别给予辞退、撤职、记过、警告等行政处分;对相关责任单位和人员给予经济处罚，上缴财政罚款43万元。

推行市场准入制度

全年对27户新建、改建、扩建项目安全设施进行了安全预评价，对43个竣工项目进行了审查验收。对全市215家危险化学品生产储存企业完成安全评估，评估率达到100%。完成了非煤矿山的安全评估工作。

城市公共安全综合试点工作

2002年10月，青岛市被国家科技部确定为城市公共安全综合试点城市。2004年，重点加强了重大危险源监控管理系统的建设。起草了《青岛市重大危险源安全管理规定》（草案）、《青岛市重大危险源安全评价提纲》和《青岛市重大危险源应急预案编写导则》等；设计完成重大危险源管理库结构，编制完成了“青岛市重大危险源动态管理系统地理信息地图图层说明”等；根据危险化学品登记和重大危险源辨识安全管理的基本要求，建设基于ACCESS数据库的企业重大危险源管理与申报系统；对构成重大危险源的56个生产储存单位、475个危险化学品经营单位及其他重大危险源共计1200多个单位进行了调查摸底，提出了监控管理要求，开展了评价工作。

市安监局牵头汇总编写了第一部《青岛市19项重特大事故应急救援预案汇编》（试行），并有计划地组织演练，提高了青岛市应对重特大事故的应急救援能力。

安全培训和宣传教育

年内，全市企业的安全三级教育率达到99%以上，企业主要负责人、安全管理人员、特种作业人员持证上岗率达到96%以上。组织参与了“全国第三个安全生产月”活动，得到国家安监局的肯定。副市长吴经建在北京举行的“安全生产月万人签名活动”总结会上，作为全国100个城市唯一的市长代表，向全国发出“以人为本，共建美好家园”的倡议，中央电视台、中央人民广播电台、《中国安全生产报》予以报道。组织了“‘安全生产月’咨询日”、“青钢杯”安全知识答卷、“万人签名活动”、“石化杯”安全演讲和征文比赛等活动，录制了青岛电视台“QTV对话”栏目的“平安青岛”电视特别节目，编写了《实用安全知识问答》读本，在《青岛日报》开辟了“平安青岛”安全生产专栏。

（孟广华　聂　新）

·整顿规范市场经济秩序·

概　况

2004年，全市工商、质监系统查处制假售假案件3090起，其中大案要案70起，查获假冒伪劣商品货值9500万元，端掉制假售假窝点120个；国税、地税系统查处有问题纳税人5539户，查补税款、滞纳金4.7亿元；全市共抓获经济犯罪嫌疑人580人，被检察院提起公诉179人。

2005年春节前，副市长张锐（前排左二）率有关人员检查节日市场供应情况。（刘　昕/摄）

开展专项整治

食品市场专项整治　实施以“安全、卫生、质量”为主题的“食品放心工程”，开展对食品生产加工企业、餐饮接待单位、商场、集贸市场、集体食堂等的专项整治40余次，检查各类食品生产经营单位1万余户次，立案2900余起，罚款380余万元，取缔食品生产加工“黑窝点”60个，销毁不合格食品30余吨。全市食品抽样监测合格率由上年的87.3%提高到91.3%。加强对食品生产的源头治理，落实区域监管责任制，强化市场准入制度，倡导绿色消费，巩固了“全国三绿工程示范城市”成果。

药品市场专项整治　全年累计出动执法人员1.27万余人次，检查药品生产、经营、使用单位8500家（次），查处各类案件311起，没收非法药品价值36万余元，决定罚没款61万余元。全市共有24家药品生产企业98个剂型（车间）通过GMP认证，41家药品批发、零售连锁企业（含612个连锁门店）取得了GSP认证证书。加快农村药品“三网”（监督网络、供应网络、信息网络）建设。

农资市场专项整治　以化肥、农药、种子和农机及其零配件等为整治重点，严把农资产品质量关、市场准入关、经营行为关。共出动执法人员4470人次，检查各类农资生产经营业户2156个（次），查处各类违法案件639起，立案191起；查获假冒伪劣商品809.24吨，其中种子145.9吨、农药42.3吨、化肥621吨，标值700多万元，为农民挽回经济损失900多万元。收缴非法剧毒鼠药4900克。

保护知识产权专项行动　全年共检查厂家业户2000余家，检查商品36类224万件，其中带有专利标记的商品12.8万件，涉及专利633项，立案查处侵权案件104起，罚款12.3万元。查处各类商标违法案件115件，收缴和消除违法商标标识55万件，罚款总额90.2万元。青岛海关查处知识产权案件33起，案值650万元。全市专利技术向生产力的转化率达到50%以上，年实现产值500亿元。全年全市的专利申请量超过3000件，全市拥有专利1.14万余件，向国外申请的专利[illegible]件，在全国同类城市中处于领先地位。

其他专项整治 年内,开展了非法采供血液和单采血浆专项整治行动以及农资、建材、汽车、建筑市场、旅游市场、网吧、棉絮市场的专项整治和“扫黄打非”工作。

建立长效监管机制

立法立规 制定、修订了《青岛市食用农产品安全监管暂行办法》、《关于加强市区生猪肉市场管理规定》等地方规章,制定了《生猪定点屠宰企业生产经营管理规范》等8个地方标准和103项名特优农产品标准;继在全国同等城市中率先出台《青岛市公民义务献血条例》后,出台了《青岛市实施〈中华人民共和国献血法〉若干规定》;市人大颁布实施了《青岛市专利保护条例》;市药监局制定完善了《药品经营企业不良行为记录暂行管理办法》。

社会齐抓共管 坚持和完善群众举报大案要案查处曝光制度,公布了全市查处的扰乱市场经济秩序十大案件。通过聘请社会监督员和建立举报电话、投诉信箱、公示通报等措施,加强社会监督和舆论监督。宣传普及商品知识,增强消费者的自我保护意识和能力。开展“百城万店无假货”、“双信”评比等活动。全市市级“守合同重信用”企业总数达到1410家,省级311家,国家级32家,其中国家级和省级“守合同重信用”企业数量分别居全国副省级城市和全省各首位。

强化现代流通手段作用 发展现代流通业态,从源头上解决假冒商品进入流通领域。引导骨干企业对900多家食品杂货店实施整合改造;重点引进新型建材超市、生鲜食品超市、社区购物中心、高级百货店、新型快餐店等流通业态,截至年底,引入的跨国公司和国内大企业总数达到21户;各类连锁门店发展到3300处,业种拓展到31个,连锁企业实现销售额130亿元,增长32%。

“放心工程”建设 建立健全“菜篮子”“米袋子”检测机制,完善由检测中心、批发市场、零售市场组成的三级监测网络体系,共设立无公害蔬菜检测点133处;建立健全不合格商品退市机制。推进“菜篮子”商品质量安全长效机制,发布实施了《关于加强市场蔬菜质量卫生安全管理的通告》、《生猪定点屠宰厂(场)发展规划》等规章和规范性文件,起草并实施了《生猪定点屠宰厂生产经营管理规范》、《豆制品生产经营管理规范》等地方标准。实施品牌战略,全市发展国家绿色食品发展中心认定的“绿色食品”品牌和国家工商总局注册的商标品牌100多个。

“诚信青岛”建设

宣传教育活动 市文明办和市总工会开展了“铸造诚信”活动,共征集到职工提出的诚信箴言1万余条、征文1000余篇,组织演讲比赛200余场,邀请专家为职工进行以诚信为中心的授课、对话100余次。221个岗位被授予“青岛市职工诚信示范岗”的称号。市委组织部、市委宣传部、市直机关工委、市人事局联合组织“我与青岛共发展”活动,开展公共服务竞赛和诚信建设活动。

企业信用体系建设 以企业信用登记和信誉评价为依托,初步建立了企业信用登记查询系统、企业信用分类监管系统、企业信用评级系统和企业信用担保系统。

(王自生)

·物价管理·

概　况

市场物价 2004年,市区居民消费价格总水平比上年(下同)增长2.10%。在构成居民消费价格指数的八大类商品中,食品、衣着、娱乐教育文化用品及服务、居住等4类价格分别增长4.00%、3.60%、5.00%和1.90%;下降的有烟酒及用品、家庭用品及服务、医疗保健和个人用品、交通和通讯等,分别为1.90%、1.00%、4.40%和2.20%。

价格宏观调控 贯彻执行国家、省、市宏观调控政策,把抑制价格总水平过快上涨作为工作中心,落实国家、省关于控制出台政府提价项目的宏观调控政策要求,年内未调整政府调价项目。继续实行价格总水平调控目标责任制,按季召开价格形势分析例会。完善价格监测分析制度,加强对群众基本生活必需品和服务价格的监测分析,拓宽价格监测范围,增加了生产资料价格监测分析。完善应对市场价格异常波动应急预案,建立健全价格预警和应急处理机制,针对粮油、副食品市场价格波动和防治禽流感相关商品价格波动情况,开展了市场价格调查和监督检查。进行价格预警、预报,稳定市场价格。

服务“三农” 年内,下发了《青岛市物价局关于加强农村物价管理促进农民增加收入的意见》,出台了城乡用电服务收费政策,清理了涉农收费,取消3项收费项目,降低4项收费标准,明确对农民免收8项收费,减轻了农民负担。清理和取消农民进城务工收费,执行涉农价格和收费公示制度,与有关部门联合下发了《关于建立涉农价格和收费公示考核制度的通知》,成立了青岛市涉农价格和收费公示工作考核领导小组,召开了进一步做好涉农价格和收费公示工作会议,集中对96个乡镇、村的公示工作进行了抽查。加强了化肥、柴油等农业生产资料价格、涉农价格和收费的专项检查,开展粮食价格巡查和防治禽流感期间市场价格检查,对乱涨价、乱收费行为依法进行查处;开展了农产品成本调查和农民存粮、农资购买、小麦产销及冬播面积等专题调研活动,引导农民改善种植、养殖结构,增加收入。涉及“三农”的物价问题研究成果被山东省政府调研室《决策参阅》刊用。建立健全三级价格监督网络,聘请义务价格监督员,设立乡镇农村价格监督站,开展了农村价格监督和价格政策、法规宣传工作。

疏导价格矛盾 把矛盾突出的集中供热价格作为调整项目,召开了集中供热价格听证会,采取一个取暖季分两段计价一次收费的办法,制定了困难群众减免措施;山东省物价局批复青岛市从2005年1月1日起调整集中供热价格。出台了第5期药品集中招标采购中标药品零售价格,涉及2278种药品,平均下降14.03%。制定了部分新增医疗服务项目收费标准,规范了医疗机构CT诊疗收费标准。加强经济适用住房价格管理,剔除不合理成本定价。出台了有线数字电视收视费标准,青岛市利用收费政策促进有线电视数字化推广的经验在国家发改委、国家广电总局联合召开的有线电视收费管理座谈会上得到推广。

价格法制宣传

开展了《价格法》实施6周年宣传活动。对价格规章、规范性文件进行清理,废止了《青岛市涉案物品价值认定暂行办法》(已被地方性法规《山东省涉案物品的价格鉴证条例》替代)，废止文件127件。根据《行政许可法》的规定，清理取消10项收费项目，每年可减轻企业负担2522万元。清理了涉企、港口、出口加工等收费，取消了不合法的收费项目。开展了收费年审工作，规范了《收费许可证》网上审批程序。完善了收费管理工作责任、审批程序等6个相关配套制度并汇编成册，接受社会监督。出台了《青岛市创建规范化检查所实施细则》、《行政处罚程序法律文书流程及制作要求》，开展了价格监督检查案卷考核评比活动。规范价格听证程序，实现价格听证方式的多样化、规范化。召开了垃圾处理费听证会、经济适用住房价格论证会，通过“青岛市价格信息网”征求市民意见和建议，对停车服务收费管理办法和收费标准进行修订和调整。

整顿和规范市场价格秩序

出台了义务教育阶段“一费制”收费办法，规范了高中学校择校生收费标准，审核教育收费公示项目，完善教育收费公示制度，开展了教育收费专项治理。对行政事业性收费单位的公示内容进行了审核，督促各收费单位设立公示牌(栏)，通过“政务公众网”、电子显示屏等向社会进行公示。在全市房地产企业中实行了交费登记卡制度。开展了医疗服务、药品、教育、电力、成品油等价格和收费专项检查；开展了汽车市场价格和娱乐业、餐饮业市场专项价格检查；开展了价格诚信执法宣传活动，召开了价格诚信执法宣传新闻发布会，创新价格监督检查方式，采取调查、提醒、告诫、情况通报等工作方式，规范经营者价格行为。开展了“价格、计量信得过”活动，对“双信”单位进行了表彰和在《青岛日报》等媒体进行公告，设立了价格违法案件曝光台，公布价格违法行为典型案例。开展创建明码标价示范街活动，规范了娱乐、洗浴行业明码标价行为。加强“12358”价格举报电话受理工作，完善了价格举报工作制度，及时受理、依法从重从快查处价格举报案件。全市价格检查部门共查处各类价格违法案件497件，查出违法金额737.62万元，退还用户113.49万元，没收违法所得452.91万元，罚款12.36万元，实现经济总制裁578.76万元。年内，全国价格举报工作会议在青岛召开，市物价局被国家发改委授予“全国价格举报工作先进集体”称号。

转变职能与内部建设

年内，对青岛市需要山东省支持解决的重点价格问题，尤其是落实省级经济管理权限问题进行了梳理和汇总，山东省物价局对青岛市物价局提出的问题和要求给予了答复，调整涉及11项商品和服务价格管理权限，明确规定下放或委托青岛市行使。提出了降低青岛市电价的建议，并争取山东省政府在全省调高电价的情况下不提高青岛市的电价水平。开展“双学三创”、“三快一提高”活动，实施工作流程再造；为申请人提供“一站式”服务，提高了工作效率。召开了青岛市价格协会常务理事会。开展调研活动，其中进行了具有前瞻性的“小城镇城市化价格管理模式”的调研工作；撰写论文和调研报告共11篇，有8篇在国家、省级刊物上发表，其中《价格异动与价格管理问题研究》被山东省社科联学术委员会评为2004年度山东省价格研究成果一等奖。

(李海平)

·工商行政管理·

整顿和规范市场秩序

打击经济违法行为　年内，针对扰乱市场经济秩序、侵害消费者权益的突出问题，组织开展各类专项治理活动。全系统共查处各类经济违法案件2.5万起，案值1.3亿元。集中开展食品安全、“红盾护农百日会战”等工作和活动，群众食品安全满意率达到86%，农资质量投诉同比(下同)下降60%。加强反不正当竞争执法，查办商标侵权案件增长53.9%，媒体广告违法率下降30%，首次实现了春耕期间农资广告“零投诉”，查处商业贿赂违法行为拓展到宾馆、商场等服务领域。对市场、口岸走私贩私行为实施全方位监管，打击传销的领域扩展到大中学生等特殊群体，稳妥地处置了“消费储值”及类似违法经营活动，取缔从事违法建筑业户133户，查处非法从事汽车改装和小轿车经营行为110起，清理中小学周边娱乐场所及摊点214个。典当、租赁、拍卖、旅游市场及网吧等专项整治活动也都取得了明显成效。

完善监管机制　坚持把制度建设作为规范“两个主体”(市场主体和执法主体)的根本。规范市场主体准入行为，登记注册做到了“标准、程序、文本”三统一，年检工作实现了登记监管与属地监管结合，7879名吊销企业原法定代表人进入“黑名单”，市场开办单位法人登记率达到98%以上，固定业户办照率达到95%以上。规范商品准入行为，在全市240家大型商场、超市、市场推行索证备案、进货查验等制度，将27种重要商品纳入准入备案范围。规范市场交易行为，拨专款购置食品监测车，对各大商场、超市和景区食品情况开展巡回检测，对65种儿童食品、21种蔬菜及成品油质量进行专项抽检，将不合格商品及时从市场清除，全年共查扣不合格生猪肉2.01万公斤，责令销毁农药残留超标蔬菜近5万公斤。规范执法主体行为，建立了市局决策、分局执行、工商所落实的工作体制，强化基层监管责任制、考核制和责任追究制，推进“12315”规范化建设，开展集中执法活动，建立基层维权联络点160多个，增加日、韩语服务功能，共受理各类咨询申诉举报9.5万件，处结率达到99.8%。

强化信用管理　强化企业信用体系建设，加强信用信息公示，先后公布3341家企业的7017条良好信息，对严重失信企业、典型违法案件公开曝光，发布消费警示38期，对67项“霸王条款”公开点评，公示信息被有关部门采用，少数严重失信企业被清退出市场。培育诚信企业，发展国家级“守合同重信用”企业15家，省级“守合同重信用”企业63家。开展“食品安全放心街、放心市场”活动，8处市场被评为“山东省规范化文明市场”，设立“放心粮油连锁销售点”26个。完善知名企业打假维权保护网络建设，新认定重点保护单位103家。组织开展了“讲诚守信、放心中介”活动。评选消费者满意加油站43家。继续实行企业免检制度，对615户信用良好企业予以免检。

服务经济发展

登记审批制度等改革　规范三级许可权限，再造业务流程。各类企业登记实行了窗口“合并受理”，内部“一审一核”，[illegible]与企业登记实现了网上并联、“一门对

外”,并联审批企业数量增长174.6%。审查核准人员实现了资格考试、统一聘任和明确授权。500万元以下企业的审批权全部下放分局。外资企业登记实现了网上运行。企业和个体工商户试行了分段年检、滚动验照,网上年检企业比例达37.1%。对重大项目实行局长负责制,落实大企业“直通车”服务,70%以上的登记申请实现了当场受理发照,重大外资项目争取国家工商总局个案授权登记数量占到全国的7%。

清理规范性文件及审批事项136件,细化量化执法考核评议标准,组织近3000人次参加法制培训。推行案件网上核审,加强对自由裁量权的规范,加强对基层工商所执法考核,拓宽执法监督领域。做好复议应诉工作。加强信息化建设,启动了收费微机化管理工作。

促进民营经济发展　调研起草了促进民营经济发展的决定和实施意见,组织召开全市民营经济工作会议,表彰260户先进企业和个体工商户。实施“红盾帮扶”工程,确定359户企业为重点帮扶对象。加强再就业优惠政策落实,减免收费728万元,吸纳再就业1.9万人。拓展招商引资领域,承办了“鲁浙民企国企合作发展洽谈会”,组织了赴广东省招商引资活动,共引进项目139个,投资金额80.52亿元。支持半岛制造业基地建设,扶持楼宇经济发展,帮助企业盘活闲置资源,加强特色市场培育。

商标培育工作　加强驰名商标和著名商标的培育,帮助“英派斯”、“喜盈门”通过国家工商总局的“中国驰名商标”认定,指导“白雪”、“壹枝笔”通过司法途径认定为驰名商标,全市“中国驰名商标”达到10件;新认定“山东省著名商标”31件,连续两年增长50%以上;新认定“青岛市著名商标”52件。对18个知名商标和2个老字号采取保全措施,转让商标3个,对崂山可乐等3个老品牌优先认定为“青岛市著名商标”。指导崂山的茶叶、大泽山的葡萄等特色农副产品申请地理标志注册,促进了农业产业化经营。

内部建设

加强干部教育培训,实行了学分制管理,组织军转干部和新录用公务员初任培训,提前一年完成了岗位资格达标任务。改进对干部的考核考察和监督工作,制定完善了日常监督、辞退辞职等人事管理制度,建立起目标考核与民主评议相结合、个人考核与工作考核挂钩的考核体系。开展“行风建设年”、队伍教育整顿等活动,重点整治收费不规范等行为,对发现的问题严肃查处,先后组织处理28人次、党纪处分4人次。加强基层工商所建设,先后投入资金7110万元,新购工商所办公房39处,维修改造工商所办公房103处,160个工商所具有了自主产权。

年内,市工商局被评为全国、山东省工商系统先进集体,有6项重要业务工作进入山东省先进行列,被评为山东省“行风建设示范单位”,行风评议在青岛市执法部门中居第二位;有11个分局在当地行风评议中居第一位,2个工商所获“全国工商行政管理系统先进工商所”称号,3名个人获“全国优秀工商行政管理人员”称号。

(王本猛)

·质量技术监督·

质量工作

名牌管理　2004年,青岛市有8种产品被认定为“中国名牌”;截至年底,累计共有31种产品被认定为“中国名牌”,占全国总数的5.67%,居全国各城市第二位。有109种产品被认定为“山东名牌”,居山东省首位。市政府印发了《关于建立新创工业知名品牌奖励制度的通知》,建立了新创知名工业品牌奖励制度,设立新创工业知名品牌奖励资金,专项用于奖励获得国家级和省级品牌的工业企业;印发了《青岛市农产品名牌产品评价管理办法》,建议推荐首批青岛名牌(农产品)10种。全市有3家企业获2004年全国质量管理卓越企业称号,1家企业获2004年全国质量管理先进企业称号。

质量诚信建设　组织了“2004年质量月”活动,举办了“第二届青岛名牌产品博览会”,开展了“质量兴市进镇街”活动,建立了质量技术监督驻园区、乡镇工作站。编写了《青岛市质量信用评价管理办法》,组织专家对规模以上企业的质量信用评价结果进行了评审,有59家企业通过了初审。

质量基础工作　将贯彻GB/T19000系列标准和“采用国际标准和国外先进标准”工作纳入市政府重点考核目标,全年全市通过质量体系认证的企业共有100余家,累计达1400余家;采用国际和国外先进标准43项,累计达1260项,全市主要工业产品采标率达90%以上。完成了建立企业质量档案工作,第一批质量普查建档企业共计3463家。

认证认可工作

质量体系认证　帮助12家企业开展了ISO14000和ISO18000认证,帮助2家物流企业建立了质量保证体系。引导行政机关、事业单位或其他组织开展质量管理体系认证工作,共有15家行政机关、事业单位通过了ISO9001认证。全年累计帮助120家行政机关、事业单位及企业申请了产品、服务和管理体系认证。

强制性产品认证　开展了强制性产品认证行政执法等工作。重点查处未获得强制性产品认证的手持电钻、家用电风扇、空调器等30种产品,检查生产企业100余家、经销单位350余家,检查商品2200余批次,查处无强制性认证经销单位15家,查获无3C标志的冰箱、电视、电线电缆、吸油烟机、低压电器等产品标值320万元,处理违法行为120余起。截至年底,全市应申请认证的企业共有423家,已申请或通过认证的企业共有397家。

执法监督与打假工作

实施区域监管责任制　在全市街道办事处(乡镇)和居委会(行政村)中成立74个监管小组,签订了《质量技术监督执法打假责任状》。其中,市质监局黄岛分局建立“质量技术监督工作站”,在辖区每个村设1名质量安全协管员,该做法得到了国家质检总局质量司的肯定。

食品质量安全工作　对小麦粉、食用植物油、大米、瓶装饮用水等15类食品实施了市场准入制度,全年全市有154家食品生产企业获得了174张食品生产许可证。对大米、面粉、食用植物油、酱油和醋等5类食品开展了监督抽查和专项调查。对全市1467个食品企业的4356种产品标准进行了整顿审查。建立了食品质量安全应急机制。

专项整顿活动　全年共对8866家企业、商店的1.52万批产品质量进行了监督检查，合格1.35万批，产品质量合格率为89%；查处违法案件1172起，查获伪劣产品标值6500多万元，罚没款670多万元，现场销毁伪劣产品标值327万元，查处万元以上大案要案112起，捣毁制假售假窝点18个，受理办结“12365”投诉443起。组织了“元旦”、“春节”、“五一”、“中秋”、“国庆”等节日市场的综合监督检查；组织开展了对禽类产品、肉品冷库、奶粉、化肥、无证食品、絮用纤维制品、建材的专项打假活动；组织开展了对食品生产加工业的专项整顿活动。

规范执法行为　实行了执法人员年审制度，健全了市质监局案件审理组织，严格实施了调查与审理相分离的制度，出台了《青岛市质量技术监督局重大行政执法事项和规范性文件审查备案规定》。结合市政府执法证件审验工作，举办培训班对全市近400名持证行政执法人员轮训。贯彻《行政许可法》，举办了两期《行政许可法》知识培训班，组织清理行政许可项目，共上报清理整顿行政许可事项6项；废止了《青岛市产品质量监督管理办法》和《青岛市消费品使用说明和产品标准管理试行规定》；制定了《青岛市质量技术监督局行政许可公开公示管理规定》，印制了《特种设备安全监察行政许可公开公示服务指南》。

标准化工作

实施技术标准战略　召开了全市实施技术标准战略暨纪念第三十五届年世界标准日会议，启动了青岛市技术标准发展战略与体系建设课题的研究。结合青岛市建设生态旅游城市和电子家电企业可持续发展的要求，组织开展了《家电企业清洁生产通用技术要求》标准研制等工作。开展了创建“标准化良好行为企业”活动，建立了海尔集团、海信集团、青岛啤酒公司和万福集团等4个国家级和13个省级标准化良好行为试点企业，海尔集团、青岛啤酒公司分别通过了国家标准化委员会的标准化良好行为试点验收。

农业标准化　组织申报了5个国家级和2个省级农业标准化示范项目，全市已被批准建立了9个国家级农业标准化示范区和3个省级农业标准化示范[illegible]标准化工作会”上作了开展农业标准化工作经验介绍。对全市40余家出口到欧盟的动物源性食品生产企业的标准化工作进行了指导，建立了生产加工质量标准和操作规范。组织制定并批准发布了18项青岛市农业地方标准。

服务标准化　发布了《青岛市定点屠宰企业生产经营管理规范》、《城市排水设施养护维修服务质量要求》、《城市道路养护维修服务质量要求》、《连锁商业零售业服务规范》、《面食品生产、销售管理规范》等5项地方标准。继续开展社区服务标准化试点工作。

物流标准化　在黄岛区开展物流企业标准化工作试点，召开了物流企业标准化工作研讨会，进行了物流标准化调研活动。

计量工作

企业计量　引导和帮助企业建立、完善计量检测体系，开展计量检测体系的评价，全年共办理计量水平确认120个，数量居山东省首位。

计量监督　全年完成定量包装商品的抽查1540批次，超额完成市政府下达的重点工作目标；开展了节日市场计量检查和成品油批发单位、餐饮业、经销计量器具、流通领域定量包装商品、民用四表等专项计量执法检查；组织了对集贸市场的专项整治和执法活动，规范了市场计量秩序。

计量工作拓展　在山东省率先开展了针对供热行业的整治活动，新上了流量计的检定标准，出台了相应管理措施，检定相关计量器具8900多台件，计量受检率达到95%以上；倡导计量诚信建设，在“双信”单位评选及对眼镜制配单位、供热单位、集贸市场的计量监督管理中，首次对计量诚信建设评价的方法进行了探讨；与交通部门联合在全省各地市中首家开展了对治理公路超限超载及公路计重收费计量器具的强制检定。

特种设备安全监察工作

特种设备安全基础工作　完成了ACD会议、啤酒节、海洋节及“韩国周”的安全服务工作。对大型锅炉、剧毒危险化学品储存容器、医用氧舱、有毒易燃压力管道、客运索道、大型游乐设施和公众密集场所使用的特种设备制订了巡查制[illegible]全监察机构的现状，与市安监局联合在市内四区增设了特种设备安全协管员。市质监局及所属分局均制订了特种设备事故应急救援预案。

特种设备专项整治活动　继续加强对“六小（小洗浴池、小馒头房、小化工厂、小造纸厂、小制衣厂、小食品厂）锅炉”的整治，联合有关部门对有安全隐患的锅炉进行取缔。继续开展对盛装易燃易爆有毒危险化学品的压力容器、运输槽罐车及常压容器的整治，建立危险化学品压力容器及管道数据库，落实检验工作，重点加强监控，全年共检验危险化学品槽罐车近600台，保障了全市危险化学品的安全运输。清查非法气瓶充装站，依法取缔了不符合安全条件的充装站近20家，限期整改40余家，对符合条件的275家气瓶充装站下发了充装许可证；进行工业管道普查，普查压力管道计1073公里，普查涉及压力管道使用单位455家。

机构建设

技术机构　市产品质量监督检验所新建的1.5万平方米的质量检测大楼于11月正式启用，该所筹建的国家啤酒质量检测中心已正式挂牌工作，并成为“3C”认证轮胎产品、低压电器、家用电器和电线电缆产品指定检测机构。在市纺织纤维检验所的基础上筹建了“国家棉花质量监督检验中心”，该中心已经通过了有关部门审核验收，中国质量认证中心已同意该所作为其授权实验室开展纺织品检测工作。截至年底，已有石墨产品、啤酒、棉花等3个国家级检测中心落户青岛，青岛市正申办国家橡胶制品、国家电子电器及环保、国家衡器检测中心。市锅炉压力容器检验所、市特种设备检验所通过了国家质检总局审查组的抽查，锅炉压力容器检验情况告知书制度得到国家质检总局审查组的肯定。

行政机构　12月，成立了市南、市北、四方、李沧和保税区等5个分局，强化了标准化、计量、质量、特种设备安全监察等管理职能和行政执法职能。

系统内部建设

制定并印发了《目标管理绩效考核实施细则》，开展督查考核；开展“双学双抓”（学海尔、学许振超，从源头抓质量[illegible]及“情系企业、真诚服务”活动。市质监局创建了"质监为民"服务品牌,建立了预约服务、工作质量回访、举报奖励、服务承诺制、限时办结制和责任追究制等一系列制度;崂山分局"为企业服务,对百姓负责"政务服务品牌获得崂山区首批服务名牌称号并被列入崂山区精神文明建设十大亮点之一。

全市质监系统在各类报刊、电视、广播、网站上刊登稿件5253篇,其中省级以上新闻媒体用稿451篇、国家级用稿280篇;组织重大新闻宣传活动18次。市质监局和崂山分局分别获山东省质量技术监督系统宣传工作先进单位称号,有7人获全省质量技术监督系统宣传工作先进个人称号。

(李宗卫)

·烟草专卖·

概　况

2004年,全市查处各类涉烟违法案件1.62万起,比上年(下同)下降3.4%。立案4649起,上升293%。查获各类违法卷烟4179箱(万支/箱,下同),下降21.3%;其中,走私烟217箱、上升35.5%,假冒烟1622箱、上升178.9%,渠道外烟2340箱、下降48.8%。罚没款167.7万元,下降1.6%。青岛市烟草专卖局被评为"省级文明单位"、"平安山东建设先进基层单位"。

市场管理

形成执法合力　市烟草专卖局与青岛市委政法委及公、检、法等部门建立了一系列联合工作制度,强化专卖管理职能。青岛市委政法委把烟草专卖市场整顿列入了当地社会治安综合治理的范畴,把烟草专卖市场的整顿列入对各区(市)综治办全年工作考核当中,初步构筑起"各级党委、政府统一领导,各有关部门依法监管,群众参与监督,社会广泛支持"的整治卷烟市场新格局。《青岛市实施〈中华人民共和国烟草专卖法〉办法》于2004年10月25日在青岛市第十三届人大常委会第十五次会议上获得通过,并于11月25日经山东省第十届人大常委会第十一次会议批准,2005年1月1日起颁布施行。

加强市场整治　年内,市烟草专卖局与公安等相关执法部门开展联合行动,加强对重点市场、重点烟贩的查处打击,查处了即墨市南泉镇赵家屯非法生产烟丝案。对青岛市的造纸企业进行全面核查整顿,规范了卷烟纸生产、销售行为。9月,在平度市垃圾场组织了一次销毁假冒商标卷烟活动,共销毁假冒卷烟2203箱、烟丝7.4吨、切丝机7台和烘烤机1台,总标值800余万元,新闻媒体对此次活动进行了报道。

管理队伍建设　年初,市烟草专卖局对青岛市的烟草专卖机动稽查力量进行整合优化。以"管理正规化、办案规范化、工作程序化、人员专业化"为建设目标,通过健全完善工作规范、开展专卖业务达标学习等形式,规范执法程序,提高专卖管理人员素质。

政务公开

实行"一站式"服务　年内,各区(市)烟草专卖局先后建立起"一站式"烟草专卖行政执法综合服务大厅,实行首问首办负责制、服务承诺制、限时办结制和一次性告知制度,公布监督、投诉电话,公开案件处理和行政许可结果,实现了由过去分散受理到集中统一受理的转变。

强化内外部监督　市烟草专卖局成立内部执法督察领导小组,加强对专卖执法行为的监督规范。实行了烟草专卖执法社会监督员制度,从人大常委会、政协、新闻等机关团体和卷烟零售户中聘请了83名社会监督员,并指定专人负责定期搜集意见、反馈处理结果,改进专卖执法工作。

加强与零售业户沟通　市烟草专卖局专门印制了6万余张"便民服务卡",发放到每一位零售户手中。卡片上注明了片区专卖稽查员的姓名、所在单位、职务、联系电话、所在局面向社会公开的举报投诉电话、邮编、电子信箱等内容,并向零售户公开承诺协助进行真假烟鉴别、负责进行烟草专卖政策和法规等方面的释疑解惑以及提供卷烟经营策略方面的建议等。通过实行局长接待日制度、主动上门走访卷烟零售户、发放调查问卷等形式,加强烟草主管部门与零售户的联系与沟通。

法律法规宣传

组织开展"烟草专卖法规集中宣传月活动",为消费者提供法律咨询、真假烟识别等服务。加强与新闻媒体的沟通联系,通过对大要案进行曝光、对销毁假烟行动进行报道、宣传新出台的《青岛市实施〈中华人民共和国烟草专卖法〉办法》等,增进社会公众对烟草专卖法律法规的了解。

(陈　宏)

·食品药品监督管理·

食品药品监管体制改革

2004年2月,青岛市首批开展的五市和城阳区药监局(分局)上划工作结束,初步形成药品监管垂直管理体制;3月,组建了李沧、黄岛两个分局,完成了第二批区市药监机构的组建工作,药监机构改革基本完成。坚持"提前介入、主动工作",推进食品监管体制改革。年初,在山东省率先成立食品办公室;12月,原市药品监督管理局增加职能后新成立的市食品药品监督管理局正式挂牌,青岛市食品药品监管系统组建完成并筹建了食品安全委员会,制定了相关制度,青岛市新的食品安全监管机制开始运行。

食品综合监管

年内,履行食品安全综合监管职能,组织相关部门建立健全从田头到餐桌的全程食品安全保障体系,组织开展了一系列的食品市场专项检查和创建"食品药品安全示范街(店)"活动。整合全市执法监管力量,协调多部门开展联合行动,扩大检查覆盖面。通过加强生产源头综合治理把好"生产关"、落实区域监管责任制把好"加工关"、强化市场准入制度严把"流通关"等措施的落实,提高了全市食品安全水平。

药品市场管理

年内,开展了药品与医疗器械专项整治活动。探索建立了药品突发事件预警、快速反应和长效监管机制。全年检查涉药单位8500余家(次),查处各类案件310余起,销毁假劣药品400余箱,通报违法广告96例,封杀药物40种。规范医疗机构制剂管理,为34家医疗机构上报制剂品种913个,被评为"山东省整顿和核发医疗机构制剂批准文号先进单位"。对全市医疗器械生产企业和经营重点监控品种的企业实施 ABC 分级管理，共监督检查生产经营企业 267 家。建立完善了三级药品不良反应监测网络，开展了麻醉药品、一类精神药品专项检查。为基层局配备了快检箱，青岛市药检所成为全国第七个、山东省第一个获国家级实验室认可的药检所，全年完成药品抽验 2528 批。

农村药品“三网”建设

在国家食品药品监管局开展“两网”（监督、供应网络）建设的基础上，探索增加“信息网”建设，形成了独具青岛特色的农村药品“三网”建设格局。制定了《关于开展农村药品“三网”建设工作的意见》，为全市全面开展“三网”建设提供了政策支持。通过城阳区和胶州市的试点，在全市推开“三网”建设工作。全市聘任药品监督协管员、信息员 2987 人，社会监督员 184 人，完善了监管网络。建立药品代购分发、药品批发或连锁企业参与配送建立网点、药品零售企业进镇入村等 3 种类型为主的药品供应体系，完成供应网络建设的乡镇达到 100 个、行政村 5418 个，提高了供应网络覆盖率。在试点的城阳区完成了信息网络平台等信息站点建设，并与 60 多家企业实现了联网。

促进医药经济发展

出台了《关于进一步帮促民营医药企业发展的意见》，开展了“走百家企业，送药监服务”活动。完成了 GMP、GSP 认证工作，全市共有 25 家药品生产企业 106 个剂型（车间）通过了 GMP 认证，45 家药品批发、零售连锁企业（含 625 个连锁门店）和 503 家单体药店通过了 GSP 认证。新开办药品批发、零售连锁、零售企业 390 家，办理零售企业变更事项 858 家。实施了“提高国家药品标准行动计划”，为 29 家药品生产企业上报品种 633 个。对 19 家医疗器械生产企业、53 个产品进行了相关的审查、备案和核发证件工作，对 511 家申请和变更《医疗器械经营企业许可证》的企业进行了验收。履行口岸药品监管职能，在全国率先建成了药品进口电子备案网络管理系统，实现了企业申报网络化、进口流程电子化、政务审批公开化、数据管理集中化、药品监管公开化，实现通关[illegible]目标，降低了企业贸易成本，提高了通关效率。全年备案进口药品 20 多个品种，发放通关单 77 张，进口金额 1597 万美元，同比增长 17.4%。

诚信体系建设

出台了《关于推进诚信药监建设的实施意见》。加强了对行政相对人的法律法规的培训，全市举办培训班 44 期，培训 5300 多人次。完善了《青岛市药品经营企业不良行为记录暂行管理办法》，记录药品经营企业不良行为 169 家 267 次，曝光 17 次。制定了《药品安全信用分类管理暂行规定》，建立了企业信用等级制度，完善了企业监督制约机制，规范了企业经营行为。

依法行政

加强行政执法规范化建设，启动了“行政执法规范化建设示范单位”创建活动和规范性文件清理活动，制定了行政许可等 8 个规范内部行政行为的规章制度，对 26 个文件进行了修、改、废，将原来承担的 9 项许可事项依法减为 7 项，完善了行政审批监督、责任追究制度，实行了审批事项“一站式”服务。探索了立案、调查、处罚、审核“四分离”的办案模式，提高了执法办案水平。

内部建设

加强领导班子和干部队伍建设，开展“素质建设年”活动，按照“三规范”（规范管理、规范行为、规范服务）要求，深化内部管理，建立健全规章制度 6 大类 70 余项，实施工作流程再造，制定了岗位流程和工作规范，优化办事“线路图”和“时间表”，落实 AB 角责任制，提高了规范化建设水平。强化绩效考核，完善了竞争激励机制。开展了“服务品牌”创建活动，在全系统启用了“把关民生”服务品牌。年内，被评为“全国食品药品监督管理系统先进集体”。

（窦　芃）

·统　　计·

落实全国经济普查工作

2004 年，加强以“机构、人员、场所、经费”为主要内容的“普查四落实”工作。全市二级普查机构在规定的时间内全部成立，全市共计配备普查指导员、普查员 3 万多人。根据国家的统一安排，完成了青岛市承担的国家交通运输、电信企业普查试点和工业试填工作。

统计数据质量管理

严把数据收集、处理、综合评审“三关”，实施统计数据“下管一级”，加强数据质量控制。各类年报、统计定期报表没有出现任何趋势性、技术性差错，全年在国家、山东省组织的各专业统计报表评比中，共获得 44 项一等奖，居山东省各市首位，数据质量得到了国家统计局、山东省统计局的肯定。

统计分析研究与调查

全年共撰写各类统计分析报告 441 篇，被市领导批示 65 篇次，其中被市主要领导批示 24 篇次。在全国统计系统率先建立了统计信息外文发布制度，定期以中、英、日、韩四国语言刊发《统计信息手册》。

发挥国家统计局派驻青岛市的城调队、农调队、企调队调查网络健全、灵活快捷的优势，在保证完成国家、省布置的调查任务的同时，围绕青岛市经济社会的热点、难点问题，组织开展了 36 项快速专题调查，利用调查掌握的第一手资料而撰写的调查报告被市领导批示 9 篇，得到了市委、市政府和有关部门的好评。

改革统计制度方法

属地统计改革作为统计管理体制上的一项重大改革，完成了有关调查单位的衔接，完成了改革任务。各区市建立了监测体系，保证了属地统计工作的全面开展，实现了“统计渠道不断、统计资料不乱”的目标。

在规模以上工业企业推行了“一套表”，使工业企业统计信息得到了有效整合。为全面、系统、科学地掌握全市文化事业的发展态势，在全国率先建立了《文化景气统计制度》。组织实施了规模以上工业企业用价格缩减法计算工业发展速度的改革，在全国率先开展了企业采购经理人指数报表，完成了“青岛市社会发展水平综合评价指标体系”课题研究，并通过了专家评审。完成城镇住户基本情况抽样调查，建立起区市级城镇住户调查制度，并在 12 个区、市全部开展了经常性的城镇住户调查工作。

统计基础工作

开展"统计基层基础工作规范化建设年"活动,全市12个市、区均设了独立的政府统计机构,全市173处镇(街道办事处)建立实体型统计站7个、联合型统计站(所)166个。全市所有镇(街道办事处)都建立了自己的网站,统计档案均达到或超过山东省"合格"以上标准;市统计局获全省档案建设一级先进单位称号,统计档案管理被命名为"机关档案管理规范化示范点"。

统计执法

联合市法制办、市监察局印发了《关于开展统计执法检查的通知》,对2004年的统计执法工作进行了全面的部署。在基层单位自查的基础上,进行层层抽查。全年共对1772家单位进行了检查,查处统计违法行为320件,立案298件,结案194件,强制执行40件。采取多种形式开展统计法制宣传。为加强对区市统计工作的监督检查,维护统计工作的权威和秩序,先后组织了对胶州、黄岛等区市的统计巡查,市人大财经委员会同市统计局对统计法规执行情况及统计数据质量联合进行了检查。

统计课题研究与统计教育

年内,"个体经营户抽样调查的方法研究"课题在山东省统计局组织的竞标课题中中标。"青岛市人口地理信息系统"、"青岛市高新技术产业发展状况研究报告"在全国第七届统计科技进步成果奖评选中分别获信息技术应用类二等奖、统计科研成果三等奖。在4年一度的全国统计优秀论文和统计分析评比中,青岛市有23项分获一、二、三等奖,居全国同类城市首位。"青岛市人口地理信息系统研究"获青岛市科技进步二等奖,"青岛市软件产业分布及指标体系研究"获青岛市科技进步三等奖。开展了以上岗培训和继续教育培训为主要内容的统计教育工作。全年有2500人通过培训获得了上岗证,组织4700余人参加了统计继续教育。

统计文明行业创建

年内,在全市统计系统提出了创建文明行业的要求,各区市统计部门因地制宜开展工作,截至年底,全系统已有9个区市统计局被评为所在区市的精神文明单位或精神文明标兵单位,共获得国家统计局、山东省统计局授予的各种奖励100余项。市统计局在全国统计系统率先创建的"市情信达"统计服务品牌先后被评为"机关服务名牌"、"青岛市服务名牌"。

(王莉莉)

·财　　政·

地方财政收支

财政收入　2004年,全市地方财政一般预算收入完成130.5亿元,占预算的111.5%,同比(下同)增长28.5%。其中,市本级一般预算收入完成54.7亿元,增长20.9%。

财政支出　2004年,全市地方财政一般预算支出完成164.62亿元,增长11.9%。其中,市本级完成67.18亿元,增长18%。

财源建设

完善财政管理体制　为促进全市经济的协调发展,新的财政管理体制将市属重点企业全部下放到区(市),作为市与区(市)两级共享税源,调动了各区(市)发展经济的积极性,建立了市与区(市)财源建设的联动机制,区(市)之间争拉税源的问题得到遏制,为全市经济的长远发展奠定了体制基础。2004年,区(市)全口径财政一般预算收入平均增长31.5%,是近几年来增幅最高的一年。

扶持产业集群建设　制定了支持企业创品牌、上规模、增税源的财政扶持政策,改进了利用内外资的激励政策,并设立了产业集群建设专项工作经费,重点支持六大产业集群的项目引进。年内,市本级财政共安排8140万元资金,专项用于支持产业集群建设。1000万吨炼油、海西湾造修船基地等符合国家产业政策的大项目和品牌经济取得进展,为培植后续财源奠定了基础。

建立收入征管监控网络　通过财税库网络信息系统的建设,实现了财政、国税、地税、国库等部门的税收信息共享,提高了税款征收、入库的速度,为财税部门实施税源动态监控、依法加强征管提供了技术支撑。

公共保障

保障对"三农"的投入　2004年,市本级财政安排支持"三农"资金6.84亿元,增长28.6%,是青岛市历年来财政支农投入最多、增幅最高的一年。其中:粮食直补改革支出4424万元,对98.3万户农民种植的21万余公顷(316万亩)小麦,按每亩14元的标准进行了直补,大大提高了种粮农民的积极性;对参加新型农村合作医疗的农民进行补助,为农民报销支付医药费5256.39万元,受益农民81.89万人(次),初步解决了困难农民"看病难"问题;补助农村困难家庭学生入学救助资金600万元,专项用于贫困学生的学杂费、书本费及生活补助,解决了1.4万名农村学生因贫困而上不起高中的问题,2004年青岛市农村高中入学率上升到92.7%;补助农村低保资金1129万元,将农村低保标准由每人每年600元提高到820元,切实改善了困难农民的生活条件。

社会保障　年内,市本级社会保障性支出5.79亿元,增长21%。其中,补助促进就业支出1.5亿元,帮助3.4万人实现了就业和再就业;保证了1.2万名退养职工的基本生活费;将城镇居民低保标准由每人每月210元提高到230元,维护了社会弱势群体的基本利益;将国有资产出让收益、困难企业土地变现收入全部纳入财政专户管理,专项用于困难企业职工的分流安置,全年共筹集资金7.7亿元,解决了3.48万名困难企业职工分流安置所需费用。

保障"平安青岛"建设的支出需要　全年安排政法经费7.4亿元,增长21.9%。其中,安排专项经费4859万元,用于改善政法机关的技术装备;设立大案要案专项资金690万元,使重大案件办案经费得到保障。

保障教育、科技等重点支出　市本级财政安排教育支出5.27亿元,增长8.5%,主要用于改善中小学办学条件;科技支出8073万元,增长8.2%,主要用于科技成果转化、重点实验室建设等。

财政资金管理机制创新

推进财政专项资金绩效评价试点工作　制定了财政专项资金绩效评价规程,对财政支农资金、支持企业发展资金、促进就业资金等7项重点专项资金进行追踪问效，规范了预算单位的用财行为，提高了财政资金使用效益，为进一步规范和加强市级财政专项资金管理和监督奠定了基础。

科学运筹财政基建项目资金　对450个财政基本建设投资项目全面实行集中核算和集中支付，对12个新建项目实行“代建制”，有效控制了基建项目超概算问题。

强化政府采购监督管理　设立了政府采购招标大厅，对政府采购项目实施统一管理和集中监督。对工程物资、工程代建单位及园林绿化、物业管理等服务类项目实行了政府采购，扩大了政府采购范围。全年全市政府采购规模11.3亿元，增长57%，节约财政资金2.1亿元，节支率15.64%。

统筹统管重大活动专项资金　设立了重大活动专项资金专户，实行单独核算、直接支付，保证了专款专用。建立了重大活动公用设备的统一管理调配制度和循环使用制度，节约了财政资金，提高了重大活动专项资金的配置效益，保证了重大活动和国际会议的顺利举办。

财税改革

农村税费改革　年内，五市三区中的五市平均降低农业税3个百分点，三区全部取消农业税，全年共减免农业税2.3亿元。为缓解减免农业税后镇村财政困难，市财政将新增的1.62亿元转移支付资金直接拨付到115个镇的4528个村的账户上，保证了专款专用。

出口退税改革　制定出口退税操作流程，建立了出口退税审核、资金退付和计划控制的新机制，保证了出口退税的足额退付和各级预算的执行。全年全市累计办理出口退税132.04亿元，其中，办理以前年度欠退税70.54亿元，办理当年出口退税61.5亿元，缓解了外贸企业的资金压力，支持了青岛市外经贸事业的发展。

（丁雅丽）

·国家税务·

市国税局业务概况

主要业务指标　2004年，全市国税系统共组织各项税收收入[illegible]亿元，同比（下同）增长33.1%，增收83.55亿元。扣除海关代征，国内税收收入完成139.54亿元，增长12.6%，增收15.59亿元。国内增值税完成96.55亿元，增长6.4%，增收5.79亿元。不含免抵调库，国内税收直接收入完成119.04亿元，增长15.2%，增收15.67亿元，其中国内增值税直接收入完成76.05亿元、增长8.4%、增收5.87亿元。地方级税收收入完成32.55亿元，增长15.7%，增收4.42亿元。不含免抵调库，地方级直接收入完成27.42亿元，增长19.3%，其中市级直接收入完成11.61亿元、增长21.2%。

税收特点　1.全市国税收入保持了与经济同步增长的态势。2.从企业规模看，中小企业和个体私营企业增值税和消费税（下称“两税”）增长较快。全年中小企业缴纳“两税”34.6亿元、增长15%，个体私营企业缴纳“两税”12.05亿元、增长14.8%，中小企业缴纳“两税”超过500万元的有56户。3.从经济类型看，涉外企业、股份制企业和私营企业税收比重均有提高。涉外企业全年完成国内税收46.76亿元、占国内税收的（下同）33.5%，股份制企业完成36.04亿元、占25.8%，私营企业完成11.44亿元、占8.2%，分别比上年提高1.2、1.5和0.8个百分点，入库税收分别增长16.8%、19.7%和24.1%。4.从产业结构看，第三产业税收增长较快，贡献率提高。第三产业全年贡献国内税收27.35亿元，增长34.5%，其中三产所得税增长67%、占国内税收的19.6%、提高3个百分点。5.从行业结构看，传统行业仍主导国内税收的增长。青岛市国内“两税”增收较大的工业企业主要来自卷烟、石化、啤酒、供电、机车制造等传统行业，上述行业共缴纳“两税”31.89亿元，占国内“两税”总额的27.1%，增收“两税”6.34亿元，占国内“两税”增收额的79.8%；家电、电子行业“两税”和税收贡献率下降。

依法治税

规范行政审批　清理自行设定的审批事项，公布废止了35件规范性文件；完善和落实相关配套制度，推进政务公开，依法实施税务行政许可，按规定在办税场所公布有关税务行政许可的事项、依据、条件、数量、程序、期限以及需要提交的全部材料目录和申请书示范文本等；实行“政策、减免税、行政处罚、定税”四公开；推行涉税事项备案制管理。重点细化和规范企业申报、资料归集、台帐管理、限时审核等环节的管理行为，加强备案事项的事后审核，累计对67项审批项目实行了备案制。

规范执法行为　改进内部执法监督机制，制定下发日常监督方案和复查实施办法，改进执法检查的方式，抓好层级执法检查、本级执法检查和对检查（稽查）案件的复查等，及时通报和纠正执法中存在的问题。对移送公安机关的涉税犯罪案件实行执法自查制度，下发《关于移送公安机关的涉税犯罪案件进行内部执法自查工作情况的通报》，实施了建立工作底稿和自查上报等制度，加强执法责任追究。

做好重大税务案件审理和税务行政复议工作，全年审结重大税务案件72件，对发现的问题采取了退案补证等措施。研究规范税收执法责任界定，简化在基层局内部的审批操作，调整和明确每一审批环节所应承担的相应责任，明确执法要求，防范执法风险。统一和明确行政处罚标准和尺度，对违法情节轻微，依法可以不予以处罚的，明确操作程序，加强纳税辅导。

整顿和规范税收秩序　以大案要案、行业检查为重点，严厉打击税收违法犯罪行为。全年累计检查纳税人2395户，有违法问题的2084户，查补收入合计2.63亿元。其中，移送司法机关涉税犯罪案件66件，102多名犯罪嫌疑人被依法采取刑事强制措施；查处了“三一七”虚开增值税专用发票案等系列恶性案件。

及时将查处的问题连同调整数据反馈给管理环节，提出有价值的征管建议，完善了征、管、查互动机制，提高了整体工作效能。组织水泥、钢铁、电解铝行业税收执法情况自查、开发区税收优惠政策检查，突出执法重点。涉外税务审计和反避税工作取得进展，全市调增应纳税所得额4.46亿元，查补税款1825万元。年内，市国税局被市政府评为整顿和规范市场经济秩序先进单位。

加强税收征管

建立分类管理体系和完善税收管理员制度　在属地管理的基础上，根据纳税人的行业、规模、数量、收入、分布等特征，按照经营年限、纳税数额、纳税信用

标准,试点推行重点税源企业、一般税源企业、新办企业和定额纳税业户四大类税源分类管理标准。理顺管理员工作职能,制定税收管理员工作规范,实行税收管理员下户工作任务书制度,量化和固化管理员工作内容,健全税收管理员责任落实和监督制约机制,提高税收管理员工作效能。

纳税评估　下发了《纳税评估工作管理暂行办法》,在管理方式、管理职责、工作衔接、操作程序等方面进行了改进和调整,组织各税种专项评估,提高纳税评估效率。全市国税机关共对1632户进行专项评估,评估追缴税款4384万元,滞纳金42万元,罚款3万元。

税收征管基础建设　开展纳税信用等级评定,在全市范围内评定了121户"纳税信用A级企业",并进行了表彰。加强普通发票管理,在33个专业市场安装使用了多用户税控开票机,通过税控软件补税121万元。制定下发了个体税收及集贸市场税收管理办法,全面应用个体定额管理系统,全年累计组织个体"两税"1.61亿元,增长20%。

优化纳税服务　与市地税局协作开展税务登记办理及年审、纳税信誉评定、联合税收宣传等工作,方便了纳税人。提高"12366"税务热线服务水平,全年累计人工接听电话6.85万个,全部按要求进行了答复,现场答复率和纳税人满意率都在99%以上,编发了6期《"12366"信息通报》。加强对税务代理的行业管理和监督,依法促进了税务代理事业的发展。

信息化建设

软件开发应用　推行防伪税控网络版,优化远程电子申报系统,推进增值税管理中6个系统的工作联系和信息共享,实现一般纳税人申报数据与防伪税控报税认证数据的实时自动比对,为推进增值税纳税申报"一窗一人一机"管理模式提供了手段支持。运行和完善"一户式"数据管理系统,在国家税务总局规定的基本查询65项功能的基础上,拓展了41项分析预警功能。数据应用整合和利用现有信息资源,加强数据分析利用,全市发布数据分析报告12期。

网站建设　搭建政务管理信息化平台,加强系统内部各处室、基层局之间的信息交流,提高办公效率。

服务经济发展

落实各项税收优惠政策　全年累计办理各类税收优惠24亿元。落实下岗失业人员再就业税收优惠政策,确定了全市的增值税起征点标准。全市已办理免征税款手续的个体业户有2.8万多户,占全部个体税务登记户数近60%,免征增值税税款4000余万元。下发了《关于进一步落实税收优惠政策促进农民增加收入的通知》,1万余户以销售农产品为主的个体工商户年享受免征增值税达1000余万元的优惠。

办理高新技术企业和福利企业先征后退1.21亿元,内外资企业所得税减免和税前扣除20.55亿元,办理国产设备投资退税2160万元。全年共办理出口退税132.04亿元。

经济税源建设　配合各级政府引进和培植税源。建立稳定畅通的税收信息渠道,按季度上报或通报税收信息数据及分析报告。建立跟踪调查制度,及时反馈税源经济建设情况和发展趋势,促进经济和税收的良性循环。建立大项目税收专人负责制度,对全市的大项目和对外招商引资项目,安排专人负责,在政策咨询、办理登记、领购发票、纳税申报、税收筹划及落实税收优惠政策等方面实施个性化服务。

内部建设

创新和完善了干部管理机制,在处级干部和领导班子成员中推行"不胜任现任领导职务调整办法",在科级干部中推行"领导职务任期制",在稽查干部和部分管理员中推行"能级管理"的试点工作。开展了全员业务考试和能手选拔工作,依托网上考试系统组织了首次全员上岗资格考试,全系统2066人先后参加了考试,通过率为96.4%,选拔了100名岗位能手。全年组织参加国家税务总局、山东省国税局各类培训132人次。

年内,还开展了实施民主决策管理、完善质量管理体系、建立工作讲评会制度和领导督查与部门督查相结合的制度、实行第三方评价机制、加强全市国税系统文化建设等工作。市国税局领导班子被山东省国税局党组授予"先进领导班子"称号,四方国税局被评为"青岛市先进基层党组织"。

(李明强)

·地方税务·

市地税局业务概况

主要业务指标　2004年,全市地税系统累计组织各项收入104.36亿元,比上年(下同)增长20.94%,其中税收收入100.7亿元、增长20.69%,各项收入和税收收入均首次超过100亿元。税收收入中,中央级税收收入完成20.92亿元,增长37.94%;青岛市本级税收收入完成34.82亿元,区县级税收收入完成44.95亿元,分别增长17.75%、23.18%(均按新财政体制)。营业税完成41.9亿元,增长11.17%;企业所得税完成21.78亿元,增长39.72%;个人所得税完成13.1亿元,增长35.17%;教育费附加完成3.4亿元,增长24.87%。

精细化管理　加强重点税源监控,将全市上年入库地方税收税款100万元以上的1000余户企业和全市70余个重点建设项目纳入了市地税局及其基层局计算机档案,建立了税源监控台账。建立征管责任区,建立了包括税收任务、税源监控、征管质量等内容的征管指标体系,完善了税收征管机制。落实"抓大、控中、定小",科学划分大、中、小户,对大户进行重点监控,对中小企业进行纳税评估,对个体工商户进行核定征收。应用科学的评估指标体系对纳税人纳税情况进行评估,提高了税源监控水平,全年累计对1235户企业进行了纳税评估,评估补缴税款7528万元,并将4户重大偷税嫌疑企业移送稽查局查处。加强综合治税,开发应用了综合治税软件,与全市343个部门和单位建立了社会综合治税联系制度,采集各类涉税信息2.55万条,涉及税款9348万元,征收入库7799万元。实行纳税信用制度,对不同信用等级的纳税人在纳税申报、发票领购、税务检查等方面采取不同的管理和服务措施,与市国税局联合评定A级纳税企业121户并颁发了《A级企业纳税信用等级证》。

税源管理

坚持"控制源头、细化措施、狠抓落实",实行了发票即开即兑奖励和发票违章举报奖励,制定了代开发票管理办法,开通了"发票真假查询系统"。通过"以房源控制税源"加强了房地产业企业所得税管理，税收增长131%。加强个人所得税管理，全面推行了全员明细申报，5.22万户企业进行了全员申报，520万条个人收入信息进入征管系统数据库。将实行年薪制、国有资产保值增值奖励、股份制企业以及金融、保险等行业的年收入6万元以上的1186人纳入个人所得税重点监控。加强对洗浴业、娱乐业、婚纱影楼等征管难度较大行业的税收管理，分别制定了专项管理办法，共征收各项税收1973万元，增长80.8%。推进"阳光定税"，规范个体定税工作，全市个体定税6.22万户，占应定税户数的95%，对上年已定税户进行了纳税调整，调整增加税额1161.25万元。制定了中国境内无住所个人税收档案管理暂行办法，对5034名境内无住所个人实行电子税收档案管理，增加1532人，增长43.7%。

税收执法

制定了《税收执法责任制岗责规程》、《税收执法评议考核及过错责任追究办法》，全市地税系统层层签订执法责任书，落实执法责任制。规范了税收执法行为，对全市地税系统行政审批事项进行了全面清理，修订文件8个，并将44项审批权下放到基层局。对全市地税系统执法情况进行全面检查，查出不规范税务执法行为8项。加强了稽查执法，全年地税稽查机构查补偷逃税款、滞纳金及罚款合计1.56亿元，查处百万元以上偷税大、要案18起，涉嫌偷税犯罪的移送司法机关4件。落实减免税政策，仅399户高新技术等企业减免企业所得税1.42亿元，国产设备投资抵免企业所得税2457万元。

信息化建设

完成了综合治税系统开发应用。完成了与工商、国税、质量技术监督等部门的计算机联网，实现了数据、信息的实时传送交换。启动了税收电子政务系统建设，纳税人以前所有需要到地税部门办理的涉税事项的前期工作都可以通过网上进行办理。完善了综合管理信息系统，将行政事务的处理纳入综合信息系统，实现了税收征管、稽查和行政事务处理一体化。全面应用了二维条码申报，推广应用了"二维码"先进技术，为个人所得税代扣代缴提供了简捷高效的申报方式。

纳税服务

树立"以纳税人为中心"的服务理念，确立了"零执法"、"零办税"也要优质服务的观念，组织召开了各行业大企业集团参加的税企恳谈会。创新服务机制。推行"一窗式"办税；实行国、地税核发一个税务登记证；推行简化登记手续、简易申报、兼并征期等措施。拓展服务渠道，编印了《涉外纳税指南》英、日、韩文版本，免费发放《纳税指南》、《税收政策专页》等系列材料。丰富和提高"税企金桥"、"12366"两个服务名牌，相继开展了"金桥门诊"、"金桥畅通"、"金桥回访"等创建活动。开展"税收宣传月"活动，举办了"地税局长网上与你见面"活动和"税收—诚信—发展"电视对话节目。健全服务机构。成立了纳税服务中心，以"12366"热线和"青岛地税网站"为载体，为全市纳税人提供咨询、投诉、举报和网上申报等服务，"12366"地税热线全年共受理各类涉税咨询、举报、投诉2.02万件。加强服务监督，开展税收服务专项检查，对全市地税系统办税服务厅、"行风示范窗口"服务情况进行了4次抽查暗访。

内部建设

制定了《青岛市地税系统2004～2006年基层建设三年规划》，开展了"六好基层单位"创建工作，全年有5个基层局被评为省级"六好单位"，4个被评为市级"六好分局"。加强了督查督办和目标管理考核工作，每月底通报当月主要工作完成情况和下月主要工作安排，组织进行了半年和年终目标管理集中考核。制定了《2004～2006年干部教育培训规划》，加强培训。实行能级管理改革，进行了全员能级管理分岗考试、考核和评定，建立健全了干部评价和激励竞争机制。开展了"廉洁勤政好班子"、"廉洁勤政好干部"和"行风示范窗口"评选活动。

（周宗安）

·审　计·

市审计系统业务概况

2004年，共审计单位758个，查出违规金额21.37亿元、管理不规范金额46.75亿元，应交财政2.78亿元，已交财政1.87亿元，向纪检监察和司法机关移交案件线索16件，移送涉案人员31人。有9个审计项目被国家审计署和山东省审计厅评为优秀项目，处于全省领先水平；各类审计工作经验在全国、全省和华东地区审计会议上交流11次；被评为市级以上各类先进集体28(项)次。

市审计局全年上报审计专报、审计信息被上级采用200余篇(次)，市领导批示62篇(次)。注重审计成果的推广应用，全年在中央级和省市级媒体上发表各类审计宣传稿件150余篇。

截至年底，全市已建立内审机构377个，配备内审人员1219人，共审计单位8698个，查出损失浪费金额1.94亿元，纠正违规金额4.11亿元。年内，山东省内审协会在青岛市召开全省管理审计经验现场会，推广了青岛市网络审计工作的经验。

预算执行审计

年内，全市共对财政、地税、国库等86个重点部门和单位进行了审计，查出违规金额4.42亿元、管理不规范金额11.86亿元，应交财政1.33亿元，已交财政9947万元，重点揭露了预算管理不规范、财政资金使用不合理等问题。首次在公众媒体披露了审计结果。提高了向市政府提报的《审计工作报告》和向市人大提报的《审计结果报告》的质量，加强了对突出问题的反映和分析。提出的细化预算编制、整顿和规范税源建设秩序、加强部门预算执行管理监督等建议，引起市领导和有关部门的重视。青岛市财政审计工作经验在山东省财政审计工作会议上做了典型经验交流，市地税审计项目获山东省审计机关评比第一名。

经济责任审计

全年共对270名领导干部进行了经济责任审计，查出违规金额3.36亿元、管理不规范金额18.05亿元，向纪检监察机关和司法机关移送经济案件涉案人员20人。各级党委、政府参照审计结果，对被审计的领导干部晋升8人、免职23人、平调96人。强化经济责任审计规范化建设，在山东省率先制定推行了《青岛市党政领导干部任期经济责任审计评价办法》(试行)，青岛市经济责任审计与效益审计相结合的典型经验在全国效益审计专题研讨会上做了重点介绍。中央五部委在青岛市召开经济责任审计工作座谈会,对青岛市经济责任审计工作给予肯定。青岛市在全国经济责任审计会议上被评为全国经济责任审计工作先进地区。在山东省经济责任审计工作会议上,城阳区和胶南市被评为全省经济责任审计工作先进单位。《人民日报》、《经济日报》、"人民网"、"新华网"专题宣传报道了青岛市经济责任审计工作的成绩和经验。组织开展了青岛市及十二区市经济责任审计成果巡展。

固定资产投资审计

全年共审计单位222个,审计工程投资金额107.9亿元,核减工程款7.97亿元。办理开工前审计147项,审计资金50多亿元,对68个项目拒绝出具审计意见,维护了建筑市场秩序。市审计局政府投资审计专业局开展了东部医院、浮山新区改造、同三高速公路青岛段等规模较大的重点建设项目审计,审计工程投资金额48亿元,审减工程款5.4亿元;运用了GPS卫星定位系统、钻孔取芯机、手持测距仪等现代化设备和检测技术,提高了审计效率和质量;组织开展了奥帆赛场馆、青银高速公路等重点建设项目的跟踪审计,及时发现纠正了项目建设和资金管理使用中存在的问题。国家审计署、山东省审计厅推广了青岛市政府投资审计工作的创新经验。市审计局政府投资审计专业局上报的《政府投资建设项目高估冒算问题及对策建议》等8个审计专报受到市领导的重视。各区市加强了固定资产投资审计,普遍出台了政府投资审计监督管理办法。

专项资金审计

组织开展了城市低保资金、住房公积金、外贸发展基金以及粮食、林业、扶贫、农保、义务献血等专项资金的审计和审计调查,共审计单位25个,查出违规金额3.1亿元、管理不规范金额4.48亿元。注重从强化制度落实和严格管理上进行分析,提出切实可行的审计建议。在全国社会保障基金审计工作会议上,市审计局作为唯一地市级审计机关做了经验交流,失业保险基金项目被国家审计署评为优秀审计项目。社会保障基金计算机审计专家经验有2项入选国家审计署专家经验库,获国家审计署通报表彰。农业综合开发资金审计工作受到国家审计署表彰。

经济效益审计

对财政资金的效益审计工作,重点揭露由于决策失误及管理不善造成的严重损失浪费等问题。青岛淘汰燃煤锅炉财政资金投资效益审计情况,作为典型案例列入国家审计署效益审计课题组《效益审计程序与方法研究》成果报告。对利用国外贷款项目开展的效益审计,市政府据此开始制定青岛市外国政府贷款项目的管理办法。在现代农业示范园项目效益审计中,对立项决策、运营管理和效益情况进行了审计和评价,揭示了该项目因决策失误、可行性研究偏离实际、经营管理混乱等原因造成的问题,并将发现的违纪问题移交市纪委进行查处。在全国效益审计专题研讨会和山东省外资效益审计会议上,青岛市分别作了典型经验交流。

企业和国外贷援款审计

全市审计机关共审计企业61户,查出违规金额1.35亿元、管理不规范金额6.84亿元。企业审计以"摸家底、揭隐患、促发展"为目标,坚持企业财务收支审计与经济责任审计相结合,审计与审计调查相结合,对多户企业集团国有资产收益情况进行了专项调查。企业改制审计专报多次受到市领导批示,促使市有关部门联合制定出台了《关于对在企业国有资产产权变更中造成国有资产流失的查处办法(试行)》等制度,加强了国有资产的监督与管理。在国外贷援款审计中,围绕防范外债风险,集中力量对世界银行贷款节水灌溉项目、欧盟援助奶类发展项目等进行了审计。市审计局的外资审计工作多次受到国家审计署、山东省审计厅的肯定。

审计法制建设

2004年底,市人大常委会通过了青岛市第一部地方性审计法规——《青岛市审计监督条例》。起草了《政府投资审计暂行办法》。探索实施了审计日记制度和审计项目抽审制度,制定完善了《审计评估办法》,规范了审计管理。加强审计文化建设,初步形成了以"为民护财"为品牌的审计文化理念。

(郑 力 刘守茂)

·国有资产管理·

管理体制改革

2004年7月,市委、市政府下发《关于青岛市人民政府机构改革的意见》(青发〔2004〕12号),深化国有资产管理体制改革。撤销市国有资产管理办公室,将原市国有资产管理办公室的职能,市经济委员会承担的国有企业改革和管理职能,市财政局承担的部分国有资产管理职能,市劳动和社会保障局承担的参与拟定国有及国有控股企业工资决定机制改革政策职能,市经济体制改革办公室承担的研究指导企业经营者分配制度改革工作等职能合并,组建青岛市人民政府国有资产监督管理委员会(简称市国资委),为市政府特设机构,正局级规格。市国资委代表市政府履行国有资产出资人职责,实行管资产与管人、管事相结合。

国有资产保值增值

截至2004年底,27户监管企业实现销售收入1132.87亿元,同比(下同)增长25.97%;实现利润35.36亿元,增长4.03%;上缴税金40.6亿元,增长10.93%;资产总额达到1390.71亿元,增长8.16%;所有者权益504.11亿元,增长13.34%。国有经济覆盖面有序收缩,国有经济的影响力、控制力和带动力得到加强。

国有资产监管体系建设

构建国有资产监管法规制度体系。对原有的政策法规和规章进行清理,制订并落实了政策法规起草工作计划;出台了《青岛市国有企业清产核资实施办法》、《青岛市市属国有(集体)企业财务决算审计工作规则》、《关于聘用中介机构管理办法》等24个规章和规范性文件,废止文件6件,5个政策法规已进入审核程序。

确定首批监管企业。11月,召开了全市市属企业国有资产监督管理工作会议,公布了市政府确定的第一批由市国资委履行出资人职责实施监管的27户企业,分别是:海尔集团公司、青岛港(集团)有限公司、青岛国信实业公司、海信集团有限公司、青岛钢铁控股集团有限责任公司、青岛啤酒股份有限公司、青岛红星化工集团有限责任公司、青岛流亭机场公司、青岛澳柯玛集团总公司、青岛海湾集团有限公司(凯联集团)、青岛黄海橡胶集团有限责任公司、青岛市纺织总公司、青岛市企业发展投资公司、青岛市机械工业总公司、青岛交运集团有限责任公司、双星集团有限责任公司、青岛市开发投资有限公司、青岛房产置业集团有限责任公司、青岛建设集团公司、青岛益青国有资产控股公司、中房集团青岛市房地产开发总公司、青岛市市政工程集团有限公司、青岛益佳国际贸易集团有限公司、青岛(香港)华青发展有限公司、青岛市二轻总公司、青岛弘信公司、青岛市商业银行。

完善落实国有资产经营责任的相关制度。加强了国有资产保值增值考核工作,实现了国有资产保值增值和委托监管考核工作的平稳过渡;参照《中央企业负责人经营业绩考核暂行办法》,将原有的保值增值考核、年薪制考核和经济责任目标考核相结合,制定了不同类型企业的激励约束机制和工作程序,探索对国有企业负责人经营业绩考核制度和薪酬制度进行改革。

加强和改进监督工作。出台了《青岛市国有及国有控股企业外派监督机构工作暂行办法》,调整监管范围和方式,明确监事会、财务总监与被监督企业间的责权关系;坚持以出资人监督为主,以财务监督为核心,完善事前重参与、事中重规范、事后重跟踪的监督制度;加强了对企业改制、产权变动、产权交易、资本运营和经营管理等重大事项的监督。

国有企业改革

明确国有企业改革的思路和重点,国有企业改革在大企业股份制改造、中小企业有序改制和劣势企业加快退出等3个层面上有序展开。为依法规范改制,市国企改革领导小组办公室增设监察审计组,由市监察局、市审计局负责人参加,参与国企改革的全过程,对各项工作随时进行监督检查。

国有大企业以引进战略合作伙伴为导向,加快股份制改造和现代企业制度建设。实现了青岛黄海橡胶集团整体划转中化集团、青岛国风药业公司与上海医药集团联合重组、青钢集团引进深圳意汇通投资有限公司启动中厚板项目等大企业集团的改革重组,对棉纺企业的调整重组方案进行了论证。国有中小企业加快改制退出。年内,通过改制、实施“青政办发〔2000〕45 号文件”和破产等形式,共有 132 户企业进入改制退出程序。其中,通过实施职工买断和利用外资、民资等改制 66 户,实施“45 号文件”利用土地安置职工 36 户,依法破产 30 户。截至年底,市属工交企业改退率为 75.5%,财贸企业改退率为 98%。资产经营公司改革取得进展,市机械工业总公司、市纺织总公司按照“发展稳定双线推进”方式,凯联集团、益青公司、海珊集团按照“突出优势分块发展”方式,中泰集团按照“整体打包退出”方式,交运集团按照母子结构的方式分别进行改革调整。加快劣势企业退出市场,通过建立“快速通道”促进困难企业分流安置职工,累计筹集资金 14.9 亿元,安置职工 8.1 万人,降低安置成本近千万元。

国有资产基础管理

加强国有产权管理。出台了《青岛市企业国有产权转让管理暂行办法》,完善产权登记、产权界定、资产评估等基础工作,调整了产权交易流程,细化信息发布和挂牌公示程序,全年全市国有(集体)企业改制中产权转让全部实现了入市交易,实现国有产权交易额 109 亿元,增长 22.79%;出台了《青岛市国有企业不良资产认定核销暂行规定》,明确不良资产处置标准,规范企业不良资产核销工作。

开展清产核资。从 12 月开始,开展所监管企业清产核资工作,制定了相关配套规定和工作方案,建立了工作机构;完善了企业财务决算报表、国有资产统计报表和监督工作分析报表等制度,形成了国有资产监管基础数据库的基础框架;按季度对国有资产运营状况进行动态分析,完善国有资产统计评价体系。

产权交易市场建设

年内,在全国率先组织开发了产(股)权托管、交易系统,在青岛产权交易所及黄河流域三家产权交易机构正式启用,该系统可进行股权的交易、行情发布、撮合、资金清算等业务。7 月,青岛黄河流域产权交易共同市场有限责任公司在青岛市注册成立,该公司由青岛产权交易所牵头,全国六省九市产权交易机构共同出资,是全国首家以资本联合的方式成立的区域性产权交易市场。

全年全市完成交易资产总额 114.7 亿元,增长 13.45%;成交 4742 项,增长 22.79%;共登记非上市公司制企业 330 家,登记股权金额(出资额)约 34.2 亿元,股东人数为 2.3 万人;共完成 27 家企业核销不良资产的回收变现业务。

年内,市国资委会同市监察局、市工商局、市地税局等部门开展了产权交易市场的稽查工作。

(市国资委综调室)

金　　融

概　　况

·金融体系与结构调整·

2004年，青岛市银行、保险、证券等行业运行平稳，提高了金融层次和服务水平，完善了金融组织体系，支持了青岛市经济和社会发展。

银行业形成了国有商业银行、股份制银行、外资银行、农村信用社等共同发展的新格局；保险业加快发展，国内知名大型保险企业全部在青设立机构；适应现代金融发展要求的金融中介机构相继成立。

截至年底，国内政策性金融机构全部在青岛市设立机构，有内资商业银行14家、银行类外资金融机构8家、内资保险公司16家、外资保险公司代表处3家、证券公司1家、证券营业部39家。

各金融机构适应市场和改革需求，调整优化内部组织结构，创新金融产品，形成了布局合理、功能完善的金融组织体系和良性发展的金融运行体系。

·金融业务·

截至年底，全市金融机构本外币各项存款余额2390.7亿元，比年初增加350.2亿元；本外币各项贷款余额2011.7亿元，比年初增加290亿元。金融业根据本地经济发展重点，加强了对外贸出口、民营经济、农业经济等重点领域的支持，推动了青岛市经济发展和产业结构升级。

保险业创新金融产品，各项业务快速发展，保险业承保金额7303.9亿元，比上年（下同）增长17.28%；全年累计实现保费收入47.6亿元，增长1.8%。证券市场平稳发展，全年证券交易量为670亿元，增长35%，占全国的1.56%。

·金融安全建设·

全面启动全市金融安全区创建工作，已形成创建组织体系和社会氛围。年内，黄岛区成为14个国家级沿海开发区中首个金融安全区，全市已有金融安全区2个；崂山区创建工作正式启动，已取得明显成效；其他市、区结合各自实际，着手制定创建方案。

加强整顿和规范金融市场秩序，严厉打击金融系统的“三乱”（乱集资、乱办金融业务、乱设金融机构）行为，维护金融秩序。

·金融机构引进·

年内，共引进国内外知名金融机构5户，7家金融机构完成增资或升格，引进内资5亿元、外资4000万美元。其中，青岛国际银行和中信万通证券公司完成股权重组和增资扩股，引进了资金，增强了企业实力；中国进出口银行青岛代表处升格为分行；中国出口信用保险公司青岛营业管理部升格为省级保险公司；华夏银行由支行升为分行。金融机构辐射力增强。

·银行卡业务·

年内，银行卡实现跨越式发展，提高了城市电子化水平，全年银行卡发卡量达到900万张，特约商户3188家，直联POS终端5745台，刷卡消费730万笔，金额39.6亿元，增长89%；ATM跨行取款568万笔，金额26.7亿元，增长46%。银行卡业务的发展，对提高居民生活质量和现代化水平、推进流通服务业现代化和促进经济发展起到了重要作用。

（安胜强）

银　行　业

·概　　况·

存　款

截至2004年底，全市本外币存款余额2390.7亿元，比年初（下同）增加350.2亿元，增长17.2%，同比少增11.8亿元。其中，人民币存款增加353.9亿元，同比少增15.9亿元；外汇存款下降4494万美元，同比少降4923万美元。本外币各项存款波动性增强，前5个月增长态势与上年基本一致，自6月开始，月增加额由同比多增转为少增，第四季度开始又呈多增态势。企业存款呈波动性增长，拉动各项存款缓增。截至年底，企事业单位本外币存款余额843.5亿元，增加102.6亿元，同比少增16.2亿元。其中，企业人民币存款余额792.5亿元，增加94.1亿元，同比少增26.9亿元。企业存款同比少增的主要原因：1.银行贷款比上年少增，由贷款派生的存款相应减少；2.部分资金相对宽松的企业为减少财务费用，回笼货款后提前归还银行贷款；3.原材料燃料动力价格持续上涨，企业资金占用量增加，存款帐户沉淀资金减少。城乡储蓄存款余额1171.1亿元，增加163.5亿元，同比多增6.3亿元。自2003年下半年以来，在储蓄存款实际负利率的背景下，受房地产市场持续火爆及收益较高的投资渠道的分流影响，储蓄存款呈持续低增长；2004年10月29日利率调整后，储蓄存款反弹势头明显，11、12两个月增加36.5亿元，同比多增16.3亿元。

贷　款

年内，青岛市各银行业金融机构采取措施调控信贷规模增长速度，实现信贷政策与产业政策的良性互动。截至年底，全市本外币贷款余额2011.7亿元，增加290亿元，同比少增104亿元，增速回落11.8个百分点。其中，人民币贷款余额1847.3亿元，增加245.9亿元，同比少增115.3亿元；外汇贷款余额19.9亿美元，增加5.3亿美元，同比多增1.3亿美元。在控制信贷总量的同时，各银行业金融机构对符合国家产业政策的行业和企业给予了支持，新增贷款与全市经济发展的重点相吻合，满足了重点基本建设和技改项目以及重点行业、企业的资金需要。全年全市新增工业贷款增加30.8亿元，农业及农村工商业贷款增加17.4亿元，中期流动资金贷款增加14.9亿元，基建贷款增加50.1亿元，消费贷款增加55亿元，5项合计增加贷款168.2亿元，占新增人民币贷款总额的68.4%。

现金投放

全市现金总收入4739.3亿元、总支出4821.7亿元，同比分别增长29%和28%，现金净投放82.4亿元，同比少投放0.9亿元。商品销售和服务业作为现金回笼主渠道的作用日益明显，商品销售收入和服务业收入同比分别增长19.4%和21.1%。工资性现金支出同比增长26.9%。农副产品价格上涨及企事业管理费增加加大了现金支出，农副产品采购和行政企事业管理费支出同比分别增长31.5%和23.1%。现金供应充足，调剂及时，摆布合理，全市货币流通保持正常运行。

外汇收支

全市各项外汇收支和银行结售汇稳步增长，结售汇顺差持续扩大。全年各项外汇收入173亿美元，同比增长34%；各项外汇支出104.5亿美元，同比增长47%。银行结汇124亿美元，同比增长25.8%；售汇48亿美元，同比增长42.9%；结售汇顺差76亿美元，同比增长17%。

银行效益

年内，加快青岛市金融改革，各行、社在改革过程中采取剥离、核销等方式加快了不良贷款处置，改善了资产质量和经营状况。全市银行机构实现帐面利润同比增加38.6亿元。银行业经营效益增加除信贷资产质量提高外，另一个重要影响因素是近两年银行贷款特别是中长期贷款增加较多，利息收入增加。全市银行机构上缴营业税及附加4.8亿元，同比增长37.9%，银行业对青岛市GDP的贡献度进一步提高。

（耿　昭）

·银行业监督管理·

概　况

2004年，青岛银监局指导和督促青岛辖区银行业金融机构加强和改进风险管理，保证辖区银行业稳健、高效、安全运行，支持了地方经济发展和社会稳定。截至年底，辖区银行业金融机构（不含农村信用社）五级分类不良贷款余额比年初（下同）减少118亿元；不良贷款率下降7.92个百分点，其中辖区国有独资商业银行、股份制商业银行、城市商业银行分别下降10.13、2.23、7.14个百分点。辖区农村信用社按四级分类不良贷款余额减少3.94亿元，不良贷款率下降4.90个百分点。辖区银行业金融机构全年共实现帐面利润32.35亿元，其中国有商业银行、股份制商业银行、城市商业银行和农村信用社分别增加32.8亿元、3.8亿元、0.64亿元和0.5亿元。

业务监管

贯彻落实国家宏观调控政策　加强了辖区经济金融变化的跟踪监测与分析，及时进行“窗口指导”和风险提示。建立了青岛辖区银行业月度经济金融形势分析会议制度，把握辖区银行业运行情况和风险状况，引导银行业金融机构理解和执行宏观调控政策。开展了对钢铁、汽车、电解铝、水泥和房地产等5个行业贷款的检查，完成了对在建和拟建项目固定资产贷款清理情况检查。5月，会同工商、公安、法院等部门在全市集中开展了对汽车消费信贷专项治理活动，截至年底，辖区汽车消费信贷不良贷款余额和占比与治理前相比分别减少0.6亿元和下降3.9个百分点。

落实和完善风险管理和持续监管的各项措施 加强对辖区商业银行资本充足水平和损失拨备情况的监管。督促青岛市商业银行落实资本充足率分年度达标规划，支持青岛市商业银行完成了3.2亿元不良资产置换工作；督促辖区银行业金融机构严格执行审慎的拨备制度，按要求足额提取各类损失准备金，辖区银行业金融机构全年新提各类损失准备金25.1亿元。督促和指导青岛国际银行开展重组增资工作。加强对信托业务和人民币理财业务的监管。加强了对信托投资公司在辖区发行和推介信托计划的事前报批管理和对商业银行代理信托业务以及信托投资公司对集合信托资金用于市政基础建设、房地产项目等领域的风险提示；针对2004年10月中国人民银行调整存贷款利率后，辖区部分股份制商业银行推出的人民币理财产品多、发行频率快且承诺最低收益、风险提示不充分的情况，督促商业银行加强人民币理财产品的风险提示并做好跟踪检查。协助地方政府做好胶州城市信用社的市场退出工作。

开展现场检查工作 完成了对国有商业银行贷款五级分类、非信贷资产和表外业务的后续检查；组织了对辖内4家国有商业银行票据业务、内控管理情况的检查，重点检查了关联交易和集团客户授信、贷款过度集中等问题；完成了对中国农业发展银行青岛市分行本部、分行营业部和平度市支行的全面现场检查；开展了对招商银行青岛分行贷款质量五级分类的现场检查；对中信实业银行青岛分行及所属支行内控制度建设与执行情况进行了现场检查；开展了对深圳发展银行青岛分行的后续检查；开展了对中国银行山东省分行和东方资产管理公司青岛办事处部分资产剥离处置情况核查以及对青岛市商业银行公司治理、内部控制、贷款五级分类和票据业务的现场检查；加强了对信托投资公司信托合同执行和履约情况、法人治理结构和内控制度等方面的监督并对内控管理的有关情况进行了跟踪检查；完成了对海尔集团财务公司以贷款质量五级分类为主要内容的现场检查；完成了对汇丰银行青岛分行、韩国中小企业银行青岛分行的全面检查以及对青岛市邮政储蓄机构新增资金调拨和内部控制情况的专项检查。全年累计投入现场检查工作日7176个，检查各类银行机构153个，对检查中发现的问题约见银行机构负责人进行谈话和反馈60余次，发出监管通报22份。

加强和改进非现场监管工作 落实中国银监会制定的《国有商业银行不良资产监测和考核暂行办法》，将非现场监测的范围延伸到非信贷类资产和表外业务；建立了辖区大额授信和重大违约事项统计制度；加强了银行贷款集中度风险的监测与分析；完成了对7家股份制商业银行分行上年度经营管理和风险状况的评级；建立了监管台帐制度，将现场检查与非现场监管中发现的违规问题、重点业务风险、重点监控机构等纳入台帐管理；发挥非现场监管工作的预警功能，对非现场监管中发现的苗头性、倾向性风险隐患及时向有关银行业金融机构进行反馈。

支持商业银行业务创新 支持青岛市商业银行开办了代客外汇买卖业务；批准青岛市农村信用合作社联合社开办了代理证券业务和部分县级农村信用社开办了银行承兑汇票业务、外汇业务；审核同意了汇丰银行青岛分行办理非外资企业人民币业务和山口银行青岛分行办理部分人民币业务。推进银行业金融机构改革。继续加强对中国银行山东省分行和建设银行青岛市分行股份制改革工作的调研。落实农村信用社各项改革措施。制定了《青岛市农村信用社改革试点工作实施意见》、《青岛市农村信用社以县为单位统一法人工作指导意见》，指导青岛市农村信用合作社联合社制定了《青岛市农村信用社改革试点防范支付风险预案》，督促农村信用社做好增资扩股、清产核资以及降低不良贷款工作；建议地方政府出台支持农村信用社改革的优惠政策和措施；截至年底，辖区4家农村合作银行、4家一级法人县（市）联社完成前期筹备工作，进入开业申请阶段。

行政审批管理

提高机构准入、变更和退出的工作效率。全年共批准新设、升格支行49个，储蓄所升格分理处93个，迁址更名41个，撤销低效网点100个，批准或备案同意开办自助银行服务网点30个。做好新设及升格机构的回访工作，对存在的问题及时提出整改意见。

加强了银行业金融机构高级管理人员任职资格管理。全年共核准、备案高级管理人员任职资格83人，取消高级管理人员任职资格3人。做好金融许可证管理、发放等工作。加强对青岛市银行同业公会的指导与监督，该会被山东省民间组织管理局评为山东省先进社团组织。

（步延进）

中国人民银行·青岛市中心支行·

宏观调控

强化指导作用 根据辖内金融机构货币信贷工作不平衡的现状，实施了金融机构货币信贷工作评价警示制度，促进了货币信贷政策的落实；与市政府有关部门组织召开了产业政策与货币政策发布会和共建青岛制造业基地银企合作促进会，推动和深化了银企合作，共与79个项目资金需求单位和流动资金需求企业达成了300多亿元的贷款意向，部分重点项目签定了银团贷款协议。

引导资金投向 全年累计发放支农再贷款5.96亿元，年底余额5.36亿元。全市农村信用社农户贷款余额达到61亿元，比年初增加9.8亿元。发放经营性再贷款余额1.7亿元，支持市商业银行累计发放中小企业贷款31.3亿元。继续发展票据业务，全市32家获得商业承兑汇票再贴现资格的企业累计签发商业承兑汇票25.7亿元，商业银行办理贴现20.1亿元。

农村信用社改革试点的资金支持工作 落实国务院和中国人民银行总行关于农村信用社改革试点的有关政策规定，对农村信用社的增资扩股计划和票据发行申请进行了严格审查。全市9家农村信用社联合社全部获得了专项中央银行票据，金额共计6.1亿元，年末农村信用社资本充足率达到9.2%。

对经济金融运行情况的监测分析 建立金融形势分析专家咨询制度，聘请了27位专家，按季度召开专家咨询会议，对全市金融形势进行分析，提出实施货币信贷政策、完善融资环境、促进经济金融协调发展的措施和建议，为市政府

中国工商银行 青岛市分行

INDUSTRIAL AND COMMERCIAL BANK OF CHINA QINGDAO MUNICIPAL BRANCH

该行行长蔡治建（左）向副市长张锐（右）汇报工作

中国工商银行青岛市分行是中国工商银行总行的直属分行。2004年，该行继续坚持以积极支持青岛市经济建设为己任，在练好内功的同时，不断创新金融产品，优化金融服务，加快推进各项业务发展步伐，资金实力、管理水平和竞争能力不断提高。截至年末，该行共辖有各类营业网点149个；本外币各项资产总额413亿元；个人存款账户540万余户；企业结算账户3万余户；还与海外385家银行及其2000多家分支机构建立了业务代理关系。该行的资产规模和客户数量继续稳居岛城金融同业首位，是国内外企事业单位和社会各界客户值得信赖的合作伙伴。

该行与日本山口银行青岛分行签订全面业务合作协议

该行建设的“个人金融理财中心”受到市民的青睐与欢迎

该行青岛市服务名牌“李健工作站”的员工在“2004年市民住房节”上向客户宣传介绍房贷业务

该行领导与员工在青岛“市民理财文化节”上开展业务宣传咨询活动

电话：(0532) 85815513（总机）
传真：(0532) 85814711
邮编：266071
地址：青岛市山东路25号
http://www.qd.icbc.com.cn

青岛市审计局

①党组书记、局长：马青山

②局党组一班人研究部署审计工作

③青岛市委副书记、市长夏耕（左二）到该局检查指导工作

④ 2004 年 9 月，尼泊尔王国审计长阿德里卡瑞（右三）一行 5 人访问青岛。图为该局局长马青山（右二）陪同客人参观青岛啤酒股份有限公司。

①中央五部委在青岛市召开经济责任审计工作座谈会，充分肯定了青岛市经济责任审计工作成绩。

②该局审计组在同三高速公路青岛段跟踪审计中，运用GPS卫星定位系统，对路基工程进行埋设高精度测量，提高工作效率十余倍，审减工程造价200余万元。

③该局突出抓好财政审计。图为审计组认真了解青岛保税区的有关情况，有针对性地深化财政审计工作。

④该局审计组实施计算机审计，有效地提高了审计效率，保证了审计质量。

⑤该局积极开展群众性文化体育活动。图为在青岛市审计机关第二届田径运动会上，运动员们奋勇争先。

强化基层建设硕果累累　依法组织收入屡创新高

青岛市地方税务局

2004年青岛地税收入突破100亿元

2004年，该局组织收入连续第十年实现大幅度增长并取得新突破，全年组织各项收入和税收收入均首次超过100亿元！

年内，青岛市地税系统各级各部门坚持依法组织税收收入为中心，抓住机遇，改革创新，以创建"班子队伍好、管理基础好、信息技术应用好、执法服务好、完成任务好、廉洁勤政形象好"的"六好基层单位"为总抓手，全面加强基层建设，带动和促进各项工作深化提高，取得了新的业绩。全年组织各项收入104.36亿元，比上年增长20.94%，其中税收收入100.7亿元、同比增长20.69%，圆满完成全年收入任务和目标，为青岛的经济和社会发展做出了新的贡献；获全省地税系统目标管理考核第一名，有5个基层局首批进入全省地税系统"六好基层单位"行列。

党委书记、局长：李悦诚

2004年12月31日，省委副书记、市委书记杜世成（左三），市委副书记、市长夏耕（左四）到该局看望地税干部并观看"辉煌十年——青岛地税十年发展回顾展"。

2004年8月19日，该局召开成立十周年纪念表彰大会，市委副书记、市长夏耕出席大会并讲话。

2004年，该局进一步加快税收管理信息化进程，开发应用了纳税评估、二维条码技术等征收管理软件，提高了税收征管的科技含量。图为地税征管人员在运用纳税评估软件对企业纳税情况进行评估。

该局干部参加"青年志愿者"活动的植树造林活动

山东省地税系统"六好基层单位"

青岛市地方税务局征收局

2003年1月组建，是青岛市地方税务局直属的税收征收管理机构，内设5个处室，有干部职工59名，主要担负着青岛市市南区域内的中央、省属企业、原市属8户重点税源企业、金融业、电力燃气及水的生产和供应业、文化体育娱乐业共1026户重点税源和重点行业的税收征收管理工作。

征收局组建后，确立了"抢抓机遇、创新思维、与时俱进、实施跨越式发展"的工作指导思想和"一年打基础、起稳步；二年求发展、上水平；三年高标准、创一流"的发展规划，制定了"一个中心、两个依托、三个转变、四个突破、五项基础"的工作思路。

2004年，纳税评估工作取得重点突破，被市局确定为试点单位，其经验在系统内进行了推广；全年共组织各项收入97177万元，同比增长32.40%；被省局评为首批"六好基层单位"；办税服务厅被团省委和省局授予"青年文明号"；被山东省妇联评为"三八红旗集体"；被市局党委评为2004年度"目标管理考核优秀单位"。

团结奋进的征收局党委班子

征收局成立揭牌仪式

征收局召开"税企金桥—金桥提速"税企恳谈会

征收局设立纳税人自助服务区

市局党委书记、局长李悦诚到征收局调研纳税评估软件运行情况

山东省地税系统"六好基层单位"

青岛市地方税务局市南分局

局长曲同强与市南区领导交谈

原青岛市地方税务局第一分局，组建于1994年9月，2002年10月改现名。有在职干部职工116人，担负着青岛市市南区3万余户纳税人的地方税征收工作。

2004年，共组织各项收入13.75亿元，同比（下同）增收1.97亿元，增长16.77%；入库区级财政收入5.14亿元，增收5740万元，增长12.56%；完成区级预算的100.05%；入库税收收入13.46亿元，增收1.90亿元，增长16.48%。该分局先后获全国妇联、共青团中央和国家税务总局授予的"青年文明号"、"巾帼文明示范岗"、"全国税务系统最佳办税服务厅"等称号，省人事厅、省国税局、省地税局联合授予的"全省税务系统先进集体"称号，省文明委授予的"全省文明行业示范点"称号，青岛市委授予的"优秀基层党组织"、连续十年获市"文明单位标兵"等称号，2004年首批进入省局"六好基层单位"行列。

中层领导干部读书会

局长接待日

举办涉外税收政策专题讲座

税法宣传

拔河比赛

办理纳税业务

山东省地税系统"六好基层单位"

青岛市地方税务局黄岛分局

2004年征收各项收入12.3亿元，同比增收2.7亿元，增长28%，为地方经济的发展提供了强有力的财力支持。该局在"六好"创建过程中，结合实际提出了"八个保障"目标要求，为创建工作奠定了基础。一是统一了思想认识，加强了组织领导，为争创工作做好了思想组织保障；二是倡导"第一次就把事办好"，提高工作质量，为争创工作做好了基础工作保障；三是党员领导干部率先垂范，叫响"我是党员"，开展"三高一流"活动，为争创工作做好了党员带头关键作用保障；四是强化工作效能建设，增强换位意识，倡导语言行为职业化管理，为争创工作做好了纳税服务保障；五是加强党风廉政建设，不断提高税务干部拒腐防变和抵御风险的能力，为争创工作做好了监督制约保障；六是建章立制，更加充实完善，为争创工作做好了规章保障；七是以计算机为依托，加强信息化建设，为争创工作做好了信息技术应用保障；八是情严相融，增强凝聚力，开展有益活动，为争创工作做好了文化生活阵地建设保障。

该局在税收征管工作中，勇于创新，积极研究新型管理方法，探索实行的"片区责任制"、"纳税评估"、"管查互促"等管理手段和管理经验在实践中均取得良好效果，受到省、市地税局的表扬和推广。

党委领导班子

分局干部为纳税人进行纳税咨询辅导，答复有关涉税问题。

纳税服务大厅

青年干部在电教室参加青年干部知识培训

历年奖项荣誉

山东省地税系统“六好基层单位”

青岛市地方税务局崂山分局

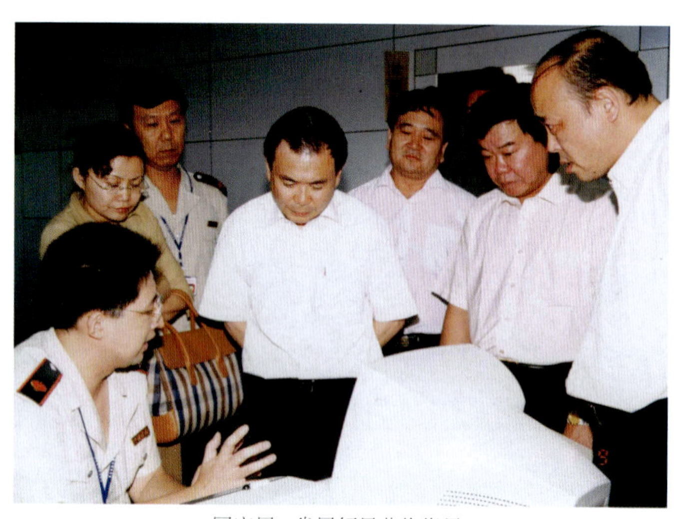
国家局、省局领导莅临指导

团结、创新、务实、高效的领导班子

特邀监察员座谈会

业务考核培训

税法宣传送政策到农户活动

崂山分局组建于1998年9月。内设办公室、人事政工科、监察科、综合科、征收管理科、税收管理一科、税收管理二科、个体税收管理科、信息管理科、计划征收科10个科（室），下辖稽查局和中韩税务所、沙子口税务所、王哥庄税务所、北宅税务所4个税务所。共有干部职工96人，担负着辖区11534户纳税户的地方税收征管工作。

崂山分局在市局党委的正确领导下，以“三个代表”重要思想为指针，以组织收入为中心，坚持“定好位、收好税、带好队”的指导思想，抓改革、严执法、重建设、求发展，扎扎实实带队，认认真真收税，创新求进、锐意进取，实现了组织收入年均24%的快效增长。2004年，共组织各项收入135784万元，同比增收26878万元，增长24.68%，税收收入131024万元，同比增收24499万元，增长23%，其中中央级税收收入完成39420万元、市级税收收入完成46742万元、区级税收收入完成44863万元，为圆满完成全市地税收入任务做出了突出贡献。

一年来，分局先后获省地税系统“六好基层单位”、市地税系统先进单位、市地税系统目标管理考核先进单位、支持崂山经济发展做出贡献先进单位、第十四届青岛国际啤酒节突出贡献单位等称号；多个科室获国家级、省级青年文明号，青岛市职工诚信示范岗，市地税系统先进基层单位，行风示范窗口称号。

山东省地税系统“六好基层单位”

青岛市地方税务局保税区分局

党委一班人研究工作

成立于2002年11月。有干部职工22人，平均年龄31.23岁，全部具有大学本科以上学历，其中博士研究生1人、硕士研究生2人，计算机全部达到中级水平，有6人达到六级英语水平。内设综合科、管理一科、管理二科和征收统计科，管辖保税区注册的2000余户纳税人。

2004年，本着“高起点、高标准、高水平、争创一流分局”的建局思想，围绕“建设与发展”这一主题，以创建“六好分局”作为总抓手，以素质工程、堡垒工程、形象工程、基础工程和文化工程“五大工程”为载体，加强班子队伍、管理基础、信息化、执法服务和廉政建设，实现了两个文明双丰收，提前一年实现3年规划，首次进人先进分局行列，首批进人省局“六好”基层单位，并获得了青岛市精神文明单位称号，税收收人首次突破2亿元，比建局初期翻了四番。

组织召开保税区分局特邀监察员座谈会

参加保税区管委区港联动知识竞赛

税收宣传月期间与国税局联合召开“依法诚信纳税，促进青岛保税区向自由贸易区转型”报告会。

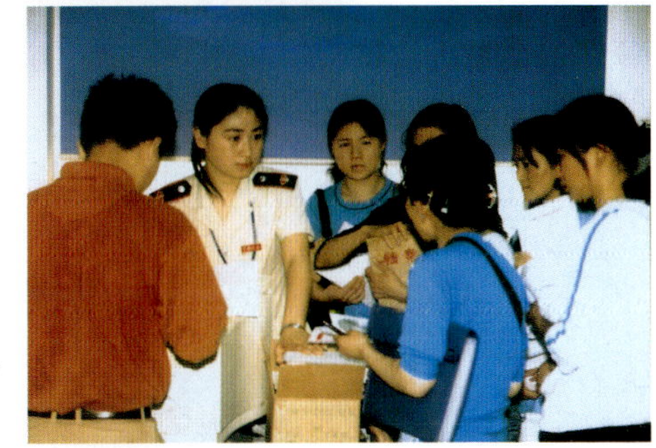

为纳税人解答业务问题

分局管理一科到企业实地稽查

青岛市商业银行

党委书记、行长：张广鸿

该行办公大楼

该行成立于1996年，是我市唯一的地方性股份制商业银行，注册资本8亿元。该行自成立以来，以支持地方经济发展为己任，在扶持中小企业发展、支持市民工程和市重点项目等方面作出了重要贡献。近年来，该行推出的居民个人消费贷款、住房贷款、汽车消费贷款等一系列个人消费信贷业务以其灵活、快捷、便利深受广大市民的欢迎，使金融业务更加贴近市民，体现出该行“市民银行”的特色。

2004年，各项存款余额119亿元，比上年（下同）增长11.23%；各项贷款余额93亿元，增长10.25%；不良贷款占比11.03%，下降3.99个百分点；不良资产占比9.7%，下降2.3个百分点；实现拨备前利润20580万元，增长40.4%。

① 2004年12月6日，该行举行乔迁新址庆典仪式，董事长杨绵绵和全行领导参加了庆典。

② 2005年2月26日，该行召开2004年度员工大会。市人大常委会副主任王新春、市政府副市长张锐、市人行副行长朱传友和银监局局长吴跃参加了大会。

③ 2004年9月27日，该行在中国人民银行青岛市中心支行、市发改委和市经贸委联合举办的"共建青岛制造业基地、银企合作促进会"上与青岛市元鼎非金属制品公司签订流动资金贷款协议。

④ 2004年9月25日，该行举办了第四届职工运动会，767人报名参加了85个项目的竞赛，参赛人数占全行职工的73%，27人次打破13项该行记录。

⑤ 2004年9月2日，该行和IBM公司、SILVERLAKE公司联合举办的"城市商业银行金融信息化论坛"在青召开，全国26家城市商业银行与会。

地址：青岛市香港中路68号　邮编：266071
电话：(0532) 85709798　传真：(0532) 85709785

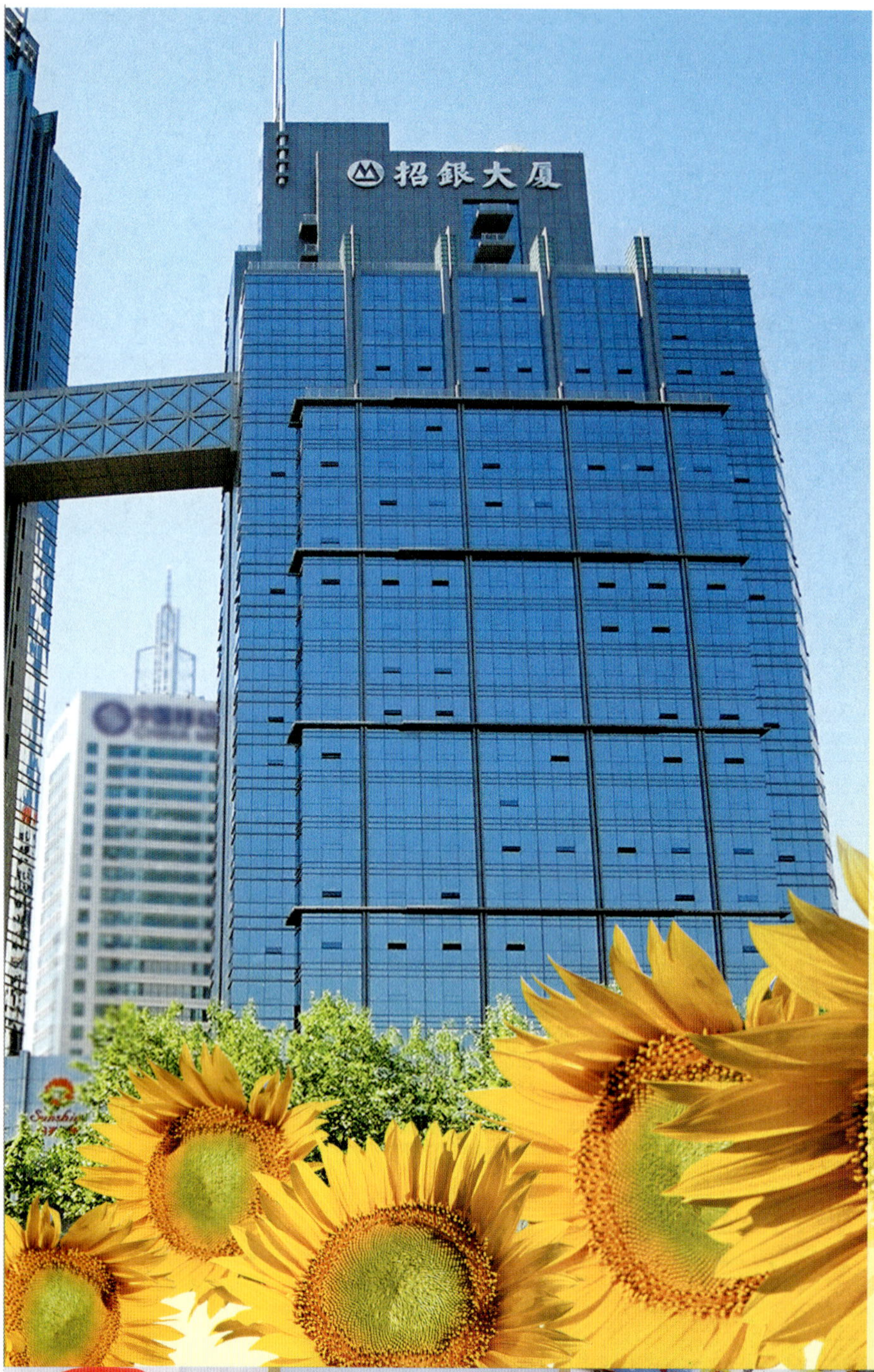

招商银行青岛分行 | 简介

招商银行是我国第一家完全由企业法人持股的股份制商业银行，是国内第一家采用国际会计标准上市的公司、流通盘量最大的上市银行。招商银行青岛分行2000年5月18日正式成立，现有正式员工380人，在岛城下辖10家营业网点、90台自助存取款机。截止到2004年末，全行资产与负债总额均突破100亿元，当年实现税前利润2.1亿元，资产利润率2%，五级不良贷款率控制在0.2%以内，成为当地较强盈利能力和经营活力商业银行之一。

秉承"因您而变"的经营理念，招商银行青岛分行借助"一卡通"、"一网通"、"招行信用卡"、"金葵花理财"和"点金理财"等国内知名金融品牌的市场优势，以科技领先突破传统银行的经营模式：在当地较早开办了"票据贴现中心"；推出国内第一张人民币"网上信用证"；创新推出了"银关通"、"银税通"、"中港直通车" 等金融创新业务。截止到2004年末，银关通累计付税74亿元，在青岛关区付税占比达到80%；当年个人贷款增量占居青岛市场增量的23%；深受岛城市民喜爱的一卡通发卡量达到82万张，卡均存款达到4200元，雄居所有银行卡之冠，个人业务的非柜面业务量已经达到45%。

与此同时，招商银行青岛分行十分注重加强和完善内部管理，提高服务质量，相继通过了ISO9001质量体系认证、英国BSI公司和中国船级社ISO9002质量体系认证，青岛分行创建的"温馨理财"、"二手房之家"服务品牌被评为青岛市财贸系统服务品牌，其中"温馨理财"已成为岛城首个向国家工商局申请注册的金融服务品牌。青岛分行已经以温馨、周到、方便、快捷的服务，在岛城树立起"安全、创新、服务、理财"的现代化商业银行形象。

●温馨理财走进千家万户

●"一卡通"杯青岛市全民登山活动现场

●招银文化建设硕果累累

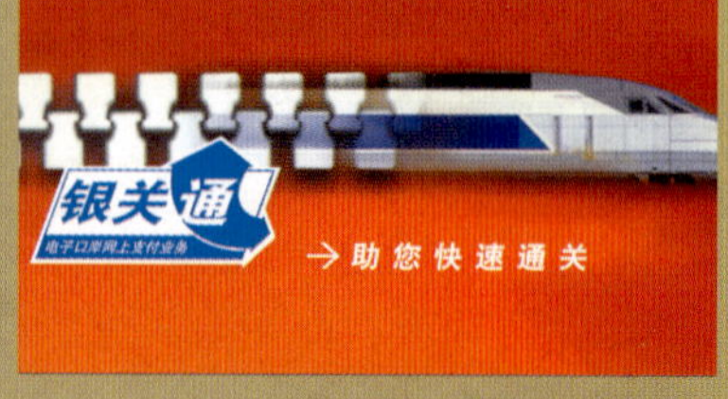

●银关通业务在同业中遥遥领先

地址/青岛市香港中路36号/招银大厦　网址/www.cmbchina.com　全国统一客户服务热线/95555

青岛分公司

中国银联青岛分公司的前身是青岛市银行卡网络服务中心。2002年3月中国银联在上海成立后，该中心于当年10月正式改制更名为中国银联青岛分公司，成为中国银联在国内设立的17家分公司之一。截至2004年底，全市银行卡特约商户总数达3188家、直联POS总量达5745台、入网ATM机达871台，为广大市民营造了一个良好的用卡环境。2004年全市银行卡跨行交易清算笔数、金额分别达到1300万笔和66亿元，分别是2003年的1.4倍和1.7倍。同时推出了“移动支付”等一批新业务，受到发卡银行和持卡人的一致欢迎，进一步开创了业务发展的新局面。

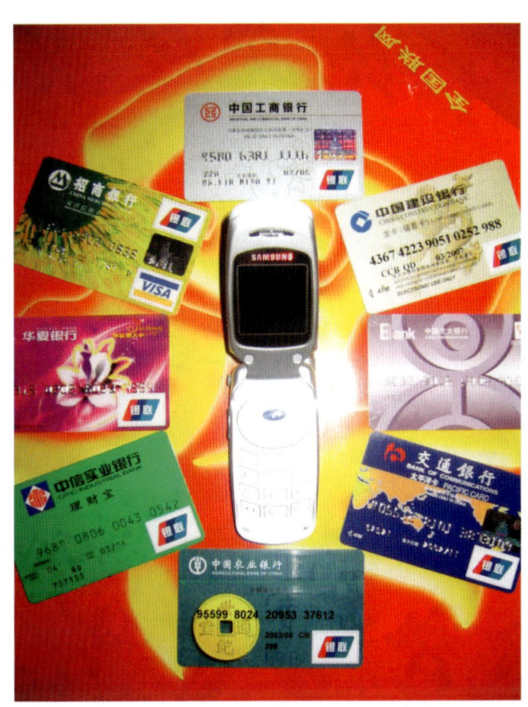

2004年12月中国银联青岛分公司正式开通“移动支付”业务

华彩人生　银联相伴

中国太平洋人寿保险股份有限公司 青岛分公司
CHINA PACIFIC LIFE INSURANCE CO.,LTD. QINGDAO BRANCH

守信如节 情深似海

中国太平洋人寿保险股份有限公司是经中国保监会批准成立的经营各类人寿保险业务的全国性股份制商业保险公司，总部设在上海。公司确立了“诚信天下，稳健一生”的企业核心价值观，坚持稳健经营，以效益为中心，努力为国家的发展和社会稳定提供风险保障。公司多次被标准普尔公司评为世界保险200强，先后列第104位、48位、45位，并被“商业创新方向” 国际组织授予国际质量金星奖、白金奖、钻石奖及欧洲国际质量技术杰出钻石奖。2003年还获全球评级公司颁发的保险行业“质量与效率国际金奖”。

截至2004年底，青岛分公司在青岛七区五市建立了12家支公司，服务网络遍及辖区各乡镇，面对岛城广大客户的保险需求，青岛分公司承诺将继续遵循“一切以客户的感受良好为标准”的服务理念，不断为客户提供真诚、周到的保障。

青岛分公司办公大厦

大厅柜台

太平洋人寿保险上海总公司大楼

一流的公司信誉
一流的工作效率
一流的服务质量

专业化、知识化的精英团队

全国统一服务电话：95500

地址：青岛市香港西路47号太平洋保险大厦 邮编：266071

电话（传真）：(0532)83091515 http://www.cpic.com.cn

中国平安人寿保险股份有限公司

青岛分公司

服务宗旨

诚信第一、效率第一

客户至上、服务至上

①党委书记、副总经理：韩　光

②每年一度开展员工义务献血活动

③青岛分公司连续3年开展“中国少年儿童平安行动”，关爱青少年健康成长。

④捐助平安希望小学

⑤举办“让每个家庭拥有平安”保险咨询活动

天安保险股份有限公司 青岛分公司

TIANAN INSURANCE COMPANY LIMITED OF CHINA QINGDAO BRANCH

天地间 安为贵

该公司总部设在上海市浦东区，是中国首家由大型企业出资的股份制商业性财产保险公司。在全国有32家分公司。

青岛分公司是天安保险向全国化发展的江北第一家分支机构，2002年3月开业，现辖五市六区和直属共25家业务部，形成了规范化、统一化、标准化的保险服务网络。建立了营销、客服、财务、内控、信息和行政人事六位一体的管理体系，并于2003年8月通过了ISO9001：2000国际质量体系和ISO14001环境管理体系认证。

公司始终以“更及时、更全面、更专业、更道德的服务，建设中国财产保险第一品牌”为经营理念，以“客户至上、服务社会、信誉为本、追求卓越”为宗旨，为客户提供专业化的全程服务和周全完善的风险保障。

总经理：张安源

天安保险 保障每一天

温馨便捷的一站式业务服务大厅

客户服务中心经理徐龙江向社会郑重宣布“零反应时间、零距离、一站式”理赔承诺

为客户提供服务

化险为夷 补天爱人

地址：青岛市高雄路18号海洋大厦16层 邮编：266071 电话：(0532) 85928907 传真：(0532) 85928908

指导经济金融工作提供参考。采取多种措施，加强了信贷监测分析，对贷款过度集中的行业或企业及时向商业银行发出预警。组织研究了青岛市金融稳定近期和中长期考核目标及指标体系，制定了青岛市金融稳定协作联席会议制度。

创新外汇管理与服务方式

推动企业贸易与投资便利化，完善了进出口核销管理。落实《境内外资银行外债管理办法》，加强对居民和非居民个人跨境资金流动和结汇的监管。对海尔集团经常项目外汇资金实行了集合管理。对货到汇款项下贸易进口付汇实行了同步核报。将青岛出口加工区企业的所有外汇业务集中在一个部门办理，方便企业办理业务。支持企业参与国际资本运作，引导民营企业扩大境外投资，向国家外汇管理局争取6000万美元的购汇额度，专项用于支持没有自有外汇的企业进行境外投资。设计开发了“外汇帐户辅助核对系统”，使外汇帐户信息准确率达到99.8%。在全国率先解决了长期困扰国家外汇管理局系统的《单位基本情况表》信息匹配率问题，提高了国际收支申报信息的准确性。针对外汇领域违法违规的新特点，加强与公安、海关、审计等部门的联系，形成联合办案机制，全年共查处外汇案件2起，开展专项检查3次，立案调查并结案18起，维护了青岛市的外汇市场秩序。

提高服务水平

银行卡业务　开展建立现代化支付系统的前期准备工作，做好票据交换工作，提高资金使用效率。加快发展银行卡业务，全市银行卡发卡量达到780万张，特约商户3100多家，直联POS终端5745台，实现POS跨行交易清算860万笔39.6亿元，同比分别增长47%和89%。ATM交易1400万笔、取款金额27亿元，均比上年增长50%。

履行经理国库职能　及时做好全市各项预算收入的入库、报解和各项预算支出的拨付，配合有关部门完成了国家欠退青岛市70亿元税款的任务，支持了外贸企业的发展。筹备全市财税库行横向联网工作，该系统于2005年1月1日试运行，实现了数据共享和对重点税源的实时监控，加快了预算收入的入库速度。

发行基金调拨和现金供应工作　根据市场货币流通情况，及时组织发行基金调拨，扩大小面额人民币的投放，做好残损人民币的回收及销毁工作，全年共组织销毁10亿多元。开展反假币工作，收缴假币4.7万多张。

信贷征信管理与服务　年内，青岛市所有与银行有信贷业务关系的3万多户企业的基本信息和信贷数据均已录入系统，登记贷款余额2000多亿元。全年各金融机构查询次数超过13万次，同比增长56%；通过查询防止风险业务240多笔、金额3亿多元。

（耿　昭）

·中国银行山东省分行·

青岛辖区业务概况

截至2004年底，各项贷款余额264.63亿元，占资产总额的83.62%；各项存款余额252.92亿元，占负债总额的89.32%。其中，人民币各项贷款219.20亿元，比年初（下同）减少25.49亿元，剔除剥离划转因素，实际增加40.48亿元；人民币各项存款200.21亿元，增加30.81亿元；各项外币存款余额6.37亿美元，减少1.41亿美元；外币各项贷款余额5.49亿美元，减少2.13亿美元，剔除剥离划转因素，实际增加1.28亿美元。本外币不良率为6.47%。中间业务收入2.2亿元，同比增加5689.91万元。全年共实现帐面盈利14.20亿元，同比增加24.93亿元。

深化改革

年内，配合中国银行总行的股份制改革，先后完成了资产和土地评估、法律尽职调查、会计报表转换、不良资产核销等工作，消化了历史包袱，为中行系统的整体上市和业务发展奠定了基础。

业务拓展

调整信贷结构　年内，制定科学的信贷政策，从客户、行业、授信品种等方面指导全辖区的授信投向。重新制定了《客户准入与退出实施细则》，优化客户结构，实施客户分类制度，将不同资质的客户分为战略类、重点类、一般类、退出类和目标类客户，进行差别化的资源配置和管理。加强对全市经济发展形势及重点行业的调研，增强市场敏感性及预见性。对金额大、情况复杂、投放过热行业中的部分项目，进行了现场考察。

开拓中间业务　发挥“国际结算直通车”品牌的带动作用，拓展海外代付业务，为中小客户提供了“出口银保通”、“进口一路通”等新产品，与中国银行汉城分行联合推出“韩汇通”，加强了对国内信用证业务的风险控制。全年完成国际结算业务量83.34亿美元，市场份额达32.6%。银行卡业务向集约化方向发展，全年新增“长城国际卡”、“信用卡”、“借记卡”分别为0.49万张、1.01万张、30.32万张，直接消费额5.58亿元，代理外卡交易额1.73亿元。推出了“汇聚宝”、“期权宝”、“两得宝”等外汇理财和债务保值新产品，“外汇宝”产品实现了24小时交易，推动了对公、对私代客外汇买卖业务的发展，全年叙做对公代客外汇买卖2.85亿美元、对私外汇买卖5.10亿美元，分别增长38%、316%。全年实现中间业务净收入5.6亿元，增长35%。

信息化与网点建设　完成了该行的信息综合业务系统与中国银行华北信息中心的业务衔接工作。自行开发的“ATM对帐系统”在中国银行总行软件产品招标会上中标，并率先在全系统使用小型计算机的分行推广上机。全年共升级10多项信息科技应用系统，新上应用系统15项，完成23项应用系统推广上机。优化经营资源配置，加强网点建设，全年共有11家储蓄所升格为分理处，青岛辖区95.2%的网点成为综合性营业机构。

业务管理

完善各项制度，加强风险防范和控制。对青岛辖区全部14家直属支行的贷款实施集中审批。制定了《公司授信业务审批操作规程》、《集团客户与关联客户授信风险管理实施细则》、《大额授信风险监控实施方案》、《危机处理预案》等制度办法，初步建立起了防止集中性授信风险和交易结构风险的管理机制以及应对突发事件的预警机制，建立健全了重大违约情况报告和风险提示制度。落实《守库押运工作规范》、《枪支弹药使用管理规范》和《营业网点安全管理工作规范》等规范，坚持和推广节假日风险监控、网点事中复核监督制度。全年防堵“四类”（诈骗、盗窃、抢劫、涉枪）案件16

起,未发生大的案件和安全责任事故。

内部建设

制定了《关于在各市分行、直属支行推行公开选拔领导干部的意见》和贯彻中国银行总行《关于进一步加强对高级管理人员教育监督的若干要求和措施》的实施细则。开展了为期2个月的作风整顿活动。落实党风廉政建设责任制,出台了《关于建立领导干部述职述廉制度的实施意见》和《关于建立领导干部谈话制度的意见》。开展了"企业文化推广年"活动。开展教育培训,举办各类专业培训班341期,参加培训的员工1.7万人次。

(王向红)

中国工商银行·青岛市分行·

业务概况

截至2004年底,本外币各项存款余额360.55亿元,比年初(下同)增加37.28亿元。其中,人民币各项存款余额344.98亿元,增加40.90亿元;各项外币存款余额减少4381万美元。本外币各项贷款余额334.13亿元,增加14.31亿元。其中,人民币各项贷款余额增加20.43亿元;各项外币贷款余额减少7402万美元。实现本外币经营利润3.64亿元,同比增加1.28亿元。实现中间业务收入8186万元(不含汇兑收益),同比增长47.42%。本外币五级分类后三类不良贷款减少4.1亿元;不良贷款占比下降2.71个百分点,实现了余额和占比"双下降"。

资产业务

开拓优质公司信贷市场,累计发放公司客户贷款80.42亿元。其中,投向AA-(含)级以上企业68.87亿元,AA-(含)级客户贷款余额提高7.1个百分点。加强对青岛市重大项目的跟踪营销,共获得中国工商银行总行219亿元的贷款承诺函。继续开展住房信贷业务"精品业务"工程,住房贷款的增量、质量和效益均有发展。全年共审批发放住房开发贷款13.2亿元、个人住房贷款28.08亿元;截至年底,住房开发贷款余额增加6.29亿元,个人住房贷款余额增加12.39亿元。发展消费信贷业务,并合理配置消费贷款品种结构,从严控制贷款发放的条件,提高了消费信贷的经营管理水平。截至年底,有9家支行的不良贷款率为零,有5家支行控制在1.5%以内。

负债业务

储蓄存款　通过推行积极的存款政策,实现了储蓄存款的持续稳定增长。分析研究储蓄存款环境和形势,对年初、年中、年末等不同的时期采取不同的存款策略;根据居民需求发售了5期"汇财通",抑制了外币储蓄存款的持续下滑局势;全年共建成理财中心18处,实现理财中心新增储蓄存款5.65亿元,占全分行储蓄存款增量的25.04%;通过开设"'理财金帐户'绿色通道"等措施,全年新发展"理财金帐户"客户6855户,完成总行计划的137.1%;推出"牡丹灵通卡e时代"品牌,累计发放"牡丹灵通卡e时代"卡7.3万张。

对公和同业存款　加强对重点系统客户的金融服务,优质公司客户人民币存款余额增加8.1亿元。加强与金融同业的业务合作,确立了该分行在同业支付结算代理市场的优势。发展代理保险业务,全年累计归集资金超过15亿元。加强与证券业的合作,实现转帐金额3.3亿元。

国际业务

全年累计完成国际结算量18.07亿美元,完成计划的106.29%,同比增长10.92%。加强远期外汇买卖业务营销,办理远期结售汇业务174万美元;争取中国工商银行总行直接与朗讯公司进行外汇买卖交易,全年累计办理远期代客外汇买卖业务22亿日元。加强代理同业国际结算业务,全年累计办理同业清算1.94亿美元。与青岛市商业银行签订了全面合作协议,在全国率先开展转开商业银行信用证业务,全年共办理551万美元。

电子银行业务

加强产品整合,拓展电子银行服务品种,培育"金融@家"和"手机银行"电子银行品牌,扩大市场份额,全年实现电子银行总交易额1248亿元,是上年的1.53倍,占据了全市同业80%以上的市场份额。

开展"金融@家"个人网上银行营销推广工作,新增"金融@家"个人网上银行客户4.77万户,是上年同期开户数的2.3倍。巩固"电话银行"的同业领先优势,丰富自助缴费等业务功能,新增企业客户743户,新增个人客户3.92万户,累计实现交易金额16.5亿元。

银行卡业务

开展主题营销活动,鼓励和调动了持卡人用卡消费,巩固和拓展了"牡丹卡"市场。拓展银行卡增值服务功能,开办了移动短信代充值缴费业务及其他服务项目,首次将银行卡受理系统与移动公司缴费系统相连接。截至年底,实现"牡丹卡"有效卡5.85万张,其中"牡丹准贷记卡"3.83万张、"牡丹贷记卡"2.02万张,"牡丹卡"消费额为8.9亿元;外卡收单交易额4709万元,完成总行计划的100%。

电子化建设

加强科技创新,实现了银保、银证、银税、银财、银警等领域的合作。组织完成了NOVAV1.2、NOVAV1.3、NOVAV1.4、凭证管理系统、人民币帐户管理系统等重大科技项目的投产工作。制定了加强计算机病毒防治、加强NOTES办公系统规范使用等科技管理办法;针对部分行ATM安全隐患问题,及时实施了ATM安全隐患防范技术改造工程和软件升级工作方案,建立起涵盖全分行科技工作的各个方面、全程监督的规范化的科技管理体制。

基础管理

开展"视制度如生命"的"扫雷工程",健全内控制度。严厉查处各类违规违纪行为。加快业务流程再造,对前台业务操作流程和内部凭证传递环节进行了重新梳理和优化,完成业务中心整合工作,组建了业务处理中心、现金营运中心和监督中心。

加快机构网点的调整,全年共撤销低效网点22个,实现机构迁址9家、储蓄所升格分理处5个、分理处升格二级支行7个。完成了"守押社会化"改革和全部营业网点安全设施达标任务,实现了安全营运。

(张　玮)

中国农业银行·青岛市分行·

业务概况

截至2004年底，本外币各项存款余额387.97亿元，比年初（下同）增加75.18亿元，同比多增22亿元，存款总量、增量均居全市同业首位；本外币各项贷款余额268.61亿元，增加36.61亿元，同比多增3亿元；中间业务收入9479万元，同比增加3827万元；实现经营利润5.5亿元、同比增加1.7亿元，人均创利13.8万元、同比增加5.3万元。通过了ISO9000质量管理体系认证的年度审核。

存款业务

强化重点客户营销，新拓展了浦项钢铁、丽东化工等一批世界500强在青投资企业和重点企事业单位，扩大了存款来源。在青岛利群集团、双星集团和青岛长青集团推广应用现金管理平台系统，提高了资金归集度。与农村信用社、浦东发展银行、恒丰银行等金融机构签订全面合作协议，扩大了同业存款。开展"迎新春"优质服务存款竞赛活动，推行规范化、差异化、个性化服务，推动存款持续增长。截至年底，对公存款余额160亿元，增加41.88亿元；储蓄存款余额227.94亿元，增加33.3亿元。

贷款业务

加强对重点区域、重点行业、重点客户和重点项目的支持。对家电电子产业群新增贷款6亿元，对胜利石油、齐鲁石化、丽东化工为重点的石化产业群新增贷款6.6亿元，对中国海洋大学、石油大学、青岛大学、山东科技大学等高校新增贷款3.3亿元。加强信贷支农工作，与青岛市九联、万福等7家国家级农业产业化龙头企业建立了合作关系，新增贷款3.7亿元，比上年同期多增1.3亿元，年末涉农贷款余额达45.8亿元。开办以住房按揭贷款为重点的"金钥匙"个人消费贷款，全年累计发放个人贷款12.4亿元，余额达42亿元。成立票据中心，全年办理贴现、转贴现（买断）32.5亿元，余额16.91亿元，增加10.5亿元

中间业务

国际结算业务　坚持本外币一体化经营，强化对外商投资企业、上市公司和自营进出口企业的营销，全年实现国际结算量43.6亿美元，同比增加13亿美元，增长42.48%；实现结算收入369.4万美元，同比增加87万美元。市场占有率保持全市同业第二位。

银行卡业务　与驻青重点高校建立合作关系，"校园卡"业务市场占有率达90%。推出"贷记卡"、"金穗齐鲁旅游卡"和"中国青年卡"等新产品。在全市同业率先推出了移动POS，发展"国际卡"收单商户110家。银行卡发卡量174万张，消费额9.4亿元，银行卡中间业务收入4087万元、比上年增加1939万元，主要业务指标居全市同业首位。

代收付业务　整合代收付项目，开发统一发票系统并推广应用发票打印机，增加自助缴费、电话缴费、网上缴费等渠道，代收付业务实现交易899万笔，网络代收付金额达9.9亿元。

理财业务　与中国人民保险公司、新华人寿公司合作开发了"银保通"柜台实时出单系统，全年银证转帐客户新增1.3万户，同比多增4倍。推出4期"汇利丰"外汇理财产品，共销售2760万美元，代理保费收入1.8亿元，代理发行8期国债6.4亿元，代理销售6只开放式基金1.75亿元。发行鲁能仲盛麦岛片改造项目信托计划人民币理财产品，募集资金1.65亿元。为海信集团办理外汇理财业务3000万美元。

电子化建设

全年共完成开发和推广应用项目40余项，构建了集自助银行、电话银行、网上银行为一体的电子银行服务体系。截至年底，共建成自助银行13个、金融超市4个，安装运行移动POS、ATM、自助服务终端356台，存款机13台，发票打印机25台。网上银行签约企业客户685家，个人客户1585个，交易量155亿元；ATM交易1155万笔；"95599"电话银行受理客户电话243万次。

内部建设

加快内部机制改革，全面推行科级干部竞聘上岗和员工双向选择，优化员工队伍结构。推行岗位等级工资制度，加强员工绩效工资与业绩挂钩。改革资源配置机制，完善业务经营综合考评办法、费用管理办法，对辖内支行实行费用集中报帐制。撤销低效网点45处，升格为支行1个，升格为分理处7个，提高了网点集约化经营水平。制订并实施了三年培训规划，全年举办培训班257期，培训8699人次。该分行继续保持"省级文明单位"称号。

（祝　敏　张伟英）

中国农业发展银行·青岛市分行·

业务概况

2004年，强化支持粮棉流通职能，做好以收购资金封闭管理为中心的各项工作。截至年底，各项贷款余额29.14亿元，其中国家储备贷款9.54亿元、地方储备贷款5.56亿元、商品粮棉油及其他占用贷款14.04亿元；存款余额1.73亿元。

开展保险代理业务，截至年底，共办理保险金额3950万元，累计代收保费22万元，实现手续费收入3万元，保险代理业务的开展，填补了该行在中间业务上的空白，增加了业务收入。

支持粮、棉、油企业

支持商品粮油购销　按照"择优选贷、以销定贷、以效定贷"的原则，适时投放商品粮油流转贷款。全年累计投放商品粮油流转贷款8.87亿元，支持企业收购粮食5.62亿公斤、油脂127万公斤。其中，投放夏粮（小麦）收购贷款6.09亿元，支持企业收购小麦3.71亿公斤，同比分别增加2.72亿元、8674万公斤，完成山东省政府建议收购数量的100.4%。关注粮食市场行情，加强与企业沟通，促进企业扩大商品粮油销售。全年促进企业累计销售商品粮4.67亿公斤、油脂471万公斤。

保证储备粮的资金需要　按照有利于国家宏观调控、有利于稳定粮食市场价格、有利于青岛市全辖粮食企业提高经营效益的原则，累计发放储备贷款3.05亿元，支持企业开展了增储、轮换、核定价位资金清算等业务，企业累计购入粮食1.86亿公斤，销售粮食2.09亿公斤。按照《青岛市粮食保障应急处置预案》和《青岛市粮食市场供应应急预案》的有关要求，累计投放贷款1302万元，支持建立了地方粮油应急储备。

棉花收购资金供应与管理　适时投放贷款，支持新棉购入。累计投放棉花贷款1500万元，支持企业收购棉花3.35亿担。通过采取对贷款到期后不展期、不及时销售的企业不再发放贷款等强制性措施，督促企业进行均衡销售。2003棉花年度企业收购的1.12万担皮棉全部销售完毕，贷款本息全部收回。

拓展粮食加工龙头企业贷款新业务　对辖内粮食加工企业按照风险承受能力、经营规模、效益以及对本地粮食市场的作用大小等多项指标逐一排队分析、筛选，确定了青岛星华粮油食品有限公司和佳德食品有限公司的贷款资格，并根据企业需求，发放了粮食调销贷款400万元。

提高金融服务水平　树立以客户为中心的管理理念，改进服务手段。实施优质客户战略，对业务量大、购销渠道畅通、资产负债率低、信用好的企业实施信贷倾斜政策。发挥信息网络优势，关注国际、国内及周边地区粮食市场行情，及时将粮油价格信息通过局域网发送给基层行，并由基层行提供给粮食购销企业，为企业经营提供决策依据。帮助企业开拓市场，协助企业签订购销合同，选定安全、快捷的结算方式，支持企业搞活经营、提高效益。

强化信贷风险管理

防范增量贷款风险　根据贷款客户的风险承受能力，开展了粮食企业贷款资格认定和信用等级评定工作，并督促企业及时办理了有效资产抵押；完善了贷款风险补偿机制，全辖共筹集风险准备金2970万元，增强了抵御风险的能力；强化结算资金管理，年末正常结算资金2005万元，控制在合理的范围内；超期结算资金实现了“结零”的目标。

化解存量贷款风险　配合市审计局等五部门完成了对全市国有粮食购销企业财务挂帐清理审计工作，为推进粮改和化解信贷风险奠定了基础；制定代存粮处理计划，合理确定消化期限，并结合贷款投放，加强清理消化工作，企业共消化处理代存粮500万公斤；加强不良贷款清收，累计收回1391万元，年末，不良贷款2.73亿元，仅占9%。

规避企业改革改制风险　支持企业进行产权制度和管理制度改革，参与企业改革的全过程，监督企业改革、改制行为，防止企业悬空、逃废债务。强化落实库存监管责任制，制定印发了《关于进一步加强对企业粮食库存检查的意见》，规定实行支行行长、分管行长、信贷部主任定期定量查库制度，检查质量的结果直接与各行年度综合考核挂钩。

（王志成　刘振东）

中国建设银行股份·有限公司青岛分行·

业务概况

截至2004年底，本外币各项存款余额311亿元，比年初（下同）增加26亿元，同比多增9.6亿元；本外币各项贷款余额249亿元，增加11亿元。不良贷款余额为5.9亿元，减少5835万元；不良贷款率2.39%，下降1.21个百分点。全年实现经济增加值1.92亿元；实现经营利润6.44亿元，同比增加1.72亿元，增长36%。总资产回报率2.17%，贷款收益率5.26%，同比提高0.6和0.1个百分点；成本收入比为35.4%。贷款利息实收率99.3%，同比提高7.9个百分点。

公司业务

开展公司客户营销活动，加大对青岛大炼油项目、黄岛发电厂项目、国家石油储备库项目等一批国家重点建设项目的金融服务，稳固了与海尔、海信、朗讯、颐中等集团客户的银企关系，发展了一批总行级优质客户。加强对优质中小企业及民营企业的营销，筛选青岛市民营企业50强和十佳企业中的优质客户，建立优质客户储备库。继续向重点客户提供个性化金融服务。利用网上银行帐户归集等功能帮助海信集团等20多家集团公司实现了异地分支机构财务资金“收支两条线管理”，提高了资金管理效率。票据业务快速发展，全年累计办理贴现业务63.6亿元，票据贴现余额24.6亿元，直贴量居青岛同业第一位。与多家集团公司签订财务顾问协议书，在投融资、资产管理、债务管理、项目融资、造价咨询等方面提供政策咨询、方案设计和协助实施等金融服务。

个人业务

截至年底，个人存款余额130亿元，增加12.3亿元，其中网点存款单产达1.2亿元、增加4579万元。个人消费贷款增加1.4亿元，新增额居青岛市同业第一位。开展“两节”、“五一黄金周”、“金色十月”等旺季营销和教育收费、家庭理财等主题营销活动，提高了个人金融产品的知名度，促进了个人存款的增长。下半年，适时组织了公积金转存营销竞赛活动，成为个人存款业务的亮点。开展“发展优质客户，贡献理财计策”竞赛活动，在全市首家推出“绿色银行”投资理财产品，推出青岛市第一个外汇结构性理财产品“汇得盈”，募集外汇资金3000万美元。拓宽了VIP客户服务的内涵，VIP客户2838户，VIP客户存款余额达4.5亿元。加强个人金融产品创新，推出了电子凭证国债和记帐式国债柜台交易业务，开辟了代销国债、代销基金等分销渠道，增加了业务收益。

房地产信贷业务

培育“乐得家”特色业务和优势品牌，年底个人住房贷款余额54.3亿元，增加14亿元。利用房地产开发类贷款和个人住房贷款的联动关系，为个人住房贷款储备优质楼盘，保持房地产金融业务的良性运转。

中间业务

全年实现中间业务收入9003万元，同比增加2424万元，再创历史最高水平。中间业务收入占营业净收入的7.92%，同比上升0.07个百分比。制定了中间业务联系制度和问责制度，推动了全行联动、整体营销机制的形成。扩大传统产品市场份额，推出代客证券买卖业务、代客衍生金融工具等新业务。“财务顾问”、“百易安”、“国内保理业务”等特色业务对中间业务收入有较大的拉动作用。加强与信托、保险、证券业务合作，与多家信托公司及保险公司签订了全面合作协议，与3家保险公司开通“银保通”系统；与青岛市辖区内多家地税分局开通“银税联网”业务，银税联网代理份额继续扩大，新增签约客户2500余户。国际业务加快发展，全年累计完成国际结算量25.7亿美元，同比增长18.7%，创历年新高；在全辖组织开展外汇业务营销竞赛，争取投资过千万美元外商投资企业和年进出口结算业务量过千万美元企业26家；发挥网络优势，与海外分行联动营销，与东京、新加坡、汉城分行签订了出口信用证海外代付协议;加强新产品的开发推广,“远期结售汇”、“福费廷”、“出口商业发票”等融资业务取得发展;全年组织发行7期外汇结构性理财产品“汇得盈”。优化信用卡用卡环境,开展了“个人住房贷款客户交叉营销活动”等系列营销活动和“优质公司客户和代发工资客户”发卡营销竞赛活动,提高了贷记卡帐户活动率和消费额。电子银行业务先后为海尔、青啤、青钢、市劳动与社会保障局、铁路结算中心等30余家企事业客户开通“网上银行”,“网上银行”重点客户的开通率达到80%。

金融产品创新

完成了“速汇通”实时到帐、个人信贷系统上线、个人通知存款优化等新系统,首次推出了电子凭证国债和记帐式国债柜台交易业务。做好“网上银行”三期项目的推广、贷记卡ATM异地改密、“网上银行”3.0版本、“手机银行”的开发和优化等项目,推出“定汇盈”、“百易安”、“国内保理业务”、“买方付息票据贴现”、“远期结售汇”、“外汇资金类衍生产品”、“95533专家理财”等新的产品和服务方式。

内部建设

年内,中国建设银行进行股份制改造并成立了中国建设银行股份有限公司,中国建设银行股份有限公司青岛分行实现了股份制改造。通过“行长接待日”、“行长信箱”等与职工直接沟通的“绿色通道”,加强政策宣传和教育。该行连续5年获青岛市精神文明建设先进单位称号,被评为山东省思想政治工作优秀企业。

(孙朝随)

·交通银行青岛分行·

业务概况

截至2004年底,人民币存款余额165.5亿元,比年初(下同)增加28.02亿元,增长20.45%,当地市场占比7.35%、提高0.11个百分点。其中,储蓄存款余额54.75亿元,增加11.85亿元,增长27.62%,当地市场占比5.02%、提高0.31个百分点。人民币贷款余额144.25亿元,增加25.92亿元,增长21.91%,当地市场占比7.81%、提高1.9个百分点。外汇存款余额1.03亿美元,增加38万美元,增长0.37%,市场占比5.89%、提高0.37个百分点;外汇贷款余额1.39亿美元,增加7357万美元,增长100.41%,市场占比6.98%、提高3.34个百分点。完成国际结算量26.1亿美元,比上年增加10亿美元,当地同业占比8.48%、提高1.2个百分点,结算量居青岛市同业第三位。“太平洋卡”发卡量增加23.88万张,总量达到121万张,存款11.57亿元,消费2.8亿元。不良资产占比为3.31%,下降6.12个百分点。全年实现帐面利润3.07亿元。

业务拓展

公司业务　加强对基础设施产业项目、世界500强投资项目、优质传统企业集团、优质纯存款客户的营销。发挥系统资源优势,实施总分行联动、海内外分行联动、本外币联动、对公对私联动,与马士基公司、香格里拉大饭店等优质客户的合作取得进展。加快劣势行业、风险资产的减持、退出工作,优化客户结构和资产结构。

私金业务　实施公私业务联动,组成营销调度小组,对每个公司客户制定私金业务回报计划,每月调度推进;实施了“私金业务在企业”活动,设计了理财方案,通过代发代扣、使用贷记卡代替周转金等方式密切银企关系,带动私金业务发展。发展VIP客户,初步形成了规范化的VIP客户服务制度,形成了“一对一”的服务体系,在部分网点建设了VIP客户理财室,形成了一定规模的目标VIP客户群。强化了风险审查职能,理顺了业务管理流程,促进个贷业务发展。加强网点建设,提高网点营销水平,在有条件的网点设立了低柜区和理财区,对8个发展潜力较大的网点进行“扁平化”管理试点。

中间业务　加强对世界500强企业为代表的优质外商投资企业的国际业务营销。做好委托贷款方面的大项目营销,截至年底,委托贷款余额17.35亿元,实现手续费收入201万元。加强对“外汇宝”业务的营销,提高盈利水平和交易量。全年实现中间业务收入5046万元,同比增长27.4%。

业务管理

年内,出台了《交通银行青岛分行信贷管理实施细则》,严格授信过程管理。坚持按程序办事,坚持风险收益最优化原则,合理确定信贷投向、投量,规避授信风险,保证授信工作质量。落实了岗位制约和操作流程控制,建立了基层营业网点内部主管坐班制度,落实了以内部管理、全过程授权、现金管理、现场监督等8个方面的高风险点为主要内容的内控责任制,加强基层营业网点内控建设,保证业务安全运营。

(于海龙)

·中信实业银行青岛分行·

业务概况

截至2004年底,资产总量232亿元,本外币各项存款日均余额184.51亿元,年末各项存款时点数为206.47亿元。有45家分支机构、1122名员工。

业务拓展

确立了以效益为中心、以客户需求为导向、以现代科技为手段、以高质量服务为基础的集约化、内涵型发展模式。加强了对优质高端客户的营销,退出了没有发展前途和高风险的低端客户。以建立优质的存贷款、中间业务客户群为起点,促进业务质量的改善和效益的提高,先后开发了莱芜钢铁集团公司、山东省公路工程总公司、日照港(集团)有限公司等优质客户和优质项目,并继续与青岛啤酒公司、海信集团、青岛朗讯公司、颐中烟草集团、青钢集团、南山集团等客户保持业务合作关系。对集团客户和关联企业授信、异地授信、银票业务、汽车金融业务、存货质押业务等进行了调研和跟进检查,适时调整了授信政策,防范了信贷风险。

创新金融产品,推出符合市场需要的业务品种,做到了“创新业务月月推出,真诚服务天天相随”。推出了“代理融通”、“出口退税贷款”、“中信理财宝”、“代理个人保险”、“代收代付”、“保管箱”、“出国金融服务中心暨出国留学保函业务”、“网上银行”、“银证通”、“中信STAR信用卡”、“缴费通”等业务品种。

(田　鹏)

·中国光大银行青岛分行·

业务概况

截至2004年底，各项存款余额86.6亿元，比年初(下同)增加1亿元；日均存款82.36亿元，增加5.99亿元；储蓄存款余额20.1亿元，增加9.01亿元，增长81.24%；日均储蓄存款16亿元，增加6.5亿元，增长68.42%；"阳光卡"累计发卡量37.72万张，增加5.46万张；新投入自助设备17台，设备开机率达到96%。各项本外币贷款余额59.9亿元，减少5.26亿元，下降8.07%；全年累计发放各类贷款本外币金额64.4亿元，收回各类贷款金额69.66亿元。国际结算业务量12.82亿美元、同比增长43.56%，共办理结售汇业务4.44亿美元、同比增长32%，完成国际结算非利息净收入1100万元、同比增长28.28%，办理贸易融资业务1.03亿美元，同比增长144.8%。实现拨备收费前利润1.27亿元。获青岛市授予的"A级纳税信用企业"称号和中国光大银行授予的"宣传工作先进单位"称号。

业务拓展

公司业务　年内，对经营工作进行了全程跟踪与指导。强化服务意识和督导职能，促进对公业务有序发展。加强对客户经理队伍建设，提高综合营销素质，共举办了12期国际业务和网上银行业务培训，有近800人次参加。整合现有资源，拓展对公业务营销空间，对该分行所有对公产品进行了分类组合，整理出6大类40余项对公产品。

对私业务　坚持以产品创新带动业务增长，全年共推出"阳光理财A计划"13期和"阳光理财B计划"6期；强化个人贷款业务督导，完善个人贷款制度建设，防范业务风险。

信贷业务　优化信贷资产结构，支持类行业和一般类行业企业贷款占比82.92%，大型、特大型企业贷款占比68%；加强信贷制度建设，完善了不良贷款预警监控体系、贷款五级分类管理体系、信贷管理系统和信贷登记咨询系统，规范了信贷档案管理；完善和加强信用审查和授信项目推荐工作流程，规范审查、审批工作秩序，提高审查、审批效率，控制操作风险，加强贷款风险分类管理和授信后管理工作。

国际业务　加强各分支行的联动，全年各分支行共实现国际业务5.99亿美元，同比增长45.16%；严格执行业务规章制度及操作规程，加强业务管理和培训；重视做好国际收支申报、外汇反洗钱等外汇管理工作。

业务管理

资金计划与财务管理　加强了对财务费用的科学分配与分类管理，对所辖各经营单位的营销费用采用了"费用预拨、动态管理"的分配方式。5月，该分行会计结算部成立；6月，该分行管理会计系统正式启用。加强利率与资金管理，提高运作效率，降低了经营成本，存款平均利率1.38%、同比下降了0.02个百分点，贷款平均利率5.07%、同比提高了0.79个百分点。开拓多种融资渠道，全年累计向中国人民银行青岛市中心支行办理再贴现业务2570万元，累计向青岛市商业银行办理转贴现业务9.7亿元。

资产保全　年内，加强不良资产清收、抵债资产变现和呆帐核销，共解决不良资产3.27亿元，其中清收各类不良资产本息1.19亿元、变现抵债资产1.29亿元、中国光大银行总行批准核销6户13笔共7899万元。

电子化建设　年内，对公业务系统、OA办公自动化系统、CECM系统、管理会计系统等先后启用。对中国人民银行青岛市中心支行支付密码核验系统与该分行的核心系统进行整合，提高了操作效率。开发该分行核心系统上的新程序，为业务提供技术支持。新开通20余条光纤专线，提高了主要业务的网络质量，也为辖区各机构、重点自助设备实现远程实时监控提供了网络条件。

(王国军)

·青岛市商业银行·

业务概况

2004年，各项存款余额119亿元，比上年(下同)增长11.23%；各项贷款余额93亿元，增长10.25%；不良贷款占比11.03%，下降3.99个百分点；不良资产占比9.7%，下降2.3个百分点；实现拨备前利润2.06亿元，增长40.4%。

业务拓展

稳定基本客户群，继续开拓市场，可用资金持续增长；保持业务互动，带动存款发展；发挥一级法人优势，通过货币市场和票据市场日均融入资金31亿元，拓展了资金来源渠道；发展零售业务，突出市民银行特色，二手房贷款和汽车消费贷款成为该行的品牌产品。调整信贷资产结构，发展流动性强、风险程度低和收益大的票据业务，全年办理票据贴现业务44亿元、多增19亿元，办理票据转贴现70亿元，签发银行承兑汇票82亿元、多增33亿元；灵活货币市场操作，减持债券和调整债券回购期限结构，适时减持债券实现收益1500万元。加快国际业务发展，实现国际业务收入2014万元，增长91%；发展代收费业务，开通了代收水费、煤气费、行政事业收费、电费和联通手机费等业务，增加了网点服务功能。

风险管理

组建事后监督中心，设立风险控制部，加强内控体系建设。完善贷款五级分类管理工作，规范贷款五级分类的方法、流程和权限，提高了贷款规范化管理水平，全年新增贷款综合收息率达到100%。通过置换、清收和处置等多种方式处置历史遗留的不良资产，提高了资产质量，全年共置换不良资产3.2亿元，清收回现金6728万元和抵债资产679万元，收回股东不良贷款3665万元，处置待界定风险贷款1.6亿元。

金融科技建设

3月，该行与IBM和银湖集团公司合作开发的综合业务系统上线，为该行可持续发展和新产品开发、业务流程再造提供了先进的技术平台。自4月起，该行"金桥卡"在中国银联青岛分公司范围的ATM跨行交易系统成功率达到99%，POS交易成功率达到99%。

(尚　芹)

·招商银行青岛分行·

业务概况

截至2004年底，各项自营存款余额97.4亿元，各项自营贷款余额81.3亿元。全年累计实现票据业务 105.6 亿元；“一卡通”金卡发卡 5952 张，“金葵花”卡发卡 1313 张；实现利润 2.07 亿元，比上年（下同）增长 230%。

业务拓展

信贷业务　强化资本意识，调整信贷结构。对资产业务进行梳理和分类，做到“有进有退，有保有压”；对风险小、综合回报高的重点优质客户给予扶持，扩大业务；对风险程度可以接受、但综合回报较低的业务增加派生业务，提高风险资产的收益率；对风险程度高的业务坚决退出。全年共清理对公资产业务客户 44 户，收回各类融资 4.4 亿元，退出比例为 3.7%。

票据业务　树立风险意识、服务意识和品牌意识。以规范化的服务、统一的审查标准、合理的报价、高效的服务稳定大客户和开发潜力客户；参照票据市场价格波动和走势，推出相应的业务指导意见，对营销对象、营销策略、利率定位予以指导和规范，规避了市场变动可能出现的利息损失，保证了票据业务的快速发展。全年票据贴现量超过 105 亿元；实现票据业务收入 1.7 亿元；实现利润超过 5000 万元，占该行利息收入的 23%，提高了 15 个百分点。

国际业务　国际结算量 33.9 亿美元，比上年翻了一番，增长幅度居青岛市同行业首位，增量居第二位，绝对值居第四位。

个人业务　截至年底，人民币储蓄存款新增 12.26 亿元。年内，发展资本占用少、风险相对分散、盈利比较稳定、溢价能力强的个人住房按揭贷款业务，全年个人贷款新增 10.83 亿元、增长 111.6%；个人贷款在一般性贷款中的占比由年初的 18% 提高到 34%，在人民币自营贷款的占比达到 27.6%。个人资产业务新增额占全市同行业新增额的 23%。

业务创新

“银关通”业务全年付税 74.2 亿元，累计交易量超过 92 亿元；开发了“银税通”产品；推出了“电子票据”，并完成对海尔集团的测试工作。

内部建设

严格执行审贷制度，提高审贷质量和效率，全年共组织召开风险控制会 40 次，审贷 670 笔，累计 340 亿元。制定了《招商银行青岛分行内部审核管理实施细则》，坚持每季度一次的内部控制和内控监督运行分析会制度，对在业务检查、专项稽核、日常控制和实际操作中发现的 348 条突出问题进行整改。坚持“因您而变”的经营理念，加强“温馨理财”服务品牌建设。修订了《招商银行青岛分行大堂经理考核管理办法》和《青岛分行服务明星评比办法》；开展“查找不足，整改提高，促进服务再上新水平”活动。加强了对员工服务技能的考核，该行职工在招商银行总行第六届职工技术比赛中获得出口审单和多指多张点钞比赛第三、第四名。获青岛市政府授予的“青岛市文化工作先进单位”、“十大热心支持体育事业单位”等称号和市经贸委授予的“十大文化建设示范点”和“服务百佳单位”称号。

（孙振峰）

·华夏银行青岛分行·

业务概况

2004 年，资产超过 73 亿元，实现利润比上年（下同）增长 49%，一般性存款余额增长 30.52%，不良资产率 0.09%。截至 2004 年底，累计运用各类银行信用额 500 多亿元。

市场营销

完善公司业务营销体系　成立营销小组，对行业性、重点大客户实行团队集体营销；实行分、支行联动营销，对大客户建立由分行领导、营销部门总经理、支行行长、客户经理参与的四级开发、维护和管理体制。国际业务实现了国际结算量及收入的同步快速增长。完善网络银行技术及功能，为重点客户开发设计了独具特色的网上交易支付手段，增加了网络银行业务交易额和开户数。加强专业技能、业务知识等培训，提高了客户经理队伍的整体素质。

完善个人业务组织机构　推出了“个人经营性贷款”“华夏卡自助贷款”、“住房抵押转贷款”等新的业务产品，推出了新的个性卡——“华夏经理人卡”及“华夏外汇卡”等。新增代收水费、燃气费、公共事业费、移动电话费等代收业务功能；新增自助银行 3 家，交易量增长 30%；新增“银联”商户近百户，涵盖餐饮、娱乐、服装、工艺美术、珠宝眼镜、健身、美容、医疗保健等行业。

同业金融市场业务　继续加强与证券、信托、信用社、保险公司等金融同业的联系和合作，在全市代理发行了澳柯玛信托理财计划，开办“银保通”业务，推出了“招商现金增值基金”代销业务和贵金属代理销售业务，丰富了中间业务品种。

业务管理

信贷管理　加强对重点优势行业和优质客户的信贷营销，优化了新增投放的方向和投放的质量；调整信贷资产结构，重点支持了交通电力、能源化工、医疗文化等公共企事业客户，支持了效益好、信誉佳、发展前景广阔的大中型企业以及财务状况好、出口创汇大的外经贸企业等。控制对钢铁、电解铝、水泥、纺织和汽车等过度投资行业的信贷投放。

制度建设与运行管理　组建了放款中心，强化放款环节的管理。实行贷款到期提醒制度，督促责任人做好授信到期的催收工作；建立贷后管理工作日志，通过贷后检查报告，进行逐户审核，发现问题及时督查；对发现的预警信号以及新到期的授信客户进行现场检查，提出调整或退出授信意见。

提高信贷资产质量与化解风险　建立了信贷风险预警和重大事项报告制度，加强五级分类管理，动态监测贷款风险度。对不良贷款建立了日监测、日报告制度，按时召开不良贷款分析会，及时调整清收措施。

会计基础工作　规范了会计业务操作，细化了会计工作考核标准，推行柜员业务量化考核机制，提高了柜员业务处理能力、工作效率和服务水平；强化会计管理职能，实现了对全部会计业务的集中事后监督，强化了内控管理，防范了会计风险；严格落实会计科长（主管）委派制，提高了会计工作质量。加强稽核监督，稽核工作由单一的查错纠弊向监督、评价、鉴证、服务职能并重的方向转换。

安全保卫工作　实行安全保卫工作“一票否决制”，加强对保卫设施的检查，更新了部分监控报警设施，加强安全教育，提高安全防范意识。

（袁　新）

青岛市农村信用·合作社联合社·

业务概况

截至2004年底，各项存、贷款余额分别达到207.55亿元、156.4亿元，分别比年初(下同)增加41亿元、24.5亿元，实现利润1.76亿元，上缴税金6185万元。农业贷款达到73.96亿元，其中新增10.73亿元，农业贷款增加额占青岛市金融系统新增农业贷款的86.8%；农户贷款的覆盖面达到46.5%，提高了4.7个百分点；农户贷款的总户数达到32.5万户。

年内，成立了营业部，参加全市同城金融机构票据交换；增设了中心库，解决了全市信用社系统资金清算和现金供应问题。

农村信用社改革

根据国务院《关于深化农村信用社改革试点方案的通知》精神，农村信用社改革全面展开。1.按时取得了国家的资金扶持，票据置换6.1亿元，其中消化不良贷款4.56亿元、弥补历年挂帐亏损1.54亿元；核准保值贴补息1.17亿元，已到位3900万元。2.做好组织形式改革的申报工作。4家农村合作银行的筹建材料均已上报青岛银监局初审，其中青岛华丰农村合作银行的筹建申请已得到银监会的批准；实行统一法人改革的4家联社已经青岛银监局检查验收，其中平度、胶州联社的筹建申请已得到批准。3.增资扩股。截至年底，全市股金达到7.88亿元，新增扩股金1.92亿元，资本充足率达到9.18%。

拓展中间业务

全市"信通卡"发卡量达到59万张，增加9.7万张。卡消费额累计达到4.18亿元，实现手续费收入78万元，卡内存款余额16.6亿元。发展特约商户316家，直联POS机和ATM自动取款机分别达到368台和48台，自助银行2个。全年受理卡取款81万笔、金额2.8亿元，实现手续费收入84万元。

代理各种保险8825.58万元，实现代理手续费223.53万元。代收代付品种达到37项，累计代收付金额31.7亿元，由此带动存款10多亿元。加强科技开发，"电话银行"实现了系统自动受理和人工受理两大功能，并在山东省农村信用社系统率先实现了固定和移动电话费的自助缴费业务。

(隋功新)

中国银联股份有限·公司青岛分公司·

业务管理

加强系统监控　2004年，组织开展了"青岛市提高跨行交易质量月"活动，协同各入网机构对每天发生的不成功交易逐项进行分析，采取有效措施予以整改，基本解决了系统运行中的突出问题。调整、充实值班运行人员，落实工作责任和应急措施，加强系统监控和故障处理能力；与各入网机构建立了故障处理通道。协助入网机构消除交易"瓶颈"。其中，配合辖内3家国有银行完成内部系统集中；帮助2家机构完成主机系统更换及银联前置系统测试；协助3家机构实施系统升级。继续加强对ATM(自动取款机，下同)终端的测试分析和定期巡检。

完善用卡环境　组织入网机构贯彻落实中国人民银行《跨行交易收益分配办法》，调整收费标准，通过市银行同业公会下发《青岛市银行卡业务商户费率自律公约》，保证了发卡行、银联和收单行的合理收益。联合入网机构和新闻媒体开展宣传，引导入网商户理解现行收费政策的必要性和合理性，保持了受理市场秩序的稳定。加强银行卡风险防范工作，成立"青岛市风险防范工作领导小组"，组织7家机构加入银联"不良信息共享系统"，完善《青岛市特约商户公约》中的风险管理条款，加强对不良商户和可疑交易的监控分析，为防范银行卡业务风险提供了保障。

市场营销

继续发展入网商户，加强与大行业、大商户以及行政事业单位的联系沟通。构建市场营销体系，加强了营销策划、行业合作和受卡空白市场的开发。引导、鼓励宾馆酒店类商户受理"银行卡"。坚持商户发展速度与质量并重的原则，注意把好商户入网关，加强入网商户资格审查，保证了特约商户质量，防范了商户风险。

业务创新

开拓外卡受理市场，发展外卡收单业务，先后与辖内8家机构签定了通过银联接口开展外卡收单业务的协议，全年新增外卡收单商户70家、交易额达560万元。推广移动POS(自动刷卡器，下同)，青岛可口可乐公司、五矿钢铁青岛公司等10家公司使用移动POS进行刷卡收款、商品配送，全年交易额达7500万元。

投资建设的青岛市公共支付平台项目有2个支付业务投入使用。其中，"e城通"支付项目在全市40余个"多媒体信息亭"的自助终端上实现了旅游门票、各类客票的刷卡支付；"移动手机短信充值"项目定制用户发展到200户。

优质服务

继续加强对入网商户的业务培训，先后为20余家大商户举办了多期银行卡业务培训班，参加培训600余人次；对商户收银员开展多种形式的竞赛培训，选拔3名优秀选手参加全国收银员竞赛，获二等奖1个、三等奖1个。差错处理平台"同城版"上线运行，实现了差错处理电子化，提高了入网机构的差错处理效率。实行"一站式"服务，增设1部由专人负责接听的咨询服务专线，保证了业务咨询、投诉渠道的畅通。坚持入网机构季度例会和信息交流制度。采取登门走访座谈和向分管领导发送专题函件等方式，帮助入网机构解决重大技术、业务问题。

业务宣传

组织召开了"青岛市银行卡工作会议"。开展了"2004年度刷卡消费有奖活动"，为持卡人设置了"游神州"、"大红包"、"天天奖"等奖项，并设有商户收银员奖和商户鼓励奖。配合刷卡有奖活动等重点工作，通过召开新闻发布会、在《青岛晚报》连续发布宣传广告、在广播电台冠名"银联信息快速路"节目、举办"银联杯"猜谜活动等形式，宣传推广银联品牌。"黄金周"期间，在《青岛日报》、《青岛早报》等媒体发表宣传报道近30篇，提高了"黄金周"期间跨行交易量。

(任　辉)

·上海浦东发展银行青岛分行·

业务概况

截至2004年底,资产总额34.56亿元,各项存款余额33.25亿元,国际结算量2.25亿美元,各项贷款余额31.8亿元、贷款收息率100%。全年实现帐面利润1亿元,人均帐面利润达到109万元,居上海浦东发展银行系统前列。

12月,第一家同城支行——上海浦东发展银行青岛城阳支行正式对外营业。年内,自助银行达到4家,其中包括青岛国美电器有限公司台东店、家乐福青岛新兴店等2家"单体式"自助银行和青岛分行、城阳支行等2家"联体式"自助银行。

业务拓展

年内,推进经营策略转型,确立了以效益为目标的经营策略。资产业务坚持"以存定贷、有收有放、结构调整、稳步增长"的发展策略,营销区域向符合分行授信条件的青岛地区的企业倾斜,在防范政策性、经营性风险的前提下,以信贷业务综合收益的高低作为介入标准和产品定价原则。调整信贷结构,提高了信贷资产的盈利能力。

依托新综合业务系统的全面上线运行,重点进行了"95528"电话银行、公司网上银行、个人网上银行大众版和专业版、"及时语"短信通知服务、基金代销等新产品的开发和营销推广工作,丰富了服务功能和服务手段。集团帐户管理、法人帐户透支、企业信息"直通车"、电子对帐、银企无缝链接等企业现金管理系列产品陆续投放市场,提高了产品及服务的品牌形象。

内部建设

加强对经营性、政策性风险的防范,提高抵、质押担保方式下的授信业务比重,落实风险防范措施,全年无不良贷款发生。对综合管理、资金财务、会计出纳、市场营销、信息科技、风险管理和稽核内控等主要业务的43个管理办法和操作流程进行了细化、修订和完善;配合城阳支行的筹建和开业,制定了支行规章制度汇编和开办外汇业务规章制度及操作流程,为安全运营和规范管理提供了制度保障。全年无差错、无事故、无案件发生。

（徐伟林）

·深圳发展银行青岛分行·

业务概况

深圳发展银行青岛分行是深圳发展银行在山东省设立的直属分行,2002年3月正式对外营业。共有员工118人,平均年龄32岁,其中具有大专以上学历的占91.5%。在青岛经济技术开发区、城阳区和市南区设立了3家支行。截至2004年底,存款余额23.8亿元,比年初(下同)增长42.51%;贷款余额22亿元,增长10%;国际结算量1.88亿美元,增长181%;实现帐面利润3237万元;不良资产率保持为零。

业务拓展

坚持"规范经营立行,资产质量立行,人才素质立行,经济效益立行"的经营方针,立足青岛,辐射山东,稳健经营,与青岛市及周边地区众多知名企业建立了合作关系,实现了规模、质量、效益的协调发展。坚持"科技推动成长、创新提升服务"的经营理念,加强金融创新,树立"服务创新银行"的品牌形象。在青岛市首家推出了货权质押业务新品种,推行"CPS—以票据业务为核心的企业短期融资解决方案"和"1+N"供应产业链模式,扩大了企业的融资能力,解决了企业尤其是中小企业的融资难题。推广"个人贷款中心"、"信用卡中心"等经营模式,推出了"安居乐"住房贷款、"绿色快车"二手房贷款、"创业宝"展业贷款、"金卫士"安全帐户等金融服务品牌,构建了贴近市场的服务体系。

（程晓华）

·外资金融机构·

概　况

截至2004年底,青岛市共有外资银行8家,其中营业性机构5家,代表处3家。营业性机构分别是:青岛国际银行、香港上海汇丰银行有限公司青岛分行、中国银行(香港)有限公司青岛分行、日本山口银行股份有限公司青岛分行、韩国中小企业银行股份有限公司青岛分行;代表处分别是:英国渣打银行有限公司青岛代表处、新加坡华侨银行有限公司青岛代表处、东亚银行有限公司青岛代表处。

截至年底,驻青外资银行营业性机构共有员工155人,代表处有员工9人。营业性机构资产总额9.98亿美元,贷款余额5.58亿美元,存款余额1.48亿美元,实现税前利润916万美元。驻青外资银行贷款余额占青岛辖区外汇贷款余额的27.6%,比上年(下同)提高了13.7个百分点;存款余额占青岛外汇存款余额的6.86%,提高了1.54个百分点;国际结算业务量占青岛辖区国际结算总额的8.78%。

（步延进）

青岛国际银行

概况　截至2004年底,总资产1.32亿美元,比年初(下同)增长175%;各项贷款(含押汇、贴现)余额8145万美元,增长145%;各项存款余额2238万美元;连续9年盈利,累计实现净利534万美元;有在职职工32人,其中拥有研究生学历的员工5人、大学本科学历18人、大学专科学历5人,所有业务人员都精通至少1门外语。2004年1月,韩国韩亚银行受让韩国第一银行在青岛国际银行的全部股权,并增资1611万美元,使青岛国际银行的实收资本达到3亿元人民币等值的美元;2005年1月,增资1亿元人民币等值的美元作为经营人民币业务的资本金。

中间业务　完善了青岛辖区内的"流动银行"服务,实行"门到门"的"一站式"服务。成立了第一家分支机构——城阳支行,开拓市场,加强对中小企业公关,吸引优质客户。利用所拥有的75家代理行和2个母行的海外代理行网络,提供高效国际结算业务服务,在对韩贸易结算方面具有独特优势。全年国际结算业务量超过11亿美元,比上年增长49%。

风险管理　坚持稳健经营,继上年对部分问题贷款进行处理后,又动用盈余公积冲销了部分不良贷款,年末按照五级分类不良贷款比例为1.10%,提高了贷款质量。

（孙锡友）

保 险 业

·概 况·

主要指标

2004年,全市各保险公司累计承担经济风险金额5887亿元。全年财产险保费收入13.4亿元,比上年(下同)增长17.22%;人身险保费收入33.6亿元,下降3.97%;财产险赔付金额7.96亿元,增长16.32%;人身险给付金额4.16亿元,增长2.39%。

保险机构

截至2004年底,全市有保险机构16家。其中,产险公司9家,分别是:中国人民财产保险股份有限公司青岛市分公司、中国太平洋财产保险股份有限公司青岛分公司、中国平安财产保险股份有限公司青岛分公司、华泰财产保险股份有限公司青岛分公司、天安保险股份有限公司青岛分公司、永安财产保险股份有限公司青岛分公司、大众财产保险股份有限公司青岛分公司、中国大地财产保险股份有限公司青岛分公司、太平保险有限公司青岛分公司;寿险公司6家,分别是:中国人寿保险股份有限公司青岛市分公司、中国太平洋人寿保险股份有限公司青岛分公司、中国平安人寿保险股份有限公司青岛分公司、泰康人寿保险股份有限公司青岛分公司、新华人寿保险股份有限公司青岛分公司、太平人寿保险有限公司青岛分公司;信用险公司1家:中国出口信用保险公司山东分公司。保险中介公司36家。其中,代理公司29家,分别是:青岛安泰保险代理有限公司、青岛海尔保险代理有限公司、青岛益佳保险代理有限公司、青岛交运保险代理有限公司、青岛融汇保险代理有限公司、青岛昊德保险代理有限公司、青岛力天保险代理有限公司、青岛澳兴保险代理有限公司、青岛众人保险代理有限公司、青岛大信保险代理有限公司、青岛永利保险代理有限公司、山东元享保险代理有限公司、青岛中兴保险代理有限公司、青岛银海保险代理有限公司、青岛弘基盛泰保险代理有限公司、青岛安易保险代理有限公司、青岛中商保险代理有限公司、山东开浦保险代理有限公司、青岛信宇保险代理有限公司、青岛第三方物流保险代理有限公司、青岛振青保险代理有限公司、青岛华明保险代理有限公司、青岛三鑫保险代理有限公司、青岛环球保险代理有限公司、青岛恒安保险代理有限公司、青岛国运集团保险代理有限公司、青岛汇泉保险代理有限公司、青岛华安保险代理有限公司、青岛宏昇保险代理有限公司;保险公估公司5家,分别是:青岛中商保险公估有限公司、青岛大华保险公估有限公司、青岛安易保险公估有限公司、青岛海沣源保险公估有限公司、青岛华圣保险公估有限公司;保险经纪公司2家,分别是:青岛达诺保险经纪有限公司、青岛中海保险经纪有限公司。

(市保险行业协会)

·中国人民财产保险股份有限公司青岛市分公司·

业务概况

2004年,实现保费收入7.38亿元,支出赔款5.07亿元,交纳各种利税4204.7万元。

经营管理

加强业务拓展,开拓非车险业务领域,发展房屋个贷险业务,开展了"虎啸金秋"卡式业务销售竞赛活动。优化险种结构,提高车险业务管理质量,加强车险市场状况、自身经营状况监控分析,提高经营能力。加强理赔业务管理。抓好现场查勘定责工作,保证第一现场查勘率达到80%以上,第二现场查勘率达到100%;建立健全事故车辆定损点;建立定点医疗单位制度;定向使用"修理协作网"。建立5000元以下的赔案快速处理通道和小额赔案催办、通报制度,提高了结案率。

企业文化建设

加强企业文化建设。开展了"双学三创"、"三快一提高"等活动,丰富了职工的业余生活,提高了职工的科学文化素养。与青岛市消防部门、安全部门联合进行了风险防范宣传,与市交警部门联合开展了《新道路交通安全法》的宣传,赞助并与奥帆委联合举办了主题为"弘扬奥运精神、迎接奥帆赛"的"中英文音乐会"。

(张永迪)

·中国人寿保险股份有限公司青岛市分公司·

业务概况

2004年,共实现个险保费收入4.64亿元,其中新单保费收入2.19亿元、占青岛市寿险新单市场50%以上;完成团体寿险保费收入3.81亿元;完成银邮代理业务保费收入1.95亿元。

业务拓展

加快个险业务发展,推广"客户需求分析与产品组合销售"项目,扩展销售服务队伍,提高代理人专业化销售技能。加强对团险业务市场的调研和分析,突出对重点行业、企业的重点服务,拓展城阳区农村医疗业务,带动健康险业务快速增长。加强中介代理业务的渠道建设,加强与各大银行及邮政的联系,创新销售模式,以产品说明会等方式直接与客户进行交流与沟通。

经营管理

开展品牌建设活动,形成了"1+4"服务品牌(即"1个理念+4个支撑",1个理念是"做岛城市民最信赖的保险公司",4个支撑是实力支撑、产品支撑、服务支撑和管理支撑)。举办"客户文化节"，开展了"萤火虫"少儿夏令营、百万客户大回访、VIP 贵宾客户超值回报、回报客户专场演出等活动。加强电子商务建设，推出集业务承保、客户服务、产品推介、公司宣传、保险常识及社区服务等特色服务于一体的"保险电子商务服务系统"。加快"银保通"业务发展，借助银行的网点、技术和服务等优势使该公司的业务服务范围扩展到社区与乡镇。加强移动"95519"服务热线建设，提高服务水平。引进国内服务业"服务管理体系认证标准"，构建客户服务运作体系，客户满意度达到 95.3%，客户投诉率仅为 0.5‰。

内部建设

加强企业文化建设，开展了"争先创优"、"六一八改革 3 周年征文"等活动。开展了整顿保险市场秩序自查自纠工作，通过举行各种活动普及信用知识、弘扬诚信意识。开展了创建文明行业等活动。先后获"消费者满意单位"、"支持青岛经济建设先进单位"、"3A 服务、托付终生"金融服务名牌、山东省"AAA 级信誉企业"等称号。

（叶　青）

中国太平洋财产保险股份有限公司青岛分公司

业务概况

2004 年，实现保费收入 2.70 亿元，比上年（下同）增长 27.1%。其中，机动车辆险（以下简称"车险"）业务保费收入 1.65 亿元，增长 21.48%；非机动车辆险业务保费收入 1.05 亿元，增长 37.2%。全年支付赔款 1.23 亿元。

年内，加强了与青岛市保险中介机构的合作；参与了社会承保项目的投标活动；加强了银行代理业务的拓展；开展了机动车保险有奖销售活动；强化了市场销售调度，实现了传统业务与新兴业务、大企业大项目业务与零散业务、车险业务与非车险业务、财产险业务与人身意外险业务、直销业务与代理中介业务、本地业务与异域业务的创新，各业务险种创历史最好水平。

经营管理

年内，对原车险发展管理部和产险发展管理部进行了重组，成立了业务管理部和市场销售部，使业务管理和业务推动更具专业化。坚持以效益为中心的经营方针，实施业务结构调整，推进有效益非车险业务的发展和提高车险业务的经营管理水平，优化了业务结构。结合推动"SOP"（标准操作规程）标准化管理系统，对分支经营机构进行了整顿建设，加强了管理制度建设和应收保费的日常管理，提高了内部管理水平和能力，有效防范了经营风险。年内，该公司晋升为 AA 级企业。

服务品牌建设

年内，把强化客户服务意识、创建服务品牌作为工作重点。完善了"阳光服务大厅"的服务项目，推行了"一站式"、"首问制"、"零距离"等服务措施。加强了理赔集中管理，采用查勘定损远程操作、GPS 卫星定位系统等高科技手段和引进保险公估机制，提高了理赔服务质量。建立和完善了专业化、标准化、精细化的服务管理体系，该公司保险窗口服务通过 ISO9001:2000 质量管理体系认证。"阳光服务大厅"服务员宋箴和理赔服务部分别被由中国质量协会、全国总工会、共青团中央等部门组成的中国用户满意服务联合推广办公室授予"全国用户满意服务明星"和"全国用户满意服务明星班组"称号。

（高　勇）

中国太平洋人寿保险股份有限公司青岛分公司

业务概况

2004 年，实现保费总收入 3.77 亿元，完成年度预算的 101.5%。新保期缴业务同比增长 15.7%，居同行业前列。

经营管理

年内，继续深化《诚信建设实施方案》及《诚信服务规范守则》，宣传该公司"诚信立业"的经营思想。制定了"挖掘潜力，发挥优势，全面启动，快速发展"的经营策略，全面启动市区个人险业务、县区团体险业务和中介业务。按照"稳健经营，效益为先"的原则，防范经营中的风险。加强基础建设，提高了支公司、乡镇服务部等机构建设水平，完善了组织框架和销售网络。

优质特色服务

加强业务创新，利用"银保通"等技术支持，使保户在银行柜台前现场拿到保单，在获得完善的保险保障的同时，得到现代化信息技术所提供的便利，降低了客户服务的时间成本。加强服务创新，与农村信用合作社联合社联合开发了代收续期保费业务系统，客户可就近到农村信用合作社联合社各储蓄网点缴纳续期保费，并直接拿到打印的保险费发票，实现了"一次服务，多重功效"。参加"青岛首届理财文化节"等活动，宣传保险知识，并为市民量身定做保险保障方案和家庭风险管控规划。继续开展了"客户健康服务月"活动和"学生教育专项服务活动"，通过青岛"公益课堂"联系专家、学者为客户及客户子女进行健康知识讲座、学习方法讲座。开展了"情满校园活动"，在青岛市高校率先推行现场理赔服务，获得了市政府颁发的"校园理赔直通车服务名牌"称号。提高各险种的理赔速度，保证保户的利益，《青岛日报》、《青岛早报》、《半岛都市报》等媒体予以追踪报道。加强对弱势群体的救助，12 月，为患白血病的青岛大学学生杨洋送去学生平安保险保险金 2 万元及该公司的捐款 1 万元。年内，所辖属的分支机构结合当地市场特点，发挥各自的优势，加快业务发展，其中胶南、胶州、莱西等支公司开展了各具特色的营销业务竞赛活动。

（兰有亮）

中国平安财产保险股份有限公司青岛分公司

业务概况

2004 年，实现保费收入 4.26 亿元，同比（下同）增长 30.65%；共为社会承担经济风险责任 1205.72 亿元，全年为社会提供经济补偿 2.48 亿元。

业务经营

年内，开展"走近一线"销售推动主题活动，并开展了"财产险开单率"等业务竞赛活动。加强与平安寿险青岛分公司的合作，进行交叉销售，全年寿险业务员代理产险业务累计实现保费收入 7072

万元、增长96.73%；推广“恒利达”新险种；将银行代理作为全年重点培育和发展的渠道，初步建立了银行代理系统化运作模式；与平安产险济南分公司合作，成立了山东银(邮)保通联合项目推动小组，拓展银行销售渠道；继续开展代理业务规范达标工作；初步建立了网络与电话销售渠道的业务操作流程和管理模式，全年网络与电话销售实现保费收入426.9万元；推动意外险业务发展，重视对意外险业务的有效客户进行二次开发，全年意外险实现保费收入1766.67万元；加强对大项目的维护、挖潜和拓展，开展“十大目标客户”活动，实行大项目立项制度，全年立项19个。

业务管理

推行车险业务查勘定损集中管理模式，提高了车险查勘定损的质量和效率；加强对查勘人员的考核，提高理赔队伍的素质；对设置的12家查勘定损点进行了梳理，修订了“查勘点管理办法及车险网上理赔流程”，并设立了夜间施救点；开展车险理赔品质审计和查勘定损量化考核工作，对查勘定损人员进行有效监督；在“客户服务节”期间，对全辖各三级机构车险基础服务的执行情况进行了暗查。首次在财产险业务核保政策中增加销售指引方面的内容；调整财产险理赔权限，加强权限管控；通过制定有关规定，理顺理赔流程；推出“小额快速理赔通道”；发挥稽核监察的职能作用，强化对事前、事中、事后的风险监控；开展“规范经营大排查”活动，进行市场整顿。完善信访投诉处理机制，维护被保险人的合法权益；做好信访登记、信访渠道的日常维护等工作，保证以“95512”客户服务热线为主的信访投诉渠道的畅通；实行“信访首问负责制”。

优质服务

以“95512”电话热线和“PA18互联网”为核心，依托门店服务中心和专业业务员队伍的“3A(Anytime、Anywhere、Anyway)服务”，为客户提供优质服务。推出“温馨家园”、“家居保”、“全家福”等组合产品。制定下发了《青岛分公司电话中心服务规范》等考核制度；推行差异化服务；正式启用电话中心客户投诉平台和咨询平台，为客户提供专业的保险咨询；加强对客户服务人员的培训和考核。举办了“平安产险第一届客户服务节”，开展了“幸运连环大抽奖”、“重点客户拜访”、“车险‘五个统一’大推行”、“服务质量省内行”等活动。

内部建设

开展“强化执行平安礼仪活动”、“诚信日”活动；举行“迎六一、赠图书”献爱心团日活动，向残疾儿童赠送新版儿童读物186册。被《青岛早报》读者评为“十佳诚信保险公司”，所辖四方支公司被青岛市政府授予“青岛市保险业十佳单位”称号。

(刘　超)

中国平安人寿保险股份有限公司青岛分公司

业务概况

该公司作为中国平安人寿保险股份有限公司在山东省设立的省级分支机构，辖烟台、威海、东营、滨州、淄博、潍坊、日照、泰安、临沂、济宁、枣庄等11个地市级分支机构。2004年，完成保费收入33.13亿元；连续4年被市经贸委评为“支持青岛市经济建设先进单位”，获青岛市消费者协会授予的“诚信保险公司”称号，被评为青岛市“十大文化建设示范点”。

优质服务

遵循“诚信第一、效率第一、客户至上、服务至上”的服务宗旨，加强对客户的服务。创建了“让每个家庭拥有平安”服务品牌，构建了“3A(Anytime、Anywhere、Anyway)服务”体系，建成“95511”全国客户服务电话热线、“PA18网站”、客户服务门店、业务员为一体的服务网络；举办了“客户服务节”活动，开展了“少儿绘画大赛”、“奥运签名活动”、“市民元旦长跑”、“VIP俱乐部专项活动”、“希望之旅夏令营”等活动；在全国率先推出国内外急难援助服务和通俗化保险条款等措施。

与市委政法委联合开展了“我为创建平安青岛献计策”征文活动，收到各类稿件数百篇；创建“平安血液银行”，组织近500名职工开展义务献血活动；与共青团市委、市教育局、市公安局等单位联合在全市中小学开展以“关注少儿健康、创建平安校园”为主题的“中国少年儿童平安行动”，通过开展“学唱平安歌”、“学做平安操”、“征集平安格言”、“创建平安论坛”等活动，帮助少年儿童树立安全自护意识；向辖区内的所有造血干细胞捐献者赠送一年期重大疾病和意外伤害保险，重大疾病保险额为5万元/人，意外伤害保险额为30万元/人。

(田　早)

华泰财产保险股份有限公司青岛分公司

业务概况

2004年，实现保费收入5749万元，同比增长32%，是业务增长最快的一年。年内，根据市场需求推出了“行者无忧卡”，取得了较好的销售业绩；开拓中介市场业务；开展了“搏在金秋”单险种业务竞赛。

优质服务

根据ISO9001质量管理体系要求，制定了《重大灾害快速理赔预案》，成立了防灾防损领导小组，与青岛气象台建立合作关系，定时向被保险人提供防灾防损指导意见及防范措施。深化“理赔快，找华泰”服务名牌建设，获青岛市政府授予的“文明单位”、“保险十佳”及“十佳诚信保险公司”等称号。

业务管理

强化业务管理，提高核保水平，培养生产型核保人。坚持做“精品店、专卖店”的理念，努力做到“诚信最佳，专业最精，服务最好”。

(刘　艳)

天安保险股份有限公司青岛分公司

业务概况

2004年，完成保费收入6272.7万元，完成计划的114.05%，同比增长75.4%；共为社会承担经济风险责任16.84亿元。全年支出赔款1922万元，赔付率30.65%。增加了23个新险种(非水险3个、车辆险13个、特种风险险3个、人身险4个)，累计开办险种

117 个。

经营管理

年内，梳理、修订了管理制度，形成了规范化管理制度体系。规范了代理业务操作流程；建立了制度化、专业化、系统化培训机制；完善了内控部制度和预警体系；成立了市场部，与 20 多家保险代理、经纪、公估公司建立了合作关系，扩大了与银行、邮政部门的业务合作范围；调整充实了部分基层领导班子；建立了“业务审核、大案审核、费用工资审核”等 3 个领导小组，实行了制度化、人性化、民主化、透明化企业管理模式。

优质服务

开展了“保险人员诚信服务承诺签名活动”和“客户温馨服务月”活动，坚持咨询服务、100% 电话回访和大客户拜访制度，推出理赔服务八项承诺等举措，新建了“一站式”服务大厅，实施了“零反应时间、零距离理赔服务和差异化服务”，客户满意度调查满意率达 96%。被评为“A 级纳税信用等级单位”。

内部建设

年内，设立了城阳、四方、市北等 3 个营销服务部和 5 个直属业务部，营销服务部和直属业务部总数达到 25 个，形成了布局合理的城乡营销服务网络。加强人力资源开发，引进专业管理人才 10 人，招聘业务员工 60 人。

（刘希和）

证券・期货

・概　况・

经营机构与主要指标

2004 年，青岛辖区批准设立证券营业部 2 家、期货营业部 1 家，辖区证券营业部数量达到 38 家、证券服务部 3 家、期货公司及营业部 7 家。辖区各类证券交易总额为 1185 亿元，同比（下同）增长 4%，其中全年辖区股票基金交易量为 670 亿元、增长 35%、占全国股票基金交易量的 1.56%、提高 0.02 个百分点；截至年底，辖区投资者资金开户数为 64 万户，增长 2.4%，约占青岛总人口的 8.8%，增加 0.1 个百分点，辖区投资者累计股东开户数为 94 万户，占全国投资者累计开户数的 1.3%，提高了 0.25 个百分点。客户保证金月均余额为 22.65 亿元，年底为 17.43 亿元，占青岛金融机构各类存款余额的 0.87%，占青岛城乡居民存款余额的 1.6%；股票托管市值月均余额为 107 亿元。全年辖区 38 家证券营业部实现营业收入 1.57 亿元，净利润为 -194.65 万元，减亏 2901 万元；实现盈利的证券营业部家数由上年的 8 家增加到 20 家，合计盈利 2070 万元。中信万通证券公司盈利 2963.5 万元，增加 2900 余万元。期货市场交易活跃，全年累计代理交易额 1202 亿元，占全国的 0.74%，增长 36%；期货保证金余额 10990 万元，增长 8%。

年内，中信万通证券有限责任公司通过与中信证券公司并购重组、增资扩股，注册资本达到 8 亿元，净资本达到 5.3 亿元。金友期货公司引入福建煤炭集团公司作为大股东。

上市公司

截至年底，青岛辖区共有青啤、海尔、海信、普洛药业、健特生物、双星、碱业、澳柯玛、黄海橡胶等 9 家上市公司、10 只股票（含 H 股 1 只）。截至 9 月底，9 家上市公司总资产共计 339 亿元，增长 9.22%；实现主营业务收入 297.14 亿元，增长 23.72%，实现净利润 8.46 亿元；缴纳税金约 82.22 亿元，其中 2004 年前三季度缴纳税金约 10.17 亿元；加权平均每股收益 0.16 元，下降 18.52%；加权平均净资产收益率为 5.99%，下降 4.37%；加权平均每股收益低于沪深两市 0.21 元/股的平均水平。

上市公司规范运作，继续保持了“三无”（无受到证监会及交易所的处罚、通报批评情况，无大股东占用上市公司资金及上市公司违规担保情况，无利用关联交易人为调节利润情况）记录。9 家上市公司通过市场募集资金达 108.9 亿元，平均每家公司融资超过 12 亿元，是沪深两个交易所上市公司平均融资额的 2 倍，90% 以上的募集资金都按规定投入使用。

年内，青岛辖区有 7 家企业着手改制和申报上市辅导材料，已辅导备案的拟上市公司共 12 家。

（王勤强）

中信万通证券
・有限责任公司・

业务概况

该公司是以原万通证券公司为基础，由中信证券公司参与重组并出资控股于 2004 年 4 月挂牌设立的。2004 年，实现股票基金交易额 447 亿元，同比（下同）增长 23.9%，其中网上交易量增长 69.42%；实现营业收入 1.66 亿元、利润总额 3240 万元，分别增长 53.14% 和 7.5 倍。在上海证券交易所对全国 132 家证券公司的业绩排名中，该公司的净资本和营业收入居第 47 位，营业利润居第 18 位，净利润居第 13 位，净资产收益率居第四位，净利润和净资产收益率在同类型证券公司中分别居第四位和第一位。

业务管理

经纪业务转型　初步实现了由一般服务向智能化服务的转变，构架了“前台业务拓展”、“后台服务支持”的管理模式，并形成了全新的考核激励机制。继续推进营业部的资源整合和内控管理，在完成山东省内 3 个区域交易数据和财务数据集中之后，开始推进山东省内所有营业部的交易集中。转、退租营业房 8036 平方米，减少费用支出 400 余万元。拓展咨询服务领域，成立了为客户提供“一对一”服务的大客户服务中心。形成了多元化的业务模式，全年代销中信经典配置基金7.7亿元。

企业融资业务　完成了高校软控、金王生化的财务顾问项目和武钢增发、南山转债的分销项目，与北京亿仁赛博、诸城新郎服饰、邹平三星油脂等单位签定海外上市顾问协议并实现收入。

风险规避　建立了涵盖业务发展和内部管理的一系列防范和控制风险的规章制度。成立了风险控制委员会，制定了《风险点位目录》，对该公司209个风险点实行分级监控。在重点对营业部财务进行稽核之后，稽核工作扩展到财务管理、交易流程、规范化操作和委托业务等方面，完成了所属营业部的常规稽核和专项稽核，健全了稽核结果整改和跟踪复查机制。清欠债权近1800万元，化解了经营风险。

（周建宁）

投资公司

·青岛国信实业有限公司·

业务概况

截至2004年底，该公司经营业务围绕以大炼油、电力建设、青黄海底隧道为基础的能源交通，以中水回用、青岛大剧院项目为标志的城市建设，以海天大酒店股权收购为启动点的资本运营和资产管理，以参股银行、基金管理公司为代表的金融等业务开展工作，战略投资控股公司模式基本建立。资产总额38.02亿元，所有者权益22.23亿元，资产负债率41.56%。

业务拓展

电厂扩建与改制　黄岛电厂三期和青岛电厂二期扩建是青岛市重点建设项目，总投资70亿元，总装机容量188万千瓦。年内，青岛电厂2台30万千瓦发电机组扩建工程完成投资11.63亿元；黄岛电厂三期2台66万千瓦扩建工程完成投资12亿元。该公司同华电国际集团合作，完成青岛电厂改制工作，完全拥有黄岛电厂二期股份。

洁净能源开发　该公司承担即墨市金口镇30万千瓦风力发电项目前期工作，该项目是国家重点发展的洁净环保能源项目，总投资27亿元，已选定风场并进行风速测试。

电煤供应　年内，为保证青岛电厂、黄岛电厂煤炭供应和全市居民生活及工农业生产用电，通过派专人驻厂、增派采购人员到煤炭生产地、港口蹲点等措施，加强采购和运输保障，先后为黄岛电厂和青岛电厂垫付高价海运煤价格补贴1120万元。

大炼油项目　该公司代表青岛市政府作为出资方参与大炼油项目的建设工作，全年投入资金4000多万元。

大剧院项目　大剧院项目是市委市政府交办给国信公司的大型公益项目。该项目总投资约6.5亿元，年底，大剧院方案设计、评审等工作已结束，并向市委常委会、市长办公会做了专题汇报。

海底隧道项目　年内，市政府确定由该公司以项目法人的身份承担青黄海底隧道项目投资建设任务。项目总投资约32亿元，计划建设期3年。该公司开展了项目前期的科研、交通量分析、海域使用、地震、环评等相关专题的研究论证。

中水回用项目　截至年底，累计完成投资5100万元，铺设中水管道13公里。完成向海泊河、香港立一水洗布厂和青岛联创实业有限公司输送中水和青岛热电集团中水管道铺设工作，进行了“海泊人家”等居民住宅小区冲厕试点工作，沿山东路、香港路东海路铺设中水管道，为沿途景观供水。该公司的“城市污水再生利用研究与示范”课题获“建设部全国十大建设科技成就”称号。

国家开发银行贷款项目　该项目主要用于青岛市重大基础设施建设和扶持青岛市国有大中型企业发展，总额达80亿元。该公司代表青岛市政府偿还了国家开发银行在青岛市的11个项目共计9000万元的不良贷款，为贷款资金到位奠定了基础。国家开发银行已到位资金10.7亿元，支持了青岛市香港路改造、仙家寨水厂扩建、东西快速路建设、小涧西垃圾处理等4个项目的建设。

金融项目　年内，该公司与山东国际信托投资公司、江苏国信集团共同发起设立泰信基金管理公司，发行的泰信天天收益开放式基金在发行期1个月内募集资金达60亿元，发行的泰信先行策略开放式证券投资基金净销售额7亿多元。参股中国光大银行，成为中国光大银行的第八大股东。

（冯永平）

·青岛市企业发展投资公司·

业务概况

2004年，发放各类基金1.38亿元；办理贷款担保55笔，担保贷款金额1010万元；解除担保责任18笔，金额4.1亿元。截至年底，注册资本金为9.26亿元；资产总额达到15亿元；累计使用各类基金18.74亿元；累计为企业贷款担保196笔，担保贷款总额24亿元。

基金管理与债权清收

年内，对基金的发放继续采取银行委托贷款方式，重点抓了委托银行贷款业务的拓展和委托贷款中的问题解决。引入新的合作银行，与恒丰银行青岛分行签订了合作开展委托贷款业务协议，该公司已与3家国有大型商业银行或股份制银行签订了合作协议。通过委托贷款方式发放基金3650万元，年末委托贷款余额达到7705万元。

通过法律诉讼，全年收回欠款338万元，立案起诉企业8户，结案8户；截至年底，在诉企业21户。

担保业务

负责管理的政府担保资金共计2.35亿元，在保金额7.93亿元。为了有效地控制担保风险，在继续实行担保资金会员制、开辟新的担保资金来源的同时，将工作重点放到支持政府项目、控制担保数额、加强风险防范措施和债权追偿上。与中国人民银行青岛市中心支行、市劳动和社会保障局、市财政局等部门继续开展下岗失业人员小额担保贷款业务，全年共办理下岗失业人员小额担保贷款手续51笔。

资本运作

截至年底，该公司参股企业有18家，其中工业企业13家（包括境外企业2家）、金融企业3家、航空类企业2家；债权转股权共计1.63亿元。

重大项目投资

重点投资项目有13个。青岛流亭国际机场扩建工程是该公司作为政府受托出资人发起的投资项目，截至年底，该公司持有机场公司的股权为75%；机场扩建工程已于2004年5月竣工交付使用。年内，按照市政府转让流亭机场部分股权的意见，该公司分别与首都机场、香港太古集团等公司进行了商谈，对方均表示了投资合作意愿。

财务审计监控

年内，加强了财务审计监控，坚持内、外审两个结合。分别对下属子公司、担保中心和该公司与银行设立的“企业银行”系统封闭式帐户管理情况等进行了内部审计。配合市国资委委托的社会中介组织对该公司2003年度财务决算、国有资产保值增值考核指标完成情况进行了审计。

（王显金）

·青岛开发投资有限公司·

业务概况

2004年，实现各项收入4472万元，实现利润1162万元；总资产达到17.46亿元，比年初（下同）增加5.32亿元，增长43%；净资产达到8亿元，增加3.9亿元，增长95%。全年收回不良债权5000万元。其中，完成万通证券公司的资产回收工作，收回现金1180万元及房产、保管箱等其他相关资产。

业务拓展

政府大项目　年内，中山路商贸旅游区改造项目完成了中山路9号地块工程建设，达到验收标准；18号地块工程建设按计划进行，完成了1－14轴线混凝土垫层及14－30轴主体施工正负零工程；加强招商工作，与国内外多家商业机构签订合作意向。完成了新城市广场改造项目的整体收购工作，并于年底按照新的规划设计方案启动工程建设。承接市政府投入青岛信息大厦的全部资产，并进行复工建设。

环保产业　城阳污水处理厂项目于第一季度完成了合作签约，6月完成项目公司注册，7月正式接管运营。与北京首创集团合作的李村河污水处理厂的收购整合工作已经完成接管运营。

文化传媒产业　年内，将文化传媒确立为该公司第五大业务板块，与大型传媒集团签订了合作协议，从兴建五星级大型影院着手，经营开发青岛及周边地区的文化传媒业务。与市广电局合作，完成了移动数字电视项目的投资。

新兴立体车库产业　年内，组建了青岛开投车库产业有限公司，通过对莱钢泰达车库有限公司的绝对控股，成为青岛车库产业的投资管理运营中心，并介入国内大中城市车库行业的投资与运营并向行业下游延伸。

（邱　岳）

·青岛市科技风险投资有限公司·

业务概况

截至2004年底，该公司资产规模由成立初期的1亿元扩大到6.04亿元，增长了504%。股权投资累计8220万元，债权投资累计1.70亿元，拉动社会资金投入约12.70亿元。年内，完成投资2440万元，回收资金1033万元，实现各项收入410多万元，实现利润130多万元。年内，修订完善了《投资管理办法》、《项目投资流程》等管理制度，建立了项目投资、监管、退出机制，保证了投资项目的高效运作，规避了投资风险。参与组织了“‘科技风险投资杯’2004年青岛市十大科技新闻”评选活动。

业务拓展

搭建科技发展中心　年内，为盘活闲置资产，实现资源优化配置，该公司与四方区政府联合出资成立了青岛四方科技发展投资有限公司。对四方区属5家特困集体企业进行了调研，设计解决方案，采用兼并、收购、整合及债务重组等方式，引导区属企业走出困境。该公司与四方区政府整合资金、管理、人才和区位优势的措施，在社会上引起较大反响，其他区市也表示将利用这一平台加快本辖区高新技术产业和科技创业企业发展的愿望。

实践创业租赁投资模式　年内，首次在项目运作中引入“创业租赁”的概念，探索新的投资方案并开辟解决中小科技创业企业融资难问题的新途径，即“股权控制、债权催化、退出共赢”。通过投资方式的创新，解决了中小企业融资难的问题，降低了融资成本，并有效规避了投资风险。

开辟融资渠道　完成了向国家开发银行申请1亿元中长期贷款的申报工作，并通过了国家开发银行组织的信用评审工作；落实了贷款资金的担保措施。

组建创业投资管理公司　为拓展投融资业务，利用环渤海五省一市的经济资源，搭建中小型企业的融投资专业化服务平台，推动山东省民营经济的发展和科技企业在国内、国外的上市工作，吸收社会资金和国外基金共同参与到山东省的风险投资领域，该公司于年内联合数家业内公司共同出资组建山东省泛渤海创业投资管理有限公司，并将通过该管理公司的运作、发展，吸引国内外机构投资者，为筹备建立山东泛渤海创业基金奠定基础。

资本运作

投资业务　年内，采取灵活多样的市场化运作方式，实现股权投资900万元，债权投资1540万元，共投资7家中小科技企业。针对已投资企业各自的发展特点，进行动态监督和管理，取得投资收益340多万元，实现了经济效益和社会效益的统一。

科技风险基金担保　该公司负责管理青岛市科技成果转化风险基金，自1998年开始为12家科技企业发放担保贷款2000万元。在项目考察、专家论证、贷款用途监管及回收各个环节上严格按操作程序进行运作，并于6月完成了全部担保基金的回收工作，实现了国有资产的保值增值。

（市科技风险投资公司）

对外经贸合作·国内合作交流

对外贸易

·概　　况·

进出口业务

进出口总额　2004年,青岛市进出口总额243.32亿美元,比上年(下同)增长39.3%。

出口总额　出口总额139.12亿美元,增长37.3%,占全市生产总值的53.1%,占山东省出口额的38.8%,居山东省各市首位。出口商品结构初级产品出口额19.28亿美元,占出口总额的13.9%;工业制品出口额119.84亿美元,占出口总额的86.1%。

出口额1000万美元以上商品情况表

金额分类	商品名称	出口金额(亿美元)	占出口总额(%)
5000万美元以上	花生仁、炼焦煤、健康及康复器材、20英尺集装箱、40英尺集装箱、手持(包括车载)无线电话、填充的玩具动物、移动通讯基地站、激光视盘机的机芯等46种。	62.03	44.6
2000万美元~5000万美元	辣椒干、烘焙花生、二氧化硅、柳条制篮筐及其他编结品、瓷餐具、棉制针织或钩编的女式上衣、毛制男式西服套装、音频扩大器、铝电解电容器、与电视接收机配套的电子游戏机、彩色电视接收机零件、机动车辆用点火布线组、家用型洗碟机等90种。	27.64	19.9
1000万美元~2000万美元	钓鱼竿、龙头、旋塞及类似装置、家具的零件、圣诞节用品、软盘驱动器、激光唱机、混合集成电路、传声器(麦克风)及其座架、波轮式全自动洗衣机(干衣量≤10kg)阀门零件、棉制女裤、药棉、纱布、绷带、玻璃陶瓷器皿等136种。	19.06	13.7
合计	272种	108.73	78.2

出口商品市场　出口商品销往204个国家(地区)。

主要出口市场情况表

国别(地区)	出口金额(万美元)	占出口总额(%)
美　国	291003	20.9
日　本	286669	20.6
韩　国	194518	14.0
香　港	65365	4.7
德　国	47038	3.4
英　国	37896	2.7
加拿大	24516	1.8
意大利	23598	1.7

进口总额　进口总额104.20亿美元,增长42.2%。

进口商品结构　初级产品进口额31.63亿美元,占进口总额的30.4%;工业制品进口额72.57亿美元,占进口总额的69.6%。

进口额1000万美元以上商品情况表

金额分类	商品名称	进口金额(亿美元)	占进口总额(%)
5000万美元以上	冻鳕鱼(鱼肝及鱼卵除外)、苯乙烯、液晶显示板、烟胶片、未梳的棉花等35种。	46.10	44.2
2000万美元~5000万美元	冻鲽鱼、甲硫氨酸、铜制绕组电线、混合集成电路、手持(含车载)无线电话机、粒面剖层革(整张革除外)等45种。	13.85	13.3
1000万美元~2000万美元	炼焦煤、轻柴油、注塑机、拔丝机、四层以上的印刷电路、已装配的压电晶体、化纤制机制花边、履带式起重机、自动贴片机,冻黑线鳕鱼等96种。	13.73	13.2
合计	176种	73.68	70.7

进口商品市场　进口商品来自123个国家(地区)。

主要进口市场情况表

国别(地区)	进口金额(万美元)	占进口总额(%)
韩　国	362310	34.8
日　本	149825	14.4
美　国	71602	6.9
俄罗斯	46844	4.5
台　湾	32911	3.2
巴　西	30058	2.9
新加坡	25809	2.5
澳大利亚	23196	2.2

技术进口　签订技术引进合同376项,下降0.8%;技术费8333.74万美元,增长1.9%。引进的主要行业及技术费金额:电子及通信设备制造业102项,技术费2454.07万美元;化学原料及化学制品制造业11项,技术费1519.87万美元;其他制造业64项,技术费1346.53万美元;普通机械制造业38项,技术费368.63万美元。

·利用外资·

概　况

2004年利用外资情况表

利用外资方式	批准签订的合同			实际利用外资	
	项目数(个)	外资金额(万美元)	金额比上年±%	金额(万美元)	金额比上年±%
外商直接投资	2423	671723	27.13	379917	34.89
合资企业	318	47772	67.77	54798	3.59
合作企业	19	7382	41.69	7319	46.03
外资企业	2086	616473	68.6	317088	42.95
外商投资股份制		96	-82.85	712	59.28
外商其他投资		4898		1781	
境外发行债券				700	
加工装配		4898		1081	
合　计	2423	676621	27.22	381698	33.11

外商直接投资分行业表

行　业	项目数(个)	合同外资(万美元)
总　计	2423	671723
农、林、牧、渔业	58	18809
农业	20	5527
采矿业	5	1115
制造业	2038	584428
纺织业	88	33463
化学原料及化学制品制造业	54	10302
医药制造业	18	4700
通用设备制造业	168	57268
专用设备制造业	106	35121
通信设备其他电子设备制造业	160	53925
电力、燃气及水的生产和供应业	4	1720
建筑业	9	4862
交通运输、仓储和邮政业	11	4868
信息传输、计算机服务和软件业	9	1167
批发和零售业	129	5473
住宿和餐饮业	70	11218
旅游饭店	2	916
房地产业	22	19083
房地产开发经营	20	15711
租赁和商务服务业	38	11201
科学研究、技术服务和地质勘查业	11	1104
水利、环境和公共设施管理业	2	357
居民服务和其他服务业	5	656
教育	3	311
文化、体育和娱乐业	9	5351

外商直接投资来源　外商直接投资来自57个国家和地区。合同投资额居前十位的依次是:韩国1543项,376130万美元;香港178项,67312万美元;日本212项,59418万美元;台湾省136项,41978万美元;美国121项,35573万美元;澳大利亚32项,17803万美元;(英属)维尔京群岛18项,11179万美元;德国29项,10431万美元;新加坡19项,9425万美元;加拿大44项,9163万美元。

全年新批总投资1000万美元以上的项目213个,合同外资金额21.48亿美元,分别占全年新批外商投资项目和直接合同外资总额的8.8%和32.3%。截至年底,世界500强企业中有76家在青岛市投资项目132个,合同外资达13.96亿美元。

外商直接投资企业生产经营情况　截至2003年底,实有外商投资企业5853家。在2003年年检的5015家外商投资企业中,合资企业1366家、占27.24%,合作企业162家、占3.23%,独资企业3484家、占69.47%,股份制企业3家、占0.06%;投资总额148.34亿美元,注册资本83.91亿美元,注册资本中中方占20.42%、外方占79.58%;投产开业企业4138家、占82.51%,筹建企业845家、占16.85%,停业企业32家、占0.64%;资产总额1177.04亿元,销售收入1109.16亿元,纳税总额42.10亿元(其中含关税3.67亿元),利润总额22.19亿元。

对外经济合作

·概　况·

承包工程和劳务合作

签订对外承包工程和劳务合作合同项目710个,合同额2.1亿美元,增长2.4%;完成营业额2.06亿美元,增长47.1%;派出劳务4761人次,期末在外10811人。主要派往日本、新加坡、阿尔及利亚、香港、毛里塔尼亚、哈萨克斯坦等国家和地区。主要承包工程项目有博茨瓦纳住宅工程项目,莱索托国家图书馆项目、C&Y三T结构工程项目,阿尔及利亚会议中心项目等。

对外经济技术援助

承担援外项目3个,涉及建筑施工

和建筑设计行业，分别是援助塞舌尔拉扎尔湾小学项目考察设计，援助马达加斯加国际会议中心考察设计，援助莱索托国家档案馆兼图书馆项目施工图设计。当年共派出援外人员50人次，年末在外30人。

对外投资

在海外举办生产企业10家，投资总额728.6万美元，中方投资额427.2万美元，分别投资于（英属）维尔京群岛、匈牙利、俄罗斯、赞比亚和墨西哥。

·重大招商活动·

第三届APEC中小企业技术交流暨博览会

（详见第307页）

2004中国国际电子家电博览会

（详见第307页）

2004中国青岛韩国周

（详见第308页）

2004中国青岛日本周

（详见第308页）

（刘希欣）

市贸促会工作概况

招商引资 2004年，中国国际贸易促进委员会青岛市分会（简称青岛市贸促会）新引进外资项目38个，其中包括法国圣戈班玻璃、日本住友商事化肥等2个世界500强企业的投资项目；实际利用外资2.3亿美元，同比（下同）增长14.4%，完成全年目标任务的155.4%，连续4年实际利用外资超过2亿美元。

年内，组建了家电电子、石化以及欧美大项目共3个招商团队，重点加强了家电电子、石油化工和欧美有关项目的招商，全年引进相关外资项目2亿多美元。该会承担了市政府驻韩国汉城办事处、驻日本大阪办事处的日常工作，两个办事处先后走访和接待客户400多人次，促成20多批次韩、日客商前来青岛市考察访问，发掘投资线索60多个，搜集、发回经贸信息和动态分析80余份，安排接待青岛市出访团组20多批次。先后向市政府推荐了20多名外国友人和知名人士作为青岛市的招商大使，新缔结友好商会6家，通过制作、发放外文简报的方式加强了与重点海外商协会的信息交流，促成并协助日本最大的贸易促进机构——日本贸易振兴机构在青设立了办事处。先后组织团组出国招商达20余次，招商范围涵盖了世界主要投资国家和地区。其中，由市长带队的青岛市代表团于5月参加了在丹麦举办的“2004北欧—中国中小企业洽谈会”，8月中旬赴美国、加拿大开展招商活动；组团参加了11月中旬在日本北九州召开的“东亚经济交流推进机构”成立暨东亚十城市经济人合作会议。加强外商邀请和对口洽谈工作，全年邀请国外团组来访200多批次、1200多人次，组织企业对口洽谈和举办投资说明会、联谊活动20多场次，其中举办的“中德合作青岛论坛”作为第十四届青岛国际啤酒节的重要活动板块之一，邀请了商务部欧洲司、有关德国企业以及德国驻华机构的负责人共60余人出席。参与了山东省、青岛市举办的一些重要涉外活动，包括市政府在韩国举办的青岛投资环境说明会和在青岛市举办的汽车零部件洽谈会、“韩国周”、ACD会议以及山东省政府在韩国举办的山东与韩国经济合作交流活动等。

跨国采购促进工作 跨国采购促进中心已发展跨国采购商会员84家，其中51家为世界500强企业；发展供应商会员5000多家；初步建成了拥有3万家省内供应商资料的数据库，其中包括5000余家具有进出口经营权和通过国际质量体系认证的省内重点企业资料；为沃尔玛、家乐福等跨国采购商累计推荐配对供应商2万家次，配对洽谈1.5万多次，累计促成出口2.6亿美元；组织举办了“2004青岛跨国采购洽谈会”和“2004青岛家纺、家具及家庭用品出口交易会暨跨国采购洽谈会”。

会展工作 承办了“2004青岛国际城市建设博览会”和“第二届中国国际航海博览会”。先后组织企业参加了德国法兰克福家纺展、西班牙国际食品博览会、日本东京食品展等21个国际展览会，完成年度计划的116.7%，参展展位195个，参展人数406人，直接促成贸易成交额1亿多美元。

出证认证工作 全年出证1.73万份，增长26.4%，完成全年计划的221.2%；认证对外贸易单据2922份，增长11.5%，完成全年计划的132.8%。

（马　振）

市招商促进局招商引资情况

2004年，该局与相关部门联合成立了大造船招商团队、服务贸易招商团队、对德招商团队，开展专业化团队招商。完成实际利用外资1.79亿美元，超过责任目标20.54%；引进项目35个，其中总投资过千万美元的项目11个。

围绕青岛市“六大产业集群”，加强招商工作。新加坡郭兄弟集团投资的造船项目落户胶南市，该项目总投资额3亿美元，注册资本1亿美元，建成后将达到120万吨/年的造船能力，主要生产10万吨级以下的普通船舶，产品全部出口，该项目是国内第一个外资直接投资的造船项目。胶南灵山船厂和韩国现代综合商事合资、投资额1亿美元的造船项目已注册完毕。

开展“选定目标的投资促进”，加强服务贸易招商。青岛国际银行项目到位资金1611万美元，并获中国银监会批复开展人民币业务，增加资本金1000万美元；青岛国际银行城阳分行开业，到位资金1000万美元；山口银行青岛分行人民币业务增加资本金1000万美元；英国标准人寿保险公司落户青岛市，是山东省首家外资保险公司。

开展定向招商。世界500强企业法国液化空气集团投资项目已签约并开工，该项目一期投资2800万美元；市招商促进局与国家环保总局、清华紫光环保公司、胶南市政府联合在青岛市临港产业加工区建设青岛国际环保产业园，预计总投资超过50亿元，该局已组团赴德国进行了环保和新型能源项目招商。

（王和法）

·外经贸企业选介·

青岛（香港）华青发展有限公司

概况 2004年，完成营业收入10.5亿元，同比（下同）增长99.8%。完成出口额5229万美元，增长27.66%，超过市政府下达计划的37.61%，连续4年以平均64.2%的速度增长。

招商引资 组织承接青岛市赴香港招商、考察团组500多人次，干部培训

100多人次，与香港长江实业集团、恒基集团等十多个香港著名公司建立了合作关系。

企业管理　建立和完善了内部经营体制和激励机制。确立了以青岛总部为中心、以香港为平台依托的公司管理架构，实现了两地公司的管理和财务的统一；实行参股不控股，按照“有进有退、有所为有所不为”的原则，通过改制减持国有资本，实现了国家股、法人股和个人股股权多元化，完成了所属企业的国有股权的调整工作，初步理顺了所属企业的出资关系。

产业发展　投资发展教育产业，收到了良好的社会效益和经济效益。所属青岛新世纪学校被中国教育学会小学德育研究会命名为“全国德育实验学校”并获“青岛市教育改革十面红旗学校”称号，所属集美学校被评为“山东省诚信民间组织先进单位”。全国人大常委会常委、科教文卫委员会主任邢世忠率全国人大视察组到青岛新世纪学校参观调研社会力量办学情况。所属青岛大学附属中学与青岛育才中学联合成立“青大附中育才分校”，提高了学校的知名度。所属新世纪幼儿园被市教委评为“青岛市示范幼儿园”，新世纪网络幼儿园被市南区教育局评为三星级幼儿园。已形成了一个从幼儿教育、小学教育到中学教育并向大学教育发展的规模连锁体系。实施品牌服务，促进旅游业发展。所属青岛华青国际旅行社有限公司在青岛市行业综合评比中获第一名，营业收入增长50.78%；所属青岛华青出租汽车有限公司所拥有的车辆由原来的479辆增加到912辆，居全市同行业第三位；所属东方饭店通过加强经营调整和经营目标管理，整顿管理机制，实现了扭亏为盈。

（常永青）

对外开放重点区域

·国家级对外开放先导区·

青岛高新技术产业开发区

概况　2004年，规模以上工业企业实现高新技术产业产值366亿元，其中重点培育的家电电子、海洋生物制药、新材料产业集群实现产值361亿元；软件产业销售收入超过10亿元，同比（下同）增长2.5倍。年内，有26家企业通过高新技术企业认定，该区高新技术企业总数达到185家；有68个产品获得高新技术产品认定，高新技术产品总数达到321个。19个项目成果获得2003年度山东省科学技术奖，53个成果和个人获得2003年度青岛市科学技术奖，7个项目获得2004年青岛市高等院校与科研院所转化高新技术成果奖励。全年出口额13.6亿美元，增长31.4%，其中高新技术产品出口4.7亿美元。新批准利用外资项目60个，实际利用外资1.5亿美元（新口径），增长133%；引进过亿元内资项目20个，实际利用内资33.6亿元，增长33%。完成外贸出口13.5亿美元，增长25%，其中高新技术产品出口4.3亿美元，增长37%。

项目建设　年内，高科液晶、从荣制药、明治橡塑、欧特美二期等12个项目建成投产，爱德检测、博新生物、赛顿陶瓷等13个项目开工建设。高新创业园和软件大厦相继建成并投入使用，新增入园企业37家，朗讯研发中心等一批国内外知名企业相继入驻；与北京中关村科技园合作开通了为软件企业服务的软件公共技术支撑体系，生物产业公共技术平台获得国家火炬计划支持。全年有11个项目获得国家火炬计划支持，16项产品被评为国家重点新产品，72项成果获得国家、省、市各级科技奖励。投资3300万元支持了海尔集团“家庭网络控制平台”、中科英泰公司“嵌入式税控信息终端”、汉缆集团“高压交联电缆”等49个高科技项目。

（臧先锋）

青岛经济技术开发区

概况　截至2004年底，已有20多个省市、53个国家和地区的客商前来投资，累计投资项目1768个，实际利用外资42.3亿美元。投资额在1000万美元以上的大项目299个，投资过亿美元的项目9个，世界500强企业投资的项目46个。年内，共开工外资项目154个，总投资55.68亿美元。其中建成项目17个，总投资4.37亿美元；在建项目33个，总投资16.68亿美元；续建项目126个，总投资34.64亿美元。共开工内资项目89个，注册资本15亿元；建成投产项目37个，注册资本10.5亿元。

招商引资　全年共批准外商投资项目138个，项目总投资20.68亿美元。引进法国液化空气、新加坡四季香、山孚日水等过千万美元大项目69个，引进韩国浦金深加工等世界500强企业投资的项目6个。实际利用外资（新口径）6.9亿美元，增长52.8%；实际到位内资56.5亿元。大炼油、造修船等一批重大项目取得突破性进展；浦项不锈钢、晓星钢帘线等一批项目建成投产；丽东化工、钟渊化学、山孚日水等一批外资项目，邯钢彩涂板、龙德碳素、科泰重工等一批内资项目开工建设。北汽福田重工、中海油、邯钢、包头钢铁设计研究总院等国内重点科研院所和知名大企业相继入区投资。

对外贸易　全年实现外贸出口13.5亿美元，增长53.7%；进口8.7亿美元，增长60.2%。其中，国有企业出口3.1亿美元，增长37.4%；外商投资企业出口9.5亿美元，增长53.4%；其他企业出口1.0亿美元，增长155.4%。外经贸工作有以下特点：1.实施集群化布局，六大产业集群招商取得明显成效。围绕青岛市委、市政府提出的发展“三大特色经济、四大工业基地和六大产业集群”的主题，以六大产业团地作为招商载体，实施大规模集群式招商，临港、石化、机械、国际贸易仓储物流加工、新材料、高新技术等“六大产业集群”的34个重点项目进展顺利。2.开展专业化招商，重点国别（地区）招商取得突破。整合招商机构，分国别（地区）设立了日韩投资促进局、欧美亚投资促进局、港澳台投资促进局和国内投资促进局,并引入任务目标管理机制和竞争机制,增强了招商引资的针对性和实效性。3. 坚持职能化服务,大项目建设进展顺利。推行了项目审批“专办员”、项目建设“专服员”、企业服务“特派员”以及“企业负责人约见区领导”、大企业服务“直通车”等服务制度,推进大项目建设投产。

(吴 锋)

青岛保税区

概况 2004 年,实现工业总产值 70.51 亿元,同比(下同)增长 53.38%。完成外贸进出口 12.29 亿美元,增长 39.6%。其中,进口 8.12 亿美元,增长 44.8%;出口 4.16 亿美元,增长 30.4%。全年完成税收总额 11.9 亿元,增长 35.5%;实现地方财政收入 3.47 亿元,增长 35%。

区港联动 年内,联合有关部门开展调研,形成了青岛市区港联动试点方案;与香港招商局集团合作,总投资 5 亿美元,共同开发建设青岛前湾招商局国际码头与保税物流园区,作为区港联动试点的重要载体,向国务院申请区港联动试点。6 月,国务院区港联动试点考评小组对青岛市区港联动试点准备工作进行实地考察,试点方案及准备工作得到了海关总署等部委的肯定;8 月 16 日,国务院批复青岛市开展区港联动试点,并将青岛市列为全国 7 个试点城市首位,青岛保税区实施区港联动并向自由贸易港区转型。

招商引资 提出并实施“空间发展、增值发展、立体发展、虚拟发展、辐射发展”的发展模式,提高土地利用率。优化产业结构与布局,发展现代国际物流、国际商展、跨国采购、服务贸易等行业。设立高新技术企业发展资金,支持企业提高产品质量和市场竞争能力。初步建立起“区区联动”新模式,与周边地区建立联席会议制度,利用保税区的政策优势和项目储备优势,加强合作交流,实现优势互补,发挥保税区的辐射带动作用。全年批准外商投资项目 116 个,批准内资项目 322 个。引进世界 500 强企业投资项目 2 家,新增青岛宝曼克国际贸易有限公司、青岛宏瑞高国际贸易有限公司等大型物流公司 8 家,全年竣工项目 21 个,竣工面积 14.2 万平方米。

制度建设与园区管理 坚持“主任接待日”、领导定点联系企业、驻区部门联席会议和定期走访企业等制度,对重点建设项目委派专人跟踪服务,及时解决企业热点难点问题;全面清理闲置土地、厂房;制定企业场区环境建设指导标准,编制广告规划,按照 ISO14001 环境管理体系要求进行区域建设;创建“平安保税区”,健全完善公务员执政为民服务机制、社会治安防控机制、劳动服务监察工作机制、建筑业管理机制、安全生产防控机制。

内部建设 注重人才培养,在商务部组织的驻外大使馆外派秘书考试中,该区有 6 人通过了考试;开展“三快一提高”活动,全年累计对机关 28 项制度、56 项工作进行了流程再造;继续深化干部人事制度改革,制定了《全员聘任制实施方案》;开展帮扶活动,与胶南市大村镇贫困家庭、贫困学生结对帮扶,制订了总金额 100 万元的扶贫帮困计划,先期捐资 70 万元用于建设希望小学、农贸市场及开展农村合作化组织建设等;在全市率先出台了《青岛保税区维护妇女权益暂行办法》;建立“打工妹家园”暨“打工妹书屋”,设置“姐妹心声”电话;设立“打工妹维权保障基金”,是山东省首次专门为外来务工女性设立的维权基金。

(青岛保税区)

青岛出口加工区

概况 2004 年,引进外资项目 4 个,合同利用外资 6800 万美元,实际到位外资 1129 万美元。其中,有 3 个项目已投产,有 2 个项目实现产品出口。

园区建设 年内,投入 1.9 亿元进行配套产业区基础设施建设。其中,该区内的南海路、前海二路、程港路路基工程已完工;“五洲广场”主体工程基本完成;职工公寓总开工面积 1.5 万平方米,竣工面积 1 万平方米,并有部分企业职工入驻;通用厂房开工建设面积达到 10 万平方米,竣工面积 8.5 万平方米;3.5 万伏变电站开工建设,污水处理厂建设工程进入论证程序。配套产业区内 6 个村的旧村改造全面展开。其中,1 个村已基本完成旧村改造任务,建设拆迁安置楼 8 万多平方米;1 个村的旧村改造工程正式启动;其他 4 个村完成规划和确址工作。

规划编制 制定并完善了青岛出口加工区核心区 2.8 平方公里控制性详细规划。完成了配套产业区总体规划与景观设计,并通过了专家评审;程港路以南居住区的控制性规划已编制完成。规定了容积率、主道路两侧景观设计及厂房单体设计;确定了产业导向和单位面积的投资强度;确定了主导产业区的布局。

(宋楠楠)

·省级对外开放先导区·

青岛环海经济开发区

截至 2004 年底,先后开发了凤凰岭小区、女姑山小区和城区工业园等 3 个工业园区,累计引进项目 150 多个,合同利用外资 4.1 亿美元,实际利用外资 2.8 亿美元,实际利用内资 3 亿元,安置就业劳动力 1.5 万多人,多次获省级先进开发区、市级文明单位、三星级绿色环保工业园区、青岛市外商投资企业“双爱双评”活动先进集体、青岛市安全生产先进单位等称号。该区 150 多家企业中有 120 多家是外资企业,其中有日资企业 40 多家;加工贸易企业占该区企业总数的 95% 以上;电子、生物医药等高新技术企业占企业总数的 50% 以上,机电产品出口占该区出口总额的 81%;入园企业有 50% 以上增加了投资,其中世界 500 强企业之一投资的青岛安普泰科电子有限公司连续 3 次增资达 3000 万美元,园区累计总增资额超过 9000 万美元,占总投资额的 1/4。该区绿化率达到 35% 以上。

2004 年,该区完成合同利用外资 8586 万美元,实际利用外资 4250.5 万美元,出口创汇 2.15 亿美元,上缴税收 1.3 亿元;该区管委会通过了 ISO9000 质量体系认证,并保持了建区 12 年外商对管委会和当地政府的“零投诉”。

(宋楠楠)

山东省即墨经济开发区

截至 2004 年底,该开发区面积 27.2 平方公里,辖 30 个行政村、5.8 万人。全年完成生产总值 20.02 亿元,实现地方财政收入 7545 万元,农民人均纯收入 5916 元。新引进内外资项目 68 个,合同利用外资 1.66 亿美元,实际利用外资 7300 万美元,实际利用内资 5.8 亿元,完成出口创汇 1.2 亿美元。

年内,投资 4500 万元,完善了基础

设施配套建设，对墨水河、龙泉河、城东六路等重点区域实施了特色绿化，累计建成道路60平方公里、绿地177万平方米，成为即墨市绿地拥有量、覆盖率及人均绿地占有率最大的投资新区。建立完善了首问负责制、领导联系企业制度等十几条服务制度。

该开发区内的六合食品公司与世界500强企业——日本丰田公司合资成立了丰合食品有限公司。形成了以韩国永元体育用品公司为主的针织服装业、以韩国达澳机械公司为主的机械加工业、以椰风食品公司为主的食品加工业、以台湾润林电子公司为主的电子业等四大支柱产业。实施规模民营企业嫁接升级，其中华美工艺公司与美国达纪公司合资成立了达纪家纺有限公司，艺华绣品公司与美国新港公司合资成立了利敦新港有限公司，均实现了当年签约、当年开工、当年投产。突出支柱产业链的培育和扩张，重点对永元体育用品公司、巨松体育用品公司、椰风食品公司等的16个重点在建项目实行了领导分工负责，先后有天鸿钢结构公司等的8个项目投产。

（陈克瑜　王兆纯）

山东省胶州经济开发区

管区位于胶州市城区东郊，面积30平方公里，辖7个行政村和3个居委会、1.6万人。截至2004年底，已建成国际水平工业园4个，形成信息电子、电子配件、运动鞋、集装箱制造和皮革制造等五大支柱产业，有3家世界500强企业、2家全球同行业第一、8家上市公司在该区投资。2004年，完成生产总值16.06亿万元，完成第三产业增加值1.5亿元，完成地方财政收入8836万元，农民人均纯收入达到7454元，合同利用外资1.13亿美元，实际利用外资5157万美元，完成出口创汇3.69亿美元，合同利用内资4.9亿元，实际利用内资2.71亿元；有3项经济指标进入青岛市2004年郊区经济发展“七十强”，其中农民人均纯收入居十强镇（街道办事处）第一位、外贸出口居十强镇（街道办事处）第六位、地方财政收入居十强镇（街道办事处）第九位。

（李进玉）

山东省胶南经济开发区

截至2004年底，该区面积23.4平方公里，辖12个行政村、7个居委会，人口2.8万人（其中非农人口1.1万人）。全年完成生产总值7.45亿元、财政收入2883万元，农民人均纯收入5653元；新办外资项目16个，实际利用外资5878万美元；新办内资项目31个，实际利用内资4.23亿元。获青岛市“五个好”先进基层党委和胶南市“利用内资先进单位”、“利用外资先进单位”等称号。

该区共有工业企业150多家，初步形成了机械、纺织、化工、橡胶、食品、电子、房地产、商贸经营等30多个门类的工业发展体系。已开发建设了双星华青轮胎、海王、恒昌、天元等4个工业园，浦发工业园、韩国土地公社综合园区、清华紫光环保产业园等3个园区开发建设进展顺利。该区内的星华金属、东方工业品、朝日食品等民营企业均已发展成为销售收入超过3亿元的外向型集团公司；新光成篷布、东亚轮胎、二和纤维、棉花纤维等外资企业成为胶南市的外贸出口创汇大户。

（王锡坤）

山东省平度经济开发区

截至2004年底，该开发区辖11个行政村、1.5万人，总面积10.18平方公里，耕地面积136公顷。全年实现生产总值7亿元、财政收入5282万元，农民人均纯收入5168元、同比增加478元，完成工业总产值（现价）20.65亿元，完成农林牧渔总产值（现价）1159万元，出口创汇7582万美元。全年进区项目30个。其中，内资项目13个，到位资金3.56亿元；外资项目17个，到位资金5145万美元。累计批准进区项目233个，其中利用外资项目124个、利用内资项目109个。以海尔冰箱和三莹电子为代表的机电电子产业、以巴龙西服和新佳景服装为代表的服装加工产业、以金龙包装和国泰包装为代表的纸制品包装印刷产业、以大荣毛纺织和瑞丝染整为代表的染整产业成为该开发区的支柱产业。

（陶希华　刘敏松　代　琦）

山东省莱西经济开发区

截至2004年底，辖40个行政村、4个居委会，人口5.6万人；建成区面积15.76平方公里，竣工建筑面积1197万平方米，批准进区项目300多个，其中外资项目150个，超千万美元以上项目6个；合同利用外资4.65亿美元，实际利用外资3.1亿美元；区内硬化道路36条，总长96公里。2004年，完成生产总值9.15亿元，完成地方财政收入3057.7万元，农民人均纯收入达到5175元，实际利用外资6800万美元，实际利用内资4.7亿元，出口创汇8010万美元。

（唐鲁超）

国内合作与交流

·国内合作·

国内招商

2004年，引进投资200万元以上项目实际利用内资222.78亿元，同比（下同）增长35.1%，完成市政府下达责任目标的106%。引进投资500万元以上项目1206个，实际到位资金192.74亿元，增长37.5%。其中，引进投资1亿元以上项目89个，上年在建过亿元项目达到148个。全年共引进国内知名大企业46家，其中国内500强企业35家，在青投资的国内500强企业累计达到139家。

整合国内优势资源，加强招商引资的外向拓展，先后与韩国产业技术研究院、日本松山大学、法国巴黎银行、香港渣打银行等近10家外国机构和企业签订了合作协议，推进对韩、日、欧盟、台湾等重点国家和地区的招商，先后组团赴韩国、瑞典、挪威考察招商,促成韩国产业研究院在青岛市设立了中韩产业技术研究中心,初步商定了韩国模具工业园和北欧工业园的开发建设事宜。

创立"中中外"三方合作模式

年内,通过引进国内知名企业与本地企业合作,利用国内知名企业的实力、信誉、团队、发展潜力等优势,形成强势招商平台,再引进外资,形成"中中外"三方合作模式。其中,青岛港(集团)公司与中远集团联合,引进了世界最大的航运企业英国铁行和丹麦马士基,三国四方合作投资8.87亿美元建设青岛前湾港集装箱码头;通过青岛太阳玻璃实业有限公司与洛阳浮法玻璃集团的合作,吸引法国圣戈班集团设立了高档玻璃生产项目;由青岛粉末冶金厂与莱芜钢铁集团合作,吸引日本汽车零部件厂商合资的莱钢明治橡塑项目一期投资超过1000万美元,已经开工投产;由青岛越嘉投资有限公司与中国人民解放军总医院联合,与世界500强企业、全球最大诊断试验公司美国奎斯特探索诊断股份有限公司三方合作成立的青岛博新生物制药产业化基地项目总投资达6亿元;青岛港(集团)公司与烟台三菱水泥公司合作,引进日本三菱综合材料株式会社投资兴建了水泥中转站项目;石老人旅游度假区引进大连海昌集团再与新加坡西瑞克石油公司合资建设极地海洋世界项目,总投资达2.6亿美元。全年以"中中外"模式引进项目的合同外资超过10亿美元,"中中外"招商的经验和做法被中国新闻社《中国新闻》杂志刊载,《侨报》、泰国《星远日报》、香港"中新网"等中外媒体予以转载。

参与西部大开发

年内,制定了《青岛市关于进一步推进西部大开发的实施意见》。先后组织有关企业参加了第八届中国东西部合作与投资贸易洽谈会、第十一届天津春季全国商品交易会、第五届中国西部国际博览会、中南协作区投资贸易洽谈会暨名优商品展销会等展会,签订合同和意向10个,投资额4.87亿元。扶持中西部地区发展教育事业,协调青啤公司、颐中集团各在新疆投资50万元援建希望小学2所。推进青岛市企业与中西部地区的合作,青啤公司、双星集团、澳珂玛集团等企业集团和汉缆集团、中能信投资有限公司等民营企业通过租赁、参股、投资等形式帮助中西部地区发展经济,并在参与西部大开发中实现了低成本扩张,达到了"合作双赢"的目的。其中,青啤公司投资6000多万元与甘肃农垦啤酒厂签订增资扩股协议,成为甘肃农垦啤酒厂最大的股东,投资1亿多元建设湖南长沙啤酒厂;青岛汉缆集团投资3000多万元收购广西南宁电缆厂;中能信投资有限公司在四川省广元市投资6000万元建设的天然沥青矿厂所研发的以天然沥青为原料的重交沥青改性剂可替代国外产品,填补了国内空白。继续加强与中西部地区政府和企业间的合作交流,先后有环渤海地区联席办公室、乌鲁木齐市政府代表团、四川广元市党政代表团、山西省经协代表团、安徽省"皖鲁经济合作"各地市代表团以及青海省经协代表团等16个中西部地区代表团来青进行了学习考察、项目推介、经贸洽谈,吸引了中西部地区知名大企业来青开展多种形式的投资合作,全年到青岛市投资的中西部地区企业共建设项目41个,合同投资额约17.20亿元,到位资金11.4亿元。

完善投资环境

年内,通过组织外地投资企业和驻青机构考察学习、座谈讨论、通报情况、征求意见、推荐外来投资企业家参加青岛市"两会"等方式,沟通交流信息、提供优质服务、营造良好的投资软环境,拓展了青岛市与外地政府、企业合作交流的渠道和空间。全年办理外地驻青机构备案68家、年检157家、变更29家,受理初审外地投资创业纳税落户63个单位204人;受理5个单位共195户429人成建制落户。妥善解决了外来投资企业的投诉,投诉率大幅降低,投诉处结率和满意率均为100%。探讨与山东省半岛地区城市间交流合作协调机制,率先与日照市政府签定"关于进一步发展两市交流合作关系的框架协议",全年日照市共有29个单位与青岛市有关部门和单位签定合作交流协议,青岛市有关部门和单位先后66批次1100余人赴日照考察。日照市企业已在青投资项目5个,合同资金2.16亿元;青岛市企业在日照投资项目15个,合同资金3.27亿元。

·对口支援·

概　况

年内,继续组织在贵州省安顺市、铜仁地区实施"温饱村"建设,全年新建"温饱村"13个,青岛市援建贵州省的"温饱村"累计达到48个;帮助西藏日喀则市加快基础设施建设,实施商贸兴市、城区开发和加快调整农牧业结构,改造传统种植、养殖品种,培育经济增长点,增加了居民收入;帮助宜昌市夷陵区开发建设水果种植和奶牛、水产养殖等高效农业基地,促进移民安置工作;引导青岛市企业到三峡库区投资兴业,带动当地经济发展;加强曹县(青岛)工业园的建设和招商,已有16个项目落户该园区。

工作创新

完善了智力扶贫的对口支援模式,把智力扶贫延伸到村一级,在国内率先开展了"温饱村"扶贫干部培训工作,通过聘请专家授课、现场观摩等形式,向"温饱村"的干部传授了发展现代农业的基本经验和管理知识,为尽快改变受援地区贫困面貌起到了推动作用。将对口支援由单纯的政府提供扶贫资金转向政府扶贫与企业参与结合,"输血"型扶贫与培育受援地区的"造血"功能结合,扶贫与经济合作结合,继续组织红星、海信、众地、嘉源、大同宏业、汉河电缆等企业参与对口支援工作;先后组织30多个市直部门,十几家外地驻青机构,100多家市、区属企业6次赴贵州省安顺市和铜仁地区、宜昌市夷陵区和山东省曹县进行考察洽谈、对接项目,签订合作协议82项,投资额达10.5亿元。继续加强了与团市委、市教育局、市卫生局等部门的配合,开展援贫志愿者活动,全年先后选派33名文化、教育、卫生战线的志愿者到贵州等贫困地区开展帮文、帮教、帮卫工作,改善了受援地区的文化、教育、卫生条件,提高了当地群众的综合素质,受到受援地区群众的好评。全年实际投入受援地区资金总额达到4.56亿元,其中市财政投入2000余万元、区(市)财政投入110万元、企业投入4.3亿元。10月,市国内经济合作办公室获国务院授予的"全国东西扶贫协作先进集体"称号。

(宋　健)

城市建设与管理

城市建设

·概　况·

2004年,青岛市建设系统各行业纳税及实现其他各项地方财政收入总计约52亿元,比上年(下同)增长27%;完成固定资产投资约225亿元,增长21%。

2004年12月,副市长罗永明(右二)视察奥帆赛基地建设工程。　　(市政府督查室供稿)

年内,完成了市政府确定在城市建设方面重点办好的实事相关工作目标。其中,奥运项目建设按期完成了北海船舶重工公司搬迁任务,奥帆赛基地陆域、水工工程等项目建设按照计划全面推进;实施多项道路综合整治工程,辽阳西路、滨海路、安顺路(遵义路—仙山路段)及遵义路、长顺路、萍乡路、洛阳路整治工程全部完成年度计划任务;河道整治取得新进展,李村河中下游、板桥坊河、马莲沟河等河道整治工程完成预定目标;经济适用住房建设实现开工面积216万平方米,竣工64.8万平方米;停车场和过街通道建设进展顺利,全市已完成过街通道2处,开工或完成停车场7处,新增停车泊位1500个;完成了《迎奥运亮化总体方案》和《2004—2006年亮化工程实施方案》编制工作,并已进入实施阶段;完成了237条无路灯市政道路路灯安装,城市夜景亮化的年度工程任务顺利完成;城市绿化工作取得新进展,奥运场馆周边12条道路大规格乔木扶整移栽及浮山、辛家庄北山等多项绿化工程的实施,改善了相关区域的景观形象;滨海步行道市区段连通工程基本完成,滨海步行道崂山区段已开工建设,石老人海水浴场改造、青岛现代艺术中心、极地海洋世界、麦岛片村庄改造等项目均已启动;完成老城区供热规划和城市燃气热力专业规划编制,市内四区新增供热面积157万平方米,全市新增供热面积增长14%;完成公厕专业规划,在前海一线等重点区域设置移动公厕30座,新建固定公厕21座,全部达到一类公厕标准;滨海公路沿线城市组团总体规划等重点规划项目全部实现预定目标,滨海公路北段工程开工建设。

其他城建重点项目进展顺利。其中,南京路综合整治工程提前竣工通车,长春路等10条超期服役道路综合整治工程全面完成,李村城区市政管网三期改造工程已经完工;流亭国际机场扩建和汇泉广场改造工程按期完成;推进了胶济铁路电气化改造,体育馆、大剧院等重点大项目的实施;再生水利用工程进展顺利,中水利用"东线"工程福州路至海尔路已经完工,"西线"管网已延伸至贵州路,"中线"海泊河流域管网基本完成,全市工业用水重复利用率达86%;团岛流域及前海一线截污、云霄路排污改造、小麦岛截污、沙子口污水处理厂和麦岛污水处理厂建设等工程正在实施;开展"平改坡"工作,武昌路、荣成路周边和东西快速路两侧22栋楼改造工程已经完成。

·建筑业·

全年全市共完成建筑业产值227亿元,增长20.7%,占全市GDP的10.5%,增加值达到147.3亿元;实现利税总额14.5亿元,增长26.1%;施工面积累计3200万平方米,增长11.2%;全员劳动生产率人均7.83万元,增长10.3%。全年外出施工合同额27.7亿元,实现产值21.2亿元,其中省内市场外出施工产值7亿元、省外市场外出施工产值2.8亿元、境外市场外出施工产值11.4亿元。全市30余家建筑业企业加强业务拓展,业务遍及山东省17个地市,国内15个省、市、区,境外16个国家;全市15家监理企业在山东省内外24个城市开拓市场,完成了5200万元的监理产值;造价咨询单位拓展产业链,其中青岛振青建通造价咨询公司等企业将业务范围扩展到参与限额设计、方案优化比选、造价预控和协助施工企业建立定额等方面。

规范招投标行为

通过强化交易程序、招标信息、评标过程、社会监督等4项公开,完善了有形市场的交易规则;加快实施了网上投标报名系统的开发应用,建立了评标专家自动抽取语音通知系统,实现了评标专家库的动态管理。开展了工程量清单招标试点工作。对水利、交通项目进入有形市场交易进行了探索,拓展了市场覆盖面。全年全市完成招标项目1974项,工程造价159.3亿元,应招标工程招标率和应公开招标工程的招标率均达到100%。

工程质量和安全生产

全市建筑业开展创建"质量诚信、用户满意"工程活动;严格抽检制度,加强抽检,结构工程质量验收合格率100%;强化对现浇楼板开裂、墙体开裂等的治理;严把建材环保关和环境质量检测关,新竣工工程室内环境污染得到有效控制;对奥运工程和经济适用房工程实施了重点监控。年内,青岛第二建筑公司施工的青岛裕龙科技大厦工程获国家工程质量最高奖——"鲁班奖",胶州市建设集团公司施工的胶州市政府大楼工程获国家"优质工程奖",青岛市还获得全国建筑装饰奖2项、山东省"泰山杯"奖17项、山东省装饰"泰山杯"奖10项、山东省"技术创新奖"7项,获奖总数居全省第一位,有59项工程获"青岛杯"奖,81项工程获青岛市优质结构工程奖。百亿元施工产值死亡率为2.09;全年全市共获得省级安全文明工地35个、示范工地12个,市建管局被评为"全省建筑安全生产先进集体"。

清理拖欠工程款

截至年底,全市已累计清理拖欠工程款34.6亿元,占拖欠总额的73%。青岛市没有发生一起因拖欠工程款和农民工工资而导致的到省、进京上访事件,清欠工作两次在全国会议上介绍经验,中央级七大媒体对清欠工作的"青岛模式"跟踪采访报道。

整顿规范市场秩序

年内,查处了一批违反建设程序、规避招标投标、擅自开工、转包和违法分包等扰乱市场秩序、严重失信以及出现重大质量安全事故的违法违规行为,对153家违法违规企业进行了处罚,对216家企业的400名负责人进行了预警谈话,做到了预控监管、超前防范、源头治理,促进了市场主体遵法守法意识的增强,全年违法违规案件下降29%。

全年共对889家总承包和专业承包企业进行了资质年检,79家企业被判为基本合格,5家企业被降级,46家企业被注销资质。通过年检,淘汰了一批"小、劣、差"和有违法违规行为的企业,淘汰率5.2%。全市总承包、专业承包、劳务分包企业总量比例分别为25%、42%、33%,初步形成了以总承包企业为龙头,以专业承包企业为骨干,以劳务企业为依托的合理的工程总分包体系。青岛市在全国建筑业改革工作会议上做了典型发言。强化了项目经理、项目总监和一线工人"三支队伍"建设,提高了产业队伍总体素质。

·勘察设计业·

全年共完成工程设计项目2335个,完成合同额5.26亿元,增长15%;完成工程勘察项目4045个,完成合同额1.87亿元,增长14%;其他收入5.56亿元。全行业实现合同总额12.69亿元,增长58%;全行业缴税3372万元。优质、高效地设计完成了滨海步行道(三期)、滨海大道、汇泉湾广场、胶州三里河公园等一大批工程项目和数百万平方米的住宅小区。

市场管理

严格市场准入与清出管理,通过施工图审查、合同管理、行业自律等方式,实行企业资质和执业人员的动态管理。针对资质挂靠、地下设计、任意压价等市场违规行为,开展了4次市场大检查,检查了100余家单位的200多个工程,9家单位资质被取消或降低,合并6家单位,通报批评10家单位,对个别情节严重的单位和个人进行了行政处罚,规范了市场秩序。科学调整资质布局,提高行业资质水平,全市共有勘察设计单位171家,其中甲级单位33家、乙级单位55家、丙级单位19家、专项单位64家,巩固了以建筑设计、工程勘察为主,市政公用、智能化、环保、海洋、港口、石化、消防等门类齐全的资质体系。推进行业诚信建设,初步建立长效管理机制。全市9家施工图设计审查机构率先在全国联合出台了施工图设计审查自律公约;完善了勘察设计行业诚信档案库,勘察设计管理系统开发基本完成。全年引进注册建筑师、结构工程师30余人,全市取得资格的注册人员达1042人,总数居山东省首位。其中,一级注册建筑师167人,占全省1/3多;注册建筑师和注册结构工程师680人,占全省的1/4;全年全市有147人通过考核认定,取得公用设备、电气、化工和土木(港口航道)专业的注册资格,占全省的1/5;有3人入选全省"十佳注册师",受到山东省建设厅表彰。

建筑创作

加强与国内外的学术交流,引进先进理念,繁荣建筑创作。邀请院士、国家设计大师和韩国专家来青举办学术讲座5次;与澳大利亚、德国、韩国建立了交流合作关系,首次组织设计单位赴韩国进行了学术访问;引导青岛市勘察设计单位与国内外机构进行合作,全年全市有8家设计单位与国外著名设计机构签订了长期合作协议;上海现代设计集团、江苏省设计院、济南市设计院等多家国内知名设计院在青岛市开展业务。

设计质量监管

加强施工图设计审查监管,召开了全市审图机构负责人会议,引导审图机构建立了科学、高效的施工图审查程序;为青岛市的奥运项目、重点工程和政府确定在城市建设方面重点办好的实事工程等开通了"审查绿色通道";实行了施工图审查结果公示制度,多次召开审查情况通报会,对施工图设计优良单位进行表扬,提高了施工图设计整体质量;全年全市共完成施工图设计审查项目1666项,审查总面积977万平方米。

举办设计竞赛活动

年内,市建委发起组织了"'天泰杯'韩国城设计方案竞赛"活动并作为2004中国青岛"韩国周"的主要活动之一,国内外有60余家单位参加,提交方案近200个,首次邀请国外知名专家参加评审。组织了14家建筑设计单位的44个方案参加了首届"威海'人居'建筑设计大奖赛",获得银奖2个、铜奖2个、优秀奖9个和唯一的优秀组织奖。

·科技创新·

年内,贯彻可持续发展和资源综合利用战略,节能建筑的实施和新型住宅部品的应用量都达到全市居住建筑总量的50%以上,新建住宅小区智能化普及率达到90%,全装修面积达到开发面积的15%。建设行业获得国家建设部和青岛市多个科技奖项,有18个项目通过成果鉴定。

(崔 娜)

·城市快速轨道交通·

地铁一期工程总体设计

2004年5月,地铁一期工程总体设计中间报告通过专家审查;设计单位根据审查意见对中间报告进行修改完善形成了最终报告,作为下一步设计工作的依据。一期工程5个明挖车站施工图设计招标准备工作完成,待地面结建条件具备后即可开展工作。

市域轨道交通线网概念规划

市地铁公司自2003年10月组织开展了青岛市市域轨道交通线网概念规划,主要内容为连接市区与5个县级市及卫星城镇的快速轨道交通网络的规模、线路方案、铺设形式、系统制式、换乘枢纽等的研究和规划。该规划于2004年8月通过专家评审。

轨道交通线网规划

年内,市地铁公司建议开展的市区轨道交通线网规划补充完善工作获得市政府批准。设计单位于8月开展工作,至11月初提出了规划初步方案并向市有关部门进行了汇报。规划在优化原"四线一环"线网规划的基础上,补充黄岛区、城阳区北部、跨胶州湾及连接红岛组团的轨道交通规划,并与市域轨道交通线网规划整合,形成覆盖青岛市行政区划范围的轨道交通线网规划,报经市政府批准后,作为规划用地控制和未来建设依据。

线网规划用地控制

年内,市地铁公司配合市规划局等部门协调处理了与轨道交通线网规划用地有关的十余处开发改造项目。本着既保证轨道交通未来建设发展需要,又为控制用地周边建设项目实施创造条件的原则,提高了规划控制协调的主动性与灵活性。

(王观发)

·青岛流亭机场扩建工程·

飞行区工程

2004年,完成了站坪照明系统、近机位机位牌、货运机坪、助航灯光系统电缆更换、飞行区西侧排水及飞行区西侧消防管线完善等工程,先后于7月29日、9月24日通过了民航华东地区管理局组织的流亭机场飞行区扩建部分工程行业初步验收和流亭机场扩建工程竣工行业验收。

航站区工程

完成了航站楼装修和停车场工程,新建了2.6万平方米的停车场,通过了市规划局、市公安消防局、市环保局、市卫生局等部门的专项验收,并获得了青岛市建筑工程管理局关于流亭机场扩建工程航站楼项目质量监督检查报告。3月28日,流亭机场新航站楼正式竣工交付;4月14日,通过了民航华东地区管理局组织的流亭机场扩建工程航站楼项目民航行业初步验收;4月29日,流亭机场新航站楼正式启用;9月24日,通过了民航华东地区管理局组织的流亭机场扩建工程竣工行业验收。

配套工程和附属设施

年内,青岛流亭机场扩建工程指挥部在货运、消防、供热、总体管网、道路、通信、导航、气象、供电、供水及污水处理等工程于上年竣工并获得青岛市建筑工程质量监督站关于流亭机场扩建附属工程质量监督检查报告后,同青岛流亭机场进行了项目交接,并根据民航行业要求及使用单位提出的意见,进行整改和完善,通过了民航华东地区管理局组织的流亭机场扩建工程竣工行业验收。

工程管理

年内,青岛流亭机场扩建工程指挥部加强与民航华东地区管理局和市发改委等单位的协调,于9月22日完成了《关于青岛流亭机场扩建航站区工程初步设计和扩建工程总概算的批复》(民航机函〔2002〕165号)的计划调整,获得了市发改委《关于流亭机场扩建工程飞行区项目调整的批复》(青发改基础〔2004〕100号)和《关于流亭机场扩建工程航站区项目调整的批复》(青发改基础〔2004〕101号)。会同施工及监理等有关部门,整理和完善了工程建设档案。配合市政府委派的审计工作组做好工程审计工作。严把工程量审核关,做好机场扩建项目的决算审核工作。

(苟杰诗)

·引黄济青工程·

输水运行

2004年,山东省引黄济青工程管理局青岛分局加强引黄济青工程安全调水运行管理,实现由单季节引水向不定期、多季节引水转变,引水入库1.55亿立方米,全年向青岛市内四区供水9559万立方米,向黄岛区供水121万立方米。

水质监测与科研

年内,加强水源环境和水质保护,经有关科研机构和环境保护部门联合定期监测分析,水质符合《地表水环境质量标准》(GB3838—2002)的三类标准。为随时监控水质变化,做好水质安全预警,提出了建议在青岛市设立引黄济青和胶东供水水质理化指标和藻类监测中心的思路和方案,已完成上报工作。关于优化水质、生物措施改良水质的研究课题,已列为省级科研项目,并已申请专项经费,将与有关科研单位、大专院校合作抓紧实施。

设施维护和技术改造

年内,完成水库大坝内坡混凝土加固3.8公里,浇筑混凝土2500立方米,完成输水河衬砌板维修3万平方米,更换35千伏线路绝缘子6公里,检修启闭机15台。完善了监控装置和改进微波通信网络化,增添新式灭火器80台,设置重要路段、桥头、路口警示标牌,对原有35千伏电缆沟、变压器、励磁柜全部进行了更新改造。

工程建设

该局2004年重点项目棘洪滩水库配套水厂工程于5月6日开工,截至年底,完成了主体工程,相应管线基本铺设完毕,主设备已陆续进场,设备安装全面展开。在工程建设的同时,对水厂建成投产后的运行管理、水处理工艺、自动化控制、成品水经营等已组建管理机构并组织生产管理人员进行了教育培训。调度运行控制和水质监测中心工程于8月3日取得划拨土地预审意见书、11月动工。

内部建设

年内,修订出台了《行政管理规定》、《财务管理规定》,建立健全各项规章制度,推行了政务公开、财务公开。提出了加强管理基础工作的8项要求,实施"211"五年发展计划并取得了进展。加强系统文化建设,开展了引黄济青工程通水15周年系列纪念活动。利用内部报刊《东线》和社会报刊、电视媒体,宣传"引黄济青润泽青岛"的宗旨,创建优质服务品牌。

(杜序强)

城市管理

·城市规划·

规划管理

实行预选址　对40余项市、区重点项目实行规划预选址,提前出具项目预选址意见,解决审批中受前置影响无法正式选址、不提出选址意见又影响后续工作的问题,缩短项目周期,降低项目运行成本。

推行社会化管理机制　以完善专家评审制度为试点,将"统揽式"的专家评审模式改为业主自行组织的社会化管理模式,强化行为监督,建立高水平的评审专家网络,提供信息平台,为市场主体服务。

精简审批事项　依法将审批事项由29项减为13项,清理幅度达55.2%。对每一个报建环节都进行了梳理,通过取消、合并、网上备案等方式,减少报建环节。

规划编制

总体规划修编　年内,编制完成《青岛市城市总体规划》纲要,经市城市建设规划委员会专家咨询委员会审议通过,并向市人大、市政协专门委员会进行了汇报。

组团规划　组织了滨海公路沿线城市组团总体规划(田横组团、鳌山组团、红岛组团、琅琊组团)国际招标,引进中国城市规划设计研究院、瑞士LEMAN规划事务所、美国罗伯特·斯万等国内外知名机构,完成了田横、鳌山、红岛、胶南、琅琊等5个组团总体规划编制工作,已通过市政府审批。该规划在环胶州湾三点布局基础上,通过滨海公路将5个独具特色的城市发展组团与中心城区融为一体,共同构建起大青岛新的城市发展框架。

专业(专项)规划　编制完成了《城市中水利用规划》、《加油站发展规划》、《商业设施专业规划》、《城市综合交通规划》、《胶州湾底部盐场改造利用规划》以及城市燃气、供热、公共交通等对城市发展、居民生活有重大影响的专业规划。

控制性详细规划　截至11月底,市区建设用地控制性详细规划覆盖率达到100%,为城市规划管理和综合开发提供了科学依据。

规划审批

年内,完成国际帆船中心环境工程审批;向石老人海水浴场改造、现代艺术中心、极地海洋世界、市体育馆、市老年大学校舍扩建、滨海步行道三期、火车站停车场、南京路停车场、大炼油生活配套设施、流亭机场国际候机楼、东部医院二期、青岛口岸(黄岛)通关中心、体育运动学校迁建、前湾港三期后三泊位、LG手机等项目发放了《建设工程规划许可证》;办结了辽阳路等7条道路改造、李村河中下游以及板桥坊河道综合整治和虎山供热站、后海热电站、水清沟热电站等供热单位20多条供热管线以及30座移动公厕、5座新建公厕的规划手续;配合市发改委完成了六大产业集群近期30个项目的前期调研规划布局分布图。

信息化建设

在全国率先将卫星遥感、三维虚拟等多项高新技术广泛应用于规划领域,为规划管理提供直观、准确、全角度的分析、比较手段,提高了规划决策的科学性。规划业务有40%实现了网上预受理、预选址,使原来需到政务办理大厅咨询事项和领取表格等环节在网上一次完成;对重点项目开展方案网络远程互动设计和技术审查,改变了以往每轮方案都需到市规划局现场报建、讲解的做法;

实现与世界著名设计单位的网上互动交流,为国外优秀规划建筑设计单位参与青岛市规划设计提供便利;降低了项目运行成本。

执法监察

全年全市纳入批后管理的建设工程332项、1086个楼座,建筑面积618.2万平方米;实施规划管理验收87项,其中验收合格的建设工程84项、不合格的3项。配合市、区两级清理违法建筑办公室做好"清违"工作,全年共拆除各类违法建筑116.1万平方米,其中拆除各类新发生违法建筑3.98万平方米。

(王　冬)

·市政公用事业管理·

概　况

2004年8月,按照市政府机构改革方案,撤销青岛市城市管理局,组建青岛市市政公用局。市市政公用局主要承担青岛市市政、公用事业、环境卫生行政管理职能。

年内,市市政公用局完成了该局承担的市重点工作目标和市政府确定办好的实事目标。其中,麦岛污水处理厂扩建工程于11月开工建设;仙家寨水厂改建(二期)工程于12月开工;使用50年以上自来水管道改造工程完成长春路、上海路、洛阳路等9个路段,总长8公里。

浮山湾、青岛湾、五四广场、音乐广场、南京路、东海路、福州路、香港路和32座高层楼宇亮化工程完工,65个亮化点配置各种灯具2万余套。

城市供水

概况　全年市内四区总供水量2.07亿立方米,平均日供水量56.66万立方米,增长14%;共节水3696万立方米,中水回用量621万立方米,工业用水重复利用率达到86%以上,在全国处于领先水平。5月,在全市组织开展了以"增强全民节水意识,建设节水型城市"为主题的"城市节约用水宣传周"活动。完成节水型城市复查的自查工作。编制完成《青岛市自来水一户一表改造工程实施方案》,并进行了试点。

再生水利用　2月1日,正式实施《青岛市城市再生水利用管理办法》,编制了再生水工程管理软件系统。青岛市污水处理厂的再生水处理能力已达到4.1万吨/日,再生水管道已敷设10余公里,其中海泊河中水东线主干管网福州路至海尔路4.5公里工程完工、海泊河流域8.66公里中线管网形成、团岛中水利用工程供水管网延伸至贵州路,总投资达6000多万元,再生水利用量约1万立方米/日。在"海泊人家"和"澳桦园"等2个住宅小区进行了再生水冲厕的试点。13家企业(单位)、2个居民小区通过创建节水型企业(单位)、居民小区验收。

青岛市海润自来水集团　截至年底,有职工2470人。全年完成供水量2.07亿立方米,平均日供水量56.66万立方米,增长14%,比计划提高11%;最高日供水量67.48万立方米,比上年最高日供水量增加9万立方米,增长15.5%;水质综合合格率100%,管网压力合格率99.9%,管网漏失率14.98%,居国内同行业先进水平;用户满意率达到99.28%,设备完好率保持了100%,劳动生产效率提高了11%。运用计算机技术,建设并推广了网络远程办公系统,建立了设备资产管理系统、管网设施管理信息系统,完善了管网抢修信息管理系统。加强水质管理,出厂水浊度标准从0.5提高到0.3,水质监测能力达到85项,水质控制指标处于国内先进水平。完成了"一户一表"入户改造2.11万户。完成了北村加压站二期改造工程,汇泉湾水源地、李村河直径700毫米管道和重庆中路直径1000毫米管道等改造工程,扩大了输水能力和供水覆盖面。被中国企业文化研究会授予"实践创新奖",获"山东省质量管理奖",被评为"山东省一等AAA信誉企业"。

城市供气

概况　截至年底,市内四区有燃气经营企业24家,其中管道燃气3家,瓶装液化石油气经营企业16家,液化石油气汽车加气企业5家,燃气供应企业8家。全年煤制气生产总量1.55亿立方米,天然气供应量1723万立方米,液化石油气供应量3.8万吨。燃气气化率为100%。完成浮山后、洛阳路、洪山坡等地区8.6万居民用户天然气转换工作,全市天然气用户已达9.5万户,其中天然气转换7.5万户。

年内,确定市、区两级燃气管理部门职责,开展对燃气市场的专项治理整顿。加强对燃气器具的管理,向社会公布了列入《2004年青岛市燃气燃烧器具销售目录》的经检测合格的56个品牌的家用燃气灶具、热水器、公用燃气炊事器具,对查出的16个品牌不合格燃气器具作出处理。新修订的《青岛市燃气管理条例》经青岛市第十三届人大常委会第五次会议批准,于2004年1月1日起正式实施。6月,成立了青岛市燃气协会,有125家单位加入协会。

青岛泰能燃气集团有限公司　截至年底,总资产达29.87亿元,在岗职工2523人。2004年,实现利润2510万元;实现销售收入7.24亿元;出口创汇3603万美元,增长10.4%,居山东省燃气行业首位。实现国有资产保值增值率102.57%。全年焦炭生产38.63万吨,增长0.49%,其中出口17.48万吨。人工煤气总产量1.55亿立方米,增长4.55%,销气量1.44亿立方米,供销差率7.76%;天然气供气量完成1723万立方米,天然气销售量1398万立方米;液化气销售量3.19万吨,增长4.6%;液化天然气销售量69万立方米。全年在市内新发展管道燃气用户2.01万户,发展液化气用户1.66万户。累计投资1350万元,用于污染治理和清洁生产,"三废"实现达标排放。12月,青岛市清洁生产审核领导小组对该集团清洁生产工作进行了验收。获全国建设系统和山东省企业文化建设成果一等奖、山东省一等AAA信誉企业、山东省燃气行业诚信企业和山东省思想政治工作优秀企业等称号。

城市集中供热

概况　年内,市内四区新增集中供热面积157万平方米,其中新建小区85万平方米、老城区72万平方米。市内四区累计供热面积1792万平方米,热化率28.8%;其中,集中供热面积1617万平方米,集中供热普及率26%,洁净能源供热面积175平方米,洁净能源供热率2.8%。企事业单位用户663个,居民用户约15.7万户。编制完成了《青岛市老城区供热专项规划及实施方案》、《青岛市燃气热力专业规划》;针对煤炭、运力紧张的实际情况,市政府拨专款2800万元用于供热企业补贴,保证了冬季安全供热。

青岛热电集团　全年供热总面积742万平方米；完成发电量1.32亿千瓦时，减少143万千瓦时；完成供电量1.12亿千瓦时，减少273万千瓦时；完成供气量161.6万吨，增加5万吨；完成供热量74.97万百万千焦，增长10.9%。新增工业用户18家、居民用户8277户。

青岛泰能燃气集团有限公司　截至年底，供热面积达到43.6万平方米。全年外供蒸汽46.51万吨，增长15.35%；发电2928.17万千瓦时，增长52.32%。新增工业用户7户。

环境卫生

概况　垃圾处理率达100%，全年消纳处理各类垃圾50余万立方米，其中免费处理市重点工程、城市环境整治、拆除违法建筑等产生的垃圾20多万立方米。规范了青岛市建筑垃圾运输市场，为33家单位办理了运输经营资质，为445辆运输车辆发放了4400余张准运证。

生活垃圾与公厕管理　加强了生活垃圾的无害化处置、综合利用、生活垃圾收费管理和垃圾处置的质量监督，对市内四区工厂企业的垃圾分类收集进行了重点排查，为400余家企业办理了登记、注册。对市内四区30多家医疗单位的医疗垃圾进行了普查。全市餐饮业厨余垃圾收集率达40%。开辟了石家、四方西海岸、傍海中路等处垃圾堆放处置场。投资52万元对城市生活垃圾分类收集进行宣传。与青岛理工大学等单位联合完成了《利用工业废渣制建筑砂浆试验研究》的课题，并通过了由市科技局组织的技术鉴定。编制完成了《公厕专业规划》，在前海一线、旅游景点和主要道路设置移动公厕30座、新建固定公厕21座。公厕建设全部达到一类标准。全年共出动流动公厕300余台次，其中无偿服务150多台次，保证了登山节、啤酒节、海洋节等大型活动的使用。

青岛市环境卫生科研所　编制完成了《青岛市环境卫生专业规划(2004～2020年)》并通过了青岛市专家评审，该《规划》已被列为联合国"中国城市垃圾管理体系、技术标准和能力建设"项目示范文本。"环卫监测中心"通过了青岛市专家评审组的现场监督评审。受加拿大瑞威公司委托，对青岛市2002～2004年度的垃圾物理成分和化学成分进行了全面分析研究，初步确定了适合焚烧处理的生活垃圾分布区域，编写了《青岛市生活垃圾焚烧项目垃圾成分调查报告》。编制完成《青岛市小涧西固体废弃物综合处理场2004年度环境检测报告》。完成了与建设部城建院共同承担的《城市生活垃圾转运站管理技术规范》部颁标准并通过了专家评审。市环卫科研所在上海同济大学举行的"第一届固体废弃物处理技术与工程设计全国学术会议"上作了题为《中小型城市垃圾处理设施的规划与建设》的交流发言。

青岛市固体废弃物处置有限责任公司　该公司于年内成建制转入市市政公用局，注册资本1000万元，固定资产3.4亿元，在册职工300余人，设环卫修配厂、环卫工程公司、环卫设备公司等3个分公司；全年累计转运处置生活垃圾65万吨。在国内环卫行业率先通过ISO9001和ISO14001质量和环境体系认证。

排水管理

全年完成污水处理量9835万吨，平均日处理量27万吨，增长16%，水质达标率96.7%。继续开展"排水畅通惠万家"活动，实行"先行处理"机制，落实"定人、定时、定点"巡视制度，完善4个管理体系建设，车行道古力月冒溢率控制在0.3‰以下，24小时疏通率达100%。2月，青岛市排水管理处、北京首创股份有限公司、青岛开发投资有限公司等三方合资经营的李村河污水处理厂项目举行签约仪式，项目总投资1.84亿元，盘活国有存量资产1.49亿元。青岛首创瑞海水务有限公司于10月正式运营。11月，青岛光威污水处理有限公司正式运营。李村河污水处理厂被评为全国污水处理厂运行十佳单位。

市政道路管理

年内，新建路牌4081块，标记的内容、制作的规格和材料等均执行国家统一的地名标牌标准。在市管道路实施高标准养护维修，项目竣工质量验收(备案)率、工程质量合格率均达到100%，在市内四区推出12条示范路。安装了3块大比例街区导示牌。

市政公用质量监督

概况　年内，市工程质量监督站市政公用分站共受理市政公用工程661项，工程总概算9.8亿元，发现并纠正质量问题846项，保证了市政公用工程的可靠性和安全性；有4项工程获山东省"市政金杯示范工程"。

青岛市公用建筑设计研究院　9月，该院经市编委批准由自收自支事业单位改制为企业。获"天泰杯"韩国城设计方案竞赛优秀组织奖和4个三等奖；获"首届人居建筑设计大奖赛"优秀奖。

招商引资

年内，青岛泰能燃气集团与中宝科控燃气投资股份有限公司合资经营燃气管网项目完成了合同、企业章程制订和资产评估等，该项目可盘活51%的国有存量资产，变现资金3.7亿元。青岛市排水管理处与法国威立雅环境集团、光大国际集团合作建设麦岛污水处理厂扩建工程，并经营海泊河、麦岛污水处理厂，外方筹资2.65亿元。青岛市在山东省城市市政公用事业改革座谈会上作了市政公用事业招商引资的典型发言。

服务体系与品牌建设

年内，"96111"管理服务中心完成"96111"热线技术平台升级，全年共接听电话131万个，增加1.22万个，实现了"零投诉"；扩大热线知名度和品牌影响力，全年共接待参观人员43批次425人次；反映热线中心管理水平的关键性技术指标一直处于国内呼叫中心的前列，获"2004中国最佳呼叫中心"称号并继续保持了"全国创建文明行业先进单位"、"全国巾帼示范岗"称号。市市政公用局行政审批大厅实行内部流转、联办联批，全年受理审批事项和企业服务项目1.31万项，用户满意率100%，被评为青岛市首批公共服务示范窗口。3月，市公用事业收费服务中心成立，全年共抄收水、气费50余万户。市市政公用局投资近200万元，建设了高性能的集中收费系统，截至年底，全市35万户燃气民用户、15.9万户自来水用户可在遍布全市的7家银行的200余个网点以多种方式缴费；该系统先后获山东省计算机应用优秀成果三等奖、青岛市科技进步三等奖。

年内，继"96111"热线、青岛泰能燃气集团"玉明服务"成为青岛市服务名牌后，青岛热电集团"暖到家"成为第三批青岛市服务名牌；海润自来水集团"润万家”、市排水管理处“惠万家”扩大了品牌影响。出台了城市供水、二次供水、供气、供热、道路、排水等6个行业服务标准。

（冯向平）

·城市管理综合执法·

概　况

2004年,全市城市管理行政执法系统共查处和纠正各类违法违章行为100余万件次,按简易程序处罚8.51万件,一般程序处罚4111件。完成了APEC会议、国际电子家电博览会、ACD会议、东盟外长非正式会议和中组部举办的国有大型企业负责人思想政治建设座谈会等重大国际国内会议,元旦、春节、“五一”、“十一”等重要节日和海洋节、啤酒节、服装节等重大活动的环境保障任务。

体制机制改革

年内,市委、市政府出台了《关于进一步深化城市管理体制改革的决定》,调整了市、区两级政府的城市管理职责,初步构建起“管理手段法制化、管理方式属地化、管理机制市场化、管理目标长效化”的城市建设和管理新机制。强化综合执法,建立了协调指挥调度执法队伍的新机制。指导胶南、胶州、莱西等三市实施了相对集中行政处罚权工作。出台了《青岛市城管行政执法工作考核办法》,并于半年、年终两次组织对七区五市执法队伍实行千分制考核。行政执法取得新成效,青岛市和市南区在山东省城市管理现场会和行政执法工作会上分别作了经验介绍,市城市管理行政执法局在山东省城市管理行政执法协作会上介绍了“建设高素质队伍,实施深层次执法,扎实稳妥的推进相对集中行政处罚权工作”的经验。市南区、四方区和城阳区的管理和执法工作通过了ISO9000质量管理体系认证。

城市环境综合整治

年内,组织开展了以“清理垃圾、清除违章、搞好绿化”为重点的新一轮城市环境综合整治,组织开展了对占路经营、露天烧烤、乱贴乱画、报刊摊点和中小学周边环境等的专项治理,通过了山东省城市环境综合整治考核验收。黄岛区生态环境建设、城阳区城市绿化建设获得“全国人居环境范例奖”;五四广场、音乐广场和汇泉广场被评为全国特色文化广场。开展城市绿化工作,市区新植树189万株,新增公共绿地面积320万平方米,建成区绿化覆盖率达到38%,人均公共绿地提高到11平方米。垃圾分类收集、清运工作继续保持较高水平。组织开展了大规模清违行动,全年共拆除以李沧区东部违法建设为重点的各类违法建筑116万平方米,打击了违法建设行为。组织开展创建“全国无障碍设施建设示范城”工作,并通过了国家验收组的验收。加强对市政公用事业的管理,加大对全市建筑工地计划用水和二次供水单位的检查,严厉打击了燃气、供热和物业等方面的不法行为,全年共查处公用事业和物业方面违法行为450起。

（崔　娜）

·国土资源和房屋管理·

土地利用总体规划修编和土地调查

2004年,启动了青岛市土地利用总体规划修编工作,该工作总体分为前期准备工作、专题研究和编制规划大纲、编制土地利用总体规划等3个部分。年内,完成了信息收集,落实了规划修编承担单位,做好了实施评价和指标预测以及与“十一五”规划和城市总体规划的衔接工作。

成立了土地调查工作领导小组及其办公室,在全市范围内开展了土地调查测绘工作,并争取使青岛市被列为2004年土地利用基础图件与数据更新项目试点城市。年内,组织实施了在原有控制点基础上布设大地基础控制网工程,建立了覆盖全市的GPSC、D级控制网和地心坐标系,进行了全市厘米级大地水准面精化,推进土地利用现状调查。组织城镇地籍变更、农村地籍和土地条件等调查工作,完成了五市三区技术指导、招邀标书准备和公开招标,完成数据库建设;组织开展了土地登记清理清查工作,共清理清查127万余宗土地登记资料,存在问题359宗,已全部进行了纠正。

土地市场秩序治理整顿

年内,开展开发区专项治理,对各类开发区进行严格的调查复审,以各区、市为单位建立了辖区内开发区综合档案。青岛市原有各类开发区83个,批准规划面积6.53万公顷,报经省政府审核后,撤销各类开发区58个、面积3.18万公顷;整合后拟保留的开发区25个、规划面积2.14万公顷。先后通过了国务院检查验收和全国人大常委会《土地管理法》执法检查,取得了阶段性成果。

治理整顿过程中,先后对七区五市19宗重大土地违法案件进行了公开查处,并针对青岛市土地市场秩序存在的主要问题,采取措施进行整治。依法收回闲置土地71.37公顷,依法追究处理土地出让金13.62亿元。组织立案查处土地违法行为2415宗,查处违法用地面积2626公顷,罚款金额6059万元,拆除地上建筑物和构筑物141万平方米,没收地上建筑物和构筑物136万平方米,责令退回非法占地110万平方米。对土地违法责任人共提出行政处分建议237人,提出党纪处分建议173人。

对开发区建设项目用地执行预审制度,强化建设用地审批管理,严格按土地出让合同规定实施违约责任追究制度。通过收回、收购、调整、清理、置换、整合等多种方式,从不同途径挖掘、盘活存量建设用地,解决了开发区用地供需矛盾。严格遵循耕地保有量和建设用地总量的“双控”规定,投资强度系数在国家规定的基础上略有上浮,不给低水平重复建设提供用地空间,对限制性产业严格控制项目供地,对禁止性产业停止项目供地,注重引导开发区厂房向高空发展、资本向高投入发展、产业向高科技发展,提高土地利用率。

土地资源管理

土地开发整理复垦　年内,实施耕地保护制度,全市耕地总量基本实现动态平衡。全年共申报省级投资土地开发整理复垦项目5个,新增耕地面积210公顷;市级立项土地开发整理复垦项目269个,新增耕地面积2606公顷。

土地征用　制定了《关于进一步加强和改进市区土地征用工作的意见》,从合理调整补偿标准、推行综合安置措施、加强补偿监管机制、提高征地工作效率等方面进行改革,重点解决失地农民“吃”、“住”、“养”问题,维护了被征地农民的利益。对全市征地补偿费管理使用情况进行了专项检查,全市1999年以来批准征用土地1.02万公顷,其中经国务院批准征用土地面积2263公顷、经山东省政府批准征用土地面积7933公顷,征地补偿安置费总额30.58亿元。少数区、市历年拖欠农民征地补偿安置费1.23亿元,已全部清欠补偿到位。

建设用地审批 全年全市共办理建设用地报件400件,其中"农转用"7896.22公顷、土地征用8140.96公顷。加强建设项目用地预审工作,制定了《关于切实加强建设项目用地预审工作的通知》(青政办发〔2004〕6号)等文件,明确建设项目用地预审的申报、审查工作程序和相关要求。

经营性土地招拍挂 年内,全市通过招标拍卖和挂牌方式出让土地91宗、面积234.34公顷,出让总价款26.41亿元。市区通过企业土地纳入储备和公开出让变现,近4万困难企业职工获得分流安置;开辟了"绿色通道",依法解决13家特困国有企业的改制分流工作。

存量建设用地挖潜 经调查摸底,全市可挖潜存量建设用地总量3983公顷,经挖潜后可利用土地3226公顷。

重大项目用地服务 成立了为大项目服务领导小组,筛选汇总了230多个项目,按照项目大小、轻重缓急及审批机关级别等,报请国家审批列入重点急需建设项目。全市有18个建设项目被国家发改委、国土资源部确认为第一批重点急需建设项目。

矿产资源管理

年内,重点深化矿产资源有偿使用制度改革,矿业权有偿出让工作进展顺利,共实现采矿权价款2450万元,比上年增加近400万元、增长19.5%。针对乱采山石问题制定了专门治理措施,共关停采石场点245处;对全市270多处因采石所造成的山体破坏点,制定了初步恢复治理计划,对位于中心区、旅游线路和迎宾路两侧的原有采石坑回填土方,对回填后的山体进行乔、灌、藤、花、草的合理配植,突出景观和生态功能。落实了青岛市及崂山、城阳、平度、胶南四区(市)"地质灾害防治规划"的立项和编制准备工作,编制资金全部到位。加强对《青岛市矿产资源总体规划》审批后的矿山开发管理。将乱采石治理的目标任务下放到街道办事处和村庄居委会,加强查处。

房屋管理

住房制度改革 落实市级财政全额拨款单位住房补贴计发工作。截至年底,672个市级财政全额拨款单位的2.37万名职工住房补贴已计发到帐户,其中住房基本补贴1.15亿元、住房一次性补贴9987万元;8971名职工已支取住房补贴,其中住房基本补贴5601万元、住房一次性补贴9987万元。继续推动剩余公房出售工作。市内四区全年共出售公房7917套,售房收入1.46亿元,全市累计出售公房34.1万套,售房收入40.43亿元。加强自管房出售收入管理,保证售房收入专款专用。加快企事业单位售房收入向住房补贴资金转化,全市累计转化补贴资金5081万元,其中2004年转化资金258万元。

经济适用住房建设 组织起草了《青岛市经济适用住房管理办法》、《青岛市普通商品住房管理办法》和《青岛市城镇最低收入家庭廉租住房管理办法》,并于8月20日由市政府发布,10月1日起正式实施。青岛市已基本形成了向最低收入、低收入、中等收入和高收入家庭分别供应廉租住房、经济适用住房、普通商品住房和商品住房等4个层次的住房供应体系。完成了市政府确定在城乡建设和改善人民生活方面重点办好的17件实事中的"经济适用住房开工建设200万平方米、竣工60万平方米"的目标任务。2002年5月以来,已为1542户最低收入家庭实施了住房保障,其中实物配租7户、租金补贴1090户、租金减免445户,基本解决了市内四区人均住房使用面积4平方米以下的最低收入保障家庭的住房困难。

房地产二三级市场 深化集中解决"办证难"活动成果,实施了"走百家企业,访千户居民,办万宗难卷"专题活动,房地产交易基本实现了电子案卷信息网络化审批。持证房地产转移和部分商品房买卖业务可即收即办、立等可取。规范市场交易秩序,以预售许可、合同备案及权属登记信息整理、关联为核心,建立了一整套商品房预售管理体系,防止了"一房多售"和"恶意骗贷"等行为。全年市内四区存量房销售户数3.21万户,比上年(下同)增长33%;总成交面积230.41万平方米,增长36%;总成交金额67.77亿元,增长61%。

房政管理 全年实施房屋鉴定业务32件,鉴定房屋46处;维修加固危房10余处,建筑面积9万余平方米,投入修缮费93万元。对重点私房上访案件,逐一排查研究,研制专门解决方案,并抓紧督促落实。年内,解决拆迁户腾房8户,代管房产案件4件。

物业管理 年内,完善了物业管理法规体系。对《物业管理服务标准》等相关规定的执行情况进行定期和不定期检查,对违反规定的企业给予了相应处罚,维护了物业管理市场秩序。选择了部分在行业内居领先地位、业绩突出、发展前景好的企业重点培养,以重组联合、产权转让、整体划拨等形式,使部分优秀企业组成产业龙头,带动了物业管理向服务全面化、人情化、科技化、高效化方向发展。截至年底,全市获得"国优"称号的小区(大厦)33个,占山东省的34%;获"省优"称号的小区(大厦)75个,占全省的27%。有50多家企业通过了ISO9002国际质量体系认证和安全、环保体系认证。市国土资源房管局连续4年获得"山东省先进物业行业管理部门"称号。

(孙义华)

·住房公积金管理·

概　况

2004年,青岛市共筹集住房公积金26.58亿元,同比(下同)增长24.85%,年末实现住房公积金余额73.67亿元;共向1.19万名职工发放住房公积金贷款16.33亿元,分别增长33.83%和54.68%,年末实现住房公积金贷款余额35.37亿元。

业务管理

年内,按照"面向客户、业绩驱动、风险可控、分离制衡"的原则,对组织架构进行了重组,突出前后台分离,实现了住房公积金管理和运作的分离和制衡。规范了辖内11个管理处的政策规定和业务运作,实现了全辖信息统一共享。探索建立以住房公积金发展、风险防范与绩效为主要依据的资源配置制度,坚持动态考核和分类考核,引导各管理处"有进有退,有所为有所不为",促进住房公积金管理整体目标的实现。加强信息化建设，建立了具有国内同行业领先水平的计算机信息中心，开发的住房公积金综合交易软件系统处于后期信息集成阶段。坚持稳健管理，对个人住房公积金贷款业务，严格限定最高贷款额度，严格限定以所购自住住房作抵押的唯一担保方式，严格贷款三级审核审批运作流程，严格逾期贷款催收；对住房公积金财务工作，在严格执行有关住房公积金财务管理规定的基础上，坚持会计核算的谨慎性原则，不高估收益，加强风险监管；设立了稽核处，负责住房公积金归集和贷款及会计核算的事前、事中、事后的全过程、全方位的风险管理。

（徐　鑫）

·城市园林·

概　况

2004年，市区新植树169万株，新植竹子7万株，新建公共绿地326公顷；建成区绿化覆盖率提高到38%，人均公共绿地提高到11平方米，分别比上年（下同）增长0.5个百分点和1.66平方米。

市委、市政府于年内先后召开了全市城市绿化工作会议，把园林工作纳入各区市的重点工作目标考核，把山头综合整治工作纳入全市目标管理绩效考核，把全民义务植树作为“文明区市”和“文明单位”创建的重要内容。对园林工作思路和重点进行了调整，对城市园林现状、有关政策法规和管理等进行了调研和理顺。制订了园林建设三年总体规划和分项规划、“绿线”控制规划以及2005年各项重点工程的规划论证。

年内，滨海步行道被市民评为青岛市十大精品建设工程之一。

造林绿化

市区绿化　加强公共绿地建设和护山植绿等工作，提高绿化覆盖率和绿化水平。年内，奥帆赛场周边12条主要道路大规格树木栽植修整工作全部完成；滨海步行道按规划完成了航海运动学校节点、太平角一路节点、奥运健身路节点的贯通工作，其他节点建设的前期工作也取得进展，崂山段已开工建设；对浮山进行综合整治，新植树20万株，填埋采石坑9处，实施围挡1830米，协调有关区做好迁坟、拆违、退耕还林工作；辛家庄北山等5处山头绿化已基本完成。

城市园林管护

依法行政　加强对各类涉及园林案件的查处，设立了24小时开通的公开电话，实行有奖举报，多次组织开展了山头综合整治、打击破坏山林绿地资源违法行为集中执法活动。全面推进依法行政，市城市园林局建立了“一站式”行政服务大厅，对有关行政许可事项进行了清理，健全规章制度，实行政务公开，提高了服务质量和办事效率。

城市园林管护　对园林绿化建设和管理方面的情况进行了了解和理顺。新建花园式单位59个、绿化先进单位90个，完成300个居民庭院的增绿达标任务。协调有关单位加强绿化养护管理，严格山头保护、绿地征占用、树木采伐迁移等方面的管理。全年市区发生山林火警26起，火灾受害率0.32‰。主要森林病虫害得到有效控制，主要道路、沿海防护林、山头、公园、成片丰产林等重点区域基本实现了有虫不成灾。

局属各公园、景区全年接待游客1384万人次。

机制和科技创新

完善现有政策，宣传推广外地和本地一些好的政策，鼓励协调有关区市制订扶持政策。多次组织有关区市赴外地学习城市绿化方面等先进经验。对非物业管理居民庭院绿化管护等问题进行了专题调研。推广绿地认建认养、绿化管护招标，开展绿地冠名等活动。

加快园林地方标准化体系建设，8个地方标准已形成初稿并提交有关部门。新引进欧洲金链树、美国红腊等林木花卉良种40个。举办林木种苗、花卉等方面的培训班7期，培训人员1400余人次；发行《种苗花卉信息通道》刊物12期，发布信息1000余条。

（王　涛）

·环境保护·

生态市建设

2004年，编制完成了《青岛生态市建设规划》，并经市政府和市人大常委会审议通过。10月，市人大常委会作出了《关于建设生态市的决议》。11月，全面启动了青岛生态市建设工作。年内，胶南市、胶州市、城阳区获得国家级生态示范区命名，青岛市通过验收的国家级生态示范区数量居山东省前列。加强“环境优美乡镇”创建工作，胶州市李哥庄镇和平度市南村镇获得首批“省级环境优美镇”称号；胶南市隐珠镇、铁山镇，平度市南村镇和胶州市李哥庄镇等4个镇被国家环保总局命名为“全国环境优美镇”，数量占山东省当年被命名总数的2/3。加强自然保护区建设和管理工作，新建成了“青岛文昌鱼水生野生动物市级自然保护区”，全市自然保护区总数量达到了10处。

循环经济发展

全市各区、市开展循环经济试点工作。黄岛区、城阳区推进区域性循环经济发展，并制定了实施方案。市北区胶州湾新产业区生态工业园区创建工作正式启动。全市建设了一批生态农业无公害蔬菜示范园以及“大棚—养殖—沼气—蔬菜（果）”四位一体的生态农业示范园，莱西市万福集团和城阳区金合养殖有限公司相继投资建设了畜禽粪便沼气化处理示范工程。

年内，全市有31家单位通过了ISO14001环境管理体系认证，全市累计通过ISO14001环境管理体系认证的单位达到110多家。10月，黄岛区创建ISO14000国家示范区通过了国家环保总局验收，成为全国通过验收的第18个国家示范区。城阳区、青岛高新技术产业开发区通过了ISO14001环境管理体系认证。

推广使用海水源热泵技术。11月，青岛市首个海水源热泵示范项目在青岛发电厂建成并投入试运行，新华社、中央电视台进行了报道，《中国环境报》、《青岛日报》等20余家国内报刊、网站进行了刊载报道。

建设项目环境管理

全年共审批建设项目2550个，拒批项目223个。对全市1998年至2002年审批的8000多个建设项目进行了清查，对其中未经环保验收就投入运行的497个项目依法进行了查处。年内，市环保局将建设项目环境管理ISO14001质量管理体系扩展到该局所辖的7个分局，提高了建设项目环境管理工作质量和服务水平。

加强建设项目建设期环境监察，全年开展建设项目监察400余家次，共查处建设项目违法单位30余家，对限期未改正的立案处罚10起，处罚金额26.6万元。在预防“禽流感”期间，在全市4000余家畜禽养殖、屠宰场点、集贸市场中，筛选重点单位175家，开展生态环境监察，实施全面整治，达到了有关标准要求。

环保专项行动

5～11月，在全市开展了“整治违法排污企业保障群众健康”环保专项行动，全市共出动执法人员1.05万人次，检查单位1.07家次；共立案处罚300余起，处罚金额200余万元，向有关部门移送案件40余起；共取缔或关停污染严重的企业（生产线）22家（条），搬迁企业（生产线）6家（条），改造或重建污染防治设施40余台套，挂牌督办的57个环境污染治理项目已完成54个，其余3个已责令限期治理。开展了“清查放射源让百姓放心”专项行动，对全市629个放射源进行了清查。

城市环境综合整治

大气污染控制　加强对销售和燃用高硫煤的查处，对煤炭经销市场进行了清理整顿，市区全年淘汰燃煤锅炉164台。严格推行《含清净剂车用无铅汽油》强制性标准，加强对机动车排气污染的监管，利用社会力量建设了“简易工况法”检测线，全年共检测机动车17万余辆，责令近1万辆尾气超标机动车进行了治理。开展“两区”（烟尘控制区、噪声达标区）建设，建成区“烟尘控制区”覆盖率保持在100%。

水污染控制　实施污染治理再提高工程，加强对胶州湾入海工业污染源的治理。将全市60家企业的63个治理项目列入再提高工程计划，60家企业累计投入治理资金1.4亿元，63个治理项目已全部通过验收，削减了污染物排海总量。

噪声污染控制　严格实施夜间建筑施工许可审批，加强环保“12369”联动值班工作，5、6月期间开展了“为考生送安静”等活动，查处了餐饮娱乐服务业噪声扰民行为。

固体废物污染控制　全年全市共处置医疗废物1283吨，医疗废物集中处置率达到85%，比上年（下同）提高了45个百分点，全市所有一级以上医院的医疗废物全部纳入集中处置。工业固体废物综合利用率达到97%，危险废物全部安全处置或综合利用。

创建国家环保模范城市群　胶南市和莱西市分别于1月和12月通过了国家环保总局的“创模”验收。即墨市、平度市的“创模”规划通过了山东省环保局的验收。青岛市于11月通过了国家环保模范城市的省级复查。

环境法制建设

《青岛市机动车排气污染防治管理办法》经市政府批准于8月正式施行。市政府办公厅印发了《青岛市生活饮用水地表水水源保护区划》和《关于加强生活饮用水源地保护有关问题的通知》。市环保局起草完成了《青岛市饮食服务业环境污染防治管理办法》并上报市政府，启动了《青岛市城市区域环境噪声标准适用区域划分规定》的修订工作。组织进行了水源保护区划界立标工作。完成了环境保护行政许可事项的清理工作，修订地方法规1件，废止政府规章2件、规范性文件1件，建立了行政许可监督检查、执法责任追究等相关制度。全年全市共实施环保行政处罚1738起。落实《排污费征收管理条例》，实施排污总量收费。

在全市开展了为期6个月的重点环境信访案件回查活动。青岛市环境信访工作经验先后在全国、全省环境信访工作会议上进行了交流。全年全市共立案处理环境信访投诉6479件，信访总量下降12.6%，处理率100%，处结率99.5%，满意率99.2%。市环保局共办理人大建议和政协提案104件，建议提案的办复率、面复率均达到100%。

环保检测与信息化建设

环境监测　完成了环境空气、饮用水源地、地表水、近岸海域、环境噪声、降水、放射性环境监测和工业污染源的例行监测任务。编报奥帆赛赛场水质监测月报11期、集中式饮用水源地水质监测月报12期、海水浴场水质监测周报12期。开展了青岛市“菜篮子”产品生产基地专项监测工作。青岛市被国家环保总局列为全国室内环境空气质量监督管理4个试点城市之一，进行了重点大型公共场所的室内空气监测。

环境信息化建设　市环保局建成了多媒体会议室和7个分局的视频会议系统，提高了办公自动化水平。青岛“碧海蓝天网站”被山东省环保局评为山东省优秀环境网站，市环保局被评为全省环保系统信息化建设先进单位。

环境宣传与表彰

9月16～18日，山东生态省建设高层论坛暨第一届绿色产业国际博览会在青岛市举办。青岛港（集团）公司被国家环保总局命名为“国家环境友好企业”，成为全国首批4个获此荣誉的企业之一。市环保局连续7年获“齐鲁环保世纪行”优秀组织奖。“六五”世界环境日期间，开展了宣传纪念活动。全年对120家市级绿色单位进行了命名表彰，青岛市国家级、省级绿色学校、绿色社区总量在山东省名列前茅。

环境保护基本情况

项　目	单位	数量	比上年±%
全市环保总投资	亿元	62.03	43.19
环保投资指数	%	2.87	18.11
二氧化硫排放总量	吨	151664.3	14.18
烟尘排放总量	吨	42485.6	24.65
工业粉尘排放总量	吨	9275.2	32.29
工业固体废弃物排放总量	吨	800	-87.10
化学需氧量排放总量	吨	55882.6	6.23
氨氮排放总量	吨	5802.2	-5.92
废水排放总量	万吨	24183.4	4.83

环境质量状况

大气环境　市区PM_{10}、SO_2、NO_2、CO年日均值分别为0.098毫克/标立方米、0.056毫克/标立方米、0.024毫克/标立方米、1.1毫克/标立方米，均低于国家二级标准浓度限值。首要污染物为PM10和SO2，所占的百分率分别为90.6%和9.4%，PM10为影响青岛市环境空气质量的主要污染物。市区空气质量自2000年以来连续5年达到国家环境空气质量二级标准。市区达到或优于空气质量二级标准的天数共331天，优良率为90.4%，提高1.1个百分点。

水环境　全市33处饮用水源水库有32座水质达到或优于地表水三类标准，达标率为97.0%，提高3.5个百分点。全市河流功能区达标率为76.2%，提高1.6个百分点。大沽河干流水质达标,多数支流断面水质保持稳定。胶州湾外黄海近岸海域除麦岛和石老人点位外,其余点位水质均达到或好于二类海水水质标准。胶州湾中部、南部海水水质以二类海水为主,东部入海河口附近污染仍较重,主要污染物为无机氮。奥运帆船赛场海域整体水质良好,除赤岛西点位外,其余点位水质均达到一类海水水质。夏季青岛市第一、六海水浴场及金沙滩、仰口海水浴场水质良好,各监测指标平均值均符合二类海水标准。

声环境 市区道路交通噪声平均等效声级为68.3分贝,下降0.5分贝。市区区域环境噪声平均值为53.6分贝,下降0.2分贝,为开展监测以来的最低值。自1997年以来,连续7年低于"城考"规定的下限值(56.0分贝)。各类噪声功能区全部达标。

(张 伟)

房地产与建筑安装业

·房地产业概况·

2004年,全市房地产开发完成投资162.7亿元,同比(下同)增长27%,占全社会固定资产投资的15.9%;房地产业实现增加值83.7亿元,占全市生产总值(GDP)的3.9%;房地产企业共纳税20.9亿元,增长21%。

房地产市场

全年新开工房屋面积940.8万平方米,增长3%;房屋竣工面积635.2万平方米,增长18%;销售面积516.2万平方米,增长13.9%。商品住宅新开工、竣工和销售面积分别为795.4万平方米、504万平方米和446.5万平方米,占商品房屋总量的84.5%、79.3%和86.5%。全年经济适用住房开工在建216万平方米,竣工64.8万平方米。五市三区完成房地产开发投资、商品房屋新开工、竣工和销售面积分别占全市的53.7%、71.5%、72.2%和76.3%,成为房地产开发重点区域。

居民住房水平稳步提高。截至年底,城区人均住房建筑面积24.2平方米,增加1.9平方米。通过严格配套费征收、规范配套设施建设、完善监管制度,完善了住宅小区配套设施,美化了居住环境。"二手房"市场持续活跃,市民购房渠道日益健全。完成住房公积金管理体制改革,归集发放工作有序推进,市民购房资金得到保障。物业管理工作逐步规范,市民居住环境更加舒适。

整顿规范市场秩序

年内,集中清理了全市42个涉及历史遗留问题、有重大纠纷及违规行为问题的房地产开发项目,一大批历史遗留问题得到妥善解决。严格房地产开发资格清出制度,全年注销房地产开发企业32家,降低资质等级14家,限期整改46家。评出了青岛市"十强"房地产开发企业。

市政府先后出台了《关于加强经济适用住房项目招投标管理工作的通知》(青政办发〔2004〕91号)、《关于加强房地产开发用地出让管理工作的通知》(青政办发〔2004〕92号)和《关于严格城市房屋拆迁管理的通知》(青政发〔2004〕62号)等文件,规范了项目出让、开发建设、经济适用住房招投标和房屋拆迁等行为。

房地产业管理

年内,市房地产开发管理局成立,隶属于市建委,代表市政府对房地产开发和房屋拆迁工作进行统一管理、监督和指导,初步建立了政府宏观调控和市场监管的管理模式。建立了青岛市第一个房地产开发项目库,编制完成了《青岛市市内四区房地产开发2005年度计划》,建立了全国第一个经济适用住房招投标有形市场,初步建立了房地产市场信息系统和项目监管体系。按照"两级管理、权责明确、方便监督、有利稳定"的原则,着手建立市区两级拆迁管理新模式。

(崔 娜)

房地产与建筑安装·企事业单位选介·

青岛建设集团公司

概况 2004年,完成营业额43亿元,比上年(下同)增长30%;施工面积651.62万平方米,增长28%;新开工面积311.14万平方米,增长7%;完成房地产开发面积52.88万平方米,增长175%;实现利税总额1.55亿元,增长17.4%。

年内,该集团获得2004年全国质量管理奖鼓励奖、全国优秀施工企业、全国用户满意企业、全国质量管理效益型企业和全国工程建设质量管理优秀企业等称号;入选由中国《建筑时报》和美国《工程新闻记录》杂志联合评选的"2004年中国承包商、工程设计企业双60强";被中国企业联合会、企业家协会认定为"全国500强企业集团";被商务部列为"中国对外承包工程企业20强"。通过了中国建设银行总行AAA信用等级企业的年审工作,被招商银行评为"战略客户",被农业银行青岛市分行评为AAA信用等级企业。

工程质量和安全生产 工程竣工合格率100%,优良品率95%以上,所属二建公司施工的裕龙科技公寓工程获得"鲁班奖",承建工程共获得"全国用户满意建筑工程"两个、"全国建筑工程装饰奖"两个、山东省工程质量"泰山杯"奖4个、山东省建筑工程装饰"泰山杯"奖6个、"青岛杯"奖9个。被评为山东省施工现场管理样板企业,创建了"山东省安全文明示范小区"两个(全省仅有两个)、"山东省安全文明示范工地"两个、"山东省安全文明工地"5个、"市级安全文明示范工程"33个,全年安全达标合格率100%,优良率达93%以上,轻伤负伤频率0.014‰。

业务拓展 年内,在青岛市承揽了国际帆船中心陆域项目一、二标段,国际帆船中心陆域隧道工程,韩、日领事馆工程，体育运动学校等一批有较大影响的工程项目；在巩固北京、江西、福建等市场后，拓展了广东东莞等地市场；海外市场开拓成绩显著，被商务部认定具有对外援助成套项目施工任务A级实施企业资格，先后在阿拉伯联合酋长国、科威特、澳大利亚、日本、埃及等16个国家承包工程、输出劳务，并独自承接了中国援助莱索托图书馆兼档案馆工程的经济援助项目，全年完成外经合同额1.33亿美元，营业额1.38亿美元，分别是市政府下达的全年责任目标的145%和246%，分别占全市全年完成合同额和营业额的63.5%和66.8%，入选“全国对外承包工程企业20强”，海外总承包和劳务合作带动了外贸业务的开展，出口机械设备及建材74个标准集装箱，货值约112万美元。

技术开发　经国家人事部批准设立了企业博士后科研工作站，制定了博士后科研工作站管理办法，入站博士参与的混凝土结构地下室抗裂防渗技术研究已通过专家组鉴定，达到国际先进水平。引进和推广“新结构、新材料、新技术、新工艺”，加快了新技术的推广应用，其中“机场大跨度钢结构曲线高空滑移技术”获建设部的“华夏科技奖”、山东省科技进步奖和青岛市科技进步一等奖；获山东省建管局技术创新一等奖3项，有4个工程被批准为山东省新技术应用示范工程。

企业改制与品牌建设　年内，完成所属4家企业的改制工作。“青建海外”品牌在国家工商总局正式注册，成为山东省对外工程承包领域第一个正式注册的品牌。成立了客户服务中心，通过媒体向社会各界做出服务承诺，提出了为客户“精心服务每一天”的服务理念。

（王进军）

青岛城市建设集团股份有限公司

概况　2004年，开发施工面积101.69万平方米，其中新开工面积79.69万平方米，竣工面积34.11万平方米，完成开发工作量15.98亿元，工程优良品率100%，回收资金9.03亿元，实现利税1.6亿元。完成了第十四届青岛国际啤酒节汇泉会场的承办任务，到汇泉会场参加节日活动的市民和游客超过130万人次。年内，获“中国城市运营商50强”、“全国房地产联网直报工作先进单位”、“省级守合同重信用企业”和连续4年青岛市“双十佳企业”等20余项国家、省、市级荣誉称号。

汇泉广场改造工程　该工程是青岛市迎接2008年奥运会工程配套项目，列为市政府重点办好的实事之一，广场占地面积约41公顷，7月1日正式对外开放。其中，下沉式广场近9000平方米的地下空间汇聚了五星级影院、休闲咖啡厅、假日宾馆及多家餐饮店。9月，汇泉广场获得“‘魅力青岛’2004年最受欢迎的青岛旅游景点”称号；11月，当选为“全国特色文化广场”。

“湖光山色”住宅小区　位于浮山新区东南部，总建筑面积约33万平方米。该小区功能分区明确、结构布局合理、配套设施齐全、组团各具特色，是青岛市唯一获“中国名盘”、“经典示范楼盘”等两项全国性综合奖的楼盘，设有综合会所、商业步行街、幼儿园、网球场、健身长廊、地下车库等。8月底，一期工程完工；截至年底，二期工程正在建设中。

浮山后村庄改造工程　该工程占地约32.5公顷，总建筑面积40多万平方米，由浮山新区第八小区和第五小区组成。年内，完成1400户原住户拆迁工作和一期工程主体工程。

“福林大厦”等房地产项目　年内，加快“福林大厦”商务及住宅楼、“玲珑小居”楼盘的销售；“威海路步行街新项目”已销售完毕并入住；“阳光山色”、“福林华庭”、“山海天别墅”等十几个项目正在规划建设中。

异地业务开发　“北京·玫瑰御园”是该集团在北京开发的第二个楼盘，总建筑面积约9万平方米，于10月开盘。该楼盘被建设部科技委员会、建设部科技发展促进中心、中国房地产及住宅研究所、中国房地产业协会开发委员会、《中国建设报》“中国楼市”栏目联合评定为2004年“中国建筑设计示范住宅”。

（冯显泉）

青岛中房集团股份有限公司

截至2004年底，该集团具有建设部核准一级开发资质，通过了ISO9001国际质量体系认证，产品合格率保持100%，优良品率达90%以上，专业技术人员占90%以上；先后获“全国房地产领先企业”、“国家级守合同重信用企业”、“全国建筑工程鲁班奖”、“建设部销售放心房企业”、“十佳房地产企业”、“AAA级信誉等级企业”、“中国（青岛）城市土地全国化品牌运营商”、“半岛十佳诚信金牌地产商”、“2004年青岛市房地产十强企业”等近百项国家和省、市级荣誉称号。

年内，福岭嘉苑住宅小区项目一期交付使用，二期开工建设；建筑面积10万多平方米的中房花苑住宅小区项目于10月交付使用，28个楼座全部达到优良等级，其中2个楼座获优质结构奖；乾豪国际广场项目进展顺利。通过了质量认证外部审核机构的ISO9001国际质量体系审核。该集团控股的宁夏嘉屋公司完成了各项经营指标；控股的北京中联环公司研制开发的威尔新型高效节水厕具获两项国家发明专利、15项实用新型专利，已获美国发明专利授权，通过了国家建设部科学技术司组织的专家鉴定，列为国家建设部科技成果推广项目、国家科技部科技成果重点推广项目、北京市高新技术成果转化项目。

（孙光辉）

青岛市房产置业集团有限公司

概况　2004年，完成生产总值10.7亿元，同比（下同）增加3亿元，增长39%，创历史最好水平。其中，完成房地产开发投资4.7亿元、增长52%，开发面积46.3万平方米、增长36%，竣工面积13万平方米，销售面积5.3万平方米；完成建筑安装总产值5.1亿元、增长38%，施工总面积112万平方米、增长33%，竣工总面积35万平方米、增长99%，工程一次验收合格率100%；完成工业总产值421万元；完成商业服务业营业收入9651万元。实缴税收总额1870万元。

房地产业与代建项目　中标建筑总面积近8万平方米的四方区长沙路以北1号地块C区经济适用房项目；“青房·乳山·水岸人家”项目在国家建设部“创新风暴2004·中国优秀住宅推介”中获“中国景观环境示范住宅”称号；建筑总面积近1.5万平方米的“瑞纳康都”项目完成主体封顶，实现预期销售目标；“青房·海泊人家”项目提前半年实现交付使用，策划推出的“海泊商街”获得成功，住宅和商业网点的销售工作全部完成；“乳山·银海花园”完成一、二期开发，进入管道铺设、路面环境整修阶段，并获“乳山银滩旅游度假区优秀示范小区”、

"青岛住交会异地置业优秀楼盘"等称号;"温哥华花园"项目主体实现封顶;绍兴三路办公住宅楼工程实现交付使用;海泊河小区22号B区网点住宅工程、"瑞华园"小区和贵州路16号工程按期开工;完成黄山路工程2、3号楼续建,实现交付使用,解决了历史遗留问题。

代建的"海丽花园"项目完成工程主体,进入内外装修阶段;代建的"青岛市中级人民法院审判综合楼"工程,主楼提前20天封顶;代建的"法官公寓"完成基础底板混凝土浇筑。

国有房产管理运营及市场化运作 加强"欠租"清缴工作,保证了国有房产的合法使用、正常维修和保值增值;建立了房屋图片档案,完善了房屋基础资料;建立了房产管理系统,提高了办公自动化程度,实现了管理、业务、财务的同步进行。通过置换、转让使用权、推行"协议租金"、合作经营、合资整修等手段,推进国有非住宅房产市场化运作。

房屋修缮改造 组织实施了位于武昌路的25处31栋房屋的"平改坡"工程;建筑总面积近8300平方米、涉及各类特色建筑20余栋的"欧人监狱"改造项目通过立项;青岛市人民会堂改造方案确定,进入施工阶段。

物业管理 "华侨·瑞纳花园"小区被国家建设部授予"全国物业管理示范住宅小区"称号,是青岛市2004年惟一获此荣誉的住宅小区;所辖东海岸物业管理公司率先在全市物业管理企业中通过ISO14001:1996环境体系认证。

工商业 该集团公司下属的中山商城提高了品牌知名度;南山花卉市场的鲜花、绿植花卉和工艺品项目在同行业中具备较强的竞争优势;青岛电梯厂成为青岛市第一家"五证齐全"的电梯生产安装维修企业;与世界500强企业百安居达成合作协议,提高了房屋租赁收益率。

企业改革 列入改制计划的9家中小企业中有8家完成改制任务,1家拟于2005年与其上级单位"事转企"改革捆绑实施;列入退出市场的5家劣势企业中有4家单位已退出市场,剩余1家正办理退出手续;所辖物业总公司及所属6家事业单位提出了"整建制转企"的总体思路;所辖房产经营公司纳入新一轮房管体制改革取得新进展;组建成立了青房建安集团。

(贺 杰 孙 鹏)

中国石油天然气第七建设公司

概况 2004年,完成企业总产值10.2亿元,全员劳动生产率35.36万元/人年,实现利税3500万元,实现利润1100万元,4项主要经营指标分别比上年(下同)增长117%、53.5%、50.9%、15.8%。

主业工程 主业施工分布在国内13个省(区)及苏丹、哈萨克斯坦等国家共38个施工点,承建各类石油、化工工程72个,竣工投产工程57个,全部实现一次投产成功。承建的克拉玛依石化分公司30万吨/年润滑油高压加氢装置工程获国家优质工程银奖,乌鲁木齐石化分公司40万吨/年催化重整工程获全国石油系统用户满意工程奖。

加工制造 全年完成加工制造产品6万吨,为年计划的167%,同比增长131%,加工产值2.9亿元。其中,完成国外来料加工产品1万吨,对外加工产品主要销往日本、韩国、英国、苏丹、哈萨克斯坦等国家,出口创汇475万美元。

市场开发 全年共组织工程投标议标147次,完成市场开发合同额11.6亿元,为下年度转入任务资源储备5亿元。其中,国内工程合同69项,合同额7.86亿元;国外工程合同8项,合同额3400万元;加工制造产品合同54项,合同额3.36亿元,国外来料加工合同6627吨、合同额408万美元。加强化工、乙烯建设市场开发,承接了吉林石化公司60万吨/年乙烯装置扩建工程、辽化80万吨/年PTA及配套原料PX装置工程。首次进入哈萨克斯坦北部扎奇油田建设市场。

科技进步 全年共完成科技攻关成果13项。有两篇科研成果在全国石油化工技术交流会上获奖。筹措资金购置了一批先进的技术装备。该公司吊装能力居国内同行业先进水平。

企业管理 开展了"规范自律"活动,建立和修订完善管理制度30多项、工作流程50多个。全面推行内部市场化经营和商务化运作,签订内部经营合同159份、分包合同437份。办理工程(产品)分包市场准入79家。坚持按定额组织生产,完成劳动定额75.8万个。建立了会计集中核算体系,启动了网上银行资金控制系统。推进主辅业分离工作,分别与青岛市和胶州市签订了子弟学校移交协议并完成了移交工作。举办各类专业技术培训班48个,培训1771人。该公司培训中心被中国石油集团列为管工技师培训基地,获得全国石油管工技师培训资质,并获得青岛市授予的焊工技师、管工技师、冷作工技师培训基地和焊工培训发证资质。

(宓幼康)

海港·交通

概　　况

·交通基础设施建设·

截至2004年底，全市公路通车总里程达到6156.8公里，其中高速公路524.5公里、一级公路748.5公里、二级公路1700.3公里，公路密度达到每百平方公里57.8公里。全市码头岸线长度达到1.03万米，泊位77个，其中10万吨级以上泊位7个、内有20万吨级以上泊位2个。航空航线达到80条，其中国际和地区航线11条、国内航线69条。铁路线路总延长达到2431.2公里，其中正线1511.8公里，复线率达到68.9%，一级铁路所占比重达到62.2%。

·交通综合运输能力·

年内，新增班车76辆、旅游车辆21辆、货运车辆1.11万辆。共有班车企业80家，旅游客运企业35家，班车线路725条。营业性汽车达到7.68万辆，同比(下同)增长4.2%。其中，营业性客车1.3万辆，增长0.6%；营业性货车6.39万辆，增长5%。新增省际水运企业5家，货船12艘、5.69万载重吨；新增海上旅游客运企业1家，客船5艘、562客位。共有客运船舶59艘、8369客位，分别增长9.26%和7.2%；货运船舶79艘、222万载重吨，分别增长18%和2.8%。

完成道路客运量1.64亿人次、周转量51.25亿人公里，分别增长38%和37%；完成道路货运量2.99亿吨、周转量86.26亿吨公里，分别增长10%和14%。完成水路客运量916万人次、周转量1.01亿人公里，分别增长16.5%和17%；完成水路货运量567.1万吨、周转量83.65亿吨公里。

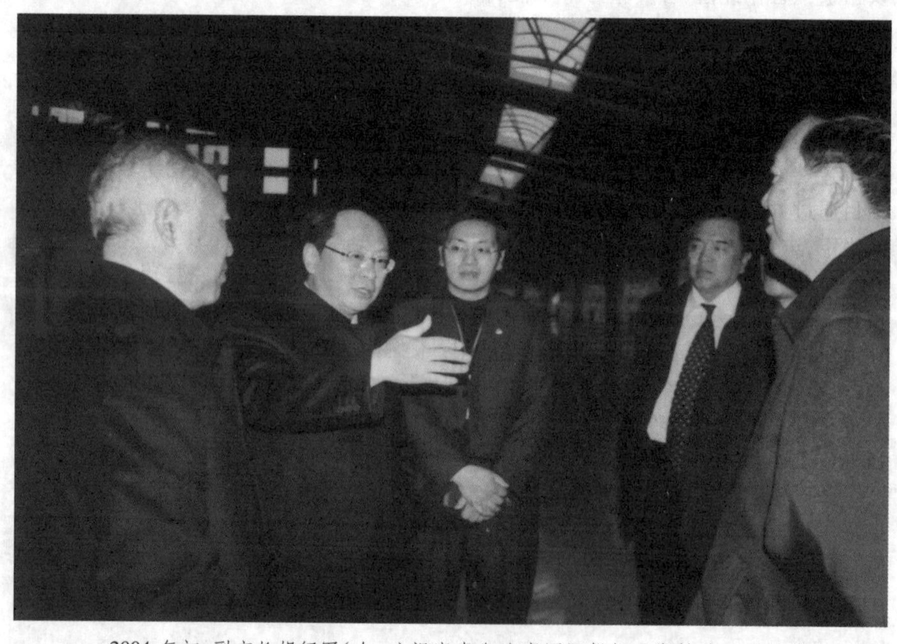

2004年初，副市长胡绍军(左二)视察青岛流亭国际机场二期扩建工程新航站楼建设情况。
(市政府督查室供稿)

青岛港的吞吐量达到了1.61亿吨，增长15%，连续4年实现年净增2000万吨的目标。其中，外贸吞吐量达到1.2亿吨，增长17%，居全国第二位；集装箱吞吐量513.9万标准箱，增长21%，居全国第三位；铁矿石吞吐量5610万吨，居世界进口铁矿石大港第一位；石油吞吐量3106万吨，进口原油吞吐量居全国第一位。

青岛铁路实现运输收入达到37.81亿元，增长21.6%。发送旅客、货物达到1495万人和5118.7万吨，分别增长9.5%和3.9%。流亭国际机场共保障航班达到5.68万架次，增长27.33%，旅客和行货邮吞吐量分别达到480.8万人次和10.45万吨，分别增长37.87%和38.29%。

·港口规划建设·

年内，交通部和山东省政府下发了对《前湾港区港口总体规划（修编）》的审查意见。香港招商局国际集装箱码头项目工程可行性报告已报国家发改委。广源发油码头项目工程可行性报告已编制完成。前湾港区三期集装箱码头后3个泊位主体工程基本完工。油码头三期项目工程可行性报告评审结束。LG化工码头项目围海回填已形成陆域。编制完成了四方港区、鳌山湾港区规划初稿。

（中国青　袁海波　杨　刚）

海港（青岛港集团公司）

·概　况·

主要指标

2004年，青岛港（集团）有限公司完成货物吞吐量1.61亿吨，比上年（下同）增长15%，连续4年每年净增2000万吨，提前一年并超额1165万吨实现“十五”计划。其中，外贸吞吐量1.20亿吨，增长17%，继续居中国大陆外贸口岸第二位；集装箱吞吐量513.9万标准箱，增长21%，继续居中国大陆港口第三位；矿石吞吐量5610万吨，其中进口矿石吞吐量4144万吨、增长18%，成为世界进口铁矿石第一大港；石油吞吐量3106万吨，其中进口原油2230万吨、增长35%，居全国港口第一位。安全引领及时靠离船舶1.9万艘次，其中船长超过200米的大型船舶3766艘次。上缴国家各种税费17.5亿元，增长41.7%。

经营管理

年内，加强安全质量环境管理体系建设，先后制定《基层作业队管理》等办法，建立23类71个重大危险源管理档案。创新现场管理机制，保证设备和作业环境处于良好状态。提前16年超额完成交通部、山东省1995年联合批复的《青岛港总体布局规划》确定的2020年500万标准箱发展目标，成为区域性国际航运中心之一。全年集装箱、煤炭、石油、矿石、粮食等五大货种完成吞吐量1.49亿吨，增长14%，占总吞吐量93%。完成钢铁吞吐量538万吨，增长62%。硫磺等货种均保持快速增长。

新增航线25条，箱量增长28%。12月10日，在“马士基多特蒙德”轮集装箱作业中，青岛港创出船时效率473.78自然箱、泊位效率379.88自然箱的新效率，第三次打破集装箱作业世界纪录。5月8日，在“神马”轮矿石作业中，以每小时装卸6098吨第三次刷新矿石卸船世界纪录。纸浆装卸以单舱每小时1018吨、综合卸率每小时1925吨，第七次刷新世界纸浆卸船纪录。

年内，争取铁道等部门的支持，扩大铁路疏运、公路疏运。全年铁路疏运货物4064万吨，增长11%，其中疏运矿石3027万吨、增长11%。全年公路疏运货物2249万吨，增长23%，公路疏运成为港口疏运的重要组成部分。

建设与改造

年内，全国最大的可停靠1.2～1.5万标准箱超大型集装箱船舶的前湾三期工程5～7泊位，于12月28日竣工投产，创造了一年建成3个集装箱泊位的历史最快纪录。该工程新增岸线1000米，增加能力105万标准箱。青岛港液体化工码头工程于8月31日通过竣工验收。该工程先期建设5万吨级泊位一个，设计水深－14.50米，年通过能力200万吨；建有23万立方米液体罐区及相应的生产、办公配套设施。改造扩建危险品堆场仓库，能力增长1倍。投资3.2亿元更新机械设备。投资1.25亿元实施7项技术改造工程。改造48泊位、56泊位，扩大泊位能力。增设前港地磅，加速矿石公路疏运。所辖港机厂钢材预处理车间建成投产。

对外合作与内部改革

1月，青岛港集团与丹麦马士基、英国铁行、中远集团合资成立的青岛前湾集装箱码头有限责任公司开业运营。5月，与世界500强企业日本三菱集团合资建设的散装水泥分拨基地投产运营。8月，与世界500强企业瑞典ABB公司合作成立的ABB低压产品青岛物流中心开业。截至年底，已有7家世界500强企业与青岛港实施合作。

加强内部改革，创新分配机制，开办人才交流市场，转岗分流二、三线人员456人。出台35条人才强港激励机制，推行岗位首席制。打破“四唯”（唯学历、唯职称、唯资历、唯身份）束缚，开展港内专业技术职务评聘和两级机关管理人员职务聘任，聘任高级专业技术职务者345人、中级968人、初级2055人，聘任部门主任（主管）26人、部门副主任（主管）53人、部门助理117人。

“人才强港”

4月，召开青岛港第四届科技大会，推进“人才强港”战略。开展群众性千项软件开发应用活动，创出成果1148项；推出科技难题招标攻关，完成科技创新成果317项。与中国海洋大学举办两期管理人员脱产英语培训班。邀请全国著名院士专家举办知识讲座，开展高级技术工人等专业培训，引进港口发展急需中高级人才。全港职工开展“五学”（学政治、学业务、学技术、学文化、学实践）活动，涌现出卸矿专家孙波、桥吊专家高吉凯等十大行业专家，形成外轮理货“零时间签证”、“青岛港船舶动态监控系统”等八大行业品牌，创造出1200多项“绝活”；该集团以职工的名字命名了“显新穿针”（集装箱吊装）、“义明千钧”（插钢丝缆）等十大员工品牌。青岛港创造了3个月制造3台25吨门机的纪录。

许振超被选树为“新时期·产业工人的杰出代表”·

许振超，青岛港集团公司前湾集装

箱码头责任有限公司桥吊队队长。多年以来,他敬业爱岗,刻苦钻研业务,率领全队多次创造世界集装箱装卸最新记录;青岛港集团公司以他的名字命名的“振超效率”被国际港口协会杂志《港口与港湾》予以充分认定。4月,中宣部、交通部、全国总工会、国家人事部、山东省委、山东省政府联合在北京举行许振超先进事迹报告会,之后连续在全国26个省市和单位作46场报告。《人民日报》、新华社、中央电视台等新闻媒体集中进行了重点报道。胡锦涛、温家宝等中央领导分别在北京和青岛港接见或看望了许振超,给予其特别的关怀和鼓励。

·精神文明建设·

年内,开展了“学振超精神,建‘三型’(学习型、创新型、实干型)团队、‘五好’(爱岗好、学习好、诚信好、创新好、奉献好)岗位,创一流业绩”活动和“创建学习型组织,争做知识型职工”等主题教育活动。实现港口“五个平安”(政治平安、生产平安、治安平安、信访平安、交通消防平安)。6月,组织举办了有6万多名职工和家属参与的学振超精神表彰颁奖暨第三十二届职工田径运动大会。10月,由中华全国总工会、中央文明办、国家发改委、教育部、科技部、人事部、劳动和社会保障部、国资委、全国工商联等九部委联合举办的全国“创建学习型组织,争做知识型职工”活动现场推进会在青岛港举行揭牌仪式、经验报告会、现场观摩、赠书仪式等,授予青岛港“全国创争活动示范单位”称号。继续开展“人人节支1000元,人人增收1000元”活动,职工提建议9418条,采纳3909条,实施2815条,创经济效益3021万元,节支2406万元,增收3459万元。

年内,青岛港在中国港口协会评选中获全国“十强集装箱码头”、“最佳集装箱桥吊作业量码头”、“最佳单船作业效率集装箱码头”、“最佳泊位利用码头”等称号,青岛港集团公司获国家环境友好企业、全国十大国家质量管理卓越企业、全国绿化先进单位、中国企业500强、全国技能人才培育突出贡献奖、中国企业形象建设十佳单位、全国爱心捐助奖、中国十大最具影响力品牌、中国行业龙头品牌等称号。该集团负责人先后获“中国企业改革创新十大杰出企业家”、“中国百名杰出企业文化功勋人物”、“中国企业文化品牌建设十佳个人”、“中华十大管理英才”、“中国企业技术进步与创新杰出贡献奖”、中国首批高级职业经理等称号。

(胡钦明　高建绪)

交　　通

·铁路运输·

青岛铁路分局生产经营概况

运输安全　2004年,用于安全设备和运输基础设施的资金达8385万元。通过查摆容易导致客货列车脱轨颠覆的问题和隐患,开展了安全大检查和专项整治活动,确保了春运、暑运、专运、黄金周和实施新图等关键时期的绝对安全。严厉打击治安犯罪,创造了良好的运输治安环境。3月30日,该分局实现安全行车4000天,创造了建局55年来安全生产的最好成绩。截至年底,实现了无重大、大责任行车事故4276天。

运输生产　全年完成运输进款收入37.81亿元,超计划2.64亿元,比上年(下同)增长21.5%。全年完成旅客发送1495万人,超计划10万人;客运收入率完成75.26元/人,比计划提高7.83元/人。全年完成货物发送1119万吨,超计划19万吨;货运收入率完成42.83元/吨,比计划提高3.87元/吨。提高了运输质量和效益,完成了重点物资和军事运输任务。

经济效益　全年完成运输清算收入34.02亿元,为年计划的104.2%;完成运输利润1.27亿元,为年计划的100%。开展节支降耗活动,全年完成节支6188万元。全面完成了济南铁路局下达的经营业绩考核任务,净资产收益率、运输全员劳动生产率、流动资产周转率等均实现目标。

内部改革　加快辅业重组,搭建起以辅业资产管理中心和8个公司为主体的经营管理构架。在济南铁路局率先启动基本医疗保险制度改革。调整电务系统生产布局,优化了人财物资源配置。探索试行了机车长交路和乘务制度改革。启动了列车库乘分离试点工作。实施了机关第二轮“动态考核、周期聘任”,对部分机关处室和基层站段领导岗位进行了公开招聘。规范完善了主要运输站段的岗效工资制改革。

多元经营　全年融资3400万元,新开发经营项目57个,涉及物流、商贸、房地产和机械加工等领域。策划并推出列车电视广告和车站电视传媒项目。完成所辖国际旅行社升级认证工作。开发铁路之外的工程建筑项目。全年完成多元经营销售收入15.1亿元,为年计划的108%,增长13%;完成多元经营利润3446.6万元,为年计划的101.4%;完成投资回报680万元,为年计划的100%;提取工资1.49亿元。集体经济同步发展,完成销售收入1.03亿元,为年计划的103%;完成利润143万元,为年计划的179%。

科技教育　提高运输装备水平,新增DF8B型内燃机车3台、DF7G型调车机6台;新增空调客车85辆,空调客车比重达到55%;进京、进沪、进穗客车技术质量全部达到A级标准。推广应用了车站运输信息整合应用系统、客车安全远程监控系统、轴温检测报警器等一批新成果。提高信息化水平,港铁信息共享、TMIS系统建设与应用、财务会计信息化等取得新的进展;胶新线信息网络一体化投入运营;运输收入分析与决策支持系统研制成功并通过省级鉴定;正式启动电子公文系统。适应胶济线电气化改造的需要,通过外出学习、内部培训、技能考核和继续教育等方式,培训干部4017人次,培训职工3.5万人次;与北京

交通大学联合开办了工程硕士研究生班。

精神文明建设 加强企业文化建设,开展了“诚信铁路”、“平安分局”、“品牌创建”等活动。加强党风廉政建设和反腐败工作,开展铁路用地管理、大修资金管理等专项执法检查,挽回经济损失2736万元。加强治安综合治理,综合治理合格单位达到95%以上。开展文明单位创建活动,有6个基层单位被山东省、11个基层单位被济南铁路局命名为“文明单位”,该分局连续16年保持了“青岛市文明建设先进局”称号。

职工生活 投资2100万元,用于环境改善和福利设施建设,提高了职工生产生活条件。全年职工人均收入达到20226元,增长13.8%。开展“送温暖”工程,全年投入资金630万元。

节假日旅客运输

春节旅客运输 2月15日,历时40天的春节旅客运输结束。期间,发送旅客200.1万人,比上年春运同期增加37.5万人,增长23%。其中,直通旅客发送84.2万人,同比增加17.1万人;管内旅客发送115.9万人,同比增加20.4万人。客票收入1.31亿元,同比增加870万元,增长7.1%。春运期间加开临时客车80列,加挂客车820辆次。

“五一”黄金周旅客运输 5月1~7日,共计发送旅客43.55万人,日均6.22万人;客票收入完成2633.5万元,比上年同期增长23.37%。

暑期旅客运输 8月31日,历时62天的暑期旅客运输结束。期间,共发送旅客302.7万人,日均4.88万人,比上年同期增加27.3万人,增长9.9%。其中,发送直通旅客145.1万人,同比增加37万人,增长34.2%;发送管内旅客157.53万人,同比减少9.7万人,下降5.8%。客票收入完成2.36亿元,比上年同期增加3345万元,增长16.5%。加开了青岛至北京、青岛至菏泽、烟台至北京、烟台至徐州的临客4对53列;开行了青岛至呼和浩特、淄博至张家界、东营至九江的旅游专列3趟。加挂各种车辆共1380辆次。

“十一”黄金周旅客运输 10月1~7日,共发送旅客37.46万人,比上年同期减少7.25万人,下降16.2%。其中,发送直通旅客14.33万人,同比增加1.46万人,增长11.4%;发送管内旅客23.13万人,同比减少8.72万人,下降27.4%。客票收入完成2462万元,同比增加142万元,增长6.1%。加开临客9列,开行旅游专列1列,加挂车辆232辆。

铁路建设

胶济线电气化改造 截至年底,挤密桩施工完成61.7万根,路基土石方工程完成2003万立方米,三型枕更换完成25.3万根,桥涵施工、征地拆迁、铺轨工程等项目按期完成进度计划,沿线站场改造、桥梁架设、区间正线拨接等工程进入全面施工阶段;胶黄增二线及电化改造进展顺利;淄博站站房改扩建工程竣工投产;潍坊站站房改建工程正式启动。

其他工程 1月11日,全长138公里的桃(村)威(海)地方铁路提速改造工程全线动工。10月27日,国家重点工程烟台至大连铁路轮渡工程全面开工,该工程集铁路引线、港口、渡船、海上交通安全管理系统等4项工程于一体,初期投资23.59亿元。10月31日,胶(州)黄(岛)铁路增二线工程进入关键阶段。11月10日,启动了胶济铁路提速安全标准线建设。12月9日,潍坊站改造工程奠基。烟(台)大(连)铁路轮渡全年完成投资4亿元。

青岛铁路医院移交地方政府管理

6月18日,青岛铁路分局与青岛市政府签订移交协议,将青岛铁路医院整建制移交地方政府管理,更名为青岛市第九人民医院。该院始建于1904年,移交后直属青岛市卫生局管理,为非营利事业性独立法人单位。

截至年底,青岛铁路分局完成6所中、小学的移交,向地方政府移交492人;完成3所铁路医院的移交,向地方政府移交1121人。

(吴忠民)

·地方交通·

公路、场站建设

青岛滨海公路北段开工建设。青岛海湾大桥(北桥位)工程可行性报告通过评审。完成了即墨至平度高速公路招投标工作。以正阳路西扩、二〇四国道改建、滨仰路建设、躬仁路硬化为重点的路网新改建工程全面完工,新改建里程达到246.9公里。全年累计新改建农村公路762.18公里。

青岛流亭机场三期扩建项目和南京路停车场项目开工建设。胶济线铁路电气化改造取得进展。青岛汽车东站通过竣工验收。

交通行业管理

年内,完成了出租汽车行业徽标、车身颜色和更新标准的确定工作,调研起草了《青岛市出租汽车客运行业管理改革方案》(征求意见稿)。以机场出租车为重点,开展了出租客运行业的专项治理整顿。班车客运集约化改造稳步推进,正式开通薛家岛至胶南道路班车集约化管理线路。完善“村村通客车”基础条件,提高了通车质量和水平。加强货运企业集约化管理和货运站场建设。开展交通运输市场治理整顿,组织了春运、“黄金周”期间的交通运输保障工作。开展了安全生产专项整治活动。全年共路检路查机动车66.57万台次,查处违章机动车8.17万台次,补费罚款4411.2万元。开展了治理超限超载运输活动,共查处超限车辆1.87万台次,车辆超限超载率下降到11.8%。深化机动车维修市场治理整顿,共查处违规业户32户,取缔不法业户21户。加强港口航运管理,规范港口经营资质认可、危险货物作业审批和《SOLAS公约》(海上人命安全国际公约)履约工作。完成了《青岛市港口岸线管理办法》、《青岛市大宗货物招投标管理办法》的起草送审工作以及《青岛市水路运输行业管理条例》等法律法规的修改和废止工作。

交通规划和财务管理

年内,组织编制了《青岛市公共交通专业规划(2004~2020)》、《青岛市交通“十一五”规划》、《青岛市公路主枢纽总体布局规划》、《青岛市交通信息化建设规划》等。制定出台了《青岛市农村公路改造资金管理办法》、《青岛市交通委员会财务管理办法》、《青岛市交通委员会预算管理办法》和《青岛市交通基本建设资金管理办法》。年内,除车购税和运管费略有下降外,其他各项规费均稳步增长。其中,汽车养路费增长15%,通行费增长61%,客运基金增长16%,货运基金增长2%,拖拉机及其他小型机动车养路费增长12%，路港建设费增长19%。

企业改革与发展

年内，青岛公交集团调整优化经营结构，完成客运量6.1亿人次，完成客运收入5.7亿元。青岛轮渡公司完善渡轮和高速船的整体运输功能，完成运输收入9711万元，增长19.52%。青岛公路建设集团和青岛市监理咨询有限公司开拓省外建设、监理市场，分别完成产值2.62亿元和1400万元。青岛筑港总公司完成产值8.36亿元。

行风建设

年内，加强对工程招投标、线路审批、运力投放和大项目资金使用的监督管理。共查办转办案件24件，办结率和答复率均为100%。青岛市继续保持公路、水路无“三乱”（乱收费、乱设卡、乱上路）现象发生。开展了品牌创建和“擦亮迎奥窗口，争做诚信使者”活动，加强“情满旅途”、“温馨巴士”、“日新巴士”、“路桥传真情”、“诚心伴通途”等服务品牌的建设。公路、稽查系统完善服务设施，提高服务水平。运输管理、航运管理、维修等部门加强软硬件建设，通过了山东省交通厅的检查验收。

青岛市交通系统连续8年保持“全省文明交通行业”称号。市交通委机关连续6年保持“全国文明单位”称号、连续8年保持“山东省文明单位”称号，并被授予山东省创建“平安山东”先进单位称号。交通战备办公室分别被国家国防动员委员会、济南军区国防动员委员会授予正规化建设先进单位称号。

（中国青　袁海波　杨　刚）

青岛交运集团

概况　2004年，实现营业收入比上年（下同）增长10%；实现利润增长14%；实现地方财政贡献增长30%；国有资产保值增值率达到107.6%；完成客货综合周转量14.2亿吨公里。年内，该集团获全国企业文化建设成果奖和创新实践奖，有5个岗位获青岛市职工“诚信示范岗”称号。

客运经营　全年实现旅客发送量2427万人次，增长16%；实现客运收入增长38%；该集团站务服务通过了ISO9001质量体系认证。零担快递业务快速发展，全年实现零担快递收入增长14.9%。通过合并调整，将223路和602路公交车调入该集团所辖的第一汽车运输公司经营，扩大了“温馨巴士”的经营规模。对该集团所拥有的城市出租车进行了车体改色，推出了“交运绿”品牌出租车。

物流经营　全年实现货运量2889万吨，实现货运周转量11.38亿吨公里。年内，该集团陆海物流场站、保税区物流园1号仓库项目相继竣工。与雅泰电器、国美电器、三菱商社等新客户建立了市内配送业务合作关系，完善了各货运配载市场的功能。该集团被评为“中国物流百强企业”第19位，在全国公路运输行业中排名第一位。

多种经营　开发建设了“交运花园”等房地产项目；投资建设的大连路、兴山路、鞍山二路农贸市场及陶瓷市场等稳步发展。

（孙文凯）

·水工工程·

中港第一航务工程局第二工程公司生产经营概况

2004年，完成总产值20.66亿元，比上年（下同）增长48.31%；实现利润1223.75万元；全员劳动生产率达95.7万元/人·年，增长77.3%；职工收入超过5万元/人·年。工程优良品率达100%，创优质工程5项、优质砼3项，无重大质量、安全事故。年内，青岛前湾港三期3、4号泊位工程、日照港三期工程项目部和该公司所辖的预制分公司全部砼获中港集团优质工程和优质砼。全年合同工期履约率达100%，获全国“全国优秀施工企业”称号。

年内，承揽了青岛北海船舶重工公司大坞，烟台港三期工程二阶段，奥运会青岛国际帆船中心工程二、三标段，日照港中港区东部岸线工程，长江口二期NⅡC标段工程，厦门港海沧港区8号泊位，漳州港1、2号泊位，温州港状元岙港区围垦工程等多项大型工程项目；涉足桩基领域，承揽并完成了青岛港液体化工桩基码头工程，承揽了中石化海南原油码头等工程，新建的打桩18船试打成功并投入了杭州湾大桥施工。

继续开展“效益管理年”活动，提高企业管理水平。推进和规范了项目管理，强化了“三标（质量、环境、职业健康安全）一体”管理体系认证运行。

加大技术装备投入，投入5000余万元，购置改造了浮船坞102号船，新购了起重、砼搅拌等大型设备，对漳州、显浪、日照、长江口等地的预制场进行了扩建改造，满足了施工需要。以项目为依托，做好技术开发应用工作。围绕长江口二期工程重点、难点，完成多项技改技革，其中半圆型沉箱预制、出运、安装成套工艺达到了世界先进水平。

获奖工程概况

年内，烟台港三期工程（一阶段）顺岸码头扩建工程38、39号泊位工程获詹天佑土木工程大奖和全国用户满意建筑工程奖。该工程于2002年6月28日开工，2003年12月8日竣工，工程包括3.5~5万吨级集装箱泊位和5~7万吨级杂货泊位各1个，集装箱泊位设计年吞吐量为30万标准箱，杂货泊位设计年吞吐量为288万吨。水工工程包括码头及护岸两部分。码头总长630米，其中，集装箱码头长330米，前沿水深-14.0米；杂货码头长300米，前沿水深-14.0米。码头结构形式为重力式沉箱结构。

长江口一期工程获詹天佑土木工程大奖。该工程位于长江口南港北槽水域，一期工程北导堤16.5公里，南导堤20公里，分流口南线堤1.6公里和潜堤3.2公里，堵堤0.73公里，6座丁坝总长9.17公里，航槽疏竣长44.8公里，疏竣立方量3881万立方米。

青岛仙家寨水厂工程获山东省市政金杯工程奖。该工程是青岛市继引黄济青工程之后规模最大的供水工程，工程包括原水联络管、原有大沽河输水暗渠防渗加固、净水厂、李村加压站、清水输水系统。工程总投资2.87亿元，工程建成后，青岛市供水能力将达到67万立方米/日。该公司承建了净水工程的施工。

前湾三期工程1~4号泊位获交通部优质工程评比第一名。该工程位于胶州湾西海岸，码头岸线总长1610米，结构形式为沉箱重力式，1~2号泊位前沿水深-16.0米，3号泊位为-17.0米，4号泊位为-17.5米，码头顶面标高+5.8米，该项目于2000年12月开工，2003年8月完工，多项指标达到了国内码头施工的一流水平。

（曹红程）

·海　运·

青岛远洋运输公司

概况　截至2004年底，拥有2～17万吨级的灵便型、巴拿马型和好望角型散货船30艘，总运力约200万载重吨，其中以“天惠海”轮为代表的7艘15万吨级以上的超大型CAPSIZE型船舶构成了该公司船队的主营运力，航线遍及100多个国家和地区的360多个港口。2004年，完成货运量2592.2万吨、周转量1402.6亿吨海里，完成吨船产量4.13万吨海里，自有船营运率95.3%，载重量利用率61.3%，运费回收率99.96%，实现利润是上年的7.7倍。

全年该公司陆产企业完成预算进度的141%。10月，举行了青岛远洋大厦奠基仪式。青岛远洋国际船舶管理有限公司为7家国外船东、1家国内船东管理散货船、杂货船、科考船共11艘80余万载重吨。

安全管理　全年未发生海损、火灾等一般及以上等级事故；船舶安全面100%；防抗台风工作成功率100%；未发生污染事故和上等级的责任性机损事故；港口国检查滞留率为零；未发生员工参与走私毒品和组织他人偷渡事件；未发生上等级工伤事故。年内，完善安全管理体系，开展各种活动，提高全员安全意识。继续加强对超过18年船龄的13艘老龄船的重点跟踪管理和不定期突击检查，同时针对重点船舶加强技术指导，对恶劣气象情况下的船舶实行全天候跟踪，保证了船舶安全航行。全年主船队船舶共接受PSC（港口国监督）检查87艘次，其中无缺陷批注通过52艘次，无滞留船舶。加强ISPS（国际船舶和港口设施保安措施）履约工作，所有船舶均取得了履约所必备的保安证书和连续概要记录；组织编写了《ISPS港口国检查概要问答》，指导船舶实施ISPS工作，该公司船舶在各港口国ISPS检查中均顺利通过。

人员管理　继续深化人事制度、机构设置、分配制度等3项改革，将该公司机构精简为9个部门，总编制由217人压缩到171人；所有部门均为二级结构（不再设三级结构），二级结构的部门由原来的51个调整为35个，实现了管理层次扁平化。探讨建立有激励和制约作用的分配机制，并对2003年工资改革进行后评估。完善陆产企业负责人收入分配形式，制定《青远公司二级企业工资管理办法》。

信息化建设　年内，重新修订了信息化建设三年规划，加快“数字化青远”建设。全面完成了内部网站的改造和外部网站的改版升级工作；完成了新版办公自动化系统的开发工作并正式运转；继续推进航运信息系统建设，规划完成了该公司机关及机关与各陆产企业之间的虚拟电话网工程。

（王兰欣）

青岛中远国际货运有限公司

概况　截至2004年底，在山东、河南、江苏、甘肃、新疆等省（自治区）设47个货运网点。全年完成集装箱出口量25.8万标准箱，完成年计划指标的118.2%，比上年（下同）增长13.5%；完成运费收入2.78亿美元，完成年计划指标的139.1%，增长32.1%；班轮准班率100%。共代理中远集装箱运输有限公司及合作方集装箱船舶1156艘次、其他船舶352艘次。

经营管理　年内，对业务流程实施再造，调整了组织结构。成立了营销中心，强化该公司的市场营销功能；成立了网点管理中心，指导山东省内辖属的分公司、网点的销售工作；成立进口FOB（装运港船上交货）部和拼箱部，实行专业化经营；将所辖青岛海威国际货运公司更名为“青岛中货国际物流有限公司”，加强内陆市场开发。先后与中国石油集团公司、青岛港（集团）公司合资成立了北京中油物资国际货运有限公司、青岛神州行国际货运代理有限公司。

调整物流业务经营方式　实现由单一的多式联运向以集装箱航运为主的转变，围绕集装箱航运业务去开发和建立项目。相继开通了青岛—阿拉山口集装箱班列、郑州—青岛“五定”班列、青岛—焦作“五定”班列；全年运作物流项目20余个并被青岛市评为“青岛地区十大物流样板企业”。

信息化建设　改进和完善该公司网上查询系统，满足客户的需求。客户点击该公司网站查询系统，输入提单号或箱号，就可以查询到从货物订舱、装箱、通关放行、核销退税等所有信息。落实了青岛船东协会关于经营日本线船东实施统一运价和货载配额制的决定。

内部建设　年内，举办了公共船代业务、物流业务、营销业务、商务法律知识、危险品运输知识、海关监管政策和业务流程等系列培训，提高了职工整体素质和服务水平；开展了“爱岗敬业，奉献远洋，我为中远集运创效做贡献”等活动；实施营销激励机制管理办法。被青岛市、中远集装箱运输有限公司、中远国际货运有限公司评为2004年度文明单位；被中远国际货运有限公司评为2004年度“综合竞争力”企业管理三等奖。

（李春燕）

·民用航空·

青岛流亭国际机场

新候机楼竣工投产　2004年上半年，该机场成立了17个专业工作小组，开展了“奋战30天，我为新机场做贡献”倒计时活动，加强新旧候机楼对接，解决了流程及设计当中存在的300多个问题。4月26日，新候机楼试运行；4月28日，正式投入运营；截至年底，新候机楼已平稳渡过磨合期，经受了运输生产高峰的检验。

安全管理　坚持每日碰头调度、每周安全讲评等制度，并对发生的不安全事件严肃处理。全年共组织各类安全检查9次，查出与整改隐患52条，组织安全整顿5次，实现了年初确定的安全目标。

运输生产　全年共保障飞机起降5.68万架次，同比（下同）增长27.33%；完成旅客吞吐量480.8万人次，增长37.87%；货邮吞吐量10.4万吨，增长38.29%，实现了飞行架次、旅客吞吐量、货邮吞吐量“三突破”的目标。新开6条航线（含货运航线）；截至年底，共开通国内航线84条、国际（地区）航线12条。

服务管理　继续实施“一二三四”工程，提高服务标准，改进服务流程，完善服务项目。旅客满意率平均在91%以上，货主满意率91.3%，航空公司满意率94.5%，航班正常率94.1%，几项指标均比上年明显提高。表扬与投诉比由上年的1:2.93下降到1:1.32。

重大活动保障　以“保安全、促正点、抓服务、重协调、整环境”为工作目标，做好APEC会议和ACD会议的运输保障工作。ACD 会议期间,共迎送 22 个国家的贵宾 1088 人,外长级以上 41 人次,集中保障航班 70 多架次,专包机进出港 8 架次,外长乘坐航班及专包机正点率为 100%。完成了啤酒节、“韩国周”、“日本周”、全国国有企业领导班子思想政治建设座谈会等重大活动的运输保障任务。

基础设施建设　加大对飞行区和站区的改造,完成跑道、滑行道等老化、破损的道面修补近 70 立方米,平整飞行区近 40 万平方米,为跑道灌缝、除胶 2.4 万平方米,更换围栏 1.9 公里,按期完成了旧候机楼、旧国际货运楼的拆除工作。投入 200 多万元,加强了航站区和飞行区绿化、亮化、净化、美化。购置了旅客摆渡车、除冰车、客梯车等专用设备。

机场管理　整合安全文化、服务文化、管理文化,塑造该机场文化品牌。通过导入 CIS 系统(企业识别系统)等途径,强化企业管理,提高核心竞争力。启动企业发展战略规划项目,做好中长期发展战略的筹划。成立体改小组,与民航管理干部学院合作完成了该机场管理体制改革的初步方案。组建了汽运公司,正式开通七〇一公交线路。与香港捷达航空货运有限公司合资组建了“青岛机场顺达物流有限公司”。重组了所辖物业公司和园林公司。规范了短期合同工的管理和用工制度,提高了短期合同职工的福利待遇。

(杨婧艺)

中国东方航空股份有限公司山东分公司

概况　截至 2004 年底,该分公司拥有世界最先进的空中客车 A320 系列飞机 14 架,以青岛流亭机场、济南遥墙机场、烟台莱山机场为飞行基地,执飞国际、地区和国内航线 70 余条,每周执行 500 余个航班。2004 年,累计安全飞行 46325 小时,执行航班任务 25397 架次,安全运送旅客 247.94 万人次,完成运输总周转量 2.91 亿吨公里,完成货邮运输 2.90 万吨,实现主营业务收入 20.5 亿元。

安全管理　年内,加强安全系统建设和企业安全文化建设,加强专业人才培养,并通过签订安全责任书、量化安全目标、加强安全责任落实和安全基础管理等方法,保证了飞行安全、空防安全和地面行车安全,实现了安全飞行 11 周年。

运输生产　准确把握市场动态,加强产品体系、客货市场、销售方式、服务内容等 4 个方面的创新。推出经上海的国内、国际中转服务,并配合该项目增加了青岛至上海、北京的航班;新开通了青岛至汉城正班航班以及济南至张家界,青岛至常州、济州等定期、不定期航班;加强直销和对代理人的服务及管理,规范代理人的销售行为;开拓货运市场新的增长点,开通青岛至大阪 MD—11 全货机定期航班。完成了中国东方航空公司下达的运输生产任务。

经营管理　强化经营责任考核,初步建立了符合现代企业制度的分配机制;完成了办公用车和班车制度改革;辅业剥离工作取得进展,所辖的济南和烟台两个食品公司完成了从运输主业的剥离;推行全面预算管理,控制成本支出。全年累计完成基础建设和设施改造固定资产投资 1594 万元。

服务管理　年内,继续实施“本土化服务”、“特色服务”、“一条龙服务”等服务措施,并定期组织空、地服务质量检查,提高空地服务质量;明确了不正常航班处置预案、工作流程和补偿规定等,妥善地处理了几起旅客罢机和占机事件;将执管的飞机纳入 AOC(中国东方航空公司运行控制中心)运行,加强与机场各联检单位的协调,提高了航班正常率;收回了在青岛机场值机的部分业务,完善了服务流程。继续保证了 ISO9001 服务质量管理体系的正常运行,通过了体系认证后的第一次外审。

(李　勇)

邮政·信息化建设

邮政(青岛市邮政局)

·业务概况·

2004年,全市邮政业务总量完成5.09亿元,同比(下同)增长9%;业务收入完成4.46亿元,增长11.44%,收入规模占全国邮政总收入的0.83%。截至年底,全市共有邮政网点261个、邮政储蓄网点213个、邮政报刊亭345个,邮路总长6.36万公里。开通直达日本、韩国、香港的航空邮路,国际特快专递业务通达世界200多个国家和地区;邮政热线“185”升位至“11185”,提高了服务能力和品牌形象;开通“邮保通”和城市管理代收费系统;开办邮政物流业务,提供安全、快捷、规范、方便的服务;构建邮政服务“三农”体系,开办农资配送、邮购等业务;邮政业务综合计算机网络升级,全市邮政网点实现报刊通订;出台国际业务发展规划,加强国际业务研究和培训,拓展了国际市场。

年内,青岛邮政热线“11185”获“全国用户满意服务明星班组”称号,成为全国邮政系统中唯一获此荣誉的单位;市邮政局获“青岛市企业文化建设样板企业”、“青岛市质量管理小组活动优秀企业”等称号;市邮政局党委获“青岛市工交系统先进基层党组织”称号。

·函件业务·

健全大客户档案,推广数据库营销,拓展服务领域,邮资信封、明信片、邮送广告、商业信函等业务得到较快发展,全年全市函件业务量完成7560.2万件。

申请发行了《帆船之都·青岛》专用邮资封,全年制作100万枚。

拓展明信片应用领域,开发了湛山寺、天主教堂等景点明信片门票,开发了“无偿献血纪念”、“交通管理告知”、“琅琊台酒兑奖促销”等用途的明信片,全年共计开发各类邮资广告明信片448万枚。启动企业“拜年卡”区市市场,全市累计制作“拜年卡”428.4万枚。

拓宽中国邮政专送广告发布渠道和发行面,向行业广告杂志延伸,共印制邮送广告2800万份。

完善制度,强化服务,提高妥投率,帐单业务种类和规模均有新发展,为16家企业制作30余种帐单,全年完成帐单业务量383.6万件。

·物流业务·

构建三级邮政物流网络,发展分销业务及一体化物流业务,全市邮政物流收入完成1920.6万元,居山东省邮政系统首位。完善农资网络终端建设,丰富配送物资货源,严把项目质量关,推行方案营销和会展推介,树立服务“三农”品牌。提高网络建设与运行质量,省内快速网、集散网、一体化物流信息反馈率均达到100%。

·代办电信·

加强与电信运营商的深度合作,代办“小灵通”放号、“宽带”放号,代售“IC卡”、“卫通IP卡”、“固定电话缴费卡”、“小灵通充值卡”、“移动电话缴费卡”、“移动电话充值卡”等各类电话卡、缴费卡和充值卡,代理“移动IP超市”、“商务电话”等业务。与网通公司签订全面合作框架协议,在堂邑路邮局和台东一路邮局开办两家邮政电信合作营业厅。在山东省率先推出了明信片式电话充值卡业务,完成销售额600万元。代办移动IP公用电话,全市累计代办公用电话4173线。

·邮政金融·

2004年,青岛市邮政金融类业务快速发展,邮政储蓄、中间业务、汇兑业务均创历史最好水平。截至年底,全市邮政储蓄余额达到91.68亿元,累计发放“邮政储蓄绿卡”29万张,发展签约商户199家,布放POS机252台。完成全国邮政储蓄统一版本工程,全市213个邮政储蓄网点均实现联网,拓展了系统性能与业务范围。加快中间业务平台系统开发,开通代收水费、电话费、燃气费等业务,并提供窗口交费、电话交费、代扣费用等多种交费形式。扩大与保险公司的业务合作范围,保险产品向多元化发展,全年全市代理保费1.45亿元。重点发展电子汇兑增值业务,开办2小时加急汇款、实时汇款、回执业务等各类汇兑增值业务。促进国际汇兑特别是“西联国际汇兑”业务发展,在香港中路邮局成立山东省首家西联汇款旗舰店,“西联国际汇兑”业务通达世界近200个国家和地区,全市邮政西联汇款交易量占山东省总量的60%以上。

·特快专递·

全市特快专递业务量完成186.9万件,居山东省首位。8月,开通特快专递“全夜航”,包括青岛在内的全国27个省(市、自治区)的136个大中城市间实现特快专递邮件次日递。10月,日本对青岛建立国际特快专递直封关系,将原从上海转关处理的日本发往山东的国际特快专递邮件通过东京、大阪两个互换局封至青岛经转处理,日本寄达青岛地区乃至山东省的进口国际特快专递邮件的全程时限缩短2~3天。中级法院法律文书寄递、太平洋保险公司寿险寄递、高考录取通知书寄递、身份证寄递等新业务发展速度较快。围绕中西方传统节日,举行中秋节“思乡月”、“圣诞贺礼送平安”、“国际贺卡免费送”等特快专递优惠活动,寄递月饼、贺卡、鲜花及各类礼品。国际特快专递业务平稳增长,全年完成业务量15.1万件。

·报刊业务·

发挥全市报刊通订系统优势,利用网点受理、上门收订、“11185”派揽等形式,发展集订分送和代发代投,一次性大收订流转额完成7722.9万元。推进重点党报党刊零售业务,7月1日起,《人民日报》、《经济日报》、《大众日报》、《青岛日报》等党报党刊进入“琴岛报刊亭”,是青岛市唯一零售重点党报党刊的报刊亭。

·集　　邮·

结合城市特色和重大活动,全年累计开发个性化邮票16万版,并依托个性化邮票开发制作各类专题邮册、宣传邮册、礼品邮册、纪念封150余种。介入奥运题材,与奥帆委、市委宣传部联合举办《帆船之都·青岛》邮资封发行仪式,开发《帆船之都·青岛》专题邮册,在全市各邮政网点开展第二十八届雅典奥运会金牌运动员肖像个性化邮折征订活动,征订个性化邮折2.9万余个。开发制作《第三届APEC中小企业技术交流暨展览会》邮册、《青岛民航机场启用纪念》邮册、《亚洲合作对话第三次外长会议纪念》等专题邮品。将金银纪念币与集邮品进行融合,设计制作了《青岛城阳建区10周年纪念》等嵌币专题邮册。

·基础设施建设·

加快邮政基础设施建设,提高邮件处理能力。国家邮政局立项项目、青岛市重点工程之一的青岛邮件处理中心工程土建和设备安装基本完工,进入竣工验收阶段;中心局生产作业系统上线运行,内部作业基本告别手工登单,提高了生产效率和质量;推广“128码”,实现出口总包“128码”率100%的目标;“11185”开通远程派单,派单效率和质量以及服务能力明显提高;合理利用邮航航线,优化网路和作业组织;进行电子化支局统一版本工程联网集中改造,市区所有支局实现数据集中处理;邮政综合管理系统一期开发进入试运行阶段,提高了企业经营分析、决策的及时性、科学性;报刊通订二期推广进展顺利,报刊通订范围扩大;完成全国邮政储蓄统一版本工程,系统性能更加稳定、功能更加完备;奥帆赛邮政服务设施规划纳入城市总体规划;设立了青岛流亭机场邮局和青岛海底世界邮局。

（陈　剑）

信息化建设

·电子政务建设·

电子政务协调领导

2004年1月,青岛市电子政务协调领导小组召开第一次会议,就加强青岛市电子政务建设和应用以及2004年电子政务重点任务进行了研究,通过了《关于加快推进电子政务建设和应用的意见》,确定了青岛电子政务建设和应用将重点围绕完善电子政务技术支撑体系,建设四大基础政务信息数据库,普及内部网络化办公,整合资源、推进网上政务公开和公共信息服务,建立政府与企业网上互动沟通机制,推行网上审批和办事服务,建设“诚信青岛”网络信息平台、促进社会信用体系建设,加强社区网络建设、提高基层管理和服务水平等8个方面开展工作。

电子政务设施建设

“党政办公专网”升级改造　通过招标,由中国网通青岛通信公司投资500多万元,采用专用设备、专用线路,为全市党政机关建设了“党政办公专网”互联平台,实现在市级机关办公大楼外办公的58个市直部门和12个区市与市委市政府计算机中心互联网络的升级扩容,网络主干带宽由100兆提高到1000兆,各单位接入带宽由10兆提高到100兆。对市级机关办公大楼的外网骨干交换设备和楼层接入设备进行了更新换代,提高了外网的性能和可靠性。

“金宏电子政务系统”改版和扩展　印发了《关于扩展金宏网加快推进无纸化办公的通知》,启动了“金宏网”升级扩展工程。提出了利用已建成的“四五一”IT架构,以ASP(集中提供系统运行服务)模式为各部门“虚拟金宏电子政务系统”的创新思路。部署了高性能、高可靠性、能实现自动负载均衡、可随时扩容的“金宏集群系统”,并于7月1日正式上线运行。市级机关2000多个直接联网用户通过新系统实现了公文、信息网上传输;为56个部门虚拟了内部网络化办公系统,其中20个部门投入运行。为市南区、四方区、崂山区、黄岛区、平度市部署了独立运行的新版"金宏电子政务系统"。网上公文信息传递量由过去每年约70万份增加到200多万份。

"青岛政务网"全面改版　与北京航天四创软件公司合作开发了新的网站内容管理系统。按照"以民为本,以用户为中心"的新理念,对"青岛政务网"进行全面改版升级。确定了由以政府为中心向以用户为中心转变、由宣传型向服务型转变、由技术驱动向内容和业务驱动转变、由分散服务向"一站式"服务转变的4个目标。围绕网站定位、信息发布、在线服务、功能结构等4个方面,设计了40项指标,征集了680名市民、100家企业的意见,掌握公众需求。对各部门的服务事项进行了全面调查,形成了3万多字的《青岛市党政机关网上信息和服务资源目录》。制发了《关于整合网上政务信息和服务资源加快推行"一站式"服务的通知》,协调全市机关共同组织网上政务信息资源。10月28日,新版"青岛政务网"试运行,整合了58个部门1200多项服务信息、499项行政许可事项、600多个审批表格、1800多个公文法规和76个部门837多个处室的职能、地址、联系方式等,网站信息总量达到1亿多字,提高了网上政务公开和公共服务水平。

扩充"决策资源网"信息资源　全年为"决策资源网"核心网站补充更新各类决策参考信息2.44多万条、视频节目4600多个。引进新华社专供信息,增加"互联网信息"栏目。加强部门子网站建设,使"决策资源网"部门子网站的数量达到85个。将"决策资源网"核心网站的非涉密内容向各区市、各部门负责人开放,扩大了服务范围。

"公务员邮件系统"升级扩容　根据市委、市政府办公厅《关于整合网上政务信息和服务资源加快推行"一站式"服务的通知》(青厅字〔2004〕42号)中关于"建设和推广全市机关统一的公务员邮件系统"的要求,对"青岛政务网"中的"公务员邮件系统"进行扩容,形成电信级安全电子邮件系统,并开始为全市机关公务人员提供服务。

建设"即时消息系统"和"短信平台"　在"金宏电子政务系统"中集成"即时消息系统",解决了接收文件的联机提醒问题,为用户提供了功能强大的实时图像、声音和文字交流服务。在"党政办公专网"中部署了"短信平台",并与"金宏电子政务系统"集成,取代已经过时的BP机群呼系统,增强了"金宏网"的应急能力。

网络安全管理

建成市级机关网上防病毒服务中心和补丁下载服务中心,建立反垃圾邮件网关和互联网邮件防病毒体系,反垃圾邮件网关拦截成功率达90%以上。按照国家统一部署,12月30日与中共中央办公厅机要研究所签署了"党政专网"PKI(公钥基础设施)体系建设合同,正式启动"党政专网"PKI系统建设。协调山东省数字证书认证中心在青岛市建设了数字证书发放服务系统,为电子政务公共服务中的签名认证创造了条件。

启动电子政务应用试点示范项目

组织17个单位,围绕网上审批、社会监管、决策服务、基层管理等较高层次的电子政务应用领域,开展了试点示范项目建设和应用。实施过程中,严格审查项目方案,召开了项目实施协调会,与各部门签订了任务书,开展了中期检查,部署了验收工作。年底前有6个单位完成了试点示范项目,通过专家组验收。

业务培训

全年免费组织各类培训68批2200多人次。其中,"金宏电子政务系统"直接联网单位操作员培训17批500多人次;系统管理员培训3批58人次;为部门进行全员培训20批600多人次;金宏信息处理子系统培训2批65人次;金宏公文处理子系统培训3批90多人次;"青岛政务网"内容管理系统培训4批80人次;"决策资源网"领导人和信息维护人员培训6批160多人次,"决策资源网"信息维护人员培训班2批86人次;市管领导干部信息技术培训1批44人次;为市南区举办公务员培训4批400多人次;为崂山区举办金宏操作员培训3批80多人次;为四方区举办金宏操作员培训班3批100多人次。

工作成果

年内,青岛市电子政务工作先后在全国政府系统政务信息化工作会议、中国电子政务年会、山东省政府系统电子政务工作座谈会、全国部分省会和副省级城市党委秘书长(办公厅主任)座谈会上介绍经验,并列为2004年中国信息化推进大会典型案例。《信息化建设》、《办公自动化》、《中国计算机报》、《瞭望海外周刊》、《每周电脑报》、《计算机工程》、"人民网"、《青岛日报》、《青岛晚报》、《青岛早报》等报刊和媒体对青岛市的电子政务工作做法和经验进行了报道和介绍。"青岛政务网"被中国国际电子政务技术与应用大会授予"最佳社会公众服务政府网站调查优秀社会公众服务政府网站"称号,在国务院信息办公室主持的中国政府门户网站发展状况调查中列为全国地市级优秀政府门户网站第五名。

(李妍彬)

·信息基础设施建设·

通信网络

截至2004年底,青岛市通过加大基础设施的投资,完善网络功能建设,延伸网络覆盖范围,基本建成了以光缆为主,卫星、微波、海缆为辅,集交换程控化、传输数字化、网络智能化为一体的,覆盖全市、通达市区乡镇(包括90%以上的村庄)的立体通信网络,光缆总里程达30万芯公里。青岛通信公司宽带IP光纤"城域网"已通达青岛市区及所有区市的乡镇一级,可以根据用户的需求提供灵活方便的组网方式及多层次的网络接入服务。青岛移动通信公司实现了青岛地区陆地、近海、远海等3个层面移动通信网络的全面覆盖,能够为用户提供高速数据业务GPRS服务。青岛市网络通信能力和技术水平处于国内同类城市的前列。

有线电视基础网络

有线网络光缆里程达5万多芯公里,建成了"HFC宽带接入网"、"SDH同步数字光纤环形传输网"、"ISDN综合业务数字通信网"、"模拟环形光纤骨干传输网"、"ATM宽带多媒体业务骨干数据传输交换网"等6个网络并实现了网络间的无缝结合,形成了安全可靠的综合业务传输能力,能够提供ISDN、宽带ATM、IP接入等多种数据通信业务。

城市互联网信息交换平台

建成了国内较先进的城市互联网信息交换平台——青岛市信息网络互联中心,具备了20个155兆ATM光纤接入和24个“以太网”光纤接入的能力,实现了“中国公众计算机互联网”、“金桥信息网”、“教育科研网”、“科学技术网”、市广电局的“多媒体综合业务网”、“青岛政务网”、“中国青岛网”等7个信息网络的互联互通,实现了同城信息本地交换,提高了信息的交换速度。

(市信息产业局)

·电子商务建设·

发展概况

青岛市作为国家电子商务试点城市,开展了网上支付业务,并在全国率先实施全市20多家大型超市、商场的网上交易;以电子政务为先导,引导和促进企业上网;通过培训和宣传,培育电子商务发展的外部环境;加强典型示范与推介,选择电子商务示范工程,给予政策和项目的支持,推动企业进行电子商务活动。海尔集团、海信集团、澳柯玛集团、双星集团等大型企业原材料的采购基本上都在网上进行,扩展了采购范围,降低了采购成本,带动了为其配套的上、下游企业网上交易;“中国化工电子商务网”、“锦桥纺织电子商务网”、“天悦国际建材虚拟市场”等一批网站已发展成为全国知名的、具有鲜明特色的行业网站。据不完全统计,全市有3800多家企业建立网站,通过开展电子商务来提高市场竞争力和经济效益。

青岛网上招商暨进出口商品交易会

青岛市创新招商模式,利用互联网络开展网上招商引资活动,举办的“青岛网上招商暨进出口商品交易会”该招商会通过建立网上青岛市情馆、重点园区馆、工业项目馆、奥运青岛馆、跨国采购馆、国际经贸馆、服务贸易馆、国内招商馆、区市招商馆等9个场馆,集中对招商项目、招商信息进行动态发布,提供网上直播、在线洽淡、在线咨询、在线服务功能,开展网上贸易和电子商务应用,实现中、英、日、韩和中文繁体等多语种分站联动,吸引跨国公司、跨国采购商参与网上招商会。自2003年6月至2004年底,有来自美国、日本、韩国、德国、香港、台湾等36个国家和地区的客商访问了网上招商会网站;利用招商会平台为采购商提供了6000多种商品,已有180余家客商通过网络拿到了订单,500多家企业达成议向。

(市信息产业局)

·企业信息化建设·

概　况

2004年,市政府在企业信息化工程中共投入了“三项资金”(新产品试制费、中间试验费和重大科研项目补助费)1460万元,带动了企业信息化建设投入达2.5亿元,新增产值25亿元,投资回收率达30%。截至年底,青岛市电子信息应用倍增计划共安排信息技术推广应用项目约250项,总投资近13亿元,新增产值51亿元,新增利税8亿元。主要工业行业及大型工业企业都建立了内部计算机管理系统,提高了管理水平和生产效率。

以信息技术改造传统工业

计算机辅助设计(CAD)、辅助制造(CAM)和自动控制系统在家电、建材、机械、轻工、纺织、橡胶等工业部门得到了广泛应用。市政府投资130万元建成了“青岛市服装纺织行业ASP平台”,参与该平台建设的包括应用软件供应商、网络硬件提供商与IDC运营商,采用的信息技术包括网上市场管理系统、物流配送系统、电子商务系统、应用支撑系统等,已有30家企业上线运行;组织开发了企业级的ASP平台和机械行业的ASP平台。海尔集团实施的“以市场链为纽带的业务流程再造信息化管理系统”,提高了对市场的响应速度,国内采购周期由10天缩短为3天,对订单的处理时间由7天缩短为1天,呆滞物资降低73.8%,库存资金降低67%;青岛市纺织总公司建立了内部局域网系统并实现网络办公自动化;青岛港(集团)公司建成了中国沿海港口中规模最大的EDI中心,与包括国内外著名船舶公司、青岛地区全部集装箱场站在内的100多家用户联网,80%的集装箱运输单证通过EDI中心的计算机系统交换,实现了与国际贸易方式接轨。

(市信息产业局)

·软件产业·

概　况

2004年,青岛市软件产业技工贸总收入51亿元。主营或兼营软件业的单位达到368家,通过认定的软件企业有105家,软件从业人员7000余人。年销售额过亿元的软件企业有3家,分别是青岛中天信息技术有限公司、青岛高校软控股份有限公司、青岛海信网络科技股份有限公司;1000万元以上的软件企业有8家。软件开发人员超过100人的软件企业有3家。通过CMM(软件过程能力成熟度模型,下同)二级以上认证的软件企业有6家,其中有1家软件企业通过了CMM三级认证。有10多家软件企业通过了ISO9000国际质量管理体系认证。青岛中天信息技术有限公司于2004年9月在香港主板挂牌上市。

青岛软件园

该园是“国家火炬计划软件产业基地”,由市南区软件园、高新技术产业开发区软件园等2个实体园区组成,初步具有孵化、研发、培训等功能。相继出台了一系列鼓励扶持软件企业的区域性优惠政策,并聚集了300多家软件企业,引进了用友政务、美国硅盛等国内外知名企业,园区孵化效益开始显现。

(市信息产业局)

·电　　信·

概　况

体制沿革　1998年,中国邮电分为中国电信和中国邮政。1999年2月,信息产业部将中国电信拆分为新的中国电信、中国移动和中国卫星通信公司等3个公司,并将寻呼业务并入联通公司;之后,又给网通公司、吉通公司和铁通公司颁发了电信运营许可证。2002年12月,国务院正式批准了电信体制改革的新方案。根据该方案,中国电信被划分为南、北两个部分,北方部分和网通、吉通公司重组为中国网络通信集团公司;南方部分则保留"中国电信集团公司"名称，继续拥有"中国电信"的商誉和无形资产。重组后的中国电信业形成了包括中国网通、中国电信、中国移动、中国联通、中国铁通以及中国卫星通信集团在内的"5＋1"的市场格局。青岛市的电信业同国家电信业改革同步进行，形成了青岛网通、青岛联通、青岛移动、青岛铁通、青岛电信、青岛卫通等6家企业组成的竞争格局。

主要指标与业务概况　2004年，青岛市电信业继续快速发展，行业整体实力居山东省前列。全年全市各主要电信运营公司共完成业务收入52.4亿元。截至年底，全市固定电话用户（含小灵通）总数达到323.72万户；移动电话用户达到377万户；电话用户总数达到700.72万户，主线普及率超过40%。青岛市已建成容量近400万门、具有国际先进水平的城乡一体化的程控电话交换网并全部实现了数字交换；建成覆盖全市各个角落、超过1万纤芯公里的超高速大容量"光缆环网"；建成容量30万端口的"DDN数字数据网"、"帧中继网"；容量60万端口的"16900"、"16901"计算机互联网与北京、上海等2个国际互联网端口直接相连；建成"宽带ATM网"和"宽带IP"，实现了"电话网"、"数据网"和"宽带网"的全网整合。青岛市处于2条国家级长途传输干线的交叉点上，是国际通信海缆的国家出口城市，同时青岛网通公司卫星通信局建立了青岛与乌鲁木齐、拉萨等23个城市的"空中信息走廊"，使青岛市能够提供27万路端的长途传输能力。

（张莉莉）

中国网通（集团）有限公司青岛市分公司

概况　2004年11月，中国网通（集团）有限公司实现境外上市，山东省通信公司青岛市分公司更名为中国网通（集团）有限公司青岛市分公司，企业性质由国有企业改制为外商独资企业。年内，获"全国企业文化实践创新奖"、"山东省富民兴鲁劳动奖状先进单位"、"山东省职业道德建设十佳单位"、"山东省平安山东建设先进基层单位"、"青岛市第二批企业文化建设先进单位"等数十项荣誉称号；"情传万家"被评为"青岛市十大优秀服务品牌"。

业务拓展　年内，推出了"诚信公话"、"爱心公话"、个性化电话卡等业务品牌，放装信息公用电话，实现了公用电话业务的多元化；加强宽带普及，开展了适合大众消费的"流火七月，宽带季节"、"信息在线"等优惠活动，为20余万市民办理了宽带业务，提高了城市的信息化水平；丰富"小灵通"（无线市话，下同）的业务品种，推出了"V灵通"、"校园通"、"亲情网"以及"欢乐套餐"等业务，提高"小灵通"用户群和普及率。该公司电话用户数量超过300万户，在全国同类城市中名列前茅。

通信能力　加强数据信息工程建设，完成了宽带IP城域网扩容、IP网各级出口提速、ADSL七期扩容等工程，出口带宽提高3倍，城域网实现了乡镇级覆盖；完成了"小灵通"六期工程，实现了"小灵通"乡镇级覆盖；实施了奥运通信规划建设工作，并进行了管线等基础通信设施的建设；筹备实施电话号码升位工程，制定了实施方案，成立了专门机构，2005年5月底前，青岛市电话用户号码将全部升为8位。

客户服务　加强品牌创建工作，继"情传万家"被认定为"青岛市服务名牌"后，其子品牌——"一拨就灵"于年内获"青岛市服务名牌"称号，并均被山东省公司确定在山东省网通系统推广。实施了"'情传万家'超越行动"，开展了"客户真情大回访"、"网上有奖征询意见"等活动，征求客户意见，公开接受社会监督。实施了以"关注客户"为主题的"客户关怀行动"，做到对客户和客户需求快速反应、及时有效解决。实施"'10060'畅通工程"、"服务窗口达标"等活动，提高了服务人员的规范化服务水平和窗口服务形象，杭州路营业厅获"全国用户满意服务明星班组"称号。修订出台了该公司《服务标准》和《服务管理办法》，将装移机时限由原来的28天缩短至7天，回访客户时限由原来的7天缩短至2天，答复客户咨询投诉时限最长不超过48小时。突出以"情"服务，推出了10项服务措施，提高了客户满意度。年内，该公司获"全国用户满意企业"称号。

企业文化建设　健全了选人用人机制，推行人性化管理模式，加强对人才的保护，提高了企业凝聚力和向心力；提倡民主管理，深化"BBS员工论坛"内涵，发挥员工在民主决策、民主监督中的作用；开展精神文明创建活动。该公司连续4年保持省级文明单位称号，所辖5个单位获山东省通信行业文明单位（文明集体）称号，17个单位被评为青岛市文明单位标兵或青岛市文明单位。

（王长涛）

中国电信集团公司青岛市电信分公司

概况　该公司作为中国电信集团公司在青岛地区的唯一合法分支机构，经营国内、国际各类电信网络与设施（含本地无线环路）以及基于电信网络的语音、数据、图像、互联网等电信基础业务及增值业务。

网络建设　采用国际最先进的电信技术和方案，高起点构建新一代信息通信网络。年内，完成北方沿海地区一干割接、省级线路二干割接、交换机8K升级、传输"城域网"和"本地网"二期扩容、多个接入层155兆设备的挂接、数据网传输能力达到10G等项目，增强了通信能力。

客户服务　坚持"用户至上、用心服务"的服务理念，推出"新视通"、"语音短信"等新业务，与原有"汇线通"、"直联通"、"广汇通"、"宽带通"、"互联星空"、"网络快车ADSL"、"全通达"、"96114查号全直通"、"FOUCUSONE一站通"等业务共同构筑该公司的业务品牌。青岛客户服务中心实行电信业务全天候首问负责制，向客户提供"一条龙"服务；作为"行风在线"的上线单位，自觉接受社会各界的服务监督。

企业文化建设　年内，该分公司围绕中国电信集团公司确立的"将中国电信集团建设成为世界级的电信企业集团"的目标，形成了"全面创新、求真务实、以人为本、共创价值"的核心价值观，坚持"开放、创新、奉献"的企业精神，加强对外合作、对内沟通；连续两年获中国电信集团公司北方九省"十强地市分公司"称号。

（洪泰辉）

山东移动通信有限责任公司青岛分公司

概况　截至2004年底，该公司网上用户达到230万户，全年短信业务量超过15亿条，继续保持了在青岛市移动通信市场的领先地位。全年新增客户50万户,新增市场占有率超过70%,形成了以"全球通"、"动感地带"和"神州行"三大知名业务品牌为主导的品牌架构。

网络建设　年内,该公司GSM十一期工程、"传输网"工程、GPRS四期工程、"彩铃业务"扩容工程项目相继竣工,提高了网络覆盖水平和网络能力。该公司已建成对青岛地区全面覆盖、运行稳定的移动通信网络,尤其在近海海域、山区、电梯、写字楼、地下停车场等场所均实现了优质的移动通信网络覆盖。"降低干扰对无线网络的影响"项目小组获2004年"全国优秀质量管理小组"称号。

业务发展　开展"短信文化节"活动,提高了短信业务量,人均短信发送量从年初43条增加到75条,短信渗透率62%;"彩信"、"彩铃"、"手机上网"等无线数据业务快速发展,数据业务收入比重达到了16%。加强无线数据业务的行业应用,开展了市水利局、中国北车集团四方车辆研究所无线监控业务和公交车多媒体广告无线传输等项目。

客户服务　"三一五"期间,率先在青岛市通信行业推出"话费误差、双倍返还"服务承诺,在第五届山东省消费者满意单位评选中获"山东省第五届消费者满意单位"称号。整合客户服务和营销渠道,开展了服务创新工作,先后与青岛市的高尔夫俱乐部、健身俱乐部和崂山风管委签订了VIP联盟合作协议,为VIP客户提供健身、登山等增值服务。在营业厅、"1860服务热线"等窗口单位推行"5S管理"(整理、整顿、清扫、清洁、素养),提高客户满意度。12月,该公司"1860服务热线"获由中国质量协会、中华全国总工会、共青团中央、全国用户满意工程联合推进办公室联合授予的"全国用户满意服务明星班组"称号。

企业文化建设　开展以员工组织公民行为为主题的企业文化教育活动,倡导"做实事、把事做实"的企业精神。获青岛市委工交工委、市经贸委授予的"企业文化建设样板企业"称号和中国移动集团公司授予的"中国移动青年文明号五年成就奖"。

(焦湘光　刘　宇)

中国联通有限公司青岛分公司

概况　2004年,移动业务和数据固定互联网业务快速发展,其中移动业务用户总数已超过150万户。11月,该公司通信枢纽楼奠基。全年共新建铁塔40座,新开CDMA基站50个,新开GSM基站172个,新建并开通室内分布313个站点。CDMA网络交换容量累计达到65万门,GSM网络交换容量累计达到150万门。加快基础建设,已形成较完备的传输网络,光缆线路累计达到4300公里,管道累计达到400孔公里。开展了"奥运行动计划"的项目申报工作。创新客户接入模式,建成并开通"海尔商流语音专网",是国内跨度最大的企业语音专网。举行了"千金测网"活动,验证了CDMA精品网络的优势。为在青召开的APEC会议、亚洲合作对话第三次外长会议、中国国际电子家电博览会提供了通信解决方案,亚洲合作对话第三次外长会议指定CDMA网络为大会专用通信工具,市政府为此专门召开了新闻发布会。

业务拓展　完善营销体系,在市区建立26个营业厅,并在全市108个镇(街道办事处)建立了营业厅。CDMA业务、GSM业务分别突出"商务、时尚"和"实惠、普及"优势;推出"世界风"业务品牌,满足了"一机双模"的业务需求。增加业务种类,提升业务功能,提高收入比。发挥CDMA1X技术优势,推出"掌上电视"、"手机银行"、"手机证券"等新业务,"Uni联通无限"业务实现快速发展。加快发展"GSM无线公用电话"、"电话超市"、"桌面电话"、"企业联名卡"、宽带和"宝视通"等数据固定互联网业务,建立长期客户群,形成稳定的收入来源。印发《联通新业务手册》,缩短用户对新业务的认知过程,方便用户选择适应的业务种类。

客户服务　推创"如意千万家"服务品牌,开展"满意在联通,服务千万家——体验阳光服务"活动。开展"新工装、新服务、新形象"和"号码升位,服务升级"活动,"10010客户服务闭环管理流程"实现"客户服务第一站,市场经营第一线,综合评价第一关"的"三个第一"功能。

企业文化建设　推行绩效考核,加强机构设置和人员队伍建设,实现人力资源配置向经营一线倾斜。结合"满意在联通"活动,开展行风建设和民主评议活动。年内,先后获"全国用户满意服务明星班组"、"全国质量信得过班组"、"山东省第五届消费者满意单位"、"青岛市文化工作先进单位"等称号。

(左　勇　李　力)

中国铁通集团有限公司青岛分公司(原铁道通信信息有限责任公司青岛分公司)

机构更名　2004年7月9日,原铁道通信信息有限责任公司更名为中国铁通集团有限公司,原铁道通信信息有限责任公司青岛分公司同时更名为中国铁通集团有限公司青岛分公司。

网络建设　截至2004年底,该分公司完善了覆盖青岛市区及各县级市的光传输网络及交换网络;敷设光缆近600公里;建设了"IP城域网"及"本地智能网"并投入商业运营,优化了各支撑网的网络结构。

业务拓展　年内,通过"IP城域网"及"本地智能网"的运行,提高了数据通信能力,"互联网"业务快速发展;面向社会推出多种智能业务;为电信用户提供个性化的通信服务;开展了"呼叫中心"业务,利用中国铁通集团有限公司覆盖全国的网络为用户搭建全国统一的客户服务平台;拓展各类增值业务,开通了旅游、铁路运输信息、邮包到达等服务咨询热线。全年通信业务量及业务收入均成倍增长。

客户服务　开展"客户满意年"活动,以争创"标准营业厅"和"星级营业员"为重点,加强了客户服务工作的基础管理工作,健全了故障处理、用户投诉以及工程质量管理、维护质量管理等工作流程,客户满意率达100%。年内,该分公司获得省级荣誉称号6个,入选"青岛市百家诚信服务企业";该分公司综合信息分局被共青团中央、信息产业部授予"全国青年文明号"称号。

(杨科显　刘秀萍)

青岛市国土资源和房屋管理局

该局是在2001年4月政府机构改革时由原市土地局、市地矿局和市房管局三局合一组建起来的新局。局内设12个职能处室（办公室、政策法规处、计划信息处、权籍管理处、市场管理处、财务审计处、国有土地管理处、集体土地管理处、地质矿产管理处、房政管理处、房屋安全鉴定办公室、政工处）。编制总数97名，其中局行政编制80名，离退休工作人员编制5名，工勤编制12名；局派出机构7个（分别是市南、市北、四方、李沧、崂山、城阳、黄岛国土资源等分局），还管理五市国土资源局领导班子及相应职级干部；局直属事业单位8个（分别是土地执法支队、房改办、物业办、土地储备管理中心、房地产登记交易中心、住宅发展中心、住房置业担保中心、房屋修缮工程质量监督站）。

地址：青岛市巫峡路6号
邮编：266002
电话：（0532）82663290
传真：（0532）82663285

①国土资源部副部长鹿心社视察青岛港土地集约利用情况
②局党委成员在研究工作
③青岛市国土资源系统大项目供地工作经验交流研讨会现场
④青岛市储备国有土地使用权揭牌现场竞价会现场
⑤局政务大厅一角

证出公信　　高效便民

青岛市房地产登记中心 青岛市房地产交易中心 2004年工作简况

宽敞明亮的房地产交易大厅

2004年，该中心以“三个代表”重要思想为指导，按照“巩固、提高、创新、发展”的思路，积极推进房地产交易与权属登记规范化管理，严格依法行政，完善服务体系，提高工作效率，细化工作标准和流程设置，为群众提供快捷、方便、放心服务。收件窗口对买卖、赠与、继承等业务做到“即收即办、立等可取”，全年“一级办理”业务29890件，其他业务变“三级办理”为“二级办理”，由6个工作日压缩为3个工作日，对复杂案卷采取集体会审制度办理。一年来，该中心不断打造服务品牌，开展优质服务，丰富服务内容，提升服务形象，增设直通车窗口和绿色通道，全年为2100余人次无偿登门服务，还开展了“走百家企业，访千户居民，办万宗难卷”活动。该中心严格做好行政复议、应诉和信访工作，全年承办行政诉讼复议案件166件，信访226件；在市场管理方面，重点加强了商品房预售管理和房屋租赁管理，核发租赁证4450户，备案面积63.72万平方米，同比增长32%；全年举办交易大集6次，参会人员6.3万人；全年共办理各类房地产权属登记84988户，同比增长10%，金额273.27亿元，同比增长22%。先后获“全国房地产交易与权属规范化管理先进单位”和“文明服务示范窗口”，“青岛市建设系统先进党委”等称号。

前来办理交易登记的市民络绎不绝地涌入交易中心大厅

可收存百万余件的房产档案馆库房一角

证出公信　高效便民

中心员工热情规范地为市民办理交易登记业务

诚信　文明　热情　周到　　　敬业　务实　规范　高效

青岛市房地产登记中心 青岛市房地产交易中心 功能简介

Introduction

青岛市房地产交易中心

青岛市房地产交易中心
房屋租赁中心

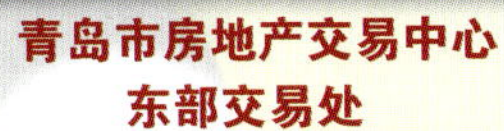

青岛市房地产交易中心
东部交易处

青岛市房地产交易中心
李沧交易处

青岛市房地产交易中心
四方交易处

成立于1998年12月，是隶属于青岛市国土资源和房屋管理局的行政事业单位，有员工183名，主要负责市内四区房地产市场和产权产籍管理及受理出让土地转让手续交易业务。设交易厅、审核办公室、综合业务处、市场管理处、档案管理处、财务处、信息处、办公室等部门及房屋租赁中心、李沧交易处、东部交易处、四方交易处4个分支机构。中心总建筑面积1.3万平方米，共分五层，集信息、交易、服务、管理四大功能于一体。一层为交易大厅，设64个服务窗口，同时引入评估、公证、律师、银行、税务等相关机构，为群众提供“一条龙”全程服务；二层为交易服务区，设79个交易席位，是客户与开发商、中介商进行房产交易的主要场所；三层为管理办公区；四层为房产档案馆及交易审核区；五层为配套服务区及房地产拍卖大厅。

青岛市国土资源和房屋管理局
住房制度改革办公室

原名“青岛市住房制度改革领导小组办公室”，2001年4月机构改革更名为“青岛市国土资源和房屋管理局住房制度改革办公室”。主要职责是在市住房委员会的领导下，负责全市住房制度改革工作的综合协调、规划、政策、制定、指导和组织实施；承办市住房委员会办公室的日常工作。2004年，该办认真贯彻落实国家和省关于深化住房制度改革的指示精神，深入开展房改的调研，不断完善房改政策，积极推进我市住房制度改革。

①团结务实的办领导班子成员
②该办召开全体成员会议，研究部署工作。
③开展政策研究

地址：青岛市巫峡路6号
邮编：266002
电话：(0532) 82663297
82663302
传真：(0532) 82683449

青岛市住宅发展中心

主任：尚胜利

该中心是为适应进一步深化住房制度改革、建立多层次住房供应体系、改善广大居民住房条件的需要成立的我市住房保障管理的专门机构。其基本职能是：负责我市廉租住房保障、经济适用住房和普通商品住房的日常管理工作。

自2000年3月成立以来，在局党委的正确领导下，立足于新的住房供应体系的建立和完善，发扬“求实、务实、踏实、落实”的工作作风，加强管理，强化创新与服务，在最低收入家庭廉租住房保障、规范经济适用住房管理等项工作方面取得了明显成效，得到了各级领导、广大市民和社会各界的好评，多次被评为青岛市市级文明单位标兵。

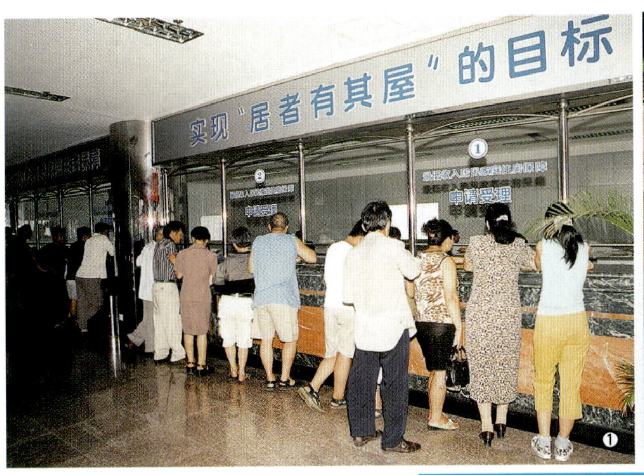

地址：青岛市瞿塘峡路24号
电话：(0532) 82680909
传真：(0532) 82687793
http://www.qtzz.com

①该中心住房保障服务窗口负责受理最低收入家庭廉租住房保障申请和经济适用住房购买登记申请。图为工作人员正在为低保家庭办理最低收入家庭住房保障有关手续。

②工作人员主动为孤老和残疾等行动不便的低保家庭实行上门服务。

③2005年3月21～22日，青岛市第一批经济适用住房公开摇号排序大会举行，514名家庭正式入围。在经济使用住房公开摇号现场，市民代表积极参与摇号排序工作。

U. C. C. D.
城建地产

历久弥新铸品牌

品牌是“做”出来的，是靠名副其实的品牌项目和持续创新的业绩累积起来的！
持续的创新力才是品牌企业不可复制的核心竞争力！
青岛“城建地产”正是扎扎实实做品牌的房地产企业！

国内第一批房地产开发企业之一
青岛市第一批获得国家一级开发资质的房地产企业
全国率先设立售后服务中心的房地产开发企业
首批“全国销售‘放心房’活动履行承诺企业”
“中国房地产管理机制创新十强”企业
“中国城市运营商50强”企业
全市首批获得“企业资信AAA级”的房地产企业
青岛市十大品牌房地产企业
青岛市十佳诚信房地产商
青岛市文化工作先进单位
青岛市第一个成立专门住宅研究发展中心的房地产企业
青岛房地产界首次进军北京市场开发名盘“青岛嘉园”
全市首家城市道桥、城市广场等基础设施建设的房地产企业
全市唯一获得“青岛市十大精品建设工程”（两项）的开发企业

正在开发的项目：
“湖光山色”
“阳光山色”
“春光山色”
“曙光山色”
“福林大厦”
“福林华庭”
“威海路步行街”新项目
“玲珑小居”
“山·海·天”别墅
“北京·河畔”

湖光山色实景：“湖光山色”小区——总建筑面积近28万平方米，青岛市唯一荣获“中国住宅创新夺标经典示范楼盘”、“中国名盘”两项全国性综合大奖的在销楼盘。

广场竣工：建设者、市民代表共同开启新汇泉广场

承办啤酒节：第十四届青岛国际啤酒节闭幕式在汇泉广场举行，市委、市人大常委会、市政府、市政协主要领导出席了闭幕式。

青岛城市建设集团股份有限公司

集团地址:中国青岛市南海路23号
售楼中心: 0532-82864592 售后服务: 0532-85728596
传真电话: 0532-82860364 企业网址: www.uccd.com.cn

福林华庭
北京·河畔
曙光山色
湖光山色
威海路步行街
阳光山色
福林大厦
春光山色
玲珑小居
山·海·天·别墅
C.
建
地

浮山新区

浮山新区位于岛城东部、浮山北麓，是一片规模宏大、环境优美、配套齐全的新城区。东起海尔路，西至福州路，南起银川路，北至三〇八国道和株洲路，面积12平方公里，规划居住人口20万左右。

作为旧城改造、棚户区改造、重点工程拆迁安置、普通住宅建设主要房源基地的浮山新区，在1997年到2000年短短不到三年的时间里，相继完成了一、二期工程，竣工住宅110余万平方米，配套公建20余万平方米，安置居民1万余户，使3万多人改善了居住条件，实现了环境效益、社会效益、经济效益的协调统一，创造了青岛城市建设史上的一个奇迹。40%以上的绿化覆盖率，优美的环境，超前的规划，齐全的市政基础配套设施，使入住居民的居住条件发生了天翻地覆的变化，赢得了社会各界的广泛赞誉。

2005年，浮山新区连续荣获“中国经济型住宅示范楼盘”“第五届詹天佑土木工程大奖”优秀住宅小区金奖、“2005双节双优住宅方案竞赛金奖”三项国家级大奖。这三个奖项奖是浮山新区继联合国人居中心“迪拜国际改善居住环境良范例奖”、“山东省人居环境奖”、“鲁班奖”、“山东省首届城住宅小区特等奖”、“山东省墙改与建筑节能示范小区”、“山省三星级智能小区”等数项大奖后的又三项殊荣。奖项的获也再次证明了浮山新区住宅建设的超前意识、精品意识以及先业界的实力和水平。

①

②

③

青岛市浮山新区开发指挥部
地址：青岛浮山新区管理中心
邮编：266101
电话：(0532) 88735666
88735667
传真：(0532) 88735662
总指挥：王建军

①②新区雪景
③锦鲤湖
④浮山新区全景
⑤六小区鸟瞰
⑥“山水居”小区环境
⑦环湖公园
⑧山头公园一角
⑨锦鲤湖畔

相约奥运　扬帆青岛

总经理：王东初

2008年，第二十九届奥运会帆船项目的比赛将在美丽的海滨城市——青岛举行。

为积极筹备历史上最好的一届奥帆赛，2001年12月组建的青岛东奥开发建设集团公司通过市场化运作，全面负责青岛国际帆船中心工程建设的组织实施和资金的筹集、使用以及工程建成后的经营管理。

青岛东奥开发建设集团公司前身是青岛市东部地区开发建设指挥部和青岛市东部地区开发管理办公室，隶属青岛市建设委员会。目前，公司正在围绕2008年北京奥运会青岛帆船比赛的场馆建设，开展有关规划设计、项目投融资、工程建设及相关后期管理工作。

将要建成的青岛国际帆船中心位于青岛浮山湾畔，该公司秉承"绿色奥运、科技奥运、人文奥运"理念，以充分满足奥运比赛使用要求为前提，结合青岛的自然和人文环境，力争创造一流的建筑组团和城市景观。在此基础上，注重赛后利用，对赛场进行适度开发，形成永久性国家水上运动训练和举办水上项目比赛的基地，并将逐步完善海上运动、旅游度假、休闲娱乐、会议服务及商住等功能，集成先进的建筑科技成果，打造精品工程，全力构筑青岛跻身国际化海上运动基地的平台，为城市留下珍贵的建筑文化财富。

青岛东奥开发建设集团公司愿与您携手奥运，共创美好未来！

奥帆中心效果图

地址:青岛市东海西路47号
邮编:266071
电话:(0532) 85714313
传真:(0532) 85725725
http://www.e-olym.com

媒体中心效果图

青岛流亭国际机场

2004年10月，山东省委书记张高丽（左图为右三、右图为前排左一）赴青视察刚刚启用的青岛机场新航站楼，对青岛机场能在时间紧、任务重的情况下顺利实现新老航站楼对接工作表示肯定，并慰问了正在值班的工作人员。

青岛机场作为中国北方和沿黄流域的区域性航空枢纽，近年来运输生产保持了持续、快速、健康的发展势头。2004年，共保障飞机起降56776架次，同比增长27.33%，旅客吞吐量480.8万人次，同比增长37.87%；货邮吞吐量10.4万吨，同比增长38.29%，实现了飞行架次、旅客吞吐量、货邮吞吐量“三突破”的目标。在全国机场空运业务量综合排名中列第13位；旅客和货邮吞吐量分别占山东地区总量的57.2%和61.5%，已在山东航空运输体系中奠定了绝对优势；全年新开6条航线（含货运航线），尤其是韩亚航空开飞青岛至汉城航线，日航增加了青岛至大阪航线，山航新开了青岛至新加坡航线，不仅促进了机场国际航线的比重，而且进一步巩固了区域性枢纽机场的地位。

2005年，青岛机场把投资主体多元化、机场管理专业化、商业经营市场化、运行标准国际化作为机场各项管理工作的目标和重点，逐步建立适合机场发展特点和要求的现代企业制度和规范的法人治理结构，构建以安全为基础，以生产为核心，以客户需求和市场需求为导向，以改革创新为动力，以健康发展为目标的工作格局，开创以“安全、稳定、质量、创新、发展”为主要内容的工作新局面。

两会期间，青岛机场把“落实安全责任、畅通信息渠道、量化服务指标、确保航班正点”等四个方面作为工作重点，保障了两会代表运输工作的顺利开展。

2005年5月12日，省委副书记、市委书记杜世成（中）到青岛机场视察，对青岛机场一年多来的工作表示肯定，并希望机场继续保持良好的工作势头，抓好安全、生产、服务、效益、改革等中心工作，全力打造一流空港，为青岛市“世界知名特色城市”、“全国重点中心城市”的建设做出贡献。

2005年4月18日，青岛机场与德国慕尼黑国际机场签订了合作备忘录，总经理刘玉良（右一）、总裁葛客乐（左三）代表双方机场签字，市委副书记、副市长崔锡柱（左二），副市长胡绍军（右四）出席了签字仪式。

为进一步提升服务品位，青岛机场邀请了一支小型乐队每天为旅客演奏中外名曲，此举在国内机场尚属首创，形成了颇具青岛机场特色的服务新亮点。

青岛市地下铁道公司

①

2004年，地铁公司完成了连接主城区与五个县级市的市域轨道交通线网概念规划、地铁一期工程总体设计及轨道交通东西线预可行性研究报告的评审等工作；根据市委、市政府提出的“三点布局、一线展开、组团式发展”的大青岛发展格局，下半年开始开展市区轨道交通线网规划的补充完善工作，预计于2005年8月完成，届时与市域轨道交通线网规划整合形成覆盖五市七区的轨道交通线网规划；同时继续做好市区轨道交通线网规划用地控制、项目招商引资及筹资方案研究等工作。为锻炼技术队伍，为未来地铁项目启动建设做好准备，地铁公司积极参与政府投资项目代建市场，先后中标承担青岛市体育运动学校迁建项目及2004年度青岛市市内四区超期服役道路综合整治工程（二标段）项目（共六条道路）代建任务，代建项目建设管理工作进展正常。

地址：青岛市南九水路2号
邮编：266022
电话：(0532) 83643604
传真：(0532) 83641482
E-mail：qdmetro@163169.net

②

④

⑤

①市委副书记、市长夏耕（右一）视察体校迁建项目

②轨道交通线网修编汇报会

③青岛市地下铁道公司2005年工作会议现场

④该公司承担代建任务的市重点工程市体校迁建项目举行奠基仪式

⑤该公司承担代建任务的六条道路整治工程——金华路

⑥地铁一号线北延伸线预可研报告通过专家评估

⑦市域轨道交通线网概念规划通过专家评审

⑥

⑦

中国邮政 CHINA POST

青岛市邮政局

该局是全国二级中心局，是山东省内唯一的国际邮件互换局，下辖五市三区8个区市邮政局，拥有邮政网点261个、邮政储蓄网点213个、邮政报刊亭345个，邮路总长6.36万公里，是华东地区重要的邮件集散地之一。该局始终把发展作为强局兴邮的第一要务，坚定地走品牌服务之路，认真实践“一言一行树邮政形象，一心一意为客户服务”的企业精神，构建综合能力强大、处理手段先进、邮运渠道多样的邮政通信网络，提供多层次、立体化、多领域的邮政通信服务。

2004年，青岛邮政热线“11185”获“全国用户满意服务明星班组”称号，成为全国邮政系统中唯一获此殊荣的单位；该局获青岛市企业文化建设样板企业、青岛市质量管理小组活动优秀企业等称号；局党委获青岛市工交系统2003年度先进基层党组织称号。

前进中的青岛邮政将继续以真诚的服务和良好的信誉，为地方经济的发展和现代化邮政事业的推进做出积极的贡献。

地址：青岛市延安三路220号
邮编：266071
电话：(0532) 83890609
传真：(0532) 83890621
http://www.qdpost.com.cn
服务热线：(0532) 11185

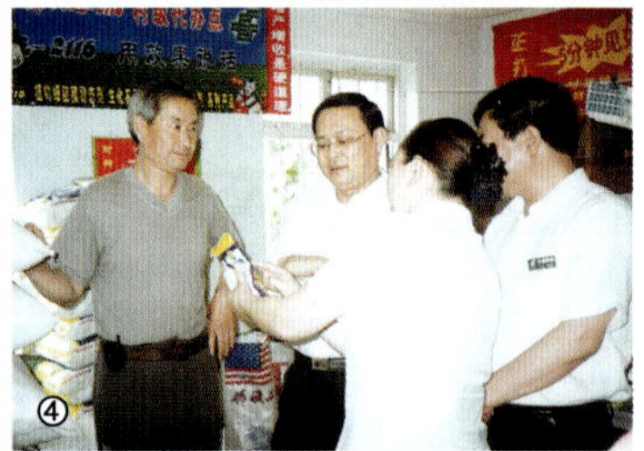

①国家邮政局副局长马军胜（左二）在市邮政局局长陈林（右一）的陪同下视察青岛邮政工作

②市委常委、宣传部部长、奥帆委副主席杨军（左二）与省邮政局副局长韩广岳（右一）出席“帆船之都·青岛”邮资封发行仪式

③省邮政局副局长韩广岳（左四）、西联金融服务公司负责人王士华（右二）、市邮政局局长陈林（左二）为全省首家西联汇款旗舰店揭幕剪彩

④青岛邮政积极服务“三农”，市邮政局局长陈林（左二）深入平度村级邮政代办点调研。

⑤新建成的青岛邮件处理中心效果图

移动通信专家

励精图治 实现跨越发展

数字五年 概况尽览

◆网络容量由60万户扩大到220万户，翻了将近两番。

◆客户数量位居全省首位，年均增长30%以上，2004年7月突破200万户大关。

◆运营收入约占山东移动的1/6，净利润则占到全省的1/5还多。

一九九九年至二〇〇一年办公地点

二〇〇一年至二〇〇三年办公地点

发展

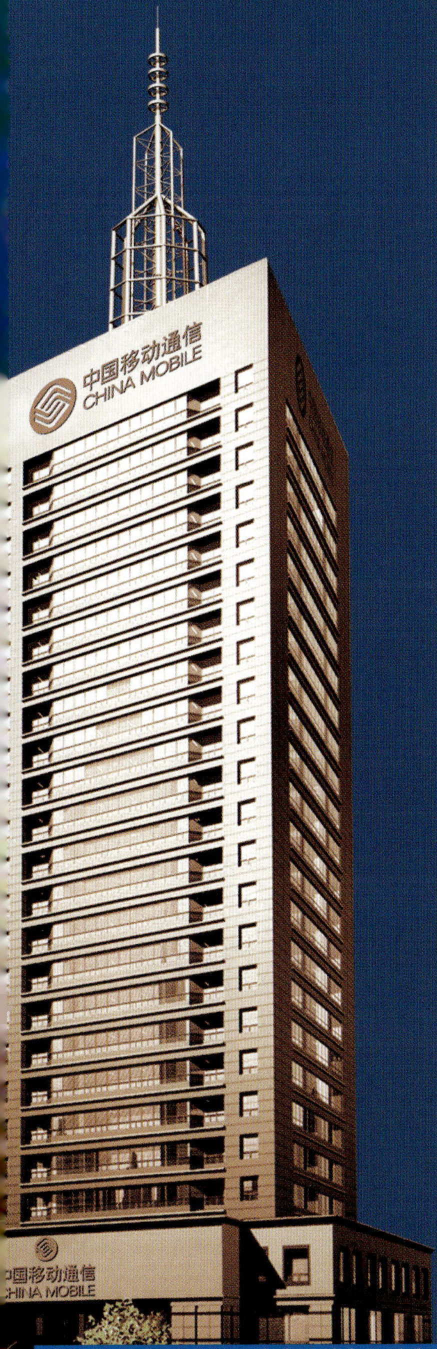

年份	1999年	2000年	2001年	2002年	2003年	2004年
网络容量	60	100	150	200	220	260

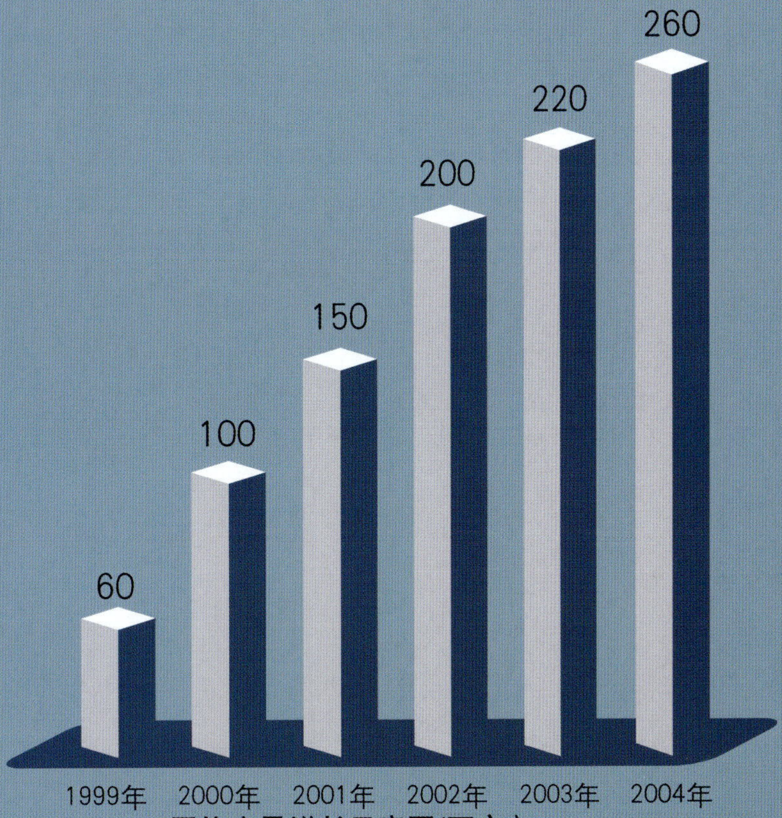

网络容量增长示意图(万户)

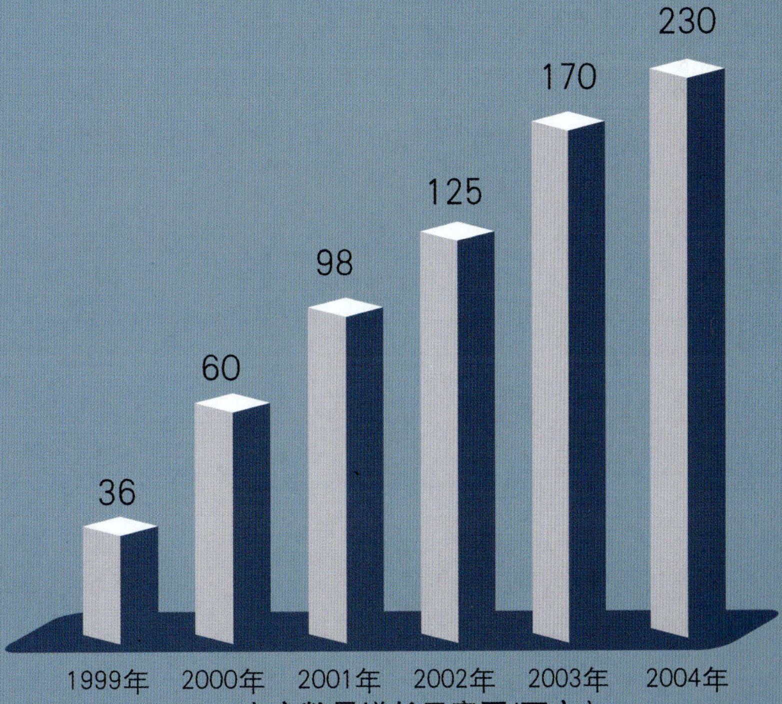

年份	1999年	2000年	2001年	2002年	2003年	2004年
客户数量	36	60	98	125	170	230

客户数量增长示意图(万户)

二○○四年至今位于东海路的办公地点

辉煌五周年

获奖证书

山东移动通信有限责任公司
青岛分公司

荣获全国信息产业系统先进集体

服务无极限

山东移动通信有限责任公司青岛分公司

秉承中国移动“沟通从心开始”的服务理念和山东移动“让客户满意是我们不懈的追求”的服务宗旨，青岛移动通信公司独立运营五年来，专心致力于打造“网络一流、业务领先、服务优良、管理高效”的移动通信专家品质和内涵，逐渐赢得了广大客户和社会各界的一致认可和支持，并在网络建设、客户服务和移动信息化建设等方面取得了卓越的成绩。

2004年1月，公司被信息产业部、国家人事部共同授予“全国信息产业系统先进集体”称号；2004年3月份，公司服务品牌“亲情无限”被青岛市政府授予“青岛名牌”、“青岛服务名牌”荣誉称号。

1999年—2004年，五年的市场洗礼，230万客户的真诚信赖使青岛移动成为本地区移动通信市场中最具影响力和竞争力的一个团队。

省 级

文明单位

山东省精神文明建设委员会

中国铁通集团有限公司青岛分公司

总经理：于龙渊

2004年7月9日，铁道通信信息有限责任公司更名为中国铁通集团有限公司。铁道通信信息有限责任公司青岛分公司同时更名为中国铁通集团有限公司青岛分公司。以基础电信业务为主，面向社会各界提供各种通信信息服务。

截至2004年底，青岛分公司进一步完善了覆盖青岛市区及各区（市）的光传输网络及交换网络。敷设光缆近600公里。同时建设了IP城域网及本地智能网，并投入商业运营，进一步优化了各支撑网的网络结构。年内，青岛分公司以贯彻“客户满意年”活动为主线，以“标准营业厅”和“星级营业员”活动为抓手，全面提高客户服务工作，客户满意率达100%。全年获省级荣誉称号6个，被评为青岛市服务百家企业、诚信企业，呼叫中心座席部被共青团中央、信息产业部授予“全国青年文明号”称号，并入选《点亮青春》事迹丛书。

地址：青岛市湖北路80号

邮编：266001

电话：(0532) 82979961

传真：(0532) 82979931

http://www.qd.cttsd.com

E-mail：qdzhb@qd.cttsd.com

①青年突击队周末营销

②青岛福利院铁通电话开通

③安装校园公话

④获“全国青年文明号”的成员合影

①

②

③

④

行政商务套房

梦拉诺意大利餐厅

游泳池

亚洲咖啡厅

QINGDAO
青岛颐中皇冠假日酒店

THE PLACE TO MEET.

CROWNE PLAZA QINGDAO
青岛颐中皇冠假日酒店

76 Xiang Gang Zhong Road, Qingdao 266071, P.R.China Tel: (86-532) 8571 8888 Fax: (86-532) 8571 6666
中国青岛市香港中路76号 邮编: 266071 电话: (86-532) 8571 8888 传真: (86-532) 8571 6666

青岛保税区

2004年8月16日，国务院批复青岛保税区实施区港联动试点，这是青岛保税区向自由贸易区转型的第一步。区港联动，将保税区和港区的优势集中在一起，实施海关的统一监管，优化保税区与港口的物流流程，使保税区和港口在地域、功能和运作等方面有机结合，促进保税区和港口优势互补、功能结合、共同发展。通过保税区政策与港口功能的联动，体现自由港的作用。

区港联动，可以使青岛港凭借自由港政策，大量吸引我国在境外港口的中转业务直接在青岛开展，显著扩大青岛港的吞吐规模，加快青岛国际枢纽港的建设步伐；可以大幅度降低物流成本，对制造业企业及物流企业将产生强大的吸引力，有利于山东顺利承接日韩产业转移，加快半岛制造业基地建设；可以在更高层次上扩大山东、青岛的对外开放，成为沿黄地区和环渤海地区参与经济国际化的特别通道。

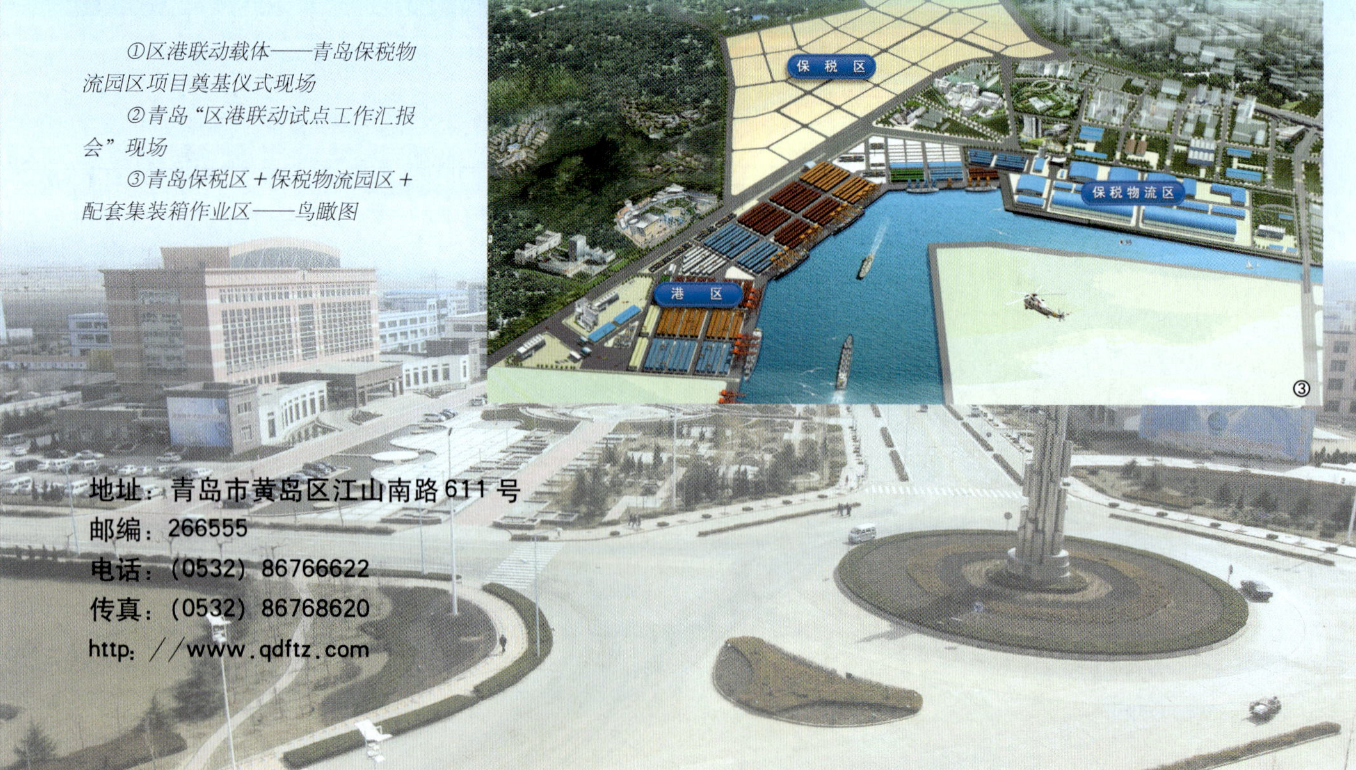

①区港联动载体——青岛保税物流园区项目奠基仪式现场
②青岛"区港联动试点工作汇报会"现场
③青岛保税区+保税物流园区+配套集装箱作业区——鸟瞰图

地址：青岛市黄岛区江山南路611号
邮编：266555
电话：(0532) 86766622
传真：(0532) 86768620
http：//www.qdftz.com

口　　岸

口岸管理

·主要指标·

外贸进出口货运量与总值

2004年，青岛海港口岸外贸进出口货运量达到1.21亿吨，比上年(下同)增长18.36%。其中，进口8799.59万吨，增长21.22%；出口3328.53万吨，增长11.41%。货物吞吐量达到1.63亿吨，增长15.44%。外贸运量与港口吞吐量的比值达到74.56%，提高1.8个百分点。集装箱吞吐量达到513.97万标准箱，增长21.26%。

青岛空港口岸行货邮量达到10.45万吨，增长38.29%。进出口货物5.30万吨，增长21.91%。

全年青岛口岸外贸进出口总值达到567.76亿美元，增长38.90%。其中，进口247.99亿美元，增长44.01%；出口319.77亿美元，增长35.15%。贸易额顺差71.78亿美元。

出入境情况

全年青岛口岸出入境总人数达到122.57万人次，其中旅客94.28万人次、服务员工28.29万人次。海港口岸出入境人员达到27.66万人次，其中旅客7.22万人次、服务员工20.44万人次。空港口岸出入境人员达到94.91万人次，其中旅客87.06万人次、服务员工7.85万人次。青岛海港口岸进出港国际航行船舶1.32万艘次，增长10.48%。空港口岸中外客流量达到480.84万人次，增长37.87%。起降飞机5.68万架次，增长27.33%。出入境飞机8283架次，增长43.25%。

·对外开放·

7月2日，国家海事局批复青岛市政府，确定青岛海港口岸开放水域范围为自太平角(老鼠礁)至薛家岛象嘴连线以内的胶州湾水域。青岛海港口岸的开放水域面积由原来20多平方公里扩大到420平方公里。

7月15日，韩国最大的民营航空公司——韩国亚洲航空公司落户青岛。这是继大韩、全日空、港龙、日航、澳门航空之后第六家来青岛市经营的境外航空公司。

·航线运行·

全年新开通了空中客、货运国际航线3条，海上客货航线和集装箱航线26条。青岛海港口岸的海上国际集装箱航线达到97条，每月419个航班；客货班轮航线达到4条，每周8班。青岛海港口岸国际航班密度增长20%。空港口岸的国际航线达到19条，其中客运16条、货运3条，每周158个航班。

·改善口岸通关环境·

截至2004年底，青岛海港口岸老港区出口集装箱通关时间由上年的24小时缩短到21小时，通关时间提前了3个小时；前湾港区由上年的31小时缩短到26小时57分，通关时间提前了4个小时。青岛空港口岸IT企业相关材料的4小时送达率从上年的81%提高到84.63%。

年内，以“提速、降费”为工作重点，由单纯地清理乱收费拓宽到把货物流转环节作为降费重点，提高了工作的针对性和有效性。口岸查验单位出台措施，优化通关流程，扩大便捷通关措施覆盖面，降低企业通关成本。青岛市无纸通关企业增长23%，网上付税企业增长142%，海关A类便捷通关企业增长20%。引入风险管理，推行“国际出口集装箱船舶在港零待时”。青岛口岸的通关成本在全国口岸的通关成本中属中等偏低的水平。据天津市“零点调查公司”公布的2004年全国首次口岸城市大通关环境综合评估结果显示，青岛市在通关效率和通关环境方面居中国北方口岸城市首位。

·口岸精神文明建设·

全市口岸系统以“情系口岸、心连五

洲”为主题，发挥联片共建优势，推进创建服务品牌，开展争创示范窗口活动。全年青岛口岸共建工作中涌现出24个先进单位、15个先进集体、16名先进个人、4个示范窗口和4个巾帼示范岗。海港口岸旅客满意率达到94%，提高2个百分点；空港口岸旅客满意率达到91%，提高1个百分点。

（李新成）

海　　关

·主要指标·

2004年，青岛海关各项主要业务指标完成情况见下表。

青岛口岸海关业务统计表

项　目	单位	数量	同比±%
进出口货物	万吨	10464	21.0
其中：进口	万吨	7851	25.7
出口	万吨	2614	8.9
进出口总值	亿美元	567.77	38.9
其中：进口	亿美元	248.00	44.0
出口	亿美元	319.77	35.1
进出境集装箱	万箱	349.1	17.6
进出境飞机	架次	8591	48.7
进出境船舶	艘次	7822	3.3
运输工具服务人员	万人次	27.3	13.6
进出境旅客	万人次	92.4	41.2
进出境邮递物品	万件	8.1	24.2
进出境印刷品和音像制品	万件	98.2	6.4
邮政和非邮政快件	万件	87.2	-4.4
邮政渠道扣、退物品	件	7738	-64.8
查扣反动宣传品	件	1224	-28.7
查获邪教出版物	件	192	-85.1
征收税款	亿元	222.75	46.2
其中：关税	亿元	26.56	12.3
代征税	亿元	196.19	52.4
罚没收入	万元	4951	126.6
侦办走私违法案件	起	49	-12.5
走私违法案值	亿元	6.4	120
抓获犯罪嫌疑人	名	108	0
备案合同	份	37184	3.3
合同金额	亿美元	80.73	34.1
结案合同	份	9679	20.9
货物报关单	万份	167.1	18.4
其中：进口报关单	万份	38.8	10.9
出口报关单	万份	128.2	20.9

·税收征管·

坚持依法征管、综合治税，形成科学有效的税收征管机制。抓住税收征管中的关键环节和高风险点，强化职能监控、评估和考核，发挥职能督导控制和超前预警作用；实施主要税源商品价格分析核查制度，建立公开点评制度，对现场海关“非合理区间价格水平”自查分析报告实行月度点评，增强现场自查自纠能力；完善退税审批、税单作业等操作规范；强化审单管理，规范报关单数据填制，加强现场审价、归类和原产地认定等基础性工作。

全年在青岛口岸审价补税1.57亿元，增长24.3%；以打击价格瞒骗为重点，组织开展价格稽查和专项行动，稽查补税3693万元。加强加工贸易实际监管，严防跑冒滴漏，内销补税5.77亿元。青岛口岸税收入库首次超过200亿元，达到222.75亿元、增长46.4%，继续居山东省各口岸首位。

·查缉走私·

先后侦破了“一二·一七”海上走私成品油案、“三二一”走私固体废物案、“六三”走私珍稀动物案、“六三〇”低报价格走私船舶案等重特大案件15起，打击和震慑了走私违法行为。全年侦查走私犯罪案件49起，抓获犯罪嫌疑人108人；立案调查行政案件1155起、案值5.8亿元，分别增长39.5%、18.4%；罚没收入1.01亿元，增长1倍。

引入“案件经营”新理念，实施控制下交付，破获了一个利用“洗单”手法长期在青岛口岸走私木工机械的犯罪团伙，查处案件6起，案值近千万元。

坚持打防结合，依托风险分析，开展贸易调查、企业稽查和规范企业行为工作，稽查企业836家，查处并移送案件92起，案值8931万元。建立缉私绩效评估体系，对缉私业务开展检查评估，开展了为期5个月的缉私大练兵，增强反走私能力。

·通关监管·

年内，完成“H2000海关通关信息化管理系统”切换，并在青岛口岸通关现场平稳运行。推进查验机制创新，制定《关于建立查验机制的指导意见》等9个文件，设立查验机构，规范作业流程；构建查验绩效评估体系，定期对布控指令、查验结果和查验人员工作绩效等指标进行评估，增强查验工作效能；全年查获率达8.4%，增长135%。初步完成青岛前湾港监管示范点建设，整合完善闸口物流监控系统，实现了通关信息与物流信息的自动比对和印证。统一和规范关区通关监管作业，编制16万字的《通关操作指引》，编写《监管业务实用手册》3卷。

·加工贸易保税货物监管·

设置了结案及时率等7项监控指标，实行月度监控评估，组织开展核查，手册清核率、结案率的指标明显提高。其中，手册结案及时率达97.9%、超期手册清核率达96.8%，由上年全国直属海关第八、九位上升至第二、三位。分别完成了51种二级单耗标准制定和77种三级单耗信息采集任务，统一了单耗审核尺度。联合外经贸等部门出台工作方案，完成了逾期手册清理工作，结案逾期手册2673份，解决了历史遗留问题。开展保税仓库调研和清理整顿工作，注销不合格保税仓库11家。配合做好青岛“区港联动”试点工作，完成“区港联动”海关监管方案设计任务，青岛保税区被批准为全国7个试点单位之一。

·统计与科技·

突出海关统计为地方经济发展和各级领导决策服务职能，关注宏观经济运行态势和进出口动态,挖掘数据背后的规律和特点。撰写分析报告300多篇,中共中央办公厅、国务院办公厅采用17篇。加强执法评估核查工作,开展综合评估2次、专题评估12次。

发挥科技保障作用,完成加工贸易联网、电子闸口建设等技术项目。加强与地方政府、部门的协作配合,推进"山东电子口岸"建设。建立了以数据分中心为主体的技术设备维护服务机制,提高了设备管理、应用保障和服务的能力。加强信息安全管理,开展安全监控和检查,保障了系统平稳运行。开展"无纸通关、属地交单"试点,全年青岛地区共有无纸化通关企业710家,出口无纸化通关11.88万余票、增长47%;无纸化通关平均时间为1.05小时,比有纸通关方式提高83%。建立海关、银行网上付税试点联络配合机制,网上付税企业383家、付税额81.12亿元、增长346.45%。加快政务信息化建设,参与开发并试点运行"HB2004系统"。

·支持地方经济发展·

年内,先后在青岛、烟台、菏泽、聊城等8个地市开展了9次现场办公,指导用足用好进出口政策,全年解决企业反映比较集中的问题100余个。配合山东半岛制造业基地建设和加快加工贸易发展等部署,研究推出支持加工贸易发展9条措施。建立"公路直通"、"铁路直通"和"海运直通"监管模式,节约企业物流成本。下放合同备案、减免税审批等15项审批权限,提高审批效率。完善"通关110"咨询处理机制。青岛海关支持地方经济发展的做法得到山东省委、省政府的肯定。

·内部建设·

制定了《青岛海关基层建设管理责任制》、青岛关区海关统一的《岗位操作手册》和《青岛海关内务管理细则(试行)》。开展了为期2个月的全员军训,共1800人参加了军训,占总人数的88%。制定《正规化建设试点方案》,在日照等5个隶属单位开展了试点。出台《处科级干部选拔任用工作实施办法》、《处科级领导干部竞争上岗实施办法》和《干部交流实施办法》,初步形成了干部选拔任用交流工作的制度体系。年内,青岛海关调查处、缉私局法制一处被国家人事部、海关总署等四单位联合授予"全国打私先进集体"称号;青岛海关获省部级以上表彰的先进集体11个、先进个人29人次;青岛海关连续7年获"山东省直文明机关"称号。

加强信息和对外宣传工作,在中央电视台"新闻联播"播发新闻3条次;编发信息2万余期,是上年的2.4倍。

(赵　猛)

出入境检验检疫

·业务指标·

2004年,青岛出入境检验检疫局共实施出入境货物检验检疫21.55万批,货值106.37亿美元,同比(下同)分别增长8.2%、26.5%,分别占山东省出入境检验检疫系统的30.5%和23.9%。完成国内外委托检验检疫业务3.92万批,完成残留监控检测样品1138个,分别增长47.5%和下降12.5%。检出不合格商品2372批,货值7.17亿美元,分别增长62.5%和2.3%;从150批动植物及产品中检出疫情和各种致病菌,检出率为1.09%,下降6.03%,占山东省的15.09%;从606批木质包装中检出检疫危险性害虫和一般性害虫,增长15.21%,占山东省的47.75%;完成传染病监测体检5967人次,发现各种病例255例,分别占山东省的7.84%和2.48%。实施艾滋病监测5355人,发现艾滋病1例。封存来自口蹄疫、疯牛病疫区的偶蹄动物食品385批次44吨;截获1495批禁止携带入境物品。

签发普惠制产地证书12.52万份、25.96亿美元,分别增长10.72%、16.25%,分别占山东省51.88%和45.09%。签发一般原产地证书2.86万份、7.55亿美元,分别增长14.49%、13.82%,分别占山东省35.77%和30.68%。

检疫出入境人员107.8万人次,增长34.83%,占山东省57.4%。检疫飞机8251架次,增长45.2%,占山东省72.0%。检疫出入境船舶2480艘次,下降12.4%,占山东省14.25%。检疫集装箱10.83万标准箱,下降42.9%。检疫快件和邮寄物1236批次,增长11.05%。

·防治高致病性禽流感·

年初,该局将防止禽流感疫情传入传出作为工作的重点,成立了防治高致病性禽流感工作领导小组和工作组,拟定了《青岛局高致病性禽流感出入境检验检疫应急预案》,提出了9个须重点抓好的控制环节和11项防控措施,并组织召开了青岛正大集团、九联集团等10家禽肉出口生产企业负责人参加的紧急会议,提出了防治禽流感工作的具体指导意见,防止了疫情的传入传出,得到了上级部门的肯定。该局被山东省政府授予"高致病性禽流感防治工作先进集体"称号。

·专项执法检查·

年内,开展了肉品冷库专项执法检查。该局成立了领导小组和专项检查组,制定了检查方案,并及时向市领导作了汇报,确定了由市质监局和该局牵头,市公安局、市工商局、青岛海关等部门配合,对辖区内的冷库和生产、加工、销售肉类产品的场所进行全面清理检查的方案。对辖区内47个进境肉类和水产品企业的冷库进行了检查,共查获从外地流入的非法入境疫区肉类523件8.7吨;根据上级的有关指示精神,将这些非法进境肉品进行了销毁处理,防止了疫情在青岛地区的传播。

·重点敏感商品检验检疫·

年内,加强了进口棉花、旧机电、废物原料、钢材、纺织品、小麦、大豆、水果、木材和木质包装、动物源性食品、矿产品及室内装饰用石材等产品的检验检疫监管工作,杜绝涉及安全、卫生、健康、环保和反欺诈等商品流入国内。共检出不合格进口旧机电产品 213 批次、货值 2258.56 万美元,分别占进口旧机电总批次和总货值的 25.1% 和 33.8%。对 95 家企业实施了行政处罚,对 6 批产品作了退运处理,对 1 批设备作了销毁处理。在 1599 批进口棉花中共发现有 1141 批品质或重量不合格(多数为品质和重量均不合格),货值 6.02 亿美元,占进口总批次、总货值的 71.36% 和 50.46%,及时出证索赔,挽回经济损失。从 35 批、货值 3.17 亿美元的进口粮食中检出有害生物或杂质超标,分别占进口粮食总批次、总货值的 53.03% 和 53.18%;其中,在 1 批巴西进口大豆中检出混有严重危害人体健康的种衣剂大豆,在 1 批美国进口小麦中检出呕吐毒素,均按规定作了妥善处理。加强了对援外物资的检验监管工作。

·促进农产品出口·

年内,继续坚持与重点农产品出口企业联系制度,加强对重点企业的帮扶;与市政府建立了农副产品出口联席会议制度,与农业部门建立了互通信息制度,与有关区市建立了检贸定期座谈制度。指导和帮助企业向“公司+基地”、“公司+农场”方向发展;完善了登记备案管理制度;推广“进出口食品安全卫生监控体系”(FSCS),完善了企业产品质量自检自控体系和兽医卫生管理机制,加强了对水产品、禽肉、肠衣、保鲜菜、蔬菜制品等五大类产品的风险分析,保证了产品的顺利出口。为企业提供技术标准和国外信息,指导帮助企业建立质量控制体系,并实现国外注册。辖区内有 81 家企业获美国 HACCP 验证、62 家企业获欧盟卫生注册、87 家企业获韩国卫生注册、20 家企业获日本卫生注册,其中多家企业同时获得了多个国家的注册。8 月,对辖区内的 472 家出口食品加工卫生注册登记企业(含国外注册 105 家)进行了全面清理整顿,保证了产品的安全卫生质量。完成了马来西亚、韩国、日本、瑞士、比利时、美国、泰国、欧盟等多国官方机构的检查工作。

·“大通关”建设·

年内,加强电子信息化建设。电子报检、电子签证、对外电子转单和向海关发送电子通关数据均达到了 100%;实现直通式电子报检的企业达到 254 家,报检量占自营进出口企业报检量的 95% 以上,扩大了“纸面通关单不流转式电子通关”的应用范围;推广船舶电子检疫系统、出境集装箱远程报检系统、进出口食品安全卫生监控体系(FSCS)和电子审单快速核放系统,研发了电子缴费系统,每笔缴费业务时间由原来的几分钟降为几秒钟,并已在 105 家大中型企业应用。

改进检验检疫监管模式。推广了“进出口食品安全卫生监控体系”(FSCS),正式运行该模式的企业新增 27 家,试运行该模式的企业新增 8 家。对工业品生产出口企业扩大了分类管理的范围。对出口额 1000 万美元以上的企业开通“绿色通道”;对 87 家产品质量和诚信程度高的一、二类企业实行了快速核放;研发的“出口机电产品电气安全综合测试电子监管系统”已在 2 家出口企业试运行。

实行了“5+2”工作制。该局各业务处室在双休日、节假日根据业务工作需要安排人员值班,随时办理检验检疫手续;该局值班室、空港旅检通道、海港口岸联合办公室 24 小时值班。在报验大厅设立触摸屏查询系统、公告栏等向社会公开了检验检疫法规、职责、工作程序、收费标准、工作流程、工作时限等。市政府对检验检疫部门在优化通关环境、推进港口经济建设方面做出的贡献进行了通报表彰。

·实验室建设和科技工作·

全年共在实验室设备更新和场地建设方面投入资金1679 万元,提高了实验室检测水平和整体实力。承办了蔬菜农药残留检测能力验证活动,组织了山东省微生物能力验证活动;承办了全国出口危险货物包装统检(山东)观摩与技术交流活动。出台了出口轮胎实施安全性能检测的“体系监督+周期检测+抽批检验”的检验工作模式,此模式已被国家质检总局在全国系统中推广。

全年共获得国家质检总局、山东省检验检疫局科研和制定标准立项 34 项,其中总局立项 5 项、省局立项 17 项、国家标准立项 12 项。获国家质检总局科技进步奖 8 项,其中一等奖 1 项、二等奖 3 项、三等奖 4 项,获奖数占山东省检验检疫系统的 50%。立项总数、获奖等次和数目均居山东省检验检疫系统首位。

加强快速检测方法研发,“复合荧光定量 PCR 测定禽流感和新城疫方法的研究”、“进出口矿产品放射性快速检验技术的研究”和“红外光谱鉴别火焰原子吸收法快速检测代森锰锌含量的方法研究”已通过专家鉴定并投入使用和推广,检测效率均提高了 6~7 倍,检测成本分别降低了 50%~80%。“动物组织中硝基呋喃代谢产物的多种检测方法、残留规律及控制的系统研究”课题和“诺沃克病毒快速检测方法”填补了国内空白。

·依法行政与内部建设·

年内,该局对二连浩特华天对外贸易有限公司进境铜矿石逃逸案、青岛海程邦达国际货运代理有限公司进境葡萄酒未报经检验擅自运输使用案、青岛进洋玩具有限公司模仿检验人员签名骗取通关单案等 152 起案件进行了行政处罚,其中一般性程序行政处罚 28 起、当场处罚 124 起,处罚金额共计 29.67 万元。

开展了“真诚为国检、守信促发展”的“共铸诚信”活动。该局被评为“山东省文明单位”和“青岛市口岸共建精神文明单位”,该局动检处被评为“全国质检系统先进集体”等,有单位 26 个次、个人 46 人次获总局、省局和省、市政府表彰。

(青检宣)

海 事 管 理

·青岛海事局主要业务指标·

2004年，共办理船舶进出口岸手续1.34万艘次，办理船舶签证9.8万艘次，船舶安全检查831艘次，船舶防污染登轮检查2303艘次，船舶载运危险品监管5463艘次，VTS（船舶交通管理系统，下同）安全监控船舶3.7万艘次，违章案件调查处理81起，办理船舶登记289艘次，海事调查处理11起，颁发船员适任证书322本，专业、特殊培训证书9347本，完成规费征收8471万元。

·船舶管理·

严格登记程序，船舶登记工作实施了受理与审批分离制度。按照新修订的《船舶最低安全配员规则》及时为船舶换发新版最低安全配员证书，换发新版证书51份。加强对重点船舶的监管，开展了"船体结构和船舶超载专项检查"、"全国沿海小型船舶专项整治"、"安全生产落实年"、"'四客一危'船舶专项检查"、"反'三违'月"和"全国安全生产月"等活动。自7月开始，组织开展为期3个月的《国际船舶与港口设施保安规则》集中检查活动，滞留3艘外国籍船舶。

船舶防污染和危险·货物管理·

完成了《青岛市船舶防污染应急预案》和《青岛市船舶载运危险货物应急预案》编制工作。加强防污染和危险货物的审批工作，全年完成压载水审批833艘次、危险货物申报单审批6617份。11月，组织辖区200余名申报人员参加船舶载运危险货物申报人员培训班，规范申报工作。加强防污染和危险货物现场监督检查，开展了"船舶载运包装危险货物集中会战"，共查出缺陷船舶47艘次、缺陷数量81项。针对辖区内船舶污染物回收单位之间的无序竞争加剧等情况，开展了为期3个月的专项检查活动，规范了市场秩序，减少了回收过程中二次污染的可能性。提高防污应急能力，多次出动船艇对污染事故进行应急处理。

·船员管理·

继续开展"船员培训质量管理年"活动，严格培训机构的审核，受山东海事局委托起草制定了《山东海事局船员管理信誉等级评定暂行办法》。做好船员考试、评估、发证工作，全年完成船员培训考试评估220期次，制作发放船员专业培训合格证6871本、特殊培训合格证230本。加强"船员实际操作和安全知识"检查和船员违法记分工作，全年实施63起船员违法记分。

·通航管理·

加强通航秩序管理，加强辖区巡航，清理海上碍航养殖。针对施工船舶增多、船舶海上随意倾废严重的情况，组织各相关单位召开"工程船舶管理现场会"，责令相关单位对有关水域进行扫测，协调青岛航标处对安湖石浮标进行了调整。出台了《青岛海事局水上水下施工作业安全管理制度》，规范了水工作业的安全管理工作。提高海上交通事故调查处理水平，全年调查海上交通事故11起，查获4艘肇事逃逸船舶。引入社会力量参与事故处理，通过社会力量的评估鉴定和技术支持，保证事故调查处理的客观公正。

·海上交通监控与海上搜救·

5月，青岛胶州湾口隧道工程地质勘查开始施工，施工地点位于青岛港主航道团岛转向点，为保障施工顺利进行，VTS中心采取为过往船提供信息、要求船只注意避让、控制交通流等监控措施，保证施工期间的通航安全。亚洲合作对话第三次外长会议在青召开期间，该局做好外宾海上观光游览活动监护工作，被市政府评为先进单位。全年共4次保障访问青岛港的外国军舰安全进出港口。6月16日，受低气压影响，"恒源"、"奥莫斯"、"贺江"、"易安"、"迈乐迪"等5艘船舶走锚，该局值班人员采取措施通知船舶，避免险情发生。9月16日，救助载有119名航海院校学生的"育龙"轮。为加强青岛市海上应急体系建设，修订了《青岛市海上搜救应急预案》、《青岛市海上船舶防抗热带气旋应急预案》。

（刘纪涛）

·国家海洋局北海分局·

海域使用管理

以围填海、国家重大建设项目海域使用管理为重点，将青岛国际帆船中心、烟（台）大（连）铁路工程等一批国家重大建设项目用海纳入了国家管理。修订了《北海区海域使用权证书管理细则》，规范了海域使用权证书的管理。按规定程序发放海域使用权证书2724套，对三省一市海域使用权证书的使用、管理情况进行了检查。加强海域使用论证管理，组织完成了大连市庄河发电厂等十几个海域使用论证报告书评审工作。推进海域勘界工作，指导北海区全面开展了县际海域勘界工作。强化海砂开采跟踪监测管理，对海砂开采项目实施了动态跟踪监测，严格执行开采情况报告制度。规范海底电缆管道管理，批准铺设管道127公里、电缆43公里，注册备案海底管道20条、海底电缆15条。开展了海域管理课题研究。

海洋环境保护

加强海洋环境监测。制定了《2004年北海区海洋环境监测实施方案》等5个规范性文件；在全国率先成立并运行了"北海区海洋环境监测网"，形成了海区海洋环境监测工作领导体系和业务体系；完成了渤黄海趋势性、海洋放射性、倾倒区、海水浴场、入海污染物总量及重点岸段的海岸侵蚀监测，共布设站点140个，取得监测数据2.42万个；加强了排污口监测工作，对7个重点排污口做到每月监测1次。启动了青岛奥帆赛场及邻近海域赤潮防治行动。全球环境基金东亚海项目已完成渤海现有溢油应急能力评估、敏感区确定、图表制作等工作，编制完成了“渤海溢油应急反应框架计划”初稿。加强海洋生态环境保护。在“塔斯曼海”轮污染海洋生态环境索赔案中提供了技术支持；建立了5个生态监控区；落实国家海洋局与青岛市政府签署的《共同开展奥帆赛场海洋环境保护合作安排》并开展了相关工作。指导海区开展赤潮应急监视监测和防灾减灾工作，共发现赤潮23起，应急跟踪监视监测63次，发布《赤潮通报》37期、趋势预测51期；针对渤海湾发生的有毒赤潮，及时启动应急响应体系，减少了经济损失。加强倾废管理，完成大连松木岛港临时海洋倾倒区选划大纲评审和6个海洋临时倾倒区的选划工作。加强海洋石油勘探开发和海洋工程的管理。对拆、扩建海洋工程项目进行监督检查；把各类排海污染物的检验核准工作纳入规范化管理。

海洋执法监察与宣传

坚持日常巡查和专项执法相结合。海监船执法10航次、航行1.62万海里，陆岸巡视9.42万公里；航空监察以海域使用为重点，对沿岸海域新建和在建围、填海工程项目进行了监视取证。开展“海盾2004”执法行动，共核查24个围填海工程项目。开展维权执法行动，实施飞行6个架次，航程6189公里，上报监察快报6份。

在全国“两会”期间完成了《中国新闻》“两会特刊”的编辑、出版，发送全国人大代表和全国政协委员，扩大了海洋工作的社会宣传和影响。全年发表各类稿件72篇、工作简讯86条，在“局域网”和“互联网站”发布工作信息216条，编辑《北海海洋信息》和《北海海洋专报》14期。

科研调查与公益服务

开展国家“863”计划课题研究。首项“863”课题“赤潮航空高光谱遥感监测技术研究”成果通过鉴定，并获2004年度国家海洋局海洋创新成果奖二等奖；“船载海洋生态环境现场监测集成示范系统”课题，通过了科技部的阶段性验收和领域专家检查；“海洋生态环境综合监测业务化应用技术”课题获得立项；“渤海环境经济研究”课题已启动。“大洋一号”船完成第十六航次大洋考察任务。完成了青岛奥帆赛场海洋水文、水质监测暨预报系统设计方案的总体设计和专家论证。开展了海洋环境监测预报系统共建工作，提高了海洋公益服务的质量和水平。

海洋行政管理与内部建设

指导协调北海区三省一市制定“908”专项任务的实施方案；为海区海洋行政主管部门培训海域使用论证、海洋环境监测、执法监察等各类人员近400人；召开了北海区工作协调指导委员会第四次会议。组织完成了“海监21”船“863”项目改装，“中国海监27”船正式纳入海监序列，“中国海监17”船已下水。组织完成8条玻璃钢执法艇招标和6艘海监船改造工作。为海监队伍配备了执法设备，完成了该分局公务局域网二期扩建工程。推进各级海监队伍建设，沿海市区已建立17个海监支队、45个大队，国家与地方相结合的四级海监机构已在北海区初步建成。

（洪坦杰）

船舶检验·外轮代理·船舶燃料供应

·船舶检验·

中国船级社青岛分社业务概况

2004年，船舶检验、工业产品检验、海洋工程检验均比上年同期大幅增长，检验量达到历史最高水平。其中，海洋工程检验在继续开展胜利油田的第三方检验和完成美国能源部（EDC）检验项目后，承担了中国石化集团甬沪宁成品油管线项目的检验；工业产品检验方面与莱芜钢铁集团股份有限公司签署了合作协议，完成了莱钢工业用H型钢的工厂认可。

完成了中国船级社下达的技术文件《保安报警系统认可指南和检验须知》（草稿）、《浅海固定平台建造与检验规范》、《海上设施评估指南》、《工厂认可程序》和《集装箱和集装箱式货车车厢工厂认可程序》等的编写任务。

安全质量工作

年内，制定了“青岛分社PSC（港口国检查，下同）工作重点计划”，召开了辖区船舶检验审核工作暨船东会，就CCS（中国船级社）级船舶在国际安全管理认证、国际船舶和港口设施保安规则履约和PSC滞留方面的情况进行了通报，并就实施规范国际海事协会决议案和国际船级社协会新要求等进行了宣讲。

开展了“反‘三违’（违章指挥、违章作业、违反劳动纪律）月”和“安全生产月”活动。加强全员相关法律的学习，落实中国船级社关于国内航行船舶的相关管理规定，在营运船检验中加强现场检验和过程控制，在新造船检验中注意现场检验评审的符合性，在海洋工程检验方面重视老龄平台的质量问题，加强渤海湾客滚船、客渡船、危险品船和大型船舶的检验工作。坚持“首问制”和“问责制”，完善业务流程。

根据中国船级社“船舶安全质量从源头抓起”的要求，加强中小船厂造船质量管理，落实“三到位”（思想到位、检验到位、安全到位），通过选派验船师驻厂和对重点船舶的跟踪检查，保证检验质量；为调动各方面提高船舶建造质量的积极性，先后组织了验船师和相关造船厂工程人员参加"造船检验技术交流会"、"新造船检验培训"和"项目组管理"等多种形式的研讨和培训。

年内，该分社未发生用户投诉和质量责任事故，PSC 扣船未超过中国船级社核定指标。

培训工作

制定了《中国船级社青岛分社员工(验船师)培训办法》。先后组织了"船级社的职能和责任"、"从 PSC 检查看检验到位"、"船舶检验与航行安全"、"腐蚀与腐蚀控制"等培训 14 次，培训 400 多人次。探索建立验船师撰写论文奖励制度。在全体验船师中征集论文题目，形成了"青岛分社论文题库"，要求验船师从中至少选出 1 个题目完成论文创作，对不能完成任务的予以警示，对论文质量较高或者在有关级别的杂志上发表的进行物质奖励。

优质服务

加强客户群的维护管理，制订计划，开展重点客户走访，并对重点客户提供个性化服务。加大硬件投入，根据前湾港区建设的需要，启用黄岛办公室，使检验工作更加方便快捷。在该分社的局域网系统中设立"客户信息管理系统"，设专人定期维护更新，保证客户资源处于最新有效状态。

在船公司、船用产品厂等与船检业务联系密切的 10 家客户单位中建立了党风廉政和行风职业道德特约监督员队伍。全年召开了两次外聘特约监督员座谈会。

（姜云霄）

·外轮代理·

青岛中远物流有限公司(中国青岛外轮代理有限公司)业务概况

2004 年，实现物流营业额 4.24 亿元，同比(下同)增长 90%；船舶代理 5406 艘次，市场占有率为 50%。获青岛市市南区税源经济建设突出贡献单位、青岛口岸共建精神文明先进单位等称号。

物流业务　年内，该公司继续承担了海信集团家电物流项目，先后在东北、西北、华南、华北地区的大中城市累计设立了 31 个 RDC(区域物流中心)，承担海信集团家电物流的份额提高到 60% 以上。先后开发了澳柯玛集团家电、济南华沃卡车有限公司汽车配件物流项目和首饰珠宝加工配送项目，完成了青岛国际啤酒节、烟台 2004APEC 电子博览会、大汶口出土文物赴日展、山东陶瓷日本巡展等的物流项目。加强电力物流业务的开发，中标山西王曲电站项目，物流合同额达 2300 万元。

船舶代理业务　年内，该公司争取到马士基、宏海等班轮公司新上的 7 条航线代理权，同时新开展了内支线代理业务，首次获得商船三井株式会社班轮代理权。全年班轮代理 1678 艘次，增长 7%；散杂货船代理共计 1222 艘次。

货运代理业务　加强货运代理基础工作。发展空运业务，全年空运代理量 1.36 万吨、增长 69%，收入增长 20%；加强"多式联运"，"大陆桥"运输完成 1050 标准箱，"五定(定点、定时、定价、定线、定班次)班列"完成 4.85 万标准箱，居青岛口岸第一位；场站装箱 8.02 万标准箱，汽车运输 93.89 万吨；报关报验 2.03 万票，增长 101%；全年出口集装箱揽货量 16.95 万标准箱，增长 6%。

（李德尧）

·船舶燃料供应·

中国船舶燃料供应青岛公司业务概况

截至 2004 年底，该公司拥有油船 7 艘、供水船 2 艘，总载重吨为 8132 吨；拥有总容量为 10.77 万立方米的成品油库 1 座。形成完善的供油、供水、代储、代运、中转服务体系。2004 年，完成供油 72.2 万吨，比上年(下同)增长 44.3%，其中完成保税油供应 30 万吨、增长 25.1%；供水 10.5 万吨；船舶对外运输量 15.6 万吨；实现利润总额 2010 万元，增长 73%。

年内，坚持"思考、创新、务实"的企业精神，立足于青岛港，致力于青岛港后勤服务保障——燃油供应基地的建设，满足到港船舶对燃油的需求，通过优质服务树立企业形象。加强管理和创新，提高了核心竞争力。

（董　纲）

社会生活与各项事业

教　育

·中等及以下教育·

概　况

（2004年基本情况数字统计详见第336～339页）

统筹城乡教育发展　2004年，市委、市政府将义务教育经费增长和落实“以县为主”的义务教育管理体制纳入区、市目标管理绩效考核中。各区市加大教育经费投入，保证了教师工资和中小学校舍维修资金。4月，市教育局召开了全市农村教育工作现场会，部署农村教育工作任务，加快实现城乡教育统筹发展。全市建立了城乡学校结对帮扶制度，市内四区教体局分别与胶州市、即墨市、胶南市、莱西市签订了联手发展城乡教育协议，有162所市区中小学、幼儿园与农村170所乡镇中小学、幼儿园建立了结对帮扶关系。市区中小学送课下乡、开展教研活动，组织双方学生“手拉手”活动，赠送图书及计算机、投影仪、课桌椅等教学设备，资助农村困难家庭学生6452人。

教育法制建设　首次在全市举行出台《青岛市国家级基础教育课程改革实验区初中毕业和高中招生考试改革方案（试行）》听证会。市教育局贯彻实施《行政许可法》，开展网上咨询和审批；发挥教育热线电话的作用，共接听市民咨询、投诉2.1万多件，直接答复率88%。初中招生坚持公开、公正、透明的原则，严格实行相对就近入学的办法；普通高中择校生严格执行“限人数、限分数，限钱数”的规定，招生考试工作连续多年“零投诉”。全市7万多名中小学教师参加了法律法规知识考试。

2005年农历除夕，副市长王修林（中）在莱阳农学院青岛校区与春节期间不回家的大学生共同包水饺辞旧迎新。（市政府督查室供稿）

教育督导　市政府教育督导室对12个区市政府上年度教育工作目标进行了督导评估，首次将“义务教育经费增长和管理体制”、“高中阶段毛入学率”纳入市委、市政府目标管理绩效考核中，并对各区市政府2004年度教育目标绩效进行了考核评估；在2所民办普通中学进行了办学水平督导评估试点。配合课程改革，印发了《青岛市普通中学课程改革（试验）专项督导评估办法》和《青岛市普通高中教学质量督导评估补充办法》；抽查了五市7～9年级学生辍学情况。年内，青岛市教育工作通过了山东省政府2003年度教育工作综合督导评估。

中小学、幼儿园安全工作专项整治行动　成立了全市中小学、幼儿园安全管理专项整治联席会议，办公室设在市

教育局。专项整治行动历时3个月，市教育局、市公安局等15个部门联合行动，对全市4189所中小学、幼儿园进行了安全检查，共排查、整改安全隐患2698处。

救助贫困家庭学生 自2004年起，市内四区中小学免收外来务工人员子女借读费，全年共接收外来务工人员子女2.55余万人，免收借读费980余万元。建立了农村中小学困难家庭学生入学救助制度，市及各区、市每年拨专款用于救助贫困家庭学生，保证不使一名学生因家庭经济困难失学。2003～2004学年度，全市中小学共减免困难学生学杂费4.5万多人次、520余万元，资助困难学生1.2万人次、150万元。全市教育系统开展"爱心结对帮扶活动"，近万名党员干部和教师与5500多名家庭贫困学生结成"一对一"或"多对一"帮扶关系。社会各界捐资捐物折合1300多万元资助贫困学生，基本解决了学生因家庭贫困而辍学的问题。

思想品德教育和校外教育基地建设 年内，全国未成年人思想道德建设工作研讨会在青岛举行。3月，市教育局召开了加强和改进未成年人思想道德建设工作会议，并编写了未成年人思想道德教育读本《行为与精神》。市教育局开展了"诚实守信，做文明学生"为主题的教育活动。开展一系列主题活动，弘扬和培育民族精神。市教育局已建成了建筑面积9000平方米、可容纳600多名学生学习实践的青岛市中小学生素质教育实践基地；投资500万元扩建青岛市中学生综合实践教育中心，投资20余万元建设青岛市中学生学农劳动实践基地，全年接待2万余名中学生参加劳动实践。市中学生军校对3.53万名高一、初一的新生进行了军训。

体育、卫生、艺术教育 加强与国外青少年的体育交流，举办了2004年中日中学生足球友谊赛和"韩国周"中韩学生趣味运动会，青岛市被亚足联定为"推广亚洲足球展望计划市"。在全市中小学开展了创建"健康校园"活动，加强学生常见病防治工作，进行预防艾滋病教育。举办了第十四届全市中小学生艺术节。开始实施教育部"2+1"项目（让每个学生在九年义务教育阶段掌握2项运动技能和1项艺术技能）试点工作，青岛市承办了全国中小学生课外文体活动工程"2+1"项目实验工作会议并在会上介绍了经验。

共青团、少先队工作 结合节庆纪念活动，开展了新年宣誓仪式、入团宣誓仪式、18岁成人宣誓仪式和升国旗仪式等青少年思想政治教育活动。举办了"相约北京，牵手奥运"青岛优秀中学生夏令营、"第三届海尔之星——我是奥运小主人"等活动。加强了中学生团校、中学生党校建设，发展团员1.05万人，有24名团员加入中国共产党。

教育科学研究 全市"十五"教育科研课题增加到344项，其中有国家级课题2项、省级课题69项。颁布了《青岛市教育局教育科学研究课题管理规定》，编写了《青岛市教育事业"十一五"规划思路框架》，上报了《青岛市教育事业"十五"计划执行评估报告》和《青岛市城市总体规划纲要（2004～2020）教育部分》。编辑出版了《教育科研访谈面对面》，为教师教育科研提供了范例。举办了农村初中骨干教师教育科研培训班，有5批共500余名教师参加了培训。

干部教师队伍建设 市教育局对任期期满的领导班子、党政主要负责人进行了全面考核考察；举办了全市高中校长任职资格培训班、初中及小学校长提高培训班，培训校长235人；组织114名校长、中青年干部参加国家教育行政学院培训；组织了第五批普通学校校长26人赴澳大利亚研修；与中国人民大学联办的教育管理研究生课程班结业，共培训69人。开展了"敬业爱生，为人师表"等系列师德教育活动，在全市教育系统推出了"安文山教研组"等9个教育服务名牌，评选并表彰了150名优秀班主任，组织了"师德报告团"到全市各学校作巡回报告。成立了华东师范大学继续教育学院青岛师资培训基地、山东师范大学教育硕士青岛教学基地，依托高校和企业开展技能型职业教育教师培训；组织全市1万多名教师参加了新课程师资培训统一考试，向合格者颁发了合格证；组织100多名幼儿园园长参加了在华东师范大学举办的2期学前教育培训班。由332名园长和幼儿教师参加的北京师范大学青岛学前教育研究生课程班结业。市教育局取消了对师范类毕业生就业的行业限制和区域限制，制订优惠政策鼓励毕业生到农村学校任教，有30名师范类毕业生到乡镇中学任教。

教育经费和教育基本建设 全年全市教育经费总收入46.49亿元，同比（下同）增长8.63%；内有财政性教育经费31.32亿元、增长11.77%，其中教育事业费拨款27.64亿元、增长11.7%。义务教育阶段学校生均预算内教育事业费支出、生均预算内公用经费支出均有增加。其中，生均预算内教育事业费支出小学增加10.56%、初中增加20.81%；生均预算内公用经费支出小学增加26.02%、初中增加50.66%。全市中小学固定资产总值为63.58亿元，增长7.32%；新购置专用设备款项达1.26亿元，增长0.88%。市教育局投资2300万元对21所学校的运动场进行改造，铺设了塑胶跑道和人工草皮；投资2510万元新建、改扩建校舍约1.3万平方米。

教育基金 教育基金会全年收入1320万元，其中接受捐资和基金增值收入1215万元、接受捐赠各类实物约105万元；向各中小学校投放资金和实物共791万元。市民政局、市福利彩票中心向市内四区3500名困难家庭中小学生每人资助100～120元的资助金。原青岛市委党史办公室韩嘉邦的家人捐赠50万元设立了青岛九中"韩嘉邦助学奖教基金"。青岛盲校设立了10万元的"如新光明教育基金"，用于改善办学条件和资助困难家庭的盲生。

校办产业 全年全市勤工俭学、校办产业工农业总产值2.04亿元，销售收入及营业额2.2.亿元，利润总额2910万元，用于补助教育经费、改善办学条件2102万元，向国家上缴增值税783万元，上缴所得税185万元，其他税金247万元；接纳学生参加劳动实践29万人次。市教育局在五市推广胶南市、平度市、莱西市等地利用校园经济培养人才，实现"育人、创收、兴农"的经验；指导和支持经营较好的校办企业加大基础投入，加强创收，注销了5个没有经营或已申请注销的企业。

现代教育技术装备配备与教育信息网络建设 市教育局与各区市教体局共同投资200万元，为农村学校配备计算机847台，农村中小学计算机配备总数达到3.68万台。截至9月底，全市中小学计算机配备达9.14万台，学生人机比达14.9∶1，教师人机比2.55∶1，局属学校1∶1；建成多媒体教室1222个。局属普通中学均配备了便携式投影设备和电子白

板，更新多媒体教室40个；为10所中学各配备多媒体微机网络教室1个；为7所学校配备实验室19个。建成“校园网”366个，接入“互联网”的学校达1166个。

电化教育与信息技术教育　农村小学信息技术开课率达100%。市教育局建立了800多G的“教育信息资源库”，供全市中小学免费使用，内容涵盖了基础教育12个年级的课件、论文、素材、三维动画、题库等，并编写了小学1～6年级信息技术教材和《同步学习与操作》。配合基础教育课程改革，编辑出版了《信息技术与新课程教学的整合》一书。

语言文字工作　成立了青岛市语言文字工作者协会。举办了“第七届全市‘推广普通话周’宣传活动暨语言文字成果展”。举办了全市普通话比赛和大中小学生普通话比赛，近万人参赛。全市全年共有2.7万人参加了普通话测试。

报考大、中专学校及录取情况　全市报考高等学校本、专科的人数创历史最高水平，录取率比上年下降。报考硕士研究生人数（不含报考中国海洋大学、青岛大学、青岛科技大学的考生）和增长幅度均创历史最高水平。成人高校的报考人数和录取人数也创历史最高水平，普通中专报考人数比往年减少。

2004年青岛市研究生、大中专生入学考试报名情况表

类别		报名人数	增加人数	比上年±%
硕士研究生		7177	1130	18.69
本、专科	合计	42246	4432	11.72
	普通高考	34595	2632	8.23
	对口高职	7651	1800	30.76
成人高考		32165	449	1.42
普通中专		13214	-217	-1.62

2004年青岛市大中专生入学录取情况表

类别	录取人数	录取率%	比上年提高百分点	比上年增加	
				人数	%
普通高考	26592	76.87	-1.83	1413	5.61
对口高职	5929	77.49	-11.21	740	14.26
成人高考	19805	61.58	8.38	2922	17.31
普通中专	11925	90.25	0.05	-198	-1.63

自学考试和社会证书考试　全年共组织了高等教育自学考试、民办高校学历文凭考试等项目24次，共计23.72万人参加考试。

2004年青岛市自学考试、社会证书考试举办次数和报名人数一览表

考试名称	举办次数	报考人数	上年人数
高等教育自学考试	4	80096	97172
民办高校学历文凭考试	2	23412	20420
中学教师助学自考	2	3308	3460
全国计算机等级考试	2	49409	35805
全国公共英语等级考试	2	18236	11989
全国剑桥少儿英语考试	2	981	661
NIT考试	2	521	941
少儿NIT考试	1	72	162
全省中小学信息技术等级证书考试	2	47315	72660
全市干部实用英语考试	2	13230	606
山东省英语口语等级证书考试	1	352	0
中国餐饮业职业经理人资格证书考试	2	237	0

基础教育

学前教育　市教育局重点指导市南区和四方区开展“早期儿童养育与发展（ECCD）”项目研究，并向其他区、市推广；召开了ECCD项目培训会，对各区、市学前教育人员进行培训。“托幼一体化工程”从城市推广到农村，在农村举办了“参与式婴幼儿早期教育培训”。市内四区每区建立了3～5处社区玩具图书站。开办了残疾儿童幼儿园，建立了弱智儿童资源中心。召开了“青岛市庆祝‘六一’儿童节暨首届幼儿基本体操表演大会”。全市有5处幼儿园被评为山东省“十佳”幼儿园。

义务教育　全市已有90%以上的中小学达到义务教育“标准化建设工程”标准，五市80%以上的小学和初中达到要求；全市省、市级规范化中小学总数分别增加到87所、222所。市教育局成立了市区初中课程标准实验教材选用委员会和17个评议小组，确定了市区初中10个学科的实验教材，并对87个版本的实验教材出具了了评议报告。治理教育“乱收费”，市政府办公厅转发了市教育局等部门《关于在全市义务教育阶段学校试行“一费制”收费办法的意见的通知》。

普通高中教育　全市高中阶段入学率由上年的85.2%提高到92%，提前完成全市高中阶段入学率达到90%的目标。全市高考录取总人数首次超过3万人，达到3.2万人，录取率80.71%。青岛市和各区市教育行政部门加大投资，扩大优质高中教育资源，全市省、市级规范化高中学校分别增加到30所、50所，占普通高中总数的55.5%和92.6%。

教学研究与课程改革　自秋季起，高中一年级开始实施新课程改革实验。市教育局确定了30余所高中课改实施课题研究学校，建立了高中课程改革联席会议制度。继续推进义务教育阶段课程改革实验，建立了与课程改革相适应的考试评价制度，制定了《青岛市国家级课程改革实验区初中毕业与高中招生考试改革方案（试行）》、《青岛市初中学生综合素质发展性评价指导意见（试行）》；修订了《青岛市中学生综合素质发展评价手册》。制定了《青岛市关于加强校本教研工作的指导意见》、《关于学校课程管理与实施的指导意见（试行）》，建立以校为本的教学研究制度，开发建设地方课程和学校课程。

中等职业教育

概况　全市各类中等职业学校在校生17万人，占高中段在校生总数的52.6%。各类中等职业学校招生占高中段招生总数的51%，毕业生有19.2%升入高等职业技术学院。职业学校毕业生一次就业率市内达90%以上、农村85%以上。青岛工贸职业学校和平度职教中心的数控技术专业、青岛电子学校和胶南职业中专的计算机专业、青岛交通学校的汽车维修专业、青岛卫生学校的护理专业被认定为国家级技能型紧缺人才培养培训基地。市教育局组织14所局属重点职业学校和农村的17所职业学校建立了结对帮扶关系。截至年底，全市国家级、省级、市级重点职业学校分别达到17所、10所和8所，国家级示范专业3个，省级教学改革试点专业24个，市级骨干专业72个。三级重点职业学校、骨干专业的在校生占全市在校生总数的比例分别达70%、50%以上。加强专业结构调整，一、二、三产业的专业结构比例调整为1:4.5:4.5，加大了汽车制造与维修、数控技术、计算机网络与维修等专业的招生计划。

教学研究与改革　市职业技术教育教研室出台了《青岛市中等职业学校会考制度改革实施意见》、《青岛市工科专业教学计划实施意见》及配套说明；开展创建教学示范学校活动，确定17所学校为市级职教教学示范学校。继续加强专业骨干教师培训，举办了14个专业及文化课培训班，全市参加培训的教师近千人。继续开展各项教师业务技能比赛，组织语文学科青年教师教学基本功达标比赛，财会、建筑、计算机、电工电子、烹饪等专业的教师参加全国、全省比赛，其中计算机课件、电工电子专业电子教案获全国一、二等奖。

学生技能考核 共有1500多名2005届职校学生参加了20个专业的岗位合格考核，2160名学生参加了18个工种(专业)职业资格理论考核，1650名学生参加了15个工种(专业)职业资格操作考核，1.68万余名学生参加山东省计算机应用能力考试，6000多名学生参加全国计算机等级考试，1.49万名学生参加"全国公共英语等级考试"口语考试。组织了2000多名学生参加全市各专业的综合技能大赛。

成人教育

农村成人教育 市教育局制定了《青岛市利用职业教育资源开展农村劳动力转移培训计划》。全年完成农村劳动力转移培训3.5万人次，并授予17个镇的成教中心为"转移培训农村劳动力基地"称号。市财政安排专项资金对平度、莱西等2市库区移民村的农民进行转移培训。

社区教育 市内四区全部建成了社区教育指导中心，全市国家级、省级社区教育试验区分别达到2个、5个。市教育局制定了《青岛市社区教育示范区评估标准》，指导四方区、市南区争创全国社区教育示范区，推进街道办事处层面的社区教育实验。

民办教育

全市共有各级各类民办学校681所，其中学历教育学校103所(含普通中小学84所、国际学校3所、成人中专10所、高等学校6所)、非学历教育学校578所；共有教职工约1.8万人、在校生16万人，全年招生培训32万人次；共有财产18.4亿元(含固定资产约8.2亿元)；有5所院校投资已过亿元，3所院校的在校生超过万人；各类民办高校70所，其中学历文凭考试试点院校13所、以自考助学或与高校联合办学为主要内容的非学历院校57所，民办高校总占地550余公顷，建筑面积约103万平方米。另有改制学校25处。

民办普通中小学遵照国家新课程改革精神实施课程改革，全市有5所民办初中学校的平均分、优秀率和及格率进入全市中考前十名，青岛新世纪学校成为第一所获"青岛市教育改革十面红旗"称号的民办学校。

中外合作办学

全市中外合作办学学校以及有中外合作办学项目的学校已达35所，专门招收外籍人员子女的国际学校3所，在校的外籍人员子女400余人。日本人国际学校和韩国人国际学校已上报教育部审批，英国人国际学校正在筹备中。

(翟广顺 孙新兴)

·高等教育·

基本情况

(2004年基本情况数字统计详见第336页)

截至2004年底，驻青高校博士后流动站增加到9个，博士点68个，硕士点241个，同比分别增加4个、28个、58个；共有国家级重点学科5个，省部级重点学科36个，省部级以上研究中心、重点实验室38个。各高校图书馆共有藏书1300多万册；共有两院院士14人、外聘院士22人、博士生导师292人、博士后137人、博士1169人、硕士3300人，同比新增院士4人、外聘院士9人、博士生导师105人、博士540人、硕士1522人；具有高级专业技术职务资格的教师占专任教师总数的41%。

年内，青岛建筑工程学院正式更名为青岛理工大学。青岛市新增加石油大学青岛校区和青岛理工大学琴岛学院两所高校，北京电影学院青岛教学基地在青岛奠基。除军事院校外，所有学历高校都举办了高等职业教育，全市普通高职高专在校生达到7.56万人，比上年增加约2万人，其中独立设置的普通高职院校共9所、在校生达5万人。全市共有具有颁发学历资格的民办高校5所、独立二级学院1所。5所学历民办高校共有高职在校生3万人，占全市独立设置的普通高职院校在校生总数的60%，同比增加1.3万人，增长76%。

各高校加强学生综合素质和创新能力的培养，就业率持续提高。各高校全年共承担国家级科研课题220项、省部级科研课题228项、市级科研课题227项，科技成果经过鉴定达到国际领先水平15项、国际先进水平61项、国内领先的49项、国内先进的30项，获国家级科技进步奖4项、省部级科技进步奖58项。全年实现科技成果转让135项。

截至年底，各高校已与75个国家的高校建立了合作关系，外派527人出国访问、讲学；共有176名外籍教师在青岛高校任教，有1507名外籍专家、学者来青岛高校进行学术交流，有1927名外籍留学生在青岛高校留学。

(顾永革)

中国海洋大学

概况 是以海洋和水产学科为特色，包括理学、工学、农(水产)学、经济学、文学、医(药)学、管理学、法学、教育学等学科门类的教育部直属重点综合性大学，是国家"985工程"和"211工程"重点建设高校之一，设鱼山、浮山和崂山等3个校区，其中崂山校区占地面积约120公顷、总建筑面积约58万平方米、建设投资约14亿元。2004年，完成了《中国海洋大学形象识别系统(UIS)手册》的策划设计并颁布实施，举办了"科学·人文·未来"论坛。被青岛市授予"文化工作先进单位"称号；连续第16次被评为全国大学生科技、文化、卫生"三下乡"社会实践活动先进单位；在第四届"挑战杯"中国大学生创业计划竞赛中获金奖，被共青团中央、中国科协、国家教育部、全国学联授予全国优秀组织奖；该校学生组织的邓小平理论暨"三个代表"重要思想学习研究会和海鸥剧社被评为山东省高校优秀学生社团。

学科设置 设海洋环境学院、信息科学与工程学院、化学化工学院、海洋地球科学学院、生命科学与技术学部、工程学院、环境科学与工程学院、管理学院、经济学院、外国语学院、文学院、新闻与传播学院、法学院、数学系、材料科学与工程系、公共管理学院、教育系以及继续教育学院、高等职业技术学院、国际教育学院等20个学院(系)，69个本科专业。有海洋科学等7个博士后流动站、39个博士学位授予点和76个硕士学位授予点，拥有海洋、水产、环境科学与工程、生物学、食品科学与工程、大气科学等6个博士学位授权一级学科，10个领域具有

专业工程硕士授予权；拥有物理海洋学、水产养殖、海洋化学、水产品加工与贮藏工程、海洋生物学等5个国家重点学科，9个省级重点学科，1个国家工程技术研究中心——国家海洋药物工程技术研究中心，1个联合国教科文组织中国海洋生物工程中心；有物理海洋、海洋遥感、水产养殖、海洋药物等4个教育部重点实验室、8个省级重点实验室；拥有2个国家基础科学研究和教学人才培养基地、1个国家生命科学与技术人才培养基地和1个全国哲学社会科学创新基地。"985工程"二期正式获得国家批准立项建设，在全国80个一级学科评估中，该校的海洋、水产学科居全国第一位，食品科学与工程学科居第三位，大气科学居第四位，药学居第八位，环境科学居第十位；海洋发展研究中心通过了教育部人文社会科学重点研究基地专家组的考察评审。

教师情况　有教职工2100余人，内有专职教师957人。其中，45岁以下教师占教师总数的84%，具有研究生学历的占86%，具有博士学位的占40%；有院士7人，"长江学者奖励计划"特聘教授和讲座教授8人，博士生导师201人，教授、副教授582人。作家王蒙担任顾问、教授、文学院院长，画家范曾担任人文社会科学研究院院长，5位诺贝尔奖获得者受聘为名誉教授，5位知名作家受聘为"驻校作家"，还有500多位国内外专家、学者组成的"客座教授团"以及来自十几个国家的40多位博士组成的"海外教授团"。实施"筑峰人才工程"和"绿卡人才工程"，全年共引进具有博士学位或副高级专业技术职务资格以上层次人才81人。

学生情况　截至年底，共有在册各类学生1.9万余人。其中，本科、高职学生1.03万人，研究生3784人，其他各类在校生4900余人。全年计划招收本科生2700人，实际招收2759人，其中港澳台8人、少数民族预科生49人、高水平运动员预科生13人。招收硕士生1208人、博士生317人；研究生课程进修班270人，工程硕士招收157人；高等职业教育只在山东省内招生，实际录取339人，其中第一志愿录取339人，高职理工类考生平均录取分数为576分，高职文史类考生平均录取分数为579分。全年共为国家和社会输送各级各类人才4800余人，其中研究生543人（博士和硕士毕业生分别为100人和443人）、本科毕业生2103人、高职毕业生261人、继续教育本专科毕业生1901人。本科毕业生一次就业率为97.6%，研究生就业率为95.26%。

科研工作　全年实到科研经费1.49亿元；承担国家"973计划"项目2项、"十五863计划"项目55项；获国家自然科学基金资助项目47项，经费1288.5万元，其中在地球科学部海洋学科获资助508万元；新上国际合作、部、省、市等各级各类项目219项，累计合同金额6238万元；取得国际先进水平成果17项；发表论文1923篇，其中SCI（美国《科学引文索引》）文章313篇、EI（《工程索引》）收录论文101篇，ISTP（《科学技术会议录索引》）文章69篇；全年申请专利160项，其中申请发明专利86项、国际专利2项，获批专利36项；获国家级科技成果奖2项，省部级奖16项，山东省科学技术最高奖1项，地市级科技进步奖5项。教授宋微波等完成的"纤毛虫原生动物的分类学、细胞发生学、系统学以及生态学研究"获得国家自然科学二等奖，是1978年以后中国海洋界获得的国家自然科学奖最高奖项；教授李华军等完成的"浅海导管架式海洋平台浪致过度振动控制技术的研究及工程应用"获得国家科技进步二等奖。院士管华诗获得山东省最高科学技术奖，是山东省政府给予科技工作者的最高荣誉，也是该校首次获得的该奖项。

基础设施　全年基础设施建设投资2.47亿元。其中，教学、生活等用房建设投资8452万元，建筑工程施工竣工总面积5.6万平方米。

加强"校园网"建设，已建成覆盖全校的"光纤主干网"，改善了全校师生利用网络进行学习和工作的环境。完善校园新闻网"观海听涛"建设，网站全年发表消息1700余篇、通讯300余篇，其中视频新闻23条、图片近3000张；总点击近70万人次；实现了对建校80周年庆典大会、"科学·人文·未来"论坛等重要活动的网络视频直播。

对外交流与合作　年内，与美国、英国、法国、德国、丹麦、澳大利亚、俄罗斯、日本、韩国等9个国家的22所大学或研究机构签署校际合作协议16个、院级合作协议4个、合作备忘录2个，比上年（下同）增长33.3%；共有626名国（境）外专家学者到校访问、与会或讲学，增长7.9%，其中学校聘请的长期外国专家26人、增长18.2%。全年学校各类出国交流人数约330人，增长30%。举办了"世界华人纪念郑和下西洋600周年暨海洋观论坛"、"中法跨文化研讨会"、"2004国际海洋药物研讨会"等国际学术会议9个。培养本科、硕士、博士等多学历层次的留学生969人。由中国教育部、德国联邦教育研究部共同推动的"中德海洋高层次人才培养和科学研究中心"工作和该校与英国南安普顿海洋中心的科研合作项目取得进展。与澳大利亚詹姆斯·库克大学、英国南安普顿大学、法国西布列塔尼大学、日本东京海洋大学等国际知名高校联合筹建"国际涉海大学协会"。

举行建校80周年庆典　2004年10月23日，学校举行了建校80周年庆典活动，展示了学校80年来、特别是近十几年来取得的办学成就，进一步增强了学校在国内外的影响力；期间，举办了一系列的自然科学和人文社会科学论坛等活动。

（吕小霞）

青岛大学

概况　截至2004年底，占地面积149万平方米，校舍面积110万平方米，拥有山东省建筑面积最大的图书馆，藏书300万册，各类期刊4700多种。拥有山东省社会科学重点研究基地1个、省级重点实验室11个、省级重点学科14个、省级重点工程技术开发研究中心3个、青岛市重点实验室3个、青岛市技术开发中心2个，省级重点学科重点实验室的数量提前达到"十五"计划确定的目标，纤维新材料与现代纺织实验室被科技部批准为国家重点实验室培育基地；设有服务地方工作办公室，与市政府合作成立了青岛发展研究中心；与海尔集团、海信集团、美国微软中国公司等国内外知名企业开展了研究项目、技术开发、管理战略等方面的合作。全年获得省级教学成果奖22项，其中有5项被推荐参加国家级优秀教学成果奖评选；有4门课程被评为山东省省级精品课程，其中有3门课程被推荐参加国家级精品课程评选。

学科设置　设文学、外语、音乐、美术、理工、机电工程、自动化工程、信息工程、软件工程、化工、纺织服装、医学、师范、法学、经济、国际商学、旅游、汉语言、国际、成人教育、高等职业技术、霍尔姆斯、软件职业技术、应用技术等24个学院,73个本科专业,涵盖文、史、哲、法、经、管、理、工、医、教育等学科。有博士学位点60个,硕士学位点6个,有临床医学硕士、口腔医学硕士、工程硕士、公共管理硕士(MPA)等4类专业学位。

教师情况 有专任教师2000人,其中有中国科学院院士1人、中国工程院院士2人、外聘院士7人。新引进各类人才180人,其中外聘院士1人、"421"人才工程第二层次人选2人、博士23人、硕士120人、副高级以上专业技术职务资格者10人;聘请名誉教授1人、客座教授13人、兼职教授5人;聘请了来自美国、德国、英国等12个国家的47位外籍专家来校工作。有1人入选国家"新世纪百千万人才工程",有3人成为山东省有突出贡献的中青年专家,眼科学、系统理论和病原生物学等3个学科被批准设立"泰山学者"岗位。

学生情况 有全日制学生3.4万余人,其中研究生1200人。另有外国留学生700人。全年在全国24个省市招收本科学生6682人。本科毕业生初次就业率达到了91%。考研率达到23.4%,有1089名毕业生考取了清华大学、北京大学等高校和科研院所的研究生。全年共有431名学生受到省级以上表彰奖励,其中有1人获"山东省十大优秀学生"称号,有478人获"国家奖学金"等奖励和资助。在山东省优秀学位论文评选中获优秀博士学位论文1篇、优秀硕士学位论文4篇;在第十届全国美术作品展中获金奖1项、铜奖1项、优秀奖4项,有7件学生作品入选,获奖数量居山东省高校前列;该校有30名运动员入选山东省体育代表团参加第七届全国大学生运动会,获金牌3枚,占山东代表团获金牌总数的50%;该校学生在全国大学生数学建模比赛、全国大学生电子大赛、全国大学生"挑战杯"科技竞赛、"创业计划"大赛等竞赛中都取得了优异的成绩。

科研 年内,获得"973"国家重大基础前期研究立项2项、国家自然科学基金和人文社科基金项目25项,纵向科研立项122项,科研经费总额达到1894万元。申报的《借鉴美国大学的先进管理经验,构建我国大学的现代管理制度研究》入选国家教育事业"十一五"规划招标课题。经鉴定的科研成果63项,出版学术专著36部,发表学术论文1000余篇,其中SCI(美国《科学引文索引》)摘录43篇、EI(《工程索引》)摘录21篇,取得专利18项。完成了电工电子基础实验教学中心三期建设,该实验教学中心被批准为财政部中央地方共建基础教学实验室;启动了化学、物理、机械基础、计算机科学和生物等基础实验教学中心的建设工作;新增教学科研设备总值2871.67万元。制定了《校园网络建设规划》,建成了基于"校园网"的教学管理信息系统,完成了网上教学平台和精品课程制作平台的建设,制作校内网络课程10余门,有60名教师参加了第四期现代教育技术培训,该校参加第八届全国多媒体教育软件大奖赛的5件作品全部获奖。

对外交流与合作 开展国际教育交流与合作,与美国、英国、德国、日本、俄罗斯、以色列等20个国家和地区的近80所学校建立了交流合作关系,设有国家汉语水平(HSK)考点。每年通过校际合作项目选派优秀学生到国外学习或实习。承办了中国高等教育学会"科学发展观论坛"等学术会议,与美国圣塔菲复杂性研究所联合举办了"2004年夏季讨论班"。邀请诺贝尔奖获得者迈克尔·斯宾塞等到校进行学术研讨与交流,全年共接待进行学术交流的国际专家学者400余人次。

(赵克祎)

青岛科技大学

概况 截至2004年底,该校设有四方校区、东部校区等2个校区,占地170余公顷,校舍建筑面积47.4万平方米,固定资产7.04亿元,教学科研仪器设备值1.07亿元。图书馆藏书113.23万册,期刊2000余种;建有电子阅览室和计算机中心、电教中心、测试中心、网络中心、语音中心和多媒体教室等。有教育部重点实验室——橡塑材料与工程实验室,有橡胶工程、塑料工程、纳米材料工程技术等3个省级重点实验室,有纳米材料工程技术、化工过程工程技术、塑料高性能化工程技术、天然资源化学利用、橡胶行业技术等5个山东省工程技术研究中心,有纳米技术、工业信息化技术、新材料等3个青岛市重点实验室和高分子材料、纳米材料等2个青岛市行业技术依托中心。

学科设置 设有高分子科学与工程、化工、机电工程、化学与分子工程、材料与环境科学、信息科学技术、自动化与电子工程、经济与管理、外国语、文学与艺术、中德科技、职业技术、成人教育等学院和数理系、政治与法律教学部、体育教学部共16个教学院、系、部;拥有学士、硕士和博士学位授予权,有博士点3个、硕士点24个;本科专业50个,专业涵盖理学、工学、文学、经济学、管理学、医学、法学等7个学科门类。

教师情况 该校有教职工1698人,其中具有高级专业技术职务资格者540人。专任教师1020人,其中拥有硕士以上学位的占教师总数的49.8%。专任教师中有中国工程院院士1人,国家和省、部级有突出贡献的中青年专家、国家百千万人才工程以及省部市级专业技术拔尖人才50余人,享受国家政府特殊津贴人员42人,全国优秀教师11人。聘请100多位国内外著名学者作为顾问或兼职教授,其中有中国科学院和工程院院士20余人。年内,引进教授、副教授、博士、博士后共103人。

学生情况 有全日制在校生2.04万人,其中研究生691人、本科生1.56万人、专科生3654人、成人脱产生330人、留学生88人;有函授、"夜大"学生2488人。该校被教育部和山东省批准为山东省首批5个"自主招生"试点院校之一,面向全国28个省(市、自治区)招生6092人,其中研究生273人、本科生4000人、专科升本科619人、专科生1200人。毕业生就业率多年保持在90%以上,2004年一次性就业率达到97.3%,居山东省高校前列。

教学 年内,申报的7个新专业获得山东省教育厅批准;承担的"化学工程与工艺"、"高分子材料与工程"等两个山东省普通高等学校教学改革试点专业项目通过了山东省教育厅鉴定。实现了大类招生、大类培养的教学改革。化工与制药类、机械类2004年本科专业按照学科大类招生,不分专业,探索培养知识结构多元化新型人才的新模式。开展了"课程优秀评估及启动学校精品课程建设工程"工作,在山东省2004年省级精品课程评选中,有5门课程一次性申报成功,"物理化学"课程被推荐参加申报国家级精品课程的评选。在山东省2004年度教学成果奖评选中，获得省级教学成果奖9项，其中3个一等奖项目均被山东省推荐为国家级教学成果奖参评项目。该校全国大学英语四级考试平均通过率超过全国重点本科院校平均通过率5个百分点。

学位和研究生教育　有博士生导师24人、硕士生导师近200人。2004年硕士研究生报名人数达到1000人，招收研究生272人；首届博士研究生的招生录取博士研究生12人；报考工程硕士及高校教师在职研究生人数大幅增加。年内，首次实行硕士毕业论文双盲评审，累计送审论文350多篇次。

科研　全年共安排科研计划项目197项。其中，纵向新上项目52项，内有国家级科研项目13项；企业横向合作新上项目65项。验收、鉴定科研项目38项，其中国际先进以上水平16项。论文被《SCI》(美国《科学引文索引》)收录79篇，居全国高校第83位；被《EI》(《工程索引》)收录29篇，居全国高校第87位。该校学术刊物《学报》(自然版)获《中国学术期刊检索与评价数据规范(CAJ－CD规范)》优秀期刊奖，被评为山东省优秀科技期刊；《学报》(社科版)被美国《剑桥科学文摘》(CSA)收录为来源期刊。

对外交流与合作　年内，在校长期留学生达到68人，生源来自韩国、日本、美国、意大利、德国、俄罗斯、台湾等7个国家和地区。全年共聘请长期外籍语言、专业专家及教师16人。与美国、日本、韩国等国的5所高校结为友好学校；中德科技学院纳入中德两国政府间合作项目；中韩项目及中加项目第一届学生顺利派出。接待短期讲学、学术交流、顺访客人近200人次；主办了"青岛国际橡塑论坛——中德轮胎技术研讨会"、"第二届东北亚经济合作论坛"及"第五届中韩清洁能源国际会议"等3个国际性学术会议。

(王丽萍)

青岛理工大学
(原青岛建筑工程学院)

概况　2004年5月，经教育部批准，更名为青岛理工大学。截至2004年底，该校四方校区和黄岛校区共占地70公顷，校舍建筑面积46.7万平方米；图书馆藏书90万册。拥有省部级重点学科和重点实验室6个、省级工程技术研究中心2个、市级重点实验室2个、市级行业技术中心1个、校级研究院所和研究中心23个、教研室50余个和实验室40余个，实验设备总值8146万元。

年内，四方校区完成了图书科技楼工程的施工任务，黄岛校区完成了教学楼和大学生生活中心项目的建设。

学科设置　设有建筑、艺术、土木工程、环境与市政工程、机械工程、商学院、计算机工程、外国语、理学院、管理、汽车与交通、经贸、人文与社会科学、自动化工程、通信与电子工程等学院和体育教学部及高职成教学院等17个教学单位及1个独立的二级学院——琴岛学院；设45个本专科专业，涵盖了理、工、经、管、文、法等6个学科门类。在结构工程、供热、供燃气、通风及空调工程、机械设计及理论、机械制造及其自动化、环境工程、建筑设计及其理论、岩土工程、车辆工程、防灾减灾工程及防护工程、工程力学、桥梁与隧道工程、地质工程、建筑历史与理论、市政工程、计算机应用技术、会计学等16个学科拥有硕士学位授予权，并获准在建筑与土木工程、机械工程、环境工程等3个领域招收培养工程硕士，同时成为开展在职人员以同等学力申请硕士学位工作单位。

教师情况　有教职工1528人，其中专任教师961人，内有特聘中国工程院院士4人、外籍院士和专家2人，博士生导师10人，具有博士学位的118人，具有硕士学位的407人，具有正高级专业技术职务资格者121人，具有副高级专业技术职务资格者321人，省、市级专业技术拔尖人才7人，享受国务院政府特殊津贴23人。全年引进各类人才149人，其中具有博士学位的15人、具有硕士学位的102人(内有教授1人)、全日制普通本科26人(内有具有高级专业技术职务资格者6人)。

学生情况　全日制在校生1.5万人，其中硕士研究生394人。2004年共招生5660人。其中，研究生160人，普通本科生3600人(面向山东省招生2455人)，独立学院面向山东省招收本科生800人、专科生1100人。本科生省内最低录取线文科572分、理科580分。毕业3564人，其中本科生2232人、专科生1332人；考取研究生226人，考研率为7.1%；本科生一次性就业率达96.4%。

科研　全年共承担国家、省、市级科研项目172项，科技成果转让10项，科研经费实际到账1700万元。科技项目鉴定数量大幅增加，科研获奖档次提高。以第二单位获得国家科技进步二等奖1项；首次取得山东省科技进步一、二等奖各1项；以第二、三单位获得山东省科技进步二等奖2项；申报的6项青岛市科技奖励项目全部获奖，其中二等奖3项。申报并获准成立了"山东省城市灾变与工程技术研究中心"。

对外交流与合作　年内，先后与德国卡尔斯鲁厄大学、德国波鸿应用技术大学、加拿大BC省理工学院、韩国光云大学、韩国外国语大学、日本九州大学、日本三水株式会社等高校、科研机构签订了科技合作协议及合作办学协议。

(高瑞芹)

青岛职业技术学院

概况　截至2004年底，该院由黄岛校区、市南校区、市北校区等3部分组成。占地面积52.28公顷，校舍建筑面积17万平方米。

学科设置　设有国际合作、海尔家电、旅游、美术、信息技术、经济管理、外国语、生物化工、物流、艺术、成人教育及文史系、数理系、教育心理系、体育部等4个教学系部。开设各类专业59个，其中全日制高等职业技术专业37个；涉及交通运输、生化与制药、土建、制造、电子信息、环境气象与安全、轻纺食品、财经、旅游、公共事业、文化教育和艺术设计传媒等12个专业门类。高等职业教育专业有计算机应用与维护、机械电子工程、会计电算化、市场营销、环境管理与监测、计算机应用技术、电气工程与自动化、装饰艺术设计、国际商务、旅游管理、公共关系与文秘、外贸英语、服装艺术设计、计算机辅助机械设计、网络技术与信息管理、采暖与通风、商务日语、物业管理、电子商务、宾馆管理(酒店管理)、形象设计、空中乘务(空中服务)、环境艺术设计、计算机通信技术、家电维修技术、汽车检测与维修技术、生物技术应用、应用电子技术、化学物理测试技术、服装表演、计算机软件、检测技术与应用、商务韩语、安全技术、化工工艺、国际物流与报关、物流管理等37个专业。

教师情况　有教职工758人，其中

专任教师 338 人、兼职教师 132 人,内有具有副高级以上专业技术职务资格者 142 人,另有外籍教师 16 人。

学生情况　有在校生 2.24 万人。其中,全日制高职专业 7997 人;成人本、专科生 6025 人;培训中小学校长 352 人;培训中小学教师 2178 人,培训其他人员 5843 人。2221 名应届毕业生中有 629 人升入普通本科院校,就业率 96.4%。

对外交流与合作　与澳大利亚旅游与酒店管理学院、新加坡 PSB 学院、韩国永进大学、韩国才能大学实施联合办学,与韩国全州大学实现了留学生互派。全年组团 7 批次 18 人次出访了韩国、日本、西班牙、意大利、希腊、澳大利亚等 6 个国家的 11 所大学和 10 个企业。邀请美国知名建筑专家举办了“建筑与文化”专题讲座,与汉城数码大学联合举办了首届学术交流会。被评为“2004 年青岛市教育外事工作先进单位”。

(李茂慎)

青岛广播电视大学

概况　截至 2004 年底,该校(含各分校)占地面积 40.7 万平方米,建筑面积 18.2 万平方米,资产 1.74 亿元,其中教学科研仪器 6822.45 万元;一般图书 27.85 万册,电子图书 5189.55 万册;教学计算机 2275 台,语音实验室座位 609 个,多媒体教室座位 1839 个,网上教学课程 886 种。

年内,承担了国家教育部科研课题“21 世纪初青岛市社区教育基础研究”子课题任务和中央广播电视大学“人才培养模式改革和开放教育试点”工作;承办了湖南大学远程教育的考试工作;有 1 项教学科研成果获山东省教育厅三等奖;完成青岛市“双百(百项研究报告、百项对策建设)调研工程”课题 1 项;参加青岛市社会科学评奖活动获三等奖 2 项;撰写的“社区教育工作的经验”获青岛市市直单位党委中心组调研成果三等奖;获青岛市科教兴市先进单位、教书育人先进单位、青岛市文明单位标兵等称号。

学科设置　形成了全日制教育(专科、高职)、远程开放教育(本科、专科)、成人教育和社区继续教育共同发展的办学格局。其中,全日制教育专科开设国际经济与贸易、会计电算化、电子商务、金融与保险、市场营销、法律、旅游管理、机电一体化、计算机及应用、计算机科学与技术、工商管理、外贸英语、英语、物流管理、文秘与办公自动化等 15 个专业,全日制教育高职开设计算机应用与维护、应用电子技术、会计学、市场营销、物流管理、英语、机电一体化等 7 个专业;远程开放教育本科开设金融、会计学、法学、英语、汉语言、数学、工商管理、计算机、公共事业管理、土木建筑、行政管理等 11 个专业,专科开设会计学、英语、行政管理、护理学、金融、计算机、公共事业管理、法学、工商管理、现代文员、药学、电子商务、物业管理、小学教育等 14 个专业;成人教育开设计算机科学与技术(业余)、国际经济与管理(全日制、业余)、法律(业余)、工商管理(全日制、业余)、会计电算化(业余)、行政管理(业余)等 6 个专业;社区继续教育开展了社区干部培训和市民素质教育等。

教师情况　有专任教师 501 人,其中具有副高级以上专业技术职务资格者 104 人;外聘教师 116 人。

学生情况　有在校生 3 万余人。其中,全日制普通专科(高职)在校生 5646 人;远程开放教育全年招生 1.1 万人,在校生 1.71 万人,内有本科生 9007 人、专科生 8166 人;成人教育专科生 223 人;与普通高校联合开办的远程教育本、专科注册生 1205 人;继续教育培训、考试 1.7 万余人;中专毕业学生 2923 人,新招学生 1513 人,在校生 5500 人。全日制普通专科毕业生一次就业率 65%,总体就业率 89.5%;普通专科升本科率达 61.3%。

(纪援朝)

青岛远洋船员学院

概况　截至 2004 年底,占地面积 14 余公顷,建筑面积 10 万余平方米,拥有从国外引进的航海操纵模拟器等先进的大型教学实训设备,有 95 个训练室、实验室,藏书 27 余万册。是中国国内第一家将 ISO 质量管理体系引入教学管理中的高等学校,并首家获得国际质量体系认证单位 DNV 的认证和国家海事局船员教育和培训质量保证体系的认证。

学科设置　设航海系、机电系、管理系、信息工程系、外语部等 5 个系部,开办航海技术、轮机工程、海洋船舶驾驶、轮机管理、船机修造、国际航运业务管理、国际会计、物流管理、保险、应用电子技术、计算机应用与维护等近 20 个专业,并在一些沿海城市建立了大专函授站。

教师情况　有教职工 400 余人,专任教师 190 余人。其中,教授、副教授 70 余人,具有硕士以上学位的 90 余人。

学生情况　学历班在校生 3400 人,其中 2004 年招收普通专科、高职专科、成人脱产本科和专科及函授专科生 1700 多人。实行半军事化管理,注重学生思想作风培养和综合素质教育。根据企业对人才的要求,提出了“敬业精神好、英语水平高、实践技能强”的办学特色,连续 3 年获青岛市高校英语口语比赛团体第一名。航海类专业学生适任证书统考通过率、毕业生就业率居国内同类院校前列,其中适任证书统考通过率连续 5 年居全国第一位。

课题研究与科研　承担了教育部、中国远洋运输集团、青岛市及其他科研项目近 100 项。其中,达到国际先进水平的 1 项,被国家经贸委重点推广的 2 项;获教育部、交通部或青岛市优秀成果奖 12 项。全年在各类正式出版的刊物上发表论文 112 篇,正式出版社出版的教材、著作 26 本,校内教材 16 本。

对外交流与合作　根据上年与俄罗斯海参崴国立海事大学签订的合作意向书,2004 年下半年双方互派教师进行了学术交流。与英国 STC 大学、英国东伦敦大学、Maersk(马士基)公司、新加坡 Genetic 教育集团等探讨了合作办学事宜。全年接待外国船东及专家、友好院校的来访 9 批 66 人次;与新加坡万邦集团、台湾万海公司、香港泰昌祥公司开展合作,合作方在该院设立奖学金。截至年底,已与日本、俄罗斯、韩国、法国、挪威、芬兰、美国、英国、新加坡、香港等 20 多个国家和地区的航海院校、船东企业、海事机构进行交流与合作。每年都派出 10 余名教师到国外访问、进修,提高了师资水平。

(韩　波)

山东外贸职业学院

概况　截至 2004 年底,由江西路校区和中崂路校区两部分组成。中崂路校区一期工程正在建设中,其中学生宿舍 2 万平方米、学生食堂 5000 平方米、图书馆 5000 平方米、教学楼 1.5 万平方米。年内,承办了全国外经贸教育教学行业指导委员会外语、外贸专业工作年会。

学科设置　开设了国际贸易、物流

管理、国际货运代理、涉外会计、会计电算化、涉外营销、涉外文秘、涉外旅游、商务英语、商务日语、商务韩语、计算机技术与应用、电子商务、信息管理、软件技术、法律文书和旅游英语等17个专业。

教师情况　有教职工257人。其中,教授8人、副教授47人、讲师58人,具有高级专业技术职务资格者62人、具有中级专业技术职务资格者77人;“双师型”专任教师26人;出国深造并学成归来的教师3人;拥有欧盟委员会同声传译学习证书并担任欧盟同声传译项目中方考官的3人。聘请外籍教师7人,从知名大学和公司聘请客座教授及专家28人。该院教师全年共发表论文40多篇,其中发表在国内核心期刊上的6篇;出版专著9部;获青岛市科研立项1项;获山东省优秀教学成果三等奖1项;获全国外经贸行业教育指导委员会颁发的奖项1项。

学生情况　年内,学制3年的大专班录取新生2105人,学制5年的大专班录取新生260人;在校生达到5100人;毕业生868人,一次就业率达95%。

继续教育　年内,与北京外国语大学、浙江大学进行了远程教育合作;组织了山东省国际货代从业资格考试及考前培训工作;与山东省经贸联合会联合举办了两期全日制外经贸业务培训班;与山东省外经贸厅联合对聊城、菏泽两地市外经贸系统负责人及业务骨干进行了培训;与青岛市人事局联合承办了全国国际商务师、全国计算机、全国英语翻译、全国会计资格考试报名或考务工作。

对外交流与合作　年内,与美国南密苏里州立大学、韩国釜山经商学院、日本大阪MERIC日本语学校建立了姊妹学校关系,互派教师进行学术交流。

(宋　飞)

青岛滨海职业学院

概况　截至2004年底,占地面积67余公顷,校舍建筑总面积32万平方米,总资产5.6亿元,教学仪器设备总值3235万元;有图书馆2个,藏书81万册;建有计算机接口、电工电子电拖等34个实验室和数控加工、美术装潢等20个校内实训基地及25个校外实习基地、“大学生创业园”1处。2004年10月,该院通过了山东省高校工委德育工作评估,并被评为优秀等级;12月,通过了教育部高校设置评议委员会专家组对该院申办本科工作的评估检查。

学科设置　设东方语言学系、西方语言学系、国际商学系、经济管理系、信息工程系、计算机科学技术系、机电工程系、艺术系、基础文科部、基础理科部等10个系部,开设经贸日语、经贸韩语、市场营销、计算机应用与维护等40个专业。会计电算化、经贸日语、经贸韩语、计算机应用与维护、数控技术与应用、旅游与酒店管理、市场营销等7个专业为该院品牌专业,其中会计电算化专业是山东省教育厅教学改革试点专业。

教师情况　有教职工1000余人,内有专职教师806人,其中教授58人、副教授168人、具有博士学位的4人、具有硕士学位的94人、外籍文教专家28人,另有兼职教授57人。

学生情况　在校生1.4万人,其中高职统招生1.07万人、学历文凭教育学生3500人、外国留学生100人。

对外交流与合作　截至年底,与美国、加拿大、德国、日本、韩国、新加坡、俄罗斯等国家的16所院校建立了友好合作关系;与国外10所院校签订了互派教师和留学生的协议,先后派出34名管理干部和骨干教师出国进修访问;先后选送200余名优秀学生到日本、韩国留学,先后有300余名日本、韩国留学生到该院学习。从美国、加拿大、德国、日本、韩国等国家聘请10余名专家学者做学术报告。该院与加拿大世纪学院联合成立了民办青岛滨海职业学院世纪国际合作学院。

(刘振清)

青岛港湾职业技术学院

概况　截至2004年底,建有教学楼、实验楼、图书馆综合楼、实习工厂、学生公寓、餐厅及田径、球类运动场,拥有装备先进的实验实训室、语音室、微机室、多媒体教室,图书馆藏书22万册。被国家教育部列为全国四大紧缺(数控)人才培训基地之一;被山东省劳动和社会保障厅批准为职业技能培训鉴定基地、物流师培训基地。先后获青岛市“文明单位标兵”、“职业教育先进单位”和山东省“卫生先进单位”等称号。年内,向山东省教育厅申报了“港口电气控制”和“理货业务”两个精品课程,新编写了一批教材,取得了一批教研成果,其中《集装箱运输业务》教材课件编写制作被交通部职教委员会列为2005年交通职业科研项目、《港口电气专业改革与实践》获得山东省教学成果二等奖。

学科设置　设有机电工程系、经济管理系、电子信息系和基础部,开设外轮理货与港口业务、港口机械应用技术、船舶与港口电气设备、报关与国际货运、机电一体化技术、物流管理、计算机信息管理、集装箱运输管理、电子信息工程技术、港口物流设备与自动控制、物业管理、计算机网络技术、商务韩语、国际航运业务管理、电气自动化技术、汽车技术服务与营销、数控技术、电子商务、港口工程技术、计算机辅助设计与制造、模具设计与制造、商务英语等22个专业。

教师情况　有教职工350人,专任教师280人,其中具有高级专业技术职务资格者98人、中级109人。

学生情况　面向全国招生,2004年在全国16个省(市、自治区)录取新生2700多人,在校生达到6000多人。建立了包括国内各大港口、海尔集团、海信集团等知名企业在内的实习实训基地和毕业生就业网络,毕业生就业率保持在96%以上。

(秦治新)

2004年驻青高校新增博士生导师名录

中国海洋大学

姓名	性别	出生年月	现任职务	学术特长
吴龙飞	男	1958.10	中国科学院海外评审专家	蛋白质分泌、细菌分子生物学

(中国海洋大学)

青岛大学

姓名	性别	出生年月	现任职务	学术特长
陈　蕾	女	1963.07		神经生理学
邢泉生	男	1964.11		心脏生理学
肖利华	女	1955.05		眼肿瘤学及基础研究
逄增昌	男	1953.12		呼吸道病毒的流行病学与分子流行病学研究
李福华	男	1963.03	发展规划处处长	教育经济与人力资源开发

姓名	性别	出生年月	现任职务	学术特长
韩平畴	男	1954.06	自动化工程学院院长	生命科学系统人－机结构系统复杂性
邵峰晶	女	1955.12	副校长	计算机软件
夏临华	男	1954.08	校长	无机材料微结构与物性
张铁柱	男	1960.02	理工学院院长	无机材料微结构与物性
滕　冰	男	1968.01		无机材料微结构与物性
王宗花	女	1964.12		功能聚合物及先进复合材料
韩光亭	男	1957.09	科研处处长	纤维新材料及纤维改性
彭　智	男	1964.05		功能聚合物及先进复合材料
张晓东	男	1963.07	化工学院副院长	纤维新材料及纤维改性

（青岛大学）

青岛科技大学

姓名	性别	出生年月	现任职务	学术特长
于世涛	男	1963.08		精细化工

（青岛科技大学）

青岛理工大学

姓名	性别	出生年月	现任职务	学术特长
王　燕	女	1957.2	土木工程学院副院长	结构工程
贺可强	男	1960.12	国际交流与合作处处长	岩土工程

（青岛理工大学）

科 学 技 术

·科技发展与管理·

概　况

2004年，青岛市实现高新技术产业产值1373.74亿元，同比（下同）增长35.02%，占全市规模以上工业总产值比重达到41.21%，提高了1.46个百分点，规模总量、占工业总产值的比重在全国15个副省级城市中均居第二位。全年新增高新技术企业116家，高新技术企业总数达到682家。软件产业发展迅速，全市软件产业产值51.37亿元，增长44.7%；形成了以国家级软件产业基地为基础、软件公共技术服务平台为支撑、软件重点企业为骨干、软件项目为突破的产业发展体系。在新材料产业领域，以环胶州湾新材料产业带“一园一线四区”为中心，形成了一批产业特色鲜明、技术水平高、产业关联度大、布局相对集中的高新技术企业群体；全年完成新材料产业产值213.78亿元，增长31%。在海洋科技产业领域，海洋药物及保健食品、海洋活性物质、海水养殖、海洋化工等新兴海洋产业加快发展；新兴海洋科技产业总产值完成101亿元，增长16.5%。

全年全市共争取国家科技计划项目经费7.04亿元，涉及国家各类科技计划项目1129项。青岛市地方财政科技投入3.1亿元，区（市）财政科技投入2.3亿元。全年市本级科技三项费用达6848万元，增长7%。

“国家深海潜水器基地”落户青岛，软件园建设“一市四园（青岛市的高新区软件园、市南软件园、海尔信息产业园、海信软件产业园）”格局正式形成，“海洋科学与技术国家实验室”组建工作与“中加科技合作基地”建设规划进展顺利。青岛市获2004年“山东省科技系统先进集体”称号；在国家公布的《中国城市竞争力报告》中，青岛市科技竞争力在全国220个城市中连续两年排名第六位。

科学研究

信息技术　在软件技术方面，青岛市软件技术重点实验室进行的“基于CORBA的多体系统分布式仿真系统”研究开发达到国际先进水平，在机械系统计算机辅助分析方面取得重要突破；在信号与信息处理技术方面，中国电子科技集团公司第四十一所开展的高介电常数介质材料测试技术研究，得到了测量高介电常数、高损耗糊状物、粉末状物质的电磁参数级联网络分解法，建立起便捷的微波多端口介质参数测试系统并完成了数据采集、软件联试；在信息家电领域，海尔集团进行了“信息家电SOC开发平台的研究与开发”；在智能交通领域，海信集团开展的“城市混合交通控制系统自适应算法研究”，完成了“点控”、“线控”、“面控”实时自适应优化算法，建立了混合交通流控制模型和混合交通流量、占有率等参数的预测模型。

生命科学与生物技术　青岛大学开展的“海洋活性物质抗氧化损伤作用研究”项目，在国际上首次自栉孔扇贝内脏中发现并分离、纯化得到新的海洋活性组织——扇贝多肽；莱阳农学院开展的丛枝菌根（AM）真菌分子基础等相关领域研究，共分离到AM真菌6属98种；农业部动物检疫所开展了“鸡新城疫—禽流感二联灭活疫苗”研制工作，完成全国各省市禽流感（H9亚型）流行情况调查、流行毒株分离、鉴定、基因序列测定比较、免疫原性分析及交叉保护作用以及制苗用新城疫毒株的筛选、鉴定工作。

新材料科学　青岛大学完成国家“863”计划“无机阻燃粘胶短纤维的研制”项目；青岛海洋化工研究院开展了“喷涂聚脲仿生减阻材料的研究”、“喷涂聚脲弹性体技术（SPUA）”科研项目的开发；山东科技大学完成了“钾长石低温分解开发利用的研究”项目。

农业科学　青岛市获准承担“国家食品安全关键技术研究与示范”科技专项。由市政府申报的“青岛市花生、餐饮业食品安全综合研究示范”项目被国家科技部批准列入国家“食品安全关键技术研究”计划，青岛市成为国家唯一的在花生和餐饮业食品安全两个技术领域综合研究和示范城市。莱阳农学院完成的“体细胞克隆牛繁殖机能检测及胚胎移植试验研究”在国内首次获得体细胞克隆牛自身繁殖后代,在体细胞克隆牛的超数排卵、胚胎冷冻和移植并获得健康犊牛等方面的研究达到了国际领先水平;“CpG - DNA 分子免疫佐剂的研究与应用”在国内外首次利用16种人工合成的CpG - DNA对鸡的免疫增强作用进行了研究,研究成果达到国际领先水平;农业部动物检疫所完成的“8种重大疫病的检测、监测及快速准确诊断技术的转化及相应产品的中试”生产的8种诊断试剂盒填补了国内空白。

海洋科研与开发

(详见第244~248页)

技术创新体系建设

年内,市委、市政府出台了《关于加强区域创新体系建设推进高新技术产业持续快速发展的意见》;市人大常委会颁布实施《青岛市专利保护规定》,修订了《青岛市民营科技企业条例》。

城阳区被国家科技部批准为国家可持续发展实验区,青岛市成为全国计划单列市中第一个拥有可持续发展实验区的城市;青岛大学建立的“青岛市纤维新材料与现代纺织重点实验室”成为青岛市首家省部共建国家重点实验室培育基地;国家科技部在青岛市启动国家创新体系企业研发中心建设试点,支持海尔集团、海信集团等企业建设国际一流的研发中心,青岛市被国家科技部确定为全国唯一的国家创新体系企业研发中心试点城市;国家海洋科技资源、电子商务与现代物流、制造业信息化、科技成果转化、重点实验室资源共享数据库、农业科技信息传播等一大批国家、地方科技服务项目已经建成并开始发挥作用,提高了城市公共科技服务能力。

青岛市企业技术创新的“名牌互动”模式,大企业与大型科研机构合作建立产学研实体的“双大合一”模式,科技成果转化从实验室到中试基地、再到产业园区包含上、中、下游转化链条的“三点一线”模式和科技管理从科技部、省、市科技厅局到区、市科技局上下联动的“四位一体”模式,被国家科技部称为科技创新的“青岛模式”。

科技园区与孵化器

青岛国家海洋科学研究中心　年内,该中心组建工作进展顺利。6月,市政府向山东省政府报送了《海洋科学与技术国家实验室(国家海洋科学研究中心)建设方案》。同日,中国海洋大学、中国科学院海洋研究所、国家海洋局第一海洋研究所、农业部黄海水产研究所和国土资源部青岛海洋地质研究所等5个单位签署了《关于共建“海洋科学与技术国家实验室”(国家海洋科学研究中心)的意见》。12月,海洋科学与技术国家实验室(国家海洋科学研究中心)参加了科技部组织的答辩会。

市南软件园　该园已开工建设研发楼12万平方米,其中G3、G4研发楼主体完工。建成了软件产业基地认证服务中心、软件评测服务中心、海外推进服务中心、培训服务中心和“软件人才网”。

高新区软件园　该园发挥青岛高新技术产业开发区在信息家电等制造业领域的产业优势,依托海尔、朗讯、澳柯玛等企业的人才和技术资源,建设一批重点实验室,扶持软件产业加强在信息家电、嵌入式系统、工业信息化等领域的研发水平和能力,并以日韩等国家为主要目标市场,孵化聚集一批全国知名的、以软件外包业务为主的出口创汇型的软件企业群。

科学研究机构　年内,青岛市重点实验室建设工作取得新进展,国家科技部正式批复成立了青岛市首家省部共建国家重点实验室培育基地——依托青岛大学建立的“青岛市纤维新材料与现代纺织重点实验室”。全年全市新增省级重点实验室7家、市级重点实验室2家,全市依托于22家高校、科研院所和大企业研发机构建设的部、省、市三级重点实验室77家,其中部级21家、省级35家、市级21家。全市新认定4家工程技术研究中心,全市工程技术研究中心达22个,其中国家级1个、省级8个、市级13个。全年全市共完成技术产权交易1517项,交易额32.1亿元;办理技术合同认定登记1054项,合同登记额3.23亿元;受理科技成果评估作价16项,评估作价额8300多万元。

科技工作者队伍建设

青岛市拥有各类专业人才70多万人,从事各类科技活动的人员超过7万人,国家有突出贡献的中青年专家和省、市级专业技术拔尖人才等高层次人才4000多人。年内,青岛市有9位专家成为国家“新世纪百千万人才工程”国家级人选,中科院海洋研究所研究员宋金宝、尤再进获国家杰出青年科学基金资助。全市各类国家级优秀人才总数达893人,其中两院院士22人、外聘院士23人、中国青年科学家奖获得者2人、国家杰出青年基金获得者18人、国家“百千万人才工程”一二层次人选16人、“新世纪百千万人才工程”国家级人选9人、国家有突出贡献中青年专家57人、国务院特殊津贴人员730人。

年内,市科技局设立了“青岛市科技将才专项计划”,在5~10年间选拔、培养和造就100名在国内外有一定知名度和影响力的优秀学科带头人、高新技术创业带头人以及10个对重大科学问题、应用技术问题进行学科交叉研究的创新团队。中国海洋大学教授李华军等10名个人以及国家海洋局第一海洋研究所教授王小如率领的科研团队成为青岛市首批“科技将才专项计划”入选者。

民营科技

截至年底,全市共认定民营科技企业610家;民营科技企业技工贸总收入280.8亿元,居全国计划单列市第二位。全市技工贸总收入超过亿元的民营科技企业有45家,超过千万元的180家,超过百万元的197家。年内,青岛中天信息技术有限公司作为山东省第一家民营企业在香港主板上市。

国际科技合作与交流

全年实施国际科技合作项目83个,其中政府间科技合作项目8个;与8个国家合作成立了11个国际合作科研机构;与15个国家签署了50个国际合作协议,其中中国国家海洋研究中心(青岛)和英国南安普顿海洋中心合作谅解备忘录将青岛国家海洋研究中心(筹建)与英国南安普顿海洋中心的科技合作提升为两国政府间的科技合作。

科技成果奖励

年内,青岛市科技成果获国家奖励创造了历史最高水平,获国家科学技术奖8项,并取得了国家科学技术奖直接申报权。其中,获国家自然科学奖1项,是全国计划单列市中唯一的国家自然科学奖,也是《国家科学技术奖励条例》颁布实施5年来青岛市获得的首个国家自然科学奖。获山东省科学技术奖75项，其中中国海洋大学院士管华诗获山东省最高科学技术奖，总获奖数增长23%。全年有6人获青岛市科学技术功勋奖，8人（单位）获青岛市国际科学技术合作奖，另有青岛市技术发明奖6项、青岛市自然科学奖13项、青岛市科学技术进步奖161项。全年组织科技成果鉴定登记385项，其中11个项目被确定为国家科学技术成果重点推广计划、4个项目被确定为国家科技兴贸行动计划。

2004年青岛市所获国家科学技术奖

奖励类别	项目名称	完成单位（首位完成人）
自然科学二等奖	纤毛虫原生动物的分类学、发生与系统学以及生态学研究	中国海洋大学（宋微波）
科技进步二等奖	浅海导管架式海洋平台浪致过度振动控制技术的研究及工程应用	中国海洋大学（李华军）
	高精度自动物料输送称量配料系统研发及产业化应用	青岛高校软控股份有限公司（袁仲雪）
	岩石破裂过程失稳理论及其工程应用	青岛建筑工程学院等
	沿海防护林体系综合配套技术	青岛市林业工作站等
	大型岩体工程稳定性和优化的分析方法及应用	山东科技大学等
	废弃矿井高强渗流水害综合治理技术与矿井安全生产	山东科技大学等
国际科学技术合作奖	海尔集团的合作伙伴——日本GK工业设计研究所总裁荣久庵宪司	

2004年青岛市所获山东省科学技术一、二等奖

奖励类别	项目名称	完成单位
自然科学二等奖	中国海域的放射虫研究	中国科学院海洋研究所等
技术发明二等奖	褐藻胶裂合酶工程化研究	中国海洋大学
科技进步一等奖	皱纹盘鲍杂交及杂种优势的产业化应用	中国科学院海洋研究所、中国水科院黄海水产研究所、青岛金瀛海洋科技发展有限公司等
	体细胞克隆牛繁殖性能检测与胚胎移植试验研究	莱阳农学院
	离子洗涤技术在全自动洗衣机上的应用	海尔电器国际股份有限公司
	城市污水生物脱氮除磷技术与控制措施研究	青岛建筑工程学院、青岛李村河污水处理厂、青岛团岛污水处理厂
	济北矿区快速高效建设新技术	山东科技大学等
科技进步二等奖	Cpg－DNA分子免疫佐剂的研究与应用	莱阳农学院
	4H－2型花生收获机的研制与应用	莱阳农学院
	石鲽生殖调控和人工繁育技术研究与应用	中国海洋大学等
	海水鱼类养殖质量安全控制技术研究	中国水产科学研究院黄海水产研究所
	海洋活性物质抗氧化损伤作用研究	青岛大学
	逆转录聚合酶链反应技术诊断肠道病毒感染方法的建立及其临床应用研究	青岛大学医学院附属医院
	葡多酚抗氧化作用及GPC珍生胶囊研发	青岛大学
	切断麻类脱胶漂白新工艺的研究	青岛大学
科技进步二等奖	公安边防部队海上移动数字网络作战指挥系统	青岛市公安边防支队、青岛建筑工程学院
	舰船作战系统专用气象测量设备	山东省科学院海洋仪器仪表研究所
	电磁动态塑化缠绕成型PE/粉煤灰复合结构管材技术开发	青岛科技大学、青岛大学、青岛新材料科技工业园发展有限公司
	反应挤出法制备高分子反应型相容剂及其应用研究	青岛大学
	多高层轻钢结构住宅体系混凝土板防火行为的研究	青岛建筑工程学院
	青岛市数字遥测地震台网	青岛市地震局、青岛市地震监测中心
	控煤技术与配套政策研究	山东科技大学等
	山东省临海经济带和海洋经济区发展战略研究	山东海洋工程研究院、中国海洋大学、中国水科院黄海水产研究所等
	无机阻燃粘胶短纤维的研制	青岛大学等
	水分散体系衣康酸共聚物稳定剂及耐盐雾苯丙乳液研究	青岛科技大学等
	南水北调水环境保护研究	青岛建筑工程学院等
	深井高应力难采煤层上行卸压开采技术研究	山东科技大学等

2004年青岛市科学技术功勋奖

姓　名	单　　位
唐启升	中国水产科学研究院黄海水产研究所研究员、中国工程院院士
谢立信	山东省眼科研究所教授、中国工程院院士
张明高	中国电子科技集团公司第二十二所研究员、中国工程院院士
杨绵绵	海尔集团公司总裁、高级工程师
周厚健	海信集团有限公司董事长、应用研究员
焦　奎	青岛科技大学教授、青岛科技大学和中国海洋大学博士生导师

2004年青岛市国际科学技术合作奖

姓名（或单位）	国籍	单　　位
青岛帝科精细化学有限公司	日本	青岛帝科精细化学有限公司
林润默	韩国	青岛马士基集装箱工业有限公司
金大浩	韩国	青岛三莹电子有限公司
黄金天	新加坡	青岛金谷镁业股份有限公司
维特曼	德国	青岛理工大学
麦德道	英国	中国水产科学研究院黄海水产研究所
皮特	比利时	青岛大学
亚历山大·米哈伊洛维奇·沃沦佐夫	俄罗斯	山东省科学院海洋仪器仪表研究所

2004 年青岛市自然科学奖

奖励类别	项目名称	完成单位
二等奖	冲绳海槽的岩浆作用与海底热液活动研究	中国海洋大学 中国科学院海洋研究所
	海洋活性物质抗氧化损伤作用研究	青岛大学医学院
	杂(稠)环化合物及配合物的合成表征及生物活行研究	青岛科技大学
	区域性新生儿死亡因素评价和早产儿死亡干预对策的研究	青岛市妇女儿童医疗保健中心
	复杂随机系统理论及其在信号传输中的应用	青岛大学
三等奖	城市土工与矿山生产中地质环境－岩体－地基－结构的协同作用机理	青岛理工大学
	虾类白斑症病毒病的分子生物学检测诊断技术研究	中国海洋大学
	含损伤岩体爆破效果与飞石预测控制理论实验研究	山东科技大学
	格林—巴利综合征患者的发病机制和空肠弯曲菌感染的关系	青岛大学医学院附属医院 北京大学第一医院
	P16、P53、nm23 及肿瘤耐药基因蛋白产物在非小细胞肺癌中表达的相关性	青岛市人民医院
	复合膳食纤维的制备及其对预防动脉硬化的作用	青岛大学医学院
	深低温子宫内膜冻除术治疗异常子宫出血的实验及临床研究	青岛大学医学院附属医院
	苍白球 GABA 突触传递及其在癫痫发病中的作用	青岛大学医学院 香港中文大学医学院

2004 年国家科技成果重点推广计划项目

单位:万美元

序号	项目名称	承担单位	实施年限	预计总投入	预计总产出		
					新增产值	新增利税	创汇($)
1	配方产品智能设计系统	中国海洋大学信息工程中心	2	1200	800	360	2
2	条斑紫菜"引进繁育及养殖技术研究"	青岛宇广海藻有限公司	3	800	1560	960	
3	甜叶菊良种繁育和甜菊糖总甙提纯的开发	青岛创升生物科技有限公司	3	2000	6000	1050	620
4	大麻精纺深加工新技术的推广应用	青岛大学	3	1235	2550	420	128
5	高净化率医疗废物焚烧处理系统	青岛中核元宏环保实业有限公司	2.7	988	4000	375.4	
6	研制开发 DLA－Ⅱ型钻井液润滑性分析仪	青岛海通达专用仪器厂	2	210	150	15	
7	大菱鲆人工配合饲料	中国水产科学研究院黄海水产研究所	2	1000	4000	800	
8	CDMA 移动终端系统设计技术	海信集团有限公司	2	12720	82388	6900	
9	衣康酸－丙稀磺酸盐－丙烯酸羟丙酯共聚物(缓蚀阻垢剂)	青岛琅琊台集团股份有限公司	4	1200	1500	350	
10	花生油中黄曲霉毒素清除技术	青岛润德粮油制品有限公司	3	1800	2000	500	
11	特色甘薯深加工技术研究与产业化开发	青岛市农业技术推广站	2	400	100	100	

(张启光　韩利军)

·科协工作·

社会科学普及

农村科普　2004 年,市科协把农村产业化工作作为农村科普工作的重点。莱西市科协引进了年加工 40 万吨苹果的青岛海升果业有限责任公司项目,可使果农每年增收 3 亿元以上,农民人均增收 500 多元。胶州市科协推广"支部＋协会"的农村科普工作模式,加强了对农村种植业和养殖业的培训,分别邀请了国内专家先后对该市的洋河镇、九龙镇的菜农进行了培训,邀请了以色列及国内畜牧专家为该市养猪协会的会员做了"如何科学养猪以及猪病的防治"科普讲座。市科协在年初国内外部分地区出现"禽流感"期间利用"农村科普网络"将自行编印的《依靠科学防治禽流感》科普宣传系列挂图发到全市乡镇(街道办事处)、村等基层单位,普及科学防治方法。

第二届科普活动月　确定了"弘扬科学精神,坚持科学发展观,促进经济社会全面发展"的活动主题。全市共有 27 家科普教育基地免费对外开放,共组织开展各类科普活动近 100 项。摄制完成了 30 集《走近海洋》海洋科普片;举行了全市性科普工作表彰活动。市人大常委会组织对青岛市的《科普法》贯彻落实情况进行了视察。

青少年科普活动　开展了以"探究身边的科学"为主题的"青岛市第十九届青少年科技创新大赛",全市共有 400 余所学校的近 4 万名中小学生参加了该项大赛的基层活动,部分优秀项目和作品参加了第十九届山东省青少年科技创新大赛,获一等奖 14 个、二等奖 25 个、三等奖 12 个。青岛市在全国航空航天模型比赛中共获 6 个第一名、4 个第二名和 2 个第三名及全国青少年航空模型比赛组织一等奖、全国青少年航天模型比赛组织一等奖等。继续开展"中国科协——英特尔电脑创新思维项目"青少年培训工作,1600 余名青少年接受了培训。

科普宣传　年内,开展了反邪教宣传教育活动。在《青岛日报》上开辟了反邪教理论专版,并组织专家编辑制作 3 套共 183 块图片,在全市开展了"崇尚科学、关爱家庭、珍惜生命、反对邪教"大型科普巡展,共展览 120 余场次,参观者达 31 万人。

科普示范区建设　年内,市南区、胶南市通过了全国科普示范区的验收,黄岛区、崂山区也分别申报了全国和山东省科普示范区并初步通过验收。全市已有全国科普示范城区 5 个、全省科普示范城区 6 个。

学术交流和研讨论证

学术交流　全年共举办学术报告会 168 次,8600 余人参加;组织研讨会 116 次,6500 余人参加。学术活动总次数达 300 余次,交流论文 2400 余篇。组织开展了以"绿色青岛·科技奥运"为主题的第三届学术年会,通过主题报告会及 21 个分会场活动,就发展循环经济,加速生态城市建设和奥运场馆建设及后续功能开发与管理、奥运赛场赤潮防治、农产品安全、推进城市化建设等专题展开讨论。

研讨论证　年内,提报了"关于青岛

市的规划与山东半岛城市群建设的几点建议”和“强化意识、健全机制、完善措施、科学防治禽流感”等多项“科技工作者建议”,组织了21个学科30余名专家对青岛市77项重点招商项目进行论证评审,确定可以对外进行重点招商项目60项,引进内外资标的额分别达到23.96亿元和21.55亿美元。受欧盟欧洲委员会(EC)委托,完成了《对中国制造企业提供的欧洲海上游艇制造培训援助计划》论证报告。

科技交流与合作

组织参加了“2004年鲁韩企业高新技术项目洽谈会”,集中了20多个企业的40项合作项目与韩国企业进行了交流。市科协参加了“鲁韩女性企业家论坛”,并进行了主题发言。胶南市科协与韩国企业进行了洽谈,与山东农业大学合作投资8826万元的“天然色素”项目已上报市发改委并正式立项,与南京大学的“生物工程”合作项目进入实质性洽谈阶段。

全年共外派团组7个。其中,组织技术人员赴德国、法国考察了海洋科普场馆,促进青岛市海洋科技馆的建设。接待了韩国产业技术协会、韩国京畿道风险投资协会等团组,组织了日本创价学会波涛会摄影展。

组织推荐了联合国咨商工作后备人选28人;开展了2005年度英国皇家奖学金人选选拔推荐工作,组织推荐了2005年度赴英短期学术访问人选2人;推荐11人参加赴日本的“中高级技术及管理人才培训合作项目”;受海信集团空调有限公司的委托,从日本招聘专业技术人才。

科技咨询

年内,为贯彻国家科技部关于将青岛市列入咨询培训及资格认定试点城市的精神,市科协与市人事局联合下发了《青岛市咨询业专业技术职业资格暂行规定》,编著了《现代咨询理论与实务》,并组织实施了第一批科技咨询业注册咨询师和注册高级咨询师培训。

全年完成各类科技咨询项目3380项,完成合同额7800万元。完成“金桥工程”立项项目67项,确定了市科协重点“金桥工程”项目10项,南车四方机车股份有限公司科协的“新型米轨电传动内燃机车”、青岛钢铁集团有限公司科协的“冷镦钢的研制开发”、青岛捷能汽轮机有限公司科协的“25MW抽汽凝汽式汽轮机”等“金桥工程”项目达到了国际先进、国内先进和行业先进水平。

组织建设与调研、表彰工作

年内,起草、修订并下发了《关于进一步加强和改进科协工作的意见》。“青岛市科技咨询业协会”正式更名为“青岛市咨询业协会”。加强了全市反邪教基层组织建设,在城阳区城阳街道办事处及38个村(居委会)成立了关爱协会。与市经委、市乡镇企业服务中心联合下发了《关于进一步加强企业科协工作的意见》。

组织了首次“全市科技工作者状况调查”,形成了科技工作者状况调查报告;市科技咨询中心与市科技局、市统计局联合开展了青岛市科技咨询产业状况调查。完成了第四届青岛市青年科技奖表彰工作,评出获奖青年科技人员78人;开展了首次全市科普工作表彰活动,对在2003年度全市科普工作中做出突出贡献的54个先进集体及53位先进工作者进行了表彰。开展了全市首届科协好新闻奖评选活动,30篇反映科协工作的优秀新闻稿件获得了表彰奖励。青岛市在山东省首届科协好新闻奖评审中有9篇作品获奖,占全省表彰总数的1/5。

(高小娣)

·驻青科研单位选介·

(驻青海洋科研机构选介详见第245~248页)

农业部动物检疫所

动物流行病学国家项目 开展了国内外动物卫生信息咨询服务,完善了国家动物卫生信息系统数据库建设;开展了4轮高致病性禽流感流行病学调查工作,涉及全国49个疫点、疫区、受威胁区;在多个省份开展了猪群疾病流行病学调查与监测工作。提交了10余份疫情分析和风险评估报告,为农业部制定动物防疫决策提供了及时有效的信息咨询服务。

外来动物疫病检测及诊断技术研究 对全国26个省市的3150份牛脑(或羊脑)样品进行了检测,使我国累计检测总数达到8885份。在全国分离和收集了新城疫毒株126株并进行了检测分析。对疯牛病、痒病、新城疫、尼帕病、西尼罗河热、水泡性口炎等外来动物疫病进行了诊断方法的研究和技术贮备。

畜产品安全监测 先后派出50人次到4个省会城市采样2000多份,对样品进行了“瘦肉精”和磺胺的检测;与中绿华夏有机食品认证中心签订了《有机食品监测委托协议书》,承担有机食品质量监测工作,并正式挂牌对外开展工作;全年实现委托检验检测样品8000多个,完成检测项目参数1.5万多个。

标准化工作 设在该所的全国动物防疫技术标准化委员会秘书处全年共清理、评价国家、行业标准719项;完成了9项高致病性禽流感标准的制定工作;举办了3期国家动物防疫标准培训班,培训人员达200多人。

动物疫苗研发 年内,所辖农业部动物检疫所易邦生物工程有限公司被农业部批准为定点生产H5亚型禽流感疫苗的企业,并被指定为禽流感灭活疫苗出口企业;获国家重点新产品证书2个;年销售额超过1亿元。

动物疫病诊断试剂研发 全年研发的诊断试剂有4种获得生产文号,5种已提交了新兽药证书申报材料,申请专利2项,形成国家标准3项、行业标准2项。

科研课题 全年由该所主持承担的各类课题10项,其中国家“十五”攻关课题5项、市科技局科技发展项目3项。科研经费480万元。

对外合作与交流 先后派出10人出访欧洲、美国、南非、肯尼亚等国家或地区。到访的专家学者有20余人次,分别来自美国、加拿大、德国、瑞典、日本、新加坡等国家和台湾地区及OIE国际兽医组织。

(农业部动物检疫所)

中国北车集团四方车辆研究所

概况 截至2004年底,该所拥有环境控制、静强度、落锤、疲劳等可对铁路车辆、公路车辆等大型设备进行各种性能试验的大型试验室,铁道部产品质量监督检验中心车辆检验站、车辆专业标准化技术归口单位均设在该所,中国铁道学会车辆委员会挂靠在该所。全年销售收入首次超过2亿元,达到2.5亿元,同比(下同)增长63%;实现利润总额

2116万元,增长95%。年内,进行了内部机构改革。将技术研究部与试验检测部合并成立了研究试验部;撤销了产品开发部和生产管理部,成立了减振事业部;分别设立了制动、车端技术研发部;改组成立了生产制造部。

新产品开发 年内,该所研发的3项新技术应用于为实现铁路第五次大提速而推出的新一代25T型客车。其中,DC600V供电系统技术取代了发电车供电,使车辆的运行更加节能、环保;列车运行安全网络监控及数据无线传输技术实现了列车运行状态的实时监控,对及时发现和分析、解决车辆故障,提供了方便,已成为铁路决策和运营部门对车辆进行日常管理的重要工具;密接式钩缓装置解决了困扰中国铁路多年的列车纵向冲动问题,提高了旅客乘坐的安全性和舒适度。加快城轨制动系统研发,自主开发的城轨车辆制动系统于11月在大连市的有轨电车上装车试验成功。

技术引进 承担了铁道部确定的中国铁路时速200公里动车组引进的9项关键技术中的3项。10月,与法国阿尔斯通公司签订"列车控制监视系统(TCMS)"、"牵引控制单元(TCU)"转让协议,与瑞典SABWABCO公司签订制动系统转让协议。

产业化建设 投资1600余万元用于该所东部制造基地建设。其中,配置了机械加工设备20台套,形成了较强的机加工能力,主要机械部件实现了自主加工;新添炼胶、裁断、成型、硫化等设备23台套,建成了空气弹簧生产线,提高了减振橡胶件的生产能力和水平。对该所湖岛本部生产区的生产布局进行了调整,为提高电气部件自动化生产水平购置了波峰焊机及配套设备。

(任国峰)

海洋科研与开发

·概　　况·

科研机构与人才

截至2004年底,全市拥有国家级、省级各类海洋科研机构11所,分别是中国科学院海洋研究所、中国科学院声学研究所北海研究站、国家海洋局第一海洋研究所、农业部中国水产科学研究院黄海水产研究所、国土资源部青岛海洋地质研究所、海洋化工研究院、青岛海洋腐蚀研究所、山东省科学院海洋仪器仪表所、山东省海水养殖研究所、山东省社会科学院海洋经济研究所、山东海洋工程研究院;另有与海洋专业相关的教学单位5家,分别为中国海洋大学、青岛远洋船员学院、海军潜艇学院、海军航空工程学院青岛分院、青岛远洋运输公司船员职业学院。

在青的海洋科研与教学单位约占全国同类单位的1/3。在青的海洋科技研究开发机构拥有的海洋科技研究开发与教学方面的高级专家、学者约占全国同类人才的50%以上。其中,中国科学院院士、中国工程院院士15人,占全市23名院士的65%。

部分重点课题及经费

年内,青岛大学承担的"重组海洋沙蚕纤溶活性蛋白的特征及其生物学活性的研究"入选国家基础研究重大项目前期研究专项("973"前期专项),获资助经费70万元;全市承担的"973"前期专项海洋领域课题总数达7项,共获经费650万元。青岛明月海藻集团有限公司承担的"膜法集成技术提取甘露醇的应用研究"入选国家高技术研究发展计划("863"计划)引导项目,获资助经费100万元。

市科技局等单位承担的"海洋科学数据共享工程建设——海洋科技数据库建设"再次列入中央级科研院所科技基础性工作专项,获得经费130万元。青岛市科研单位还承担了国家自然科学基金项目(79项),国家"十五"攻关计划及天然气水合物专项、省际间海域勘界等一批国家重大专项的研究工作。

·新兴海洋科技产业·

年内,青岛市海洋药物及保健食品、海洋活性物质、海水养殖、海洋化工等新兴海洋科技产业加快发展。一批产业化前景好、技术成熟度高的海洋科研项目取得重大进展。海洋科技优势变成了海洋经济优势。全市新兴海洋科技产业总产值达到了101亿元,比2004年(下同)增长16.5%。

海水养殖

海水养殖向工厂化和无公害方向发展,实现养殖用水循环使用,减少了对环境的污染。全市生产苗种的企业达到110家,育苗面积11.9万平方米,向社会提供大菱鲆、牙鲆、中国对虾、海参、鲍鱼等健康苗种270多亿单位,培育出条石鲷鱼、硬壳蛤等新的养殖品种并引进了黑石斑鱼等新品种,海水养殖种苗产值5亿元。以工厂化养虾、深海抗风浪网箱养鱼和海珍品养殖为代表的高效渔业发展迅速。

海洋药物及保健品科研

海洋药物及保健品的科研成果做到了研究一批、储备一批、开发一批。以海尔药业、青岛生物生化化学制药有限公司、中国海大兰太药业有限公司等为代表的青岛市海洋药物产业取得了较快发展。青岛澳海生物有限公司研发的共轭亚油酸产品实现产值500万元,出口创汇增长10倍。全市形成了一批新的科研成果。其中,"抗流感病毒(DSH951)"一类新药,完成了10公斤级的工程化研究,申请发明专利1项;"治疗胃溃疡"中药二类新药获得国家新药Ⅰ期临床试验批文;"降血糖海洋新药OSS的研制"完成了制备工艺研究,并申报国家发明专利3项,已授权1项;筛选出2种具有高酶解褐藻胶的海洋弧菌菌株已被中国典型培养物保藏中心用于专利程序保藏;褐藻胶寡糖酶法制备技术已申请3项国家发明专利。

海洋化工

青岛明月海藻集团承担了国家“863”计划引导项目“膜法集成技术提取甘露醇的应用研究”，完成了褐藻胶低聚糖制备技术的工程化研究年。青岛天元化工有限公司利用溴代醚化技术进行海洋溴素深加工，生产原料药，填补了国内空白。

2004年部分海洋科研机构·重大项目鉴定、获奖情况·

鉴定情况

中国海洋大学

项目名称	成果水平
治疗胃溃疡羧基化氨基多糖的研究	国际领先
具有养胃护肝功能保健食品——深海至丹牌甘维舒胶囊的研制	国际领先
栉孔扇贝规模化养殖及中试示范	国际领先
低洼盐碱地池塘规模化养殖技术研究与示范	国际领先
螺旋藻/节旋藻基础研究和开发应用	国际先进
壳寡糖的规模化生产及应用开发研究	国际先进
干海参加工新技术的研究与开发	国际先进
大沽河水源地水资源可持续利用与保护研究	国际先进
典型不稳定海底地质过程及关键探测技术	国际先进
帆板摇帆模拟训练测试系统研究	国际先进
新型海洋生物农用制剂的研制	国内领先

中国科学院海洋研究所

项目名称	成果水平
化学工业废弃物综合治理及资源化技术	国际领先
重要海水养殖动物功能基因的研究及技术平台的构建	国际领先
孔石莼多糖的提取	国际先进
龙须菜(GL1)优良品系的选育繁育及规模养殖	国际先进
有害赤潮的毒性监测和危害评价技术研究	国际先进
海洋生物源磁性纳米材料的开发应用研究	国际先进
海水重要养殖生物病害发生与抗病力的基础研究	国际先进
降血糖海洋新药OSS的研制	国际先进
海洋生物多糖在提高烟草品质和抗病性上的应用开发	国内领先
条石鲷亲鱼培育及繁育技术研究	国内领先

中国水产科学研究院黄海水产研究所

项目名称	成果水平
重要海水养殖鱼类精子和胚胎冷冻保存及种质冷冻库建立的研究	国际领先
中国明对虾健康养殖技术研究与示范	国际先进
栉孔扇贝大规模死亡的病因与病原的研究	国际先进
“黄海1号”中国明对虾选育研究	国际先进
中国对虾抗WSSV的筛选育种及配套生产工艺	国内领先
栉孔扇贝和虾夷扇贝杂交育种研究	国内领先
深海抗风浪网箱的研制	国内领先

获奖情况

中国海洋大学

项目名称	获奖情况
浅海导管架式海洋平台浪致过度振动控制技术的研究及工程应用	国家科技进步奖二等奖
褐藻胶裂合酶工程化研究	山东省技术发明奖二等奖
石鲽生殖调控和人工繁育技术研究及中试示范	山东省科技进步奖二等奖
山东黄岛发电厂3号机组海水废灰乳脱硫技术中试	山东省科技进步奖三等奖

中国科学院海洋研究所

项目名称	获奖情况
皱纹盘鲍杂交及杂种优势的产业化应用	山东省科技进步奖一等奖
中国海域的放射虫研究	山东省自然科学奖二等奖
裙带菜单倍体克隆育种和育苗技术及其推广	青岛市科技进步奖二等奖

中国水产科学研究院黄海水产研究所

项目名称	获奖情况
海水鱼类养殖质量安全控制技术研究	山东省科技进步奖二等奖
红鳍东方鲀的纯种引进	青岛市科技进步奖二等奖
中国对虾抗WSSV的筛选育种及配套生产工艺	青岛市科技进步奖二等奖

（韩利军　纪　芳）

·海洋科研机构选介·

中国科学院海洋研究所

概况　截至2004年底，有职工572人，内有科技人员361人。其中，中国科学院院士5人，中国工程院院士2人，第三世界科学院院士1人；研究员61人，副研究员、高级工程师90人，中级科技人员155人，客座研究员和访问学者13人，国家杰出青年基金获得者3人，中国科学院“百人计划”学者8人；年内从国内外引进优秀人才21人，包括“百人计划”学者4人、副研究员2人、博士12人、硕士3人。

年内，有2人入选首批新世纪百千万人才工程国家级人选，1人入选首批新世纪百千万人才工程一二层次人选；1人被聘为国家“863”计划资源环境技术领域专家委员会主任，1人被聘为国家“863”计划生物技术主题专家组专家，1人获国家杰出青年基金；1人被授予全国爱心捐助奖，2人被授予全国归侨侨眷先进个人称号，1人获全国“新世纪巾帼发明家”提名奖；2人获山东省有突出贡献中青年科学家称号，1人被评为山东省新世纪巾帼发明家；3人被授予青岛市侨界杰出人士称号，6人被评为青岛市专业技术拔尖人才，2人入选青岛市科技将才专项计划，2人获青岛市第二届青年科技创新奖，4人获青岛市第四届青年科技奖；2人获山东省优秀博士论文奖，1人获山东省优秀硕士论文奖，3人获山东省优秀导师称号；4名研究生获中国科学院院长奖优秀奖和刘永龄奖学金特别奖、优秀奖。

该所设有中国科学院实验海洋生物学、海洋生态与环境科学、海洋环流与波动、海洋地质过程与古环境等4个重点实验室以及海洋生物技术中心和海洋环境工程技术应用研究发展中心；建有中国科学院现代海底热液活动研究青年实验室、胶州湾生态系统研究站；与中外联合建有海洋环流探测与模拟实验室、海洋生态动力学开放实验室、海洋环流与气候环境联合研究中心、海洋腐蚀环境共同研究中心、青岛海洋生物技术重点实验室、青岛海洋环境腐蚀与防护重点实验室；还设有文献信息中心、分析测试中心及海洋科学考察船队。国家一级学会“中国海洋湖沼学会”挂靠该所。设有博士学位授权点8个、硕士学位授权点10个，还设有海洋科学博士后流动站；有博士生导师78人，在读博士研究生227人、硕士研究生219人，在站博士后21人。

年内，出版的学术刊物之一《海洋与湖沼》获“百种中国杰出学术期刊奖”，并获中国科学院出版基金资助；出版的学术刊物《海洋与湖沼》、《中国海洋湖沼学报》、《海洋科学》在山东省科技厅对全省129种科技期刊进行的质量评估中全部入选优秀期刊。该所图书馆馆藏图书15.6万册,中外期刊1000余种,与46个国家和地区的270多个机构交换原版书刊300多种。设在该所的中国规模最大、亚洲馆藏量最丰富的中国科学院海洋生物标本馆馆藏海洋生物标本70余万号,其中模式标本达1100多种2300多号。

科研课题与成果　全年承担重大科研项目143项,课题经费近6000万元。在体现国家基础研究最高水平的"973"国家重点基础研究发展规划项目中,主持和参加了海洋领域中的5项,其中作为首席科学家主持3项、作为主要参与者参加了2项,共主持课题25个;主持国家高技术研究计划"863"课题31项,年内新增课题6项,其中海洋生物技术主题海水养殖种子工程重大专项3项、海洋监测技术主题青年基金3项,海洋生物技术主题重大专项、探索和青年基金二期有7个项目获滚动支持;承担国家自然科学基金项目49个,其中年内新增24项,获得了国家基金委员会地学部在海洋研究项目中设置的全部的2个杰出青年基金项目;另有多项课题获国家安全、国土资源等重大项目和中国科学院创新方向性项目以及省、部、委、地方政府、大型企业的支持和资助。

截至年底,获中科院、省、部(委)级以上重大成果近800项,其中获国家二等奖以上和省(部委)一等奖以上的成果115项;申请国家专利361件,其中发明专利187件,申请国际发明4件;获国家授权专利175件,其中发明专利57件。全年获国家授权专利27件,其中发明专利18件;发表论文380篇,其中SCI(美国《科学引文索引》)发表117篇、EI(《工程索引》)发表35篇;出版专著15部;有9项成果获奖,其中"皱纹盘鲍杂交及杂种优势的产业化应用"分别获山东省科技进步一等奖和青岛市科技进步一等奖、"菲律宾蛤仔健康苗种培育和高效养殖技术"获辽宁省科技进步一等奖、"中国海域的放射虫研究"获山东省自然科学二等奖、"海洋生物活性物质多糖在农业上的研究与应用"获国家海洋局海洋创新成果二等奖、"改性黏土体系治理有害赤潮的机制研究"获国家海洋局海洋创新成果二等奖、"冲绳海槽的岩浆作用与海底热液活动研究"获青岛市自然科学二等奖、"裙带菜单倍体克隆育种和育苗技术及其推广"获青岛市科技进步二等奖、"大规模菲律宾蛤仔苗种培育及室外越冬技术开发"获辽宁省科技进步三等奖;有14项研究成果通过国家成果登记;有16项成果通过鉴定和验收,其中5项居国际领先、5项居国际先进、2项居国内领先。

对外交流与合作　全年开展国际合作交流285余人次。接待了来自美国、加拿大、挪威、韩国、日本、澳大利亚、德国、意大利、英国、法国、巴西、厄瓜多尔、马来西亚等国家的科学家和政府代表团成员约205人次;派遣80人次出访美国、加拿大、挪威、韩国、日本、澳大利亚、德国、意大利、英国、法国、巴西、马来西亚等国家和香港、台湾地区参加国际会议和合作研究。先后与美国、德国、意大利、日本、挪威等14个国家和地区著名的海洋科研机构建立了长期的合作关系,开展了欧共体第五框架协议项目,中法"海洋趋磁性细菌生态学及胞内磁小体产生机制研究",中德"海产品和海水养殖业中的食品安全监测",中日海洋腐蚀环境共同研究,中挪海洋生物、海洋生态与环境科学研究合作研究等9个重点项目,获国际资助经费20万美元、国内资助43万元。举办了科技部国际培训计划之一的"海洋生物技术应用"国际培训班,来自刚果、马来西亚、摩洛哥、朝鲜、菲律宾等国家的学员参加了培训;举办了欧共体第五框架协议项目国际学术交流会、第六届亚太地区海洋生物技术会议、第六届中韩黄海海洋科学国际学术研讨会、第四届世界华人虾类养殖研讨会、西北太平洋行动计划第三工作组第二次会议、中意双边海洋地质与海洋环境保护学术研讨会、海峡两岸第六届(2004年)海洋科学研讨会。

(邢桂芳)

国家海洋局第一海洋研究所

概况　2004年,有在职职工480人。其中,中国工程院院士2人,博士生导师28人,博士(博士后)58人,硕士120人,研究员、副研究员157人,外聘中国科学院院士1人,国内外客座研究员50人。设部级重点实验室4个、青岛市重点实验室2个、研究中心5个,辖青岛海洋工程勘察设计研究院。

全年共争取科研经费6051万元。其中,国家专项经费2826万元,自然科学基金438万元,"863"计划项目1952万元,"973"计划项目272万元,国家海洋局及省市技术开发项目20万元。

科研课题与成果　全年承担科研项目227项。其中,国家自然科学基金项目18项,"863"项目32项,国家科技部基础研究4项、专项资金4项,攻关计划1项,星火计划2项,大洋项目12项,国家海洋局青年基金项目13项,省市技术开发项目24项,延续性科研项目110项,"908"项目3项。

年内,共发表学术论文270篇,其中SCI(美国《科学引文索引》)论文30篇、学报级论文40篇。获专利4项,获国家海洋创新成果一等奖1项、青岛市科技进步一等奖1项。由该所和中国海洋学会共同主办的学报级科技期刊《海洋科学进展》被山东省科技厅和山东省新闻出版局联合评为"山东省优秀期刊",被北京大学图书馆《中文核心期刊要目总览》评定为"中文核心期刊",被国家科技部评定为"中国科技核心期刊"。

(赵　鸣　于晓燕)

中国水产科学研究院黄海水产研究所

概况　截至2004年底,有在编职工586人,在职336人。其中,中国工程院院士2人,具有研究员等高级专业技术职务资格者97人,博士生、硕士生导师38人。聘请了14位国内外知名专家任客座研究员。年内,有3人被授予研究员任职资格,12人被聘为副研究员;国家人事部授予的博士后科研工作站中的进站博士后2人,有在读博士18人、硕士130人;有3人获博士学位,47人获硕士学位;有1人获政府特殊津贴;2人获科技部授予的"973"计划先进个人称号,1人入选国家首批"新世纪百千万人才工程",1人入选"青岛市首批科技将才专项计划",1人获"山东省富民兴鲁劳动奖章";院士唐启升获青岛市2004年度科学技术功勋奖,院士赵法箴获中国工程院"第五届光华工程科技奖"工程奖。

该所共设有海洋可捕资源与生态系统管理、海水养殖生态与容纳量、海上养殖生物疾病控制与分子病理学、种质资源与工程育种、海洋产物资源与酶工程、海洋渔业环境与生物修复等6个实验室,水产品安全与质量检测、海水鱼类养殖与设施渔业等2个研究室,有麦岛渔业科学实验基地等4个实验基地和4个挂靠机构。拥有世界先进水平的"北斗"号海洋科学调查船;信息中心馆藏中、外文图书7个文种10万余册,中、外文期刊3万余册;出版的学报级学术刊物《海洋水产研究》被评为"全国中文核心期刊"、"全国优秀农业期刊"、"中国水产核心期刊"、"中国科技核心期刊"和"山东省优秀科技期刊",与25个国家和地区90多个机构交换期刊150多种。

年内,举办了"北斗"号海洋科学调查船运行20周年庆典。该船是1984年由挪威王国政府赠送给中国政府的现代化的渔业与海洋科学调查船,先后在渤海、黄海、东海、南海以及北太平洋等海域开展了10余项重大科研调查任务,海上航程40多万海里,取得了包括国家科技进步一等奖、三等奖等多项重大科技成果。

科研课题与成果　全年列入科研计划、主持承担的各类课题共有148项。其中,在体现国家基础研究最高水平的"973"国家重点基础研究发展规划项目中,主持7项课题、参加3项;国家海洋领域"863"计划课题23项;国家"十五"攻关项目5项;国家"215"专项课题1项;国家自然科学基金项目11项(其中重大项目课题1项);科技部社会公益研究专项资金和基础性工作项目5项;农业科技跨越计划项目2项;农业重大结构调整项目2项;农业部"948"引进计划1项,农业部标准项目10余项;国际合作项目3项;中国水产科学研究院基金课题15项;山东省自然科学基金4项。获得省、部、地方政府和有关企业的支持和资助的课题30多项。全年在研课题累计合同经费达9423.6万元,到位经费1653万元。

全年有10个项目获奖。其中,"中国明对虾健康养殖技术研究与示范"获国家海洋局创新奖一等奖;"工厂化养鱼关键技术及设施的研究与开发"、"重要海水养殖鱼类精子和胚胎冷冻保存及种质冷冻库建立的研究"分别获国家海洋局创新奖二等奖;"海水鱼类养殖质量安全控制技术研究"获山东省科技进步二等奖;"渤海生态系统动力学与生物资源持续利用"获浙江省科技进步一等奖(第二完成单位);"虾类白斑病病毒病及其检测诊断技术研究"获山东省科技进步一等奖(第二完成单位);"皱纹盘鲍杂交及杂种优势的产业化作用"分别获山东省、青岛市科技进步一等奖(均为第三完成单位);"海水鱼类养殖质量安全控制技术研究"、"中国对虾抗WSSV的筛选育种及配套生产工艺"、"红鳍东方鲀的纯种引进"等3项成果分别获青岛市科技进步二等奖。全年有14项课题进行了验收,有6项课题分别通过农业部科技司和山东省科委组织的鉴定,其中有1项研究成果达到国际领先水平、3项达到国际先进水平、2项达到国内领先水平。全年共发表论文220余篇,其中学报级137篇、SCI(美国《科学引文索引》)收录15篇、EI(《工程索引》)收录9篇。共申请国家专利32项,获国家授权专利5项,其中发明专利4项、实用新型专利1项。

对外合作与交流　全年接待来自美国、英国、加拿大、日本、挪威等10多个国家、地区和国际组织的专家、政府代表团成员共25批136人次;派出32人次赴有关国家进行访问、考察、出席国际会议、合作研究和参加双边渔业谈判等。有10余人应邀在国际学术会议上作学术报告。分别与欧盟、挪威、奥地利等国家和地区的科研机构开展合作研究,承担并完成了中国援助阿曼的农渔技术培训合作项目,正式启动欧盟第六框架计划项目,与国外联合建立了中美鱼类功能基因组联合开放实验室等,举办了5个国际学术会议。

(孙　捷)

青岛海洋地质研究所

概况　截至2004年底,有职工213人,内有各类专业技术人员163人。其中,外聘院士1人、研究员37人、副研究员及同等专业技术职务资格者37人,博士生导师3人、硕士生导师10人。硕士以上学历层次为博士12人(博士后2人)、硕士32人、在读博士17人、在读硕士9人。进入国家百千万人才工程第一、二、三层次4人,部级百千万人才工程2人,部百名优秀科技人才2人,山东省拔尖人才6人,青岛市百千万人才工程3人、百名优秀引进人才4人,中国地质调查局中青年优秀人才9人,15人获国家政府特殊津贴。

该所共设海洋区域、油气与固体矿产、海洋环境地质、海岸带地质研究中心、海洋工程地质等5个专业地质调查研究室和实验测试检测中心、资料信息室等2个科辅机构,辖青岛海洋地质工程勘察院、青岛海地岩土工程公司和青岛海洋地质学术交流中心等3个开发经营机构。

年内,该所实验测试中心通过了国家认证认可监督管理委员会新一轮计量认证的换证审查,通过了中国实验室国家认可委员会的实验室认可并获得证书,通过了国土资源部部级检测中心的评审。宝玉石中心通过了山东省技术监督检验局的计量认证复审并成为国土资源部部级检测中心。该所主办的学术刊物《海洋地质与第四纪地质》和《海洋地质动态》影响因子分别提高到0.7733和0.3467。其中,《海洋地质与第四纪地质》被确定为海洋学类的核心期刊,被编入《中文核心期刊要目总览》2004版,被山东省科技厅和山东省新闻出版局评为山东省优秀期刊,在山东省70余种学术期刊中居第一位;《海洋地质动态》被评为山东省良好期刊。由该所自筹资金建造的以中国著名的海洋地质学家名字命名的"业治铮"号海洋地质调查船下水交付使用。与中国海洋大学、中科院海洋所、国家海洋局一所、农业部黄海水产所共同推进设在青岛市的"国家海洋科学与技术研究中心"的筹建工作,该项目已通过科技部专家组的审查。

所辖青岛海洋地质工程勘察院全年完成各类项目267项,包括2008年奥帆赛比赛基地海上地质勘察和陆域工程勘察等,获山东省建委优秀工程三等奖1项和青岛市建委优秀工程二等奖1项、三等奖1项及山东省工程勘察设计优秀QC小组二等奖以及青岛市勘察设计协会优秀管理奖1项。

科研课题与成果　全年承担各类地质调查和研究项目41项,其中国家专项专题7项、国土资源地质大调查项目14项、"973计划"项目1项、"863计划"项目2项、科技部基础工作项目1项、大洋协会项目3项、国家自然科学基金项目2项、国土资源部百人计划项目1项、山东省自然科学基金项目1项、青岛市科技局项目3项、沿海省地质调查院项目2项、其他项目4项。

全年在各类国内外期刊发表论文80余篇,其中被SCI(美国《科学引文索引》)和EI(《工程索引》)收录各1篇。由该所编著的反映中国当代海洋地质调查研究的最新成果的《中国海洋地质丛书》(1套共5册)的第一册——《海洋地学前缘》于年底正式印刷出版。"中国海域油气勘探开发形势图"和国家专项"215-02-01"等2个项目获国土资源部科技成果二等奖,承担的国家专项"126-03"项目"海洋地质地球物理补充调查及矿产资源评价"获国土资源部科技成果一等奖,"126-01"项目"我国专属经济区和大陆架多波束海底地形勘测"和"冲绳海槽及相邻陆架古环境演变的研究"等2个项目获国家海洋局创新成果一等奖。

对外合作与交流　全年共接待荷兰、德国、加拿大、韩国、美国、印度、印度尼西亚等国家来访的科学家24人次;出访13人次,参加国际会议6人次;加强了在海砂调查评价等方面的对外合作。承办了"海岸带资源——环境体系优化战略国际研讨会"。

(汪建华)

山东省海水养殖研究所

概况　2004年,有在职职工130人,内有科技人员72人,其中具有高级专业技术职务资格者28人。设有生态与环境研究室、海水养殖综合研究室、营养生理与加工技术研究室、海水养殖病害防治重点实验室等科研部门,还设有引进国外海洋水产良种与技术推广示范园、科研中试基地、食品研究中心、鲁海水产技术发展公司、思可特生物技术公司、青岛津瀛海洋科技有限公司、青岛拜尔康生物科技有限公司、龙口市佳禾水产科技研究中心等开发性实体。

科研课题与成果　年内,共承担了25项课题,其中包括国家科技部项目、国家"863"项目、农业部"948"项目以及省、市项目。

年内,有8项课题通过验收,均达到或超额完成计划指标。其中,"日本真海带规模化人工育苗及养殖技术开发"项目于6月通过验收和评审,课题组在山东省和辽宁省部分海区辐射推广日本真海带的养殖,累计达到2万多公顷,平均亩产量比原养殖品种提高25%以上,日本真海带的人工育苗及养殖技术完全达到熟化,并形成产业化规模,技术水平居国际领先。全年有2项课题通过鉴定。其中,"日本对虾性腺发育控制技术的研究"项目达到国内领先水平;"栉孔扇贝复壮育苗技术的研究"项目达到国内先进水平。

年内,"牡蛎沙司加工工艺研究及新产品开发"项目获山东省科技进步三等奖,该项目填补了国内用牡蛎肉深加工产品的空白,综合技术水平国内领先;"南美白对虾养殖技术"项目获山东省农牧渔业丰收奖二等奖。全年申请专利2项,为"单胞藻干制品的制备方法及其制品和应用"和"牡蛎沙司加工工艺研究及新产品开发"。

科技实体建设　年内,科研中试基地承担了国家"863"项目和国家农牧渔业部项目。青岛津瀛海洋科技有限公司完成了国家、省、市有关重大科研项目8项,并先后进行了大菱鲆、牙鲆、海参、鲍鱼、三文鱼、半滑舌鳎、犬齿牙鲆、对虾等品种的苗种繁育,其中大菱鲆育苗180多万尾、牙鲆40多万尾、鲍鱼160多万粒。鲁海水产技术发展公司主要进行了海产经济虾类、贝类、蟹类、大菱鲆等苗种的培育以及星鳗、大菱鲆的养殖。青岛拜尔康生物科技有限公司开发的"拜尔康"、"普尔康"、"保尔肝"等7种产品投放市场后反映良好,该公司微生物水质处理片剂技术在国内处于领先水平。龙口市佳禾水产科技研究中心开展了水产养殖药物研究开发、单胞藻干制品研制以及海水养殖鱼类免疫制剂在大菱鲆养殖中的应用等,全年有2项课题通过省级验收。

(丁　刚)

海洋化工研究院

概况　截至2004年底,有专业技术人员148人,其中具有高级专业技术职务资格者45人、中级43人;设有5个研究室和青岛海建化学有限公司、城阳新厂等2个生产基地;拥有年产1.5万吨各种涂料的生产能力。化学工业海洋涂料质量检验中心和中国船级社船舶涂料验证实验中心设在该院。全年销售收入超过1亿元。

科研成果　年内,由该院自主开发的国家计委"1.5万吨/年水性防腐涂料产业化示范工程"项目在城阳区青大工业园落成并试车成功。全年申报各种科研项目25项,批准立项20项。申报的科研成果中获国家重点新产品奖1项、青岛市高等院校和科研机构转化高新技术成果奖2项、青岛市重点新产品奖1项;授权专利8项;完成科研院所专项基金2项、军用标准3项、市科技局项目3项。该院在海洋防污涂料、防腐涂料、水性环保型防腐涂料、吸声阻尼涂料、聚脲弹性体、固体浮力材料和防火涂料等领域的研究开发处于国内领先地位,部分产品达到国际先进水平。

对外合作　先后与国外十几个国家的科研机构建立了长期的合作关系,多次邀请国外专家来该院讲学,进行各种技术交流。

(傅　民)

知识产权

·概　况·

2004年,青岛市专利申请量3008件,专利授权量1868件,分别比上年(下同)增长15%和25.4%。其中,发明专利申请量623件,增长48.3%;企业专利申请占申请量的46.6%,大专院校与科研机构占申请量的13.9%;在占39.5%的个人申请中有许多专利是以私营企业负责人名字申请的职务发明,占62%以上;申请国外专利45件。截至年底,青岛市累计专利申请量达到2.02万件,累计专利授权量达到1.32万件。全市专利技术实施率达60%以上。

·主要工作·

完善知识产权工作体系

年内,青岛市人大常委会通过并公布了《青岛市专利保护规定》,自2005年1月1日起实施;该规定是青岛市和山东省各市中首次实行的专利保护立法,青岛市专利保护立法工作处于全国同类城市的前列。

根据国务院关于开展保护知识产权专项行动的决定,青岛市制定了《青岛市保护知识产权专项行动实施方案》,召开了青岛市保护知识产权领导小组会议,部署专项行动工作,确定把保护知识产权联席会议和领导小组建设作为全市知识产权工作的合作平台和领导机构,负责对全市知识产权工作统筹协调,整合知识产权行政管理和执法部门的力量,完善知识产权、工商、版权、药监、质监、公安、海关等有关部门的联合执法机制,完善了保护知识产权的工作体系。

知识产权战略研究和实施

年内,市政府组织召开了全市实施知识产权战略会议。以电子信息、新材料、海洋产业等3个高新技术领域和家电制造、石油化工、交通运输设备、机械装备等制造业领域为重点,通过对100多家高校科研院所和高新技术企业的调查调研,完成《知识产权战略在科技创新的作用》的软科学课题研究。市知识产权局出版发布了《青岛市2003年知识产权状况白皮书》,青岛市成为山东省首家开展此项工作的城市。市知识产权局编辑出版了内部刊物《青岛知识产权》,反映知识产权工作情况,促进知识产权工作的开展。

各区市加强了对知识产权工作的领导和支持。即墨市重点加强了机构建设和宣传培训工作,并拟定了《即墨市发明创造奖励办法》,对专利项目给予奖励,全年专利申请量超过100件,居五市首位;黄岛区加强区域创新体系中的知识产权工作,在该区科技主管部门内部设立知识产权管理机构,设立专利专项资金;李沧区政府出台了《关于推动科技创新的意见》,明确规定对申请和授权的专利项目给予奖励扶持;市南区的专利申请量居全市各区市首位。

专利管理

年内,青岛市专利管理工作突出"企业为主体、转化为目的"的特色,专利专项资金向市委、市政府确定的重点产业、重点单位和重点技术项目倾斜,促进了新技术开发和专利技术的转化实施,推动了青岛市拥有自主知识产权产品、产业和企业群的形成和发展,涌现出一批产值过千万元的专利技术,培育了一批依靠专利技术领先的高新技术企业,海尔集团、海信集团、澳柯玛集团、中国海洋大学、中国科学院海洋研究所等传统强势企业和教育科研单位继续保持优势,金王集团、创统科技集团等民营企业在专利技术的开发和实施上呈现出强劲的发展势头。

知识产权执法

开展对商品流通领域假冒、冒充专利行为的专项整治活动,组织21家大型商场开展自查自纠,检查商品224万余件,登记带有专利标记的商品12.82万件,涉及专利482件,其中冒充专利236件。市知识产权局与工商、版权、质监、海关等部门在电子家电博览会、时装周、APEC会议期间联合组成知识产权保护工作组进驻展会,进行联合执法。开展保护知识产权专项行动,查缴侵权盗版图书8.19万册,查缴盗版软件光盘1.54万盘,立案查处各类商标侵权案件177起,罚款100余万元,收缴侵权标识和制作工具20余万件。

举办第二届中国国际专利与名牌博览会

由国家知识产权局和青岛市政府主办,青岛市知识产权局承办的第二届中国国际专利与名牌博览会于5月17~20日在青岛市举行。共设展位250多个,其中青岛市24个参展企业和单位共设展位51个。市知识产权局获得博览会最佳组团奖、最佳布展奖,海尔集团、海信集团、青岛不老人食品工业有限公司等企业获最佳布展奖,青岛如立电器有限公司、青岛硅盛微电子有限公司获"中国十佳专利企业"称号。全市参展企业共获博览会专利技术特别金奖3项、金奖13项。

(杨成志 张 挺 张海生)

气象·防震减灾

·气　象·

市气象局工作概况

2004年,该局完成了奥帆赛气象服务系统一期工程建设。为中国帆船帆板运动员参加雅典奥运会比赛提供了气象保障服务。在中国气象局年度综合目标考核中再次被评为"优秀达标"单位,蝉联全国计划单列市第二名。继续保持了全国创建文明行业工作先进单位称号、全国气象部门文明系统称号和青岛市文明单位标兵称号。

为政府决策及"三农"服务 全年向市委、市人大常委会、市政府、市政协及有关部门提供天气专报30期。在4月1日扑灭崂山林火中及时提供现场服务,并组织实施飞机和高炮增雨作业。全年发送降雨情报、农业气象情报和长、中期预报100余期。麦收期间每日制作发布一周滚动预报,为小麦收割和晾晒提供了气象保障。开展人工影响天气工作,共开展人工影响天气作业18次。扩大了"兴农网"覆盖范围。为"菜篮子"工程提供服务,受到市蔬菜办的表彰。

公众气象服务 准确预报首次冬雪过程,提前在全市范围发布信息,为顺利疏导城市交通提供服务。汛期服务中,对21号热带风暴"海马"的路径和影响

时间及强度做出准确预报。各区、市局对4次暴雨过程的预报基本准确。完成ACD会议、海洋节、啤酒节等重大社会活动的气象服务工作。由主持人主持的电视天气预报节目与公众见面。开展了地质灾害气象预警和次生灾害落区预报。与泰能集团合作开发了燃气供气量短期预测系统。为城市规划建设开展气象影响评价和气候评估。为青岛市引进造船项目、跨海大桥建设提供了有效数据和气候评估。启动了崂山区森林火险气象预报预警系统和地震、气象等自然灾害特征、预警机制及对策研究。

基础业务及现代化建设　巩固提高基础业务质量。天气预报质量比上年提高2.4个百分点。全市暴雨预报和长期预报质量按照中国气象局的考核标准均为满分。地面观测获“汛期优质集体”7个、“250班无错情”1个、“百班无错情”50个,是历史最好水平;高空观测获“优质集体”1个、“250班无错情”8个、“百班无错情”29个,居山东省首位。完成青岛市电子政务试点工程——“青岛决策气象服务网”建设,并通过市政府组织的验收。10月,“L波段雷达高空气象探测系统”通过国家气象局组织的业务验收。完成多普勒雷达安装调试并投入业务应用。建成“负氧离子观测网”和“紫外线观测网”。完成奥帆赛气象服务系统一期工程建设。其中,新建自动气象站9个、自动雨量站10个;开展了已建海岛岸基自动气象站资料与伏龙山观测资料的对比分析;进行了奥帆赛赛场低空气象探测资料的探测收集工作;引进了“华云神箭区域中尺度数值预报业务系统”;建成中国气象部门第一艘能够进行海上气象探测和为海上奥运项目提供现场服务的气象探测艇。

气象行政执法　结合“‘三二三’世界气象日”、“法制宣传日”、“安全生产周”等活动,开展气象法制宣传。举办行政执法培训班,完成了行政审批清理工作,保留了“升放无人驾驶自由气球和系留气球”、“新建、改建、扩建雷电灾害防护装置竣工验收”等4项行政许可事项。实行“一站式”办公,完成防雷工程审核、验收90余件,年检1154家单位,审批施放气球活动774次。立案查处违法施放气球活动17起、防雷违法案件16起;制止非法传播气象信息行为2起;加强了对防雷工程招标的统一管理。

全市基本气候特征

本年度全市平均气温13.6℃,较常年偏高1.3℃,是1951年以来第五个最暖年份。年平均降水量685.0毫米,较常年多24.4毫米。平均日照总时数2141小时,较常年少391小时,

青岛地区全年气候特征:气温偏高;年平均降水量正常;日照时数正常。属较好的气候年景。本年度气象灾害偏轻发生,主要有霜冻、大风冰雹、暴雨洪涝及雷电灾害等。

青岛市区气象要素分布

气温　全年平均气温13.6℃,较常年偏高0.9℃。7月平均最高,达24.6℃;1月平均最低,为0.2℃。年平均最高气温17.3℃,年平均最低气温11.1℃。年极端最高气温34.1℃,出现在6月11日;年极端最低气温-10.0℃,出现在1月21日。

降水　全年总降水量为626.2毫米。其中,5~8月420.6毫米,较常年偏多64.1毫米。风速全年平均风速4.3米/秒。11月平均风速最大,为5.1米/秒;8月平均风速最小,为3.5米/秒。年最大风速14.9米/秒,风向NNW,出现在2月22日。年极大风速22.7米/秒,风向N,出现在2月22日。全年主导风向NNW、SSE、N、S。

湿度　全年相对湿度平均71%。7月最大,月平均相对湿度达90%;2月最小,月平均相对湿度仅为59%。

日照　全年日照总时数为2222.9小时。4月最长,达230.0小时;12月最短,为118.9小时。年日照百分率50%。2月日照百分率最高,达68%;8月日照百分率最低,为33%。

蒸发　全年总蒸发量997.5毫米。6月最大,为133.5毫米;1月最小,为46.1毫米。

气压　全年平均本站气压1008.3百帕,比历年偏低0.3百帕。12月最高,为1018.6百帕;7月最低,为996.6百帕。

水汽压　全年平均水汽压为13.3百帕。7月最大,为27.8百帕;1月最小,为4.0百帕。全年最大日水汽压35.1百帕,出现在7月21日;最小为0.8百帕,出现在2月3日。

地面温度　全年地面温度平均15.6℃。年平均最高值29.6℃,年平均最低值8.8℃。年极端最高地温59.9℃,出现在7月29日;年极端最低地温-11.2℃,出现在1月26日。

重要天气日数

大风　全年7级以上大风日数24天。3月最多,为5天;8月无大风日。

雨日　全年雨日103天。8月最多,为18天。

雪日　全年雪日15天,分别出现在1、3、11、12月等4个月。初雪日为2003年12月6日,终雪日为2004年3月5日。

雾日　全年雾日59天。6月最多,为13天。

雷暴　全年雷暴日数24天。7、8月最多,为6天。

霜日　全年霜日31天。初霜日为2003年11月13日,终霜日为2004年3月1日,初终间日数110天。无霜期265天。

烟幕　全年烟幕日数125天;1月最多,为19天;各月均有烟幕出现。

露　全年共有露日151天,各月均有露出现。

浮尘　全年出现浮尘日数2天,主要出现在3月。

重大气象事件

霜冻　4月24日凌晨,受较强冷空气影响,胶州市和莱西市出现霜冻灾害。胶州市最低气温降至4.4℃,地面最低降至0.8℃,致使该市13个镇都不同程度的受灾;据统计,造成经济损失约1.3亿元。莱西市最低气温2.6℃,地面最低温度0.0℃,致使该市17个镇(街道办事处)都不同程度地受灾;据统计,造成经济损失约1.15亿元。

冰雹　5月16日13~14时,平度市12个镇(街道办事处)先后不同程度遭受冰雹袭击,局部地区风力达6~7级,冰雹直径20毫米。据统计,受灾人口达4.7万人,受灾面积6200公顷,共计造成经济损失达6700万元。同日15时23分~27分,莱西市出现冰雹灾害,冰雹路径由西向东;最大冰雹直径5~6毫米;积雹厚度随降随化。据统计,9处镇(街道办事处)受灾,受灾村庄265个,受灾人口12.3万人,成灾人口8.7万人,共计造成经济损失8647万元。5月18日下午5

时30分~50分,受东北冷涡的影响,胶南市的4个镇出现了冰雹灾害。冰雹路径自西向东,形成纵向27公里、横向8公里的雹灾区域,降雹持续时间约10多分钟,最大冰雹直径30毫米。据统计,农作物受灾2929公顷,共计造成经济损失1553.6万元。6月18日15时12分~15分,莱西市武备镇出现冰雹灾害,冰雹直径5毫米。据统计,造成经济损失100万元。9月1日16时~16时20分,即墨市的59个自然村遭受冰雹袭击。最大冰雹直径约30毫米,持续时间达20分钟,冰雹路径自西北向东南。南风转北风,阵风7~8级,并伴有降雨,田横镇降雨量36毫米,金口镇降雨38毫米。据统计,受灾人口4.2万人,农作物受灾面积达2414公顷,成灾面积达1921.73公顷,共计造成经济损失1654.7万元。9月1日13时15分~45分,莱西市出现冰雹灾害,冰雹最大直径约20毫米,冰雹路径自西北向东南。据统计,23个村庄受灾,受灾人口1.5万人,成灾人口1.4万人,农作物受灾面积917.1公顷,共计造成经济损失1663万元。

暴雨和雷雨大风 8月3~4日,平度市部分镇(街道办事处)受局部地区强对流天气的影响,出现雷雨大风灾害,大田镇降雨达到143毫米,南村、蓼兰镇降雨量超过50毫米;据统计,倒塌危房15间,农作物受灾面积850公顷,南村镇因雷击导致1人死亡,经济损失约510万元。8月9日凌晨2时,平度市白埠镇遭受雷雨大风袭击,20分钟降水量17.5毫米,最大风力达8级;据统计,60余个村庄受灾,受灾人口5000人,农作物受灾面积2300公顷,玉米大片倒伏,并造成部分地块绝产,共计经济损失1300万元。8月26至28日,平度市出现暴雨天气,过程降水量为100毫米,其中28日降水量为62.7毫米,造成市区南部工业新区的6个镇(街道办事处)形成灾害;据统计,受灾人口4.5万人,成灾人口3万人;农作物受灾面积4933.3公顷;倒塌房屋18间,猪棚10处,鸡棚6个,共计经济损失860万元。

(张诒年)

·防震减灾·

市地震局工作概况

2004年,清理了行政审批事项,并将行政审批事项予以公示;重新调整了青岛市地震工作领导小组。该局获全国市(地)防震减灾工作综合评比一等奖、山东省防震减灾综合评比第一名、山东省地震系统先进集体等称号。"青岛市遥测地震台网"分别获山东省和青岛市科技进步二等奖。全年有12篇业务论文入选国家级刊物或在国家级会议上交流。

地震监测预报

青岛市的"数字遥测地震台网"自2004年1月1日投入正式监测以来,运行良好,截至年底,共监测到2.0级以上可定位地震94次。8月,建成了"青岛市数字遥测地震台网灵山岛子台",填补了山东省东部海上地震监测的空白,提高了地震尤其是海域地震的监测能力。坚持周、月、半年地震会商制度,加强"春节"、"五一"、"国庆节"等长假期间以及重要时期的震情监视和会商工作,对地震发展趋势提出了较为准确的判定意见,为政府决策提供了依据。建立了由市、区(市)、街道办事处(镇)三级组成的地震前兆宏观观测网络和(震)灾情速报网络,速报员遍布全市各乡镇和街道办事处。市地震局采取分散与集中相结合的方式,举办了地震震(灾)情速报员业务培训班,按照覆盖全市、责任到人、信息可靠、联络畅通的要求,达到震(灾)情信息的快速有效传递。

地震灾害预防

年内,把《重大建设工程抗震设防核准确认书》作为规划审批的前置要件,重大建设工程地震安全性评价纳入了全市基本建设管理程序,从源头上加强重大建设工程的抗震设防管理。出台了《青岛市地震局地震行政执法程序》、《青岛市地震局关于实施行政许可监督的意见》、《青岛市地震局行政诉讼应诉制度》、《青岛市地震局行政许可监督制度》等配套规定。成立了案件审理委员会,保证依法行政。继续加强地震安全性评价执法检查。先后对奥运会帆船比赛场馆、青岛电厂扩建、中韩合资芳烃项目、极地海洋世界等42项重大工程进行了地震安全性评价执法检查。开展城市地下活断层探测工作。青岛市被中国地震局列入全国20个开展活断层探测项目的重点城市之一,"青岛市活断层探测与地震危险性评价"工程被列为国家"十五"重点项目,2004年4月通过了由中国地震局组织的专家组评审,项目总投资1203.75万元,整个工程将于2006年底完成。

应急救援

修订了《青岛市地震应急预案》;在全市教育、卫生、文化、体育等4个行业所属的学校、医院、文化体育场所的105个单位开展了《地震应急预案》的制定工作,汇编了20余万字的《青岛市部分重点行业基层单位地震应急预案》,形成了市级、行业主管部门和基层单位三级组成的地震应急预案体系。

成立了"地震应急指挥技术系统建设工作领导小组"并召开了多次专题会议,启动了地震应急指挥技术系统建设,完成了指挥大厅、机房改造和服务器、网络设备、电源系统、会议系统和远程视频会议系统等硬件的采购安装及部分软件系统的建设。

加强地震应急演练。5月8日凌晨2点40分,接山东省地震局进行应急演练的通知后,市地震局启动《青岛市地震局地震应急行动细则》,组织人员向预定位置集结,并派出地震现场应急工作队携带流动地震台等应急仪器、设备奔赴指定地点,按要求展开地震流动观测、实施宏观烈度考察,得到山东省地震局的肯定。

11月1日,青岛市崂山区王哥庄发生3.6级地震,震中区强烈有感,市区明显有感。地震发生后,市地震局立即启动地震应急预案,按照有感地震的应急程序,启动市抗震救灾指挥部办公室、监测预报组和宣传报道组开展应急工作。指挥部办公室在接到监测预报组确定的地震三要素后,立即上报市委、市政府,并通知各区市,同时组织地震现场工作队携带流动地震台等设备赶赴震中区进行地震监测和宏观烈度调查;监测预报组组织紧急会商,并迅速将会商结果报市委、市政府供市领导决策;宣传报道组对拟定的地震信息通稿进行把关,通过广播、电视、报纸等新闻媒体向社会报道,维护了社会稳定。

防震减灾宣传

为纪念《防震减灾法》颁布施行6周年,于3月1~7日在全市开展了"地震法律法规宣传周”活动。利用“七二八”唐山大地震纪念日,再次开展了地震科普知识集中宣传活动。加大宣传投入,出资印制巨幅标语、防震避震知识宣传画册、地震科普知识宣传单,还制作了流动宣传展板。拓宽宣传渠道,利用“海云庵糖球会”、“十梅庵梅花节”和“科普大集”等活动,举办社区防震知识专题讲座、省级地震科普示范学校授牌和地震科普知识进社区试点活动等。

(张 洁)

社 会 科 学

·市社会科学界联合会·

概 况

2004年,组织召开了青岛市社会科学界联合会四届三次全委扩大会暨优秀成果表彰大会,表彰了25个先进学会和34名优秀秘书长,公布了青岛市第十七次社会科学优秀成果评奖结果。举办了学会秘书长培训班。下发了《关于进一步加强市社科联所属学会学术与培训活动管理的通知》,对推进和规范学术活动提出了要求。成立了“青岛市东亚法研究会”和“青岛市对外经贸研究会”;指导市金融学会、市翻译工作者协会、市档案学会和市高校思想政治教育研究会进行了改选换届。年内,山东省社科联在青岛市召开了“全省推广青岛市社科联工作经验现场交流会”,市社科联在会上作了“实施品牌战略,建设服务型社科联”的经验介绍并放映了《创新与服务》专题电视片。

学术活动

年内,与市委宣传部等部门联合组织召开了“青岛市纪念邓小平同志诞辰100周年理论研讨会”;针对青岛市“产业升级与产业选择”和“大力发展混合所有制经济”等2项重要经济问题组织了学术研讨活动,与会专家提出的《关于青岛城市发展战略的若干思考》、《关于我市发展混合所有制经济与规范法人治理结构的建议》以及形成的会议纪要均收录在《研究报告与决策建议》中并报市委市政府及有关部门。山东省社科系统评奖会议在青召开期间,就《市委重点工作思路提要》向全省社科专家征求意见。组织专家对《青岛市突发公共事件总体应急预案》进行科学论证。

年内,各学会共组织各种类型的学术会议、年会、研讨会140多个,举办学术报告会和学术讲座450多次,发表学术著作70余部,撰写学术论文2200余篇,完成课题研究和调研报告380多个,完成企事业单位决策咨询50多项,完成领导决策论证30余项,为领导提供决策建议400余条。市办公室工作研究会、市地方立法研究会、市统计学会和市翻译工作者协会被全国大中城市社科联工作会议评为全国先进学会。

“双百调研工程”

年内,继续开展“双百(百项研究报告、百项对策建设)调研工程”。全年共申报年度调研课题110项,招标课题13项,分别达到了历史最高水平。经过评审确定5个课题组承担重点招标课题研究,立项年度调研课题39项,委托课题4项,自筹经费课题10项。全年共完成“双百调研工程”课题42项,编发内参《研究报告与决策建议》35期,共有12期、19次被市领导批示,其中《青岛市构建万国码头研究》、《我市加快实施产业集群发展战略研究》、《青岛市全面建设小康社会指标体系研究》和《青岛市构筑现代化国际大城市框架的基本构想》等得到市委主要领导的批示。山东省社科联向全省社科联系统发出通知,转发了青岛市社科联《实施双百调研工程,开创为领导决策服务工作新局面》的典型经验。

社会科学优秀成果评奖活动

年内,调整了市社会科学优秀成果奖评委会,修改了《青岛市社会科学优秀成果奖评选细则》。完成了市第十八次社会科学优秀成果评奖工作,受理参评成果260项,通过专家评审,评出一等奖6项、二等奖29项、三等奖85项。组织参加了山东省第十八次社会科学优秀成果评奖,共获得一等奖2项、二等奖9项、三等奖15项,获奖的数量和质量都达到了历史最高水平。

社会科学普及

年内,与市委宣传部联合开展了“青岛市首届社会科学普及周”活动,以“普及社会科学,打造人文青岛”为主题,组织了主题报告会、专家笔谈、市社会科学成就展览、电视专题对话节目和群众性科普等5个板块活动;科普直接受众10余万人次,通过报纸、广播、电视等媒体间接受众50余万人次;被山东省委宣传部、山东省社科联评为山东省社科普及周活动先进集体。各学会开展社科普及和咨询服务活动,共举办各种类型的科普讲座150余场,听众达16万余人次;举办科普展览20余场,参观人数约2000人次;举办各种培训班300余期;出版科普书籍10余种;为新闻媒体撰稿2800多篇;制作专题电视节目30多个。

(吴 净)

青岛市社会科学院·(市城市发展研究中心)·

概 况

2004年,出版《青岛市经济社会发展研究报告:2004》等学术专著8部;编辑出版《展望论坛》6期;发行反映科研人员科研活动和成果的《科研动态》12期;公开发表理论文章110多篇,其中发表在核心期刊上的24篇。《决策参考》和《科研动态》已成为市社科院、市城市发展研究中心为市委、市政府决策提供服务的2个重要品牌。有10多名科研人员多次应邀参加了市委、市政府、市人大常委会、市政协及有关部门组织的论证会、听证会、咨询会、评审会,受聘担任了7个政府部门专家委员会(组)成员。

调研建议与课题立项

全年编发《科研报告》12项。其中,《青岛市产权交易机构的整合及其对策研究》等9项得到了市领导的批示。全年编发《决策参考》22期。其中,《关于加快创建国家级电子信息产业基地的建议》等10项得到了市领导的批示。

全年院内外立项课题共31项,其中院内立项16项、院外立项15项;共完成院内外课题25项(含往年立项课题),其中院内课题15项、院外课题10项。

获奖成果

年内,研究员隋映辉的专著《科技产业转型:转型期科技产业结构调整及其战略管理研究》和研究员杨曾宪的论文《21世纪是中国文化的世纪吗?——评20世纪末新“化西”论》在山东省第十八次社会科学优秀成果评选中分别获二等奖和三等奖。该院科研人员在市第十八次社会科学优秀成果评选中有8项获奖。其中,获二等奖的4项,获三等奖的4项。在山东省、青岛市纪念邓小平诞辰100周年理论研讨会论文评奖中,研究员郭先登的《牢记小平同志教诲,实现经济的跨越式发展》获山东省优秀奖、青岛市一等奖,研究员马庚存的《论邓小平民族复兴的思想和实践》获山东省优秀奖、青岛市二等奖,研究员刘同昌的《邓小平科学社会主义理论发展观和历史探索》、研究员张维克的《坚持和发展“韬光养晦、有所作为”战略,正确应对国际局势的新变化》分别获青岛市三等奖,助理研究员冷静的《邓小平现代化理论与小康社会思想研究》获青岛市优秀奖。

学术交流

全年举办“学术月谈会”7次,由科研人员分别就赴德考察、政府工作报告、俄罗斯移民问题、浅谈艺术美、巴西考察、世界经济中心转移与我国的发展战略等专题进行了学术报告和交流。年内,日本东洋文库研究课题小组、俄罗斯科学院远东研究所、韩国仁川发展研究院、美国西密歇根大学、韩国釜山发展研究院等先后派学者到该院进行学术交流。该院科研人员赴美国、日本、巴西、欧洲、越南、韩国、港澳等国家或地区参加学术研讨活动18人次;参加全国美学大会、高等专业教育研讨会、中日友好研讨会、中国科学与人文论坛等国内学术会议26人次。

(吴　净)

文 化 事 业

·文化行政管理·

精品创作与演出

2004年,市京剧院和市话剧院分别创作演出了现代京剧《方志敏》、儿童音乐剧《二小放牛郎》,中央电视台“九州戏苑”先后录制了现代京剧《方志敏》和市京剧院复排的现代京剧《杜鹃山》,并在黄金时段播放。市话剧院的革命历史儿童剧《寻找爸爸毛泽东》参加第八届山东省文化艺术节,获艺术节大奖,同时还分别获得编剧、导演、作曲(音乐设计)、舞美设计、灯光设计一等奖,化妆设计奖,演员表演一等奖(4人)、演员表演二等奖(3人)等奖项。市京剧院的儿童现代京剧《北斗星》被文化部选调参加在上海举办的第四届中国京剧艺术节获得艺术节特别奖。市京剧院的儿童现代京剧《北斗星》、市话剧院的革命历史儿童话剧《寻找爸爸毛泽东》在山东省第七届精神文明建设精品工程评选中分别获精品工程特别奖。

市歌舞剧院曲艺团演员王新玲演唱的河南坠子《大鼓槌》在山东省首届“泰山艺术奖”评选中获“泰山艺术奖”(曲艺类)金奖。

市民族艺术剧院吕剧团参赛演员在山东省吕剧青年演员比赛中获得表演二等奖(2人)、表演三等奖(2人)。

青岛市在山东省文化艺术科学优秀成果奖评选中有10个获奖成果。在文化部举办的全国第十三届“群星奖”评选中,青岛市获奖总数居全国同类城市首位。

在中央文明办、文化部组织的第三届全国“四进社区”文化展演活动评选暨全国先进文化社区评比中,青岛市有2件文艺作品分别获金奖和铜奖,两个社区被表彰为全国群众文化先进社区,市文化局获组织奖。

在全省百个先进文化镇(办)评选活动中,青岛市有10个镇(办)被评为“山东省社会文化先进镇(办)”。市群众艺术馆少儿合唱团在第七届中国国际合唱节上获童声组比赛唯一金奖,老年舞蹈《金色的秋》获全国中老年文艺大赛“菊花金奖”。市文化局被市委市政府授予“实施中央宣传部精神文明建设‘五个一工程’组织工作奖”、文艺精品创作突出贡献单位。全年全市专业、业余文艺创作共获国家级、省级奖励313项,是近年来获得奖项最多的一年。

年内,市直4个专业文艺院团组织实施了青岛市专业院团“四进”(“放飞希望”——市话剧院走进希望小学,“回家看看”——市京剧院走进敬老院,“乡音乡情”——市民族艺术剧院走进乡村,“走近交响乐”——市交响乐团走进大众)活动,全年安排公益文艺演出400场,受到中宣部、文化部的肯定。市直专业文艺院团还参加了“啤酒节”、“海洋节”等全市重大节庆文艺演出,完成了2004年青岛国际啤酒节开幕式、“祖国好”庆祝建国55周年、纪念邓小平诞辰100周年、庆祝人大成立50周年等大型演出任务,全年市直专业文艺院团共完成演出任务1211场次,观众人次136.6万人次,演出收入465万元。

大型文化活动

元旦期间组织了每年一度的新年音乐会。春节期间组织了“盛世欢歌奔小康,青岛文化大拜年”新春系列文化活动,共组织文艺演出、展览等各类文化活动300多场次,观众达30余万人次。4月,在全市范围内启动了"'欢乐广场'(中国网通)周周演"活动。"五一"、"十一"期间分别组织了"劳动者之歌"和"祖国颂"广场专场演出。6月,组织实施了青岛市第二届"欢乐大家庭"社区文化艺术节,共举办了八大板块2003项活动。青岛国际啤酒节期间,组织举办了"城市客厅星光PARTY"、"纵情放歌啤酒节"、"相聚汇泉湾——沙滩大舞台"等系列文化活动。9月,组织实施了青岛市第二届"大地欢歌"农村文化艺术节,共组织了2100多项文化活动。与市老龄委共同策划组织了"七彩夕阳"青岛市首届老年文化艺术节。与市委宣传部共同策划了青岛市首届大学生文化艺术节。全年全市文化系统共完成各类文化活动2万多场(项),多次得到来青视察的中央领导和全国创建文明城市考察团的肯定。

文化交流

举办了"北京2008"第二届奥林匹克文化艺术节(青岛)期间的大型文艺演出和展览活动。举办了"韩国周"期间的文化活动。引进包括菲律宾、俄罗斯、德国、哥伦比亚、丹麦、日本、韩国、智利、加拿大、英国、法国、新加坡以及香港、台湾等14个国家和地区来青岛市进行文化交流活动。安排俄罗斯的大型芭蕾舞《天鹅湖》和英国南安普敦铜管乐团、德国曼海姆交响乐团、菲律宾室内乐团等来青岛市演出。

举办了"中国21世纪现代水墨画(台湾)联展"、"日本秋樱会画展"、"当代俄罗斯油画素描大展"等。完成了在青举行的ACD会议的演出任务、庆祝青岛—下关建立友好城市25周年演出任务及"青岛—下关友好书画展",受到外交部和省、市领导的肯定,市文化局被市委市政府授予ACD会议组织工作先进单位称号。全年共组织对外、对港澳台文化交流项目40个,超过年初制定的全年不低于15项的计划。

电影发行放映

全年全市影城、影院完成电影放映1.51万场,观众33.5万人次,票房收入727.4万元。4月,举办了"联通情青春物语杯"青岛市首届大学生电影节暨第四届中小学生电影节,在近5个月的时间里,共为大中小学生放映国内外优秀影片32部,学生观众17万人次。9月,组织举办了"联通情"青岛市第七届农民电影节,在五市三区组织放映了故事片和科教片195部,放映场次3000余场,观众100余万人次。新建设的汇泉影城开业后已完成电影放映2366场次,观众4.1万人次,票房收入131.6万元。青岛市文化产业的投资主体——"青岛市双百文化投资公司"成立。组建了"青岛市双百校园电影服务公司",已在市南区32所小学开展电影放映活动。

群众文化及公共图书

全年组织实施了"212"(两馆一站两室,即图书馆、文化馆、文化站、图书室、文化活动室)文化建设工程。全市文化馆被文化部评为一级馆的4个、二级馆的7个、三级馆的1个;申报国家一级馆的图书馆5个、二级馆的7个、三级馆的1个,并均接受了评估检查。

加强文化信息资源共享工程建设,全市已建立基层中心和基层服务点32个,市文化局被全国文化信息资源共享工程领导小组授予"全国文化信息资源共享工程先进单位"。

在全国率先制订出台了《青岛市文化事业统计体系》,得到文化部的肯定。制定出台了《青岛市区市文化工作考评测评体系》、《全市文化市场量化考核标准》,促进了全市文化工作的规范管理。制定出台了《加强农村文化服务平台建设的意见》。在全市倡导知识服务,全市各公益文化单位实行义工制及在各类公益性文化活动中吸引文化志愿者参加,增强市民对公益文化事业的参与意识,文化部在全国推广青岛市的做法。编发《青岛市群众文艺演唱集》等发往基层,向基层群众提供优秀文艺作品。在市话剧院小剧场开辟"市民舞台",在市歌舞剧院梦幻剧场开展"'难忘的歌'周周演"活动,让市民自编、自导、自演的文艺节目走上专业演出的舞台。开展了"'大家一起来'评选市民喜爱的文化活动"活动,投票评选出市民喜爱的100项文化活动。

在《青岛日报》开辟专栏采访12个区市的党政领导,刊登《十二区市党政领导文化建设访谈录》。5月,山东省文化厅在青岛市召开社会文化工作现场会,推广青岛市社会文化的经验。

市图书馆全年接待读者86.6万人,借阅图书66.7万册;市少儿图书馆于11月正式对外开放。

文化设施建设与改造

完成了列为市政府2004年确定的重点要办的17件实事之一的市群众艺术馆和市图书馆的改造,两馆的设施均达到国家一级馆的标准。市电影公司采取股份制的形式吸引社会投资700万元建成了星级影城——汇泉影城,改变了青岛市影剧院多年来设施落后的状况。青岛市在全国特色文化广场评选活动中有3个广场(五四广场、音乐广场、汇泉广场)被评为全国特色文化广场。在山东省第四届"十佳文化广场"和"优秀文化广场"评选中,城阳区人民广场被山东省委宣传部、山东省文化厅评为"十佳文化广场",音乐广场、黄岛区市民文化广场被评为"优秀文化广场"。市文化局获全国特色文化广场评选活动组织奖。

文化市场管理

建立了"公信文化市场"服务窗口,集中受理行政审批事项,规范审批办理工作流程,实施受理与审批相分离,此做法得到了文化部的肯定,市文化局在全国文化市场会议上做典型发言。

建立行业自律机制,成立了"青岛市文化娱乐协会",引导全市50家大型娱乐企业发起成立了"青岛健康娱乐同盟"。组建全市"绿色网吧联盟"。制定了《关于开展全市网吧等互联网上网服务营业场所专项整治的意见》。市、区两级文化执法机构在为期8个月的专项整治活动中查处违法经营的网吧500余家,罚款近90万元,停业整顿的78家,吊销《网络文化经营许可证》的13家,关闭不符合要求的110家,全市网吧由1275家减少到1161家。对市、区两级文化部门受理的180余家开办量贩式歌舞娱乐场所及网吧迁址等行政许可事项在媒体上进行了许可前公示,听取市民意见。

在《青岛晚报》开办每周一期的"公信文化市场"专版,及时发布文化市场政策、法规和审批、处罚等工作信息。在山东省率先完成了市、区两级网络监管监控平台建设,对全市1000多家网吧实行了远程监控,实现了传统稽查手段与高科技监管措施的结合,山东省文化厅在

国家海洋局第一海洋研究所

该所是从事应用基础研究、高技术发展和公益服务的综合海洋研究所，是国家科技部重点支持的百强科研院所之一。设有5个部级重点实验室、3个研究中心，与韩国海洋研究所共建的中韩海洋科学共同研究中心挂靠研究所。现有中国工程院院士2人、中国科学院院士1人、博士生导师28人。所内仪器设备达到国内先进水平。该所工作纳人ISO9002国际质量认证管理体系，拥有全部国家勘察作业和研究评价甲级资质证书。

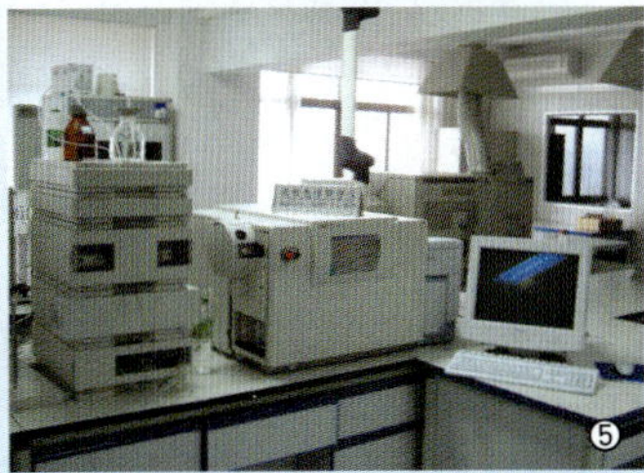

①国家海洋局局长王曙光（前排左二）到该所视察

②青岛市副市长王修林（中）到该所视察

③创全国记录的17米重力取样

④设在该所的中国大洋样品库一角

⑤先进的仪器

⑥出海调查

地址：青岛市仙霞岭路6号　邮编：266061　电话：(0532) 88967468 88967469
传真：(0532) 88965544　E-mail：suoban@fio.org.cn　http://www.fio.org.cn

中国科学院海洋研究所

位于青岛汇泉湾畔，始建于1950年8月，是从事海洋科学基础与应用基础研究和新技术开发的多学科、综合性科研机构，是中国科学院知识创新工程试点单位，是国家海洋科学一级学科博士学位授予单位、中国科学院博士研究生重点培养基地，设8个博士点、10个硕士点和海洋科学博士后流动站，有两院院士7人、第三世界科学院院士1人。

建所54年来，取得了一大批基础性、原创性成果。截至2004年底，取得科研成果近800项，其中获国家二等奖和省（部委）一等奖以上成果115项。年内，有9项成果获科技奖，其中张国范研究员等的“皱纹盘鲍杂交及杂种优势的产业化应用”获山东省科技进步一等奖、“菲律宾蛤仔健康苗种培育和高效养殖技术”获辽宁省科技进步一等奖；有14项成果通过国家登记，16项研究成果通过鉴定和验收，其中5项达国际领先、5项达国际先进、2项达国内领先。全年发表论文381篇，其中SCI 117篇、EI35篇；出版专著15部；申请专利75件，其中国家发明专利64件，国际发明专利1件；获国家授权专利27件，其中发明专利18件。

所长相建海教授在国际会议上

①山东省委书记张高丽（中）、省长韩寓群（左）在曾呈奎院士的寓所看望曾呈奎院士

②全国人大常委会副委员长、中国科学院院长路甬祥视察海洋研究所

③ 张国范研究员等研究的“菲律宾蛤仔健康苗种培育和高效养殖技术”获2004年辽宁省科技进步一等奖。图为培育的菲律宾蛤仔新品系“斑马蛤”。

④张国范研究员等研究的“皱纹盘鲍杂交及杂种优势的产业化应用”获2004年度山东省科技进步一等奖。图为培育的皱纹盘鲍新品系“中国红”。

⑤该所举行2004年度研究生学位授予仪式

地址：青岛市南海路7号
电话：(0532) 82898618 邮编：266071
传真：(0532) 82888612 http://www.qdio.ac.c
E—mail:xgt@ms.qdio.ac.cn

⑥郑守仪院士获"美国库什曼有孔虫研究杰出人才奖"转授式在海洋研究所举行

⑦2004年5月21日，诺贝尔化学奖获得者、德国马普生物理所米歇尔教授（左）受聘海洋研究所名誉研究员。

⑧2004年4月27～28日，由该所承办的国家基金委"海洋物学学术交流与学科发展战略研讨会"在青岛召开，来自全国地的专家学者130多人参加了会议。

⑨2004年9月17～18日，国家"973"计划"海水重要养殖生物病害发生和抗病力的基础研究"项目的9个课题在青岛通过了科技部组织的专家验收。

⑩2004年11月4～6日，该所承办的"第四届世界华人虾类养殖研讨会"在青岛召开，来自全球的华人专家学者150多人参加了会议。

⑪2004年8月28～31日，该所主办的"海峡两岸第六届海洋科学研讨会"在青岛召开，来自海峡两岸的专家学者120多人参加了会议。

⑫2004年度海洋生物技术国际培训班在该所举办，来自亚太地区发展中国家的刚果、马来西亚、摩洛哥、朝鲜、菲律宾等国家的学员参加了培训班。

⑬2004年10月9～11日，该所主办的"第六届国际黄海海洋科学学术研讨会"在青岛召开，来自韩国、印度和我国多个海洋科学研究单位的专家学者160多人参加了研讨会。

⑭为我国海洋科学考察做出重大贡献的"科学一号"远洋考察船

中国水产科学研究院 黄海水产研究所

该所始建于1947年1月，系农业部所属国家非营利性科研机构。在编职工586人，在职336人，有中国工程院院士2人，具有研究员等高级专业技术职务资格者97人，博士生、硕士生导师38人。设6个实验室、2个研究室、4个实验基地、4个挂靠机构。主要研究领域为海洋生物资源可持续开发与利用，包括海水增养殖、渔业资源与环境和渔业工程等。

先后完成800多项科研课题，取得220多项科研成果。其中，国家科技进步一等奖2项，其他国家级奖励16项。唐启升院士、王清印研究员被国家科技部授予“973”计划先进个人称号；唐启升院士获青岛市2004年度科学技术功勋奖；赵法箴院士获中国工程院“第五届光华工程科技奖”工程奖；金显仕研究员人选国家首批“新世纪百千万人才工程”；陈松林研究员人选青岛市首批科技将才专项计划；王清印研究员获“山东省富民兴鲁劳动奖章”；“中国明对虾健康养殖技术研究与示范”获国家海洋局创新成果奖一等奖。

①唐启升院士（左一）获青岛市2004年度科学技术功勋奖

②唐启升院士(前右二)主持香山科学会议第228次学术讨论会

③中美鱼类功能基因组联合开放实验室成立大会

④中国对虾的遗传改良和品种培育取得重大突破，培育出中国明对虾快速生长抗逆新品种“黄海1号”。

⑤所长唐启升（左二）接待韩国水产科学院院长姜武贤一行并座谈

⑥运行20周年的“北斗”海洋科学调查船

地址：青岛市南京路106号 邮编：266071
电话：(0532) 85836200 传真：(0532) 85811514
E—mail:Ysfri@public qd .sd.cn
所长（法人代表）：唐启升（中国工程院院士）

青岛海洋地质研究所

该所是国土资源部、中国地质调查局直属海洋地质调查研究事业单位，是国家层面公益性地质调查队伍的重要组成部分，由中国地质调查局归口管理。

是以区域海洋地质调查研究为基础，以海洋油气及固体矿产地质调查研究和海洋环境地质调查研究为重点，以黄、东海和中国海岸带为主要工作区，以高新技术为依托，以高素质技术队伍为支持，为国家和社会公众服务的调查与研究一体化的海洋地质调查中心。

承担和参与国家专项和重大攻关项目的海洋地质调查研究；承担区域性、公益性、基础性海洋地质调查研究和战略性的海洋矿产资源勘查；承担近海及海岸带地区环境调查与评价；承担海洋地质样品分析测试及相关规范、标准方法和标准物质的研制；建设海洋地质数据库；进行与海洋地质工作相关的发展战略研究；推进科技进步开发和多种经营。

拥有"业治铮"号海洋地质调查船，并配有先进导航定位系统、综合物理调查设备和海洋钻探设备，可承担海岸带、近海及相邻海域的海洋地质调查工作。

地址：青岛市福州南路62号
邮编：266071
电话：(0532) 85725313
传真：(0532) 85720553
http://www.qimg.cgs.gov.cn
E-mail:qdhds@cgs.gov.cn

国土资源部党组成员、中国地质调查局局长孟宪来在视察该所期间参加"业治铮"号海洋地质调查船下水交付仪式

山东省副省长王军民（左二）在青岛市有关领导陪同下视察该所

国土资源部副部长汪民（主席台右三）在"海带资源——环境体系与优化战略国际研讨会"上讲话

中国北车集团四方车辆研究所

CNR Sifang Rolling Stock Research Institute

2004年，该所轨道车辆电气、制动、减振、钩缓等4项核心技术取得了较好的发展。DC600V供电系统、列车运行安全网络监控及数据无线传输技术、密接式钩缓装置3项新技术在新型25T客车上批量装车；减振产品的产业化能力达到国内领先水平；参与中国铁路时速200公里动车组技术引进，两项电气技术和制动系统技术分别实现了与国外先进技术的接轨。

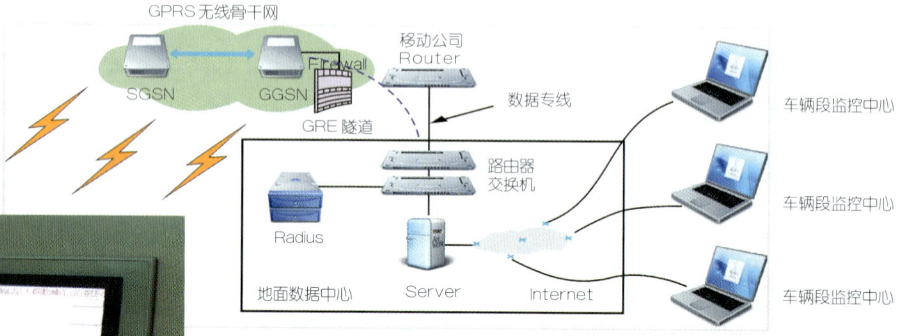

网络监控及数据无线传输

减振系统

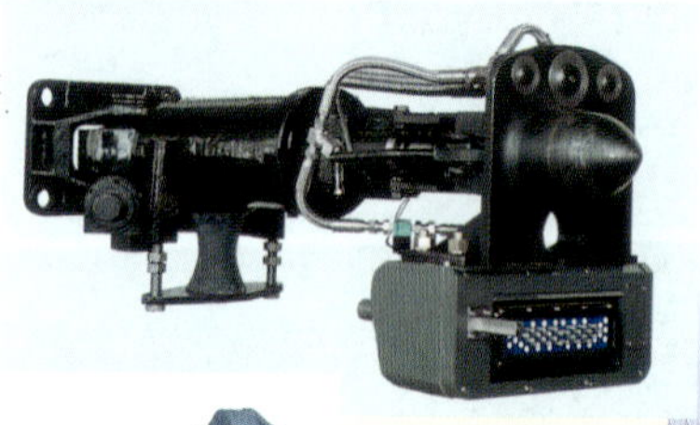

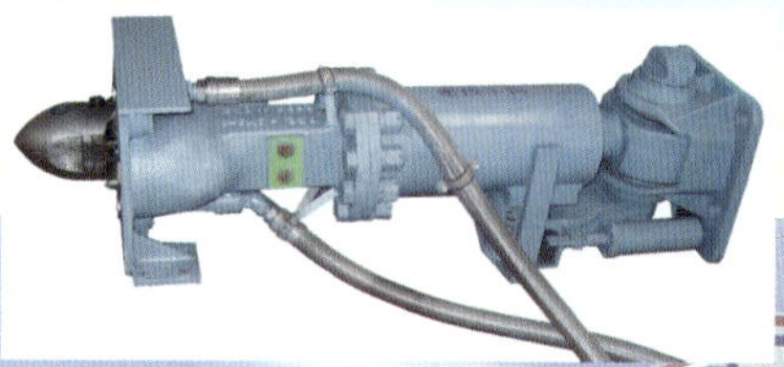

地铁及25T客车密接式钩缓装置

地址：青岛市瑞昌路231号 邮编：266031
电话：(0532) 86083101 传真：(0532) 84992961
E-mail:sfs@public.qd.sd.cn http://www.srsri.com

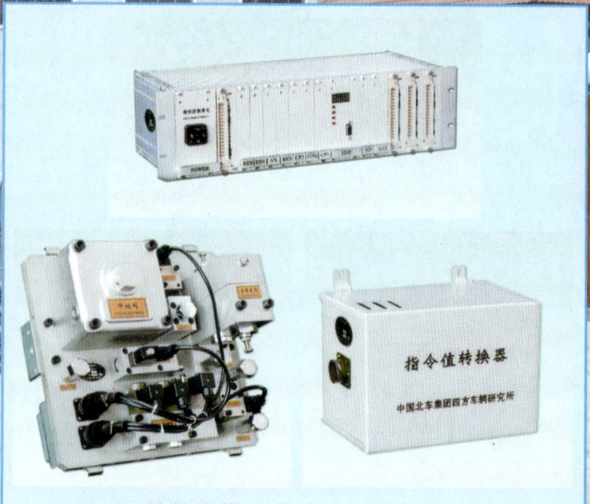

城轨车微控模拟式制动系统

青岛职业技术学院

该院由黄岛校区、市南校区、市北校区三部分组成。占地面积52.28万平方米，校舍建筑面积17万平方米。

设有国际合作学院、海尔家电学院、旅游学院、美术学院、信息技术学院等11个二级学院及文史系、数理系、教育心理系、体育部等4个教学系部。开设各类专业59个，其中全日制高等职业技术专业37个；涉及交通运输、生化与制药、土建、制造等12个专业门类。高等职业教育专业有计算机应用与维护、机械电子工程、会计电算化、市场营销、环境管理与监测、计算机应用技术等37个专业。

该院有教职工758人，其中专任教师338人、兼职教师132人，内有具有副高级以上专业技术职务资格者142人，另有外籍教师16人。

该院有在校生2.24万人。其中，全日制高职专业7997人；成人本、专科生6025人；培训中小学校长352人；培训中小学教师2178人，培训其他人员5843人。2221名应届毕业生中有629人升入普通本科院校，就业率96.4%。

地址：青岛经济技术开发区香江路128号
邮编：266555
电话：(0532)86105218
传真：(0532)86105219
http://www.qvtc.edu.cn

①2004年7月20日，教育部副部长吴启（右四）来院视察。

②2004年7月9日，市委常委、团市委书记张惠（右三）为鲁班雕像揭幕。

青岛港湾职业技术学院

青岛市委副书记王文华到该院指导工作

★青岛市文明单位标兵

★国家教育部数控人才培养基地

★山东省职业技能培训鉴定基地

★山东省物流师培训基地

★山东省普通话水平测试站

★青岛市专业技术人员继续教育基地

校外实训、就业基地之一

校内数控培训基地

地址：青岛经济技术开发区
崇明岛西路65号
邮编：266500
电话：(0532) 86852721
传真：(0532) 86941252
http:// www.qdgw.com
E-mail：office@qdgw.com

校园文化精彩纷呈

山东省青岛育才中学

①教育部副部长王湛（后排右二）来该校视察工作

②一年一度的教育教学工作会议

③该校承办的第六届全国中学生“育才杯”国际象棋赛上，世界冠军谢军与选手进行“车轮战”。

④对外交流

地址：青岛市太平路2号
邮编：266003
电话：(0532) 82868347
传真：(0532) 82868347
E-mail:yucai@qdedu.net

山东省青岛育才中学是一所公办民助性质的初中学校，在校学生1900人，专任教师103人。建校五年来，学校开拓创新，与时俱进，继承优良办学传统，禀承80载文化底蕴。学校认真贯彻党的教育方针，用素质教育的理念引领教育教学改革，确定了“为学生一生奠基，为民族未来负责”的办学理念，形成了“全面育人，和谐发展”的办学特色。五年来，学校坚持以教育教学为中心，构建了青岛初中学校一流的师资队伍；坚持“育人德为首”的教育思想，推进课程改革和深化课堂教学改革，教育教学取得了优异的成绩。学校以数学为代表的学科竞赛和国际象棋特色连年取得优异成绩，多次获得数学、物理、化学等学科竞赛全国团体一等奖，获全国国际象棋竞赛团体亚军。学校重视学生综合素质培养，在音、体、美教育和竞赛中先后取得优秀成果，连续多年获青岛市体育竞赛第一名，美育工作成绩显著。先后获青岛市规范化学校、办学水平督导评估优秀学校、素质教育评估优秀学校、全国群众体育运动先进单位等称号；2004年，该校获青岛市教育改革十面红旗、山东省教学示范学校等称号；2005年通过山东省规范化学校验收。

青岛华夏职业教育中心

——为学生终身职业素质发展奠基

青岛华夏职业教育中心是国家级重点职业学校、山东省文明单位、山东省职业教育教学示范学校、青岛市教育改革十面红旗学校，是山东省职业教育“十、百、千工程”的百所骨干示范学校之一。学校设有财会金融、商务法律、服装艺术三大专业群，集中专、大专教育和职业技术培训于一体，培养诚信有德，适应青岛未来经济发展需要，有一定知识和能力结构的复合型、外向型、创造型应用人才，是岛城未来的企业白领摇篮、商务经理基地。

①绿树葱茏，花园式学校，人与自然和谐共振，学生们在温馨、充满浓郁文化气息的环境中，拥有民主、崇德、乐业、进取的美好生活。

②社会声誉、效益良好，办学得到社会各界的鼎力支持。图为国家教育部及省、市领导参加学校建校十周年庆典。

③学校现代化的数字语音室、实训室、专业模拟室等为学生练就过硬的基本功搭建了舞台，学生们允德允能，依托强大的办学实力奠定职业发展的基础。

④学校拥有一支“素质好、业务精、能力强、会管理”的骨干教师队伍。数学组被评为“青岛市先进教研组”、教育局“青年文明号”。

地址：青岛市四方区嘉善路48号
邮编：266032
电话：(0532) 83713114　83774462
传真：(0532) 83713114
E-mail:hxzjzx1@qdedu.net
http://www.qdhuaxia.com

青岛市市立医疗集团

集团主体——青岛市市立医院始建于1916年，是集医疗、教学、科研和预防保健于一体、市属规模最大的综合性三级甲等医院，亦是青岛大学医学院附属医院之一。先后获得全国卫生系统先进集体、全国创建文明行业工作先进单位、全国百佳医院、首批全国百姓放心医院、全国模范职工之家、全国医院文化先进集体等称号。

近年来，青岛市市立医院坚持深化改革，不断拓展发展空间，先后合并青岛市建筑材料工业公司职工医院、青岛市建设集团职工医院、代代红幼儿园、青岛市东部医院等4个单位，撤消其编制；在市区东部设立市立医院东院区；合并青岛市皮肤病防治院、青岛市北九水疗养院、青岛市人民医院等3个单位，保留其编制。组建了由青岛市市立医院、青岛市人民医院、青岛市皮肤病防治院、青岛市北九水疗养院四个法人组成的紧密型连锁经营的青岛市市立医疗集团。集团实行一套领导班子、一套职能部门。集团占地面积29.2万平方米，建筑面积14万平方米，开放医疗床位1860张，疗养床位200张。在职职工2951人，其中高级职称456人、中级729人，硕士生导师82人，博士27人、硕士289人。年门、急诊量达100余万人次，年出院量3万人次。现有省、市重点学科、特色专科13个，并以此为龙头，形成了多学科协同发展的格局。

集团拥有1.5T核磁共振(MR)、直线加速器、螺旋CT、超声聚焦消融机、计算机X线摄影（CR）、血管造影系统(DSA)及立体救护楼顶飞机平台等现代化的医疗设施。开展的冠心病、先心病、脑血管病介入手术、心脏瓣膜置换、冠状动脉搭桥、高位胆管癌和肝癌手术、超声刀肿瘤消融术、腹腔镜、胸腔镜、椎间盘镜和关节镜等微创手术、显微神经外科手术、皮瓣与骨移植、肝移植、肾移植、干细胞移植及眼后节玻璃体切割、准分子激光手术等各种高难技术项目均达到国内先进水平。

集团市立医院和人民医院分别地处青岛市胶州路、安徽路，依傍东西快速路，为青岛市中心的交通枢纽，在青岛市医疗急救和干部保健工作中占有重要地位。市立医院东院区位于市区东部，是东部新区唯一的市属综合性医院，拥有设施完善、科室齐全、环境优雅的门诊、病房综合楼，设有国际门诊、国际病房，满足不同层次的就医需求；目前，集团投资5亿元、建筑面积83000平方米的岛城单体最大建筑的功能完善、设施先进的现代化门诊、病房大楼竣工在即，这也将是2008年国际奥运会的医疗保健中心。地处崂山风景区——九水十八潭的北九水疗养院依山傍水、景色秀丽、空气清新，成为集疗养、保健、娱乐、休闲于一体的青岛市干部保健基地，是疗养、旅游、度假的胜地。

青岛市市立医疗集团连锁经营的发展模式、先进的技术设施、雄厚的技术力量和优质的服务，将为岛城及周边地区人民群众的健康提供有力的保障。

市立医院院长、党委书记：孙玉安

中央领导视察市立医院

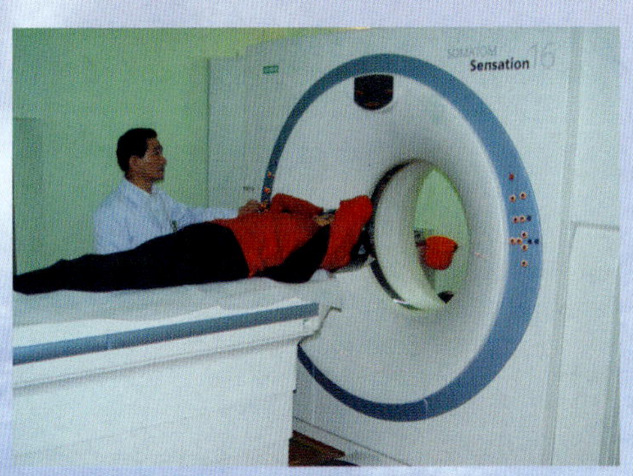

世界先进的16层螺旋CT

地址：青岛市胶州路1号
邮编：266011
电话：(0532) 82827191
传真：(0532) 82836421
http://www.qdslyy.cn
E-mail：yb@qdslyy.cn

青岛市红十字会

青岛市红十字会是中国红十字会的地方组织，2004年实现了独立建制，由市卫生局代为管理改为市政府领导联系，列群团机关序列，是政府人道主义工作领域的助手。市红十字会机关主要担负备灾救灾、初级卫生救护培训、推动无偿献血、造血干细胞移植、遗体（器官）捐献、志愿者服务、红十字青少年活动、人道主义救援工作、国际交流与合作等职责。2004年，市红十字会被省人事厅、省红十字会授予“全省红十字会系统先进集体”称号，被省红十字会授予“山东省救灾工作工作先进集体”称号。中国红十字会第八次会员代表大会上，青岛市副市长、红十字会会长臧爱民当选为理事，党组书记、常务副会长刘丽萍被评为全国红十字会系统先进工作者，并受到国家主席胡锦涛等国家领导人的亲切接见。

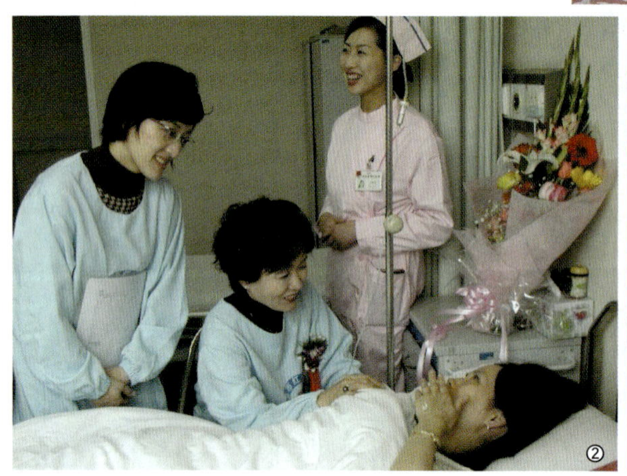

①副市长、市红十字会会长臧爱民(左五)会见韩国驻青总领事馆总领事辛亨根，就在驻青韩国人中成立红十字志愿服务组织，加强红十字青少年和红十字医疗机构交流合作等进行了会谈。

②韩国驻青总领事夫人金金龙参加全国首个红十字会国际志愿者服务基地的志愿者服务活动

③市红十字会举办中国红十字会建会百年、青岛市红十字会建会90年纪念封发行暨纪念活动启动仪式，红十字会网站同时开通。

④开展“奉献他人、延续生命”的遗体捐献宣传，建成山东省首个“志愿捐献遗体者奉献林”、“捐献遗体志愿者之友”。

⑤市红十字会第六次会员代表大会推选青岛市市长夏耕(主席台右五)为红十字会名誉会长、副市长臧爱民（主席台右三）为会长。

⑥市红十字会开展初级救护培训工作

⑦市红十字会在广大青少年中普及宣传红十字精神

⑧本市非血缘关系捐献造血干细胞第一人谢振华(中)当选“感动青岛”十佳人物

⑨11月17日，青岛市第七届无偿献血表彰大会召开。

⑤

⑥

⑦

⑧

⑨

地 址：青岛市隆德路9号
电 话：(0532) 85976999
传 真：(0532) 85716180
邮 编：266071
http://redcross.qingdao.gov.cn
E-mail：qdredcross@163.com
法人代表：刘丽萍

前进中的青岛市慈善总会

—以人为本 扶危济困 和谐诚信 务实创新

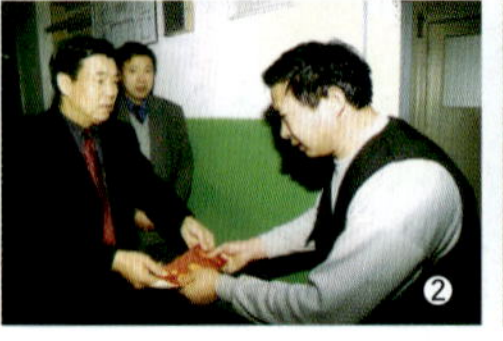

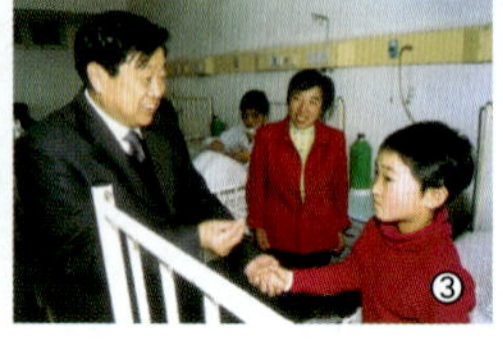

成立于2001年12月8日，创建"爱心飞扬"慈善品牌，开展慈善活动，取得了显著成绩。全市共募集善款1.51亿元。实施慈善助学，帮助700名失业人员走上新的岗位；开设慈善门诊，4766户特困家庭有了医疗保障；建立慈善超市，4000余户低保家庭得到救助；开展"慈善情暖万家"活动，近20万贫困家庭从中受益；"微笑列车"开进贫困家庭，260多名唇腭裂患儿重绽笑容；正在实施的"心连心救助工程"、"鱼水情爱心救助工程"为贫困心脏病患儿带来了福音。

该总会连续两年被市精神文明办、市民间组织管理局评为"诚信民间组织"。青岛市被中国儿童慈善基金会和中华慈善总会授予"公益明星城市"称号。

①2005年3月，该总会启动"心连心救助工程"，免费为贫困先天性心脏病患儿实施手术。

②该总会副会长兼秘书长刘光享（左一）将善款送给见义勇为小军善的父亲，高度赞扬小军善舍己救人的英雄行为。

③该总会引进"微笑列车"项目。图为副会长王新春（左一）到青医附院看望手术患者。

④海啸无情，慈善有情。该总会组织了全市人民向印度洋海啸灾区捐赠活动。

⑤爱心飞扬，深情无限。该总会举办大型文艺晚会，歌颂慈善事业中感人事迹和高尚情操，营造浓郁的慈善氛围。

会长：胡延森；副会长兼秘书长：刘光享
地址：青岛市延安三路228号青岛民政大厦
邮编：266071
电话：(0532) 82106043 82106053
传真：(0532) 82106043
http://www.qdcsh.com
E-mail:3895353@qingdaonews.com
qdcsh@qingdaonews.com
开户行：青岛市商业银行宁夏路支行
帐号：802090200022183

青岛市涉外婚姻服务中心

成立于1996年，是隶属于青岛市民政局的县处级事业单位，是山东省唯一承办港、澳、台、华侨、外国人结婚、离婚、补办、补领结婚登记手续及港、澳、台、华侨子女收养的独立部门。多年来，中心坚持"诚信服务、温馨服务"，使得全世界30多个国家和地区的海外朋友到青岛喜结良缘。中心被山东省民政厅授予全省婚姻登记先进单位、精神文明窗口单位等称号。

中心位于青岛民政大厦12楼，办公场所近300平方米，环境优美、空气清新、交通方便。中心秉承"诚信服务、温馨服务"的工作理念，真诚地欢迎世界各国朋友的到来。

①涉外新婚夫妇邀请中心主任（左一）当证婚人
②一对新人高兴地领到了结婚证
③中心工作场景
④一对涉外新婚夫妇的全家福

地址：青岛市延安三路228号
电话：(0532) 82106060
传真：(0532) 82106062
http://www.qdmz.gov.cn

青岛市劳动教养管理所

该所建于1980年，担负着青岛、烟台、威海批教的普通男性、外省籍劳教人员和复吸毒劳教人员收容改造任务。近年来，党委一班人团结带领全体民警锐意创新、开拓进取，各项工作都取得显著成绩，连续九年保持场所持续安全稳定。先后被司法部授予现代化文明劳教所、优秀劳动教养学校称号，荣记集体一等功，被市委、市政府授予青岛市社会治安综合治理先进集体、同“法轮功”邪教组织斗争先进集体、依法治理工作示范单位、政法系统争创人民满意活动先进单位、“严打”先进集体、警民共建社会主义精神文明先进集体和精神文明单位等称号。

①党委一班人在研究场所规划建设

②市委副书记王永生（右二）到该所视察

③警体技能训练

④与胶州市联办的劳教人员高新农业技术培训基地揭牌

地址：青岛市虎山路15号

邮编：266100

电话：(0532) 87658979

传真：(0532) 87659443

E—mail：qdshljs@qingdaonews.com

青岛金羽木业有限公司

成立于1953年，是专业生产木器产品和综合家居产品的制造商。公司经过合资合作、多枝嫁接等经营管理模式，与来自北美、欧洲、东南亚、日本及澳大利亚等国家和地区的国际知名跨国公司及专业采购商建立了良好的合作伙伴关系。公司的产品及员工团队具备了强有力的国际化竞争能力。在近十年的发展过程中，公司建立了一整套从原料采购、产品研发设计、市场调查分析到外协加工配套的专业生产经营体系，实现了家具的“一站式”开发、供货和制造。所涉及到的专业领域包括：实木制品、弯曲木家具、钢管、缝纫、布艺、海绵、纸箱配套体等。

公司以人才为本、技术为先、管理创新、资源整合，以领先的国际产品和具有竞争力的价格，为实现“大金羽”的宏伟目标正在不断努力！

①金羽木业工业园效果图

②公司生产的弯曲木休闲椅及榉木咖啡桌

③公司生产的弯曲木沙发及茶几

地址：青岛市吴兴路139号
邮编：266034
电话：(0532) 85730453
传真：(0532) 85735434
http://www.globalsources.com/qdyifa.co
E-mail:qdyifa_pine@yahoo.com.cn

青岛市召开文化市场工作会议,总结推广青岛市的经验,中央文明办《未成年人思想道德建设工作简报》以《青岛建成监管平台全市网吧"一家管"》为题推广了青岛的经验。

文化产业发展

全年有条件地放开歌舞娱乐场所的经营许可,发展大型自助量贩式歌舞娱乐场所79家。承办了山东省首届演出经纪人培训班,扶植5家民营企业开办演出公司,培育"时空演艺"、"青岛之夜"、"纽约吧"等20家民办演出场所。促进新光文化传播公司市级音像批发业务的发展,引进具有全国连锁资格的国美音像公司开办5家音像零售超市,扩大了正版音像企业的经营规模。

扶持全市第一家民办电影院——环球影院加入山东新世纪电影院线,支持5家区(市)影院加入了北京华夏大地电影院线,形成了全市3条电影院线并存的格局。

建立了全国首家网络推介系统——"中国·青岛文化推介网"。在全国率先制订出台了《青岛市文化产业统计体系》,加强了对全市文化产业发展的政策研究和宏观指导。撰写的理论文章收录于《全国文化产业论文集》,并分别在全国、全省文化产业会议上做专题介绍,山东省文化厅在全省推广青岛市的做法。

(李 菁)

·文学艺术·

市文联工作概况

2004年,青岛市文学艺术界联合会组织大型文艺演出活动9场,举办美术、书法、摄影作品展12次,开展各类文艺大赛活动7项,组织文艺工作者文艺采风2次,进行文艺交流7次。全年各艺术门类创作新作446篇(幅、件),获得省级以上奖项52项,完成了《青岛文学》月刊的编辑出版。12月26~28日,先后召开了10个文艺家协会第四次代表大会,修改了各文艺家协会章程,选举产生了10个文艺家协会新一届主席团和理事会。全年先后3次在中国文联组织的有关会议上进行了经验交流。

文艺演出

1月1日,举办了"2004年青岛新年合唱音乐会"。4月24日,在五四广场和音乐广场设综合性舞台、交响音乐舞台和拉丁舞舞台举行了第二届"五月的风——青岛市大型文学艺术系列活动"启动仪式。5月22~24日,举办了"美国哈丁大学合唱团合唱音乐会"并进行了2场专场演出。7月8日,举办了"青岛市首届舞蹈基本功训练展演"。10月31日,举办了"五月的风——青岛市大型文学艺术系列活动"颁奖晚会暨"爱在这片海"大型交响音乐歌会。

文艺展览

年内,先后举办了"2004年新春摄影艺术作品展"、"青岛市第二届美术作品展"、"青岛市第二届摄影作品展"、"中国现当代国画大师名家精品展"、"青岛市第二届书法篆刻作品展"、"江山多娇——青岛市首届山水画展";还举行了"彩墨青岛——当代名家画崂山作品展暨作品集首发式"等,并与北京今日美术馆主办了"北京、台北故宫博物馆书法名画复制品联展"。

文艺赛事

5月,与山东省音乐家协会联合举办了"'杰普特杯'山东省首届管乐大赛",全省17个地市的近200名选手进入了决赛。还先后举办了"青岛市第二届'海顿杯'吉他大赛"、"'枯桃万花杯'青岛市第二届少儿曲艺大赛"决赛、"山东省首届音乐节'世正杯'钢琴大赛"、"'我的祖国'青岛市第二届朗诵大赛"颁奖晚会、"2004全国首届手风琴汇演大赛暨青少年手风琴独奏比赛"等赛事活动。

迎奥运和"双学三创"文艺活动

与奥帆委先后联合举办了第二届"北京2008奥林匹克文化节(青岛)书画笔会"、"迎奥运招贴画大赛暨万名儿童画奥运主题画展"、"青岛市迎奥运帆船(帆板)模型大奖赛获奖作品展"开幕暨颁奖仪式。为配合全市"双学三创"活动,创作演出了大型情景歌舞《爱在这片海》,该剧以文艺的形式再现了许振超的日常工作、生活、学习情景,歌颂了许振超的先进事迹,并于6月赴省城济南汇报演出。

文艺创作

全年全市文艺工作者创作发表文艺作品446篇(件、幅)。其中,作家协会发表文学作品130篇;美术家协会发表作品127件;音乐家协会创作歌曲26首;书法家协会创作各类书法作品30件,出版作品集3部;摄影家协会创作摄影作品114幅;舞蹈家协会创作演出各类舞蹈作品10件;曲艺家协会创作演出各类曲艺作品6部。

获奖情况

全年文艺作品获得省级以上奖励共53项。文学作品《别有洞天》获"第四届全国新世纪之声"征文散文类二等奖。美术作品在第十届全国美术作品展中,青岛市入选作品27件、占山东省入选作品的41%,获奖作品14件占山东省获奖总数的50%以上;其中,获金奖的1件、银奖的2件、铜奖的5件、优秀奖的6件。戏剧作品话剧《寻找爸爸毛泽东》、京剧《北斗星》获泰山艺术奖荣誉奖。音乐作品获第十一届全国城市职工歌手赛美声唱法金奖和泰山艺术奖金奖,青岛广电合唱团获第七届中国合唱节金奖第一名。摄影作品获泰山艺术奖铜奖1件;在山东省第八届摄影艺术展中,获数码特技类金奖、风光类银奖、风光类铜奖、数码特技类铜奖各1件,16件作品获得优秀奖,青岛市摄影家协会获该项活动组织奖。舞蹈作品获全国第一届中小学生艺术展演活动艺术表演类舞蹈节目二等奖1件、2004年厦门"思明杯"全国少年儿童音乐舞蹈邀请赛金银奖各1件、泰山艺术奖荣誉奖1件。曲艺作品获"侯宝林奖"中华青少年曲艺大赛作品奖1件、2004年山西侯马全国相声小品邀请赛二等奖1件、泰山艺术奖金奖1件、山东省首届曲艺小品大赛二等奖1件、全国山东快书大奖赛三等奖1件、山东省首届曲艺小品大赛三等奖1件。电视作品获泰山艺术奖银奖1件。

文艺采风

4月23日,与文化部中国艺术研究院中国美术创作院联合举行了"彩墨青岛——当代名家画崂山"启动仪式暨新闻发布会,组织当代名家画崂山文艺采风活动。7月8~20日,市音乐家协会采风团参加了由山东省文联、山东省音乐家协会组织的赴云贵地区采风活动。

文学艺术交流

4月7日,承办了由香港大埔区文艺

协进会、香港学艺社主办的“积跬步以千里——青岛·香港·北京书画巡回展青岛展”，展出作品约400多幅。5月23日，举办了“中美合唱团合唱音乐会”，美国哈丁大学合唱团与青岛广播电视合唱团、青岛大学艺术学院学生合唱团进行了文艺演出交流。10月13日，“青岛·鹰潭·婺源三地摄影作品交流展暨宫正·宗玉珍《鹭影随形》廖国良《鸟颜》生态摄影展”开幕，共展出摄影作品200幅。

3月，参加了中国文联第五届沿海城市文联工作会议并在会上介绍了青岛市文联开展“五月的风——青岛市大型文学艺术系列活动”的经验。10月，参加了由中国文联举办的第十四届全国历史文化名城文联工作研讨会并在会上交流了调研文章《关于青岛市文艺家协会的调查与思考》。11月，参加了在广州举行的全国文联工作经验交流会，会上书面交流了青岛市文联的经验材料——《开拓思路谋发展，与时俱进铸品牌》。

文学艺术研讨

从2月3日起，与青岛人民广播电台文艺频道联合举办了“文联之声”节目，该节目每周播出1次，邀请青岛市和国内知名文艺家作为嘉宾；全年开播52期，整理文稿近40万字。7月15日，举办了“打造文化青岛”文学艺术论坛，山东省及青岛市社科界、文艺界的理论家、艺术家等近20人参加了论坛。

（刘登科）

·文博工作·

文物法规建设与宣传

2004年，市文物局成立了文物法规建设工作小组，会同市规划局进行了《青岛市历史文化名城保护条例》调研起草工作。参与了制定《历史优秀建筑和文化名人故居管理办法》、《八大关建筑群文物保护管理办法》的调研及起草工作。在《青岛日报》上发布了《关于公布青岛市市级文物保护单位保护范围建设控制地带的公告》。举行了全市文物保护单位签约仪式，市文物局、区文化局与各级文物使用单位签定了文物保护责任书，并向各级文物保护单位颁发了经市政府批复的《青岛文物保护单位保护范围、建设控制地带图则》。继续贯彻实施《文物保护法》，邀请市法制办负责人对全市及市区博物馆、纪念馆、文管所负责人进行了文物法律法规及行政执法辅导讲座。

文物普查与保护

加强文物普查基础工作，全年向国家文物局申报了8处第六批全国重点文物保护单位的有关资料、向山东省文化厅申报了18处第三批省级文物保护单位的有关资料、向青岛市政府申报了47处第七批市级文物保护单位的有关资料及182处第二批市级历史优秀建筑的有关资料。

加强文物抢救保护与合理利用。成立了青岛市文物保护专家委员会，10位专家学者被市文物局聘为文物保护专家委员。加强文物保护“五纳入”（将文物保护纳入经济和社会发展计划、纳入城乡建设规划、纳入财政预算、纳入体制改革、纳入各级领导责任制）工作，全市12个市区都成立了文物保护委员会，落实了文物保护专职人员。全市各博物馆、纪念馆贯彻“三贴近”（贴近实际、贴近生活、贴近群众）原则，加强对未成年人教育，免费向青少年学生开放。年内，完成了大学路青岛博物馆旧址、李沧区明真观、即墨老县衙、城阳大通宫等文物保护维修工程，竣工面积达2万余平方米；修复了李沧大枣园牌坊、仙姑塔及大学路博物馆南侧防水加固挡土墙等一大批文物抢救保护工程；启动了国家级文物保护单位青岛迎宾馆主楼原貌修复工程；对国家级文物保护单位德国总督府旧址的维修工程进行了前期的规划设计工作；市文物局与胶南市、黄岛区参加了全国长城保护工作会议，制定了保护现状、加强管理、建立网络、绿化植被等保护措施，加强了对齐长城的保护。

历史文化名城保护工作

继续实施历史优秀建筑、文化名人故居标识工程，完成了历史优秀建筑131处、文化名人故居20处的标识工程任务。策划了“纪念青岛市荣获国家历史文化名城称号10周年”大型系列活动；举办了《“城建地产杯”青岛历史经典建筑回响》摄影大赛；组织了“青岛市历史文化名城百题知识竞赛”活动。

加强历史文化街区抢救保护工作。根据《青岛历史文化名城保护规划》，召开了规划、房产等部门参加的联席会，提出了设立联席会制度、专家会诊、制定保护性详规的意见；前置审批了湖南路、小鱼山等历史风貌保护区原貌保护规划；扩大文物保护范围和数量：通过捆绑式申报各级文物保护单位，将德国建筑群、青岛近现代建筑群、崂山文物建筑群、青岛历史文化名人故居等4个群体分别作为1个项目申报，申报总数达100余处。市文物局与市史志办公室联合编纂的《青岛文物志》出版发行；市文物局编印了《青岛名胜概览》。

文物安全与执法

与市公安局、市公安消防局、市宗教事务局联合下发了关于对古建筑进行安全防火检查的通知，结合贯彻新颁布的《文物保护法》及博物馆风险达标要求，对青岛市城乡文物保护单位及古建筑进行安全防火大检查。配合市公安局、市工商局、青岛海关等部门对出境、出关的文物进行鉴定，全年共鉴定文物40余批、3000余件，为文物爱好者无偿鉴定文物2000余件，接收青岛海关移交文物20余件。

重要会议与活动

6月1日，市文物局与《青岛晚报》举行了“青岛解放50周年走进博物馆”活动。7月12～21日，由国家文物局主持召开的《任质斌传》编撰工作第六次会议在青岛市召开。全国文物外事工作会议于8月18～20日在青岛市召开。11月5日，国家文物遗产顾问、国际古迹遗址理事会前任世界遗产总协调员亨利·克利尔来青做工作访问，考察青岛市19～20世纪初期的重要近代建筑。

（孟庆泰）

青岛市博物馆

陈列展览　2004年，引进和举办各种陈列展览30个，观众量达20万人次。其中，继续策划和运作了“走近大师——20世纪中国美术大师经典作品系列展”，于5～10月，以每月一展的形式引进并举办了吴昌硕、赵少昂、刘海粟、陆俨少、钱松喦和林散之等6位美术大师的经典作品展览，观众达10余万人次；采用市场化运作的方式，与市教育局、青岛早报编辑部、莱德公司、青岛笔克展览服务有限公司联合举办了“第二届青岛动漫艺术展览会暨学生动漫艺术节”,观众达3万余人次;注重举办与学校素质教育和重大节庆活动相对接的陈列展览,引进并举办了“奥林匹克运动与中国特展”、“圆明园回归国宝青岛大展”、“马王堆汉墓贵夫人辛追服饰珍品特展”;与市委组织部、市委宣传部和市党史办等部门联合承办了“邓小平诞辰100周年大型图片展览”;引进并举办了“中国21世纪现代水墨画会(台湾)联展”、“日本秋樱会画展”、“中国版画元老彦涵版画展”等;发掘民间藏品资源,举办了“百猴闹春迎甲申——艺友雅居藏画展”、“正月里来看门神——王春溥木板年画收藏展”、“明清年画镌古韵——老年画、古刻板展”等。

文物保护与征集　开展了文物保护修复和一二级文物建档工作,全年共修复文物36件,对680余份一级文物档案进行了完善并上报国家、省、市有关部门,新建二级文物档案1100余份,基本完成了二级文物建档工作。开展主题鲜明、特色鲜明、渠道广泛的征集工作。扩大发掘该馆馆藏种类,突出特色展览,征集了清末民国初期潍坊杨家埠和平度宗家庄木板年画印版140块;加强了对近现代历史文物、史料的征集工作,全年共征集各类文物55件(宗)。

教育宣传　巩固扩大素质教育基地签约成果,拓宽与社会特别是学校、社区沟通互动的渠道。在4所中小学校和3个社区开展宣传教育活动,及时发布该馆的展讯;开展问卷调查活动,共发放问卷2800余份,回收率达82%;开展征文和有奖征答活动,评出获奖者40多个;实施了对未成年人团体免费参观制度,制定了相应的服务规定并修订了讲解词、完善了相关的服务措施,全年免费接待未成年人近10万人次;继续利用重要节庆纪念日开展了“优惠服务周”和特定群体“免费参观日”活动。加强与青岛市各新闻媒体及全国行业性报刊的沟通联系,全年各新闻媒体对该馆的新闻报道达549篇次。建立了“青岛市博物馆网站”;编制了介绍该馆的宣传册页、音像制品、全年展览目录折页、重大展览宣传册页海报等。继续办好《博物馆之窗》,并进行了改版,突出信息性、知识性和专业性。组织参加了全国首届2004博物馆及相关产品与技术博览会。

(市博物馆)

青岛海产博物馆

场馆建设　2004年,完成了该馆二号楼的内部拆除工作并制订了内外部装修方案。对部分展馆进行了维修改造,使参观环境更加安全整洁。其中,生物馆加设了玻璃护栏,水族馆入口加装了铁门、护栏。

科普宣传　重新制作了46块“海洋科普知识”展牌,分别在“世界博物馆日”、“科普活动月”等活动中展出。每季度组织一次科普知识讲座,邀请海洋专家作了题为《当代水族馆现状》、《人类与海洋》、《海洋原生动物》、《海洋环境》的科普讲座,部分中小学生物教师、普通观众和该馆讲解员参加了讲座。开展科普宣传活动。其中,参加了北京“博物馆及相关产品与技术”博览会;参加了红岛“蛤蜊节”的贝类标本展览的筹备布展工作;7月、9月,分别组织部分中小学生到薛家岛进行海边标本采集活动,在水清沟街道办事处举办社区科普展;制作了新版的“青岛水族馆”VCD宣传片等。

饲养管理　加强饲养管理,提高饲养驯养水平。水族馆、淡水馆更新了部分鱼类品种,丰富了展示内容,提高了观赏效果;对珊瑚展池进行了改造,珊瑚的饲养及展出均达到了国内一流水平;在旅游旺季及时调整海兽的状态,增加表演的场次,高质量地完成了表演任务。开展科学实验。完成鱼类的麻醉试验,为鱼类的运输和移池提供了理论根据;对东蛸的饲养进行了研究探索,延长了在水族箱内的存活时间,提高了展示效果;在企鹅与蛸的繁殖方面积累了数据和经验。

内部建设　从企业形象系统(CI)、企业理念系统(MI)、企业行为系统(BI)、企业视觉系统(VI)等4个方面进行企业文化建设。完成了该馆《管理手册》的修订工作;组织编辑了新的馆史图册。加强安全管理,增设了监控及对讲机等设施,制作了安全宣传栏,制定了各展览区的紧急疏散预案、防拥挤的具体措施和安全管理手册。年内,“海底世界”项目被市国内经济合作办公室与市财政局联合评为“引进国内知名大企业和重点科研院所奖励成果”,被市委市直机关工委评为优秀成果三等奖。

(海产博物馆)

·档案工作·

2004年,市档案馆被山东省档案局评为山东省档案管理考核先进单位,获“山东省特级档案馆”称号;市档案局被评为山东省开发利用档案信息资源先进集体、山东省档案宣传工作先进单位、全省档案文秘专业业余教育先进单位,创建的“文档服务连心桥”服务品牌被命名为“青岛市服务名牌”。

档案资源建设

在全市开展了“档案资源建设年”活动,市档案馆特藏室建设和档案资源建设经验分别在国家档案馆特藏室建设座谈会、山东省档案工作会议上进行了交流。制定《青岛市档案馆接收档案办法》,规定了第一批160个接收单位及接收档案门类,接市直机关文书档案9179卷、照片档案3713张。与市委组织部联合印发了《领导干部离任档案移交暂行规定》,该做法得到国家档案局等部门的肯定。与市卫生局联合制发《关于向市档案馆移交公民出生档案的通知》,接收市中心医院自1961年至1983年形成的1万余件公民出生档案。制订《国有破产企业档案进馆方案》,开展破产国有企业档案整理和接收进馆工作,接收8家破产企业1.4万卷档案进馆。围绕重大历史事件征集各类档案资料3766件。与青岛早报编辑部联合发起“纪念青岛解放55周年档案史料征集活动”,征集到反映青岛解放历史的照片资料300余件。开展了幸存被掳日本劳工档案的征集,对26名健在者进行了现场录音、录像。开展日军在即墨毛子埠侵华罪证的收集工作,采访拍摄了日军侵华罪行的见证人。赴德国征集复制档案10余万页、照片3700张,填补了青岛早期历史资料的空白。开展的“城市记忆工程”取得阶段性成果,共计形成1460个项目的1万多分钟录像档案和上万张照片档案。

档案信息化建设

继上年在全国率先建成数字档案馆后,以加快档案信息数据库建设为重点,采取建设综合档案馆机读目录中心、建设区市数字档案馆、加强机关电子文件监督指导等措施,推动青岛市档案信息化建设继续保持国内领先水平。“数字档案馆关键技术研究”项目获国家档案局科技进步一等奖。国家档案局在青岛市召开“全国档案系统数字档案馆建设经验交流和研讨会”，推广了青岛市档案信息化建设经验。在国内率先建成档案文献机读目录中心，实现了区域档案信息的数据共享。全市各级综合档案馆馆藏档案全部实现文件级目录的计算机检索，数据库数据达到872万条。指导崂山区、青岛经济技术开发区开展数字档案馆建设试点工作，并分别通过了山东省档案局组织的鉴定，在山东省率先建成区(县)级数字档案馆。加强档案信息的安全管理，在国内率先实行了档案数据的异地备份。对“青岛档案信息网”进行了改版，点击率居全国档案网站第三位。加强机关电子文件的监督指导，全市机关单位上年度形成的5万件电子文件全部移交进馆，在全国档案系统首开大规模接收电子文件进馆的先例。

档案行政管理

对全市73项重点建设项目、60项重点工业投资项目下发《重点项目档案管理监督通知书》，实施重点监督指导。在市政府机构改革期间，提出档案处置的意见，制订机构变动单位档案处置方案，指导13个撤销单位整理移交档案。与市民政局联合印发《青岛市诚信民间组织档案管理办法》，确定了企业信用档案的范围，指导海尔集团、青岛建设集团等单位建立信用档案专题目录。与市人大科教文卫委员会、市政府法制办联合对全市档案法律法规的贯彻实施情况进行了重点检查。组织对12个区市、96个市直机关单位和32个市直企业单位档案工作进行了年度检查。

档案服务和品牌建设

为产权制度改革和建立现代企业制度服务，与市国资委联合制发《关于加强国有企业产权档案管理的意见》。与市工商联、市个私局联合召开全市民营企业档案工作座谈会，提出为全市民营企业服务的具体措施，青岛市在山东省民营企业档案工作会议上作了经验交流。召开农业农村档案工作座谈会，提出全市农业农村档案工作思路。与市委组织部、市民政局联合制发《青岛市村党支部(党总支、党委)书记、村民委员会主任离任档案移交暂行规定》(试行)，得到国家档案局的肯定，并在山东省农业农村档案工作经验交流会上作了经验介绍。在全市开展创建“档案管理示范点”活动，涵盖档案规范化管理、信息化建设、服务工作、监督指导等档案工作的主要领域。市文档服务中心被市委、市政府指定为查阅现行公开文件的场所，国家档案局、山东省档案局以简报形式予以介绍和推广。组织召开了文档利用者座谈会，面向社会征求意见。被山东省政府办公厅列为《山东政报》免费赠阅宣传点，成为山东省唯一一家承担此项任务的档案部门。开展文档服务“到街头、送下乡、进社区”和送政策入户活动，为群众提供利用咨询、最新文件赠阅等服务。全年接待档案和现行文件利用者8271人次，受理热线查询1398人次，提供文档资料1.4万余卷(件)。《人民日报》、《中国档案报》、山东省人民广播电台、青岛电视台等10余家新闻媒体进行了采访和报道。

档案资源开发和宣传

年内，编辑出版了《胶澳租借地经济与社会发展》、《20世纪初青岛的城市建设与发展》、《从渔村到城市(一)》、《青岛城市发展备忘录(二)》、《2003中国·青岛人物年鉴》，与市党史办合作编辑出版了《青岛的“大跃进”运动》等档案汇编和专题资料。在《中国档案》、《山东档案》等专业刊物上发表档案学术研究文章17篇。青岛市开发利用档案信息资源项目在山东省档案局组织的评选中有261项成果获奖，占全省总数的27%，获奖数量、质量继续在山东省保持领先。在山东省档案学会组织的优秀成果评奖活动中，市档案局推荐的39项成果全部获奖，其中《青岛数字全书》等6项成果获一等奖，占一等奖总数的35%，居全省第一位。与市委宣传部联合举办了“跨越——从品牌经济到品牌城市”大型展览；在市档案馆举办了“城市记忆——滨海步行道照片档案征集成果展”、“永远的铁道游击队——刘知侠珍贵档案陈列展”；与市委宣传部、青岛日报报业集团、青岛电视台等单位联合举办、推出了“见证解放——纪念青岛解放55周年档案史料征集成果展”及有关节目等；举办了“伟人的足迹”网上图片展。“青岛市社科普及周”期间，组织市区近百名社区负责人和群众代表开展了“档案连着你和我——走进档案馆”活动。

(刘小林)

新闻出版·广播电视

·新闻出版管理·

概　况

2004年7月，根据《关于青岛市人民政府机构改革的意见》(青发〔2004〕12号文件)，青岛市调整了新闻出版管理体制，市新闻出版局(市版权局)与青岛出版社分设。

截至年底，青岛市有图书出版社2家，分别是青岛出版社、中国海洋大学出版社；有青岛市新华书店(集团)有限责任公司1家；有书刊批发经营单位12家、书刊零售经营单位829家；有电子出版物批发经营单位3家、电子出版物零售单位57家；全市共有报刊零售亭约530个；有综合性文化市场1个，即青岛市文化市场。有报业集团1家；有全国统一刊号的报纸12家、期刊44家；有连续性(报型刊型)内部资料17家；有各类印刷企业1300家(其中书报刊定点印刷企业28家)、复印打字单位999家；有中央、省驻青报刊社记者站36家。

全年出版图书1650种，比上年(下同)增加610种；有35种图书获得46个奖项，其中有2种图书分别获“国家图书奖提名奖”和“中国图书奖”;出版报纸12种6.46亿份、期刊44种1750万份。

市新华书店(集团)有限责任公司加强经营网点建设,提高了经营收入。市新闻出版局组织民营书店参加在北京、桂林等地举办的“全国书市”,推动了民营书业的发展;对青岛市文化市场进行了调整改造,改善了营业场所,扩大了经营规模;组建了书报刊发行业协会,开展图书市场调研和行业自律活动;接待了台湾、香港印刷业商会考察团;围绕印刷业发展开展调查研究,对结构调整、技术升级、企业改制加强了指导协调。

各区市加强招商引资,引进内、外资印刷企业,提高了青岛市印刷业的规模与档次。

“扫黄打非”与出版物市场监管

年内,按照青岛市“扫黄打非”行动方案的总体安排,分阶段组织开展了3个大规模活动,打击了各类出版物违法经营活动。

全市共查缴各类非法出版物85.3万余件,抓获从事出版物违法经营活动的不法人员244人;查获经营非法音像制品、电脑光盘5000盘以上和非法图书3000册以上的案件20余起;查处群众举报案件150余起,发放举报奖金60余万元;评选表彰了2003~2004年度“扫黄打非”工作先进集体和先进个人。

版权管理

年内,加强《著作权法》宣传,强化版权保护。推进政府部门软件正版化工作,完成了市级45个政府部门软件正版化工作,区、市级政府部门正版化工作全面展开,得到国务院办公厅、国家新闻出版总署等的肯定;全年完成著作权登记68件,其中软件登记8件、作品登记60件,青岛市作品登记数量连续4年居山东省首位;将版权讲座、咨询、登记和执法“一条龙”的版权保护机制引入家庭用品出口交易会、国际时装周、电子家电博览会等会展活动中,山东省新闻出版局推广了青岛市的做法;加强对以盈利为目的的建筑、广告设计行业侵权盗版行为的打击,查处了一批侵权盗版案件,保护了著作权人的合法权益;与有关部门联合在全市公务员范围内开展了著作权法律法规有奖答题活动,全市共有73个单位2.5万人参加了答题活动;“四二六世界知识产权日”期间,联合商标、专利等管理部门举办了知识产权社会宣传活动;组织开展了“拒绝盗版、从我做起”青少年联合签名活动。

内部建设

年内,清理和规范了全市新闻出版行政执法证件,明确了执法主体和资格。贯彻《行政许可法》,依法规范行政许可行为。先后举办3期《行政许可法》专题培训班,260余人参加培训;对行政审批事项进行新一轮清理,并在有关媒体予以公布。

制定了委托管理的有关制度,建立了科学的工作程序,提高了审批工作效率。开展调查研究,所撰写的《关于在转变政府职能中提高市场控制力的理论思考与实践探索》在全国新闻出版系统转变政府职能研讨会上作了交流。

(孙宝祥 张 莉)

·报 业·

青岛日报报业集团

概况 2004年,该集团所属各报刊有132篇新闻作品获省级以上奖励。其中,《青岛日报》刊发的《振超效率:赶超世界第一》获中国新闻最高奖——中国新闻奖一等奖,《青岛早报》刊发的“援京献血”系列报道获山东省精神文明建设“精品工程”入选作品奖。该集团获山东省新闻系统精神文明建设先进单位、山东省十年“青年文明号”突出贡献奖等9个省级先进集体称号和亚洲合作对话第三次外长会议筹备服务工作先进集体、第二届“北京2008”奥林匹克文化节(青岛)优秀组织奖、“2004年我为青岛发展献计策”市民活动月优秀组织奖、青岛市无偿献血工作先进集体等16个市级先进集体称号。

宣传报道 《青岛日报》先后开辟“兴起学习贯彻‘三个代表’重要思想新高潮”、“执政为民求真务实——三访谈活动纪实”、“加强党的执政能力建设——学习十六届四中全会精神访谈录”等专栏,《青岛晚报》、《青岛早报》、《青岛画报》、《老年生活报》、《读报参考》和“青岛新闻网”也都根据各自特点分别开辟专栏或刊发相关文章,宣传邓小平理论和“三个代表”重要思想及党的十六大和十六届三中全会、四中全会精神以及中央和省市委的重要决策、部署。围绕青岛发展的“三件大事”和建设“五个中心”、“四大基地”、“六大产业集群”,构建社会主义和谐社会,发展社会主义先进文化,创建“平安青岛”、“文明青岛”等加强宣传,推动了青岛经济社会的发展;涌现出了《青岛日报》的“党报记者调查”、《青岛晚报》的“记者进社区”、《青岛早报》的“民生报告”等典型报道,受到山东省新闻战线“三项学习教育”活动领导小组的好评。

完成了国家、省、市人代会及政协会的报道任务,开展了“纪念建国55周年”、“纪念青岛解放55周年”、“纪念青岛被列为全国沿海开放城市20周年”、“纪念邓小平同志诞辰100周年”等的宣传报道。完成了亚洲合作对话第三次外长会议、APEC会议、全国重点企业领导班子思想政治建设座谈会和青岛国际电子家电博览会、啤酒节、海洋节、韩国周、日本周等重要节会活动的宣传。完成了防治高致病禽流感的宣传报道。

全面报道了青岛市“奥帆赛”基地建设和各项“迎奥”活动;《青岛日报》、《青岛晚报》、《青岛早报》均派出记者赴雅典采访了奥运会,报道了赛事和雅典奥运会的筹备、志愿者工作、安全保卫、竞赛管理、纪念品开发等方面的情况。推出了“弘扬城市精神的典型——谢振华”、“救助孙珊珊等白血病患者”、“打工妹研究生”、“见义勇为的中学生栾才玉”等一系列先进典型。

策划组织了“共建书香家园”、“征集奥运招贴画”、“邻居节邻居日”、“为外来务工者搭鹊桥”、“重走解放路”、“打工妹书屋”、“徒步青岛”、“山东知青回访格尔木”等一系列活动和报道。《青岛早报》刊发的社会新闻——《成群鲸鱼来青做客》,被数十家国内外新闻媒体转载。

许振超事迹报道 继上年推出“金牌工人”许振超的典型报道后,继续加强了对许振超事迹的后续报道,并将这一典型推向全国。4月,该集团在中宣部举办的许振超事迹报道经验交流会暨提高典型宣传水平座谈会上介绍了《青岛日报》首先发现、采写、总结许振超这一典型的经验。

“青岛新闻网”建设 自3月起,编辑出版了香港《大公报》(青岛版)。继繁体中文版、英文版、日文版、韩文版后，推出了法文版和德文版。日点击量超过1500万人次，进入全球网站前1000名行列。年内，利用市财政218万元拨款完成了设备升级和技术改造。

内部建设　年内，该集团在经营管理上实行了分报经营，所辖各报刊除设有各自的编辑部外，均设有自己的广告、发行等经营部门，构建了“独立核算、责任明确、集团考核、奖惩分明”的经营体制；全年广告总收入首次超过1.9亿元，比上年增长20%。

模拟成立了青岛晚报经营公司和青岛早报经营公司。进行了引进社会资本的探索。深化了劳动、人事、分配制度改革。开展了“三个代表”重要思想教育、马克思主义新闻观教育和职业精神、职业道德教育等“三项教育活动”。

作为山东省文化体制改革试点单位，该集团制定的文化体制改革方案报经市委宣传部批准，上报至中宣部和国家新闻出版总署。加强基本建设投入，开展多元经营，建成近2万平方米的仓储中心和540平方米的书画室，该集团物业管理总公司获得青岛市物业管理资质，并对11家学校、商场进行了有偿保洁和前期物业管理。

开展公益活动，为帮扶单位即墨市移风店镇马军寨村捐款40万元建希望小学和修建村级公路。

（张黎民）

青岛财经日报社

概况　2004年，《青岛财经日报》发行量超过10万份，经营收入超过3000万元。全年共有20余件新闻作品、专栏、专版获省市级以上奖励。

新闻报道　按照“突出财经特色，强化深度报道，追求精彩、精细”的思路，加强新闻选题策划，提高了办报质量。开辟“行业调查”、“问题性报道”、“深度报道”、“企业报道”、“现场新闻”、“鲜活新闻”等栏目，提高了新闻报道水平；加强对APEC会议、电子家电博览会、ACD会议、啤酒节、韩国周等会展和青岛对外开放20年、邓小平诞辰100周年、建国53周年纪念活动及“活力城市”评选等的报道；整合利用公共新闻信息资源，加强对国内外大事、要事的及时、精确报道，通过整合加工满足了读者深层次的阅读需求。

策划举办了“第二届青岛潜力品牌调查评选”、“才智对话”等活动。

（姜伟丽）

·出　　版·

青岛出版社

主要出版物　2004年，共出版社会科学、科学技术、文化教育、文学艺术、少年儿童、对外宣传以及旅游等门类读物225种，重印书达到1216种次（平均日出3.9种）；全年共发行本版图书3600万册。青岛电子音像出版社出版与图书配套的录音带及光盘104种。出版发行《小葵花》、《红蕾》等刊物360万册，《少年电脑世界》月刊23万册。招商周刊社全年发行《招商周刊》50期，期发量达3万份；《青岛财经日报》日均发行量达6万份。

特色图书　年内，为纪念邓小平诞辰100周年，出版了《邓小平理论前沿问题研究》；出版了国家“十五”规划重点图书《中国高等植物》（第十卷）；为配合全国学习许振超先进事迹出版了《当代产业工人的杰出代表——许振超》；出版了反映青岛市学习贯彻“三个代表”重要思想的《三个代表在青岛》（7册）和“爱心家肴”系列图书（10种）、《我的家》系列图书（8种）及日本文学系列《在世界中心呼唤爱》、《东京塔》以及校园青春文学《我们相同的十四五六七》，《赢得现代战争》等11种引进版图书等。

获奖图书　全年共有39种（套）图书获得省部级以上奖励49个。其中，《公民道德建设通论》获第十四届中国图书奖；“图说世界战争”丛书获第十九届北方15省、市、自治区哲学社会科学优秀图书奖、引进版社科优秀图书入选奖，入选100套“全国青少年喜爱的优秀图书”；《现代乡村景观旅游规划设计》等8部图书获第十九届北方15省、市、自治区哲学社会科学优秀图书奖；《实话录》等图书获第十八届华东地区优秀哲学社会科学图书奖；“家庭自我保健治疗”丛书、“爱心家肴”丛书（4种）、“童话快车”丛书（4种）、《英语故事集锦》、“世界标志”丛书、《义务教育课程标准实验教科书·数学》（一年级下册）、《蓝色家园》（3种）等获第十七届全国城市出版社优秀图书奖。《少年电脑世界》、《红蕾》获首届中国优秀少儿报刊奖。

青岛出版社在全国印装质量评选中获2003年度新闻出版总署出版物印制银奖。

（青岛出版社）

中国海洋大学出版社

2004年，共出版教材、教学参考书、学术专著等各类图书129种，其中新版图书105种、再版和重印图书24种；销售总码洋2076万元。先后出版了《国家安全法通论》、《随机工程海洋学》、《人体解剖与组织胚胎学》、《黄渤海近岸水域生态环境与生物群落》、《英国文学》、《系统生物学》、《当代科学技术前沿》、《文学的方式》、《大师的足迹》、《教育科研访谈面对面》、《创新与创业教育》、《管理学原理》、《伊格尔顿文艺思想研究》、《实用英语口译》等。有12种图书分别获山东省优秀图书编辑奖和华东地区高校出版社优秀教材学术专著奖，有40种图书获新闻出版总署出版物印制优秀产品一等奖。

（冯广明）

·广播电视·

广播电视宣传工作

十六大及十六届三中全会、四中全会精神和“三个代表”重要思想宣传　2004年，青岛市的电台、电视台开办了“高举党的旗帜，实践‘三个代表’”、“弘扬求真务实精神，大兴求真务实之风”、“落实科学发展观”等专栏，加强对十六大及十六届三中全会、四中全会精神和“三个代表”重要思想的宣传。

重点工作宣传　在全国、山东省“两会”期间，电台、电视台分别派出报道组，每日采制、回传、播出有关青岛代表、委员的新闻、专访等节目。ACD会议、APEC会议等重要国际会议期间，采写了大量新闻稿件并多次进行现场直播，对会议的召开提供了技术服务，市广电局被市委、市政府授予突出贡献单位称号。为加强对市委、市政府提出的各项重点工作，电台、电视台、《广播电视报》开设了100多个新闻专栏，组织了70多次现场直播和大型活动。围绕筹办奥帆赛工作，电台、电视台在北京进行了“青岛奥运传播日”暨“帆船之都”徽标发布仪式现场直播，组织策划实施了“千鼓百帆迎圣火，万众一心庆奥运”活动。电视台为配合“‘我为青岛发展献计策’市民月”活动，组织了“市民议事厅”大型直播活动。电台开办了“行风在线”栏目，邀请69位部门行业负责人来到直播间与听众进行直接交流。电台、电视台播发了“新时期产业工人的杰出代表许振超”、“小谢进京捐献干细胞”、“让爱心飞扬”等新闻、专题、文艺类节目，加强了对青岛的城市精神的宣传。加强了对邓小平诞辰100周年、人民代表大会制度建立50周年、沿海开放城市设立20周年、纪念青岛解放55周年以及青岛市入选“经济活力城市”等重大活动和题材的宣传。

对国内外宣传 青岛人民广播电台在中央人民广播电台播发稿件继续居全国同类城市第一位，在中国国际广播电台覆盖全球的“蔚蓝青岛”节目中播出专栏48期，联合山东省内的7个电台在早间黄金时段开办“半岛城市新闻”栏目。青岛电视台在中央电视台播发稿件继续在全国同类城市中居第二位，其中在“新闻联播”栏目发稿85条、居全国同类城市第一位；在凤凰卫视欧洲台、台湾东森电视台及美国斯科拉等电视媒体发稿20余篇；首次在欧洲区域主流媒体德国莱茵—内卡电视台举办了首届“青岛电视周”；与东方卫视联合在啤酒节现场直播了“花开中国”节目。

品牌建设与获奖情况 年内，青岛电视台对新闻节目进行了全面改版；“生活在线”栏目被评为全国十佳电视栏目，“今日60分”栏目被评为全国百佳电视栏目。青岛人民广播电台组织了“同三万里行”采访活动。青岛人民广播电台、青岛电视台组织了“优秀播音员主持人评选活动”。《青岛广播电视报》加强“岛城第一家庭报”品牌建设。“青岛有线数字传媒”采编新闻、信息28万条，开设了“阳光政务”、“天气”等16个便民板块。“青岛广通网”改版为“青岛传媒网”。全年广播电视作品获得省级一等奖、全国二等奖以上奖项达100余件；市广电局、青岛电视台获青岛市委颁发的实施中宣部精神文明建设“五个一工程”组织工作奖和突出贡献奖；青岛人民广播电台的评论《从南雁北飞看人才流动模式》第十次获得中国广播新闻奖一等奖。青岛广播电台占全市的市场份额90%左右，青岛电视台占全市的市场份额40%左右。

广播电视技术工作

有线数字电视建设 全年完成有线数字电视用户登记20.1万户，安装15.2万户，完成了年度整体转换任务。青岛市建设有线数字电视的经验被国家广电总局称为“青岛模式”，国务院总理温家宝、中央政治局常委李长春先后对青岛市建设有线数字电视工作予以肯定，国家文化体制改革领导小组在青岛市召开现场会推广青岛市建设有线数字电视的经验，全国有100多批次有线数字电视考察团到市广电局考察，英国《金融时报》和日本NHK电视台分别派出记者专程到市广电局采访报道。

网络建设与科研 广播电视全年共播出传输节目34.3万小时；台内停播率保持0秒/百小时，台外停播率达到2.05秒/百小时，均为历史最好水平。加强有线网络改造、骨干设备更新和日常维护，优化网络配置，有线网络日故障投诉率在0.1‰以内。完成ACD会议期间广播电视技术保障工作。组织研发了一批新的科研项目。其中，《数字电视多媒体信息系统》被国家广电总局鉴定为达到国际领先水平，《青岛有线电视地下管网总体规划》和《青岛有线电视网络工程施工规范和工艺标准》获国家广电总局科技创新奖。

广播电视管理

对行政许可事项进行清理，建立服务承诺制度，规范行业管理。加强对境外卫星电视的联合执法，全年共打击非法销售、安装卫星电视接收设施窝点12个，没收卫星设施100套，拆除居民非法使用的卫星接收设施365件。加强对全市广播电视机构广告播放与电视公共频道节目插播的日常监管，重新核准了广告播出时间和内容，纠正了广告播出超时等问题，得到国家广电总局、山东省广电局的肯定。加强有线电视和有线数字电视的服务工作，受理有线电视和有线数字电视用户投诉、咨询，客户投诉回访率达到100%。建立了受众接待室，收集听众、观众的意见，全年接待来信来电来访1000多人次。

产业经营

年内，电台、电视台广告和有线网络经营收入快速增长，市广电局总收入比上年增长15.34%。加强与广播电视相关产业的开发。“满汉全席”栏目向国家广电总局申请承办“数字付费电视美食频道”获得通过；与青岛开发投资有限公司合作的移动数字电视项目正式签约；小白帆影视文化传播有限公司增资扩股；青岛广电影视制作公司筹建工作进展顺利。

对外交流

年内，派员赴美国考察广播电视工作，赴韩国大邱市出席青岛电视台与大邱文化放送株式会社结好10周年活动，赴德国曼海姆市和莱茵内卡电视台访问并签订友好合作协议书，赴台湾东森电视台进行访问，赴德国曼海姆市进行文艺演出，赴希腊雅典考察、采访第二十八届奥运会，赴瑞士、奥地利进行技术考察，赴日本进行业务考察。

1月，德国曼海姆市第一副市长诺伯特·艾格尔和德国莱茵内卡电视台台长伯特·西格曼一行来市广电局考察。3月，韩国全罗南道知事代表团一行来市广电局访问。4月，英国《金融时报》总编安德鲁·格温斯率该报记者到市广电局采访青岛有线数字电视发展情况；德国巴伐利亚广播电视台总编辑戈特利布一行到市广电局访问。8月，韩国大邱文化放送株式会社社长金钟午一行到市广电局参加青岛电视台与韩国大邱文化放送株式会社建立友好关系10周年庆典仪式。9月，德国曼海姆市副市长埃格一行到市广电局考察；香港星空传媒业务拓展总监季哲甫一行到市广电局考察。11月，韩国文化观光部代表团一行到市广电局访问。10月，青岛电视台和德国莱茵内卡电视台共同举办的首届“青岛电视周”在德国开播，这是青岛电视台首次在欧洲区域主流媒体举办“青岛电视周”。12月，第三届澳门“青岛电视周”在澳门广播电视股份有限公司中文台开播，展播了由青岛电视台制作的大型系列节目“青岛的路”。

（汤兆仁）

卫生·体育

·卫　生·

卫生事业概况

2004年,青岛市拥有卫生事业机构2492个。其中,医院114个,卫生院109个,疗养院10个,专科防治所(站)6个,卫生防疫机构20个,卫生监督所13所,妇幼保健机构9个,门诊部、诊所、卫生保健所、医务室2193个,急救中心1个,采供血机构7个,其他卫生事业机构9个,医学科研机构1个。全市卫生机构拥有床位2.54万张(含疗养院1767张),按社会人口计算,全市每千人口拥有医疗床位3.3张。全市拥有卫生专业人员3.94万人,其中卫生技术人员3.29万人;在卫生技术人员中,医生1.4万人、护士1.05万人,医护比为1:0.75。

年内,全市各医疗机构诊疗人次1191.4万人次,其中门、急诊1138.7万人次。全市各医疗机构接受入院治疗病人46.4万人次,实际占用总床日数542.6万天。全市各医疗机构实际病床使用率66.7%,病床周转次数20.8次,出院病人平均住院日11.3天。全市孕产妇死亡率下降到12.79/10万,婴儿死亡率下降至5.08‰;新生儿疾病筛查共筛查患儿8.21万人,筛查覆盖率达到96.1%。2003年青岛市人口平均期望寿命达到77.10岁,其中男性为74.13岁、女性为80.34岁。居民健康状况主要指标均居全国前列,达到国内领先水平。

公共卫生

加强公共卫生长效机制建设,提高了公共卫生服务水平和应急能力。加强公共卫生"两个体系"(疾病预防控制体系、医疗救治体系)建设,初步建立了市、区(市)两级指挥协调体系和突发公共卫生事件应急处理中心;加强公共卫生基础设施建设,建设公共卫生突发事件应急反应电子信息网络,全市建立疫情监测点657个,有100个二级以上医疗卫生机构和109个乡镇卫生院实现疫情网络直报,疫情报告及时率85.5%,准确率99.2%。提高了传染病疫情的监测和预警、预报能力。青岛市加强公共卫生长效机制工作的做法和经验在山东省"两个体系"建设工作会议上进行了介绍并在全省推广。

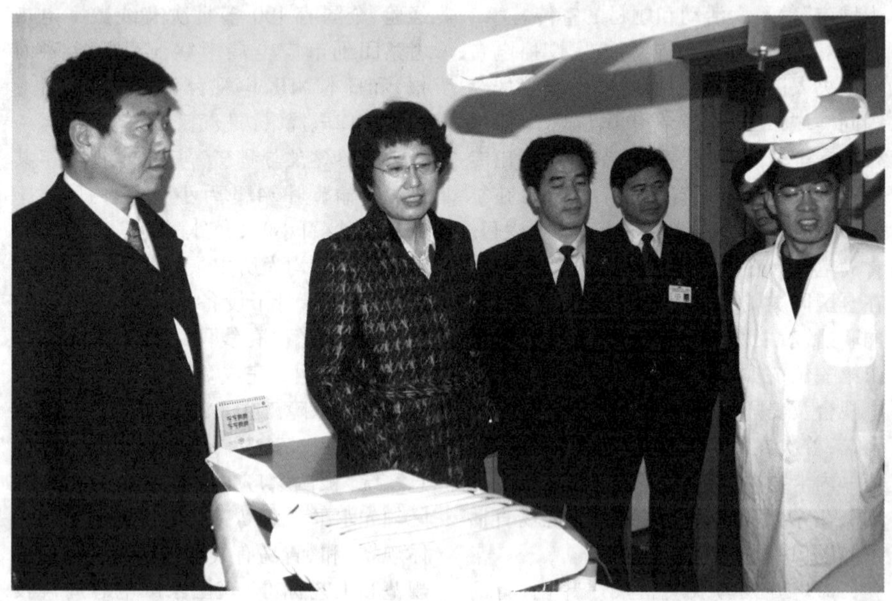

2004年11月,副市长臧爱民(左二)到崂山区刘家下庄村新型农村合作医疗点调研。
(市政府督查室供稿)

疾病防治

贯彻传染病防治法律、法规和规章,落实各项防治措施,做好重点传染病和慢性非传染性疾病的预防、控制和治疗工作。加强了艾滋病、结核病、乙肝、流行性出血热、狂犬病、传染性非典型肺炎、禽流感等重点传染病的防治工作;加强了儿童计划免疫、消毒隔离、血液管理和安全注射等防控措施,儿童计划免疫建证、建卡率达99%,"五苗"基础免疫接种率均保持在95%以上;提高了疫情应急处置能力,做到早发现、早报告、早隔离、早治疗,实现了不发生传染病暴发流行的目标;山东省政府在青岛市召开艾滋病防治工作会议并推广了青岛市工作经验。

推进黄岛区慢性非传染性疾病防治示范工作,在镇以上医疗单位实施了恶性肿瘤、急性心肌梗死、脑卒中、高血压、糖尿病等新发病例报告制度;建立了道路意外伤害监测系统,建立了居民健康档案,开展了居民营养健康调查,发布了《青岛市居民营养与健康状况白皮书》;开展健康指导和群体干预工作。

社区与农村卫生

截至年底,市内四区已建立社区卫生服务中心19个,社区卫生服务站116所,总覆盖人口达到200万人。

五市三区全部建立了新型农村合作医疗制度,开展了农村贫困人口大病救助工作。落实合作医疗管理组织、经办机构和人员等,建立健全了各项工作制度和运行机制,青岛市成为全国首家以地市为单位全面开展新型农村合作医疗的城市,全市385.01万名农民参加了新型农村合作医疗,村覆盖率达到100%,人口覆盖率达到89.36%。

按照"政府参与、财政支持、对口帮扶"的原则,实施了新型卫生支农工程,向农村地区提供人才、技术、设备、管理等方面的对口帮扶。

妇幼卫生

继续实施了"母亲安全"项目,提高了孕产妇的自我保健意识;为医院产科配备"孕妇急救卡",开展急救知识培训,全年培训医护人员1681人;加强对乡镇卫生院产科质量检查和督导,提高了农村产前保健率、保健质量和医院产科抢救的整体水平。继续实行孕产妇围产儿死亡评审制度,为降低孕产妇和围产儿死亡率提供了制度保障。

区域卫生规划和卫生资源配置

继续实施区域卫生规划,对城市医疗卫生机构进行调整、重组,优化卫生资源配置。《青岛市卫生局直属医疗机构资源调整优化方案》已经第三十九次市长办公会通过,新修订了《青岛市区域卫生规划》,确定了"发展两极(集团化区域性医疗中心、社区卫生服务)、调整中间(二级医疗机构)"的城市卫生服务体系改革框架。青岛市"十一五"区域卫生规划在卫生部组织的全国区域卫生规划会议上做了经验介绍,并获得了全国区域卫生规划研究奖。

中医工作

贯彻落实《青岛市农村中医药工作行动计划(2003~2005)》,加强中医学科规范化、标准化建设;启动了青岛市"绿色医疗"服务品牌创建工程和养生保健指导医师培养工作,推出"绿色医疗"服务特色医院6家,培养养生保健指导医师100余人,开设养生保健指导门诊25个;开展了中医医疗质量信誉评估工作,提高了中医医疗质量。青岛市加强中医工作、推动中医事业发展的措施得到了国家中医药管理局的肯定,实施"绿色医疗"工作的经验在全国推广。

卫生法制

全市卫生行政机关和卫生监督机构围绕人民群众普遍关心的食品卫生、学校卫生、职业卫生和医疗市场规范等热点问题,继续加强食品放心工程、食品卫生量化分级管理、"绿色校园"、职业卫生和医疗市场监管,组织开展了多次专项整治活动,共监督检查各类单位10万余户次,立案查处违法单位2900多个,罚款300多万元,查处各类食品生产加工黑窝点50余个,销毁不合格产品30多吨;全市食品抽样监测合格率由上年的87.3%提高到91.3%。完成了APEC会议、ACD会议、啤酒节、韩国周、日本周等节庆活动及政治保障任务80多项,保障人数5万多人。继续开展"送法进企业,服务到基层"宣传培训活动,并针对重点职业危害行业、主要危害因素开展了苯及其化合物、乡镇企业个体工商户、有毒有害化学品等4次大规模专项执法检查,检查企业500余家,处罚57家,收缴罚款40余万元。

科教兴医

加强重点学科、特色专科及特色项目的规划和管理;卫生科技成果创历史最好水平,全市卫生系统获山东省科技进步奖8项和青岛市自然科学奖7项、科技进步奖56项;全年申报各种课题289项。

医疗质量监管

在建立病理、检验质量控制中心的基础上,建立了医学影像、ICU(重症监护病房)专业的质量控制中心;加强了医疗机构的审批登记注册工作,暂停了医疗机构的审批,初步解决了"乱办医"问题;制定了相关质量控制标准和操作规范,建立了医疗质量信誉评价制度,对医疗质量实行分级管理。

业务拓展与精神文明建设

年内,在市立医院东院区建立了青岛市首家国际门诊、儿童接种门诊,配备了高素质的医护人员,为驻青外国人提供本土化医疗保健服务。参与外商投资项目咨询和论证,为外商提供卫生法律法规咨询和技术指导服务,优化招商引资工作所需要的卫生环境。

开展了针对医务人员收受"回扣"、"红包"和开单提成、乱收费等的专项治理活动,青岛市卫生系统纠正不正之风工作在卫生部纠正不正之风工作会议上做了经验介绍。开展了以建设优秀医院文化等为主要内容的创建文明行业活动,全市卫生系统共创建服务品牌107个,市卫生局获全国医院文化建设先进单位称号。青岛市再次获无偿献血先进城市奖,977人获无偿献血奉献奖,占全国获奖总人数的20%,占山东省的66%,无偿献血工作继续保持全国领先地位。

(任福荣)

·体　育·

2004年,青岛市体育局先后获"全国全民健身周"优秀组织奖,山东省"第二十八届奥运会贡献奖"、"2004年度全年贡献奖"和"退役运动员安置工作先进奖",被市委、市政府授予"第二十八届奥运会突出贡献奖"并记集体二等功。

群众体育

概况　截至年底,全市有体育辅导站点3200余个、体育单项协会36个、体育俱乐部142个,拥有完善的社会体育指导员培训和国民体质监测网络,构建了全民健身服务体系。加强了社会体育指导员队伍的培训,先后有500余名社会体育指导员获得二级以上社会体育指导员资格,近4000名三级社会体育指导员走向辅导岗位,全市社会体育指导员总数达到9100余人。全年举办了近100项市级以上的大型全民健身活动和1000余项小型多样的体育健身活动。全市拥有全国体育先进社区6个、省级体育先进社区12个和市级体育先进社区28个。

主要活动　1月1日,"联通杯"青岛市全民健身万人长跑暨青岛市越野比赛举行,全市各界1万余人参加了长跑活动,2000余名运动员参加了10个组别的越野比赛。1月10日,山东省国民体质测定示范站揭牌仪式暨青岛市国民体质监测中心启动仪式举行,该中心全年完成4000余人的体质监测。3月20日,"2004年青岛市'体育三下乡'活动"启动仪式举行。4月17日,"中坤杯"全国群众登山健身大会启动仪式及青岛市"招商银行一卡通杯"全民健身登山日活动举行,该活动主会场设在崂山景区,全市设有13个分会场,有组织地免费开放了30余处山头公园、景区,共有20余万群众参加了登山活动,中央电视台转播了登山活动。4月24日,北京、青岛奥运伙伴城市社区体育交流展示活动举行。6月26日,"洁神杯"青岛市第二届全民健身万人健行活动举行,全市各界2万多人参加。7月13日,由国家体育总局、教育部、团中央主办的"全国亿万青少年儿童体育健身活动展示大会"暨青少年奥林匹克夏令营活动在青岛市举行。8月21日,以"拥抱海洋、挑战自我"为主题的2004年青岛市全民健身横渡汇泉

湾活动举行,5000余人参加了横渡活动。10月6~7日,“百通杯”青岛市首届沙滩健身节举行,举办了“帆船之都”运动项目推广系列、沙滩体育健身竞赛系列、“火热生活——合家欢”沙滩家庭趣味运动会、“动感激情”广场体育比赛表演、“怀旧情丝”广场民俗表演、“健康每一天”滨海栈道健行、“黄金海岸”万人垂钓活动等7个系列、40余项体育健身比赛和表演活动,先后有2万多人次参与活动。年内,还举办了青岛市全民健身月宣传日活动暨健身场所大展示活动、“英派斯杯”青岛市第三届社区健身节开幕式及社区体育大展示活动和青岛市首届篮球节、球王争霸赛、AC米兰训练营、足球邀请赛、网球俱乐部联赛等赛事活动。

竞技体育

青岛市有体育专业队1个、队员56人,设有田径、游泳、射击、足球、柔道、乒乓球、羽毛球、拳击、摔跤等9个项目。有重点体校6所,队员938人。其中,体育运动学校1所,在训运动员291人;军事体育学校1所,在训运动员202人;市第二体育场在训人数170人,水上运动训练基地在训人数102人;棋院1所,在训运动员100人。另有各类武校4所,业余体校12所,在训运动员共计3100余人,设有田径、足球、游泳、体操、举重、柔道、摔跤、射击、篮球、排球、乒乓球、武术、散打、击剑、跆拳道、拳击、帆船、皮划艇、赛艇、网球、羽毛球、沙滩排球、手球、自行车、航模、棋类、桥牌、健美等31个项目。全市共有注册职业足球俱乐部2个,足球学校4所,业余足球俱乐部10个,注册教练员150人,运动员625人(其中职业运动员65人),国家一二级足球裁判员121人。

年内,组建了由60余名运动员构成的皮艇、划艇、赛艇和帆船运动队伍,并相继投入了训练。成立了青岛市体育科学选材领导小组,完善了三级选材网络。承办了7项山东省锦标赛和9项市级比赛,组织参加了39项次的山东省锦标赛,共有1200人次的运动员参加了比赛。

在参加省级以上比赛中,青岛市运动员共获得金牌230.5枚、银牌188枚、铜牌149枚。其中,在世界级比赛中获得金牌7枚、银牌6枚、铜牌1枚,在亚洲级比赛中获得金牌3枚、银牌6枚、铜牌2枚,在全国比赛中获得金牌37枚、银牌37枚、铜牌30枚,在山东省青少年锦标赛中获得金牌183.5枚、银牌139枚、铜牌116枚。

2004年雅典奥运会,青岛市共有8名运动员和1名教练员入选中国体育代表团,参加了田径、游泳、柔道、射箭、篮球等5个项目的比赛,分别是中国女子柔道队国家队领队、教练徐殿平,女子柔道运动员刘霞、李淑芳,女子射箭运动员张娟娟,女子游泳运动员周雅菲、李杰,男子田径运动员刘飞亮,女子田径运动员黄潇潇,女子篮球运动员陈楠。其中,柔道运动员刘霞获女子柔道-78公斤级银牌,女子射箭运动员张娟娟获女子射箭团体银牌,女子游泳运动员周雅菲获女子游泳4×100米混合泳第四名。

11月27日~12月2日,“青岛钢铁杯”第四届中国青岛国际柔道公开赛、“青岛福彩杯”第四届中国青岛国际柔道训练营举行,其中有20余个国家和地区的200余名官员、运动员参加。12月28日,中国青岛天泰2008鹰铃级帆船队成立大会举行。

场馆设施

截至年底,全市有体育场51个、田径场77个、体育馆13个、游泳池12个、海水浴场7处、网球馆6个、网球场59处、保龄球馆9个、乒乓球馆40个。年内,完成了胶南市水上运动训练基地的工程建设和第二体育场场地改造,进行了弘城体育场、市军体校等单位场地设施的翻新和维修,改善训练条件和全民健身活动的场地设施。通过社会赞助、体育和福利彩票公益金等举措,加快了群众身边体育健身设施的建设,全市健身路径总数达到799条。

(高绪和)

市民收入消费与物价状况

·城市居民收入消费状况·

收入情况

据抽样调查表明,2004年青岛市城市居民人均可支配收入11088.81元,比上年(下同)增长10.1%。从构成看,工薪收入平稳增长,家庭经营净收入和转移性收入快速增加,而财产性收入有所下降。

工薪收入平稳增长 城市居民可支配收入的主要来源为工薪收入,2004年人均为8540.04元,增长5.8%,拉动居民全部收入增长4.2个百分点。居民工薪收入增长的主要原因是:2004年以来青岛市陆续出台增资政策、扩大就业和安置下岗失业人员再就业,确保了全市职工工资收入稳步增长。

经营性收入增长迅速 2004年,青岛市城市居民人均经营净收入318.41元,增长1.5倍,拉动居民全部收入增长1.7个百分点。经营性收入高速增长的主要原因是:个体经济发展的外部环境有了一定改善,从而促进了个体经济的迅速发展。

转移性收入较快增长 转移性收入的主体是养老金和离退休金。由于各级政府高度重视,保证了离退休职工的养老金和离退休金能按时足额发放。另外,2004年出台的为离退休人员增加生活补贴等政策,进一步促进了青岛市城市居民转移性收入的较快增长。2004年人均转移性收入为3149.00元,增长15.20%,拉动居民全部收入增长3.7个百分点;其中,养老金和离退休金人均为2440.85元,增长25.4%。

财产性收入有所下降 受金融、证券投资市场不景气的影响,再加上居民投资理念的局限,青岛市城市居民未能将手中的资产充分保值增值。据抽样调查,2004年城市居民人均财产性收入为

149.50元,下降45.1%。其中,股息和红利、其他投资收入分别下降12.2%和77.0%。与之相反,居民出租闲置房屋已成为财产性收入的重要来源,人均出租房屋收入为47.15元,约占财产性收入的1/3,增长1.5倍。

居民收入构成趋向多元化 据抽样调查,青岛市城市居民工薪收入占家庭总收入的比重为70.2%,下降1.8个百分点;经营净收入占家庭总收入的比重为2.6%,增长1.5个百分点;转移性收入占家庭总收入的25.9%,增长1.5个百分点。随着城市居民就业意识的转变和创业意识的增强,对市场经济的适应能力正在逐步提高。

消费情况

随着收入的增加,居民的消费水平也不断提高。2004年青岛市城市居民人均消费支出9002.32元,增长11.7%。恩格尔系数下降1.3个百分点,为38.0%。在八大类消费项目中,教育文化娱乐服务、家用设备服务、交通和通信、居住等在上年较高增幅的基础上继续快速增长。

教育文化娱乐服务增幅领先 2004年,青岛市城市居民人均用于教育文化娱乐服务支出1414.53元,增长27.4%,成为居民消费中仅次于食品类的第二个过千元的消费大项。其中,人均文化娱乐服务支出275.55元,增长86.7%。主要是居民在"五一"、"十一"黄金周旅游消费升温,旅游人次增加,仅团体旅游费支出人均就达134.51元,增长1.1倍;门票等参观游览费49.92元,增长1.7倍;其他文化娱乐活动支出增长29.7%;人均健身活动支出是上年的3.1倍,人均购买健身器材支出11.64元、增长3.7倍;人均教育消费支出767.90元、增长41.4%,其中非义务教育学杂费人均支出350.45元、增长57.7%,成人教育费支出70.53元、增长63.0%,学校住宿费支出20.03元、增长1.7倍;另外,购买教育软件支出增长1.6倍,购买其他教材支出增长5.7倍,家教费和各种培训班费用分别增长18.8%、8.3%。

家庭设备用品及服务全方位迈向现代化 2004年青岛市城市居民人均家庭设备用品及服务支出为553.50元,增长23.6%。

作为居民家庭中大件商品家庭设备的拥有量不断增加,更新加快,档次提高。全年人均购买冰箱、洗衣机、空调、淋浴热水器、微波炉等家庭设备支出211.10元,增长45.5%。年内,人均购买空调支出达73.90元,增长43.4%;购买淋浴热水器支出19.13元,增长62.8%。

交通通讯成为持续的消费热点 2004年,居民家庭人均用于交通和通讯方面的支出达914.10元,增长17.5%。其中,交通支出382.35元,增长39.2%,主要是购买私家车等交通工具的支出增长17.2倍所致;通讯支出531.76元,增长5.7%。

私家车和通讯工具的增多带动了车辆用燃料、交通工具服务支出和通讯服务的全面上升。据抽样调查,2004年人均购买车用燃料支出增长26.7%,交通工具服务支出增长3.1倍,电信费支出高达43.98元、增长14.6%。

住房消费成为家庭重要支出 2004年,青岛市城市居民家庭人均用于住房装潢支出209.85元,增长10.6%;维修用建筑材料支出增长20.1%,租赁房房租支出增长20.2%,水电、燃料及其他支出增长5.7%。随着居民小区及系列配套服务项目的增加,居民家庭用于居住服务的费用明显增长,物业管理费等居住服务支出增长1.9倍,人均达69.31元。

医疗保健支出继续快速增长 据抽样调查,2004年,青岛市城市居民家庭人均医疗保健支出678.22元,增长11.1%。其中,人均滋补保健品支出125.46元,增长85.0%;医疗费支出206.99元,增长45.0%;保健器具支出25.47元,增长26.1%;人均药品费支出降低了21.5%,主要得益于各级政府对医药市场的整顿,使居高不下的药价得以下降。

食品消费出现超常规增长 2004年,受价格因素影响,青岛市食品类价格上升4.0%,价格上涨使居民的食品支出增加,全年人均食品支出3423.60元,增长8.2%,扣除价格因素,实际增长4.0%。

粮食、蛋类、肉类食品价格的大幅度上升,使居民家庭用于购买这三类食品的支出出现大幅度增长。2004年人均购买粮食支出253.54元,增长33.8%,因粮价上升人均增加支出26.33元。购买蛋类支出111.48元,增长10.8%,因蛋价上升人均增加支出28.68元。购买肉类支出488.33元,增长8.6%,因肉价上升人均增加支出106.12元。粮、蛋、肉等3类主要食品价格上升,使全年人均多增加支出161.13元,食品价格的波动给普通市民特别是低收入家庭的生活带来了影响。

(市统计局)

·物价状况·

概　况

2004年,青岛市价格总水平呈现小幅上涨走势,市区居民消费价格总水平全年平均上涨了2.10%,在全国36个大中城市中居第29位。

全年价格指数变动情况:从同比价格走势看,第一季度居民消费价格总水平小幅走高,平均上涨1.50%;第二季度开始逐月攀升,平均上涨2.50%;第三季度涨势最为突出,平均上涨3.60%,其中7月涨幅达到2001年以来的高点,上涨了4.60%;第四季度涨幅明显回落,平均上涨了0.80%,其中12月仅上涨0.30%。从月环比价格走势看,上半年只有1月和4月略有上升,其他月份略有下降。下半年逐月攀升,各月升幅在0.10%至0.90%之间,呈现出小幅上升趋势。从消费价格指数构成看,全年八大类居民消费价格指数"四升四降"。上升的有食品、衣着、娱乐教育文化用品及服务、居住等4类价格,平均升幅分别为4.00%、3.60%、5.00%和1.90%。下降的有烟酒及用品、家庭设备用品及服务、医疗保健和个人用品、交通和通讯等4类价格,平均降幅分别为1.90%、1.00%、4.40%和2.20%。

粮食价格

3月粮食价格出现上扬。夏收后,小麦价格因全国性粮食丰收而出现下降,此后一直保持相对稳定;玉米价格秋收后一直保持稳中趋弱走势。至12月,小麦价格每500克(下同)0.82元,比1月上涨13.90%;全年平均0.81元,比上年上涨42%。玉米价格0.67元,与1月价格基本持平;全年平均0.67元,比上年上涨21.80%。面粉价格走势与小麦价格走势基本相同,12月价格为1.10元,比1月上涨5.80%。大米价格由于国内外市场供需发生变化,年初出现迅猛上涨,此后价格一直不断走高,9 月达到 1.53 元,11 月大米价格出现较大幅度的下跌,12 月落至 1.38 元,比 1 月上涨 25.50%;全年平均 1.39 元,比上年上涨 43.30%。从粮食同比价格指数看,第一至第三季度涨幅较高,第四季度涨幅开始明显缩小,12 月上涨了 8.60%,比6 月的最高涨幅回落了 9 个百分点,全年平均上涨了 13.90%,其中上年涨价的翘尾影响占 8.9 个百分点。

油料、油脂价格

2004 年,大豆、花生由于国内外市场基本供略大于求,加上秋粮丰收,其价格呈现出稳中趋降走势。上半年价格相对平稳,下半年在出现明显回落之后趋于相对稳定,12 月价格分别为 1.50 元和 2.65 元,比 1 月的 1.85 元和 3.10 元分别下降 19.00% 和 14.50%;全年平均分别为 1.78 元和 3.02 元,比上年的 1.71 元和 2.88 元分别上涨 4.10% 和 4.90%。从油脂同比价格涨幅看,呈缩小趋势,全年平均上涨 15.70%,其中上年涨价的翘尾影响占 12.8 个百分点。

肉、蛋价格

受 2003 年“非典”和 2004 年禽流感疫情影响,猪肉价格明显上涨,6 月同比涨幅高达 48.50%,10 月生猪货源紧张状况开始缓解,猪肉价格随之小幅回落,12 月瘦肉价格每 500 克 8.06 元,比 1 月增长 2.50%,全年平均猪肉价格上涨了 29.60%。鸡蛋价格在年初受“禽流感”影响一度走低,4 月开始快速走高,6 月同比上涨了 45.70%,10 月鸡蛋供应紧张状况缓解,价格明显回落,12 月价格为 2.85 元,比 1 月增长 7.40%,全年平均涨幅 32.80%。

鲜菜、水产品价格

总体看 2004 年鲜菜价格呈稳中有降态势,没有出现大的波动。6～8 月鲜菜同比价格涨幅较高,主要是 2003 年“非典”造成的不可比因素所致,年平均分别上涨 18.73% 和 7.66%,随后的 9～12 月鲜菜同比价格均呈下降态势,特别是 2004 年大白菜丰收,同比价格下降了 1 倍,全年平均鲜菜价格下降了 6.20%。由于青岛市水产养殖业快速发展,养殖品种和规模都有较大增加,全年水产品价格除个别月份外基本呈下降走势,平均降幅为 6.70%。

工业消费品价格

家电等耐用消费品、室内装饰品、文娱用耐用消费品、通信工具等价格继续走低,国家降低药品价格政策使得药品价格不断下降,全年平均家庭设备用品、医疗保健和个人用品、交通和通讯等 3 类价格分别下降了 1.00%、4.40% 和 2.20%。服装价格上涨 6.50% 并影响衣着类价格上涨了 3.60%。煤电油运供求紧张,石油、煤炭价格上涨影响液化石油气、蜂窝煤价格上升,使相关价格增长 1.90%。

原材料购进价格

各月同比价格涨幅均在 10% 以上,全年平均上涨了 13.62%。统计的九大部类购进价格全面上涨。其中,燃料动力类、化工原料、木材及纸浆、建筑材料及非金属矿类等 4 类购进价格涨幅呈逐月扩大趋势,全年平均分别上涨 13.61%、9.95%、8.47% 和 23.65%。有色金属材料原材料类购进价格各月增幅均在 10% 以上,年平均上涨 14.8%,黑色金属材料类购进价格大幅上涨,下半年涨幅出现适当回落并相对稳定在 20% 左右,年平均上涨 32.28%。农产品和纺织原料购进价格前三季度保持较高涨幅,第四季度明显回落。

工业品出厂价格

全年上涨 2.92%。其中,重工业和生产资料出厂价格涨幅呈扩大趋势,第四季度涨势较为突出,全年上涨 6.26% 和 4.80%。轻工业品出厂价格稳中略升,上涨 1.09%,但以农产品为原料的轻工业品出厂价格前三季度持续上涨,第四季度涨幅明显回落,全年平均下降 1.12%。以非农产品为原料的轻工业品出厂价格一直呈下降走势,11 月开始止降小幅回升。生活资料出厂价格稳中略升,上涨 0.63%。

化肥价格

2 月,尿素、三元复合肥、磷酸二铵市场零售价格达到每吨(下同)1600 元、1800 元和 2300 元,分别上涨了 19.4%、20% 和 12.7%。3 月,化肥价格普遍有所回落。5 月后,受国际市场价格、出口不减、进口减少等因素影响,尿素价格快速走高。7 月是需求旺季,加快了价格上扬。8 月,尿素价格在需求淡季不仅不降反而继续攀升,创下了全年最高水平,达到 1900 元,碳酸氢铵价格最高达到 600 元。9～10 月是复合肥销售旺季,价格达到全年最高点 2000 元。11 月至年底化肥价格在高位有所回落。12 月,尿素、复合肥、碳酸氢铵价格分别为 1700 元、1900 元和 520 元。

(尹晓红　贺　芳)

劳动和社会保障·民政

·劳动和社会保障·

2004 年,青岛市劳动保障系统获省、国家级表彰奖励 30 多项次。市政府被评为全国再就业工作先进单位。

就业再就业

概况　全年全市实现就业 14.1 万人,同比(下同)增长 26%,连续 3 年实现就业增速大于失业增速。年末城镇登记失业率 3.1%,为 2001 年以来的最低点。落实促进就业政策,9.4 万名失业人员领取了《再就业优惠证》,其中 80% 有求职要求的失业人员实现了再就业;为 297 户吸纳失业人员的企业减免税收 6900 多万元,为 1 万多名从事个体经营的失业人员减免税费 1500 多万元。市、区

(市)两级促进就业资金总规模达到2亿元,其中市级1.5亿元。加强岗位开发,全市新开发政策扶持性岗位2.1万个,公益性岗位存量达1万多个,有求职要求的就业困难人员安置率达到了92%。改善创业环境,开通了“永和热线”,初步建立了组织领导、创业培训、项目开发、资金扶持、后续服务“五位一体”的创业工作机制,全市组织创业培训5000多人,创业成功2500多人,带动就业1万多人。加强农村劳动力转移就业工作,全市农村劳动力转移15.7万人,其中向青岛市第二、三产业转移9万人,组织农村劳动力参加职业培训4万人。

职业技能培训　年内,出台了《2004~2008年技能人才培养规划》,完善了职业技能培训的政策体系。实施了“金蓝领”培训工程,启动“万名技师培训计划”,全市新培养技师、高级技师901人。完善了高技能人才奖励机制,全市享受政府津贴的突出贡献技师达到49人,并在全国首次评选7名高技能人才为全市拔尖人才。加强失业人员培训,完善政府购买培训成果机制,全市培训失业人员4.3万人,其中“4045”人员1.3万人。加强职业培训基地建设,青岛市高级技校新校区建设方案初步确定,山东省第一所公共机电实习训练基地投入使用。技工教育快速发展,全市技工学校当年招生1.56万人,创历史最高水平;毕业生安置4643人,安置率达98%。落实职业资格证书制度,全市7.6万人参加职业技能鉴定,其中6万人获职业资格证书。举办了第八届职业技能大赛,选拔产生了49名状元、1名大师、296名技术能手。

社会保险

完善社会保障体系　国有、集体企业养老保险缴费比例由23%下降到21%。在城阳、黄岛、崂山等3个区全面启动新型农村养老保险制度,参保人数达到30多万人,当期收缴社会养老保险费5.89亿元。重新制定并出台了《青岛市城镇职工基本医疗保险规定》,提高了医疗保障能力,降低了职工负担水平,该规定将从2005年2月1日起实施。在总量控制、保证医保基金收支平衡的基础上,对16个病种实行了单病种结算办法。实施新的《工伤保险条例》,完善失业、生育保险制度。推进企业退休人员社会化管理工作,全市纳入社会化管理的企业退休人员达34.8万人,社会化管理率达到98%,其中社区管理率72%。

社会保险扩面征缴　全市企业养老保险扩面新增参保职工20万人,比年初净增10万人,参保缴费职工首次超过100万人。扩大医疗、失业、工伤、生育保险覆盖面,参保人数分别达到140万、96万、83万、72万人。社会保险基金征缴率继续保持较高水平,企业养老、医疗、失业保险基金征缴率分别达到97%、95%、96%,工伤、生育保险达到94%,机关事业单位各项社会保险基金征缴率均在98%以上。加强清欠工作,追缴企业历年欠缴的社会保险费2亿元。通过扩面、征缴和清欠,缓解了降低缴费比例带来的基金压力,弥补了当期3亿多元的基金缺口,保证了企业离退休人员养老金的按时足额发放,实现了养老保险基金当年结余近5年来首次超过2亿元。全市共为35.5万名企业离退休人员发放养老金32亿元,为5万名机关事业单位离退休人员发放养老金10.5亿元,为9.3万名失业人员支付失业保险金2.8亿元。

劳动工资管理

企业工资分配　制定发布了年度企业工资指导线,劳动力市场工资指导价位发布工种扩大到465个,促进了劳动力市场价格的形成。工资集体协商制度扩大到2906户企业59万职工,促进了劳动关系的和谐稳定。调整提高了最低工资标准,七区由每月410元提高到530元,五市由380元提高到470元。贯彻《青岛市企业工资支付规定》,建立了欠薪报告和执行最低工资报告制度,规范了企业工资支付行为。巩固了清理企业欠薪的成果,遏制了前清后欠现象。

劳动关系调整　开展了“劳动合同管理年”活动,推行劳动合同微机化管理,劳动合同签订率达到96%,比年初提高了4个百分点。做好破产企业职工分流安置和改制企业劳动关系理顺工作,保证了企业破产和改制的顺利进行。

劳动保障执法

劳动保障监察　加强劳动保障监察队伍建设,完善了劳动保障综合执法体系,加强了监察执法。全市两级劳动监察机构检查用人单位1.2万户,涉及职工80万人;受理举报投诉9466件,立案查处违法违规行为5367件,结案5313件,结案率99%。通过监察执法,责令用人单位补办用工手续14万人、补签劳动合同24万份。开展了劳动保障诚信评价和“劳动保障诚信示范一条街”活动。开通了“讨薪热线”,实行举报查处与集中排查相结合,为劳动者追讨工资6300多万元。

劳动保障争议处理　完善劳动仲裁制度和运行机制,推进“阳光仲裁”品牌建设,提高办案质量和办案效率。全市两级劳动仲裁机构受理争议案件4844起,结案4488起,按期结案率97%。通过劳动仲裁,为劳动者追回劳动报酬8188万元,为用人单位挽回经济损失1090万元。

劳动信访工作　落实信访目标责任制和公开承诺、联席会议等信访制度。全市两级劳动保障信访部门共受理群众来信来话来访求决问题5328起1.48万人次,起数和人数分别比上年同期下降了34%和45%,处结率99%。为职工群众提供劳动法规政策咨询服务3.06万起3.96万人次。

劳动保障法制与基础建设

完善了行政办理大厅运行机制,促进了劳动保障部门依法行政。出台了《青岛市城镇职工医疗保险规定》。完善了劳动力市场体系,1.2万平方米的市级综合劳动力市场竣工并投入使用。加强街道办事处、社区劳动保障平台建设,全市街道办事处(镇)劳动保障工作机构达到157个,场所总面积达1.8万平方米,工作人员达到1241人,其中社区劳动保障协管员633人。完善劳动保障信息网络,累计投资6000多万元,建成了数据量达150G,光纤总长500多公里,市、区、街道办事处、居委会2000多台电脑工作站的网络系统,为整体提高劳动保障管理服务水平提供了网络支持。

(宋立山)

·民　　政·

2004年,市民政局先后获全国爱国拥军模范单位、全国勘界工作先进集体、全国军队离退休干部安置建房服务管理先进单位、全国民政政务信息工作先进单位、中国地方政府创新奖等100多项荣誉称号。市北区民政局被评为山东省首批“省级文明机关”，四方区民政局被评为全国人民满意公务员先进集体，城阳区民政局在山东省率先通过ISO9001质量体系认证，市殡葬管理处、市革命烈士纪念馆继续保持省级文明单位称号，市殡葬管理处被评为全市首批基层行风建设示范窗口单位。

2005年3月，市委副书记蔡伦斌(前排右二)到四方区福彩老年公寓调研。
(市委办公厅供稿)

优抚安置

优待抚恤　全市农村义务兵家属优待金户均达到3300元，比上年(下同)提高了343元，其中城阳、黄岛、崂山等3个区的义务兵家属优待金分别达到户均4800、5200、5390元以上；市内四区城市义务兵家属优待金兑现标准户均3000元。市财政增加了对优抚对象抚恤事业费的资金投入，中央和市财政下拨抚恤事业费总额达4230万元，增长3%。加大对优抚对象医疗救助资金的投入，除市财政下拨的284万元资金外，各区市用于优抚对象医疗救助的资金合计1200多万元，七区对优抚对象医疗费的报销比例达90%，五市对优抚对象大病的救助比例达到70%，在山东省率先解决了优抚对象“治病难”问题。出台了建立在农村新型合作医疗制度基础之上的优抚对象医疗救助办法，加强了“三老”(老烈属、老伤残军人、老复员退伍军人)优抚对象医疗附加救助政策的落实。落实了青岛市伤残军人免费乘车和免费参观旅游景点等2项待遇。

退役士兵安置　全年共接收退役士兵5233人，其中需要在城镇安置就业的2112人。先后下达了“接收安置”、“自谋职业”和“双考(部队考核、地方考试)安置”的意见和办法，开设了退役士兵政策咨询语音呼叫系统专线和安置工作网站，推出了鼓励扶持城镇退役士兵自谋职业的措施，加强了自谋职业退役士兵的职业技能教育培训，截至年底，全市自谋职业的城镇退役士兵共1473人，自谋职业率达到68%。6月，山东省政府在青岛市召开了全省退役士兵安置工作暨安置经验交流会议，推广了青岛市安置工作的经验。

基层政权和社区建设

社区建设　年内，市内四区社区居委会进行了换届和调整，由415个压缩到341个。从福利彩票公益金中筹集资金150万元，为全市575个社区配置图书15万余册；全市开展了捐赠图书“共建书香家园”和各项读书活动，居民、企事业单位共捐赠图书80万余册；创建了“一刻钟读书圈”社区文化品牌，得到民政部的肯定。青岛市援建社区图书室和开展读书活动的工作经验被民政部、中央文明办向全国推广。

村民自治工作　出台了《关于进一步做好第八届村民委员会换届选举工作的意见》和《青岛市村民委员会换届选举实施细则》，加强对村“两委”换届选举的指导，成立了村“两委”换届选举工作领导小组并召开了动员大会和经验交流会。推进村务公开。建立了全市村务公开工作领导协调机构；总结推广了莱西市、胶州市村务公开的经验；莱西市作为县市级的唯一代表在山东省村务公开电视电话会上作了经验交流；胶州市在山东省村务公开民主管理工作会议上作了典型发言，莱西市、城阳区、黄岛区和莱西市李权庄镇作了大会交流；胶南市李家石桥村、城阳区城阳村被评为全国“民主法治示范村”。

社会福利

落实“星光计划”　加强对“星光老年之家”的管理。制定了《青岛市“星光老年之家”考评办法》，下发了《关于“星光计划”项目检查情况的通报》，完成了“星光老年之家”负责人培训，推广了市南区“星光老年之家”规范化管理经验。投资福利彩票公益金800万元，完成了市内四区社区老年健身场地的建设，442处社区老年健身场地共有3591件室外健身器材投入使用。

养老服务事业　完成了养老服务机构年检工作，全市养老服务机构达82处(不含农村敬老院)，养老床位总量由2000年的500张增加到5800张，每千名老人拥有床位达19.5张。制定了《青岛市社会力量举办养老服务机构资金资助暂行办法》、《青岛市城市社会养老服务机构等级评定标准》，下发了《关于进一步加强社会养老服务机构管理的意见》，促进了养老服务机构的规范化管理和养老服务事业的发展。

儿童福利事业　实施了“残疾孤儿手术康复明天计划”，完成手术16例。英国救助儿童会社区福利项目落户青岛市，并在胶州市张应镇东张应村和四方区兴电社区举行了儿童活动中心揭牌仪式。形成了城市分散家庭寄养、农村养护教育基地寄养、城市社区集中寄养、城市爱心家庭寄养等4种模式，孤残儿童寄养走上规范化、制度化轨道，共寄养儿童156人，占青岛市儿童福利院孤儿总数的70%。制定了《青岛市儿童福利院成年孤儿安置意见》。

福利彩票销售发行　11月25日提前完成年度销售彩票6亿元的任务，彩票销量连续4年居全国同等城市、全国

15个副省级城市第一位。全市利用福利彩票公益金资助社会福利、公益项目2000多个,为社会增加税收1亿多元,增加就业岗位1100多个。市福利彩票发行中心创建了“送福助人”的服务品牌,累计资助社会慈善机构或困难个人160万元,获得“富民兴鲁”劳动奖状和“国家纳税A级单位”等称号。

慈善事业 市慈善总会全年共募集慈善资金1377.2万元,其中捐款1346.3万元、捐物折款30.9万元,共使用慈善捐款1076.7万元。在全市组织开展的“慈善一日捐”活动中,社会各界共捐款3486万元,其中市慈善总会接收330万元。共资助“春蕾计划”失学女童100多人,资助困难大学生607人,受助群众近6万户;投入48万元实施慈善医疗门诊助医项目;为64名困难家庭的唇腭裂患者免费实施矫治手术;投入42.5万元资助胶州、胶南、莱西等3市850名特困、孤残、弱智儿童完成9年义务教育;投入50万元支持市残联实施残疾人安居工程;为患急症的病人和遇突发性灾难的家庭提供临时性救助61人次,累计支出救助款26.5万元;培训下岗失业人员400人。

救灾救济

最低生活保障 制定了《青岛市城市居民最低生活保障工作规定》、《关于进一步加强城乡社会救助体系建设的决定》,下发了《青岛市城市困难居民医疗救助制度实施细则》,建立完善了以城乡最低生活保障制度为基础,以救灾、医疗、住房、教育、就业、司法、临时救助等制度为辅助,以经常性捐助、慈善救助、结对帮扶等社会帮困手段为补充的城乡社会救助体系。年内,城市居民最低生活保障对象为15948户、36812人,占全市非农业人口的1.5%,月发放低保金492.1万元;农村最低生活保障对象29840户、54122人,占全市农业人口的1.2%。提高了城乡最低生活保障标准,城市由人均每月210元提高到230元,农村人均每年600元提高到820元。青岛市城市低保“阳光救助工程”获第二届(2003~2004年度)“中国地方政府创新奖”优胜奖;山东省城市低保规范化建设工作会议和全国推进城乡社会救助体系工作会议先后在青岛市召开,会议推广了青岛市城乡社会救助体系建设的经验。

临时困难救助 在实施对残疾人、孤老、孤儿进行补助的基础上,对城市低保家庭中的三胞胎家庭、单亲家庭每户每月增发100元补助,对艾滋病人家庭每月增发230元特殊生活补助。为市内四区城市低保家庭和患大病重病的低收入家庭发放150元或100元的冬季取暖补助。全年为8427户家庭发放临时救助金285.8万元,为63名患重大疾病的低保和低收入家庭发放医疗救助金15.46万元。

查灾救灾 出台了《青岛市救灾应急预案》。建立了青岛市荒情救济制度,每年由财政列支200万元用于灾民的救助。争取中央救灾款600万元,为全市9.43万人次发放救济粮2813吨。继续落实农村救灾工作分级管理、救灾款分级负担的救灾机制,与市财政局联合出台了《关于自然灾害救济补助资金使用管理暂行办法》,加强对救灾资金的管理。探讨城市救灾工作,开展的“社区救灾减灾”活动得到民政部的肯定并在全国推广。

捐赠工作 加强“社会捐助超市”的规范化建设,各区市和街道办事处普遍建立了社会捐助站与“社会捐助超市”。10月,在全市组织开展了“青岛云南心相连、捐助衣被情绵绵”活动,共向云南省受灾地区捐助衣被203万件、资金200万元。

五保供养 改革五保供养体制,形成财政供养为主、镇村集体供养为辅的新型供养体制。落实建设资金,开展创等级敬老院活动,加强了农村敬老院建设。

救助管理 利用多种形式帮助需要救助的流浪乞讨人员及打工不着、投亲靠友无门的人员。在市内四区设立救助站引导牌,在青岛火车站附近设立救助服务点,在市区沿海一线设立救助管理流动服务车。全年共救助流浪乞讨人员5162人次。

民间组织管理

截至年底,全市共有社会团体1076家,其中新登记127家;民办非企业单位2458家,其中新登记385家。

年内,开展了农村科技类、经济合作类民办非企业单位培育与管理试点工作,全市在水产养殖,畜牧良种培植,葡萄、牛蒡、花生特色经济作物种植,茶叶、苹果等林果业的栽培开发方面培育了一批科技类、经济合作类民办非企业单位。开展了培育发展公益性民间组织试点工作,民政部民间组织管理局肯定了青岛市的做法。建立社区公共事务协会联络员制度,提高社区公共事务协会的服务能力。加强“诚信民间组织”建设,为上年度的116家“诚信民间组织”建立了诚信档案,选征15家民间组织向全市发出了“诚信倡议”与市文明办、市诚信办联合召开了“诚信民间组织”交流会。加强对民间组织的管理,加强对非法民间组织的查处,查处非法民间组织和民间组织违法活动394起。

社会事务管理

行政区划、地名和行政区域界线管理 出台了《关于加强有偿命名地名管理工作的意见》,完成了红石崖镇划归黄岛区管辖的区划调整任务、市内四区5910条路名核对和2004年全市行政区域界线联检工作。青岛市在全国地名工作会议上作了经验交流。

婚姻登记和收养工作 全年共办理婚姻登记80665对,其中结婚74703对、离婚5962对。在山东省率先启用新版婚姻证件。下发了《关于进一步加强婚姻和收养登记工作的意见》,对全市13个婚姻登记处进行了执法检查。青岛市在全国婚姻登记工作会议上作了经验交流。对全市1992年以后形成的非法收养问题进行了调查,协调公安等部门对全市近400名未办理正规手续的收养儿童办理了合法的收养关系;为五市三区收养登记处和市儿童福利院配备了“救助车”,实现了弃婴管理工作“流程化”作业,1~10月,全市有90名社会弃婴被送入市儿童福利院。山东省收养工作现场会在青岛市召开,推广了青岛市的做法。

殡葬管理 全年火化尸体50034具。在全市殡葬管理服务窗口单位开展了“加强殡葬行业诚信服务”活动。在崂山区和城阳区进行了公益性公墓、骨灰堂建设管理试点工作。全国首个为纪念志愿捐献遗体者而设立的“福宁奉献林”于4月1日在青岛市正式启用。

(韩龙贵)

残疾人事业·计划生育

·残疾人事业·

信息数据管理系统建设

年内,动用人力7000多人,投入资金60多万元,开展了全市持证残疾人普查工作,共录入表格20多万张,录入信息数据430多万个,使30多个类别100多个项目的基本信息可以任意查询统计,全市持证残疾人基本信息数据管理系统全面投入使用,实现了对残疾人基本信息的动态管理。该系统的建立,促进了全市残疾人事业的快速发展,《中国残疾人》杂志第五期作了专题介绍;促进了全市残疾人信访信息工作发展,市残联被国务院残工委和中国残联评为"全国残疾人信访工作先进集体",被山东省残联评为"全省残疾人信访工作先进单位";规范了残疾人档案管理工作,市残联被评为山东省档案管理二级先进单位和青岛市档案管理工作先进单位。规范和完善了全市的残疾人专门协会工作,6月,中国智力残疾人及亲友协会四届二次会议及亲子活动现场会介绍了青岛市残疾人专门协会工作的经验;完善了全市残疾人优惠政策体系,在山东省率先制定出台了《关于对市内四区困难家庭残疾人生活补助意见》。

农村贫困残疾人安居工程

全年投入资金1800万元,为1097户农村贫困残疾人修建住房,其中新建683户、修缮414户。青岛市实施残疾人安居工程的工作经验在全省、全国残联系统进行了经验推广;中央电视台对该工程进行了专题报道。

全国首批无障碍设施建设示范城创建工作

针对无障碍建设存在的不足,市残联向市政府上报了《关于全市无障碍设施建设情况的报告》,市政府印发了《青岛市城市无障碍设施建设与管理规定》。通过制作展牌、发放宣传资料、制作电视专题片等形式,加强对无障碍设施建设的宣传。组织实施了无障碍设施改造活动,在公交车站制作了盲文站牌,在市内四区的居民小区开展了"祝您出行"工程,对小区坡道和楼梯扶手进行改造和安装。青岛市通过国家无障碍设施联合评审组检查验收,被授予"全国首批无障碍设施建设示范城市"。

残疾人体育

举办了青岛市第十届残疾人运动会,有319名运动员参加120余个项目的比赛,有3人次破2项山东省记录,8人次破6项青岛市记录。承办了第三届全国特奥地板曲棍球比赛。青岛市运动员在雅典残奥会上获得了山东省在历届残奥会上的首枚金牌,并获得银牌1枚,市政府获山东省政府授予的"振兴山东省残疾人体育事业突出贡献奖",市残联被山东省人事厅和山东省残联记"集体二等功"。

残疾人就业

全年共安置残疾人就业1050人,超过计划任务的28%;全市共收缴残疾人就业保障金1400万元。通过举办家电维修、锁具修配、字画装裱、微机操作等各类实用技术培训班,使3375名残疾人提高了劳动技能。市残联与劳动部门开展了企业规范用工大检查,检查企业118户。启动了地税代收残疾人就业保障金工作,召开了青岛市地税代收残疾人就业保障金工作会议,举办了业务工作培训班。作为全国试点单位,开展了残疾人失业登记工作;残疾人失业登记工作的做法在全国残疾人就业信息网建设暨就业服务工作会议上进行了经验推广。残疾人就业工作成果得到山东省残联的表彰。

品牌建设与业务开拓

市残联创建的机关服务品牌"携手同行"得到中国残联的肯定。与青岛广播电视大学联合开办了残疾人特殊教育学院,开辟了残疾人接受高等特殊教育的途径,填补了全市空白。

(李德瑞)

·计划生育·

工作概况

2004年,全市共出生81054人(户籍人口),出生率为11.17‰,人口自然增长率为4.40‰,符合政策生育率为99.82%,避孕节育措施落实率达99.81%以上,计划生育统计误差率控制在0.5%以内,出生婴儿性别比为106.4,流动人口计划生育管理与服务各项指标均达90%以上,完成了山东省下达的各项责任指标。青岛市计划生育工作获8项省级以上先进称号和奖励,9次在国家、省级计划生育会议作典型发言。胶南市被评为全国优质服务优质县(市);李沧区、胶州市、莱西市、平度市被山东省委、省政府批准为全省第三批计划生育优质服务先进区市。年内,市计划生育委员会更名为市人口和计划生育委员会,区市计划生育委员会更名为人口和计划生育局。

组织领导

年内,市委、市政府分别召开常委会和常务会,听取计划生育工作汇报,研究解决重要问题;召开全市计划生育目标责任奖惩兑现大会,表彰了计划生育工作先进集体和先进个人;市人大常委会、市政协先后对计划生育工作进行视察和调研,市人大常委会还专门对市政府的人口与计划生育工作进行审议,予以监督和支持;根据市委、市政府与12个区市和24个市直部门签订的2003~2005年《人口与计划生育目标责任书》和《计划生育齐抓共管责任书》,对全市计划生育工作进行独立考评,12个区市均完成责任目标并受到市委、市政府表彰,市人口计划生育领导小组对履行职责优秀的

20个单位予以表彰。出台了计划生育薄弱村帮促方案,逐级落实帮促责任制和措施;截至年底,全市118个计划生育薄弱村中有105个明显转变,转化率达88.98%。

重点工作

做好企业职工中退休独生子女父母一次性养老补助兑现工作。市人口计生委、市财政局等4部门联合出台了《关于落实企业职工中独生子女父母退休时由所在单位发给一次性养老补助有关问题的通知》、《关于解决企业部分职工中独生子女父母未享受加发5%退休金遗留问题的通知》,维护了群众的合法权益和法律法规的严肃性,促进了社会稳定。

建立农村部分计划生育家庭奖励扶助制度。市政府办公厅转发了市人口计生委、市财政局《关于开展对农村部分计划生育家庭实行奖励扶助制度试点工作的意见》,对农村年满60周岁的独生子女和双女家庭的父母每人每年给予600元奖励。年内,在胶南市进行了实施该奖励制度的试点工作,市政府在胶南市举行发放仪式,对符合条件的945人发放了奖励扶助金。该奖励制度将于2005年在全市实施,截至8月底,全市已完成2005年的奖励扶助对象的确认工作,市和区(市)两级财政部门已将所需的460余万元资金纳入预算。

保证独生子女父母奖励费的落实。将过去用保险兑付的形式改为直接发放现金;对部分财政困难的镇(街道办事处),采取从区市财政转移支付中直接扣除的办法,委托金融机构直接发放。解决部分镇拖欠群众往年交纳的计划生育押金的历史遗留问题。全市被挪用的数千万元的押金已全部返还。加强计划生育信息化和计划生育技术服务站硬件建设。市信息中心将计划生育电子政务列为全市试点,拨款20万元予以支持;市政府投资60万元,为镇级计划生育服务中心站配备10台"B超机"。

计划生育工作改革与创新

改革信息交接办法。建立信息交流平台,通过平台交流婚、孕、育、节育信息(含流动人口)等,初步实现信息的网上自动分离和传递。改革镇(街道办事处)计划生育技术服务体制。为适应农村税费改革的需要,减轻基层负担,提高计划生育技术服务质量,调整设置区市计划生育技术服务站分站、镇(街道办事处)中心服务站、咨询技术指导服务站,或由政府出资向卫生院专门设立的计划生育技术服务中心购买服务。分站、中心站及医院设立的技术服务机构主要承担节育手术任务,咨询技术指导服务站不再开展临床手术。此项改革受到国家、山东省有关部门的肯定并予以推广。

创新封闭物业小区和零星楼座计划生育管理工作。出台了《关于加强城市物业住宅小区计划生育管理与服务的工作意见》和《关于聘用计划生育协管员的指导意见》,对207个封闭物业小区和425个零星楼座,由政府出资聘用协管员进行管理和服务,并在业主委员会组建计划生育协会,引导群众实行自我管理和服务。建立出生人口预报制度。从2004年起,每年3月、10月两次向社会预报人口出生情况,为政府决策提供依据,为育龄群众了解出生信息科学选择生育时间提供参考。通过预报,全年实际比预测少生7000人。

创新计划生育对外宣传工作。在外国人居住集中的小区、外企和旅游景点开展中外文双语宣传并开通了英语网页。山东省两次在青岛市召开现场会,推广青岛市的经验。

开展"关爱女孩行动"。探索在性别比正常情况下建立关爱女孩成长发展的长效机制。全市"关爱女孩行动"共救助女孩9203人,救助金额达458万元。城阳、李沧和胶南等区市为农村独生女及其母亲办理了大病互助医疗保险,使其在患重大疾病时,最高可得到2万元的补助。

(华烨平)

老龄工作·红十字事业

·老龄工作·

老年人口

2004年,青岛市60岁以上人口110.24万人,占总人口的15.30%;其中男性52.96万人、女性57.28万人,65岁以上、70岁以上、80岁以上人口分别为83.33万人、56.67万人、16.33万人。60岁以上人口占总人口比例最高的是市北区,达到17.29%;60岁以上人口绝对量最大的是平度市,达到20.95万人。全市百岁及以上老年人口507人,其中男性92人、女性415人;百岁老人最多的市是平度市、为96人,最多的区是市北区、为41人。

老年维权

立法工作 根据市人大常委会、市政府2004年立法计划,青岛市老龄办会同有关部门起草了《青岛市实施〈中华人民共和国老年人权益保障法〉若干规定》,经市政府第十二次常务会议讨论通过后,于12月22日经青岛市人大常委会第十七次会议审议通过,已报山东省人大常委会审批。这是青岛市首部保护老年人合法权益的地方性法规。

权益保障 各级老龄部门组织做好新版老年人优待证的换发工作,全市累计办证40万套,数量居山东省第一位。卫生、园林、文化、交通等部门执行优待老年人规定,为老年人的生活和活动提供优待和便利。市老龄办进行了2次落实优待老年人规定的执法检查,处理老年人来信来访1610余人次,处结率100%。法院依法审理涉老案件,为老年人诉讼提供便利。公安部门对侵害老年人合法权益的案件坚持从快从重打击。各级司法部门继续开展送法进社区和法律援助服务活动。

重要活动

老龄工作会议 2月9~11日,全国省级老龄委办公室主任会议暨创建老龄工作先进县(市、区)座谈会在青岛市召开,青岛市在会上介绍了创建敬老模范区、市的经验和做法。3月17日,青岛市老龄工作会议召开,传达了全国、山东省老龄工作会议精神,总结了2003年全市老龄工作,部署了2004年老龄工作任务。

银龄行动 6月10日~11月20日,为配合山东省"重点突破菏泽、加快菏泽发展"的部署,青岛市启动了老年知识分子援助菏泽行动(简称"银龄行动"),22名卫生、教育、农机等方面的老专家赴菏泽市帮助工作。青岛市在山东省"银龄行动"总结表彰大会上有5名老年志愿者被山东省老龄委授予"山东银龄行动突出贡献奖",17名老年志愿者被授予"山东银龄行动贡献奖",市老龄办被授予"山东银龄行动组织奖",市老龄办2名人员被授予"山东省银龄行动先进工作者"称号。12月,青岛市召开了青岛市"银龄行动"总结表彰会。

创建活动 6月,根据全国、山东省开展老龄工作先进县(市、区)评选表彰工作的要求,对申报区市进行了检查验收,并向山东省、全国老龄办择优推荐了有关区市为全国老龄工作先进区、山东省老龄工作先进区,推荐市老龄办为全国老龄工作先进单位。11月,对莱西等7个区市2002~2004年创建敬老模范区市工作进行了检查验收。

庆祝老人节 老人节期间,市老龄委向全市印发了庆祝老人节活动的通知,市政府为384名百岁老人每人发放200元节日慰问金,市委、市政府走访慰问了百岁老人代表、特困老人代表和部分养老机构;召开了副市级以上老领导庆祝老人节茶话会;举办了庆祝老人节文艺晚会并在青岛电视台播出。各区、市及企事业单位采取走访慰问、文艺演出、体育比赛等形式庆祝老人节。

老年文体活动 9月25日~10月22日,市老龄办联合市文化局、市广播电视局举办了以"歌唱祖国"歌咏展示、"欢乐秧歌"广场展示、"经典影片"回放、"金秋梨园"戏曲展示和"金秋十月"老年书画、摄影展为主要内容的青岛市首届"七彩夕阳"老年文化艺术节,全市共组织老年文化活动4000余场次,参加活动的老年人26万余人次,观众达200余万人次。民政、文化等部门举办了"回家看看、关注夕阳"公益演出活动,为养老机构和社区老年人演出近百场。市体育局举办了各类老年体育竞赛活动3862场次。全市老年体协基层组织6795个,老年健身辅导站(点)7978个,常年参加体育锻炼的老年人达到73.6%。

老龄宣传和调研

老龄宣传 市老龄办、市委宣传部、市教育局、共青团市委、市妇联联合开展了青少年敬老爱老助老主题教育活动,组织青少年读敬老书、做敬老事、写敬老文,弘扬尊老敬老的社会风尚,并评选出主题教育活动先进单位32个、先进个人46人、敬老好文章108篇、敬老好事迹87件、"小孝星"101人。市委宣传部把老龄宣传工作列入社会宣传内容。青岛电视台、青岛人民广播电台、《青岛日报》等新闻媒体对老龄工作方针政策、重要活动及时宣传报道。市妇联在全市开展了"青岛市十佳母亲"评选表彰活动。青岛图书馆、青岛博物馆、青岛民俗博物馆和青岛群众艺术馆等单位长期举办健康知识讲座,开展科普教育,促进老年人的身心健康。

老龄调研 年内,市老龄办进行了《山东省家庭赡养与抚养条例》立法调研;组织开展了全市落实《山东省老龄事业发展"十五"规划》情况调研评估工作。市社科院开展老龄问题理论研究,撰写了《"空巢"现象与社会支持的对策研究》的调研报告,市有关领导做了批示。

养老医疗保障

市政府出台了《青岛市人民政府关于建立农村社会基本养老保险制度的意见》,城阳、黄岛、崂山等3区共有30万人参加了新的农村社会基本养老保险,参保率88%,约8万人领取了养老金。推行了企业退休人员社会化管理服务工作,全市企业退休人员社会化管理率达到96.2%。卫生系统建立起以社区卫生服务中心、服务站为主体,社区照料中心、康复中心、老年护理院和社区诊断检验中心为补充的社区卫生服务框架。市民政局出台了《青岛市养老服务机构资金资助暂行办法》、《关于进一步加强社会养老服务机构管理的意见》等文件,推动了社会养老事业的发展。全市养老服务机构发展到443处、床位1.52万张,当年新增29处、床位1370张。其中,市区社会养老服务机构81处、床位5586张,市内四区每千名老人拥有床位17.2张;农村敬老院、所362处,床位9630张。

(卢成梁)

·红十字事业·

概　况

2004年,市红十字会举办了"中国红十字会建会百年、青岛市红十字会建会90年纪念封发行暨纪念活动启动仪式",开通了"红十字会网站",举办了"纪念'五八世界红十字日'大型广场宣传活动"等;市红十字会被山东省人事厅、山东省红十字会授予"全省红十字会系统先进集体"称号,被山东省红十字会授予"山东省救灾工作先进集体"称号。

组织建设

2月11日,青岛市红十字会第六次会员代表大会召开。会议总结了市红十字会第五届理事会以来的工作,审议通过第五届理事会工作报告和2004~2008年工作规划,选举产生了第六届理事会理事和常务理事。市政府将理顺区市红十字会管理体制工作写入2004年《政府工作报告》,列入对区市政府目标考核内容,全年共进行专项督查3次。11月,市人大常委会对全市贯彻落实《红十字会法》情况进行了视察。全年共有11个区市下发了理顺红十字会管理体制文件,明确了红十字会常务副会长和部分专职人员,安排了办公场所,落实编制人员和经费。市南区、市北区、李沧区、四方区召开了红十字会员代表大会。全市新增团体会员单位5个,已建基层组织1290个,发展会员26.6万人。

无偿献血与捐献造血干细胞

无偿献血 继续加强无偿献血宣传,联合卫生等部门开展"《青岛市实施〈中华人民共和国献血法〉若干规定》宣传月"活动,开展了纪念"抗击非典,支援北京,无偿献血一日捐"1周年纪念活动。召开了市无偿献血者协会第二届会员大会,对理事会进行了换届选举,免费为全市160余名无偿献血累计超过1万毫升以上者查体。青岛市在2004年全国无偿献血表彰大会上第四次被评为无偿献血先进城市;963名无偿献血者受到国家表彰,占全国的20%、山东省的65%。青

岛市33名曾获全国金杯奖的无偿献血者被授予无偿献血促进奖，占全国的13%、山东省的52%。全市在青岛市第七届无偿献血表彰大会上有2713人受到表彰。

造血干细胞捐献活动　年内，市红十字会联合市文明办将开展造血干细胞捐献活动纳入精神文明创建工作中，普及捐献造血干细胞科普知识。开展了“爱在人间”义演救助活动和“网上救助”活动等。组织策划了青岛市非血缘关系捐献造血干细胞第一人——谢振华的系列宣传活动，谢振华先后被授予“全国优秀共青团员”、“山东省红十字会博爱勋章”、“市文明市民”、“市优秀志愿者”等荣誉称号，并被聘为“捐献造血干细胞形象大使”。继谢振华之后，青岛市又有4人成功实施了捐献。截至年底，全市共采集造血干细胞血样1.14万人份，向中国造血干细胞捐献者资料库入库6889人份，青岛市捐献造血干细胞志愿者数量和实现捐献者人数均居山东省首位，居全国副省级城市第二位。

遗体捐献

开展“奉献他人、延续生命”的遗体捐献宣传，建成山东省首个“志愿捐献遗体者奉献林”和山东省首个遗体捐献事业的志愿者组织——“捐献遗体志愿者之友”，为首批8名遗体捐献者举行了“奉献林标志石”安放仪式。截至年底，全市已有423人进行了遗体（器官）捐献登记，实现捐献21人。青岛市遗体捐献工作处于全国前列。

募捐救助

开展了以“关爱生命”为主题的救助活动、救助白血病学生活动、救助患结核病贫困大学生活动并免费为20余名贫困大学生实施近视矫治手术，定向募捐73万元。“韩国周”期间，与有关部门联合开展了“把爱播种在心里——中韩联合救助贫困心脏病儿童活动”，首批救助了10名贫困儿童，其中2名赴韩国免费做手术。组织了“捐1元善款、为灾区解难”主题募捐活动，为灾区募集捐款近3万元。开展“红十字博爱送万家”救助活动，先后将青岛海关捐赠的25万元罚没物资、澳门红十字会捐赠价值15万元的6000件衣物以及驻青韩资企业捐赠的15万元衣物等用于全市贫困农民和贫困家庭救助。即墨市红十字会开展特困农民大病医疗救助活动，共募集资金2547万元，对479个患大病特困户进行救助，发放救助金172.9万元，《人民日报》、《中国红十字报》、《青岛日报》、山东电视台等媒体予以报道。

救护培训

制定初级救护培训宣传方案，制作宣传折页、展板，到学校、工矿、企业和社区等开展宣传和培训，全年共举行培训班30多期，培训近1.5万人。参与突发事件的现场急救演练，宣传普及救护知识。开展旅游安全初级救护培训，对崂顶巨峰、太清宫的工作人员进行了培训，配合崂山风管委设置10个初级救护站。

志愿服务

出台了《红十字志愿者登记注册管理办法（试行）》和《红十字志愿者服务基地管理办法》，开展红十字志愿者服务基地创建工作，四方社区老年服务中心、青岛卫生学校、市立医院、青岛理工大学、市立医院国际医疗门诊等5个红十字志愿者服务基地挂牌，全市服务基地已达10个、志愿者登记1.1万人。启动学校红十字志愿者暑期活动，组织志愿者到市立医院、海慈医院等服务基地开展健康咨询、帮扶导医等志愿服务。韩国驻青总领事夫人等20多名韩国红十字志愿者参加了青岛市志愿者服务活动，《中国红十字报》、《大众日报》等媒体予以报道。市红十字会志愿者服务品牌“博爱相助”被首批命名为青岛市十大志愿服务品牌。

红十字青少年工作

开展红十字进校园活动，创建高校红十字工作品牌。在中国海洋大学、青岛大学、青岛科技大学、青岛理工大学等高校开展了红十字会员宣誓仪式、普及卫生救护和防病知识、大学生红十字演讲比赛、宣传无偿献血和捐献造血干细胞、志愿者服务等活动；在青岛理工大学开展了“大学生志愿者博爱月”活动，建立了全市高校第一个红十字志愿者服务基地。全年全市大学生无偿献血人数1.98万人，捐献造血干细胞血样人数1893人。全年有12所学校被评为“红十字学校”，全市已有“红十字学校”23所。

对外交流与合作

年内，接待了韩国大邱红十字青少年代表团、美国马霍宁红十字会代表团、台湾高雄红十字会代表团来访，组团访问了韩国红十字会、大邱市红十字会。组织韩国人“幸福爱心屋”成员和韩国友人到市儿童心脏中心探望先天性心脏病儿童并开展募捐活动，为3名儿童实施了手术；建立市立医院国际门诊国际志愿者服务基地，招募首批国际红十字志愿者20人。

（孙京利）

民族与宗教工作

·民族工作·

概　况

2004年，青岛市共有少数民族50个、33012人。其中，朝鲜族14491人、满族7959人、蒙古族3179人、回族3027人、壮族831人；其他少数民族人口较少，有5个少数民族只有1人。

年内，建立了民族工作进社区的工作机制，加强了市、区（市）、街道办事处（镇）等三级管理网络建设。市南区金门路街道办事处开展的社区民族工作、天山小学开展的“知我民族、爱我中华”民族特色教育工作、城阳区创建“城阳人品牌”等工作受到了国家民族事务委员会的肯定。

为少数民族群众服务

做好少数民族考生加分工作，与市教育局联合建立了少数民族考生中考、高考加分服务链，推出了更加便捷的加分办法。全年办理高考加分159个、中考加分118个、职高考试加分28个、中专考试加分12个。通过"少数民族之家"服务热线，畅通服务少数民族渠道。完善"少数民族之家"服务热线工作办法，建立服务热线值班、来电办理、督办、工作报告、学习评比等工作制度；设立市、区(市)、街道办事处(镇)等三级服务热线工作网络，为少数民族群众提供咨询服务并解决实际问题。

重要活动

"五四"青年节期间，组织少数民族青年到爱国主义教育基地进行"勿忘国耻"革命传统教育；6月，组织举办少数民族传统项目运动会；7月，组织"走进大自然"各族少年儿童夏令营等活动；10月，组织举办了"青岛市民族团结进步宣传月"开幕式暨大型文艺演出；10月，市民族事务局同市委宣传部、市委统战部、市委党校联合举办了民族工作形势报告会。年内，开展"青岛发展我出力，青岛美丽我贡献"征文活动，共收到征文35篇；组织参加"泰山民族杯"民主法制知识竞赛，共有2400多人参加了答题活动；组织青岛市少数民族经济发展促进会赴延边考察；召开了"我为青岛发展献计策"少数民族代表座谈会。

·宗教工作·

概　况

2004年，青岛市有天主教、基督教、佛教、道教和伊斯兰教及全市性宗教团体7个，依法登记的宗教活动场所125处，有宗教教职人员181人、信教群众7.3万余人。

1月，开展了"宗教政策法规宣传月"活动，全市各级领导干部和机关工作者、宗教教职人员、信教群众共15万余人次参加，编印了全国宗教工作座谈会精神摘要，发放到各宗教团体和基层单位，发送宣传材料7万余份。对全市的宗教活动场所进行了年度检查，合格率100%。推广"以堂带点、以点包村"管理模式，在崂山区召开了"以堂带点、以点包村"现场经验交流会。开展抵御境外宗教势力的渗透活动，规范在青外国信徒的宗教活动。

年内，市宗教事务局创建了"心手相连"宗教工作文明服务品牌，制定了《创宗教工作服务品牌实施方案》，在该局和12个区市开展了创建活动；开通了"心手相连"服务热线并通过新闻媒体向社会公布。

重要活动

继续开展宗教团体"关注社会、回报社会、适应社会"活动，组织宗教团体对口帮扶6所小学。开展"保稳定，促适应，我为青岛做贡献"系列活动，在各区市举办"宗教界与社会主义社会相适应图片巡展"。协助市佛教协会举办了"浴佛法会"。协助山东省佛教协会成立了山东省第一所佛教院校——山东湛山佛学院，该院于10月22日举行了开学典礼。

宗教团体自身建设

以制度建设促进宗教团体发展。坚持每季度一次的宗教团体负责人例会制度、每月一次的宗教团体工作交流会制度和每2个月一次的宗教团体负责人讲座制度。通过制度来规范宗教团体的行为。开展宗教团体评议工作，市宗教事务局会同市委统战部对7个全市性宗教团体2003年工作进行了评议。

(朱道存)

旅游·风景名胜

旅　　游

·概　况·

2004年,青岛市共接待国内外游客2210万人次;旅游业总收入207.7亿元,比上年(下同)增长52%,比历史上收入最高的2002年增长38%,相当于全市GDP的9.6%。旅游花费直接转化为第三产业的收入,直接带动了青岛市旅馆业、餐饮业、交通业、零售贸易业和旅游景点的发展,推动了整个城市经济发展和基础设施的改善。

年内,入境客源市场主要特点:1.亚洲市场持续快速增长;2.欧美市场全面恢复。国内旅游市场主要特点:1.山东省内游客超过1/3,山东省外客源以京、苏、沪、浙为主;2.省内游客与省外游客的消费侧重点不同;3.观光游览仍是国内游客的主要旅游目的;4.家庭或个人出行的旅游方式占比最大;5.游客最感兴趣的是"山水风光"。

出入境旅游

入境旅游　全市共接待入境游客52.25万人次,增长53%。其中,外国来青游客45.8万人次,增长55%;港澳同胞3.42万人次,增长38%;台湾同胞2.99万人次,增长44%。外汇收入2.88亿美元,增长59%。

来青入境游客中,男性占74%,女性占26%;24岁以下的占8%,25~44岁的占54%,45~64岁的占33%,65岁以上的占5%;从事商务活动的占53%,文化学术交流的占5%,探亲访友的占3%,观光游览的占34%,其他目的的占5%。入境游客在青人均停留3.1天,其中外国人人均停留3.3天、香港同胞人均停留2.6天、澳门同胞人均停留2天、台湾同胞人均停留2.1天。在青过夜入境游客在青人均每天花费188.49美元,其中外国人人均每天花费187.20美元、香港同胞人均每天花费197.34美元、澳门同胞人均每天花费203.13美元、台湾同胞人均每天花费184.29美元;"一日游"入境游客人均每天花费42.54美元,其中外国人45.27美元、香港同胞31.36美元、澳门同胞44.09美元、台湾同胞71.85美元。按旅游各要素分,长途交通费占外汇收入比重为34.3%,其中飞机27.6%、火车0.9%、汽车2.6%、海运3.2%;游览费占6.2%;住宿费占11.3%;餐饮费占9.8%;娱乐费占6.4%;购物费占17.4%;邮电通讯费占4.7%;市内交通费占3%;其他费用占6.9%。

出境旅游　全年各国际旅行社共组织出境旅游团队780个,出境旅游人数达1.67万人次。出境旅游主要目的地依次是香港(6613人次)、澳门(2318人次)、韩国(2318人次)、泰国(1759人次)、新加坡(1121次)、日本(1007人次)和马来西亚(923人次)。

前20位客源国客源情况表

客源国	人数(人次)	比上年±%
韩国	204779	36
日本	156374	66
美国	14130	48
俄罗斯	5509	21
马来西亚	5240	43
德国	5165	38
新加坡	4650	22
菲律宾	3613	37
英国	2955	30
澳大利亚	2811	20
法国	2619	45
印度	2575	56
加拿大	2531	49
泰国	2089	179
印度尼西亚	1846	45
意大利	1774	18
瑞典	1002	47
荷兰	833	32
西班牙	634	51
瑞士	478	47

国内旅游

青岛市企业调查队2004年对青岛市部分宾馆、饭店、旅馆及景点进行的抽样统计调查结果显示,全市共接待国内旅游人数2157.44万人次、增长30%,其中旅游景点接待"一日游"人数319.22万人。国内旅游总收入183.78亿元,增长51%。国内游客人均消费851.88元、增长115.16元,其中"一日游"游客人均花费178.68元。

旅游饭店

截至年底，全市有星级饭店100家，其中五星级5家、四星级6家、三星级47家、二星级36家、一星级6家；共拥有客房1.28万间，床位2.33万张。全年星级饭店营业收入总额达到21.83亿元，增长59%。全年旅游涉外饭店平均房价315元，增长0.6%。全年客房平均出租率为62%，增长9个百分点。

旅行社

截至年底，全市有旅行社271家，其中国际旅行社18家、国内旅行社253家；全市共有注册导游员4353人，其中注册在271家旅行社的1966人、注册在3家导游服务中心的1363人。

旅游景区（点）

截至年底，全市有A级以上景区（点）19个。其中，4A级2个，分别是：崂山风景区、青岛海滨风景区；3A级6个，分别是：海军博物馆、青岛迎宾馆、电视观光塔、海尔科技馆、胶南琅琊台风景区、田横岛旅游度假区；2A级9个，分别是：青岛民俗博物馆、青岛植物园、胶州高凤翰纪念馆、莱西崔子范美术馆、青岛京华旅游观光工场、青岛康有为故居纪念馆、即墨鹤山风景区、青岛华山国际乡村俱乐部、胶州艾山风景区；1A级2个，分别是：平度现河公园、即墨龙山风景区。有工业旅游示范点9个，分别是：海尔工业园、青啤博物馆、青岛港、双星集团、京华饰品工场、贝雕厂、金王集团、华东葡萄酒庄园、青岛可口可乐公司；有农业生态观光示范点12个，分别是：红樱生态园、胶河风景名胜区、城阳植物公园、产芝湖生态旅游区、海青茶园、十梅庵风景区、大泽山葡萄园、石老人观光园、青岛市蔬菜科技示范园、崂山茶苑、百果山田园风景区、红岛赶海园。

·旅游项目建设·

年内，一批体现度假功能、具有较深文化内涵和竞争力的精品旅游大项目相继建成或已动工建设。全年旅游项目投资总额33亿元，其中社会投资占总投资额的87%。青岛市确定的重点推进的23个旅游大项目中完工的项目10个，完成年度计划、进展顺利的项目12个，未完成年度计划的项目1个；已完工的项目有汇泉湾改造工程、青岛钻石博物馆、胶州三里河公园、崂山茶苑博物馆、青岛经济技术开发区金沙滩景区一期工程、青岛红岛休闲渔村赶海园、青岛温泉旅游度假区天泰温泉假日高尔夫项目、青岛胶南小珠山旅游区古月山庄、青岛杰那希斯高尔夫俱乐部二期、青岛索菲亚大酒店；年内开工的投资额达10亿元的极地海洋世界项目是青岛市引进的投资最大、档次最高、特色最突出的旅游大项目。

·旅游市场开发·

年内，开展“国际海滨度假城市”、“帆船之都”城市形象推广工程，整合、设计、包装青岛经典和特色旅游产品，编印了中、英、日、韩、德、俄等语种的宣传品。4月，举办了“相聚相知——中国青岛·百名韩国记者青岛旅游采风”活动，以“奥运扬帆赛场、海滨旅游天堂”为主题，推出海滨观光之旅、奥运之旅、啤酒文化之旅、高尔夫之旅、崂山道教之旅、欧陆建筑之旅、海尔科技之旅等特色旅游。组织参加“2004北京国际广播电视周奥运传播日”活动，发放旅游宣传材料8000余份，直接受众面2万余人次。利用海内外媒体，扩大城市形象宣传效果，全年接待国家、山东省旅游局邀请的日本、韩国、泰国、马来西亚、德国、俄罗斯、瑞士、英国的记者和海外旅行商考察团以及中央电视台、上海教育电视台、凤凰卫视、旅游卫视等23批近300余人来青考察采访。

加强海外市场拓展。举办了第七届海峡两岸旅行业联谊会，台湾旅行商300多人、大陆旅行业者600多人出席会议。组织举办了山东半岛城市群“8+2”城市海外旅游推介会，邀请了日本、韩国、泰国、新加坡、马来西亚、台湾等旅游界高层人士、旅行商、记者等80多人参加了推介会。组团赴韩国、日本、俄罗斯、西班牙开展促销活动。组团赴日本参加了第三十八届东京国际高尔夫展、德国柏林国际旅游交易会、韩国大邱旅游博览会和汉城中国旅游文化月活动，借助国际大型展览会平台，推介青岛旅游。

加强国内市场开发。先后组团参加了烟台北方旅游交易会、杭州国内旅游交易会、上海旅游资源博览会、济南国际旅游交易会、西安旅游博览会、无锡（长三角）旅游博览会、上海中国国际旅游交易会等，发放各类旅游宣传品30余万册，青岛市展位数量、参会人数均居山东省第一位。加强双向促销与交流，利用内蒙古、新疆、河北、河南、上海和西安、宁波、杭州、齐齐哈尔、宝鸡、五台山、日照、黄山、池州等省市旅游促销团来青促销的机会，宣传推广青岛旅游产品。

健全市场促销网络体系。与日本旅行业协会、大邱观光协会、台湾高雄市观光协会、韩国观光协会中央会、汉城观光协会等5个协会分别签署了旅游友好合作协议；与西安市签定了友好合作协议；继续与烟台、威海、日照等市联合推广“黄金海岸”旅游线，与淄博、泰安、曲阜等地联合推出“齐鲁文化”旅游线。9月15日，“半岛城市群”8个城市在青岛市签订了《山东半岛城市群旅游合作宣言》。

·旅游资源规划·

年内，山东省旅游局委托世界旅游组织编制《山东海滨旅游规划》，世界旅游组织官员、专家对青岛滨海旅游资源进行了实地考察，并将仰口旅游度假区列为山东省旅游度假区规划优先示范项目。编制完成了《青岛市海岸带旅游功能区划及设施规划》。《青岛奥运行动规划》旅游专项行动规划正式颁布实施。启动了《市南区旅游发展总体规划》和《崂山区旅游发展总体规划》的编制工作，其中《市南区旅游发展总体规划》通过了专家评审。

·旅游行业管理·

年内，通过健全综合执法、社会监督、义务监督和舆论监督等4个网络和落实导游计分管理、公收佣金、导游劳动报酬保障、旅游服务质量网上公报、导游人员执业信誉档案和除名公告、旅游警示等6项制度，规范了旅游市场秩序。制定了《旅游市场秩序综合整治工作的实施方案》；建立并完善了政府部门监管、行业自律、社会监督相结合的旅游市场监督管理体系；聘请了67名“青岛市旅游义务监督员”；实行行政审批资质审查制度，严把旅行社市场准入关，邀请人大代表、政协委员和旅游义务监督员参加审批50多家旅行社的听证会;加强综合执法,提高执法效率,由旅游、公安、工商、物价、交通、城管、卫生、质监等8个部门组成的旅游综合执法办公室累计出动检查人员1500余人次,查处非法旅游经营单位108个;加强了"五一"、"十一"、春节旅游黄金周的管理;组织开展"旅游服务质量年"活动,8月,青岛市在山东省细微化服务经验交流会上做典型发言,《中国旅游报》对青岛市开展细微化服务工作进行了报道;实施旅游企业信用制度,评选出最佳诚信旅行社25家、诚信旅行社60家、诚信旅行社区(点)24家、旅游团队购物诚信经营单位8家,评选出"青岛十佳导游文明形象大使"和优秀导游员86人,其中国家级文明导游员1人、省级文明导游员6人,举办了"港中旅杯"首届导游电视大赛;实施旅游市场监督管理预警制度,保障游客合法权益,全年向社会发布警示信息13期,该工作得到国家旅游局的肯定;开展旅游厕所评定星级活动,提高基础设施水平;健全和完善旅游协会及其各分会组织,发挥行业自律作用。

·旅游信息化建设·

年内,市旅游局初步建立了"青岛市旅游目的地营销系统",对"青岛旅游信息网"进行了升级改造,开发了"导游公示系统",进行了"投诉呼叫系统"升级改造并建设了"网上投诉咨询系统",开发建设了"青岛旅游触摸屏系统";对各区(市)旅游局、新批旅行社等的有关人员进行了信息化培训。

(宋宗涛)

风景名胜区选介

·崂山风景名胜区·

工作概况

2004年,共接待海内外游客225万人次,实现非贸易收入9000余万元。崂山风景名胜区通过了全国AAAA级旅游区、全国文明风景区复检,继续保持全国AAAA级旅游区、全国文明风景名胜区、全国文明风景旅游区示范点等国家级称号,景区管委主任王玉华在"第十届中华大地之光"先进人物评选中,被评为全国风景区"优秀管理者"。

资源保护 启动总体规划修编工作,由中国城市规划设计院承担修编任务。完成景区规划范围内海岛资源、文物资源普查。首次聘请10名社会人士作为景区资源保护义务监督员。完成风景游览区内"双违(违法占地、违法建设)"设施摸底调查,依法拆除"双违"设施20余处。该景区被评为"山东省风景名胜区综合整治先进单位"。

森林管护 完成巨峰游览区风景林改造规划设计和"九水十八潭"旅游沿线绿化工程,新增造林面积13余公顷。与青山村等4个村庄完成40公顷集体林地造林任务。建立并启动三级病虫害普查、监测和防治体系,采取"以蜂防虫、以菌治虫,以灯诱虫"等综合防治措施,控制了特殊食叶害虫的扩散和蔓延。开展景区外来林业有害生物普查,完成15条主要线路的病虫情踏查和275个标准地详细调查工作。崂山林场被评为"山东省十佳国有林场"、"十佳森林公园"。

2005年5月,市委副书记王文华(前排右一)在崂山区进行考察。
(市委督查室供稿)

设施建设 全年累计投入3000余万元用于景区设施建设。完成了太清宫周边环境整治,拆除有碍观瞻的摊点12处,建设绿地1.3余公顷。完成了观崂、仰口等2处面积3万余平方米的停车场建设和110余块标志牌的更新改造。北九水内四水、内七水拦水坝和巨峰拦水坝建设全面完工;九水十八潭"一步三回头"景观和金花谷游览路建设完工并投入使用。完成崂山康成书院改造和康成书院教研中心主体工程、法显崂山登陆浮雕建设、太和观修缮等工程建设。新建10个初级救护站。

旅游宣传 承办了山东省风景名胜区工作会议和全国群众登山健身大会启动仪式、首届崂山旅游文化节暨第二届崂山登山节、中华武术螳螂拳学术研讨会、首届青岛"崂山杯"螳螂拳比赛暨法显浮雕揭幕仪式,组织了"崂山景区杯"全国旅游电视专题片大奖赛、"飞越崂山"航拍等大型活动。完成亚洲合作对话第三次外长会议代表、全国国有大型

企业思想政治工作会议代表考察崂山等系列重大接待任务，参加了宝鸡“中国森林旅游博览会”、上海“国际旅游交易会”、杭州“国内旅游交易会”等大型促销活动。在各级报刊发表文章200多篇、20余万字，图片600多张。该景区被评为“山东省十大最受市民欢迎旅游景区”。

旅游秩序整治 推行市场准营制，出台了市场摊点管理办法，加强对经营业户的宣传教育，强化守法经营、文明服务意识。压缩讲解员数量，将讲解员队伍由400余人精简为170人，完善景点讲解员讲解服务过程监督和质量反馈机制，建立起文明有序的管理模式。推行营运出租车准营制，规范广告设置。对群众和游客反映较大的封建迷信活动开展集中打击，捣毁封建迷信场所7处，处罚违规业主20余人。开展创建“平安景区”活动，加强安全生产责任制落实。采取网络管理、日常巡查、限时封山等安全管理措施，全年未发生安全责任事故，崂山风管委被评为“青岛市安全生产先进集体”、“创建‘平安青岛’先进集体”。

景观规划 针对巨峰游览区部分树种生长不良、植物景观质量不高、建群树种景观单一、缺少季相变化的现状，制定了巨峰游览区风景林改造规划。该规划将通过栽植阔叶树种，在保持景区生物多样性的基础上美化游览路沿线和索道沿线区域，重点突出春季春花烂漫和秋季红叶遍山的景观效果以及在搁云亭处形成“左观神龟、右顾蛟龙”景观，提高景区的旅游价值。

组织建设 年内，通过竞争上岗和双向选择，选拔干部84人。首次组建景区综合执法队伍，明确执法依据，落实行政执法权。通过执法培训和考试，增加具有行政执法资格人员89人。

典故与景点选介

于七创立螳螂拳 清朝顺治初年，胶东农民在于七的领导下发动反对清政府的农民起义，清政府于顺治六年(1649年)冬季出兵5万余人，大规模围剿胶东起义军。起义军在弹尽粮绝的情况下全军覆灭，起义军领袖于七却奇迹般地逃脱，于深夜来到崂山华严寺。华严寺方丈慈沾大师用沸水把于七的面部烫毁，假称此僧有天花病，躲过了清兵的搜捕。后来于七在华严寺落发为僧，改名“寂澈”，取法名为“善和”。慈沾大师圆寂后，于七接任方丈，他融合各门武术的精华，创出一种新的拳法——螳螂拳，崂山因此成为螳螂拳的发源地。在螳螂拳流传发展过程中，历代高师不断推陈出新，形成了博大精深、流派纷呈的局面，已成为中国武术文化宝库的重要组成部分。由于其技击性强，受到中外武术爱好者的喜爱，螳螂拳武馆已经遍布世界许多国家，为中华武术走向世界做出了重要贡献。

法显与法显广场 法显(公元337～422年)，东晋僧人、旅行家。法显3岁时被父母送到寺院出家。东晋隆安三年(公元399年)，他同另外10名僧人从西安出发去天竺求法，经过千辛万苦，经狮子国(今斯里兰卡)东到苏门答腊，绕行南海、东海，于公元412年夏天漂到崂山，在沙子口登陆。他是中国有文字记载到达印度、斯里兰卡和印度尼西亚的第一人，也是世界上横穿中亚、南亚大陆和南洋海路的第一人。为纪念这位高僧，在崂山棋盘石游览区修建了法显广场，在广场矗立起“法显求经铜像”，并根据法显西行取经坎坷经历邀请中央美院设计制作了铜质浮雕，浮雕长52米，宽4米，分为12部分，分别为入寺修行、矢志求真、长安出发、艰难跋涉、抵达天竺、求得真经、满载而归、崂山登陆、南下建康、译经著书、众人拜师、弘扬佛法等。

蔚竹庵 1982年被青岛市人民政府列为市级文物保护单位。坐落于北九水村东北约3公里的凤凰崮下，建于明代万历十七年(1589年)，清代道光年间重修。蔚竹庵建正殿3间、客堂3间、道舍3间及其他共用房共20余间，形成一处精巧玲珑的小院落，占地面积1730平方米，建筑面积150平方米。蔚竹庵门前涧水潺潺，四周翠竹萧萧，环境清新幽静，在凤凰崮上有许多象形石，如亭亭玉立的“姊妹峰”，风度翩翩的“相公石”，栩栩如生的“海豹石”、“靴子石”、“扇子石”等。

“巨峰神龟” 崂山巨峰游览区旅游路线将八卦文化串为一体融入自然景观中，与之相辉映，在巨峰山门稍南处，设置了“巨峰神龟”，该神龟像将头部设计成龙头型，有龙须，神态威严，目光直射前方，龟背刻有图案，神龟腿部弯曲，整个龟像似乎正在向前游动，给人静中有动的感觉，该神龟像将“河出图、洛出书”的故事融入自然景观中，赋予崂山更深的文化内涵。

(艾　国)

中国人民解放军
·海军博物馆·

2004年，接待海内外游客60万余人次。其中，为开展爱国主义教育、国防教育免费接待机关团体、中小学生和社会各界共18万余人次；“十一”和春节“黄金周”期间，共接待游客9万余人次。3月，从山西省长治市征集了“强－2型”飞机，丰富了展品。被评为“山东省细微服务达标单位”。

年内，参加了北方旅游交易会、北京电视台广播宣传周、杭州国际旅游交易会、青岛国际旅游产品博览会、上海国际旅游交易会及青岛市举办的“国际博物馆日”的宣传促销活动。7月，参加了中宣部组织的在西柏坡召开的全国爱国主义教育基地经验交流座谈会。“八一”前夕，与市文明办、青岛电视台、青岛人民广播电台、市教育局、市南区委宣传部联合举办了“爱国、爱军、爱家”军民联欢暨加强未成年人思想道德教育社会义工签约仪式活动。10月，参加了山东省爱国主义教育基地工作座谈会。

(王爱民)

区市概况

市南区

·经济和社会发展概况·

2004年，全区辖9个街道办事处和1个社区公共服务委员会、48.94万人，总面积30.01平方公里。全年实现生产总值136.82亿元，比上年（下同）增长14.2%。其中，第二产业增加值20.9亿元，增长12.9%；第三产业增加值115.92亿元，增长14.5%。区级财政一般预算收入10.06亿元，增长19.38%；外商直接投资3900万美元，增长97%；实际利用500万元以上项目内资10.1亿元，增长46.2%；出口总值14.5亿美元，增长56%；固定资产投资41.4亿元，增长51%。

经济发展

工业　规模以上工业企业完成工业总产值38.94亿元，增长8.74%；实现工业增加值12.26亿元，增长10.67%。完成工业销售产值39.32亿元，增长9.84%。

国内贸易　韩国韩亚银行收购青岛国际银行项目全面完成，汇丰银行增资1210万美元。湛山宾馆改造项目签订合同，正大易初莲花超市项目获商务部批准。马士基中国北方总部、大韩航空中国客户呼叫中心、山东省首家外资担保机构青岛金鼎担保投资有限公司等66个外资项目落户该区。引进恒丰银行、大众保险等200万元以上内资服务贸易项目179个。举办了以“打造半岛CBD、引领山东新经济”为主题的“首届青岛（市南）国际商务周暨CBD产业发展论坛”，编制完成《半岛CBD核心区总体规划》。现代服务业实现增加值45亿元，增长15%，占第三产业增加值比重达到39%。该区被评为山东省对外经贸工作先进单位。

2004年9月，副市长宁经谋（右二）到市南区视察社区服务工作。　（李清华/摄）

楼宇（总部）经济　运作广发金融大厦、百盛国际商务中心等写字楼，形成了14座产业特征鲜明的专业楼宇。苏宁电器、星巴克等一批国内外著名商贸企业的区域总部落户该区，各类总部达286家。全区已有金融机构（企业）48家、律师事务所59家、会计师事务所23家，分别占全市的96%、58%、56%。

软件产业　作为青岛市重点项目的青岛（市南）软件产业基地开工22万平方米，竣工6万平方米，交付使用2.8万平方米，用友、易科德等软件企业已入驻。海信（市南）软件园被科技部认定为国家火炬计划软件产业基地。青岛中天信息技术有限公司成为山东省首家以红筹模式在香港主板市场上市的软件（民营)企业。引进浪潮世科和迅源光电等23家软件企业,区内软件企业达到203家,占全市的70%;完成技工贸总收入23亿元,增长121%。

民营经济　民营企业向电子商务、现代物流以及教育、卫生、公用事业等领域拓展,扩大了民营经济总量。全区新增个体私营企业6500余户,增长13.9%;注册资金总额达167亿元,增长22.8%;实现税收5亿元,增长30%。22家企业(个体工商户)被评为市级以上诚信私营企业(个体工商户),全市民营经济企业文化建设现场会在该区召开。

旅游经济　完成了旅游规划编制和滨海步行道文化景观规划设计。举办了第六届中国青岛海洋节。银海国际游艇俱乐部码头项目完成投资1.1亿元。全年接待国内外游客1100万人次;旅游业实现收入101亿元,增长40%。

城区建设和管理

城区建设　完成了市南区东、中、西等3片控制性详规和火车站商圈、佳世客地下步行街等区域的规划设计。东西快速路二期两侧可视环境综合整治工程初见成效,南京路至永嘉路22栋楼房"平改坡"及综合整治全面结束;云霄路截污排放工程接近尾声;完成了徐州路、栖霞路等6条超期服役道路的改造;完成江西路等3个游园绿地和红岛路、鱼山路护坡的改造任务;对50个居民庭院进行增绿改造,20个庭院达到市级绿化标准;完成贵州路、江西路拆墙透绿工程;义务植树8.4万株,新增绿地5.7万平方米。

城区管理　城市建设管理系统通过了ISO9001质量管理体系认证。八大峡等3个街道办事处被评为山东省首批绿色社区。改造居民楼院25个,整治面积达到4万平方米。拆除违法建筑8.9万平方米。山东省城市管理工作现场会在该区召开,推广了长效管理经验。

社会治安综合治理　开展了"平安街道"创建活动,破获各类刑事案件2000余起。妥善解决群体性事件30余起,化解各类矛盾纠纷2600余件。信访工作达到了无越级集体上访、无到省进京上访、无异常上访的"三无"标准。该区被评为"全省平安建设先进区"和"亚洲合作对话第三次外长会议筹备服务工作突出贡献单位"。

社会各项事业

科技　78个项目获市级以上科技奖励,争取上级科技经费1328万元。申请专利734项,居各区市首位。新增高新技术企业5家,总数达50家。36项产品通过高新技术产品认定,高新技术产业产值达到9.4亿元,占规模以上工业企业总产值的24.2%。该区被评为"全国科技进步先进区"和"全国科普示范城区"。

教育、体育　完成基隆路小学扩建工程,区少儿体育中心主体完工。创办了全国首个教师发展培训基地,课程改革和教师培训工作在全国介绍了经验。江苏路小学、嘉峪关学校两个教育集团已形成雏形。该区被确定为全国首批区域教育特色实验区。组织开展了"万人健步行"、"万人横渡汇泉湾"和"青岛市全民健身路径比赛"等群众性健身活动,该区被评为"第二十八届奥运会突出贡献单位"。

文化　全区150平方米以上的社区文化活动中心达到50处。举办各类文化活动2600余场,五四广场、音乐广场和汇泉广场被评为"全国特色文化广场"。在全市率先开展了绿色网络创建工程。170余处图书室、阅览室向社会开放,构建起"一刻钟读书圈"。

卫生　完善社区卫生服务体系,被确定为山东省首批社区卫生服务示范区。市南区人民医院整建制划归青岛大学医疗集团,加快区属医院体制改革。建立计生扶助基金和公益金,解决了贫困独生子女家庭的后顾之忧,生殖健康服务经验在全国推广,该区获"政府支持奖"和"中国人口文化奖"。

社区建设　整合社区资源,将14个街道办事处合署为9个,并成立了1个社区公共服务委员会,把126个社区居委会调整合并为81个。改善了街道办事处、社区居委会办公条件。在山东省率先实施居民代表"海选"试点。制定了社区建设三年规划和示范街道、温馨社区创建办法。建立了全国首家由政府主导、社区单位代表和自治组织代表参与的社会公共事务管理组织——江苏路社区公共服务委员会,"江苏路模式"得到有关专家的肯定。全国推进城乡社会救助体系建设工作会议、社区服务创新研讨会等5个国家级、省级大型会议相继在该区召开,总结推广了该区最低收入保障工作、社会救助、社区服务和体制创新等方面的经验。为2200余户最低收入保障家庭发放800余万元的救助金和价值100余万元的救助物资,357户居民走出"低保线"。实施"畅通民情、排忧化解、固本强基"三大工程,收集意见、建议近3000条,解决了一批群众关心的热点难点问题。该区被评为"全国老龄工作先进区"。

劳动保障　2000余名下岗失业人员实现了"创业在市南、成功做老板"的愿望,并带动吸纳就业6000余人。在全市率先推行了"分类就业指导"工作法,开发政策性扶持岗位5700余个,安置"4045"等就业困难人员近8000人,全年安置就业3.2万人,27个社区成为"困难群体零失业社区",该区被评为山东省就业再就业工作先进单位。

精神文明建设　以"五进社区"为主要内容,开展争当文明市民、争创文明社区等群众性精神文明创建活动,"文明社区"覆盖率达到100%。全区有义工5500余名,社区义工活动丰富扎实有效。构建以学校为龙头、家庭为基础、社区为平台的"三位一体"未成年人思想道德建设格局,创建"德润校园"品牌,未成年人思想道德建设工作在全国介绍了经验。该区获山东省第六届精神文明建设工作先进区称号。

·街道办事处(社区委)概况·

八大峡街道办事处

管区位于市南区西部,面积2.27平方公里,辖12个社区居委会、7.2万余人。驻有山东省出入境检验检疫局、青岛海关、青岛供电公司、青岛海事局、青岛房产交易中心、青岛铁路分局、青岛造船厂等单位;青岛市最大的广场——八大峡广场位于管区内。

党工委书记王永林,主任刘萍。

云南路街道办事处

管区位于市南区西部,面积1.3平方公里,辖9个社区居委会、4.8万余人。驻有解放军四八〇八厂、青岛食品股份有限公司、青岛轮渡股份有限公司、山东山孚厨王食品有限公司等单位。

党工委书记张任荣,主任舒志荣。

中山路街道办事处

管区位于市南区中西部，面积1.74平方公里，辖10个社区居委会、5.7万余人。驻有亨得利、盛锡福、宏仁堂等“老字号”商店和山东省进出口商检局、山东省外运公司、市人大常委会、市政协及百盛商厦、发达商厦、华联商厦等单位；栈桥、第六海水浴场、天主教堂、老舍公园以及王统照故居、王献堂故居等旅游观光景点位于管区内。

党工委书记李奎智，主任宿韶华。

八大关街道办事处

管区位于市南区中部，面积6.72平方公里，辖8个社区居委会、近5.1万人。驻有市文化局、中国海洋大学、中科院海洋研究所、汇泉王朝大酒店、北海舰队、海军青岛疗养院等单位；八大关风景区、海底世界、海军博物馆、中山公园、鲁迅公园、小鱼山公园等旅游景点位于管区内。

党工委书记吕俊川，主任王乃仁。

湛山街道办事处

管区位于市南区东部，面积3.7平方公里，辖4个社区居委会、3.6万人。驻有市中级法院、市国税局、市地税局、海军潜艇学院、香格里拉大饭店、海天大酒店等2000余个单位；音乐广场、湛山寺位于管区内。

党工委书记孔庆春，主任刘林。

香港中路街道办事处

管区位于市南区东南部，面积3.8平方公里，辖6个社区居委会、近5.5万人。驻有市政府、市南区政府、市工商局、东方航空公司山东分公司、山东绮丽集团等单位；五四广场位于管区内。

党工委书记杨家喜，主任董天庆。

珠海路街道办事处

管区位于市南区东部，面积2.88平方公里，辖7个社区居委会、5.4万余人。驻有丽晶大酒店、海景花园大酒店等星级酒店和国家经贸委培训中心、邮电部青岛疗养院、胜利油田青岛疗养院、二炮疗养院、冶金部疗养院、工人疗养院、国家电业总公司疗养院以及市立医院东部分院、山东省眼科研究所、市新华书店（集团）有限责任公司暨书城等单位。

党工委书记余洪清，主任岳洁。

八大湖街道办事处

管区位于市南区东北部，面积4.27平方公里，辖10个社区居委会、7万余人。驻有大福源超市、海信购物广场、百安居装建材超市和青岛广播电视中心、远洋船员学院、青岛卫生学校等单位。

党工委书记杨荣亮，主任王德江。

金门路街道办事处

管区位于市南区最东部，面积4.22平方公里，辖9个社区居委会、6.4万余人。驻有市财政局、青岛边防检查站、青岛飞洋学院、青岛大学附属中学等1000余个单位。

党工委书记迟克启，主任张守润。

江苏路社区公共服务委员会

位于市南区中部，面积1.28平方公里，辖6个社区居委会、3.5万余人。驻有山东省地震研究所、市气象局、青岛大学医学院附属医院、青岛迎宾馆等单位；信号山、伏龙山、观象山等山头旅游景点位于管区内。

委员会书记、主任王志华。

（王崇义　孙立强）

市　北　区

·经济和社会发展概况·

2004年，全区辖16个街道办事处及浮山后社区、47.3万人，总面积28.63平方公里，设在区外的新产业基地面积达到13平方公里。全年实现生产总值（GDP）达到92.19亿元，按可比口径计算比上年（下同）增长12.7%。其中，第二产业增加值达到37.12亿元，增长3.3%；第三产业增加值达到55.07亿元，增长19.9%。

实现财政收入达到6.02亿元，增长27.5%；财政支出6.31亿元，增长28.8%。全年国税税收收入26.85亿元，增长16.05%；地税税收收入11.12亿元，增长12.8%。街道财政收入完成8419.7万元，增长28.3%。

经济发展

工业　共有各类工业企业1600余个，在职职工近2万人，包括机械、电子、橡胶、塑料、印刷、轻工、服装、食品等20个行业。全年建成都市工业园区5处，累计已达8处，总面积12万平方米。全区规模以上工业完成工业总产值（现价）100亿元，增长16.96%；实现（现价）销售产值102.64亿元，累计产销率达103%。高新技术产业产值13.94亿元，占全区规模以上工业总产值的13.95%，增长0.67个百分点。

国内贸易　全年实现社会消费品零售额76.26亿元，增长19.8%。其中，批发零售贸易业实现零售额60.65亿元、增长18.9%，餐饮业实现零售额12.4亿元、增长24.7%，其他行业实现零售额3.21亿元、增长18.1%。全区商品交易市场72处；其中，年成交额超过1亿元的市场5处，成交额43.1亿元，占全市亿元市场成交额10.3%。

对外经贸　全年共批准利用外资项目19项，合同利用外资2467万美元，实际利用外资4513万美元。全年实现外贸出口总额4.01亿美元，增长30.5%。全区实际利用内资（500万元以上的项目）12.2亿元，增长40.2%。举办了“2004中国青岛（市北）都市经济促进月”活动。

非公有制经济　非公有制经济增加值实现35.46亿元，增长14.5%，占全区生产总值的38.5%，其中个体私营经济实现增加值22.71亿元、增长21.5%、占全区生产总值的24.6%。截至年底，全区经工商注册登记的个体工商户达2.28

万户,其中年内新发展3293户;私营企业6624户,其中年内新发展926户。个体私营经济从业人员达到8.05万人,安置下岗失业职工3.87万人。

城区建设和管理

全年完成全社会固定资产投资41.87亿元,增长76.6%。其中,基本建设投资7.86亿元,更新改造投资3.34亿元,房地产开发投资30.67亿元。进行了土地利用现状调查,组织编制了13.7平方公里控制性详细规划。加强城市基础设施建设,综合整治错埠岭等居民小区,建成南京路等2处社区文化广场,完成标山路等30多条道路翻建工程。全区清理违法建筑17.1万平方米,清除25处非法早市、夜市。植树18万株,铺草皮4.21万平方米,植行道树2.88万株,建成区绿化覆盖率达到35.02%,新建公共绿地1.99万平方米,全区人均公共绿地6.14平方米。全区道路总数529条,沥青道路200.4万平方米,人行道总面积101.6万平方米,人行道硬化率98%,道路总长度194.4公里。

社会各项事业

科技　全年有13项科技成果通过鉴定,其中达到国际先进水平4项、达到国际领先水平2项、达到国内领先水平6项、达到国内先进水平1项。青岛科技街进街企业1248家,入孵企业360家,技工贸总收入25亿元,培植市级以上高新技术企业6家。

教育　全区共有小学43所,在校学生2.19万人,学龄儿童入学率达到100%。全区有小学教职工2252人,其中教师1760人;有幼儿园、学前班47所,教职工809人,在园幼儿人数达到7152人;特殊教育学校1所,在校学生88人。

文化　全区有文化馆、图书馆、档案馆各1处,藏书6万册,有街道文化站17个。

卫生　建立完善了18处社区卫生服务中心和19处社区卫生服务站,达到了人人享有初级医疗保健的目标,通过了首批全国社区卫生服务示范区验收。全区共有卫生机构6处,其中医院3处、疾病控制中心1处、卫生局卫生监督所1处、妇幼保健机构1处;有各类卫生技术人员1039人,其中医生365人;拥有医疗床位761张。

体育　有体育传统项目学校22所,其中省级5所、市级17所。运动员参加市级以上比赛获奖牌528枚,其中金牌366枚、银牌102枚、铜牌60枚。

社区建设与人民生活　完成社区居委会换届选举工作。开展了"星级示范街道"、"星级示范社区"创建活动,5个街道办事处实现数字化网络办公,创建43处"阳光互助家园",兴办160个便民利民服务项目,建成124处社区老年人健身路径,兴建9处养老服务机构。培育新的就业增长点,安置失业人员3.7万人,就业安置率达77.6%,有求职要求的"4045"人员就业安置率达91.3%。深化"阳光救助工程",累计投入3000余万元,对最低收入保障人员和各类困难家庭进行救助救济。出生率6.92‰,人口自然增长率-0.24‰,连续10年保持人口负增长。

·街道办事处概况·

冠县路街道办事处

管区位于市北区西部,面积1.47平方公里,辖3个社区居委会、2.34万人。驻有青岛港(集团)公司、青岛海洋渔业公司、青岛海运总公司、山东省国际海运公司等单位。经济以商业和服务业为主,全年完成财政收入307万元。

党工委书记郝元先,主任刘金岗。

泰山路街道办事处

管区位于市北区西北部,面积3.25平方公里,辖4个社区居委会、2.2万人。驻有山东外运公司、交运(联运)国际物流公司等单位。经济以航运、餐饮为主,全年完成财政收入800余万元。

党工委书记孙丕顺,主任包水根。

胶州路街道办事处

管区位于市北区西南部,面积0.55平方公里,辖6个社区居委会、约3.1万人。驻有市纺织总公司、市立医院、市工人文化宫等单位。经济以商贸为主,全年完成财政收入436万元。

党工委书记孙若睿,主任李庆常。

热河路街道办事处

管区位于市北区西南部,面积0.72平方公里,辖7个社区居委会、3.01万人。驻有市第二体育场、儿童医院、交通医院等单位。经济以服务业为主,全年完成财政收入272.4万元。

党工委书记谷源波,主任叶树高。

辽宁路街道办事处

管区位于市北区中西部,面积0.46平方公里,辖6个社区居委会、2.7万人。驻有电子信息城、青岛市妇幼保健院、雅泰电器超市等单位。经济以商贸为主,全年完成财政收入427.8万元。

党工委书记曾祥义,主任于青。

黄台路街道办事处

管区位于市北区西南部,面积0.71平方公里,辖5个社区居委会、2.6万人。驻有市少年宫、市歌舞剧院、青岛广播电视大学、青岛艺术学校等单位。经济以装饰工程、工程咨询、监理、餐饮业为主,全年完成财政收入296万元。

党工委书记陈新华,主任高云。

华阳路街道办事处

管区位于市北区中部,面积2.1平方公里,辖5个社区居委会、2.1万人。驻有颐中烟草集团、胶六集团等单位。经济以工业为主,全年完成财政收入523.9万元。

党工委书记王治清,主任兰恭进。

登州路街道办事处

管区位于市北区西南部,面积1.23平方公里,辖7个社区居委会、3.49万人。驻有青岛啤酒厂、青岛市文化市场等单位。经济以三产为主,全年完成财政收入579.97万元。

党工委书记于明,主任朱敬佳。

利津路街道办事处

管区位于市北区中部,面积0.72平方公里,辖7个社区居委会、5万余人。驻有利群商厦、沃尔玛超市等单位。经济以工商业和服务业为主,全年完成财政收入523.2万元。

党工委书记矫洪武,主任马永学。

延安路街道办事处

管区位于市北区中部,面积1.16平方公里,辖6个社区居委会、3.46万人。驻有榉林园大酒店、利群百惠商厦、双蝶股份有限公司等单位。经济以服务业为主,全年完成财政收入1000余万元。

党工委书记矫安本,主任程方厚。

威海路街道办事处

管区位于市北区中部,面积0.57平方公里,辖5个社区居委会、2.96万人。驻有法宝超市、深港时装广场等单位。经济以商业和餐饮娱乐业为主,全年完成财政收入696万元。

党工委书记牟文豪,主任王少波。

北仲路街道办事处

管区位于市北区中部,面积0.89平方公里,辖8个社区居委会、4.3万人。驻有亨通达实业公司、青岛金鹿配件厂等单位。经济以工业、商业、经贸业、服务业、个体及民营经济为主,全年完成财政收入441万元。

党工委书记郑金江,主任王文兴。

宁夏路街道办事处

管区位于市北区南部,面积1.2平方公里,辖7个社区居委会、3万余人。驻有怡情楼酒店、雅泰电器等单位。经济以餐饮、零售为主,全年完成财政收入855万元。

党工委书记李强,主任林宁。

敦化路街道办事处

管区位于市北区中部,面积1.51平方公里,辖7个社区居委会、4.14万人。驻有青岛海博家居有限公司、家乐福新兴店、青岛北方经济管理学校等单位。经济以家具、建筑为主,全年完成财政收入531.57万元。

党工委书记蔡中华,主任马丽娜。

辽源路街道办事处

管区位于市北区东部,面积4.79平方公里,辖12个社区居委会、4.4万人。驻有热电公司、欧倍德家居超市、家世界购物商场、抚顺路蔬菜副食品批发市场等单位。经济以生产加工、批发零售、饮食娱乐等为主,全年完成财政收入497.1万元。

党工委书记鲁昌俊,主任孙本强。

合肥路街道办事处

管区位于市北区东部,面积7.8平方公里,辖1个村委会和8个社区居委会、2.82万人。驻有浮山后实业总公司、河马石实业总公司、杨家群工贸总公司、埠西盛源工贸总公司、双峰工贸总公司等单位。经济以生产、加工为主,全年完成财政收入497.7万元。

党工委书记徐成选,主任杨学国。

浮山后社区

管区位于市北区东北部,面积2.56平方公里,辖4个小区居委会、4万人。驻有青岛市城市发展中心、青岛市浮山新区热力有限公司和市北区浮新医院等单位。经济以楼宇经济为主,全年完成财政收入32万元。

党工委书记刘洪先。

(赵玉田　肖剑虎　郭振栋)

四　方　区

·经济和社会发展概况·

2004年,全区辖16个街道办事处(区政府采取合署办公形式调整为7个)、38.37万人,面积34.55平方公里,人口密度为每平方公里1.11万人,男女性别比110.2:100。全年完成生产总值62.89亿元,比上年(下同)增长15.4%;其中,第二、三产业增加值分别为37.33亿元和25.56亿元,增长14.5%、16.9%。固定资产投资19.23亿元,增长73.3%。实现区级财政收入2.85亿元,增长21.3%。实现社会消费品零售总额36.27亿元,增长18.9%。

经济发展

工业　全年规模以上工业企业完成工业增加值34.32亿元,增长13%。组织实施科技计划58项,新认定青岛市高新技术产品61项、高新技术产业企业5家、科技类企业67家。新建都市工业园6个,总数达到15个,入园项目210个,企业注册资金总额5.7亿元,实现利税5664万元,吸纳从业人员6847人。

个体私营经济　全年新注册个体工商业户8196户,总数达到1.74万户,增长63.9%;新注册私营企业979家,总数达到4276家,增长24%;个体私营业户注册资金达到30.7亿元,增长34.9%;实现税收1.68亿元,增长23.7%。"洁神"和"高达"、"笑蕾"分别被认定为山东省、青岛市著名商标,华涛模具公司等3家企业入选青岛市百强民营企业。

国内贸易　共有商品市场38个,其中农贸市场18个、专业市场20个;全区市场交易额18.2亿元,增长12.3%。有重庆南路青岛市汽车贸易大道和青岛市温州路机电贸易街等2条市级特色商业街。引进了锦江之星经济型宾馆、老转村山东菜馆等餐饮服务项目,勇丽美食广场等餐饮企业相继建成开业,医药、茶叶、酒店设备等专业超市先后落户该区。开展了"食品放心工程"、"绿色消费社区"、"绿色市场"等创建活动。

开放型经济　组织企业参与APEC会议、韩国周、日本周等节庆会展,组团赴日本、欧洲进行招商推介及贸易洽谈活动,先后接待了来自英国、法国、美国、澳大利亚、日本、韩国、台湾等十几个国家和地区的考察团组。全区共引进千万元以上的内资项目36个,百万美元以上的外资项目15个;引进500万元以上市外资金4.7亿元,增长31.1%;新批利用外资项目26个,增资项目14个,实际到位资金3600万美元;已有美国、加拿大、日本、韩国、新加坡、德国、沙特阿拉伯、澳大利亚、巴西、意大利以及港、澳、台等十几个国家和地区客商前来投资,设立中外合资、合作和外商独资企业280余家,行业涉及纺织、服装、机械、电子、化工、医疗、食品等领域。

全年外贸出口2.95亿美元,增长40%。四方海岸开发建设项目与以法国布依格集团为首的联合体签订了合作开发框架协议。

城区建设和管理

城区建设　完成了城区控制性详规编制工作。全年争取到市资金1.29亿元,自筹资金2144万元,完成了市级3项、区级14项重点工作任务。长沙路以北经济适用房项目正式开工,启动了河西村、河崖村、华光村3个旧村改造工程,完成了湖岛水淹片改造一期安置用房建设,四方商贸大厦建设基本完工。全年竣工、在建旧城改造项目共22个,累计新开工建设住宅82.5万平方米,竣工53.3万平方米。

市政设施建设　投资8600多万元,综合整治了洛阳路、萍乡路、宁化路、金华路、宜昌路等5条道路;改造了傍海路、鞍山五路等5条城区次干道;整治了瑞昌路、温州路、康宁路等3条道路。投资267万元安装了89条道路和海丰广场的路灯637盏。清淤治理水清沟河等4条河道,清淤量2万立方米;完成了张村河四方段河道整治截污工程。

园林绿化　全区绿化覆盖总面积787.52公顷,年内新增绿地14.3万平方米,绿化覆盖率达28%,人均公共绿地面积6.61平方米。

环境综合整治　全年组织大型整治活动6次,清理卫生死角830处,清运垃圾1.1万吨;集中拆除了主干道两侧、居民楼院内等517处违法建筑,共13.9万平方米。硬化街巷甬道1.2万平方米,创建"社区环境达标楼院"12个、"市优"物业住宅小区2个和爱国卫生省级先进单位1个、市级先进单位4个。

环境保护　新建噪声达标区1.49平方公里,全区噪声达标区覆盖率69.61%。全年共受理各类环境信访案件437件,处结率达100%。

社会各项事业

科学　全年共获得市级以上科技奖励57项,其中青岛市科技技术奖45项、青岛市高等院校与科研机构转化高新技术成果奖12项;有42个产品分别被列入国家、青岛市科技计划项目;争取到上级科技经费674万元;有60个项目通过了科技成果通过鉴定;申请专利222件。举办科普展览活动80余次,科普讲座咨询活动60多次,参与活动15万人次。

教育　全区有幼儿园34所、小学31所、成人中专1所、教师进修学校1所,教职工1825人。投资1150万元,完成了嘉定路小学扩建工程和鞍山二路小学教学楼建设工程,全区所有小学实现了"班班通"计算机联网。作为全国首批课程改革实验区,深化了"大阅读"语文实践活动。7月,在教育部—联合国儿童基金会召开的早期儿童养育与发展项目(ECCD项目)自制教玩具培训会上为来自全国的幼教工作者进行了培训。推进特殊教育改革,实施残疾儿童"随班就读"和入学"零拒绝"制度,残疾儿童"随班就读"率达50%。加强四方少儿科技活动基地建设,组织开展了少儿科普周、科技夏令营等活动。加强教育科学规划研究课题规范管理。

文化　图书馆总面积扩展到2120平方米;文化馆在全国首次群众艺术馆、文化馆评估定级工作中被命名为国家一级馆。加强以青岛海云庵糖球会为代表的民俗文化品牌、以少儿自绘文化衫大赛为代表的少儿文化品牌、以社区文化交流月为代表的社区文化品牌、以"四方欢歌"群众文化艺术节为代表的广场文化品牌建设。

卫生　有各级各类医疗卫生事业机构375所;拥有医疗床位2871张;从事医疗卫生工作人员4208人,其中卫生技术人员3356人。建成了区、街、居三级社区卫生服务网络,该区成为首批省级社区卫生服务示范区。建立了突发公共卫生事件应急反应电子信息网络项目。

计划生育　人口出生率为6.14‰,符合政策生育率99%以上,死亡率6.21‰,人口自然增长率-0.06‰,连续10年实现了人口负增长。建立了独生子女意外死亡父母不再生育家庭养老扶助制度和独生子女特困家庭扶助基金制度。建成了内部局域网和与街道服务站之间的远程管理网络,对新生儿、育龄妇女、流动人口、男性等各类人群实现了数字化管理和全程服务。投资30万元在海琴广场建成了山东省第一座生育文化永久性标志——四方"人·自然"雕塑园。

体育　有体育场地100处,健身广场15处,少年儿童体育学校1所,各单项体育协会6个;专业体育教员88人,社会体育指导员451人;有足球、田径、乒乓球等省级传统体育项目学校3所,市级传统体育项目学校9所。人均拥有公共体育设施面积0.23平方米,经常参加体育锻炼的人数为占全区总人数的50.3%,平均每万人拥有体育指导员人数为12.3人,三项指标均已达到或超过国家A级标准。

史志工作　由四方区政府和市史志办公室主办、四方区史志办公室编纂的40万字的《四方概况》一书获青岛市志书类优秀成果奖和山东省开发利用档案资源成果二等奖;筹建了四方方志馆。

社区建设　在全市率先组建了职业社区工作者队伍。改扩建"星光老年之家"50个,每千名老人拥有养老床位达到18张。在全国率先推行了"康乐助老意外伤害保障计划",实施了"阳光救助"和"助您出行"扶老助残工程。

人民生活　开展了以"送政策、送岗位、送技能、送服务、送温暖"为主要内容的就业援助活动,全区登记失业人员实现就业3.22万人,就业率达76.3%。开发政策性扶持岗位4768个,安置"4045"等就业困难人员1.27万人,安置率达92%;成立了劳动就业训练四方分中心,建立了1处低保人员培训基地,培训失业人员2692人,该区被评为青岛市促进就业先进工作单位。全年发放促进就业资金406万元,发放各类生活保障金、救助金5111万元。

·街道办事处概况·

阜新路街道办事处

管区位于四方区西南部,面积1.93平方公里,辖16个社区居委会、9.06万人。是四方区委、区政府所在地,是四方区政治、经济、文化的中心区域。2004年,共引进项目86个,累计引进内资5209.6万元、其中市外资金300万元,引进外资98万美元。辖阜新集团、鞍东实业公司等2个经济实体。

党工委书记董茂臣,主任张临娟。

海伦路街道办事处

管区位于四方区东南部,面积2.84平方公里,辖11个社区居委会、5.8万人。2004年,实际利用外资94万美元、内资7000余万元。7月,举办了首届"邻居节"。

党工委书记刘作山,主任朱世伟。

兴隆路街道办事处

管区位于四方区西部偏南,面积

7.91 平方公里，辖 14 个社区居委会、5.23 万人。建有海云庵民俗小吃城，海云庵糖球会在辖区内举办。2004 年，实际利用市内资金 1.04 亿元，实际利用市外资金 5921 万元，实际利用外资 519 万美元。

党工委书记张平，主任庞明刚。

嘉兴路街道办事处

管区位于四方区中心，面积 2.26 平方公里，辖 17 个社区居委会、9.8 万人。2004 年，引进内资 7508 万元，其中市内资金 4288 万元、市外资金 3220 万元。11 月，四方区第一个综合性楼宇经济工业园区——市政楼宇经济工业园在管区正式揭牌成立，入驻企业 60 余家。

党工委书记郭文，主任王明世。

水清沟街道办事处

管区位于四方区中部，面积 5.51 平方公里，辖 13 个社区居委会、5.1 万人。2004 年，新增私营企业 88 户、个体工商业户 332 户，完成财政收入 2182 万元，实际利用内资 8403 万元，实际利用外资 290 万美元。

党工委书记王春生，主任朱元庆。

洛阳路街道办事处

管区位于四方区最北端，面积 7.29 平方公里，辖 13 个社区居委会、7.85 万人。2004 年，实际利用内资 9784 万元，实际利用外资 441 万美元，实现税收 4593 万元。

党工委书记陈大维，主任赵六国。

河西街道办事处

管区位于四方区东部，面积 6.81 平方公里，辖 7 个社区居委会、1.15 万人。2004 年，实际利用内资 2.06 亿元，其中市外资金 1.57 亿元；实际利用外资 700 万美元；成立了青岛市首家社区劳动就业培训中心。

党工委书记邵新华，主任梁奎。

（于光明）

李　沧　区

·经济和社会发展概况·

2004 年，全区辖 11 个街道办事处、35 万人。完成生产总值 115 亿元；完成第二产业增加值 89 亿元，其中工业增加值 81 亿元；完成第三产业增加值 26 亿元。实际利用外资 8714 万美元，实际利用内资 14.8 亿元；完成出口总额 6.8 亿美元；完成固定资产投资 53.8 亿元；实现社会消费品零售额 47 亿元；实现区级财政收入 4 亿元。

经济发展

工业　加快现代制造业基地建设。一批大项目投产。青钢集团加快技术改造，累计投资 11 亿元，“青钢”被评为 2004 年中国最具价值品牌 500 强之一；青岛石化公司通过技改，原油加工量达到 247 万吨；一汽解放青岛汽车厂调整产品结构，汽车产量达到 6 万辆；海通车桥公司总成装配线技改项目、泰德公司空调器轴承技改项目等重点经济项目相继完成。全区规模以上工业企业完成工业增加值 76 亿元。服务业编制完成了《商贸发展总体规划》。李沧中心商圈新增营业面积 15.6 万平方米，累计达到 40 万平方米。维客集团继续加快连锁扩张，销售收入超过 15 亿元；利客来购物中心通过新建改造成为全市经营面积最大的商场；北方国贸集团一佳一时装中心建成开业；东郊车站等 5 处室内停车场相继竣工，新增面积 2.7 万平方米，增加泊位 1080 个，缓解了中心商圈停车难问题。完成了区级机关办公场所迁建，盘活了闲置资源。新锦华综合批发市场经营面积居山东省同行业首位，金属材料市场、货运交易市场交易额居全市首位。

生态旅游　完善并实施《旅游发展总体规划》，完善了十梅庵景区建设，百果山农业生态园被评为青岛市农业生态旅游示范点。

招商引资　全年实际利用韩、日、台资分别比上年（下同）增长 72%、22.5% 和 31.3%。举办了首届“李沧区对外贸易洽谈会”。全年新增外资项目 66 个，其中百万美元以上的 13 个；新增内资项目 390 个，其中千万元以上的 25 个。高新技术产品和机电产品出口分别增长 98.7% 和 40.1%。

民营经济　成立全市首家由政府主导、企业参与、市场化运作的担保公司，累计担保贷款 3350 万元，解决了部分中小企业融资难问题。全区新增个体工商户 3407 户、私营企业 529 家，分别增长 21.1% 和 16.6%；实缴税金 2.2 亿元，增长 26.7%；注册资本金 1000 万元以上的私营企业达到 34 户，增长 61.9%。

城区建设

编制了文昌阁、枣儿山等 10 个片区控制性详细规划，全区控制性详细规划覆盖率达到 100%。筹措 2.8 亿元资金实施了“河、路、山”综合整治。对李村河中下游和板桥坊河实施了治理。完成了太原支路、夏庄支路等 25 条街巷路的整治和 55 条道路的路灯安装，李村城区地下管网三期改造工程竣工。硬化车行道 20 万平方米，铺装人行道板 14.9 万平方米。对河南庄、坊子街及青银路两侧等区段山体实施了生态恢复，沧口公园拆墙透绿工程完工。新建改建公共绿地 23.3 万平方米，人均公共绿地 13.5 平方米。楼山工业区村庄搬迁改造工程竣工，后海热电项目实现投产供热。建立城管工作目标责任绩效考核机制，明确区、街、居管理责任和任务。实施厨余垃圾封闭收集，新建垃圾转运站 2 座，安装多功能卫生容器 1000 个，淘汰燃煤锅炉 31 台。组织开展了 5 次大规模的清理行动，拆除违法建筑 20.2 万平方米。

社会各项事业

全年投入科技经费 909 万元，组织申报科技计划 46 项，其中国家级计划 4 项、市级计划 14 项。新增青岛市高新技术产品17项，申报专利116件。引进各类人才1592人，其中高级人才113人。创建省、市级规范化学校4所，市教育改革红旗学校1所，市中小学素质教育实践基地投入使用。建成全市首家青少年天文科普馆，承办了“山东省创造教育第八届学术年会”。举办了2004年中国青岛赏花会，开展了“李沧之春”、社区文化节、欢乐假日广场文艺演出等群众性文化活动。完成图书馆迁址扩建。成立了全市首家健康教育所和艾滋病初筛检测实验室，初步建立了疾病预防控制体系和公共卫生救治体系。被评为山东省计划生育优质服务先进区，人口自然增长率控制在1.5‰以内。

投资220万元建成11处标兵示范社区。完成78个社区居委会换届选举工作。第一次全国经济普查取得阶段性成果。老年活动中心投入使用，区敬老院被评为全国民政系统行风建设先进单位；通过山东省老龄工作先进区、市敬老模范区验收。残疾人事业加快发展，妇女儿童工作稳步推进。加强了双拥共建、兵役、人防建设。民族、宗教、侨务、对台工作取得进展。先后出版了《李沧区大事记》、《沧口区志》等。推进“平安李沧”建设，实施社会治安“护城河”工程，创建“平安示范社区”10个。

在全市率先将就业培训工作延伸至社区，通过财政资助，所有社区都建立了就业服务站，社区就业成为困难群体就业的重要渠道。开发公益性岗位2842个，安置就业2.8万人，就业率达到77.9%。实施城市最低生活保障“阳光救助工程”。发挥“低保超市”作用，开通了“爱心飞扬直通车”，累计投入社会救济和社会保障资金3712万元。

“城中村”改制取得进展，其中河南、东李成为山东省首批整体规范改制的“城中村”。按照“脱钩、分类、放权、搞活”的原则，完成了教育、卫生、文化系统的聘用制度改革。

·街道办事处概况·

李村街道办事处

管区位于李沧区中心地带，面积6.75平方公里，辖21个社区居委会、7.13万人。2004年，完成生产总值16.1亿元，增长25.6%；实交税金1.74亿元，增长33%；实际利用外资734万美元，增长240.6%；出口总额1440万美元，增长17.4%。获青岛市发展民营经济先进集体、平安示范街道等称号。

党工委书记张玉厚，主任尤冀鲁。

虎山路街道办事处

管区位于李沧区北部，面积13.11平方公里，辖12个社区居委会、2.04万人。驻有企业155家，其中外资企业32家，形成了以汽车配件、橡胶、纸箱、铝塑制品等为基础的产业体系。2004年，完成生产总值5.6亿元，增长21.9%；实交税金1.08亿元，增长41.5%；实际利用外资652.6万美元，增长44%；实际利用内资1.06亿元，增长42.8%；完成社会消费品零售总额9000万元，增长20%。

党工委书记刘青林，主任程远志。

浮山路街道办事处

管区位于李沧区东南部，面积8.43平方公里，辖11个社区居委会、4.05万人。驻有李村大集、第一百盛崂山购物中心、好美家（青岛）国际建材装潢中心、茶叶市场等大型专业批发市场。2004年，完成生产总值7.2亿元，增长20.5%；实缴税金1.72亿元，增长36.1%。

党工委书记王斌，主任盛祥柏。

永清路街道办事处

管区位于李沧区中部偏西，面积5.1平方公里，辖11个社区居委会、4万多人。驻有北方汽车交易市场、沧口蔬菜批发市场、木材批发市场等各类企业共计500余家。2004年，完成增加值2.12亿元，实缴税金5317万元，利用外资398万美元，利用内资3248万元，实现社会消费品零售额5838万元，完成出口总额4720万美元。

党工委书记宋泽亮，主任刘云刚。

振华路街道办事处

管区位于李沧区西南部，面积7.56平方公里，辖8个社区居委会和1个家委会、2.32万人。驻有六棉公司、第二印染厂、青岛青联股份有限公司、青岛第四啤酒厂等单位。2004年，完成生产总值5.2亿元，增长20.2%；实缴税金2492万元，增长198%；利用内资4133万元，增长74%；利用外资150万美元，增长45.3%。

党工委书记王恕民，主任李建伟。

永安路街道办事处

管区位于李沧区西部，面积4平方公里，辖10个社区居委会、4.3万人。驻有青岛黄海橡胶集团公司、维客沧口购物中心、中商百盛爱客家、广大购物广场等单位。2004年，实际利用外资186.7万美元，实际利用内资3651万元，实缴税金2176万元，完成生产总值6.8亿元、出口总额5067万美元、固定资产投资2.58亿元、社会消费品零售总额2.65亿元。被授予青岛市文明单位、青岛市流动人口计划生育工作先进集体等称号。

党工委书记江志平，主任王庆胜。

兴华路街道办事处

管区位于李沧区西部中段，面积1.36平方公里，辖6个社区居委会、2.8万人。驻有青岛东岳泡花碱有限公司、青岛人民印刷有限公司等单位。2004年，创税2170余万元，利用外资131万美元，利用内资3700余万元。先后获山东省公民道德建设示范点、青岛市社会综合治理先进单位、青岛市十佳文明街居、青岛市文明单位等称号。

党工委书记曹义德，主任戴建利。

兴城路街道办事处

管区位于李沧区西北部，面积5.62平方公里，辖8个社区居委会、2.31万人。驻有李沧区中心医院等单位。2004年，实现生产总值7.5亿元，实缴税金2170万元。

党工委书记曹任盛，主任王牛。

楼山街道办事处

管区位于李沧区西北部，面积9.3平方公里，辖6个社区居委会、1.8万人。驻有青钢集团、一汽解放青岛汽车厂等26家国有大中型企业。2004年，完成增加值57.8亿元，实缴税金1.04亿元，实际利用外资568.4万美元，实际利用内资9067万元，完成出口总额10967万美元，实现社会消费品零售额2.44亿元，完成固定资产投资12.49亿元。

党工委书记徐海卫，主任柳凯。

湘潭路街道办事处

管区位于李沧区北部，面积8.34平

方公里，辖7个社区居委会和1个家委会、4.5万人。有村街企业59家、外资企业30余家，形成锅炉制造、汽车配件等十几个行业制造与加工为一体的综合性工业体系。2004年，实缴税金1.2亿元，实际利用外资557万美元，实际利用内资6700万元，完成出口额1.6亿美元。

党工委书记刘会兴，主任房艳。

九水路街道办事处

管区位于李沧区东部，面积29.7平方公里，辖20个社区居委会、2.4万人。有百果山、靴子石、三清洞、竹子庵、仙姑塔等旅游景点。2004年，完成生产总值5.7亿元，实缴税金1.13亿元，完成出口额9625万美元，实际利用内资2.51亿元，实际利用外资1090万美元，完成固定资产投资10.4亿元，实现社会消费品零售额2.66亿元。

党工委书记张树茂，主任张宝岳。

（王宪军　高孟勇）

崂　山　区

·经济和社会发展概况·

2004年，全区辖4个街道办事处、20.77万人，总面积389.34平方公里。全年实现生产总值174.97亿元，比上年（下同）增长18.5%。其中，第一、二、三产业增加值分别为4.95亿元、123.35亿元、46.67亿元，分别增长2.8%、21.3%、17.4%。完成区级财政收入11.1亿元，增长21.1%。完成地方财政一般预算收入8.71亿元，增长24.1%。财政支出14.49亿元，增长5.4%。实现税收收入27.61亿元，增长12.6%。金融机构各项存款余额188.43亿元，比上年末增加33.33亿元；各项贷款余额116.32亿元，比上年末增加0.49亿元；城乡居民储蓄存款余额68.99亿元，比上年末增加15.01亿元。三次产业比例关系由上年的2.98∶71.34∶25.68调整为2.83∶70.50∶26.67。社会职工平均工资14468元；农民人均纯收入5831元，增长8.1%。完成固定资产投资46.28亿元，增长2%。实现社会消费品零售额23.16亿元，增长0.1%。

经济发展

农业　举办了崂山茶节、枯桃花会和第九届北宅樱桃节等活动。完成农林牧渔业总产值11.58亿元（新口径），增长11.9%。实现农林牧渔业增加值5.15亿元（新口径），增长9.8%。粮食播种面积368公顷，下降9.2%。粮食总产量2465吨，下降9.1%。蔬菜播种面积447公顷，下降5.4%；总产量1.51万吨，下降0.3%。茶叶种植面积508公顷、增长13.3%，优质果园面积1317公顷，花卉种植面积133公顷，初步形成了以茶叶、杂果、花卉为主的种植业布局。完成林业增加值186万元，增长1.6%。完成新造林732公顷，植树8.5万株，育苗25公顷。完成牧业增加值4404万元，下降8.9%。全区大牲畜存栏2529头，生猪存栏3.1万头，家禽65万只，肉蛋奶产量分别达到6926.6吨、5602.5吨、1万吨。水产品总产量10.55万吨，下降3.9%；完成渔业增加值4.23亿元，增长12%；水产养殖面积2205公顷。

2005年2月，市委常委、崂山区委书记李增勇（左二）走访困难家庭。　　（路　泉/摄）

招商引资与外经外贸　全年新批利用外资项目65个，其中过千万项目6个，实际利用外资1.5亿美元（新口径）、增长143.7%。外商投资企业实现销售收入185.9亿元，增长22%；实现利税20.1亿元，增长25%。青岛联通公司、青岛电信公司、数码科技中心、莱钢集团等一批集团总部和现代服务业项目相继开工建设。帝科液晶、扶桑帝药、明治橡塑、欧特美二期等12个项目建成投产，爱德检测、博新生物、赛顿陶瓷等13个项目开工建设。全年完成出口额13.6亿美元，增长31.4%，其中高新技术产品出口4.7亿美元。

工业　年内，工业增加值首次超过100亿元，达到114.9亿元，增长21.3%，其中规模以上工业企业累计实现工业增加值107.9亿元、增长22.03%。规模以上工业经济综合效益指数达258.69%，提高27.3个百分点，综合指数高于全市109.02个百分点，继续居全市第一位。规模以上工业企业累计实现利税25.14亿元，增长12.89%；完成利润14.52亿元，增长17.86%。

旅游　青岛极地海洋世界、青岛现代艺术中心、石老人海水浴场改造和滨海步行道崂山段等项目开工建设；举办

了首届崂山旅游文化节和第十四届青岛国际啤酒节;北宅生态旅游区、石老人观光园、华东葡萄酒庄园、海尔工业园等4个园区成为全国首批工农业旅游示范点,崂山区被国家旅游局作为发展乡村旅游典型向全国推广。

城区建设

编制完成了崂山区分区规划以及高新区产业区、商务中心区等13个区域的控制性规划、详细规划及专业规划,建成了16条道路,开工建设了14条道路,实施了前海一线截污等5项市政工程,完成了总投资2.3亿元的张村河治理一期工程。实施"三绿"工程,加快生态园林城区建设,森林覆盖率达到58.6%。房地产开发投资18.02亿元,下降27.9%,其中商品房建设投资15.45亿元、提高16.0个百分点;房屋施工面积257.65万平方米、增长21.7%,住宅施工面积196.7万平方米、增长11.8%;房屋竣工面积54.19万平方米,增长6.8%,其中住宅竣工面积47.71万平方米、增长1.3%;实现房屋销售面积47.38万平方米,增长11.9%;实现房屋销售收入25.22亿元,增长9.0%。

社会各项事业

科技　规模以上工业企业实现高新技术产业产值366亿元,其中重点培育的家电电子、海洋生物制药、新材料产业集群实现产值361亿元;软件产业销售收入超过10亿元,增长2.5倍。全年有26家企业通过高新技术企业认定,高新技术企业总数达到185家;有68个产品获得高新技术产品认定,总数达到321个。19个项目成果获得2003年度山东省科学技术奖,53个成果和个人获得2003年度青岛市科学技术奖,7个项目获得2004年青岛市高等院校与科研院所转化高新技术成果奖励。全区专利申报数量达到475件。

教育　共有中小学52所(含私立学校5所),其中普通高中2所、初中12所、小学33所、私立学校5所。职业中学1所,教师进修学校1所,特殊教育学校1所。中小学在校学生总数2.95万人。年内,投入2000余万元完成了区教育信息中心建设,建立"综合校园网"20处,初步建成了"崂山教育城域网"。投资7130万元进行中小学校建设。华楼海尔希望小学被命名为"山东省规范化学校",崂山区第十一中学、实验幼儿园被评为"青岛市绿色学校",中韩成教中心被命名为"青岛市农村劳动力转移培训基地"。

文化　共有各类文化机构9处,其中文化馆1处、文化站4处、文馆所1处、图书馆1处、崂山画院1处、广播电视中心1处。建成标准宣传文化中心6个,新扩建社区图书室4个。新建成的区级文化馆、图书馆投入使用,区图书馆通过山东省二级馆评估。全年举办文化活动102场,其中"文化下乡"达10场;举办了青岛市第七届农民电影节,免费放映75场。组建了金长江艺术团与万杰合唱团。1人次在第二届中国戏曲"红梅奖"大赛中获银奖;《新崂山晨曲》获2004年中国原创歌曲山东赛区十大金曲奖;《美丽青岛》、《永恒》分别获得山东省精品工程展播一等奖、二等奖。地方史志事业"地情资料中心、地方文献中心、区域研究和课题咨询中心"等3个中心建设初具规模,举办了全省现场会。崂山区档案馆被认定为山东省特级档案馆,并在山东省率先通过数字档案馆科技成果鉴定。

卫生　共有卫生机构463处(含个体诊所),拥有床位283张,卫生技术人员1145人。开展合作医疗的社区居委会139个,参加人数16.14万人。以大病统筹为主的新型农村合作医疗参保率达96.82%;在全国率先为全区参加合作医疗人员中年满60岁的男性和年满55岁的女性进行免费体检,并建立电子健康档案,实行健康动态监测和管理。

体育　开展"体育三下乡"活动,共投资9.4万元配备社区健身路径。举办全区性体育单项比赛18次,举办或参加综合性运动会6次。参与举办了2004年全国群众登山健身大会,被青岛市全民健身领导小组授予最佳组织奖。在2004年青岛市春季田径比赛中,崂山区体校获团体第三名。参加青岛市五市三区中学生篮球联赛,获得男子组第一名、女子组第二名。

人民生活　人口出生率11.25‰,死亡率6.32‰,人口自然增长率4.93‰,计划生育率100%,晚育率98.43%,晚婚率75.68%。男女性别比97.9:100。全年城镇失业人员实现就业3797人,城镇职工登记失业率1.85%。共征缴城镇社会保险基金3.3亿元,为离退休人员发放养老金1.2亿元,按时发放率达100%。为全区918名老年人发放了每人每年1000元的老年居民生活补助,全面开展了农村社会基本养老保险,全区5.62万名居民参加了新型农村养老保险,首批有1.52万人享受到了每月352元的养老金。全区60岁以上老年人2.6万人,占人口总数的13.8%。集体办的敬老院4处,床位220张,集中供养208人;社会投资兴办的养老设施7处,床位320张。

·街道办事处概况·

中韩街道办事处

管区位于崂山区西部,面积59.36平方公里,辖30个社区居委会、7.81万人。是崂山区政治、经济和文化中心,青岛高新技术产业开发区、石老人国家旅游度假区坐落于管区内。2004年,完成财政收入1.38亿元,农民人均纯收入6572元,固定资产投资2.78亿元。

党工委书记赵海滨,主任袁久亮。

沙子口街道办事处

管区位于崂山区东南部,面积108.27平方公里,辖39个社区居委会、5.63万人。2004年,完成财政收入8429万元,农民人均纯收入6016元,固定资产投资3.01亿元。

党工委书记王清源,主任李鸿雁。

王哥庄街道办事处

管区位于崂山区东北部,面积131.4平方公里,辖34个社区居委会、4.52万人。2004年,完成财政收入3648万元,农民人均纯收入5560元,固定资产投资2.13亿元。

党工委书记王振竹,主任王春。

北宅街道办事处

管区位于崂山区西北部,面积81.3平方公里,辖36个社区居委会、2.81万人。崂山水库、崂山北九水及华楼宫风景区坐落在管区内。2004年,完成财政收入1583万元,农民人均纯收入4850元,固定资产投资2.1亿元。

党工委书记赵敏,主任孙正宏。

(臧先锋)

青岛经济技术开发区(黄岛区)

·经济和社会发展概况·

2004年,全区辖5个街道办事处和1个镇、27.9万人(其中非农业人口19.1万人),总面积274.1平方公里。完成生产总值275.1亿元,比上年(下同)增长28.9%。其中,第一、二、三产业增加值分别为4.1亿元、181.8亿元、89.2亿元,分别增长7%、29.5%、28.6%。完成地方财政一般预算收入13.6亿元,增长31%。金融系统存款余额130亿元,比年初增加25.15亿元;贷款余额131亿元,比年初增加32.08亿元。城乡居民储蓄存款余额49.94亿元,比年初增加13.13亿元。职工年平均工资14990元,增长6.7%;农民人均纯收入5641元,增长8.1%。

经济发展

工业　全年规模以上工业企业完成工业总产值606亿元,增长31%;完成工业销售产值574.7亿元,增长29.08%;完成工业增加值160.1亿元,增长30%;实现利润15亿元,增长40%。重工业发展速度明显加快,增长幅度高于轻工业36个百分点。全区已经拥有"中国名牌产品"12个、省市名牌产品58个。完成高新技术产业产值409.3亿元。港航物流业加快发展,新增港航服务类企业56家。

农业　农村集体经济总收入57.8亿元,增长13.4%;集体经济纯收入4.4亿元,增长17.8%。6个农业园区完成投资1500万元,累计投资达1亿多元,实现年产值3500多万元。完成水产品产量10.21万吨,产值6.99亿元。网箱养鱼5000箱,达300万尾;海参、鲍鱼存养量分别达到1000万头和2000万粒。完成造林面积795公顷。投资1766万元建成各项水利工程49处,完成了竹岔岛供水工程。

国内贸易与民营经济、旅游　实现社会消费品零售总额28.4亿元,增长24%。其中,批发零售贸易业实现零售额22.9亿元,增长21.6%;餐饮业实现零售额4.4亿元,增长42.8%。新引进佳世客、百盛购物中心、上海广场等一批现代商贸项目。民营经济实现总产值146.3亿元,增长26.8%。全年接待国内外游客182.5万人次,完成旅游业总收入8.4亿元。金融业有序发展,创建了一级金融安全区。

城区建设

规模以上固定资产投资143.6亿元,增长35.5%。其中,房地产投资16.5亿元;商品房建筑施工面积315万平方米,销售额20.8亿元。滨海公路开发区段主车道竣工投入使用,团结路、嘉陵江路综合改造工程和长江路、江山路综合改造工程及金沙滩景区综合改造工程以及环胶州湾高速公路管家楼出入口综合改造工程等完工。新街口综合改造工程和昆仑山路、淮河路路面改造工程及香江路、井冈山路罩面工程全部完成。全市第一条城市隧道——嵩山隧道正式通车。管家楼水厂投入运行,城区日供水能力达16万吨。加快城区热力、燃气等市政工程建设,供热能力达570吨/小时。加强城市环境综合整治,被评为山东省城市环境综合整治先进单位。集中开展了清理违法建筑工作,加强了对香江路、薛家岛轮渡站等主要道路和重点部位的环境治理。开展闲置和低效利用土地清理工作,集约利用土地初见成效。绿化工程和生态建设取得进展,被确定为省级清洁生产示范区。创建了ISO14000国家示范区,获中国人居环境范例奖,并通过国家无障碍设施建设示范城验收。

全区公路通车里程达280公里,公路密度102公里/百平方公里。胶黄铁路复线已开工建设。引进运输企业24家。全市第一批高等级、新颜色、新徽标出租车在该区率先投入营运;安子—胶南线路集约化改造结束,12部"薛胶快客"投入营运,成为全市率先实行由客运企业集约化经营的线路之一。引进2艘渡轮,提高了青岛—薛家岛通航密度。全区完成客运量960万人次、客运周转量1.3亿人公里、货运量3200万吨、货运周转量7.4亿吨公里。

社会各项事业

教育　有石油大学、山东科技大学、北京电影学院、青岛理工大学、青岛职业技术学院、青岛滨海职业学院等8所高等院校(含分校),在校学生7万多人。民办学历教育学校8所、非学历教育学校59所。普通高中1处,初中7处,小学26处。通过了山东省教育工作示范区预查,创建国家级重点职业中专2处,发展民办职业教育的经验在山东省推广。加大教育基础设施投入,黄岛区第一中学、第六中学扩建工程竣工。该区老年大学被授予"全省老年大学示范校"称号。

劳动就业与社会保障　落实城乡统筹就业政策,培训农村劳动力6279人,开发过渡性就业岗位1812个,安排"4045"人员就业928人。推进农村社会基本养老保险工作,参保农民达1.97万人,5523人已经开始领取养老金。全面推行新型农村合作医疗制度,参保人数达8.98万人。完善了城乡最低生活保障机制,农村最低生活保障线由每人每年720元提高到960元,城市最低生活保障线由每人每月210元提高到230元,全年发放最低生活保障金250万元。

文化　全区文化机构单位有文化艺术中心、科技文化中心、文化馆、图书馆、油画院、文学艺术界联合会及作家协会、摄影家协会、书法家协会和音乐家舞蹈家协会等。精神文明建设取得新进展,被山东省委、省政府命名为第六届山东省精神文明建设先进区。参加了国家级开发区20周年庆祝活动,举办了第七届"中国·青岛金沙滩文化旅游节"等重大节庆活动。组建了开发区艺术团,加快文化产业发展。有青岛开发区电视台、有线电视台、广播电台等新闻单位。全区有线电视用户达7万户。

医疗卫生　区、街、村三级计划生育

微机化管理经验在全市推广，国家、省级3个计划生育试点项目取得成效，全区晚婚率、晚育率保持全市最高水平，获青岛市人口目标管理责任考核一等奖。全区拥有区级综合医院和中医医院各1处、街道办事处医院4处、疾病控制机构1处、卫生监督机构1处、妇幼保健机构1处、基层血站1处、疾病控制与卫生监督工作站5处。拥有医疗病床755张，每千人拥有病床2.8张。从事卫生事业人员968人，其中医生634人、护士334人；拥有高级专业技术职务资格者82人、中级259人。人口出生率为14.31‰，自然增长率11.31‰。

·街道办事处、镇概况·

长江路街道办事处

管区位于青岛经济技术开发区行政商贸中心，面积39.3平方公里，辖10个城市社区居委会和25个“村改居”社区居委会、18.7万人。有各类企业1200多家，个体私营业户3800家，已形成集建筑安装、房地产开发、家电电子、机械制造、橡胶塑料、服装、医药、建材等为主的产业优势。有武夷山商贸市场等大小市场10多处。2004年，完成农村经济收入31亿元，企业总产值27亿元，实际利用外资8090万美元，人均经济纯收入6260元。个体私营经济、实际利用外资、出口创汇和地方财政收入等4项经济建设指标同时进入全市前10强。

党工委书记刘琦，主任薛清平。

黄岛街道办事处

管区位于青岛经济技术开发区东北部，面积35平方公里，辖24个居委会、5.3万人。2004年，引进外资项目31个，实际利用外资7538万美元；引进内资项目120个，实际到位资金7.6亿元。引进了威伯科汽车控制系统等世界500强企业投资项目3个、国内500强企业投资项目2个，总投资过千万美元和注册资本过千万元的内外资项目30个。开工内外资项目35个，投产内外资项目22个。共完成农村经济总收入28亿元、集体经济总收入17亿元、集体经济纯收入1.07亿元，人均收入6104元，分别增长15%、12%、13%、6%。连续12年被评为省级文明单位。

党工委书记朱华，主任柴方利。

薛家岛街道办事处

管区位于胶州湾入海口西岸，面积42平方公里，辖33个行政村、4.5万人。2004年，引进外资项目18个，合同利用外资1.5亿美元，实际利用外资7551万美元；引进内资项目180个，实际利用内资7.8亿元；完成外贸出口5822万美元，增长54.1%。引进投资过千万美元的外资大项目7个；投资过千万元的内资大项目8个。全年完成入库税金1.55亿元，实现财政收入3775.7万元，分别增长27%和21%。完成企业总产值29.5亿元、利税1.8亿元，分别增长29.4%和21.8%。完成农村经济总收入31.1亿元、集体经济纯收入8025.1万元、农民人均纯收入6239元，分别增长15.6%、22.1%和16.9%。全年完成水产品总产量3.8万吨，实现产值4.3亿元，出口创汇1469万美元。连续9年被评为省级文明单位，街道党工委被授予青岛市“五个好”街道党工委称号。

党工委书记陈国良，主任刘鹏照。

辛安街道办事处

管区位于黄岛区中心地带，面积57平方公里，辖47个社区居委会、4.5万人。2004年，引进外资项目23个，其中过千万美元大项目7个，合同利用外资1.8亿美元，实际利用外资7542万美元、增长16%；引进内资项目34个，实际利用内资7.6亿元、增长27%。完成企业总产值29亿元，入库税金1.3亿元，财政收入（老口径）7000万元。完成农村经济总收入24.4亿元，增长17%；完成集体经济纯收入7654万元，增长21%。农民人均纯收入6085元，增长10%。

党工委书记刘喜高，主任纪金亮。

柳花泊街道办事处

管区位于黄岛区西部，面积40平方公里，辖22个社区居委会、1.2万人。2004年，引进投资过千万美元和注册资本过千万元的内外资项目10个。全年实现企业总产值14.89亿元、利税7004万元，分别增长31.4%和40%。实现农村经济总收入4.23亿元、集体经济总收入1.3亿元，分别增长20.8%和18.8%。

党工委书记吴志成，主任齐月良。

红石崖镇

位于黄岛区北部，面积56.8平方公里，辖36个行政村和1个居委会、3.2万人。2004年，完成生产总值7.7亿元、工业总产值24.67亿元、工业增加值6.2亿元。利用内资5.1亿元，合同利用外资1.03亿美元，实际利用外资5016万美元，实现外贸出口3500万美元。完成农村经济总收入17.1亿元、集体经济总收入1.01亿元；农业总产值2.32亿元、农业增加值1.27亿元。农民人均纯收入5248元。

镇党委书记单体军，镇长任献文。

（吴　锋）

城　阳　区

·经济和社会发展概况·

2004年，全区辖8个街道办事处、46.37万人（其中非农业人口8.56万人），总面积553.2平方公里。完成生产总值249.5亿元，比上年（下同）增长22.9%，三次产业增加值分别完成14.1亿元、169.3亿元、66.1亿元，分别增长-5.5%、26.1%、20.4%；财税总收入（不含海关税）21.2亿元，增长21.8%；地方财政收入5.73亿元，增长28.3%；规模以上固定资产投资106.6亿元，增长38.2%。农民人均纯收入和职工人均纯收入分别为5202元、15111元，分别增长8.2%和6.8%。各项存款余额134.8亿元,增长25.3%,其中城乡居民储蓄存款余额62.9亿元、增长23.7%;贷款余额115.1亿元,增长29.6%。

经济发展

农业 加快农业标准化、产业化体系建设,成为全国农业生态示范区和第一批农产品加工业示范基地。水产品、蔬菜、果品、肉蛋奶类总产量分别完成31.4万吨、12万吨、1.1万吨、5.38万吨。农产品加工企业达到170余家,出口创汇2.9亿美元、增长16%。全年新增绿化面积1147公顷,林木覆盖率达到31.4%。投资9974.1万元完成61项水利建设工程,提高了农业基础设施功能和抗御自然灾害能力。

工业 完成工业增加值151.2亿元,增长27%。规模以上工业企业销售收入增长34.7%、利润增长39.5%。销售收入过亿元企业新增16家、达到51家。11家企业纳税过千万元。民营经济加快发展,民营企业达到3998家,从业人员3.81万人,注册资金39.7亿元;年销售收入过5000万元的民营企业达到24家,其中过亿元的15家,1家企业进入全国500强企业行列。个体业户达到1.16万户,从业人员1.72万人,注册资金1.9亿元。民营经济实现税收占全区税收总额的76.6%,增长17.5%。5家企业进入山东省民营企业百强,18家进入全市百强,被评为山东省发展民营经济先进区。新创市级以上名牌产品15个、达到29个,"喜盈门"成为"中国驰名商标"。

国内贸易 全区共有各类市场35处;实现社会消费品零售总额35亿元,增长13.7%。青岛国际农产品展示交易中心主体建成,引进希尔景园商务酒店和启阳国际大酒店等2家星级酒店及怡情楼、东古来、韩国服饰设计总汇等一批服务业大项目。举办了首届红岛蛤蜊节和崂峪樱桃山会。创建一级金融安全区通过复验,引进全市首家外资银行支行机构,辖区内银行金融机构达到14家。

对外贸易 实际利用外资(新口径)5.36亿美元、内资57.3亿元,分别增长68.2%和22%。新引进投资过千万美元项目30个、过亿元项目20个、世界500强企业投资项目5个。192家企业增资1.28亿美元,增长108.2%。外贸出口达到26.3亿美元、增长31%,继续居山东省县市区首位。新增出口过千万美元企业12家。青岛出口加工区正式运行,实际利用外资1129万美元。全市首家公共保税仓库投入使用。举办了"韩国周"、"日本周"分会场活动。外商投资企业服务大厅正式启用。解决了内外资企业在开工建设、用工、用电等方面遇到的困难和问题,改善了投资环境。

城区建设

年内,获中国人居环境范例奖、山东省适宜人居环境奖。完成城市建设投资36.7亿元,城市化水平提高3个百分点、达到55%。编制城市规划27项,城区、街道办事处驻地、社区(村庄)控制性详细规划覆盖率分别达到100%、90%和65%。正阳路全线贯通。城市中心区商业文化步行街主体、换装换水换绿、电力线路下地改造、白沙河北岸污水管线等工程基本完成,北中轴、民生公园、京口垃圾场等工程竣工启用。旧村改造有序推进,新建安置楼108万平方米,拆迁旧村38万平方米,9个社区(村庄)安置楼竣工,其中安乐、后田、太和、小寨子、王家村的新居交付使用。争取到山东省政府赋予的城市管理综合执法权,清理拆除违法建筑16.5万平方米,城市环境综合整治居全市第一名。加强污染源治理和白沙河水源地保护,提高了生态环境质量,成为国家生态示范区,在山东省县市区政府中首家通过ISO14001环境管理体系认证。重视耕地资源保护,严格依法用地,土地市场治理整顿通过国家检查验收。

社会各项事业

提高科技创新能力,成为全市唯一的国家可持续发展实验区、全国科技进步示范区。高新技术企业新增11家、达到77家,引进清华大学新型陶瓷与精细工艺国家重点实验室成果转化生产基地项目,青岛变压器集团设立了山东省首家民营企业博士后科研工作站。改善文化设施,开展基层群众性文化活动,通过省级社会文化先进区验收。城阳人民广场被评为山东省十佳文化广场。举办了庆祝建区10周年暨第三届市民节、第十届民间艺术节、首届外来务工青年文化艺术节和"图南杯"中韩友人半程马拉松比赛。新创国家级重点中等职业学校1所、省市规范化学校11所。高中阶段教育普及率达96.7%。引进本科以上学历和中级以上专业技术职务资格人才2024人。推进城阳区人民医院二期工程建设。加快疾病预防控制和传染病救治体系建设。青岛北部人力资源市场建成启用。培训农村劳动力9128人、转移7218人,安置236名"4045"人员就业。城乡居民最低生活保障标准分别提高9.4%、13.2%,实现了应保尽保。新型农村基本养老保险、农村新型合作医疗保险参保率分别达到90%和96.5%,5.53万名老年人领取养老金,2397人得到医疗补助。成立区慈善会,募集善款1000万元。开展了"万棵樱桃连民心"活动。实施"千户扶贫济困"、"白内障患者光明康复"、"残疾人安居"和"三帮一"等工程。民族宗教、对台、侨务、计划生育、广播电视、老龄、档案、气象、对口支援、双拥共建、国防动员和民兵预备役等工作都取得了新进展。

·街道办事处概况·

城阳街道办事处

管区位于城阳区城区驻地,辖38个社区居委会(村)、10.5万人,面积48.7平方公里。2004年,实现生产总值63亿元,完成税收6.54亿元、地方财政收入1.72亿元、全社会固定资产投资38亿元,出口创汇8.7亿美元,农民人均纯收入达到5918元。税收收入、地方财政收入、实际利用外资等3项主要指标继续居山东省首位。先后被评为中国乡镇投资环境100强、全国乡镇出口创汇管理先进单位、省级先进基层党组织、省级文明单位、齐鲁乡镇之星、山东省发展乡镇企业先进单位。

党委书记赵宇龙,主任高尚伦。

流亭街道办事处

管区位于城阳区南部,辖28个社区居委会(村)、6.3万人,面积51.5平方公里。2004年,实现生产总值52亿元,完成税收5.97亿元、地方财政收入1.27亿元、生产性固定资产投资17亿元,出口创汇8.67亿美元,实际利用外资1.5亿美元,农民人均纯收入达到6500元。连续多年被评为省级文明单位。

党委书记荀团年,主任张新竹。

夏庄街道办事处

管区位于城阳区东南部，辖51个社区居委会(村)、6.8万人，面积84平方公里。2004年，完成生产总值28亿元、税收3.1亿元、地方财政收入7200万元、全社会固定资产投资22.7亿元，实际利用内资11.2亿元，实际利用外资1.42亿美元，农民人均纯收入达到6180元。利用外资、外贸出口、个体私营经济和农民人均纯收入等4项指标进入全市十强。先后获山东省社会治安综合治理先进街道、市先进基层党组织、市精神文明建设先进单位、区先进基层党组织等称号。素有“水果之乡”之称，拥有各类农业园多处，其中郝家营生态农业园被农业部授予“无公害农业园”。

党委书记王涛，副主任纪尚恩。

惜福镇街道办事处

管区位于城阳区东部，辖32个社区居委会(村)、4.3万人，面积56.4平方公里。2004年，实现生产总值20.4亿元，完成地方财政收入2968万元、全社会固定资产投资16.1亿元，出口创汇1.21亿美元，农民人均纯收入达到5417元。辖区内植被丰富，林木覆盖率达61.8%。形成了以二、三产业为主导的经济发展格局。

党委书记李杰，主任张建。

棘洪滩街道办事处

管区位于城阳区西北部，辖28个社区居委会、4.5万人，面积70.6平方公里。是山东省城镇建设中心镇和青岛市16处重点建设的小城镇之一，2004年被确定为青岛市重点发展的6处卫星镇之一。拥有储水1.4亿立方米的引黄济青棘洪滩水库。2004年，实现生产总值26亿元，完成税收2.63亿元、地方财政收入6547万元、全社会固定资产投资13.5亿元，出口创汇8000万美元，农民人均纯收入达到5688元。被评为省级卫生示范镇。

党委书记牛广林，主任矫曙光。

上马街道办事处

管区位于城阳区西部，辖26个社区居委会(村)、4.3万人，面积47.8平方公里。2004年，实现生产总值17.5亿元，完成税收收入1.03亿元、地方财政收入2916万元、全社会固定资产投资9.8亿元，出口创汇1.1亿美元，农民人均纯收入达到5490元。

党委书记张元升，副主任刘哲广。

河套街道办事处

管区位于城阳区西部，辖19个社区居委会、4.2万人，面积44平方公里。是青岛市滨海大道25个卫星城镇之一。2004年，实现生产总值13亿元，完成地方财政收入1300万元、全社会固定资产投资9.2亿元，出口创汇2800万美元，农民人均纯收入达到4861元。青岛出口加工区位于境内。

党委书记赵伟，主任李永胜。

红岛街道办事处

管区位于胶州湾北部，辖18个社区居委会、3.8万人，面积28.7平方公里。2004年，实现生产总值13.56亿元，完成地方财政收入711万元、全社会固定资产投资6.42亿元，出口创汇6128万美元，农民人均纯收入达到5189元。渔业是传统优势产业，连续多年被评为青岛市“水产状元镇”。年内，被评为青岛市文明街道；“五一”期间举办了“首届红岛蛤蜊节”。

党委书记赵平，副主任刘春颖。

(宋楠楠)

即墨市

·经济和社会发展概况·

2004年，该市辖18个镇、4个街道办事处和山东省即墨经济开发区、田横岛省级旅游度假区，总人口108.22万人，人口自然增长率5.3‰。总面积1780平方公里，其中耕地10.45万公顷。完成生产总值235.66亿元，比上年(下同)增长18.9%。其中，第一、二、三产业增加值分别为26.82亿元、123.63亿元和85.21亿元，分别增长4.5%、19.8%和19.5%。完成固定资产投资122.3亿元，增长49.8%。完成地方财政收入8.88亿元，增长36.1%；各项存款余额127.7亿元，比年初增长17.5%；各项贷款余额77.8亿元，比年初增长11.7%。职工平均工资10593元，农民人均纯收入5013元。县域经济基本竞争力居全国百强县第28位；县域社会经济综合发展指数上升15个位次，居全国最发达百强县第64位。

经济发展

农业　完成农业总产值51.2亿元，增长1.8%；实现农业增加值27.6亿元，增长4.2%。完成粮食总产43.18万吨，增长24.4%；花生11.46万吨，下降4.0%；蔬菜84.68万吨，下降22.7%。肉类总产11.45万吨，增长8.7%；其中，猪肉3.36万吨、禽肉6.35万吨，分别增长16.1%和5.7%。奶类总产8.59万吨，增长4.0%。禽蛋总产6.40万吨，增长4.1%。水产品总产量32.8万吨，增长2.5%。完成造林面积6520公顷，森林覆盖率26.5%，提高3.7个百分点。农业机械总动力93.9万千瓦，增长5%。

工业　完成工业总产值361.3亿元，增长28.8%。规模以上工业企业完成产值252.8亿元，增长38.5%。拥有规模以上工业企业426家，比上年末净增63家。实现利税总额14亿元，增长73.7%；实现利润8.8亿元，增长127.6%。产品销售收入227.1亿元，增长37.6%；产品销售率为95.8%。规模以上民营企业由上年的219户增加到244户，完成产值135.2亿元。全年完成出口交货值83.1亿元，增长23.1%。截至年底，拥有过亿元企业43家，比上年增加8家。形成食品饮料、针织服装服饰、造船及船舶配件、电子及电子配件等4个工业产业集群。9月，“即发”内衣被认定为“中国名牌产品”。截至年底,即墨市拥有“中国驰名商标”2个、“中国名牌产品”2个、“山东省著名商标”7个、“山东省名牌产品”8个。

国内贸易与旅游　以青岛服装城为龙头,以副食品、电器、装饰材料等专业市场和百盛、利群、佳乐家等大型商厦为骨干,以集贸市场、各类商业零售点为网络的“长江以北最大市场群”基本形成。市场成交额353.21亿元,增长23.2%;实现社会消费品零售总额61.1亿元,增长15.2%。即墨服装批发市场、即墨小商品城被山东省工商局、山东省文明办、山东省经贸委、山东省市场与经纪人协会评为山东省30强市场,即墨服装批发市场还被评为山东省规范化文明市场。全年接待国内外游客330.2万人次,其中接待外国游客8.37万人次,旅游总收入5.09亿元。

民营经济　截至年底,有个体工商户6.83万户,注册资金14.2亿元;民营企业5170家,注册资金72.2亿元,其中注册资金过百万元的私营企业1033家、过1000万元的私营企业94家、民营企业集团17家。27家民营企业被认定为青岛市高新技术企业,122家民营企业与高等院校和科研机构开展了产学研合作,1445家民营企业与内外资企业实现合资合作。即发集团技术中心被认定为国家级技术中心,即墨市被评为山东省发展民营经济先进市。

外向经济　全年批准利用外资项目369项,其中新审批计划投资1000万美元以上的外资项目36个;合同利用外资15.1亿美元,增长44.2%;实际利用外资5.2亿美元,增长62.8%。引进内资项目756个,实际到位资金65亿元。其中新在建计划投资5000万元以上的内资项目32个。进出口总额18.3亿美元,增长28.8%。日商岩井、丰田通商等8家世界500强企业和TCL集团等4家国内500强企业在即墨市投资项目,累计引进11家世界500强企业、7家国内500强企业的投资项目。

城乡建设

全年完成城市基础设施建设投资2.96亿元,创历史最高水平,城市建成区面积拓展到40.5平方公里。完成城市建设规划项目86个,面积321公顷,城区详细规划覆盖率达到96%。完成小城镇建设固定资产投资7.5亿元,华山镇、蓝村镇、鳌山卫镇被列为全国重点小城镇,温泉镇、田横镇被列为山东省中心镇。该市城市化水平达到48.2%,提高5.4个百分点。完成小城镇详细规划面积110公顷,该市小城镇详细规划覆盖率平均达到47.2%。年供电量完成12.51亿千瓦时,增长23.9%。城区日综合供水能力9.7万吨,全年供水总量2808万吨,用水普及率达到100%。城区全年天然气供应总量486吨,使用天然气人口2.25万人;液化石油气供应总量5100吨,使用液化气人口31万人;城区用气普及率97.5%。城区集中供热面积102.4万平方米,热水供热总量35万吉焦,蒸汽供热总量252万吉焦。城区公交车线路14条,运营长度207公里,运营车辆134辆,客运总量1400万人次。城区建成区绿化覆盖面积1383公顷,绿化覆盖率34.2%,园林绿地面积1249公顷,公共绿地面积397公顷,人均公共绿地面积11.6平方米。工业废水排放量308.6万吨,工业废气排放量27.4亿标立方米,工业粉尘排放量2.83吨,环境噪声达标面积28.6平方公里。建成日处理能力6万吨的城市污水处理厂,城区污水收集率65%。

社会各项事业

科技　拥有各类专业技术人员6.39万人,其中具有高、中、初级专业技术职务资格者分别为1486人、7812人和2.4万人。有农民技术学会、协会、研究所128个,地市级以上确定的科技示范点22个。企业厂办科技机构145个,科技人员1320人。认定高新技术企业28个,运用高新技术19项,开发新产品75个。专利申请129件,青岛市级民营科技企业94家,即墨市市级民营科技企业61家。

教育与体育　共有各类学校294处,在校学生15.85万人,其中高中、初中、小学生分别为2.03万人、4.0万人和7.97万人;教职工1.26万人,其中教师1.05万人。幼儿园297处,入园学前儿童2.3万人。有各类运动场地574处,有三级裁判员141人、教练员14人,向青岛市以上单位输送运动员42人;即墨市运动员吴春苗获得第十二届残奥会女子200米金牌、100米银牌。

文化　有柳腔剧团1处、影剧院14处、农村放映队10个,接待艺术团12个,共演出8410次,观众人数167万人次。有科技文化服务中心24处、各类图书馆445处,市图书馆藏书量11.5万册,有市博物馆1处,出版发表播映展出各类文艺作品480件,获青岛市以上各类奖励38项。有广播电台、电视台各1座,广播人口覆盖率85%,电视人口覆盖率100%,有线电视用户13.8万户,其中城区5.4万户、农村8.4万户。

卫生与计划生育　有各类卫生机构455处、医疗床位1821张;有卫生技术人员3834人,其中医生1094人。“120”急救网络覆盖城乡。农村大病医疗统筹保障村庄覆盖率为100%,农民参保率97%;年内,即墨市实施农村大病医疗救助工作的做法在全国推广。计划生育优质服务工作继续处于全国前列。

社会保障　有集体敬老院50个,收养人员982人;救济困难家庭人口1.03万人,救济款807万元;“五保户”供养人数1462人,补助金额303万元;社会散居孤老残幼集体供养人数1112人。城乡居民最低生活保障覆盖率100%,实施残疾人安居工程,第三批三峡移民得到妥善安置,即墨市被评为山东省就业再就业工作先进单位。

·镇、街道办事处等概况·

通济街道办事处

管区位于即墨市城区西部,是即墨市党政机关所在地,面积75.66平方公里,辖61个村庄和17个居委会、14万人。2004年,完成生产总值34.8亿元,地方财政收入首次超过1亿元、达1.03亿元,农民人均纯收入5676元。辖区内有即墨服装批发市场、即墨小商品城等国内知名专业市场。

党委书记陈维本,主任孙吉胜。

环秀街道办事处

管区位于即墨市城区南部,面积29.1平方公里,辖38个行政村和5个居委会、7.59万人。2004年,完成生产总值34.6亿元,地方财政收入6786.38万元,农民人均纯收入5608元。

党委书记杨乃君,主任朱克。

北安街道办事处

管区位于即墨市城区中北部,面积92

平方公里,辖61个行政村、5万人。2004年,完成生产总值7.7亿元,地方财政收入2511万元,农民人均纯收入4860元。

党委书记谭春,主任江黎明。

龙山街道办事处

管区位于即墨市城区东部,面积58.4平方公里,辖36个行政村、3.63万人。2004年,完成生产总值9.6亿元,地方财政收入2000万元,农民人均纯收入5360元。

党委书记姜乃鹏,主任邵立晓。

山东省即墨经济开发区（潮海街道办事处）

工委书记、管委主任于钦福,潮海街道办事处主任位涛(兼)。(详见第194页)

田横岛省级旅游度假区

位于即墨市东部沿海,由陆域半岛、海域及岛屿3部分组成,海岸线长33公里,陆、岛面积36平方公里,辖18个行政村、1.59万人。2004年,完成生产总值2.13亿元,地方财政收入165万元,农民人均纯收入4676元。田横岛景区被国家旅游局确定为国家AAA级景区。

工委书记黄贵勇,管委主任代庆旭。

龙泉镇

位于即墨市东北部,面积110平方公里,辖65个村、5.44万人。2004年,完成生产总值6.1亿元,地方财政收入935万元,农民人均纯收入4606元。

党委书记王超,镇长刘积学。

鳌山卫镇

位于即墨市东南沿海,面积96.7平方公里,辖63个行政村、5.2万人。2004年,完成生产总值13.57亿元,地方财政收入1255万元,农民人均纯收入4663元。位于该镇的鹤山风景区被评定为国家AA级景区。

党委书记王志刚,镇长毛成喜。

温泉镇

位于即墨市东部沿海,面积93平方公里,辖53个村庄、5万人。2004年,完成生产总值4.9亿元,地方财政收入927.36万元,农民人均纯收入4635元。以海水温泉浴、冬季滑雪、旅游度假等为特色的温泉旅游逐渐形成品牌效应,实现旅游收入1496.38万元。

党委书记李辉,镇长单修业。

王村镇

位于即墨市东北部的王村半岛中心,面积76.88平方公里,辖35个行政村、3.94万人。2004年,完成生产总值1.15亿元,地方财政收入766万元,农民人均纯收入4628元。

党委书记王宏伟,镇长韩丛珠。

田横镇

位于即墨市东部沿海,面积53.9平方公里,辖30个行政村、3.2万人。2004年,完成生产总值5.5亿元,地方财政收入671万元,农民人均纯收入4698元。具有500余年历史的周戈庄村祭海民俗文化节(每年3月18日),吸引了众多国内外游客观光、度假,被青岛市政府列为青岛市唯一的“民俗旅游村”。

党委书记宋宗军,镇长刘元玉。

丰城镇

位于即墨市东北部沿海,面积90.28平方公里,辖42个行政村、5.03万人。2004年,完成生产总值7.71亿元,地方财政收入960.59万元,农民人均纯收入4573元。

党委书记姜正军,镇长毕安传。

金口镇

位于即墨市东北部,面积87.85平方公里,辖36个行政村、3.31万人。2004年,完成生产总值4.7亿元,地方财政收入1095万元,农民人均纯收入4675元。

党委书记于宗胜,镇长宋清涛。

店集镇

位于即墨市、莱阳市、莱西市3市交界处,面积109.8平方公里,辖66个行政村、5万人。2004年,完成生产总值6.71亿元,地方财政收入746万元,农民人均纯收入4856元。

党委书记刘伟,镇长刁岳岩。

华山镇

位于即墨市北部,面积110平方公里,辖50个行政村、4.5万人。2004年,完成生产总值7.91亿元,地方财政收入2241.4万元,农民人均纯收入4966元。

党委书记衣服坡,镇长牛兆利。

灵山镇

位于即墨市北部,面积80.9平方公里,辖42个行政村、3.03万人。2004年,完成生产总值4.53亿元,地方财政收入760.22万元,农民人均纯收入4606元。

党委书记王德高,镇长王将德。

段泊岚镇

位于即墨市西北部,面积94.70平方公里,辖42个行政村、3.4万人。2004年,完成生产总值7.25亿元,地方财政收入1159.8万元,农民人均纯收入4580元。

党委书记袁瑞先,镇长张超。

刘家庄镇

位于即墨市西北部,面积70平方公里,辖28个行政村、3.1万人。2004年,完成生产总值3.65亿元,地方财政收入1165万元,农民人均纯收入4650元。

党委书记彭川松,镇长刘永军。

移风店镇

位于即墨市西北部大沽河畔,与平度市接壤,面积120平方公里,辖66个行政村、5.6万人。2004年,完成生产总值8.35亿元,地方财政收入1098万元,农民人均纯收入4753元。

党委书记江志学,镇长赵韶先。

七级镇

位于即墨市西部大沽河畔,面积78平方公里,辖34个行政村、3.6万人。2004年,完成生产总值6.39亿元,地方财政收入850.24万元,农民人均纯收入4950元。

党委书记袁涛,镇长韩树勋。

蓝村镇

位于即墨市西南部与胶州市、城阳区交界处,面积43.96平方公里,辖20个行政村和5个居委会、3.72万人。2004年,完成生产总值12.5亿元,地方财政收入2774万元,农民人均纯收入5765元。

党委书记宋波,镇长于毅。

南泉镇

位于即墨市西南部,面积58.8平方

公里,辖33个行政村、3.6万人。2004年,完成生产总值9.45亿元,地方财政收入2042万元,农民人均纯收入4800元。

党委书记姜文慎,镇长王勇。

普东镇

位于即墨市中西部,面积90平方公里,辖48个行政村、4.2万人。2004年,完成生产总值6.92亿元,地方财政收入1465.36万元,农民人均纯收入4768元。

党委书记刘文光,镇长王永洲。

大信镇

位于即墨市西部,面积42.03平方公里,辖32个行政村、2.70万人。2004年,完成生产总值8.3亿元,地方财政收入2602.91万元,农民人均纯收入4850元。

党委书记辛修慧,镇长李玉格。

(陈克瑜　王兆纯)

胶　州　市

·经济和社会发展概况·

2004年,该市辖13个镇、5个街道办事处。总人口76.95万人,其中非农业人口15.64万人。总面积1210平方公里,其中耕地面积5.56万公顷。完成生产总值217亿元,其中第一、二、三产业增加值分别为21.5亿元、127.3亿元、68.2亿元,分别比上年(下同)增长18.4%、3.9%、20.6%、19.1%。地方财政收入7.24亿元,增长40.5%;地方财政支出9.69亿元,增长24.3%。实现税收14亿元,增长22.6%。

经济发展

农业　完成农业总产值41亿元,增长8%;完成农业增加值21.5亿元,增长3.9%。粮食总产量30.5万吨,增长4.9%;花生总产量4.8万吨,增长5.7%;蔬菜总产量145.8万吨,下降9.9%;果品总产量6.3万吨,增长2.9%;完成造林面积3800公顷,森林覆盖率29.3%。肉类总产量8.6万吨,下降0.7%;蛋类总产量7.2万吨,增长1.4%;奶类总产量6.6万吨,增长13.5%;水产品总产量13.3万吨,增长10.4%。拥有农业机械总动力81.7万千瓦,增长6.7%。

工业　完成工业增加值112.7亿元,增长21.5%。规模以上工业企业完成增加值91.6亿元,增长35.7%;实现销售收入277.1亿元,增长36.1%;实现利税11.87亿元,增长32.3%;实现利润5.26亿元,增长5.4%。完成建筑业增加值14.58亿元,增长12.9%。

第三产业　完成第三产业增加值68.2亿元,增长19.1%。实现社会消费品零售额53.7亿元,增长15%。其中,批发零售贸易业零售额44亿元,增长15%;餐饮业零售额6.8亿元,增长18.1%。商品交易市场65处,成交额达66.4亿元、增长16.5%。金融机构存款余额86.97亿元,贷款余额43.66亿元,分别增长17.9%和10.1%。

对外开放　新签外经项目398个,增长10.1%;合同利用外资15.5亿美元,增长26%;实际利用外资6.6亿美元,增长26.9%。引进内资项目446个;合同利用内资57.1亿元,增长23.8%;实际利用内资12.8亿元,增长33.3%。外贸进出口总额达24.69亿美元,增长22%。外商投资企业出口创汇9.49亿美元,增长27%。该市实现涉外税收5.1亿元。

城乡建设

全社会完成固定资产投资143.4亿元,增长30%。其中,农村固定资产投资64.3亿元,增长48.6%;城镇固定资产投资79.1亿元,增长17.9%。交通运输业全年完成货运量1543万吨,增长2.7%。完成客运量1763万人次,增长12.5%。完成邮电量6.26亿元。交换机总容量25.4门,电话机21.8万部。手机普及率每百人58部。用电量12.03亿千瓦时,增长16.8%;供水总量达到1047万吨,增长7%。

10月,胶州市三里河公园举行开园仪式。该公园位于胶州市新城区行政文化中心区,占地约32公顷。2003年7月始建,共投资1.29亿元。

社会各项事业

共取得重要科技成果12项。获得省级科学技术进步奖2项、市级科技进步奖7项。有普通中学34所,在校学生5.04万人;有中等职业学校5处,在校学生9501人;有小学125所,在校学生5.61万人。运动员在各项比赛中共获得国家级金牌4枚、银牌1枚、铜牌1枚和省级金牌8牌、银牌10枚、铜牌15枚。胶州籍柔道运动员刘霞获第二十八届雅典奥运会女子柔道－78公斤级银牌,是该市首枚奥运会奖牌。共有各类文化机构53处。全年共创作文艺作品100(件、幅),获得青岛市以上奖励20项。有综合档案馆1处。有各类卫生机构23处,拥有医疗床位2544张,各类卫生技术人员4131人。城市居民人均可支配收入9443元,增长10.3%;农民人均纯收入5078元,增长11.9%。

·镇、街道办事处等概况·

阜安街道办事处

管区位于胶州市城区中心,面积12.9平方公里,辖28个居(村)委会、7.5万人。2004年,完成生产总值23亿元,完成地方财政收入1.23亿元,出口创汇1亿美元,农民人均纯收入6500元。合同利用外资1.1亿美元,实际利用外资6500万美元;合同利用内资7.2亿元,实际利用内资5.6亿元,实际利用民资3.9亿元。

党委书记杨升海,主任李世荣。

中云街道办事处

管区位于胶州市城区西部,面积19.6平方公里,辖32个居(村)委会、6.2万人。2004年,完成生产总值18.9亿元,地方财政收入 7960 万元,农民人均纯收入 6526 元。合同利用外资 1.01 亿美元,实际利用外资 5708 万美元;合同利用内资 16.5 亿元,实际利用内资 6.4 亿元,实际利用民资 3.3 亿元。

党委书记刘增春,主任鞠朝友。

北关街道办事处

管区位于胶州市城区北部,面积 35 平方公里,辖 28 个村(居)委会、2.99 万人。2004 年,完成生产总值 12.46 亿元,地方财政收入 7500 万元,农民人均纯收入 5983 元。合同利用外资 1.16 亿美元,实际利用外资 6239.7 万美元;合同利用内资 8.32 亿元,实际利用内资 3.57 亿元。

党委书记宋业敏,主任雒福海。

南关街道办事处

管区位于胶州市新城区,面积 33.7 平方公里,辖 31 个行政村和 1 个居委会、3.47 万人。是胶州市政治、经济、文化、教育中心。2004 年,完成生产总值 11 亿元、工业增加值 3.4 亿元、第三产业增加值 7 亿元,出口创汇 1.53 亿美元,实现地方财政收入 5623 万元。实际利用外资 6214 万美元,实际利用内资 3.8 亿元。

党委书记兰振明,主任周刚。

云溪街道办事处（山东省胶州经济开发区）

管区位于胶州市城区东郊,面积 30 平方公里,辖 7 个行政村和 3 个居委会、1.6 万人。

党委书记马苏健,主任李云峰。(详见第 195 页)

胶东镇

位于胶州市东郊,面积 90 平方公里,辖 53 个村(居)委会、5.5 万人。是山东省小城镇建设试点镇。2004 年,完成生产总值 17.02 亿元,地方财政收入 3034 万元,农民人均纯收入 5702 元。合同利用外资 9800 万美元,实际利用外资 8000 万美元;合同利用内资 7.64 亿元,实际利用内资 5.82 亿元,实际利用民资 3.2 亿元。实现出口创汇 8200 万美元。

党委书记刘明县,镇长张宗江。

李哥庄镇

位于胶州市东部,面积 75 平方公里,辖 43 个村(居)委会、6 万人。2004 年,完成生产总值 28.9 亿元,地方财政收入 4396 万元,农民人均纯收入 6074 元。合同利用外资 1.18 亿美元,实际利用外资 6000 万美元;合同利用内资 10.1 亿元,实际利用内资 3.6 亿元,实际利用民资 8000 万元。

党委书记冷建云,镇长庄金杰。

胶莱镇

位于胶州市东北部,面积 85 平方公里,辖 69 个行政村、4.3 万人。2004 年,完成生产总值 7.9 亿元,地方财政收入 1488 万元,农民人均纯收入 5433 元。合同利用外资 3700 万美元,实际利用外资 2207 万美元;合同利用内资 4.35 亿元,实际利用内资 2 亿元,实际利用民资 8000 万元。

党委书记王书敬,镇长孙书全。

马店镇

位于胶州市北部,面积 75 平方公里,辖 49 个行政村、3.8 万人。2004 年,完成生产总值 6.96 亿元,地方财政收入 2478 万元,农民人均纯收入 5818 元。合同利用外资 9800 万美元,实际利用外资 5366 万美元;合同利用内资 8.9 亿元,实际利用内资 3.5 亿元,实际利用民资 9200 万元。

党委书记荆振亮,镇长纪会礼。

胶北镇

位于胶州市西北部,面积 73 平方公里,辖 46 个行政村、3.2 万人。2004 年,完成生产总值 4.95 亿元,地方财政收入 1499 万元,农民人均纯收入 5554 元。合同利用外资 2774 万美元,实际利用外资 1712 万美元;合同利用内资 3.9 亿元,实际利用内资 2.7 亿元,实际利用民资 4435 万元。

党委书记王修吉,镇长王志国。

胶西镇

位于胶州市西郊,面积 112 平方公里,辖 73 个行政村、6.1 万人。2004 年,实现生产总值 11.63 亿元,地方财政收入 2813 万元,农民人均纯收入 5655 元。合同利用外资 6584 万美元,实际利用外资 3846.6 万美元;合同利用内资 5.45 亿元,实际利用内资 3.41 亿元,实际利用民资 6000 万元。

党委书记任强,镇长汤德华。

杜村镇

位于胶州市西南部,面积 67 平方公里,辖 41 个行政村、2.4 万人。2004 年,实现生产总值 3.7 亿元,地方财政收入 1418 万元,农民人均纯收入 5018 元。合同利用外资 6000 万美元,实际利用外资 3000 万美元;合同利用内资 3.5 亿元,实际利用内资 2 亿元,实际利用民资 6000 万元。

党委书记高红日,镇长王海军。

张应镇

位于胶州市西南部,面积 82.7 平方公里,辖 48 个行政村、3.2 万人。2004 年,实现生产总值 11.23 亿元,地方财政收入 3090 万元,农民人均纯收入 4938 元。合同利用外资 5800 万美元,实际利用外资 2754 万美元;合同利用内资 6.47 亿元,实际利用内资 4.66 亿元,实际利用民资 6800 万元。

党委书记胡长富,镇长杨青。

铺集镇

位于胶州市西南部,面积 122 平方公里,辖 69 个行政村、5.92 万人。2004 年,完成生产总值 14 亿元,地方财政收入 1679 万元,农民人均纯收入 5217 元。合同利用外资 3290 万美元,实际利用外资 1733.9 万美元;合同利用内资 3.3 亿元,实际利用内资 1.77 亿元,实际利用民资 1.2 亿元。

党委书记杨波,镇长张相军。

里岔镇

位于胶州市西南部,面积 74.27 平方公里,辖 53 个行政村、3.2 万人。2004 年,完成生产总值 4.92 亿元,地方财政收入 1139 万元,农民人均纯收入 4910 元。实际利用外资 1886 万美元,实际利用内资 2 亿元,实际利用民资 4900 万元,出口创汇 980 万美元。

党委书记刘忠,镇长张培武。

洋河镇

位于胶州市西南部,面积 128.7 平方公里,辖 84 个行政村、5.8 万人。2004 年,完成生产总值 8.18 亿元,地方财政收入 1670 万元,农民人均纯收入 4857 元。合同利用外资 4650 万美元,实际利用外资2237万美元；实际利用内资2.2亿元，实际利用民资4658万元，出口创汇1503万美元。

党委书记刘金升，镇长孙殿伦。

九龙镇

位于胶州市南部，面积72平方公里，辖50个行政村、2.9万人。2004年，实现生产总值3.99亿元，地方财政收入1500万元，农民人均纯收入5036元。合同利用外资6300万美元，实际利用外资3250万美元；合同利用内资5.6亿元，实际利用内资2.53亿元，实际利用民资6500万元。

党委书记孙立春，镇长郭竹泉。

营海镇

位于胶州市东南部，面积121平方公里，辖47个行政村、3.4万人。2004年，实现生产总值1.4亿元，地方财政收入3682万元，农民人均纯收入5980元。实际利用外资4561万美元，实际利用内资2.75亿元，实际利用民资9620万元。

党委书记郝强，镇长夏绍辉。

（李进玉）

胶　南　市

·经济和社会发展概况·

2004年，该市辖15个镇、2个街道办事处、5个园区。总面积1846平方公里，耕地面积68万公顷。总人口80.8万人，其中非农业人口14.4万人。人口自然增长率4.6‰。完成生产总值226.7亿元，比上年(下同)增长18.6%。其中，第一、二、三产业增加值分别为27.5亿元、134.2亿元、65亿元，分别增长2.4%、21.2%、21%。地方财政收入9.46亿元，增长37.8%。经济综合实力居全国最发达百强县(市)第48位，经济基本竞争力居全国百强县(市)第26位。

经济发展

工业　完成工业总产值415.7亿元、增加值122.2亿元、工业产品销售收入372.5亿元、利税15亿元，分别增长33.4%、27.4%、28.8%和15%。新增规模以上工业企业170个，达到412家。规模以上工业企业完成产值、增加值、产品销售收入、利润、利税分别为333.7亿元、103.2亿元、277.2亿元、4.5亿元和10.2亿元，分别增长42.5%、36.6%、30.9%、13.3%和20.7%。完成高新技术产业产值40.7亿元。

农业　筹措涉农资金5亿多元解决“三农”问题，其中该市财政转移支付1.1亿元。减轻农民负担3010万元，补贴467万元。自来水受益村达到794个，占全部村数的81.7%；通汽车村达到967个，占全部村数的99.5%；所有村开通了固定电话，通话户数占农村总户数的70%。免费培训农村劳动力3.2万人，2.1万农村劳动力实现就业。农村信用社投放小额支农贷款1.8亿元，贷款余额达到8.2亿元。实现农业增加值27.5亿元，增长9.4%。

无公害农产品生产基地认证面积达到7600公顷。完成新造林面积8667公顷。新发展各类畜牧规模养殖大户134个、新建标准化养殖小区60个。全年肉蛋奶总产量24.2万吨，增长5.2%。实现畜牧业产值13.6亿元。新建成深海抗风浪网箱186个，达到356个。新增工厂化养殖水体5.2万立方米。海水养殖面积达到1.03公顷，水产品总产量达到30.4万吨、增长5%。

第三产业　实现社会消费品零售总额48.5亿元，增长13.9%。其中，城镇消费品零售额26.6亿元，增长16.4%；农村消费品零售额21.9亿元，增长10.9%。新增个体工商户4505户，新增私营企业916家，新增注册资金1000万元以上的私营企业115家。个体私营经济上缴税金2.1亿元，增长28.6%。

对外开放　新批外资项目235个，其中投资额1000万美元以上的25个。合同利用外资14.2亿美元，实际利用外资5.95亿美元，分别增长39.2%和45.5%。引进青岛市以外内资60亿元，增长20%。完成出口创汇7.5亿美元，增长33.2%。

旅游业　全年共接待国内外游客272万人次，其中接待海外游客4900人次。实现旅游业总收入12.4亿元。其中，旅游创汇100万美元，旅游商品收入2.5亿元。

城乡建设

全社会完成固定资产投资143.8亿元，增长35.1%，其中城镇以上单位完成投资额84.1亿元、增长16.8%。城市详细规划覆盖率达到90%以上。完成基础设施投入8亿元，建成区面积达到45.2平方公里，城市绿化覆盖率达到40.2%，人均绿地面积13.2平方米。完成小城镇建设投入8.2亿元，新增建成区面积1.88平方公里。新增各类建筑面积109.5万平方米，新增公共绿地29公顷。获“全国绿化模范城市”称号，环保创模工作和全国生态示范区创建工作通过国家检查验收。公路通车里程达945.1公里，公路密度50.5公里/百平方公里。完成公路运输客运量1343万人次，客运周转量92.43亿人公里；公路货运量2469万吨，货运周转量10.41亿吨公里。完成电讯业务总量1.5亿元，固定电话用户达到21万户。

社会各项事业

年内，设立科技发展基金1000万元，省级和市级企业技术中心分别达到2家和12家。66个项目列入青岛和国家级发展计划。高新技术产值占规模以上工业产值的比重达到12.19%，科技进步对经济增长的贡献率达到54%。共有各级各类学校144所，在校学生12.24万人，教职工9434人；高中入学率达到94.3%，高考本科达线率、达线人数万人比连续14年居青岛市各区市首位；职业教育在校生4.1万人。有线电视用户达到14.7万户；电台、电视台全年播发新闻5000余篇,制作专题600余组。共有各类医院19个,医院病床数1867张,各类卫生技术人员2048人。城镇居民人均可支配收入9988元,农民人均纯收入5013元,分别增长5.5%和11.9%。全市单位从业人员年平均工资达到12417元。参加新型农村合作医疗的农民总数达到67万人,覆盖率达到95%;8.31万名职工参加了社会养老保险。实现城乡就业和再就业3万人,增长96.9%;城镇登记失业率为1.6%。

·镇、街道办事处等概况·

隐珠镇

位于胶南市东部新城区,面积98平方公里,辖50个行政村、4.3万人。2004年,完成生产总值28亿元,增长24%;地方财政收入7287万元,增长26%;农民人均纯收入6347元,增长20%;居青岛市郊区"十强镇"第三位;全社会固定资产投资10.5亿元。合同利用外资9722万美元,实际利用外资4887万美元;到位内资9.66亿元。完成出口创汇2.83亿美元。

党委书记苏银璋,镇长李春荣。

大珠山镇

位于胶南市城区南郊,面积90平方公里,辖30个村委会和7个居委会、3.1万人。2004年,完成生产总值8.5亿元,地方财政收入1993万元,农民人均纯收入5298元。

党委书记李学聚,镇长王宗志。

张家楼镇

位于胶南市西南部,面积134平方公里,辖63个行政村、4.6万人。2004年,完成生产总值5.79亿元,地方财政收入988万元,农民人均纯收入4823元。

党委书记李志明,镇长李科民。

泊里镇

位于胶南市西南部,面积152.4平方公里,辖101个行政村、7.5万人。2004年,完成生产总值11.46亿元,地方财政收入1785.61万元,农民人均纯收入4744元,全社会固定资产投资达1.6亿元。

党委书记陈永奎,镇长石炳红。

琅琊镇

位于胶南市西南部,面积82平方公里,辖59个行政村、3.6万人。2004年,完成生产总值8.1亿元,地方财政收入1086.5万元,农民人均纯收入5248元。

党委书记密德生,镇长逄树林。

藏南镇

位于胶南市西南部,面积105平方公里,辖43个行政村、3.2万人。2004年,完成生产总值5.65亿元,地方财政收入1397万元,农民人均纯收入4903元。

党委书记徐乐国,镇长刘润兴。

大场镇

位于胶南市西南部,面积127平方公里,辖87个行政村、5.4万人。2004年,完成生产总值6.55亿元,完成固定资产投资3.83亿元,地方财政收入1307万元,农民人均纯收入4702元。合同利用外资3828万美元,实际利用外资1630万美元;实际利用内资2.5亿元。

党委书记殷式方,镇长毕吉锋。

海青镇

位于胶南市西南部,面积100平方公里,辖64个行政村、4.4万人。2004年,完成生产总值5.74亿元,地方财政收入1453万元,农民人均纯收入4762元。

党委书记张培泉,镇长周佳春。

理务关镇

位于胶南市西南部,面积65平方公里,辖33个行政村、1.98万人。2004年,完成生产总值2.43亿元,地方财政收入705万元,农民人均纯收入4586元。

党委书记刘永山,镇长王鹏。

大村镇

位于胶南市藏马山以西,面积152平方公里,辖82个村、4.47万人。2004年,完成生产总值6.94亿元,地方财政收入1194万元,农民人均纯收入4711元。

党委书记潘光进,镇长曲波。

六汪镇

位于胶南市西北部,面积151.2平方公里,辖43个行政村、3.2万人。2004年,完成生产总值4.78亿元,地方财政收入849万元,农民人均纯收入4620元。

党委书记刘记军,镇长董宏耀。

宝山镇

位于胶南市西北部,面积117平方公里,辖44个行政村、3.1万人。2004年,完成生产总值4.2亿元,全社会固定资产投资5.08亿元,地方财政收入909万元,农民人均纯收入4435元。

党委书记臧明运,镇长杨志刚。

铁山镇

位于胶南市西部,面积101平方公里,辖43个行政村、2.35万人。2004年,完成生产总值3.07亿元,地方财政收入831万元,农民人均纯收入4687元。

党委书记王福生,镇长卢乐鹏。

王台镇

位于胶南市北部,面积85平方公里,辖52个行政村和1个居委会、4.6万人。2004年,完成生产总值16.7亿元,地方财政收入5136万元,农民人均纯收入6013元。

党委书记孙艳明,镇长王本宾。

灵山卫镇

位于胶南市东部,面积36平方公里,辖29个行政村、2.3万人。2004年,完成生产总值10.9亿元,地方财政收入3957万元,农民人均纯收入5650元。

党委书记杨文,镇长尹相强。

珠山街道办事处

管区位于胶南市城区西部,面积43.6平方公里,辖20个行政村和4个农村居委会及12个城市居委会、7.1万人。2004年,完成生产总值9.85亿元,地方财政收入3018万元,社会固定资产投资6.4亿元,农民人均纯收入5256元。

党委书记王本剑,主任付宗平。

珠海街道办事处

管区位于胶南市城区中心,面积44平方公里,辖18个行政村和18个城市居委会、6.4万人。2004年,完成生产总值10.2亿元,税收总额8470万元,地方财政收入4413万元,农民人均纯收入5285元。

党委书记王学军,主任吕洪涛。

山东省胶南经济开发区

工委书记张忠。(详见第195页)

青岛琅琊台省级旅游度假区

位于胶南市西南部,面积9.8平方公里,辖7个行政村、3897人。2004年,完成生产总值1.01亿元,地方财政收入261万元,农民人均纯收入5654元。

工委书记、管委主任丁振武。

黄山经济区

位于胶南市北部,面积76平方公里,辖37个行政村、2万人。2004年,完成生产总值4.66亿元,地方财政收入1626万元,农民人均纯收入4984元。

工委书记郭宝存,管委主任韩松喜。

胶河经济区

位于胶南市西北部,面积56平方公里,辖32个行政村、2.25万人。2004年,完成生产总值3.81亿元,地方财政收入721万元,农民人均纯收入4612元。

工委书记徐贞建,管委主任单宝剑。

积米崖港区

位于胶南市东部,陆、岛总面积9.53平方公里,辖积米崖港和灵山岛管区、4500余人。2004年,完成生产总值1.79亿元,地方财政收入1288万元,农民人均纯收入5646元。

工委书记逄培祥,管委主任魏鲁华。

胶南市海滨工业园

该园北起风河,南至滨海大道,东至黄海岸线,西至胶南市区西外环路,面积27.9平方公里,辖11个行政村、5.6万人。2004年,地方财政收入990万元,农民人均纯收入4412元。

工委书记刘风光,管委主任张鹏。

(王锡坤)

平 度 市

·经济和社会发展概况·

2004年,该市辖26个镇、4个街道办事处、1个经济开发区。总面积3166.54平方公里,总人口132.94万人。实现生产总值219.04亿元,比上年(下同)增长18.4%。其中,第一、二、三产业增加值分别为40.67亿元、105.13亿元、73.24亿元,分别增长4.3%、23.3%、19.6%。实现地方财政收入6.46亿元,增长37.8%。固定资产投资89.9亿元,增长45.9%。在2004年全国县域社会经济综合发展指数评比中居全国第135位,比上年提高了18个位次;在第四届全国县域基本竞争力百强县(市)评比中居第35位。被山东省委、省政府命名为第六届精神文明建设工作先进市。

经济发展

农业 实现农林牧渔业总产值75.56亿元,增长13.8%。粮食总产量90.69万吨,增长1.2%;花生总产量20.9万吨,增长6.1%;棉花总产量0.64万吨,增长38.5%;蔬菜总产量225.2万吨,下降3.9%;瓜类总产量30.4万吨,下降14.5%;水果总产量23.63万吨,增长22.2%。完成新造林面积7867公顷;森林总面积6.34万公顷,覆盖率25.32%。肉类总产量28.44万吨,增长0.4%;禽蛋产量6.94万吨,增长2.8%。水产品产量1.05万吨,增长6.9%。拥有农业机械总动力238.55万千瓦,增长7%。

工业、建筑业 完成工业总产值307.2亿元,增长26.0%,其中规模以上工业企业完成212.1亿元、增长32.3%。实现产品销售收入279.4亿元、增长24.4%,其中规模以上工业企业实现189.4亿元、增长32.0%;实现利税29.1亿元、增长18.5%,其中规模以上工业企业实现11.5亿元、增长27.0%。产销率为96.1%。实现建筑业增加值13.4亿元,增长33.3%。商品房屋竣工面积40.01万平方米,增长23.2%;销售商品房屋建筑面积29.24万平方米,商品房屋销售额3.7亿元。

民营、个体工商业 年内,新发展个体工商户9642户(含临时户5661户),增长43.8%;新发展私营企业501户,增长12.9%;新吸收从业人员2.13万人。截至年底,共有个体工商户2.73万户,注册资金3.94亿元,分别增长9.2%和28.6%;私营企业2440户,注册资金28.29亿元,分别增长12.5%和21.3%。

国内贸易、金融 实现消费品零售总额69.1亿元,增长13.9%。其中,城市市场实现消费品零售额36.4亿元,增长16.5%;农村市场实现消费品零售额32.7亿元,增长11.2%。金融系统存款余额94.8亿元,增长15.2%。城乡居民储蓄余额79.4亿元,增长18.8%。金融系统贷款余额54.3亿元,增长1.8%。

对外经济 全年批准利用外资项目280个,增长7.7%;合同利用外资6.60亿美元,增长54.3%;实际利用外资3.68亿美元,增长50%。引进内资项目799个;实际利用内资46.5亿元,增长41%。引进过千万美元和过亿元的项目20个。与世界116个国家和地区建立了直接的经济贸易关系,出口产品已发展到66个大类1100多个品种,自营进出口企业达140家。全年实现进出口总值5.81亿美元,增长41.1%;其中,进口总值2.10亿美元、增长48%,出口总值3.71亿美元、增长37.5%。

旅游 全年共接待海外游客4300人次,增长21%;接待国内游客74.8万人次,增长19.2%,实现旅游收入5.96亿元,增长20.8%。

城乡建设

年内,完成旧村改造规划25项、详细规划21项。实施了该市杭州路南段贯通等道路修建工程;完善了城市防汛排水工程;完成了部分路段、现河两岸以及出城口道路景观亮化工程。加快城市绿化建设,市区新增绿化面积50万平方米,绿化覆盖率达到37.62%。实现建筑施工产值6.8亿元,施工面积137.8万平方米;房地产开发完成投资4.3亿元,有2项工程被评为省优工程、6项工程被评为青岛市样板工程、4项工程获“青岛杯奖”、2项工程被评为青岛市优质结构工程。加快小城镇建设。完成7个镇的总体规划、专业规划编制,对100个村庄规划进行了调整,村庄建设规划达到40%,示范村规划完成100%;全年完成小城镇基础设施建设投入4.67亿元,新增建筑面积50万平方米,建成区面积增加2.5平方公里;南村、灰埠、蓼兰被列为全国重点镇,同和被列为青岛市卫星镇,南村镇姜家埠、张戈庄镇尚河头、大泽山镇尹家村被评为青岛市小康示范村。以开展“三城同创”和“四大环境工程”为主线,实施了城市环境综合整治、清理整顿违法排污企业、燃煤锅炉淘汰和餐饮业治理整顿等专项治理活动。公路总长度达到1499.2公里,增长5.3%。柏油公路里程达到986.7公里,柏油公路覆盖密度达到31.17公里/百平方公里。公共交通车辆达到161辆,各类线路班车504辆,客运出租车营运车辆134辆。全年完成邮政业务总量2.27亿元,增长6.7%;订销报刊2546.9万份,增长33.3%。发展电话用户1.34万户。固定电话用户达到33.01万户,增长7.5%。

社会各项事业

教育　共有学校283所,教职工1.45万人,在校生19.2万人。其中,高中8所,在校生2.44万人;初中51所,在校生6.55万人;小学215所,在校生8.995万人;职业学校9所,在校生2.12万人。学龄儿童入学率和初中入学率均达100%。

科技　年内,鉴定科技成果4项,其中1项达到国内领先、2项达到国内先进、1项达到国际先进。获山东省科技进步三等奖1项、青岛市技术发展二等奖1项、青岛市科技进步三等奖2项。申报并被认定青岛市高新技术产品7种,申报并被认定青岛市高新技术企业2家。山东省农广校平度分校申报为国家星火计划农民科技培训星火学校,平度市果业协会申报为国家农业专业技术示范协会,平度市葡萄研究所申报为国家农村区域科技成果转化中心,江北农业技术市场申报为国家农村信息化基地。

文化　有各类文化机构73处,其中影剧院28处、文化馆1处、科技文化中心30处、博物馆1处、图书馆1处。全年举办群众性文化活动近100余次,组织各类艺术团体演出260场次。在地市级以上发表、参展、参演作品120余件。通过了山东省社会文化先进县复评。

体育　全年开展群众性体育活动28次,向青岛市以上体育部门输送体育后备人才30人,培养了16名国家二级运动员,先后夺得“青岛春季田径运动会团体总分第一名”,青岛市区“联通杯”篮球锦标赛女子第一名、男子第三名,青岛市柔道锦标赛专业团体总分第一名。

卫生　年内,该市31个镇(街道办事处、开发区)的村级卫生室开展了镇村卫生一体化管理,建立了防保站,有67.64万名农民参加了新型农村合作医疗,参加率57.7%。共有各类医疗机构740处,各类医疗机构拥有医疗床位2446张,有卫生技术人员2603人。

社会生活　人口出生率11.77‰,比上年提高5.01个千分点;人口死亡率7.67‰,比上年提高0.86个千分点。人口自然增长率为4.1‰。失业率0.88%,城镇登记失业人员就业率为86%。职工平均工资1.13万元,增长15.5%;城镇居民人均可支配收入9021元,增长12.3%;农民人均纯收入4880元,增长12%。养老保险参加统筹人数净增6177人,参加统筹的企业退休人员养老金社会化发放率达到100%;有8.5万名职工参加了基本医疗保险,建立了大额医疗互补制度。

·镇、街道办事处等概况·

城关街道办事处

管区位于平度市城区,是该市政治、经济、文化中心,面积70.25平方公里,辖39个行政村和20个居委会、8.8万人。2004年,完成生产总值7.08亿元,财政收入2910万元,财政支出2592万元,农民人均纯收入4983元。

党委书记邹学新,主任刘喜桂。

李园街道办事处

管区位于平度市城区西郊,面积79.30平方公里,辖63个行政村和6个居委会、6.78万人。2004年,完成生产总值6.92亿元,财政收入2956.80万元,财政支出2558.80万元,农民人均纯收入4998元。国家级的江北农业技术市场设在其辖区内。

党委书记张作柱,主任位孟辉。

同和街道办事处

管区位于平度市城区南郊,面积52.30平方公里,辖48个行政村和4个居委会、4.28万人。2004年,完成生产总值9.74亿元,财政收入3280万元,财政支出2350万元,农民人均纯收入4890元。

党委书记张健,主任刘东生。

香店街道办事处

管区位于平度市城区东南部,面积35平方公里,辖33个行政村(居委会)、2.8万人。2004年,完成生产总值3.76亿元,财政收入1060万元,农民人均纯收入5027元。

党委书记毛永强,主任郭秀凯。

新河镇

位于平度市西北部,面积71平方公里,辖32个行政村、2.25万人。2004年,完成生产总值3.01亿元,财政收入665万元,财政支出581.3万元,农民人均纯收入4724元。

党委书记栾庆晓,镇长岳清山。

灰埠镇

位于平度市西北部,面积118平方公里,辖71个行政村和1个居委会、4.92万人。2004年,完成生产总值6.96亿元,财政收入1340.3万元,财政支出972万元,农民人均纯收入4750元。

党委书记王富军,镇长姜华亭。

麻兰镇

位于平度市东南部,面积86.90平方公里,辖52个行政村、4.2万人。2004年,完成生产总值5.56亿元,财政收入1014.9万元,农民人均纯收入4600元。

党委书记丁明义,镇长刘永良。

大田镇

位于平度市东北山区,面积148.70平方公里,辖61个行政村、3.37万人。2004年,完成生产总值2.72亿元,财政收入434.7万元,财政支出273.8万元,农民人均纯收入3850元。“省级森林公园”——大泽山林场坐落境内。

党委书记张建军,镇长万作平。

郭庄镇

位于平度市南部,面积73.50平方公里,辖36个行政村、3.1万人。2004年,完成生产总值6.34亿元,财政收入445.4万元,财政支出559.2万元,农民人均纯收入4800元。

党委书记严风先,镇长李玉亭。

崔召镇

位于平度市东部,面积108平方公里,辖55个行政村、3.1万人。2004年,完成生产总值3.88亿元,财政收入318万元,财政支出492万元,农民人均纯收入4600元。

党委书记史洪杰,镇长贾海生。

店子镇

位于平度市西北部,面积137.90平方公里,辖95个行政村、2.61万人。2004年,完成生产总值6.04亿元,财政收入565.7万元,财政支出391.4万元,农民人均纯收入4672元。

党委书记孙显辉,镇长刘玉峰。

祝沟镇

位于平度市东北部,面积98平方公里,辖56个行政村、3.51万人。2004年,完成生产总值2.28亿元,财政收入249.1万元,财政支出524.8万元,农民人均纯收入4090元。

党委书记王兆吉,镇长张笑。

长乐镇

位于平度市西北部,面积57平方公里,辖46个行政村、3.2万人。2004年,完成生产总值6.09亿元,财政收入1110.78万元,财政支出766.45万元,农民人均纯收入4506元。

党委书记桑学清,镇长张志忠。

古岘镇

位于平度市东南部,面积80.83平方公里,辖40个行政村、4.61万人。2004年,完成生产总值3.09亿元,财政收入575.8万元,财政支出546万元,农民人均纯收入5006元。

党委书记倪平,镇长陈玉波。

旧店镇

位于平度、莱西、莱州三市交界处,面积146平方公里,辖61个行政村、3.61万人。2004年,完成生产总值5.15亿元,财政收入1036万元,财政支出918万元,农民人均纯收入4476元。

党委书记白世杰,镇长蒋召旭。

白埠镇

位于平度市西南部,面积162平方公里,辖87个行政村、5.59万人。2004年,完成生产总值7.16亿元,财政收入621万元,财政支出688万元,农民人均纯收入4680元。

党委书记兰彬良,镇长刘成爱。

张舍镇

位于平度市西部,面积120平方公里,辖60个行政村、4.11万人。2004年,完成生产总值8亿元,财政收入1050万元,农民人均纯收入4836元。

党委书记马元洪,镇长钟文革。

云山镇

位于平度市东部,面积154.36平方公里,辖74个行政村、5.22万人。2004年,完成生产总值6.80亿元,财政收入1112.6万元,财政支出1270.4万元,农民人均纯收入4520元。

党委书记陈乃乐,镇长高鹏绪。

兰底镇

位于平度市南端,面积128.71平方公里,辖57个行政村、3.71万人。2004年,完成生产总值4.16亿元,财政收入448.9万元,财政支出690.2万元,农民人均纯收入4320元。

党委书记王鹏飞,镇长崔春德。

万家镇

位于平度市南部,面积139.10平方公里,辖91个行政村、4.2万人。2004年,完成生产总值3.84亿元,财政收入483.5万元,财政支出760万元,农民人均纯收入4721元。

党委书记张忠文,镇长孙建明。

蓼兰镇

位于平度市南部,面积102.40平方公里,辖71个行政村、4.5万人。2004年,完成生产总值7.5亿元,财政收入815万元,财政支出455万元,农民人均纯收入4816元。

党委书记苗福涛,镇长张瑜辉。

马戈庄镇

位于平度市最西端,面积74.3平方公里,辖34个行政村、2.98万人。2004年,完成生产总值3.85亿元,财政收入479.3万元,农民人均纯收入4628元。

党委书记金海龙,镇长衣忠龙。

南村镇

位于平度市东南部,面积109.41平方公里,辖52个行政村、5.98万人。2004年,完成生产总值24.28亿元,财政收入4779万元,财政支出4030万元,农民人均纯收入5468元。

党委书记刘书伟,镇长侯景波。

崔家集镇

位于平度市西南部,面积132.41平方公里,辖85个行政村、5万人。2004年,完成生产总值4.92亿元,财政收入547.5万元,财政支出346.5万元,农民人均纯收入4770元。

党委书记于京勤,镇长张茂德。

大泽山镇

位于平度市北端,面积94平方公里,辖34个行政村、3.03万人。2004年,完成生产总值5.2亿元,财政收入556万元,农民人均纯收入5459元。辖区内有"山东省风景名胜区"、"青岛市十佳风景区"——大泽山风景区和国家重点保护文物——天柱山"魏碑"。

党委书记张炳伟,镇长郭万东。

门村镇

位于平度市西部,面积87.71平方公里,辖60个行政村、3.97万人。2004年,完成生产总值4.35亿元,财政收入574.7万元,农民人均纯收入4586元。

党委书记邓乾玉,镇长任学强。

明村镇

位于胶莱河东岸,面积173.40平方公里,辖81个行政村、5.63万人。2004年,完成生产总值8.54亿元,财政收入2543万元,农民人均纯收入4800元。

党委书记王礼鸿,镇长马晓亮。

田庄镇

位于平度市西部,面积67.7平方公

里，辖33个行政村、3.18万人。2004年，完成生产总值5.63亿元，财政收入639万元，财政支出681万元，农民人均纯收入4782元。

党委书记刘玉明，镇长车洪君。

张戈庄镇

位于平度市南部，面积101.85平方公里，辖65个行政村、4.73万人。2004年，完成生产总值5.08亿元，财政收入783.7万元，财政支出528.3万元，农民人均纯收入4790元。

党委书记肖洪亮，镇长尚小龙。

仁兆镇

位于平度市东南部，面积114.60平方公里，辖91个行政村、6.69万人。2004年，完成生产总值8.4亿元，财政收入1056万元，财政支出1730万元，农民人均纯收入5158元。

党委书记张建东，镇长马德强。

山东省平度经济开发区

党工委书记兼管委会主任郭维明。（详见第195页）

（陶希华　刘敏松　代　琦）

莱　西　市

·经济和社会发展概况·

2004年，该市辖11个镇、3个街道办事处、1个省级经济开发区。总面积1522平方公里，耕地面积6.95万公顷。总人口72.13万人，其中农业人口61.50万人。人口自然增长率4.2‰。完成生产总值145.83亿元，按不变价格计算，比上年（下同）增长18.4%。其中，第一、二、三产业增加值分别为22.1亿元、69.96亿元、53.77亿元，分别增长5.1%、22.8%、19.1%。全社会固定资产投资78.23亿元，增长49.8%。实现财政总收入5.38亿元，其中地方财政收入4.14亿元；地方财政支出5.9亿元。金融机构各项存款余额59.84亿元，比年初增长14.3%，其中居民储蓄存款余额48.3亿元、比年初增长13.70%；金融机构各项贷款余额39.2亿元，比年初增长11.7%。

年内，中宣部把该市推行"为民服务代理制"的做法作为"加强党的执政能力建设"重大典型在全国推广；该市在创建"平安莱西"集中整治行动中创造的"四制四建"（实行联动机制、建立调解中心，实行户访制、建立健全信息网络，实行听证会制、建立工作平台，实行服务代理制、建立帮扶救助体系）工作经验被中央、山东省、青岛市推广。

经济发展

农业　农林牧渔业实现总产值22.1亿元。农作物播种面积11.2万公顷，其中粮食作物6.3万公顷、经济作物4.89万公顷。农业增加值13.28亿元。粮食总产量39.84万吨，增长4.72%，粮食单产811公斤；花生总产量11.1万吨，增长6.5%；水果总产量13.7万吨，增长26.9%；蔬菜总产量104万吨，下降9.1%。畜牧业增加值8.09亿元。肉类总产量14.3万吨，禽蛋总产量9.1万吨，奶类总产量19.7万吨。肉猪、牛、羊的年出栏数分别为72.8万头、7.11万头、13.77万只。水产品总产量1.15万吨，增长0.1%。全年造林5047公顷，实有林地面积3.08万公顷，林木覆盖率达到26.2%。拥有农业机械总动力80.6万千瓦，增长4.0%。

2004年6月，市委常委、宣传部部长杨军（右二）出席在莱西市马连庄镇马连庄村举行的青岛市"党员奉献日"帮扶残疾人安居工程集中活动启动仪式，并询问肢残人员的生活情况。（市委宣传部供稿）

工业、建筑业　实现工业总产值193.56亿元，增长17.1%。工业增加值56.91亿元，增长21.5%。出口创汇6.5亿美元，增长18.0%。有规模以上工业企业255家，净增89家；实现增加值36.4亿元，增长36.3%；实现产品销售收入114.59亿元，增长42.7%；实现利税4.59亿元，增长12.4%；实现利润2.19亿元，增长49.0%。

完成建筑业增加值13.1亿元，增长30.1%。有建筑企业61家，房屋建筑业总产值5.3亿元、增长4.3%，实现利税1790万元。

交通、邮电　完成交通运输和邮电通信业增加值15.86亿元，增长26.6%。公路旅客运输量和周转量分别为303.9

青岛市市北区人民检察院

近年来，该院在区委和上级检察机关的正确领导下，积极履行法律监督职能，突出反腐败查办大要案、打击严重刑事犯罪和诉讼监督三项重点工作，大力加强领导班子建设和检察队伍建设，实现了检察工作的全面突破、创新和发展。相继获得"人民满意检察院"、"全国模范检察院"、"全国文明接待室"、"全国精神文明建设工作先进单位"、"全国优秀青少年维权岗"等5项国家级荣誉及百余项省、市级荣誉，赢得了社会各界及人民群众的广泛赞誉。

①最高人民检察院副检察长胡克惠(中)、山东省人民检察院检察长国家森(右)、青岛市人民检察院检察长姜永生(左)到该院视察。

②2004年，该院被山东省人民检察院授予"山东省优秀基层检察院"称号。图为检察长王同庆(左三)上台领奖。

③该院近年获得的部分荣誉

④该院干警在保持共产党员先进性教育活动中正在学习中央文件

⑤该院荣获全国"优秀青少年维权岗"称号。图为干警深入学校给小学生们讲解法律知识。

青岛市北胶州湾新产业基地

坐落于青岛胶州湾的北部，是我市红岛组团的重要组成部分，是青岛市重点规划建设的国际化、现代化的高新技术产业基地。该基地占地面积约1200余公顷，按照澳大利亚和德国规划设计公司的设计理念，将建成以高新技术产业为主导，集产业孵化、出口加工、现代物流、行政管理、商务办公、金融贸易、文化娱乐、商业居住为一体的现代化产业基地，实现其“居住—自然—工作—交流—娱乐”的和谐发展。该基地交通便利，地理位置优越，建成后的基地将为入驻企业提供国内领先的一流投资环境，成为产业基地的典范。

该基地已被全国电子信息系统推广办公室和国家建设部列为全国首家数字化园区建设试点单位。

①基地办公楼

②胶州湾产业基地火炬大道

③基地规划总平面图

李沧区教育体育局

①该局常年帮扶特困生

②山东省第八届创造教育年会在李沧区召开

③市区各级领导参加青岛市素质教育实践基地揭牌仪式

④李沧教育先锋论坛——骨干教师谈课堂教学

⑤李沧区语文才艺活动现场

⑥李沧区天文科普馆启用

⑦李沧区每年召开优教优育咨询大集，增强家长科学择园、科学育儿的意识和能力。

地址：三〇八国道李沧区政府院内 电话：(0532) 87614300 传真：(0532) 87629434
邮编：266100 E—mail：Lcjtw1@qdedu.net http：//www.lcedu.net 局长：甄孝刚

李沧区

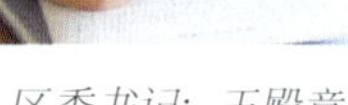

区委书记：王殿章

区长：王作安

位于青岛市市区北部，面积98平方公里，辖11个街道办事处，总人口48万人。2004年，全区完成生产总值（GDP）115亿元；实际利用外资8714万美元，实际利用内资14.8亿元；出口总额6.8亿美元；固定资产投资53.8亿元；社会消费品零售总额47亿元；区级财政收入4亿元。

近年来，李沧区委、区政府紧紧抓住市委、市政府“加快城市化进程，缩小南北差距”的发展机遇，全面落实科学发展观，围绕把李沧建设成为青岛市最适宜发展和安居的现代化新城区目标和“一年大变化，三年出新貌，五年新李沧”的工作要求，全力打造青岛市的“两区一心”（都市工业示范区、中央居住区和北部商贸中心），努力建设“繁荣李沧”、“平安李沧”、“文明李沧”，实现经济社会发展的新跨越。

❶

①李村公园改造鸟瞰图

②省委副书记、市委书记杜世成（前左二）到该区视察

③三〇八国道两侧景观设计图

④ 2005 年中国青岛赏花会开幕式现场

⑤该区获"全国十佳学习型社区"称号。图为社区文艺演出。

李沧区李村街道办事处

李村街道地处李沧商贸中心地带。近年来，李村街道把民营经济发展作为辖区经济发展的重要力量，围绕李沧区“做强青岛北部商贸中心”发展思路，充分发挥区位优势和资源优势，把大力发展商贸物流业作为壮大民营经济的重要突破口，实施商贸兴街，促使李村商圈人气旺、百业兴。目前，国美、雅泰、苏宁电器、大中电器等纷纷抢滩中心商圈，向阳路步行街、大峪路美食街、河北特色小吃街、韩国服饰街等特色商业街已具雏形，各种品牌的特许店、专卖店、专业店等先后进驻，维客集团、北方国贸集团、利客来商贸中心等先后被评为中国商业名牌企业。李村服务业发展呈现多样化、广领域聚集的良好发展态势。目前，辖区内个私业户已达6840户，其中私营企业1050家，约占全区的三分之一，注册资金500万元以上的民营企业达31家，千万元以上的22家，2004年民营经济实现生产总值15亿元。

鸟语花香家居城

李沧区九水路街道办事处

位于李沧区东部，辖20个社区，面积34.71平方公里，人口3.8万人。辖区交通位置极佳，西傍三〇八国道和青银高速，距青岛国际机场仅10公里。旅游资源丰富，三面环山，李村河贯穿其中，有百果山生态观光园和竹子庵、仙姑塔、三清洞等古迹。城区建设日新月异，目前已形成集房地产业、高新技术产业、休闲观光农业等为一体的现代化生态新城区。工业体系日趋完善，都市工业园区初步形成，引进内外资企业300多家，引资总额达1亿美元。科教卫生事业蓬勃发展，目前已有青岛酒店管理学院、恒星科技学院、青岛广播电视大学等高校，四〇一医院北院区也坐落辖区内。

九水路街道干部群众将按照“打造青岛市中央居住区”的发展定位，同心同德，干事创业，同时竭诚欢迎海内外客商前来投资合作，共谋发展！

①都市工业园区

②社区游园

③“我以真诚换你笑容”服务品牌

④百果山风景区

李沧区湘潭路街道办事处大枣园社区

大枣园社区是李沧区第一家“撤村建居”的试点单位，位于李沧区北部、重庆中路以东。本社区现有居民1450户，4300余人（加上外来居住人员共近万人）。社区党委下设党支部7个，共有中共党员297名。2000～2003年，原村办20余家集体企业依法进行了改制，现主要有：汽车改装、汽车配件、燃油（气、煤）锅炉、压力容器、设备安装、冲压、注塑、喷塑、标准件、建筑、物流、餐饮、住宿等经营项目；2004年完成销售收入10亿元，利税6000万元。

近年来，社区党委、居委大力倡导和实施“三个文明”建设，为居民办实事好事，先后投巨资建设档次一流的幼儿园、保健医院，与区政府联建了公办大枣园小学等项目，均达到省级规范化标准；该社区利用10年时间先后建成居民楼35座，近千户居民告别低矮平房，搬入宽敞明亮的楼房，同时对小区实施了硬化、亮化、绿化工程，电话、有线电视均已入户，形成了配套设施现代化、环境花园化、管理规范化的新社区；投资兴建了占地8公顷，集休闲、娱乐、健身、观光于一体，涵盖文化活动中心、老年活动中心、文艺、体育等各项活动场所的大枣园文化广场。

社区先后获青岛市、李沧区先进基层党组织，山东省专利村，全国最佳经济效益乡镇企业、文明社区，山东省文明单位等多项称号。

书记：王启厚
主任：王建海
地址：李沧区湘潭路街道办事处大枣园社区
电话：(0532) 88028008
传真：(0532) 88028002

①省委副书记王修智(前中)在市、区领导陪同下参观该社区文化广场

②团结务实的两委领导班子

③社区文化广场一角

④大枣园居民新小区一角

青岛宝达实业股份有限公司

董事长兼总经理：王方鹏

青岛宝达实业股份有限公司位于李沧区中心，辖区面积2.25平方公里。2004年11月4日，经青岛市人民政府批准，由青岛市李沧区河南工贸总公司改制创立，并于2004年11月19日进行工商注册登记。公司现有职工1713人，注册资本2233万元。现有韩国升元电子有限公司、美国的露雅尔有限公司、世界500强德国宝马汽车销售有限公司及海南马自达汽车销售有限公司等外资企业，以及岛城最大的茶叶批发市场青岛李村茶叶批发市场、青岛星火家具广场等内资企业落户公司辖区。公司现有待旧村改造面积33.3万平方米；有待开发面积19.98万平方米。

董事长兼总经理王方鹏感谢各级领导给予宝达实业公司的关爱，感谢社会各界朋友多年来对宝达实业公司的支持与合作。

公司愿与您齐心携手、共创未来。

世界500强德国宝马汽车销售有限公司外景

经营理念：坚持“以人为本，以诚为信”；坚持“发展是第一要务”；坚持“三个文明”同步发展，以信息化、科学化、制度化管理企业，遵循市场规律进行开发、经营。

经营目标：在竞争中求发展；从最好中求更好，拉长区域经济优势，全方位、多渠道拓展市场，谋求资本的长期稳定增长，实现于合作伙伴的共赢。

韩国升元电子有限公司

宝达大厦——李沧区“四个十”工程项目之一。该项目位于公司辖区内，属大型综合商场，投资总额1.8亿元，占地面积1.1万平方米，建筑面积约3.2万平方米，其中商场面积约1.92万平方米，停车场面积约1.28万平方米。图为宝达大厦外景。

地址：青岛市李沧区九水路23号　邮编：266100　电话：(0532) 87631166　传真：(0532) 87898866

青岛海通车桥有限公司

QINGDAO HAITONG AUTO AXLE CO.,LTD

法人代表、董事长、总经理：张建华

始建于1994年12月，于2002年12月改制为有限责任公司。公司现拥有员工532名，工程技术人员56名，注册资金200万元，总资产1.3亿元，固定资产3000万元，是生产轻、中、重型载货汽车车桥总成的专业生产企业，是山东省车桥生产的骨干企业。公司现拥有国内一流的总成装配线等生产线10条，生产解放、EQ153、STR三大系列近30个品种，年生产车桥能力为22万台套。公司已通过ISO9001：2000质量体系认证。

公司产品主要为一汽解放青岛汽车厂、北汽福田欧漫重型汽车厂等公司配套，加工的主要部件STR前梁、STR转向节为重汽配套。公司连续3年成为山东省机械工业“实现销售收入百强企业”，青岛市百强民营企业，青岛市AAA级信誉企业，青岛市免检企业，青岛市守合同重信用企业。

海通

要制造中国最好的车桥

地址：青岛市京口路90号
邮编：266100
电话：(0532) 87896230（办公室）
(0532) 87627578（市场部）
传真：(0532) 87895211
http://www.cheqiao.cn
E-mail：bgs@cheqiao.cn

● 457-4×2

后桥总成

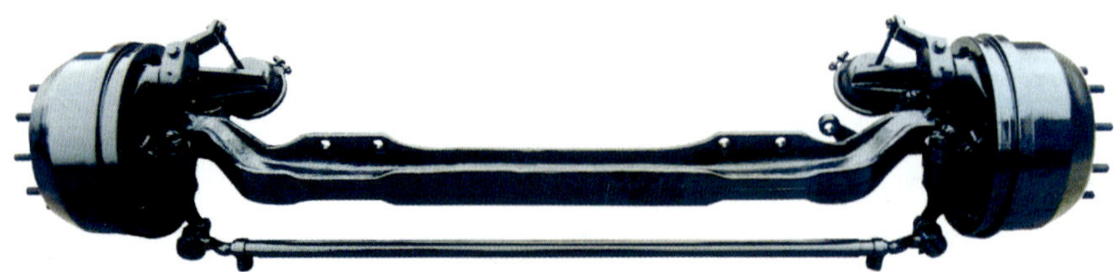

海通系列前轴总成

● 3000010-Q435
3000010-FT
3000010-Q313Z1

青岛市公安局崂山分局

市委常委、区委书记李增勇（左五）率区委、区人大常委会、区政府、区政协等领导到该局调研

社区民警深入群众，广泛征询意见、建议，改进和完善社区警务工作。图为民警现场了解社情民意。

2004年，该局以全国“二十公”精神总揽全局，紧紧围绕全区的中心工作，讲大局，谋稳定，促发展，求真务实，开拓创新，取得了突出成绩。年内，该局获创建“平安青岛”先进集体、市先进基层党组织、市“严打”整治斗争先进集体等称号，被省公安厅荣记集体二等功；在2004年8月公安部召开的全国厅局长会议上，该局被确定为城市公安分局样板单位；该局首创的“社区警务议事会制度”被省公安厅和公安部推广，“警务助民工作法”被确定为创建“平安青岛”的工作品牌；该局被省公安厅、科技厅确定为全省科技强警示范单位，其开发研制的移动卫星通讯指挥车被省公安厅授予“科学进步一等奖”。

该局在区委、区政府的大力支持下，高度重视科技强警工作。图为全国公安第一车——“动中通”卫星通讯指挥车。

崂山区旅游局

崂山区地处青岛市东部，是中国道教文化发源地之一。有石老人国家旅游度假区和国家AAAA级景区，有国家级的高新技术产业开发区和石老人观光园、海尔科技馆两个国家AAA级景区，有北宅生态旅游区、石老人观光园、海尔工业园和华东葡萄酒庄园等4个全国首批工农业旅游示范点；有青岛国际啤酒节、崂山旅游文化节、崂山茶节、北宅樱桃节等一系列旅游节会活动，每年吸引海内外游客200多万人；青岛极地海洋世界、青岛大剧院、石老人海水浴场等投资规模在亿元以上的旅游大项目正在建设中。随着这些旅游大项目的建设、基础设施的进一步完善及旅游环境的进一步改善，崂山区将成为中国北方最具魅力的旅游度假区域之一。

地址：崂山区行政大厦东楼505室
邮编：266101
电话：(0532) 88996200
传真：(0532) 88996200
崂山旅游信息网 http://www.lsta.cn

工农业旅游示范点——海尔工业园

以人为本 和谐发展 建设生态文明社区

崂山区中韩街道金家岭社区居委会

位于崂山区行政中心，共有居民910户，人口2400人，其中中共党员98名。2004年实现总收入3.6亿元，集体提留4800万元，完成利税3800万元，人均收入8000元，人均居住面积达到40平方米。成为青岛市经济发展强村。现社区共有集体企业5家，合资企业2家，独资企业2家。

近年来，金家岭社区在加快村庄向社区、村民向市民、农村向城市转变过程中，实施改善居住环境，建立保障机制、做好社区服务，抓好平安社区创建，抓好社区文化建设，加强对居民的文明素质教育等重点工作；全面快速发展经济，建设生态文明社区。社区先后获山东省先进基层党组织、青岛市文明单位标兵、青岛市十佳村庄、青岛市五个好党支部、崂山区经济发展先进村等称号。

①省委副书记、市委书记杜世成（右二）到该居委会视察

②该居委会办公楼

③金岭世纪花苑效果图

崂山区石老人社区居委会

社区党委书记、青岛石老人实业总公司总经理：曲孝琢

社区党委副书记、居委会主任：孙明爽

石老人社区居委会位于青岛市香港东路299号，距崂山区行政中心1公里，交通便利，区位优越，北依大佛山，南临黄海。域内有著名的国家AAA级旅游区、全国首批农业旅游示范园——青岛石老人观光园，是以社区投资主建的集现代农业、旅游观光、休闲度假等功能为一体的综合性农业示范园区。

截至2004年底，有居民1428户，人口4080人，农村经济总收入33630万元，农民人均纯收入7000元。多年保持青岛市“五个好”党支部和青岛市文明单位标兵等称号。

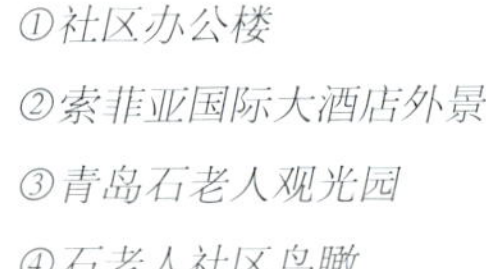
①社区办公楼
②索菲亚国际大酒店外景
③青岛石老人观光园
④石老人社区鸟瞰

城阳区发展和改革局

城阳区发展和改革局（物价局）是区政府主管全区国民经济和社会发展战略、发展规划、总量平衡、结构调整、价格管理、资产运营、工业管理、经济体制改革工作的工作部门。2003年以来，先后获全国价格认证规范化建设先进单位、全省民营企业产学研洽谈会先进单位、城阳区人民政府满意公务员集体和城阳区先进党委等称号；已连续5年被评为市文明单位标兵；成功创建了国家一级金融安全区、中国食品工业强区、全省民营经济发展强区和青岛市利用内资先进市区；在全国率先建立了企业素质综合评价体系和企业信息管理系统。

局长：宋瑞武
地址：城阳区和阳路309号
邮编：266109
电话：(0532) 87866466
传真：(0532) 87868091

①区委、区政府主要领导到“工业产品展”视察
②局领导班子成员在研究工作
③新建成的开放式办公大厅

城阳区

①

②

位于青岛市北部，是1994年6月青岛市行政区划设立的新区，总面积553.2平方公里，辖8个街道、243个社区（行政村），人口46.4万人。2004年，全区生产总值达249.5亿元，增长22.6%；地方财政收入达5.7亿元，增长28.3%；农民人均纯收入达5202元，增长8.2%；全区合同利用外资54.3亿美元，实际利用外资26亿美元，是全省利用外资最密集的区域之一；年内全区外贸出口达到26.3亿美元，连续8年位居全省139个县市区首位。

先后获国家可持续发展实验区、国家生态示范区、全国科技进步示范区、全国农产品加工业示范基地、全国农业生态示范区、中国人居环境范例奖、山东省适宜人居环境奖、省级社会文化先进区和省级精神文明建设先进区等称号。

①2004年7月29日，省、市委领导陪同国务院副总理曾培炎视察青岛世正乐器有限公司。

②2004年11月28日，省委副书记、市委书记杜世成（右三）到城阳区视察青岛市农产品展示交易中心。

③俯瞰城阳区行政中心

④2004年3月29日，清华大学“新型陶瓷与精细工艺”国家重点实验室成果转化及生产基地签约揭牌仪式。

⑤贯通城阳东西大动脉——城阳区正阳路西扩工程通车典礼

⑥2004年4月22日，城阳美高合唱团赴韩国南洞区交流演出。

⑦仁和居小区

⑧城阳世纪公园

⑨第三届市民节主会场全景

城阳区城市规划建设管理局

2004年，该局贯彻落实“农村城市化”战略，突出“城市园林化”重点，着眼率先，立足创新，干事创业，各项工作取得了一定成绩。年内，获山东省适宜人居环境奖和中国人居环境范例奖；全区城市化水平达到55%，城市化考核连续4年列青岛市第1名；控规覆盖率、城市绿化覆盖率、城市人均占有绿地率和城市人均占有道路均列青岛市首位，环境卫生质量达到青岛市卫生一级水平；通过了ISO9001国际标准质量管理体系认证和ISO14001环境管理体系认证。继续保持了山东省文明单位称号，创建国家一级城建档案馆获得成功，先后被授予山东省城市环境综合整治先进单位、山东省建设工程招标投标管理先进单位、山东省先进工程质量监督站，青岛市房地产开发经营管理先进单位、承诺销售放心房活动优秀组织单位、村镇建设先进单位、绿化先进集体等称号。

局长：毛瑞平
地址：城阳区正阳路203号
邮编：266109
电话：（0532）87868999
传真：（0532）87868648

①城阳人民广场鸟瞰
②正阳路一瞥
③青岛市绿色物业小区——仁和居小区
④该局办公楼

城阳区对外贸易经济合作局

①全区对外开放工作会议现场
②泰科电子有限公司奠基仪式
③青岛希尔景园国际大酒店奠基仪式
④青岛世正服装项目建设奠基仪式
⑤太平洋恩利食品有限公司奠基仪式

该局是城阳区政府主管全区对外经贸和外事工作的职能部门。2004年，全区新批准外资项目579个，合同利用外资14.66亿美元，实际利用外资6.9亿美元；进出口总额完成43亿美元，其中出口26.27亿美元，连续8年列全省县市区第一名。累计批准外资项目2757个，合同外资54.25亿美元，实际利用外资26亿美元。外经贸局建立的外商申报大厅、外商服务大厅，为外商和外资企业提供产前、产中、产后的全方位、一条龙、零收费服务，打造出了政府服务的品牌。年内，城阳区被省政府评为全省外经贸工作先进单位；该局先后被区委、区直机关工委评为先进基层党组织，深化五项工程创建四型机关十佳双目标考核单位、目标责任制考核优秀单位，被市政府及有关部门评为青岛市实施“走出去”战略先进单位、全市因公出国先进单位、青岛市职工诚信示范岗。2004年5月率先通过ISO9000质量管理体系认证。

地址：城阳区正阳路201号
邮编：266109
电话：(0532) 87868567
传真：(0532) 87866409
E-mail：cywjmj@126.com

城阳区流亭街道办事处

流亭街道位于城阳区南部，总面积51.5平方公里，常住人口6.2万人。青岛流亭国际空港位于境内，进出岛城的重要交通干线贯穿其中，是岛城“迎奥第一站”。2004年，全街道完成生产总值52亿元，税收5.97亿元，地方财政收入1.27亿元，外贸出口8.67亿美元。

加大环境整治力度，对外形象日新月异。实施了空港产业区开发，立交桥周边改造，三〇八国道、青银高速等重点路域两侧环境综合整治和旧村改造，提升了“窗口”形象。加快了万亩盐田开发步伐，招商载体不断优化。全街道累计引进来自20多个国家和地区的外资企业800多家，实际利用外资7.5亿美元；内资企业200多家，实际利用内资47亿元。高起点规划第三产业，空港商贸业、物流业蓄势待发。社会保障日趋完善；基础教育蓬勃发展，4处学校达到市级规范化标准；各项事业全面发展；街道连续多年被评为省级文明单位和市级先进党委。

党委书记：苟团年
办事处主任：张新竹
地址：城阳区流亭街道办事处
邮编：266108
电话：(0532) 84816819　84816256
E-mail：Invest@liuting-gov.com

①成功举办了庆祝招商引资15周年活动周。图为活动周之一——投资说明会与项目签字仪式现场。

②空港产业区安乐社区居民回迁分房仪式

③轰轰烈烈的旧城改造建设场面

④环境综合整治成效明显

⑤空港产业区制造业基地一角

⑥投资1800万元，按省级规范化标准建设的空港小学。

青岛喜盈门双驼轮胎有限公司

DOUBLE CAMEL TYRE

青岛喜盈门双驼轮胎有限公司隶属青岛喜盈门集团公司，是喜盈门公司骨干企业之一。喜盈门集团以青岛第四毛巾厂为核心，拥有紧密半紧密层企业21个。经营领域涉及纺织、橡胶、印染、服装、化工、纸业、汽车运输、经贸、宾馆服务等行业，成员企业分布于全国各大城市和波兰、俄罗斯等国家和地区，是拥有外贸自营进出口权的跨国公司。通过ISO9001国际质量体系认证。

青岛喜盈门双驼轮胎有限公司位于风景优美的崂山脚下，交通便利，通讯设施先进。公司拥有先进生产设备和一批专业的技术力量，主要生产"双驼"、"日新"、"飞利"、"喜盈门"牌力车、摩托车、农用、轻卡、载重五大系列产品，100多个品种规格的内外胎，已具备年生产斜交轮胎50万套，摩托车轮胎400多万套的生产能力，2002~2004年度被评为中国农行青岛分行AAA级企业。

公司一向重视产品质量、开发和创新、积极引进国内外先进生产技术和工艺，产品严格按照国家、国际标准进行设计、检测和生产，具有完善的管理体系，已通过ISO9001国际质量体系认证、中国国家强制性产品3C认证。2004年双驼轮胎被评为青岛名牌、青岛市著名商标、山东省著名商标、山东省名牌。双驼轮胎采用先进工艺和优质原料制造，规格齐全，设计合理，耐磨性好，胎体坚固耐用，行驶安全可靠，深受用户欢迎。

"以人为本，追求完美"是公司不变的核心理念。公司不断将新技术高质量的新产品投放市场，扩大市场占有量，增大企业后劲，推动企业全面发展，使"双驼"、"喜盈门"、"日新"、"飞利"等品牌的轮胎更加光彩照人。

我们竭诚欢迎海内外各界专家、朋友惠顾合作。

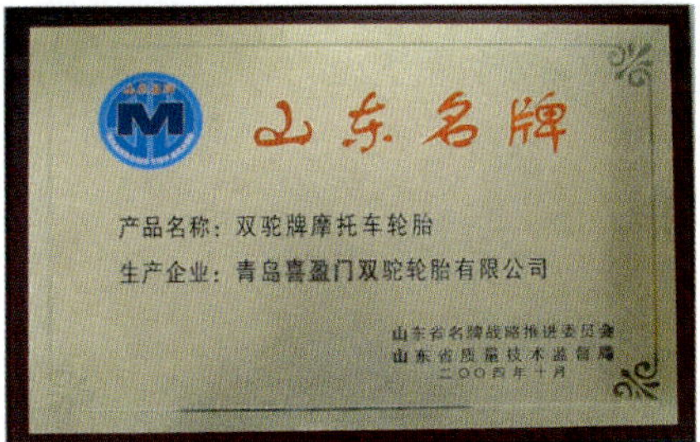

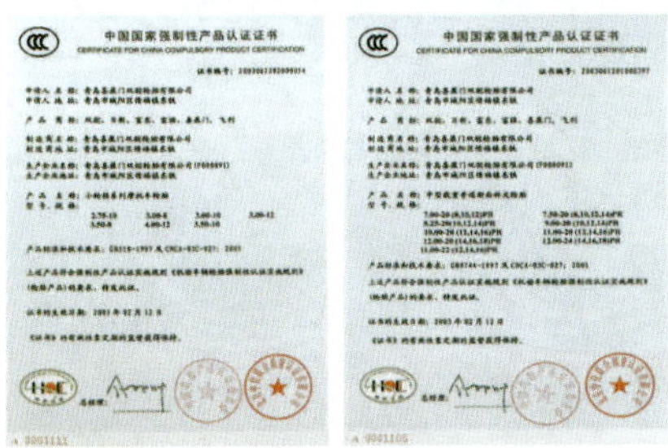

地址(ADD):中国·青岛QINGDAO CHINA
电话(TEL):(0532)87889888 87889263
传真(FAX):(0532)87889213
邮编(P.C.)266106
E-mail:doublecamel@public.qd.sd.cn
http://www.doublecamel.com

即墨市

市委书记张洪训（左三）、市长李宽端（右一）陪同省委副书记、青岛市委书记杜世成（左二）在即墨视察工作

全市陆地面积1780平方公里，岸线183公里，辖18个镇、5个街办事处、1个省级经济开发区、1个级高新技术产业开发区、1个省级旅度假区，1033个村庄，108.2万人。

国民经济快速增长，全市完成产总值235.7亿元，比上年(下同)增18.9%；实现地方财政一般预算收8.78亿元，增长38.9%；年末各项款余额127.7亿元，其中居民储蓄余92.6亿元，分别增长17.5%、13.3%对内对外开放再攀新高，实际利用资65亿元，增长35.4%；实际利用资5.8亿美元，增长81.3%；出口创12亿美元，增长29.2%。市场商贸

①

②

③

营经济的特色优势进一步拉长，社会消品零售总额61.1亿元，全市拥有个体工户6.84万户、私营企业5170家。城市进程明显加快，城区建成面积40.5平方里，农业和农村发展势头良好，完成农综合开发和扶贫开发投资4897万元，农人均纯收入达到5013元，增长13.9%。青岛市委、市政府2004年度目标管理绩考核中列五市第1位；县域经济基本竞力列全国百强县第28位；县域社会经综合发展指数列全国最发达百强县第64，提高了15位。

①即发集团俯视
②创新科技（中国）有限公司
③韩资企业——青岛高丽钢线有限公司
④天泰温泉高尔夫球场一角
⑤天泰温泉滑雪场
⑥青岛服装城
⑦即墨小商品城

即墨市房地产开发办公室

全年累计完成投资18.95亿元，总施工面积达162.17万平方米，其中新开工面积101万平方米，竣工房屋73.82万平方米，实际销售48.71万平方米，实际销售额9.54亿元；房地产开发项目执证率达100%，房屋质量优良率达80%以上，合格率达100%。房屋供求总量基本平衡，以人为本的开发理念得到加强，综合开发水平进一步提升。物业管理市场日趋规范，全市共有63个住宅小区实行了物业管理，总建筑面积达390万平方米，新建住宅小区物业管理覆盖率达100%，住宅小区业主委员会成立率达75%。该办连续多年被评为青岛市房地产开发管理先进单位、青岛市物业管理先进单位和青岛市承诺销售"放心房"活动优秀组织单位。

①

②

⑤

③

⑥

④

①开发办主任：殷树人

②即墨市安全示范小区——名都苑小区

③即墨市江南花苑小区

④即墨市瑞纳鳌园小区

⑤即墨市安全示范小区——振华苑小区

⑥山东省首届城市优秀住宅小区银奖、青岛市优秀物业管理小区——安居小区

青岛畜牧科技示范园

位于即墨市段泊岚镇，核心区占地400公顷，规划面积30平方公里。区位优越，通过南城公路与济青高速公路、青银高速公路、青威高速公路及青烟公路相接。共规划建设12个生产区：高产奶牛示范区、肉牛示范区、特种养殖区、家畜停检隔离区、畜产品加工区、饲料加工区、兽药生产区、牧草种植示范区、牧业机械推广区、肉鸡生产区、蛋鸡生产区和办公培训区。

该园自2001年7月建设以来，已投资3000多万元进行了水、电、路、通讯及绿化、美化等环境配套设施建设。以引进、繁育、示范、推广畜禽良种为重点，以高科技、高品质、高效益为切入点，以实现畜牧业良种化、产业化、标准化、国际化为目标，形成了集繁育、养殖、加工、技术开发、试验示范、技术培训、出口创汇于一体的科技示范园区。目前已有六和集团高产奶牛胚胎移植中心等11个高科技畜牧项目在园内落户。

地址：即墨市段泊岚镇北
邮编：266225
电话：(0532) 83568716
E-mail:jmxmc@qingdaonews.com

①省委副书记、市委书记杜世成（右一）在即墨市委书记张洪训（中）陪同下到该园视察

②青岛市副市长张元福（中）视察畜科园，管委会主任巩志良（右一）汇报工作

③即墨市市长李宽端（前中）到畜科园指导工作

④山东省进出境动物隔离检疫场

⑤黄牛当上"试管奶牛"的妈妈

⑥美洲羊驼落户畜科园

胶州市

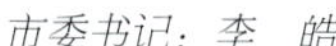

市委书记：李　皓

市长：曹友强

胶州，以胶水得名。秦属琅琊郡，隋设胶西县，唐设板桥镇，1369年（明洪武二年）改为胶县，1987年2月撤县设市。

2004年，辖13个镇、5个街道办事处、878个村（居）民委员会，人口76.95万人，面积1210平方公里。主要河流27条，海岸线长25.4公里。全年实现生产总值217.01亿元，增长18.4%。其中，第一产业增长值21.5亿元，增长3.9%；第二产业增长值127.3亿元，增长20.6%；第三产业增长值68.2亿元，增长19.1%。三次产业比重为9.9:58.7:31.4。全社会完成固定资产投资143.4亿元，增长30%。实现财政总收入8.01亿元，其中地方财政收入7.25亿元，增长40.5%。年末金融机构各项存款余额86.97亿元，增加15.57亿元。其中，居民储蓄存款余额63.9亿元，增加12亿元。年末金融机构各项贷款余额43.66亿元，增加4亿元。

①中共山东省委书记张高丽（右二）视察胶州

②市委书记李皓（右）与外商互赠礼品

③市长曹友强（右二）到东部滞洪区施工现场调研

④靓丽新城区

胶州市营海镇

党委书记：郝　强

镇长：夏绍辉

位于市区东南部，辖47个行政村、人口4万人，其中外来务工人员6000人，总面积121平方公里，海岸线25.4公里，滩涂3666.67公顷，具有“依城、靠路、临海”优势。

该镇工业发展区落户企业已达100多家，形成了以韩国农心、清福食品等企业为主的食品加工行业和以koram steel株式会社、成进不锈钢制品有限公司等企业为主的金属制品加工行业。被国家农业部评为全国乡镇企业示范区。

海洋产业发展区现已开发对虾、贝类养殖区1666.67公顷，拥有国家二类开放港口1处、捕捞船只800多艘，海捕产品年产量达6.7万吨。

高效农业发展区已有新加坡新雅农业发展有限公司、开开奶牛、三益奶牛、美国东尼农业发展有限公司等知名企业落户于此。

新建的电子工业区，一期开发面积约3平方公里，园区内已达到了“六通一平”，正日益成为投资的热点。

地址：胶州市营海镇驻地
邮编：266318
电话：(0532) 85260012 85269236

①辖区周家村小学
②小城镇新貌
③营海码头一角
④青岛农心食品有限公司
⑤青岛韩美钢铁有限公司

胶州市马店镇

党委书记：荆振亮

镇长：刘进海

位于胶州市北部，总面积75.3平方公里，辖49个行政村、11038户，总人口3.8万人，现有耕地面积5200公顷。2004年，完成生产总值6.96亿元；合同利用外资9800万美元，实际利用外资5366万美元，合同利用内资8.9亿元，实际利用内资3.50亿元；地方税收总额2478万元；农民人均纯收入5818元。

该镇素有“胶北粮仓”和“大椒之乡”之称。农副产品资源丰富，其中羊角辣椒干年深加工量约300万吨，是山东省和青岛市大椒干深加工出口基地之一。该镇精神文明建设及社会各项事业蓬勃发展，共有胶州市级以上文明单位（村庄）36个，其中青岛市文明标兵单位3个、青岛市星级文明单位（村庄）5个。

①青岛斗源纤维有限公司自动车间
②胶州市马店镇工业园区大门
③青岛三洋皮革有限公司
④青岛可隆车业有限公司

地址：胶州市马店镇驻地
邮编：266314
电话：(0532) 83220012
传真：(0532) 83220016

十强村庄——胶州市中云街道办事处中云村

党支部书记：张洪亮

中云村地处市区西部，交通发达，通讯方便，地理位置优越。全村共有272户、598人。规划了中云村工业园，现有外资企业5家，私营企业10家，工业园区建设已成为村经济发展新的增长点，年均纳税700多万元。2004年，全村经济总收入1.58亿元，纳税730万元，农民人均纯收入6800元，全村公共积累2000余万元，连续7年成为胶州市十强村庄。

青岛玉美工艺品有限公司及其生产车间

村办公楼

地址：胶州市中云街道办事处中云村　邮编：266300 电话：(0532) 87256283 87256038

中国纺织机械名镇——王台镇

镇党委书记孙艳明接待群众来访

镇长王本宾在高效农业示范园调研

现代化农业示范园

位于胶南市北部，北与胶州市交界，东临青岛经济技术开发区。环胶州湾高速公路、同三高速公路、二〇四国道、诸黄省道贯穿其中。全镇辖52个行政村、1个居委会，人口4.6万人，总面积85平方公里，镇区面积6平方公里。工业是王台镇的经济支柱，有国家二级企业2家，青岛市高新技术企业3家，青岛东佳纺织纺机集团有限公司 、青岛星火纺织纺机集团股份有限公司为国家级大型工业集团，为“全国小城镇综合改革试点镇”、“中国纺织机械名镇”。青岛市(王台)高效农业示范园已累计投资1.3亿元，成为代表青岛现代农业发展的标志性工程。被评为“省级无公害农产品生产基地”、“青岛市绿色食品生产基地”、“北京市食品放心工程场地挂钩蔬菜生产基地”。

胶南市东部新区——灵山卫镇

党委书记：杨　文

镇长：尹相强

位于青岛西海岸，东与青岛经济技术开发区相接，西与胶南市区毗邻，南靠黄海，北倚小珠山，总面积36平方公里，辖29个行政村，人口2.3万人，是一个经济发达、历史文化悠久的名城古镇。年内，全镇完成生产总值10亿元，实现财政收入3957万元，农民人均纯收入5650元，连续多年被授予青岛市文明镇、青岛市卫生镇、胶南市“文明建设先进单位”等称号。

①黄海学院新貌
②月亮湾公园
③小珠山旅游度假区
④新开发的“风和日丽”小区

万人次、3.45亿人公里，公路货物运输量和周转量分别为1154.9万吨、9.34亿吨公里。完成邮电业务总量2.54亿元，增长25.3%；电信业务总量1.13亿元，增长14.16%。程控交换机总容量达23万门，与上年基本持平。862个村全部开通程控电话；固定电话用户达到18.34万部，增长5.2%，其中农村用户14.35万部、增长5.2%。移动电话发展到17.6万户，增长46.1%。电话普及率达到28.87部/百人，互联网用户9594户。

国内贸易、旅游　实现消费品零售总额42.6亿元，增长15.1%。其中，批发零售贸易额35.63亿元，增长15.4%；餐饮业零售额4.76亿元，增长16.2%。城乡集市贸易成交额36亿元，增长98%。接待游客300万人次，增长15%；实现旅游收入8000万元，增长18%。

对外经济　进出口总额达到9.96亿美元，增长18.4%，其中出口创汇6.5亿美元、增长18.0%。全年新签外资项目263个，合同利用外资8.39亿美元、增长37.5%，实际利用外资4.56亿美元、增长42.6%，其中外商直接投资3.59亿美元、增长38.3%。全年新引进内资项目460个，合同利用内资78.03亿元、增长20.5%，实际利用内资27.3亿元、增长34.8%。

城乡建设

房地产开发投资5.06亿元，增长82%；房屋建筑竣工面积109.8万平方米。实际用电量10.02亿千瓦时，增长8.1%；供水总量2150万吨，其中生活用水690万吨；实际供热面积95万平方米，其中住户面积80万平方米；城市煤制气总户数达到1.6万户，用气总量达到320万立方米；液化气总户数达到4.09万户，用气总量达到3810吨。城市道路长度252公里，有营运公交汽车111辆，运营线路网长度为236公里。有生活垃圾处理厂1座，排水管道192公里，有一般工业固体废物填埋场1座、容量为10万立方米。城市绿化覆盖面积1193公顷，园林绿地面积1023公顷，公共绿地面积225公顷。全年污染防治总投资1.73亿元，增长130.84%，完成环境污染治理项目3个。12月，该市创建国家环境保护模范城市工作通过国家环保总局组织的考核验收。

社会各项事业

教育、科技　有普通高等院校1所，在校学生948人；有普通中学43处，在校学生5.2万人，其中高中5处、在校学生1.39万人；有职业学校4处，在校学生7323人；有小学111处，在校学生4.3万人；有幼儿园213所，在园幼儿9592人。义务教育阶段在校学生7.58万人，教职工7894人、专任教师6792人。2004年高考文理科本科达线率分别为39.32%、45.65%。共争取国家级科技项目8项、青岛市级项目9项，确立莱西市级项目28项。有26个科技项目通过鉴定验收，均达到省级以上先进水平。获山东省科技进步三等奖1项，青岛市科技进步奖6项。引进新技术、新品种45项，科技进步贡献率达到58%。

文化、卫生　共在地市级以上报刊杂志发表各类文化艺术作品255件，其中63件获奖。有"农村文化大院"734个，专业艺术表演团体1个，群众艺术馆1个。有医疗卫生机构20处，医疗床位1596张，卫生技术人员1805人。实施新型农村大病统筹合作医疗，参加人数达到52.8万人，参保率85.79%。

体育　全年共向青岛市级以上体校和体育专业队伍输送体育人才12人。运动员参加青岛市级以上体育比赛共获得132枚奖牌，其中金牌61枚、银牌52枚、铜牌19枚。莱西籍运动员张娟娟在第二十八届雅典奥运会上与队友合作夺得女子射箭团体银牌，是莱西籍运动员获得的首枚奥运会奖牌。

社会生活　城镇居民人均可支配收入9136元，增长12%；农民人均纯收入4850元，增长13.9%。企业养老保险参保人数5.28万人，净增6023人；征缴企业基本养老保险费9376万元。农村养老保险参保人数6.67万人，当年收缴保险金238万元。城镇职工基本医疗保险参保人数4.68万人，参加失业保险人数3.37万人，享受失业保险待遇的人数1581人。城镇实现再就业2581人，其中下岗失业人员再就业962人。

·镇、街道办事处等概况·

水集街道办事处

管区位于莱西市城区中部偏东，面积100.5平方公里，辖58个行政村和24个居委会、11.54万人。是莱西市的政治、经济、文化中心。2004年，完成生产总值20.18亿元，实现地方财政收入5612万元，农民人均纯收入5147元。

党委书记常月宽，主任吕文宝。

望城街道办事处

管区位于莱西市城区南部，面积70.8平方公里，辖39个行政村和4个居委会、4.43万人。2004年，完成生产总值8.98亿元，实现地方财政收入1371万元，农民人均纯收入5200元。

党委书记张祖山，主任臧志勇。

沽河街道办事处

管区位于莱西市城区西部，面积97.5平方公里，辖49个行政村、3.93万人。2004年，完成生产总值11.58亿元，实现地方财政收入1321万元，农民人均纯收入4805元。

党委书记李信斋，主任付斐珍。

姜山镇

位于莱西市南部，面积122平方公里，辖57个行政村和1个居委会、4.6万人。2004年，完成生产总值10.8亿元，实现地方财政收入1376万元，农民人均纯收入5065元。

党委书记于乃江，镇长张言伟。

李权庄镇

位于莱西市东南部，面积90.8平方公里，辖37个行政村、3.49万人。2004年，完成生产总值15亿元，实现地方财政收入2338万元，农民人均纯收入5291元。

党委书记于洋，镇长赵先强。

孙受镇

位于莱西市西南部，面积69.5平方公里，辖50个行政村、3.45万人。2004年，完成生产总值4.3亿元，实现地方财政收入651万元，农民人均纯收入5150元。

党委书记曹杰军，镇长张平。

夏格庄镇

位于莱西市南端，面积107平方公里，辖54个行政村、3.32万人。2004年，完成生产总值5.87亿元，实现地方财政收入1011万元,农民人均纯收入5010元。

党委书记程显玉,镇长张瑞忠。

店埠镇

位于莱西市西南部,面积107.3平方公里,辖66个行政村、5.7万人。2004年,完成生产总值8.46亿元,实现地方财政收入1243万元,农民人均纯收入5135元。

党委书记唐惟庆,镇长隋庆九。

院上镇

位于莱西市西南部,面积80.2平方公里,辖56个行政村、4.15万人。2004年,完成生产总值6.6亿元,实现地方财政收入917万元,农民人均纯收入5015元。

党委书记李波,镇长吴耀文。

武备镇

位于莱西市西部,面积75平方公里,辖47个行政村、4.08万人。2004年,完成生产总值5.74亿元,实现地方财政收入675万元,农民人均纯收入达到4480元。

党委书记周厚勋,镇长李华。

日庄镇

位于莱西市西北部,面积102.5平方公里,辖87个行政村、4.85万人。2004年,完成生产总值6亿元,实现地方财政收入1531万元,农民人均纯收入4173元。

党委书记于翠成,镇长魏任得。

南墅镇

位于莱西市西北部,面积165平方公里,辖75个行政村、5.06万人。2004年,完成生产总值9.68亿元,实现地方财政收入2070万元,农民人均纯收入4195元。

党委书记吴昊,镇长陈忠学。

马连庄镇

位于莱西市北部,面积146.5平方公里,辖77个行政村、4.89万人。2004年,完成生产总值5.81亿元,实现地方财政收入858万元,农民人均纯收入4533元。

党委书记张升山,镇长李冰。

河头店镇

位于莱西市东北部,面积122平方公里,辖70个行政村、4.27万人。2004年,完成生产总值6.36亿元,实现地方财政收入1447万元,农民人均纯收入4630元。

党委书记李虎成,镇长王崇斌。

山东省莱西经济开发区

党委书记兼管委主任邴国裔。(详见第195页)

(唐鲁超)

节庆·会展

节　　庆

第十四届青岛 ·国际啤酒节·

概　况

2004年8月14～29日举行。本届啤酒节设2个会场，东部会场设在青岛国际啤酒城，西部会场设在汇泉广场。由中国轻工业联合会、中国人民对外友好协会、国务院侨务办公室、中国国际贸易促进委员会、中国国际商会、青岛市人民政府共同主办，青岛市崂山区人民政府、青岛市啤酒节办公室承办东部会场，市南区人民政府、青岛城市建设集团股份有限公司承办西部会场。吉祥物为卡通猴"聪聪"。

本届啤酒节以"打造节庆会展中心，促进经济社会发展"为宗旨，以"在中国最著名的啤酒节基础上，向世界一流节庆活动迈进，成为青岛走向世界最靓丽的旅游节庆名片"为目标，体现国际化、产业化、市场化的现代节庆特点，以"相聚帆船之都，狂欢啤酒家园——青岛与世界干杯"为主题，举办了开幕式暨开城仪式，开、闭幕大型文艺晚会等活动。

东、西会场共接待游客290.3万人，啤酒销售总量达到872吨。其中，青岛国际啤酒城共接待游客160万人次，啤酒销量620吨；汇泉广场接待游客130.3万人次，啤酒销量252吨。

本届啤酒节突出了国际化色彩。汇集30多种世界著名啤酒品牌参加啤酒节。首办"中国啤酒嘉年华"，邀请了德国恺撒斯图尔—图尼堡青年铜管乐团助兴表演，形成了集饮酒、游乐、狂欢于一体的节庆格局。首次与山东电视台合作，每晚在青岛国际啤酒城中心舞台进行亚洲新人歌手大赛及"中国星"国际摇滚音乐大赛等演出赛事活动。

主要活动

东部会场举行了啤酒品饮、"慕尼黑主题日"、文化娱乐、游乐休闲、展会等系列活动；西部会场举行了"相聚汇泉湾"沙滩文艺大舞台系列活动、万人横渡汇泉湾、AC米兰训练营系列赛事、"疯夏激情大舞台"广场文艺表演、百事可乐足球争霸赛、"半岛总动员"健身表演系列、"第十四届青岛国际啤酒节啤酒宝贝/小宝贝"颁奖晚会、青岛国际啤酒节闭幕式——"啤酒—浪漫—狂欢夜"等活动。

活动报道

节日前及期间共有30多家海外媒体、170多家国内媒体参与节日宣传报道，刊发各类新闻2000余条。首次实现开幕式的两岸五地联播；首次启动本届啤酒节官方网站；首次与亚洲最大的综合互联网公司"中华网"实现全面合作，有15万人次登陆啤酒节官方网站。利用"第五媒体"——手机短信传递啤酒节信息，每天向全市近150万移动手机用户发送节日短信；设立信息公用电话，日均访问量达3万人次。加强同"新浪"、"搜狐"等知名网站的连接和合作，开辟宣传专栏，共刊载网络新闻2600余篇。中央电视台、《人民日报》、新华社、《经济日报》、《经济参考报》、《科技日报》、《解放军报》、《大公报》、美联社、路透社、欧洲图片社等国内外媒体从不同角度对啤酒节进行宣传报道。上海东方卫视、澳门莲花卫视与青岛电视台合作，专门制做了一期"花开中国·直播青岛"栏目，对青岛国际啤酒城进行了2个多小时的现场直播。青岛电视台、青岛各广播电台、《青岛日报》、《青岛早报》、《青岛晚报》、《半岛都市报》、《青岛财经日报》、《青岛画报》、《广播电视报》等对啤酒节进行了多视角跟踪报道。

（啤酒节办公室）

·第六届中国青岛海洋节·

概　况

2004年7月3～13日，2004中国青岛韩国周暨第六届中国青岛海洋节举行。由国家海洋局、青岛市人民政府、大韩民国青岛总领事馆共同主办，青岛市市南区人民政府、青岛市海洋节办公室、青岛市对外贸易经济合作局承办。本届海洋节以"中韩同唱一首歌"为主题，把发展海洋经济、提升海洋科技、构筑奥运文明、建设中国北方航运中心和现代化国际海洋城的目标与弘扬“诚信、博大、和谐、卓越”的城市精神结合起来，通过海洋科技、文化、体育、旅游、经贸及韩国和青岛间的交流等系列活动，使本届海洋节办出了国际化特色。

主要活动

7月3日晚，开幕式在天泰体育场举行；青岛市市长夏耕和韩国驻青总领事辛亨根交换了吉祥物，并同时按下了开幕式烟火按钮。节日期间，开展了开幕式——CCTV“同一首歌”中韩歌会、2004中国青岛（市南）国际商务周、2004海洋科技与经济发展国际论坛、世界华人纪念郑和下西洋600周年暨海洋观论坛、中韩海上浪漫婚典活动、“满汉全席”国际海鲜烹饪大赛、山东省钢琴大赛、全国少儿英语大赛、第十二届青岛（市南）“海之情”旅游节系列专题活动、2004帆船之都迎奥运形象之星大赛暨闭幕式等12个板块100余项活动，参与文化活动的演员近2000人，观众达10万人次。

活动报道

本届海洋节与各省市36家媒体以及韩国MBC电视台建立了资源共享合作关系。《人民日报》、《华西都市报》、《成都商报》、《齐鲁晚报》、《济南时报》、《都市女报》、《青岛日报》、《青岛晚报》、《青岛早报》、《半岛都市报》、《财经日报》等多家媒体对海洋节情况进行了报道。青岛电视台对开幕式进行了直播，中央电视台进行了转播。10家韩国媒体的记者专程参加节日。共在报纸上发表文章409篇次、电台播发263篇次、电视台播发86篇次。在“互联网”上开设了全程直播专栏，把海洋节的进程第一时间在“互联网”上公布。青岛移动通信公司、中国联通公司青岛分公司以“手机短信”的形式进行了宣传。

（海洋节办公室）

“北京2008”第二届 ·奥林匹克文化节（青岛）·

概　况

2004年6月23日～7月13日举行。由奥帆委、市委宣传部、市政府新闻办公室主办。本届奥林匹克文化节的主题是“新青岛、新奥运”，其宗旨是“进行奥林匹克教育，使广大市民群众增强奥运意识、增长奥运知识、感受奥运魅力，提高文明素养，增强广大人民群众参与和支持奥运筹备工作的责任感、荣誉感，为青岛奥运筹备工作创造良好的社会和文化氛围”。期间，共举办了奥林匹克文化、奥林匹克主题竞赛、奥林匹克展示、奥林匹克论坛、少儿文体活动等五大板块18项活动。

主要活动

6月23日上午，开幕式在青岛市人民会堂举行。市委副书记、市长、奥帆委主席夏耕为开幕式致辞。开幕式举行了“相约北京、扬帆青岛”大型文艺演出。

奥林匹克文化板块除开幕式文艺演出外，还有首创中国以城市命名进行环球航行的奥运使者——“青岛号”大帆船命名、出航仪式，“文明青岛走进奥运”奥林匹克文化广场活动，“2008·扬帆青岛”奥运主题书画笔会等。奥林匹克主题竞赛板块举行了“2008·扬帆青岛”迎奥运帆船、帆板模型设计制作大奖赛，2004“帆船之都”“青钢杯”迎奥运形象之星评选大赛，青岛市首届帆都丽人评选大赛，“迎办绿色奥运、建设生态城市”知识竞赛等。奥林匹克展示板块组织了“奥林匹克运动与中国特展”、“奥运招贴画暨万名儿童画奥运主题画展”、“唱响奥运的乐章——中国当代知名画家作品展”、青岛市“奥林匹克开放日”活动、迎奥运全民英语教育展示会、外国语交流园地活动等。奥林匹克论坛板块组织了首届“魅力海岸”市民论坛。奥林匹克少儿文体活动板块举行了中外小书画家同绘2008米巨型长卷活动，“相约2008”奥林匹克文化节夏令营，纪念北京申奥成功3周年全国亿万青少年、儿童健身活动展示大会暨第二届“北京2008”奥林匹克文化节（青岛）闭幕式等。

活动报道

活动期间，中央电视台“新闻联播”栏目分别报道了开幕式、闭幕式和“奥林匹克开放日”活动，中央电视台新闻频道“整点新闻”分别报道了开幕式、闭幕式、“奥林匹克开放日活动”、“中外小书画家同绘2008米巨型长卷活动”、“奥林匹克活动与中国特展”等，省市新闻媒体共播发稿件100多篇（条）。青岛电视台对青岛市首届帆都丽人评选大赛和文化节闭幕式进行了现场直播。

（奥帆委宣传部）

2004中国青岛 ·金沙滩文化旅游节·

概　况

2004年8月7～13日在青岛经济技术开发区举行。由青岛经济技术开发区管委会、青岛市黄岛区人民政府主办，2004中国青岛金沙滩文化旅游节组委会、青岛市黄岛区重大节庆活动办公室承办。以“招商引资、推进发展”为主题，突出国际性、学术性、群众性的特点。

主要活动

8月7日晚，在青岛经济技术开发区金沙滩演出广场举行大型开幕式暨“瑞源之夏·相约西海岸”大型文艺晚会，以“相约西海岸”为主题，晚会共分为三大板块、5个篇章，分别是序曲、创意西海岸、魅力西海岸、相约西海岸和尾声。港台歌手任贤齐、梁咏琪、容祖儿、童安格，内陆歌手阎维文、殷秀梅、爱戴、黄征、王蓉等参加了演出，中央电视台著名节目主持人朱军、梁红主持了晚会。30余万观众参加了开幕式。

期间，共举办了开幕式晚会、“挺进西海岸”发展战略论坛、金沙滩环球美食风情游、“放歌西海岸——激情广场大家唱”、闭幕式暨全国“我最喜爱的卡通歌曲”评选颁奖晚会等五大主体板块和17项群众文体活动。

活动报道

活动期间，中央电视台的3个名牌栏目、山东电视台、青岛电视台、山东人民广播电台、青岛人民广播电台、《人民日报》、《科技日报》、《中华工商时报》、《中国经济时报》、《大众日报》、《青岛日报》、《青岛财经日报》、《青岛晚报》、《青岛早报》、《招商周刊》等新闻媒体对节日进行了报道。

（青岛经济技术开发区工委宣传部）

会 展

第三届 APEC 中小企业·技术交流暨展览会·

概 况

2004年6月2~6日在山东青岛国际会展中心举行。由国家发展和改革委员会主办，外交部、商务部、国务院台湾事务办公室支持，中国外商投资企业协会、香港贸易发展局、日本贸易振兴会、韩国中小企业协同组合中央会、新加坡国际企业发展局协办，中国中小企业对外合作协调中心、青岛市人民政府共同承办。本届 APEC 中小企业技术交流暨展览会的主题是“技术提升经济，合作创造未来”，其宗旨是：1. 加强各成员体中小企业的交流与合作，促进中小企业和区域经济的发展；2. 扩大我国在 APEC 的 21 个成员体中的影响和加强我国与 APEC 成员体之间的经贸合作；3. 全方位、广泛开展合作，更多引进国外资金、技术、人才和管理经验，促进我国中小企业整体水平的提高；4. 面对全球经济一体化浪潮及我国加入 WTO 后的新形势，为我国中小企业提供对外交流的机会，为中小企业实施“走出去”战略提供舞台。

中共中央政治局委员、国务院副总理曾培炎和 APEC 总部向大会发来贺信。国家发改委、商务部、外交部、国台办及部分省、自治区、直辖市的负责人以及 APEC 成员体的 19 位驻华大使、参赞出席展会开幕式。国家发改委主任马凯、青岛市市长夏耕分别在开幕式上致辞。

本届 APEC 技展会共有 674 家企业参展，设室内展位 1140 个，展示面积 2.2 万平方米。其中，APEC 的 16 个成员体 126 家企业展位 252 个，国内 19 个省、市 548 家企业展位 888 个。参展内容涉及汽车及配件、化工、建材、食品、纺织、医药等九大行业的上万种产品。有 60 个国家和地区的 327 家采购商到会采购；其中，美国沃尔玛等 30 家跨国采购集团到会设展位定点采购。中外金融投资机构和银行代表及国内外信息技术、工业设计、节水技术、表面处理、模具等领域的专家等参加有关洽谈、论坛活动；戴尔、EDS、北京经纬设计公司、杭州水处理研究所、韩国黎明 TECH 公司等也到会推介产品、技术和进行交流洽谈。展会期间，共吸引国内外参观者 15 万人次，其中境外客商超过 6000 人次；出口成交 1.09 亿美元，国内贸易成交 2.67 亿元；签订外资项目 102 个，总投资 3.7 亿美元。

主要活动

期间，举办了包括以工业设计技术、企业信息化技术、节水技术、表面处理技术、模具技术等内容为主的技术交流洽谈会，投资促进高层对话暨融资洽谈会，跨国采购配对洽谈会，APEC 中小企业—环保项目合作洽谈会暨国际环保投资论坛会，中日韩投资项目及贸易洽谈会，中小企业发展与区域经济合作研讨会，财智对话——中小企业创新发展高层论坛，现代物流与中小企业发展论坛，中小企业海外投资政策、环境说明会，中日韩制造业交易会。展会还围绕日、韩制造业向海外转移，建设山东半岛制造业基地，促进中小企业发展和区域经济合作等问题，邀请 100 多家日、韩企业和青岛、烟台、威海等 3 市的企业进行了研讨。

活动报道

本届 APEC 技展会设立了与国际接轨、功能完善的“新闻中心”和“网上信息发布中心”，受到海内外媒体的广泛关注。共有 150 多家媒体 500 余名记者参加展会的新闻报道，发稿 3400 余篇。其中，新华社、《人民日报》、中央电视台等媒体报道了展会盛况；“人民网”、“新浪网”、“青岛新闻网”等参与了展会的现场直播。

（第三届 APEC 中小企业技术交流暨展览会组委会秘书处）

2004 中国国际电子·家电博览会·

概 况

2004年6月18~21日在山东青岛国际会展中心举行。由国家商务部、信息产业部、科技部和山东省人民政府主办，中国电子商会和青岛市人民政府承办，日本电子和信息技术工业协会、日本电波新闻社、韩国电子工业协会、香港电子工业协会、澳大利亚电子电气制造商协会、法国电子通信工业联合会、台湾区电机电子工业同业公会、以色列电子信息工业协会支持。本届博览会的主题是“全球消费类电子与中国机会”。期间，国内外参展企业 312 家，展示范围涵盖娱乐电子产品、厨卫电器、个人信息产品、现代 OA 产品、网络概念产品等上千种展品，其中外企品牌占 49%：微软、IBM、惠普、日立、索尼、松下、西门子、诺基亚、摩托罗拉、飞利浦、三星、现代等上百家世界 500 强企业参展。博览会展示面积 2.1 万平方米，参展摊位 1000 个；来自 31 个国家的 500 多家国际采购商到会采购；吸引了国内外参观者 6.1 万人次，其中境外客商超过 4000 人次；出口成交 5.8 亿美元，国内贸易成交 11 亿元。

主要活动

6月18日举行开幕式。商务部副部长魏建国、信息产业部副部长娄勤俭、中国电子商会会长张挺、山东省副省长孙守璞及美国电子工业联盟、美国消费类电子协会、以色列电子工业协会、澳大利亚电子电气制造商协会、法国电子电气工业联合会、韩国电子工业协会、台湾电机电子同业公会、中国移动通信等海内外客商出席了开幕仪式。

期间，还组织举办了电子产品国际贸易发展论坛、2004 年国际手机元器件技术高峰会暨中国手机企业首脑论坛年会、2004 中国市场家电品牌 50 强排行榜发布会等一系列活动，其中电子产品国际贸易发展论坛是中国首次主办的最大规模、最高规格的消费类电子行业论坛峰会。

活动报道

本届博览会以“世界最大的国际性消费类电子专业展会”吸引了海内外媒体的广泛关注。日本电波新闻社、巨龙新闻、东森电视台、TVBS 和中央电视台等海内外近 300 家媒体的 500 多名记者对该会进行了新闻报道，共发稿 4300 余篇。《经济参考报》、《中国电子报》等近 40 家专业媒体对博览会进行了深入报道。

（青博会组委会办公室）

·2004 青岛国际时装周·

概　况

2004 年 9 月 23 ~ 26 日在山东青岛国际会展中心举行。由中国纺织品进出口商会、中国服装设计师协会、青岛市人民政府、山东省经济贸易委员会主办，青岛市经济贸易委员会承办。本届时装周的主题是“时尚与商机”，体现国际化、专业化、市场化特色。来自美、法、韩、日等国家和港、台地区以及国内 400 余家参展商、150 余家采购商以及产业界、学术界、新闻界人士前来参展参会，参展企业 400 余家，参展展位 1000 个，观众达 10 万人次；实现贸易成交额 30.2 亿元，签订投资合作协议金额达到 1.65 亿美元。

本届时装周主要特点：搭建了发挥品牌效应的平台，增强了导向性；提高开放性，突出了国际特色；体现前沿性，创造时尚新看点；加强普及性，激发了市民参与的积极性。

主要活动

活动期间，在山东青岛国际会展中心举办了第四届国际服装服饰博览会和大规模经贸采购活动，在香格里拉大饭店举行了中外著名设计师作品发布会、知名品牌展示会、第三届“绮丽杯”全国服装院校女装设计邀请赛、“百姓秀”市民时装创作大赛等活动，在百盛广场举行了时装周模特大赛，在青岛大学国际学术交流中心和青岛电视台举行了“品牌高峰”论坛和“电视时尚对话”，还举行了本届时装周开幕式和博览会开馆仪式。

（市经贸委）

2004（首届）
·中国青岛韩国周·

概　况

2004 中国青岛韩国周暨第六届中国青岛国际海洋节于 2004 年 7 月 3 ~ 9 日举行。由青岛市人民政府、大韩民国驻青岛总领事馆主办，韩国全国经济人联合会、大韩贸易投资振兴公社、韩国贸易协会、韩国中小企业振兴公团、韩国产业银行协办，韩国仁川市政府、韩国大邱市政府、韩国釜山市政府支持，青岛市对外贸易经济合作局、青岛市海洋节组委会、青岛外商投资企业协会韩国投资企业分会承办。韩国周活动主题是“青岛——最适合韩国人投资创业和居住生活的城市；韩国——青岛市最密切的文化交流和经济合作伙伴”。韩国周期间，直接参与系列活动的总人数超过 30 万人次，其中韩国来宾和在青韩国人士近 10 万人次；全市与韩国企业签订投资合作协议 59 个，合同利用韩资 3.68 亿美元。

主要活动

期间，除开幕式、闭幕式活动外，还举办了经贸交流、文化教育交流、文体活动等三大板块 45 项活动。其中，开幕式晚会于 7 月 3 日晚上在青岛天泰体育场举行，由中央电视台和韩国 MBC 电视台共同邀请中韩知名演员同台演出“中韩同一首歌”；经贸交流活动板块组织了中国青岛韩国周经贸合作论坛、青岛投资环境说明会、青岛与韩国企业合作项目签约仪式、中韩医药卫生合作论坛、中韩生产技术协作中心揭牌仪式、市北区韩国城韩国经济文化节、韩国商品展示会、参观韩国与青岛知名企业、中韩投资经营法律讲座、天泰杯韩国城设计竞赛、韩资企业人才交流会、韩国现代汽车展示等；文化教育交流活动板块举办了青岛韩国教育展、韩国企业捐资助学仪式、中学生汉韩语演讲作文大赛、韩国电视周、东方魅力色彩展、韩国美食周、中韩美术雕塑展、韩国国家摄影展、韩国观光公社摄影展、韩国周纪实摄影比赛、韩国人在青岛回顾作品征集、海上浪漫婚典、韩国美容展示、韩国周广场星光晚会、韩国人讲汉语大赛、向韩国人义诊医疗推介等；文体活动板块主要举行了青岛旅游形象大使评选活动及模特表演、韩国文艺团体演出、中韩“BACCHUS 杯”高尔夫比赛、中韩友人网球比赛、跆拳道表演赛、中韩围棋邀请赛、中韩电子竞技大赛、中韩健步行活动、自行车比赛、中韩旱冰友谊赛、中韩友人登山活动、中韩中学生趣味运动会、“七月健身风”活动等。

活动报道

自 4 月中旬开始，国内外各媒体对韩国周宣传报道 5.4 万余次；韩国周期间各新闻媒体（包括网站）共组织重大活动新闻报道 52 次。近 20 家韩国媒体在国外报道了 1000 余次。

（首届青岛韩国周组委会）

·2004 中国青岛日本周·

概　况

2004 年 10 月 9 ~ 15 日举行。由青岛市人民政府主办，日本国驻中国大使馆、日本日中经济协会、日本国际贸易促进协会、日本投资促进机构、日本贸易振兴会等 17 个单位作后援。本次活动的主题是“投资、商务、文化、旅游、健身在青岛”，突出展示青岛适合日本人创业的良好投资环境、适合日本人生活居住的优美自然环境和与日本相近的人文环境。共组织了各类经贸和文体活动 18 项，参加人数约 12 万人次，其中日本客人近 5000 人。在“青岛与日本合作项目签约仪式暨青岛投资环境推介会”上，日本伊藤忠、丸红等日本著名公司在青岛市投资 2000 万美元设立的汽车产业园项目、投资 1470 万美元设立的食品加工项目、投资 1200 万美元设立的机械制造项目、投资 1000 万美元设立的纺织品加工项目等 10 个项目进行了签约，合同金额 8310 万美元，另有 10 多个项目进行了洽谈和推进，协议金额达到 1.5 亿美元。

主要活动

期间，组织了开幕酒会和投资商务篇、生活篇、文化交流篇、旅游健身篇等四大活动板块 18 项活动。青岛日本贸易物流发展研讨会、青岛与日本合作项目签约仪式暨青岛投资环境推介会、第九届中日产业研讨会、对日投资环境政策说明会、参观青岛知名大企业、日本旅游观光展、日本旅游观光推介会、齐鲁文化游等活动突出了经贸交流与合作的主题。日本电影、电视展映,日本音乐海报展,日本漫画艺术展,日本建筑设计巡回展,日本食品展,日本茶道表演等活动反映了日本的文化、艺术、风俗、民情等。青岛啤酒赏酒会、崂山登山游览活动、中日友人高尔夫球活动等介绍了青岛的文化特色。莱西市、李沧区、青岛经济技术开发区分别举办了日本企业恳谈会;李沧区、胶南市组织了本地区日资项目的签约仪式;胶州市组织来访日本客人和日资企业日方管理人员开展了艾山登山游览活动和三里河公园游园活动等。

活动报道

日本周筹备期间,在日本《读卖新闻》、《朝日新闻》、《产经新闻》、富士电视台、东京电视台等媒体上进行了大量报道;编印了日本周宣传折页,通过《漫步中国》日文杂志向日本企业和全日空、日航的旅客发放宣传材料2万份;青岛市奥运宣传大篷车到日本各大城市进行了日本周宣传。活动期间,青岛人民广播电台采发新闻消息32篇,制作录音报道9篇、新闻专题3篇,对市长夏耕和日本驻华使馆特命全权公使、日本下关市市长、日本民主党副委员长、日本扶桑化学工业株式会社社长等参加日本周的嘉宾进行了专访;《青岛日报》采发活动消息40多篇,编发照片15幅,出版2期专刊对日本周进行专题报道;青岛电视台以电视新闻消息、专题、专访、背景介绍等形式对日本周进行30余次报道;“青岛新闻网”发布100多篇专题消息;《财经日报》、《青岛早报》、《青岛晚报》均报道了日本周的活动情况。市外办安排日本《产经新闻》、富士电视台来青进行了跟踪报道。

(市外经贸局)

亚洲合作对话(ACD)第三次外长会议

·概　　况·

2004年6月22日在青岛市举行,来自亚洲22国的外长或代表与会。中国国务院总理温家宝和泰国总理他信出席了开幕式并发表了主旨演讲。中国外交部部长李肇星主持了会议。

会上,外长们就国际和地区形势、亚洲合作对话发展方向及各具体领域合作等问题,进行了深入讨论,达成了广泛共识。会议通过了《亚洲合作宣言》,重点阐述了亚洲合作的重要性和必要性,明确了亚洲合作的方向和重点领域。会议还通过了关于亚洲能源合作的框架文件——《青岛倡议》,反映了各方开展能源合作的愿望与决心。另外,会议还决定吸收蒙古、阿拉伯联合酋长国和伊朗为亚洲合作对话的新成员,并确定巴基斯坦、卡塔尔分别为亚洲合作对话第四、五次会议的主办国。

会上,中国国务院总理温家宝在演讲中强调了亚洲加强合作、共同发展的重要性。泰国总理他信在致辞中阐述了亚洲合作的重要意义,对中国在区域合作中发挥的重要作用表示赞赏。

会议期间,温家宝会见了他信和各国外长或外长代表。李肇星会见了泰国、柬埔寨、日本等10多个国家的外长。

会议期间还同时召开了中国—东盟“10+1”外长非正式会议、中日韩三方委员会第一次会议和亚洲合作与发展高层研讨会。其中,中国—东盟“10+1”外长非正式会议由中国外交部部长李肇星和柬埔寨外交与国际合作大臣贺南洪共同主持,东盟秘书长王景荣出席会议,这是“10+1”外长的首次聚会,双方一致同意制定《推进中国—东盟战略伙伴关系行动计划》,深化和拓展了全面合作;中日韩三方委员会第一次会议就共同关心的国际和地区问题交换了意见,一致同意加强在各领域的合作,并就三方委员会的职能和作用达成共识,会议还发表了联合新闻声明。

来自16个国家的38家新闻机构的71名外国记者进行了会议报道,海外发稿400多篇。

·“亚洲合作对话”简况·

“亚洲合作对话”的概念是在2001年由泰国总理他信首次提出的。此后,泰国政府向亚洲各地区的主要国家提出倡议,得到了广泛的支持。在2002年的亚洲合作对话首次外长会议上,面向全亚洲的官方合作与对话机制——亚洲合作对话机制开始建立。

亚洲合作对话成员国包括:巴林、孟加拉国、文莱、柬埔寨、中国、印度、印度尼西亚、日本、哈萨克斯坦、韩国、科威特、老挝、马来西亚、缅甸、阿曼、巴基斯坦、菲律宾、卡塔尔、新加坡、斯里兰卡、泰国、越南。

中国参与了亚洲合作对话相关活动,并担任农业、能源领域合作牵头国。2002年11月,ACD和博鳌亚洲论坛、中国国家旅游局在中国桂林联合举办了博鳌亚洲旅游论坛。2004年5月,亚洲合作对话农业部长级研讨会在北京举行,通过了《亚洲合作对话农业部长级研讨会联合倡议》。

亚洲合作对话前两次外长会于2002年6月和2003年6月分别在泰国差安和清迈召开。

·《亚洲合作宣言》·

我们,来自巴林、孟加拉国、文莱、柬埔寨、中国、印度、印度尼西亚、日本、哈萨克斯坦、韩国、科威特、老挝、马来西亚、缅甸、阿曼、巴基斯坦、菲律宾、卡塔尔、新加坡、斯里兰卡、泰国和越南的22国外交部长或代表团团长们,齐聚中国青岛,出席亚洲合作对话(ACD)第三次外长会议。

我们认识到国际形势正发生着复杂深刻的变化,强调和平、发展、合作是当今时代的潮流。我们也认识到,影响和平与发展的因素依然存在,但是维护和平稳定、促进发展繁荣、实现合作共赢是亚洲国家的共同愿望。

我们认为经济全球化和科技合作进步加深了亚洲国家一体化与相互依赖程度。我们也认为亚洲国家需携手合作，共同把握和应对21世纪的机遇和各种挑战。

我们认识到亚洲作为世界上面积最大、人口最多的大陆，拥有丰富的自然和人文资源，是世界上最具经济活力的地区之一。亚洲大多数国家生产率不断提高，使他们更加依赖彼此的市场。所有这些为亚洲国家开展合作提供了巨大的机遇。

我们意识到亚洲多样性突出，认为亚洲国家间发展水平、经济与社会制度以及文化背景的差异不应成为泛亚合作的障碍，而应成为合作的动力。我们坚信，亚洲国家应维护其文化的多样性，尊重彼此的发展模式与战略。我们将求同存异，携手共进，深化合作。

我们高兴地看到亚洲互利、合作、共赢意识不断上升，各种形式的区域和次区域合作蓬勃发展，区域贸易安排不断涌现。我们也注意到区域合作为亚洲和平与发展作出了巨大贡献。

我们高度评价东南亚国家联盟、东盟与中日韩（10+3）合作、东盟+1（中国、印度、日本、韩国）合作、上海合作组织、南亚区域合作联盟、经济合作组织、孟印缅斯尼不泰经济合作、亚洲相互协作与建立信任措施会议和海湾合作委员会等区域合作机制为增进互信与相互理解、推动区域经济合作与一体化所做的贡献。我们认为这些机制构成了一个合作网络，为开展全亚洲合作、造福亚洲人民奠定了坚实基础。

我们强调，亚洲合作对话（ACD）作为连接各个次区的重要环节，可以与现有合作机制相互补充和促进，光大亚洲的潜能和力量，发挥建设性作用。作为一个非正式、渐进的发展进程，以进取、包容和兼顾各方舒适度为核心观念，为亚洲国家开展对话与合作提供了有价值的平台。

我们对两年来开展的亚洲合作对话合作领域一系列项目活动表示满意，这些领域包括扶贫、金融、旅游、中小企业、生物、信息技术、能源、电子教育、农业、加强法律基础体系建设、标准化、环境教育等。这些项目促进了泛亚合作，符合亚洲人民的根本利益。

我们认识到亚洲经济一体化尚处于起步阶段，合作水平需进一步提升。我们相信，为推进区域融合，亚洲必须有开放的视野。在互为平等伙伴的基础上，亚洲的繁荣与其他地区紧密相连。我们认为在此方面，亚洲合作对话可以发挥重要作用。

基于上述，我们重申对遵循《联合国宪章》和包括和平共处五项原则在内的其他公认国际准则的承诺。我们将以平等相待、互惠互利、循序渐进的方式，拓展和深化各领域合作，努力建设持久和平与普遍繁荣的新亚洲。为此，我们宣布：

一、加强政治对话，增进相互信任。亚洲国家应坚持通过对话解决分歧和争端，通过合作维护和平与安全。我们将就国际和地区问题加强合作与协调，营造和睦、稳定的地区环境。

二、加强经济合作，推进区域一体化进程。在积极参与新一轮世界贸易组织谈判的同时，我们将大力发展区内贸易，加强资源互补，鼓励建立区域贸易安排。

三、促进农业可持续发展，确保粮食安全和食品安全，推动亚洲均衡发展。基于亚洲多数发展中国家突出的农业经济特性，我们将加强农业政策对话，推广农业实用技术。亚洲国家应鼓励人力资源、农业研发、扶贫、农村开发、灾害防治和灾后重建等方面的合作，促进各国农业和农村经济进一步发展。

四、促进金融稳定，特别是发展稳定、良好的金融基础设施。我们应努力落实2003年6月第二次亚洲合作对话部长会通过的发展亚洲债券市场的《清迈宣言》，包括在未来建立用于购买本币债券的亚洲债券基金，加强金融市场的信息共享，发展资金市场，支持促进区域性投资的努力。

五、加强信息产业合作，缩小亚洲内部以及亚洲与世界的“数字鸿沟”。我们将努力提升亚洲整体科技水平，共同确保网络与信息安全，加强在信息通信标准化、研发、技术市场化等方面的合作，促进技术转让。我们鼓励电信公司与软件开发商之间开展合作。

六、加强能源合作，促进本地区经济和社会持续发展。我们将加强协调，在生产者与消费者都能接受的合理价格基础上确保能源供给安全，同时注意保护环境。我们将共同努力，根据《青岛倡议》，促进在能源效能、可再生资源、可替代燃料及能源基础设施网络如石油储存系统、地区能源运输和电力互连等方面的研究与开发。我们还将改善投资环境，鼓励私营企业参与本地区能源开发。

七、促进文化交流和不同文明间的对话，充分发挥亚洲作为古代文明发源地的优势。我们将采取切实可行的措施，在亚洲国家间加强文化交流，并以此为基石，扩大亚洲文化的世界影响。进一步开展亚洲文化与艺术节等活动，加深亚洲人对彼此文化的理解。

八、加强旅游合作，我们将充分利用亚洲丰富多彩的旅游资源，推动亚洲旅游业以可持续和有利于环境的方式发展，同时使进入亚洲和亚洲内部的旅游更为便捷。我们将促进各国旅游业和旅游设施的发展，鼓励国民到彼此旅游目的地观光，并共同把亚洲多姿多彩的旅游资源推向世界。

九、共建“绿色亚洲”。我们将在满足经济和社会发展的合理需求的同时，努力提升环保意识与合作，加强在防污染、森林保护、水资源利用和管理、海洋生态系统保护、气候变化、生物多样性和环境教育等方面的合作，以实现经济、社会发展与环境保护之间的协调发展。

十、加强公共卫生领域合作，提高疾病防治水平。我们将努力充分利用现有的国际框架，建立区域性疫病和传染病信息数据库与紧急医疗协助制度，促进实验室诊断水平与能力的协调，推进传统医药研究。各国可以指定一个或更多相关机构来协调上述合作。

十一、加强传媒合作。为加深亚洲国家的人民相互理解，我们将倡导亚洲媒体业者间定期接触与交流，并鼓励公正、客观和全面地报道彼此的新闻或其他事件。我们将促进媒体产业合作，更好地向世界传播亚洲的声音。

十二、加强亚洲公共、私人部门及与学术界的交流与合作。我们鼓励博鳌亚洲论坛和亚洲合作对话成员国其他学术机构开展活动，共同规划未来亚洲合作蓝图。

十三、增强亚洲人民的大家庭观念。我们将通过知识界、文化及国民间交流等方式加强对话和理解。我们坚信，是亚洲人民在本地区播撒着和平共处与共同繁荣的种子。

我们深信，亚洲的和平、稳定与繁荣，要靠亚洲国家共同营建。尊重多样性、富有包容性和更加开放的亚洲合作，必将为世界和平、稳定与繁荣做出重要贡献。

兹于2004年6月22日于中国青岛通过。

ACD具体领域·合作进展情况·

合作领域	牵头国	进展情况
能源安全	巴林 印度尼西亚 卡塔尔 中国	巴林于2004年1月召开了能源工作组第一次会议。
能源	菲律宾	2004年5月举办了能源工作组第二次会议。
扶贫	孟加拉国 柬埔寨 越南	孟加拉国于2003年3月举办了“亚洲童工安置问题研讨会”；柬埔寨已提交农村地区的微观信用和就业机会合作概念文件；越南于2004年6月主办“扶贫——越南与其他国家的经验”研讨会。
农业	中国 巴基斯坦	中国于2004年5月举办了农业部长级研讨会。
交通	印度	
生物技术	印度	2003年6月举办了生物技术合作研讨会。
电子商务	马来西亚	
电子教育	马来西亚	2004年4月主办了电子教育研讨会。
基础设施基金	马来西亚	
亚洲标准研究	巴基斯坦	2004年5月举办了亚洲标准合作研讨会。
金融合作	泰国	2003年5月和2004年5月先后主办了工作组第一次和第二次会议。
中小企业合作	新加坡	2003年7月举办了ACD中小企业合作对话会。
信息产业开发	韩国	2004年5月举行了信息产业培训班。
科技	菲律宾	
旅游	柬埔寨 缅甸 泰国 巴基斯坦	泰国于2003年5月举办了ACD旅游业论坛。
人力资源开发	越南	
环境教育	日本 卡塔尔	日本已提交概念文件，并于2004年6月主办环境教育对话会议。
加强法制基础设施建设	日本	2004年5月主办了加强法制基础设施建设合作研讨会。

·《青岛倡议》·

我们，来自巴林、孟加拉国、文莱、柬埔寨、中国、印度、印度尼西亚、日本、哈萨克斯坦、韩国、科威特、老挝、马来西亚、缅甸、阿曼、巴基斯坦、菲律宾、卡塔尔、新加坡、斯里兰卡、泰国和越南22国的外交部长和代表团团长们，齐聚中国青岛，出席亚洲合作对话第三次会议。会议期间，我们就亚洲能源合作问题进行了广泛、深入讨论，就一系列重要问题达成共识。

我们，支持2004年1月13日在巴林麦纳麦举行的第一次亚洲合作对话能源安全工作组会议和5月19～20日在菲律宾马卡迪举行的第二次亚洲合作对话能源安全工作组会议所达成的共识。

认识到，有必要保证安全、稳定、可持续的能源供应和需求。

意识到，能源安全直接关乎各国经济发展、地区和全球的和平与稳定及子孙后代的福祉，对所有国家都至关重要。

认为，可持续、稳定的能源生产和供应符合每个国家的根本利益，是各国能源政策的共同目标和各国人民的强烈愿望。

强调，能源安全是国际社会共同面临的问题，只有通过坦诚对话、互利合作才能解决。能源合作应成为区域和国际合作的重要组成部分。

注意到，亚洲在世界能源供需格局中占有重要地位。本地区既有世界主要的能源生产国，也有主要的能源消费国。亚洲具有开展可持续能源开发合作的良好机遇。

认识到，为进行有效的能源合作，应和其他国际能源论坛、组织及主管能源的部门和机构密切沟通。

重申，亚洲合作对话国家承诺将本着相互尊重、平等及互利互惠的原则加强能源对话与合作，为亚洲的可持续发展争取稳定的能源保障。

我们决定，秉承亚洲合作对话之精神，自愿开展以下合作：

一、加强亚洲合作对话国家之间的能源信息交流，增加能源政策的公开性和透明度。

二、鼓励包括私营部门在内的能源勘探与开发合作。有关国家将通过协商，积极挖掘亚洲新能源潜力。

三、加强节约能源、能源效率和可再生能源等方面的合作，特别是增加利用生物能源和清洁能源，并将能源利用与环境保护有机结合起来。

四、加强开发和生产风能、生物能、太阳能等可再生资源的科技和商业合作。

五、加强农村电力普及合作，探讨建立区域性电力网的可行性，这将有助于进一步满足地区能源需求。

六、鼓励各国就国际能源市场交换意见，以促进对亚洲能源消费和生产国都公平的能源定价。

七、建设有益的投资环境，以吸引投资者在亚洲合作对话成员国的能源领域发挥更重要的作用。

八、亚洲合作对话成员国将根据本国的能力和国家利益，加强在建设石油/天然气输送管线等能源运输方式及水电站等方面的协调与合作，推动探讨建立高效的区域性能源运输/传输网络的可能性。

九、在充分考虑《联合国海洋法公约》、各国主权完整及各方安全关切的基础上，通过对话与合作，维护重要能源运输线路的安全。

十、加强人力资源开发合作，通过培训和交流经验，促进技术共享，以加强能源领域的能力建设。

十一、探讨成立亚洲能源合作论坛的可能性。该论坛将落实本次会议的成果，包括探讨开展亚洲能源合作的具体方式和领域，鼓励所有国家及亚洲合作对话次区域的相关企业、协会和机构积极参加活动。论坛应是开放的，不限于亚洲合作对话成员国。亚洲合作对话能源安全工作小组将决定论坛在开展能源合作方面的职责。

兹于2004年6月22日于中国青岛通过。

共同推进新世纪的·亚洲合作·

——中国国务院总理温家宝
在亚洲合作对话第三次
外长会议开幕式上的讲话
（2004年6月22日）

尊敬的他信总理，
各位代表团团长，
女士们、先生们：

亚洲合作对话第三次外长会议在中国青岛隆重召开。这次会议在前两次会议达成共识的基础上，将进一步明确亚洲合作的原则、内容和方式，并发表《亚洲合作宣言》。会议还将深入讨论亚洲能源安全问题，发表《青岛倡议》。这是一次总结过去、规划未来，推进新世纪亚洲合作的重要会议。我谨代表中国政府，对会议的召开表示热烈的祝贺，对各位贵宾的到来表示热烈欢迎。

亚洲是我们的共同家园。在这片广袤的土地上，我们的祖先创造了灿烂的古代文明。近代以来，亚洲饱经沧桑和磨难。亚洲人民百折不挠、奋发图强，致力于本国的经济发展和社会进步。放眼今日之亚洲，有的国家已跻身发达国家行列；越来越多的国家实现经济"起飞"并持续快速发展；一些国家在向贫困宣战的进程中取得了可喜成绩。我们有理由为亚洲的进步和繁荣感到自豪。

进入21世纪，亚洲正面临加强合作、共同发展的历史性机遇。这是因为：其一，时代的主题依然是和平与发展，亚洲也是如此。其二，许多亚洲国家推行经济改革，进一步融入了经济全球化和区域合作的进程。其三，亚洲具有丰富的自然资源、充裕的劳动力和广阔的市场，区域经济合作潜力巨大。其四，亚洲国家普遍重视家庭、教育，崇尚勤俭节约、艰苦奋斗，相同的理念增强了区域合作的内在动力。其五，经过多年努力，亚洲区域和次区域合作不断迈出新的步伐，区域对话与友好合作方兴未艾。所有这些，都为亚洲各国之间开展更加广泛、更高层次的合作奠定了坚实的基础。

同时，我们必须清醒地看到，亚洲的合作也面临着困难和挑战。本地区历史遗留问题较多，某些热点问题还没有得到妥善解决。亚洲国家经济和社会发展水平的不平衡，制约着区域合作潜力的发挥，区域内货物、资金、技术、人员的合理有序流动不够。亚洲的合作，无论是在广度和深度的开拓上，还是在机制建设上，都需要做出更大的努力。面对经济全球化和新科技革命的浪潮，区域合作与发展，犹如逆水行舟，不进则退。亚洲各国唯有加强合作，才能共享机遇；唯有同舟共济，才能战胜困难；唯有联合自强，才能在全球激烈竞争中立于不败之地。

女士们、先生们：

推进新世纪的亚洲合作，是充满希望的伟大事业，也是摆在我们面前的艰巨任务。在此，我愿提出五点建议：

一是坚持和平共处五项原则，维护亚洲的和平与稳定。发展需要稳定，合作离不开和平。我们应尊重亚洲多样性的现实，发扬亚洲合作的传统，坦诚相见、平等相待，通过对话解决争端，通过合作谋求安全。对历史遗留或有争议的问题，提倡顾全大局、平等协商、互谅互让、妥善处理，有的可"搁置争议、共同开发"。

二是以经贸合作为先导，推进亚洲全面合作。经贸合作是区域合作的核心内容，因而需要进一步探索建立区域性自由贸易安排和投资保障机制。同时还应更加重视加强农业合作，确保亚洲粮食安全；加强能源合作，保障亚洲发展的能源需求；加强财政金融合作，维护亚洲金融安全；加强环保合作，共建"绿色亚洲"；加强信息产业合作，缩小"数字鸿沟"；加强公共卫生合作，提升亚洲疾病防治水平；加强教育合作，提高亚洲各国的公民素质。

三是立足现有的多边合作渠道，完善亚洲合作机制。完善的机制是推进区域合作的平台和保障。实践表明，东盟、南盟、阿盟、东亚10+3合作、上海合作组织等，对促进区域合作发挥了重要作用。我们应高度重视并大力支持这些机制充分发挥作用。同时，加强各种多边合作机制间的联系与协调，使之经常化和制度化。

四是加强亚洲各国的民间交往，增进相互了解、信任和友谊。民间交往是国家间合作的重要纽带和基础。我们应大力拓展旅游合作，开展多渠道、多形式的文化交流；倡导和推进各国青少年之间的友好往来；充分发挥各国工商界、民间团体、学术机构和新闻媒体在促进亚洲合作中的积极作用。

五是坚持开放包容、兼收并蓄，提高亚洲合作水平。亚洲的合作不是排他性的，也不针对任何第三方。亚洲的振兴离不开世界，需要学习和借鉴其他国家和地区的发展经验。我们应保持与区域外国家和组织的沟通与协调，在对全球开放中发展，在与全球合作中进步。

女士们、先生们：

加强区域合作，是新时期中国对外政策的重要组成部分，也是中国自身发展的需要。中国是一个拥有13亿人口的发展中国家，把中国的事情办好，也是对亚洲和平与发展的贡献。当前。国际社会关注中国的宏观经济走势。我可以负责任地告诉大家，中国经济形势总体良好。从去年8月份以来，中国政府针对经济运行中出现的一些突出矛盾和问题，及时、果断地采取了一系列宏观调控政策措施，现已取得明显成效，国民经济继续保持平稳较快增长。我们完全有信心实现宏观经济的预期目标。

加强能源合作是保障亚洲能源安全和促进各国经济发展的需要。为此，中国政府积极推动发表《青岛倡议》。在能源开发与合作上，中国政府主张顾全大局，既要维护本国权益，也要照顾他国利益，通过协商合作实现共同发展。我们愿本着平等互利的原则，开展同亚洲及世界各国的能源对话与合作。中国是人口大国、经济持续快速增长，能源的生产和消费不断扩大。我们将立足开发国内资源，进一步加快煤炭、石油、天然气、核能和各种新能源的开发利用。我们还要把节约能源、建设节约型社会作为一项重要国策，通过调整经济结构，促进技术进步和引导合理消费。

中国的发展离不开亚洲各国的支持和帮助。中国政府将更加积极地参与旨在促进亚洲合作的各种多边进程，信守我们的承诺，履行我们的责任。我们在与东亚国家加强合作的同时，将进一步拓展与南亚、中亚、西亚国家的合作。中国永远不称霸。

我们将继续重视和支持亚洲合作对话。中方高度赞赏他信总理和泰国政府为此做出的贡献，并将与各方共同努力，使之成为亚洲各国加强沟通、增进互信的桥梁。

中国将坚定不移地坚持"睦邻、安邻、富邻"政策。亲望亲好，邻望邻好。中国期盼的是亚洲和世界春色满园。

女士们、先生们：

亚洲合作是时代的潮流，是各国发展的现实需要，也是亚洲振兴的必由之路。让我们携起手来，共同推进新世纪的亚洲合作！

谢谢大家。

（青岛新闻网）

迎奥纪典

2004年青岛赛区筹备大事纪要

2月8日，奥帆委完成《奥帆赛总体工作计划(MasterPlan)概要图》(第一版)。

2月14日，《第二十九届奥运会青岛国际帆船中心水工结构设计方案(初步设计)》通过专家评审。

2月16日，奥帆委举行新闻发布会，发布了"《第二十九届奥运会国际帆船中心水工结构设计方案(初步设计)》专家评审会"的有关情况。

2月18日，奥帆委秘书长孙立杰在市政协十届二次会议汇报了奥帆赛筹备工作进展情况及下一步工作计划。

2月19日，国家气象局预测与减灾司副司长刘杨一行6人到奥帆委，双方重点讨论了奥帆气象服务事宜。

2月24日，青岛市公安局奥帆赛安保工作办公室成立。

2月26日，奥帆委举行新闻发布会，发布了奥帆委近期工作及2004年工作要点、《青岛奥运行动规划》、《总体工作计划》、《奥帆赛场馆建设计划》、《奥帆赛新闻宣传计划》及奥帆赛监督工作机制等内容。

3月5日，青岛国际帆船中心水工第一标段监理招标工作启动。

3月8日，奥帆委秘书长孙立杰带队赴国家体育总局水上运动管理中心汇报工作进展情况以及《总体工作计划》制定情况。

3月12日，第二十九届奥运会青岛国际帆船中心水工工程施工开始招标。同日，奥帆委与市林业局等共同举办了"我为奥运种棵树"活动。

3月17日，市卫生局成立2008年奥运会帆船比赛医疗卫生工作组。

3月20~21日，第二十九届奥运会青岛国际帆船中心建筑单体及环境设计国际招标专家评审会在青岛举行。评审会专家提出了推荐方案，奥帆委就专家提出的推荐方案征求了市人大常委会、市政协的意见并形成一致意见。

3月22日，国家体育总局局长助理冯建中一行到奥帆委就国家水上运动中心训练基地的建设工作进行了调研，副市长、奥帆委常务副主席臧爱民陪同调研。

3月31日，通过招标方式，山东省驻港工程总公司被确定为第二十九届奥林匹克运动会青岛国际帆船中心水工第一标段施工单位。

3月，奥帆委召开奥帆赛社科题目调研工作座谈会，市委政研室、市直有关部门、驻青部分高校的领导和专家参加了会议。调研题目为《奥帆赛对青岛市的总体影响预测分析》和《出色奥帆赛的评价标准研究》。

4月2~3日，澳大利亚奥委会秘书长、国际奥委会顾问鲍勃·埃费斯通在青岛做了"奥运会竞赛的组织与管理"专题讲座，副市长、奥帆委常务副主席臧爱民会见了埃费斯通。

4月13日，奥帆委召开《青岛市奥帆赛场馆和配套基础设施绿色施工实施意见》新闻发布会。

4月16日，瑞典体育联合会前秘书长莱纳特·卡尔博格一行访问了奥帆委。

4月28日，第二十九届奥运会青岛国际帆船中心水工工程第一标段正式开始施工。

4月29日，奥帆委官方网站(www.sailing2008.org)正式开通。同日，奥帆委正式向社会发布《青岛奥运行动规划》英文版；市委宣传部、奥帆委共同举行奥帆类社科题目专家研讨会。

4月30日，市环保局正式批复《第二十九届奥运会青岛国际帆船比赛基地建设项目环境影响报告书》。

4月，奥帆委召开了社科题目调研征求专家意见会，对4家高校和科研机构的调研方案进行了评价，选定了中国海洋大学为调研单位。

5月15日，青岛市在北京举办了"青岛奥运宣传日"活动。

5月16日，奥帆赛场及邻近海域环境监测工作正式启动。

5月20日，法国布雷斯特市市长、布雷斯特城市共同体主席弗朗索瓦·居扬德访问奥帆委。

5月23日，第二十九届奥林匹克运动会帆船比赛监督委员会成立。

5月25日，第二十九届奥运会青岛

国际帆船中心开工奠基仪式在北海船厂原址举行;同日,第二十九届奥林匹克运动会组织委员会与青岛市政府和奥帆委《关系原则协议》签署仪式举行。北京市副市长、北京奥组委常务副主席刘敬民,青岛市委副书记、市长、奥帆委主席夏耕,副市长、奥帆委常务副主席臧爱民分别代表奥组委、青岛市政府和奥帆委在协议上签字。

5月25~26日,第二十九届奥运会国际奥委会协调委员会主席维尔布鲁根一行7人在北京市副市长、北京奥组委常务副主席刘敬民的陪同下访问青岛,参加了奥帆基地开工典礼,实地考察了奥帆赛水域,听取了奥帆赛筹备工作汇报并考察了奥帆赛筹备工作。市委副书记、市长、奥帆委主席夏耕会见了维尔布鲁根。

5月26日,第二十九届奥运会青岛国际帆船中心水工工程第二标段开工。

6月2日,由奥帆委、市文明办、市环保局等共同发起的"温馨巴士车载电视首播绿色奥运"宣传活动启动仪式举行。

6月3日,奥帆委和市旅游局联合召开"北京2008奥林匹克运动会官方接待酒店"青岛地区选定工作信息发布会。

6月5日,奥帆委举行2004年"世界环境日"广场宣传活动。

6月9日,为配合在北京举行的雅典奥运圣火传递活动,在第一海水浴场举办了"千鼓百帆迎圣火"活动。

6月23日~7月13日,第二届"北京2008"奥林匹克文化节(青岛)举行,共五大板块18项活动。

6月26日,奥帆委与青岛早报社联合开展了"迎办绿色奥运、建设生态城市"环保知识竞赛活动。

6月27日,"天泰杯"迎奥运招贴画大赛暨万名儿童画奥运颁奖仪式暨主题画展开展仪式在青岛市儿童少年活动中心举行。

6月30日,奥帆赛规划场区内的原北海船厂全部搬迁完毕。

6月24日~7月10日,奥帆委副秘书长李奉利率团赴德国罗斯托克的瓦尔蒙德,观摩、参加了2个帆船赛事——沃尔沃环波罗的海帆船赛以及"瓦尔蒙德周"帆船赛。

7月4日,由奥帆委、市委外宣办主办,国家体育总局青岛航海运动学校、青岛电视台、青岛风之帆国际航海俱乐部承办的"青岛奥运开放日——扬帆青岛体验帆船帆板活动"举行。同日,由2008名儿童参加的"中外小书画家同绘2008米巨型长卷活动"在青岛市内四区同时启动。

7月8日,北京奥组委环境活动部部长余晓萱到奥帆委视察工作,并同市环保局、东奥公司进行了会谈。

7月9日,由奥帆委、市政府新闻办公室主办的"巴龙之夜"青岛市首届"帆都丽人"大赛决赛举行。

7月10日,天津市副市长孙海麟一行访问了奥帆委。副市长、奥帆委常务副主席臧爱民,市计委、市人事局、市规划局等单位的负责人与访问团进行了座谈。

7月13日,奥帆委举行新闻发布会。市建委代表市城管局和市园林环卫办等编制单位向青岛各界发布了《奥帆基地工程环保指南》。同日,奥帆委举行新闻发布会,公布"青岛号"大帆船的情况。该船由美国制造,长14米,宽4.5米,可载12人,将由青岛人驾驶进行环球航行。此举将开创中国以城市命名进行环球航行的先河。

8月11~20日,市委常委、宣传部部长、奥帆委副主席杨军率团赴雅典进行了考察,并顺访了德国基尔帆船基地和慕尼黑奥运会主会场。

8月12~16日,省委副书记、市委书记杜世成,副市长、奥帆委常务副主席臧爱民等作为北京奥组委赴雅典奥运会代表团京外五城市组的成员,在雅典考察了奥运会帆船中心、奥运村,观摩了第二十八届奥运会开幕式。

8月中旬,奥帆赛社科题目调研领导小组和总课题组成立。

8月中下旬,奥帆赛基地管道综合系列专题会陆续召开。会议分别对市政、供电、燃气、供热等相关管线的设计、施工、后期运营问题进行了研究。

9月3日,市委副书记、纪委书记王永生视察奥帆赛筹备工作。

9月8日,青岛市举行第三届学术年会。年会由市政府主办,市科协、奥帆委联合承办。奥帆委副秘书长李奉利做了题为《奥运与科技》的主题报告。

9月11日,德国罗斯托克市旅游与经济议员迪特·邵肯一行访问奥帆委。

9月13日,"青岛号"大帆船环球航行首航日本下关送行仪式在青岛奥帆赛基地举行。市委副书记、市长、奥帆委主席夏耕出席仪式。

9月18日,"《奥帆赛基地海域使用论证报告书》专家评审会"在青召开。国家海洋局海域管理司相关领导出席会议。

9月21日晚上6点,由奥帆委、市委宣传部、市政府新闻办共同主办的"奥运倒计时钟"启动仪式在汇泉广场举行。根据北京奥组委的部署,青岛与北京的"奥运倒计时钟"同时启动。

9月25日,英国保守党议会督导布朗议员一行访问奥帆委。

10月11日,市委副书记、市长、奥帆委主席夏耕视察奥帆赛基地,听取了东奥公司对基地建设情况的汇报。

10月14~15日,奥帆委秘书长孙立杰率团赴连云港、日照,观摩在连云港进行的全国帆板锦标赛,考察了两市的帆船基地设施。

10月18日,中央文明办专职副主任翟卫华一行到奥帆委视察奥帆赛筹备工作,市委副书记、纪委书记王永生,市委常委、宣传部部长、奥帆委副主席杨军陪同。

10月19日,庆祝青岛市与日本下关市缔结友好城市25周年帆船友谊赛在汇泉湾举行。

10月20日,奥帆赛基地水工工程第二轮沉箱开始安装。

10月26日,法国布雷斯特市副市长马克·拉贝一行访问奥帆委。同日,市政府副市长于冲到奥帆委进行工作调研。

10月31日,"青岛号"大帆船返航欢迎仪式在奥帆赛基地举行,市委常委、宣传部部长、奥帆委副主席杨军出席仪式。

10月,《奥帆赛对青岛市的总体影响预测分析和出色奥帆赛评价标准研究》主报告完成。

11月2日,第三十二届美洲杯帆船赛组委会中国代表访问奥帆委,双方及市体育局负责人就在青岛设立分站赛进行了意向性洽谈。

11月3日,德国"记者网络"青年记者团一行访问奥帆委。

11月9日,由奥帆委、市委宣传部联合主办的"奥运知识进社区"活动启动仪式在市北区浮山后社区举行。市委常委、宣传部部长、奥帆委副主席杨军及各界代表共200多人参加了启动仪式。

11月10日,市委常委、宣传部部长、

奥帆委副主席杨军在奥帆委会见了澳大利亚著名奥运画家比利奇。双方就举办画展、如何做好城市宣传等事宜进行了探讨。同日,法国贝内托集团总裁伊夫·里昂卡昂一行访问奥帆委;奥帆委召开奥帆赛志愿者工作专题会议;奥帆委和东奥公司组织召开奥帆赛基地环境景观规划方案公开征集专家评审会。

11 月 30 日,北京奥组委工作小组一行 9 人到奥帆委进行对口工作交流。

12 月 1 日,英国南安普顿市代表团安卓·文森一行访问奥帆委。

12 月 3 日,国家帆船队青岛海上训练基地正式开工。国家体育总局局长助理冯建中,青岛市副市长、奥帆委常务副主席臧爱民等参加开工仪式。

12 月 5 ~ 17 日,副市长、奥帆委常务副主席臧爱民率市体育局、奥帆委、市外办、市文化交流协会有关负责人一行 9 人赴法国、英国进行参观考察。

12 月 6 日,市人大常委会副主任孔心田、宗和一行到奥帆委视察奥帆赛筹备工作。

12 月 19 日,由奥帆委、市外办、市政府新闻办联合主办的“PICC 人保之夜”中国作品中英文音乐会举行。

12 月 28 日,国家体育总局水上运动管理中心主任、奥帆委副主席韦迪视察了奥帆赛筹备工作进展情况。

12 月 31 日,《雅典奥运会考察报告汇编》编辑成册并分发给各相关单位。

(奥帆委)

2004 年奥帆赛筹备工作进展情况

加强与北京奥组委等的联系与沟通

为加强与北京奥组委以及国际奥委会、国际帆联的联系,市领导杜世成、夏耕、杨军、臧爱民、罗永明等先后赴北京、雅典、南安普顿报告工作,邀请国际奥委会、北京奥组委的有关领导来青视察,并通过多种方式争取北京奥组委、国际奥委会、国际帆联的支持。北京奥组委、国际奥委会、国际帆联都对奥帆委的工作给予了肯定。5 月,国际奥委会协调委员会主席维尔布鲁根应邀访问青岛,参加青岛国际帆船中心开工典礼仪式,实地考察奥帆赛筹备工作。

为尽快签署《北京奥组委与青岛市政府和奥帆委关系原则协议》,同北京奥组委进行了多次洽谈并达成一致意见。5 月 25 日,北京市副市长、北京奥组委常务副主席刘敬民来青正式签署了该协议,明确了北京奥组委、青岛市政府、奥帆委各自的责任、权利和义务,并达成共识。

争取到奥组委对青岛的 VIK(实物及服务赞助)拨付政策和带有青岛地域特色奥运纪念品的开发权。落实了奥帆赛筹备期间奥帆委工作机构的人员、办公经费。获得了首个京外城市开设奥运纪念品专卖店的特许权。

修订并发布《青岛奥运行动规划》及各专项规划

《青岛奥运行动规划》于 2 月底正式向社会发布实施。修改完善了各专项规划,并于 4 月底向社会发布了《青岛奥运行动规划》英文版及奥运宣传推介、生态环境保护、科技及信息建设、交通建设、城市文明建设、文化、旅游、安全保卫、卫生、体育等 10 个专项规划。

逐级分解《奥帆赛总体工作计划》

抽调专门力量组成项目管理工作组,研究确定筹办奥帆赛各阶段的主要工作,逐一确定关键时间点、里程碑事件和责任单位,《总体工作计划》概要图于 2 月完成。对各项工作的进展步骤进行细化分解,编制完成《总体工作计划》的二级、三级计划。

奥帆赛基地的规划与建设

6 月 30 日,划奥帆赛规划场区内的原北海船厂按期搬迁完毕,累计完成建筑物拆除面积约 10 万平方米,地下基础拆除约 7 万平方米,建筑垃圾外运约 15 万立方米。奥帆赛基地整体规划设计全部完成。3 月底,召开青岛国际帆船中心建筑单体及环境设计国际招标专家评审会,奥帆委就专家提出的推荐方案征求市人大常委会、市政协意见后,报市长办公会研究通过并向社会进行了公示,最终确定帆船中心的单体及环境设计方案。

年内,奥帆赛基地内奥运必备项目全部开工。奥帆赛基地分为陆域和水工工程两部分,各分为 3 个标段。4 月 28 日,水工工程第一标段正式开始施工;5 月 26 日,水工工程第二标段开工;7 月 19 日,水工工程第三标段正式开工。7 月 30 日,陆域工程第一标段(媒体中心、后勤供给与保障中心)地下工程正式开工;8 月 20 日,陆域工程第二标段(奥运村、运动员中心)地下工程正式开工;12 月 3 日,陆域工程第三标段(行政管理与比赛中心)正式开工。

原有码头岸线改造等工程完工。原有码头岸线改造于 6 月 5 日开工,7 月 15 日竣工。完成相关主要市政管线敷设等项目建设。办理完成基地管线综合规划许可证,市政一标段(澳门路西段管网及道路)已经招标,12 月 3 日开工,年内完成 200 米管线的铺设。完成赛场及周边水域的清淤工程。其中,一期清淤工程已于 2003 年底完成;二期清淤工程于 2004 年 11 月 10 日开工,年底全部完成。截至年底,奥帆赛基地工程完成投资(工作量)2.1 亿元。

气象与环保监测

海洋水文气象监测预报系统建设。按照国际帆联技术标准和要求,协调有关部门推进奥帆赛海洋水文气象监测预报系统建设。完成了《青岛近海夏季天气预测和海上运动项目气象保障研究》,加快了青岛市大气探测自动化系统工程、气象信息网络系统和预测预报系统的建设,优化调整了观测设施的空间布局。建成自动气象站 10 个,完成 12 个自动雨量站选址工作,雷电监测网投入运行,高性能计算机系统建设完成。海洋水文浮标建设完成“波浪骑士”浮标的更新改造、浮标招标工作,改进了“北海预报中心网站”，设立了“奥帆赛”专栏，自8月1日起，每天发布小麦岛监测站的部分海洋环境监测信息。

启动奥帆赛场及邻近海域赤潮监测工作。初步确定《青岛奥帆赛场及邻近海域赤潮防治行动项目建设方案》投资概算。

推进相关的城市建设项目建设

基础设施建设。滨海公路沿线城市组团总体规划编制完成；汇泉广场改造、流亭机场扩建一期工程竣工并投入使用；滨海公路北段、滨海步行道崂山区段、石老人海水浴场改造、青岛现代艺术中心开工建设；胶济线电气化改造全面启动；青银高速公路二期工程奠基；跨海通道项目完成地质勘探、专家论证和社会公示、听证，隧道建设方案进入报批程序；“平改坡”试点工程基本完成。

组织开展宣传活动

新闻宣传。建立了新闻媒体联系人制度和新闻发布制度，在各级媒体发布了与青岛有关的奥运新闻，其中中央级90余条次（中央电视台“新闻联播”12条次）、省级80余条次、市级300条次以上。

组织开展了30多项文化活动。举办了“青岛奥运宣传日”活动；举办了“千鼓百帆迎圣火”活动，中央电视台第五套节目专门制作播出了活动专题片；举办了第二届“北京2008”奥林匹克文化节（青岛）；借助“青岛国际啤酒节”等重大节会组织了“奥运火炬激情传递”新闻摄影图片展、“我和奥运圣火合影”等活动；与北京同步举行了“迎奥倒计时钟”的启动仪式；与市工商局、市林业局、市外办等共同策划组织了“三一五奥林匹克维权”、“我为奥运种棵树”、“青岛—下关缔结友好城市25周年帆船友谊赛”等活动；策划“青岛号”大帆船跨洋远航，成为宣传奥运、推介青岛的重要途径之一。

教育与普及。在青岛市的报纸、电台、电视台、互联网站、电子大屏幕、数字电视多媒体开辟了专栏、专版，普及奥运和奥帆赛的基础知识；为普及奥运和帆船知识，与法国布列塔尼亚大区公司合作举办了“帆船帆板展”，与市博物馆联合举行了“奥林匹克运动与中国特展”，与市委宣传部、各区宣传部举行了“奥运知识进社区”活动。

做好帆船竞赛的准备工作

根据国际帆联的有关要求，对奥帆赛赛时体系及专业人员培训、场地器材、临时建筑设施、风险案例等因素进行了需求分析和预算，已形成初步成果；对青岛沿海一线的港湾进行了全面考察，形成了《青岛市帆船训练基地工作调研报告》，为普及帆船运动、规划建设帆船训练基地提供了参考建议。安排骨干人员全程参与雅典奥运会帆船比赛的组织与管理工作。组织人员实地观摩了德国罗斯托克帆船赛及国内大型帆船、帆板比赛，并安排18人次参加国内赛事实习，提高了骨干队伍的工作能力与水平。组团赴希腊观摩学习了雅典奥运会，了解奥运会的组织运行。

推进奥帆赛综合服务工作

制定奥帆赛相关职能初步战略计划，已完成初步需求分析。根据2008年奥帆赛的总体工作要求，组织人员对旅游、安保、医疗卫生等系统开展了调研，并结合北京奥组委的经验做法形成了调研报告。与市公安局、市卫生局、市旅游局等部门合作，成立奥帆赛安保、医疗卫生和旅游服务专项工作组。进行建立城市智能交通导航系统的可行性调研，已形成初步调研报告。与市旅游局共同组织启动了“北京2008奥运会官方接待酒店”青岛地区的选定工作。

完成社科题目调研工作

奥帆委邀请有关政府部门、研究机构、大专院校和专家学者就奥帆赛对青岛的经济发展、社会进步产生的影响进行预测评估，并请市委政研室牵头于10月形成了《奥帆赛对青岛发展总体影响预测分析报告》、《出色奥帆赛赛事组织与服务工作评价标准研究》。

成立奥帆赛监督委员会

为全面落实“廉洁奥运、阳光奥运、节俭奥运”的要求，市委、市政府成立奥帆赛监督委员会，全程监督奥帆赛筹备的各阶段工作，规范奥帆赛基地工程建设运作程序。奥帆委工作机构主动接受监督，建立健全了内部管理规章制度。奥帆赛监督工作得到了北京奥运会监督委员会的肯定。

（奥帆委）

《奥帆赛对青岛发展总体影响预测分析和出色奥帆赛评价标准研究》

（节　选）

·奥帆赛对青岛发展的重大意义和潜变因素·

举办奥帆赛对青岛发展的重大意义

奥运会是中华民族进入新世纪加快发展的重大机遇。作为北京奥运会伙伴城市的青岛，奥帆赛则是城市百年发展的难得机遇，它将对处于全面建设小康社会、进而基本实现现代化的中国以及青岛加快发展、扩大开放起到不可估量的推动作用。

一是将为开放的青岛提供一个向世界展示城市风貌的绝好机会。

改革开放以来，特别是20世纪90年代以来，随着城市综合实力的不断增强，涌现出了海尔、海信、青啤、澳柯玛、双星、即发等几大品牌，青岛在国际上具有一定的知名度。但与国际化的城市发展目标还尚有很大差距。作为2008年奥运会帆船比赛东道主，青岛届时将举行单独的开幕式和闭幕式，将会有来自65

个国家和地区的400多名运动员和800多名国际奥委会和国际帆联的官员以及裁判员、工作人员等参加这次奥帆盛会,同时会吸引数量可观的来自世界各国的观众观看比赛。奥帆赛筹备和举行期间,青岛市通过举办各种宣传、会展、节会、文化招商等活动,对青岛知名度与美誉度的提高、环境与形象的改善等均会产生积极影响。优美的居住和投资环境,良好的市民素质,将会给来自世界各地的游人和投资商留下深刻的印象。青岛的国际吸引力和国际影响力将因为奥帆赛的成功举办而获得提升。

二是将极大地推进青岛的基础设施建设,改善城市生态环境状况,为城市的可持续发展创造更为有利的条件。

无论是全面、协调、可持续的科学发展观,还是现代化建设的发展目标,均对城市的基础设施和生态环境提出了很高的要求,加之奥帆赛本身也对这些方面有着具体明确的要求。在500多亿元的奥帆赛总投资中,将有很大一部分用于奥帆赛配套设施建设和城市生态环境改善。其所产生的效益,除了对2008年奥帆赛产生直接影响外,将成为城市发展的一笔优良资产,为城市的可持续发展注入持久的动力。

三是将促进城市文化发展,进一步提升城市文明程度。

举办奥运所激发的爱国热情,可以形成强大的凝聚力和向心力,进而转化为"人人为奥运做贡献,个个为城市添光彩"的自觉行动;"重在参与"的奥运思想和"更高、更快、更强"的奥运精神,会极大地感染广大市民、影响企业的经营理念和文化建设,奥运精神将成为青岛社会进步的力量源泉和不竭动力;"绿色奥运、科技奥运、人文奥运"的理念,也会对城市发展和居民素质产生重要影响。奥运精神、办会理念最终与"诚信、博大、和谐、卓越"的城市精神相融合、相共振,使青岛展现出社会进步与经济发展相互协调、相互促进的良好局面。

四是将加速青岛产业结构的调整和升级,推进经济增长方式的转变。

包括奥帆赛在内的奥运会的筹备和承办,将对主办城市的建筑业、房地产业、旅游业、服务业和通讯业等第三产业的发展产生积极的推动作用。可以预见,随着2008年奥帆赛筹备工作的陆续展开,青岛的传统优势产业——第二产业由于惯性在继续得到高速发展的同时,以现代服务业为主要特征的第三产业将获得空前发展,三次产业之间的结构将发生重大变化,产业结构将逐步升级。估计到2010年前后,青岛的第三产业将与第二产业并驾齐驱,进而为城市尽快驶入城市现代化的快车道奠定坚实的基础。

现代化的建设目标要求必须变高投入、高消耗、高排放、不协调、难循环、低效率的粗放型经济增长模式为低投入、低消耗、高产出的集约型经济增长方式。当前,我国的GDP以年均9%左右的速度增长,青岛市近几年的GDP也以年均15%左右的速度增长。经济高增长的同时带来了生态恶化、资源匮乏、环境污染严重等一系列问题。作为奥运举办城市,"绿色奥运,科技奥运,人文奥运"三大理念的提出,对城市目前的经济增长方式是一个严峻挑战。要求必须注重城市生态环境的建设与改善,走集约型经济增长模式,不断提高经济增长质量和效益。

五是将加速青岛成为山东半岛的中心城市。

青岛作为山东半岛经济发展的龙头城市,在整个半岛区域经济中处于举足轻重的地位,但目前无论就经济总量、产业结构,还是城市功能而言,还不能对周边地区产生强有力的辐射带动作用。青岛目前的这种现状显然与国际化大城市的城市定位极不相称。随着奥运会的筹办与承办,旅游、金融、信息技术、商贸等现代服务业将得到快速发展,最终将为制造业中心、贸易中心、金融中心、交通运输中心、信息中心等的形成奠定基础,城市的辐射带动功能将显著增强。这无疑是青岛发展成半岛区域中心的绝佳良机。在青岛城市地位发生变化的同时,也将有力地带动整个半岛区域经济实力的普遍提高。

六是将最终使广大市民得到实惠。

从奥帆赛的承办中受益最大的将是广大的青岛市民。广大市民既是筹办和承办奥帆赛的主体,同时也是奥帆赛成功举办取得成果的主要受益者。便捷的基础设施,优美的城市环境,将使广大市民心情愉悦,洋溢出一种巨大的幸福感。居民的生活质量将获得空前提高,"一切为了群众,一切依靠群众,从群众来到群众去"的以人为本的民本思想也将因此而得以充分体现。

青岛举办奥帆赛面临的潜变因素

1. 国际形势的变化。奥运会这一规模巨大的国际性赛事,其成功举办必然受到国际形势的影响。无论是美苏冷战时期双方阵营的相关抵制,还是地区国际关系紧张冲突,都曾对奥运会的举办产生不可忽视的影响。特别是"九一一"事件以后,国际反恐的形势更加严峻,因此奥运会的安全问题自然成为主办国或城市最为关注的问题。虽然雅典被认为是欧洲最安全的首都之一,但2004年雅典奥组委仍将安全问题视为首要问题,共投资6亿美元来确保为奥运会及残奥会的运动员、参观者、旅游者以及奥运成员提供安全可靠的运动、旅游、参观和工作环境。希腊奥组委与雅典警方、希腊政府以及国际安全专家密切合作,采取一切必要的安全措施和行动,确保举办一届安全的奥运会。5万名经过严格训练的保卫人员负责奥运会现场安全,还专门成立了奥组委安全处。希腊奥组委在与希腊特种部队,包括海岸警卫队、消防部门以及希腊军队保持密切联系的同时,还和22个国家签署了37个安全协议,与7个国家(美国、英国、澳大利亚、德国、法国、西班牙和以色列)成立了奥运顾问小组,就安全问题定期进行磋商,确保奥运会的成功举办。对于2008年北京奥运会,一个可以预见的情况就是,国际恐怖主义活动有增无减,台湾紧张局势未见缓解,安全的不可预见性因素增大,由此带来北京奥组委及青岛奥帆委用于安全保障方面的投入将会增加,工作的力度将不断加大。

2. 2005年全面兑现入世的承诺。加入世界贸易组织,将促进我们由有限范围和有限领域内的开放,转为全方位的开放;由以试点为特征的政策性开放,转变为世贸组织法律框架下的可预见的开放;由单方面为主的自我开放,转变为中国与世贸组织成员之间双向的相互开放,将使对外开放进入新的历史阶段。加入世界贸易组织以后,我们将按照世贸组织的规则,逐步放开市场准入领域,降低产品关税,取消贸易壁垒,市场竞争将从国内竞争转向国内、国际双重竞争,竞争将更为激烈,因此对于青岛这个外贸依存度较高的城市而言,面临的挑战将更大。同时,加入世贸组织后,随着竞争的激烈,可能引发的规则冲突和经济争端，将可能对赛事的筹备和举办带来不确定的影响，要求我们必须更多地以国际规则、国际标准进行奥运项目的运作和管理，增强规则意识和法制观念，积极应对入世后的各种挑战。

3. 国内各大城市、经济区之间竞争的日趋激烈，加快发展的压力加大。进入新世纪，国内各城市围绕提高城市竞争力，在产业、技术、资金、贸易等方面展开了激烈的角逐，竞争态势日趋加剧。各大经济圈之间、不同区域的城市之间、各区域性中心城市之间的竞争此起彼伏，十分激烈。从青岛现实和未来发展看，综合经济实力、产业结构层次、对外开放水平、城市建设档次、人力资源构成等，都还存在一定的差距，作为沿海开放城市和山东发展的龙头，青岛理应发展得更快更好一些，在全面建设小康社会的基础上率先基本实现现代化。借助奥帆赛的举办，增强加快发展的紧迫感和责任感，带动全市经济社会全面协调发展，青岛才能够在与其他城市的竞争中赢得主动。

（奥帆委）

2008 年奥帆赛项目与级别简介

·奥帆赛项目·

2008 年北京奥运会定于 8 月 8 日开幕，24 日闭幕。帆船比赛通常在开幕式（北京）后的 2～3 天开始，历时 15 天左右。青岛是北京之外惟一可进行颁奖的分赛场，按照传统，青岛可以举行单独的奥运圣火点燃仪式、开幕与颁奖仪式。

2008 年北京奥运会帆船比赛下设 9 个级别、11 个项目的比赛。其中，男子 4 个项目，女子 4 个项目，3 个“公开级”（男女混合）项目。运动员限额为 400 名；270 条帆船参赛。每个国家每个项目只允许 1 条船参赛。

·奥帆赛级别·

女子单人艇——欧洲级（Europe）

稳向板型，长 3.35 米、宽 1.44 米、帆面积 7.1 平方米、船重 60 公斤。于 1962 年由法国人 Alois Rolanda 设计。1992 年首次进入奥运会。

男子单人艇——芬兰人级（Finn）。

稳向板型，长 4.5 米、宽 1.51 米、帆面积 10 平方米、船重 145 公斤。1952 年首次进入奥运会。是在 1949 年芬兰国家帆船协会为筹备即将在该国举行的奥运会而发动的一次帆船设计大赛中产生出来的船型，设计者是瑞典人 Richard Sarby。

男子公开级——激光级（Laser）

稳向板型，长 4.23 米、宽 1.42 米、帆面积 7.06 平方米、船重 59 公斤。由加拿大人布鲁斯荷比设计。1992 年首次进入奥运会，已在 100 多个国家开展。最初是作为娱乐型船设计的，多在周末的休假中使用，后来迅速成为世界上最具竞争性的运动帆船。

男子双人艇、女子双人艇——470 级

稳向板型，有球形帆，长 4.7 米、宽 1.68 米、帆面积 12.6 平方米/球形帆 14 平方米，船重 115 公斤。1976 年首次进入奥运会。设计者是 AndroCorno。1986 年的釜山奥运会首次引入女子 470 级的比赛。

女子龙骨船——鹰铃级（Yngling）

3 人操纵，龙骨型帆船，长 6.35 米、宽 1.73 米、帆面积 14 平方米、船重 200～230 公斤。该船适合于女子或青少年开展活动。由挪威人 JanLinge 于 1967 年设计。2004 年雅典奥运会被列入比赛项目。

男子龙骨船——星级（Star）

2 人操纵，龙骨型，长 6.92 米、宽 1.73 米、帆面积 26.9 平方米、船重 662 公斤。是资格最老的奥运会项目，1911 年美国人 William Gardner 设计，1932 年被列入奥运会比赛项目。

女子帆板——米斯特拉级（Mistral）

单人操纵的统一设计型帆板，长 3.72 米、宽 0.62 米、帆面积 7.4 平方米、板体重 16.5 公斤。该级别诞生于 1978 年。1996 年亚特兰大奥运会被首次列入奥运会项目。设计者是两位帆板选手：Hoyle Scwitzer 和 Jim Drake。

多体公开级——托纳多级

双人操纵，双体船，是直线速度最快的奥运会帆船，长 6.10 米、宽 3.05 米、帆面积 21.8 平方米、船重 140 公斤。1976 年首次进入奥运会。设计者是英国人 Rodney Marsh。

双人公开级——49 人级（49er）

双人操纵的新生代高速帆艇，长 4.99 米、船宽 1.7 米，含侧支架宽 2.99 米、帆面积 59.2 平方米（含球形帆）、船重 125 公斤。2000 年首次进入奥运会。

（奥帆委）

青岛市经济顾问、第六届“琴岛奖”获得者

·青岛市经济顾问(2004 年聘)·

山口宽治 日本人,1938 年出生,日本三菱商事常任顾问兼中国市场首席顾问。多年来关心青岛市的经济建设和社会发展,为青岛市对日交流、吸引日资做出了贡献。由于他的建议,三菱商事在青岛市设立的独资或合资企业已达 10 余家。2004 年 3 月 29 日,被聘请为“青岛市经济顾问”。

钟育瀚 美籍华人,1964 年出生于台湾,早年移民美国,美国 JC 国际集团总裁与首席执行官。所成立的以南加利福尼亚州为基地的计算机连锁店是美国最早的计算机连锁店之一,曾与自动化智能系统公司合作开发大众广播型传真技术。以其在金融、高科技与公司管理领域的学识而闻名于美国华盛顿、洛杉矶、圣弗朗西斯科及纽约的政治、企业界。是和平与关爱基金组织的总裁兼首席执行官,该组织致力于为中国贫困人群提供医疗与教育服务。还担任联通金融服务美国分部首席执行官,负责国际金融与投资业务。2004 年 5 月 25 日,被聘请为“青岛市经济顾问”。

·第六届“琴岛奖”获得者·

(颁奖时间:2004 年 9 月 27 日)

李在锡 韩国人,青岛世正乐器有限公司董事长。有 30 多年钢琴设计、制造经验,在其带领下,青岛世正乐器有限公司的钢琴和吉他等产品的出口量居国内同行业的第一位;多年来,支持青岛市的社会文化活动,帮助城阳区引进外资。

田恩恒 丹麦人,青岛马士基集装箱工业有限公司总裁。在其领导下,企业由纯生产性企业发展成为集生产、设计、销售为一体的综合性企业,2003 年出口创汇 2.92 亿美元、纳税 1255 万元。

姜己大 韩国人,青岛阿派斯运动用品有限公司董事长兼总经理。守法经营,积极纳税,热心社会公益事业,累计个人捐款达 34 万元。获胶州市政府授予的“荣誉市民”称号并被推选为胶州韩国企业协会会长。

穆瑞和 德国人,青岛德固萨化学有限公司总经理。2002 年就任后,用先进的管理模式改进内部管理,使企业扭亏为盈,2004 年利税约 2000 万元。积极宣传青岛,为青岛与德国有关方面的经贸文化交流牵线搭桥。热心社会公益事业,2003 年个人捐款捐物 16 万元。

新海义文 日本人,青岛豪雅光电子有限公司总经理。2003 年受世界 500 强企业日本豪雅株式会社委托主持公司工作,当年扭亏为盈,创利润 6123 万元。关心中方工人的工作和生活,重视企业文化建设。

杉森康宏 日本著名物理海洋学家和海洋遥感专家。自 1979 年以来,长期支持中国海洋大学的海洋遥感事业。对推进中国海洋大学遥感研究所的诞生并最终走上卫星海洋遥感领域的国际学术舞台和对中国海洋大学学术骨干与研究生的培养做出了贡献。

姜云淑 韩国人,青岛吉爱琪箱包有限公司总经理。自 1994 年到青岛市创办企业以来,帮助胶南市引进韩资企业 10 家,解决当地剩余劳动力 5000 余人。热心社会公益事业,连续 5 年捐资助教,并帮助企业困难职工,2001 年获胶南市“荣誉市民”称号。

宋敬植 韩国人,青岛裕信汽车配件有限公司董事长。为平度市招商引资工作做出了贡献,共引进外资企业 29 家,总投资额 6000 多万美元,安排剩余劳动力 2000 多人,年实现产值 3.5 亿元,给当地带来直接经济效益 3000 多万元。

闵丙雨 韩国人,青岛大洲运动用品有限公司董事长。自 2002 年起在青岛市投资建厂。2003 年非典期间,得知青岛市温度计奇缺,不顾个人安危,从韩国赶到青岛,为青岛市送来 6000 支温度计。

史力克 美国人,固特异(青岛)工程橡胶有限公司总经理。2002 年任职后,当年扭亏为盈,2003 年实现利润 785 万元。带头参加 2003 年非典期间的捐款活动,关心爱护中方员工。

伊莲娜·拉柯夫斯基 女,德国人,青岛大学德语系外籍教师。为增进青岛大学与德国教育机构和德国巴伐利亚州的教育文化合作与交流以及青岛大学德语系的学科发展和建设做出了贡献。在其努力下,青岛大学成为中国新增的 3 个德福考试中心之一,德语系也成为青岛大学最具影响、最有吸引力、最有特色的专业之一。

王 节 美国人,青岛国际学校校长。具有丰富的国际教育经验,在极短的时间内使青岛国际学校获得了美国西方大学联合会成员资格,并将认证考察期缩短为 3 年。2003 年非典期间,积极开展工作,稳定了外籍师生及其家长的思想情绪,保证了学校的健康发展。

浓添博纪 日本人,三菱重工海尔(青岛)空调机有限公司总经理。2000 年任职以来,采用先进的经营理念,使企业开发机种的数量及产品品质均处于世界领先地位,近几年年出口量均保持 50% 以上的增长速度。

金成镇 韩国人,韩国健康学会会长、韩国结核及呼吸学会会长。推进韩国与青岛医学界的学术交流,为青岛市的结核病防治工作做出了贡献。为青岛市市立医院东院区国际门诊的筹建做了大量工作。经常来青岛市坐诊,处理疑难杂症。

牟田口力 日本人,青岛高校软控股份有限公司技术总监。2002 年任职后,将其在橡胶轮胎行业工作几十年的经验融进了公司的工程建设上,将工期由 30 个月压缩到 8 个月,成本从 7 亿元减少到 3.5 亿元。先后帮助双星轮胎、山东金宇等

人　　　物

新任的副市级(实职)以上领导简历

蔡伦斌　1948年10月1日生,汉族,湖北黄陂人,1967年6月入党。

1962年7月参加工作。曾任海军北海舰队司令部参谋、秘书、科长、处长,海军指挥学院院务部副部长,海军青岛基地副参谋长,海军潜艇学院副院长(副军职),海军北海舰队副参谋长。1997年7月,被授予海军少将军衔。2005年3月以来,任中共青岛市委副书记。

新增的在青两院院士简历

王乃彦　中国科学院院士。1935年11月出生。青岛大学签约院士,核物理学家。长期从事核试验的射线测量和中子物理研究工作,领导和参加了核武器试验中极其重要的11种近区物理测试项目,对探测系统的响应函数、测试数据的解卷积和复原处理等重要问题作了创造性的深入研究,为定量改进有关测试结果提供了方法。对惯性的约束核聚变领域的技术和物理过程作了系统研究,在高功率脉冲技术和束流物理、电子束泵浦氟化氪准分子激光研究、束靶相互作用等方面取得了突出成绩,有的达到国际先进水平。

(市人事局)

厂家改进生产工艺和配方，提高质量、降低成本。

张新政　中国台湾人，青岛锐宗集团有限公司总裁、青岛市台湾同胞投资企业协会副会长。来青岛市创业8年来，已创办了7家企业，总投资额8000多万美元，2003年出口创汇4000余万美元、实现利税1600余万元。为莱西市招商引资，先后引进了6家公司，投资总额近5000万美元。热心社会公益事业，捐款达300多万元。

古畑文弘　日本人，青岛帝科精细化学有限公司董事长。在世界500强企业帝科集团内长期主管技术工作。在其领导下，企业规模不断扩大。支持青岛高校的科研项目，免费对高校学生进行专业培训。2003年非典期间，促成了帝科总部向中国红十字会和青岛市捐赠了价值50万元的螺旋藻精华液。

吴任斌　中国香港人，香港上海汇丰银行有限公司青岛分行行长。在其领导下，汇丰银行青岛分行于2003年成为青岛市第一家开办人民币业务的外资银行，2004年成为山东省唯一获准提供全面公司业务的外资银行。凭借汇丰银行庞大的国际网络介绍海外客户来青投资。参与社会公益事业，近两年汇丰银行青岛分行共捐款39万元资助下岗职工培训。

徐滋滨　中国香港人，香港派昌制帽集团有限公司董事长、山东省政协(港澳)委员。在青岛市已累计投资3000万美元，创造了近万个就业机会，实现利税1000万元。热心慈善事业，个人已累计捐款50万元，其中于2003年非典期间向胶州市捐助了价值2万元的温度计。

吴龙飞　法籍华人，中国科学院海洋研究所博士生导师。促进中国海洋微生物研究与国际交流，为推动中国科学院海洋研究所海洋微生物研究领域的发展和专业队伍建设做出了贡献。组织的国际合作小组获得了“人类前沿科学计划”的项目支持，使青岛的海洋微生物研究在国际学术舞台占据一席之地。

(李东昊)

青岛市新增的享受国务院政府特殊津贴人员名单

姓　名	单位及职称
梁海山	海尔集团公司高级工程师
李鲁伯	青岛高科园中发激光科技公司高级工程师
陈伯阳	青岛市房产置业集团工程技术应用研究员
高巨谦	青岛黄海橡胶集团有限责任公司高级经济师
金志国	青岛啤酒股份有限公司高级经济师
贺中祥	青岛市画院一级美术师
王　玮	青岛人民广播电台高级编辑
胡　芃	青岛新大洋食品有限公司高级工程师

(市人事局)

2004年度山东省有突出贡献中青年专家名录(青岛)

姓　名	单位及职务或职称
周厚健	海信集团有限公司董事长、工程技术应用研究员
吕佩师	青岛海尔洗衣机有限公司总工程师、高级工程师
樊　伟	青岛啤酒股份有限公司总工程师、工程技术应用研究员
张国范	中科院海洋研究所研究员
麦康森	中国海洋大学教授
宋国君	青岛大学高分子材料研究所所长、教授
谢俊霞	青岛大学副校长兼医学院院长、教授
冯绍华	青岛科技大学副教授
谢　雁	青岛科技大学研究员
刘洪祥	中国农科院烟草研究所研究员
年夫顺	中国电子科技集团第四十一研究所高级工程师
于广明	青岛理工大学土木工程学院院长、教授
张喜验	山东省科学院海洋仪器仪表研究所副所长、研究员
谭云亮	山东科技大学资源与环境工程学院副院长、教授

(市人事局)

2004年度“感动青岛”十佳人物和特别奖获得者

·“感动青岛”十佳人物·

许振超 男,55岁,青岛港(集团)有限公司明港分公司集装箱桥吊队队长、党支部书记。30年前进入青岛港工作,常年勤奋好学、勇于创新,从一名普通门机司机成长为港口桥吊技术能手,他率领队员多次刷新集装箱桥吊作业世界记录。2004年4月开始,新华社、《人民日报》、中央电视台等媒体集中宣传报道许振超的先进事迹,“振超精神”、“振超效率”在全国引起强烈反响。他的一些口头禅——“知识改变命运、岗位成就未来”、“咱不是科学家,但可以做个能工巧匠”等已经成为各行各业传播的“格言”。

谢振华 女,23岁,城阳区第二人民医院产科护士。2004年2月,谢振华在“自愿捐献造血干细胞同意书”上签名,并前往北京实施了造血干细胞移植,成为青岛市首例非血缘造血干细胞捐献者,用行动诠释了青岛的城市精神。

王爱真 女,50岁,李沧区永青苑社区居委会主任。2000年,她代表居委会一班人向居民郑重承诺:“有事您就说”。2004年,“有事您就说”成为青岛市社区建设第一品牌;“有事您就说”已经由当初居委会对居民的单向承诺变成了三向承诺:居委会对居民“有事您就说,说了马上办”,居民对居委会“有事您就说,大家一起干”,居民对居民“有事您就说,我来帮你办”。几年来,从疏通下水管道到解决房屋漏雨,从照料老人孩子到帮助下岗失业人员再就业,王爱真带领居委会一班人对居民提出的每一件琐事、难事都用心去办,尽力解决。

吴春苗 女,21岁,即墨市华山镇西桥头村村民,残疾人运动员。在2004年雅典残奥会上,她凭着顽强的拼搏精神,夺得了女子200米冠军,实现了山东省、青岛市残奥会金牌零的突破。

王　莉 女,23岁,青岛海底世界服务员。她被誉为海底世界的“微笑大使”。2004年8月,3位年过六旬的浙江游客到海底世界游览时,由于不知道按海底世界的规定可以享受半价优惠,每个人都买了100元的全票。正在门口检票的王莉主动将优惠规定告诉了3位游客,帮他们换票退款,并陪伴他们一起游览。王莉的行为让3位游客既出乎意料又大为感动,事后他们一起给市长夏耕写了一封信:“我们向您和青岛市民表示感谢!”。市长夏耕在信上专门作了批示,对此举给予高度评价。

苏学芬 女,42岁,青岛长途汽车站迎门班班长。在长途汽车站迎门服务这个平凡的岗位上,苏学芬把每一位旅客都视为自己的亲人,给他们提供周到细致的服务。她热心、细心、耐心、诚心、舒心的服务理念和“一分析、二交流、三听、六看”的服务基本功被总结称为“苏学芬工作法”。2004年7月,她作为全国交通系统11名劳模代表参加了交通部劳模座谈会,受到了温家宝总理的亲切接见。

陈永富 男,53岁,市北公安分局泰山路派出所社区民警。1998年离开军营后,陈永富成为一名社区民警。到社区仅仅2个多月,就对责任区970户的3000多居民的情况做到了“一口清”。市公安局对派出所进行等级化考核时,考官随意从卡中抽出了10张居民照片和10个人的名字,他对答如流。在代表市北公安分局参加山东省的户籍考核时,陈永富这个“新片警”获得了第一名。陈永富还经常为群众做好事,无论是精神病人,还是孤老病残,他都热情服务,还用自己的2000余元奖金建立了社区安全防范奖励基金。

郭　川 男,40岁,“青岛号”大帆船船长。2004年9月,作为“帆船之都”形象代表的“青岛号”大帆船下水首航日本。船长郭川作为一座城市的友好使者,驾驶中国首条以城市命名的无动力帆船远航行程1200多海里,航行7天到达日本下关,推介了青岛,宣传了2008奥帆赛。在“青岛号”航行途中,郭川和其他船员们克服重重困难取得首航日本的成功,开创了以帆船作为青岛城市形象代表和城市友好使者向世界展示青岛奥运城市形象的先河。

徐敏和 男,41岁,青岛大鹏汽车出租有限公司出租车驾驶员。他是一位遵章守法、安全驾驶的出租车司机。他免费拉着迷路的老人在市内转了2个多小时将老人送回家中。他把外商遗忘在车上的公文箱(内有外资企业合同、美元和价值人民币20多万元韩国币一宗)交还外商,并谢绝了外商送上的1000元酬金。当他怀疑搭车人所搬空调来路不正时警惕盘问,最终让犯罪分子弃空调逃窜,他将空调送到了公安局。徐敏和助人为乐、拾金不昧、文明服务的道德风尚为出租车驾驶员赢得了良好形象。

于桂霞 女,45岁,黄岛区辛安街道办事处大泊子村村民。2004年4月,突如其来的车祸夺走了于桂霞丈夫的生命。为了让刚刚入伍4个月的儿子安心当兵,她向儿子隐瞒了丈夫去世的消息,默默承受着失去丈夫的痛苦,独自扛起生活的重担;并叮嘱儿子在部队和战友们搞好团结,练好本领,报效国家,为爸妈和乡亲们争光。于桂霞的事迹感动了周围的村民和部队官兵,人们亲切地称她为“兵妈妈”。

·“感动青岛”特别奖·

微　尘 隐姓埋名、奉献爱心的市民群体。2004年12月,一笔5万元的个人捐款投入了市红十字会为海啸灾区募捐的捐款箱。签名册上又出现了熟悉的名字:“微尘”。就是这位“微尘”曾在新疆喀什地震后捐款5000元,在抗击非典时捐款1万元,为儿童福利院赠送过近万元的食品、服装等物品……每次都不留关于自己的任何线索。她感动了许多青岛市民,市民们纷纷以“微尘”的名义,默默奉献对灾区人民的爱心。“‘微尘’你我他,爱心大行动”的标语出现在全市的募捐箱上。

(市文明办)

统计资料

2004年青岛市国民经济和社会发展统计公报

青岛市统计局(2005年1月25日)

2004年,在市委、市政府的正确领导下,全市认真贯彻落实党的十六大和十六届三中、四中全会精神,坚持以科学发展观统领经济社会发展大局,紧紧抓住发展这个第一要务,全面落实国家宏观调控各项措施,深化改革、扩大开放、促进发展,实现了国民经济持续快速协调健康发展和各项社会事业的全面进步,全年经济社会发展呈现出"发展快、成效大、水平高、实惠多"的总体特征。在中央电视台主办的"城市中国"系列活动中,我市荣获"中国十大最具经济活力城市"称号。

一、综　　合

全市经济持续快速增长。初步核算,实现全市生产总值(GDP)2163.8亿元,增长16.8%,比上年提高0.9个百分点,为1994年以来的最高增幅。其中,第一产业增加值161.8亿元,增长2.7%;第二产业增加值1171.4亿元,增长21.1%;第三产业增加值830.6亿元,增长14.2%。三次产业的比例关系为7.5:54.1:38.4。

宏观经济效益稳步提高。2004年全市实现地方财政一般预算收入130.51亿元,增长28.5%(省可比口径);地方财政一般预算支出164.06亿元,增长16.9%。税收保持较快增长,全年国税系统组织税收收入(含海关代征)336.32亿元,增长33.1%;地税税收收入100.7亿元,增长20.7%。宏观经济景气保持高位运行。反映企业家对宏观经济环境信心与预期的企业家信心指数年末达到141.57,反映企业综合生产经营状况和经济效益的企业景气指数为140.26。

市场物价小幅回升。全年居民消费价格总指数102.1,比上年上升2.1%。主要工业品出厂价格指数102.92,上升2.92%;原材料、燃料、动力购进价格指数113.62,上升13.62%。房地产价格总指数112.3,上升12.3%。其中,房屋销售价格指数上涨明显、上升15.2%,土地交易价格指数上升1.8%,房屋租赁价格指数下降1.4%。

个体、私营经济健康发展。截至2004年末,全市经工商注册登记的个体工商户达23.88万户,增长15.5%;从业人员36.6万人,增长17.3%;私营企业5.89万户,增长17.1%;从业人员61.6万人,增长16.4%。

国民经济和社会发展存在的主要问题是:经济总量与结构需进一步协调,第三产业的比重有待提高;资源约束突出,煤电油运偏紧;原材料等上游产品和房地产销售价格上升明显;民营经济规模和整体竞争力有待进一步提高等。

二、农　　业

全市积极落实中央关于加强农业和粮食生产的一系列方针政策,免征崂山、黄岛、城阳三区的农业税,降低市郊五市农业税率3个百分点,加大对农业和粮食生产的投入力度,种粮比较收益明显提高,极大地调动了农民的种粮积极性,农业生产呈现近年来难得的好势头。农林牧渔业生产在结构调整中继续保持平稳增长,农业基础设施条件不断改善,农业的基础地位得到进一步强化。

粮食生产丰收,全市粮食播种面积36.1万公顷,增长0.2%,粮食亩产达到429公斤,总产量达到232.34万吨,粮食总产量扭转了连续5年减产的局面。2004年末,全市实有耕地面积42.26万公顷,减少1.0%。

主要农产品产量如下：

	2004年(万吨)	比上年±%
粮食总产量	232.34	4.6
其中：小麦	97.42	4.6
玉米	120.21	7.5
花生	58.03	2.0
蔬菜(不含果用瓜)	672.09	-8.0
水果	74.85	10.5

全年完成造林面积3.25万公顷，下降14.4%；森林覆盖率29.76%，提高3个百分点。全年完成幼林抚育面积3.31万公顷，下降11.0%。

畜牧业生产稳定发展。通过加快园区建设、培育龙头企业、建设"无疫区"示范园区、推进产业化经营等措施，促进了畜牧业生产的全面发展，进一步强化了畜牧业在结构调整中的主导地位。

主要畜产品产量如下：

	2004年(万吨)	比上年±%
肉类总产量	75.56	6.4
其中：猪肉	26.61	9.1
禽肉	40.74	3.4
牛、羊奶	47.95	16.9
禽蛋	37.96	-6.4

渔业生产发展平稳。水产品总产量132.45万吨，增长0.3%。其中，捕捞产量43.97万吨，下降0.8%；养殖产量88.48万吨，增长0.8%。海、淡水养殖面积6.34万公顷，增长5.0%。

农村基础设施和生产条件不断改善。2004年末，全市拥有农业机械总动力598.87万千瓦，增长6.8%。农用拖拉机16.81万台，增长4.6%；农用载重汽车1.11万辆，下降1.0%；农村用电量33.06亿千瓦时，增长10.4%；地膜覆盖面积16.88万公顷，下降1.2%。

三、工业与建筑业

全市工业生产克服电力紧张、能源与原材料价格上涨等较多不利因素影响，以建设四大产业基地、发展六大产业集群为依托，结构调整步伐明显加快，园区工业经济发展的拉动效应凸现，工业产出总量再上新台阶。2004年全市完成工业增加值突破千亿大关，达1024.1亿元，增长20.9%。国有及年产品销售收入500万元以上的非国有工业企业(以下简称规模以上工业企业)完成增加值874.1亿元，增长26.9%。其中，国有及国有控股企业完成183.9亿元，增长13.4%；集体企业完成161.5亿元，增长31.0%；股份制企业完成365.3亿元，增长32.1%；外资及港澳台企业完成250.4亿元，增长38.6%；其他经济类型企业完成25.8亿元，增长43.5%。轻、重工业协调发展，轻工业增加值450.6亿元，重工业增加值423.5亿元，分别增长25.5%和28.0%，轻重工业的比例为52:48。

规模以上工业主要产品产量如下：

	2004年	比上年±%
纱	7.19万吨	1.0
布	5.01亿米	9.3
化学纤维	11.5万吨	8.7
卷烟	735.75亿支	-0.01
啤酒	390.64万千升	12.2
原盐	34.36万吨	-6.76
发电量	89.0亿千瓦时	2.7
粗钢	225.68万吨	10.6
钢材	230.96万吨	11.59
原油加工量	484.98万吨	40.84
烧碱	14.86万吨	9.8
纯碱	60.9万吨	-2.5
化学农药	5061.3吨	75.1
染料	11873吨	10.6
轮胎外胎	2098.8万条	20.3
水泥	181.19万吨	8.8
汽车	62572辆	-4.4
彩色电视机	957.94万台	42.6
家用电冰箱	815.03万台	36.2
房间空调器	977.51万台	61.1
金属集装箱	824.4万立方米	89.0

规模以上工业运行质量全面提升。2004年实现利税总额210.6亿元，增长24.7%；其中利润103.9亿元，增长33.4%。产品销售收入3320.3亿元，增长28.9%。工业经济效益综合指数为149.67，比上年提高12.2个百分点。资本保值增值率为112.5%，产品销售率为97.9%。

产品结构、行业调整取得明显成效，高新技术产品、新产品为全市工业经济提供了新的发展动力。全年规模以上工业企业共完成新产品产值939.1亿元，比上年增长36.2%，占工业总产值的比重28.2%；完成高新技术产业产值1373.7亿元，增长35.02%，占工业总产值的比重达41.2%。企业产品质量及新产品开发能力有所提高，全年共研制开发新产品1712种，增长3.8%，其中达到或接近国际水平的711种、达到国内先进水平的878种、填补国内空白的123种。

建筑业生产快速增长。全年实现增加值147.3亿元，增长20.7%。实现利税总额14.5亿元，增长26.1%。

四、固定资产投资

2004年，全市认真贯彻国家宏观调控政策，取得明显成效。全社会完成固定资产投资1025.4亿元、增长38.7%，比上年下降15.9个百分点，其中城乡规模以上固定资产投资984.6亿元、增长40.9%。投资结构不断优化。在城乡规模以上投资中，第一产业投资22.6亿元，比上年增长31.5%；第二产业投资541.1亿元，增长57.8%；第三产业投资420.9亿元，增长24.3%。大炼油、造船、汽车等一批重大建设项目进入开工和前期准备阶段。

全年规模以上固定资产投资施工项目4333个，新开工项目3735个，竣工项目734个；在建项目总投资规模2098亿元，增长27.1%。全年新增固定资产365.5亿元，项目建成投产率16.9%，固定资产交付使用率37.1%。

全市各类房屋竣工面积1444.1万平方米，增长16.3%。其中，商品房竣工面积635.2万平方米，增长18.1%。商品房销售面积516.3万平方米，增长13.9%。

全市固定资产投资新增主要生产能力和效益：

卷烟	万箱/年	23
冷加工钢铁	万吨/年	15
生铁	万吨/年	120
房间空气调节器	万台/年	120
塑料树脂及共聚物	吨/年	200
轮胎外胎	万条/年	170
移动通信基站	个/年	150
高等院校：学生席位	个	21265
建筑面积	万平方米	69
公共图书馆：阅览室席位	个	900
建筑面积	平方米	4000
城市道路扩建长度	公里	30.9

五、交通运输、邮电和旅游业

交通运输基础设施不断改善，综合运输能力进一步提高。公路建设成效显著，高速公路总里程525公里。港口建设取得新进展，全年港口吞吐量1.63亿吨。其中，矿石吞吐量5300万吨，列全国第一；进口原油吞吐量2300万吨，列全国第一；外贸吞吐量1.2亿吨，列全国第二；集装箱吞吐量突破500万标准箱，达到514万标准箱，列全国第三。

各种运输方式完成的运输量：

	2004年	比上年±%
客运周转量	115.04亿人公里	25.3
铁路	62.8亿人公里	17.0
公路	51.26亿人公里	37.5
水运	0.98亿人公里	20.6
货运周转量	3073.87亿吨公里	22.9
铁路	227.45亿吨公里	-7.7
公路	86.26亿吨公里	14.0
水运	2760.16亿吨公里	26.7

航空运输保持快速增长。年末拥有国内航线84条，国际（地区）航线12条，全年航空旅客吞吐量达到480.84万人次，增长37.9%；航空货邮吞吐量10.5万吨，增长38.3%。

邮电通信业快速增长。全年完成邮电业务总量73.8亿元，增长27.7%。其中，邮政业务总量5.09亿元，增长9.0%；电信业务总量68.7亿元，增长29.4%。信函7560.6万件，下降14.7%；长途电话46762.2万张，增长8.4%；网络信息技术不断普及和提高，2004年互联网用户累计达66.45万户，增长67.5%，使用时长达7.8亿分钟。通讯能力进一步增强，全市市话交换机总容量达299.75万门，增长24.2%；年末市话用户达到204.9万户，其中新装电话59.47万户；全市移动电话发展到376.32万户，其中年内新增142.46万户。

旅游业强劲增长。在旅游环境优化、节庆活动和会展经济等因素拉动下，岛城旅游业质量效益型发展态势初步显现，对外吸引力迅速上升。全市旅游总收入达207.56亿元，增长51.6%。其中，国内旅游总收入183.79亿元，增长50.8%；国际旅游收入2.88亿美元，增长59.2%。全年共接待国内外游客2209.7万人次，增长30.8%。其中，国内游客2157.44万人次，增长30.4%；海外游客52.2万人次，增长53.2%。

六、国内贸易

2004年，在城乡居民收入显著增加、消费能力有效提升和旅游经济的带动下，城乡消费品市场继续呈现活跃态势。全年实现社会消费品零售额突破600亿大关，达605.5亿元，增长15.8%。城乡市场协调发展，城市市场实现零售额476.7亿元，增长16.9%；农村市场实现零售额128.8亿元，增长11.7%。

餐饮业保持快速增长。全年餐饮业实现零售额80.7亿元，增长20.2%，保持了强劲的增长势头，尤其是市南、市北两区的餐饮业零售额都超过10亿元，分别达到15.2亿元和12.4亿元，增长27.5%和24.7%。

商品交易市场成交活跃。全市商品交易市场（含集市贸易市场）824处，成交额738.8亿元，增长6.1%。其中，消费品市场760处，成交额672.2亿元，增长10.5%；生产资料市场64处，成交额66.6亿元，下降24.7%。

居民消费进入转型升级阶段，消费热点进一步凸显。2004年，穿的、用的商品分别实现零售额114.7亿元和247.6亿元，增长15.6%和16.3%，均高于吃的商品15.3%的增幅。汽车消费保持旺盛增长，全年仅限额以上贸易企业汽车零售额就达36.6亿元，增加13亿元，增长55.1%。

七、对外经济

根据国内国际投资环境的发展变化，通过创新招商方式，加大产业链招商，重塑产业集群，借助半岛制造业基地建设的契机，进一步加强对韩、日等国家和港、台地区的交流，创造性地举办韩国周、日本周等经贸活动，对外经济呈现稳步上升的发展态势。

对外贸易实现较快增长。青岛地区（含中央、省公司）实现外贸进出口总额269.88亿美元，增长30.6%。其中，出口额157.82亿美元，增长27.4%；进口额112.06亿美元，增长35.6%。本市（不含中央、省公司）实现外贸进出口总额243.32亿美元，增长39.3%；其中，出口额139.12亿美元，进口额104.2亿美元，分别增长37.3%和42.1%。外商投资企业是全市外贸出口的主体，出口额89.18亿美元，增长28.2%，占全市出口额的比重为64.1%。

据青岛海关统计，青岛口岸对外贸易进出口总额567.76亿美元，增长38.9%。其中，出口额319.77亿美元，进口额247.99亿美元，分别增长35.2%和44.0%。

利用外资成绩显著。全年共批准利用外资项目2423个，增长7.8%；合同外资67.66亿美元，增长27.2%；实际利用外资达到38.17亿美元（新口径），增长33.1%。

对外经济技术合作业务继续发展。在注重招商引资的同时，也积极实施“走出去”战略，充分利用“两个市场、两种资源”。全年累计签订国外经济合作合同金额2.10亿美元，增长2.4%；营业额2.06亿美元，增长47.1%；共派出劳务人员4761人次，增长24.6%。

对内招商引资发展迅速。2004年全年引进500万元以上的内资项目1206个，实际到位资金达到192.7亿元，增长

37.5%。其中,引进亿元以上内资项目148个,实际到位内资77.7亿元。

八、金融和保险业

金融业健康运行。年末金融机构本外币存款余额达2390.73亿元,比年初增加350.15亿元。其中,人民币存款余额2246.26亿元,比年初增加353.88亿元。城乡居民储蓄继续增加,本外币储蓄达1171.15亿元。其中人民币存款余额达1089.49亿元,比年初增加180.39亿元。各项贷款稳定增长,信贷结构得到优化。金融机构本外币贷款余额突破2000亿元,达2011.7亿元,比年初增加289.96亿元。其中,人民币贷款余额1847.26亿元,比年初增加245.87亿元。在人民币贷款中,短期贷款余额954.89亿元,比年初增加58.34亿元;中长期贷款余额621.49亿元,比年初增加159.32亿元。

保险事业平稳发展。全年全市承保金额7303.9亿元。实现保费收入47.62亿元,增长1.8%。其中,财产保费收入13.98亿元,增长19.6%;人身保费收入33.64亿元,下降4.0%。赔款支出金额12.9亿元,其中财产险赔付金额8.29亿元、人身险赔付金额4.61亿元。

九、科学技术和教育

科技事业加快发展。初步统计,2004年全市共取得重要科技成果490项。获得国家级科技奖励8项。其中,自然科学奖1项,科学技术进步奖6项,国际科学技术合作奖1项。获得省级科技奖励74项。其中,自然科学奖4项,技术发明奖2项,科学技术进步奖68项。

科技市场交易活跃。全年共成交技术合同项目1362项,成交额4.1亿元。全年专利申请量3036件,授权专利1973件。

教育事业稳步发展。2004年末,全市共有各类大专院校28所(含民办高校)。其中普通高校25所,在校学生18.4万人,增长23.1%。中等学校414所。其中,普通中学331所,在校学生43.61万人,下降5.5%;中等专业学校和技工学校83所,在校学生16.27万人,增长29.9%。接受中等职业教育的学生占高中阶段在校生的54%。共有小学1037所,在校学生47.69万人,增长2%。学龄儿童入学率100%,初中入学率达99%以上。

十、文化、卫生和体育

文化事业繁荣发展。全市共有各类文化机构495处。其中,影剧院29处,电影队214个,文化馆(站)153处,博物馆7处,公共图书馆13处,艺术表演团体11个,广播电台1座、11套节目,电视台1座、15套节目,全市有线电视用户达到155.1万户,数字电视用户达到15万户。全市出版各类杂志1750万册,出版报纸64593.6万份。全年共创作发表文艺作品332篇(件、幅),获得省以上奖励29项。全市共有档案馆14处。

卫生事业稳步发展。年末全市共有卫生机构(含诊所)3212处。其中,医院、卫生院226处,卫生防疫机构13处,妇幼保健机构13处,门诊部(所)、卫生保健所、医务室2365处。年末各类卫生技术人员3.3万人,其中医生1.3万人。全市拥有医疗床位2.4万张,其中医院、卫生院床位2.2万张。

体育事业取得新的进步。全市运动员在各项比赛中共获得金牌227枚、银牌182枚、铜牌147枚;共打破全国纪录3项。全市共有体育专业队7个,队员89人;重点体校13所,学员2160人;业余体校5所,学员8640人。群众体育和全民健身运动广泛开展。

十一、城市建设与环境保护

城市建设成绩显著。一批城市基础设施相继竣工和开建,流亭机场扩建、汇泉广场改造等工程竣工,滨海公路北段、滨海步行道崂山区段、石老人海水浴场改造等工程开建。

城市平均每天供水量75万吨,下降0.8%。城市全年实际用水量2.74亿吨,下降0.7%,其中生产用水和生活用水分别为1.15亿吨和1.52亿吨。

城市使用液化气、煤制气、天然气的总户数达到89.08万户,增长3.2%。全年供应液化气总量5.1万吨,下降25%;供应煤制气总量15503万立方米,增长4.6%;供应天然气总量2640万立方米,增长124%。城市气化率达到100%。

全社会用电量167.95亿千瓦时,增长13.7%。其中,工业用电112.63亿千瓦时,城乡居民生活用电23.63亿千瓦时,分别增长13.5%和18.8%。

全年新增供热面积265万平方米,累计供热面积达到2108万平方米,增长14%。

年末市区公共汽、电车线路187条,增长14%。共有营运的公交汽、电车3752辆,增长2.9%。年末全市共有出租汽车8144辆,下降8.5%。

年末道路总长度1732.6公里,增长8.6%。新建、翻建道路216条。城市下水道总长度2026公里,增长7.5%。

环境保护得到加强。全年市区空气质量功能区达标率100%;市区空气质量优良天数达到331天,占90.7%,比上年提高1.4个百分点。近岸海域功能区国控点位水质达标率100%。市区区域环境噪声平均值53.6分贝,市区交通干线噪声平均值68.3分贝。市区共植树189万株。建成区绿化覆盖率达到38%,比上年提高1.3个百分点;市区园林绿地面积达10361公顷,增长17.3%;新增公共绿地319.57公顷,人均占有公共绿地11平方米,增长17.8%。市区现有公园、动物园46个。

十二、人口、人民生活和社会保障

人口增速加快。年末全市总人口为731.12万人,增长1.4%。其中,市区258.4万人,增长4.7%;五市(县级)472.72万人,基本持平。全市非农人口比重达到36%,较上年提高0.9个百分点。全年新出生人口79341人,出生率为10.93‰;死亡人口49230人,死亡率为6.78‰;全年净增人口104422人,人口自然增长率为4.15‰。

城乡居民生活水平进一步提高。市委、市政府采取各项措施提高城乡居民特别是低收入群体的收入水平,城市居民人均可支配收入11089元,增长10.1%;人均消费性支出9002元,增长11.7%;恩格尔系数38.0%,下降1.3个百分点。农村居民收入增长较快,生活质量进一步改善。农民人均纯收入5080元,增长12.1%,是1998年以来最快增长速度;人均生活消费支出3353元,增长12.2%。社会职工平均工资13445元,增长12%。

城乡居民居住条件进一步改善。2004年新建成住宅294.7万平方米,增长0.5%。年末城区人均住宅建筑面积24.19平方米,增加1.9平方米;农民人均住房使用面积27.99平方米,增加1.28平方米。

就业局势稳定,社会保障水平不断提高。2004年末全市单位从业人员207.1万人,增长13.1%。全年共安排14.1万人次就业,组织4.3万人次参加就业前培训。年末全市城镇登记失业率为3.1%,下降0.65个百分点。2004年末全市参加基本养老保险人数为117.5万人,参加失业保险人数为96.5万人,领取失业保险金人数为9.7万人、下降4.0%。

社会福利事业成效显著。2004年全市各类社会福利院床位达9529张,收养6822人。

注:

1.公报中部分统计数据为初步统计数。

2.公报中全市生产总值、各产业增加值、按经济类型分组 的增加值绝对数按现价计算,增长速度按可比价计算。

3.部分工业产品产量系集团口径。

4.城乡规模以上投资统计范围包括城镇、农村50万元以上投资项目。

5.利用外资数据为新口径数据,新口径数据=老口径数据－ 企业境外借款。

6.市话交换机总容量包括小灵通容量。

7.社会职工平均工资:指社会单位职工在一定时期内平均每人所得的工资。包括:国有经济、集体经济、联营经济、股份制经济、外商和港、澳、台投资经济、私营经济单位等。

主要统计数据系列表

行　政　区　划

表1　　(2004年底)　　单位:个

市、区名称	小计		社区居委会	村民委员会
	街道	镇		
全　市	94	84	1157	5494
市　区	73	1	915	44
市南区	14		81	
市北区	16		107	
四方区	15		91	
李沧区	11		98	
城阳区	8		231	9
黄岛区	5	1	168	35
崂山区	4		139	
胶州市	5	13	61	811
即墨市	5	18	35	1028
平度市	4	26	59	1785
胶南市	2	15	51	965
莱西市	5	11	36	861

2004 年 15 个副省级城市主要经济指标对比资料

表 2

指标名称	单位	青岛	沈阳	大连	长春	哈尔滨	南京	杭州	宁波	厦门	济南	武汉	广州	深圳	成都	西安	今年位次	去年位次
全市生产总值	亿元	2163.8	1900.69	1961.8	1535	1680.5	1910	2515	2158.04	883.21	1618.87	1956	4115.81	3422.8	2185.7	1095.87	5	6
比上年同期增长	%	16.8	15.5	16.2	13.5	14.7	17.3	15	15.5	16	15.6	14.5	15	17.3	13.6	13.5	3	3
第一产业	亿元	161.8	107.31	153.1	168	275.6	70	139.1	123.5	19.9	118.7	103	115.5	14.18	168	60.05	4	4
比上年同期增长	%	2.7	14.7	10.4	8	10.5	5.2	5.1	5	-0.3	7.8	5.2	5.4	-19.8	5.7	6.7	13	11
第二产业	亿元	1171.4	940.49	983.3	742	643	1005	1332.9	1230.21	523.94	742.4	903	1817.71	2108.14	1022	495.67	5	5
比上年同期增长	%	21.1	19.8	19.9	15.5	19.9	20.7	16.7	16.6	19.4	19.8	17.8	17.2	21.3	15.8	15.6	2	5
#工业增加值	亿元	1024.1	830.32	851.3	635	516.6	823	1174.9	1086.75	475.79	616.75	733	1627.11	1912.96	789.7	365.98	5	5
比上年同期增长	%	20.9	18.5	17.1	14.7	20.2	23	18.6	16	20.5	22	17.6	18.6	23.8	15.8	15.1	4	5
第三产业	亿元	830.6	852.89	825.4	625	761.9	835	1043	804.33	339.37	757.77	950	2182.6	1300.48	995.7	540.15	8	9
比上年同期增长	%	14.2	11.1	13.1	13	12.1	14.9	14.3	15.8	11.8	13	13	13.8	11.3	12.5	12.3	4	4
规模以上工业总产值	亿元	3333.8	1493.4	2018.2	1712.7	886.2	3285.0	4149.1	3522.5	1648.3	1753.8	1678.3	5043.3	6509.3	–	789.2	5	5
比上年同期增长(现价)	%	29.4	36.1	28.9	13.9	25.2	30.3	29.9	26.6	25.4	35.9	26.0	22.9	24.8	–	22.9	5	9
全社会固定资产投资额	亿元	1025.4	971.4	716.2	460.0	532.6	1201.9	1205.2	1095.7	304.7	651.3	822.2	1322.0	1090.1	1085.2	640.4	7	7
比上年同期增长	%	38.7	66.7	41.3	18.0	22.2	26.0	19.7	31.1	24.3	29.0	27.5	12.5	14.9	25.8	34.0	3	2
社会消费品零售总额	亿元	605.5	808.8	645.2	495.3	707.4	711.4	704.3	595.6	260.3	621.0	960.6	1675.1	915.5	875.3	506.5	11	12
比上年同期增长	%	15.8	12.1	13.5	13.0	13.3	18.5	15.2	14.2	13.0	15.6	12.5	12.1	14.2	13.5	15.1	2	3
出口总额(含中央省公司)	亿美元	157.8	24.0	108.6	8.3	8.8	104.6	151.8	166.9	139.5	13.7	19.3	214.7	778.6	18.7	20.4	4	3
比上年同期增长	%	27.4	19.8	13.9	-47.5	-3.2	36.5	38.6	38.2	32.2	64.3	30.4	27.1	23.7	37.9	45.1	9	12
实际利用外资金额	亿美元	38.2	24.2	*22.03	9.0	4.1	25.7	*14.1	21.0	5.7	3.2	*15.2	24.8	36.0	7.5	*2.76	1	2
比上年同期增长	%	33.1	71.7	*109.4	20.1	–	27.2	*39.8	22.0	35.1	21.5	*20.6	64.8	-3.6	50.0	*8	7	1
地方财政一般预算收入	亿元	130.5	107.4	117.2	50.7	95.6	169.9	197.5	151.8	65.0	89.0	104.0	302.8	321.8	108.1	75.3	6	6
比上年同期增长	%	28.5	32.5	16.5	10.3	25.2	29.3	19.7	8.8	21.1	20.9	29.3	19.2	20.2	24.8	19.9	4	4
地方财政一般预算支出	亿元	164.1	168.1	170.3	100.8	150.4	191.7	195.6	216.0	97.9	101.5	140.3	408.2	378.5	155.9	87.3	8	8
比上年同期增长	%	16.9	25.4	15.6	17.4	23.7	23.4	19.6	19.8	12.5	14.8	19.1	10.3	8.4	12.7	20.6	9	4
城市居民人均可支配收入	元	11089	8924	10378	8900	8940	11602	14565	15882	14443	12005	9564	16884	27596	10394	8544	8	8
比上年同期增长	%	10.1	12.1	14	12.6	13.1	13.8	12.9	11.2	11.8	9	12.2	12.5	6.4	7.8	10.3	12	1
居民消费价格指数	%	102.1	102.2	102.6	104.1	103.1	103	102.5	102.7	103.1	102.5	103.3	101.7	101.3	103.9	102.3	13	3

注:大连、杭州、武汉、西安利用外资数据为外商直接投资数据(表中加*的数据)。

国民经济主要平均指标

表3

指标	单位	1990年	1995年	2000年	2003年	2004年
人口密度	人/平方公里	626	643	664	677	686
每户年平均人口	人	3.57	3.29	3.14	3.1	3.11
全社会单位职工年平均工资	元	2400	6164	10072	12007	13445
城市居民人均年可支配收入	元	1624	5357	8016	10075	11089
农民人均年纯收入	元	952	2225	3637	4530	5080
每一播亩平均粮食产量	千克	351	409	411	411	429
每亩蔬菜平均产量	千克	3017	3274	2735	2991	2971
每亩茶叶平均产量	千克	35	8	8.1	15.8	25.07
每亩花生平均产量	千克	244	311	298	309	325
每亩棉花平均产量	千克	55	39	83	81	76
每台拖拉机负担耕地面积	亩/台	135	129	56	40	38
每亩耕地施用化肥量(折纯)	千克	27	43	45	50	51
每人平均消费品零售额	元	995	2494	4365	7132	8341
城市每天平均生活用水量	万吨	11.7	22.6	33.33	27.79	32.04
城市每人平均绿化面积	平方米	3.7	5.4	8.5	9.34	11
城市每人平均住宅建筑面积	平方米	14.16	17.12	20.76	23.73	24.22
每万人拥有医疗床位	张	35.3	36.93	34.5	33.3	34.8
每万人拥有医生数	人	20.6	20.2	21	18.7	19.1
每万人中高等学校学生数	人	23	36	65	234	276
每万人中中等学校学生数	人	527	658	704	814	819
每万人中小学学生数	人	948	870	757	649	652

注:全社会单位职工年平均工资,2003年以前为县及县以上城镇单位职工年平均工资。

主要指标占全国全省比重

(2004年)

表4

指标	单位	全国	全省	青岛市	青岛市占全国比重(%)	青岛市占全省比重(%)
一、全市生产总值	**亿元**	**136515**	**15490.7**	**2163.8**	**1.59**	**13.97**
第一产业	亿元	20744	1778.3	161.8	0.78	9.10
第二产业	亿元	72387	8724.5	1171.4	1.62	13.43
第三产业	亿元	43384	4987.9	830.6	1.91	16.65
二、主要工业产品产量						
纱	万吨	1120.0	264.1	7.19	0.64	2.72
布	亿米	420.0	66.2	5.0	1.19	7.55
家用电冰箱	万台	3033.38	617.7	617.7	20.36	100.00
彩色电视机	万部	7328.8	764.1	675.7	9.22	88.43
原盐	万吨	–	1056.12	34.36	–	3.25
卷烟	亿支	18744.13	1144.72	735.75	3.93	64.27
发电量	亿千瓦时	21870.0	1693.7	89.01	0.41	5.26
钢材	万吨	29723.12	2011.7	230.97	0.78	11.48
纯碱	万吨	1302.46	–	60.8	4.67	–
化肥	万吨	4469.47	–	19.6	0.44	–
水泥	万吨	97000	12363.8	181.19	0.19	1.47
三、主要农产品产量						
粮食	万吨	46947	3516.7	232.34	0.50	6.61
油料	万吨	3057	369.7	58.34	1.91	15.78
棉花	万吨	632	109.8	0.72	0.11	0.66
肉类产量	万吨	7260	696.5	75.56	0.99	10.84
水产品	万吨	4855	718.2	132.45	2.73	18.44
四、全社会固定资产投资额	**亿元**	**70073**	**7589.3**	**1025.4**	**1.46**	**13.51**
五、社会消费品零售总额	**亿元**	**53950.1**	**4483.4**	**605.5**	**1.10**	**13.50**
六、高等学校在校学生	**万人**	**1333.5**	**94.6**	**20.17**	**1.51**	**21.32**

注:本表全国、全省均为公报数。

主要年份地方财政收支

表5 单位:万元

年份	财政收入	财政支出	#基本建设	#城市维护费	#行政管理	#文教卫生
1949	1527	306			183	113
1952	19809	2226	733	272	735	423
1957	29875	3556		241	1145	1665
1962	32869	4327	11	11	112	2064
1965	47682	6280	1	573	1242	2239
1970	95778	7825	1504	636	1366	2495
1975	90220	11966	183	746	1750	4118
1978	130749	19427	548	957	2392	5172
1980	124835	20064	1120	2467	2888	7419
1985	165155	41996	2233	3716	5245	14262
1988	201206	93931	4730	8706	11401	20073
1989	221183	113585	6197	12971	9440	23208
1990	242303	133875	7180	13872	10576	26143
1991	259377	137716	6831	14770	12206	29022
1992	275589	155696	18514	16049	15662	33790
1993	182348	211938	26850	20121	18370	39761
1994	227490	277331	32567	20443	24509	58898
1995	294771	376982	72585	30952	28673	67494
1996	379674	469569	113244	35601	37035	65777
1997	476804	564787	129089	44599	43061	77360
1998	580434	678575	157146	62563	50324	116353
1999	680089	740937	151802	60373	62701	141032
2000	800120	878702	134437	60566	80296	186841
2001	987080	1097848	201995	61365	101240	232569
2002	1006616	1243880	198502	80847	126855	274606
2003	1201398	1471747	282040	89874	148904	304661
2004	1305136	1646214	237107	114987	174683	340773

注:1.1993年以后实行新制度,财政收入数与历年不可比。 2.2002年以后,财政收入、支出为一般预算数。

固定资产投资

表6 (2004年) 单位:万元

项目	合计	房地产开发	项目	合计	房地产开发
一、本年施工项目(个)	**4333**		地方单位	9663757	1626965
#本年新开工(个)	3735		4.按国民经济行业分		
二、本年建成投产项目(个)	**734**		(1)农、林、牧、渔业	225898	
三、本年完成投资	**9845646**	**1626965**	农业	41212	
1.按构成分			林业	22063	
#建筑工程	5923846	1077241	畜牧业	46481	
安装工程	489200	101565	渔业	101354	
设备工器具购置	2312139	13873	农、林、牧、渔服务业	14788	
#用于更新的设备	59303		(2)采矿业	71530	
2.按建设性质分			煤炭开采和洗选业	0	
#新建	5647456		石油和天然气开采业	0	
扩建	2029664		黑色金属矿采选业	11123	
改建	292994		有色金属矿采选业	15085	
3.按隶属关系分			非金属矿采选业	41836	
中央单位	181889		其他采矿业	3486	

注:表中数据口径为"规模以上投资"

主 要 工 业 产 品 产 量

表7

产品名称	计量单位	2004年	2004年比2003年(±%)	产品名称	计量单位	2004年	2004年比2003年(±%)
冶金工业产品				#彩电	万部	957.94	42.63
钢	万吨	225.68	10.56	程控交换机	万线	69.13	-70.87
钢材	万吨	230.97	11.6	电子元件	万只	0	0
耐火材料制品	万吨	0.69	15.07	半导体集成电路	万块	0.68	-37.04
电力工业产品				**建材工业产品**			
发电量	亿千瓦小时	89	2.7	水泥	万吨	181.19	8.78
化学工业产品				平板玻璃	万重量箱	163.28	101.04
原油加工量	万吨	484.98	40.84	砖(折标准砖)	万块	1051	-59.9
汽油	万吨	63.27	29.45	锯材	万立方米	0	0
煤油	万吨	0	0	**纺织工业产品**			
柴油	万吨	104.55	53.48	纱	吨	71930.6	1.04
燃烧油	万吨	156.72	111.3	布	万米	50111.96	9.33
硫酸	万吨	14.68	-3.51	印染布	万米	7717.6	12.33
纯碱	万吨	60.9	-2.51	帘子布	吨	6653.5	24.33
烧碱	万吨	14.86	9.81	毛线	吨	12127	-12.6
农用化肥(100%)	万吨	19.62	0.62	呢绒	万米	14	-75.7
合成氨	万吨	30.3	-1.2	化学纤维	万吨	11.5	8.7
化学农药	万吨	0.51	75.1	丝织品	万米	1182.14	-11.6
染料	吨	3961	14.8	针棉织品折用纱线	万吨	2.38	22
油漆	吨	1955	-19.8	**轻工产品**			
塑料	吨	103391	17.84	机制纸及纸板	万吨	36.38	16.7
化学药品(原料)	吨	4393.9	-10.9	洗衣机	万台	575.06	21.98
轮胎外胎	万条	2098.8	20.31	肥皂	吨	14670	0.78
力车胎外胎	万条	0	0	原盐	万吨	34.36	-6.76
橡胶运输带	万平方米	0	0	糖果	万吨	0.46	2.71
机械工业产品				卷烟	万箱	147.1	-0.01
工业锅炉	蒸发量吨	2604	19.3	食用植物油	万吨	24.1	22.56
交流电动机	万千瓦	96.13	28.65	发酵酒精	万吨	0	0
钢芯铝绞线	吨	6608	33.77	饮料酒	万吨	393.3	11.1
金属切削机床	台	1287	30	#白酒	万吨	1.2	4.1
汽车	辆	62572	-4.38	#啤酒	万吨	390.64	12.18
改装汽车	辆	10678	47.55	塑料制品	吨	87239.3	12.42
客车	辆	484	47.56	家具	万件	399.25	27.72
民用钢质船舶	综合吨	23001	126.14	电冰箱	万台	815.03	36.22
电子产品				皮鞋	万双	4118.29	13.3
电视机	万部	958.8	42.2	服装	万件	40307.8	3.43

销售收入和实现利税前30位工业企业

(2004年)

表8　　单位:万元

序号	销售收入前30位企业	所在区市	序号	实现利税前30位企业	所在区市
1	海尔集团公司	崂山区	1	颐中烟草(集团)有限公司	市北区
2	海信集团有限公司	市南区	2	海尔集团公司	崂山区
3	青岛钢铁控股集团有限责任公司	李沧区	3	青岛啤酒集团有限公司	市南区
4	中国第一汽车集团青岛汽车厂	李沧区	4	中国第一汽车集团青岛汽车厂	李沧区
5	青岛啤酒集团有限公司	市南区	5	青岛钢铁控股集团有限责任公司	李沧区
6	青岛澳柯玛集团总公司	黄岛区	6	海信集团有限公司	市南区
7	颐中烟草(集团)有限公司	市北区	7	中国石化集团青岛石油化工有限责任公司	李沧区

（表8续）　　单位：万元

序号	销售收入前30位企业	所在区市	序号	销售收入前30位企业	所在区市
8	青岛双星集团公司	市南区	8	青岛朗讯科技通讯企业有限公司	黄岛区
9	中国石化集团青岛石油化工有限责任公司	李沧区	9	青岛即发集团控股有限公司	即墨市
10	青岛广源发集团有限公司	城阳区	10	青岛广源发集团有限公司	城阳区
11	青岛朗讯科技通讯企业有限公司	黄岛区	11	青岛发电厂	四方区
12	青岛即发集团控股有限公司	即墨市	12	青岛中集集装箱制造有限公司	黄岛区
13	青岛黄海橡胶集团有限责任公司	李沧区	13	青岛双星集团公司	市南区
14	青岛泰发集团股份有限公司	胶南市	14	青特集团有限公司	城阳区
15	青岛变压器集团有限公司	城阳区	15	青岛黄海橡胶集团有限责任公司	李沧区
16	南车四方机车车辆股份有限公司	崂山区	16	青岛变压器集团有限公司	城阳区
17	青岛汉缆集团有限公司	崂山区	17	青岛澳柯玛集团总公司	黄岛区
18	青岛嘉里植物油有限公司	黄岛区	18	青岛捷能电工电子集团有限责任公司	四方区
19	青岛捷能电工电子集团有限责任公司	四方区	19	青岛安普泰科电子有限公司	城阳区
20	青岛中集集装箱制造有限公司	黄岛区	20	四方机车车辆有限责任公司	四方区
21	青岛星火纺织集团股份有限公司	胶南市	21	南车四方机车车辆股份有限公司	崂山区
22	青岛喜盈门集团公司	城阳区	22	青岛汉缆集团有限公司	崂山区
23	青特集团有限公司	城阳区	23	青岛泰光制鞋有限公司	莱西市
24	青岛万福集团股份有限公司	莱西市	24	青岛马士基集装箱工业有限公司	城阳区
25	青岛九联集团股份有限公司	莱西市	25	青岛四方－庞巴迪－鲍尔铁路运输设备有限公司	城阳区
26	青岛海湾集团有限公司	李沧区	26	青岛太平货柜有限公司	黄岛区
27	青岛三湖制鞋有限公司	即墨市	27	青岛三恩集团有限公司	城阳区
28	青岛马士基集装箱工业有限公司	城阳区	28	青岛国风药业股份有限公司	黄岛区
29	四方机车车辆有限责任公司	四方区	29	青岛泰发集团股份有限公司	胶南市
30	青岛发电厂	四方区	30	山东黄岛发电厂	黄岛区

批发业销售收入、实现利润前30位企业

表9　　（2004年）

销售收入前30位企业	地　址	利润前30位企业	地　址
海尔集团电器产业有限公司	青岛市崂山区	山东青岛烟草有限公司	青岛市市北区
青岛海尔国际贸易有限公司	青岛市崂山区	中国石油化工股份有限公司山东青岛石油分公司	青岛市市南区
山东青岛烟草有限公司	青岛市市北区	青岛钢铁进出口公司	青岛市市南区
山东省机械进出口集团公司	青岛市市南区	山东省机械进出口集团公司	青岛市市南区
中国石油化工股份有限公司山东青岛石油分公司	青岛市市南区	青岛即发进出口有限公司	青岛市即墨市
青岛益佳国际贸易集团有限公司	青岛市市南区	山东绮丽集团公司	青岛市市南区
青岛钢铁进出口公司	青岛市市南区	山东中粮花生制品进出口有限公司	青岛市市南区
山东绮丽集团公司	青岛市市南区	青岛海尔国际贸易有限公司	青岛市崂山区
中国石油天然气股份有限公司山东即墨分公司	青岛市即墨市	中国煤炭工业进出口集团公司青岛分公司	青岛市黄岛区
中国煤炭工业进出口集团公司青岛分公司	青岛市黄岛区	中国船舶燃料供应青岛公司	青岛市市北区
青岛海信进出口有限公司	青岛市市南区	中国石油天然气股份有限公司山东即墨分公司	青岛市即墨市
山东省畜产进出口公司	青岛市市南区	伊藤忠（青岛）有限公司	青岛市市南区
中国船舶燃料供应青岛公司	青岛市市北区	青岛世纪新科啤酒开发有限公司	青岛市市南区
山东省丝绸进出口公司	青岛市市南区	青岛国人集团有限公司	青岛市市北区
胶南泰发物资公司	青岛市胶南市	山东三利源经贸有限公司	青岛市平度市
新华锦集团山东锦宜纺织有限公司	青岛市市南区	胶南糖酒副食品公司	青岛市胶南市
青岛中油油品销售有限公司	青岛市市南区	山东机械设备进出口集团公司	青岛市市南区
山东省五金矿产进出口公司	青岛市市南区	山东盈商针棉织品进出口有限公司	青岛市市南区
山东盈商针棉织品进出口有限公司	青岛市市南区	青岛中油油品销售有限公司	青岛市市南区

（表9续）

销售收入前30位企业	地　址	利润前30位企业	地　址
山东三利源经贸有限公司	青岛市平度市	青岛中联油国际贸易公司	青岛市市南区
山东中粮花生制品进出口有限公司	青岛市市南区	山东锦岳国际经贸有限责任公司	青岛市市南区
山东机械设备进出口集团公司	青岛市市南区	新华锦集团山东海川发制品进出口有限公司	青岛市市南区
青岛圣元乳业有限公司	青岛市黄岛区	青岛海信进出口有限公司	青岛市市南区
金光纸业青岛有限公司	青岛市市南区	青岛市城阳区石油公司	青岛市城阳区
中国烟草山东进出口公司	青岛市市南区	山东省即墨市福田农业机械有限公司	青岛市即墨市
青岛纺联集团进出口有限公司	青岛市市北区	青岛卓信工贸有限公司	青岛市市南区
山东锦丰纺织有限公司	青岛市市南区	新华锦集团山东海诚进出口有限公司	青岛市市南区
新华锦集团山东海川发制品进出口有限公司	青岛市市南区	中国化工建设青岛公司	青岛市市南区
山东省食品进出口公司	青岛市市南区	青岛远洋船舶供应公司	青岛市市北区
山东锦立泰进出口有限公司	青岛市市南区	青岛华青棉花有限责任公司	青岛市崂山区

零售业销售收入、实现利润前30位企业

表10

（2004年）

销售收入前30位企业	地　址	利润前30位企业	地　址
利群集团股份有限公司	青岛市市北区	利群集团股份有限公司	青岛市市北区
青岛维客集团股份有限公司	青岛市李沧区	青岛家乐福商业有限公司	青岛市市南区
青岛国美电器有限公司	青岛市市北区	青岛永旺东泰商业有限公司	青岛市市南区
青岛永旺东泰商业有限公司	青岛市市南区	青岛国美电器有限公司	青岛市市北区
青岛第一百盛有限公司	青岛市市南区	青岛国货城阳购物中心有限公司	青岛市城阳区
青岛北方国贸大厦股份有限公司	青岛市李沧区	青岛国货集团新世纪购物中心有限公司	青岛市胶州市
青岛家乐福商业有限公司	青岛市市南区	青岛维客集团股份有限公司	青岛市李沧区
山东省城市车辆青岛有限公司	青岛市市南区	青岛海信实业股份有限公司	青岛市市南区
山东雅泰电器有限公司	青岛市市南区	青岛市新华书店有限责任公司	青岛市市南区
青岛海信实业股份有限公司	青岛市市南区	青岛润泰事业有限公司	青岛市市南区
青岛雅泰电器有限公司	青岛市市南区	青岛中百佳乐家超市有限公司	青岛市平度市
青岛华成汽车服务有限公司	青岛市崂山区	青岛平度维客购物中心有限公司	青岛市平度市
青岛利客来商贸股份有限公司	青岛市李沧区	青岛华成汽车服务有限公司	青岛市崂山区
青岛华泰汽车销售有限公司	青岛市市北区	青岛华泰汽车销售有限公司	青岛市市北区
青岛国货城阳购物中心有限公司	青岛市城阳区	青岛阳光百货股份有限公司	青岛市市南区
青岛市新华书店有限责任公司	青岛市市南区	青岛北方国贸大厦股份有限公司	青岛市李沧区
青岛神龙达汽车销售服务有限公司	青岛市即墨市	青岛平度市新华书店	青岛市平度市
青岛润泰事业有限公司	青岛市市南区	青岛通宝汽车有限公司	青岛市市南区
青岛阳光百货股份有限公司	青岛市市南区	青岛神龙达汽车销售服务有限公司	青岛市即墨市
青岛国风大药房连锁有限公司	青岛市市南区	莱西市清洗防腐公司	青岛市莱西市
青岛通宝汽车有限公司	青岛市市南区	北京同仁堂青岛药店有限责任公司	青岛市市北区
青岛喜盈门集团喜盈门商场	青岛市城阳区	即墨市亨通汽车服务有限公司	青岛市即墨市
青岛国货集团新世纪购物中心有限公司	青岛市胶州市	山东省胶州市新华书店	青岛市胶州市
青岛博达汽车销售有限公司	青岛市崂山区	青岛市崂山区粮油总公司	青岛市崂山区
青岛飞利汽车贸易有限公司	青岛市市南区	胶南新华书店	青岛市胶南市
青岛万事达汽车销售有限公司	青岛市李沧区	青岛伟业国美电器有限公司	青岛市黄岛区
青岛家世界超市有限公司	青岛市市北区	青岛即墨市新华书店有限责任公司	青岛市即墨市
青岛国货商厦有限公司	青岛市黄岛区	莱西市新华书店	青岛市莱西市
山东省大友销售有限公司青岛分公司	青岛市崂山区	青岛圣帝亚服饰中心	青岛市即墨市
青岛中百佳乐家超市有限公司	青岛市平度市	青岛特种油品公司	青岛市市南区

销售(营业)收入前60位的外商投资企业

表11 (2004年)

名次	企业名称	所在地区	名次	企业名称	所在地区
1	青岛朗讯科技通讯设备有限公司	崂山区	31	青岛第一百盛有限公司	市南区
2	青岛银钢炼铁有限公司	李沧区	32	青岛昌新鞋业有限公司	胶州市
3	青岛朗讯科技通讯企业有限公司	保税区	33	青岛新宇华工有限公司	李沧区
4	飞马通讯(青岛)有限公司	崂山区	34	青岛交河塑料有限公司	城阳区
5	青岛海信电器有限公司	平度市	35	三菱重工海尔(青岛)空调机有限公司	崂山区
6	青岛啤酒股份有限公司	市南区	36	青岛海程邦达国际货运代理有限公司	市南区
7	青岛前湾集装箱码头有限责任公司	黄岛区	37	青岛永进水产品有限公司	城阳区
8	青岛泰光制鞋有限公司	莱西市	38	青岛华天车辆有限公司	胶南市
9	青岛朗讯科技通讯设备服务有限公司	崂山区	39	青岛三莹电子有限公司	平度市
10	青岛太平货柜有限公司	黄岛区	40	青岛肯德基有限公司	市南区
11	青岛银钢烧结有限公司	李沧区	41	青岛大和电子有限公司	城阳区
12	青岛安普连接器有限公司	城阳区	42	青岛永昌因特皮革有限公司	莱西市
13	青岛松下电子部品(保税区)有限公司	保税区	43	青岛韩信鞋业有限公司	城阳区
14	青岛正大有限公司	即墨市	44	青岛华冠食品有限公司	城阳区
15	青岛高合有限公司	黄岛区	45	青岛家乐福商业有限公司	市南区
16	青岛嘉里花生油有限公司	黄岛区	46	青岛维信纤维有限公司	城阳区
17	青岛中集冷冻集装箱有限公司	胶州市	47	青岛华棉水洗制衣有限公司	即墨市
18	青岛信宇皮革有限公司	城阳区	48	青岛韩申工艺品有限公司	城阳区
19	青岛三美电机有限公司	黄岛区	49	青岛颐和针织有限公司	即墨市
20	青岛雀巢有限公司	莱西市	50	青岛可口可乐饮料有限公司	崂山区
21	青岛海尔电冰箱(国际)有限公司	平度市	51	金光纸业(青岛)有限公司	市南区
22	青岛永旺东泰商业有限公司	市南区	52	青岛中新华美塑料有限公司	城阳区
23	青岛大明皮革有限公司	胶州市	53	海尔百汇(青岛)实业有限公司	黄岛区
24	青岛万福食品有限公司	莱西市	54	青岛圣乔治乳业有限公司	胶南市
25	海尔梅洛尼(青岛)洗衣机有限公司	崂山区	55	青岛金王应用化学股份有限公司	市北区
26	青岛隆源水产品有限公司	城阳区	56	青岛泰昌鞋业有限公司	城阳区
27	青岛世源鞋业有限公司	胶州市	57	艾墨生(中国)电机有限公司	胶州市
28	青岛马士基集装箱运输有限公司	胶州市	58	青岛北钢铸管有限公司	城阳区
29	青岛三湖制鞋有限公司	胶州市	59	青岛宝库光学有限公司	城阳区
30	青岛协成光学有限公司	城阳区	60	新世界(青岛)置地有限公司	市南区

实现利润前60位的外商投资企业

表12 (2004年)

名次	企业名称	所在地区	名次	企业名称	所在地区
1	青岛朗讯科技通讯设备服务有限公司	崂山区	31	青岛伦敦杜蕾斯有限公司	市北区
2	青岛前湾集装箱码头有限责任公司	黄岛区	32	青岛黎马敦包装有限公司	四方区
3	青岛啤酒股份有限公司	市南区	33	青岛东洋散热器有限公司	四方区
4	青岛朗讯科技通讯企业有限公司	保税区	34	三菱重工海尔(青岛)空调机有限公司	崂山区
5	青岛安普连接器有限公司	城阳区	35	青岛海尔开利冷冻设备有限公司	崂山区
6	青岛银钢炼铁有限公司	李沧区	36	青岛海信电器有限公司	平度市
7	青岛朗讯科技通讯设备有限公司	崂山区	37	青岛远洋大亚物流有限公司	黄岛区
8	青岛信宇皮革有限公司	城阳区	38	青岛香格里拉大饭店有限公司	市南区
9	青岛隆源水产品有限公司	城阳区	39	青岛金王应用化学股份有限公司	市北区
10	青岛太平货柜有限公司	黄岛区	40	青岛华东葡萄酿酒有限公司	崂山区
11	青岛马士基集装箱运输有限公司	胶州市	41	青岛华丽房地产有限公司	市南区
12	青岛豪雅光电子有限公司	黄岛区	42	青岛家乐福商业有限公司	市南区
13	青岛协成光学有限公司	城阳区	43	青岛永旺东泰商业有限公司	市南区
14	青岛新网路皮革有限公司	即墨市	44	海克斯康测量技术(青岛)有限公司	崂山区

（表12续）

名次	企业名称	所在地区	名次	企业名称	所在地区
15	青岛肯德基有限公司	市南区	45	海尔梅洛尼(青岛)洗衣机有限公司	崂山区
16	青岛交河塑料有限公司	城阳区	46	青岛大东电子有限公司	平度市
17	青岛和美塑料有限公司	保税区	47	青岛勇进鞋业有限公司	莱西市
18	青岛华冠食品有限公司	城阳区	48	青岛中天信息科技技术有限公司	市南区
19	青岛中集冷冻集装箱有限公司	胶州市	49	青岛荣花边有限公司	李沧区
20	青岛银钢烧结有限公司	李沧区	50	香港上海汇丰银行有限公司青岛分行	市南区
21	青岛永进水产品有限公司	城阳区	51	青岛贵华针织有限公司	即墨市
22	青岛华和国际租赁有限公司	市南区	52	捷城地毯(青岛)有限公司	即墨市
23	青岛中新华美塑料有限公司	城阳区	53	新世界(青岛)置地有限公司	市南区
24	青岛韩申工艺品有限公司	城阳区	54	青岛扶桑精制加工有限公司	崂山区
25	青岛韩信鞋业有限公司	城阳区	55	欧堡(青岛)锅炉有限公司	胶州市
26	青岛松下电子部品(保税区)有限公司	保税区	56	青岛惠亚通讯技术有限公司	崂山区
27	青岛宝库光学有限公司	城阳区	57	青岛济丰石东包装纸业有限公司	城阳区
28	青岛泰昌鞋业有限公司	城阳区	58	青岛富元电子有限公司	城阳区
29	青岛维信纤维有限公司	城阳区	59	青岛可口可乐饮料有限公司	崂山区
30	青岛华棉水洗制衣有限公司	即墨市	60	青岛慧重人造毛皮有限公司	城阳区

实现税金前60位的外商投资企业

表13

（2004年）

名次	企业名称	所在地区	名次	企业名称	所在地区
1	青岛啤酒股份有限公司	市南区	31	青岛欧特美交通设备有限公司	崂山区
2	青岛朗讯科技通讯设备服务有限公司	崂山区	32	新世界(青岛)置地有限公司	市南区
3	青岛银钢炼铁有限公司	李沧区	33	青岛华天车辆有限公司	胶南市
4	青岛朗讯科技通讯企业有限公司	保税区	34	青岛亚是加食品有限公司	即墨市
5	青岛银钢烧结有限公司	李沧区	35	海尔梅洛尼(青岛)洗衣机有限公司	崂山区
6	青岛朗讯科技通讯设备有限公司	崂山区	36	青岛阿尔若维根斯纸业有限公司	崂山区
7	青岛海信电器有限公司	平度市	37	青岛东洋汽车散热器有限公司	四方区
8	青岛交河塑料有限公司	城阳区	38	青岛保税区海川行国际贸易有限公司	保税区
9	青岛协成光学有限公司	城阳区	39	青岛中达化纤有限公司	黄岛区
10	青岛肯德基有限公司	市南区	40	青岛中集冷冻集装箱有限公司	胶州市
11	青岛宝库光学有限公司	城阳区	41	青岛颐和针织有限公司	即墨市
12	青岛韩申工艺品有限公司	城阳区	42	德瑞皮革科技(青岛)有限公司	崂山区
13	青岛安普连接器有限公司	城阳区	43	青岛香格里拉大饭店有限公司	市南区
14	青岛前湾集装箱码头有限责任公司	黄岛区	44	青岛德固萨化学有限公司	胶州市
15	青岛永旺东泰商业有限公司	市南区	45	海克斯康测量技术(青岛)有限公司	崂山区
16	三菱重工海尔(青岛)空调机有限公司	崂山区	46	青岛万福服装有限公司	即墨市
17	青岛雀巢有限公司	莱西市	47	青岛华泉服装有限公司	即墨市
18	青岛可口可乐饮料有限公司	崂山区	48	青岛三莹电子有限公司	平度市
19	青岛国际城房地产有限公司	市南区	49	青岛荣花边有限公司	李沧区
20	青岛华东葡萄酿酒有限公司	崂山区	50	青岛爱立信浪潮无线技术有限公司	崂山区
21	青岛星电电子有限公司	李沧区	51	青岛红领制衣有限公司	即墨市
22	青岛华棉水洗制衣有限公司	即墨市	52	青岛四洲电力设备有限公司	胶州市
23	青岛名都苑房地产开发有限公司	即墨市	53	青岛华东包装有限公司	李沧区
24	飞马通讯(青岛)有限公司	崂山区	54	海尔百汇(青岛)实业有限公司	黄岛区
25	圣乔治乳业有限公司	胶南市	55	青岛华丽房地产有限公司	市南区
26	青岛第一百盛有限公司	市南区	56	希杰(青岛)食品有限公司	莱西市
27	青岛圣元乳业有限公司	保税区	57	青岛松下电子部品(保税区)有限公司	保税区
28	青岛济丰石东包装纸业有限公司	城阳区	58	青岛海尔开利冷冻设备有限公司	崂山区
29	青岛大农服装有限公司	城阳区	59	青岛贵华针织有限公司	即墨市
30	青岛新宇华工有限公司	李沧区	60	青岛恒生电器有限公司	城阳区

各级各类学校基本情况

表 14

(2004 年)

项　　目	学校数(所)	毕业生数(人)	招生数(人)	在校学生数(人)	教职工数(人)	#专任教师
研究生	–	1270	4089	8831	–	2614
普通高等学校	25	34860	70022	201739	21437	12347
中等专业学校	10	9116	11346	30881	954	581
#中　师	3	637	817	2323	425	277
技工学校	21	5178	15673	30253	1185	874
职业学校	52	18911	41213	101553	7998	5443
普通中学	331	147057	127052	436117	37561	30372
初　中	263	116074	79247	297713	–	21744
高　中	68	30983	47805	138404	–	8628
小　学	1037	78264	83608	476897	34450	31573
特殊教育学校	13	208	197	1395	557	403
幼儿园	2115	59930	48399	141208	11754	8603
成人高等学校	3	19318	23652	48167	1742	933
成人中等学校	24	5138	4300	12125	934	646
成人初等学校	–	–	–	–	–	–

注:1.研究生栏中专任教师指的是指导教师。　2.成人中等学校仅包括成人中学和成人中专。

普通高等学校普通本专科教育基本情况

表 15

(2004 年)

单位:人

学校名称	招生数	毕业生数	在校学生数	教职工数	#专任教师	在校研究生数
总　计	**62054**	**31190**	**183560**	**21437**	**12347**	**8831**
中国海洋大学	2984	2306	10265	2140	954	3907
青岛大学	8064	6166	31031	3961	1950	1594
青岛理工大学	3628	3566	14564	1553	963	395
青岛科技大学	5506	3758	18346	1698	1020	691
青岛职业技术学院	2993	2221	7997	698	441	
山东外贸职业学院	2105	868	4029	257	177	
莱阳农学院	5708	4191	18647	1600	1010	288
山东科技大学	6277	4951	25972	3440	1858	1123
石油大学青岛校区			3060	305	201	833
青岛酒店管理职业技术学院	2437		3878	262	168	
青岛港湾职业技术学院	1822		3330	290	220	
青岛远洋船员学院	1338	359	2923			
青岛广播电视大学	1999	591	5646			
民办青岛滨海职业学院	4026	2081	9708	1142	682	
青岛理工大学琴岛学院	2376	132	3595	247	142	
青岛科技大学四方学院			945	7	4	
青岛飞洋职业技术学院	5105		10133	1218	958	
青岛恒星职业技术学院	2680		5554	776	422	
青岛求实职业技术学院	998		1218	436	291	
青岛黄海职业学院	2008		2719	636	445	
青岛海川商务专修学院				110	71	
青岛华侨理工专修学院				234	138	
青岛海达科技专修学院				80	60	
私立青岛东方外国语专修学院				107	56	
青岛中鲁工商专修学院				65	34	
青岛长城计算机工程专修学院				71	29	
青岛现代经贸专修学院				45	33	
青岛科大技术专修学院				59	20	

注:学校名称有变更,有增加。

中等专业学校分校基本情况

表 16　　(2004 年)　　单位:人

学校名称	毕业生数	招生数	在校学生数	教职工数	#专任教师
总计	**9116**	**11346**	**30881**	**954**	**581**
平度师范学校	235	281	812	128	80
青岛师范学校	211	282	856	129	80
青岛幼儿师范学校	191	254	655	168	117
青岛市体育运动学校	208	55	241	92	56
青岛卫生学校	1006	1004	3131	157	77
山东省轻工工程学校	1120	1525	4102	181	99
青岛市第二卫生学校	703	626	1733	99	72
青岛港湾职业技术学院	1419	1100	3215		
青岛酒店管理职业技术学院	1076	321	1547		
山东外贸职业学院	245	232	962		
其它学校(附设)	2702	5666	13627		

注:学校名称有增减变化

技工学校分校基本情况

表 17　　(2004 年)　　单位:人

学校名称	毕业生数	招生数	在校学生数	教职工数	#专任教师
总计	**5178**	**15673**	**30253**	**1185**	**874**
青岛市高级技工学校	654	4419	6861	116	86
四方机车车辆技术学校	257	1231	2197	102	79
青岛市电子信息技术学校	287	855	2309	59	44
青岛机电技术学校	336	979	1800	77	77
青岛海洋技术学校	324	1674	2772	65	37
青岛市化工技术学校	184	525	1087	47	47
青岛市经济贸易技术学校	479	445	1462	67	42
青岛北海船舶技术学校	66	9	75	65	37
青岛市房产技术学校	668	848	1602	40	40
青岛市建设技术学校		119	226	20	17
青岛市捷能技术学校	399	449	658	34	20
青岛市冶金技术学校	148	442	681	31	19
青岛市园林环卫技术学校		67	295	30	30
青岛橡胶技术学校	273	79	187	21	10
青岛市铸造机械集团公司技术学校	16	134	169	12	9
山东省饮食服务技工学校	37	23	78	62	24
中国人民解放军海军第六职业技术学校	86	159	541	48	20
中国石油天然气第七建设公司技工学校	33	411	939	39	34
平度市技术学校	609	928	2423	84	76
青岛市第二技术学校	322	1230	2395	44	44
青岛市第三技术学校		647	1496	122	82

各类成人教育基本情况

表18　(2004年)　单位:人

各类学校	学校数(所)	毕业生数	招生数	在校学生数	教职工数	#专任教师
总计	**27**	**24456**	**27952**	**60292**	**2676**	**1579**
成人高等教育	3	19318	23652	48167	1742	933
广播电视大学	1	167	94	223	792	501
职工、农民大学	1	98	350	553	446	197
函授、夜大学	–	16190	21710	42097	–	–
管理干部学校	1	2863	1498	5294	504	235
教育学院	–	–	–	–	–	–
成人中等教育	24	5138	4300	12125	934	646
成人中等专业学校	24	5138	4300	12125	934	646

注:本年度成人高等自学考试毕业3767人;参加成人高等单科班、进修班、短训班、专业证书班学习毕业(结业)12187人。

分市、区普通中学情况

表19　(2004年)

市、区名称	普通高中				普通初中			
	学校数	毕业生数	招生数	在校生数	学校数	毕业生数	招生数	在校生数
总计	**68**	**30983**	**47805**	**138404**	**263**	**116074**	**79247**	**297713**
市区	31	10517	15671	45884	81	33447	25320	85261
#城阳区	3	1464	2763	9348	16	6060	4659	15624
黄岛区	2	1152	1832	5326	8	3653	3272	10885
崂山区	5	837	1656	4577	13	2849	2114	7053
胶州市	5	3064	5671	14888	29	13290	9630	35551
即墨市	12	4744	6610	20321	40	17010	10919	38764
平度市	8	5601	8419	24368	51	25429	18201	65467
胶南市	6	4056	6698	19005	25	14068	9033	34498
莱西市	6	3001	4736	13938	37	12830	6144	38172

分市、区职业中学、小学情况

表20　(2004年)

市、区名称	职业中学				小学			
	学校数	毕业生数	招生数	在校生数	学校数	毕业生数	招生数	在校生数
总计	**52**	**18911**	**41213**	**101553**	**1037**	**78264**	**83608**	**476897**
市区	32	9533	21955	52298	274	24557	26549	154084
#城阳区	3	1412	579	3545	72	4636	5261	31235
黄岛区	7	2902	13852	27836	33	3279	4104	21514
崂山区	1	533	495	2682	34	2096	2041	13074
胶州市	3	1591	2829	6863	125	9697	10484	56127
即墨市	5	1217	4809	10986	204	10825	13013	79704
平度市	6	2500	4035	10951	215	18440	16523	89950
胶南市	3	2705	5063	14334	108	8687	9174	53991
莱西市	3	1365	2522	6121	111	6058	7865	43041

分市、区中小学教职工情况

表21 (2004年) 单位:人

市、区名称	普通中学		职业中学		小学	
	教职工数	#专任教师	教职工数	#专任教师	教职工数	#专任教师
总　计	**37561**	**30372**	**7998**	**5443**	**34450**	**31573**
市　区	12646	9440	4842	3125	11595	10241
#城阳区	2362	2149	690	393	2129	1990
黄岛区	1409	1215	1558	1143	1311	1248
崂山区	1321	971	232	137	1071	936
胶州市	4020	3364	469	350	3992	3728
即墨市	5223	4301	775	554	5547	5086
平度市	6876	5772	850	600	6318	5854
胶南市	4439	3925	563	454	4110	3957
莱西市	4357	3570	499	360	2888	2707

分市、区幼儿园基本情况

表22 (2004年) 单位:人

市、区名称	幼儿园(所)	幼儿数	教职工数	#专任教师
总　计	**2115**	**141208**	**11754**	**8603**
市　区	493	52596	5848	3824
#城阳区	134	10341	1008	761
黄岛区	86	6933	827	563
崂山区	84	4034	483	361
胶州市	473	15260	1322	1003
即墨市	291	22800	1228	950
平度市	459	26727	1590	1350
胶南市	186	14233	1141	966
莱西市	213	9592	625	510

独立科学研究机构情况

表23 (2004年)

	计量单位	总计	中央属	省属	地市属	县级市属
机构数	个	50	7	8	32	3
职工人数	人	5420	2258	699	2405	58
科技人员	人	3226	1563	470	1162	31
经费收入	万元	106573.3	67541.3	12429.3	26545.8	56.9
经费支出	万元	88698.2	73394.0	10037.5	5176.7	90.0

各类卫生机构、床位、人员数

表24

(2004年底)

项目	机构数(个)	床位数(张)	人员数(人)	#卫生技术人员	#医生	注册护士	药剂人员	检验人员
总计	**2923**	**25432**	**39378**	**32937**	**13953**	**10459**	**2405**	**1501**
一、医院合计	**219**	**23465**	**31066**	**25894**	**10516**	**9697**	**2158**	**1222**
1.医院	121	20082	26550	21868	8847	8781	1734	984
#综合医院	90	16188	22132	18294	7459	7375	1435	792
中医医院	7	1104	1756	1519	684	498	153	77
中西医结合医院								
专科医院	24	2790	2662	2055	704	908	146	115
#口腔医院	2	40	122	103	83	7	5	1
眼科医院	3	130	130	96	35	29	6	4
肿瘤医院	1	336	361	268	95	133	15	12
心血管病医院	2	94	61	43	14	9	6	8
精神病医院	5	965	582	417	116	251	25	12
传染病医院	1	370	380	289	102	136	23	22
皮肤病医院	2	30	66	54	17	14	5	8
结核病医院	1	50	46	42	19	8	6	3
骨科医院	1	50	42	36	16	11	5	2
其它专科医院	6	725	872	707	207	310	50	43
2.卫生院	98	3383	4516	4026	1669	916	424	238
二、社区卫生服务中心								
三、门诊部	**4**	**5**	**47**	**36**	**19**	**12**	**4**	**1**
四、诊所	**1713**		**2602**	**2602**	**1747**	**357**	**71**	**24**
五、卫生所、医务室	**480**		**839**	**839**	**488**	**62**	**32**	**12**
六、社区卫生服务站	**431**		**1386**	**1386**	**71**	**10**	**34**	
七、急救中心	**1**		**121**	**60**	**15**	**32**	**2**	**3**
八、采供血机构	**7**		**162**	**105**	**22**	**21**	**2**	**46**
九、妇幼保健院(所、站)	**9**	**138**	**398**	**311**	**196**	**51**	**11**	**36**
十、专科疾病防治院(所、站)	**5**	**55**	**153**	**132**	**70**	**23**	**20**	**10**
十一、疾病预防控制中心(防疫站)	**20**		**868**	**671**	**293**	**26**	**29**	**122**
十二、卫生监督所	**12**		**533**	**413**	**304**	**1**	**2**	**8**
十三、卫生监督检验所(站)								
十四、医学科学研究机构	**1**		**7**	**5**	**3**			**2**
十五、医学在职培训机构	**1**		**18**	**2**	**2**			
十六、健康教育所(站、中心)	**1**		**32**	**10**	**2**			
十七、其它卫生机构	**9**	**2**	**87**	**75**	**58**	**3**	**4**	**1**
十八、疗养院	**10**	**1767**	**1059**	**396**	**147**	**164**	**36**	**14**

人民生活基本情况

表25

(1990~2004年)

	单位	1990年	1995年	2000年	2003年	2004年
一、城乡居民收入						
农民年人均纯收入	元	952	2225	3637	4530	5080
全社会单位职工年平均工资	元	2400	6164	10072	12007	13445
城市居民年人均可支配收入	元	1624	5357	8016	10075	11089
二、城乡居民消费						
城市:粮　食	千克	114.48	75.6	69.6	63.85	82.49
食用植物油	千克	6.96	6	8.4	6.79	8.95

（表25续）

	单位	1990年	1995年	2000年	2003年	2004年
鲜　蛋	千克	18.48	24	25.2	20.51	18.9
鱼	千克	11.52	13.2	15.6	12.16	12.16
农村:粮　食	千克	248.33	185.01	216.45	171.34	153.12
食用油	千克	6.56	7.54	9.03	7.9	6.74
肉　类	千克	9.22	9.62	12.36	19.09	20.95
水产品	千克	4.44	10.77	13.54	13.02	13.48
三、城市居民人均住宅建筑面积	**平方米**	**14.16**	**17.12**	**20.76**	**23.73**	**24.22**
农村居民人均居住面积	平方米	19.6	23.03	25.88	27	27.99
四、城市每万人拥有公共车辆	**辆**	**6.38**	**13.18**	**19.95**	**20.18**	**20.32**
五、城乡居民储蓄余额	**亿元**	**65.59**	**268.79**	**535.32**	**908.47**	**1089.49**
人均储蓄余额	元	984	3926	7575	12606	15009
六、学龄儿童入学率	**%**	**99.84**	**99.82**	**99.99**	**99.99**	**99.99**
每万人口中大学在校学生	人	23.15	36.38	65.28	233.72	276
七、城市每百户拥有彩色电视机	**台**	**68**	**100**	**120**	**124.75**	**123.5**
城市每百户拥有电冰箱	台	62	89	94.3	92.75	92.5
八、每万人口拥有医疗床位	**张**	**35.3**	**36.93**	**34.5**	**33.27**	**34.8**
每万人口拥有医生	人	20.6	20.22	21	18.67	19.1
九、城市每一就业者负担人数(包括本人)	**人**	**1.72**	**1.58**	**1.82**	**1.87**	**1.86**
农村每一就业者负担人数(包括本人)	人	1.6	1.41	1.33	1.37	1.35
十、农民、城市居民人均年收入对比		**1:1.7**	**1:2.4**	**1:2.2**	**1:2.2**	**1:2.2**
农民、城市居民人均年生活费支出对比		1:2.4	1:2.7	1:2.8	1:2.7	1:2.7

注:(1)自2002年起城市居民年人均可支配收入为新口径。农民与城市居民人均年收入对比,农民以纯收入,城市居民以可支配收入计算。

(2)全社会单位职工年平均工资2003年以前为县及县以上城镇单位职工年平均工资。

城市居民家庭消费构成

表26

项　　目	2004年		2003年	
	年人均支出金额(元)	占消费支出的比重(%)	年人均支出金额(元)	占消费支出的比重(%)
消　费　支　出	**9002.32**	**100.0**	**8056.17**	**100.0**
一、食　　品	**3423.60**	**38.0**	**3163.37**	**39.3**
#1.粮　　食	253.54	2.8	189.44	2.4
2.油　　脂	98.14	1.1	77.82	1.0
3.肉禽及其制品	583.17	6.5	547.86	6.8
4.蛋　　类	111.48	1.2	100.64	1.2
5.水 产 品	413.13	4.6	383.53	4.8
6.菜　　类	281.54	3.1	251.52	3.1
7.烟　　草	101.31	1.1	86.30	1.1
8.酒和饮料	204.66	2.3	185.20	2.3
9.干鲜果品	289.71	3.2	265.54	3.3
10.奶及奶制品	209.65	2.3	211.20	2.6
二、衣　　着	**898.65**	**10.0**	**886.28**	**11.0**
#(1)服　　装	630.15	7.0	624.57	7.8
(2)衣着材料	11.65	0.1	11.52	0.1
三、家庭设备用品及服务	**553.50**	**6.1**	**447.66**	**5.6**
#日用耐用消费品	285.89	3.2	222.21	2.8
四、医疗保健	**678.22**	**7.5**	**610.20**	**7.6**
五、交通与通讯	**914.10**	**10.2**	**777.76**	**9.6**
六、娱乐教育文化服务	**1414.52**	**15.7**	**1110.46**	**13.8**
1.文化娱乐用品	371.07	4.1	419.62	5.2

（表26续）

项　　目	2004年		2003年	
	年人均支出金额(元)	占消费支出的比重(%)	年人均支出金额（元）	占消费支出的比重(%)
2.文化娱乐服务	275.55	3.1	147.59	1.8
3.教　　育	767.90	8.5	543.25	6.7
七、居　　住	**872.33**	**9.7**	**769.63**	**9.5**
八、杂项商品与服务	**247.40**	**2.8**	**290.81**	**3.6**

农村住户人均生活消费支出

表27　　(2004年)　　单位:元

项　　目	金额	项　　目	金额
生活消费支出	**3018.32**	2. 家庭设备服务消费支出	5.95
(一)食　　品	**1028.33**	**(五)交通和通讯**	**306.53**
1.购买食品支出	892.93	1. 购买交通和通讯用品支出	128.96
(1)谷物	47.40	(1)交通工具	67.45
(2)薯类	3.57	(2)交通工具用燃料	24.94
(3)豆类	6.38	(3)交通工具用零配件	6.61
(4)食用油	45.42	(4)通讯工具	29.67
(5)蔬菜及制品	73.36	(5)通讯工具用零配件	0.27
(6)肉、禽、蛋、奶及制品	299.08	2. 交通和通讯服务消费支出	177.57
(7)水产品及制品	123.16	**(六)文化教育、娱乐用品及服务**	**387.98**
(8)烟、酒	154.62	1. 购买文化教育、娱乐用品	76.85
(9)茶叶、饮料	26.73	(1)文教、娱乐用机电消费品	55.24
(10)其他类食品	113.20	(2)书报杂志	9.37
2.食品消费服务性支出	135.40	(3)纸张文具	2.93
(二)衣　　着	**300.64**	(4)音像制品	1.55
1.购买衣着支出	298.81	(5)电脑软件	0.14
(1)服　　装	205.95	(6)体育用品	0.05
(2)服装材料	13.13	(7)计算机零配件及耗材	0.14
(3)鞋　　类	69.19	(8)鲜　花	0.33
(4)其　　他	10.54	(9)娱乐用品	3.42
2.衣着消费服务性支出	1.83	(10)其他用品	3.69
(三)居　　住	**568.07**	2. 教育服务消费	291.47
1.购买居住消费品支出	427.41	3. 文化体育、娱乐服务消费	19.66
(1)购买建筑生活用房材料	156.99	(1)旅　游	8.19
(2)购买维修生活用房材料	34.03	(2)休闲娱乐费	5.42
(3)装修生活用房材料	70.86	(3)文化、体育、娱乐用品修理费	0.42
(4)购买生活用房	75.17	(4)其　他	5.63
(5)购买生活用燃料	90.36	**(七)医疗保健**	**189.41**
2.居住消费服务性支出	140.66	1. 购买医疗保健用品	79.44
(四)家庭设备、用品及服务	**173.07**	(1)购买医疗卫生用品	63.01
1. 购买家庭设备、用品支出	167.13	(2)保健用品	16.44
(1)日用品	49.99	2. 医疗保健服务消费支出	109.97
(2)床上用品	9.42	**(八)其他商品和服务**	**64.28**
(3)室内装饰品	5.22	1. 购买其他商品支出	47.15
(4)家具类	39.29	2. 其他消费服务支出	17.13
(5)机电设备	63.2		

居民消费价格分类指数

表 28　　(2004 年)　　以上年周期为 100

项　　目	指数	项　　目	指数
居民消费价格总指数	**102.1**	1. 服　　装	106.5
非食品价格指数	100.9	2. 衣着材料	96
服务项目价格指数	104.7	3. 鞋袜帽	96.7
扣除鲜菜鲜果总指数	102.3	4. 衣着加工服务	103.6
消费品价格指数	101.3	**四、家庭设备及用品**	**99**
一、食　　品	**104.0**	1. 耐用消费品	96
1. 粮　　食	113.9	2. 室内装饰品	93.2
2. 淀粉及薯类	105.8	3. 床上用品	94.7
3. 干豆类及豆制品	133.5	4. 家庭日用杂品	101.6
4. 油　　脂	115.7	5. 其他日用品	116.8
5. 肉禽及其制品	116.6	**五、医疗保健和个人用品**	**95.6**
6. 蛋　　类	128.5	1. 医疗保健	95.7
7. 水产品	93.3	2. 个人用品及服务	95.6
8. 菜	94.7	**六、交通和通讯**	**97.8**
9. 调味品	101.3	1. 交　　通	100.4
10. 糖	102.8	2. 通　　讯	95.5
11. 茶及饮料	108.1	**七、娱乐教育文化用品及服务**	**105**
12. 干鲜瓜果类	105.9	1. 文娱用耐用消费品及服务	91.9
13. 糕点饼干面包	97.6	2. 教　　育	109.8
14. 奶及奶制品	99.6	3. 文化娱乐用品	103.3
15. 在外用膳食品	96.1	4. 旅游及外出	106.2
16. 其它食品及食品加工服务	98.6	**八、居　　住**	**101.9**
二、烟酒及用品	**98.1**	1. 建房及装修材料	99.3
1. 烟　　草	101.5	2. 租　　房	100
2. 酒	101.1	3. 自有住房	100.7
3. 吸烟饮酒用品	85.4	4. 水、电、燃料	103.8
三、衣　　着	**103.6**		

主要年份物价指数

表 29　　(以上年价格为 100)

年　　份	商品零售价格指数	居民消费价格指数	#食品类	#衣着类	#服务项目价格指数
1951	100.5	110.5	105.2	112.4	–
1952	99.8	99.8	99.6	98.7	–
1957	101.4	101.4	101.3	101.4	99.3
1962	102.6	102.6	102.0	100.2	99.9
1965	101.2	101.2	101.3	98.8	96.9
1970	98.9	98.9	99.7	100.0	99.5
1975	100.3	100.3	100.1	100.0	100.0
1978	100.5	100.5	100.2	99.8	100.0
1980	105.5	105.2	108.5	100.3	100.0
1985	110.9	110.4	115.2	102.3	102.7
1987	109.8	109.4	112.5	106.8	102.5
1988	120.9	120.7	125.2	117.3	118.3
1989	114.4	115.3	109.2	121.1	130.2
1990	103.6	104.5	103.4	103.4	118.8

（表29续）

年份	商品零售价格指数	居民消费价格指数	#食品类	#衣着类	#服务项目价格指数
1991	106.8	107.0	107.0	112.1	109.6
1992	110.8	111.4	115.1	108.6	119.9
1993	119.8	123.9	120.9	119.0	158.5
1994	122.8	126.9	135.2	130.1	117.9
1995	114.2	116.2	118.1	122.8	123.2
1996	106.0	112.6	110.1	104.3	130.4
1997	100.2	104.0	101.2	102.3	120.8
1998	94.9	100.0	93.7	94.5	136.2
1999	96.6	100.2	96.7	97.1	115.6
2000	99.7	103.3	100.0	108.3	112.0
2001	98.9	101.0	100.6	98.0	108.7
2002	99.5	98.9	97.8	100.2	101.0
2003	98.3	101.4	104.3	98.4	101.7
2004	99.0	102.1	104.0	103.6	104.7

主要年份物价指数

表30

（以1950年价格为100）

年份	商品零售价格指数	居民消费价格指数	#食品类	#衣着类	#服务项目价格指数
1951	100.0	100.0	100.0	100.0	100.0
1952	110.5	110.5	105.2	112.4	-
1957	119.4	119.4	120.7	115.3	91.6
1962	127.1	127.1	128.8	115.1	94.2
1965	133.1	133.1	138.8	108.4	81.5
1970	128.8	128.8	137.7	110.3	76.7
1975	128.7	128.7	138.2	110.0	75.7
1978	128.9	128.9	138.8	109.8	75.7
1980	137.9	137.4	154.2	109.3	75.7
1985	163.9	162.3	196.2	103.8	80.0
1987	189.8	187.2	235.9	113.5	84.7
1988	229.5	226.0	295.3	133.1	100.2
1989	255.0	260.6	322.5	161.2	130.5
1990	264.2	272.3	333.5	166.7	155.0
1991	282.2	291.4	356.8	186.9	169.9
1992	312.7	324.6	410.7	203.0	203.7
1993	374.6	402.2	496.5	241.6	322.9
1994	460.0	510.4	671.3	314.3	380.7
1995	525.3	593.1	792.8	386.0	469.0
1996	556.8	667.8	872.9	402.6	611.6
1997	557.9	694.5	883.4	411.9	738.8
1998	529.4	694.5	827.7	389.2	1006.2
1999	511.4	695.9	800.4	377.9	1163.2
2000	509.9	718.9	800.4	409.3	1302.8
2001	504.3	726.1	805.2	401.1	1416.1
2002	501.8	718.1	787.5	401.9	1430.3
2003	493.3	728.2	821.4	395.5	1454.6
2004	488.4	743.5	854.3	409.7	1523.0

（市统计局）

附　　录

2004 年青岛市地方性法规、政府规章目录

·地方性法规·

1.《青岛市人民代表大会常务委员会关于修改〈青岛市单位内部治安保卫工作条例〉等十九件地方性法规的决定》(2004 年 5 月 11 日青岛市第十三届人民代表大会常务委员会第十一次会议通过,2004 年 5 月 27 日山东省第十届人民代表大会常务委员会第八次会议批准施行)

2.《青岛市人民代表大会常务委员会关于废止〈青岛市私营医疗机构管理办法〉等八件地方性法规的决定》(2004 年 5 月 11 日青岛市第十三届人民代表大会常务委员会第十一次会议通过,2004 年 5 月 27 日山东省第十届人民代表大会常务委员会第八次会议批准施行)

3.《青岛市实施〈中华人民共和国水法〉若干规定》(2004 年 6 月 24 日青岛市第十三届人民代表大会常务委员会第十二次会议通过,2004 年 7 月 30 日山东省第十届人民代表大会常务委员会第九次会议批准,2004 年 10 月 1 日施行)

4.《青岛市实施〈中华人民共和国烟草专卖法〉办法》(2004 年 10 月 25 日青岛市第十三届人民代表大会常务委员会第十五次会议通过,2004 年 11 月 25 日山东省第十届人民代表大会常务委员会第十一次会议批准,2005 年 1 月 1 日施行)

5.《青岛市专利保护条例》(2004 年 10 月 25 日青岛市第十三届人民代表大会常务委员会第十五次会议通过,2004 年 11 月 25 日山东省第十届人民代表大会常务委员会第十一次会议批准,2005 年 1 月 1 日施行)

6.《青岛市城市供热条例》(2004 年 12 月 24 日青岛市第十三届人民代表大会常务委员会第十七次会议通过,2005 年 1 月 25 日山东省第十届人民代表大会常务委员会第十二次会议批准,2005 年 7 月 1 日施行)

7.《青岛市审计监督条例》(2004 年 12 月 24 日青岛市第十三届人民代表大会常务委员会第十七次会议通过,2005 年 1 月 25 日山东省第十届人民代表大会常务委员会第十二次会议批准,2005 年 7 月 1 日施行)

8.《青岛市实施〈中华人民共和国老年人权益保障法〉若干规定》(2004 年 12 月 24 日青岛市第十三届人民代表大会常务委员会第十七次会议通过,2005 年 1 月 25 日山东省第十届人民代表大会常务委员会第十二次会议批准,2005 年 7 月 1 日施行)

·政府规章·

1.《青岛市行政机关规范性文件管理办法》(2004 年 3 月 1 日,青岛市人民政府令第 164 号发布)

2.《青岛市林地保护管理规定》(2004 年 4 月 12 日,青岛市人民政府令第 165 号发布)

3.《青岛市机动车排气污染防治管理办法》(2004 年 7 月 2 日,青岛市人民政府令第 166 号发布)

4.《青岛市经济适用住房管理办法》(2004 年 8 月 20 日,青岛市人民政府令第 167 号发布)

5.《青岛市普通商品住房管理办法》(2004 年 8 月 20 日,青岛市人民政府令第 168 号发布)

6.《青岛市城镇最低收入家庭廉租住房管理办法》(2004 年 8 月 20 日,青岛市人民政府令第 169 号发布)

7.《青岛市人民政府关于废止〈青岛市城镇单位招聘使用外来劳动力管理办法〉等 114 件政府规章的决定》(2004 年 9 月 29 日,青岛市人民政府令第 170 号发布)

8.《青岛市人民政府关于修改〈青岛市城镇职工生育保险办法〉等 37 件政府规章的决定》(2004 年 9 月 29 日,青岛市人民政府令第 171 号发布)

9.《青岛市野生鸟保护办法》(2004 年 12 月 22 日,青岛市人民政府令第 172 号发布)

10.《青岛市建筑工程文明施工管理若干规定》(2004 年

12月23日,青岛市人民政府令第173号发布)

11.《青岛市人民政府关于公布市级行政许可实施主体(组织)的公告》(2004年12月31日,青岛市人民政府令第174号发布)

12.《青岛市人民政府关于保留和取消市级行政许可事项的决定》(2004年12月31日,青岛市人民政府令第175号发布)

13.《青岛市城镇职工基本医疗保险规定》(2004年12月31日,青岛市人民政府令第176号发布)

(市政府法制办)

2004年国内主要媒体关于青岛的重要报道索引

·《人民日报》·

1.《再筑基业长青(介绍青啤公司发展)》(1月16日第一版)

2.《青岛严防高致病性禽流感传入传播》(2月3日《人民日报〈情况汇编〉》第66期)

3.《青岛建国际大城市找干部素质差距》(2月25日《人民日报〈情况汇编〉》第142期)

4.《"城乡互动"写华章——青岛探索突破"三农"瓶颈之路促农民增收》(3月20日第一版)

5.《向世界级品牌迈进》(3月30日第一版)

6.《新时代的中国工人许振超》(4月12日第一版)

7.《当代产业工人的杰出代表》(4月12日第一版)

8.《码头工人有力量——许振超团队创世界纪录》(4月12日第一版)

9.《许振超的境界》(4月13日第一版)

10.《平凡岗位与卓越贡献》(4月13日第一版)

11.《许振超事迹引发社会强烈反响》(4月13日第一版)

12.《许振超事迹进一步引发社会反响》(4月14日第四版)

13.《青岛:掀起向许振超学习热潮》(4月14日第四版)

14.《青岛农民增收快于市民》(4月19日第一版)

15.《许振超的"五一"节》(5月2日第一版)

16.《单位学海尔个人学许振超——青岛广泛开展"双学"活动》(5月19日第一版)

17.《车让人、人让车、车让车——青岛市城市文明交通"三让"活动纪实》(5月24日第一版)

18.《外商云集凸显青岛魅力》(6月12日海外版第二版)

19.《青岛打造"帆船之都"》(6月16日海外版第三版)

20.《牢固树立"立检为公、执法为民"思想把各项检察工作真正落实到基层》(6月19日第一版)

21.《"五朵金花"绽放青岛》(6月23日海外版第二版)

22.《青岛深入开展"双学三创"活动》(8月4日第二版)

23.《青岛400万农民享受新合作医疗》(9月6日第一版)

24.《胶南农村剩余劳动力加快转移》(10月18日第一版)

25.《青岛"问计于民"长效化》(10月26日华东新闻第一版)

26.《青岛为困难家庭发放取暖补助》(11月11日第二版)

27.《把平安写进群众心里——青岛市开展平安创建活动纪实》(11月24日第十四版)

28.《架起党群"连心桥"——山东省莱西市实施"为民服务代理制"见闻录》(12月12日第一版)

29.《青岛港:科学决策带来巨变》(12月17日第一版)

·中央电视台·

1."2004年元旦升旗:凝聚力量升起希望(北海舰队举行元旦升旗仪式)"(1月1日)

2."火树银花迎新年欢歌笑语庆元旦(青岛市市民在五四广场举办欢庆活动)"(1月1日)

3."浙江、青岛被定为废旧家电及电子产品回收处理体系建设试点省市"(1月7日)

4."世界航运巨头联手青岛——打造集装箱码头公司"(1月9日)

5."青岛港、深圳港今年1月份吞吐量实现开门红"(2月3日)

6."第二十九届奥运会奥帆赛赛时规划方案通过评审"(2月15日)

7."青岛'两会'之前举办系列专题讲座"(2月17日)

8."北京、青岛、武汉、南京等地开展消防大检查"(2月18日)

9."海尔荣登世界最具影响力的100个品牌排行榜"(2月23日)

10."山东胶南市保护湿地保持城市可持续发展"(2月24日)

11."上海、深圳、珠海、青岛:互惠互利港资企业与当地经济实现双赢"(2月26日)

12."努力实践'三个代表'——青岛市崂山公安分局问计于民"(2月27日)

13."《青岛奥运行动规划》正式出台"(2月27日)

14."青岛举办'迎办绿色奥运——我为奥运种棵树'活动"(3月12日)

15."大病统筹农民的保护伞——青岛市实施新型农村医疗保险制度"(3月13日)

16."青岛成为全国第二个外货运量过亿吨的口岸"(3月13日)

17."全国数字电视推广会在青岛召开"(3月28日)

18."青岛港实现首季开门红"(4 月 2 日)

19."第十三个全国税收宣传月活动在各地全面展开(青岛送税务政策到农村)"(4 月 3 日)

20."山东:首批失地农民领取养老金(青岛经济技术开发区失地农民领取养老金)"(4 月 4 日)

21."中国工人许振超"(4 月 11 日"焦点访谈")

22."当代产业工人的楷模许振超(一):操作三尺平台成就报国之志"(4 月 11 日)

23."当代产业工人的楷模许振超(二):学习成就事业毅力铸就辉煌》(4 月 12 日)

24."当代产业工人的楷模许振超(三):亲情聚人心团队筑辉煌"(4 月 13 日)

25."许振超先进事迹引起社会各界强烈反响"(4 月 14 日)

26."许振超荣获全国五一劳动奖章"(4 月 16 日)

27."全国群众健身登山活动今天在青岛举行"(4 月 17 日)

28."许振超事迹激励家乡人民用'振超精神'创一流业绩"(4 月 19 日)

29."黄菊在会见许振超先进事迹报告团时强调:学习振超敬业创新协作精神,把发展生产力落到实处"(4 月 20 日)

30."媒体宣传许振超受众互动学劳模——许振超先进事迹深入人心"(4 月 23 日)

31."青岛新机场今天启用"(4 月 30 日)

32."新闻特写:许振超的'五一'节"(5 月 1 日)

33."欢乐'五一'欢乐中国——青岛港工人欢庆'五一'节"(5 月 1 日)

34."崂山渔民大办'农家游'黄金周里捡'黄金'——崂山渔民办起农家旅馆"(5 月 2 日)

35."李长春到青岛港看望许振超时强调:劳模精神是中华民族的重要组成部分"(5 月 4 日)

36."全国千万青年职工掀起学习技能热潮(青岛纺织企业开展技能竞赛)"(5 月 7 日)

37."营造绿色成长环境让孩子健康成长(走进青岛图书馆)"(5 月 10 日)

38."青岛税务系统与外资企业签税务服务协议"(5 月 10 日)

39."青少年教育:寓教于乐齐抓共管(青岛市青少年教育情况)"(5 月 11 日)

40."我国农村残疾人家庭住房得到改善(青岛市农村残疾人家庭住房情况)"(5 月 15 日)

41."青岛'帆船之都'徽标发布仪式在京举行"(5 月 15 日)

42."全国第一列奥运宣传车在青岛正式开行"(5 月 16 日)

43."青岛掀起'单位学海尔、个人学许振超'的热潮"(5 月 19 日)

44."青岛:顶级船舰云集国际航海博览会"(5 月 20 日)

45."学习许振超——青岛港再掀夺金热"(5 月 20 日)

46."2008 年奥运会帆船中心今天开工建设"(5 月 25 日)

47."全国青少年网络文明行动初见成效(上海、青岛等地引导未成年人文明上网)"(5 月 29 日)

48."第三届 APEC 中小企业技术交流暨展览会开幕"(6 月 3 日)

49."青岛市开展保护海洋资源宣传活动"(6 月 5 日)

50."全国各地以实际行动学习任长霞精神(青岛市公安机关服务到社区)"(6 月 17 日)

51."第二届中国国际电子家电博览会在青岛开幕"(6 月 18 日)

52."中国—东盟外长非正式会议在青岛举行"(6 月 21 日)

53."温家宝在山东(青岛)考察时指出:个人干一流工作、企业创一流品牌、社会造一流环境"(6 月 23 日)

54."青岛开展党员奉献日活动,残疾人安居工程启动"(7 月 1 日)

55."青岛:推荐优秀团员入党工作制度化"(7 月 1 日)

56."青岛奥运开放日:市民亲身体验帆船帆板运动"(7 月 4 日)

57."北京、青岛等地庆祝北京申奥成功 3 周年"(7 月 13 日)

58."双拥情谊浓军民一家亲(介绍青岛市的双拥工作情况)"(8 月 1 日)

59."绚丽与激情共舞——第十四届青岛国际啤酒节今天开幕"(8 月 14 日)

60."万人横渡心系奥运(青岛市万人横渡汇泉湾的情况)"(8 月 21 日)

61."学奥运精神赢岗位'金牌'(青岛市奥帆赛场馆建设工人争创一流工作业绩)"(9 月 1 日)

62."跨洋过海推介北京奥运'青岛号'大帆船今日首航"(9 月 13 日)

63."佳节将至各地节日气氛渐浓——国庆鲜花扮靓岛城"(9 月 25 日)

64."国旗招展庆国庆繁花锦簇迎佳节(青岛台东商业步行街装点一新、喜迎国庆)"(9 月 30 日)

65."新闻特写:祖国万岁(青岛市在市政府楼前广场举行国庆升旗仪式,热烈庆祝建国 55 周年)"(10 月 1 日)

66."温家宝总理给码头工人许振超同志的回信"(10 月 2 日)

67."国庆涌动奥运热潮——青岛帆船基地:帆船、帆板成了游客和帆船爱好者最热门的运动项目"(10 月 6 日)

68."全国各地整改火灾隐患珍爱生命安全(介绍青岛市注意防火的有关做法)"(11 月 9 日)

69."中国石化青岛炼油化工有限责任公司成立"(11 月 18 日)

70."青岛港:超前发展抢占市场先机苦练内功创造一流效率"(12 月 17 日)

71."莱西:'为民服务代理制'铺就便民利民绿色通道"(12 月 11 日)

72."各地辞旧迎新气氛浓(介绍青岛市节日花市情况和胶南市农民秧歌队喜迎新年)"(12 月 30 日)

73."欢乐祥和迎新年(介绍胶南市农村剪纸迎新年)"(12 月 31 日)

·新华社·

1.《青岛啤酒股份有限公司发展的启示》(1月16日)

2.《青岛完成海上奥运专项计划项目》(1月20日)

3.《青岛重大决策征求民意》(2月3日)

4.《青岛市长:青岛要借奥帆赛"扶摇而起"》(2月29日)

5.《青岛颁布〈青岛奥运行动规划〉》(3月1日)

6.《增强城市发展持久动力——青岛兴起"港口经济"》(3月3日)

7.《跳出"三农"解"三农"》(3月19日《新华每日电讯》)

8.《青岛:安全监管从小处着手》(3月21日)

9.《青岛在胶州湾西海岸建设大规模现代物流群》(4月7日)

10.《民族复兴的脊梁——记当代工人的优秀代表许振超》(4月11日)

11.《向许振超学习》(4月12日)

12.《学习许振超——青岛港里"绝活"多》(4月12日)

13.《工人典型许振超:学无止境》(4月12日)

14.《踏着时代节拍前进的许振超:悟性在脚下路由自己找》(4月12日)

15.《许振超日记摘抄:"活是给自己干的"》(4月13日)

16.《我国码头工人许振超团队创造集装箱装卸世界纪录》(4月13日)

17.《青岛跨国经济合作渐入佳境——合作领域不断拓宽》(5月3日)

18.《青岛掀起"单位学海尔、个人学许振超"热潮》(5月19日)

19.《同行在平安大道上——青岛市文明交通"三让"活动纪实》(5月23日)

20.《青岛开发区成韩国企业投资热土》(6月28日)

21.《青岛成为中国最大水产品加工出口基地》(7月28日)

22.《学习海尔和许振超活动使青岛成为"创业热岛"》(8月3日)

23.《青岛市市长夏耕:青岛全力打造"帆船之都"》(8月8日)

24.《青岛为民营经济发展营造"一池活水"》(8月9日)

25.《青岛广开言路成制度——民主决策民受益》(10月24日)

26.《莱西为民代理服务制:麻烦留给干部方便送给群众》(12月12日)

27.《国企改革典型:喜看青岛港巨变振超精神无处不在》(12月16日)

·《光明日报》·

1.《情与法的交响——青岛市市北区法院执行房屋拆迁案件记事》(2月6日第三版)

2.《令世界惊叹的中国工人——记青岛港桥吊队队长许振超》(4月12日第一版)

3.《许振超和他身边的大学生》(4月13日第一版)

4.《"我心中的骄傲"——妻子眼中的许振超》(4月14日第一版)

5.《许振超事迹在青岛高校引起强烈反响》(4月15日第一版)

6.《青岛港务局青年职工畅谈心声——学习许振超勇于岗位成才》(4月16日第一版)

7.《让出一片真情——青岛市开展车让人、人让车、车让车活动纪实》(5月24日第一版)

8.《打造一流区域性国际航运中心——青岛港(集团)有限公司改革发展纪实》(12月17日第四版)

·《经济日报》·

1.《青啤:打造国际化"软实力"》(1月16日第一版)

2.《农村就地变城市、农民就地变市民——青岛以城乡互动破解"三农难题"》(3月20日第一版)

3.《海尔:品牌"六最"》(4月7日第十三版)

4.《干就干一流、争就争第一——许振超刷新集装箱装卸世界纪录》(4月12日第一版)

5.《一个码头工人的无憾人生——记新时期产业工人的优秀代表许振超》(4月12日第三版)

6.《发扬振超精神:从城市中来到城市中去》(4月13日第一版)

7.《一个码头工人的内心世界——许振超家庭老照片背后的故事》(4月13日第九版)

8.《"干就干一流、争就争第一"——追踪拍摄青岛港集装箱桥吊队队长许振超》(4月18日第四版)

9.《单位学海尔、个人学许振超——青岛深入开展"双学"活动》(5月19日第三版)

10.《青岛:文明温馨说"三让"》(5月24日第四版)

11.《青岛"三绿工程"保障菜篮子安全》(7月19日第二版)

12.《青岛"奥帆形象大使"启航》(9月14日第三版)

13.《青岛建立与民互动长效机制》(10月24日第一版)

14.《青岛为农民培训"埋单"》(11月10日第三版)

15.《青岛港:万人划桨开大船》(12月17日第一版)

·中央人民广播电台·

1."青岛打工者维权热线讨回工钱200多万"(1月4日)

2."青岛张灯结彩迎春节"(1月23日)

3."青岛'文化大拜年'拉开序幕"(1月23日)

4."血脉相联——青京救援行动拉开序幕(青岛护士谢振华赴北京捐献造血干细胞)"(2月19日)

5."夏耕代表谈'三农'"(3月10日)

6."夏耕代表谈如何利用奥帆赛促进城市发展"(3月11日)

7."金志国代表谈青啤国际化"(3月12日)

8."青岛'七个城乡互动'帮助农村发展"(3月24日)

9."青岛免费培训农民近十万人,帮助农村转移富余劳动

力”(4月11日)

10.“好工人许振超——干一行、干好一行”(4月12日)

11.“好工人许振超——从学徒到专家”(4月13日)

12.“好工人许振超——海一样的情怀”(4月14日)

13.“青岛市掀起‘双学’活动高潮”(5月19日)

14.“青岛打造城市文明交通‘三让’品牌”(5月23日)

15.“第三届APEC中小企业技术交流暨展览会在青岛召开”(6月2日)

16.“中国最大消费类电子展‘青博会’今在青岛正式拉开帷幕”(6月18日)

17.“青岛市把农民工纳入工会”(7月15日)

18.“青岛大炼油项目获准建设投资约100亿”(7月24日)

19.“青岛‘双学三创’取得显著成效”(8月3日)

20.“加强宏观调控促进科学发展——青岛市优化产业结构”(8月15日)

21.“青岛市400万农民享受新合作医疗”(9月11日)

22.“青岛打造精彩‘十一’国庆宴恭迎四海朋”(10月1日)

23.“青岛港用一流的‘振超效率’向国庆献礼”(10月2日)

24.“低保不保‘惰性’救助先助就业——青岛市实施低保就业联动制度”(10月4日)

25.“青岛市正在加快城市化步伐”(10月8日)

26.“青岛,为城市寻找精神”(11月9日)

27.“青岛以品牌创建推动城市发展”(11月9日)

28.“青岛市抓好行政效能投诉——办事不护短”(11月11日)

29.“与民互动执政为民”(11月22日)

30.“青岛港走出国企改革成功之路”(12月17日)

·《科技日报》·

1.《“城市阳光”这样灿烂》(城阳区情况)(1月8日第一版)

2.《结构调整“重头戏”怎样唱》(胶南市情况)(2月2日第一版)

3.《从普通高校向知名大学提升——青岛建筑工程学院跨越式发展纪实》(2月13日第一版)

4.《“三件大事”推动“小青岛”变“大青岛”》(5月12日第一版)

5.《“双大合一”模式集聚产学研——青岛市科研成果转化的实践和启示》(7月3日第一版)

6.《品牌战略:企业与城市共赢——聚焦“青岛现象”》(10月16日第一版)

7.《“青岛模式”助推“科技新政”》(10月19日第一版)

8.《环境创新创出可持续发展——聚焦“城阳模式”》(11月30日第一版)

·《工人日报》·

1.《青岛:助你创业行动解困致富》(2月27日第一版)

2.《金牌工人许振超》(4月12日第一版)

3.《好工人、好队长、好男人——众人眼里的许振超》(4月13日第一版)

4.《五千外省下岗者乐在胶州再就业》(5月25日第一版)

5.《青啤西进:谋求西北区域相对垄断》(6月20日第一版)

6.《青岛市总工会力创工会服务品牌》(7月23日第一版)

·《法制日报》·

1.《青岛港桥吊队队长许振超先进事迹之一——中国崛起的栋梁》(4月12日第一版)

2.《青岛港桥吊队队长许振超先进事迹之二——新时代工人阶级的自我超越》(4月13日第一版)

·《人民政协报》·

1.《弦正调准奏响开局曲——青岛市政协2003年工作综述》(2月19日第一版)

2.《委员有为、政协有位——青岛市政协积极发挥委员主体作用纪实》(6月28日第一版)

3.《青岛市政协加强机关作风建设》(11月8日第一版)

4.《指路子、给位子、搭台子——青岛市委、市政府重视发挥政协作用纪实》(11月24日第一版)

·中国新闻社·

1.《青岛启动“科技将才”战略工程》(1月11日)

2.《青岛市试行重大社会公共事项决策听政办法》(2月1日)

3.《青岛启动农民工培训工程》(3月24日)

4.《青岛农村全面实施新型合作医疗制度》(3月31日)

5.《青岛掀起人性化交通管理热潮》(5月20日)

6.《第三届APEC中小企业技术交流暨展览会在青岛召开》(6月2日)

7.《青岛获准大炼油项目》(7月22日)

·《大众日报》·

1.《即墨:公仆情寓“小事”中》(1月20日第一版)

2.《青岛开发区:半岛制造业的排头兵》(1月28日第一版)

3.《平度:小广告凸显大转移》(2月15日第一版)

4.《得众多名牌青睐、被物流大户看好——青岛西海岸越来越热》(3月14日第一版)

5.《青岛经验向全国推广——全国有线电视数字化推进工作现场会在青岛召开》(3月26日第一版)

6.《方便送群众、麻烦给干部——莱西为民服务代理制帮群众解难题》(5月16日第一版)

7.《全国基层检察院工作会议在青岛召开》(6月17日第一版)

8.《ACD 第三次外长会议在青岛召开》(6 月 23 日第一版)

9.《加强国企班子思想政治建设为改革发展提供坚强保证》(11 月 3 日第一版)

10.《青岛创建文明城市巡礼(之一):从城市品牌到品牌城市》(12 月 27 日第一版)

(市委宣传部)

2004 年青岛市认定“中国名牌”、“山东名牌”、“青岛名牌”的产品(服务)名单

·认定“中国名牌”的产品名单(16 种)·

产品名称	生产企业
即发牌针织内衣	青岛即发集团股份有限公司
汉河牌交联聚乙烯绝缘电力电缆	青岛汉缆集团有限公司
白雪牌圆珠笔	青岛昌隆文具有限公司
双星牌全钢子午胎	青岛双星轮胎工业股份有限公司
白樱花牌小麦粉	青岛白樱花实业有限公司
黄海牌全钢子午胎	青岛黄海橡胶集团有限责任公司
海尔牌家用燃气灶具	海尔集团公司
海尔牌计算机	海尔集团公司
海尔牌电冰箱	海尔集团公司
海尔牌洗衣机	海尔集团公司
海尔牌家用分体空调器	海尔集团公司
海尔牌彩色电视机	海尔集团公司
海尔牌微波炉	海尔集团公司
海信牌电视机	海信集团有限公司
海信牌家用分体空调器	海信集团有限公司
海信牌计算机	海信集团有限公司

注:截至 2004 年底,青岛市共有 17 个企业的 31 种产品获“中国名牌”产品称号,占全国总数的 5.67%。

·认定“山东名牌”的产品名单(30 种)·

产品名称	生产企业
青水牌汽车散热器	青岛汽车散热器有限公司
泰旭牌厨具	青岛泰旭木业有限公司
黄海牌伲福达(硝苯地平缓释片)	青岛黄海制药有限公司
健身器材	青岛英派斯(集团)有限公司
北洋牌烤鱼片	青岛北洋食品有限公司
万里江牌崂山茶	青岛市崂山区万里江茶场有限公司
崂寿牌刷子	青岛万年集团有限公司
创统牌应急电源(EPS)	青岛经济技术开发区创统科技发展有限公司
床上用品	青岛千惠绣品有限公司
绿野仙踪牌水性涂料及清漆	海之源集团青岛绿野仙踪化学品有限公司
美高牌硅胶	青岛美高集团有限公司
正进牌冷冻鳕鱼片	青岛正进集团有限公司
宏泰牌铜管	青岛宏泰铜业有限公司
广源发牌重交道路沥青	青岛广源发沥青有限公司
裕民牌电热毯	青岛裕民电器有限公司
东佳牌梳棉机	青岛胶南东佳纺机(集团)有限公司
迎春乐牌牛奶	青岛迎春乐食品有限公司
明月牌海藻酸钠	青岛胶南明月海藻工业有限责任公司
双驼牌摩托车轮胎	青岛喜盈门双驼轮胎有限公司
万福牌冷冻分割冻猪肉	青岛万福集团股份有限公司
四洲牌刮板捞渣机	青岛四洲电力设备有限公司
海信牌电冰箱	海信集团有限公司
橡六牌输送带	青岛橡六集团有限公司
益和牌开关柜	益和电气集团股份有限公司
澳柯玛牌自动售货机	青岛澳柯玛集团总公司
美光牌覆面机	青岛美光机械有限公司
亮泉牌食用植物油	青岛亮泉植物油有限公司
青啤朝日牌茶饮料	青岛青啤朝日饮品有限公司
海尔牌家用燃气灶具	海尔集团公司
海尔牌微型计算机	海尔集团公司

注:截至 2004 年底,山东省共有 544 家企业 642 种产品被认定为“山东名牌”,其中有青岛市 78 家企业的 109 种产品、占全省总数的 17%。

(市质监局)

·认定“青岛名牌”的产品(服务)名单·

“青岛名牌”产品(18 种)

日用消费类(9 种)

产品名称	生产企业
万福牌系列肉制品	青岛万福集团股份有限公司
海尔牌家居	青岛海尔家居集成股份有限公司
泰旭牌厨具	青岛泰旭木业有限公司
长生牌香味花生油	青岛长生集团股份有限公司
澳柯玛牌电动自行车	青岛澳柯玛电动车商贸有限公司
双星名人牌体育运动服	双星集团有限责任公司
青食牌花生酱	青岛食品股份有限公司
康大牌丸子系列产品	青岛康大食品有限公司
品品好牌食用植物油	青岛品品好粮油有限公司

生产资料类(9种)

产品名称	生产企业
青钢牌焊接用钢盘条	青岛钢铁控股集团有限责任公司
青钢牌弹簧钢	青岛钢铁控股集团有限责任公司
科海牌衣康酸	青岛琅琊台集团股份有限公司
红蝶牌工业碳酸钡	青岛红星化工集团有限责任公司
泰发牌手推车	青岛泰发集团股份有限公司
华青牌压力表	青岛华青集团有限公司
QDTOYO 牌汽车铝质散热器增压中冷器	青岛东洋汽车散热器有限公司
RPM 牌 SOLNA25 系列胶印机	青岛瑞普电气有限责任公司
三元牌电器控制总成	青岛三元集团股份有限公司

"青岛名牌"服务(3种)

品牌名称	所属企业
阳光家园	青岛铁路分局青岛站
诚满超市	青岛喜盈门超市
万和春	青岛万和春商贸有限公司

注:截至2004年底,全市"青岛名牌"产品达到175个,并拥有14个"青岛名牌"服务。

(市经贸委)

青岛市企事业单位选介

私立青岛滨海中学

是1996年创建的全日制初级中学,全市最早创办的民办学校之一。学校由办学经验丰富、懂教学、善管理的领导(校长吴宗庆,副校长孙德伦、刘仁琴)负责,领导班子稳定。学校贯彻国家教育方针,管理科学,治学严谨,全面提高学生素质;坚持因材施教,精心育人,加强分层次辅导,强化外语、数学教学,办出外语特色;形成了优良校风、严谨教风和勤奋学风,教学质量在同类学校中名列前茅。学校师资力量雄厚,师德高尚,教学经验丰富,教师多数是来自原第九中学、第十五中学和第十九中学等重点学校的骨干教师;在40名教师中,高级教师占65%,本科以上学历占60%,获市级以上荣誉称号的占50%以上。

创建9年来,学校不断发展,教学设施逐步完善,建立了理、化、生实验室,图书室,微机室,音乐劳技综合教室及卫生室,并开设心理咨询课,设心理咨询箱。有9个教学班,400余名学生。建校以来,已有6届毕业生,共为高一级学校输送了近840名优秀毕业生,其中升入重点高中的有560名。近年来有30多名学生获省市学科竞赛奖。该校学生姜雨函被全国妇联推荐出席联合国儿童论坛。学校连续多次被评为"青岛市社会力量办学先进集体"并于2003年被市民政局授予"青岛市诚信民间组织"称号。

地址:青岛市广饶路76号
邮编:266023
电话:(0532)82735600　82738560
E-mail:binhai@qdedu.net
法人代表:吴宗庆

青岛广源发集团有限公司

前身是始建于1982年的青岛市废油加工厂,1994年组建青岛广源发集团公司,2003年改制为民营企业。在董事长兼总经理胡谅伦的带领下,该集团经过20余年的发展,从只有十几个人的个体小厂发展成为以炼油为主导产业,拥有20余个企事业单位及广源发石化工业园,集科、工、贸于一体的跨行业、跨区域、跨所有制的大型企业集团。该集团已涉足化工、进出口、港口、玻璃制品、汽车改装、再生资源回收、医疗、餐饮服务等多种行业,有职工4800余人,资产40多亿元,2004年销售收入超过60亿元。

该集团提出了以炼油业为发展主线,保持既有的竞争优势,大力发展各项产业,以产品深加工为新经济增长点,奋力抢占高新技术市场,驱动企业高速发展的经营思路。石化工业园80万吨重油催化装置和该集团自行研发的焦化装置已经全面运行投产,所属城阳区第三人民医院在肝硬化治疗方面也取得了突破性进展。

该集团不仅连续多年居"城阳区十强重点骨干企业"首位,而且连续多年被青岛市评为"经济十强企业"并居"青岛市百强民营企业"首位。作为青岛市入选"全国500强企业"的唯一一家民营企业,在2004年由中国企业家协会和中国企业联合会公布的排名中,由入选时的468位提高到410位。该集团先后被授予"全国1000家最佳效益企业"、"全国最佳形象AAA级企业"等称号,2000年获山东省政府颁发的"富民兴鲁"奖;总经理胡谅伦先后被评为青岛市"十大杰出青年"、"山东省劳动模范"、"全国优秀乡镇企业家"及"全国劳动模范"。

地址:青岛市城阳区夏庄街道办事处丹山岭
邮编:266107
电话:(0532)87785168
传真:(0532)87782888
法人代表:胡谅伦

青岛国际会展中心

2001年4月投入使用,占地面积25万平方米。一期展览中心投资6.3亿元,展览面积2.6万平方米,室内3个展厅共可设置1518个国际标准展位,整个展馆实现了楼宇控制自动化、消防自动化和保安监控自动化;二期将于2006年春季建成,届时会展中心总建筑面积将达到15万平方米。

该中心建立了广泛的国内外展览关系网,加入了IAEM世界展览机构。截至2004年底,举办了148个展会,展览面积超过120万平方米,接待国内外参观者400多万人次,为青岛市带来社会综合效益超过100亿元。其中,举办了包括全球三大渔业专业展之一的"中国国际渔业博览会"和国务院批准的国家级、国际性消费类电子展"中国国际消费电子博览会"及"第三届APEC中小企业技术交流暨展览会"、"第三十九届全国新特药品交易会"、"青岛国际时装周"、"中国国际航海博览会"、"2001秋季全国五金商品交易会"、"第二十二届春季全国摩托车及配件交易会"、"全国高校教学仪器设备展"、"第十六届中国焊接博览会"、"第八十二届全国针棉织品交易会"、"青岛国际卡通艺术周"以及"中国(青岛)国际啤酒饮料及酿造技术博览会"等多个大型国际展会。

近四年来,该中心的发展呈现出四个特点:1.承展数量和规模持续扩大。会展场次年均增长26.0%,展览面积年均增长21.2%,场地平均利用率年均增长8个百分点、2004年达到43%。2.国际会展保持较快增长,国际化水平日益提高。共举办27场国际会展,占会展总数的18.2%,其中2004年举办了12场;国外参展企业年均增长33.9%。3."硬件"设施日趋完善。一期展览中心共投资近千万元用于工程改造及设施购置,"硬件"设施居国内同行业先进水平。4."软件"管理日趋加强。"服务立馆"已成为员工的共识,"专业理解、快速处理"的优质服务得到了主办者、参展商和观众的肯定,并于2004年4月获"2003年度中国会展大奖——综合服务最佳会展场馆"。

2004年,继续被市委、市政府评为"文明单位",党支部被市外经贸局评为"先进基层党组织",被山东省展览业协会评为"山东省优秀会展场馆"。

地址:青岛高新技术产业开发区世纪广场(苗岭路9号)
邮编:266061
电话:(0532)88894301
传真:(0532)88894300
http://www.qicc.com.cn
网络实名:青岛国际会展中心
法人代表:李永强
联系人:张　宁

青岛海外旅游有限责任公司

成立于1994年6月,是经国家旅游局批准的国际旅行社及中国公民出境旅游组团社(许可证号L-SD-GJ00002),注册资金500万元。主要设立日本部、韩国部、出境部、海外部、公民旅游部、商务旅游部、办公室、财务部、综合业务部等部门;主营业务:招徕、接待境外旅游者来华旅游,组织中国公民国内旅游和赴境外旅游,组织生产和经营旅游商品,承办各类国际、国内会议,安排境外客人商务考察,代理各种机、车、船票务,提供旅游车辆服务。

曾获"山东省旅游行业精神文明建设先进集体"、"山东省旅游行业先进集体"、"2001年度山东省优秀国际旅行社"、"山东省旅游消费信得过单位"、"青岛市旅游行业'文明窗口'示范单位"、"青岛市旅游行业'天马杯'优质服务先进单位"等称号;2001年6月,在山东省旅行社行业中率先通过ISO9001:2000国际质量认证;2002、2003、2004年连续3年获"最佳诚信旅行社"称号,2004年被评为青岛市"服务百佳"优秀单位;2005年被评为青岛市"三一五"诚信单位,获青岛市"金牌旅行顾问"称号。

近年来,该公司营业收入、外联入境人数、旅游创汇等指标均居山东省及青岛市国际旅行社前列。推出的入境游"乐在中华"、出境游"相约海外"、国内游"真情相伴"等知名品牌深受欢迎。该公司以"品质至上、信誉第一"为经营理念,以"优质、高效、可信、安全"为服务宗旨,积极开拓市场,发展业务。

地址:青岛市香港中路18号福泰广场B座1603室
邮编:266071
电话:日本部(0532)85710289　韩国部(0532)85773181
东欧部(0532)85716352　商旅部(0532)85762488
出境部(0532)86669636　海外部(0532)83877577
公民部(0532)85735875　办公室(0532)85719819
财务部(0532)85719008
综合业务部(0532)85719819
http://www.qdotc.com
E-mail:qdotc@public.qd.sd.cn

青岛佳元集团

位于青岛市城阳区棘洪滩金岭工业园,是以水产品加工、蔬菜制品加工、种植养殖基地为一体的产、学、研为主的外向型国家中型一类企业。下设7个合资公司、4个水产加工厂、3个蔬菜种植基地、1个养殖基地、2个2万吨冷库,并与日本大河商社合资合作成立"青岛新快(红花和牛)畜牧业养殖有限公司",投资600万美元,培育开发营养价值高、肉质好、口感鲜嫩肉食牛养殖,填补国内市场空白。

该集团年加工各类产品5万余吨,拥有固定资产3.2亿元,员工5800人,2004年实现销售收入11.3亿元、出口创汇1.4亿美元,连年被农业部和对外贸易部评为"全国乡镇出口创汇先进企业"和"全国外商投资双优企业",先后获"全国创名牌重点企业"、"全国食品工业优秀龙头企业"等称号。董事长刘佳元是市级劳动模范、山东省"富民兴鲁"劳动奖章获得者、"全国农产品加工业十大新闻人物"、"全国乡镇企业家"。

该集团的水产品(马哈鱼、狭鳕、真鳕、烤鳗鱼、红鱼、皇帝蟹等多个品种)销往美国、加拿大、东南亚、欧盟等十多个国家和地区,蔬菜制品泡菜被国家列为"星火计划项目",速冻蔬菜、真空冻干蔬菜、保鲜蔬菜、果蔬汁、面包渣食品、调理食品分别销往日本、韩国、东南亚等国家和地区。为掌握国际市场动态和信息,分别在美国和加拿大设有分公司和办事处。

地址:青岛市城阳区棘洪滩金岭工业园
邮编:266111
电话:(0532)87909877

青岛金晶股份有限公司

创建于1994年，是由山玻集团在青岛经济技术开发区设立的玻璃生产专业企业。经过十年发展，实现了四次飞跃，完成了八大项目建设，资产由建厂之初的5000万元增加到5.8亿元。企业规模发展到深加工玻璃生产线23条和压延玻璃生产线3条，压花玻璃产量占全国1/3；形成了年产各类加工玻璃100万平方米、压延玻璃400万重箱的产能，建成了世界最大的高档压延玻璃生产基地和全国综合加工能力最强的加工玻璃生产基地，居“世界建筑玻璃制品业500强”中国入选企业第二名。

该公司产品已发展到十几个门类、数百个品种，囊括钢化、中空、热弯、丝印、装饰夹层、防弹防爆、夹丝、压花等。产品广泛应用于机车、家电、家具、太阳能等产业领域及建筑、装饰、装潢业等领域。以过硬的产品质量和良好的信誉，深受用户信赖，占据了稳定的市场份额，产品遍及全国，畅销世界40多个国家和地区。

2004年，该公司实施科学的可持续发展战略，推进了产品换代和产业升级，促进了企业的健康快速发展。全年完成压延玻璃产量400万重箱，加工玻璃产量82万平方米，实现销售收入4.04亿元、利润3509万元，上交国家税收1800万元，出口创汇1200万美元；加强国际市场拓展，先后与6家世界500强企业建立了长期、广泛的合作关系；获“投资青岛优秀民营企业”和青岛经济技术开发区“民营企业十大纳税大户”称号。

地址：青岛经济技术开发区江山北路201号
邮编：266500
电话：(0532)86908036　86907447　86907280　86908666
传真：(0532)86907443　86900728　86907560　86909381
http://www.glass-china.com
E-mail：jinjingsm@sina.com
董事长、总经理：刘同佑

青岛隆泰钢结构工程有限公司

成立于2001年，注册资金880万元，是一家提供设计、制造、施工安装、售后维护“一条龙”服务的专业化钢结构企业，可承接民用建筑、体育馆、工业厂房、仓库等的设计、制造与安装。总公司位于青岛李沧工业园内，建筑面积1.5万平方米；分公司位于莱西市姜山工业园内，占地面积12.5公顷。

该公司具有钢结构工程专业承包二级资质，通过了ISO9001质量体系认证，为中国建筑金属结构协会及山东省建筑科技协会会员，被评为“守合同重信用企业”。拥有先进的彩钢压型系列生产线、各种屋面墙面瓦机生产线、抛丸除锈设备等各类专业生产安装设备，年加工生产能力可达2万余吨。

该公司注重“以人为本、科技为先”的管理理念，引进和培养工民建、安装、设计、管理工程、经济管理等专业的技术人才，有员工148人，其中高、中级工程技术人才30人，具有丰富的大型工程图纸设计、建设及工程管理经验。同时还组建了一支装备精良、技术成熟的专业化安装施工队伍，能高质量、高效率地完成安装任务。

该公司秉行“干一个工程，树一座丰碑”的经营理念，推行科学的目标管理和规范化操作，严格履行质量控制流程和规范化施工安装，从各个环节严把质量关，杜绝了不合格产品和伪劣工程的出现。先后为济南山水集团、(美资)普威股份有限公司、(韩资)星光社机电有限公司、青岛啤酒四厂、青岛海关、青岛第一疗养院、喜盈门集团、海悦集团、潍坊东方龙电气有限公司、日照大宇水泥厂等单位建造了大型钢结构厂房、仓库、交易厅等工程。先进的工艺、高素质的人才、严格科学的规范管理，使该公司承接的百余工程合格率均为100%。

地址：青岛市李沧区九水东路238号李沧工业园
邮编：266100
电话：(0532)87604277
传真：(0532)87604277
http://www.longtai.com.cn

青岛纺联集团六棉有限公司

1999年由原青岛第六棉纺织厂改制成立，是国有大型棉纺织企业，被国家统计局评为“纺织行业100家最大经营规模工业企业”之一，拥有纱、布及纺织相关产品自由进出口权。

企业始建于1921年，占地面积41万平方米，总资产7.8亿元。有职工4525人，有棉纺纱锭9.8万枚、织机793台，其中日产喷气织机192台、日产剑杆织机93台。年产棉纱类产品1.1万吨、棉布类产品3000余万米，年综合销售收入5亿元，出口创汇1500万美元。主要生产纯棉、天丝、涤棉、粘胶及混纺五大类原白、色纺纱及原白、色织布系列产品。企业在几十年的发展过程中，基础管理工作扎实，积累总结了著名的“郝建秀工作法”、“织布五一工作法”等许多先进经验，为中国纺织业的发展做出了突出贡献。近几年来，该公司围绕市场，加大了高新产品的开发投入，先后开发生产了色纺纱、AB纱、天丝、木代尔纱布系列、弹力纱布、导电布、强捻纱、赛络纺、竹节纱布、抗静电布、各种纱卡线卡、各种斜纹贡缎等高档服装面料。1999年，天丝纱被国家纺织工业局评为科技创新四等奖；2000年，天丝布获科技部等部委颁发的国家新产品证书；2001年，天丝系列纺织品获青岛市“九五”企业技术创新优秀项目奖。

地址：青岛市四流中路46号
邮编：266041
电话：(0532)84613578
传真：(0532)84632360

青岛福瀛建设集团

是一家经改制而发展起来的综合性现代化企业集团，注册资本总额1.3亿元，总资产6亿元，年产值3亿元。经营范围以建筑施工为基础，涉及房地产开发经营，装饰城、机动车配件城等市场运营，海洋科技、科普、海珍品苗种繁育，文化传播、网络传媒等诸多领域。坚持“以人为本、诚信经营”的经营理念，弘扬“命运一体、追求卓越”的企业精神。

该集团核心企业青岛福瀛建设集团有限公司拥有房屋建筑施工总承包壹级资质,机构设置完备,技术力量雄厚,拥有建筑施工、建筑机具租赁、建筑工程检测、园艺、预制构件、勘测技术、监理等二十多个单位,已通过ISO9002:2000版国际质量、ISO14001环境及OHSAS18001职业健康安全等三大管理体系认证。该集团全资企业青岛福瀛房地产开发有限公司系房地产开发二级企业,开发建设的福瀛花园项目,总投资3.6亿元,建筑面积10万平方米,为国际型高档商务公寓住宅。该集团全资企业青岛福瀛装饰城有限公司经营的福瀛装饰城、机动车配件城,总投资3亿元,占地22公顷,建筑面积22万平方米,其中一期工程11万平方米,是山东省规范化文明达标市场。

该集团先后获青岛市百强民营企业、青岛市打假维权重点保护单位、山东省消费者满意单位、山东省建筑二十强品牌企业、山东省建筑业先进单位、全国守合同重信用企业等称号。"福瀛"品牌被评为青岛市著名商标。董事长兼党总支书记焦志福系高级工程师、高级经济师、"山东省富民兴鲁劳动奖章"获得者、山东省劳动模范、全国乡镇企业家和青岛市人大代表。

集团总部地址:青岛经济技术开发区长江东路326号
电话:(0532)86878195 86878102
传真:(0532)86878178
http://www.fuyinggroup.com(福瀛.cn)
E-mail:fuying@fuyinggroup.com

青岛骨里香实业有限公司

成立于1999年,位于青岛高新技术产业开发区,注册资金500万元,拥有厂房5000平方米,有员工和各类技术人员100多人,厂区内设有独立的污水处理场及实验室等,配套设施齐全。

该公司以生产肉制品为主,产品分为中、西式两大系列,共有100多个品种。中式以酱卤类肉制品为主,选用优质原料,制作过程中利用中华名贵中草药及天然香料泡制,经传统工艺和现代先进设备相结合制作而成,风味独特、色泽鲜亮,其中包括"骨里香扒鸡"、"酱猪肘"、"酱牛肉"等深受岛城消费者喜爱的知名品种。2004年10月,引进德国汉特曼公司西式生产设备及工艺配方,加以传统果木熏制而成的"骨里香火腿"、"青岛大红肠"、"烤肉"、"蒜肠"等产品以其做工精细、味道纯正、色泽自然鲜亮受到消费者青睐和德国汉特曼公司专家的好评。

该公司秉承"诚信是根本,质量为基础"的生产经营理念,以"天天新鲜美味入骨"为宗旨,把消费者的利益放在第一位,深受消费者的信赖。为保证食品质量和安全卫生,不设加盟店不接纳挂靠经营,以始终走自产自销之路的经营方式,确立了在青岛肉食市场的领先地位;产品多次被市技术监督局及市政府有关部门评为"放心满意产品",2005年春节被市消费者协会评为"健康食品"、"放心年货"。

地址:青岛市科苑经三路10号
电话:(0532)88702966
传真:(0532)88702366

青岛久润精细化工有限公司

创建于2001年,下设销售总公司、生物技术公司、日化研究所、美容医学化妆品研究所等销售、研发机构,以及总经理办公室、技术开发部、采购供应部、计财部等生产保障部门,是集科研、生产、开发、销售于一体的高新技术产业公司。以自有知识产权技术为基础,拥有具有中高级专业技术职务任职资格的专业人员及专家教授,与中国海洋大学、青岛大学、青岛科技大学、曲阜师范大学等学校都有密切的合作关系,2003年10月与曲阜师范大学成立了山东省第一家日用化工生物科技研究所,有着雄厚的科学技术支持力量。

该公司年产1.5万吨的生产线已建成投产。拟于2005年启动的第二期工程位于青岛市北胶州湾新产业区,占地13公顷,将形成年产10万吨的生产能力。分析实验室于2003年建成运行,拥有全套理化检测设备和达到局部百级标准的微生物检测实验室,生产工艺先进,检测手段齐全,产品质量国内领先并基本接近发达国家的技术标准,2005年通过了ISO9001:2000质量体系认证。

该公司以从绿色植物中提取有效成份,经过深加工制备出高附加值的、以天然活性物为主要成分的精细化工为研发目标,以L-吡咯烷酮羧酸及其盐、酯等衍生物为主导产品,自主开发以L-吡咯烷酮羧酸钠(PCA-Na)为主要成分的"久润天然保湿剂"。该产品采用天然的植物原料、先进的合成工艺和科学的优化复配,使产品组成接近人体天然保湿因子,是一种性能优良,原料丰富,对人体无害的天然、绿色新型保湿剂,填补了国内空白,替代了大量进口的常用保湿剂,已形成用于烟草保润降焦的PDSⅠ、用于个人护理品的PDSⅡ、用于果品蔬菜保鲜的PDSⅢ、用于医药软膏和霜剂的PDSⅣ、用于纺织的PDSⅤ等五大系列产品并将进一步形成用于食品、油墨等的新产品系列。

该公司被认定为"青岛市高新技术企业",产品于2002年被科技部确定为国家级火炬计划项目、2003年被命名为"青岛市高新技术产品"和"青岛市重点新产品"。

地址:青岛市辽宁路127号恒泰大厦13楼
邮编:266012
电话:(0532)83812615
传真:(0532)83804572
http://www.jiurun-chem.com
E-mail:jxhg@jiurun-chem.com
法人代表:苏怡龙

青岛三洋水产有限公司

成立于1993年7月,是以加工各种冷冻鱼片为主的水产加工企业,下设黄岛加工厂、青岛冷藏厂、黄海冷藏厂,年加工各种鳕鱼片、鲽鱼片、马哈鱼片、黑线鳕、真鳕、长尾鳕、南鳕、鱿鱼等2万吨以上。该公司遵循以市场为导向的经营思想,依靠雄厚的技术力量、先进的加工设备、严格的生产管理、完善的保证体系和优质的全过程服务,赢得了国内外市场,产品远销美洲、欧洲、大洋洲、亚洲市场,年出口创汇2000万美元以上。

该公司通过了ISO9002和ISO14001国际质量认证,通过了欧盟注册和美国《HACCP》注册,并建立起高素质的生产和营销队伍,向客户提供全方位的优质服务,成为青岛市唯一一家山东省水产加工出口示范基地。

董事长王泰盛携全体员工以严格的质量管理、优秀的产品品质,与新老客户携手并进共创美好未来。

地址:青岛经济技术开发区秦皇岛路9号
邮编:266500
电话:(0532)86867088
传真:(0532)86851968
董事长:王泰盛

青岛市军队粮油供应站

是青岛市粮食局直属单位,始建于1967年,担负着青岛市区驻军的粮油供应工作。

多年来,该站遵循"质量第一、服务第一、信誉第一"的理念,落实军粮供应政策,狠抓军粮质量,优化服务水平。近几年来,坚持与时俱进和精细化管理,努力推行"双轮驱动"战略,在严把质量关、提高服务水平的同时,立足部队,面向社会,发挥主渠道作用,不断拓宽服务领域,各项工作都取得了实质性的突破和发展。

该站先后多次被省市有关部门授予"青岛市粮食局优质服务先进单位"、"青岛市十佳拥军商场"、"放心粮油流通企业"、"市文明单位"、"山东省粮食系统先进单位"、"全省军粮供应工作十佳单位"等称号,2004年被市文明办和市总工会评为"职工诚信示范岗"。

地址:青岛市大港一路10号
邮编:266012
电话:(0532)83838358
传真:(0532)83838398
法人代表:卞开礼

青岛市市北区振华农工商总公司

系集团性公司,位于南京路北端东侧、辽阳西路与福州路之间的原错埠岭村内(青岛家世界超市东侧),下属企业16个,其中支柱企业有振华加油、加气站,振华塑钢门窗厂,振华纸箱厂,振华大酒店,振华针织厂,振华房地产开发公司等,有职工800人。

近几年来,加强招商引资工作,引进了大型超市青岛家世界购物广场、青岛华泰汽车城、青岛汇丰名车城、青岛中鲁工商学院等内外资企业,改善了周边环境,方便了人民群众的购物出行,创造了较高的社会效益和经济效益。

振华房地产开发公司与青岛实业房地产发展总公司开发建设错埠岭旧村改造工程,经过近几年的努力,现代化、环境优雅、和谐安居的新小区——错埠岭三小区已建设完成,居民已回迁并形成居住规模;错埠岭二小区尚在继续开发建设中。与家世界超市毗邻而居的错埠岭二、三小区将建成现代化的文明小区,成为居住、购物、休闲的最佳小区。

公司欢迎有识之士前来加盟合作。

地址:青岛市错埠岭村1号
邮编:266034
电话:(0532)85615488　85624017
总经理:肖相美

青岛市市立医院(医疗集团)

青岛市市立医院始建于1916年,是集医疗、教学、科研和预防保健于一体、市属规模最大的综合性三级甲等医院,也是青岛大学医学院附属医院之一。先后获全国卫生系统先进集体、全国创建文明行业工作先进单位、全国百佳医院、首批全国百姓放心医院、全国模范职工之家、全国医院文化先进集体等称号。

近年来,青岛市市立医院坚持深化改革,不断拓展发展空间。先后兼并青岛市建筑材料工业公司职工医院、青岛市建设集团职工医院、代代红幼儿园、青岛市东部医院等4个单位,撤销其编制;设立市立医院东院区;合并青岛市皮肤病防治院、青岛市北九水疗养院,保留其编制;2005年1月14日,青岛市人民医院加盟市立医院,形成了由青岛市市立医院、青岛市人民医院、青岛市皮肤病防治院、青岛市北九水疗养院等4个法人组成的紧密型连锁经营的青岛市市立医疗集团,实行了一套领导班子、一套职能部门的新体制;集团占地面积29.2万平方米,建筑面积14万平方米,开放医疗床位1860张,疗养床位200张,在职职工2951人,其中具有高级职称资格者456人、中级729人,硕士生导师82人,博士27人、硕士289人;年门、急诊量达100余万人次,年出院量3万人次,有省、市重点学科、特色专科13个,并以此为龙头形成了多学科协同发展的格局。

青岛市市立医疗集团拥有1.5T核磁共振(MR)、直线加速器、16层螺旋CT、超声聚焦消融机、计算机X线摄影(CR)、血管造影系统(DSA)及立体救护楼顶飞机平台等现代化的医疗设施。开展的冠状病、先心病介入手术、脑血管病介入手术、心脏瓣膜置换、冠状动脉搭桥、高位胆管癌和肝癌手术、超声刀肿瘤消融术、显微神经外科手术、皮瓣与骨移植、椎间盘镜手术和关节镜手术、肝移植、肾移植、干细胞移植、二代试管婴儿及眼科手术等高难技术项目均达到了国内先进水平。

青岛市市立医院和青岛市人民医院分别地处青岛市胶州路、安徽路,依傍城市东西快速路,在青岛市医疗急救和干部保健工作中占有重要地位。市立医院东院区位于市区东部,是东部新区唯一的市属综合性医院,拥有设施完善、科室齐全、环境优雅的门诊、病房综合楼,设有国际门诊、国际病房,满足不同层次的就医需求;2005年10月将正式启用的医疗病房大楼是一座投资5亿元、建筑面积8.17万平方米的功能完善、设施先进的现代化医疗大楼,并将为2008年奥帆赛提供高水平的医疗保健服务。地处崂山风景区"九水十八潭"的北九水疗养院依山傍水、景色秀丽、空气清新,成为集疗养、保健、娱乐、休闲于一体的青岛市干部保健基地。

青岛市市立医疗集团连锁经营的发展模式、先进的技术设施、雄厚的技术力量和优质的服务,将为岛城及周边地区人民群众的健康提供有力的保障。

地址:青岛市胶州路1号
邮编:266011
电话:(0532)82827971
传真:(0532)82836421

青岛天塔新型建材有限公司

是由青岛崂山五环房地产开发建设有限公司与部分自然人股东共同出资成立的股份制企业。位于青岛高新技术产业开发区环境优美的老鸦岭地带,依山傍水,占地面积0.7公顷,建筑面积约1600平方米。西临青银高速公路,南为株洲路,交通便利。

该公司引进国内外最先进的技术和设备,引进高水平的专业人才,精心研究、开发、生产新型建筑材料——混凝土外加剂。有职工32人,其中有高级工程师3人、工程师3人,具有较大规模的合成车间和复合车间,年生产能力8000余吨。主要产品有:泵送剂、早强剂及早强减水剂、早强防冻剂、引气剂及引气减水剂、缓凝剂及缓凝减水剂、防水剂、膨胀剂等各系列的混凝土外加剂。产品执行国家标准和行业标准,通过了ISO9001质量管理体系认证,并通过了市建委组织的投产鉴定。该公司可根据建筑行业不同的施工要求,配置、生产符合施工要求的高标准技术性能指标的外加剂。

该公司以"诚信就是生命,质量重于泰山"为宗旨,以"质量第一,用户至上,持续改进"为理念,以先进的技术、精良的设备、一流的产品、最佳的服务、科学的管理,竭诚满足各界朋友高品位、多方面的要求。

地址:青岛高新技术产业开发区枣山东路1号
邮编:266101
电话:(0532)87661220
传真:(0532)87675177
法人代表:孙英清

永安财产保险股份有限公司青岛分公司

2004年2月18日正式开业。截至2004年底,共为青岛市2万多个家庭、单位和个人提供了43亿元保障,实现保费收入3927万元、利润96万元,纳税220多万元。被《青岛早报》评为"2004年度十佳诚信保险公司",被永安保险总公司评为"2004年度经营管理先进公司"。

成立了即墨、莱西、平度、黄岛、胶南、胶州、城阳7个营销服务部,建成了规范化、标准化的服务网络;加强市场开拓,与青岛市各商业银行以及英派斯集团、青岛交运集团、市农机局等建立了良好的合作关系;在产品开发与产品推动方面进行了积极的尝试,尤其是在农机业务、小额贷款、意外伤害保险产品的开发研究方面实现了突破,获得了总公司颁发的产品创意活动"优秀组织奖"。

在理赔服务中做到:24小时受理接报案,全天候理赔勘查服务,根据案件的实际情况相应简化理赔手续,最大限度地为保户提供方便;建立健全理赔服务体系和工作流程,对5000元以下车损赔案7个工作日给予赔付,5000~10万元案件10个工作日给予赔付;与全市各大中型、各品牌的特约、维修厂签定招标协议,为保户提供"一站式"服务,并提供免费拖车施救、小故障维修等增值服务;设立理赔"绿色通道",保证VIP客户的查勘定损、理赔的优先权。

地址:青岛市山东路2号甲华仁国际大厦4层
邮编:266071
电话:(0532)83887800
传真:(0532)83096500
http://www.YAIC.com.cn

中铁二十局集团第四工程有限公司

是国家铁路、公路、市政、桥梁、隧道工程总承包一级资质企业。前身是中国人民解放军铁道兵第十师第四十九团,1948年在解放即(墨)青(岛)的炮火中诞生;1984年1月并入铁道部,为铁道部第二十工程局第四工程处;1999年12月划归中央企业工委,更名为中铁第二十工程局第四工程处;2000年10月为实现企业重组和经营战略转移,内部兼并了原中铁第二十工程局青岛办事处,公司机关从陕西兴平市迁至青岛市;2002年3月建立现代企业制度,改制为中铁二十局集团第四工程有限公司,成为隶属国务院国资委管理的国有大型建筑施工企业。该公司于2001年在青岛办理了工商注册和税务登记,2004年公司机关工作人员的户口成建制落户青岛。

该公司具有承担铁路、公路、机场、地铁、水利水电、港口、码头、市政、工业与民用建筑等工程的综合施工及铁路运输能力。有员工4000多人,其中高、中级专业技术人员720余人;总资产6.4亿元,拥有国内外一流大型机械设备880台(套),年施工能力在15亿元以上,是青岛市唯一一家具有铁路、公路、市政、桥梁、隧道总承包一级资质的国有大型建筑企业。

50多年来,该公司先后参加了国内外30多条铁路干线、支线、复线建设;承建了80多条(项)高等级公路及市政、地铁、轻轨、机场、水利等工程。近几年来,该公司积极参与市场竞争,经营领域不断拓展,品牌战略卓有成效,逐步形成了以交通土建工程为主业、资产资本两轮驱动、国内国际市场多元发展的经营格局和相对独立的市场竞争优势。参建的多项工程获得国家建筑工程最高奖——"鲁班奖"、国家科学技术进步奖和省、部优工程奖。该公司先后获全国"安康杯"优胜企业、省级精神文明"先进单位"、"守合同重信用企业"、银行"AAA"信用等级和"最佳信用企业"等称号。1998年以来先后通过了ISO9002国际质量体系、ISO14000环境管理体系和GB/T28001职业健康安全管理体系认证,具有计量试验国家一级和档案管理国家二级资质。法人代表、董事长兼总经理郭祥君被授予"陕西省劳动模范"称号。

地址:青岛市东海东路89号
电话:(0532)88017020
传真:(0532)88013004
http://www.cr20gf.com

青岛泰旭木业有限公司

是生产新型木业产品的科技型企业,集制造业、装潢业和国内外贸易于一体,是中国家具协会常务理事单位;拥有8个办事处、100余个特许专卖店,产品覆盖了东北、华北、华东及西北地区;先后成立了国际贸易部、泰旭美国洛杉矶办事处、泰旭韩国办事处,开拓了海外市场。2004年,实现产值1.83亿元、利税2379万元。

该公司技术力量雄厚,生产设备精良。所辖中美合资青岛泰旭装饰板材有限公司、青岛泰旭家具有限公司、青岛泰旭厨具有限公司拥有世界先进水平的美国、意大利产板材和板式家具生产线;所辖青岛泰旭新型门窗有限公司拥有意大利先进的挤出生产线和美国烫印覆膜、真空吸塑技术;所辖青岛泰旭装饰工程分公司倡导绿色环保,对木制产品实行"菜单式"生产,以集中配货供应的经营方式,实现了装饰、装修工厂化、产业化的创新经营模式;所辖青岛市城阳福兴塑料制品有限公司是青岛市最大的塑料编织制品生产厂家,主要产品有塑料编织袋、集装袋、塑料蓬布等,年产量5000吨,产值6300万元;2004年投资成立的塑料材料厂主营PP/PE及CaCo3等二次料业务,已形成每月对外400吨的供应量,产品已成功应用于拉丝、吹膜、挤出、涂塑等成型工艺的产品。

该公司以精湛的技术、可靠的质量、完善的服务赢得了国内外客户的普遍赞誉。获"中国建筑装饰装修二级资质企业"、"中国建筑装饰协会诚信企业"、"青岛市高新技术企业"、"山东省守合同重信用企业"、"青岛市银行信用最佳企业"、"AA级资信企业"、"城阳区一级强企"等称号,其产品先后获"青岛名牌"、"山东名牌"和"国家级重点新产品"等称号,"泰旭"商标被评为"山东省著名商标"。

有限公司地址:青岛市城阳区惜福镇泰旭工业园
邮编:266106
电话:(0532)87881313　87883188
传真:(0532)87881684
http://www.taixu.com
E-mail:taixu@taixu.com

营销公司地址:青岛市敦化路32号
邮编:266033
电话:(0532)85085100　85083588
传真:(0532)85086140

胶南市职业中专

近年来,该校围绕"强化市场意识,经营学校的理念"和"强化服务意识,以人为本的理念"及"强化育人意识,终生教育的理念",实施"订单式培训、菜单式教学、递进式就业",开展以"做学生满意的教师、当群众满意的干部、办人民满意的教育"为内容的师德主题教育活动,走出了一条"教育经济双赢,升学就业两旺"的育人之路,教育教学质量显著提高,各项工作取得突出成绩,先后获全国职业技术学校职业指导工作先进学校、山东省依法治教先进校、山东省职业教育教学示范校、青岛市职业教育教学示范校、青岛市德育工作先进单位等称号。该校职代会被评为胶南市惟一的青岛市"先进星"职代会,该校被确定为国家级紧缺型人才培养基地、胶南市农民教育基地;2004年,对口升学本科达线人数占胶南市的75%,招生人数达到3000人,再创历史新高。

该校坚持以服务为宗旨,以就业为导向,提高服务管理水平。1.扩大办学规模,改善办学条件。原职业四中成建制划归该校;投资500万元建设学生公寓综合楼,投资600万元建设实训中心,投资88万元为一线教师购置计算机。2.拓宽就业渠道。2004年,与韩国浦项钢铁、新都理光、三洋电机等世界500强企业以及北海船厂等17家单位签订人才供需协议,毕业生安置率达100%,二、三次甚至多次安置学生达260多人。3.开展"平安学校建设"。在胶南市所有学校中率先与公安部门合作,在校园设立社区警务室,聘请10名保安实行昼夜巡逻,保证了师生的人身和财产安全,该校"平安学校"建设得到了上级领导的肯定。4.开展农村劳动力转移培训。先后培训农用车驾驶、计算机、会计等专业技术人员2600多人次,并为其中700多名学员安置工作;胶南市委宣传部、青岛市委宣传部先后在该校召开农民教育现场会,该校两次做了典型发言。

地址:青岛胶南市灵山路59号
邮编:266400
电话:(0532)86132585
http://www.jnzz.cn
E-mail:jnzz@public.qd.sd.cn8
校长:阚志刚

青岛电动门厂

成立于1993年,位于青岛市李沧区工业园,是国内大型门设施专业生产厂家,主要从事各种门设施及相关配套技术的研究开发与产品制造安装等。

工厂拥有朝气蓬勃、诚信为本的核心领导和经验丰富、装备完善的专业施工队伍。产品始终坚持:"先进、可靠、经济、实用"的设计理念,制造、安装过程实施全面的质量管理及售后长期跟踪随访,竭诚服务于所有用户。

该厂从1993年开始生产大型电动推拉门、平开门;1994年批量生产电动伸缩门;1995年研制生产PLC控制变频调速的大型车间门、制药厂用密封门、医院用门和大型超高强度的防暴门;1996年开始进行混凝土砌块养护窑专用门的研究开发工作,在门体保温、耐热、密封、耐腐蚀和系统可靠性及自动化控制诸方面取得了重大技术突破,分别与数十条进口大型砌块生产线养护窑实现完美配套,该养护窑专用门已由国家建材行业协会列为砌块生产线配套设备。目前主要生产各种高档伸缩门、推拉门、磁卡自动门和为各种生产线配套的工业生产用门、自动控制装置、养护窑温度控制系统、生产线电视监控系统等。

该厂十几年来设计、制造、安装了各种手动、电动门及特种用途的门设施上万樘,产品遍布北京、天津、新疆、青海、内蒙、河北、江苏、安徽、浙江、湖南、广州、山东等全国各个地区多个行业的多种场合,多次圆满完成国家重点工程的项目配套工作，得到国内广大用户、政府有关部门的广泛好评和外商的高度赞誉；部分产品已出口国外。

地址：青岛市平度路34号
邮编：266001
电话：(0532)82812000　82827524
传真：(0532)82813000
http://www.qddoors.com
E-mail:door@qddoors.com

青岛药物研究所

成立于1987年，是一所致力于民族高新技术成果研发的科研机构。该所拥有雄厚的科技队伍和骨干力量，有研究员、副研究员、高级工程师12人，客座研究员10人；具有很强的知识储备和研发实力，多年来始终坚持以中医药资源与海洋药用资源相结合，在产品研发与应用方面取得了多项高新技术成果。

该所所长、我国著名海洋药物学家关美君研究员为我国海洋药物科学的形成和发展做出了独特的贡献。在1978年召开的全国科学大会上，她率先提出了"向海洋要药"的发展方向，该提案被国家采纳后，海洋药物研究被正式纳入国家科技发展规划。关美君研究员成为我国海洋药物科学的奠基人之一，她创办了《中国海洋药物》杂志，并担任主编至今已24年，该杂志被列为国家核心期刊，美国海洋药物学家B. W. Halsted称誉"全世界唯一的海洋药物杂志由中国人创刊。"她还创办了中国药学会海洋药物专业委员会、中国海洋湖沼学会药物学分会，历任中国药学会第十九、二十届常务理事，海洋药物专业委员会历届主任委员，第二十一届名誉主委；中国海洋湖沼学会第七、八届理事，药物学分会主任委员。

该所在海洋药用资源的分类、药理、毒理学的研究和生物制药、药物分析、标准制定等方面有着得天独厚的人才优势，同时在信息资源的开发和利用方面也有着极强的吸纳力和传播力。多年来，以产品开发为主攻方向，逐步扩大多学科的研究合作领域，在医药、医疗器械，保健用品，保健食品、食品的研发与应用方面取得了多项技术成果，其中获奖的项目有：苦地丁注射液、喘息平注射液、利胆片、阑尾消炎片、抗菌消炎片、苦参栓等。获国家专利保护的项目有：治疗前列腺疾病的四孔导尿管，电话消毒膜、便携式氧药罐等专利产品。列入国家火炬计划的项目有：喜多安"卫食健字(1997)第080号"，该产品是经卫生部批准上市的我国第一个海洋保健品，在技术上达到了国外同类产品的先进水平，填补了国内空白。亮糖胺是关美君研究员带领科技人员在研发喜多安的基础上再度研发的换代产品。

正在研发的海洋生物系列产品有：精制壳糖胺、降解亮糖胺、修饰糖胺、海洋医用生物制品——敷伤安、敷血安；食品、保健食品——睡好、舒肝、壮骨源、三消安、海露源、海赐美、正阳丹；医药产品——延生素、海神素、复伤酯、圣海康等。投入运作和已经完成的项目有4个。该所在海洋药物科学的前沿正在向更深的领域延伸。

地址：青岛市市北区杨家群保张路2号丁
邮编：266010
电话：(0532)88722557
所长：关美君

山东即墨黄酒厂

始建于1949年，以生产经营即墨老酒而享有盛名。现隶属新华锦集团，是中国北方规模最大、产品知名度最高、效益最好的黄酒生产企业；已通过ISO9001:2000国际质量体系认证。

即墨牌即墨老酒是山东即墨黄酒厂的主营产品，是中国北方黄酒的典型代表，与绍兴黄酒齐名。它历史悠久，文化底蕴深厚。战国时田单饮老酒大破燕军，古人留下的"火牛扬威冲阵角刃尾火取奇胜，老酒壮胆杀敌更以佳醪犒壮士"的著名诗句至今仍在当地广为流传。现代诗人贺敬之也曾为山东即墨黄酒厂写下了"杯接田单饮老酒，醉人乡音听柳腔，此来一路睹锦绣，更望琼楼非梦乡"的绝句。它营养丰富，保健功能特殊。每千克老酒氨基酸含量高达1万多毫克，被营养学家称为"液体蛋糕"、"营养酒王"，其对心血管功能的改善及舒筋活血、舒经通络的功效，已被山东医科大学、青岛医学院附属医院临床应用成果所证实。喝的是即墨老酒，品的是华夏文化，得的是保健实功。

即墨牌即墨老酒1963年被授为国优银牌；1984年荣获全国酒类大赛金杯奖；1987年荣获首届中国黄酒节特等奖；自1997年以来连续获得"山东省名牌产品"称号。是中国黄酒界首家"绿色食品"。即墨老酒的"即墨"商标是山东省著名商标。

山东即墨黄酒厂以弘扬中国传统文化为己任，致力于即墨老酒系列产品的研制与开发。其研发中心为青岛市级技术中心。已经形成了即墨牌即墨老酒、即墨牌即墨花雕酒和即墨牌清酒、白酒、调料酒、保健滋补酒等六大系列四十多个花色品种的产品。产品在中国北方市场享有很高的知名度，并销往韩国、美国、日本等国家和中国香港、台湾等地区。其最近研发成功的新型即墨老酒，以悦目的浅琥珀色、淡爽的口味、尊贵的品质、新颖的包装，一改人们往日的印象，获得广泛好评；该酒承传了即墨老酒的营养与保健作用，酒中含有多酚和低肽，可以清除自由基，延缓衰老。一氨基丁酸可以降低胆固醇，防止血管硬化；四季饮用，冰镇更爽。

山东即墨黄酒厂以"倡导科学消费，谋求大众健康"为宗旨，致力于中国黄酒事业的发展。

山东即墨黄酒厂
地址：山东即墨市鳌兰路106号
电话：(0532)87555058
传真：(0532)87552317
邮编：266200

新华锦(青岛)酒业有限公司
地址：青岛市308国道608号
电话：(0532)87971919
传真：(0532)87972121
邮编：266100

青岛君良烧伤医院

是经市卫生局严格审核批准的青岛市一级烧伤专科医院。医院设备先进、管理规范、技术力量雄厚。院长杜君良毕业于中国人民武装警察部队军医学校，曾担任青岛公安消防医院院长。以治疗各类烧烫伤、糖尿病坏疽溃烂享誉岛城。现任青岛高级专家协会医药分会中医烧伤研究中心主任，中共青岛市委组织部高级专家协会医药分会专家，中华医学会、青岛医学会烧伤外科分会委员，青岛医防消毒专业技术中心副主任，青岛环境保护学会会员等。从事中医烧伤研究和临床中医治疗烧伤几十年，治愈数万人，积累了丰富的临床经验，在国内外享有较高声誉。

院长杜君良自幼立志从医，奋发学习数千年传统中医药理论，经过多年潜心钻研，研制出含羞烧伤方剂。此方是一种以中医为特色、中西医结合的治疗方法，打破了传统中医药治疗烧烫伤的研究和应用相对落后或停留在秘方阶段的局面，为广大烧烫伤患者带来了福音。含羞烧伤方剂临床上称为中医中药抗渗润肤疗法，在临床应用30余年的时间里，治疗各种烧烫伤、溃烂患者10万余人。经过大量临床观察证明：含羞烧伤方剂具有消肿止痛快、疗程短、创面愈合快、浅度不留疤、深度不植皮的奇特疗效。

院长杜君良发明的中医中草药抗渗疗法已获得国家专利（专利号：03119250.5）。该方法在治疗各类大中小烧烫伤、电击伤、化学灼伤、糖尿病坏疽和老年型褥疮等方面有奇特疗效。从门诊治疗的1019例病例来看，中医中草药抗渗润肤疗法较传统的烧烫伤疗法相比，不仅大大缩短了创面愈合时间，并且愈合后无明显的疤痕增生和功能障碍。鉴于院长杜君良在烧烫伤领域作出的突出成就，经卫生部中国健康教育协会专家组严格审定，他被评为“中华名医”、荣获“世界卫生组织人类医学终身成就奖”。

2004年4月，青岛市高级专家协会医学分会中医烧伤研究中心在君良烧伤医院挂牌成立，院长杜君良荣膺该中心主任。

在短短两年多的时间里，青岛君良烧伤医院已发展成为岛城独具特色的专科医院，凭借先进的技术设备、雄厚的医资力量、高尚的医德医风，院长杜君良郑重承诺：军队离退休干部、70岁以上老人、12岁以下儿童、残疾人、特困职工和伤残军人来院就诊均可享受免挂号费、烧伤换药低价等优惠待遇。

地址：青岛市闽江路121号
邮编：266071
电话：(0532)85735771

索　　引

说　明

1. 本索引主体采取主题分析索引方法,按主题词首字拼音字母顺序排列;

2. 索引名称后的数字表示内容所在的页码,数字后面的 a、b、c 表示该页码自左至右的栏别顺序;

3. 为便于读者检索,在青的企事业单位和在青发生的事件名称前的"青岛"两字,除易产生歧义者外,一般予以省略;

4. "特载"、"2004 年大事记"、"统计资料"、"附录"等栏目一般不作索引。

A

B

C

D

J

K

L

M

N

P

Q

Bank 中国光大银行青岛分行

中国光大银行青岛分行成立于1994年11月28日，是中国光大银行在山东地区的省级管辖行。辖设11个支行，有干部员工350余人。截至2004年末，存款余额达86.6亿元，累计发放贷款59.9亿元，实现利润1.27亿元，成为一家在当地具有一定规模和竞争力的现代化股份制商业银行。曾被中共青岛市委、市政府授予“文明单位标兵”,“支持青岛市经济建设先进单位”称号，被总行授予“规范化管理先进单位”等称号。

地址：青岛市香港西路69号
邮编：266071
电话：(0532) 83893801
传真：(0532) 83893800

2004年9月1日，集团董事长王明权到该行视察。

该行邀请VIP客户共同参加“阳光·高尔夫 尊贵融于自然”活动

该行与共青团青岛市委共庆“六一”儿童节

光大银行阳光理财广场

以科技为本 走创新之

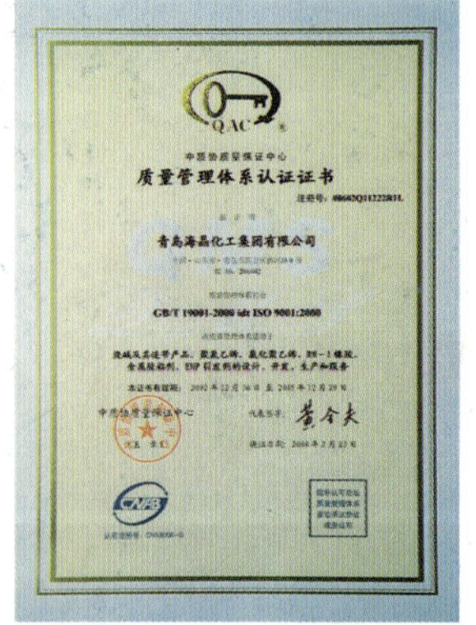

始建于1947年，是由原青岛化工厂改制创立的有限责任公司，国家重点氯碱企业，
术中心，青岛市高新技术企业。

公司占地40多万平方米，员工2600多人。主要产品烧碱能力12万吨/年，聚氯乙烯
年，氯化聚乙烯1.2万吨/年，盐酸24万吨/年，液氯6万吨/年，三氯化铁1万吨/年，固碱

公司拥有当代世界先进水平的离子膜法烧碱装置和国内一流的聚氯乙烯生产装置，
定，工艺设备先进，管理手段科学，通过ISO9001国际质量体系认证，建立了规范的市
和现代企业制度。离子膜烧碱和聚氯乙烯树脂荣获山东名牌产品称号。

公司总经理李明先生热情欢迎国内外宾朋来公司开展技术交流和业务合作。

山东名牌

产品名称：海晶牌聚氯乙烯树脂

生产企业：青岛海晶化工集团有限公司

山东省名牌战略推进委员会
山东省质量技术监督局
二〇〇三年十二月

山东名牌

产品名称：海晶牌离子膜烧碱

生产企业：青岛海晶化工集团有限公司

山东省名牌战略推进委员会
山东省质量技术监督局
二〇〇三年十二月